国際課税ルールの新しい理論と実務

ポストBEPSの重要課題

本庄 資 ［編著］
Honjo Tasuku

中央経済社

はしがき

　第一次世界大戦後，1920年代に国際商業会議所及び国際連盟における議論を通じて形成されてきた古い国際課税ルールの基礎は，多国籍企業及びそのグループ企業の出現までの状況を前提に構築された。国際課税ルールといえば，二重課税防止ルールといわれるように，近時まで，議論の焦点は，国際取引の租税障害といわれた国際的二重課税をいかに除去するか，そのために所得の種類に応じて課税権を居住地国又は源泉地国のいずれに配分するかに集中していた。

　当時の議論では，二国間の国際取引による所得に係る法的二重課税の防止のために，居住地国と源泉地国に課税権を配分するに当たって，多様な種類の所得から構成される企業の「事業所得」について配分ルールを構築することができず，「恒久的施設」概念を用いて，「恒久的施設なければ課税なし」という大雑把な原則を策定した。2か国間の2当事者間の国際取引については，古い国際課税ルールは，それなりに二重課税の防止の機能を果たすことができたが，米国のみならず主要国の多国籍企業が出現し，国際取引の約6割が多国籍企業のグループ内部取引である状況で，多国籍企業が多数の国々に設立する中間持株会社，子会社，支店その他の多様な事業体の間の取引から生じる利益に対し，利益が発生する源泉地国（事業子会社・支店等の所在地国），その利益を受け取る直接的親会社・中間持株会社の居住地国，これらの中間会社から利益を受け取る最終親会社の居住地国のいずれにおいても課税されない状況が生じるようになった。多国籍企業のグループは，垂直的・水平的な法人所有連鎖で結合されるが，分離会計（separate accounting: SA）と，グループ構成企業を分離独立企業（separate and distinct entity）として扱う各国税法によって，グループ内部取引においては，高税国の事業会社が低税国の資本・技術・資産及び人の提供会社に支払う控除可能な支払により源泉地国の税源浸食（base erosion）と低税国への利益移転（profit shifting）を行い，その支払ルートに租税条約の特典（treaty benefits）を与える導管国（conduit country）の導管会社（conduit companies）やハイブリッド事

業体（hybrid entities）を介在させるなど，各国の税制や租税条約のループホールを利用することにより，文理上合法的に国際的二重非課税（double non-taxation）を達成することができる。このような合法的であるが税法や租税条約の意図に反するアグレッシブ・タックス・プランニング（ATP）は，古い国際課税ルールの想定していた単純な国際取引ではない。

　単純な第三者間取引しかできない企業と，このようなグループ内部取引を自由自在に操ることができる多国籍企業との税負担の格差は，納税者間の課税の公平性を求める各国税制への信頼を裏切り，国際的な課税の公平を蹂躙する。

　「租税回避」（tax avoidance）の定義に関する我が国の古い通説では，取引の私法上の法形式の濫用について通常性と異常性を論じてきたが，多国籍企業のグローバルビジネスプラクティスが私法上の法形式のみでなく，私法・公法を問わず，法制・税制の濫用ではないかと疑わせるものであり，単純な国際取引・第三者間取引しかできない納税者からみれば，異常であるが，多国籍企業としては常識化しているタックススキームを異常と言い切れるか疑わしい状況がある。いわゆる租税法律主義により，事業体や取引の法形式，法的所有権，法的帰属，法的実質，法的契約，法的支配を尊重し，グループ企業間のグループ内部取引に対し，経済的所有権，経済的帰属，経済的実質，経済的支配などの概念を否定し，租税回避の判定に客観基準のみで対処し，租税回避の意図の有無，税法の趣旨目的という主観基準を否定することでは，法制・税制・租税条約の「濫用」（abuse）又は「誤用・悪用」（misuse）という疑いのある多数のタックススキームをすべて「合法である」という結論に導く。独立企業原則（arm's length principle: ALP）は，多国籍企業グループを単一の納税主体とせず，グループ構成企業をそれぞれ分離独立企業と見立てて，それらのグループ内部取引が第三者間取引と同様の税効果を生じるべきであるとの前提の下で，移転価格税制を支える基本原則となっている。この原則が，逆に，多国籍企業又はそのグループを単一の納税主体とする多国籍企業税制の確立を阻んでいる。

　OECD/G20は，BEPS 行動計画として，多国籍企業の ATP による税源浸食・利益移転（Base Erosion and Profit Shifting）に対処するため15項目の作業に取り組み，2015年最終報告書及び政策パッケージを公表し，ミニマムスタンダード及びベストプラクティスを勧告した。「利益がその利益を生じる経済活動が行わ

れる場所，価値が創造される場所で課税される」という新しい課税原則が掲げられた。我が国も，加盟国として，平成25年7月19日，財務大臣談話で，(i)BEPS行動計画は国際課税に関する国際協力の歴史において転機となる画期的な成果であり強く支持すること，(ii)グローバル企業が税制の隙間や抜け穴を利用した節税対策により税負担を軽減している状況を是正し，実際に経済活動が行われている場所での課税を十分に可能とすることが必要であり，納税者の税制に対する信頼を確保する上で各国が強調して税制の調和を図ることが不可欠であること，を公表した。OECD/G20の勧告を受けて，各国はBEPS政策パッケージの国内法化の段階に入り，多国籍企業のATPに対処するため，新しい国際課税ルールの実施を進めていくことになった。我が国も，平成26年度改正で国際課税原則の帰属主義への見直し，平成27年度改正で外国子会社の所在地国で損金算入が認められる配当の益金算入，非居住者に係る金融口座情報の報告制度の整備，平成28年度改正で多国籍企業情報の報告等に係る制度の整備，平成29年度改正で外国子会社合算税制の見直しを行っている。

　OECD/G20のBEPSプロジェクト及びその勧告による国内法の改正については，財務省及び国税庁の当局者やビッグフォーの解説が多く公表されているが，本書は，これらの制度解説にとどまらず，ポストBEPSの多国籍企業に関する新しい国際課税について，国際的二重非課税を生じる多国籍企業のグローバルビジネスプラクティスの本質を直視し，今回のBEPSプロジェクトで国際的コンセンサスとしてどのように対処しようとしたのか，一連の国際課税ルール見直し作業の成果及び残された課題はなにか，そして我が国の新しい国際課税ルールの構築に向けて今後取り組むべき主要課題はなにかを理論と実務の側面から明らかにしようとしている。

　本書の構成は，5つの部分に分かれる。第1章（BEPSの現状とその問題点）は，多国籍企業の誘致を図る税の競争と，各国税制及び租税条約のループホールを利用する多国籍企業のBEPSのアグレッシブ・タックス・プランニング（ATP）の実態，それにより達成される国際的二重非課税，これらに対する一般納税者や市民団体の怒り，これらに各国が単独で対抗措置をとる場合の弊害について描いている。第2章（OECDのBEPS行動計画）は，OECDがATPについて研究してきた成果と過去の対応，OECD/G20のBEPS行動計画とその基本的な考え方，

その成果としてとられた主要な対策を描いている。第3章（BEPS政策パッケージの国際的コンセンサスの実施）は，IFRSとの関係，ミニマムスタンダード及びベストプラクティスの国内法化，OECDモデル租税条約，コメンタリー及び移転価格ガイドライン改正，並びにGAARの果たす役割について考察している。第4章（日本におけるBEPS対策の重要課題）は，現在進行中の国内法改正がつぎはぎだらけの応急措置でなく，国際的に共有すべき課題について，我が国がこれまで棚上げしてきた実質課税，GAAR導入，濫用法理，立証責任，情報の非対称性の解消，タックスギャップ推計などについて考察し，これまで一国内の課税ルールで対処してきた租税回避にリンキングルールを適用し，多国籍企業グループを単一の納税主体とするところまでの改革ができないとしても，利益分割法の強化を進める場合の問題や我が国の国内裁判所においてこれからの新しい国際課税ルールに対応できるのかという問題について近時の裁判例からBEPS対応の可能性を考察している。第5章（米欧・近隣国におけるBEPS対策の動向）は，中国及びインドについては後日フォローアップする必要があるが，米国及びEU，近隣国（韓国，シンガポール及びマレーシア）の動向を観察している。

　本書の執筆陣は，著者紹介のとおり，現職の国税官僚，学界で活動している国税官僚OB，新進気鋭の研究者，ビッグフォーの幹部である租税専門家及び市民団体の指導者から構成されている。

　本書は，多国籍企業に関する移転価格税制，過少資本税制，過大利子制限，タックス・ヘイブン対策税制などを断片的にとらえるのでなく，多国籍企業に関するポストBEPSの新しい国際課税ルールについて，理論と実務の両面から考察するものであり，類書のない現状で，これらの課題について論文を作成する大学院生，その指導に当たる教授はもとより，政財官界やシンクタンクの研究者，海外進出企業の進出先で個別問題の処理に当たり責任ある助言をする立場にある法律事務所，会計事務所及び税理士事務所の租税実務家や海外進出企業の意思決定に関与する経営者にとって有益な参考資料となるであろう。本書では執筆者それぞれの視点から新鮮な切り口で論じる場を提供している（意見にわたる部分は執筆者個人の見解であり，執筆者の所属する組織の見解でないことをお断りしたい）。本書の内容について，編者はトピックの重複を意に介さず，類書のように執筆者間における思想の統一や論述の整合性を全く求めていない。編者が設計し

た各課題について，これまでの数ある型どおりの解説書には書かれていない着眼点や問題意識を大切にし，各執筆者の考案する解決策を読者各位に伝えることができるならば，編集に当たった者として幸いである。

　最後に，校正等についてご助力いただいた田井良夫氏及び居波邦泰氏に謝意を表するとともに，本書の企画立案から校正に至るまで出版につき惜しみなくご協力を賜った中央経済社ホールディングス代表取締役会長の山本継氏，会計編集部の奥田真史氏にこの場を借りて厚くお礼申し上げる。

　平成29年10月

編著者　本庄　資

◆ i

目　次

はしがき　　　　　　　　　　　　　　　　　　本庄　資　*i*

第1章　BEPS の現状とその問題点

① タックス・ギャップの規模と発生原因　　　居波　邦泰　3

② 多国籍企業の実効税率と国際競争力　　　　本庄　資　17

③ 有害な税の競争の現状と問題点　　　　　　本庄　資　29

④ ATP によって利用される伝統的な国際課税ルールのループホール

本庄　資　42

⑤ 多国籍企業のグループ内部取引による BEPS　　水谷　年宏　57

⑥ 連結総収入金額の計算　　　　　　　　　　川田　剛　84

⑦ アグレッシブ・タックス・プランニング（ATP）の

タックス・スキーム　　　　　　　　　　本庄　資　98

⑧ BEPS における二重非課税　　　　　　　　藤井　保憲　115

⑨ 市民団体の多国籍企業に対する批判　　　　合田　寛　127

⑩ ATP に対するユニラテラルな対抗措置とその弊害　扶持本　泰裕　141

第2章　OECD の BEPS 行動計画

⑪ OECD の ATP 対策とその研究成果　　　　居波　邦泰　161

⑫ OECD 行動計画までの BEPS への対応　　　本庄　資　176

⑬ OECD/G20 BEPS 行動計画の必要性とその概要　本庄　資　197

⑭ OECD/G20 BEPS プロジェクトの根底にある基本的な考え方

本庄　資　211

⑮ ポスト BEPS の新しい国際課税ルール　　　本庄　資　222

ii ◆ 目次

16　電子経済に対応する国際課税ルール　　　　　　　沼田　博幸　236

17　ハイブリッド・ミスマッチ・ルール　　　　　　　飯守　一文　251

18　外国子会社合算税制（タックス・ヘイブン対策税制）の見直し

　　　　　　　　　　　　　　　　　　　　　　　　　藤井　保憲　278

19　利子控除を利用する BEPS の防止策　　　　　　　本庄　資　296

20　租税条約の濫用の防止策　　　　　　　　　　　　関口　博久　312

21　PE 認定の人為的回避の防止策　　　　　　　　　水谷　年宏　323

22　移転価格税制の見直し　　　　　　　　　　　　　山川　博樹　342

23　移転価格文書化・国別報告制度　　　　　　　　　山川　博樹　359

24　ATP の義務的開示制度（MDR）　　　　　　　　大野　雅人　373

25　実効性のある課税紛争解決　　　　　　　　　　　大城　隼人　388

第3章　BEPS 政策パッケージの国際的コンセンサスの実施

26　IFRS をめぐる議論と BEPS プロジェクトにおける「連結総収入金額」
　　を閾値とすることの執行可能性　　　　　　　　　島田　眞一　407

27　IFRS と BEPS 政策パッケージの関係　　　　　　島田　眞一　415

28　IFRS と多国籍企業の文書化・国別報告との関係　　川田　剛　441

29　BEPS 政策パッケージのミニマム・スタンダード及び
　　ベストプラクティスの国内法化　　　　　　　　　田井　良夫　452

30　ソフトローとしての移転価格ガイドラインの改訂　田井　良夫　466

31　BEPS と GAAR の役割　　　　　　　　　　　　今村　隆　476

目次 ◆ iii

第4章　日本における BEPS 対策の重要課題

32 タックス・ギャップの推計の必要性　　　　　　　　本庄 資　493

33 立証責任の転換による BEPS 対策の必要性　　　　　居波 邦泰　511

34 法人の居住性判定基準の見直し　　　　　　　　　　本田 光宏　524

35 外国事業体の課税上の取扱いの明確化　　　　　　　本田 光宏　535

36 国際的に共有すべき租税回避の定義　　　　　　　　本庄 資　547

37 「法の濫用」概念による BEPS 対策の必要性　　　　大野 雅人　563

38 一般的否認規定（GAAR）導入の必要性　　　　　　大野 雅人　575

39 リンキング・ルールの適用手続の法定　　　　　　　飯守 一文　590

40 移転価格の利益分割法の在り方　　　　　　　　　　山川 博樹　621

41 租税回避スキームの自発的又は義務的開示制度の導入について

猪野 茂　637

42 タックス・ルーリングの義務的な自発的情報交換　　猪野 茂　659

43 多国籍企業の税務当局への情報開示制度と開示情報の政府間情報交換

角田 伸広　673

44 OECD モデル租税条約・コメンタリー改訂に伴う租税条約の改訂
（多国間協定の活用）　　　　　　　　　　　　　　関口 博久　692

45 実質課税原則の立法　　　　　　　　　　　　　　　松田 直樹　702

46 多国籍企業に関する OECD モデル租税条約 9 条（1）に基づく調整権

本庄 資　711

47 近時の行為計算否認規定の適用に係る裁判例と BEPS 対応

北村 導人　724

第5章　米欧・近隣国における BEPS 対策の動向

48　米国における BEPS 対策の動向　　　　　　　　　　須藤 一郎　747

49　EU における BEPS 対策の動向

　　　―租税回避防止指令（ATAD）を中心として―　　本田 光宏　761

50　韓国における BEPS Action Plan に対する国内法の改正動向

　　　　　　　　　　　　　　　　　　　　　　　　　趙 珍姫　772

51　シンガポール・マレーシアにおける BEPS 対策の動向

　　　　　　　　　　　　　　　　　　　　　　　　　市野 初芳　784

第 1 章

BEPS の現状とその問題点

タックス・ギャップの規模と発生原因

居波邦泰

1 BEPS のタックス・ギャップの推計上の取扱いについて

（1） タックス・ギャップとは

① 米国におけるタックス・ギャップへの認識

タックス・ギャップとは，2007年8月に公表された米国財務省と IRS の報告書「Reducing the Federal Tax Gap – A Report on Improving Voluntary Compliance」によると「その課税年度において自発的に申告期限内に納付されなかった租税法によって課される真実の租税債務の総額（the aggregate amount of true tax liability imposed by law for a given tax year that is not paid voluntarily and timely)」と定義されている。

この米国の報告書では，タックス・ギャップについて以下のように認識をしている。

「米国の税法を定める内国歳入法典は，納税者に対して3つの主要な義務を与えるとしている。①申告期限内に申告書を提出すること；②それら申告書について正確な報告を行うこと；そして，③自発的にかつ納付期限内に必要な租税を納付すること。

納税者がこれらの義務を果たすときに，納税者にコンプライアンスがあることになる。納税者がこれらの義務を果たさないときに，ノンコンプライアンス，つまり，タックス・ギャップが生じることになる。

いかなる納税者にとっても真実の租税債務とは，税法に関連するすべての側面が，その納税者の状況に関連するすべての事実に正確に適用されたのであれば，当該課税年度において決定される租税の額を意味する。様々な理由で，しばしばこの額は，納税者が申告書で申告した税額と相違している。納税者が法を理解していないかもしれない，不注意な間違いかもしれない又は意図的に誤った申告をしたのかもしれない。

自発的に納付されるには，租税債務が，IRS の直接的な干渉なしで納付されな

ければならない。納税者は，彼らの正しい租税債務を決定し，その額が（源泉徴収，予定納税，確定申告での納付等のいずれかによって）納付されることを確認する責任を有している。IRS は最も必要とされるところにその執行の焦点を合わせているが，しかし，米国の全体的な租税コンプライアンス率は，納税者の大多数が IRS からの関与がほとんど又は全くなくても彼らの義務を果たしていることから高い状況にある。期限内に納付されるには，租税債務が，当該課税年度のすべての納付について法的に期限がくる日において又はその前に全部支払われなくてはならない。

　IRS のタックス・ギャップの推計が，経済の法的側面とのみ関連していることを強調することは重要である。租税は，合法であろうと違法であろうと，どのようなソースから生じた所得に対しても課されるものであるが，違法行為から稼得された所得に帰属する租税については，推計が極めて難しい。さらに，このタイプのノンコンプライアンスを追及する政府の関心は，究極的に，単にそれに課税することだけではなく，違法行為を終わらせることにある。

　それらは関連しているけれども，タックス・ギャップは「地下経済」と同意語ではない。「地下経済」の定義は大きく異なるものである。しかしながら，たいていの人は，当局の計測からすり抜ける商品及びサービスの価値という観点で，その特徴づけを行っている。さらに，「地下経済」には，（非合法の源泉所得への課税のような）タックス・ギャップには含まれないいくつかの項目があり，タックス・ギャップには，誰も「地下経済」には含ませないであろう要因（過大な所得免除，所得調整，所得控除あるいは税額控除に関連する税額又は間違った申告内容の主張による税額のようなもの）が存在する。これらの 2 つの概念の間のオーバーラップの最も大きい領域が，時々「現金経済」と呼ばれるものであり，その所得は（通常，事業の性質から）現金で受け取られており，これは課税から所得を隠匿するのに役立っている。

　同じぐらい重要なことは，タックス・ギャップは，単に脱税あるいは不正行為からのみで生じるものではないということである。それは，無知，混乱及び不注意による誤りをもたらす，租税法の複雑さに起因するノンコンプライアンスの相当な額を含んでいる。その識別は，たとえ，IRS が，現時点において，意図的でないものと対照的な故意の誤りから生ずるノンコンプライアンスの額を，明確に識別するための十分なデータを保有していないとしても，重要である。さらに，意図的な誤りと意図的でない誤りとの境界線は，しばしばグレーな問題のひとつであり，特にベーシス・レポーティングのような領域においては，納税者は，彼

または彼女の報告が不正確であることを知っているかもしれないが，正確な情報へのアクセスへの準備ができていないかもしれない。これは，理解を向上させるために追加的な研究が必要とされる領域である。」

　米国では，このような認識の下で，納税者のコンプライアンスの捕捉への取組みは，古くは1960年代から実施されており，一時的な中断（1988年〜2001年）があったが，2002年から再開されており，新しい統計調査（NRP調査）の下で2回のタックス・ギャップの推計値の公表がなされており，これらの結果から，米国財務省やIRSから新たにタックス・ギャップ縮減計画が公表されるなど，米国の税務行政をより的確に実施していくための有効な指標として活用されているところである。

2　米国のタックス・ギャップの推計

（1）　最近の米国におけるタックス・ギャップの推計値の公表状況

　最近における米国のタックス・ギャップの推計値については，2001年以降，コンプライアンスの新しい測定プログラムであるNRP調査が導入され，これによりIRSの統計調査が再開されたことから，2001年及び2006年の申告事績をベースとして，2回のタックス・ギャップの推計値の公表がなされている（〔**図表1-1**：2006課税年度〕）。

〇　2006年のタックス・ギャップの推計値

　このうち直近の2006年のタックス・ギャップの推計値については，**図表1-1**の「2006課税年度タックス・ギャップ"MAP"」のようになっている。この2006課税年度タックス・ギャップ"MAP"の結果に基づき，直近の米国のタックス・ギャップの推計値について示すと，2006年当時として1ドル＝100円の為替レートで，円換算で主な推計値は以下のようになっている。

〈2006課税年度〉

- 米国の租税債務総額　　　　　　＝266兆円
　〔内）期限内申告納税額　　　　－221兆円
　（自発的コンプライアンス率：VCR 83.1%
　　　　　グロス・タックス・ギャップ　＝45兆円
　－）　調査による増差税額等　　＝6兆5千億円
　　　　ネット・タックス・ギャップ＝38兆5千億円

6 ◆ 第1章　BEPSの現状とその問題点

・グロス・タックス・ギャップ　45兆円の内訳

無申告額　　＝2兆8千億円（6.2%）
過少申告額　＝37兆6千億円（83.6%）
滞納税額　　＝4兆6千億円（10.2%）

　この2006年の米国のタックス・ギャップの推計値について，これを算定した IRSの研究・分析・統計部局（IRS Research, Analysis & Statistics: RAS）は，2012年3月に「Federal Tax Compliance Research: Tax Year 2006 Tax Gap Estimation」（以下「Tax Compliance Research 2006」という。）というレポートを公表しており，このなかで，タックス・ギャップの推計値が2001課税年度の34兆5千億円から2006課税年度の45兆円へと大幅に増加したことについて，「（2006課税年度の）推計結果である4500億ドルは，2001課税年度からの自発的コンプライアンスへの重大な変化を反映したものではない。代わりに，タックス・ギャップの増加のほとんどすべては，対象期間における租税債務の総額が増加したことによるものである」と説明している。

（2）　米国のタックス・ギャップの概念と算定方法
○　米国のタックス・ギャップの概念
（A）　米国のタックス・ギャップの定義と構成要素
　米国では，タックス・ギャップを「租税法令に従い納付されるべき税収と現実に期限内に納付された税収の差異」と定義をしており，これは次の3要素のタックス・ギャップに大別されている。

〔米国のタックス・ギャップの3要素〕

①　<u>無申告ギャップ</u>（Nonfiling Tax Gap）
　　　　　　　　　　＝真正な申告義務額－適正な期限内申告額
②　<u>過少申告ギャップ</u>（Underreporting Tax Gap）
　　　　　　　　　　＝適正な期限内申告額－実際の期限内申告額
③　<u>過少納付ギャップ</u>（Underpayment Tax Gap）
　　　　　　　　　　＝実際の期限内申告額－実際の期限内納付額

　①無申告ギャップは，概念としては，「真正な申告義務額」から「適正な期限内申告額」を控除して算出されるものとされているが，実際の算出は，商務省国税調査局（Census Bureau）が所管する人口統計を基に，全人口のうち申告義務

1 タックス・ギャップの規模と発生原因 ◆ 7

図表 1-1 米国のタックス・ギャップ "Map" 2006課税年度（1ドル=100円換算）

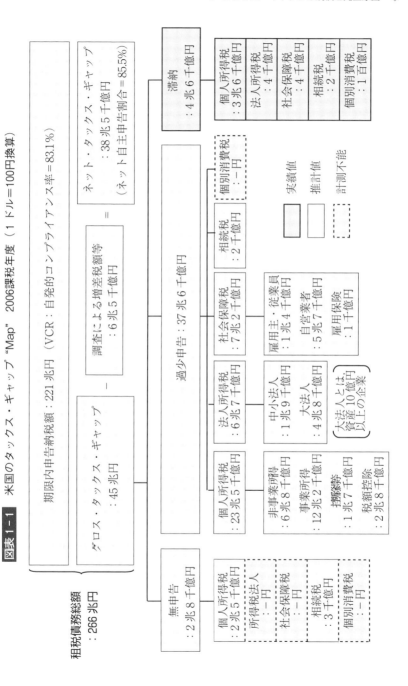

があると見込まれる者の数を推定した上で，実際のIRSへの申告件数と比較するから推計がなされたものである。

②過少申告ギャップは，概念としては，「適正な期限内申告額」から「実際の期限内申告額」を控除して算出されるものとされているが，「適正な期限内申告額」の算定のために統計調査であるTCMP調査やNRP調査の結果が用いられている。

③過少納付ギャップは，概念としては，「実際の期限内申告額」から「実際の期限内納付額」を控除して算出されるものとされているが，これらはIRSの申告と納付に関する実績データをベースに算定されるものであり，推計ではなく実績値ということになる。

これら3要素のタックス・ギャップの合計が，「グロス・タックス・ギャップ」である。

> • グロス・タックス・ギャップ（Gross Tax Gap）
> 　＝①無申告ギャップ＋②過少申告ギャップ＋③過少納付ギャップ

「グロス・タックス・ギャップ」から「執行措置等（税務調査等）を通じて事後的に徴収された税額（執行措置等徴収額）」を控除した額が，「ネット・タックス・ギャップ」である。

> • ネット・タックス・ギャップ（Net Tax Gap）
> 　＝グロス・タックス・ギャップ－執行措置等徴収額（実績値）

なお，米国は「租税債務総額」を，上記の概念のなかの「真正な申告義務額」とはしていない。「租税債務総額」は，「期限内申告納税額」と「グロス・タックス・ギャップ」の合計としてとらえられている。

それでは，ここで確認であるが，米国での「租税債務総額」はこれですべてであろうか。米国のタックス・ギャップの定義は，「租税法令に従い納付されるべき税収と現実に期限内に納付された税収の差異」ということであるが，このなかの「租税法令に従い納付されるべき税収」とは何を意味するのであろうか。

「租税法令に従い納付されるべき税収」を判断するためには，その対象となる経済取引の存在が捕捉されており，加えて取引内容が把握されていることがその前提となる。しかし，実体経済では，「地下経済（Underground Economy）」といわれる通常の商取引には現れない経済取引（犯罪行為・違法行為の提供，違法物品の売買，闇市場・闇金融の利用等）も存在しており，これらに関わるものに

ついては「租税法令に従い納付されるべき税収」の判断の範囲外の取引になるものと考えられる。

「地下経済」についてはその実態が把握されたのであれば，これへの租税債権が算定され「租税債権総額」に含まれることになるが，途上国はもとより先進国においてもその実態を把握することは難しく，米国のタックス・ギャップの計算においてその分母にも分子にも算入されていない。つまり，実態が把握されない「地下経済」は，タックス・ギャップの計算の外に置かれているということである。

次に，経済取引が存在しその取引内容も把握されている場合において，これが租税回避を目的とした多国籍企業が行っている海外取引スキーム，例えば，「ダブルアイリッシュ＆ダッチサンドイッチ」等である場合には，当該取引により圧縮された税額分が，「租税法令に従い納付されるべき税収」であるかどうかは容易には判断できないところである。税務当局が，これを否認したのであれば，それは「租税法令に従い納付されるべき税収」であったとの課税庁の判断がなされたことになるが，それを納税者側の多国籍企業等が争えば訴訟となり，最終的に司法判断を待つことになる。

しかし，新しい海外取引スキームが現れれば，これが繰り返されることになり，このような「否認できるかが不明瞭な租税回避行為」により圧縮された税額分については，タックス・ギャップの計算上は，やはり分母にも分子にも算入困難であると判断される。したがって，「否認できるかが不明瞭な租税回避行為」についても，タックス・ギャップの計算の外に置かれているということである。

ここまで説明をした米国のタックス・ギャップについて，これをわかりやすいイメージ図にすると**図表1-2**のように表現できるものと考える。

「地下経済」や多国籍企業等の「否認できるかが不明瞭な租税回避行為」の金額の総額や規模が具体的にどの程度かは明確にはわからないところであるが，これまでの報道等からのこれらに関する情報に鑑みてもかなりの金額であることが想像されるところであり，タックス・ギャップを考えるときには，一方でこれらの税制に与える影響についても十分に認識をすべきであると考える。

（B）　米国のタックス・ギャップの5つのカテゴリーと算出方法の概要
イ　タックス・ギャップの5つのカテゴリー

IRSは，米国のタックス・ギャップの3要素である①無申告ギャップ，②過少申告ギャップ，③過少納付ギャップについて，「個人所得税」，「法人所得税」，「社会保障税」[1]，「相続税」，「個別消費税」の5つのカテゴリーを置いて，原則，

10 ◆ 第1章 BEPSの現状とその問題点

図表1-2 米国のタックス・ギャップのイメージ図

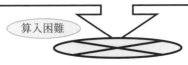

否認できるかが不明瞭な租税回避行為

➢ グーグルやスターバックスなどの多国籍企業が行っている「ダブルアイリッシュ＆ダッチサンドイッチ」等の海外取引スキーム
➢ チェック・ザ・ボックスを利用した租税回避行為など

算入困難

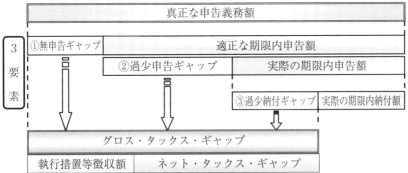

算入困難

地下経済
（犯罪行為・違法行為の提供，違法物品の売買，闇市場・闇金融の利用等）

このカテゴリーごとにタックス・ギャップの算出が行われている。

　この5つのカテゴリーについては，タックス・ギャップの概念について，可視的に理解できるようにRASの調査課（OR）が作成して公表した「タックス・ギャップ・マップ」（〔図表1-1：2006課税年度〕）にも示されており，このマップから3要素・5カテゴリーごとのタックス・ギャップの推計額を確認することができる。

　なお，タックス・ギャップは，これら3要素・5カテゴリーのすべてについて算出が可能というわけではなく，①無申告ギャップの「法人所得税」，「社会保障税」及び「個別消費税」，②過少申告ギャップの「個別消費税」については計測不能となっている。

　また，推計可能としている要素・カテゴリーも，タックス・ギャップ・マップをみると，「個人所得税」，「法人所得税」又は「相続税」でかなり状況が異なっているようである。

　5つのカテゴリーごとにタックス・ギャップの算出が行われる理由としては，タックス・ギャップの算出作業に従事する担当部署との関係があるものと考えられる。例えば，「個人所得税」については「小規模企業・自営業者局（Small Business/Self-Employed Division: SB/SE）」が，「法人所得税」については「大規模企業・国際局（Large Business and International: LB & I）」がというように，そのために必要な統計調査等の作業へのアプローチは部署ごとにかなり異なっているのが実態のようである。

　ロ　タックス・ギャップの算出方法の概要

　米国のタックス・ギャップは，3要素・5カテゴリーごとに算出されているわけである。

　このタックス・ギャップについて，カテゴリー別[2]の推計額[3]及び構成比をみてみると，「個人所得税」は29兆6,000億円で65.8％，「法人所得税」は7兆1,000億円で15.8％，「社会保障税」は7兆6,000億円で16.9％，「相続税」は4,000億円で0.9％，「個別消費税」は100億円で0.02％と，「個人所得税」のタックス・ギャップを占める割合が圧倒的に高いという非常に偏った結果になっている。

　そのような米国のタックス・ギャップの算出方法及び利用データを，2006課税年度ついて3要素・5カテゴリーをベースに表形式にまとめものが，「Tax Compliance Research 2006」において公表されている。それを翻訳したものが**図表1-3**である。

　図表1-3は，実際にタックス・ギャップが算定されている要素・カテゴリー

12 ◆ 第1章 BEPSの現状とその問題点

図表1-3 2006課税年度 タックス・ギャップの算出方法及び利用データ

(単位:億ドル)

要素			アプローチ		推計額等
無申告	個人	データ	2005年のIRSデータ		250 (5.5%)
		方法	IRSの執行データとの照合及びモデリング (情報申告書,確定申告書)		
	相続	データ	1990年代後半及び2000年のNCHS及びHRSデータ		30 (0.7%)
		方法	富裕層調整死亡率カーブ (Wealth adjusted mortality curves)		
過少申告	個人	データ	2006課税年度のNRP調査データ (約13,000件の調査事績) 併せて,2001課税年度のDCE推計でのNRP調査データ		2,350 (52.2%)
		方法	・2006課税年度NRP調査データによるライン項目DCE推計 ・課税計算		
	法人	データ	(複数年の) 通常の税務 (実地) 調査データ		670 (14.9%) 中小190(4.2%) 大480(10.7%)
		方法	中小企業 (資産<$10M) (1) イールドカーブ法:1996-2006, (2) 経済モデル:2004		
			大企業 (資産≧$10M) (1) パレート/極値法		
	社会保障	自営	データ	2006課税年度のNRPのランダム調査,併せて,2001課税年度のNRPをベースにした新しいDCE推計	720 (16.0%)
			方法	DCE調整NRP推計を適用した課税計算	
		雇用	データ	1984課税年度のTCMPランダム調査	
			方法	課税年度の申告事績にTCMP VRRを適用	
	相続	データ	2004年 (暦年) の通常の税務調査データ		20 (0.4%)
		方法	経済モデル (2001年と同様)		
滞納	すべて	データ	2006課税年度のマスターファイル一覧表		460 (10.2%)
		方法	実績値〔実額〕		

について，①無申告では「個人所得税」及び「相続税」の，②過少申告では「個別消費税」以外のカテゴリーの，③過少納付（滞納）ではすべてのカテゴリーをひとまとめとして，それぞれの算出方法及び利用データが順に示されているものである。

(C) BEPS とタックス・ギャップの関係

米国で BEPS はタックス・ギャップ上でどのように取り扱われると考えられるのか。

イ タックス・ギャップの定義からの考察

米国のタックス・ギャップの定義は，「その課税年度において自発的に申告期限内に納付されなかった租税法によって課される真実の租税債務の総額（the aggregate amount of true tax liability imposed by law for a given tax year that is not paid voluntarily and timely)」とされており，その要素として以下の3要素が示されている。

---

① 無申告ギャップ（Nonfiling Tax Gap）

　　＝真正な申告義務額−適正な期限内申告額

② 過少申告ギャップ（Underreporting Tax Gap）

　　＝適正な期限内申告額−実際の期限内申告額

③ 過少納付ギャップ（Underpayment Tax Gap）

　　＝実際の期限内申告額−実際の期限内納付額

このタックス・ギャップの定義及びその3要素からBEPSはどのように位置付けられるのか考察すると，タックス・ギャップは〔租税法によって課される真実の租税債務の総額〕と〔その課税年度において自発的に申告期限内に納付された金額〕との差額と言えるので，BEPSが米国においてその租税法上どのように規定されるのかが重要になると考えられる。

OECD の BEPS 勧告における Linking Rule によれば，ハブリッドミスマッチによる非違は居住地国に課税権は帰属することが原則としての取扱いとする国内税法の整備がなされることになると思われ，そのように米国の租税法が整備されるとするならば，米国に帰属すべきと規定された BEPS は①無申告ギャップ又は②過少申告ギャップとして米国のタックス・ギャップの推計上含まれるべきものと考える。

ロ 米国のタックス・ギャップに係る政策的観点からの考察

国のタックス・ギャップに係る政策的観点からの考察をするならば，定義から

の考察とは結論が異なってくると思われる。米国では，タックス・ギャップの推計は，適切な税務行政が制度的にも執行においてもなされていることを国民に明確に示すための指標であるといえるものである。したがって，BEPSを適切な推計根拠を示さずに新しく加えることにすると，これまで租税の捕捉率を約85％でほとんど変化なく推移させてきたタックス・ギャップの値がこの捕捉率を引き下げるように働いてしまうことが想定され，これは米国の租税政策上において望ましいものとは言い難いのではないかと考察されるものと思われる。

このように考えると，BEPSの推計値はその根拠が十分に確からしいものだと判断ができる物でないとタックス・ギャップの推計値に新たに加えることに政策的観点からは二の足を踏むのではないかと考察する。

ハ　トランプ政権の現在の主張からの考察

2016年11月の米国の大統領選挙で選出されたドナルド・トランプ氏の主張には，以下のことが見受けられるところである。

- 米国の利益を最優先とする⇒BEPS上は米国の課税権を確実に確保していく。
- 必要な制度改正等には前向き⇒BEPS勧告により米国の課税権を最大化する。

このような大統領の政治的スタンスから考察するに，トランプ新政権の下ではBEPSにより米国の課税権が侵害されることを許さないのではと思われ，タックス・ギャップの推計においても当然にBEPS上の非違（米国の帰属すべき課税権）は認識しておくべきだと判断するのではないかと思われる。

ニ　総合的な考察

上記考察から判断して，次のことが言えるのではないかと考える。

- BEPSの推計値はその根拠が十分に確からしいものだと判断ができる物でないとタックス・ギャップの推計値に新たに加えることには消極的ではないか。
- 米国の租税法上，米国の課税権が広く確保できるような制度改正がなされていくのではないか。
- 法人などの本社の国外移転については，移転後も米国の課税ができるような制度改正をするのではないか（パテント・ボックス対応を考慮するのでは）

3　我が国のタックス・ギャップの推測

（1）　米国と同様な推計をする問題点

万が一，我が国において米国と同様のタックス・ギャップの推計をするとなると，以下のような問題が生じることが想定され，これは結構難しいと思われる。

- 日本ではNRP調査には納税者から理解が得られなく，コスト的にも実施は

困難であろう。
- 具体的な推計方法について国民の理解が得られない（難色を示される）可能性があろう。
- タックス・ギャップの推計の必要性を国民や国会があると判断しない可能性があろう。
- 日本に最も適合した推計方法が米国と同等のものであるのか検証が必要である。

（2）　米国の推計値からの大局的な推計

　我が国のタックス・ギャップを米国と同様にこの論文上で推計することは，上記の問題点もあり，また，そのためのデータも何一つないことから不可能である。しかし，何らかの推計ができないのかという観点から「米国の推計値からの大局的な推計」ができないかを考える。日本と米国の国民総所得（GNI）を比較すると以下のようになっている。

（国民総所得の比較）

日本：米国＝2015年のGNI〔4,788,376：17,823,218（単位：mil.US$）〕≒1：4

　国民総所得の比較では，日本と米国の経済規模はおよそ1：4であるということができるのではないかと思われる。この経済規模からの推計では，我が国のタックス・ギャップの推計値は，米国のおよそ4分の1とみることが大局的な推計としてできるのではないかと，個人的な考えではあるが，申し上げられるのではないかと考える。

（我が国のタックス・ギャップの推計）

米国のグロス・タックス・ギャップ〔45兆円〕÷4＝11.25兆円

　前述の米国の2006年のタックス・ギャップの推計値の4分の1の値がそれになるのかと思われる〔11.25兆円〕が，これには①米国と日本の租税法は異なっている，②タックス・ギャップの定義が米国と全く同じでよいのか判断がなされていない，③タックス・ギャップの推計は税目ごとに算出されるべきではないか，④米国と日本の国民性は大きく異なるものであり，この数値はマキシマム的なものではないか，などの疑問が生じるところである。

　この数値が現在の税収額の約2割程度の数値であることからも，〔11.25兆円〕という数値が，全くの当て外れとまではいえないかとも想像される。しかし，この数値が行政上意味のある指標として扱えるものではないことは言うまでもない。

16 ◆ 第1章 BEPS の現状とその問題点

(注)

(1) 連邦歳入に大きな比率を占める税目に,「FICA」や「Self-Employment Tax」があり,これらを社会保障税(Employment Tax)といっている。社会保障税は,年金や健康保険制度等,連邦政府が提供する社会保障サービスの財源確保のための目的税であるが,その徴収はIRSが行っており,いずれの場合も,申告及び納付は所得税とともに行われる。

(2) カテゴリー別に,①無申告ギャップ+②過少申告ギャップ+③過少納付ギャップを計算。

(3) 2006年課税年度であるので,1ドル=100円で換算。

多国籍企業の実効税率と国際競争力

本庄 資

1 財務省による法人実効税率の国際比較

　財務省の資料では，我が国の法人所得の税率（国税・地方税）は，平成23年度改正前39.54％，24-25年度37％，26年度34.62％，27年度32.11％，28-29年度29.97％，30年度29.74％と段階的に引き下げられてきた。財務省の国際比較では，他国の実効税率は，米国40.75％，フランス33.33％，ドイツ29.72％，中国25％，韓国24.20％，英国20％と表示されている。俗に「法人が負担する実質的な税の負担率」のことを法人実効税率と呼ぶが，実効税率という概念は，単に国税と地方税の法定税率の合計税率という意味で用いるべきではない。

2 法定税率と実効税率

　OECD glossary of tax terms では，実効税率（Effective Tax Rate: ETR）を"The rate at which a taxpayer would be taxed if his tax liability were taxed at a constant rate rather than progressively. This rate is computed by determining what percentage the taxpayer's tax liability is of his total taxable income." と定義している。

　ETR は，各国政府が，R&D や外資導入や対外投資の奨励措置や二重課税防止のために採用する種々の租税優遇措置によって，概して法定税率（Statutory tax rate）より低くなる。各国の実効税率の比較については，いくつかの著名な研究が公表されている。

　米国では，その法定税率（連邦税率と平均州税率：38.9％）が，OECD 加盟国（35か国）のなかで最高であり，OECD 平均税率24.2％を14.7％上回るといわれるが，米国企業は実際にそんなに重い課税をされているのだろうかという疑問がある。

　米国では，米国GAO（Government Accountability Office）が，ETR について，(i)2008年報告書（GAO-08-957），(ii)2013年報告書（GAO-12-520），(iii)2016年報

告書（GAO-16-363）を公表してきた。また，米国議会調査局（Congressional Research Service: CRS）も報告書を公表している。多国籍企業が，国内外の税制の差異や隙間，タックス・ヘイブンや軽課税国を利用してグローバル税負担を引き下げ，世界で最高といわれる法人所得税の実効税率をどの程度まで引き下げているのかという問題について考察するに当たり，これらの報告書の要点を整理することから始めよう。

（1）　GAO 報告書（GAO-13-520）

　GAO-13-520 "Corporate Income Tax Effective Tax Rates Can Differ Significantly from the Statutory Rate" では，米国の法人所得税率引下げ論者は，米国の法定税率35％とその平均実効税率（法人の納付する所得税額／税引き前所得）が他国より高いと主張しているが，GAO 報告書（GAO-08-957）は，米国の大きい被支配法人の約55％が1998-2005年の間に1年以上連邦税を全く申告していないという事実を指摘した。そこで，米国議会は，法人が米国法人所得税をどの程度納付しているかを評価するよう GAO に諮問した。GAO は，平均法人 ETR を定義し，財務諸表と税務申告に基づいて平均 ETR を推計した。法定税率は，税法に定義する課税所得に係る税額（税額控除前）をいうが，ETR は法定税率と異なる。税務申告の詳細なデータにアクセスせず，大部分の研究者は財務諸表のデータに基づいて ETR を推計してきた。過去の推計で使用された税額の尺度は当期の租税支出（current tax expense）であり，所得の尺度は税引き前の帳簿上の純所得であった。これらと違い，GAO は，帳簿上の租税支出（book tax expense）を税務申告で実際に申告された税額と比較することができることである。2010課税年度に，スケジュール M-3 を提出した黒字の米国法人は，財務諸表で報告した税引き前の全世界所得の約13％の米国連邦所得税を納付した。外国税及び州税・地方税を含めると，黒字申告の ETR は約17％になる。赤字法人を含めると，赤字法人の損失が計算式の分母を著しく減少させるので，ETR を引き上げる。したがって，赤字法人を含めると，平均の全世界ベースの ETR は22.7％になる。それでも，法定税率35％より下回る。

（2）　GAO 報告書（GAO-16-363）

　GAO-16-363 "Corporate Income Tax Most Large Profitable U.S. Corporations Paid Tax but Effective Tax Rates Differed Significantly from the Statutory Rate" では，2006-2012年の間，すべての能動的な法人の2/3以上が全く連邦所

得税を納付していないという。大法人（1,000万ドル以上の資産を有する法人）の42.3％は，2012年に全く連邦所得税を納付していなかった。その財務諸表では黒字であった法人の19.5％が，全く課税されなかった理由としては，繰越欠損金の控除，財務会計より有利な税法上の減価償却などの租税優遇措置が挙げられる。これらの理由が，ETRが法定税率と著しく異なる理由の一つである。米国の法人所得税率は，15％から35％である。2008-2012年間，すべての大法人（黒字法人と赤字法人）の税引き前純所得に対する米国連邦所得税の割合は，25.9％である。すべての法人の外国税及び州税・地方税を含めたETRは，40.1％であった。しかし，純損失の法人にとってETRは意味がない。

（3） CRS 報告書（2014）

Jane G. Gravelle の CRS 報告書 "International Corporate Tax Rate Comparisons and Policy Implications"（January 6, 2014）では，米国税率が他の国より高いか，その差異は租税政策上なにを意味するかについて論じ，どの税率を比較するかによって答えが異なるといい，米国の法定税率は高いが，平均ETRは他国とほぼ同じであり，新規投資の限界税率は少し高いという。法定税率の差異は国際的利益移転に関連し，ETRは事業体の投資レベルに関連する。法定税率の差は，13.7％ポイントである（他国の25.5％に比して米国は39.2％）が，各国の経済規模を反映する加重平均で比べると，その差は約9％ポイントとなる。Gravelle は，税率の種類，含まれる税の種類，単純平均と加重平均について論じたうえ，**図表 2 - 1 ～ 2 - 3** により，以上の結論を導いている。

（4） PWC 報告書（2016）

PWC 報告書 "International Comparison of Effective Corporate Tax Rates prepared for Alliance for Competitive Taxation"（September 2016）では，(i)欧

図表 2 - 1　法人税率，米国と OECD

税率の種類	米国	OECD（GDP 加重平均）	OECD（単純平均）
法定税率（2010年）	39.2	29.6	25.5
法定税率（2010年）生産活動控除	36.3	29.6	25.5
ETR（2008年）	27.1	27.7	23.3

（出所）OECD 資料

図表 2 - 2　法人税率，15最大級の国

税率の種類	米国	他の14か国 （GDP 加重平均）	他の14か国 （単純平均）
法定税率（2010年）	39.2	30.7	29.8
法定税率（2010年） 生産活動控除	36.3	30.7	29.8
ETR（2008年）	27.1	27.2	25.3

（出所）OECD 資料

図表 2 - 3　ETR，米国と 6 か国（カナダ，フランス，ドイツ，インド，日本，英国）との比較

税率	米国	6 大国（GDP 加重平均）	6 大国（単純平均）
ETR（2005-2009）	23.0	24.5	26.0

（出所）Kevin S. Markle and Douglas A. Shackleford, "Cross-Country Comparisons of Corporate Income Taxes" Working Paper, February 2011.

州委員会（35か国の2015年データ），(ii)カルガリー大学（45か国の2015年データ），(iii)世銀（189か国の2014年データ）及び(iv) National Bureau of Economic Research（15か国の2006-2011年データ）の 4 つの国際比較研究を特定した。欧州委員会の研究は，税法パラメーター及び代表的な国内投資を用いて ETR を測定し，カルガリー大学の研究も，同様である。世銀の研究は，国内製造業の納付する法人税に基づき，NBER の研究は，財務諸表に基づいている。これら 4 つの研究は，米国法人 ETR を**図表 2 - 4**のように示している。

2 多国籍企業の実効税率と 国際競争力 ◆ *21*

図表2-4 国際的法人 ETR の比較

	欧州委員会		カルガリー大学	世界銀行	NBER
税率	EATR	EMTR	METR	Cash Tax	Book Tax
米国 ETR	36.5%	34.3%	34.6%	28.1%	21.9%
平均 ETR（米国を除く）	21.1%	16.0%	19.2%	16.2%	17.4%
米国のランキング	2	3	5	16	2

（出所）PWC「ETR の国際比較」(September 2016)

（5） 政府機関の用いる法人平均実効税率計算の比較

　我が国では，「法人平均実効税率」（Corporate Average Effective Tax Rate: AETR）の計算方法やその選択について議論が少ない。また，法人税法に規定されることは，租税特別措置法に規定されることと異なり政策マターでないという学説を唱える者もいるが，「税率」はまさに租税政策の凝縮されたものである。米国では，世界最高級の高い税率の引下げをめぐる議論に当たり，実効税率（ETR）の国際比較が引合いに出されるが，種々ある ETR の算定方法の選択をめぐる議論も活発に行われている。

　米国内の政府機関でも，AETR について，(i)財務省，(ii)議会調査局（CRS），(iii)議会予算局（CBO），(iv)GAO がそれぞれ研究している。財務省の租税分析室（Office of Tax Analysis）の Laura Power は，"The Devil is in the Details: A Comparison of the Corporate Average Effective Tax Rate Calculations used by Government Agencies（Working Paper 105 January 2016)" において，以上の4つの機関のほか，CRS の基礎となる Alan Auerbach，について，AETR の計算の差異が生じる理由として，(i)所得の計算上損失を所得と相殺するか，(ii)所得及び税額の計算にどのようなデータを使用するか，(iii)計算に金融業を含めるか，(iv)国外所得を含めるか，(v)インフレの調整をどのようにするか，景気変動をどう扱うかなどの問題を取り上げている。単一の最善の AETR 算定方法を見出すため，Laula Power は，次のように結論をまとめた。

　1．リセッションが AETR 算定の差に影響するので，赤字企業，還付税，債権の価値を浸食するインフレの調整及び代替的所得措置を含めるか除外するか。

　2．正の所得を分母とする計算は税制によって課される負担について最大の情

報を提供する。税制の正の所得に対する影響に焦点を合わせるため，分母に
正の所得，分子に損失による租税の減少分を加算する。
3．景気変動について，数年度の平均を用いる計算が産業全般の税負担の比較
にはよい。
4．M-3データは事業体レベルの財務上の所得と課税上の所得の調整を意図
し，事業体レベルの納税データに関連しているので，国民所得生産勘定
（NIPA）や調整後課税所得より AETR 計算に適している。
5．金融業については，特別な AETR の計算を策定すべきである。
6．外国及び国内の税と所得の双方を含めて計算することが望ましく，米国企
業に対する米国税制と外国税制による負担が分かれるように全世界 AETR
を分ける方がよい。

3　米国多国籍企業の租税動機取引の発展を促した米国法人税率

現在，世界中の注目の的になっている米国多国籍企業のアグレッシブ・タック
ス・プランニング（ATP）を米国企業が国際競争のため米国の高税率を回避す
るための自助（self-help）行為とみて擁護する共和党と過度のアグレッシブ
（overly aggressive）な租税回避の防止の必要性を主張する民主党は，租税政策
について，歴史的に鋭く対立している。Thomas Woodrow Wilson 大統領（民主
党）が1917年に法人税とキャピタル・ゲイン税のトップ税率を15％から67％に引
き上げたとき，企業は企業分割，支店の子会社化で高税率の適用を回避しようと
したため，この動きを阻止するために米国が強制的な連結納税制度を導入し，関
連企業間の取引の価格操作を阻止するため，1917年戦時歳入法規則により移転価
格税制を導入したことは有名な話である。

米国は，戦時において，戦時超過利潤税などにより，累進税率構造をもつ法人
税率のトップ税率を94％にまで引き上げることも辞さない。米国は，通常所得と
キャピタル・ゲインのトップ税率とトップ・ブラケットの限界所得金額を操作す
る租税政策を展開している。歴史的にみると，共和党は税率を引き下げ，民主党
は引き上げる傾向がある。

米国では，コーポレート・インバージョンの第二波で，ファイザーが大きい話
題になった。米国議会を支配する共和党は，米国企業の自由な立地選択に寛大で
あるが，民主党は，コーポレート・インバージョンを阻止する政策を展開してき
た。共和党は，コーポレート・インバージョンを阻止するには，抜本的な租税制

度の改正が必要であるといい，法人税率の引下げを主張している。

　米国では，第一波のインバージョン（米国企業がカリブ海に本店を移転した）
を2004年 AJCA により導入した IRC7874条（インバージョン対策税制）で阻止
したとブッシュ政権（共和党）は，公言していたが，拙著「米国を離脱する個人
と法人インバージョンの現状とその問題点」（日本租税研究協会講演配布テキス
ト2014.12.5）で指摘したとおり，米国インバージョンは全く止まらなかったどこ
ろか，急増した。それもそのはず，IRC7874条には，次のループホールが仕込ま
れており，この立法作業に携わり，財務省規則を制定する財務官僚・法律顧問官
たちとその執行に係る指針等を策定する IRS 官僚・法律顧問官たちが退官後法
律事務所でそのループホールを利用するインバージョン・スキームのプロモー
ターになって，米国企業の欧州（オランダ，ルクセンブルク，アイルランド，英
国）へのアドレス・シフティングを合法的に推進してきたからである。

- ループホール１：設立国で「実質的経済活動」を行う外国法人は，インバー
ジョン対策税制の適用除外とすること（財務省規則で実質的経済活動テスト
として10%基準を定める。）
- ループホール２：所有変更が20%以上あれば内国法人とみなさず，所有変更
が40%以上あれば外国の新しい事業体への資産の譲渡に米国トールチャージ
が課されないこと
- ループホール３：米国企業が小さい外国企業を合併すること（本部を海外に
移転しても米国に事業の支配を留保すること）

この措置によって，確かにカリブ海の島国で設立された外国親会社がそのグ
ループの実質的経済活動の10%以上を行うことは無理であるから，カリブ海への
アドレス・シフティングは止まったが，10%以上の実質的経済活動テストを楽に
クリアできる英国等の欧州諸国へのアドレス・シフティングが大手を振って罷り
通ることになった。当時，この第二波のインバージョンを可能にするルールづく
りを行った人たち（Hal Hicks, Barbara Angus, Jefferson Vander Wolk など）は，
米国法曹界の大物として成功している Revolving Doors である。IRS 主席法律顧
問官事務所（NY）の Jane J. Kim 弁護士が，"three cases where the IRS walked
away from large well-founded assessments of big corporate taxpayers raised
by whistleblowers" を財務長官，IRS 長官及び IRS 主席法律顧問官に宛てた手紙
（19 Oct. 2014）において，IRS トップレベル幹部と大手法律事務所・大手会計事
務所との Revolving Doors による "multi-billion dollar tax giveaways" の内部告
発を行ったことが一連のインバージョン・スキャンダル記事の一部として公に

24 ◆ 第1章 BEPSの現状とその問題点

なっている。

4 税の競争（tax competition）

いずれの国も，福祉国家として必要な税収確保と経済成長・雇用機会の創出の双方を追求している。資本主義の下で公正な競争（level playing field）を維持しつつ，「成長」と「雇用機会創出」のドライバーとして企業活動が活発に行われるように諸政策が採用され，その政策を促進するため租税優遇措置も採用される。

経済発展のための伝統的な外資・外国技術の導入政策として優遇税制が導入されてきたが，自国への事業誘致，地域開発及び特定技術導入を促すために，非課税，免除，税率の引下げ，課税ベース（益金−損金）の縮小及び税額控除などの税制における税の競争と税務執行レベルにおけるアドバンス・ルーリング等による税の競争が展開されている。

国際社会は，税制における税の競争について，公正な競争を害する「国家補助」（State aid）を禁止し，プライシングの競争等についてはダンピングやカルテルなど経済法・独禁法サイドで規制し，税務行政における税の競争についても，移転価格税制文書化やタックス・ルーリングの開示を求めている。これらのうち，際限のない競争（race to the bottom）の典型として，次のように，法定税率の引下げが顕著である。

英国は，2017年19％，2020年18％，と段階的に引き下げると発表していたが，EU離脱後，ジョージ・オズボーン財務相は，15％未満に引き下げると述べていた。

（1） 課税ベースの縮小

低課税制度（low-tax regimes）は，法定税率を低税率にするだけでなく，外資導入，金融サービス活動を誘致するための租税誘因措置（tax incentives）として，非課税所得，免税所得，各種所得控除，税額控除によって，低い実効税率（low effective tax rate）に導くように，構成されている。

1） 非課税所得—国外所得の非課税制度（領土主義課税原則）

OECD加盟国の外国子会社所得の二重課税を防止する方法として，外国子会社配当益金不算入制度（国外所得の部分免除）や全面的な国外所得免除制度により，(i)領土主義課税（参加免税）を認める国が増え，(ii)全世界所得課税＋外国税額控除による国は減ってきた。OECD加盟国についてみると，領土主義課税の国（28），全世界所得課税の国（6）となっている。

2) 所得控除の例

- ベルギー　想定利子控除（Notional Interest Deduction: NID）
- 英国　金融会社部分免税（Financial Company Partial Exemption: FCPE）
- パテント・ボックス制度

アイルランド（1973），フランス（2001），ハンガリー（2003），オランダ，ベルギー（2007），ルクセンブルク，スペイン，中国（2008），スイス（2011），英国（2013）。

※ OECD BEPS Action 5 では既存のパテント・ボックス制度を廃止し，「ネクサス・アプローチ」を勧告した。

（2）　事業体の存在を否認する制度

　米国は，1997年にチェック・ザ・ボックス規則を導入し，「当然法人」（per se corporation）を除き，私法上の法人・事業体は，連邦税法上，「法人課税」を受けるか，「パートナーシップ課税」（パススルー事業体として構成員課税）を受けるかは，納税者の選択に委ねられることとした。それまでは，連邦税の課税上「法人」として取り扱うか否かは，「キントナー原則」により一定の要件を満たす場合であるとしていたので，「法人該当性」をめぐり，争いが絶えなかった。「法人課税」についても，株主数が100人未満の企業は，全員の同意により，構成員課税を選択する場合には「S法人」（S corporation）の地位を認められ，組織に対する「法人課税」を免れることができる。さらに，企業が100％所有する法人は，内国法人に限らず，外国法人についても，連邦税の課税上，「無視される事業体」（disregarded entity: DRE）となることを選択することができる。例えば，米国法人（A）が，タックス・ヘイブンに100％所有子会社（B），日本に100％所有子会社（C）を設立し，AがBに100億円を出資し，BがCにその100億円を貸し付け，CがBに10％の利子（10億円）を支払う場合，日本では，法人格否認の法理を適用せず，内国法人（C）が支払う利子の損金算入を認め，日本の課税ベースを縮小するが，米国の課税上，B及びCは「無視される事業体」（disregarded entity）とされ，BとCとの間の貸付及び利子の支払は，Aの内部取引であるとの理由で，Bの受取利子は，課税所得を構成しない。その結果，D/NIというハイブリッド・ミスマッチ・アレンジメントが税負担の最小化の目的を合法的に達成することができる。

　OECD/G20 BEPS Action 2（ハイブリッド・ミスマッチ・アレンジメントの効果の無効化）は，このようなスキームを防止しようとして，リンキング・ルー

26 ◆ 第1章 BEPSの現状とその問題点

ルというハイブリッド・ミスマッチ・ルールを勧告している。

（3） OECD加盟国の法人税の対GDP比率

　米国法人税率は，世界一高いが，OECDのデータ（2014）によれば，法人税の対GDP比の比較は，次のとおり，米国以外のOECD諸国の平均は，2.7％であるが，米国は2.3％であり，平均を下回っている。

　米国では，ロビイストの活躍が盛んであり，常に法定税率が高いことを議会に叫び続け，米国企業の国際競争という大義名分で，タックス・ブレーク，ループホール，その他の例外措置を作らせてきた。市民団体Citizens for Tax Justice（CTJ）の調査では，フォーチュン500の企業の実効税率（ETR）は，19.4％であり，多くの黒字企業（Boeing, GE, Verizonなど）が連邦税を全く支払っていないという事実を指摘している。

5　実効税率（ETR）引下げを狙うタックス・プランニング

　高税率国，例えば米国の企業は，低税率国の企業との国際競争で，"level playing field"となるように，高税率国の企業の企業分割（低税率国での子会社設立，買収等）と，支配するグループ企業との合併（未処理欠損金額の利用）などの組織再編成やグループ内部取引の移転価格操作（transfer pricing）や利子・使用料による税源侵食・利益移転（base erosion and profit shifting: BEPS）などにより合法的に税負担最小化（tax minimization）のために納税者の事象をアレンジするスキームを考案する。このように考案される合法的な税負担最小化スキームがタックス・プランニングという。

　OECDは，「実効税率」を"The rate at which a taxpayer would be taxed if his tax liability were taxed at a constant rate rather than progressively. This rate is computed by determining what percentage the taxpayer's tax liability is of his total taxable income."と定義している。

　OECDは，「タックス・プランニング」を"arrangement of a person's business and/or private affairs in order to minimize tax liability."と定義している。

　世界一高い法定税率の米国では，例えば法人税率（トップ税率）が1916年15％から1917年67％に引き上げられたときに一斉に所得分割のための企業分割が行われることを防止するため連結納税制度を導入した。税率は租税政策によって決定されるが，下記のような米国の高税率の適用を回避するため，米国では，合法的

に税負担を最小化するタックス・プランニングのニーズが高まっている。

米国多国籍企業グループは，その合法的なタックス・プランニングにより外国子会社等を通じる国外所得の税負担を回避するため，タックス・ヘイブンを活用している。

GAO は，その調査報告書 "International Taxation: Large U.S. Corporations and Federal Contractors with Subsidiaries in Jurisdictions Listed as Tax Havens or Financial Privacy Jurisdictions" (GAO-09-157, December 2008) において，米国大企業100社のうち83社，政府の仕事の請負業者100社のうち63社がタックス・ヘイブン子会社を有すること，"Tax administration: Comparison of the Reported Tax Liabilities of Foreign- and U.S. Controlled Corporations 1998-2005" (GAO-08-957, July 2008) において，米国支配法人の約55％が連邦税を払っていないこと，"Corporate Income Tax: Effective Tax Rates Can Differ Significantly from the statutory Rate" (GAO-13-520, May 30, 2013) において，米国の実効税率 (effective tax rate: ETR) が12.6％になっていること，" Corporate Income Tax: Most Large Profitable U.S. Corporations Paid Tax but Effective Rates Differed Significantly from the Statutory Rate" (GAO-16-363) において，2006-2012年に，能動的法人である大法人（資産1,000万ドル以上の法人）の約3分の2が連邦税を払っていないことを公表した。財務諸表上利益を出している大法人が納税義務を免れる理由は，繰越欠損金控除や減価償却などの租税優遇措置の利用とみている。

市民団体は，その調査報告書で，富裕層や多国籍企業の各国税制の差異やループホールやタックス・ヘイブンの利用によって税源侵食・利益移転（BEPS）が行われている状況を明らかにしようと努力している。例えば，U.S. PIRG & CTJ の調査報告書 "Offshore Shell Games 2015" によれば，米国多国籍企業の国外所得の実効税率は，6％程度であるといい，フォーチュン500の個別企業グループのタックス・ヘイブン利用状況，オフショア留保利益が申告ベースだけでも巨額に達していることを明らかにしている。

これらの多国籍企業グループが事業活動の行われる場所又は価値創造の場所からどのような ATP ストラクチャーを用いて税源侵食・利益移転を達成したかについては，守秘義務の壁があり，これらの調査報告書でも，明らかにされない。

これらの報告書に掲名された Apple，Microsoft，Google，Hewlett-Packard については，英米議会の公聴会でその ATP ストラクチャーの一部が暴露され，市民や市民団体の怒りを買い，このような ATP は「合法的」（legal）であるが，

このような ATP を合法的として許容する税制に対する国民の信頼を損なうことになるとの強い懸念を政治レベルに植え付けることになった。OECD の「多国籍企業ガイドライン」（OECD Guideline for Multinational Enterprises）にも反するおそれがあり，英国首相の「企業のモラル」の問題であるという発言が，「企業の社会的責任論」（Corporate Social Responsibility: CSR）の議論を喚起した。

OECD では，タックス・プランニングによって租税回避のために考案されたスキーム（a contrived scheme to avoid or reduce a liability to taxation）を「タックス・シェルター」（tax shelter）と定義しているが，濫用的タックス・シェルター（abusive tax shelter）の特定とその否認については，拙著『アメリカン・タックス・シェルター基礎研究』（平成15年・税務経理協会）において詳細に述べているが，米国議会がエンロンの数多の濫用的タックス・シェルターを暴いた「エンロン・レポート」（Report of Investigation of Enron Corporation and Related Entities regarding Federal Tax and Compensation Issues and Policy Recommendation）が2003年2月に公表された。それまでも，米国では，タックス・シェルターに対処する税制があり，税法上一定の定義をした上，プロモーターにタックス・シェルターの IRS への登録，販売した投資家リストの保存，これを利用した納税者の申告義務を規定していたが，エンロンは，株主・債権者に開示する財務諸表では最高の利益を表示し税務申告では納税義務をゼロとすることを可能にする数多のスキームを利用していることが暴露され，米国に衝撃を与えた。これらのスキームに関与したビッグファイブのアーサーアンダーセンは，崩壊した。

米国は，これを機会にこれまでのタックス・シェエルター税制を廃止し，2004年米国雇用機会創出法（America Jobs Creation Act of 2004: AJCA）により「報告すべき取引」（Reportable Transactions）の登録，投資家リスト保存，納税者の申告義務と重い制裁規定を法定した。1935年グレゴリー事件判決前後から発展してきた判例法理（judicial doctrines）が存在し，そのうち「経済的実質」（economic substance）の法理は，裁判所で二股判決が出る状況に対処するため，2010年に成文法化された（IRC7701 (o)）。それでも，現代の米国多国籍企業の ATP を防止することができないのはなぜか。

OECD/G20 BEPS Action Plan では，「透明性」と「実質性」を重視して多国籍企業の「利益を生ずる経済活動が行われ，価値が創造される場所で利益が課税される」ことを可能にする新しい国際課税ルールを構築しようとしている。

有害な税の競争の現状と問題点

本庄 資

　OECDの1998年「有害な税の競争：出現するグローバル問題」報告書（1998 Report Harmful Tax Competition: An Emerging Global Issue）の公表以来約20年が経過した。当時と同様に現在，主として人為的な利益移転（artificial profit shifting）に利用されるリスクがある優遇制度と一定のルーリングに関する透明性の欠如が，BEPSプロジェクト行動5において取り上げられ，次の2点が強調された。

1　租税優遇制度の適用に「実質的活動」を要求すること

　国々は，利得の課税をこれらの利得を生じる実質的活動に一致させるため，租税優遇制度の評価に用いられる実質活動要件を強化すべきことに合意した。いくつかのアプローチが考えられたが，到達したコンセンサスは，「ネクサス・アプローチ」（nexus approach）であった。このアプローチは，IP制度に関連して策定された。それは，納税者が自らIP所得を生じる適格研究開発（R&D）支出を負担した範囲に限り，IP制度からベネフィットを受けることを容認する。ネクサス・アプローチは，「活動」の代理指標（a proxy）として「支出」を用いる。IP制度はR&D活動を奨励し，成長及び雇用を促進するように設計されているので，実質活動要件はこれらの制度からベネフィットを受ける納税者が実際にこのような活動に従事し，このような活動に係る支出を現実に負担したことを確保するべきとの原則の上に成り立っている。これと同じ原則は，「他の優遇制度」にも適用できるので，このような制度は，納税者が優遇制度の対象となる種類の所得を生ずるために必要な所得を生じるコア活動を行う範囲で，納税者にベネフィットを与える場合，実質的活動を必要とする。

2　透明性を改善すること

　透明性の分野で，義務的自発的交換がなければBEPS問題を生じるおそれのあるすべてのルーリングを包含する枠組みが合意された。この枠組みは，6つの範疇のルーリング：(i)優遇制度に関するルーリング；(ii)クロスボーダーの片務的

事前価格アレンジメント（APA）又は他の片務的移転価格ルーリング；(iii)利得の下方調整を認めるルーリング；(iv)恒久的施設（PE）ルーリング；(v)導管ルーリング；及び(vi) FHTP が将来交換がなければ BEPS 問題を生じることに合意する場合，その他の種類のルーリングを包含する。これは，制度又は行政手続の運用における透明性の欠如が租税の取扱いのミスマッチ又は二重非課税の場合を生じることがあることを認識する。必要な法的根拠を有する国に関し，この枠組みによる情報交換は，将来のルーリングについては2016年4月から行われるが，一定の過去のルーリングの情報交換は，2016年12月31日までに完了されることが必要である。最終報告書も，クロスボーダー・ルーリングのベスト・プラクティスを示している。

（1）　1998年 OECD の有害な税の競争イニシャティブ

　行動5の作業は新しいものではない。1998年に，OECD は，報告書「有害な税の競争：出現するグローバル問題」(1998) を公表し，OECD の有害な税慣行の分野における作業の基礎として FHTP を創設した。それは，地理的に可動性のある活動（例えば，金融その他のサービス活動（無形資産の提供を含む。））に係る有害な税慣行に対抗する措置の策定を目的としていた。これらの活動の性質は，それらをある国から他の国へ移転することを容易にするものであり，グローバル化と技術革新によってその可動性が大きくなる。「有害な税慣行」(harmful tax practice) の分野における行動5の作業の目標は，可動性のある活動に適用され，不公正に他国の税源を浸食し，資本及びサービスの所在を潜在的に歪める制度によって引き起こされる問題に対処することによって税制の完全性を確保することである。

　1998年報告書は，有害な税慣行に関する作業を3つの分野：(i) OECD 加盟国の優遇制度，(ii)タックス・ヘイブン及び(iii) OECD 以外の経済に分けた。1998年報告書は，優遇制度が潜在的に有害であるか否かを判断するため4つの重要な要素と8つの他の要素を示し，「タックス・ヘイブン」を定義するために用いられる4つの重要な要素を示した。1998年報告書に次いで4つのプログレス・レポートが出された。

（2）　有害な優遇制度か否かを判断する1998年報告書の枠組み

　有害な優遇制度の判断に関する1998年報告書に基づく枠組みは，次の3つの段階から成る。

a)　ある制度がFHTPの作業の範囲内にあるか否か及びそれが優遇制度であるか否かの考慮

b)　ある優遇制度が潜在的に有害であるか否かを判断するために1998年報告書において示された「4つの重要な要素」及び「8つの他の要素」の考慮

c)　ある潜在的に有害な制度が現実に有害であるか否かを判断するために当該制度の経済効果の考慮

　租税優遇措置とは，それが，関連国における一般的な課税原則に比べてなんらかの形の租税優遇を提供するものをいう。ある制度によって提供される優遇の形は幅広く，税率もしくは課税ベースの減少又は租税の納付もしくは払戻の優遇条件を含む。重要な点は，当該制度が，他国で適用される原則との比較でなく，関連国における一般的な課税原則に比べて優遇となるかどうかである。

　優遇制度が潜在的に有害であるか否かの判断は，次の4つの重要な要素と8つの他の要素を考慮することによって行われる。

　「4つの重要な要素」は，次のとおり。

a)　制度が地理的に可動性のある金融及び他のサービス活動からの所得に全く税を課さないか又は低い実効税率を課すること。

b)　制度は国内経済からリングフェンスされていること。

c)　制度が透明性を欠如していること（例えば，制度及びその適用の詳細が明らかでないこと又は取締監督もしくは財務開示が不十分であること）。

d)　制度に係る効果的情報交換がないこと。

　「8つの他の要素」は，次のとおり。

a)　課税標準の人為的な定義

b)　国際的移転価格原則に固守しないこと。

c)　国外源泉所得の居住地国課税の免除

d)　交渉の余地のある税率又は課税標準

e)　秘密規定の存在

f)　広範な租税条約ネットワークへのアクセス

g)　制度が税務行政ビークルとして促進されること。

h)　制度が純粋に租税動機をもち実質的活動を含まないオペレーション又はアレンジメントを奨励すること。

　ある制度が潜在的に有害と考えられるためには，第1の要素「無税又は低い実効税率」が適用されなければならない（ゲートウエー基準）。ある制度が国レベル及びサブナショナル・レベルの双方で租税ベネフィットを提供する場合，当該

32 ◆ 第1章 BEPS の現状とその問題点

制度が無税又は低い実効税率の要素を満たすか否かの問題は，一般に，国レベルとサブナショナル・レベルの双方を組み合わせた実効税率に基づいて判断される。

（3） 有害な税慣行を防止するための実質活動要件

BEPS プロジェクト行動5は，FHTP に対し，すべての優遇制度に関する実質的活動の要求及び透明性（優遇制度に関するルーリングに関する義務的自発的交換を含む。）の改善を優先させ，有害な税慣行に関する作業の刷新を要求した。

① IP 制度に関連する実質活動要件

IP に関する所得に関する租税優遇を規定する制度は，FHTP の作業の焦点である税源浸食問題を引き起こす。同時に，IP 集約産業が成長と雇用の重要なドライバーであり，FHTP の合意した原則に従って与えることを条件として，国々が自由に研究開発（R&D）活動の租税誘因を与えることができることが認識される。

FHTP は，IP 制度における実質的活動を要求するため3つの異なるアプローチ（価値創造アプローチ，移転価格アプローチ，ネクサス・アプローチ）を考慮した。これらのうち，選ばれたネクサス・アプローチは，ある IP 制度がそのベネフィットを，ベネフィットを受ける納税者の R&D 活動の程度を条件としているか否かに依存する。当該アプローチは，IP の創造において生じる支出に適用される R&D 税額控除及び類似の「フロント－エンド」税制の基礎にある基本原則に基礎を置くように努めている。これらのフロント－エンド制度に基づき，支出が租税ベネフィットの計算に用いられるので，支出とベネフィットは直接的に繋がっている。ネクサス・アプローチは，この原則を広げ，IP の創造と利用の後に稼得される所得に適用される「バック－エンド」税制に適用する。したがって，IP を創造するために生じた支出のみにベネフィットを与える IP 制度に管轄を制限するのでなく，ネクサス・アプローチは，また，ベネフィットを受ける所得と当該所得に貢献する支出との間に直接的な繋がり（nexus）がある限り，管轄が当該 IP から生じる所得にベネフィットを与えることを許容する。この支出に対するフォーカスは，R&D 活動を奨励することを意図する制度が実際にこのような活動に従事する納税者のみにベネフィットを与えることを確保することによって IP 制度の根底にある目的に一致する。したがって，「支出」は，実質的活動の代理指標（proxy）として作用する。活動の額の直接指標として作用するのは，支出額ではなく，納税者による実質の付加価値を示し，納税者が行った実質的な活動がどのくらいであるかの代理指標として作用するのは，「開発活動に直

接関連する支出の割合」である。ネクサス・アプローチは，IP制度からベネフィットを受ける所得の割合が適格支出と支出全体との間の割合と同じであるとの比例分析を所得に適用する。言い換えれば，ネクサス・アプローチは，制度が適格支出に生じる範囲で，IP関連所得に関する優遇率を定めることを容認する。ネクサス・アプローチの目的は，現実のR&D活動が納税者自体によって行われる場合にIPから生じる所得のみにベネフィットを授与することである。この目標は，納税者以外の当事者による単なる資本拠出又は実質的なR&D活動のための支出が，その後の所得がIP制度によりベネフィットを受けることを効果的に防止するような方法で「適格支出」を定義することによって達成される。

ネクサス・アプローチは，支出比率に従って所得を配分する。ネクサス・アプローチは，次の計算式を適用して，どんな所得が租税ベネフィットを受けることができるかを決める。

$$\frac{\text{IP資産の開発のために生じた適格支出}}{\text{IP資産の開発のために生じた支出全体}} \times \text{IP資産からの所得全体} = \text{租税ベネフィットを受ける所得}$$

この計算式における比率（「ネクサス比率」）には，当該エンティティによって生じた適格支出及び支出全体のみが含まれる。IP制度によるベネフィットを受ける所得の額がネクサス・アプローチによって決定される額を超えない場合，当該制度は実質活動要件を満たしている。

A. 適格納税者

適格納税者には，居住法人，外国法人の国内恒久的施設（PE），及び居住法人の外国PEで，ベネフィットを与える管轄で租税を課されるものが含まれる。

B. IP資産

想定されるネクサス・アプローチに基づき，IP制度により租税ベネフィットを受けることができるIP資産は，パテント及びその他のIP資産で，当該IP資産が法的に保護されかつ類似の承認及び登録手続（このような手続が適切である場合）の対象とされる場合，機能的にパテントに相当するもののみである。機能的にパテントに相当するIP資産とは，(i)広く定義されたパテント，(ii)著作権のあるソフトウエア，及び(iii)以下に示される一定の状況で，明らかでない他の資産で，有用で新しいものである。

ネクサス・アプローチにより適格であるパテントは，用語の狭義ではパテントでなく，効用モデルであり，植物及び遺伝学的物質に保護を与えるIP資産，開

発遅延の希少疾患用薬剤の指定，並びにパテント保護の延長である。第1範疇の IP 資産は，広義のパテント（パテント保護の延長を含む。）を包含する。

　著作権のあるソフトウエアは，それが新しく，明らかでなく，有用であるので，パテントの基本的な性格を共有している。それは，IP 制度が概して奨励するために設計される種類の発明及び R&D から生じ，ソフトウエア産業の納税者は，そのコアのソフトウエアの開発を非関連者に外注するようにみえない。したがって，著作権を受けたソフトウエアは，機能的に相当する資産の第2の範疇であるが，他の著作権を受けた資産は，ソフトウエアと同種の R&D 活動から生じないので，機能的に相当する IP 資産の定義に含まれない。

　適格 IP 資産は，また，最初の2つの範疇のいずれにも該当しないが，パテントの特性（すなわち，明らかでなく，有用であり，新しい）を共有し，実質的に最初の2つの範疇の IP 資産に類似し，税務当局と関係のない権限ある政府機関によって透明な証明手続においてこのようなものとして公認される IP 資産を含むことがある。このような証明手続は，また，対象となる種類の資産に関し十分な透明性を持つものでければならない。

　このようなベネフィットを受ける資格のある納税者は，グローバル・グループ取引高が5,000万ユーロ（又は国内通貨でほぼこれに相当する額）以下であり，かつ，それ自体の全 IP 資産からの総収入が750万ユーロ以下である（双方の計算には5年間平均を用いる。）納税者である。第3範疇の IP 資産からの所得にベネフィットを与える管轄は，それらがこのようなベネフィットを与え，適用すべき法的枠組み及び行政的枠組みに関する情報を提供すべきことを FHTP に通知すべきである。それらは，第3範疇に含まれる IP 資産の各種の数，第3範疇からベネフィットを受ける納税者の数，IP 制度の資格がある第3範疇の IP 資産から生じる IP 所得の合計額に関する情報を FHTP に提供すべきである。管轄は，第3範疇の IP 資産からベネフィットを受ける納税者に関し，自発的情報交換を行う必要があろう。ネクサス・アプローチは，支出，これらの IP 資産及び所得の間のネクサスの確立にフォーカスする。ネクサス・アプローチに基づき，マーケティング関連 IP 資産（例えば商標権）は，IP 制度により租税ベネフィットを受けることは決してできない。

C. 適格支出

　適格支出は，適格納税者によって負担されたものでなければならず，直接 IP 資産に関係するものでなければならない。管轄は，それ自体の適格支出の定義を定める。このような定義は，適格支出には現実の R&D 活動のために生じる支出

のみが含まれることを確保するものでなければならない。それらには、複数の管轄の税法に基づき現在R&D税額控除の適格のある種類の支出が含まれる。それらには、支払利子、建築費用、取得費用又は個別のIP資産に直接繋がりのない費用は含まれない。

適格支出を計算するとき、管轄は、納税者が適格支出に含まれる支出に30%「アップリフト」を適用することを許容することができる。このアップリフトは、適格支出を増加するが、納税者が不適格支出を有する範囲に限る。言い換えれば、適格支出の増加額は、納税者の支出全体を超えてはならない。アップリフトの目的は、ネクサス・アプローチが、納税者のIP取得又はR&D活動を関連者に外注することに対し過度にペナルティを課さないことを確保することである。

D. 全体支出

全体支出は、適格納税者自体がすべての関連支出を負担した場合、IP資産からの所得の優遇制度からのベネフィットに対する比率が100%となるような方法で定義されるべきである。これは、全体支出は、納税者自体によって行われたならば適格支出として計算されるすべての支出の合計でなければならない。これは、今度は、納税者自体が負担したとしても、「適格支出に含まれない支出」（例えば、支払利子、建築費用、及び現実のR&D活動を示さない他の費用）は、全体支出に含めることができず、それ故、IP制度からベネフィットを受けることができる所得の額に影響を与えないことを意味する。「IP取得コスト」は、全体支出には含まれるが、適格支出には含まれないので、例外である。したがって、全体支出には、すべての適格支出、取得コスト及び適格支出として計算されない外注支出が含まれる。

したがって、ネクサス・アプローチは、全体支出におけるIP資産の開発で生じた支出のすべてを必ずしも含まない。その代わり、それは、適格支出に2つの支出（関連者の外注の支出と取得コスト）のみを追加する。

したがって、ネクサス比率は、次のとおり表すことができる。

$$\frac{a+b}{a+b+c+d}$$

このバージョンのネクサス比率では、aは、納税者自体の負担したR&D支出を表し、bは、非関連者外注の支出を表し、cは、取得コストを表し、dは、関連者外注の支出を表す。これは、同比率を100%から減少することができる唯一の方法が、納税者がR&Dを関連者に外注し又はR&Dを取得した場合であることを意味する。「不成功なR&Dの支出」は、概して、ネクサス比率に含まれな

いであろう。それは，不成功な R&D は明らかに全然所得を生じないからである。

E. 全体所得

管轄は，移転価格ルールの適用後その所得の定義に関する国内法に従って「全体所得」を定義する。管轄が選択する定義は，次の諸原則を遵守するべきである。

(i) 制度からベネフィットを受ける所得は比例的でなければならない。

(ii) 全体所得は IP 所得に限定されるべきである。

F. 外注

ネクサス・アプローチの意図は，IP 所得の相当の割合がベネフィットを受けるためには，現実の R&D 活動の相当の割合が適格納税者自体によって行われなければならないことを確保することである。管轄内外を問わず，「関連者が行う活動に係るすべての支出」は，適格支出とみなされないが，非関連者（管轄内外を問わない）が行う活動に係るすべての適格支出がベネフィットを受けることを容認する。

G. 取得した IP の取扱い

ネクサス・アプローチによる取得した IP の取扱いの基礎にある基本原則は，IP 資産の取得後当該 IP 資産の改良のために負担された支出のみが適格支出として取り扱われるべきであるということである。これを達成するため，ネクサス・アプローチは，上記のとおり，取得コストを適格支出の定義から除外し，取得後負担された支出のみが適格支出として取り扱われることを容認する。しかしながら，取得コストは，全体支出に含まれるであろう。取得コストには，他の支出のなかでとりわけ，研究の権利を取得するために負担される支出が含まれる。取得コスト（又は，ライセンシングの場合，使用料もしくはライセンス料）は，取得前に負担された全体支出の代理指標である。したがって，取得前に何人が負担した支出であろうと，適格支出又は全体支出のいずれにも含まれない。

H. 所得及び支出の追跡（トラッキング）

ネクサス・アプローチは，支出と所得との間にネクサスがあることに依存するので，IP 制度を導入しようとする管轄が，IP 制度からベネフィットを得ようとする納税者が，ベネフィットを受ける所得が実際に当該ベネフィットを受ける資格のある支出から生じることを確保するため，支出，IP 資産及び所得を追跡しなければならないことを命じることを要求する。納税者が完全に自己開発し，その所得のすべてを生じるある IP 資産のみを有する場合，当該法人が負担したすべての適格支出が当該法人の稼得したすべての IP 所得に与えられるベネフィットを決定するので，この追跡は明らかに簡単であるが，ある法人が複数の IP 資

産を有し又はどの程度であれ外注もしくは取得をするならば，追跡が不可欠となる。追跡（トラッキング）は，また，納税者が制度からベネフィットを受けることができる所得の額を嵩上げするため全体支出の額を操作しないことを確保しなければならない。これは，納税者が支出と所得との間の繋がりを追跡し，これの証拠をその税務当局に提供することができることが必要であることを意味する。ネクサス・アプローチの基礎にある基本的な原則は，所得は，納税者自体がIPに貢献したR&D支出を負担した範囲に限り，IP制度からベネフィットを受けるべきであるということである。

I. 反証可能な推定

管轄は，ネクサス比率を「反証可能な推定」（rebutted presumption）として取り扱うことができる。納税者からの他の情報がない場合，管轄は，ネクサス比率に基づいて租税ベネフィットを受ける所得を決定する。しかしながら，適格IP資産又は生産物の開発に当たり実質的な適格R&D活動を行う納税者が，ネクサス分数の適用がIP優遇制度の適用を受ける所得のレベルがそのR&D活動のレベルに釣り合わない結果を生じることを立証することができる例外的な状況において，納税者は，もっと多くの所得がIP制度からベネフィットを受けることを認められるべきだと主張し，これを立証する可能性を有する。「例外的な状況」には，例えば，納税者の財務諸表における取得したIPの全部もしくは部分的な減価償却，又は納税者がネクサス計算に反映されるより大きい価値創造活動に従事したことを示すことができる例外的な性質をもつ他の事例が含まれる。ある管轄がネクサス比率を反証可能な推定として取り扱うことを選択する場合，ネクサス比率の調整は，納税者のR&D活動のレベルに相応し，ネクサス・アプローチの基本原則に合致する結果を生じるものでなければならない。反証可能な推定の適用の決定は，例外的な状況の継続的な存在を判断するため年次ベースで再検討されるべきである。

② IP以外の優遇制度における実質活動要件

行動5は，IP制度のみでなくすべての優遇制度に関して実質的活動を要求する。したがって，FHTPは，1998年報告書以来FHTPが特定し見直してきた他の優遇制度に実質的活動要件を適用することを考慮している。考慮される特定の範疇の制度に関連してこの要件が特定の制度にどのように適用されることになるのかについてもっと詳細な考慮が必要であろう。行動5は，IP以外の制度に関して適用されることとなる以下のような原則を示している。

IP制度はR&D活動を奨励し成長と雇用に貢献するために設計されるので，IP

制度の文脈における実質活動要件の基礎にある原則は，実際にこのような活動に従事しこのような活動に係る現実の支出を負担した納税者のみに制度からベネフィットを受けることを容認することである。他の優遇制度の文脈でも，当該制度が適格納税者のみに当該納税者が優遇制度の対象とする種類の事業所得を稼得するために必要なコア所得を生じる活動を行った範囲でベネフィットを与える場合に実質活動要件を満たすと判断されるように，同じ原則を適用することができる。

　実質活動要件は，ベネフィットを受ける所得と当該所得を稼得するために必要なコア活動との繋がりを確証すべきである。1998年報告書において着手されたように，「IP以外の制度において問題となっているコア活動」は，地理的に可動性のある活動（例えば，金融その他のサービス活動）である。これらの活動は，サービス活動がベネフィットを受ける所得に直接的に貢献するとみられるので，それらを当該所得と繋ぐなにかを全く必要としないであろう。「なにが所得を稼得するために必要なコア活動を構成するか」の判断は，所得の種類によって左右される。制度の狙いが類似の種類の所得である場合でさえ，さまざまな国の制度の適用のバリエーションには幅があるので，関連のコア活動について，もっと詳細な検討を行うことが必要になる制度としては，統括本部制度，配給・サービスセンター制度，金融又はリース制度，ファンド・マネジメント制度，バンキング及び保険制度，海運制度，持株会社制度である。

3　ルーリングに係る透明性の向上のための枠組み

　有害な税の慣行に関する作業の刷新のため行動5における第2優先事項は，「透明性の向上」（一定のルーリングに関する義務的な自発的情報交換を含む。）である。この作業は，確実性と予見可能性の向上を促進する一方で，透明性の確保という目的を掲げるBEPSプロジェクトの第3の柱に貢献する。

　FHTPは，次の3段階で透明性の向上に関する作業を進めることを決定した。

a)　第1段階：優遇制度に関するルーリングに係る義務的な自発的情報交換の枠組みの策定

　この枠組みは，FHTPの2014年プログレス・レポート（OECD, 2014a）で提示され，修正され，いま，2015年最終報告書におけるガイダンスに取り替えられる。

b) 第2段階：透明性の改善と，OECD 及びアソシエート諸国のルーリングを考慮

　この作業（現行ルーリング慣行に関し OECD 及びアソシエート諸国が回答した質問状を含む。）は，義務的な自発的情報交換に関する枠組みをさらに進展させ，義務的な自発的情報交換を行うための要件は，一般に，ルーリングの交換がないことが BEPS 問題を生じる可能性のあるすべての場合を包含すべきであるとの結論に導いた。意味のある透明性の規律は，関連する実在の規律よりも広いものでなければならない。例えば，ユニラテラル事前確認（advance pricing arrangements: APA）プログラム自体が優遇制度であると示唆するものはないが，優遇制度，特に行政上の性質をもつものは，全部又は一部，APA 又はアドバンス・タックス・ルーリング（ATR）を通じて運用されている。このような場合，十分に情報に明るい決定を行うことができるのは，ルーリングに関する情報交換が行われる場合だけである。

c) 第3段階：ルーリング制度の設計と運用の一般的なベストプラクティスの枠組みの策定

　「ルーリングに係る義務的な自発的情報交換の合意された OECD の枠組み」には，義務的な自発的情報交換がなければ BEPS 問題を生じる可能性のある6つの範疇の「納税者－個別ルーリング」（taxpayer-specific rulings）が含まれる。これらの6つの範疇は，(i)優遇制度に関するルーリング；(ii)移転価格に関するユニラテラル APA 又は他のクロスボーダー・ユニラテラル・ルーリング；(iii)課税利得の下方調整を与えるクロスボーダー・ルーリング；(iv)恒久的施設（PE）ルーリング；(v)関連者導管ルーリング；及び(vi)すべての他の種類のルーリングで FHTP が自発的情報交換がなければ BEPS 問題を生じることに合意したものである。

　ルーリングは税務当局と納税者の双方にとって確実性及び予見可能性を与え，したがって，課税紛争の発生を回避する有用な道具であることが認められるが，透明性についての懸念は新しいものでなく，OECD の有害な税の慣行に関する作業の開始以来，ルーリング制度はフォーカスの分野であった。透明性に関する適用ノート（CAN）には広範囲にわたるガイダンスがある。1998年報告書（OECD, 1998）及び CAN が明らかにしているように，透明性はしばしばルーリング（ユニラテラル APA を含む。）及び自発的通知が必要な場合にはもっと広い行政慣行に関連する。ルーリング制度は，また，国際的に可動性のある資本を

ある管轄に引き寄せるために利用することができ，それらは，有害な税の慣行に貢献し又はこれを構成する方法でこれを行う可能性がある。

ルーリングは，「税務当局が特定の納税者又は納税者グループに対しその租税上の状況に関して与え，納税者が頼ることができるすべての助言，情報又は計画」である。

「納税者－個別ルーリング」は，特定の納税者に適用され，当該納税者が信頼することができるルーリングである。このようなルーリングは，納税者のルーリング要求に答えて事案ごとに取引前（ATR 又はクリアランス及び APA を含む。）及び取引後の双方に与えられる。したがって，ルーリングの定義は，例えば，納税者がその税務申告書又は計算書を提出した後に行われた調査の結果として到達された陳述又は合意を除外する。

「アドバンス・タックス・ルーリング」は，個々の納税者に特有であり，特定の納税者が信頼することができる取引提案の租税上の結果の決定を定める。アドバンス・タックス・ルーリングは，多様な形式で行われ，法定手続又は行政慣行（非公式に与えられるルーリングを含む。）の一部として与えられるルーリング又はクリアランスを含むことがある。それらは，しばしば，特例の法令及び行政慣行が特定納税者の行う取引提案に適用されるのか否か及びある場合にはどのように適用されるかを決める。

「事前確認」（APA）は，OECD 多国籍企業と税務当局のための移転価格ガイドライン（TP Guidelines, OECD）において，「関連取引に先立って，一定期間にわたるこれらの取引の移転価格の決定に関する一連の適切な基準を決めるアレンジメント」として定義される。それらは，APA の範囲内でどのように移転価格ルールが将来の取引に適用されるかについて納税者に確実性を与える。それらは，通常，移転価格の決定に関する一連の適切な基準（例えば，方法，比較対象，その適切な調整及び将来の事象に関する重要な仮定）を決定することによってこれを行う。APA には，ユニラテラル APA，バイラテラル APA 又はマルチラテラル APA がある。

「一般的ルーリング」は，納税者のグループもしくは種類に適用され，又は特定の納税者に適用されるのでなく，限定された一連の状況もしくは活動に関して与えられる。それらは，概して，法令解釈及び行政慣行などの問題並びにその納税者一般，特定グループの納税者又は特定の活動への適用に関する税務当局の立場に関するガイダンスを与える。このガイダンスは，概して，ルーリングの範囲内に該当する活動に従事し又は取引を行うすべての納税者に適用される。このよ

うなルーリングは，しばしば公表され，個別ルーリングの申請を行う必要なしに，納税者によってその関連活動又は取引に適用される。当該枠組みは，一般的ルーリングには適用されないが，ベストプラクティスが適用される。

　これら以外の主要なルーリングとしては，「優遇制度に関する納税者―個別ルーリング」，「クロスボーダー・ユニラテラル APA 及び移転価格又は移転価格原則の適用を包含するクロスボーダー・ユニラテラル・タックス・ルーリング（例えば ATR）」，「納税者の金融口座 / 商業口座に直接反映されない納税者の課税利得のユニラテラル下方調整を与えるクロスボーダー・ルーリング」，「超過利潤ルーリング」，「非公式資本ルーリング及び他の類似のルーリング」（一般に親会社又は他の関連者による資本又は資産の拠出を認識し，例えば，無利息ローン（interest free loan）の場合にみなし利子控除を通じて課税利得を減らす調整を与えるもの），「恒久的施設（PE）ルーリング」（ルーリングを与える国による恒久的施設の存否及び / 又は恒久的施設への利得の帰属に関するルーリング），「関連者導管ルーリング」及び「自発的情報交換がなければ BEPS 問題を生じるすべての他の種類のルーリング」がある。

4 ATPによって利用される伝統的な国際課税ルールのループホール

本庄 資

1 多国籍企業のアグレッシブ・タックス・プランニング（ATP）

　ATPでは，純粋に各国の課税主権（tax sovereignty）に基づく税制の差異・二国間租税条約の特典（源泉地国の課税権の制限）を利用する場合と，各国の税務行政の弱点（情報入手困難性，立証責任，法執行能力の限界）を利用する場合がある。本稿では，前者について説明する。

　ATPでは，各国税制や租税条約の意図しないループホールを利用するものが少なくない。現行国際課税ルールにある「意図せざるループホール」について，実際のATPによる各種スキームで利用されているもののうち，拙著『国境に消える税金』（平成16年・税務経理協会）においても指摘した基本課税原則を租税回避のために利用する方法について，以下に若干の考察を試みる。

2 国際課税原則にあるループホール

（1）　基本課税原則にあるループホールの利用

　各国の国際課税原則[1]は，内国法人の「国外所得」に対し課税権を及ぼす全世界所得課税原則と内国法人の国外所得（foreign income）に対し課税権を及ぼさない領土主義課税原則に分かれる。そのいずれにおいても，外国法人の国内源泉所得（グロス概念）又は国内源泉所得に係る所得（ネット概念）に対して課税される。これらの国際課税原則をATPでは，「国際的二重非課税」（double non-taxation）を達成するためにどのように利用しているか，その再検討が必要となる論点を以下に挙げることにする。

① 全世界所得課税（world-wide taxation）原則における国際的二重非課税

　理論的には，全世界所得課税原則の下では，内国法人・居住法人は，(i)本店が直接取得する国外所得（PEに帰属しない所得）及び(ii)海外支店等を通じて取得する国外所得（PEに帰属する所得）に対し，居住地国で課税される。当該国外所得に源泉地国又は支店等所在地国で課された外国税（foreign tax）については，

法的二重課税を除去するため，居住地国において一般に直接外国税額控除（direct foreign tax credit）又は損金控除（deduction）による救済が認められる。しかし，実際には，「情報の非対称性」が存在するため，国外所得の無申告又は過少申告による脱税・租税回避のリスクがあり，また，過大な外国税額控除による脱税・租税回避のリスクがある。しかし，米国のように，全世界所得課税原則を採用する場合でも，内国法人・居住法人が(iii)外国子会社を通じて取得する国外所得に対しては，その居住地国における課税は，「配当」（dividend）として分配されるまで「課税繰延」（tax deferral）を認めている。私法上外国子会社がその利益の分配をするか否かはその自由裁量に委ねられている。したがって，内国法人・居住法人がその支配下にある外国子会社にその国外所得の分配をさせない場合にはその内部留保利益について「節税」（tax saving）となり，一定の条件の下で課税繰延が制限される場合には，租税回避となるリスクがある。外国子会社による利益の分配が行われる場合，その配当の基因となる国外所得に対する外国税については，経済的二重課税を排除するため，一般に間接的外国税額控除（indirect foreign tax credit）を認めることがある。この場合，外国税額控除制度を利用して親会社の税負担を減少させる人為的な外国税額発生スキームが考案されることがある。

　また，全世界所得課税原則の適用を免れるために，内国法人・居住法人とならない事業体が選択されることがある。私法上企業形態は自由に選択できるので，団体課税を合法的に回避するため，米国ではパススルー課税される(i)パートナーシップ，(ii)S法人，(iii)私法上の法人であっても税法上パートナーシップとして扱われる有限責任会社（limited liability company: LLC）などが選択される。

　また，全世界所得課税原則の適用を免れるために，法人の居住性決定ルールが利用される。例えば，米国では設立準拠法主義により内国法人か否かを判定するので，国外所得を稼得する法的主体（legal entity）を外国法に準拠して設立するだけで，実際には米国で経営管理支配を国内で行っていても，当該国外所得について米国の課税権から離脱できる（例えば，Appleの2つのアイルランド子会社を利用するダブル・アイリッシュ・スキーム）。この点は，本店所在地主義により内国法人か否かを判定する日本でも同様である。国外所得を稼得する法的主体の本店を国外に置くだけで，実際には日本で経営管理支配を国内で行っていても，当該国外所得は日本の課税権から離脱することができる。

　逆に，実質管理支配主義により居住法人か否かを判定する国では，国外所得を稼得する法人を国内法に準拠して設立し，又は本店を国内に置くとしても，経営

管理支配を国外で行うことにすれば，当該国の課税権から離脱することができる（例えば米国や日本で実質管理支配するアイルランド子会社）。

これらの選択は私法上すべて合法的であり，「課税上の居住地」（fiscal residence）の決定ルールを税法で明確に定めない限り，国外所得を各国の課税権の及ばないこととすることは，単なる「節税」であって，特にこれを防止する租税回避防止規定（anti-avoidance rule）を設けない場合には，「租税回避」（tax avoidance）にも当たらないということになる。

不器用なプランニングでは，このような各国の法人の居住性判定ルールの差異によって国際的二重課税の問題を生じる。そのような場合には，各国単独のルールでは解決できないので，租税条約において二重居住法人の振分け規定（tie breaker test）（実質管理支配地基準）を設けて解決することにしていたが，「損失の控除」（loss deduction）については，「情報の非対称性」により税務当局間の情報交換（exchange of information: EOI）が適切に行われない限り，逆に，二重居住法人による損失・費用の二重控除（double dipping or double deduction: DD）又は多重控除（multiple deduction）が罷り通ることになる。このため，BEPS 行動 6 では，二重居住法人の振分けは，権限ある当局の相互協議によることとされた。

（参照：Michael R. Kinney "US Corporate Tax Reform: Why is a World-wide Tax System Absent from the Debate ?" Tax Notes Int'l 1093, Sept. 16, 2013）

② 領土主義課税（territorial taxation）原則における国際的二重非課税

理論的には，領土主義課税原則の下では，(ⅰ)内国法人は本店が直接取得する国外所得，海外支店等を通じて取得する国外所得及び(ⅱ)外国子会社を通じて取得する国外所得のすべてに対し課税されない。したがって，源泉地国又は支店等所在地国で当該国外所得に課税されない場合には国際的二重非課税となる。EU の「資本参加免税」（participation exemption）は，一定の資本関係を有する関連企業間の受取配当の全部又は一部を免除する制度であり，「部分的領土主義課税」といわれる。配当の基因となる国外所得が外国子会社の段階で課税されるときでも，経済的二重課税は生じないが，外国子会社段階で課税されず，配当についても源泉徴収税が課されないときは，当該配当について国際的二重非課税が生じる。

領土主義課税の国では，納税者が居住者か非居住者かの区別よりも，所得が国内源泉所得か国外源泉所得かの区別により課税か非課税かを決めることになるので，いわゆる「ソースルール」（source rule），すなわち，国内源泉所得を定める規定又は国外源泉所得を定める規定が，tie breaker test として重要になる。

国外所得のうち配当については，日本も平成21年度改正で「外国子会社配当益金不算入制度」を導入したので，部分的領土主義の国になった。いわゆるタックスヘイブン子会社からの受取配当も95％免除される結果，日本企業グループがEU諸国Aの子会社1の稼得した国外利益をEU Directivesに従うEU加盟国Bの子会社2に支払配当として移転し，そのうえでこれを日本親会社に配当する場合，子会社2を例えば英国に本社を置く「欧州会社」（SE）とし，子会社1を欧州会社のA支店とすると，領土主義課税の国AではA支店に帰属する国外所得には課税されず，英国では外国支店の利益には課税されない（選択的非課税）。英国の欧州会社の当該利益を日本親会社に配当する場合，英国では，日英租税条約の配当に対する源泉徴収税の免除（議決権の10％以上を直接又は間接に保有することを条件とする），日本では外国子会社配当益金不算入制度により当該配当の95％は非課税となる。このようなスキームでは，いわゆるタックスヘイブンを利用していないが，領土主義課税の国における支店の国外所得を，その支店の本店を英国に置くだけで，その親会社はこれを配当としてほとんど無税で取得することができる。国際的二重非課税は，OECDのATPの累計（DD, D/NI）だけでなく，領土主義課税による国外所得の益金不算入と租税条約による源泉徴収税の免除と受取国における益金不算入という一連のゼロタックススキームによって達成される。

③　居住者決定ルール・居住地国決定ルールの差異による国際的二重非課税

租税条約は，いずれか一方の国の居住者又は双方の国の居住者（二重居住者）に適用されるが，BEPSプロジェクト以前のルールでは，双方居住者（二重居住者）に適用する場合には当該租税条約の定める tie breaker test によっていずれか一方の国に振り分けた上で租税条約が適用されることとなっていた。OECDモデル租税条約では，「課税上の居住者」（fiscal resident）の定義を定めた上で二重居住者の振分けについては，個人の場合，「恒久的住居」，「重要な利害関係の中心」，「常用の住居」，「国籍」及び「権限ある当局の合意」によることとし，個人以外の場合，『事業の実質管理の場所」によることとしている。しかし，OECDモデル租税条約では，租税条約の適用対象となる「居住者」の定義を究極的には当該国の国内法令に委ね，「住所，居所，事業の管理の場所その他これらに類する基準により当該一方の締約国において課税を受けるべきものとされる者」をいうと定めている。そのため，各国の国内法（私法又は税法）の差異により二重居住者又は二重非居住者が生じる。すなわち，法人についても，各国の内国法人・居住法人の決定ルールは，すでに述べたとおりさまざまであり，国際的

に統一されていない。そのために，２か国間で，ある法人が二重居住者とされる場合やいずれの国の居住者にもならない場合が生ずる。各国の国内法では，設立準拠法主義（例えば米国），本店所在地主義（例えば日本），各種の実質管理支配地主義（例えば欧州諸国）又はこれらの併用が採用されている。租税条約の特典を享受したい法的主体は，一方の国の居住者又は二重居住者になることを主張するが，そのいずれの国においても「課税を受けるべきものとされる者」にならないことを望む法的主体（個人以外の者）は，両国の居住性の判定基準（事業の実質的管理の場所その他これらに類する基準）の裏をかき，これに該当しないことを主張する。

　米国ベース多国籍企業グループがその子会社群に属する法人を外国に設立する場合，国際的二重非課税となるように，いずれの国の居住者にもならないように各国の居住法人決定ルールを利用することができる。例えば，Apple Inc. のように，経営の場所のみで居住法人の判定を行っていた当時のアイルランドに子会社を設立し，その経営を米国で行う場合，(i)設立準拠法主義の米国からみると，この子会社はアイルランド法により設立されているので，外国法人であり，その米国と実質的関連のない第三国源泉所得には課税できず，(ii)経営の場所のみで居住法人の判定をしていたアイルランドからみると，この子会社は米国で管理支配されているので，課税上非居住法人であり，その第三国源泉所得には課税できない。したがって，第三国源泉所得が帰属する「アイルランドで設立された法人で米国で管理支配されるもの」は，アイルランドと米国からみると，課税できない「幽霊法人」（ghost corporation）となり，当該第三国源泉所得は，"Stateless Income" と呼ばれる。

　④　**エンティティ分類（entity classification）の差異による国際的二重非課税**

　エンティティの分類は，(i)私法上の分類と課税上の分類が一致しない国（例えば米国）と(ii)一致する国では課税上の取扱いが異なる。米国では，私法上の法人（corporation）であっても，連邦税法上，納税義務者となる法人（Ｃ法人）と納税義務者とならない法人（Ｓ法人）に区分され，「当然法人」（per se corporation）以外の事業体は，「適格事業体」（eligible entity）として，1997年に導入されたチェック・ザ・ボックス規則により法人課税又はパートナーシップ課税（パススルー課税）を選択することが認められる。IRS Data Book 2015により，申告件数をみると，Ｃ法人2,216千件，Ｓ法人4,717千件，パートナーシップ3,883千件，免税団体1,580千件という状況である。

　日本では，任意組合（民法667条），匿名組合（商法535条）を「契約」とし，

「法人でない社団」（法人税法 2 条 8 号）に含まれず，任意組合等（組合契約（民法667条 1 項），投資事業有限責任組合契約及び有限責任組合契約並びに外国におけるこれらに類するもの）において営まれる事業から生ずる利益又は損失は各組合員に直接帰属する（法基通達 1 - 1 -1, 14- 1 - 1 ）とし，エンティティと認めず，パススルー課税を行う。法人が匿名組合員である場合，その匿名組合営業について生じた利益又は損失について匿名組合契約により分配を受け又は負担をすべき部分を益金又は損金に算入し，法人が営業者である場合，匿名組合契約により匿名組合員に分配すべき利益又は負担させるべき損失を損金又は益金に算入する（法基通達14- 1 - 3 ）。したがって，日米間ではハイブリッド・エンティティ又はリバース・ハイブリッド・エンティティの課税上の取扱いが問題になる。

　日本では，外国事業体の税法上の分類について明確な規定がないが，米国では財 務 省 規 則（Treas. Reg.301.7701-2(b)(8)）及び IRS Notice 2013-44, 2013-29 IRB で，「当然法人」リストを定め，公表している。国際課税では企業がハイブリッド事業体を用い，これをパススルー事業体として扱う国ではその利益を計上し，これを法人として扱う国では費用・損失を計上する方法で利用する場合，益金不算入／損金控除のスキームが考案される。

　日本の株式会社は，米国では「当然法人」とされるが，それ以外の法人 A は「選択適格事業体」とされ，チェック・ザ・ボックス規則で「法人課税」を選択しない限り，課税上パートナーシップとして扱われる。A は，自分でアジアにおける事業と米国における事業を行えば，日本で全世界所得課税を受けるので，米国において LLC を設立し，LLC を通じてこれらの事業を行うことにすると，LLC は米国州法により設立される私法上の法人であるから日本では課税上法人として扱うという立場をとると，LLC は日本では外国法人とされ，そのアジア源泉所得にも，米国源泉所得にも課税することができず，米国では法人課税を選択しない限り，LLC はパートナーシップとして扱われ，米国では LLC の段階ではアジア源泉所得のみならず，米国源泉所得にも課税されない。米国では，LLC の株主（パートナー）A に対しパススルー課税をすることができるが，A が米国で法人課税を選択しない限り，外国パートナーシップとして扱われるので，米国はアジア源泉所得（米国の国外源泉所得）には課税することができない。したがって，A が LLC の事業を米国外の事業に限定した場合には，A は日本はもとより，米国でも全く課税されないということになる。

　　（参照：Marian Omri "Meaningful Corporate Tax Residence" 71 Tax Notes Int'l 725, Aug. 19, 2013）

48 ◆ 第1章 BEPSの現状とその問題点

⑤ 独立企業原則（ALP）にある弱点

分離会計（SA）に基づく独立企業原則（arm's length principle: ALP）は，ATPによって都合よく利用される弱点をもっている。租税法律主義の下で課税要件法定主義・課税要件明確主義を求めながら，実際には借用概念や不確定概念が多用されている税法について，課税要件を規定する用語の意義について解釈の幅が大きい。そのうち，だれがどの管轄の納税義務者になるか，その納税義務の範囲がどうなるか，は企業の意思によって自由に操作される。企業分割や事業分割及び機能分割により異なる管轄に分散配置された多国籍グループ内構成企業のグループ内部取引については，実際は統一された意思により，税負担を最少化するため，グループ内の各メンバー企業に帰属する資産・リスク及び資本，利益と費用・損失が調整される。例えば，「費用分担契約」（cost contribution agreement or cost sharing agreement: CCA or CSA）により無形資産の各メンバーへの帰属，機能・リスク・資本の移転，事業再編などが自由に行われる状況において，BEPSプロジェクト前に次のような独立企業原則が租税回避に利用される脆弱性が露呈していた。

(ⅰ) グループ・メンバー間の内部取引を分離会計の下で独立企業原則で行われたものとする一方で，米国のチェック・ザ・ボックス規則により「無視される事業体」（disregarded entity）とすること（本支店間の内部取引とすること）を認め，すべてのグループ内取引を無視することを許容すること。

(ⅱ) 米国の設立準拠法主義とアイルランドの「経営管理の場所」で法人居住性を判定することを前提に「幽霊法人」と"Stateless Income"を許容する場合，独立企業原則の出る幕はあるのか。

Avi-Yonahは，独立企業原則を「美しい法的フィクション」（beautiful legal fiction）と呼び，その弱点を洗い出し，その弱点の除去の可能性について検討すべきであると主張している。独立企業原則の弱点があるという理由でいきなり「公式配分方式」（formulary apportionment: FA）[2]に移行せよという結論を出すのは早計かもしれないが，BEPSプロジェクトでは，移転価格ガイドライン第1章D（独立企業原則）を改訂して，ALPの再構築に新しい一歩を踏み出そうとしている。

（参照：Michael C. Durst "Analysis of Formulary System for Dividing Income, Part II Examining Current Formulary and Arm's Length Approaches" BNA Company Tax Management Transfer Pricing Report July 27, 2013）

OECD行動計画では，移転価格税制についてALPを維持することを前提とし

てその ATP に利用される弱点（無形資産の定義と評価，費用分担契約，リスク・資本の移転など）の是正策を検討している。パテント・ボックス税制についても，国際的に受け入れるかどうかを決めなければ，大きいループホールの存在を曖昧にすることになろう。BEPS 行動 5 では，これまでのパテント・ボックスを廃止することとし，英独合意に基づく「修正ネクサス・アプローチ」を認めることとした。

　（参照：Johnston, Stephanie Soong "Germany on Patent Box Regimes: Put a Lid on It" 71 Tax Notes Int'l 395, July 29, 2013, Lee A. Sheppard "Does Revised OECD Intangible Guidance Signal a Shift ?" 71 Tax Notes Int'l 483, Aug. 5, 2013, Kevin A. Bell "OECD: Intangibles Draft doesn't adopt Article 7 Functional Approach, McDonald says" BNA Company Tax Management Transfer Pricing Report Aug.8, 2013, Martin A. Sullivan "Example 13 of the OECD Revised Intangibles Draft" 71 Tax Notes Int'l 769, Aug. 26, 2013, Stuart Webber "Determining the Discount rate in a U.S Cost-Sharing Agreement" 71 Tax Notes Int'l 1013, Sept. 9, 2013）

　（参照：Joel B. Rosenberg "A Theory of Royalties and Profits: A Note" BNA Company Tax Management Transfer Pricing Report July 25, 2013）

（2）　租税条約にあるループホールの利用

　国連経済社会理事会 Committee of Experts on International Cooperation in Tax Matters の "Abuse of tax treaties and treaty shopping"（2005.11.15）では，OECD の作業に言及し，「条約の不適切な利用」（Improper use of the Convention）に関する変更（2003）が1998年の有害な税の競争に関する勧告のフォローアップにより行われ，次の多数の問題点を第 1 条コメンタリーで扱うことになったことを改めて記述している。

(i)　租税条約に規定する個別の濫用防止規定（SAAR）

(ii)　トリーティショッピングその他の形の濫用を扱う規定を条約に含めることができる。

(iii)　租税条約と国内法の濫用防止規定との相互作用

(iv)　CFC ルールと租税条約との互換性

　二重課税条約では，二重課税の防止を目的として，所得の種類に応じて課税権の配分を行っており，源泉地国の課税を制限又は排除する規定を定めている。条約相手国の居住者は，租税条約の特典（treaty benefit）を享受することができる。条約相手国の居住者になることは，第三国の居住者が当該国に法人を設立するこ

50 ◆ 第1章 BEPS の現状とその問題点

とが容易にできるので，本来ならば，ターゲット国と租税条約のない第三国の居住者がターゲット国における源泉地国課税を免れることができない場合，ターゲット国の条約相手国に設立したシェルカンパニーを通じて当該条約国の居住者としての地位で当該条約の特典を享受することができる。このような租税回避を目的とする租税条約の利用の可能性がループホールとして存在する。このような条約の不適切な利用を防止するために，一定の防止策が講じられてきた。

OECD は，これまで，モデル租税条約第1条コメンタリーで，「条約の不適切な利用」について議論を展開してきた。導管会社及び基地会社については，1987年に2つの報告書 "Double Taxation Conventions and the Use of Base Companies" 及び "Double Taxation Conventions and the Use of Conduit Companies" をまとめ，その成果に基づいて「条約の不適切な利用」に関する対応を1992年に行っている。条約濫用の種類によっては個別の規定（beneficial owner 概念[3]，利子・使用料の「特殊関係」ルール，不動産会社株式の譲渡，スターカンパニールール）で扱われるが，「条約の不適切な利用」を扱う OECD モデル租税条約の規定は，「トリーティショッピング」（treaty shopping）手法に対処する規定を租税条約に含めることができるという問題を扱っている。その大部分は，「二重課税条約と導管会社の利用」に関する1987年報告書を反映した1992年版に含まれることになったものである。米国を中心にトリーティショッピングに対する対抗策として租税条約の特典を享受することができる「居住者」の範囲を「適格居住者」に限定し，さらに「包括的特典制限条項」（a comprehensive limitation of benefits provision: LOB clause）を条約に規定するものが増加してきた。

第1条コメンタリーのパラ20に LOB 規定の例が含まれ，さらに，次のような条約濫用の種類がパラ21〜21.5に追加された。

(i) 優遇税制のベネフィットを享受する事業体を狙う規定

(ii) 優遇税制により低課税又は無税となる特殊な所得を狙う規定

(iii) 特定の所得の源泉課税を扱う濫用防止規定

(iv) 条約の調印後に導入された優遇制度を狙う規定

英国の条約では，投資所得条項において所得の支払の基因となる資産の創造・譲渡に係る者の主目的がその創造・譲渡によって条約の特典を享受することである場合にはその適用を認めないとする条文を設けている。この規定も第1条コメンタリーのパラ21.4において取り上げられている。

OECD モデル租税条約のこのような個別の条約濫用防止規定は，多様な租税回避戦略に対処する規定を二国間条約に含まれるようにコメンタリーのあちこち

で参照できるようになっている。

OECD モデル租税条約では，各国がこのような規定を二国間条約に含めると予定しているが，租税条約の規定に関する特定の租税回避方法に適用すべき個別の条約濫用防止規定がない場合には，OECD コメンタリーは，2つのアプローチを認めている。

(i) 条約の濫用があると考え，文脈を考慮して関連条文の適切な解釈により濫用的取引を無視すること

(ii) 国内法の濫用防止規定に依存すること

この第2アプローチの問題は，「租税条約オーバーライド」といわれる租税条約と国内法との衝突の問題である。条約法に関するウィーン条約（Vienna Convention on the Law of Treaties: VCLT）26条の「合意は守らなければならない」（pacta sunt servanda）の論理により，国際公法における衝突となる。しかし，OECD の見解では，国内法又は司法上の濫用防止ルールが明瞭に濫用に焦点を合わせるものであれば，このような衝突は生じない（OECD モデル租税条約1条コメンタリー）。

BEPS 行動6の2015年最終報告書では，X条（LOB 規定）及び PPT を導入することをミニマムスタンダードとして勧告した。

以上のように OECD は条約濫用のループホールに対処する規定を租税条約自体の規定として創設するために努めてきた。それにもかかわらず，多国籍企業グループの統一の意思の下でグループ・メンバー企業はその内部取引について合法的に租税条約の特典を享受することができるのはなぜか。

ATP による条約濫用を防止する規定を条約に規定することが完全にできればよいが，それが不完全に終わり，国内法の GAAR/SAAR で対応せざるを得ないことになれば，OECD の見解は出されているものの，「租税条約オーバーライド」の議論が各国の国内裁判所を賑わすことになりかねない。

（参照：Jeremiah Coder "BEPS project has Consequences for U.S. Tax Treaties", Tax Notes Int'l 403, July 24, 2013, Johnston, Stephanie Soong "UK Opens Consultation on Beneficial Ownership" 71 Tax Notes Int'l 300, July 22, 2013)

トリーティショッピングは，これまで「条約相手国以外の第三国居住者による租税条約の特典の利用の防止」のみを念頭に置く議論が主流になっているが，ATP についてみると，ラウンドトリッピング（Round tripping）「条約当事国の居住者が自国の源泉所得に対する自国課税の減免を図るために条約相手国の居住者に成りすますことの防止」の問題も，インドのモーリシャス条約，シンガポー

ル条約及びキプロス条約の2016年改正を念頭に置いて，これまで利用された
ATPの検討が必要になるであろう。

3 負債バイアス（debt bias）のループホール

一定額の資本（capital）を調達する方法として，法的には「出資」又は株式発
行により自己資本（equity）を得るか，法的には「融資」又は社債発行・借入に
より他人資本（debt）を得るか，企業は自由に選択することができる。調達資本
のリターンの支払方法は，出資の場合は配当（dividend）とされ，融資の場合に
は利子（interest）とされ，その税法上のリターン支払の取扱いは，通常，配当
については損金控除を認めず，利子については損金控除を認めることとしている
ので，関連法人間の資金調達においては，資本調達側の法人の税負担を軽減する
ため，equityよりもdebtが有利になる。これを「負債バイアス」[4]という。関連
法人間の利益移転の方法としては，資本供給側では，「出資」「株式取得」による
か，「融資」「社債購入」「貸付」によるか，そのいずれに対してもその行為それ
自体には「資本等取引」として課税されないので差は生じないが，そのリターン
は原則として「収益」とされるものの，各国の税制上，受取配当になる場合に
「受取配当控除」「受取配当益金不算入」とされることがあり，受取利子になる場
合には通常益金に算入されるという差が生じる。このように，負債バイアスには，
国際課税で，各国の税制の差異により国際的二重非課税が生じるループホールが
存在する。

（参照：Werner Heyvaert "New Developments in Belgium's Equity Compensation
Taxation", 71 Tax Notes Int'l 451, July 29, 2013, Jack Bernstein "International Issues
in Cross-Border Corporate Finance and Capital Markets", 71 Tax Notes Int'l 905,
Sept. 2, 2013）

4 ハイブリッド・ミスマッチ・アレンジメントを可能にするループホール

各国の各種の事業体や金融証券の取扱いについて差異があり，その差異を利用
して課税を免れる「ハイブリッド・ミスマッチ・アレンジメント」が可能になる
ループホールが存在する。このようなアレンジメントによって国際的二重非課税
が生じるが，これは，これまで相手国の課税上の取扱いを意に介さず源泉地国又
は居住地国がそれぞれの国内法でそれぞれの課税上の取扱いを決めてきたことに
起因する。このような国際的二重非課税には支払国又は受取国，事業体を課税上

透明体として扱う国又は課税上不透明体として扱う国がそれぞれ単独で対応することができないので，BEPSプロジェクトでは，「リンキングルール」の導入を勧告した。

OECDは，2008年頃から調査研究してきたアグレッシブ・タックス・プランニング（ATP）を類型化して，2012年3月に"Hybrid Mismatch Arrangement: Tax Policy and Compliance Issues"を公表した。この報告書では，「……複数国における証券，事業体又は譲渡の課税上の差異を利用するアレンジメントは類似の要素に基づいて類似の効果を生ずることを目的としている。」といい，次のように整理している。

（1）　ハイブリッド・ミスマッチ・アレンジメントの要素

ハイブリッド・ミスマッチ・アレンジメントは，一般に一又は複数の次の要素を利用している。

(ⅰ)　ハイブリッド事業体（hybrid entities）：一方の国では「課税上透明な事業体」（a fiscally transparent entity）として扱われるが，他方の国では「課税上不透明な事業体」（a fiscally non-transparent entity）として扱われる事業体

(ⅱ)　二重居住事業体（dual resident entity）：課税上2つの異なる国の居住者となる事業体

(ⅲ)　ハイブリッド証券（hybrid instrument）：課税上関係国で異なる取扱いをされる証券，主として一方の国で「負債」（debt）とされるが，他方の国ではエクイティとされる証券

(ⅳ)　ハイブリッド譲渡（hybrid transfer）：課税上一方の国では資産の所有権の移転とされるが，他方の国では一般に担保付ローンとされる取引

（2）　ハイブリッド・ミスマッチ・アレンジメントの効果

ハイブリッド・ミスマッチ・アレンジメントが狙う効果は，一般に次の範疇に該当する。

(ⅰ)　二重控除スキーム（double deduction scheme）：同じ契約上の義務に係る控除を2つの異なる国で請求するアレンジメント

(ⅱ)　損金控除/益金不算入スキーム（deduction/ non-inclusion scheme）：一方の国で損金控除をし，他方の国では対応する課税所得への算入を回避するスキーム

（iii） 外国税額控除ゼネレーター（foreign tax credit generator）：別段の定め
がなければ，対応する国外所得が同程度以上なければ利用できない外国税額
控除を生じるアレンジメント

5 多国籍企業のタックス・プランニング・ストラクチャー

OECD は，2013年2月12日，報告書 "Addressing Base Erosion and Profit Shifting" を公表し，そのアネックス C は，「多国籍企業のタックス・プランニング・スキーム」の基本要素が，次の4要素であると指摘している。

（i） 外国事業・源泉地国における課税の最少化
   （a） 取引ストラクチャーを通じるグロス利益の移転
   （b） 支払者段階の損金控除の最大化によるネット利益の減少
（ii） 受領者段階の課税の軽減又は最少化：グループ内部アレンジメントにより，軽課税管轄，優遇税制又はハイブリッド・ミスマッチ・アレンジメントを利用する。
（iii） 軽課税利益の当期課税の回避：究極の親会社段階における CFC ルールによる「合算課税」の回避
（iv） キャッシュの本国還流の方法：アネックス C では，次のような「多国籍企業のタックス・プランニング・ストラクチャーの事例」を示している。
   （a） 2段階ストラクチャーと費用分担契約（CCA or CSA）による無形資産の譲渡
   （b） 費用分担契約による無形資産の譲渡とともに行われる製造活動の譲渡
   （c） 「負債プッシュダウン」のレバレッジによる買収と中間持株会社の利用
   （d） アフタータックス・ヘッジングによる ATP

6 英米議会で明らかにされた多国籍企業のアグレッシブ・タックス・プランニング（ATP）

JITSIC や OECD Aggressive Tax Planning Directory で ATP スキームの情報を収集し，分析していると伝えられるが，その内容は秘密扱いで一般人はアクセスできない。一般に，税務申告書や税務調査情報についてはこれに関与する当事者（納税者，税務仲介者及び税務当局）は秘密を守っているので，どのようなタックス・プランニングによってどのようなタックススキームがだれによって用いられているかが明らかにされることはない。税務仲介者には職業専門家として

職業上の守秘義務があり，税務職員には公務員・税務職員としての守秘義務が課されているからである。近年，このような守秘義務の枠外で，英米議会は，公聴会で多国籍企業の合法的とされるATPについて多国籍企業のトップ，これに関与する税務仲介者及び学者等の証言を通じてATPを解明した。その結果，英国下院及び米国上院における公聴会で追及された米国ベース多国籍企業 Amazon.com, Google 及び Starbucks（HMRC Annual Report and Accounts 2011-12, Nineteenth Report of Session 2012-13, 28 Nov. 2012）並びに Microsoft, Hewlett-Packard（U.S. Senate PSI Offshore Profit Shifting and the U.S. Tax Code-Part 1, Sept.20, 2012）及び Apple Inc.（U.S. Senate PSI Offshore Profit Shifting and the U.S. Code-Part 2, May 21, 2013）のタックススキームが暴露された。これらの議会議事録や報告書を通じて，米国ベース多国籍企業の合法的であるがアグレッシブな（legal but aggressive）タックス・プランニングが各国税制のループホールを利用している実態が明らかにされ，多くの市民団体や一般国民の関心を集め，政治レベルでも，このような合法的なATPを許容する現行国際課税ルールの抜本的な見直しが必要ではないかという批判と圧力が高まってきた。

（参照：Kevin A. Bell "UK: Google UK's Sales Clearly take place in UK Parliamentary Committee Finds" Bloomberg BNA Tax Management Transfer Pricing Report, June 27, 2013）

　これらのループホールの利用に共通する特徴は，いずれのスキームもメカニカルな文理解釈では完全に「合法的」（legal）であると，これらが「節税」（tax saving）であると主張される点にあるが，各国の「税法の意図」（intent of the law）に照らしてみれば，税法の趣旨目的に反するのではないか，OECDの定義する「租税回避」（tax avoidance）に当たるのではないかという問題が，BEPSプロジェクトで対処すべき課題となった。

　OECDは，GAARでいう「租税回避」のうち「認められない租税回避」（impermissible tax avoidance）のみを「租税回避」と呼ぶ（1977年報告書）。これらのタックススキームについて，「認められる租税回避」（permissible tax avoidance）か，「認められない租税回避」かの区別をどのような基準で判別するのか，原点に戻って，基礎概念を固めた上で，これらのスキームを評価する必要がある。

　BEPSプロジェクトでは，国際的二重非課税スキームは，ハイブリッド・ミスマッチ・アレンジメントのほか，事業会社（operating companies）の所在する高税国の利益を低税国又は導管国に所在する関連者に支払う利子・使用料等の損金控除によってD/NIを達成する。関連者間の契約で私法上は合法的に利益移転

が容易に行われるが，行動4（利子控除及び他の金融上の支払を通じる税源浸食
の制限）で取り組むように，過少資本税制，アーニングストリッピング，過大利
子控除制限，worldwide capping など，支払段階の対応でよいのか，支払先の関
連者の entity ベースによる控除の否認を可能にするか，その支払の根拠となる
契約の私法上の効果を税法上の否認することを可能にするか，移転後の関連者の
受取利子・使用料の CFC ルールによる合算課税を可能にするか，支払それ自体
に対する移転価格税制の適用を可能にするか，多様なアングルの対応が検討され
た。

(注)
(1) 本庄資「領土主義課税原則の再検討」『租税研究』（2013.3），同「公式配分方式の再検討」
『租税研究』（2013.5），同「居住ベース課税原則と源泉ベース課税原則の再検討」『租税研
究』（2013.7），同「BEPS に対応するための所得帰属原則の再検討」『租税研究』（2013.9）。
(2) Reuven S. Avi-Yonah and Kimberly A. Clausing *A Proposal to Adopt Formulary Appor-*
tionment for Corporate Income Taxation Hamilton Project University of Michigan Law &
Economics, Olin Working Paper No. 07-009, University of Michigan Public Law Working
Paper No.85（2007.6.25）.
Reuven S. Avi-Yonah and Kimberly A. Clausing *Reforming Corporate Taxation in Glob-*
al Economy: A Proposal to Adopt Formulary Apportionment（2009）.
(3) Joanna C. Wheeler *Conflicts in the attribution of income to a person* International Fiscal
Association Cahiers de droit fiscal international Vol.92b（2007）.
日本租税研究協会事務局「IFA 北東アジア3国（中日韓）租税会議の報告」『租税研究』
（2010.9）。
(4) 本庄資「負債バイアスその他の歪み：租税政策における危機関連の諸問題（その1）（そ
の2）」『租税研究』（2009.11-12）。

多国籍企業のグループ内部取引によるBEPS

水谷年宏

1 はじめに

　BEPSとは，"Benefit Erosion and Profit Shifting"の略であり，税源浸食と利益移転と訳される。その意義は確定しているものではないが，「多国籍企業等が，グループ関連者における国際取引により，その所得を高課税の法的管轄から無税又は低課税の法的管轄に移転させることで，国際的二重課税を生じさせるもの」[1]ということとすれば，BEPSがクローズアップされた2012年以前から存在していた。例えば，従来税源浸食と利益移転（以下，「BEPS」という。）対応として，移転価格税制[2]や過少資本税制等[3]は各国で必要に応じ制定・改定され，また，OECDにおいても，例えば，BEPSという視点で，移転価格税制に関連する報告書「移転価格と多国籍企業」が1979年に作成され，その改訂版である「OECD移転価格ガイドライン」は1995年に作成された後，必要に応じて，改訂される等，国際的ルールも見直しされていた[4]。ただし，大きく政治問題となっていなかった。

　しかし，2000年代から流れは変わり始め，2012年には大きく政治問題化して分岐点となった。2008年9月のリーマンショック後，経済不況及び財政危機が訪れ，それらに伴い増税がなされ，各国とも一層公平で適正な課税の実現が政治的な要請となっていた[5][6]。一方，一部の多国籍企業が，各国で異なる税制の隙間を利用して二重非課税を創出したり，伝統的な課税ルールを機械的に適用して，経済的価値創造の場でなく軽課税国・地域において所得を生み出したりして，税引き後利益の最大化を目指して積極的タックス・プランニングを実施していた[7]。こうした欧米を中心とする一部の多国籍企業が，国際的な税制の隙間を利用したタックス・プランニングを行うことにより，その活動実態に比し著しく低い額の租税負担しかしていないことが，2012年に報道され，大きな社会・政治問題となったものである[8]。

　ここで浮き彫りとなったのは，各国の税務当局は，「二重非課税」や「価値創造と納税の場のかい離」に独自の対策を試みてきたが，一国でグローバルに展開

する多国籍企業の租税回避に対応することは限界があり，また，二重課税調整を主目的とした伝統的な国際課税ルールも機能不全に陥り，新たな国際課税ルール（二重非課税の排除，価値創造の場を明らかにして課税権を配分）が必要であるということである[9]。

こうした状況を受けて，公正な競争条件という考え方の下，BEPS が生じないよう，国際課税ルールを世界経済及び企業行動の実態に即したものとするとともに，各国政府・多国籍企業の透明性を高めるために国際課税ルールを見直すプロジェクトが，OECD により，2012年6月に立ち上げられた[10]。これが BEPS プロジェクトであり，2013年7月，OECD は，「BEPS 行動計画」を公表し，BEPS 行動計画は同年9月，G20諸国から全面的な支持を得た[11]。その後，OECD は，BEPS への対応策を集中的に議論し，2015年9月，「BEPS 最終報告書」を取りまとめ，同年10月，G20財務大臣会合で承認，同年11月，G20サミットで最終的な承認を受けた[12]。現在，OECD では，BEPS 最終報告書で解決されていない残された課題を継続検討する一方，各国は，必要な法整備等の対応を進めているところである。

本稿の目的は，BEPS の生じる要因と BEPS の重大性，グループ内部取引を通じて BEPS が生じた具体的事案の概要とその論点について整理した上で，BEPS プロジェクト全体の評価・課題，BEPS 最終報告書等で示された当該事案等への対応策の各論点の評価・課題について検討することである。

なお，本稿の内容については，すべて筆者の個人的見解であり，国税庁等の公式見解を示すものではないことに留意願いたい。

2　BEPS の生じる要因及び BEPS の重大性

（1）　BEPS の生じる要因

ここでは，BEPS の生じる要因は，各国の税制，国際課税ルールが多国籍企業の実態に追いつかない状況であるといわれているが[13]，この点について説明したい[14][15]。

①　各国税制と国際課税ルールの状況

まず，各国税制と国際課税ルールの状況について理解する必要がある。

各国税制は各国の課税権を具現化したものであるところ，課税権は国家歳入の中核であることから，重要な国家主権の一つである。したがって，各国は自国の国家主権に基づき他国の税制への影響とは独立して国内制度を設計している結果，複数国で活動する企業に対して，同一所得に対する二重課税又は二重非課税が生

じうる状況にある[16]。すなわち，各国税制の相違による税制の隙間が生じうるのである。

また，伝統的な国際課税ルールは，二重課税調整，つまり，各国の課税権の配分が主目的であった[17]。二重課税調整に関するルールの具体例としては，「恒久的施設なければ課税なし」という考え方を表している OECD モデル租税条約 7 条（事業所得）や「独立企業原則」という考え方を表している OECD モデル租税条約 9 条（特殊関連企業）が挙げられるであろう。詳しく説明すると，前者は，経済的価値を創出するためには恒久的施設という物理的施設が必要であるという前提の下，恒久的施設が源泉地国での事業所得課税の閾値として，後者は，経済的価値に関し，独立した第三者間取引でなされたであろう配分方法は，特殊関連者間でなされた関連者間取引から生じる所得に対する課税権の配分の尺度として，二重課税調整に大きな役割を果たしている[18]。なお，こうした国際課税ルールの根底には，「経済活動が行われ価値が創造される場所で応分の税を納めるべき」という考え方があり，その考え方は，BEPS プロジェクトに引き継がれ，その 3 つの柱の一つである「実質性」を支えるものとなっているといえるであろう。

② 多国籍企業の実態

次に，多国籍企業の実態について理解する必要がある。インターネットを通じてある国の顧客と取引ができる等のデジタル経済の発展等により，ある国に物理的な存在なしで他の国から経済生活に関与したり，物理的な移動を伴わずサービスを提供したりすることが可能となっている[19]。こうした状況の下，多国籍企業は，販売，知財管理，生産の各段階，さらに，雇用やマーケティング等について，従来は国単位で考えていたものをグローバル又は地域レベルで最適な国・地域に配分するというモデル（グローバルサプライチェーンモデル）への転換を実施している[20]。多国籍企業の事業再編が広くみられる現象になっているといわれているが[21]，グローバルサプライチェーンモデルへの転換もその要因となっているのではないかと思われる[22]。

③ 各国の税制，国際課税ルールが多国籍企業の実態に追いつかない状況を生み出す要因

BEPS プロジェクト開始以前，上記①のような税制や国際課税ルールの骨組みは維持されたままである一方，上記②のようなグローバル又は地域レベルで最適化を図るという多国籍企業の実態の下，多国籍企業は，各国税制の隙間を利用することが可能となり，各国に展開された機能・リスクや資産・資本につき，多国籍企業内の構成メンバー間に自由に配分することも可能となっていた。特に，大

きな付加価値を生み出す無形資産や資本は物理的存在がなく、自由に国境をまたいで構成メンバー間を移動することが可能となっていた。こういう状況が、各国の税制、国際課税ルールが多国籍企業の実態に追いつかない状況を生み出す要因となっていたわけである。

(2)　BEPS の重大性

　BEPS の影響範囲を測定することは困難であるが、BEPS によるグローバルな法人税収の逸出は全世界の法人税収の 4 ％から10％、つまり、毎年1,000億ドルから2,400億ドルという試算があり[23]、その重大性は推認できるものであろう。

　多国籍企業の軽減税率国における関連会社は、所属する多国籍企業全体と比して、（資産比率で）約 2 倍の利益率を有していると報告されていることからして BEPS が如何に経済的歪みをもたらしているかを示しているが[24]、スターバックスやグーグルのような多国籍企業はタックス・プランニングによって法人税の実効税率が著しく低くなっている報道がされていること[25]も加味すると、多国籍企業が BEPS に如何に関与しているという点も示しているであろう。また、BEPS の重大性を導く要因の一つとして、経済のグローバル化によって、多国籍企業のグループ内部取引は着実に増加し、国際取引の30％超を占めるとの指摘[26]があるように、多国籍企業のグループ内部取引は拡大し、大きな部分を占めていることも考えられる。

3　BEPS が生じる具体的事案とその論点

　ここでは、BEPS が生じる事案の概要を整理した上で、その論点を明らかにしていく。BEPS が生じる事案としては、報道等で注目されたスターバックス事案とグーグル事案を取り上げたい。

(1)　スターバックス事案[27]
　① 事案の概要（図表は平成25年10月24日付、太田洋「税制調査会第 1 回国際課税ディスカッショングループ資料」 8 頁参照）
　米国に所在する Starbucks 本社は、オランダ子会社（以下、「欧州本社」という。）を有しており、欧州、中東アジア及びアフリカ地域統括機能を有している[28]。
　そして、欧州本社の子会社であるスイス所在の Starbucks Coffee Trading 社（以下、「SCT 社」という。）が、コーヒー豆を産出国から調達し、コーヒー豆の調達費用に20％マークアップして、コーヒー豆の焙煎をする欧州本社のオランダ

所在の子会社（以下，「ロースト子会社」という。）に販売し，さらに，ロースト子会社から，当該コーヒー豆に関する費用に X ％マークアップして，英国所在の欧州本社の子会社（以下，「英国販社」という。）に販売，英国販社から英国消費者に販売されている。なお，SCT 社は帳簿上，仕入れ・販売をしているだけであり，物流は，産出国から直接ロースト子会社に輸出されている。

　Starbucks 本社は，Starbucks に関するブランドや店舗デザイン等のマーケティング無形資産を有しており[29]，当該マーケティング無形資産については，将来保有することとなるものを含めて，欧州本社へ実質上譲渡している。具体的には，Starbucks 本社が事業のために保有している，又は，将来保有することとなるマーケティング無形資産があるところ，ⅰ）既存のもの（以下，「既存 IP」という。）の内，欧州，中東アジア及びアフリカ向けの部分について，バイ・インといわれる特殊なアレンジを通じて欧州本社に譲渡する（使用許諾する）[30]，ⅱ）今後，Starbucks 社等で開発されるもの（以下，「将来 IP」という。）の内，欧州，中東アジア及びアフリカ向けの部分について，費用分担契約（以下，「CCA」という。）を用いて欧州本社に帰属させるというものである[31]。そして，欧州本社は，既存 IP 及び将来 IP に基づき，英国販社との間で使用許諾契約を締結し，英国販社は，その売上げの 6 ％[32]のライセンス使用料を欧州本社に支払っている。

　Starbucks 本社は英国販社に貸付けを行っていることから，英国販社はその利子を支払っている。その利率は LIBOR ＋ 4 ％である。

　上記仕組みを利用することによって，Starbucks は全体として，その海外事業の収益に対する法人実効税率は約13％に過ぎず，特に，英国においては，1998年英国に進出して2011年に至るまで累計48億ドルの売上げでありながら，法人税は累計で800万ポンドしか納めていない，さらに，2009年から2011年までの過去 3 年間に英国で累計12億ポンドの売上げでありながら，法人税を全く納めていない等と指摘された[33]。

②　当該事案の論点

　どこに利益が集まっていくかを考えると，上記①を見る限り，SCT 社，欧州本社及び Starbucks 社である。

　（イ）　SCT 社は，典型的な Swiss Trading Company で，コーヒー豆のような国際取引商品の商社機能を持つ企業に対する，カントン（州）レベル・ゲマインデ（市町村）レベルでの優遇税制を利用することができ，SCT 社が当該取引から生じるようなスイスの国外源泉所得の法人実効税率（2013年 3 月現在，スイスでの通常法人実効税率は約11〜24％）は，カントンによって相

違はみられるが,「約8.5%〜12%にとどめることができるといわれている」[34]。実際,SCT社は,コーヒー豆の輸入販売に係る利益に対して5%の税率でしか課税されていなかったようである[35]。また,SCT社は,Swiss Trading Company として認められる場合,スイス国内に人員や事務所を持つことができない,又は,収入及び費用の80%以上がスイス国外で由来することとなっているにもかかわらず[36],コーヒー豆の調達費用に20%マークアップして,ロースト子会社に販売している。ここでは,ⅰ)このような優遇税制が適切か否かという点[37],ⅱ)20%のマークアップ率が適切であるか否かという点が論点となろう。

(ロ) 欧州本社は,既存IPの内,欧州,中東アジア及びアフリカ向けの部分について,バイ・インといわれる特殊なアレンジを通じ,使用許諾を受ける形となり,また,将来IPの内,欧州,中東アジア及びアフリカ向けの部分について,CCAを通じ,将来IPに関連する費用を適切に負担することで将来IPから生じる利益を帰属させることができる[38]。このような仕組みを通じて,欧州,中東アジア及びアフリカに関する無形資産から生じる利益を得る権利を有することから,英国販社等から得られるStarbucksブランド等へのライセンス料が得られる。ここでは,ⅰ)欧州本社に対するCFCルールの適用,ⅱ)欧州本社が得た既存IPの譲受け時の評価,ⅲ)将来IPに関するCCA等を通じたStarbucks本社と欧州本社との(将来・現実)所得の配分,ⅳ)当該ライセンス料が適正か否かという点が論点となろう。

(ハ) Starbucks本社に関しては,上述したバイ・イン対価とCCAを通じたStarbucks本社と欧州本社との所得の配分に関する論点がある。なお,バイ・インを通じてStarbucks本社が得た無形資産譲渡対価が,一定期間のライセンス支払に転換されており,キャピタル・ゲインは生じないこととなっている。また,Starbucks本社は,英国販社への貸付利子(LIBOR + 4%)を得て,さらに,米国でactive basketに属する多額の未消化外国税額控除枠を有していたところ,当該貸付収入に関し,IRC904条(d)(3)(look-through rule)を適用することで,積極的所得であると認識し,米国外国税額控除を活用したのではないかと考えられているようである[39]。この点につき,ⅰ)バイ・インを通じてStarbucks本社が得た無形資産譲渡対価が,一定期間のライセンス支払に転換されていることの是非,ⅱ)その利子率が適切か否かという点,ⅲ)このような外国税額控除の在り方について,論点となろう。

（2） グーグル事案（事案の概要及び問題点）（図表は平成25年10月24日付，太田洋「税制調査会第1回国際課税ディスカッショングループ資料」4頁参照）[40]

グーグル事案は，ダブルアイリッシュ・アンド・ダッチサンドイッチと呼ばれ，5つのスキーム，つまり，ⅰ）海外事業用無形資産の低税率国への移転スキーム，ⅱ）コミッショネア利用スキーム，ⅲ）アイルランド利用スキーム，ⅳ）オランダ経由のライセンス料支払スキーム，ⅴ）ハイブリッド・エンティティ利用スキームから構成されているものである[41]。

① 海外事業用無形資産の低税率国への移転スキーム[42]

米国本社は，研究開発やデザイン構築の機能を持ち，google の検索技術等の事業のために保有している無形資産を有していることから，当該無形資産について，将来保有することとなるものを含めて，アイルランド会社法で設立された IrX へ実質上譲渡している。具体的には，米国本社が事業のために保有している，又は，将来保有することとなる無形資産があるところ，ⅰ）既存のもの（以下，「既存 IP」という。）の内，海外事業用部分について，バイ・インといわれる特殊なアレンジを通じて IrX に譲渡する（使用許諾する）[43]，ⅱ）今後，米国本社で開発されるもの（以下，「将来 IP」という。）の内，海外事業部分について，費用分担契約（以下，「CCA」という。）を用いて IrX に帰属させるというものである[44]。このようなスキームにより，IrX は，google の検索技術等の海外事業用無形資産の保有会社となる。また，バイ・インを含め，CCA については，移転価格に関して，IRS と事前確認（以下，「APA」という。）を得ているという指摘もある[45]。

このスキームに関する論点として，①既存 IP 譲渡時の無形資産の評価，②バイ・インを通じて譲渡対価ではなく一定期間のライセンス支払に転換されていることの是非，③将来 IP に関する CCA を通じた米国本社と IrX との（将来・現実）の所得配分の適否，⑤米国との APA が適切なものであったかという点について論点となろう。

② コミッショネア利用スキーム[46]

米国本社は，アイルランド会社法の下，IrX の子会社として IrY を設立し，米国以外の海外事業を担わせている。すなわち，IrY は，事業に必要な工場を保有し，コンテンツなどの配信拠点となっている。そして，IrY は，各消費国・地域に，子会社も支店等の販売の事業拠点を有さず，各消費国・地域の顧客との取引（物品・サービスの販売）においては，契約上，直接主体となり，海外事業の収入（海外で発生する無形資産に帰属する収入）は IrY に帰属する。確かに，各

64 ◆ 第1章　BEPS の現状とその問題点

消費国・地域においては，顧客開拓をしたり，顧客に対するアフターサービスしたりする必要があるところ，当該活動を行う現地法人は有している。しかし，現地法人は上記物品・サービス販売取引の主体ではなく，当該取引の付随的な業務を行うだけであると認識し，コストに若干の利益を上乗せした額の収入を得るにとどまるものとしている。

　ここでの論点は，ⅰ）移転価格上，IrY と現地法人との取引価格が適切か否かという点，ⅱ）上記ⅰ）が適切である場合であっても，現地法人が IrY の代理人 PE になりうるか否かという点，代理人 PE であった場合の帰属所得が論点となろう。

③　アイルランド利用スキーム[47]

　アイルランドは税法上，内国法人と外国法人を区別する基準として，管理支配基準を採用していた[48]。したがって，IrX は，英領バミューダの管理会社によって管理されていることから，英領バミューダ法人とされていた。また，IrX は，上述したように，海外事業用無形資産の保有会社となっているところ，IrX の子会社であるオランダ法人経由で IrY にサブ・ライセンスし，IrY から使用料を得ることで，当該無形資産から生じる海外事業所得のほとんどを集積させていた。すなわち，IrY は当該無形資産から生じる海外事業所得のほとんどを当該オランダ法人に対する使用料によって奪われ，当該オランダ法人も IrY から得た使用料収入のほとんどを IrX に対する使用料によって奪われる形となっていたわけである。そして，アイルランドでは，IrX が得た使用料収入は，オランダ法人を経由して得たことから，国外源泉所得に該当し，かつ，IrX は税法上外国法人であることから，課税することができなかった。

　ここでの論点は，IrX が得る使用料収入が適切であるか否かという点である。

④　オランダ経由のライセンス料支払スキーム[49]

　IrX が IrY に与えたライセンスに基づき，IrY から IrX に使用料が直接支払われた場合，アイルランドで源泉所得税が課される。一方，IrX がオランダ法人にライセンスを与え，当該オランダ法人が IrY に対してサブ・ライセンスを与える場合，以下のような取扱いとなっていた。IrY からオランダ法人に支払われる使用料は，アイルランドとオランダとの間の租税条約上，源泉課税は行われなかった。そして，当該オランダ法人から IrX に支払われる使用料はオランダ国内法上，源泉課税は行われなかった。また，オランダ法人がサブ・ライセンスしたことから生じる所得に関し，サブ・ライセンスする場合の適正使用料の認定はオランダ当局からのアドバンス・ルーリングを受けているのではないかと思われ

る[50]。

　ここでは，ⅰ）条約漁り（第三国の居住者が不当に租税条約上の特典を得よう
とする行為），例えば，IrX が IrY から使用料を得る場合，オランダ法人を経由
することにより，源泉所得税が回避されているときには，租税条約上の特典を与
えること，が適切か否かという点，ⅱ）オランダ法人がサブ・ライセンスしたこ
とから生じる適正使用料の認定に関するオランダ当局からのアドバンス・ルーリ
ングが適切か否かという点である。

⑤　ハイブリッド・エンティティ利用スキーム[51]

　上記①から上記④のスキームに基づき，海外事業用無形資産から生じる所得の
ほとんどが IrX に集積される。アイルランドでは当時，税法上，管理支配基準
を採用していたことから，IrY はアイルランド法人，IrX とオランダ法人は外国
法人である。一方，米国では，Check-the-box 税制が1997年から施行されており，
当該税制は，納税者が，株式会社のように当然法人とされるものを除く一定の事
業体につき，米国連邦所得税法上，パス・スルー・エンティティとして取り扱う
か，又は，通常の法人として取り扱うかを選択することができる[52]。また，米国
では，法人が設立された場所で居住者・非居住者が判断される[53]。したがって，
米国連邦所得税法上，IrX は通常の外国法人として取り扱われる（納税申告する）
とともに，IrY とオランダ法人はパス・スルー・エンティティとして，つまり，
IrX の支店として取り扱われる（納税申告する）ことを米国本社は選択できる。
その結果として，米国では IrX，IrY，及びオランダ法人を一つの法人として考
えうることから，その場合 IrX がオランダ法人から得る使用料収入は，内部取
引であり，さらに言えば，IrX は，無形資産に単なる資金を提供して，無形資産
から生じる利益を得ているという Cash Box ではなく，無形資産を利用して，工
場で製品を製造したり，コンテンツを開発したりした上で，製品を販売し，コン
テンツを配信する積極的活動をしており，海外事業用無形資産から生じる所得は
積極的所得であるといいう。

　ここでの論点は，CFC 税制を適用できるかという点である。

⑥　ダブルアイリッシュ・アンド・ダッチサンドイッチの効果[54]

　グーグルは，これによって，①年間20億ドルの課税を免れているとの報道[55]，
②英国での売上が2011年には４億ポンドに上ったのに英国への納税額はわずか
600万ポンドにとどまったとの英国議会報告書[56]，③2006～2011年の間に英国で
180億ドルを売り上げたが英国への納税額は1600万ドルにとどまっているとの報
道[57]がある[58]。

66 ◆ 第1章 BEPS の現状とその問題点

4 BEPS 最終報告書等で示された対応策の評価・課題

（1） BEPS プロジェクト全体の評価・課題

ここでは，BEPS 最終報告書等で示された対応策の評価・課題の総論的なもの，BEPS プロジェクト全体の評価（意義）・課題について述べたい。

BEPS プロジェクトの意義は以下のような4つの点が挙げられるが[59]，4つの意義を整理した上で，当該意義ごとに課題を述べたい。

① 税のコミュニティの場で二重課税調整から二重非課税排除に力点シフトしたこと

税のコミュニティの場において，長きにわたり二重課税の調整を主目的として国際的な協調が図られてきたが，二重非課税排除に力点を置いた国際的協調を図ることを目指す取組みにシフトしたことが挙げられる[60]。これまでの二重課税調整の議論では，課税所得額を所与として，それを如何に重複することなく関係国に配分するかという議論が中心となっていた一方，BEPS プロジェクトの二重非課税排除の議論では，各国の課税権の網から逃れていた所得を捕捉するとともに「価値創造の場での課税」という新たな概念に基づき，企業が真に経済活動を行った場所に課税権を配分するという幅広くかつ本質的議論を行うこととなったわけである[61]。確かに，BEPS プロジェクト以前に，国際的協調の場で，二重非課税排除が全く議論されていなかったわけではないが，国家主権の関係上，他国の国内税制介入はできる限り控えるべきという考え方から，従来は主として二重課税を解消するための消極的な協調にとどまっていたところ，公正な競争条件達成の視点から，二重非課税を排除し，各国税制の隙間をふさぐため，各国の国内税制の積極的調和に向けて動き出したのである[62]。このような税のコミュニティの場における国際協調の力点のシフトは，BEPS に有効なものといえるであろう。

一つ目の課題は，BEPS を防止するための各国独自の動きを防ぐことができていないということである[63]。2015年4月，英国が迂回利益税（Diverted Profit Tax）を導入したが，これは BEPS 対応をさらに積極的にした英国独自の動きである[64]。また，2016年8月30日，欧州委員会（EC）は，2014年6月から開始された調査に基づき，アイルランドがアップル社に130億ユーロにも上る過度の租税利益を与えており，EU の国家補助に関する法令に反しているとの決定を公表したが[65]，当該決定に先立つ同年8月24日，米国は BEPS プロジェクトに代表される国際協調の推進を脅かすものであるとの懸念を表している[66]。米国の主張が正しいのであれば，このような EC の決定も各国独自の動きのカテゴリーに該当するのではないかと思われる。いずれにせよ，英国の迂回利益税のような各国独

自の BEPS 対抗措置が講じられると，二重課税が頻発し，解消も難しくなるリスクが高まる[67]。

二つ目の課題は，法人税率調和の議論までは実施されておらず，法人税率の引下げ競争のリスクは依然として残っていることである[68]。すなわち，BEPS リスクの高い部分に着目して一定の課税ベースの調和を行うことにとどまり，英国が2015年4月に法人税率を20%に引き下げ，今後も2020年に18%まで引き下げるという発表をしたように，各国の法人税率の終わりのない底辺への引下げ競争のリスクを抑えきれていないということである[69]。例えば，高齢化が問題となっている日本と経済発展が著しいインドを比較してもわかるように，各国の社会保障のニーズは異なる等，財政を支えるべき租税規模，財政を担ってきた租税構造も異なる。BEPS プロジェクトの「経済活動が行われ，価値が創出される場所で応分の税を払うべき」という原則の下では，価値創造がなされている場合，その場所でそれに対応する税が払われていれば問題がないのであり，法人税率の引下げは問題視されない。こうした引下げ競争は財政当局にとっては，法人税率を引き下げたことによる代替財源の困難な調整が伴うこととなろう。

一つ目の課題も二つ目の課題も，それが大きなものとなってくると，BEPS プロジェクトで構築された国際協調の枠組みが崩れ，BEPS が再び息を吹き返すおそれがないわけではない。

② 国際課税ルールの全体的見直し

伝統的な国際課税ルールが現在の多国籍企業のビジネスモデルに対応できていないという状況に対し，「経済活動が行われ，価値が創出される場所で応分の税を払うべき」（経済活動の場での課税）という原則の下，国際課税ルールを現代のビジネスモデルに適合させるよう国際課税ルールの全体的な見直しを図ったことである[70]。こうした国際課税ルールの全体的な見直しは，現在の多国籍企業のビジネスモデルに追いついていない部分に焦点を当てており，現在の多国籍企業のビジネスモデルに対応できる面も増えると考えられることから，BEPS に有効であろう。

国際課税ルールの全体的な見直しにつき，詳細に述べると，以下のような3つの点で整理できる[71]。

一つ目は，源泉地国の課税権の制限から，源泉地国の課税権の確保への力点のシフトである[72]。「経済活動の場での課税」という原則は，積極的事業から稼得された所得に対して事業活動の場所である源泉地国で課税し，居住地国が追加的な課税を行う必要はないという潮流が国際課税ルールの考え方として明確となっ

たことであり，課税所得が認識される場所は人為的に操作しやすいことを悪用した BEPS に対抗するために有効なものである[73]。

　二つ目は，「価値創造の場での課税」という新たな概念の導入である[74]。この新たな概念は，「経済活動の場での課税」という概念から派生したものである。すなわち，BEPS プロジェクトで対処すべきものとして，無形資産を利用した BEPS が挙げられるところ，「経済活動の場での課税」という概念をそのまま当てはめると，パテントボックス税制のように無形資産の一形態である知的財産から生じる利益に対して優遇税制が存在する中，その使用される場で課税される一方，本来重要視されるべき無形資産の開発の場で一切課税されないことになりかねないため，経済活動の場での課税が，付加価値が創造された場を意味するという点を明確化したものである[75]。したがって，無形資産を利用した BEPS に対して有効な概念であることは間違いない。しかし，緒方国際租税総合調整官が指摘しているように，「どのように付加価値が創造された場所を判断するのか」という課題はあり，今後，その意義を明確化するため，関連事例集を作成するとともに，関連事例集からその重要な要素を抽出・整理していく必要があろう。そうでなければ，具体的な無形資産に関連する BEPS には対応しにくいのではないかと考えられる。

　三つ目は，積極的所得と消極的所得に基づく課税権の配分である[76]。これは，事業活動から生じる積極的所得に対して事業が行われる場所で課税を行い，それ以外の消極的な所得に対して居住地で全所得課税を行うという配分方法である[77]。確かに概念的には有効な課税権の配分であり，BEPS 対応には有効であるように思える。しかし，その境界線は判然としない部分があることから，切り分けに関する理論を構成する必要があり[78]，当該理論を支える要素・視点も明確化する必要があろう。

③　新興国や途上国も参加していること

　これまで，国際課税の議論は，先進国は OECD，途上国は国連という各々の税コミュニティの場で別々に議論されていたが，多国籍企業のグローバルな活動に対応するため，BEPS プロジェクトでは，OECD 加盟国のみならず，G20 メンバーの新興国や一部の途上国の参加も得て議論を行い，また，BEPS プロジェクトの成果を途上国に普及させる取組みも今後予定されていることである[79]。なぜなら，投資交流促進という視点から二重課税調整に取り組む場合には，投資交流が盛んな OECD 加盟国のような先進国で進めればよかったが，全世界で自由に活動する多国籍企業による BEPS に対処するには，先進国だけでなく，できる

限り多くの国と同じルールに基づき協調する必要があったからである[80]。実際，OECD非加盟国のG20メンバー国等がBEPSアソシエートという形でルール策定段階から参加し，コミットするという方法が採られ，新興国等が先進国とともにルール策定に参加し，その結果に従うという潮流は大きな成果である[81]。今後の課題は，多国籍企業が頻繁に利用しているシンガポールやマレーシアもBEPSプロジェクトの議論には参加したが，その結論にはコミットしないという立場であったことから[82]，このような国のようにBEPSに利用されている国・地域が協調し，同じ国際課税ルールが執行されるよう，一層の有効策を練ることであろう。

④　経済界の本質的な議論への参加

経済界との議論も，これまでの，二重課税の調整，税制の規定の明確化，事務手続の簡素化といった実務的な要望に関するものから，二重非課税の排除，価値創造の場での課税といった本質的な議論に発展したことである[83]。

（2）　当該事案における各論点についてのBEPS最終報告書等で示された対応策の評価・課題

①　各国でなされた優遇税制等が適切か否かという点

上記事案で示された，ⅰ）スイスでのSwiss Trading Companyに対するカントンレベル・ゲマインデレベルでの優遇税制が適切であるか否かという点（上記3（1）②（イ）参照），ⅱ）米国でのバイ・インを含むCCAについてのAPAが適切であるか否かという点（上記3（2）①参照），ⅲ）オランダでのアドバンス・ルーリングが適切であるか否かという点（上記3（2）④参照）について手続の視点から検討する。

現状においては，多国籍企業の取引の全体像が不明確であり，また，当該取引に関連する各国で，当該取引に関して網羅的に優遇税制，APA及びアドバンス・ルーリング適用があるか否かも知ることもできないであろうから，問題があったとしても，当該取引（企業）への優遇税制等はそのままの状態であることが多いであろう。しかし，BEPSプロジェクトでは，実質性，透明性及び予見可能性の3つの柱から構成されているところ[84]，BEPS最終報告書の行動5は，有害税制へ対抗するものであり，透明性の観点から，他国の税源に影響を与える不透明なルーリング（個別の納税者の課税関係に関して提供する，申告の際に依拠しうる助言・情報・取決め等）を提供した各国税務当局に対して，影響を受ける国の税務当局への通知を義務付けている[85]。したがって，上記ⅱ）及びⅲ）については，IRSないしオランダ税務当局から，少なくともアイルランド当局に対する情報提

供が義務付けられ，また，行動13の多国籍企業の企業情報の文書化で示された対応策（国別報告書の提供等）[86]もあいまって，現状よりは適切な対応がなされることとなろう。上記ⅰ）についての対応は必ずしも明らかではないが，パテントボックス税制[87]以外の優遇税制についても，実質性の観点から今後検討されることとなっており[88]，当該検討を期待したい。

② 移転価格上の取引価格が適切であるか否かという点

上記事案で示された，ⅰ）スイスでのSCT社の調達費用に20％マークアップしたSCT社とロースト子会社との取引価格が適切であるか否かという点（上記3（1）②（イ）参照），ⅱ）オランダでのA）欧州本社が得た既存IPの譲受け時の評価，B）将来IPに関するCCA等を通じたStarbucks本社と欧州本社との（将来・現実）所得の配分，C）欧州本社が得るライセンス料が適正か否かという点（上記3（1）②（ロ）参照），ⅲ）米国でのA）Starbucks本社が得た無形資産譲渡対価が，バイ・インを通じて一定期間のライセンス支払に転換されていることの是非，B）Starbucks本社が英国販社から得た貸付利子（LIBOR＋4％）が適切であるかという点（上記3（1）②（ハ）参照），ⅳ）アイルランド（英領バミューダ）での，IrYと現地法人との取引価格が適切か否かという点（上記3（2）②参照）について移転価格の視点から検討する。なお，上記3（2）①及び③で提示した論点は，上記ⅱ）又はⅲ）で提示した論点と基本的に同一であるため，その検討は省略する。

（イ） スイスでのSCT社の調達費用に20％マークアップしたSCT社とロースト子会社との取引価格が適切であるか否かという点は，現状の取扱いでも不適切であろう。基本的には，当該取引価格は独立企業原則に即しているか否かという視点で検討することとなる[89]。その場合，独立企業間取引において，その価格は双方の企業が遂行した機能につき，使用した資産や引き受けたリスクを考慮しつつ，検討することとなる[90]。このような視点に立った場合，当該取引に関し，引き受けたリスクや使用した資産を加味したSCT社の機能によっては低い付加価値しか生まないと考えられる。Swiss Trading Companyの優遇税制は，上述したような要件を見る限り，スイスでの付加価値が低いことから認められているものと考えられる。そして，そのような低付加価値の場合，グループ内役務提供につき，BEPS最終報告書の行動8-10（移転価格税制と価値創造の一致）では，簡便法のマークアップ率として5％が示されている[91]。商品取引は役務提供ではないし，商品取引のような取引には簡便法は利用できないが，20％はあまりにも高いものとはいえ

5 多国籍企業のグループ内部取引による BEPS ◆ *71*

よう。いずれにせよ，上述した行動13の多国籍企業の企業情報の文書化で示された対応策（国別報告書の提供等）も，それにより多国籍企業の関連者間取引の全体像が把握できれば，この点の有効な対応策となろう。

（ロ）　欧州本社が得た既存 IP の譲受け時の評価はバイ・イン支払の評価であり，CCA への新規参加者である欧州本社が取得する無形資産の価値を基にして，予測便益全体に占める欧州本社が得る相対的持分を考慮して決定されるものである[92]。当該無形資産はブランドや店舗デザイン等のマーケティング無形資産であり，当該ビジネスの中核となることから，当該無形資産に関し，信頼性の高い比較対象取引を見つけることが難しく，そうであれば，DCF 法により予測便益全体を評価し，無形資産の価値を見出すことが有効であろう。OECD 移転価格ガイドライン（2010年版）では DCF 法の記述は少ないが[93]，BEPS 最終報告書では DCF 法の記述につき拡充されている[94]。DCF 法は，前提となる予測数値によって大きく結果が変わってしまうことから，将来キャッシュ・フローの予測及び適切な割引率の選定が重要であるが，選定しにくい点が短所で[95][96]，現状においては大きな障害である。しかし，BEPS 最終報告書において，このような評価困難な無形資産に関する移転価格ルールとして所得相応性基準が導入され，取引時点で評価困難な一定の無形資産については，予測便益と実際便益とが一定以上乖離した場合，実際便益に基づいて独立企業間価格を評価することが可能となろう[97]。また，欧州本社が得る相対的持分は CCA に基づいて決定されるもので，CCA が適正か否かという点が重要である（下記(ハ)を参照）。

（ハ）　将来 IP に関する CCA を通じた Starbucks 本社と欧州本社との（将来・現実）所得の配分については，CCA が適切か否かという点，つまり，独立企業原則に合致するか否かという点が重要である。OECD 移転価格ガイドライン（2010年版）では CCA に関する指針は必ずしも十分でなく，検討することが難しい分野の一つである。したがって，BEPS 最終報告書に基づき整理していく。CCA とは，「無形資産，有形資産又は役務提供の共同開発，生産又は取得に係る貢献及びリスクを分担するための企業間の契約上の取決め」[98]であるところ，独立企業原則に合致するとは，「参加者の貢献の価値」が，CCA から「生じると合理的に期待される予測便益全体の相対的持分を前提として，比較可能な状況において独立企業が合意するであろう貢献の価値と整合的でなければならない」ということである[99]。「独立企業間では，当該取決めに対する実際の貢献全体に占める各参加者の相対的な持分の価値

が，当該取決めの下で受け取る予定の予測便益全体に占める各参加者の相対的な持分と整合的であること」が，まず必要となろう[100]。さらに，将来IPに関するものであることから，評価困難な無形資産に該当すると考えられる。CCAについても，評価困難な無形資産に関する移転価格ルールが適用される[101]。したがって，上述したバイ・インの取扱いと同様，所得相応性基準が導入され，取引時点で評価困難な一定の無形資産については，予測便益と実際便益とが一定以上乖離した場合，実際便益に基づいて独立企業間価格を評価することが可能となろう[102]。また，手続面では，一般的移転価格上の問題と同様，上述した行動13の多国籍企業の企業情報の文書化で示された対応策（国別報告書の提供等）も，それにより多国籍企業の関連者間取引の全体像が把握できれば，この点の有効な対応策となろう。なお，予測便益全体の評価に当たってはDCF法が利用されることがあるが，その論点は，上記（ロ）を参照していただきたい。

（ニ）　Starbucks本社がIRSとの間でAPAを締結していたかどうかは明らかでないが，Google本社がIRSとの間でAPAを締結していただろう間接事実を考慮すると，その可能性は否定できない。2012年11月の英国議会の聴聞会報告によれば，2011年末現在で過去15年間のうち，英国販社は所得があるのは1年のみとの指摘があり[103]，そうであれば，2000年以前にAPAを締結していた可能性もあろうし，また，米国のAPAは，少なくとも5年間以上を対象期間として申請することとなっていることから[104]，当初からAPAを締結していたとすれば，以下のような問題点が生じていた可能性はある。すなわち，2000年以前の米国では，バイ・インを含むCCAについて，1996年規則に基づいて判断されたところ，その問題点が指摘されている[105]。それは，CCAにつき独立企業原則に即して評価されることとなっていたが，詳細には規定されておらず，単なる資金拠出者であるCCA参加者も通常出資へのリターンを上回る超過収益部分を得ることができる構造となっていたわけである。

（ホ）　CCAに関する移転価格上の取扱いについてのBEPS最終報告後の課題を挙げると，スターバックス事案は，両当事者の機能等が類似しているため，双方貢献するものは主としてマーケティング無形資産に対してである一方，グーグル事案は，両当事者の機能等が異なり，米国本社の貢献はマーケティング無形資産と研究開発関連無形資産とが複合したものであるのに対して，IrXの貢献は主としてマーケティング無形資産に対してではないかと思われ

る。その場合の指針が必ずしも明確ではないので，今後，その明確化を期待したい。

（ヘ）欧州本社が得るライセンス料が適正か否かという点について，基本的には，当該取引価格は独立企業原則に即しているか否かという視点で検討することとなる[106]。その場合，独立企業間取引において，その価格は双方の企業が遂行した機能につき，使用した資産や引き受けたリスクを考慮しつつ，検討することとなる[107]。この点は従前の取扱いと同様である。ただし，欧州本社が統括会社としての機能を実際に有しているかという点，特に，管理機能の一部を外部委託していたとしても，リスクを引き受ける者がリスクをコントロールし，かつ，引き受けるリスクの財務能力を有しているかという点を検討すべきであり[108]，Cash Box のように単に資金提供している場合にはリスクフリーのリターン相当利益しか得るべきでなく[109]，欧州本社がその程度の機能であれば上記ライセンス料は不適切となろう。

（ト）Starbucks 本社が得た無形資産譲渡対価が，バイ・インを通じて一定期間のライセンス支払に転換されていることは，無形資産譲渡対価をライセンス支払とみなす複数の米国税法を受けており，一概に問題があるとはいいきれるものではない。所得相応性基準も一定の除外規定が認められていること，一定期間支払われるライセンス料における調整のしやすさ，及びキャピタル・ゲインが回避できることとの利益衡量等を考慮して，今後検討すべきものとなろう。

（チ）Starbucks 本社が英国販社から得た貸付利子（LIBOR ＋ 4 ％）が適切であるかという点は，基本的には独立企業原則に即して判断されることとなる。当該行為は単なる資金提供であることから，この点に関し，日本での取扱いをみると，①国外関連取引の借手が，非関連者である銀行等から当該国外関連取引と通貨，貸借時期，貸借期間等が同様の状況の下で借り入れたとした場合に付されるであろう利率，②国外関連取引の貸手が，非関連者である銀行等から当該国外関連取引と通貨，貸借時期，貸借期間等が同様の状況の下で借り入れたとした場合に付されるであろう利率，③国外関連取引に係る資金を，当該国外関連取引と通貨，取引時期，期間等が同様の状況の下で国債等により運用するとした場合に得られるであろう利率の順に検討することが示されている[110]。日本では従来のように，このような基準で適切かどうか判断していくこととなろう。なお，移転価格以外の視点で，英国販社が過大な利子を支払っているか否かという点は下記③を参照していただきたい。

（リ）　IrYと現地法人との取引価格が適切か否かという点について，当該取引価格は独立企業原則に即しているか否かという視点で検討することとなる(111)。その場合，独立企業間取引において，その価格は双方の企業が遂行した機能につき，使用した資産や引き受けたリスクを考慮しつつ，検討することとなる(112)。IrYは現地の顧客と直接契約主体となっており，IrYと現地法人との契約は，役務提供契約の一形態である販売委託契約のようなもので，コストに若干の上乗せした収入を得ているだけである。しかし，従来の取扱いでも，IrYが行うべき機能等において，現地法人が重要な役割を担っているのであれば，コストに若干の上乗せした収入ではなく，Buy-Sell契約から導かれる収入に近いものとなろう。BEPS最終報告書では実質的な点が重視されており，この点は明確となっている。

③　移転価格以外の視点で，英国販社が過大な利子を支払っているか否かという点（上記3（1）②参照）については，BEPS最終報告書の行動4（利子控除制限ルール）に関する問題である。ここでは，支払利子が損金算入されることを利用して，相対的に税負担が軽い国外関連者に対し，利子を支払う法人の所得に比し過大に利子を支払うBEPSに対処すべきであるとの課題が提示された(113)。BEPS最終報告書では，固定比率ルール(114)を原則，グループ比率ルール等(115)をオプションとして採用し，これらを組み合わせることで，損金算入を制限することを勧告している(116)。

　　2009年以前の英国においては，所得に比して過大であろう利子控除を制限するルールは存在しなかったため(117)，対応は難しかったと考えられる。しかし，2010年には，BEPS最終報告書で示されているグループ比率ルールを採用して，このようなBEPSにつき，対応可能となっているであろう。

　　今後の課題は，固定比率ルールが10〜30％の範囲で設定するようになっているが(118)，当該範囲で妥当か否かは見ていく必要はあろう。

④　CFC税制が適用できるか否かという点（上記3（2）⑤参照）については，BEPS最終報告書の行動3（外国子会社合算税制の強化）に関する問題である。軽課税国等に設立された相対的に税負担の軽い外国子会社を使ったBEPSを有効に防止するため，適切な外国子会社合算税制を設計すべきとの課題が提示された(119)。BEPS最終報告書では，外国子会社合算税制をⅰ）対象外国子会社，ⅱ）適用除外，ⅲ）対象所得の定義，ⅳ）所得計算ルール，ⅴ）親会社所得への合算方法，ⅵ）二重課税の排除方法に分けて勧告されている(120)。そのポイントは，外国子会社への所得移転は，外国子会社設立国

以外で行われた価値創造活動とそれにより生み出された所得を分離すること
により行われるため，外国子会社合算税制は，外国子会社の所得のうち，実
質的な経済活動を伴わないものを親会社の利益とみなして合算するとともに
（特に，持株会社，金融業等の所得移転に利用されるおそれがある所得が対
象），移転価格税制の補完（back stop）機能も重要で，Cash Box 化した子
会社が取得する funding return は必ず合算対象とされるべきとしている点
である[121]。上記視点から，対象所得の定義は，法的形式等に基づいて地理
的移転が容易であって CFC ルールで対処しなければならない懸念のあるも
のと分類された所得に基づく決定方法（カテゴリーアプローチ），実質的な
経済活動を伴わなかった所得に基づく決定方法（実質アプローチ）等を単独
又は組み合わせて決定するよう勧告されている[122]。

　BEPS 最終報告書を踏まえて，CFC ルール適用について検討する。最初
に Check-the-box 税制を前提に考えると，CFC 税制適用に当たっては，欧
州本社及び IrX・オランダ法人・IrY が一体となったものが得る所得につい
て，カテゴリーアプローチ及び実質アプローチにより，対象所得になるか否
かを決定する点が重要となる。各社が得る所得はすべてカテゴリーアプロー
チで示される所得分類に該当するため，組み合わせて決定する税制を前提に
した場合，実質アプローチに基づき所得に実際に必要となった事業施設やス
キルのある従業員の有無等により判断されるだろう[123]。

　グーグル事案においては，Check-the-box 税制が問題を生じさせている。
この点について，対象外国子会社の範囲に関し，一つの方法として，親会社
の CFC 所得を算定する際に，CFC に対するグループ内支払を考慮に入れる
ことを求める修正ミスマッチルールの検討を勧告している[124]。米国が当該
勧告を受け入れれば，グーグル事案について，米国において Check-the-
box 税制を維持しつつ，アイルランドが，IrX・オランダ法人・IrY を一体
のものとしていない場合に，米国はオランダ法人から IrX に対するグルー
プ内支払を考慮することで，IrX に蓄積された所得を Google 本社に合算す
ることができよう。

　今後の課題は，各勧告が，各国自らの有する租税制度全般に関するポリ
シーや国際的義務等に沿って柔軟に制度設計することを容認しており[125]，
そこから生じる相違点にもかかわらず，外国子会社合算税制のターゲットと
した BEPS が阻止できるかを見極める必要があろう。

⑤　スターバックス事案における外国税額控除の在り方（上記３（１）②（ハ）参

照）については，BEPS 最終報告書でも指摘はなく，難しい問題である。外
国税額控除において，多国籍企業グループを一体とみて，政策目的から
Look-though rule を採用することは必ずしも適切でないともいえない。また，
米国において外国税額控除枠に係る所得バスケットが二つしかないことにつ
き，彼此流用の問題はあるが，簡便性と比較考量の問題であろう。

⑥　現地法人が IrY の代理人 PE になりうるか否かという点（上記 3（2）②参
照）については，BEPS 最終報告書の行動 7（PE 認定の人為的回避の防止
策）に関する問題である。代理人 PE の要件に該当しない販売委託契約（コ
ミッショネア契約）の利用等による PE 認定の人為的回避に対処すべきとの
課題が提示された[126]。BEPS 最終報告書では，ⅰ）契約者名基準に加え，
契約類型基準（企業（本人）の物品の販売契約等）によって代理人 PE を認
定すること，ⅱ）PE と認定される代理人の活動に，「契約の締結に繋がる
主要な役割を果たすこと」を追加すること，ⅲ）専ら関連企業のためにのみ
業務を行う者を，独立代理人の定義から除外すること，を勧告している[127]。
　　BEPS 最終報告書の勧告について意見がないわけではない[128]。確かに，
上述した現地法人の移転価格上の論点でほぼ問題がないようにも思える。し
かし，より実質的にとらえた場合，現地法人はいかに源泉地において主要な
役割を果たしていたとしても，在庫リスク，販売リスク等には直接関わって
いないのであり，IrY が代理人たる現地法人を通じて，源泉地において意思
決定等を行い，当該リスクを担っているのであれば[129]，当該リスクに伴う
所得は源泉地に帰属するといえるであろう。その意味で，BEPS 最終報告書
の勧告は評価できる。
　　BEPS 最終報告書における課題は，検討が遅れている代理人 PE であった
場合の帰属所得についてである。遅ればせながら，2016年 7 月，OECD は，
「PE 帰属所得に関する追加的指針案」を公表し，9 月までパブリックコメ
ントが求められていた[130]。今後，当該パブリックコメントに基づき，修正
案が作成・公表され，当該指針案が推敲されていくこととなろう。

⑦　オランダ経由のライセンス料支払スキームにより源泉所得税が回避される
場合，租税条約上の特典を与えることが適切か否かという点（上記 3（2）④
参照）については，BEPS 最終報告書の行動 6（租税条約の濫用防止）に関
する問題である。条約漁り等の租税条約の濫用は，BEPS の最も重要な原因
の一つであり，これを防止するための OECD モデル租税条約の改正等を検
討すべきとの課題が提示された[131]。BEPS 最終報告書では，ミニマムスタ

ンダードとして，ⅰ）租税条約のタイトル・前文に，租税条約は，租税回避・脱税（条約漁りを含む。）を通じた二重非課税又は税負担軽減の機会を創出することを意図したものでないとの明記をすること，かつ，ⅱ）租税条約に，一般的濫用防止規定として，A）主要目的テスト[132]（以下，「PPT」という。）のみ，B）PPT 及び特典制限規定[133]（以下，「LOB」という。）の簡素版との両方，又は，C）LOB の厳格版及び導管取引防止規定（限定的 PPT）を採用すること，を勧告している[134]。

　当該スキームが設定された当時，合法とされているわけであるから，アイルランドとオランダとの租税条約は，日米租税条約のような LOB 規定がなかったことが想定される。したがって，BEPS 最終報告書の勧告を受け入れた場合，どの選択肢を採用したとしても，明らかに主要目的は租税回避することであり，かつ，導管取引となっていることから，租税条約の特典は否認されるであろう。

5　結びに代えて

　本稿では，多国籍企業のグループ内部取引による BEPS につき，第一に，その主たる要因と考えられる各国の税制や国際課税ルールが多国籍企業の実態に追いついていない状況を整理した。第二に，当該 BEPS の典型事例であるスターバックス事案とグーグル事案に焦点を当て，先行研究を参考としつつ，複雑なスキームを分析して，各国の優遇税制の取扱いや移転価格上の論点等の個々の論点を抽出した。第三に，BEPS 最終報告書の対応策を導いた BEPS プロジェクトの全体的な評価を行うとともに，上述した論点につき，BEPS 最終報告書の対応策を当てはめ，各論点の評価も行った。その結果，BEPS プロジェクトにより，国際課税ルールの全体的見直し等の従前難しかった課題への突破口が開かれ，BEPS の最終報告書の対応策も多くの論点につき克服されうる道筋が示された。しかし，課題もまだ存在している。例えば，BEPS プロジェクトは国際協調が重視されるところ，BEPS を防止するための各国の独自な動きも見受けられる。また，BEPS 最終報告書の対応策も道筋に過ぎず，先進国だけでなく，途上国も含め各国の必要な法整備も必要であり，当該対応策も強制力の弱いものも含まれ，多くのオプションを有している。したがって，国際的な監視の下，モニタリングが重要となってこよう[135]。

（注）

⑴　居波邦泰『国際的な課税権の確保と税源浸食への対応：国際的二重非課税に係る国際課税原則の再考』（中央経済社，2014）のはしがきのⅰ頁で，著者が示している定義を引用した。

⑵　日本では1986年に移転価格税制が導入され（導入経緯等については，荒巻健二「移転価格税制の創設」『昭和61年版改正税法のすべて』（大蔵財務協会，1986）210頁参照），その後も多くの法改正がなされている（主な改正の概要は，川田剛『国際課税の基礎知識』（税務経理協会，九訂版，2015）292頁参照）。また，米国では1917年に移転価格税制が導入されている（本庄資「国際課税　米国法人税（第9回）関連企業グループ内部取引の取扱い−移転価格税制（1）」租税研究715号（2009）226頁。本庄資名誉教授の当該論文は，米国の移転価格税制の経緯が詳細に解説されている。）。

⑶　日本では，1992年に過少資本税制が導入され（導入経緯等については，小田嶋清治「国際課税関係の改正」『平成4年改正税法のすべて』（国税庁，1992）194頁参照），その後も2回改正されており（改正概要は，川田・前掲注⑵468頁参照），さらに，過大支払利子税制が2012年に導入されている（導入経緯等については，西方建一「国際課税関係の改正」『平成24年度税制改正の解説』（財務省ホームページ，2012）560頁参照）。また，米国では類似制度であるアーニング・ストリッピング・ルール（Earnings Stripping Rules）が1969年に導入されている（本庄資「国際課税　米国法人税（第12回）関連企業グループ内部取引−過少資本税制，アーニング・ストリッピング・ルール」租税研究721号（2009）136頁。

⑷　OECD移転価格ガイドラインの経緯について，簡潔にまとめられているものとして，See Foreword, OECD Transfer Pricing Guidelines for Multinational Enterprises and Tax Administrations（2010）at 3.

⑸　浅川雅嗣「OECDにおけるBEPSプロジェクトについて〜『税の競争』から『税の協調』へ」（国際税務35巻1号（2015）24頁）。

⑹　浅川雅嗣「BEPSプロジェクトの軌跡と展望」（国際税務36巻1号（2016）26頁）。

⑺　財務省「『BEPSプロジェクト』の議論の背景」（平成27年10月23日付税制調査会第6回国際課税ディスカッショングループ資料2頁）。

⑻　浅川・前掲注⑹26-27頁。

⑼　財務省・前掲注⑺2頁。

⑽　財務省「BEPSプロジェクトについて」（平成27年10月23日付第6回税制調査会国際課税ディスカッショングループ説明資料）。

⑾　同上。

⑿　同上。

⒀　OECD, Action Plan on Base Erosion and Profit Shifting（2013），at 13. 財務省・前掲注⑽1頁。

⒁　財務省・前掲注⑺2頁を中心にして整理したものである。

⒂　その他の要因として，税務当局や政策立案者の間で広がる関連情報の不足も挙げられている（OECD/G20 BEPS project, Explanatory Statement, 2015 Final Reports（2015），para.5）。

⒃　OECD, supra note（13），at 9.

⒄　OECD, Commentary on Article 1, Model Tax Convention on Income and on Capital（2014），para.7.1. また，この点に関し，浅川財務官は，「従来の国際課税の世界では，投資交流の促進という観点から，このような二重課税を排除するための適切なシステムの構築が進められてきた。」と述べている（浅川・前掲注⑹26頁）。こうした傾向は，国家主権の一つである各国の課税権を尊重せざるを得ないことから，やむを得ないことであったであろう。

⒅　浅川・前掲注⑹26頁。

⒆　OECD, Addressing Base Erosion and Profit shifting（2013）, at 7.

⒇　Id., pp.25-28.

(21)　OECD, Transfer Pricing Aspects of Business Restructurings, Discussion Draft for Public Comment（2008）, para.1.

(22)　OECD, Report on Transfer Pricing Aspects of Business Restructurings（2010）, para.9.1 and para.9.2.

(23)　OECD/G20 BEPS project, supra note（15）, para.2.

(24)　Id., pp.25-28.

(25)　グーグルに関する報道については，See Jesse D.（2012）Google avoids paying ＄2 bn in taxes, The Irish Examiner,〔online〕11 Dec. Available at〈http://www.irishexaminer.com/business/google-avoids-paying-2 bn-in-taxes-216617.html〉〔Accessed 12 Jan. 2017〕. なお，他の報道記事等は，太田洋「多国籍企業のタックス・プランニングと BEPS プロジェクト」中里実ほか『クロスボーダー取引課税のフロンティア』（有斐閣，2014）18-19頁を参照。

　　　スターバックスに関する報道については，See Tom B.（2012）Special Report: How Starbucks avoids UK taxes, Reuters,〔online〕15 Oct. Available at〈http://uk.reuters.com/article/us-britain-starbucks-tax-idUKBRE89E 0 EX20121015〉〔Accessed 12 Jan. 2017〕.

(26)　UN, Working Draft on Chapter 1（An Introduction to Transfer Pricing）, Informal Meeting on Practical Transfer Pricing Issues for Developing Countries（2011）para.1.3.

(27)　スターバックス事案は，経済産業省「平成24年度アジア拠点化立地推進調査等事業（国際租税問題に関する調査（タックスヘイブン対策税制及び無形資産の取扱い））調査報告書」（2013）128-131頁（2012年11月，スターバックスのグローバル CFO である Troy Alstead 氏を召喚尋問した聴聞会の内容である。See HR Revenue & Customs: Annual Report and Accounts 2011-12.），太田・前掲注(25)26-31頁，太田洋「BEPS について─多国籍企業のタックス・プランニングの実情─」（平成25年10月24日付税制調査会第1回国際課税ディスカッショングループ資料8-9頁）を中心に整理したものである。

(28)　欧州本社が地域統括会社であることから，後述するグーグル事案のコミッショネア利用スキームも利用している可能性もある。

(29)　詳細については，経済産業省・前掲注(27)130頁参照。

(30)　米国の規定では，上記譲渡は当該無形資産を利用した生産，当該無形資産の使用又は処分に付随して生じる支払（ライセンス料）とみなされる。See IRC§367（a）,（d）and IRC§482..

(31)　太田・前掲注(25)13頁に基づき整理したものである。

(32)　英国税務当局との交渉により，2006年に4.7％に引き下げられている（経済産業省・前掲注(27)129頁）。

(33)　太田・前掲注(27)29頁。

(34)　太田・前掲注(25)28頁。Swiss Trading Company の優遇税制については，27-29頁参照。

(35)　同上。

(36)　太田・前掲注(25)28-29頁。

(37)　SCT 社は広義の Principal Company についての優遇税制をルーリングで得られているとも言われている（太田・前掲注（25）28頁）。

(38)　太田・前掲注(25)13頁。

(39)　太田・前掲注(25)30-31頁。

⑩　グーグル事案は，経済産業省・前掲注㉗134-137頁（2012年11月，グーグル社（北・中央ヨーロッパ担当）副社長である Matt Brittin 氏を召喚尋問した聴聞会及び Bloomberg 記事の内容をまとめたものである。See HR Revenue & Customs: Annual Report and Accounts 2011-12.），太田・前掲注㉕11-19頁，太田・前掲注㉗4-7頁），居波・前掲注⑴273-276頁，399-403頁，浅妻章如「明るみになった国際的な租税回避の動きと BEPS 対応」税理59巻15号（2016）2頁を中心に整理したものである。

⑪　太田弁護士は，グーグル事案を上記のような5つのスキームに分割して整理している（太田・前掲注㉕11-12頁）。

⑫　太田・前掲注㉕13-14頁を主として参考に作成した。

⑬　米国の規定では，上記譲渡は当該無形資産を利用した生産，当該無形資産の使用又は処分に付随して生じる支払（ライセンス料）とみなされる。See IRC§367（a),（d）and IRC§482.

⑭　太田・前掲注㉕13頁を主にして参考に作成した。

⑮　居波・前掲注⑴276頁で，ダブルアイリッシュ・アンド・ダッチサンドイッチの重要なポイントとして，「米国の google とアイルランドの google Ireland Holdings とのコスト・シェアリング契約等の取引については，IRS との APA が成立していること」を挙げている。当該文献では触れていないが，当該 APA は IRS のみから得たユニ APA であると考えられる。

⑯　太田・前掲注㉕14頁を主として参考に作成した。

⑰　太田・前掲注㉕15-16頁を主として参考に作成した。

⑱　内国法人と外国法人と区分する基準は，2014年の Finance Act によって変更され，2015年1月1日以降アイルランド法により設立された法人で非居住者となるのは，租税条約上の認められるもののみとなった。ただし，2014年12月31日以前にアイルランド法で設立された法人は2020年末までは経過措置が認められている。See PWC（2016）Ireland, Corporate-Corporate residence, World Tax Summaries〔online〕2 Dec. Available at〈http://taxsummaries.pwc.com/uk/taxsummaries/wwts.nsf/ID/Ireland-Corporate-Corporate-residence〉〔Accessed 16 Jan. 2017〕

⑲　太田・前掲注㉕16-17頁を主として参考に作成した。

⑳　この点に関し，太田弁護士は，「オランダでは，オランダ子会社が外国親会社の有する IP をサブ・ライセンスする場合の適正使用料金額の認定について，かねてより課税当局によるアドバンス・ルーリングを受けることができるものとされてきたため，この部分について予測不能な税務リスクが生じることはない。」と述べている（太田・前掲注㉕17頁）。

㉑　太田・前掲注㉕18頁を主として参考に作成した。

㉒　Treas. Reg. §§301.7701.1-4. See Richard L.（2015）International Taxation in a nutshell, West Academic Press, ninth edition, at 25, pp.481-484 and IRS（2016）4.61.5.1 Entity Classification〔online〕〈https://www.irs.gov/irm/part4/irm_04-061-005.html〉〔Accessed 19 Jan. 2017〕

㉓　IRC§§7701(a)(3)-(4), IRC§§881-882.

㉔　太田・前掲注㉗18-19頁を主として参考に作成した。

㉕　Jesse D, supra note（25).

㉖　HR Revenue & Customs, supra note（27), pp.9-10.

㉗　Tom B.（2013), Special Report-How google UK clouds its tax liabilities, Reuters〔online〕1 May, Available at〈http://www.reuters.com/article/us-tax-uk-google-specialreport-idUSBRE94005P20130501〉〔Accessed 19 Jan. 2017〕.

⑸ 太田・前掲注㉗19頁。

⑼ 「『BEPS プロジェクト』の意義」（財務省・前掲注⑺5頁）を中心として整理したもので
ある。

⑽ 「『BEPS プロジェクト』の意義」（財務省・前掲注⑺5頁）

⑹ 浅川・前掲注⑹29-30頁。

⑿ 緒方健太郎「BEPS 最終報告書について」租税研究798号（2016）258頁。

⒀ 同上。

⒁ 英国の迂回利益税を紹介したものとして，居波邦泰「英国の迂回利益税：ラウンドディス
カッション The U.K.'s Diverted Profits Tax: A Roundtable Discussion」租税研究791号
（2015）274頁。

⒂ EC（2016），Press release, State aid: Ireland gave illegal tax benefits to Apple worth up
to €13 billion,〔online〕30 Aug. Available at〈http://europa.eu/rapid/press-release_IP-16-
2923_en.htm〉〔Accessed 14 Jan. 2017〕.

⒃ Robert B.（2016）Treasury Notes, Treasury Releases White Paper on European Com-
mission's State Aid Investigations into Transfer Pricing Rulings, US Department of the
Treasury,〔online〕24 Aug. Available at「https://www.treasury.Gov/connect/blog/Pages/
Treasury-Releases-White-Paper-on-European-Commission％E2％80％99s-State-Aid-
Investigations-into-Transfer-Pricing-Rulings.aspx〉〔Accessed 14 Jan. 2017〕

⒄ 緒方・前掲注⑿258頁。

⒅ 緒方・前掲注⑿258-259頁。

⒆ 緒方・前掲注⑿259頁。

⒇ 「『BEPS プロジェクト』の意義」（財務省・前掲注⑺5頁）

㉑ 緒方・前掲注⑿260-262頁の記述を参考に整理したものである。

㉒ 緒方・前掲注⑿260頁。

㉓ 同上。

㉔ 緒方・前掲注⑿261頁。

㉕ 同上。

㉖ 緒方・前掲注⑿261-262頁。

㉗ 同上。

㉘ 同上。

㉙ 「『BEPS プロジェクト』の意義」（財務省・前掲注⑺5頁）

㉚ 浅川・前掲注⑹30頁。

㉛ 緒方・前掲注⑿259頁。

㉜ 同上。

㉝ 「『BEPS プロジェクト』の意義」（財務省・前掲注⑺5頁）

㉞ 財務省・前掲注⑽。

㉟ OECD/G20, BEPS Project, Countering Harmful Tax Practice More Effectively, Taking
into Account Transparency and Substance, Action 5：2015 Final Report（2015）.財務省・
前掲注⑺26頁。

㊱ OECD/G20, BEPS Project, Re-examining Transfer Pricing Documentation, Action
13:2015 Final Report（2015）.財務省・前掲注⑺45-51頁。

㊲ 特許権等の知的財産から生まれる利益に対して，通常の法人税率より低い税率を適用する
税制のことであり，当該税制については，国内で開発活動を行っている割合に応じて比例的

82 ◆ 第 1 章 BEPS の現状とその問題点

に適用されるよう BEPS 最終報告書で勧告がなされている。See OECD/G20 BEPS Project, supra note（85），para.26-32.

(88) OECD/G20 BEPS Project, supra note（85），para.149.

(89) OECD, Article 9, Model Tax Convention on Income and on Capital（2014）.

(90) OECD, supra note（ 4 ），para 1.42.

(91) OECD/G20 BEPS Project, Aligning Transfer Pricing Outcomes with Value Creation, Action 8 -10: 2015 Final Report（2015），para.7.61. なお，BEPS 最終報告書行動 8 -10の仮訳は，国税庁ホームページを参考とした。〈https://www.nta.go.jp/sonota/kokusai/beps/pdf/8-10.pdf〉〔2017年 1 月22日閲覧可〕

(92) OECD, supra note（ 4 ），para.8.32, OECD/G20 BEPS Project, supra note（91），para.8.45.

(93) OECD, supra note（ 4 ），para.2.123 and para.6.29.

(94) OECD/G20 BEPS Project, supra note（91），para.6.153-6.178.

(95) 神山弘行「ザイリンクス事件米国連邦第 9 巡回控訴裁判所判決」中里実ほか『移転価格税制のフロンティア』（有斐閣，2011）337-338頁。

(96) BEPS 最終報告書では，DCF 法の問題点として，①財務予測の正確性，②成長率に関する前提，③割引率，④無形資産の耐用年数及び最終価値，⑤税に関する前提を指摘している。See OECD/G20 BEPS Project, supra note（91），para.6.158-6.178.

(97) OECD/G20 BEPS Project, supra note（91），para.6.186-6.195.

(98) OECD/G20 BEPS Project, supra note（91），para.8.3.

(99) OECD/G20 BEPS Project, supra note（91），para.8.12.

(100) OECD/G20 BEPS Project, supra note（91），para.8.13.

(101) OECD/G20 BEPS Project, supra note（91），para.8.9.

(102) OECD/G20 BEPS Project, supra note（91），para.6.186-6.195.

(103) HR Revenue & Customs, supra note（27），para.8.

(104) IRS（2016）Announcement and Report concerning Advance Pricing Agreements, at 14.〔online〕31 Mar. Available at 〈https://www.irs.gov/pub/irs-utl/2015apmastatutoryreport.pdf〉〔Accessed 22 Jan. 2017〕

(105) 神山・前掲注(95)331-332頁。

(106) OECD, supra note（89）.

(107) OECD, supra note（ 4 ），para 1.42.

(108) OECD/G20 BEPS Project, supra note（91），para.1.60-1.70.

(109) OECD/G20 BEPS Project, supra note（91），para.1.85 and para.1.103.

(110) 「移転価格事務運営要領（事務運営指針）」 3 - 6 及び 3 - 7 。

(111) OECD, supra note（89）.

(112) OECD, supra note（ 4 ），para 1.42.

(113) OECD, supra note（13），pp.16-17. 財務省・前掲注(7)23頁。

(114) 企業ごとに，純支払利率／所得（EBITDA）比率が基準固定比率を超える場合，超過部分の利子の控除を制限するもので，これが基本ルールである。OECD/G20 BEPS Project, Limiting Base Erosion Involving Interest Deductions and Other Financial Payments, Action 4 : 2015 Final Report（2015）para.85-114. 財務省・前掲注(7)23頁。

(115) 企業の属する多国籍企業グループ全体のグループ外への純支払利子の対所得（グループ全体の EBITDA）比率が基準固定比率より高い場合は，グループ全体の比率まで当該企業の利子損金算入を容認するものである。OECD/G20 BEPS Project, supra note（114），

5 多国籍企業のグループ内部取引による BEPS ◆ *83*

para.115-154. 他のオプションは，金融業等に適用される特別ルールやデミニマスルール，超過利子の繰越等がある。財務省・前掲注(7)23頁。

⒗ OECD/G20 BEPS Project, supra note（114）, at 12. 財務省・前掲注(7)23頁。

⒘ 平成28年 5 月26日付第 7 回税制調査会国際課税ディスカッショングループ資料14頁。

⒙ OECD/G20 BEPS Project, supra note（114）, para.97. 財務省・前掲注(7)23頁。

⒚ OECD, supra note（13）, at 16. 財務省・前掲注(7)21頁。

⒛ OECD/G20 BEPS Project, Designing Effective Controlled Foreign Company Rules, Action 3, 2015 Final Report, pp.9-10. 財務省・前掲注(7)21頁。

(121) Id., para.74-75. 同上。

(122) OECD/G20 BEPS Project, supra note（120）, para.72-97. 財務省・前掲注(7)22頁。組み合わせて決定する税制を導入できるのであればより好ましいであろう。

(123) OECD/G20 BEPS Project, supra note（120）, para.84-85. 財務省・前掲注(7)22頁。

(124) OECD/G20 BEPS Project, supra note（120）, para.29-33.

(125) OECD/G20 BEPS Project, supra note（120）, at 10. 財務省・前掲注(7)21頁。

(126) OECD, supra note（13）, at 19. 財務省・前掲注(7)33頁。

(127) OECD/G20 BEPS Project, Preventing the Artificial Avoidance of Permanent Establishments Status, Action 7 : 2015 Final Report, pp.16-17. 財務省・前掲注(7)33頁。

(128) 青山慶二「BEPS 環境下における PE 課税問題」租税研究792号（2015）275-276頁。

(129) OECD/G20 BEPS Project, supra note（91）, para.1.60 and para.1.63-1.66.

(130) OECD, Public Discussion Draft, BEPS Action 7 : Additional Guidance on the Attribution of Profits to Permanent Establishments（2016）.

(131) OECD, supra note（13）, pp.18-19. 財務省・前掲注(7)31頁。

(132) 租税条約の濫用を主たる目的とする取引から生ずる所得に対する租税条約の特典を否認する規定である。

(133) 租税条約の適用を受けることができる者を一定の適格者に制限する規定である。

(134) OECD/G20 BEPS Project, Preventing the Granting of Treaty Benefits in Inappropriate Circumstances, Action 6 : 2015 Final Report, pp.9-10. 財務省・前掲注(7)31頁。

(135) 青山・前掲注(128)280頁。

6 連結総収入金額の計算

川田　剛

1　問題の所在

　BEPSプロジェクト行動13では，多国籍企業グループがグループ内取引を通じて所得の海外移転をしているのではないかという問題意識をふまえ，適正な課税（移転価格課税）を実現するため，自国企業による国外関連者との取引に関する情報のみでなく，多国籍企業グループがグローバルに行う取引の全体像を把握する必要があるとしている。

　そのうえで，その対応策として，納税者のコンプライアンス・コストにも配慮しつつ，税務当局のために透明性を高めることを目的として，共通様式（CRS）に基づいた多国籍企業情報の報告等（いわゆる移転価格に係る文書化）に関するルールを整備すべしとしている。

　具体的には，次の3種類の文書を共通様式に従って作成し，税務当局に提供（又は作成・保存）することを義務付けるようにすべきであるとするものである。

① 　ローカルファイル（Local File）：親会社・子会社が各々作成
　　　関連者間取引における独立企業間価格を算定するための詳細な情報（移転価格算定方法及びその根拠等）
② 　マスターファイル（Master File）：親会社が作成
　　　多国籍企業グループの活動の全体像に関する情報（組織，財務，事業の概要等[1]）
③ 　国別報告書（Country by Country Report…いわゆるCbCレポート）：親会社が作成
　　　多国籍企業グループの各国別の活動状況に関する情報（多国籍企業グループの各国別の所得，納税額の配分等）

　ただし，納税者の負担（コンプライアンス・コスト）への配慮から，多国籍企業グループの連結総収入金額が7.5億ユーロ（約1,000億円）未満の者に対しては，その義務を免除することとしている。

　しかし，そこでいう「連結総収入金額」がいかなるものをいうのかについて，

そもそも「連結」の範囲が国によって必ずしも同一でないことや「連結調整勘定」の扱い，さらには連結総収入金額の計算をどのように行えばよいのかという点については，必ずしも明らかになっていない(2)。

2 現行制度の概要

　連結総収入金額の計算をする場合，その計算を税務上のそれ（連結納税制度における連結総収入金額）とするのか，それとも連結財務諸表におけるそれとするのかによって大きく異なってくる。

　また，税務上の連結納税制度によることとした場合であっても，「連結」の範囲は国によって異なる。そのため，そこで計算される「連結総収入金額」も自ずから異なったものとならざるを得ない。

(1) 連結総収入金額の計算を連結納税制度により計算することとした場合

　「連結総収入金額」の計算を税務基準によって行うこととした場合，必要となってくるのは，各国の連結納税制度がどのようになっているかである。そこで，まず最初にわが国の連結納税制度について，次に米国・英国の連結納税制度についてみていく。

① わが国の連結納税制度

　2002年（平成14年）に導入されたわが国の連結納税制度においては，連結の範囲は，親法人とその親法人による完全支配関係にある内国法人である内国普通子法人に限られている（法法4の2）。

　したがって，例えば親法人によって100％の様式を保有されていない内国法人である子会社や100％保有されていてもその子会社が外国法人である場合には，連結納税の対象に含めることができない。同様に，子会社が協同組合等である場合もその対象とはならない(3)。

　また，連結所得の金額は，その連結の事業年度の益金の額から損金の額を控除する形で計算することとされている（法法81の2及び10）。

　そして，そこでいう連結法人の各事業年度の連結事業年度の益金及び損金の額は，原則としてそれぞれの個別法人の所得の計算上用いられる益金及び損金の額とされている（法法81の3）(4)。

　なお，この制度を利用した多様な租税回避行為に対処するため，包括的な租税回避行為否認規定が設けられている（法法132の3）。

② 米国の連結納税制度

それに対し，米国の連結納税制度においては，連結の対象となる法人は，米国法人に限られている（IRC 第1504条(d)）ものの，株式保有要件については，わが国のように100％保有という完全支配関係ではなく，議決権株式の80％以上を保有し，かつ，全株式の時価総額に80％以上（IRC 第1504条(a)）[5]をグループのメンバー全員で直接又は間接に保有している場合，それを連結納税の対象とすることができることとされている（IRC 第1501条）。

○ 内部取引の取扱い

また，米国では，同一連結グループ内の取引（資産の譲渡，役務の提供，ライセンスの供与，リース資金の貸付け，株主への配当等）からは所得が生じないこととされている（Reg. §1. 1502-13(b)(1)）。その分については，外部との取引時においてその分を対応的に再計算（recomputed corresponding）することとされている（同条(b)(4)）。

③ 英国の連結納税制度

英国の連結納税制度はグループ・リリーフ制度と称されているが，その対象は英国法人だけでなく EU 域内法人も含まれている。

しかも，その持分割合要件はわが国のような100％ではなく75％以上とされている。

その結果，例えば EU 域内の子会社で損失が生じている場合には，その損失を英国親会社の所得と通算することが可能であることから，マスターファイルにおける利益の金額がその分だけ少なく表示される可能性がある。

④ BEPS プロジェクト行動13との関係

このように，連結納税制度は，その対象が基本的に国内に限定されているだけでなく，連結の範囲や連結調整のやり方等も各国でかなり異なっている。

その結果，例えばマスターファイル及び CbC ファイルの連結総収入金額の計算を連結納税制度による数字を用いることとした場合には，その金額が国によって大きく異なる結果となってくる可能性がある。

また，連結グループ間の内部取引についても，例えば英国などのように単に損益のみを通算することとしている国とわが国のように譲渡損益のみを繰り延べることとしている国，さらには，米国などのように取引自体を調整（内部取引を消去）することとしている国との間では，同じ連結総収入金額といっても，全く異なったもの（数字）になってくる可能性がある。

然るに，現状では，この点に関する国際間の合意はまだない。したがって，BEPS プロジェクト行動13及びそれを受けて創設されたわが国の事業概況報告事項（マスターファイル）及び国別報告事項（CbC レポート）にいう「連結総収

入金額」は，基本的には会計上の概念を用いざるを得ない[6]。

⑤　会計上でいう連結総収入金額

「連結総収入金額」を計算するためには，まず最初に，連結の範囲が明確になっていなければならない。

この点について，OECD 移転価格ガイドライン第5章改訂案では，「総収入金額については，構成事業体の総収入金額を記載する。」としたうえで，そこでいう「総収入金額」には，「関連者との取引から生じたものか否かにかかわらず，棚卸取引，役務提供取引，ロイヤリティ取引，保険収入，その他受領した金額による一切の収入が含まれる。」としている。

そして，そこに記載される金額は次のいずれかにより計算されるとしている。

① 　事業体の法定財務諸表
② 　法定財務諸表がない場合
　…その他の目的（財務会計目的，法令の要件，税務目的など）で作成された構成事業体の監査済み財務諸表
③ 　監査済み財務諸表もない場合
　…当事者の内部管理損益に計上された年間収入

また，総収入金額の表示は，原則として構成事業体で使用されている通貨単位で行うこととするが，その通貨の為替換算は決算書で使用されているものとするとされている。

しかも，それぞれの構成事業体の総収入金額その他の財務情報について，構成事業体全体の会計基準を統一した上で記載する必要はないとされている。したがって，ある国において設立された構成事業体が IFRS による会計処理基準を採用しているのであれば IFRS により記載するものの，他の国において設立された構成事業体については，当該国において使用されている会計基準（例えば日本基準）により記載してよいとされている[7]。

したがって，わが国の税務当局に提供する連結総収入金額の計算は，必ずしも IFRS 基準でなく，日本基準により計算することも可能である。

ちなみに，日本基準では原則として取得原価主義をベースとして総収入金額が計算されるのに対し，IFRS では時価ベースによる資産・負債アプローチが採用されている。その結果，IFRS によることとした場合には，会計期間の期首から期末までに資産価値が増加したときには，その分についても総収入金額として認識される可能性がある。また，連結範囲の決定についても，支配力基準と持分基

準という 2 つの考え方があり（例えば，広瀬義州『財務会計（11版)』中央経済社　2012年605頁)，日本基準でも IFRS と同じ「支配力」という概念が用いられている（IFRS10.7，日本の場合連結会計基準 6 ，7 ，13) が，IFRS では，投資者が投資先を支配しているとするためには，少なくとも次の要件をすべて満たしていなければならないこととしている。

① 投資先に対する力を有していること
② 投資先への関与から生じる変動リターンにさらされていること又は変動リターンに対する権利を有していること
③ 投資先のリターンの金額に影響を及ぼすような額で投資先に対する力を有していること

しかし，日本基準の場合，そのような判定方法が採用されていない。そのため，連結の範囲をめぐって国によってその取扱いに差が生じてくる可能性がある。

3　議論の焦点（理論と政策）

本稿における議論の焦点は，そもそも課税上の概念として用いられている「連結納税」及びその前提となる「連結総収入金額」の計算において，会計上の概念にどの程度まで依存することが可能なのか又は望ましいのかという点である。

そもそも，IFRS に代表される会計規定の適用対象は，原則として上場企業に限られており，かつ，法的拘束力を持ったものではない。それに対し，税法上での規定は法的拘束力の存在を前提としている。その点で両者は大きく異なる。

ちなみに，わが国（の法人税法）では，法人の収益及び費用（損失を含む）の額の計算は，一般に公正妥当と認められる会計処理の基準に従って計算されるものとしている（法法22④)。そのうえで，それにより計算された決算利益をベースにしつつ，所要の申告調整（加算・減算）を行い，所得の金額が算定される仕組みとなっている。

それに対し，例えば米国では，内国歳入法典で，課税標準たる「所得（taxable income)」は，別段の定め（except as provided）がない限り，原則として「総所得（gross income)」から「所得標準（deduction)」をマイナスする形で算出するとされてはいる（IRC 第63条 (a))。しかし，その計算に当たって一般に公正妥当な会計慣行等によるべき旨の規定は設けられておらず，かつ，わが国のような確定決算主義も採用されていない。そのため，米国の法人は，対投資家向けに作成される財務諸表とは独立した別個の形で税務上の決算書を作成し，それによって申告・納付することが可能な形となっている。

換言すれば，税務会計と財務会計が相互に全く無関係の立場で併存しているという形になっている[8]。

　その結果，「連結総収入金額」の計算を IFRS に従って計算することとした場合，わが国やドイツでは税務上の取扱いとの差が生じていれば税務上所要の調整が必要となるが，米国などではそもそも両者が別のものとされていることから，今回のような会計中心の考え方が導入されたとしても，法人の受ける影響はわが国などと比較してそれほど大きくないと思われる。

（1）　連結総収入金額の計算における連結の範囲

　前述したように，OECD 移転価格ガイドライン第 5 章改訂前では，構成事業体の総収入金額の計算に当たっては，国ごとに別な会計基準を用いて計算してもよいこととしている。

　しかし，実際は，連結の範囲について，IFRS やわが国の基準（支配力基準）とは別の基準（例えば持分基準など）によっている国もあると考えられる[9]。

　したがって，それらの差異を放置したままの場合，どこの国の基準を採用するかによって「連結総収入金額」に大きな差が生じてくる可能性がある。

　特に連結財務諸表で連結の対象となる外国子会社等がどの程度含まれているか否かについて，統一された考え方が採用されているわけでもないことから，ひとくちに「連結総収入」という用語が用いられていたとしても，その内容にかなりの差異が生じてくる可能性がある。

　また，わが国の基準では，親会社と子会社の決算日が異なる場合であっても，3 か月以内であればそのまま連結することが認められているが，IFRS では決算日についても親会社への統一を義務付けている。したがって，そこでも差異が生じてくる可能性がある。

（2）　連結消去の扱い

　ところで，「連結総収入金額」の計算を会計基準等によることとした場合，わが国の会計基準では，連結損益計算書の計算は，親会社及び子会社の個別損益計算書等における収益・費用等の金額を基礎とし，連結会社相互間の取引高の相殺消去及び未実現損益の消去等の処理を行ったうえで作成することとしている（企業会計基準第22号「連結財務諸表に関する会計基準」の「連結損益及び包括利益計算書又は連結損益計算書の基本原則」34）。

　また，連結会社相互間における商品売買その他の取引に係る項目は，消去する

（同前35）だけでなく，会社相互間取引が連結会社以外の企業を通じて行われている場合であっても，その取引が実質的に連結会社間の取引であることが明確であるときは，この取引を連結会社間の取引とみなして処理すべしとしている（同基準12）。

その結果，例えば日本に所在する親会社が製造した製品の売上高15,000，うち海外子会社等への売上高が5,000，子会社がそれを6,000で外部に売却したとすると，単純計算でみた総収入額は（15,000＋6,000＝）21,000ということになるが，そのうち，5,000相当部分については連結会社相互間の取引なので，その部分の償却が必要となり，連結総収入金額は16,000ということになる[10]。

しかし，このような取扱いは各国間で必ずしも統一されているわけではない。

また，少数株主が存在している場合，それらの者と会社との間の取引の消去方法についても，各国間でその取扱いが必ずしも一致しているというわけではない。その結果，連結総収入金額の計算に差異が生じてくる可能性がある。

さらに，わが国の場合，議決権割合20％未満の金額は原則として持分法の対象外としているが，これらの取扱いも国によって異なっている可能性がある。その点でも連結総収入金額の計算に差異が生じてくる可能性がある。

（3）　収益認識のタイミング

「連結総収入金額」を計算する場合，その認識及び記帳をどのタイミングで行うべきかという点も問題となってくる。

わが国の場合，税法上も会計上も原則として発生主義を原則としつつ，収益については確実性という観点も加味したうえで原則として「実現主義」によることとされている（企業会計原則二３B）[11]。

そこでいう「実現主義」が具体的にいかなるものをいうのかについての定義規定は存在しているが，実務上においては，財貨又は役務が渡された時点又は出荷時点において収益を認識し，計上するというやり方が一般的である（同原則３B，注解６）。

それに対し，IFRSでは，「収益」とは，「資本参加者からの拠出以外で，資本の増加をもたらす一定期間中の企業の通常の営業過程で生じる経済的便益の総収入をいう」と定義されている（IAS15.7）。さらに，物品の販売，サービスの提供，利息，ロイヤリティ，配当について具体的な収益認識要件が規定されている（IAS18，14，20，26，13，3）。

例えば，物品の販売については，次のすべての要件が充足されたときに収益を

認識される（IAS18.14）。
① 所有に伴う重要なリスク及び経済価値が買手に移転している
② 物品に対して，継続的な管理上の関与も有効な支配も保持していない
③ 収益の額が信頼性をもって測定できる
④ 経済的便益が企業に流入する可能性が高い
    かつ
⑤ 原価が信頼性をもって測定できる

　また，サービスの提供については，収益の認識は取引の成果の見積りが不可能なときは費用の回収が可能と認められる範囲でのみ認識し，成果見積りが可能なときは次の要件のすべてが充足された場合，取引の進捗度に応じて収益を認識する（IAS18，20，26）。
① 収益の額が信頼性をもって測定できる
② 経済的便益が企業に流入する可能性が高い
③ 取引の進捗度が報告期間の末日において信頼性をもって測定できる
④ 原価が信頼性をもって測定できる

　その結果，「連結総収入金額の計算」に当たっても，わが国の基準による場合とIFRSの基準による場合とでは差が生じてくる可能性がある。
　さらに，国によっては，実現主義でなく現金主義等が認められている場合もあることから，そのような国に子会社等を有していた場合には，親会社の基準に統一しない限り連結総収入の金額にもかなり差が生じてくる可能性がある。

（4）　為替換算
　もうひとつの問題は，「連結総収入金額」のかなりの部分を占めるとみられる海外取引についてである。
　前述したOECD移転価格ガイドラインでは，「一般的には，構成事業体が使用する通貨単位により計算されるとし，異なった通貨により計算されている部分については共通の単一通貨に換算して記載する」と述べられているのみであり，具体的には換算の仕方等については言及されていない。
　ちなみに，わが国では，「外貨建取引」とは，円以外で取引価額が表示される取引であるとされている（外貨建取引等会計処理基準注解注1）。それに対し，IFRSでいう「外貨建取引」とは，「機能通貨以外の通貨で表示されているか又

はそれによる決済を必要とする取引」とされている。

　したがって，同じ「通貨」という用語が用いられてはいるものの，その対象範囲は日本基準でいう「通貨」とOECDの移転価格ガイドラインでいう「通貨」とは異なっている。

　また，日本基準では在外支店と在外子会社に区分し，前者における外貨建取引については，本店のそれと同様に処理することとされている（同前基準二）。また，在外子会社等の資産及び負債については，決算日の為替相場により円換算することとされている（同前基準三）。それに対し，IFRSではそのような区分はせず（IAS21.8），それぞれの「機能通貨」による記帳をした後，それを「表示通貨」に換算することとされている（IAS21.44，39，40，41）。したがって，ここでも換算レートに差が生じてくる可能性がある。

　また，IFRS基準が採用されている国同士の間でも，例えばわが国では，当初一定期間経過後，IFRSへの強制移行の方針が打ち出されていたものの，その後任意適用とされ，さらに2013年10月には任意適用の要件も緩和されている[12]。

　それに対し，EU諸国やカナダ，ブラジル，韓国，アルゼンチン，メキシコ等では上場企業という限られた相手に対してではあるがその適用が義務付けられている。しかし，その場合であっても，連結の対象範囲について各国間で統一がなされているか否かは明確になっていない。

　そのため，この分野においても扱いが分かれる可能性があり，統一化に向けた議論が必要となっている。

4　改正の方向性

　これまでにみてきたところからも明らかなように，「連結総収入金額」の計算は，BEPSプロジェクト行動13で求められているマスターファイル及びローカルファイルの作成上必要不可欠なデータである。しかし，具体的にその計算をどのように行うのかについては，極めてあいまいなガイドラインしか示されていない。

　特に，その前提となる会計処理基準の内容が，IFRSをベースにするとされてはいるものの詳細については各国の会計基準に委ねられており，統一した扱いがなされているわけでもない。

　しかし，ドキュメンテーションルールについて規定した行動13は，ミニマム・スタンダードとして，各国が最低限守るべきルートの一部として位置付けられている。

　したがって，その内容については，少なくともOECDの移転価格ガイドライ

ンにおいて，次のような事項が明確に示されていなければならない性質のものである。

① 連結対象範囲の明確化

…現状のままでは，国によって連結の範囲を異にすることから，納税者と当局との間で無用のトラブルを生じる可能性がある。また，連結の範囲や総収入金額の計算方法に差がある状態のままこの制度をスタートさせた場合，情報交換に支障が生じる可能性が高い。

そこで，このような事態を解消するため，例えば，移転価格税制におけるそれと同じように，IFRS又は会計上の連結範囲についても，持株による支配に加え，経済的支配，人的支配，技術的支配などについてその取扱いを明確化し，取扱いの統一を図るべきである。

② 会計基準の明確化と統一化

…各国の主権等もあって税法上の統一化が困難なのであれば，少なくとも会計基準における各国の差異をできるだけ少なくすべきである。

IFRSはそのための一手段となり得るものであるが，その対象はどうしても上場会社中心になりがちである。

しかし，BEPSプロジェクト行動13では，連結総収入7.5億ユーロ（日本の場合1,000億円）以上という国際的にみた場合比較的低いところに報告義務が課されている。

そのため，上場会社以外で，かつ，IFRS以外の基準によっている国に親会社が所在している場合，連結範囲の取り方や為替レートの変更如何によって，報告義務を負うこととなったりならないこととなったりする可能性があることから，少なくとも連結の範囲について，統一した見解が示されるべきである。

③ 収益の認識等

…収益の認識について，わが国では，税務，会計いずれかの分野においても，原則として実現主義の概念が採用されており，現金主義は認められていない。それに対し，国によっては税務上現金主義を認めていることもある。

その結果，連結総収入金額の計算を税務上のデータを用いて行うこととするためには，これらの調整を行うことが必要となってくる。

また，会計上のデータを用いることとした場合であっても，IFRSでは収益の区分開示や契約残高の開示など定量的なデータに加え，定性的情報の開示が求められているのに対し，わが国の基準では，収益認識の開示に

94 ◆ 第1章 BEPSの現状とその問題点

関する定めがほとんどない。その結果，例えば国別レポート（CbC ファイル）について税務当局だけでなく一般への開示を義務付けている EU 諸国等から，その開示を求められる可能性がある。

　　したがって，この分野についても基準及び取扱いの統一化が不可欠である。

④　為替換算

　…マスターファイル及び CbC レポートの提供義務を負う多国籍企業グループは，BEPS プロジェクト行動13では7.5億ユーロ以上，わが国の基準では1,000億円以上とされているが，それ以外の通貨によることとしている国も多い。その結果，為替レートの変動や為替換算方法（取得時レートか期末レートか）の変更などにより，ある国の基準では提供不要とされているにもかかわらず，別の国で要開示の対象になるという事態が発生する可能性がある。それにもかかわらず，この種の文書の不提出又は不開示に対しては，正当な理由がない限り，ペナルティ（わが国の場合30万円以下の罰金）が科されることとなっている。

　　然るに，このような理由による不開示又は不提出が正当な理由に該当する旨の合意はなされていない。その結果，国によっては対応が分かれる可能性がある。

　　このようなことから，この点についても，何らかの形で各国間での取扱いの統一化が図られるべきである。

5　おわりに

　BEPS プロジェクト行動13で示された考え方は，方向性としては正しい。したがって，このような若干の差異や要調整事項はあるとしても，基本的には，提言で示された考え方をできるだけ早期に実行に移すべきであり，差異の存在を理由にこのような大きな流れを変えるべきでないと考える。

（注）

⑴　BEPS プロジェクト行動13では，グループ全体の状況を示す税務当局が重要な移転価格リスクを特定できるようにするため，多国籍企業グループの組織構造，事業の概要，財務状況等に関する情報をマスターファイルの形で提供するよう求めている。

　　ちなみに，マスターファイルに盛り込まれていなければならないのは以下の情報である。

　・グループの組織図

　・事業概要

- 保有する無形資産の状況
- グループ内金融活動に関する情報
- グループ全体の財務状況と納税状況

ただし，連結グループの収入が7.5億ユーロ未満の場合には，その義務が免除されている。
(2) 例えば，連結納税制度における連結の範囲は，国によって異なっている。また，税務における連結の範囲と会計における連結の範囲も国によって異なっていることが多い。
(3) 具体的には，次の図のようなイメージである。

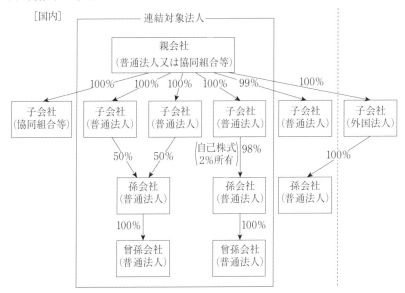

(4) ただし，連結グループ内で行われる一定の資産（譲渡損益調整資産）の譲渡，連結法人が受け取る配当のうち一定のもの，連結グループ内の法人間において支出した寄附金の額及び繰越欠損金等については特別の規定が設けられている（措法81の3，4，6，9，11ほか）。
(5) いわゆるSRLYルール，それ以前は単に議決権数の80％以上とされていた。
　なお，そこでいう米国法人には，法人としての課税を選択したLLCやパートナーシップも含まれる。
(6) ちなみにわが国の場合，事業概況報告事項で提供が求められているのは次のような事項である。
（措規第22条の10の5第1項（抄））
　1号：特定多国籍企業グループの構成会社等の名称及び本店又は主たる事務所の所在地並びに当該構成会社等の間の関係を系統的に示した図
　2号：特定多国籍企業グループの構成会社等の事業等の概況として次に掲げる事項
　　イ　当期の売上，収入その他の収益の重要な源泉
　　ロ　主要な5種類の商品若しくは製品又は役務の販売又は提供に係るサプライ・チェーンの概要及び地理的な市場の概要
　　ハ　商品若しくは製品又は役務の販売又は提供に係る売上金額，収入金額その他の収益の

額の合計額のうちに当該合計額を商品若しくは製品又は役務の種類ごとに区分した金額の占める割合が100分の5を超える場合における当該超えることとなる商品若しくは製品又は役務の販売又は提供に係るサプライ・チェーンの概要及び当該商品若しくは製品又は役務の販売又は提供に関する地理的な市場の概要

　ニ　グループ内で行われる役務の提供に関する重要な取決めの一覧表及び当該取決めの概要（当該役務の提供に係る対価の額の設定の方針の概要，当該役務の提供に係る費用の額の負担の方針の概要及び当該役務の提供が行われる主要な拠点の機能の概要を含む。）

　ホ　構成会社等が付加価値の創出において果たす主たる機能，負担する重要なリスク等，使用する重要な資産その他当該構成会社等が付加価値の創出において果たす主要な役割の概要

　ヘ　構成会社等に係る事業上の重要な合併，分割，事業の譲渡その他の行為の概要

3号：無形固定資産その他の無形資産との研究開発，所有及び使用に関する包括的な戦略の概要並びに当該無形資産の研究開発の用に供する主要な施設の所在地及び当該研究開発を管理する場所

4号：グループ内取引において使用される重要な無形資産の一覧表及び当該無形資産を所有する当該構成会社等の一覧表

5号：無形資産の研究開発に要する費用の額の負担に関する重要な取決めの一覧表等

6号：研究開発及び無形資産に関連する取引に係る対価の額の設定の方針の概要

7号：グループ内で行われた重要な無形資産の移転に関係する当会社等の名称及び所在地並びに当該移転に係る無形資産の内容及び対価の額等

8号：資金の調達方法の概要

9号：企業グループ内で中心的な金融機能を果たすものの名称及び本店又は主たる事務所の所在地

10号：グループ内間で行われる資金の貸借に係る対価の額の設定の方針の概要

11号：特定多国籍企業グループの連結財務諸表（連結財務諸表がない場合には，特定多国籍企業グループの財産及び損益の状況を明らかにした書類）に記載された損益及び財産の状況

12号：居住地国を異にする構成会社等の間で行われる取引に係る対価の額の算定方法その他当該構成会社等の間の所得の配分に関する事項につき当該特定多国籍企業グループの一の構成会社等の居住地国の権限ある当局のみによる確認がある場合における当該確認の概要

13号：前各号に掲げる事項について参考となるべき事項

（資料出所）：国税庁「移転価格税制に係る文書化制度に関する改正のあらまし」より抜粋，一部修正

(7)　もっとも，納税者は，共通の会計原則に基づき，また，共通の単一通貨に換算して記載することも認められている。

(8)　ただし，実際には米国でも法人税申告書の添付資料であるＭ１及びＭ３様式により，会計上の利益を税務上の所得に換算する日本の別表四のような調整計算がなされている。

(9)　ちなみに，わが国では，次のような基準が設けられている（企業会計基準22号7項，同適用指針，会計処理）

　①　議決権所有割合が過半数

　　過半数か否かは次の算式により計算される

$$議決権の所有割合 = \frac{所有する議決権の数}{行使し得る議決権の総数} > 50\%$$

 ② 他の企業の議決権100分の40以上，100分の50以下を自己の計算において所有している企業であって，議決権行使同意者を含め過半数，役員，財務等により支配している

 ③ 自己の計算において所有している議決権と，出資，人事，資金，技術，取引等において緊密な関係があることにより自己の意思と同一の内容の議決権を行使すると認められる者及び自己の意思と同一の内容の議決権を行使することに同意している者が所有している議決権と合わせて，他の企業の議決権の過半数を占めている企業

⑽ このような親会社から子会社への販売は，一般にダウン・ストリームと称されている。それに対し，子会社から親会社への販売はアップ・ストリームと称されている。

⑾ ただし，契約の内容によっては回収期限到来基準等によることも認められている（同原則注解6）。

⑿ 具体的な緩和内容は次のような点である。

 ① IFRS任意適用要件の緩和（連結財務諸表規則第1条の2）

  a） 及びd） の要件を撤廃

  a） 上場企業であること

  b） 有価証券報告書において，連結財務諸表の適性性を確保するための特段の取組みに係る記載を行っていること

  c） IFRSに関する十分な知識を有する役員又は使用人を置いており，当該基準に基づいて連結財務諸表を適性に作成することができる体制を整備していること

  d） 国際的な財務活動・事業活動を行っていること（外国に資本金が20億円以上の連結子会社を有していることなど）

 ② IFRS適用時期の制限の緩和（四半期連結財務諸表規則第1条の2）

  改正前は年度末又は第1四半期からのみIFRSを任意適用できるものとされ，第2・第3四半期からの適用は認められていなかったが，この制限が廃止され，各四半期からIFRSを任意適用できる。

7 アグレッシブ・タックス・プランニング（ATP）のタックス・スキーム

本庄 資

1 OECD 行動計画のターゲットの ATP

OECD が行ってきた一連のアグレッシブ・タックス・プランニング（Aggressive Tax Planning: ATP の報告書[1]では，「合法的であるがアグレッシブなタックス・プランニング」（legal but aggressive tax planning: ATP）により現行国際課税原則を利用して「国際的二重非課税」（double non-taxation）を生ずることができることが確認されている。ATP では，(i)純粋に各国の課税主権（tax sovereignty）に基づく税制の差異及び隙間・二国間租税条約の特典（源泉地国の課税権の制限）を利用する場合と，(ii)各国の税務行政の弱点（情報入手困難性，立証責任，法執行能力の限界）を利用する場合がある。

（1） ATP の議論には共有する概念の統一が必要

日本では私法上の概念を税法で借用概念として用いる場合，統一説に従うとする通説により，借用概念の意味内容について課税庁と納税者が裁判で争わなければならない事案が絶えない。各国税制の差異を利用する ATP について国際課税ルールの見直しをする場合，さらに各国の税法上の用語の概念について共通の理解を決めない限り，用語の意味内容が国によって異なれば，その差異が ATP に利用される。例えば，EU の議会で EU のタックス・ギャップの推計を採択された Richard Murphy の "Closing Tax Gap in EU"[2]において，tax evasion と tax avoidance の区別を論ずるに当たって，illegal or illicit を区別し，illicit はオックスフォード英語辞典で説明するとおり，not allowed, improper, irregular, unlawful, not sanctioned by law, rule or custom をいい，illegal と異なるという前提で，illegal な脱税に対し，illicit な租税回避を区別している。legal but aggressive といわれる APT について議論するには，合法的なるが故に「節税」としたうえで議論するのか，「法の意図」「法の精神」に反するので，メカニカルな文理解釈では合法的であるとしても，illicit であるが故に「租税回避」とし，さらに米国で否認できる「濫用的租税回避」（abusive tax avoidance）といえるのか否かを決

めたうえで，論ずることが必要であろう。OECD では，EU のように tax fraud と tax evasion の区分を議論しない。EU では，「租税詐欺」(tax fraud) と「脱税」(tax evasion) を区別し，それぞれ次のように定義している。

Tax fraud is a form of deliberate evasion of tax which is generally punishable under criminal law. The term includes situation in which deliberately false statements are submitted or fake documents are produced.

Tax evasion generally comprises illegal arrangements where liability to tax is hidden or ignored, i.e. the taxpayer pays less tax than he or she is legally obliged to pay by hiding income or information from the tax authorities.

（2） タックス・ヘイブンを利用する ATP

ATP ではピュア・タックス・ヘイブンや欧州の軽課税国・導管国が必ず利用される。英米議会で明らかになった多国籍企業のスキームが利用した管轄は，Starbucks ではスイス，オランダ，Amazon.com ではルクセンブルク，Google ではアイルランド，オランダ，バミューダ，Microsoft ではプエルトリコ，アイルランド，シンガポール，バミューダ，Hewlett-Packard ではケイマン，ベルギー，Apple Inc. ではアイルランド，ネバダである。このようなスキームについて，各国の CFC ルールの適用が可能か。英国が2015年4月から法人税率を20％に引き下げるという状況の下で，「タックス・ヘイブン」の定義や CFC ルールの発動の起点となる「トリガー税率」の問題も改めて見直され，平成29年度税制改正でトリガー税率は廃止されることになった。

OECD 行動計画では CFC ルールの強化を行動3として掲げていたが，西欧には CFC ルールを有しない国（オーストリア，キプロス，ルクセンブルク，マルタ，スイスには CFC ルールがない）もあり，EU 域内では各国の CFC ルールを他の加盟国に適用することが EC 条約に抵触するという見解もある。また，法定税率 (statutory tax rate) は高いが課税ベースの縮小によって実効税率 (effective tax rate: ETR) ベースでは「軽課税国」と分類される国が少なくない現状である（参照：本庄資『オフショア・タックス・ヘイブンをめぐる国際課税』日本租税研究協会，2013)。

（3） 租税条約の濫用による ATP

BEPS 行動6は「租税条約の濫用」(Abuse of Treaty) に対処する。

租税条約の濫用の防止については，LOB 条項の存在意義，その適用における

権限ある当局（CA）条項の適用基準，EU における派生的受益（derivative benefit）概念，「トリーティショッピング」（treaty shopping）概念などを各国が共有する必要がある。派生的受益概念又は「同等受益者」概念は，EU 諸国との条約において用いられるが，「受益者」（beneficial owner）概念についても議論の多いところ，さらに難しい議論を生じる（国税庁特典条項に関する付表（英），中山清「租税条約の特典制限条項（LOB）」『フィナンシャル・レビュー』July 2006）。

LOB については，2012年の IFA ボストン大会セミナー L の議題となっている（古賀昌晴・居波邦泰「IFA 第66回年次総会（ボストン大会）の模様」『税大ジャーナル21』（（2013.6））。

現実には，このような LOB 条項を有しない国の租税条約を利用する ATP については，メカニカルな文理解釈では合法的な租税条約の利用にみえる場合，第三国の居住者に限らず，居住者が外国法人の設立を通じて条約相手国居住者として自国源泉所得について租税条約の特典を享受することをどのように防止することができるのか，米国にはチェック・ザ・ボックス規則があり，必要な場合には外国子会社を課税上「無視される事業体」（a disregarded entity）とすることができるが，他の国では，租税法律主義の下で，「私法上の法律構成」を課税庁が税法上「再構成」することはできず，「法人格否認の法理」を適用して相手国居住者の租税条約の適用を否認することができない点について，見直すことができるか，どうか。

EU では，CCCTB に関し租税条約に switch over clause を設けるが，subject-to-tax clause や circularly linked rule に関する対応として a tie-breaker test や deduction and non-inclusion schemes についていずれの国で deduction を否認するか exemption を否認するかを明示する方法などの租税条約の改正について，検討された。

（4）　導管国を利用する ATP

「導管会社」（conduit companies）や「基地会社」（base companies）については，OECD モデル租税条約第 1 条コメンタリーで説明されるように，トリーティショッピング手法として，ステッピング・ストーンによく利用されてきた。また，投資家が，租税条約の特典を得るために集団投資ビークル（collective investment cehicle: CIV）を利用することがあり，CIV の条約アクセスについても，議論がある。政策的に「導管」機能を提供する国として，スイス，オランダ及び

シンガポールが有名である（参照：本庄資「オフショア事業・投資拠点とオフショア・タックス・ヘイブンとの間に介在する「導管国」（a conduit country）をめぐる国際課税～実効税率引下げ競争に利用されるサンドイッチ・スキーム」『税大ジャーナル17』（2011.10））。

（5） 負債バイアス（debt bias）[3]を利用する ATP

「負債バイアス」（debt bias）を利用する関連法人間の利益移転によって国際的二重非課税が生じる。EU Parent-Subsidiary Directive により配当について源泉徴収税は課されず，EU Interest and Royalty Directive により利子・使用料については源泉徴収税を課さないこととされ，特にオランダでは国内法でその旨を明記し，配当についても資本参加免税（participation exemption）により源泉徴収税を免除することとされている。EU 内の親会社が配当を受け取る場合，資本参加免税の要件を満たすときこれは法人税を課されない。したがって，EU 内では，配当については no withholding tax and non-inclusion，利子・使用料についてはさらに有利な取扱い（deduction, no withholding tax）と受取側の法人をタックス・ヘイブンやパテント・ボックスや利子ボックスなどの軽課税国に置くことによってゼロタックス・スキームが考案される。

課税上の負債バイアスによって金融構造，投資，利益配分，企業立地選択など経営の意思決定が歪められることが認識され，equity と debt の中立化を図る必要があるという考えからいくつかの選択肢が提案されている[4]。この点は，CBIT v ACE として取り上げられてきたが，ハイブリッド証券のような金融商品が金融工学などで開発されると，ハイブリッド・ミスマッチ・アレンジメントのツールに用いられる。

1992年米国財務省は「包括的事業所得税」（comprehensive business income tax: CBIT）を提案した。米国財務省提案は，法人所得税と個人所得税の課税ベースの統合に関する報告書で，debt と equity を同様に扱い，負債によるファイナンスの有利性をなくすことによって，事業を法人形態で行うことに対する課税上のバイアスをなくし，すべての事業所得に単一段階の同じ課税（当時の個人最高税率31％のフラット税率）を行うため，法人の利益の分配に課税せず，支払利子の損金控除を認めないことを提案した。他の案は，「資本控除」（allowance for corporate equity: ACE）である。1991年租税研究所（Institute for Fiscal Studies: IFS）資本税委員会（Capital Taxes Committee）が，法人資本控除（allowance for corporate capital: ACC）を示唆していた Boadway and Bruce の考

え（1984）に基づいて提案した。Boadway and Bruce は，現実の支払利子の損金控除を廃止して equity の通常のリターンの控除に取り替えることを提案していたが，ACE は，現実の支払利子の損金控除を維持し，これに加えて equity の想定リターン（notional return on equity）を控除する。ACE は，すでにオーストリア，クロアチア，イタリア，ブラジル及びベルギーで経験されている。しかし，国際的租税回避スキームとして「支払利子」を利用するものについては(i)過少資本税制や(ii)過大利子控除制限制度が考案されているが，ACE として欧州で有名なベルギーの「想定利子」（notional interest）は，日本の親会社 A が借入金で調達した資金をベルギー子会社 B に出資してベルギー子会社 B がその資金を他の EU 加盟国の子会社 C に貸し付け，利子を取得する場合，合法的に多重利子控除ができる（参照：Werner Heyvaert "New Developments in Belgium's Equity Compensation Taxation", 71 Tax Notes Int'l 451, July 29, 2013, Jack Bernstein "International Issues in Cross-Border Coporate Finance and Capital Markets", 71 Tax Int's 905 Sept.2, 2013）。

　Debt-equity の区分の困難性については，2012年の IFA ボストン大会の議題2として議論されている（前掲『税大ジャーナル21』参照）。利子控除については，行動 4 で取り上げるが，これまで繰り返し議論されてきた CBIT v ACE に関し，IFA ボストン大会でも，①米国のアーニング・ストリッピング・ルール（earning stripping rule）（IRC163（j)），②ドイツの利子控除制限枠（EBITDA: Earning before Interest, Taxes, depreciation and Amortization），③英国の World-wide Cap，④過少資本税制，⑤オランダの利子ボックス，⑥ブラジルの Interest on Capital（IOC），⑦ベルギーの Notional Interest deduction（NID）の問題が議論されている。2013年 9 月10日の租税研究大会では，増井良啓教授が，「多国籍企業の利子費用控除に関する問題の所在」として，①負債と株式の利用による納税地の選択，②税率が 0 ％の国の関連会社を組み込む場合の負債と株式の利用による納税地の選択，「我が国と各国の利子費用控除の個別的制限措置」としてドイツの利子控除を EBITDA の30％に制限する措置，英国の World-wide Cap，米国のアーニング・ストリッピング・ルール，オーストラリアのインバウンド・アウトバウンドの両方に適用される過少資本税制，オランダの選択的グループ利子ボックス提案，ベルギーの想定利子控除の紹介があり，カナダの外国子会社取得のための利子費用の制限措置導入の2007年意図表明と取消，anti-double dip rule の提案と2009年の廃止の例の紹介があり，1 か国のみの税制による対応が困難という指摘があった。「多国籍企業グループ内負債の取扱いの

検討」として企業グループ内取引の特性に着目して公式配分を用いる海外の学説 (Graetz, Benshalom, Edgar, Ault) を引用して独立企業原則と異なる取扱いをすべきであるとの見解を述べている。

すべてのグループ内取引を SA ベースの独立企業原則のルールとしてとらえるか，単一の結合体の内部取引として FA の考え方を取り入れるか，利子費用のみについて公式配分の考えを取り入れるのか，このような視点でグループ内部取引を利子費用に限定せず検討する姿勢を歓迎したい。

（6） ハイブリッド・ミスマッチ・アレンジメントを利用する ATP

OECD は，アグレッシブ・タックス・プランニング（Aggressive Tax Planning: ATP）を類型化して，2012年3月に "Hybrid Mismatch Arrangement: Tax Policy and Compliance Issues" を公表した。この報告書では，ハイブリッド・ミスマッチ・アレンジメントが，一般に一又は複数の次の要素を利用していることを明らかにした。

- ハイブリッド事業体（Hybrid entities）：一方の国では「課税上透明な事業体」（a fiscally transparent entity）として扱われるが，他の国では「課税上不透明な事業体」（a fiscally non-transparent entity）として扱われる事業体
- 二重居住事業体（Dual residence entity）：課税上2つの異なる国の居住者となる事業体
- ハイブリッド証券（Hybrid instrument）：課税上関係国で異なる取扱いをされる証券，主として一方の国で負債（debt）とされ，他方の国でエクイティ（equity）とされるもの
- ハイブリッド譲渡（Hybrid transfer）：課税上一方の国では資産の所有権として扱われるが，他方の国ではそうでなく，一般に担保付ローン（a collateralized loan）とされるもの

  同報告書は，ハイブリッド・ミスマッチ・アレンジメントが狙う効果が，一般に次の範疇の一に該当することを明らかにした。
- 二重控除スキーム（Double deduction scheme）：同じ契約上の義務に係る控除を2つの異なる国で請求するアレンジメント
- 損金控除／益金不算入スキーム（Deduction／no inclusion scheme）：一方の国で控除（典型例は支払利子控除）し，他方の国では対応する課税所得への算入を回避するアレンジメント
- 外国税額控除ゼネレーター（Foreign tax credit generator）：別段の定めが

なければ，対応する国外所得が同程度以上なければ利用できない外国税額控除を生じるアレンジメント

2 多国籍企業のタックス・プランニング・ストラクチャー

OECD は，2013年2月12日，"Addressing Base Erosion and Profit Shifting"（BEPS への対応）報告書を公表し，その Annex C で「多国籍企業のタックス・プランニング・スキーム」の基本が次の4要素から成るという。

- 外国事業・源泉地国における課税の最小化
  - (i) 取引ストラクチャーを通じるグロス利益の移転
  - (ii) 支払者段階の損金控除の最大化によるネット利益の減少
- 受領者段階の課税の軽減又はゼロ化
  グループ内部アレンジメントにより，軽課税管轄，優遇税制又はハイブリッド・ミスマッチ・アレンジメントを利用する。
- 軽課税利益の当期課税の回避
  究極の親会社段階における合算課税の回避
- キャッシュの本国還流の方法

Annex C では，次のような「多国籍企業のタックス・プランニング・ストラクチャーの事例」を示している。

① 2段階ストラクチャーと費用分担契約（CSA or CCA）による無形資産の譲渡

② 費用分担契約による無形資産の譲渡とともに行われる製造活動の譲渡

③ 負債プッシュダウンのレバレッジによる買収と中間持株会社の利用

P 国に本部を置き多数の国（L 国を含む。）で営業活動を行う多国籍企業が，T 国の居住法人である製造会社（Target Co）を買収することを計画する。買収価格は，10億ユーロであり，その約60％は外部銀行からの借入金でファイナンスされ，残りの40％は多国籍企業の留保利益でファイナンスされる。

この買収を行うため，多国籍企業は L 国で持株会社（L Hold Co）を設立し，L Hold Co が4億ユーロのグループ内借入金（an intra-group loan）を受け取る。L Hold Co は，T 国において持株会社（T Hold Co）を設立する。T Hold Co は，L Hold Co から「ハイブリッド証券」により4億ユーロをファイナンスされ，外部銀行から6億ユーロを借り入れた。そして，T Hold Co が Target Co を買収する。

このストラクチャーにより，多国籍企業グループは多くのタックス・ベネフィットを得ることができる。負債プッシュダウン（debt push-down）のテクニックにより，外部銀行ローンへの支払利子はグループ税制によりターゲット法人の営業所得から損金控除される。

L Hold Co は，Target Co にハイブリッド証券（例えば償還可能優先株）でファイナンスする。このファイナンスは，L 国では equity として取り扱われるが，T 国では debt として取り扱われる。その結果，その利子は Target Co の所得から損金控除される。

L Hold Co が 4 億ユーロのグループ内ローンにつき支払う利子は，L 国で営業する他のグループ会社の所得から国内法（グループ税制）により損金控除されるので，L 国における税負担が減少する。

T 国と L 国との租税条約の特典を享受する多国籍企業グループは，T Hold Co の L Hold Co への支払について T 国の源泉徴収税の軽減・免除を受ける。

この投資を止めるとき，T Hold Co の株式は買主に無税で売却される。T 国は，租税条約により売却益に課税することはできず，L 国は国内法によりキャピタル・ゲインは免税としている。

④ アフタータックス・ヘッジングによる ATP

OECD "Aggressive Tax Planning based on After-Tax Hedging"（2013）によると，一般にアフタータックス・ヘッジングはリスク管理のテクニックとして認められているが，銀行等におけるアグレッシブ・タックス・スキームが他の業界，中小企業でも利用されるため，税収を脅かすという実証データがあるので，各国政府はヘッジングを利用するアレンジメントに注目する必要がある。

ヘッジされる取引／リスクに係る損益の課税上の取扱いには各国の差異がある。アフタータックス・ヘッジングが一定の項目の異なる取扱いの自然な結果であるとして受け入れるべきか，これをアグレッシブ・タックス・プランニング（ATP）とみなされるべきかの判断は，各ケースの要素（事実と状況，取引の商業上の理由，国内法の意図を含む。）に基づいて行われる。ATP スキームは，一方でヘッジされる取引／リスクに係る損益と他方でヘッジング証券に係る損益との間の課税上の取扱いの差異を利用する。

上記 OECD 報告書では，取引（ヘッジングとヘッジされる取引／リスク）の損益の課税上の取扱いが対照的であるスキームと非対称的であるスキームに区分

106 ◆ 第1章　BEPS の現状とその問題点

するほか，非対称的スワップその他のデリバティブ取引に関する ATP スキーム
の事例を示している（OECD 報告書19-27頁）。

3　英米議会で明らかにされた多国籍企業の アグレッシブ・タックス・プランニング（ATP）

　JITSIC や OECD Aggressive Tax Planning Directory で ATP スキームの情報
を収集し，分析していると伝えられるが，その内容は秘密扱いで一般人はアクセ
スできない。一般に，税の申告や税務調査の情報についてはこれに関与する当事
者（納税者，税務仲介者及び税務当局）は秘密を守っているので，どのような
タックス・プランニングによってどのようなタックス・スキームが用いられてい
るかが明らかにされることはない。税務仲介者には職業専門家として職業上の守
秘義務があり，税務職員には公務員・税務職員としての守秘義務があるからであ
る。近年，このような守秘義務の枠外で，英米議会は，公聴会で多国籍企業の合
法的とされる ATP について多国籍企業のトップ，これに関与する税務仲介業者
及び学者等の証言を通じて ATP を解明した。その結果，英国下院及び米国上院
における公聴会で追及された米国ベース多国籍企業 Amazon.com, Google and
Starbucks（HMRC Annual Report and Accounts 2011-12, Nineteenth Report of
Session 2012-13, 28 Nov. 2012）及び Microsoft, Hewlett-Packard（U.S Senate
PSI Offshore Profit Shifting and the U.S. Tax Code — Part 1, Sept. 20, 2012),
Apple Inc.（U.S. Senate PSI Offshore Profit Shifting and the U.S. Tax Code —
Part 2, May 21, 2013）のタックス・スキームが暴露された。その議会議事録や
報告書を通じて，米国ベース多国籍企業の合法的であるがアグレッシブな（legal
but aggressive）タックス・プランニングの実態が以下のように明らかにされ，
多くの市民団体や一般国民の関心を集め，政治レベルでも，このような合法的な
ATP を許容する現行国際課税ルールの抜本的な見直しが必要ではないかという
圧力が高まってきた（参照：Kevin A. Bell "UK: Google UK's Sales Clearly take
place in UK Parliamentary Committee Finds, Bloomberg BNA Tax Manage-
ment Transfer Pricing Report, June 27, 2013,）。

（1）　Amazon.com　（ルクセンブルクの利用）

　Amazon.com International sales, Inc., Amazon Europe Holding, Inc. など複数
の会社が保有する米国法人 Amazon（US）が欧州地域の利益をルクセンブルク
に集中するために次のタックス・スキームを実施している。

Amazon（US）が無形資産 IP をルクセンブルクに設立した Amazon Europe Holding Technologies S.C.S（Lux）に移転し，これが EU 事業に必要な IP を保有することにする。

また，ルクセンブルクに設立した Amazon EU Sarl（Lux）は，Amazon Europe Holding Technologies S.C.S（Lux）の IP の使用許諾を得て EU の E-Commerce Business を運営するが，実際の事業は Amazon Media EU Sarl（Lux）に，EU 第三者売主のサポートは Amazon Service Europe Sarl（Lux）に，欧州各国へのサービス提供は各国のリスク限定サービス会社にそれぞれ委託し，EU 事業の利益のほとんどが Amazon EU Sarl（Lux）などのルクセンブルク法人に帰属することになる。

2011年ルクセンブルク法人（Amazon EU Sarl（Lux））の欧州売上高91億ユーロ，これに対し820万ユーロの税金を払っている。Amazon Europe Holding Technologies S.C.S（Lux）の利益は 3 億180万ユーロであるが，税金は払っていない。

英国からみると，Amazon EU Sarl（Lux）にサービスを提供する英国法人 Amazon.co. UK の2011年売上高 2 億700万ポンド，経費180万ポンドとしているが，その後，Amazon は，2011年の英国売上高33億5,000万ユーロであり，米国以外の国際売上高の25％を占めるという情報を示している。

英国議会証言によると，Amazon は英国で15,000人超を雇用し，英国顧客には英国から請求し，英国顧客のための棚卸商品を英国に保有し，その経済活動の大部分を英国で行っているが，英国法人税はほとんど払っていない。

（2） Google （ダブル・アイリッシュ＆ダッチ・サンドイッチ）

Google（US）は，いわゆるダブル・アイリッシュ＆ダッチ・サンドイッチ・スキームを実施している。

Google は，アイルランドに統括会社 A とそのアイルランド事業子会社 B を設立し，A はアイルランドで設立されるが，バミューダで実質管理支配されることとし，B は欧州事業を運営することとする。

Google は，導管国オランダに法人 C を設立し，A が IP を保有することとし，A が C にライセンスを与え，C が B にサブライセンスを与える。B は，この IP により欧州事業の利益を取得するが，C への支払使用料によってアイルランドの課税ベースを圧縮し，使用料の源泉徴収をしないオランダの C から A にその使用料が支払われる。

108 ◆ 第1章　BEPSの現状とその問題点

　Aは法形態としてはアイルランド法人であるが，アイルランド法により国外で管理支配される場合アイルランド居住法人でなく，国外所得である受取使用料はアイルランドでは課税されない。

　Aの実質管理支配地であるバミューダは，いわゆるピュア・タックス・ヘイブンで，この受取使用料には課税しない。

　Googleは，このスキームにより，源泉地国アイルランドの課税ベースの浸食と導管国を通じてタックス・ヘイブンへの利益移転を行うことができる。

　Googleの米国以外の売上高の大半はアイルランドで請求される。利益を生じる経済活動が行われる源泉地国で当該利益に課税されることを受け入れているが，利益の基因となる経済活動は米国で開発された検索エンジンに基づく革新的なソフトウエアから生じているのであり，そのIPを保護するためにバミューダ・ベース・エンティティを有している。

　英国からみると，Google Irelandは職員3,000人のうち英国の職員1,300人を雇用していたが，英国でマーケティングに係るものは200人だけである。議会証言によれば，Googleが米国以外の利益（英国の利益を含む。）を米国でなく，バミューダに送金しているので，英国のみならず，米国の課税も回避している。

（3）　Starbucks　（スイスとオランダの利用）

　Starbucks（US）は，2つの方法による節税スキームを実施している。

　その1は，軽課税国スイスに法人Starbucks（Swiss）を設立し，これを通じてコーヒー豆を20％マークアップで販売し，販売利益の実効税率を12.5％に引き下げること。

　その2は，オランダ法人Starbucks（NE）を設立し，無形資産IPをこれに移転し，Starbucks（NE）が実際に事業活動を行う33か国の拠点にその使用許諾を与え，6％の使用料を受け取ることにする。各国の拠点の課税ベースは支払使用料によって圧縮され，源泉地国の利益は導管国（オランダ）に移転され，オランダでは受取使用料の実効税率は16％に引き下げられる。

　Starbucks（NE）は，米国親会社Starbucks（US）に受取使用料の50％を支払うこととし，オランダの課税ベースを減少させ，親会社への支払手数料の源泉徴収税はオランダでは課されない。

　英国からみると，Starbucksは，英国の営業について売上高では31％の市場占有率を有しほぼ毎年損失を出しているが，株主・投資家には英国事業は成功し15％の利益を出していると説明している。

Starbucks は，英国法人が Starbucks（NE）に支払う IP に対する4.7％（最近まで6％）の使用料の詳細やオランダ法人がスイス法人に支払うコーヒー豆の仕入に対する20％マークアップ（英国への販売の前にさらにマークアップされる）の合理性について明らかにしていない。また，Starbucks（US）と Starbucks（UK）とのローンは類似のローンに比べて高い金利になっている。HMRC は，これが英国の利益を軽課税国に移転するデバイスではないかと疑っている。

（4）　Microsoft（費用分担契約による軽課税国への IP 移転，アイルランドとオランダ・シンガポール及びカリブ海の利用）

Microsoft（US）は，費用分担契約により R&D 活動を行い，IP を次の3つの地域ごとのスキームにより軽課税国のオフショア子会社を利用してグローバルな実効税率を引き下げている。

（a）　米国スキーム

Microsoft（US）は，アイルランドに設立した Round Island One（Ireland），その下に MACS Holdings（Bermuda），その下に Microsoft Operations Puerto Rico（MOPR）を設立し，MOPR が Microsoft（US）の費用分担契約に参加し，バイイン支払と R&D 費用の25％を支払い，その IP により製造活動を行い，その製品を米国販売会社を通じて米国消費者に販売する。

このスキームでは，利益の47％はプエルトリコで2％の実効税率で課税され，利益の53％が米国で課税される。

（b）　欧州・中東・アフリカ（EMEA）スキーム

Microsoft（US）は，アイルランドに設立した Round Island One（Ireland）の下に Microsoft Ireland Research（MIR），その下に Microsoft Ireland Operations Limited（MIOL）を設立し，MIR（Ireland）が Microsoft（US）の費用分担契約に参加し，バイイン支払と R&D 費用の30％を支払い，IP を保有し，MIOL（Ireland）にサブライセンスを与え，MIOL（Ireland）が製造活動を行い，その製品を販売会社を通じて欧州・中東・アフリカ（EMEA）地域の消費者に販売する。MIOL（Ireland）の利益は，MIR（Ireland）への支払使用料によって圧縮される。

このスキームでは，MIOL（Ireland）段階の利益は7.3％の実効税率で課税され，MIR（Ireland）段階の受取使用料は7.2％の実効税率で課税される。

（c）　アジア・スキーム

Microsoft（US）は，シンガポールに設立した Microsoft Singapore Holdings

Pte. Ltd.. その下に Microsoft Asia Island Limited（MAIL）と Microsoft Operations Pte. Ltd.（MOPL）を設立し，MAIL（Bermuda）が Microsoft（US）の費用分担契約に参加し，バイイン支払と R&D 費用の10％を支払い，IP を保有し，MOPL（Singapore）にサブライセンスを与え，MOPL（Singapore）が製造活動を行い，その製品を販売会社を通じてアジア地域の消費者に販売する。MOPL（Singapore）の利益は，MAIL（Bermuda）への支払使用料によって圧縮され，ピュア・タックス・ヘイブンのバミューダに利益が移転される。

　このスキームでは，MOPL（Singapore）段階の利益は10.6％の実効税率で課税され，MAIL（Bermuda）段階の利益は0.3％の実効税率で課税される。

（5）　Hewlett-Packard の Offshore Alternating Loan Program（アップストリームローン）

　Hewlett-Packard（US）は，ケイマンに設立した子会社 CCHC とベルギーに設立した子会社 BCC から絶え間なくアップストリームローンを次のような短期ローンの形で行い，無税でオフショア子会社の留保利益を米国で利用している。そのため，Hewlett-Packard（US）は，米国内にキャッシュを保有する必要がないとみられる。

CCHC から HP（US）へのローン　BCC から HP（US）へのローン

Loan 1	Jan 2 〜Feb 17	Loan 1	Feb 17〜Apr 2
Loan 2	Apr 2 〜May 17	Loan 2	May 17〜Jul 2
Loan 3	Jul 2 〜Aug 17	Loan 3	Aug 17〜Oct 2
Loan 4	Oct 2 〜Nov 17	Loan 4	Nov 17〜Jan 2

（6）　Apple （ダブル・アイリッシュ）

　Apple Inc.（US）は，IP の利益を生ずる権利をオフショア・タックス・ヘイブンに移転し，それから生ずる利益をタックス・ヘイブンに集中し，このオフショア留保利益に対する米国の合算課税制度があるにもかかわらず米国税を回避する。Apple のタックス・スキームの一部は，親会社とそのオフショア子会社との費用分担契約（cost sharing agreement）の利用とチェック・ザ・ボックス規則の選択を利用している。Apple Inc. は，次のオフショア法人（数百億ドルの所得を受け取るが，設立地アイルランドには課税上の "residence" を有しない事業体で，設立準拠法主義の米国法では経営者が所在する米国では存在しないとされる事業体）を作り，そのような「幽霊会社」（ghost company）の１社は過去5

年間どこにも法人税を支払わず，他の1社はアイルランドにその合計所得の1％未満の税を支払っている。

- Apple Operations International（AOI）：

Apple のオフショア法人ネットワークのトップで，AOI の唯一の所有者は Apple である。AOI は，Apple の他の事業体を直接・間接に所有する。AOI は，アイルランドで設立されたが，アイルランド国外で管理支配されるので，アイルランドの課税上アイルランド居住者にならず，米国で経営されるが，米国では設立準拠法主義であるため，米国の課税上米国の居住者ではない。AOI の会計帳簿はテキサス州 Austin にある Apple US shared service center において保有され，AOI のファイナンスはネバダ州にある Apple の子会社 Braeburn Capital によって管理され，その資産は NY の銀行口座に保有されている。

- Apple Sales International（ASI）：

ASI は，欧州・中東・アフリカ・インド及びアジアにおける Apple の IP に対する経済的権利を有し，2009〜2012年の販売所得は740億ドルに上る。Apple は，ASI を AOI と同様にアイルランドでも米国でも課税上居住者とならないようにしている。ASI は，アイルランドに少額の税（2011年220億ドルの所得につき1,000万ドルの税）を支払っている。

ASI は，Apple 製品を Foxconn に委託し，製品を Apple Distribution International（ADI）（Ireland）（米国では disregarded entity for US tax purpose）流通チェーンを通じて販売し，利益の大部分を取得し，蓄積し，ADI その他の関連会社の利益を少額に抑える。

- Apple Operations Europe（AOE）：

Apple は，AOI と ASI との中間に介在する法人として AOE を設立するが，AOE も，AOI や ASI と同様の論法で，アイルランドでも米国でも課税上居住者とされない。法的には，AOI, AOE, ASI 及び ADI はすべてアイルランドで設立されるが，アイルランド法によりアイルランド居住者とされず，米国ではチェック・ザ・ボックス規則の選択により，Apple は，AOI, AOE, ASI ,ADI その他の関連会社を米国税法上単一の事業体として取り扱い，事業体間取引は課税上無視されることとする。例えば，ASI から ADI への販売が認識される場合には Apple は外国基地会社販売所得（FBCSI）を有することになるが，ADI につきチェック・ザ・ボックス規則により ADI を「無視される事業体」（disregarded entity: DRE）として取り扱うと，ASI と ADI との間の売買はすべて米国課税上無視され，サブパート F の適用について FBCSI とされることを合法的に回避す

ることができる。

　また，ASI は，AOE に配当（2011年60億ドル超）を行い，AOE は AOI に配当を行う。この配当が外国同族持株会社所得（FPHCI）とされるべきであるが，Apple は，AOE と ASI をチェック・ザ・ボックス規則により「無視される事業体」（DRE）として取り扱うと，米国課税上 ASI から AOE への配当と AOE から AOI への配当は無視され，Apple はサブパート F の適用について FPHCI とされることを合法的に回避することができる。

4　ATP の "enabler" はなにか

　これらの ATP に共通する特徴は，いずれのスキームもメカニカルな文理解釈では完全に「合法的」（legal）であると「節税」（tax saving）を主張されているが，各国の「税法の意図」（intent of the law）には反するのではないか，「租税回避」（tax avoidance）に当たるのではないかと懸念されている点にある。

　OECD は GAAR でいう「租税回避」のうち，「認められない租税回避」（impermissible tax avoidance）のみを「租税回避」と呼ぶ（1977年報告書）と考えられているが，これらのスキームは，「認められる租税回避」（permissible tax avoidance）か「認められない租税回避」かをどのように判別するのか，原点に戻って，基礎概念を固めたうえで，このスキームを評価する必要がある。

　国際的二重非課税スキームは，ハイブリッド・ミスマッチ・アレンジメントのほか，事業会社（operating companies）の所在する高税国の利益を低税国又は導管国に所在する関連者に支払う利子・使用料等の控除によって deduction and non-taxation を実現する。関連者間の契約で私法上は合法的に利益移転が容易に行われるが，行動 4（利子の控除及び他の金融上の支払を通じる税源浸食の制限）で取り組むように，過少資本税制，アーニング・ストリッピング，過大利子控除制限，world-wide capping など，支払段階の対応でよいのか，支払先の関連者の entity ベースによる控除の否認を可能にするか，その支払の根拠となる契約の私法上の効果を税法上否認することを可能にするか，移転後の関連者の受取利子・使用料の CFC ルールによる合算課税を可能にするか，支払それ自体に対する移転価格税制の適用を可能にするか，多様なアングルの対応を検討すべきである。

　「ATP を誘発する原因を作ったのは OECD ではないのか」という考えが Sol Picciotto と Lee A. Sheppard の OECD 批判で表明された。Sol Picciotto はなお「OECD に国際租税制度を改正することができるのか」という疑問を呈している

（Sol Picciotto "Can the OECD Mend the International Tax System ?" 71 Tax Notes Int'l 1105, Sept. 16, 2013）。また，世界的な論客である Lee A. Sheppard は，「OECD 行動計画は，SA と移転価格税制（ALP）の現在の国際的コンセンサスを補強する多面的な試みである」（Lee A. Sheppard "OECD BEPS Action Plan: Trying to Save the System" 71 Tax Notes Int'l 291, July 22, 2013）が，「OECD の移転価格税制は，その重みに耐えかねて崩壊する」と述べている（Lee A. sheppard "Picking Apart the OECD BEPS Action Plan" 71 Tax Notes Int'l 861, Sept.2, 2013）。

　国際課税ルールの見直しに当たり全面的に独立企業原則（ALP）から公式配分方式（FA）への転換をする抜本的な考え方を OECD は受け入れていないが，例えば利子費用控除制限について企業グループを単一の存在とみて公式配分方式（FA）の考え方を取り入れるとする増井良啓教授のように，OECD 行動計画の行動ごとに部分的に FA の導入を取り入れることは OECD も受け入れると考えるか。

　その答えいかんで，日本の取組みも変わってくる。Lee A. Sheppard の主張するように，ALP は綻び始めているのか。なお，ALP の範囲内でその修理作業を続けるのか。この国際課税ルールの根幹に手をつけるか，その枝葉末節の修繕工事に限定するかによって，ATP に対処する日本の取組みは違うものになるであろう。

　枝葉末節といえども，従来の日本の通説どおりのことを踏襲すると，納税者と税務当局の「合意」をベースに考える国際協調路線の議論にも乗り遅れるだろう。

　租税実務家たちは BEPS 対応行動計画について多くの懸念を表明している（Kristen A. Parillo and Stephanie Soong Johnston "Practitioners Air Concerns about BEPS Action Plan" 71 Tax Notes Int'l 399, July 29, 2013）。

　OECD は，ビジネス界，労働界，市民団体や租税実務家の同意を取り付けたというが，BNA の租税実務家のインタビュー調査によれば，多くの租税実務家たちが OECD の行動計画が BEPS について国際的コンセンサスに達成するまでのプロセスについて範囲，タイミング及びそのフィージビリティについて懸念していた（Dolores W. Gregory, Rick Mitchell and Kevin A. Bell "OECD Action Plan raises Questions about Scope, Timing and Feasibility of reaching International Consensus on BEPS" BNA Company Tax Management Transfer Pricing Report, July 25, 2013）。

　（参照：Kevin A. Bell "China: China Welcomes BEPS Approach on Value Creation,

Practioners Say" BNA Company Tax Management transfer Pricing Report July 25, 2013, and "India: India Supports significant People Functions Approach of BEPS Plan, Practitioners Say" BNA Company Tax Management Transfer Pricing Report July 25, 2013)

ATP に対処するには，納税者や ATP に影響力をもつ税務仲介者の協力が不可欠である。現行の国際課税ルールには彼らが各国の税制の差異や二国間租税約の特典を利用する裁定取引によって BEPS の機会を与える可能性がある。この機会を利用する者の協力を引き出すことがプロジェクトの成否を決めることになるであろう。

（注）

⑴ OECD Study into the Role of Tax Intermediaries（2008.4.8）
　　OECD Building Transparent Tax Compliance by Banks（2009.7.13）
　　OECD Engaging with High Net Worth Individuals on Tax Compliance（2009.9.9）
　　OECD Addressing Tax Risks involving Bank Losses（2010.9.15）
　　OECD Aggressive Tax Planning Directory
　　OECD Tackling Aggressive Tax Planning through Improved Transparency and Disclosure（2011.2.1）
　　OECD Corporate Loss Utilisation through Aggressive Tax Planning（1011.8.12）
　　OECD Hybrid Mismatch Arrangement: Tax Policy and Compliance Issues（2012.3.5）
　　OECD Addressing Base Erosion and Profit Shifting（2013.2.12）
　　OECD Aggressive Tax Planning based on After-Hedging（2013.3.13）
⑵ Richard Murphy FCA "Closing European Tax Gap ～A Report for Group of the Progressive Alliance of Socialists & Democrats in the European Parliament"（2012.2.10）
　　EU "Combating tax fraud and evasion"（2013.5.22）
⑶ 本庄資「負債バイアスその他の歪み：租税政策における危機関連の諸問題（その1）（その2）」『租税研究』（2009.11～12）.
⑷ Doina Maria Radulescu and Michael Stimmelmayr "ACE versus CBIT: Which is better for Investment and Welfare ?" CESifo Economic Studies（2007）53（2）（2007.6.18）.
　　Ruud A. de Mooij and Michael P. Devereux "Alternative Systems of Business Tax in Europe～An applied analysis of ACE and CBIT Reforms" Oxford Univ. Centre for Business Taxation（2008）.
　　山田直夫・井上智弘『ACE の理論と実際』JSRI Discussion Paper Series No. 2012-01（2012.6）.

BEPSにおける二重非課税

藤井保憲

1 二重非課税の問題点

　国際取引に対する課税の分野では，長い間，同じ取引について複数の国から課税される「二重課税」をどう解決するかに焦点が当てられてきた。二重課税は，納税者に過大な負担を負わせて国際的な通商・投資活動の障害となり，また納税者間の競争や資源配分を歪めるとして，それを排除する国際課税ルールが形成されている。各国は租税条約やそれぞれの国内法を通じて二重課税の排除に努めてきたところである。

　しかし，情報通信技術の発展や経済・市場の統合が進む中で，どこの国からも課税されないあるいは課税すべき国で十分な課税が行われない「二重非課税」の問題が取り上げられるようになっている。BEPS 報告書の言葉を借りると，多国籍企業が，異なる国の課税制度の隙間を利用して，課税所得を減少させあるいはほとんど経済活動をしていない軽課税国に利益をシフトして二重非課税の状態を作り出す状況が出現している[1]。こうした二重非課税は，二重課税と同様に納税者間の競争や資源配分に歪みをもたらし，さらに各国の税収の減少，納税者の納税意識の低下といった問題を生じさせる[2]。BEPS の議論はどのようにしてそうした二重非課税を排除するかが検討されたものということができる[3]。

　とりまとめられた BEPS 報告書は，現行国際課税ルールがこうした二重非課税の問題に対応できなくなっているとして，既存の国際課税ルールを見直し，「経済活動が行われ価値が創造された場所で課税が行われる」ことが実現するよう求めている[4]。BEPS 報告書の求める国際課税ルールの根幹は「経済活動・価値創造の場」での課税であるといえる。

　二重非課税の意味を明確にするため，この「経済活動・価値創造の場での課税」と「二重非課税」を重ねてみると，まず，経済活動・価値創造の場とされた国において課税が可能となることが重要である。経済活動・価値創造の場であるのに課税できないことは，どこの国からも課税されないことを意味し二重非課税を生ずることになる。BEPS 報告書に示された行動計画の多くは，この課税すべ

116 ◆ 第1章 BEPSの現状とその問題点

き国の課税権行使を可能にするためのものといえる。

　しかし，二重非課税排除の観点からはそれだけでは足りない。課税すべき国が確実に課税を行うことが重要である。課税しないことが税源浸食・利益移転スキームの輪の1つとされ，二重非課税を作り出すという構図が考えられるためである。これは経済活動・価値創造の場とされる各国に対し一定の課税を求めることになるが，この点が二重非課税排除問題の特色の1つといえる。BEPS報告書が国際協調の必要性を繰り返し主張している背景として，このように各国の足並みをそろえた課税が必要であることが挙げられる。ちなみに経済活動・価値創造の場として課税すべき国において課税が行われれば，二重課税の問題が生じる可能性はあるものの二重非課税の問題は生じないことになる。

2　二重非課税の発生原因と対策

　BEPS行動計画1から10までに示された二重非課税の発生原因と対策は，課税主体である国の立場からみた場合，次のように整理できる。

（1）　課税すべき国の税制整備の不備

　BEPS行動計画1では，いわゆる電子商取引について，所得課税と消費課税の両面から検討しているが，このうち，消費課税については，消費者の所在地で課税すべきとしている。消費課税についての「経済活動・価値創造の場」は消費地という考え方が明確にされている。

　課税すべき場所が明確であるので，消費地国は適切な課税方法を整備することが可能であり，課税できないとすれば法整備の不備ということになる。他国との調整の問題は生じない。このケースでも，課税されない隙間は納税者間の競争や資源配分を歪めるという二重非課税の問題を生ずることになる。わが国の平成27年度改正による国境を越えた役務の提供に係る課税の見直しはこの問題に対応するものであったといえる。

（2）　各国の課税制度の相違
①　ハイブリッド・ミスマッチ

　各国の所得計算の仕組みについては，会計処理の考え方や私法の仕組みの違い等からそれぞれ異なることがある。行動計画2は，こうした各国の所得計算の取扱いの相違から二重非課税が生じることをハイブリッド・ミスマッチと呼び検討している。特に問題とされたのは，一方の国で損金に算入された支出がそれを受

領した相手国で益金に算入されないケース（deduction/no inclusion）と，二国間で課税上の取扱いが異なる事業体の支出を両国でダブって控除するケース（double deduction）である。前者については，例として法人の支出について，一方の国は利子として損金に算入するが他方の国はこれを配当として受取配当益金不算入を適用する事例が検討されている。また，後者については，例として一方の国は外国子会社を透明な事業体とするが他方の国はこれを独立した納税義務者とする場合に，その外国子会社の支出が両国で経費として控除される事例が検討されている。なお，この両国で法的性質の異なる事業体の問題については，租税条約上の恩典を受ける者の定義に係る問題としても検討されている。

こうした各国の損益の取扱いあるいは損益帰属主体についての認識の差から生じる二重非課税の問題は，各国の課税主権を前提にすれば当然に生じうるものである。しかしそれが税源浸食・利益移転スキームに利用されるという問題があるため，行動計画はそうした二重非課税を生じないよう防御のルールを示している。基本的考え方として，ハイブリッド・ミスマッチについては，一方の国の取扱いの修正を求めるのではなく，それぞれの取扱いを認めた上でそれが二重非課税につながらないように対策を講じるということになる。

わが国が平成27年度の改正で，外国で損金とされる配当を益金不算入の適用対象外としたのはこの防御ルールの適用の一例といえる。相手国で課税しないのであればわが国で課税するという対応的課税の形をとっている。税収目的ではなく，国際的二重非課税排除のための課税ということになる。こうした対策は，今後とも問題が顕在化した場合に個々に対応することが見込まれ，対応するための規定は増えてくる可能性がある。

② 有害税制

各国は金融・サービス業等を優遇する税制を設け，外国からの投資を引き付けようとする場合がある。これは国が他国と差別的な税制を設けるもので，意図的であるという点で上述したハイブリッド・ミスマッチとは異なる。また，納税者からみると，そうした税制を利用するのは租税回避でなく節税ということになる。

こうした税制は他国の税源を浸食する効果があり有害であるが，一方で税源を浸食される国としての対応には限界がある。相手国に対抗して優遇税制を採用することが考えられるが，これはいわゆる「底辺への競争」[5]をもたらすことになる。結局，この問題への対応としては，何が有害税制であるかを特定し，その有害税制を採用している国に政策修正を求めるという考え方が国際的に共有されている。ただ，それをどう実現するかが課題とされる[6]。

この問題の難しさは，一定の目的をもって優遇税制を採用している国をどう納得させて自粛に至らしめるかという点にある。BEPS 行動計画 5 では，特に問題が指摘されていたパテント・ボックス税制（知的財産優遇税制）について一定の基準（実質性基準：ネクサス・アプローチ）を示し[7]，その基準の範囲をこえる税の優遇を有害とみなすこととしている。税制は国家主権そのものという壁をこえて国際的合意により相手国の税制の修正を求める努力が実ったものといえる。しかし，合意された基準が十分かどうかという問題があり，またパテント・ボックス税制以外の多くの有害税制の問題が残されている。

今後とも有害税制の問題点の分析を進め，優遇税制を一定の範囲に留めるための国際的努力が続けられるものと思われる。なお，有害税制の結果外国子会社に所得が移転しそれが軽課されることを考えると，解決できない有害税制に対しては，一定の範囲で CFC 税制（外国子会社合算税制）を対抗手段の 1 つとして考えることができよう。

ところで有害税制に関連して，各国は法令ではなく外部に公開されないルーリングという形で個々の企業に税の優遇を図ることがあり，かねて問題視されてきたところである。BEPS 行動計画は，この問題について検討し，透明性確保の観点から，他国に影響のあるルーリングを提供した国は，関連する国に情報交換を通じてルーリングに関する情報提供を行うよう義務付けている。情報交換の対象となるルーリングの類型についても定められている。透明性を確保し税源浸食が行われていることを確認することは二重非課税排除の前提と考えられる。

③ タックス・ヘイブン（所得に対する税率の低い国）

所得に対する税を課さないかわずかしか課さないタックス・ヘイブンは有害な税制の代表といえるように思われる。多くの国際的租税回避スキームは最終的な所得の帰属地としてタックス・ヘイブンを選択している。これが上述した有害な税制と区別されるのは，税率が低いだけで有害税制として是正を求めることは妥当でないという考え方があるためである。税率はその国の財政需要の大きさで決まるものであり，他国がその水準についてとやかくいうことはできないというのが国際的合意である。

このためタックス・ヘイブンについては，上述した有害税制の場合と異なり，税率の修正を求めるのではなく，低税率の国であることを所与として，税源が浸食される国で対策を講じるという考え方がとられている。また，その場合，低税率国に所得が移転した時点で個々の取引を問題にすることに限界があることから，多くの国で，個々の取引が最終的に外国子会社の所得として計算された段階で，

その所得を親会社等の株主の所得と擬制して合算課税する CFC 税制が採用されている。これは，最終的に計算される所得という結果から二重非課税を排除する考え方である。

BEPS 行動計画 3 は，この CFC 税制について 7 つの構成要素に分けて検討し，いくつかのオプションを提示することで各国が足並みをそろえてこの CFC 税制を採用するよう勧告している。租税回避を行っても最終的に子会社に帰属した所得に課税される枠組みを構築できれば，二重非課税をもたらす税源浸食・所得移転の動機を無くすことができるという考え方を背景としている。わが国は，この行動計画 3 に沿った形でわが国の外国子会社合算税制（CFC 税制）を改正することとしている。

なお，この CFC 税制とは別に，税率の低い国が存在することを利用した具体的スキームとして利子の損金算入問題が検討されている。これは一般に企業が利子を支払った場合は損金算入されることを利用し，グループ間の利子支払を通じて高税率国の所得を軽減するスキームの問題である。例えば軽課税国に出資の形で資金を集中させ，それを高税率国の企業に貸付けることで高税率国において支払利子分だけ所得を減少させることが可能となる。利子費用を発生させる高税率国とそれを受取る軽課税国が存在することで成立するスキームといえる。さらに軽課税国でその利子所得に課税されず，親会社に配当として支払った場合に親会社側で受取配当益金不算入とされることで二重非課税はスキームとして完成することになる。

この問題に対して行動計画 4 は，一定の条件を設け，利子を支払う高税率国において利子の損金算入を制限するよう勧告している。わが国も既に過大支払利子税制，過少資本税制などを設けており，さらに行動計画に沿った対応が図られることとされている。

（3） 租税条約の解釈・適用

① 租税条約の濫用

二国間で締結される租税条約は，それぞれ相手国の居住者に対する課税の減免を通じて二国間の通商・投資が税により阻害されないようにすることを主たる目的としている。そうした租税条約の目的に対して，例えば源泉税免除の規定（租税条約の特典）を国際的租税回避スキームの輪の 1 つとして活用し国際的二重非課税を引き起こすとすれば，それは租税条約の目的外使用すなわち濫用ということになる。

行動計画6は，この濫用の問題が生じないよう，対策として特典制限条項（LOB）又は主要目的テスト（PPT）の導入について検討している。

特典制限条項（LOB）は，所得の受領者の属性に着目して，第三国居住者に支配されていないなど一定の条件に合致している者を適格者とし，租税条約の特典を受けられる者を適格者に限定するものである。二国間の居住者に限って適用される租税条約の特典を，第三国の企業がペーパーカンパニー等を使って利用する，いわゆる条約漁りを防ぐことができることになる。また，主要目的テスト（PPT）は，租税条約の特典を享受することを主たる目的の1つとする取引から生ずる所得に対しては租税条約の特典を認めないとするものである。様々な租税条約の濫用に対して柔軟に適用できるとされている。

検討の結果，行動計画6は，2つの方法にそれぞれ長短があることから，①PPTのみを採用，②簡素なLOBとPPTを採用，③厳格なLOBと導管取引防止規定と呼ばれる限定的PPTの採用という3つのオプションのうち1つを採用するよう勧告している。

また，租税条約のタイトルに「二重課税の除去」だけでなく「脱税及び租税回避の防止」を加えることとし，さらに前文に，租税条約は租税回避・脱税（条約漁りを含む）を通じた二重非課税又は税負担軽減の機会を創出することを意図したものではないことを明記することとしている[8]。

② 租税条約の規定の現実妥当性

租税条約に示されている国際課税ルールの1つにPE（恒久的施設）がなければ事業所得に課税しないとするものがある。そのため企業の進出先国にその企業のPEが存在するか否かが問題になるが，BEPS行動計画では，このPE認定について人為的回避が行われていることが問題とされ検討されている。PEの定義に関する租税条約の規定の現実妥当性が問われている問題といえる。

行動計画7は，対策として，まず代理人PEの定義を拡張している。すなわち，①代理人の名で契約することでPE認定を免れるものについて，契約に着目した契約類型基準（企業の物品の販売契約等）を導入し，②代理人がPEと認定される活動に「契約締結につながる主要な役割を果たすこと」を追加し，③独立代理人としてPE認定を免れるものについて，もっぱら関連企業のために業務を行う者を独立代理人の定義から除外することとしている。なお，この②については，行動計画1が指摘する，電子商取引において実質的な交渉は現地子会社が行う一方で契約は国外の親会社がオンラインで行うことでPE認定を免れる問題にも応えるものとなっている。

次に，進出先国での経済活動を，PE とされない準備的・補助的活動と主張することで人為的に PE 認定の回避を図るものについては，いかなる活動もそれが準備的・補助的活動でない場合は PE 認定の例外としないこと，あるいは商品の引渡し等の活動について準備的・補助的活動でない場合は PE 認定の例外としないこととしている。さらに活動の場所を細分化して PE 認定を免れるものについては，各場所が相互に補完的な活動を行う場合は一体の場所とみなして PE 認定を行うこととしている。これにより，例えば書籍等のオンライン販売のために巨大な倉庫を保有するもの等について準備的・補助的活動と主張することは難しくなるものと考えられている。

PE 認定の問題については，以上の行動計画 7 とは別に，電子商取引に係る行動計画 1 の直接税の問題としても検討されている。その一部は上述した代理人 PE の定義の拡張の中に取り込まれており，さらに外国子会社合算税制あるいは移転価格税制の中でも対処されているが，電子商取引を通じ源泉地国に一定以上のユーザーがいながら PE 認定がないため親会社の所得に課税されないという問題についての根本的な問題解決は先送りされている。それだけ問題が多いということになる。なお，行動計画では，Significant Economic Presence（売上等一定の電子的なネクサスを有しているときは PE と同様に扱う）という考え方に加え源泉徴収や平衡税の導入といったことも検討されている。行動計画は，この直接税に係る電子商取引の問題について OECD が検討作業を継続し，2020年までに報告書を作成することとしている。

（4） 移転価格税制（関連者間取引における適正な価格等決定ルール策定の困難さの問題）

各国がその問題を認識しながら解決が難しい問題として，関連者間取引における適正な価格等決定ルール策定の問題がある。これは移転価格の問題と呼ばれており，行動計画は独立企業原則をより徹底させる趣旨から，無形資産取引やリスクに関する検討を深め，OECD 移転価格ガイドライン改訂案を策定している。ガイドラインが明確でないことを利用して税源浸食・所得移転を図る行為を防止することが目的である。

まず行動計画 8 は，移転価格問題の焦点の 1 つとされる無形資産取引について，①無形資産の概念の明確化を図るとともに，②無形資産によって生ずる利益を価値創造に沿って配分することを徹底するとしている。特に②に関し，法的所有ではなく，無形資産の開発等に関する重要な価値創造の機能を実際に果たしている

こと，リスク引受けについての実質的な貢献があること等の経済的実質を重視しており，いわゆるキャッシュ・ボックス（資金提供のみを行う関連企業）に対しては無形資産に関する利益の配分は認められないとしている。

　議論の過程で多くの事例研究が行われており，その成果として無形資産の「価値創造の場」である無形資産の開発，改良，維持及び保護が実質的に行われた場についての判断基準が相当程度明確にされている。なお，独立企業間価格の算定が難しい無形資産の価値評価について DCF 法（ディスカウント・キャッシュ・フロー法）を適切に使用することについても言及されている。

　この考え方は費用分担契約についても反映されており，関連企業は，費用分担契約の活動から利益を得ることが合理的に予想され，引き受けているリスクに関するコントロールを行い，それらのリスクを引き受ける財務能力を有している場合にのみ，当該費用分担契約の参加者になることができるとしている。費用分担契約が移転価格課税の抜け穴とならないための配慮といえる。

　行動計画 8 は，これに加え，それでも評価困難な無形資産の問題に対処するため，いわゆる所得相応性基準の導入を勧告に盛り込んでいる。これは，無形資産の移転時に評価困難な無形資産について，後に実現した所得が当初の予測と一定以上乖離した場合に移転時に立ち戻って独立企業間価格を再計算するものである。結果から税源浸食・所得移転を判断するものであり，その点では CFC 税制の考え方と類似点を有する。

　次に，行動計画 9 は，グループ企業内におけるリスクの移転，過大な資本の配分の問題を検討している。その中では，特に契約ではなく実際の関連者間の取引を正確に把握することの重要性が強調されており，リスク配分のガイダンス拡充とともにリスク分析のためのフレームワークが提示されている。実務において的確に事実に沿ったリスク分析ができるようになることが意識されている。また，ここでもキャッシュ・ボックスにはリスク・フリー・リターンまでしか利益の配分が認められないことが確認されている。

　さらに，行動計画10は，OECD 移転価格ガイドライン改訂に係るその他の問題として，①商業合理性などを移転価格税制に適用し価格を再構築できるルールの明確化，②グループ内役務提供について特に低付加価値役務提供を中心にした適用ルールの明確化，③グローバル・バリュー・チェーンにおける利益分割法の適用，④コモディティ取引についての CUP 法の適用の明確化等についての検討を行っている。

3 BEPS 行動計画の有効性

BEPS 行動計画は，各国がその計画に沿って対策を講じることで，二重非課税の排除と予防のために相当有効な機能を発揮するものと考えられる。

上述した二重非課税の発生原因と対策を，英国議会公聴会でも問題とされBEPS の討議過程でも検討されたグーグルの「ダブルアイリッシュ＆ダッチサンドイッチ」の例に当てはめて検討すると，次のようなことが指摘できる。

このケースは，米国企業であるグーグルがその有する自社開発の無形資産により世界各国で使用料収入を獲得するのであるが，どの国からもほとんど課税されることなくタックス・ヘイブンであるバミューダの関連子会社に利益を累積させたものである。用いられたスキームは，①当該無形資産のライセンスを費用分担契約の手法を通じて低い価格でアイルランド子会社 A に与える（米国の移転価格課税を免れる），②当該子会社 A の管理支配の場所をバミューダとする（管理支配基準をとるアイルランドではバミューダ法人とみなされアイルランドの課税を免れる），③当該子会社 A がアイルランド国内にさらに子会社 B を設立し無形資産のサブライセンスを与える（米国のチェック・ザ・ボックス規則によりアイルランド内の AB 間の取引は内部取引として利益が認識されず，米国の CFC 税制の適用を免れる），④B は世界各国から当該サブライセンスに基づき使用料を受取るが，B から A に支払うサブライセンス料はオランダに設立したグーグルの子会社 C を通じて A に支払う仕組みとする〔B からオランダ法人への使用料支払いについては租税条約によりアイルランドの源泉税が課されない，またオランダ法人から（バミューダ法人である）A への支払についてはオランダの国内法により源泉税が課されない〕，⑤世界各国のグーグル関連会社の利益も使用料の支払額の操作により調節できる（各国の課税を減免できる），というものである。

このうち①は，上述した 2（4）の移転価格税制の問題である。費用分担契約を用いた事例であり，行動計画にはそうした事例への対応の考え方が示されている。行動計画の考え方を米国の移転価格税制に反映できれば，無形資産の価値が創造された場所で当該無形資産から生じた利益に適正に課税できることになる。問題は米国の移転価格税制を効果的な対策を講じることができるよう改正できるかどうかに掛かっている[9]。

次に②は，法人の居住地をどのように定めるかの問題である。例えばわが国は本店所在地主義をとっているが，国により居住地判定基準が異なるとしてもそれ

を変更すべきということにはならない。また，バミューダの税率引上げを強制することもできない。上述した2（2）①のハイブリッド・ミスマッチ及び2（2）③のタックス・ヘイブンの問題といえる。この場合，米国からみるとＡはアイルランド法人であり，課税がないとすると米国のCFC税制の適用が見込まれる。CFC税制が適用されれば，ハイブリッド・ミスマッチ及びタックス・ヘイブンに係る二重非課税の問題は結果的に解消することになる。ただ，米国においては，チェック・ザ・ボックス規則を改訂して，このケースにつきCFC税制を適用できるようにする必要がある。この点について，米国のチェック・ザ・ボックス規則改訂についての見通しは必ずしも明確でないという問題がある[10]。

　また，④の問題のうち，アイルランドからオランダへの使用料支払に対する源泉税非課税は上述した2（3）①租税条約の濫用の問題といえる。行動計画に示された特典制限条項（LOB）又は主要目的テスト（PPT）等の措置によりこの租税条約濫用の問題は解消できる。ただ，租税条約の改訂という作業が必要とされることになる。

　さらにオランダからバミューダへの使用料支払に対する源泉税非課税の問題は，オランダ国内法の問題であり，これは上述した2（2）①のハイブリッド・ミスマッチの問題，場合によっては2（2）②の有害税制の問題といえる。それぞれ行動計画に示したような対応が図られることが必要とされるが，当面はこうしたオランダのような税制（金融取引優遇税制など）は継続される可能性が高いとみられる[11]。

　続いて⑤の問題は，各国の移転価格税制適用の問題である。各国がそれぞれ対応できる問題といえるが，その後に予想される「二重課税」排除の観点からは，使用料（ロイヤルティ）についての国際的な移転価格課税ルールの一層の明確化を図ることが望ましい。

　このように，グーグルの事例は，移転価格税制の隙間，ハイブリッド・ミスマッチ，有害税制，タックス・ヘイブン利用，租税条約の濫用，CFC税制の隙間と，1つのスキームの中に多くの二重非課税発生原因を盛り込んだものということができる。そのほとんどについて行動計画は問題点を検討して対策を提案しており，その意味でも行動計画の実行が必要ということになる。

　しかし，このグーグルのスキームについて，税源浸食・所得移転の影響を最も受ける国は米国と思われるものの，その米国において，費用分担契約を通じた無形資産の移転についてどこまで厳格な対応ができるか，また，チェック・ザ・ボックス規則のルール変更がどこまで進むかといった点が必ずしも明確でない。

また，その他の国をみても，租税条約の濫用の問題はある程度改善されると見込まれるものの，有害税制についてのこれまでの議論からみて，アイルランドやオランダの税制が大きく変更される見通しはない。二重非課税のための手段となる種子は多く残されているといえる。

結局，BEPS行動計画は国際的二重非課税を排除するためのスタート台を提供したものということができる。

BEPS行動計画がその実行のために行動計画の中に仕組んでいるものとしては，①OECD加盟国だけでなく開発途上国を含む多くの国・地域をBEPS包摂的枠組みとして行動計画の中に取り込んでいること，②G8及びG20の積極的な支持を取り付けていること（累次のコミュニケ），③対抗措置の効果の測定，積み残した問題への更なる検討，各国の実施状況のモニタリング（ピア・レビューを含む）を行うとしていること（行動計画11を含む），④タックス・プランニングの義務的開示の制度を各国が制度化することを求めていること（行動計画12），⑤多国籍企業情報の文書化を通じグローバルな多国籍企業グループ取引の全体像を把握する体制を整備するとしていること（行動計画13）が挙げられる[12]。このうち④と⑤は，各国で制度化が進んでおり，多国籍企業の取引の透明性は相当程度高まるとみられる。また，別途，国際的な情報交換もさらに充実すると考えられる〔共通報告基準（CRS）へのコミット国の拡大〕。しかし，そうした透明性の枠組みが整備される中で，国際的二重非課税をどの程度，どのように排除できるかは，最終的には，今後，各国が国内税制と国際的な二重非課税排除の要請をどうバランスさせるかに委ねられていることを理解しておく必要があるように思われる。

（注）

⑴　OECD/G20 Action 1 : 2015Final Report「Base Erosion and Profit Shifting: Addressing the Tax　Challenges of the Digital Economy」executive summary。

⑵　二重非課税を排除することの意義についてはさまざまな説明があるが，財務省の税制調査会提出資料（平成27年10月23日）は，①各国政府にとって，ⅰ）BEPSによる税収の減少，ⅱ）租税回避行為防止のためのコストの増加，ⅲ）税制に対する信頼の低下，といった問題に対応できること，また，②個人納税者にとって，多国籍企業の節税による個人納税者の相対的負担増を解消できること，さらに③法人納税者にとって，節税を行う多国籍企業との競争条件の不利を是正できることをあげている。

⑶　本庄資ほか『国際租税法—概論—（第2版）』（大蔵財務協会　2016年）287〜288頁は，OECDがBEPSプロジェクトを進めたのは，多国籍企業のアグレッシブ・タックス・プランニングが税源浸食・所得移転を伴う国際的な課税の真空すなわち二重非課税をもたらしていることを問題視したためとしている。

⑷　前掲注⑴・OECD/G20　序文。この「経済活動・価値創造の場」のうち，「経済活動の

場」は，源泉地国の課税権確保の方向性を示しており，「価値創造の場」は，人的資本を蓄積している先進国の課税権の確保を図る方向性を示しているとの指摘がある〔緒方健太郎「BEPS 最終報告書について」（租税研究，2016年 4 月号）260～261頁〕。吉村政穂「BEPS により何が変わったか」（租税研究，2016年 5 月号）214頁も同旨。

⑸　底辺への競争（race to the bottom）は，国家が外国企業の誘致等のため優遇税制などを競うことで，労働環境や自然環境，社会福祉などが最低水準に向かうことをいう（wikipedia2015/12/01:14UTC 版）。

⑹　OECD は，1998年「Harmful Tax Competition: An Emerging Global Issue（有害な税の競争）」報告書をとりまとめており，以後この問題は OECD を中心に国際的な場で継続して検討されてきている。

⑺　ネクサス・アプローチは，知的財産（IP）開発費用の総額に占める国内での自社開発支出の割合の枠内でのみ優遇税制の適用を認める考え方である（前掲注⑴・OECD/G20 Action 5）。IP 資産の価値創造の手掛かり（nexus）を国内での自社開発に求めており，BEPS 行動計画の基本理念と整合的といえる。

⑻　勧告に従って租税条約は二国間交渉を通じて改訂されることが期待されるが，BEPS 行動計画15は多国間協定によるタイムリーな改訂方法を提言している。

⑼　居波邦泰『国際的な課税権の確保と税源浸食への対応』（中央経済社，2014年）96～139頁は，米国における費用分担契約（コスト・シェアリング規則）へのこれまでの対応について詳述している。また，松田直樹『租税戦略の解明』（日本評論社，2015年）104～107頁にも，米国の費用分担契約に係る財務省規則改正の経緯が整理されている。

⑽　居波邦泰「税源浸食と利益移転（BEPS）に係る我が国の対応に関する考察（Ⅰ）」『税務大学校論叢79号』（税大，2014）303頁及び472頁は，チェック・ザ・ボックス改正案が議会に提出されたことはあるが成立は見通せない状況にあるとしている。

⑾　前掲注⑼・居波302～311頁は，各国のハイブリッド・ミスマッチ，有害税制への取組状況を述べ，それに対する見通しを示している。

⑿　前掲注⑶・本庄資ほか　631～632頁に，ポスト BEPS の状況が示されている。

市民団体の多国籍企業に対する批判

合田 寛

1 問題の所在

　グローバリゼーションは現代資本主義の基本的特徴である。グローバリゼーションによって，資本，商品，サービスをはじめ，技術や情報に至る，あらゆるものが国境を越え自由に移動する。グローバリゼーションは情報技術革命やIT化，経済の金融化に伴って加速された。グローバリゼーションの下で各国は，自由化と規制緩和を進め，市場の機能を最大限に利用する政策を採用した。グローバリゼーションは新自由主義的経済政策の推進を伴って進展した。

　グローバリゼーションは世界の富を増やし，途上国の経済発展を促し，民主主義などの価値を広める役割を果たしてきたが，その反面，貧富の格差の拡大，雇用問題，環境問題，経済の不安定化など，先進国，途上国を問わず，さまざまな問題を引き起こしている。アメリカ，イギリスをはじめ多くの先進国で，グローバル化のプロセスの中で生じる自国の不利益を回避するために，国家主義や保護主義が台頭する動きも生じている。しかし国家主義や保護主義はグローバリゼーションのメリットだけを享受し，デメリットを他国に押し付けるご都合主義であり，グローバリゼーションの問題をグローバルに解決する方策とはならない。

　グローバリゼーションに対する批判と運動は，早くから市民運動の手によって進められてきた。その内容も，個々の具体的な問題から，グローバル化や新自由主義経済政策に対するトータルな批判までさまざまであった。さらに「もう一つの世界」を求める運動にみられるように，グローバル資本主義を乗り越えようとする批判と運動も現れた。

　グローバリゼーションに対する反対運動と批判の矛先は，さしあたっては先進国政府や先進国が率いる先進国首脳会議（サミット）に向けられた。またグローバリズムを推進したIMF，世界銀行，WTOなどの国際機関にも向けられた。また抗議や反対運動は，途上国が先進国に向けて行われるものから，次第に途上国と先進国の市民との共同の取り組みに発展していった。さらに近年，その取り組みはグローバリゼーションの主たるアクターである多国籍企業に向けられるよう

128 ◆ 第1章 BEPS の現状とその問題点

になってきている。

　多国籍企業に焦点を当てた批判と運動として近年重要性が高まっているのが，税の公正を求める運動とタックス・ヘイブンに対する批判である。この批判と運動は比較的新しいものである。とりわけタックス・ヘイブンをグローバリゼーションの中心問題としてとらえ，これをなくすことを主要な課題とする批判と運動の本格的な進展は今世紀に入ってからのことである。本稿はグローバリゼーションを批判する市民の運動，多国籍企業に対する批判と運動の中で，いかにして税の公正とタックス・ヘイブンに対する批判と運動が独自に展開され，発展させられてきたかを検討し，その意義と今後の課題を展望する。

2　グローバル市民社会運動

　グローバル化の進展にともなって，貧困と格差の拡大，環境問題，度重なる金融危機と経済の不安定化など，グローバル化がもたらす負の側面が表面化し，その影響は世界の人々に広がった。それに伴ってグローバリゼーションを批判し異議を申立てるグローバル市民社会運動が，地球的規模で行われるようになった。早くから動き始めていたオックスファムやセーブ・ザ・チルドレンなど NGO の役割も見逃すことができない。

　グローバリゼーションに対する異議申立ては，さまざまな場所，さまざまな方法で主張され，行使されてきた。とりわけ70年代から毎年開催されるようになった主要国首脳会議（サミット）は，グローバル市民社会運動が大きく盛り上がる結節点[1]となった。なぜならサミットは米，英など主要先進国によって，グローバル化を推進する場として利用されてきたからである。

　サミットに対する抗議や異議申立てには，大きく次の三つの形態がある[2]。

　1　サミット主催国政府や複数国の政府代表者が市民社会や NGO の代表者と特定のテーマで対話する。

　2　市民団体，NGO がサミット開催地あるいはその近傍で集まり，別のサミットを開く。これはカウンター・サミット，民衆サミット（popular summit），あるいはオルタナティブ・サミットと呼ばれるものである。

　3　サミットに反対して，市民社会がデモや直接行動をする。時には過激な行動も派生する[3]。

　もちろんこの三つの形態は別個のものではなく，同時並行的に行われたり，あるいは一つ形態が他の形態に移行するなど流動的な側面を持っている。

　サミットは1975年，オイルショックとそれによる世界不況を背景にして，フラ

ンスのランブイエで開催されて以来，毎年，主要国の持ち回りで開催されている。しかしサミットに対する批判や異議申立てが起きるようになるのは，1980年代に入ってからである。

オルタナティブ・サミットは80年代から始まっており，1981年カナダで開かれたオタワ・サミットでは，サミットに対抗して反戦団体，環境団体など約60の団体によって民衆サミット（popular summit）が開かれている。行動の参加者は約6,000人に上るといわれている。ロンドン・サミットが開かれた1984年には，「もう一つの経済サミット（TOES: The Other Economic Summit)」が開催されている。TOES はオルタナティブ・サミットの本格的に始まりといえるものであり，その後のサミットでも毎年開催されるようになった。

サミットに対する直接行動やデモは，90年代末から今世紀にかけて盛り上がりを見せている。1998のバーミンガム，翌年のケルンの両サミットでは，途上国の債務の帳消しを求める「人間の鎖」行動が盛り上がり，それがシアトル，ジェノバにつながっていくことになる（後述）。

サミットと幅広い市民社会との対話が始まるのは今世紀に入ってからである。2002年にカナダで開かれたカナナキス・サミット，2005年にイギリスで開かれたグレンイーグルズ・サミットで本格的な対話が行われ，その後もおおむね定着している。

サミットに対する批判と異議申立ては，取り上げる問題の多様化，運動の大規模化及び多重化の三つの契機を軸として広がった(4)。

サミットに対する批判と運動が取り上げる問題が多様化するのは，1980年代の後半ごろからである。例えば1989年，フランスで開催されたアルシュ・サミットでは，80年代を通じて高まった，学生運動，労働組合運動，エコロジーを求める市民運動，GATT のウルグアイ・ラウンドに反対する農民の運動などさまざまな市民運動が集結した。

アルシュ・サミットのオルタナティブ・サミットとして開かれた「最貧7か国サミット」は，バングラディシュ，ブラジル，ブルキナ・ファソ，ハイチ，モザンビーク，フィリピン，ザイールの7か国が参加し，「人類の3分の2以上が排除と忘却の中にいる」の言葉に象徴される貧困国の声を世界に訴えた(5)。

批判と運動が大規模化し，サミットに対する強力な対抗勢力となるのは，ベルリンの壁崩壊とソ連解体の後のことで，そのきっかけとなったのは，96年のリヨン・サミットであった。「地球のもう一つの声同盟」が中心となって議論を積み重ね，1万2,000人のデモの後に反サミット会議を主催した。同時に労働組合が

4万人の労働者を組織したデモを行っている。

　リヨン・サミットにおける注目すべき変化は，先進国のNGOと途上国の社会運動が合流し，共通の課題に向けた取り組みが始まったことである。先進国が推し進めるグローバル化と新自由主義経済政策が，途上国に貧困や格差をもたらしただけでなく，先進国の内側においても同様に貧困と格差を拡大していることが明確に認識されるようになったのである。

　90年代末の運動と批判の大規模化を象徴するものとして，「ジュビリー2000」運動の高揚をあげなければならない。この運動は先進国による新自由主義政策と構造調整政策によってもたらされた途上国の累積債務の帳消しを求める国際キャンペーンである。アフリカで起きたこの運動は，96年にイギリスの「クリスチャン・エイド」の支援を受けて始まった。

　「ジュビリー2000」運動は，98年にイギリスで開催されたバーミンガム・サミットで結集を図り，7万人以上が参加する「人間の鎖」がサミット会場を取り囲む盛り上がりを示したが，2年後には66か国に広がった。「ジュビリー2000」は100以上のデモに参加し，2400万の署名を166か国から獲得するという，巨大な運動となった。

　当初はもっぱらサミットに対して異議を申立てた批判と運動は，年一回開催されるサミットだけでなく，IMF，世界銀行，WTOなどの国際機関が開催する閣僚会議に対しても行われるようになり，さらに世界経済フォーラム開催に合わせて，世界社会フォーラムが開催されるなど，批判と運動の多重化が見られるようになっていく。

　国際機関に対する対抗運動が最大の盛り上がりを見せたのが，1999年にシアトルで開催されたWTO閣僚会議に集結した巨大な市民行動である。シアトルでは35,000人の「人間の鎖」，AFL-CIOによる労働者20,000人のデモなどが行われた。「ジュビリー2000」やアタック（ATTAC）などのNGOも参加した。「シアトルのたたかい」と呼ばれるこの行動は，グローバリゼーションや新自由主義と戦う運動の結節点となった。

　サミットに対する批判として行われるオルタナティブ・サミットには，すでに述べたようにオタワ・サミット（1981年）における「民衆サミット」，ロンドン・サミット（1984年）における「もう一つの経済サミット」などがあり，その後のサミットでも引き継がれてきたが，今世紀に入り，この流れを引き継ぎながら，サミットに直接対抗するのではなく，独自にオルタナティブ・サミットとして開催されているのが，世界社会フォーラムである。

世界社会フォーラムは2001年，アタックの提唱でブラジルのポートアレグレで始まったもので，世界中からNGO，労働組合，市民運動家たちが10万人規模で集結する国際会議である。世界社会フォーラムは，大企業のCEOたちがスイスのダボスで毎年開く世界経済フォーラムに対抗する形で開催されている。

世界社会フォーラムが取り上げる課題は個別のシングル・イシューではなく，グローバリゼーションがもたらすあらゆる問題を対象にしている。社会経済フォーラムはオルタナティブ・グローバリズムを掲げ，グローバル・ジャスティスの理想を目指している。その理想は「もう一つの世界は可能だ！」というスーザン・ジョージ（Susan George）のポートアレグレでの宣言に象徴されている[6]。

3 グローバル・ジャスティス[7]運動とタックス・ジャスティス運動

グローバリゼーションを批判し異議を申立てるグローバル市民社会運動は，1980年代から90年代にかけて，サミットを軸にして展開され，テーマの多様化，運動の大規模化，多重化を伴いながら，大きく発展してきた。これらの運動はカウンター・サミット運動，あるいはオールター・グローバリゼーション（Alter Mondialiste）運動などと呼ばれているが，運動の課題と目標を重視すれば，広くグローバル・ジャスティス運動と呼ぶことができる[8]。

グローバル・ジャスティス運動は今世紀に入り新しい芽を生み出した。タックス・ジャスティス運動である。タックス・ジャスティス運動はグローバリゼーションが提起している諸問題のうち，「税の公正」を目標に掲げ，またグローバリゼーションの主たるアクターである多国籍企業に焦点を当てる運動である。

税に焦点を当てる運動はすでに90年代末から，アタック（ATTAC）によって提唱されているトービン税導入の運動がある。アタックは1998年にフランスで設立された社会運動団体で，この名称がAssociation to tax Financial Transactions to aid Citizensの頭文字であることからもわかるように，金融取引に課税（トービン税）し，その収入を世界に再配分することを目的として設立されたNGOである。

その後アタックはトービン税の導入だけでなく，新自由主義的グローバリゼーションがもたらすさまざまな悪弊を批判し，グローバル・ジャスティスを求める国際的運動体として世界数十か国で活動している。とりわけ金融市場に対する規制，タックス・ヘイブンの廃止，グローバル・タックスの実現なども課題として掲げている。

トービン税や金融取引税などの国際連帯税は，金融取引の過熱化の抑制などの政策効果だけでなく，途上国の開発のための新たな財源として注目され，ヨーロッパのいくつかの国では金融取引税としてすでに導入されつつある。

これらの国際連帯税などのグローバル・タックスは，①国境を超えた経済活動を課税対象とすること，②税収の一部又は全部が，国際公共財供給のための財源調達としての側面を持つこと，③課税主体が単一の国家ではなく，複数の国家から構成される共同組織や超国家機関であるものとされている[9]。それはグローバル・ジャスティス実現を目的としたタックス・ジャスティスの課題の一部を構成するものである。

グローバル・ジャスティス運動が異議申立ての対象として，多国籍企業やメガバンクに焦点を当てることはこれまでにもあった。例えば遺伝子組み換え作物，コピー医薬品をめぐる製薬・バイオテクノロジー多国籍企業に対する抗議，雇用・労働問題をめぐる多国籍企業に対する運動がそうであったし，また債務の帳消しを求める「ジュビリー2000」運動もメガバンクを標的にした運動であった。

しかし21世紀に入ると，多国籍企業の個々の行動に対してではなく，多国籍企業そのものに対する批判が強まった。多国籍企業がグローバリゼーションの中心的なアクターとして，グローバル・ジャスティス運動の主要な対象として浮かび上がったのである。グローバル・ジャスティス運動の流れの中で，グローバルな税の公正を実現し，タックス・ヘイブンをなくすことを主要課題とする運動として登場したのがタックス・ジャスティス運動である。

タックス・ジャスティス運動は1970年代末に始まった。アメリカでは1979年にCitizens for Tax Justiceが設立され，イギリスではオックスファムがタックス・ヘイブンを利用した税逃れを調査するプロジェクトを開始している。しかし当時，これらの問題は「政治的すぎる」テーマと考えられ，その後しばらく休眠期に入る。

タックス・ヘイブンに対する取り組みが再開させられたのは，1989年に設立されたFATF（金融活動作業部会）が，翌90年にマネー・ロンダリングとたたかうための40の勧告を出して以降である。マネー・ロンダリングと脱税はともにタックス・ヘイブンを利用して行われるものであることから，タックス・ヘイブンに対する注目が高まったのである。タックス・ヘイブンの問題はさらに1998年のOECDの「有害な税の競争」の取り組みによって注目されるようになった。タックス・ジャスティス・ネットワークがタックス・ジャスティス運動の中心的な担い手として登場するのは，そのような背景の下であった。

4 　タックス・ジャスティス・ネットワークの設立と活動

　タックス・ジャスティス・ネットワーク（以下 TJN と略す）は2003年 3 月，イギリスの下院で正式に設立された。

　TJN の設立は，後に代表となるジョン・クリステンセン（John Christensen）らが2002年にフィレンツェで開かれたヨーロッパ社会フォーラムに参加したことに始まる[10]。また同年，ジャージー島でアタック・ジャージーが主催した「タックス・ヘイブンとグローバリゼーション」と題する集会に参加したことが，行動を起こすきっかけとなっている[11]。その意味では1980年代以降の新自由主義とグローバリゼーションに対抗するグローバル・ジャスティス運動の流れを汲んでいるものということができる。

　しかし TJN はグローバル・ジャスティスのこれまでの運動とは異なる，独自の性格と目標を有している。

　それは TJN が創立時に発表した「宣言」[12]にみることができる。「宣言」は，グローバリゼーションの下でオフショア・タックス・ヘイブンはますます肥大し，巨大な規模に達していること，巨大企業や富裕者はグローバリゼーションの最大の受益者でありながら，タックス・ヘイブンを利用して応分の負担をまぬかれていること，その結果，税負担は一般市民や中小企業にかかり，公共サービスが削られていること，また途上国の資金を不法に持ち去り，貧困からの脱出を困難にしていること，これらのことは国家と市民の社会契約を掘り崩し，民主主義をむしばんでいること，を表明し，次のマニュフェストを掲げている。

- 国境を越えた脱税をなくすこと，税逃れの余地を制限すること，そうすることによって，巨大企業や富裕者が負担能力に応じて税を納めるようにする。
- 市民の影響力を強めることによって税に対する民主的コントロールを図ること，自らの利益だけのために税制を意のままにする資本の力を制限すること。
- さまざまな所得に対する税の公平を確保し，一般市民への税負担のシフトを逆転すること。
- 経済開発を最も必要とする国からの資本の流出を助けている，税と不透明なインセンティブを取り除くこと。
- 更なる民営化を阻止し，公共サービスの切り捨てを阻むこと。

　TJN の独自の性格は，設立にかかわったジョン・クリステンセンをはじめ，多くの専門家，研究者の貢献によって特徴付けられている。

134 ◆ 第1章　BEPS の現状とその問題点

　最近まで代表者だった[13]ジョン・クリステンセンについていえば，彼はイギリスの王室属領でタックス・ヘイブンとして有名なジャージー島で生まれ，同島にある大手会計事務所（現デロイト）に勤めた後，ジャージー政府の経済顧問として働くなかで，インサイダーとしてタックス・ヘイブンの内側を知り，それをなくすたたかいに身を投じたという経験を有している。

　TJN の活動を思想面・政策面から支えた人々の力を無視することはできない。クリステンセンは TJN の活動に影響を与え，貢献した人物について次のように紹介している[14]。

　TJN が設立される前から活動していた人物のなかに，多大な影響を与えた人物がいる。ジャック・ブラム（Jack Blum）は，1970年代にロッキード・マーチン・スキャンダルを暴き，ノリエガ将軍の麻薬の闇取引を調査し，現代史上，最大の腐敗銀行の一つ，BCCI 銀行を打倒した人物である。またマッキンゼーの元チーフエコノミストのジェームス・ヘンリー（James Henry）は70年代に途上国が西欧の銀行やタックス・ヘイブンから掠奪されている実態を調査した。

　クリステンセンはソル・ピチオット（Sol Picciotto）の "International Business Taxation"（1992年）をタックス・ヘイブンと企業の税逃れに関するすべての重要な問題に関して「私の思考を明瞭にした」ものとして紹介している。また1998年に Association for Accountancy and Business Affairs（AABA）を立ち上げたエセックス大学の会計専門家プレム・シッカ（Prem Sikka）の著書 "Auditors: Holding the Public to Ransom"（1998年）や，ロネン・パラン（Ronen Palan）の著書 "Trying to Have Your Cake and Eating It: How and Why the State System Has Created Offshore"（1998年）も初期の影響力のある書物であったとしている。これらの人たちは今日も TJN の上級アドバイザーを務めている。

　また TJN の外部の人物ではあるが，タックス・ヘイブンに関する知的なフレームワークを提供するうえで影響力のあった書物として，クリステンセンはマーク・ハンプトン（Mark Hampton）の著書 "The Offshore Interface"（1996年）をあげている。その他，国連のエコノミストで，2001年にタックス・ヘイブンを「財政のシロアリ」と呼んだビト・タンチ（Vito Tanzi）が，2002年にメキシコのモンテレーで開催された国連の開発資金会議で，途上国が開発のための資金として，それまでの援助と借款から，国内資源すなわち税を最大限活用する方向に焦点をシフトさせるために努力した人物であったことも紹介している。

　前世紀末から今世紀にかけてのこれらの専門家の業績と協力がなければ，TJN の今日はありえなかった。

TJN は著名な研究者・専門家を結集しただけでなく，彼らを効果的に活用する戦略においても，卓越した手法を使っている。コペンハーゲン・ビジネス・スクールの国際政治経済学研究者レナード・シーブルック（Leonard Seabrooke）とダンカン・ウイガン（Duncan Wigan）は TJN の組織・戦略を評価して次のように述べている[15]。

TJN はオックスファムやクリスチャン・エイドなどの NGO と比べて，スタッフが少なく，資金力の面でもかなり劣っているわりには社会的な存在感が大きい。その理由は TJN がとっている戦略にある。タックス・ジャスティスの問題を扱うには法律学，会計学，税法，政治経済学などさまざまな専門家を動員しなければならないが，TJN は彼らを動員し，組織化する特別の能力を持っている。

さらに TJN の基本戦略として次の4つをあげ，活動家，研究者，政策担当者，企業の間でアイデンティティを切り替える（identity switching）ことによって専門家を動員する（professional mobilization）戦略として，高く評価している。

1　バーサーキング（Berserking）：主要な政策理念を果敢に提案する（奇襲戦略）。
2　ナレーティング（Narrating）：既成概念に挑戦する説得力のある物語を提供する。
3　コーナリング（Cornering）：さまざまな組織の専門家がそれぞれの立場から主張する。
4　テンプレーティング（Templating）：技術的に複雑な問題を明確な形で提供する。

5　タックス・ジャスティス・ネットワークの活動の成果と課題

TJN は設立後十数年が経過したが，これまで果たした役割のうちで，特に注目されるのが，多国籍企業に対する「国別報告書」（Country by Country Reporting）の義務付けである[16]。「国別報告書」のアイデアが生まれたのは，2002年にジャージーでクリステンセン，リチャード・マーフィー（Richard Murphy），プレム・シッカが出会い，TJN 設立について話し合った時に浮かび上がり，のちにマーフィーがそのアイデアを公表したという経過がある。当時は誰も相手にしなかった「国別報告書」のアイデアがサミットのアジェンダに取り入れられ，今や国際的なスタンダードとして採用されるに至っている[17]。

「国別報告書」の意義は単に多国籍企業の課税回避を明るみに出すことだけで

はない。「国別報告書」によって集積されたデータをもとに企業会計のグローバル・パブリック・データベースを作成すれば，多国籍企業の活動の実態を可視化し，その規模や影響を測定可能にすることができる。そしてそれが可能になれば，グローバリゼーションの最強のアクターである多国籍企業を管理し，説明責任を果たさせることができる[18]。

　金融情報の相互交換制度についても同じである。TJNは早くから当時のOECD基準である要求ベースの金融情報の交換では不十分であることを主張してきたが，今日，自動情報交換制度が国際基準に取り入れられ，国際的な共通基準（CRS）に基づいた制度が実施される段階にある。またTJNが早くから提案してきたペーパーカンパニーやオフショア・トラストの実質所有者の公示制度も実現の動きにある。

　こうして集積された金融情報をベースにパブリックなグローバル・データベースを構築することができれば，オフショア・タックス・ヘイブンを透明化し，脱税や税逃れ，不正な腐敗資金の流れを規制する手段とすることができる。

　「金融秘密度指標」（Financial Secrecy Index: FSI）のランキングの作成も，TJNの大きな貢献を示している[19]。FSIは秘密法，マネー・ロンダリング規制，情報交換の遵守状況など，いくつかの指標に基づいて各国を採点し，それを金融サービス供給の国別シェアでウェイトをつけたランキングである。FSIは2007年，ナイロビで行われたTJNアフリカの創設の際に集まったクリステンセン，アレックス・コブハム（Alex Cobham），ソル・ピチオット，ニコラス・シャクソン（Nicholas Shaxon）が企画したもので，フォード財団の資金を得て，リチャード・マーフィー，マルクス・マインツァー（Markus Meinzer）が作成し，アレックス・コブハムとペトリ・ジャンスキー（Petry Jansky）が金融サービスの各国シェアを考慮して完成させた。2009年に最初のランキングが公表され，以後2年おきに更新されている。

　2015年に発表された最新のFSI[20]からも明らかなように，オフショア・タックス・ヘイブンの世界では英米の存在がとびぬけて大きい。FSIはオフショア・タックス・ヘイブンに対する人々の関心を，それまでの遠く離れた小島の問題から，主要先進国の中心問題に向け，タックス・ジャスティス運動の向かうべき目標を浮かび上がらせた。

　最後にTJNの今後の方針とタックス・ジャスティス運動の課題について述べたい。

TJN は今後の中心的課題[21]として，第一に，国家間で行われている税の競争は，底辺に向かう集団自殺的競争であり，これに歯止めをかけること，第二にタックス・ジャスティスと人権，すなわち安全保障，教育，保健・衛生などの公共サービスの供給との密接なつながりを重視すること，をあげている。

また長期目標として次の5つをあげている[22]。

1　オフショア・ファイナンスについての人々の理解を高める。
2　関心ある人々の世界的なネットワークを構築する。
3　リサーチとディベートを促し，組織する。
4　国際的なキャンペーン行動を促進する。
5　国連，OECD，EU，世界銀行，IMF などの国際機関でタックス・ジャスティス問題を提起する。

TJN は活動の重点をリサーチ活動に置くために，もっぱら提案，宣伝活動を行うネットワークとして，2013年にグローバル・アライアンス・フォア・タックスジャスティス（GATJ）を立ち上げた。

さらに2015年には TJN，GATJ の外，アクション・エイド，クリスチャン・エイド，PSI（国際公務労連）などの幅広い市民社会や労働組合によって，インディペンデント・コミッション・フォア・ザ・リフォーム・オブ・インターナショナル・コーポレイト・タクセーション（Independent Commission for the Reform of International Corporate Taxation: ICRICT）が結成された。ICRICT の議長は国連の前副事務総長アントニオ・オカンポで，ノーベル賞受賞経済学者ジョセフ・ステグリッツも委員会メンバーに加わっている。

ICRICT は多国籍企業に対する課税の改革のために，6項目を提案している。その大要は次の通りである。

1　多国籍企業の子会社や支店を独立した企業としてではなく，単一の企業として取り扱うこと。
2　法人税の引き下げ競争に歯止めをかけ，最低税率を取り決めること。
3　政府・国際機関は多国籍企業による税逃れや脱税に対する罰則を強化すること。
4　政府は多国籍企業に「国別報告書」の提出を義務付けるとともに，企業の実質所有者を把握し，これらを一般に公開すること。
5　租税条約を改訂し，二重非課税など税逃れの余地をなくこと。
6　国連の租税委員会を強化すること。多国籍企業による税逃れを防ぐために，多国籍企業のグローバル利益を連結し，国別に配分する方式の導入を含む国

138 ◆ 第1章 BEPSの現状とその問題点

連条約を締結すること。

6 最後に─タックス・ジャスティス運動の展望

　グローバリゼーションは大きな転換点に立っている。極端な格差の拡大や，度重なる金融危機などにみられるグローバリゼーションの負の側面を最小化し，グローバリゼーションの恩恵をすべての地球市民にいきわたらせるにはどうしたらいいのか。それがグローバル・ジャスティス運動の課題である。グローバル・ジャスティスを実現するうえで，タックス・ジャスティス運動は要の役割を果たす。

　なぜなら一国における税の設計は社会のありかたを規定するものであるように，グローバルな課税システムの設計はグローバリゼーションの質を規定するものであるからである。またグローバルなタックス・ジャスティスを図ることによって実現する税収は，先進国，途上国を問わず，グローバル社会の必要を満たすために欠かすことができないものだからである。

　グローバル・ジャスティス運動の一環としてのタックス・ジャスティス運動は，ローカルな（一国の）タックス・ジャスティスを通じて，グローバルな課題を追求するものである。ローカルなタックス・ジャスティスの実現なしにはグローバルなタックス・ジャスティスの実現はありえない。ただし一国のタックス・ジャスティスは，他国のタックス・ジャスティスの実現を阻害するものであってはならない。国境を越えた協力関係の構築がグローバルなタックス・ジャスティスの実現のために不可欠である。

　TJNが掲げた提案のいくつかは，国際社会によって取り入れられ，各国で実施に移される段階に入っている。こうしたデータが蓄積され，それをもとにグローバルなパブリック・データベースが構築されるならば，多国籍企業の組織と活動の実態を明らかにすることができ，オフショア・タックス・ヘイブンの透明化を進めることができる。

　公的機関によるデータベースは市民が世界の成り立ちを知るうえで決定的に重要な役割を持っている[23]。グローバルなデータベースは公開され，市民によって共有されなければならない。市民によるグローバル・オープン・データベースの共有は，データ・アクティビズム（data activism）の一形式である。

　グローバル・オープン・データベースの有益性は，市民がそこから情報を得ることができるだけではない。市民社会のデータベースが構築されれば，ジャーナリスト，研究者，市民社会組織などの市民が，データを立証し，分析し，説明す

るために協力することが可能となる。TJN が主張するように⑭，市民社会のデータベースは，いかにグローバル社会が組織されているか，またどのようにしたら別の形に組織することができるかについて，共同して取り組み，考え，構想する民主的な経験のオープン・スペースを作り出すことができるのである。

　タックス・ジャスティス・ネットワークは 6 大陸80か国にネットワークの広がりを持っている。各国の拠点は自国のタックス・ジャスティスの実現を目指している。日本でもクリステンセン代表の来日（2016年10月）を機会に，タックス・ジャスティス・ネットワーク・ジャパン（TJNJ）が新しくスタートした。TJNJには日本におけるタックス・ジャスティス運動の中軸を担うことが要請されている。広範な専門家と有識者の英知の結集が必要とされている。

(注)
(1) 野宮大志郎＝西城戸誠『サミット・プロテスト——グローバル化時代の社会運動』（新泉社，2016年）16頁。
(2) 川西晶大「G 8 サミットへの NGO・市民社会の関与」国立国会図書館レファレンス　平成20年 5 月号96〜106頁。
(3) 2001年のジェノバ・サミットでは，激しい反グローバリズム・デモが起こり，デモ参加者から 1 人の死者を出す事態に至った。
(4) 野宮＝西城戸・前掲注(1)35頁。なお本書ではサミット・プロテストの運動の変容の過程を，多様化，大規模化，複雑化の三つのベクトルで説明している。
(5) ATTAC フランス編，コリン・コバヤシ＝杉村昌昭訳『徹底批判 G 8 サミット　その歴史と現在』（作品社，2008年）115頁。
(6) Susan George "ANOTHER WORLD IS POSSIBLE, IF…" 2003年。邦訳：スーザン・ジョージ，杉村昌昭＝真田満訳『オルター・グローバリゼーション宣言』（作品社，2004年）299〜311頁。
(7) 「グローバル・ジャスティス（global justice）」の用語の意義とその論点については，スタンフォード哲学百科事典（Stanford Encyclopedia of Philosophy）を参照のこと。https://plato.stanford.edu/entries/justice-global/https://plato.stanford.edu/entries/justice-global/
(8) 杉村昌昭氏はグローバリゼーション批判を，①グローバリゼーション自体を否定する立場（セルジュ・ラトゥーシュら），②資本主義的グローバリゼーションを拒否する立場（アントニオ・ネグリら），③グローバリゼーションの実体を踏まえながら，理念的かつ現実的に改良しようとする立場，の三つに分類し，スーザン・ジョージのオルター・グローバリゼーション，あるいはグルーバル・ジャスティス運動は，③の中のもっともラディカルな位置に属するとみている（スーザン・ジョージ・前掲注(6)320頁，訳者あとがき）。
(9) 諸富徹「私たちはなぜ税金を納めるのか」（新潮社，2013年）255〜256頁。
(10) Tax Justice Network "THE GREATEST INVENTION — TAX AND THE CAMPAIGN FOR A JUST SOCIETY "Commonwealth Publishing, 2015. p.9.
(11) "An informal history of TJN and tax justice movement" http://www.taxjustice.net/5828-2/（邦訳：合田寛「パナマ文書とオフショア・タックスヘイブン」（日本機関紙出

140 ◆ 第1章 BEPS の現状とその問題点

版センター，2016年）92〜93頁。

⑿　Tax Justice Network・前掲注⑽ pp.245〜250.

⒀　ジョン・クリステンセンは TJN の創設者であり，それ以来代表を務めてきたが，2016年秋，代表を退き，後任として Alex Cobham が引き継いだ。

⒁　"An informal history of TJN and tax justice movement"，前掲注⑾邦訳86〜90頁。

⒂　Seabrooke, Leonard, and Wigan, Duncan（2013）'Emergent Entrepreneurs in Transnational Advocacy Networks: Professional Mobilization in the Fight for Global Tax Justice', GR: EEN Working Paper No. 41, Centre for the Study of Globalisation and Regionalisation, University of Warwick. www.greenfp7.eu/papers/workingpapers

⒃　Tax Justice Network・前掲注⑽ p.18.

⒄　Richard Murphy "Country-by-Country Reporting", Edited by Thomas Pogge and Krishen Mehta "Global Tax Fairness" Oxford University Press 2016. Chapter 3 pp.96〜112.

⒅　TJN とオープン・ナレッジ・インターナショナル（Open Knowledge International）が2016年3月に発足させたオープン・データ・フォア・タックス・ジャスティス・イニシァティブは，こうした目標への一つの接近として注目される。http://datafortaxjustice.net/what-do-they-pay/?utm_content=buffer69698&utm_medium=social&utm_source=twitter.com&utm_campaign=buffer

⒆　Tax Justice Network・前掲注⑽ pp.19〜20.

⒇　http://www.financialsecrecyindex.com/introduction/fsi-2015-results

(21)　Tax Justice Network・前掲注⑽ pp.21〜22.

(22)　John Christensen "Weather Changing-How We Created a Global Tax Justice Movement"（市民運動家・政策担当者向け勉強会。2016.10.28於参議院）

(23)　http://civicus.org/thedatashift/wp-content/uploads/2016/03/changing-what-counts-2.pdf

(24)　TJN ブログ（2017.2.17）http://www.taxjustice.net/2017/02/17/global-public-database-help-tackle-corporate-tax-avoidance/

10 ATPに対するユニラテラルな対抗措置とその弊害

扶持本　泰裕

1　問題の所在

（1）　現行の国際課税原則において生じる国際的二重非課税

　近年，米国ベース多国籍企業（Multi-national enterprises: MNE）の「アグレッシブ・タックス・プランニング」（Aggressive Tax Planning: ATP）すなわち，(i)法人タックス・シェルター（corporate tax shelters）のアグレッシブな利用の増加，(ii)法人税課税ベース（corporate tax base）の縮小化，(iii)高税率による租税回避インセンティブ（incentives for tax avoidance）の増加による所得移転手法等，合法的な国際的タックス・プランニングから引き起こされる税源浸食と利益移転（Base Erosion and Profit Shifting: BEPS）が，現行の税制の重要な問題を惹起した[1]。

　現行の国際課税ルールは，(i)全世界所得課税（worldwide taxation），(ii)領土主義課税（territorial taxation），(iii)法人の居住性の判定基準（concept of corporate residency），(iv)課税権の配分ルール（源泉地国課税・居住地国課税），(v)恒久的施設（permanent establishments; PE）認定の基準（事業所得の「PEなければ課税せず」），等があるが，このような国際課税ルールを利用するがゆえに，その相互作用によって国際的二重非課税を引き起こすことになる。

　まず，全世界所得課税の下で，米国のように法人の居住性の判定を設立準拠法主義によって行う場合，外国法に準拠して設立された法人は外国法人として取り扱われる。そして，当該法人の米国における国内源泉所得は，PE認定の基準によって，米国の課税を免れることができる。米国において当該外国法人を経営管理支配する場合においても，米国は実質管理支配主義を採用していないため，米国国外で獲得した所得となり，米国の課税権から当該法人を離脱することができる。また，フランスのように法人の居住性の判定を実質管理支配主義によって行う場合，国外において経営管理支配される法人は外国法人として取り扱われる。そのため，フランス国外において当該法人を経営管理支配する場合には，フランス国外で獲得した所得となり，フランスの課税権から当該法人を離脱することが

できる。このようにして，当該法人によって，米国とフランスの課税を免れる国際的二重非課税が生じる。

　また，領土主義課税の下では，本店，海外 PE 又は外国子会社によって取得するすべての国外所得は課税されない。そして，当該国外所得が源泉地国において課税されない場合には，国際的二重非課税が生じる。つまり，源泉地国が受取配当益金不算入又は資本参加免税を採用する国に法人を設立し，その法人に配当することで国際的二重非課税が生じることになる。

（2）　米国ベース多国籍企業によるアグレッシブ・タックス・プランニング

　居住者が，いかなる源泉から生じたものであるかを問わず，全世界所得に課税される米国においては，多国籍企業が米国からでなく利益を移転し税源を浸食するアグレッシブな租税最小化戦略を追求する変化が生じ，法人段階の一例として，Microsoft は，米国上院本土安全保障・政府問題委員会捜査小委員会（Permanent Subcommittee On Investigation: PSI）によって，米国内で開発されたソフトウェアに対する権利をプエルトリコで活動する子会社に譲渡し，当該ソフトウェアが米国で変形され，米国の顧客に対して販売するために電子コピー及び物質的コピーが行われたと判断された[2]。本質的に，コスト・シェアリング（cost sharing）により，米国販売に係る営業利益の47％は，プエルトリコ地域統括会社で認識され，2011年度に，177人の従業員（従業員の平均報酬44,000ドル）を有する Microsoft のプエルトリコ子会社は，財務報告書上，当該アレンジメントの下で40億円の営業所得を計上し，1.2％のプエルトリコ税（コスト・シェアリング支払19億円を支払後）を支払った。この米国からの所得移転は，現行の米国源泉所得，移転価格税制，サブパート F ルールの下で引き起こされている。Microsoft の例は，「ラウンド・トリップ」（"round tripping"）といい，トリーティ・ショッピングと異なり第三国を利用せず，米国以外の CFC から商品又はサービスを米国に販売する点が重要なポイントである。販売から生じる利益は，米国以外で獲得される非サブパート F 所得となり，利益移転に関する実質的な機会が生じる。つまり，中間介在者ストラクチャー又は導管ストラクチャーは，高税国（米国を含む），その貿易相手国及び新興国から，もはや伝統的なゼロタックス・ヘイブンに限られない各国に所得に関する通路を提供することを意図している。

　このように，多国籍企業グループの究極の親会社（ultimate parent company）のドミサイル（domicile）以外の国で，グループによって事業活動を行う生産要素の源泉地国でもない管轄のみで課税される所得すなわち「国籍のない所得」

(stateless income) が生じることとなる[3]。

（3） 米国ベース多国籍企業による税源浸食と利益移転への対抗措置

　このような多国籍企業の ATP は，英国議会及び米国議会の公聴会による追及によって明らかにされている。米国上院 PSI では，2012年 9 月20日及び2013年 5 月21日，Apple Inc.，Microsoft 及び Hewlett-Packard による所得移転手法において，米国ベース多国籍企業の外国子会社が租税回避の中心的な役割を演じていることを解明した[4]。また，英国下院 public accounts 委員会では，2012年11月28日，米国ベース多国籍企業である Amazon. Com，Google 及び Starbucks の合法的な ATP の実態を明らかにし公表している[5]。

　欧州委員会は，2012年12月 6 日に EU 行動計画として34措置からなる「租税詐欺（Tax Fraud）及び脱税（Tax Evasion）に対する戦いを強化する行動計画」を公表し，ATP に関する勧告及び第三国が租税問題（タックス・ヘイブン）におけるグッド・ガバナンス（good governance）の最低基準（minimum standards）を適用することを奨励する措置に関する勧告を行った[6]。

　G20各国首脳は，2013年 9 月 6 日「税に関する G20サンクトペテルブルク首脳宣言附属書（Tax Annex to The Saint Petersburg G20 Leaders Declaration）」において BEPS への対応の必要性について，「国際的に協調した取組み（International collective efforts）により，現行のルールでは概ね合法な国際的なタックス・プランニングから生じる税源浸食に対処しなければならない」と述べている。

　G20の指示を受け，OECD は，2013年 2 月12日，『税源浸食と利益移転への対応』（Addressing Base Erosion and Profit Shifting）報告書を公表し，2013年 7 月19日に BEPS についての行動計画 "Action Plan on Base Erosion and Profit Shifting" を公表している。さらに，2014年2014 Deliverables の一部として中間報告書を，2015年10月 5 日 BEPS 最終報告2015年最終報告書を公表している。

　しかし，このような BEPS 問題への対応で連携しない場合には，課税管轄を確定するためのコンセンサス・ベースの枠組み（consensus-based framework）を浸食し，今日存在する二重課税への対応を危険にするユニラテラルな対策（unilateral actions）を生じるであろう[7]。つまり，各国が合法的な ATP による国際的二重非課税に対処するため，各国がユニラテラルな対抗措置（countermeasure）を講じたとしても，新たな国際的二重課税が生じるため，国際協調により統合されたマルチラテラルなアプローチが必要となる。

2　現行制度の概要（沿革を含む）

（1）　ATP に対するユニラテラルな対抗措置

　租税高権（Steuerhoheit）のもと，各国の主権は尊重され，他国から干渉されるべきでないから，各国はそれぞれの課税主権に基づき，ユニラテラルな租税回避防止規定として，移転価格税制，CFC ルール，過少資本税制，グループ税制，連結制度，組織再編税制，コーポレート・インバージョン対策税制及び一般的濫用防止規定（General Anti-Abuse Rule: GAAR）等の個別的否認規定をすでに有している。

　しかし，各国が独自のユニラテラルな措置によって対抗しようとする場合，アグレッシブな多国籍企業が各国の異なる税制を利用するために，国際的二重非課税が生じるだけでなく，各国の課税権の衝突により，結果として国際的二重課税が生じることとなる。近年の各国による異なるユニラテラルな対抗措置の立法例には，英国の迂回利益税，オーストラリアの「多国籍企業租税回避防止法」及び中国における価値貢献分配法（价值贡献分配法）がある。

（2）　英国の「迂回利益税」（Diverted Profits Tax: DPT)[8]

　迂回利益税（Diverted Profits Tax: DPT）は，英国課税ベースの浸食を生じる大グループ（典型的な多国籍企業）が用いる考案されたアレンジメントに対処するため，租税目的を明らかにした Finance Act 2015（以下，FA 2015という。）によって導入された。英国は，クロスボーダーの BEPS プロセスに全面的に同意するが，進行中の BEPS 手続が行われる一方で当該租税は現実に導入され，多くの場合に，適正な過程における BEPS の下で行うことが期待される変化が加速した。EU の「基本的自由」（fundamental freedom）のルールの下で，当該税制が挑戦されうるか否か，なお見守っていかなければならない。当該租税（いわゆるグーグル税）は，多国籍企業が英国の恒久的施設を有しない限り，英国で事業を行う外国法人の利益に英国が課税しないという原則からの完全な決別を意味する。この迂回利益税（Diverted Profits Tax: DPT）は，2015年 4 月 1 日以後に開始した事業年度に適用される[9]。法人の事業年度が 2 つの観念的期間に分ける当該日をまたいでいる場合には，所得／費用などに関して，適切かつ合理的な基準で 2 つの期間に配分される[10]。当該立法に除外があることは重要であり，それは当該租税から小会社を除外する効力を有する。

　まず，租税25％は，次の場合，一事業年度に係る法人の課税されるべき迂回利

益に対して課される。①英国で課税されるべき法人（中小企業[11]以外）が，「経済的実質」（economic substance）[12]を欠く事業体や取引を用いる税務上の有利性（tax advantage）を創出する場合，である。例えば，英国法人（又は支店）は，関連事業体にIPを移転し，当該関連事業体に英国の課税上控除可能な使用料を支払う。タックス・ヘイブンの事業体は，当該IPを開発，維持及び活用するための技術及び経営能力を有せず，当該移転は，税務上行われているのみである。②外国法人（英国の売上高が1,000万ポンドを超えない又は英国の関連費用100万ポンド[13]を超えない場合以外）が，英国の課税プレゼンス（taxable presence）を回避するために，その取引を仕組む（回避される「恒久的施設」ルール（"avoided permanent establishment" rule）[14]）場合である。外国法人の「英国関連売上高」（"UK-related sales revenue"）は，英国関連供給（UK-related supplies）（例えば，外国法人又は英国の活動に関する関連法人によって行われるサービス，商品又はその他の資産）からの売上高である。外国法人と関連した法人の文脈で，当該売上高は英国関連供給から生じ，英国法人税の適用上，法人の利益計算において考慮されない。その結果，当該外国法人に関連した法人がその法人税計算で合算される販売を行う場合，英国居住者であることから，又は，英国PEを通じて取引を行うことから，これらは1,000万ポンドの制限で合算されないだろう。法人の「英国関連費用」（"UK-related expenses"）は，英国の活動（外国法人の行ったサービス，商品又はその他の資産の供給）に関する法人の費用をいう。

　また，迂回利益税をチャージした後，法人は事業年度末日から3か月以内に，英国歳入庁（HMRC）に通知しなければならない（2016年3月31日以前に終了する場合6か月[15]）。しかしながら，自己評価（self-assess）に対する義務がない。当該租税は，法人に対してチャージ規定（charging notice）を公布するHMRCによって課税される[16]。チャージ規定を公布する前に，HMRCは提案されたチャージの詳細を述べている最初の規定（notice）を公布しなければならない[17]。当該法人は，最初の規定についてHMRCに対して陳述を行うことができる[18]。

　さらに，迂回利益税は，チャージ規定が公布される日後30日以内に支払わなければならない。当該租税が，法人の英国の代理人又は一定の関連法人から徴収されることを可能にする規定がある[19]。チャージ規定の問題に続いて，HMRCが少なくともその規定を検討しなければならない一年のレビュー期間がある。

（3） オーストラリアの「多国籍企業租税回避防止法」（Multinational Anti-Avoidance Law: MAAL)[20]

オーストラリアは，オーストラリアで営業する多国籍企業（multinational companies）による租税回避（tax avoidance）に対処するために，多国籍企業租税回避防止法（MAAL）を導入した。このMAALは，多国籍企業が，オーストラリアで稼得する利益に関しその公正な税を負担するように定められ，スキーム開始時にかかわらず，2016年1月1日以後一定のスキームに適用される。

具体的には，次のスキームに基づき適用される又は次のスキームに関連して適用される。①外国事業体（foreign entity）がオーストラリア顧客に財貨サービスを供給する場合，②外国事業体の関連者又は商業的に外国事業体に依存するオーストラリア事業体が，直接供給に関した活動を行う場合，③外国事業体によって生ずる所得の全部又は一部が，オーストラリアの恒久的施設に帰せられない場合，④スキームの「主な目的」（principal purpose）又は主な目的の一つが，オーストラリアのタックス・ベネフィットを得ること又はオーストラリアと外国のタックス・ベネフィットの双方を得る場合である。また，MAALは，グローバル事業体のみに適用される。ここにいう相当のグローバル事業体とは，10億Aドルを超える年間グローバル所得を有するグローバル親会社事業体及び10億Aドルを超える年間グローバル所得を有する連結会計グループのメンバー及びグループのグローバル親会社事業体をいう。さらに，MAALの下で，豪州政府は，相当のグローバル事業体のいかなるタックス・ベネフィットも取り消すことができる。

（4） 中国の定式配分方式による価値貢献分配法（价值贡献分配法）

中国は，2017年9月　国税発（2009）2号　特別納税調整実施弁法（意見募集稿)[21]において，移転価格算定方法（第28条～第35条）に，現行の中国の移転価格税制が採用する独立企業原則に基づく規定に，定式配分方式（Formulary Apportionment Method: FA）である価値貢献分配法を含めている。

この移転価格の算定に当たって，この規則は，「関連取引（关联交易；related-party transactions）を行う企業（企业；enterprise）及び関連取引を審査し，評価する税務当局（税务机关；tax authorities）は，独立企業間取引原則（独立交易原則；arm's length principle）に基づいて移転価格算定方法（转让定价法；transfer pricing method）を決定しなければならない[22]」と規定しており（特別納税調整実施弁法（意見募集稿）第28条第1項），現行の中国の移転価格税制

は，独立企業原則に基づき，移転価格を算定することとされている。

また，「移転価格算定方法は，独立価格比準法（可比非受控价格法；comparable uncontrolled price method: CUP），再販売価格法（再销售价格法；resale price method: RP），原価加算法（成本加成法；cost plus method: CP），取引単位純利益法（交易净利润法；transactional net margin method: TNMM），利益分割法（利润分割法；profit split method: PS）及びその他の方法（其他方法；other methods）を含む[23]」と規定しており（特別納税調整実施弁法（意見募集稿）第28条第2項），一般的な基本三法，取引単位営業利益法及び利益分割法がある。

さらに，「合理的な移転価格算定方法（合理的转让定价方法；reasonable transfer pricing methods）の運用（运用；use）において，関連取引の各当事者の遂行された機能（履行的功能；functions performed），使用された資産（使用的资产；assets employed），負担されるリスク（承担的风险；risks borne）及び価値創造要素（价值创造因素；value driver）を考慮して，関連取引の価格又は各当事者の利益（利润；profit）を確定しなければならない[24]」と規定しており（特別納税調整実施弁法（意見募集稿）第28条第3項），「その他の方法は，価値貢献分配法（价值贡献分配法；value contribution allocation method）と資産評価方法（资产评估方法；asset valuation method）等を含む[25]」としている（特別納税調整実施弁法（意見募集稿）第35条）。

このうち，「価値貢献分配法（价值贡献分配法；value contribution allocation method）は，多国籍企業（跨国集团；multinational companies）に対する価値創造要素（价值创造因素；value driver）の利益の貢献の分析を通じて，連結利益（合并利润；consolidated profits）を異なる国に所在する関連企業間で分配を行う[26]」方法をいい（特別納税調整実施弁法（意見募集稿）第35条第1項），「分配する際に，価値貢献と関連する資産（资产；asset），コスト（成本；cost），費用（费用；expense），販売（総）収入（销售收入；sales income），従業員数等のいずれか一つの要素（要素；factor）又はある要素の組合せ（组合；combination）を考慮しなければならない[27]」と規定され，分離会計に基づく独立企業原則による移転価格算定方法の中に，理論的に対立する定式配分方式（formulary apportionment）を導入し，多国籍企業のATPに対してハイブリッドな方法によって対抗する措置を講じている。

なお，この「価値貢献分配法は，通常，比較対象取引情報（可比交易信息；comparable information）を入手しがたいが，連結利益及び価値創造要素の貢献

を合理的に確定することができる取引に適用する[28]」こととされているため，独立企業間価格の算定が困難であることを理由として，中国国家税務総局によりユニラテラルに定式配分方式による価値貢献分配法の適用を受けることになる。

3 　議論の焦点（理論と政策）

（1）ATP に対するユニラテラルな対抗措置の弊害

　BEPS プロジェクトによる ATP への対抗措置は，2015年に最終報告されているが，課税要件を充足しないようにスキームを考案し，各国の税制の差異を利用する ATP に対して，上述のように各国がユニラテラルな措置によって対抗した場合には，国際的な二重課税が引き起こされるにすぎない。

　特に，課税要件となる「課税ベース」は，納税者側の作用因ではなく各国側（一方の締約国）の作用因であるため，一方の国でユニラテラルに対抗したとしても，他方の国で外資導入や企業誘致などを目的とした「魅力的な税制」（Attractive Tax Regimes）を利用させることで意図的なループホールが生じると考えられる。また，「税率」は，ある国の租税政策のいかんを問わず，すべての国に関し究極的に一定の所得源泉に適用される税率をゼロに追い込む「底辺までの競争（果てしなき競争）」（"race to the bottom"）の問題が生じるため，有害な税の慣行に対するユニラテラルな対策の効果には明白な制限がある[29]。

　次に，課税要件となる「納税義務者」の該当性及び「所得の人的帰属」は，納税者側（個人及び事業体）の作用因であり，各国の「税制の差異」による意図せざるループホールを生じると考えられる。

　まず，「納税義務者」の該当性については，多国籍企業が法人の居住性の判定基準の差異を利用した「二重居住法人」や「二重居住者」による費用・損失の二重控除や二重居住法人の二重連結（Dual Consolidated Companies）による利子費用の二重控除などの問題が生じる。また，多国籍企業が，各国で非法人とされる多様な事業体を利用して，グループメンバー間でその契約のみによりクロスボーダーで課税権を配分する問題がある。

　また，課税要件となる「所得の人的帰属」は，法律的帰属に対して，OECD承認アプローチ（authorized OECD approach: AOA）の PE 利益帰属や移転価格ガイドラインによる無形資産の帰属における経済的帰属の理論及び投資所得に係る「受益所有者」（beneficial owner）概念などが問題になる。

　このように，各国側の作用因及び納税者側の作用因を巧みに利用する多国籍企業グループによって生み出される「国籍のない所得」は，親会社の管轄にも帰属

せず事業活動拠点の管轄にも帰属しないため，その所得をタックス・ヘイブンに帰属させるタックス・プランニングに利用される。米国においては，この国籍のない所得を生じるメカニズムを解決するための方法として，①米国法人の課税繰延の効果的な廃止による解決，②領土主義課税への転換による解決などが議論されているがいずれも米国の片務的でユニラテラルな対抗措置である。したがって，各国が国際的に協調して調和した共通ルールを確立している必要がある。

（2） ATPに対するマルチラテラルな対抗措置としての全世界的定式配分方式

　このようなATPに対する各国のユニラテラルな対抗措置の弊害に対処する方法として，本稿は「全世界的定式配分方式」（Global formulary apportionment method）によるマルチラテラルな対抗措置が望ましいと考える。この全世界的定式配分方式とは，連結ベースで多国籍企業グループの全世界所得（global profits）をあらかじめ決められた機械的な定式に基づいて各国に所在する関連企業に配分する方法である[30]。この方式は，グループが単一の事業体であるという仮定に基づくため，グループ全体の利益を算定することが容易であり，算定が困難な部分は関連者に利益を適切に分割するために，何が正しい移転価格であるべきかを決定する[31]。

　この全世界的定式配分方式によるATPに対するマルチラテラルな対抗措置の必要性は，次のとおりである。

　まず，米国多国籍企業グループが非効率を回避し組織内部のメリットを求めるため，クロスボーダー企業に共通に支配されるグループ内の関連事業体に会社内取引の価格決定に関する独立企業原則（arm's length principle）を適用することは意味をなさず[32]，特に多様な事業体のうち，非法人である組合や信託は，クロスボーダー取引において，独立企業原則の下，私法上と税務上の分類が各国で相違することから「透明な事業体」（transparent entities）とされるハイブリッド事業体（hybrid entity），米国のチェック・ザ・ボックス規則により法人税課税を選択せず無視される事業体（disregarded entities）等の困難な課税権配分問題に直面することになる。

　また，米国は，サブパートF所得の定義は製造所得を除いているため，製造の場所で製品の販売を通じてその所得が獲得される限りにおいて，CFCが実質的にサブパートFのみなし配当（constructive dividend）規定の対象外になる[33]。現行の制度の下では，税の競争（tax competition）や製造タックス・ヘイブン（production tax havens）のために，米国多国籍企業は，製造の場所で課税され

ない又は PE を有しないか物流機能に帰すべき利益を最小化できるために，物流の場所で課税されないことが可能である[34]。そのため，当該グループを単一の事業体と仮定し，全世界所得を算定し，一定の方法で各国に課税権を配分する必要がある。

さらに，米国多国籍企業は，独立企業原則の下では，法人税率の差異を利用して，活動の場所及びその利益を低税国に移転し，低税国の国内源泉所得とするインセンティブを有するため[35]，オフショアに法人を設立して電子商取引を行う ATP に対して，米国のサブパート F の個別ルールは効果的に適用できない。しかも，BEPS 行動 1 のデジタル経済の課税上の課題は，米国の意向に左右されている。そのため，グループ全体を単一として，全世界所得を適切に分割する必要がある。

最後に，クロスボーダーの下で，資本の多寡に拘束されない分社型分割は，グループ間取引による所得分割，所得移転を容易に生じさせる。そのため，グループ全体の所得を連結して，各国の課税権を適切に配分する必要がある。

この点，定式配分方式について，OECD は本来恣意的であるとして排斥してきたが，OECD による BEPS プロジェクトの国別報告制度（Country-by-Country Reporting)[36]の導入により，ATP のための活動（資産，労働，売上）の場所が把握され，その情報を共有する枠組みが構築される状況の下では，活動の情報に対する恣意性は排除することができるため，定式配分方式の導入は許容されるべきである。

そして，全世界的定式配分方式のうち，定式利益分割制度（Formula-based Profit Split System of Apportionment）が最も望ましい方法であると考える。このアプローチは，多国籍企業グループの各事業活動からの所得をその活動が行われる各国に分割する方法であり[37]，この「活動」（"activity"）とは，複数の関連者が貢献する特定の営業及び事業の行為に関連する機能のグループとして定義される[38]。この定式利益分割制度によれば，各国の所得源泉，所得の分類の相違があるがゆえに生じるクロスボーダーでの所得の帰属及び所得の分類の問題を，利益をベースにすることで解消することができるからである。

（3）ATP に対するマルチラテラルな対抗措置適用のトリガーとなる濫用基準

上述のように，ATP における租税回避への対抗措置として全世界的定式配分方式を導入して適用する場合には，このような ATP に対して，トリガーとしての一定の判断基準が必要となる。しかし，課税の分野では，権利の濫用（abuse of right), 法の濫用 (abuse of law) 及び租税回避 (anti-avoidance) の概念は, 管轄間又は管轄内でさえ異なっており, 法的文化及び特定の文脈に左右される[39]。

英国において, 一般的濫用防止規定 (General Anti-Abuse Rule: GAAR) が導入される前, 税法のこの領域で用いられている文言は, 「濫用 (abuse)」でなく, 一般に「回避 (avoidance)」(「アグレッシブな」回避 ('aggressive' avoidance) 又は「受け入れられない」回避 ('unacceptable' avoidance)) であった[40]。

その他の国々でも, <u>法律の詐害による法の濫用</u> (abus de droit par fraude a la loi), <u>仮装による法の濫用</u> (abus de droit par simulation), <u>Abnormal Act of management</u> (acte anormal de gestion), <u>法に対する詐欺</u> (fraus legis), 仮装 (sham), 実質主義 (substance-over-form) 等, 文言は, 微妙に異なる[41]。また, 文言の差異とは全く別に, 重要な意味上の差異もある[42]。例えば, 全く同じ文言でも, フランスにおける仮装 (simulation) や米国の仮装概念 (notion of a sham) は, 英国の仮装概念 (notion of a sham) より広範である[43]。

米国は, 濫用的租税回避に対して, 一定の制裁を課すが, 米国多国籍企業による一連のATPは, 濫用的租税回避に当たらないとされている[44]。

そこで, 本稿では, 英国の司法上の租税回避 (judicial anti-avoidance) の原則をEUの法の濫用 (abuse of law) の原則と比較することで, その第一歩は異なっているかもしれないが, 類似の問題を取り扱い, 類似の結果[45]すなわち濫用としての一定の判断基準を得ることとする。

英国は, 伝統的に権利の濫用の概念を拒否し, 制定法の一般的な租税回避防止規定及び租税の文脈における司法上の実質主義を有しなかった[46]。1936年のWestminster事件[47]は, 「実質」主義 (doctrine of "the substance")[48]の観点から, ①租税法 (fiscal legislation) の解釈は, 主として文理解釈 (linguistic analysis) に基づいて, ②複合取引のすべての要素は, 別々の租税結果 (tax consequences) を有するものとして取り扱われた。すなわち, これらの2つの特徴の結合—①租税法の文理解釈 (literal interpretation) と②複合的スキーム (composite schemes) の個々の段階に別々に租税法を適用することの主張が, 一般の納税者に損失を与える租税回避スキームを許していた[49]。

しかし, 1981年のRamsay事件上院判決[50]においては, これらの特徴の双方を排除し, ①伝統的に他の法域であった制定法の目的論的解釈 (construction) への目的アプローチ (purposive approach) を課税事案に拡張し, ②制定法の目的論的解釈による事実の分析を確定した。そして, 商業上の同一性を構成する複合取引に関係する事実は, 全体として取引を考慮して決定されるので, 制定法が複

合取引の効果を述べることとして解釈された。

このように，判例法は，いわゆるラムゼイ原則（Ramsay principle）を生みだし，租税回避事案において適用し，その後，1997年の McGuckian 事件[51]によって，①制定法の目的論的解釈を脱税事件まで拡張された。さらに，2003年の Arrowtown 事件[52]において，究極的な問題は，関連した制定法の条項が，目的論的に解釈し，事実を現実的にみて（viewed realistically），取引に適用することを意図したか否かであると判示された。これは，アロータウン・テストと呼ばれ，2003年の Westmoreland 事件上院判決[53]や2005年の Barclay 事件上院判決[54]において採用されている。その後，2010年の Gray's Timber 事件最高裁[55]において，非課税の規定は目的論的解釈に基づき，事業上又は商業上の目的を有する規定に制限されるように解釈され，免税を得ることを唯一の目的とする商業的に無関係な条件ではないとした。

そして，英国は2010年に一般的濫用防止規定（General Anti Abuse Rule: GAAR）の導入を公表し，2011年11月11日のアーロンソン報告書（Report by Graham Aaronson QC）を経て，2013年に Finance Act 2013の Part 5 において，GAAR が導入された。この GAAR は，租税回避アレンジメントが濫用的である場合に適用され，濫用的でない場合には GAAR の範囲外とされる。

これに対して，EU では，まず Halifax 事件[56]において，重要である問題は，①納税者によって得られている税務上の有利性（tax advantage）が，特定の EU 法の目的に反するか否か，②関係する取引の本質的な目的が税務上の有利性を得ることであるか否か，の2つの基準であると判示した[57]。前者は主観的テスト，後者は客観的テストと呼ばれる。

次に，Cadbury Schweppes 事件[58]は，Halifax 事件と全く異なる種類の事件であり，その問題は，各国の法制を納税者が濫用するか否かではなく，当該法制が納税者に適正に適用されるか否かである。すなわち，当該法制が EU 法の下で，納税者が合法的に設立の自由（freedom of establishment）の権利を行使することを妨げるか否か及びその程度が問題となる。この事件において加盟国において有利な税制の適用を受けることを目的として，当該国において子会社を設立しようとすること自体は，設立の自由の濫用ではないことが，明確に立証された[59]。違反がない又は選択的に制限が正当化される状況の立証に用いるテストは，「全部が人為的なアレンジメント」（'wholly artificial arrangements'）の有無であるので，この事件における問題は，法の濫用の問題に関係付けられ，Halifax 事件などの濫用事案で策定されたのと同様のテストであると言われている[60]。

さらに，デンマークにおいて合併指令（Merger Directive）[61]を扱うKofoed事件[62]がある。デンマークは当該合併指令第11条第1項第a号に規定するように，脱退又は租税回避が当該取引の主たる目的又は主たる目的の一つであった場合に適用される特定の租税回避防止条項を立法化することを選択していなかった。各国の法制において実施されている当該指令の下で，この事件において行われる種類の株式の交換は，一見したところ課税されるべきではなかった[63]。しかし，国内裁判所は，問題の株式の交換がいかなる商業上の理由も行われなかったが，節税を達成することのみを目的としていたと判断し，租税回避であることを理由に法の濫用として否認した。

上記において議論されたEUにおける3つの異なる種類の事件の間の概念には差異があるにもかかわらず，これらの異なる状況及び異なる管轄において生ずる問題には類似性がある。しかしながら，英国及びEUにおいて，柔軟性が法の濫用の原則（principle of abuse of law）の本質であり続ける[64]。

そして，EUにおいては，2016年7月に租税回避防止指令（Anti-Tax Avoidance Directive）[65]が公表され，第6条の一般的濫用防止ルール（General anti-abuse rule）の中に，主観的テストとして，主要な目的の一つ（one of the main purposes）テストを規定した。

本稿では，米国多国籍企業によるATPに対して，濫用的租税回避行為であると判断するためには，客観的テストのみならず主観的テストの双方が必要であり，特に主観的テストは，租税回避が主要な目的とせず，主要な目的の一つ又は本質的な目的（essential purpose）テストを用いるべきであると考える。その際には，複数のステップ取引による国内源泉所得から国外源泉所得への変更に対抗するため，アレンジメントの全体を考慮する必要があると考える。さらに，納税者側のクロスボーダーの取引に係る情報について，課税庁側が知りうることができない「情報の非対称性」（asymmetry of information）が存在するため，法の濫用とみられる場合の立証責任は納税者側に転嫁するべきであるとする説がある[66]。

4　改正の方向性

上述のように本稿では，ATPに対するユニラテラルな対抗措置の弊害に対して，ATPが主観的テストと客観的テストにより法の濫用とみられた場合には，全世界的定式配分方式の定式利益分割制度によるマルチラテラルな対抗措置を提案した。

2011年3月，欧州委員会（European Commission）が開示する共通連結法人課

税ベース（Common Consolidated Corporate Tax Base: CCCTB）に関する理事会指令の提案（以下「CCCTB 提案」という）は，委員会レベルで議論されており，政治的合意を得ることができなかったことが明らかにされている[67]。

2012年2月には，フランスのサルコジ大統領とドイツのメルケル首相の合意による「企業課税の収束に関する独仏共同作業グリーンペーパー」を公表し，①税率（Steuersätze; Taux d'imposition），②機関関係／グループ課税（Organschaft/Gruppenbesteuerung; Intégration fiscal），③事業収入（Betriebseinnahmen; Recette）／事業経費（Betriebsausgaben; dépense）－配当（Dividende; dividende）及び一定の費用（Aufwendungen; charges）の取扱い，など6項目の企業課税の調和を試みている。

さらに，欧州委員会は，2015年6月17日，EU の法人課税を改革するための包括的な行動計画（Action Plan）を示し，租税回避に対処する手段及び公平性，効率性を促進する手段において議論の余地のある2回目の共通連結法人課税ベース（Common Consolidated Corporate Tax Base: CCCTB）提案[68]を試みている。

ATP へのユニラテラルな強硬措置による国際的二重課税又は国際的不課税に対処するため，先進国，発展途上国のいずれか一方だけの努力では不可能であり，双方が取組み斬新な税の規準（novel tax norms）に関する各国の合意（substantive agreement）と前例のない国際協力（international cooperation）が必要である[69]。

（注）

(1) Reuven S. Avi-Yonah, Kimberly A. Clausing and Michael C. Durst, *"Allocating Business Profits for Tax Purposes: A Proposal to Adopt a Formulary Profit Split"*, University of Michigan Law & Economics, Olin Working Paper No. 09-003, University of Michigan Public Law Working Paper No. 138, December 17, 2008, Final revised February 1, 2009, p.7.

(2) Stephen E. Shay, J. Clifton Fleming, Jr., & Robert J. Peroni, *"Designing a 21st Century Corporate Tax - An Advance U.S. Minimum Tax on Foreign Income and Other Measures to Protect the Base"*, 17 Florida Tax Review 669, 2015, p.689.

(3) Edward D. Kleinbard, *"Stateless Income's Challenge to Tax Policy"*, 132 Tax Notes 2011, USC Center in Law, Economics and Organization Research Paper No. C11-8, USC Legal Studies Research Paper No. 11-13, June 25, 2011, p.4.

(4) PSI による公聴会の原文は，U.S. Senate Committee on Homeland Security and Governmental Affairs Permanent Subcommittee on Investigations, *"Offshore Profit Shifting and the U.S. Tax Code - Part 1（Microsoft and Hewlet-Packard）"*, September 20, 2012（Microsoft and HP Hearing）; Permanent Subcommittee on Investigations, *"Offshore Profits Shifting and the U.S. Tax Code - Part 2（Apple Inc.）"*, May 21, 2013（Apple hearing）.

⑸　英国下院 pubic accounts 委員会（委員長 Margaret Hodge：労働党）の報告書の原文は，House of Commons Committee of Public Accounts, *"HM Revenue & Customs: Annual Report and Accounts 2011-12"*, Nineteenth Report of Session 2012-13, 28 November 2012.

⑹　European Parliament, *"An Action Plan to Strengthen the fight against tax fraud and tax evasion"*, Brussels, 6.12.2012,（COM（2012）722 final）.

⑺　OECD *"Addressing Base Erosion and Profit Shifting "*, 12 Feb. 2013, p.48.

⑻　Ruth Newman, *"Diverted profits tax"*, Simon's Taxes, LexisNexis, Binder 5：Companies; groups; overseas issues; distributions, Division D2.7, 2016.

⑼　迂回利益税の制度は，Lloyds 法人メンバーについては，2015年4月1日前の期間に帰すことができる利益には適用しない（FA 2015 s 116（4），（5））。

⑽　FA 2015 s 116（1），（2）

⑾　TIOPA 2010 s 172，FA 2015 s 114（1）を参照。

⑿　FA 2015 ss 80, 81.

⒀　FA 2015 ss 87（2）-（4）.

⒁　FA 2015 s 86.

⒂　FA 2015 ss 92, 116（3）.

⒃　FA 2015 ss 79（1），95.

⒄　FA 2015 s 93.

⒅　FA 2015 s 94.

⒆　FA 2015 s 98, Sch 16.

⒇　Australian Taxation Office, *"Combating multinational tax avoidance – a targeted anti-avoidance law"*, https://www.ato.gov.au/Business/International-tax-for-business/In-detail/Doing-business-in-Australia/Combating-multinational-tax-avoidance---a-targeted-anti-avoidance-law/

(21)　原文は，http://www.chinalaw.gov.cn/article/cazjgg/201509/20150900479042.shtml を参照。なお，この原文の翻訳は，LexisNexis *"Circular of the State Administration of Taxation on Seeking Comments for the Implementing Measures for Special Tax Adjustments"* を参考にしている。

(22)　原文は，企业发生关联交易以及税务机关审核，评估关联交易均应当按照独立交易原则，确定转让定价方法。

(23)　原文は，转让定价方法包括可比非受控价格法，再销售价格法，成本加成法，交易净利润法，利润分割法及其他方法。

(24)　原文は，在运用合理的转让定价方法时，应当考虑关联交易各方履行的功能，使用的资产，承担的风险和价值创造因素，确定关联交易的价格或者各方利润。

(25)　原文は，其他方法包括价值贡献分配法，资产评估方法等方法。

(26)　原文は，价值贡献分配法通过分析价值创造因素对跨国集团利润的贡献，将其合并利润在位于不同国家的关联企业之间进行分配。

(27)　原文は，分配时应当考虑与价值贡献相关的资产，成本，费用，销售收入，员工人数等某一个或者某组要素组合。

(28)　原文は，价值贡献分配法通常适用于难以获取可比交易信息但能合理确定合并利润以及价值创造因素贡献的交易。

(29)　OECD/G20 Base Erosion and Profit Shifting Project *"Countering Harmful Tax Practices More Effectively, Taking into Account Transparency and Substance"* ACTION 5：2014 Deliverable, sep 2014, p.14.

(30) OECD "transfer pricing guidelines for multinational enterprises and tax administrations", 1995, para 3.59. なお，原文は，3.59 A global formulary apportionment method would allocate the global profits of an MNE group on a consolidated basis among the associated enterprises in different countries on the basis of a predetermined and mechanistic formula.

(31) Reuven S. Avi-Yonah, *"International Tax as International Law: An Analysis of the International Tax Regime"*, 2007, p.111.

(32) Reuven S. Avi-Yonah, Kimberly A. Clausing and Michael C. Durst, *supra* note 1, pp.4-5.

(33) J. Clifton Fleming, Jr., Robert J. Peroni, & Stephen E. Shay, *"Worse than Exemption"*, 59 Emory Law Journal 79, 2009, p.91.

(34) Reuven S. Avi-Yonah, Kimberly A. Clausing and Michael C. Durst, *supra* note 1, pp.25-26.

(35) Ibid., pp.5-6.

(36) OECD/G20 Base Erosion and Profit Shifting Project *"Transfer Pricing Documentation and Country-by-Country Reporting"* ACTION 13: 2015 Final Report, Oct 2015.

(37) Reuven S. Avi-Yonah, Kimberly A. Clausing and Michael C. Durst, *supra* note 1, p.13.

(38) Ibid., p.14.

(39) Judith Freedman, *"The Anatomy of Tax Avoidance Counteraction: Abuse of Law in a Tax Context at Member State and European Union Level"*, Rita de la Feria and Stefan Vogenauer（Eds.）, *"Prohibition of Abuse of Law − A New General Principle of EU Law?",* Studies of the Oxford institute of European and Comparative Law, Volume 13, 2011, Hart Publishing, p.365.

(40) Ibid., p.365.

(41) Ibid., p.365.

(42) Ibid., p.365.

(43) Ibid., p.365.

(44) 本庄資『国際課税における重要な課税原則の再検討　上巻』「（第5回）BEPS に対応する OECD の行動計画とその問題点」日本租税研究協会，2014年，248頁。

(45) Malcolm Gammie, *"The judicial approach to avoidance: some reflections on BMBF and SPI"*, John Avery Jones, Peter Harris and David Oliver（eds）, Comparative Perspectives on Revenue Law: Essays in Honour of John Tiley, Cambridge, Cambridge University Press 2008, 25, pp.38-39.

(46) Baylis v. Gregory [1986] STC 22（Ch）43, per Vinelott J: *"The doctrine of abuse of right by a taxpayer which obtains in some continental countries has no place in our jurisprudence."* ; D.A. Ward et al., *"The Business Purpose Test and Abuse of Rights"* [1985] B.T.R. 68.

(47) Inland Revenue Commissioners v. Duke of Westminster [1936] A.C. 1

(48) Lord Herschell, L.C., in Helby v. Matthews, [1895] A.C. 471.

(49) Inland Revenue Comrs v McGuckian [1997] 1 WLR 991, p.999

(50) W.T.Ramsay Ltd. v. I.R.C. [1982] A.C. 300.

(51) Inland Revenue Commissioners v. McGuckian [1997] 1 WLR 991.

(52) Collector of Stamp Revenue v Arrowtown Assets Ltd [2003] HKCFA 46.

(53) MacNiven（HM Inspector of Taxes）v. Westmoreland investments Ltd [2003] 1 AC

311.

⑸ Barclays Mercantile Business Finance Ltd. v. Mawson, ［2005］ 1 A.C. 684.

⑸ Grays Timber Products Limited v Her Majesty's Revenue and Customs ［2010］ UKSC 4.

⑹ Halifax plc v. Customs & Exercise, Case C-255/02.

⑸ Judith Freedman, *supra* note 1, p.367.

⑸ Case C-196/04-Cadbury Schweppes plc, Cadbury Schweppes Overseas Ltd v Commissioners of Inland Revenue ［2006］ ECR I-7995.

⑸ Advocate General （AG） Léger in Cadbury Schweppes, para ［39］.

⑹ 税法の事件ではないが，EU 法共通の問題として Case C-110/99 Emsland-Stärke GmbH v Hauptzollamt Hamburg-Jonas ［2000］ ECR I-11569に源を発している。

⑹ Council Directive 90/434/EEC of 23 July 1990 on the common system of taxation applicable to mergers, divisions, transfers of assets and exchanges of shares concerning companies of different Member States （Merger Directive） ［1990］ Official Journal L225, pp.1-5.

⑹ Case C-321/05 Hans Markus Kofoed v Skatteministeriet ［2007］ ECR I-5795.

⑹ Judith Freedman, *supra* note 41, pp.369-370.

⑹ Ibid, p.380.

⑹ Council Directive （EU） 2016/1164 of 12 July 2016 laying down rules against tax avoidance practices that directly affect the functioning of the internal market, Official Journal of the European Union, 19 July 2016, L193/I.

⑹ 本庄資『国際課税における重要な課税原則の再検討　上巻』「（第6回）アグレッシブ・タックス・プランニングに利用される国際課税ルールの特定とその問題点」日本租税研究協会，2014年，299頁。

⑹ EdoardoTraversaand Charles-Albert Helleputte *"Taxation of EU resident companies under the current CCCTB framework: Descriptive and critical approach to selected 'extraterritorial' aspects"* Corporate Income Taxation in Europe, The Common Consolidated Corporate Tax Base （CCCTB） and Third Countries, Edward Elgar, 2013, p.1.

⑹ Proposal for a COUNCIL DIRECTIVE on a Common Consolidated Corporate Tax Base （CCCTB）, 25.10.2016, COM （2016） 683 final, 2016/0336 （CNS）.

⑹ Edward D. Kleinbard, *"The Lessons of Stateless Income"*, Tax Law Review Vol. 65, p.99, 2011, USC Center in Law, Economics and Organization Research Paper No.C11-2, USC Legal Studies Research Paper No.11-7, March 19, 2012. p.169.

第2章

OECD の BEPS 行動計画

11 OECD の ATP 対策と その研究成果

居波邦泰

1 ATP とは

（1） OECD の取組みにおける ATP とは

OECD の取組みにおいて，ATP とは，Aggressive tax planning の頭文字であり，その意味は，巨大な多国籍企業などが各国に納めるべき税金をできるだけ少額にするために各国ごとの法制上一見合法であるような tax planning をすることである。日本語訳としてなかなかしっくりいく語訳をあてがうことは難しいように思われるが，「攻撃的な租税計画」などと訳するより，「アグレッシブ・タックス・プランニング」と表記した方が適訳かもしれない。この論文中は，「アグレッシブ・タックス・プランニング」又は「ATP」の表記を用いることとする。

OECD のホームページで ATP の用語をサイト検索すると，「Co-operation and exchange of information on ATP」というページが表示され，その中で，OECD には「The ATP Expert Group」の表記があり，これは Working Party No.11 のサブグループである。Working Party No.11は，メンバー国から提出された400を超えるハイブリッド・ミスマッチ・アレンジメントを含むアグレッシブ・タックス・プランニングについての情報の管理集積等に責任を持っているワーキング・グループであり，ATP Directory を管理してきており，BEPS の取組みにおいても重要な役割を果たしてきているものである。

ATP Directory は，そのデータベースにメンバー国の限られた政府関係者に対してアクセスが認められているものであり，アグレッシブ・タックス・プランニング要覧と言えるものであろう。ATP Directory により，メンバー国は新しいアグレッシブ・タックス・プランニングに対する理解を深めているものと思われる。

アグレッシブ・タックス・プランニングの研究は，JITSIC（Joint International-al Tax Shelter Information Centre：国際タックス・シェルター情報センター）[1]でも行われており，そこでの検討においても，BEPS の下での国際課税原則の見直しを意識してアグレッシブ・タックス・プランニングの情報収集の取組みがな

されているようである。

　OECDはホームページで，JITSICについて「JITSICは，租税回避を取り扱うより効果的かつ効率的手段を」[(2)]と説明をしている。

2　BEPSの取組みにおけるATPの分析

(1)　OECDのBEPSのアクションプランとATP

　OECDはBEPSについて15のアクションプランを打ち出しており，このなかのNo.2は「ハイブリッド・ミスマッチ・アレンジメントの効果の無効化」である。このアクションプランについての対策の検討は，前述のWorking Party No.11が担当したようであり，具体的には，

- D/NI: Deduction/No-inclusion（支払者所得控除＋受取者益金不算入）
- D/D: Double Deduction（異なる法的管轄での重複所得控除）
- Indirect D/NI: Indirect Deduction/No-inclusion（間接的なD/NI）

の3つが問題であるスキームとしたところである。

1　D/NI: Deduction/No-inclusion（支払者所得控除＋受取者益金不算入）

　D/NI: Deduction/No-inclusion（支払者所得控除＋受取者益金不算入）については，①ハイブリッド金融商品，②ハイブリッドによって無視される支払（Disregarded Payment）に係る勧告，③リバース・ハイブリッド（Reverse Hybrid）に対する支払の3つの形態が指摘されている。これらのスキームを図示するとしたら，以下のようになると考えられる。

①　ハイブリッド金融商品のスキーム

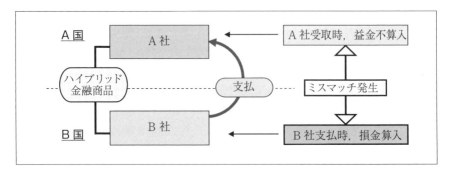

② ハイブリッドによって無視される支払（Disregarded Payment）のスキーム

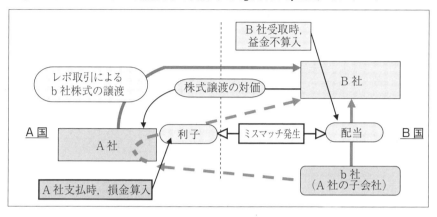

③ リバース・ハイブリッド（Reverse Hybrid）に対する支払に係る勧告のスキーム

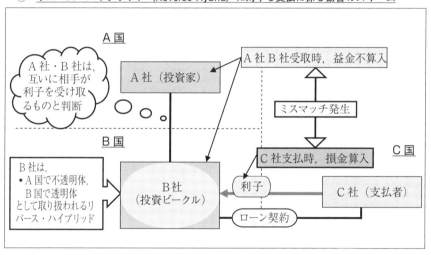

　これらのスキーム図で重要なポイントは，何と何との間で「ミスマッチ」が発生しているかということである。①ハイブリッド金融商品の場合は，損金算入されるB社の支払がそれを受け取るA社では益金算入されないところで「ミスマッチ」が発生しているわけである。②ハイブリッドによって無視される支払（Disregarded Payment）に係る勧告では，支払が片方で利子と認識され損金算入されるが同一の支払がもう片方で配当と認識されることで益金不算入とされるところに「ミスマッチ」が発生しているわけである。③にもこの損金算入・益金

不算入の関係から「ミスマッチ」が発生しているわけである。

これは，この損金算入・益金不算入の関係をハイブリッド・ミスマッチの利用により創出させることで，二重非課税を発生させているわけである

2 D/D: Double Deduction（異なる法的管轄での重複所得控除）

D/D: Double Deduction（異なる法的管轄での重複所得控除）については，④ハイブリッドによって二重控除可能な支払，⑤二重居住者によって二重控除可能な支払の2つの形態が指摘されている。これらのスキームを図示するとしたら，以下のようになると考えられる。

④ <u>ハイブリッドによって二重控除可能な支払のスキーム</u>

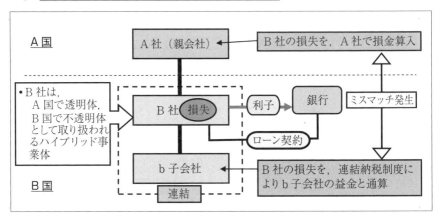

⑤ 二重居住者によって二重控除可能な支払のスキーム

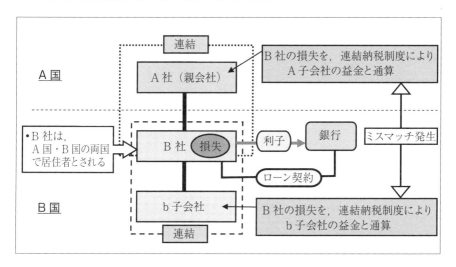

　これらのスキーム図でどこに「ミスマッチ」が発生しているかをみてみると，④ハイブリッドによって二重控除可能な支払，⑤二重居住者によって二重控除可能な支払の双方についても，連結納税制度を利用することにより，A国B国そ双方で一つの費用が損金算入されることで国際的な二重非課税を創出しているわけである。

3　Indirect D/NI: Indirect Deduction/No-inclusion（間接的なD/NI）

　Indirect D/NI: Indirect Deduction/No-inclusion（間接的なD/NI）については，⑥インポーテッド・ミスマッチ・アレンジメントに係る勧告が指摘されている。これのスキームを図示するとしたら，次頁の⑥のようになると考えられる。

⑥ **インポーテッド・ミスマッチ・アレンジメントに係る勧告**

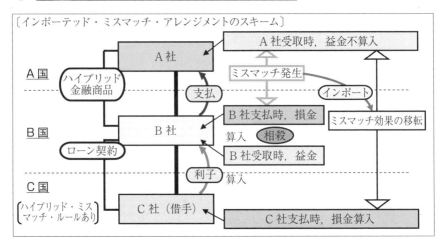

　これは「ミスマッチ」を発生させているものではなくて，既に発生させた「ミスマッチ」を任意の関連会社に移転させるものである。これによりハイブリッド・ミスマッチに対する対策ルールがある国で，創出できない「ミスマッチ」を移転させることでハイブリッド・ミスマッチに対する対策ルールを無効にさせようとするものである。

(2) ハイブリッド・ミスマッチに係る勧告

　上記のハイブリッド・ミスマッチに係る国際的二重非課税に対するOECDからの勧告について以下に見ておく。

〔リンキング・ルールに関する勧告の基本的考え方〕

　リンキング・ルールの第一義的対応として，ハイブリッド金融商品の下でなされた支払に係る支払者の所得控除について否認すべきであるとし，支払者がミスマッチを排除するためのハイブリッド・ミスマッチ・ルールが適用されない法的管轄に存在する場合には，所得控除可能な支払を通常利益に含めることを要求する防御的対応を採用することを勧告する。

　○リンキング・ルール

　(a) 第一義的対応—控除を否認

　支払者の法的管轄は，そのような支払に係る控除を，D/NI結果を生ずる範囲で否認する。

（b） 防御的対応—支払を通常利益に含めるよう要求

支払者の法的管轄がミスマッチを無効にしないのであるならば，受取者の法的管轄は，そのような支払について，D/NI結果を生ずる範囲で，通常利益に含めることを要求する。

（c） タイミングの差異

支払の認識のタイミングの差異については，納税者が当該支払を合理的な期間内に通常所得に算入することを税務当局の納得のいくよう立証できることを条件として，D/NI結果を生ずるものとして取り扱わない。この立証の状況及び要件については，コメンタリーに詳細なガイダンスが示される。

1　D/NI: Deduction/No-inclusion（支払者所得控除＋受取者益金不算入）への勧告

「D/NI（支払者所得控除＋受取者益金不算入）」については，上記に図示した通り，そのスキームを①ハイブリッド金融商品，②ハイブリッドによって無視される支払，③リバース・ハイブリッドに対してなされる支払の3つに分けられた。

①　ハイブリッド金融商品に係る勧告

金融商品（ハイブリッド譲渡を含む。）の下での支払者及び受取者に係る租税結果を調整するリンキング・ルールの採用を通して，金融商品の下で生ずるハイブリッド・ミスマッチの効果は無効化されるべきである。

○ルールが適用される金融商品等

（a） 金融商品

金融商品は，受取者及び支払者の法的管轄の法の下で課税対象である負債，株式又はデリバティブのためのルールの下で課税がなされるすべての契約を含み，そして，すべてのハイブリッド譲渡を含む。さらに，どのような契約でも，ある者が資金調達又は株式からの利得を考慮して他の者に資金を提供するのであれば，そのような資金調達あるいは株式利得の範囲で，それは金融商品として取り扱われるべきである。

（b） ハイブリッド譲渡

ハイブリッド譲渡は，納税者によって他の関係者と締結された，以下の場合のすべての資産譲渡契約であり，これには「レポ取引」が含まれる：

• 納税者は資産の所有者であり，その資産に関する相手方の権利は納税者の義務として取り扱われる。

• 相手方の法的管轄の法の下では，相手方は資産の所有者であり，その資産に関する納税者の権利は相手方の義務として取り扱われる。

これらの目的で，資産のオーナーシップには，納税者が資産に伴うキャッ

シュ・フローのベネフィシャル・オーナーとして課税をされるという結果を生むことになるルールが含まれる。

○ルールはハイブリッド・ミスマッチが生ずる支払についてのみ適用

○ルールの対象範囲

このルールの対象範囲としては，関連者で締結された金融商品についてのみ，又は，支払がスキーム化された契約の下でなされている場合，並びに，納税者がそのスキーム化された契約の関係者である場合に適用される。

○ルールの適用除外

（a）支払者の法的管轄の法令に基づく控除の租税政策が，支払者と受取者の租税中立性を堅持することを目的とする制度

リンキング・ルールの第一義的対応は，次に掲げる場合には，設立地の法的管轄の法令に基づく特別な規制及び税務上の取扱いの対象となる「投資ビークル」による支払には適用すべきでない。

（i）投資ビークルの設立地の法的管轄の租税政策が，次のことを保証するために，金融商品に基づく支払の控除を認める場合

　① 納税者がその投資所得について課税されない又は最小限の課税のみを受けること

　② 納税者よって発行された金融商品の保有者が，当該支払に対し当期の通常所得として課税されること

（ii）投資ビークルの設立地の法的管轄の規制及び税制が，以下の効果を有している場合

　• 投資ビークルにより発行された金融商品が，それら金融商品の保有者に対して支払われ又は配分される投資所得に関して，納税者によるその取得又は受領後の合理的な期間内において，納税者の投資所得のすべて又は実質的にそのすべてを生じさせる効果

（iii）投資ビークルの設立地の法的管轄の租税政策が，以下のいずれにも該当する場合

　① その支払の全額が，設立地の法的管轄で受取者である者の通常所得に算入されること

　② 設立地の法的管轄と受取者の法的管轄との租税条約に基づき，受取者の法的管轄の法令上受取者である者の通常所得からも除外されないこと

（iv）支払がストラクチャード・アレンジメントにより行われるものでない場合

適用除外が適用される状況及び適用除外の要件に関し，詳細なガイダンス

をコメンタリーで定める。ただし，リンキング・ルールの防御的対応は，このような投資ビークルにより行われる支払に対して，引き続き適用される。

〔国内法等の改正に係る特別な勧告〕

ハイブリッド金融商品の取扱いに関して，国内法等の改正に係る特別な勧告としては，以下の改正を行う。

○控除可能な支払に対する配当控除の否認

金融商品の下で生ずるD/NI結果を防止するために，経済的二重課税に対する救済を提供する配当控除は，支払者によって控除可能である配当支払の範囲で国内法の下で認められるべきではない。

○ハイブリッド譲渡の支払に係る源泉徴収税の軽減の所得比例的な制限

ハイブリッド譲渡の下で税額控除の複製を防止するために，ハイブリッド譲渡の下でなされる支払に対する源泉徴収税の軽減を与える法的管轄は，そのアレンジメントの下での納税者のネットの課税所得と比例させて，そのような軽減の特典を制限するべきである。

○適用範囲

これらの勧告の適用範囲に関しては，制限はない。

② <u>ハイブリッドによって無視される支払（Disregarded Payment）に係る勧告</u>

2 D/D: Double Deduction（異なる法的管轄での重複所得控除）への勧告

○リンキング・ルール

(a) 第一義的対応―控除を否認

(b) 防御的対応―支払を通常利益に含めるよう要求

(c) ミスマッチは「二重益金算入所得（dual inclusion income）」と相殺される控除額の範囲では生じない。「二重益金算入所得」とは，二重控除可能な支払（deductible payment）又は認識されない支払（disregarded payment）に関して，ミスマッチが生ずる双方の国の法令に基づいて通常利益として算入されるすべての種類の所得のことをいう。

(d) 二重益金算入所得を超過した控除額については，他の課税年度の二重益金算入所得と相殺できる

○ルールはハイブリッド支払者により無視される支払についてのみ適用

○ルールはハイブリッド・ミスマッチを生ずる支払についてのみ適用

○ルールの対象範囲

ミスマッチの関係者が同一の支配グループに存在している場合，又は，支払がストラクチャード・アレンジメントの下でなされ納税者がそのストラクチャー

ド・アレンジメントの関係者である場合にのみ，このルールが適用される。

③ リバース・ハイブリッド（Reverse Hybrid）に対する支払に係る勧告

D/NI結果を生ずる範囲でのリバース・ハイブリッドの支払に係る控除を否認するリンキング・ルールを採用することによって，そのような支払の下で生ずるハイブリッド・ミスマッチの効果を無効にする。

リバース・ハイブリッドになされた支払に係る支払者の控除を否認することを，第一義的対応として採用することのみを勧告するものである。防御的対応は，国内法における特定の勧告に従うことで不必要となる。これは第一義的対応のみに限定される。

○リンキング・ルール

(a) 第一義的対応のみ―控除を否認

○ルールはリバース・ハイブリッドに対する支払についてのみ適用

○ルールはハイブリッド・ミスマッチを生ずる支払についてのみ適用

○ルールの対象範囲

支払者がハイブリッド・ミスマッチの関係者として同一の支配グループにいる場合，又は，支払がストラクチャード・アレンジメントの一部であり，その支払者がそのストラクチャード・アレンジメントの関係者である場合にのみ，このルールが適用される。

〔国内法等の改正に係る特別な勧告〕

リバース・ハイブリッド及びインポーテッド・ミスマッチに関し，国内法及び制度について，以下の改正を行う。

○ CFC制度あるいは他のオフショア投資制度の改善

各々の法的管轄が，リバース・ハイブリッドへの支払に関してD/NI結果を生ずることを防止するために，オフショア投資制度を導入又は改善すべきである。同様に，各々の法的管轄が，インポーテッド・ミスマッチ・アレンジメントに関して，オフショア投資制度を導入又は改善することを考慮すべきである。

○非居住者の投資家の課税上透明の取扱いの制限

リバース・ハイブリッドの所得が，設立の法的管轄の法の下で，課税に服することになっておらず，かつ，リバース・ハイブリッドと同一の支配グループの非居住者の投資家の未収収益が，投資家の法的管轄の法の下で，課税に服することになっていないのであれば，リバース・ハイブリッドは，その設立の法的管轄で，居住者である納税者として取り扱われるべきである。

○仲介事業体への情報申告制度に係る取扱い

非居住者の投資家及び税務当局が，リバース・ハイブリッドによって稼得された所得と収益及び非居住者の投資家の未収収益を決定するための能力を向上させるために，設立の法的管轄が，リバース・ハイブリッドに適切な税務申告あるいは情報申告の要件を課すべき場合の状況に関して，更なる詳細な取扱いがコメンタリーで提供される。

（1）　D/D（異なる法的管轄での重複所得控除）に係る勧告

「D/D（異なる法的管轄での重複所得控除）」については，④ハイブリッドによって（二重）控除可能な支払（Deductible Payment made by a Hybrid），⑤二重居住者によって（二重）控除可能な支払（Deductible Payment made by Dual Resident）の2つに分けられた。

④　ハイブリッドによって二重控除可能な支払に係る勧告

支払者及び親会社の法的管轄での租税結果を調整するリンキング・ルールの採用によって，そのようなDDストラクチャーの下で生ずるハイブリッド・ミスマッチの効果が無効にされるべきである。ハイブリッド・ミスマッチ・ルールは，支払者の法的管轄でハイブリッドの支払者によってなされた控除可能な支払と，親会社の法的管轄を生じたそれに対応する「重複控除」とを識別することによって，ストラクチャーのハイブリッドの要素を分離するものである。

リンキング・ルールの第一義的対応は，要求者の二重益金算入所得（双方の法的管轄の法の下での租税目的を考慮してもたらされる所得）を超える範囲では，重複控除を親会社の法的管轄で主張することができないということである。もし，第一義的対応が適用されないのであれば，二重益金算入でない所得に対して控除をする支払からの利得を，ハイブリッドの支払者が要求することを防止するために，支払者の法的管轄で防御的ルールが適用される。

○リンキング・ルール

（a）　第一義的対応—親会社の法的管轄での控除を否認

　　親会社の法的管轄は，そのような支払に対する重複控除を，DD結果が生ずる範囲で否認する。

（b）　防御的対応—支払者の法的管轄で控除を否認

　　親会社の法的管轄がミスマッチを無効にしないのであれば，支払者の法的管轄は，そのような支払に対する控除を，DD結果が生ずる範囲で否認する。

（c）　ミスマッチは二重益金算入所得と相殺される控除額の範囲では生じない

（d）　超過控除の取扱い

（ⅰ）　二重益金算入所得を超過した控除額（超過控除）は，他の課税年度の二重益金算入所得と相殺できる。

（ⅱ）　取り残された損失を防ぐために，超過控除は，当該控除が他の法的管轄においてその法の下で，どのような者の所得に対しても相殺されることがないことを，納税者が立証することができる範囲で，税務当局の承認の下において，控除が許される。

○ルールが適用される支払

支払者の法的管轄の法の下で控除可能な支払に関してハイブリッド支払者として取り扱われる者は，以下の場合に該当する者である：

（a）　支払者が支払者の法的管轄の居住者でなく，かつ，支払者が居住者である法的管轄（親会社の法的管轄）の法の下で，支払がその支払者（あるいは関連者）にとって重複控除を引き起こすものである場合；あるいは

（b）　支払者が支払者の法的管轄の居住者であり，かつ，他の法的管轄（親会社の法的管轄）の法の下で，支払がその支払者（あるいは関連者）の投資家にとって重複控除を引き起こすものである場合。

○ルールはリバース・ハイブリッドに対する支払についてのみ適用

○ルールはハイブリッド・ミスマッチを生ずる支払についてのみ適用

○ルールの対象範囲

（a）　第一義的対応に関しては対象範囲に制限はない。

（b）　防御的対応は，ハイブリッド・ミスマッチの関係者が同一の支配グループにいる場合，又は，ストラクチャード・アレンジメントの下でミスマッチが生じており，納税者がそのストラクチャード・アレンジメントの関係者である場合にのみ適用される。

⑤　二重居住者によって二重控除可能な支払に係る勧告

勧告されたハイブリッド・ミスマッチ・ルールは，支払者の法的管轄で二重居住者によってなされた控除可能な支払を識別することによって，そのストラクチャーにおけるハイブリッド要素及び支払者が居住者である他の法的管轄で生み出されたその対応する「重複控除」を分離する。

リンキング・ルールの第一義的対応は，支払者の二重益金算入所得（双方の法的管轄の法の下での租税目的を考慮してもたらされる所得）を超える範囲では，重複控除を支払者の法的管轄で主張することができないというものである。なお，双方の法的管轄が第一義的対応を適用するときは，防御的対応は必要とされない。

○リンキング・ルール

(a)　第一義的対応のみ―居住地の法的管轄での控除を否認

それぞれの居住者の法的管轄は，DD結果が生ずる範囲で，そのような支払に対する控除を否認する。

(b)　このルールは二重益金算入所得と相殺される範囲においては不適用

(c)　超過控除の取扱い

(ⅰ)　二重益金算入所得の額を超えるどのような控除（超過控除）も，他の課税年度の二重益金算入所得と相殺できる。

(ⅱ)　取り残される損失を防ぐために，超過控除は，当該控除が他の法的管轄においてその法の下で，二重益金算入所得でないどのような所得に対しても相殺されることがないことを，納税者が立証することができる範囲で，税務当局の承認の下において，控除が許される。

○ルールは二重居住者になされる控除可能な支払についてのみ適用

二重居住者とは，2つ以上の法的管轄の法の下で租税目的により，複数の法的管轄の居住者となった納税者のことである。

○ルールはハイブリッド・ミスマッチを生ずる支払についてのみ適用

（2）Indirect D/NI（間接的なD/NI）に係る勧告

⑥　インポーテッド・ミスマッチ・アレンジメントに係る勧告

このレポートは，勧告の完全性を高めるために，ミスマッチが間接的なD/NI結果を生ずる範囲で，インポーテッド・ミスマッチ・アレンジメントの支払の控除を否認するリンキング・ルールの採用を勧告する。これについては，一義的対応の採用を勧告するのみである。

○リンキング・ルール

(a)　第一義的対応のみ―控除を否認

支払者の法的管轄は，インポーテッド・ミスマッチ・アレンジメントの下でなされた支払に対する控除を，受取人の法的管轄での支払とハイブリッド控除が相殺される範囲で否認する。

○ルールはインポーテッド・ミスマッチ・アレンジメントによる控除との相殺される支払についてのみ適用

(a)　ハイブリッド控除とは，以下の控除をいう。

(ⅰ)　ハイブリッド・ミスマッチで生じる金融商品の下での支払

(ⅱ)　ハイブリッド・ミスマッチで生じるハイブリッド支払者により無視された支払

(iii) ハイブリッド・ミスマッチで生じるリバース・ハイブリッドに対してなされた支払

(iv) ハイブリッド・ミスマッチで生じる二重控除の引き金となるハイブリッドの支払者あるいは二重居住者によってなされた支払

(v) インポーテッド・ミスマッチ・アレンジメントの下で，控除に対してそのような支払から所得を相殺する者に対してなされた支払

○ルールの対象範囲

　このルールは，納税者がインポーテッド・ミスマッチ・アレンジメントの関係者として同一の支配グループにいる場合，又は，ストラクチャード・アレンジメントの下で支払がなされており，納税者がそのストラクチャード・アレンジメントの関係者である場合に適用される。

3　執行と相互調整に係る勧告

○執行と相互調整に係る勧告として，ハイブリッド・ミスマッチ・ルールは，以下の効果が最大になるよう国内法において立案されなくてはならないとしている。

(a) ルールは，法的管轄の法による租税特典ではなく，ミスマッチをターゲットにすべき

(b) ルールは，総体的な（comprehensive）ものであるべき

(c) ルールは，自動的に（automatically）適用されるべき

(d) ルールは，相互調整（co-ordination）により，二重課税を防止できるものであるべき

(e) ルールは，現行の国内法の下での混乱を最小限にすべき

(f) ルールは，明確性があり透明性があるべき

(g) ルールは，それぞれの法的管轄の法を調整することで十分にフレキシビリティが与えられるべき

(h) ルールは，納税者にとって実行可能（workable）なもので，コンプライアンス・コストを最小にするものであるべき

(i) ルールは，税務当局の行政負担を最小にするものであるべき

○加えて，それぞれの法的管轄は，これらの勧告を一貫性を持って効果的に執行し適用することを確実にするために，共通のガイダンスを策定，勧告の効果的かつ統合的な実施の検討，ハイブリッド・ミスマッチに係る国際的情報交換などに共同して取り組むべきであるとしている。

11　OECD の ATP 対策とその研究成果　◆　*175*

　ハイブリッド・ミスマッチについては，上記のように OECD でそのスキーム
が解析され，そのスキームごとに勧告案が示されているところであり，今後，世
界各国でこれら勧告に従って国内法が改正されていくはずであると思われる。

　BEPS に関しては，国際的なコンセンサスの下，課税上問題のある ATP に対
して国内法の改正に係る勧告が下されているところである。個人的には課税上問
題のある ATP に対しては BEPS 以外についても国内法の改善案等が示されてい
ただくべきである考えるところである。

（注）

⑴　JITSIC は，国際的租税回避スキームの解明を目的として米，英，加，豪で2004年に設立
　されたものであり，2013年 5 月時点で，米，英，仏，独，加，豪，韓，中，日の 9 か国の税
　務当局が加盟している。ワシントン及びロンドンに事務所が置かれている。2017年 1 月現在
　までには，Australia, Austria, Belgium, Canada, Chile, China, Czech Republic, Denmark, Es-
　tonia, Finland, France, Germany, Greece, Hungary, Iceland, Ireland, India, Italy, Japan, Ko-
　rea, Luxembourg, Malaysia, Mexico, Netherlands, New Zealand, Norway, Portugal, Russia,
　Slovak Republic, South Africa, Spain, Sweden, Switzerland, Turkey, the United Kingdom
　and the United States の36か国に拡大されている。

⑵　原文は，「The JITSIC brings together 36 of the world's national tax administrations that
　have committed to more effective and efficient ways to deal with tax avoidance. It offers a
　platform to enable its members to actively collaborate within the legal framework of effec-
　tive bilateral and multilateral conventions and tax information exchange agreements　—
　sharing their experience, resources and expertise to tackle the issues they face in com-
　mon.」である。

12 OECD 行動計画までの BEPS への対応

本庄 資

1 OECD のアグレッシブ・タックス・プランニングへの対応

　OECD は，近年，2008年以降アグレッシブ・タックス・プランニング（aggressive tax planning: ATP）に対する取組みに注力してきた。ATP Steering Group のマンデートは，2007年10月の WP 8 で承認された。2010年10月12日に WP10（情報交換・税務コンプライアンス）に現在の ATP スティアリング・グループを設けた。その目的として "strengthen international co-operation on countering ATP amongst tax administrations and tax policy makers so as to improve the design and implementation of tax laws in an international context." を掲げ，その方法として "improve intelligence gathering as to emerging aggressive tax schemes and trends, and enhance the sharing of experiences and best practices on detection and response strategies." を掲げている（Directory of Bodies of the OECD 2012, p.276)。このマンデート，目的，方法から，OECD の作業が，(i)タックス・リスクへの速やかな対処，(ii)一部の国の税務当局によって特定された新しい ATP のトレンドとパターンの特定，(iii)ATP に対処する経験の共有を通じて各国政府を支援するものであり，各国政府が新しいタックス・スキームを理解し，発見し，各国の税務リスク・マネジメント戦略と税務リスクに対応する立法・行政措置をとることができるよう必要な情報を速やかに共有するためのものであるということができる。ATP スティアリング・グループの作業を OECD ATP Directory が支援する。OECD は，これまでその ATP 調査研究の成果を数多の報告書として公表してきたが，上記 OECD 報告書『BEPS への対応』を公表するに至った。OECD は，「ATP による国際的な課税の真空」を「税源浸食・利益移転（base erosion and profit shifting: BEPS)」の手法によってもたらされる国際的二重非課税ととらえ，BEPS プロジェクトに着手した。

2 ATPの定義

　ATPとは何か。いまだにATPの確立した定義はない。本稿でATPによる BEPS対応の行動計画を論じるに当たって，その対象となるATPの定義が重要である。しかし，OECDより一歩先んじてATPを問題とする行動計画を定めた EUにおいてもATPの定義はなく，欧州委員会スタッフ作業文書 "Impact Assessment Accompanying the Communication from the Commission to the European Parliament and the Council-An Action Plan to strengthen the fight against tax fraud and tax evasion the Commission recomemmendation regarding measures intended to encourage third countries to apply minimum standards of good governance in tax matters the Commission Recommendation on aggressive tax planning/ SWD/2012/0403 final（EUR- Lex 52012SC0403）"によっても，ATPの定義を定めている国がないことが確認された。

　EUの場合，「ATP対策」の焦点は，第三国に設立された事業体，法人，又は個人に関連する活動，アレンジメントに絞られた。特に第三国に関する濫用防止措置をとっている国は稀である。したがって，EUもOECDも，この段階では共通の公式の定義なしにATP対応を議論せざるを得ないことを自覚しなければならなかった。俗に，「租税回避」(tax avoidance)を，(ⅰ)合法的 (legal) なタックス・プランニングの手法 (techniques) で租税の最小化を図る租税回避と(ⅱ)濫用的租税回避 (abusive tax avoidance) 取引という違法な (illegal) タックス・スキームに分けている。

　米国では，IRSの慣用句としては，課税所得や資産の真の性質や所有を隠す目的で複層取引 (multi-layer transactions) を用いる租税回避のみを唯一の目的とする一取引又は一連の取引を「濫用的タックス・スキーム」(abusive tax schemes) と呼んでいる。

　本稿では，OECDのATPプロジェクトの進展をたどるに当たり，「OECDによってATPと呼ばれるものが何であるか」を確かめることから始める。

　IFS (International Fiscal Services Ltd.)[1]が指摘するとおり，欧州委員会は「脱税・租税回避との戦い」(fight against tax fraud and tax evasion) に関する行動計画[2]を公表し，同時にタックス・ヘイブンとATPに関する2つの新しいイニシャティブを勧告した[3]。この勧告によれば，ATPは税額を減少させるために1か国の税制又は複数の税制のミスマッチの専門用語を利用することであり，換言すれば，「法の精神」(spirit of law) と「法の意図」(intent of law) に反す

るが合法的なアレンジメント（legal arrangements which contradict the spirit and intention of the law）を通じて租税回避をすることである。欧州委員会は，クロス・ボーダー・タックス・プランニング・ストラクチャーと資本・人の可動性から各国の課税ベースを確保するには加盟国の国内法の規定が十分な効果に欠けている現状を認識し，すべての加盟国がATPに対し共通のアプローチ（例えばa common general anti-abuse rule: GAAR）で対応することを奨励する。

EFS（Foundation European Fiscal Studies）のACGAC（Arnaud）de Graaf（Erasmus School of Law, Netherlands Ministry of Finance）によると，OECDでは次の2つの懸念される分野をATPと呼んでいるとの見解を示している。

(i) 筋を通しているが意図せざる予期しない税収減少の結果を生じる税務上のポジションをとるプランニング。税務当局の懸念は，立法者の予定しない結果を達成するために税法が誤用（misuse）されるリスクである。これは，タックス・スキームが組成され売却される時と税務当局が発見し対策立法が制定される時との長いタイミングのずれの間に悪化する。

(ii) 税務申告の重要な事項が税法に一致するかどうかが不確実であることを開示せずに納税者に有利な税務上のポジションをとること。税務当局の懸念は，納税者が法のグレーな分野に関する不確実性又はリスクについての見解を開示しないリスクである。

HMRC Annual Report and Accounts（2011-2012）によれば，2012年11月に英国下院public accounts委員会が実施した公聴会で召喚された多国籍企業（Starbucks, Amazon.com, Google inc.）の代表に対し英国に多大な資産，人的資源を保有しその利益が軽課税国で認識されるスキームにより英国税を支払わないATPを追及した。その状況が公表された後，英国首相David Cameronは企業の「道徳性」（morality）と「企業の社会的責任」（corporate social responsibility: CSR）を問題にした。

2013年1月24日，David Cameronは，ダボス会議で「アグレッシブな租税回避には倫理上の問題（ethical issues）があり，企業に更なる責任を求め，政府の対応が必要である」という趣旨の演説をした。ATPと倫理・道徳性や企業の社会的責任との関係についての論議[4]もかなり盛んに行われた。この議論のなかには，学術論文も少なくない（Desai and Dharmapala（2006），Frank（2009），Hanlon and Slemrod（2009），Chen（2010）など）。これらの実証的研究では，"tax aggressiveness" という概念はタックス・プランニング活動（合法的，グレーゾーン，違法な活動を含む。）を通じて課税所得を引き下げるマネジメント

をいうと広く定義するものも少なくない（我が国では，Aggressive tax planning と Abusive tax avoidance を厳密に区別する学術的業績も少なく，課税庁から BEPS 対応行動計画に関連して提供される「仮訳」においても，Aggressive tax planning も，Abusive tax avoidance と同じく「濫用的租税回避」と翻訳しているものがある。これは，粗悪な翻訳業者に外注した結果ではないかと思われるが，欧米で使用される用語については概念の区別が重要である）。

　租税公正ネットワーク（TJN）に属する Moran Harari（Director, TJN Israel），Ofer Sitbon（Director CSR Institute），Ronit Donyets-Kedar（Head CSR Institute）の論文[5]により，TJN が合法的なタックス・プランニングと ATP をどのように区別しているかを以下に確かめておく。

　彼らは，タックス・プランニングの権利（right to tax planning）を是認している。異なる課税を生ずる多様なチャンネルで事業を行うことができることからタックス・プランニングが行われる。タックス・プランニングは，通常税額を減少させ又は排除する複雑な合法的な事業取引に基づいて行われる。納税者は合法的な手段で最適な税となるような方法で事業の場所を移動することを計画する権利を有する。タックス・プランニングの典型は，事業の法形態（法人かパートナーシップかなど）の選択，取引を一段階取引とするか複数段階取引とするかの選択などである。タックス・プランニングを単に合法的な権利として認めるか否かの議論はあるが，タックス・プランニングは憲法上の基本的権利と考える者もいる。しかし，他の権利と同様，タックス・プランニングの権利は絶対的な権利でなく，これと衝突する他の権利や利益と均衡すべきであり，税法上これを制限することを正当化するさまざまな理由がある。彼らは，合法的タックス・プランニングと ATP を次のように区別する。例えば，イスラエル最高裁は，次のように判示している[6]。

"A person may take advantage of any provision of law that exempts or relieves him from taxes, as long as he does not try to distort by his actions the intention of the legislators or to act illegally in order to become eligible for the exemption or relief that was not intended for him."

　イスラエルでは，税負担の減少という目的を達成するための方法を検討して「合法的な租税回避」（legal（non-criminal）avoidance of tax）と「違法な租税回避＝脱税」（illegal tax evasion）を区別しなければならない。

　「脱税」（tax evasion）とは，主として事実を隠ぺいし虚偽の表示により租税を回避することをいい，合法的手段のみを用い，すべての事実を十分かつ真に開

示して租税を回避することを含まない。

Non-criminal タックス・プランニングは，さらに ATP（受け入れられる規範及び立法の意図を逸脱しているため課税上の文脈で違法なタックス・プランニングとされる。）と合法的租税回避（legitimate tax avoidance）（プランニング防止規定の適用を受けないタックス・プランニングを含む。）に区別される。この区別は，次の裁判例（Rubinstein case）[7]において示されている。

"An artificial transaction does not mean an illegal transaction. For the most part, that is a legal transaction, but for some reasons the law regards it as an illegitimate transaction in the fiscal context. The tension, therefore, is not between legal and illegal; the tension is between legitimate and illegitimate from the point of view of the tax laws; the tension is between a transaction that reduces taxes legitimately and a transaction that reduces taxes illegitimately. The dilemma involves delineating the boundary between legitimate and illegitimate tax planning. We wish to delineating this boundary line and balance the right of the taxpayer to plan the tax by taking legitimate advantage of the various tax laws with the public interest in collecting taxes and maintaining a just and equitable tax system."

合法的タックス・プランニングと ATP との境界を定めることは，複雑な作業である。イスラエル税務当局は，2004年に ATP 委員会を設置した。

第4回 OECD 税務長官会議（FTA）総括声明（2008年1月11日，ケープタウン）[8]によると，議論の眼は，(i)ビジネスにおける国際的潮流とその税務行政への影響，(ii)税務仲介者の役割の調査にかかる結論及び勧告，(iii)ミレニアム開発目標を達成するために求められるアフリカ税務当局の税務執行能力強化に対する支援であったが，2006年「ソウル宣言」で強調された ATP に歯止めをかけるプロジェクトに関し，税務仲介者との相互信頼関係の向上に関する報告書[9]を公表した。国税庁 HP の FTA 総括声明において ATP を「濫用的タックス・プランニング」と訳しているが，この翻訳は，Aggressive 概念が合法的であることを一応認め，すでに税法上違法性を認めるものについて用いる Abusive 概念と区別している米国の語法とは一致しない。米国では概念的には，ATP と abusive tax avoidance を区別し，OECD でも同様に用語を使い分けしていると解されるので，「アグレッシブ」と「アビューシブ」を混同する訳語は概念の混乱を招く。そのうえで，aggressive tax planning を税法上 abusive tax avoidance として「否認」することができる方策を議論するというステップを踏む必要がある。すでに否認

することができるとされる概念 abusive tax avoidance と APT をみなすような日本語「濫用的タックス・プランニング」や「濫用的租税回避」という訳語を当てると，米国政府や英国政府が Microsoft, Hewlett-Packard, Apple, Amazon. com, Google, Starbucks などの多国籍企業の ATP を否認することができないことを説明できなくなるであろう。

3　ATP を誘発する原因は OECD にあるのではないか

　OECD の ATP プロジェクトは，NGO や市民団体のみでなく，G 8，G20などの高度の政治レベルで支持されている。しかし，ATP といわれるタックス・プランニングを用いる国籍企業としては，現行の各国税制，租税条約及び国際的コンセンサスを得た国際課税ルールを厳密に法的に遵守しているというポジションをとっている。

　2013年 5 月21日米国上院本土安全保障・政府問題委員会捜査小委員会（permanent Subcommittee on Investigation: PSI）"Offshore Profit Shifting and U.S. Tax Code" 公聴会[10]で Apple Inc. の ATP を追及したが，Tim Cook（Apple's CEO）はその証言[11]で，(i) Apple は支払うべき税を支払っており，税法と税法の精神を遵守していること，(ii) Apple は米国に多額の納税をしていること，(iii)米国は国外所得に対する合理的な税制を導入すべきであることを述べ，逆に法人税率の引下げを勧告した。

　同日，タックス・ヘイブンの自由な利用を唱導してきた共和党の立場を理論的にバックアップしてきたロビーストのリーダー Daniel J. Mitchell（Cato Institute, former senior fellow with the Heritage Foundation）は，"Restraining Government in America and Around the World" と題して Apple のタックス・プランニングを誉める 4 つの理由として次のように述べている[12]。

- Apple is fully complying with the tax law.
- It is better for Apple to retain its profits than it is for politicians to grab the money.
- Apple shouldn't pay any tax to the IRS on any of its foreign source income.
- If Apple is trying characterize US source income into foreign source income, that's because the US Corporate tax system is anti-competitive.

　米国は，タックス・シェルターに関し，内国歳入法典において「報告すべき取引」（reportable transactions），その重要な助言者（material advisors）の登録義務（IRC6111）及び被助言者・投資家リストの保存義務（IRC6112）を規定し，

このような「濫用的租税回避」(abusive tax avoidance) に対する防止策を講じてきた。しかし，米国上院 PSI が追及する ATP（Microsoft, Hewlett-Packard, Apple）はこのような「濫用的租税回避」のように違法なタックス・プランニング（illegal tax planning）と合法的な (legal) ATP が区別されている現行ルールの下で「濫用的租税回避」として摘発されていない。Apple の CEO がこのような ATP を非難するのであれば ATP の合法性を許容している現行税制に問題があるので現行税制を改正すべきであると嘯いている。Apple がアイルランド税制の法人居住性判定基準（実際の経営管理の場所）と米国税制の法人居住性判定基準（準拠法主義とチェック・ザ・ボックス規則）で国外の法人を幽霊法人（ghost company）化することを許容しているループホールについて米国こそこのような税制改革をすべきであろうと英国 Financial Times の社説は主張している（2013年5月22日）と日経新聞（2013年5月23日）が伝えているように，Apple の ATP を「濫用的租税回避」として否認するには，米国も現行税制の課税ルールのループホールを見直す必要がある。

　租税公正ネットワーク（Tax Justice Network: TJN）は，2013年3月18日，"OECD Enables Companies to Avoid $100 Billion in Taxes" という Jesse Drucker のブルームバーグにおける OECD 批判記事（Sol Picciotto）を再録した。Sol Picciotto（Lancaster Univ. 名誉教授，TJN のシニアアドバイザー）は，数十年間世界の国際租税制度のルール及びガイドラインを定める役割を果たしてきた金持ち国のクラブ OECD について，次のように痛烈な批判をした。

- OECD は，多国籍企業が租税を回避することを許容する誤ったアプローチを無批判に追求し自らどんどんループホールを深く掘ってきた。
- OECD は，長年租税実務界・租税仲介業者と緊密な関係を保っている。例えば，3人のトップが2011年と2012年にバミューダやモーリシャスなどのロケーションに利益移転を行うため法律のループホールを利用することにより多国籍企業が租税回避をすることを手伝っている国際会計事務所に移籍している（Caroline Silberztein: Baker & McKenzie, Mary Bennett: Baker & McKenzie, Jeffrey Owens: Ernst & Young）。
- 日米欧などの34か国は毎年 OECD の4億6,000万ドルの予算を引き受けているが，多国籍企業に助言するタックス・プランニングを行っている国際会計事務所がその会議等のスポンサーとして数億ドルを寄付している。
- 多くの租税専門家はユニタリー課税（unitary taxation）や公式配分方式（formulary apportionment）に反対しているが，その理由は精査に耐えられ

ないものであり，現行制度において与えられている利益に係るからである。現行制度の複雑さこそが租税助言業・租税回避業（ビッグフォアを含む。）にとって正に金の成る木になっており，これらの業界は当然のことながら既得権を維持したがる。

問題の根源は，多国籍企業の ATP を許容する "enablers"（スイス，オランダ，ルクセンブルク，アイルランドなど）の存在とその「税の競争」（tax competition）とこれらの強い影響力の下に形成し発展してきた OECD モデル租税条約，独立企業原則に基づく移転価格ガイドラインなどのいわゆる「国際的コンセンサス」にある。

この点について，Tax Analysts' Tax Notes の著名なコラムニスト Lee A. Sheppard は，その論文[13]や PWYP（Norway）の演説[14]で，次のように鋭く指摘している。

彼女は，現行の国際的コンセンサスが何であり，各国が ATP の構造的な問題を防止する方法があるかについて語った内容の大要は次のとおりである。

(i) OECD モデル租税条約に署名するな，国連モデル租税条約に署名するな！OECD モデル租税条約に署名することは，分離会計（Shell corporations を可能にする），独立企業原則（arm's length principle）による移転価格操作，恒久的施設（事業所得課税の制限）概念を受け入れることになる。OECD モデル租税条約（一般に受け入れられた国際基準）が ATP 問題の根源である。

(ii) 多国籍企業が利益の抜取り国と顧客のいる国のすべてから所得を剥ぎ取ることを許容する国際的コンセンサス，租税条約ネットワークが存在している。租税条約は主として多国籍企業を保護している。「国際的コンセンサス」は基本的に多国籍企業を保護するナンセンスの塊である。

(iii) OECD モデル租税条約に署名すると，多国籍企業へのキャッシュの流出に対する源泉地国の源泉徴収税は全く又はほとんどなくなる。なぜこれに署名したいのか。

(iv) OECD は主として米国と英国の利益を保護している。ドイツは欧州最大の経済国であるが，OECD で米国多国籍企業の ATP（バミューダ HC の下にスイス IP HC，オランダ・プリンシパル，コミッション・エージェント，リスク限定流通会社 CFC を作り，スイス IP HC がオランダ・プリンシパルにライセンスを与えて使用料を受け取り，オランダ・プリンシパルが契約製造会社にコストプラス５％で製造委託を行い，オランダ・プリンシパルがコ

ミッション・エージェントに販売サポートの対価としてコミッションを支払い，リスク限定流通会社に製品を販売し，外国顧客や米国親会社にも製品を販売するスキーム）に対応するときその言い分を聞き入れてもらえるか。OECDのルール制定権は誰が握っているのか。

(v) OECDモデル租税条約に署名すると，PE概念を受け入れることになる。多国籍企業がある国で営業しある国で利益を得ても例えば十分な自動車組立工場のない存在を有するだけではそのような施設の所有者の段階では課税されない。

(vi) タックス・ヘイブンとの租税条約に署名するな。

　米国はタックス・ヘイブンとの条約に署名しない。ただし，アイルランド，オランダ，スイスなどネットから逸脱するenablersのグループがある。これらは，欧州組織の顔役であるが，市場国からのマネーの導管としてのビジネスを行っている。米国はスイス，オランダ，ルクセンブルクなどの欧州のenablersと条約を締結している。その理由は，米国企業が欧州から所得を剥ぎ取ることを望むからである。

(vii) enablersとの条約を有するとき，「切り替え条項」（switch-over provision）が必要になる。

　例えばノルウェー・アイルランド条約にはこの切り替え規定がない。米国多国籍企業がアイルランド法人を設立し，ノルウェーで利益を得たとき，源泉地国としてノルウェーが免除すると，アイルランドに移転された利益にアイルランドで課税しなければ，この利益には誰も課税しない。

(viii) 南米はOECDモデル租税条約に署名しない。条約は契約であり，文書を読んでその用語が好きになれないからである。米国はブラジルとビジネスを行うが，ブラジルとの租税条約はない。租税条約がなくてもビジネスはできる。

　このように，現行OECDモデル租税条約は，国際課税ルールの基本を居住地国課税に置き，源泉地国課税の排除又は制限に傾斜した努力をしてきた。

　各国の国際課税の基本原則とされる全世界所得課税（world wide taxation）と領土主義課税（territorial taxation）についてみると，『国際課税における重要な課税原則の再検討』シリーズ第1回「領土主義課税の再検討」で述べたとおり，OECD加盟国のなかでも領土主義課税（外国源泉配当益金不算入制度を含む。）の国が増えている。「EnablersとのOECDモデル租税条約は多国籍企業にとってどのような意味をもつのか」という問題のほか，Lee Sheppardの議論は，合

法的な ATP の問題について解決策を模索する英米独仏，G8, G20, EU, OECD にとって次のような問題があることも示唆している。

- 米国のような全世界所得課税の国が領土主義課税の国と OECD モデル租税条約を締結することが多国籍企業にとってどのような意味をもつか。
- 領土主義課税の国と領土主義課税の国が OECD モデル租税条約を締結することが多国籍企業にとってどういう意味をもつか。
- 領土主義課税の国がタックス・ヘイブンと OECD モデル租税条約を締結することが多国籍企業にとってどういう意味をもつか。
- 特に居住地国で国外所得に対して全く課税しない国の企業に対する支払について源泉地国の課税を減免する OECD モデル租税条約を「切替え規定」（switch-over provisions）なしで締結すると，いわゆる両落ち（double non-taxation）になることを知っていながら，なぜこのような条約に署名するのか。

4　OECD の「税源浸食・利益移転」（BEPS）プロジェクト

OECD は，ATP プロジェクトにより重要な調査研究報告書を公表し，勧告を重ね，その作業を BEPS プロジェクトに集約していく。そのプロセスをたどり，節目をみるため，上記の EFS の Raffaele Russo "Double Non-Taxation: OECD Developments"（11 Dec. 2012）によると，次のように整理することができる。

（1）　透明性と開示の改善を通じる ATP への取組み

報告書 "Tackling Aggressive Tax Planning through Improved Transparency and Disclosure（2011）" において，コンプライアンスと租税政策の観点からタイミングよく目標の包括的な情報（targeted and comprehensive information）を入手することが重要であるが，伝統的な税務調査では ATP の探知，防止，摘発に必要な情報をタイミングよく入手することができないので，プロモーターによる ATP スキームの組成・促進と税務当局による ATP の特定とのギャップを埋めるため開示イニシャティブが有用である。OECD は，各国の個別ニーズと状況に最適の開示イニシャティブの導入のために報告書の開示イニシャティブを検討し，税務当局と納税者の双方に役立つコンプライアンスの向上を促す開示イニシャティブの設計と実施に関する各国の経験を共有することを勧告した。

（2） ATP を通じる法人損失の利用

報告書 "Corporate Loss Utilisation through Aggressive Tax Planning（2011）" において，損失の繰越は増加しているが対 GDP 比は国により大きい差があること，調査対象国のスキームには関連者・非関連者への損益の移転，損失繰越制限の回避，損失の取扱いルールの回避，人為的損失の創出，損失の二重控除などがある。このようなスキームで用いられる金融商品，組織再編成及び移転価格操作はタックス・リスクの重要な領域として特定される。OECD は，ATP に係る損失の利用を制限し，after-tax hedges schemes の問題を分析しその対策のオプションを評価し，損失による ATP に関する情報を共有し，納税者と税務当局の双方のために各国の状況に適切な協力的コンプライアンス・プログラムを導入し，損失の ATP を目標とする開示イニシャティブを導入することを勧告した。

（3） ハイブリッド・ミスマッチ・アレンジメント

報告書 "Hybrid Mismatch Arrangements～Tax Policy and Compliance Issues（2012）" において，2 か国の税法の文言を遵守するが両国で二重非課税となるハイブリッド・ミスマッチ・アレンジメントが税収，経済効率，公正と透明性の政策上の重要問題を惹起し，国際的二重課税の回避のための国際課税ルールと同様に意図せざる国際的二重非課税を除去する必要がある。一方の国における課税上の取扱いと他方の国における課税上の取扱いが関係する特定の目標を定めたルールによって，一定のハイブリッド・ミスマッチ・アレンジメントに対応することができる。このようなルールの設計，適用及びその効果について各国の経験を監視することが必要である。OECD は，一定のハイブリッド・ミスマッチ・アレンジメントの効果を否認する特定の目標を定めたルールを導入し，ハイブリッド・ミスマッチ・アレンジメントの探知，摘発及び使用された手法に関する情報を共有しその効果を監視し，一定のハイブリッド・ミスマッチ・アレンジメントを目標とする開示イニシャティブを導入することを勧告した。

利益が発生する国の課税ベースを浸食し「税の競争」で租税優遇措置をオファーする国や軽課税国への利益移転を目的とする ATP により各国の多額の法人税収が失われているという見方が高まってきた。

（4） 一般国民の税制への信頼を維持するための政治レベルのアクション

租税専門家の目には多国籍企業の ATP が合法的であり税務当局が違法な租税回避又は濫用的な租税回避として現行税制のルールでは否認することができない

とすれば，このような企業が巨額の利益を稼得する源泉地国では，その国内企業やサラリーマンがはるかに少ない所得にも課税されているため，一般国民の税制や税務行政への信頼が著しく傷つけられることになる。

米国では，2012年9月20日上院本土安全保障・政府問題委員会捜査小委員会（PSI）が「オフショア利益移転と米国租税法典」に関し，多国籍企業（Microsoft, Hewrett-Packard）の利益の海外移転の実態の解明[15]に乗り出し，2013年5月21日同公聴会では多国籍企業（Apple Inc.）の利益移転の実態解明[16]を試みた。

英国では，2012年11月12日下院 public accounts 委員会が公聴会で多国籍企業（Google, Amazon.com, Starbucks）の国際租税制度のループホールを利用した英国税回避の実態解明[17]を試みた。

欧州閣僚理事会は，2012年3月2日，「租税詐欺と脱税との戦い」（Fight against tax fraud and tax evasion）の具体策を速やかに開発し，6月までに報告することを求め，欧州議会は，同年4月迅速な行動を起こす必要性を認め，EC委員会は同年6月27日「税務コンプライアンス向上と租税詐欺・脱税に対する6月コミュニケ」を採択し，2012年12月6日「行動計画」（An Action Plan to strengthen the fight against tax fraud and tax evasion: COM（2012）722final）を策定し公表した。EC委員会は，この行動計画において短期，中期，長期の34措置により，タックス・ヘイブンと ATP に関し，加盟国が総合調整された行動をとるように次の2つの勧告を行った。

(i) 共通の基準でタックス・ヘイブンを識別し各国のブラック・リストを作成すること

(ii) 一部の法人が税負担回避のために利用するループホールや合法的な ATP 手法に対応する対策を示唆し，各国が租税条約の改正や共通の一般的濫用防止規定（GAAR）を採用すること

欧州委員会は，欧州が毎年1兆ユーロ超の税収を脱税・租税回避のために失っていると推計している[18]。

（5） OECD の BEPS への対応

EU における6月コミュニケとほぼ同じ頃，EU 加盟国（21か国）が重要な構成要素となっている OECD も，ATP による税源浸食・利益移転（base erosion and profit shifting: BEPS）への対応に着手していた。当時財務省国際局次長浅川雅嗣氏（現在財務官）（Chair of the OECD CFA）は，BEPS への対応を OECD 加盟国とアルゼンチン，中国，インド，ロシア，南アフリカが協調して

法人税制を再検討する挑戦的な仕事であるといい，BEPS を防止する健全な対策を策定するには ATP の事実を包括的に均衡のとれた評価をすることが大切であり，納税者が適時に適正な国に適正な税金を支払うことが重要であると述べている[19]。

OECD は，2013年 2 月12日，報告書 "Addressing Base Erosion and Profit Shifting" を公表した。OECD Centre for Tax Policy の Pascal Saint-Amans（Director）and Raffaele Russo（Senior Advisor）の "what the BEPS are we talking about ?" によると，次の言葉は1961年のケネディ大統領（民主党）の言葉であるが，正に ATP の現状を見抜いている。

"Recently more and more enterprises organized abroad by American firms have arranged their corporate structures aided by artificial arrangements between parent and subsidiary regarding intercompany pricing, the transfer of patent licensing rights, the shifting of management fees, and similar practices… in order to reduce sharply or eliminate completely their tax liabilities both at home and abroad."

5 政治レベルの課題になった BEPS への対応

上記のようにマスコミは多国籍企業の ATP による節税を問題視し，市民団体や NGO は批判し，このような問題の根源は端的に独立企業原則（arm's length principle）にあるという。このような ATP に対しては，国際取引に係る課税ルールが破たんし，国内活動のみを行う企業だけが課税されることになっているという観点から，多国籍企業が世界中，特に発展途上国の租税を誤魔化していると非難されている。OECD は，「企業には株主に対し合法的に節税し利益の最大化を図る責任がある」ことについて理解を示している。しかし，多国籍企業の国境をまたぐ ATP を「合法的」（legal）として許容する国際課税ルールやその基礎となる国内法に対する各国の税法とこれを執行する税務行政に対する国民の信頼が揺らぐ事態を恐れ，BEPS の論議は政治レベルに達した。

EU，OECD の ATP や OECD への対応が表面立ってきた頃の G 8 や G20に着眼すると，G20ロスカボス・サミット（2012年 6 月18～19日）の首脳宣言パラ48では，「……BEPS を塞ぐ必要性を再確認しこの分野における OECD の継続中の作業を関心をもってフォローする。」と述べた。

EU のなかの「税の競争」でオランダ等と優位性を競う英国は，ドイツとの共同声明（2012年11月 5 日）において，「英国とドイツはグローバル企業を誘致す

る競争力ある法人税制を必要とするが，同時にグローバル企業が税金を支払うことを望んでいる。これは強力な基準を確実にするためG20その他の国際フォーラムにおける国際的な行動を通じて達成されるのがベストである。……英国とドイツはOECDのBEPSイニシャティブを支持し，2013年2月のロシアG20会合で報告書が提出されることを期待する。」と述べている。

G20モスクワ財務大臣・中央銀行総裁会議声明（2013年2月15〜16日）パラ20では，「税の分野では，BEPSを扱うOECDの報告書を歓迎し，財政の持続的可能性の重要な部分は歳入基盤の確保であることを認識する。BEPSに対処するための手法を策定し，必要な共同行動をとることを決意し，OECDが7月に示す包括的な行動計画（comprehensive action plan: CAP）に期待する。……」といい，G20ワシントン財務大臣会議・中央銀行総裁会議声明（2013年4月18〜19日）パラ14では，「……OECDによるBEPSに関する行動計画の作成の進捗を歓迎し，次回の会合で包括的な提案と重要な論議が行われることを期待する。」と述べている。

G8ロック・アーン・サミット（2013年6月17〜18日）の首脳コミュニケパラ24では，「……多国籍企業によるBEPSに対処するためのOECDの取組みを歓迎し，本年7月のG20モスクワ財務大臣・中央銀行総裁会議に向けてOECDが野心的で包括的な行動計画を策定することの重要性を強調する。OECDの勧告に期待し，必要な個別及び協調的な行動をとることをコミットする。BEPSに取り組むため，また，あらゆる多国籍企業が低税率の国・地域に利益を人為的に移転することによって支払う税の総額を削減することを国際的な及び自国の課税ルールが許容又は奨励しないようにするため，共に取り組むことに合意する。現在進行中のOECDの取組みは，発展途上国を含むすべての利害関係者との継続的な関与を伴う。」といい，ロック・アーン宣言は，そのパラ1で「世界中の税務当局は，脱税の問題と戦うため，自動的に情報を共有すべきである。」といい，そのパラ2で「国家は，法人が租税を回避するために国境を越えて利益を移転することを許容するルールを変更し，また，多国籍企業はどの租税をどこで納めるのかについて税務当局に報告すべきである。」と述べている。

このように，BEPSへの対応は，G8（カナダ，フランス，ドイツ，イタリア，日本，ロシア，英国，米国）及びG20（G8，アルゼンチン，オーストラリア，ブラジル，中国，インド，インドネシア，メキシコ，韓国，サウジアラビア，南アフリカ，トルコ，EU）の枠組みを通じて共同行動をとる高度な政治課題になった。

6 　OECD の「BEPS への対応」報告書

　2013年 2 月12日，OECD は報告書 "Addressing Base Erosion and Profit Shifting" を公表した。この報告書は，第 1 章　序論，第 2 章　BEPS 問題の大きさと利用可能なデータの概要，第 3 章　グローバル事業モデル，競争力，コーポレート・ガバナンスと課税，第 4 章　重要な租税原則と BEPS の機会，第 5 章 BEPS に係る懸念への対応，別添資料 A　法人税収の対 GDP 比に関するデータ，別添資料 B　BEPS に関する最近の研究のレビュー，別添資料 C　多国籍企業のタックス・プランニング・ストラクチャーの事例，別添資料 D　BEPS に関する現在及び過去の OECD の作業から構成されている。この報告書は，2013年 5 月29〜30日，OECD 閣僚理事会（パリ）で改定された（Update: Base Erosion and Profit Shifting）。この報告書の目的は，BEPS に関する問題を包括的に示すことであり，まず BEPS の存在と規模に関する研究と利用可能なデータを確認し，法人税に影響を及ぼすグローバル化を概観したうえ，クロスボーダー活動に対する課税の基礎になる重要な租税原則とこれらの租税原則が生み出す BEPS の機会について述べ，有名な法人ストラクチャーを分析し，これらのストラクチャーの生ずる最も重要な問題点を指摘する。留意すべきことは，OECD 加盟国及び非加盟国にとって BEPS には税収，課税主権及び租税の公正に深刻なリスクがあるということである。この報告書によれば，BEPS 手法の多くは各国税制の境目を利用しているので，単一の国が単独で BEPS 問題に対応することは困難であり，各国が単独で総合調整のない行動をすると，多重課税のリスクが生ずるので，グローバルな投資，成長及び雇用にネガティブな影響を生ずるという。

　この報告書は，(i) BEPS 対応に必要な行動を特定し，(ii) 行動を実施する期限を定め，(iii) 行動を実施する方法と必要な資源を特定することを求め，行動計画には次の開発の提案を含むものとする。

- ハイブリッド・ミスマッチ・アレンジメント及び裁定取引の効果を無効化する制度
- 現行のルールが政策上望ましくない結果を生ずる特定の分野に対応するため移転価格課税ルールの改善又は明確化（特別な懸念の分野である無形資産に関する現在の作業が移転価格課税ルールに含まれる）。
- 特にデジタル財・サービスの分野における課税管轄に関する問題の解決策の更新
- 租税回避防止策の実効性の向上

租税回避防止策は，国内法又は国際的制度に含められる。これらの措置には，一般的租税回避防止規定（GAAR），CFC ルール，特典制限（LOB）ルール，その他の条約濫用防止規定が含まれる。

- グループ内部金融取引の取扱いに関するルール（支払の損金控除，源泉徴収税に関するルール）
- 透明性と実質性などの要素を考慮に入れた有害税制対抗策の実効性の向上

行動計画に関する作業を進めるため，次の 3 つの暫定フォーカス・グループを設置し，すべての加盟国と CFA 参加国を参加させることとした。

(i)　課税ベース浸食の防止：

租税回避防止措置，税制の非対称性（ハイブリッド）のネガティブ効果の回避措置，有害な税の慣行に関する作業の改善策

(ii)　課税管轄：

現行ルールによるクロスボーダー事業に対する課税権の配分方法に関する問題（CFC ルール，居住地国判定ルール，デジタル財・サービスに関する問題を含む。）

(iii)　移転価格：

独立企業原則に関する問題

フォーカス・グループの作業は，BEPS 行動計画を策定するための基礎とされた。OECD は，行動計画の策定につき，利害関係者と協議を重ねてきた。Center for Tax Policy and Administration（以下 CTPA という。）は，経済産業諮問委員会（Business and Industry Advisory Committee: BIAC）と協議を行い，ビジネス界は課税ルールの見直しによって国際租税制度への信頼を回復する必要があることを認め，現行ルールは大部分の分野では効果的に機能しているが，取引の実質と課税が一致しない分野において課税ルールの調整が必要であることを強調した。OECD と BIAC の会合では「経済的実質」（economic substance）の重要性を認識し，BIAC は「経済的実質」の共通の定義を確立するよう OECD に要請し，デジタル経済に関する問題につき作業するため OECD とビジネス界との合同作業グループの創設を提案し，OECD が CFC ルール及び利子の控除に関する統一された国際ルールを確立することを支持し，BEPS アジェンダの一部として "a business code of tax conduct" に関する作業を申し出た。

OECD は，Trade Union Advisory Committee（以下 TUAC という。）経済政策作業グループと協議を行い，TUAC は二重非課税を除去しアグレッシブ・タックス・プランニング（ATP）に実効性のある対応をするという OECD の BEPS

イニシャティブとその目的を支持した。TUAC は，多国籍企業の透明性の強化（国別税務申告（country-by-country tax reporting）を含む。）と脱税のためのデリバティブの投機的な利用への対応（OTC デリバティブに対する金融取引税を含む。）により BEPS プロジェクトの範囲の拡大を望んでいる。

OECD は，多くの NGO（ActionAid, Anticor, Caritas Secours Catholique, Center for Global Development, Christian Aid, CCFD Terre Solidaire, Justice et Paix, Oxfam, Tax Justice Network, Transparency International）と協議を行い，NGO は OECD の BEPS 報告書を強く支持し，58団体の署名した報告書 "No More Shifty Business" を提出した。NGO は，BEPS に終止符を打つ出発点は世界連結会計（worldwide consolidated accounts）であると主張した。

国際課税ルールは，各国の国内税制の相互作用により課税権の行使から国際的二重課税が生じるので，貿易の歪みや経済発展の障害となる国際的二重課税を回避するための原則を確立するものとして，国際的コンセンサスとして形成されてきたが，いまは，各国の国内税制の相互作用により各国の国内課税ルールや国際基準（international standards）の政策目的に従っていない方法で所得課税を排除し又は著しく減少させる機会を提供するギャップが生ずることになった。

多国籍企業は，国内課税ルールの差異から生じる国際的二重課税を排除する国際基準の発展に協力してきたが，同時に各国の課税を排除し又は著しく減少させる機会を提供する各国の国内課税ルールと国際基準の差異を巧みに利用している。

OECD の報告書 "Addressing Base Erosion and Profit Shifting" の目的は，このような BEPS に関する問題を突き止め，包括的な方法でこの問題に対応することである。

本報告書は，多国籍企業の実効税率に関し透明性を高める必要があるとするほか，以下の点を重要な分野（key pressure areas）とし，対応すべき対象を絞り込んだ。

(i)　エンティティと証券の分類の国際的ミスマッチ（ハイブリッド・ミスマッチ・アレンジメント及び裁定取引を含む。）

(ii)　デジタル財・サービスの提供から生じる利益への条約概念の適用

(iii)　関連者のデットファイナンス，キャプティブ保険及び他のグループ内部金融取引の課税上の取扱い

(iv)　グループ内の法的主体間の移転価格，特にリスク及び無形資産の移転，資産の所有権の人為的な移転並びに独立企業間では稀にしか起きないこれらの法的主体間の取引

⒱　租税回避防止策の実効性，特にGAAR，CFC制度，過少資本税制及び租税条約濫用の防止ルール

⒱　有害な優遇制度の利用可能性

　本報告書では，一部の多国籍企業がアグレッシブになり，税務コンプライアンスと課税の公平について深刻な問題を引き起こしている多くの兆候を認識している。OECD税務長官会議（Forum on Tax Administration: FTA）の2006年ソウル会合でアグレッシブ・タックス・プランニング（ATP）の問題が討議され，多額の税収ロスを生ずるATPスキームの分析と対応策が講じられた。OECDのATPに関する作業（ATP Directoryを含む。）は，各国政府によって活用されている。一部の国は税務調査の改善にOECDの作業を活かしているが，税務コンプライアンスの改善は，各国税収の確保とビジネスの"leveling the playing field"の観点から優先課題である。

　本報告書は，現行国際課税基準がグローバルビジネス慣行の変化，特に無形資産の分野やデジタル経済の発展に追いついていないことを認めている。例えば，外国に課税対象となるPEを有しなくても，インターネットを通じてその外国で顧客と事業活動を行い，その外国で経済活動を行うことが可能になったので，納税者は外国の顧客との取引から多額の利益を得ることができる。また，企業は国境を越えて統合されているが，課税ルールは国境を越えて総合調整されていないため，国内課税ルールと国際課税ルールの非対称性を利用する合法的なストラクチャーが多数出現している。

　OECDは，これまで，次のようにBEPSの調査研究を行ってきた。

- 実際に課税所得を消すハイブリッド・ミスマッチ・アレンジメント（Hybrid Mismatch Arrangement:Policy and Compliance Issues, 2012）
- 無形資産に関する移転価格ガイドラインの更新と簡素化の提案
- 最も重要な利益移転のケースに対する直接的な対応策
- 税務当局による税務コンプライアンス・リスクの評価基準の改善（税務調査官に企業活動の全体像を提供する文書化要件の策定）
- OECDが特定した税務コンプライアンス・リスクの評価基準の改善策（Tackling Aggressive Tax Planning through Improved Transparency and Disclosure, 2011）
- Global Forum on Transparency and Exchange of Information for Tax Purposeによる透明性の改善

本報告書は，BEPS問題に対応するには全体としてのアプローチ（a holistic

approach）が基本的に必要であることを強調している。各国の行動は，包括的でなければならず，例えば次のように，BEPS問題のあらゆる側面に対処すべきである。

- 源泉地国課税と居住地国課税との均衡
- グループ内部金融取引の課税上の取扱い
- 濫用防止規定（anti-abuse provisions）（CFC制度，移転価格課税ルールを含む。）の実施

　国際的に支持される包括的アプローチ（a comprehensive approach）によりこれらの重要な問題の相互作用について深度ある分析を行うべきであり，各国がBEPS問題に対し同一の制度で対応することはできないかもしれないが，なんらかの解決策を実施するとき総合調整を行うことが重要である。

　危ういのは法人所得税の完全性である。この危機に対処しなければ，クロスボーダーで営業している企業で洗練された租税専門家を利用するものはBEPSの機会を利用することができるので，大部分の営業を国内で行う企業に比較して意図せざる競争上の有利性を得るという「課税の公平性」の問題がある。税引前利益率は低いが税引後利益率の高い活動に投資するという歪んだ投資意思決定により資源配分の非効率性を招いているという「効率」「租税の中立性」の問題がある。個人や国内のみで活動する企業が多国籍企業のようにクロスボーダーのエンティティや事業活動を利用すれば合法的に租税回避ができると考えるとすれば，近代国家の税務行政の基礎となっている納税者の自主申告制度の税務コンプライアンスが損なわれるという「税法遵守義務」の問題がある。このように，一般の「租税法」の教科書に書かれている租税原則のうち，「租税法律主義」のみを金科玉条とする余り，合法的とされるBEPS Strategiesは，租税公平主義（応能税として「担税力」に見合う税負担配分，応益税として享受する公共財に見合う税負担配分）原則，国内及び国際的な「効率」「資源配分の中立性」の原則に反する結果を招き，租税の本来の機能（財源調達機能・所得再分配機能・景気調整機能）を麻痺させる。

　これまでBEPS手法が各国でなぜ合法的と認められたかといえば，その多くが国際法で認められる各国の主権により他国の干渉を受けないという課税主権に基づいて制定される各国の課税ルールの差異（interface）と主権国間で締結される約3000超の二国間租税条約の特典の差異を利用しているからであって，世界各国の国内法と租税条約に熟達した高度の租税専門家（tax experts）・租税仲介者（tax intermediaries）によってテクニカル又はメカニカルな各国の国内法と租税

条約の条文に違反しないか又は解釈の幅のある規定を利用するよう，法技術・会計技術・金融工学を駆使していることによる。

OECD閣僚理事会は，2013年5月29〜30日，パリ会合で，BEPS対応グローバル行動計画（a global action plan to address BEPS）の策定について，次のことを決めた。

- 包括的行動計画（a comprehensive action plan: CAP）とすること。
- すべての利害関係者との協議でタイミングよく策定すること。
- 主たる領域に焦点を当てること。
- 税務長官会議（Forum on Tax Administration: FTA）の即時直接行動が必要であること。

実質的に行動計画はさまざまな重要な分野の間の関係を考慮した包括的な対応を示すものでなければならない。行動計画には次のものを策定する提案を含むものとする。

- ハイブリッド・ミスマッチ・アレンジメント及び裁定取引の効果をなくす制度
- 租税政策の観点から現行ルールが望ましくない結果を生じる特定分野に対応するため移転価格課税ルールの改善又は明確化を図ること。
- 特にデジタル財・サービスの分野における課税管轄（jurisdiction to tax）に関する問題の解決策の更新
- 租税回避防止策の実効性の向上
  租税回避防止策（例えばGAAR，CFCルール，LOBルール，その他の条約濫用防止規定）は，国内法及び国際制度に含めることができる。
- グループ内部金融取引の取扱いのルール（支払の控除可能性，源泉徴収税の適用など）
- 透明性と実質などの要素を考慮に入れて有害な税制に効果的に対応する解決策

(注)

(1) IFS *April* 2013（129）*Aggressive Tax Planning: The View from Brussels.*

(2) European Commission *An Action Plan to strengthen the fight against tax fraud and tax evasion*（*COM*（2012）*722 final*）& Dec. 2012.

(3) European Commission *Commission Recommendation regarding measures intended to encourage third countries to apply minimum standards of good governance in tax matters* Brussels, 6.12.2012 C（2012）8805 final.

European Commission *Commission Recommendation on aggressive tax planning* Brussels, 6.12.2012 C（2012）8806 final.

(4) Avi-Yonah, Reuven S. *Corporate Social responsibility and Strategic Tax Behavior* Nov.2006, Michigan Law and Economics research Paper No.06-008.

Ross Fraser *Aggressive Tax Behaviour and Corporate Social Responsibility* www.sbs. ac.uk/crntres/tax/

Documents/…/Fraser.pdf.

John Christensen and Richard Murphy *The Social Irresponsibility of Corporate Tax Avoidance: Taking CSR to the bottom line* Development 2004 47（3）: Thematic Section. Society for international development 1011-6370/04.

David F. Williams *Tax and Corporate Social Responsibility* KPMG Sept.2007.

KPMG *Tax Morality and tax transparency: an overview* June 2013.

(5) Moran Harari, Ofer Sitbon and Ronit Donyets-Kedar *The Missing Billions: Aggressive Tax Planning and Corporate Social Responsibility in Israel* Accountancy Business and the Public Interest 2013.

(6) Civil appeal 4639/91 Director of Land Betterment Tax v. Chazon David and Elsa, Lifshitz David and Chana, Mor Uzi and Bat-Sheva, Misim 8／3（June 1994), 95, p.104.

(7) Civil appeal 3415/97 ministry assessor for Large enterprises v. Yoav rubinstein et Co. Construction development and Finance Company Ltd., Misim 17／4（Aug. 2003), e-59, e-64.

(8) OECD FTA *Cape Town Communique* 11 Jan. 2008.

(9) OECD *Enhanced Relashionsip* tax Intermediaries Study Working Paper 6 July 2007.

(10) U.S. Senate PSI *Offshore Profit Shifting and the U.S. Tax Code- Part 2*（*Apple Inc.*）May 21, 2013.

(11) Apple' CEO *Testimony of Apple Inc. before the Permanent Subcommittee on Investigations US Senate* May 21, 2013.

(12) http://danieljmitchell. wordpress. com/2013/05/21/four=reasons…

(13) Lee Sheppard *How Can Vulnerable Countries Cope with Tax Avoidance ?* Tax Note Int'l Feb.4, 2013.

(14) Lee Sheppard *Don't sign OECD model tax treaties !* a presentation in Publish What You Pay（PWYP）Norway（http://taxjustice.blogspot.ch/2013/05/lee=sheppard=dont=sign∼ …

(15) US Senate PSI *Offshore Profit Shifting and the U.S. Tax Code- Part 1*（*Microsoft & Hewlett-Packard*）Sept. 20, 2012.

(16) US Senate PSI *Offshore Profit Shifting and the U.S. Tax Code-Part 2*（*Apple Inc.*）May 21, 2013.

(17) HMRC *Annual Report and Accounts* 2011-12 19th *report of* 2012-13.

(18) EU *Algirdas Semeta Present EU Plan to Fight Tax Evasion and Avoidance* 6 Dec. 2012.

Mark Thompson *Europe's lost trillion in taxes* May 21, 2013.

(19) 浅川雅嗣 *Base erosion and profits shifting* World Commerce Review 18 June 2012.

OECD/G20 BEPS 行動計画の必要性とその概要

本庄 資

1 OECD BEPS プロジェクトのプレリュード

「租税回避」（tax avoidance）の定義は，まだ確立していないが，いずれの国でも，課税庁が税法の趣旨・目的（purpose of tax law）に照らせば租税回避であると認める取引スキームについて，訴訟においてはメカニカルな文理解釈が支持され，法文に違反していない限り，合法的な取引であるとの理由で，明文の個別的否認規定（specific anti-avoidance rule: SAAR）がない場合には，課税庁の「否認」（non-recognition, disregarding）や「私法上の法律構成」又は「取引の再構成」（re-characterization）は，認められないとされてきた。このため，いずれの国でも，税法に明文のSAARがない場合や税法の規定のメカニカルな文理解釈では，多国籍企業の複数国にまたがる「ステップ取引」（step transactions）について，その断片的な情報しか入手することができないため，適切に対処し，課税権（taxing right）を保護することがきわめて困難になっている。

租税法律主義による「納税者の権利保護」を錦の御旗として，各国の税法の差異及び隙間や二国間租税条約の差異から生ずるループホール（loopholes）及び租税優遇措置を利用する「合法的であるがアグレッシブなタックス・プランニング」（legal but aggressive tax planning: ATP）が租税実務家によって開発され，多国籍企業の世界規模で組成される無数の多様な事業体（business entity）の所有連鎖・法人ストラクチャーを通じるグループ内クロスボーダー取引に利用される場合，「税法の意図」（intent of law）に反するとしても，租税実務家は，ステップ取引全体を構成する断片的なステップについては，それが行われる国・地域の税法の文言に適合するように十分なデューディリジェンスの上でアレンジしているので，メカニカルな文理解釈では合法的なストラクチャーとなるように仕組んでいる。これまで，このようなATPを「租税回避」（tax avoidance）と呼ぶか否かは，各国の租税回避の定義次第ということになっていた。

「法の意図」に反する租税回避行為を合法（legal）か違法（illegal）かの観点のみで裁判をすると，合法的にタックス・スキームを立案し，作り上げる租税実

務家（弁護士等）のアレンジメント（arrangements）の腕前を試験するかのような結果となり，主観的には租税回避の意図（動機）を隠そうとしない納税者についても，日本ガイダント事件や武富士事件等における裁判例のように，租税法律主義の下では，明確に租税回避スキームを否認する税法令の規定がない限り，これを合法とせざるを得ないという論法が大手を振って罷り通ることになった。このままでは，憲法原則である課税公平主義はどうなるのか。頭脳的に合法なアレンジメントとして仕組まれたストラクチャード・トランズアクションの前で「課税の公平」は失われてしまう。「租税回避」の定義を確立できないまま，OECD も，事実上，「許される租税回避」（permissible avoidance）と「許されない租税回避」（impermissible avoidance）があるといわざるを得ない状況であった。課税（taxation）とはこのようなものでよいのか。このような ATP によって巨額の税収が失われる反面，国際競争を維持するため法人税率の引下げ競争その他の優遇措置により企業課税について失われる税収を埋めるため，財政難に陥っている各国は，VAT や国境を越えられない納税者に税負担をシフトせざるを得なくなった。

　我が国では，石弘光氏に端を発した９・６・４の所得捕捉率の研究も，大田弘子氏の内閣府の研究で９・６・４は存在しないという結論で消し去られて以後，欧米のようなタックス・ギャップの調査研究や推計は封印されて久しいが，多国籍企業の ATP による BEPS によってどのくらいの規模の税収ロスとなっているか，それぞれの国の議会でも，取り上げられるようになった（例えば，EU では脱税・租税回避で毎年 EU で約１兆ユーロの税収ロスがあるという。）。

　我が国が経験した裁判例でも，適切な法文が存在しないとき，グローバル・ビジネス・プラクティスとして租税回避の意図がないといえども著しい課税ベースの減少に課税庁は手を拱いて看過してよいかを考えさせる事案がある。

　OECD モデル租税条約第９条（１）の趣旨目的がなにか，税務当局の「調整」が単に「プライシングの調整」のみに限定されるのか，「取引の調整」を認めているのか，さらに，「真正な利得の帰属の調整」「実質的所有者の認定」も認めているのか，いわゆる移転価格調整の根拠とされる租税条約の第９条（１）の趣旨目的について，条約法に関するウィーン条約（昭和56年７月20日条約16号発効昭和56年８月１日外務省告示282号）第31条１項（条約は，文脈によりかつその趣旨及び目的に照らして与えられた用語の通常の意味に従い，誠実に解釈するものとする。）を遵守して，明確化する必要がある。

　「機能の移転」ともみられる，アドビ事案のように，子会社をコミッショネア

に切り替える事業再編において，再編時の機能の移転価格を算定する規定がないために再編後の移転価格課税を試みた事例がある。また，シンガポールなどの統括会社の下に日本会社をコミッショネアにすると，PE なければ課税せず原則を当てはめて事業所得を無税でシンガポールに移転することができると解されていた。統括会社に CFC ルールを適用できないと，このようなスキームに日本は手を出せないことになる。また，国際課税では，初歩的な PE の存否をめぐる議論でも，アマゾン事案のように課税権をすり抜ける口実が多く使われるようになってきた。

各国は，「税の競争」（tax competition）の展開において，租税優遇政策的に意図した歳入ロスはともかく，BEPS による意図せざる歳入ロス（unintended revenue losses）の膨張の危機に面し，立ち上がらざるを得なくなった。

OECD は，"glossary of tax terms" において，「租税回避」（tax avoidance or avoidance）を次のように定義している。

"A term that is difficult to define but which is generally used to describe the arrangement of a taxpayer's affairs that is intended to reduce his tax liability and that although the arrangement could be strictly legal it is usually in contradiction with the intent of the law it purports to follows."

OECD は，「アグレッシブ・タックス・プランニング（ATP）」の定義を確立していないが，"glossary of tax terms" において，「タックス・プランニング」（tax planning）を次のように定義している。

"Arrangement of a person's business and/or private affairs in order to minimize tax liability"

我が国では，通説のようにみられる金子宏東大名誉教授『租税法』の「租税回避」の定義では，「租税法規が予定していない異常な法形式を用いて税負担の減少を図る行為」であるというが，税法の濫用の有無について税法の趣旨目的に反するか否かの議論を棚上げにして，このような講学上の定義が，多国籍企業の ATP については，広く行われている行為であって，「異常な行為」でも「変則的な行為」でもないから，「租税回避」に当たらないという口実に使われている。この点では，法の意図に反するかどうかに軸足を置いて「租税回避」の判定を行うように，正していくべきであると考える（本庄資『国際租税法概論（第3版）』大蔵財務協会）。

※我が国では，ヤフーや IBM などの事案で，「税負担を不当に減少させる結果になる」という法文の解釈や，その判断基準（目的，手段，結果）について，当局と弁

護士等との論争が起きている。

いわゆる国際的租税回避スキームの解明のためにいくつかの著名なイニシアティブが知られていた。

その1は，JITSIC（Joint International Tax Shelter Information Centre）（国際タックスシェルター情報センター）である。2004年に米英豪加の税務当局で設立されワシントン事務所が存在していたが，2007年に英国ロンドン事務所が開設され，日本も参加し，国税職員が派遣されている。

その2は，OECD ATP Directoryである。これは，400超のタックス・プランニング・スキームのデータベースを有し，ハイブリッド・ミスマッチ・アレンジメントの摘発のため，各国のエンティティや証券の税務上の取扱いの比較表を含め，加盟国政府にATP情報を提供している。

その3は，ICIJ（International Consortium of Investigative Journalists）（国際調査報道ジャーナリスト連合）のオフショア・リークス・データベースである。これは，約250万件の秘密情報データベースを有するといわれているが，2013年，約10万件のタックス・ヘイブン所在のオフショア・エンティティ所有者情報の検索を可能にした（その後も，ルクセンブルク・リークス，スイス・リークス，パナマ文書リークス，バハマ文書リークスが続いている。）。

金融危機が生じた2008年頃からOECDではATPの問題に取り組み，多数の調査研究の成果を発表してきた。国連，市民団体，消費者団体や租税公正ネットワーク（Tax Justice Network: TJN）の論客が，特に発展途上国の富が収奪されるATPによる税源浸食と利益移転の問題に対する各国の無為無策を批判した。

どの国の政治も，利権グループの政治的圧力に弱いが，国民の公然たる非難の声には反応せざるを得ない。多国籍企業と税務仲介者の合法的なATPに対する世論の引金を引いたのは，英米議会であった。米国では，2012年9月20日上院本土安全保障・政府問題委員会捜査小委員会がオフショア利益移転と米国租税法典に関し多国籍企業（Microsoft, Hewlett-Packard）の利益の海外移転の実態解明に乗り出し，2013年5月21日公聴会でApple Inc.の利益移転の実態解明を試みた。英国では，2012年11月12日下院委員会の公聴会で多国籍企業（Google, Amazon. com, Starbucks）の国際租税制度のループホールを利用した英国税回避の実態解明を試みた。

英米議会の報告書が公表され，税の守秘義務によって知られることのなかった米国多国籍企業のATPの実態が多くの市民の知るところとなった。

EU は，2012年6月27日，「税務コンプライアンス向上と租税詐欺・脱税に対する6月コミュニケ」を採択し，2012年12月6日，「租税詐欺及び脱税との闘いの行動計画」（An Action Plan to strengthen the fight against tax fraud and tax evasion）を策定し，公表した。

EU の6月コミュニケとほぼ同じころ，EU 加盟国（21か国）が重要な構成要素となっている OECD でも，ATP への対応に着手していた（浅川雅嗣 "Base erosion and profit shifting" World Commerce Review 18 June 2012）。OECD は，2013年2月12日，報告書 "Addressing Base Erosion and Fiscal Shifting" を公表し，同年4月18日，報告書 "Restoring Fairness to the Tax System" を公表し，同年6月25〜26日 CFA 会合で「BEPS 行動計画」（Action Plan on Base Erosion and Profit Shifting" を承認し，同年7月19日 G20モスクワ財務大臣・中央銀行総裁会議に報告され，公表された。

2　OECD BEPS 行動計画の概要

OECD BEPS 行動計画は，EU 行動計画が34行動から構成されているのに比して，次の15行動に絞っている。その最終報告書が2015年10月5日に公表された。

1) 行動1：デジタル経済の課税上の課題への対応
2) 行動2：ハイブリッド・ミスマッチ・アレンジメントの効果の否認
3) 行動3：CFC ルールの強化
4) 行動4：利子控除及び他の金融上の支払を通じる税源浸食の制限
5) 行動5：有害な税の慣行
6) 行動6：条約濫用の防止
7) 行動7：PE 認定の人為的回避の防止
8) 行動8，9，10：移転価格課税の結果と価値創造との整合性の確保
9) 行動8：無形資産
10) 行動9：リスクと資本
11) 行動10：他のハイリスク取引
12) 行動11：BEPS に関するデータの収集・分析方法と BEPS 対応行動の確立
13) 行動12：納税者の ATP アレンジメントの強制開示
14) 行動13：移転価格文書化・国別報告
15) 行動14：紛争解決メカニズムの実効性の向上
16) 行動15：多国間協定の開発

＊　BEPS プロジェクト2015年最終報告書の日本語仮訳は，本庄資訳の行動１・４・
５・６・７・12・13が日本租税研究協会ホームページ（http://www.soken.or.jp/
mokuzi/koukai/ReportList.php）及び『租税研究』に掲載。

3　OECD BEPS Action の主要ディスカッション・ドラフトの提起する重要な課題〜OECD はなにを問題にしたか？

各行動に関するディスカッション・ドラフトで各担当 WP が提起した主要な
課題は，次のとおりである（括弧は公表日と意見提出期限を示す）。

（１）　行動１（2014.3.24〜2014.4.14）

　１）　情報通信技術とその経済に与える影響

　　(i)情報通信技術の進化，(ii)現在及び未来の発展，(iii)複層情報通信技術の相互
作用。

　２）　デジタル経済，その重要な特徴と新しいビジネスモデルの出現

　　(i)ビジネス部門全部への ICT の広がり：デジタル経済，(ii)デジタル経済と
新しいビジネスモデルの出現，(iii)デジタル経済の重要な特徴。

　３）　デジタル経済における BEPS 機会の特定

　　(i)BEPS 懸念を生じるタックス・プランニングの共通の特徴，(ii)直接課税
に係る BEPS，(iii) VAT に係る BEPS の機会。

　４）　デジタル経済における BEPS への対処

　　(i)Stateless income に対する課税の回復，(ii)消費税における BEPS への対処。

　５）　デジタル経済によって惹起される広範な課税問題

　　(i)デジタル経済と立法者の課題，(ii)デジタル経済によって惹起される課税問
題の概要，(iii)ネクサスと納税義務なしで重要な存在をもつ可能性，(iv)データと
デジタル商品・サービスの使用を通じる市場性のロケーション関連データの創
出から創造される価値の帰属，(v)新しいビジネスモデルから生じる所得の性質，
(vi)デジタル経済における VAT の徴収。

　６）　デジタル経済によって生じる広範な課税問題に対処する可能なオプショ
ン

　　(i)選択肢評価の枠組み，(ii)作業部会に提案される選択肢。

（２）　行動２（2014.3.19〜2014.5.2）

　１）　背景と序論

　　(i)ハイブリッド・ミスマッチ・アレンジメントと OECD モデル租税条約，

(ⅱ)EU について行われる作業。

2 ） ハイブリッド・ミスマッチ・ルール（リンキングルール）の設計

（ⅰ)ハイブリッド・ミスマッチ・アレンジメントの定義，(ⅱ)設計の原則。

3 ） 設計勧告の概要

4 ） ハイブリッド金融証券と譲渡

5 ） ハイブリッド・エンティティ

6 ） 輸入されたミスマッチ及びリバース・ハイブリッド

7 ） 技術的な検討と事例

（ 3 ） 行動 3 （2015.5.12）

1 ） 政策上の考慮

（ⅰ)CFC ルールの目的，(ⅱ)国外所得課税と競争維持との均衡，(ⅲ)租税回避機会を生じないで行政負担とコンプライアンス負担を制限，(ⅳ)租税回避防止措置としての CFC ルール，(ⅴ)ベース・ストリッピングの範囲，(ⅵ)二重課税の回避，(ⅶ)CFC ルールと移転価格。

2 ） CFC の定義

3 ） 振分け要件

A．デミニミス基準，B．租税回避要件，C．低税基準（実効税率）。

4 ） 支配の定義

A．支配の種類，B．支配のレベル

5 ） CFC 所得の定義

（ⅰ)CFC 所得の定義の一般的アプローチ，(ⅱ)CFC ルールが BEPS 懸念を生じる所得を正確に帰属させる方法，(ⅲ)可能なアプローチ：A．分類アプローチ，B．超過利益アプローチ，(ⅳ)CFC ルールはエンティティ・アプローチ又は取引アプローチのいずれを適用すべきか？

6 ） 所得計算ルール

7 ） 所得帰属ルール

A．所得はどの納税者に帰属すべきか，B．いくらの所得を帰属すべきか

C．所得はいつ税務申告に含めるべきか，D．所得はどのように取り扱われるべきか，E．CFC 所得にどんな税率が適用されるべきか。

8 ） 二重課税の防止又は排除のルール

A．外国法人税の救済に係る問題，B．複数の管轄における CFC 課税の救済に係る問題，C．その後の配当及びキャピタル・ゲインの救済。

（ 4 ） 行動 4 （2014.12.18～2015.2.6）

1）　序論

（ⅰ)利子及び経済的に利子に相当する支払を利用する BEPS，(ⅱ)BEPS プロジェクトと支払利子

2）　政策上の考慮

　A．重要な政策目的，B．EU 法の問題。

3）　支払利子を利用する BEPS に対処する現行アプローチ

　A．現行アプローチ，B．支払利子を利用する BEPS に対処する現行アプローチの成功，C．学術研究。

4）　利子の定義及び経済的に利子に相当する支払の定義

5）　ルールの適用対象者

6）　ルールの適用対象

　A．支払利子レベルか負債レベルか，B．エンティティのグロスかネットか。

7）　小規模エンティティの適用除外

8）　利子控除はエンティティのグループのポジションを参照して制限されるべきか？

　A．BEPS に対処するアプローチとして全グループテスト，B．全グループルールのオプション：利子配分ルールとグループ比率ルール，C．利子制限グループに含まれるべきエンティティ，D．グループのネット第三者支払利子の算定方法，E．経済活動の測定方法，F．会計ルールと税のルールとのミスマッチに対処する方法，G．現金プールアレンジメントの取扱い方法，H．関係者及び関連者のリスクに対処する方法。

9）　利子控除は一定比率を参照して制限されるべきか？

　A．BEPS に対処するアプローチとしての一定比率ルール，B．資産又は収益のレベルと利子控除を関連させること，C．現行ルールの一定比率のレベル，D．関係者及び関連者のリスクに対処する方法

10）結合アプローチの適用の可否

11）ターゲットルールの役割

　A．包括的アプローチ又は一般ルールとの併用アプローチの一部としてのターゲットルール，B．特定の BEPS リスクに対処するためのターゲットルール

12）　控除できない支払利子の取扱いと二重課税

　A．否認された利子の配当としてのリキャラクタライゼーション，B．否認された利子の繰越し。

13 OECD/G20 BEPS 行動計画の必要性とその概要 ◆ *205*

13）　特定部門グループの考慮

　　A．銀行及び保険会社，B．他のセクター及び活動。

14）　BEPS 行動計画の他の分野との相互作用

　　A．ハイブリッド・ミスマッチ・アレンジメント（行動 2），B．CFC ルール（行動 3），C．関連者金融取引のプライシングのガイダンス（行動 4），D．条約濫用の防止（行動 6），E．リスク及び資本（行動 9），F．BEPS 及び BEPS に対処する行動に係るデータの収集と分析の方法の確立（行動11），G．移転価格文書化と国別報告（行動13），H．紛争解決メカニズムの実効性の向上（行動14）。

（5）　行動 5 （2014.9.16）

1 ）　OECD の有害な税の慣行に関する作業の概要

2 ）　有害な優遇税制の決定に関する1998年報告書における枠組み

3 ）　有害な税の慣行に関する作業の改善

　　A．実質活動要件，B．優遇制度に関連するルーリングの強制的同時交換を通じる透明性の改善。

4 ）　加盟国及びアソシエート国の優遇制度のレビュー

（6）　行動 6 （2015.5.22〜2015.6.17　修正ドラフト）

1 ）　OECD モデル租税条約の LOB ルールと代替的簡易 LOB ルール

2 ）　2014年11月21日ディスカッション・ドラフトで特定された問題

　　A．LOB ルールに関連する問題点

　　(ⅰ)集団投資媒体（CIV）：LOB の適用と条約の適格，(ⅱ)CIV 以外のファンド：LOB の適用と条約の適格，(ⅲ) LOB の任意救済条項のコメンタリー，(ⅳ) EU 加盟国の代替的 LOB 条項，(ⅴ)各中間所有者が一方の締約国の居住者であることという要件，(ⅵ)派生的受益条項に関連する問題，(ⅶ)二重上場法人アレンジメントに対処する条項，(ⅷ)LOB ルールの各条項に関連するタイミングの問題，(ⅸ)公開上場エンティティに係る条項の適用の条件，(ⅹ)「能動的事業」条項の明確化。

　　B．PPT（Principal Purpose Test）ルールに関する問題点

　　(ⅺ)ベネフィットがいろいろな条約で得られる場合の PPT ルールの適用，(ⅻ)各国が PPT がシニア承認後にのみ適用されることを確保する行政手続を考慮するという示唆のコメンタリー，(ⅹⅲ)第25条パラ 5 の仲裁規定が適用される問題から PPT ルールの適用を除外すべきか否か，(ⅹⅳ)PPT ルールのコメンタリーと PPT を扱う LOB 任意救済条項のコメンタリーとの整合性，(ⅹⅴ)PPT ルール

に基づきなんらかの形の任意救済規定を定められるべきか，(xvi)代替的「導管
PPTルール」のドラフト，(xvii)PPTルールのコメンタリーの事例。

C. 他のルール

(xviii)新しい条約上の振分けルールの適用，(xix)第三国に所在するPEに適用す
べきルールの設計とドラフト，(xx)租税条約と国内法の濫用防止規定との相互
作用のコメンタリーの提案。

（7） 行動7（2014.10.31～2015.1.9）（2015.5.11　修正）

1） コミッショネア・アレンジメント及び類似の戦略を通じるPE認定の人
為的回避

2） 特定の活動の除外を通じるPE認定の人為的回避

A. 除外が「準備的又は補助的活動」に制限されない，B. パラ4，サブパ
ラa）及びb）における「引渡し」，C.「購入事務所」の除外，D. 関連者間の
活動の分裂。

3） 契約の分割

4） 保険

5） PEへの利益帰属と移転価格に係るBEPS行動との相互作用

（8） 行動8（2015.6.4～2015.6.18）

1）「無形資産の移転価格の側面」に関するガイドラインに係るガイダンスを
含むBEPS報告書セクションD.3のガイダンスを提案 "D.3. Arm's Length
Pricing when valuation is highly uncertain at the time of the transaction"
に置き換えること

2）「評価困難な無形資産」（Hard-to-value intangibles（HTVI））の定義

3） HTVIへのアプローチのルールの適用される場合と適用されない場合の
区別の明確化

4） CCA

（9） 行動8, 9, 10（2014.12.1～2015.2.6）

1） 移転価格ガイドライン（TPG）第1章セクションDの改訂案（独立企業
原則（ALP）の核心の問題を含む。）

2） 移転価格の結果と価値創造の一致を確保するため，無形資産，リスク及
び過剰資本化に対処するためALPの範囲内かALPを超える「特別措置」
のオプション

3） 取引の否認，リキャラクタライゼーション及び特別措置

（10） 行動10（2014.11.3～2015.1.14）

１）　TPG第7章（Special Considerations for Intra-Group Services）の改訂案の主たる問題

A．グループ内役務が提供されたのか否かの決定

（ⅰ）ベネフィット・テスト，（ⅱ）株主活動，（ⅲ）重複，（ⅳ）付随的ベネフィット，（ⅴ）集中されるサービス，（ⅵ）報酬の形態。

B．独立企業間チャージの決定

（ⅰ）グループ内役務のチャージに係る現実のアレンジメントの特定，（ⅱ）独立企業間対価の算定

２）　付加価値の低いグループ内役務

A．付加価値の低いグループ内役務の定義

B．付加価値の低いグループ内役務の独立企業間チャージの簡易な決定

（ⅰ）コストプールの決定，（ⅱ）付加価値の低い役務のコストの配分，（ⅲ）利益マークアップ，（ⅳ）付加価値の低い役務のチャージ，（ⅴ）付加価値の低いグループ内役務に対するベネフィット・テストの適用。

C．文書化と報告

(11)　行動10（2014.12.16〜2015.2.6）

１）　クロスボーダー・コモディティ取引の移転価格の側面

A．BEPS懸念を生じるコモディティ取引の移転価格問題

（ⅰ）相場価格との調整の困難，プライシング日の確認及びサプライチェーンにおける取引相手の関与の説明の困難，（ⅱ）個別のユニラテラルなアプローチ（ラテンアメリカの第6の方法）。

B．TPG第2章の改訂案

（ⅰ）CUPが最適方法であること，CUPにおける相場価格を使用することの明確化，（ⅱ）コモディティ取引のみなしプライシング日の採用。

(12)　行動10（2014.12.16〜2015.2.6）

１）　グローバル・バリュー　チェーン（GVC）における利益分割の使用

A．グローバル・バリューチェーン（GVC）における利益分割の適用の明確化

B．行動1（デジタル経済）報告書は，多国籍企業における統合の進展とバリューチェーン分析と利益分割法への依存の必要性を評価すべきであるといい，比較対象が見つからない場合にグローバルトレーディングその他の統合された金融サービス業ですでに適用されている利益分割法その他の利益法の使用に関し，TPGの改正を考えることを示唆している。

2） 価値創造と一致する移転価格の結果を決定するため一面的な移転価格方法の適用が困難になる場合や取引単位利益分割法の適用が適切である場合のシナリオの考慮

3） TPG 第2章における取引単位利益分割法の使用に関するガイダンスの改正

(13) 行動11（2014.4.16～2015.5.8）

1） BEPS 分析に係る現行データ源の評価

(ⅰ)BEPS 研究のため入手し得るデータの可能な評価基準，(ⅱ)BEPS 分析のために現在入手し得るデータ，(ⅲ)BEPS 分析のために現在入手し得るデータの評価。

2） BEPS インディケータの検討

(ⅰ)インディケータの概念，(ⅱ)行動11の構成要素としてのインディケータ，(ⅲ)BEPS 測定の将来の方法，(ⅳ)インディケータのガイドライン，(ⅴ)最終的な注意，(ⅵ)可能な BEPS 行動11インディケータのリスト，(ⅶ)インディケータの一般的なストラクチャー。

A．金融活動と現実の経済活動との分離，B．多国籍企業利益率の差異に基づく BEPS インディケータ，C．国内利益率と外国利益率の差異，D．無形資産を通じる利益移転，E．利子を通じる利益移転。

3） BEPS 及び対抗措置の規模と経済的影響の経済分析

A．概要

(ⅰ)BEPS の定義，(ⅱ)BEPS 及び対抗措置の経済分析における重要な考慮。

B．BEPS の測定方法

(ⅰ)合計税率差異アプローチ，(ⅱ)利益を生じる活動，(ⅲ)利益が生じる場所，(ⅳ)合計税率差異アプローチにおけるステップ，(ⅴ)個別の BEPS チャンネルアプローチ，(ⅵ)個別の BEPS チャンネルアプローチにおけるステップ，(ⅶ)2つのアプローチの長所と短所。

C．BEPS 及び対抗措置の経済分析

(ⅰ)一般的 BEPS 経済分析，(ⅱ)ハイブリッド・ミスマッチ・アレンジメントの効果の無効化（行動2），(ⅲ)CFC ルールの強化（行動3），(ⅳ)利子控除を通じる税源浸食の制限（行動4），(ⅴ)条約濫用の防止（行動6），(ⅵ)移転価格の結果と価値創造との一致の確保（行動8～10），(ⅶ)開示の改善のベネフィット（行動11，12及び13），(ⅷ)BEPS 関連対抗措置の財政上の推計，(ⅸ)BEPS と発展途上国。

D．BEPS 及び対抗措置の他の経済的影響

（14）　行動12（2015.5.11）

　1）　義務的開示の概要

　　A．ATP 義務的開示の基礎的要素

　　B．ATP 義務的開示ルールの設計原則

　　（i）明瞭で理解しやすいこと，（ii）納税者のコンプライアンス・コストと税務当局の得るベネフィットとの均衡をとること，（iii）意図した政策目的を効果的に達成し，関連スキームを正確に特定すること，（iv）収集した情報を効果的に使用すること。

　　C．他の開示イニシャティブとの比較

　　（i）義務的開示は広範な者に適用される，（ii）義務的開示はスキーム，使用者及び供給者に係る個別情報を提供する，（iii）義務的開示は情報を税務コンプライアンス手続の早期に提供する。

　　D．他の開示ツール及びコンプライアンスツールとの総合調整

　　E．義務的開示の実効性

　　（i）早期情報の取得，（ii）スキーム，使用者及びプロモーターの特定，（iii）抑止力。

　2）　義務的開示ルールのモデルのオプション

　　A．報告義務者，B．報告すべき事項，C．ホールマーク（hallmarks）

　　（i）一般的ホールマークの概要，（ii）一般的ホールマークのモデル，（iii）一般的ホールマークの仮定上の適用，（iv）オプション，（v）個別ホールマーク，（vi）損失取引のホールマークのモデル，（vii）ホールマークの勧告。

　　D．情報を報告すべき時

（15）　行動13（2014.1.30）

　1）　TPG 第5章（Documentation）全文を削除し，差し替える。新しい移転価格文書化ルールの3つの目的を達成する。

　　（i）税務当局に移転価格リスク評価を行うために必要な情報を提供すること。

　　（ii）納税者が関連者間取引の価格その他の条件を確定し，当該取引から生じる所得の申告するとき，移転価格要件に適切な考慮をすることができること。

　　（iii）税務当局がその管轄で課税されるエンティティの移転価格慣行の完全な調査を適切に行うために必要な情報を提供すること。

　2）　移転価格文書化の2段階アプローチ

　　A．マスターファイル，B．ローカルファイル。

（16）　行動14（2014.12.18〜2015.1.16）

1) 相互協議手続（MAP）に関連する条約上の義務が真正に実施されること
を確保すること。

A．第25条１項により提出されるMAP事案を解決するための義務の欠如，
B．租税条約第９条２項の欠如。

2) 行政手続が条約関連紛争の防止及び解決を促進することを確保すること。

C．権限ある当局の独立性の欠如と条約改正交渉に関連する考慮の不適切な
影響，D．権限ある当局の資源の欠如，E．権限ある当局の機能及び職員の業
績インディケータ，F．第25条３項の不十分な使用，G．MAPアクセスの障害
としての調査の和解，H．事前確認（APA）手続の欠如，I．納税者の他年度
のMAP又はAPA事案の示唆を考慮しないこと。

3) 納税者が適切な時にMAPにアクセスすることを確保すること。

J．MAPにアクセスし使用する手続の複雑性と透明性の欠如，K．過剰又は
不当に厄介な文書化要件，L．国内法又は条約上の濫用防止規定が適用される
場合，MAPへのアクセス権が明らかでないこと，M．権限ある当局がユニ
テラルに異議が正当化されないと判断する場合，N．国内法の救済方法の使用
がMAPの使用に影響する可能性，O．租税の徴収に関する問題，P．MAPア
クセスの期間制限，Q．自ら開始する外国調整に関連する問題。

4) MAPに付された事案が解決されることを確保すること。

R．MAP事案の解決に対する原則的アプローチの欠如，S．協力，透明性又
は権限ある当局の機能する関係の欠如，T．すべてのMAP事案の解決を確保
するためのメカニズム（例えばMAP仲裁）の欠如，U．多国間MAP及び
APAに関連する問題，V．MAPにおける利子税及び加算税の考慮に関連する
問題。

(17) 行動15（2015.2.6）

1) 多国間協定の範囲は，BEPSプロジェクトで策定される租税条約の措置
に制限される。交渉には，行動２，行動６，行動７及び行動14が含まれるが，
行動13による国別報告の実施又は行動８～10の作業から生ずる租税条約改正
が含まれる。

2) 多国間協定の策定の参加は，すべての利害関係国（非加盟国又はG20を
含む。）にイコールフッテイングで開かれている。

14

OECD/G20 BEPS プロジェクトの根底にある基本的な考え方

本庄 資

1 　国際的二重非課税を生ずる旧国際課税原則

OECD/G20 BEPS プロジェクトでは，各 WP のディスカッション・ドラフトによって提起された BEPS 懸念に対処する各アプローチの基底にある考えを整理して理解した上で，課税庁，ビジネス界，租税実務家，NGO 及び学界は，パブリック・コメント及びパブリック・コンサルテーションを通じてコンセンサスを形成する段階へ進んでいった。

ATP は，経営学でいう「合理性の公準」に照らし，いわゆる経済的合理性（economic rationality）を追求し，単体企業のみでなく，グループ全体としての費用の極小化と利益の極大化のために，税については，税負担をコストとし，また，節税額を利益とし，税引後の利益の最大化を目的として意図的に国際的二重非課税となるよう各国の租税制度や二国間租税条約の特典などの環境にエンティティや取引などあらゆる事象を適合するようにメカニカルな文理解釈では合法的となるようにアレンジされたものである。

企業の論理では，企業の経済活動を租税が妨げることのないように租税政策（tax policy）は「租税の中立性」（tax neutrality）を重視すべきであり，「商業合理性」（commercial rationality）がある経済活動は，いわゆる「経済的合理性」（economic rationality）があるものとして，税務上も否認すべきではないと考えるようにみえる。例えば，Apple Inc. も，米国議会で，Apple スキームは「合法であり，米国税法に違反していない。」と胸を張って議会証言を行っている。

このような考えは，コモンローと大陸法（成文法主義）の差異を反映している。EU 離脱を国民投票で決定した英国と EU の緊張感が高まるなかで，タックス・ヘイブンに米英独仏は圧力をかけているようにみえるが，EU が2013年報告書 "European initiatives on eliminating tax havens and offshore financial transactions and the impact of these constructions on the Union's own resources and budget"（15/04/2013）では，ギリシャ，スペイン，オランダ，英国及びタックス・ヘイブン（シンガポール，ケイマン，スイス）を取り上げ，ケーススタディ

を行っており，英国の問題点の一つとしてコモンローを挙げている。大陸法制では，デフォルト条件は，「明記されない実務は禁じられる」ということであるが，英国コモンロー法制では，デフォルト条件は，「すでに明示的に禁じられていないことは法律が変更されるまで許容される」ということである。これらの法的な伝統の違いが，世界の大部分のタックス・ヘイブンが英国のコモンローの伝統をもつ国であるという事実に反映されていると指摘している。

我が国は，大陸法系の国であるといいながら，租税法律主義の下で，「すでに明示的に禁じられていないことは法律が変更されるまで許容される」という論理が租税回避について幅を利かす傾向がある。

「税の競争」は，外資導入，事業会社，持株会社，地域統括会社等の誘致のため，領土主義課税原則の採用，法定法人税率の引下げ，優遇税制による実効税率（ETR）引下げ，特定所得の減免などいわゆる「魅力ある税制」（attractive tax regimes）を採用する管轄を増加させている。

基本的な ATP スキームは，一般的にいえば，多国籍企業がその法人所有連鎖にあるエンティティによるグループ内関連者間の国際取引により，第一段階では各エンティティの所在する高税国（源泉地国）で生ずる所得を直接又は間接に（導管国を経由して）無税国又は低税国に移転させること，第二段階では無税国又は低税国に留保した利益の運用（高税国に出資又は融資）により資本所得（配当又は利子）を取得し，無税国又は低税国に保有する資産（有形資産又は無形資産）の賃貸又は使用許諾により高税国から賃貸料又は使用料を取得することによって，源泉地国の税源浸食と利益移転を行い，第三段階では無税国又は低税国に留保していく利益を多国籍企業の本国償還をしないか又は本国が受取配当益金不算入制度を採用する場合には配当を行い，あるいは融資の形でキャッシュの本国償還を行い，さらに無税国又は低税国に保有する資産の本国への賃貸又は使用許諾により本国の税源浸食と利益移転を行うことによって，「国際的二重非課税」（double non-taxation）を実現するタックス・スキームである。

これまで，各グループの ATP は，守秘義務によって外部に漏れることはないため，その実態は，納税者，関与租税実務家及び税務当局以外の者に知られることはなかったが，英米議会の公聴会を通じて，米国多国籍企業の ATP の一端が暴露され，市民，市民団体，やがて政治レベルで問題とされるに至った。

明らかになった ATP のうち，Google のダブルアイリッシュ＆ダッチサンドイッチ，Apple Inc. の米国税制（準拠法主義）とアイルランド税制（実質管理支配地主義）の結合から生じる双方非居住法人又は無国籍法人（いわゆる幽霊会

社）と "Stateless Income"，Microsoft の費用分担契約（CCA or CSA）による無形資産の無税国又は低税国への移転と使用料による BEPS，Hewlett-Packard の無税国又は低税国からの継続的融資による BEPS，などが有名になった。

このような多国籍企業の ATP などの租税回避や脱税により多額の税収ロスがあることが議会で大きい問題になった。

我が国では，議会や会計検査院及び学界で，タックス・ギャップの問題を議論するに至っていないが，EU では，議会の推計で脱税及び租税回避により年間約1兆ユーロの税収ロスがあるといい（Richard Murphy "Closing the European Tax Gap"），米国議会調査局の推計では多国籍企業の利益移転による税収ロスは年間約1,000億ドル超であるという（Jane G. Gravelle "Tax Havens: International Tax Avoidance and Evasion" January 15, 2015）。

経営学のいう企業による経済的合理性の追求は，ATP やその手法としてタックス・ヘイブンや導管国の利用，中間持株会社〈純粋持株会社及び事業持株会社〉，地域統括会社，多種の機能集中型中間会社の利用には経営戦略としての合理性があると正当化しているが，親会社管轄及びその外国子会社所在地国の「課税権の保護」（protection of tax base or taxing rights）の観点から，たとえ合法的に仕組まれたスキームであっても，「経済的合理性」を理由に無制限に認めるべきではなく，許容できる範囲を超えるときは，G20/OECD としては，現行国際租税法の原則を変更して ATP に対抗する必要があるという考えを固めたといえる。

2　BEPS プロジェクトの基本的な考え方

OECD の BEPS プロジェクトの問題提起と検討事項に関する基本的な考え方は，2013年 2 月12日の報告書『BEPS への対応』に示されている。同報告書は，第 1 章序論，第 2 章 BEPS の規模と利用可能なデータ，第 3 章グローバル・ビジネスモデル，国際競争力，コーポレートガバナンスと税制，第 4 章重要な租税原則と BEPS 機会，第 5 章 BEPS 懸念への対応から構成されている。

第 4 章では，重要な租税原則と各国の税制等の差異を利用することによって創出される BEPS の機会に関し，課税管轄（jurisdiction to tax），ハイブリッド・エンティティ，ハイブリッド金融証券，デリバティブその他の金融取引，導管型エンティティ，移転価格操作，借入金による資金調達，法人インバージョン，租税回避防止規定（一般的租税回避防止規定，過少資本税制，過大利子控除制限，CFC ルール，税源浸食防止規定）などの現状と問題点を特定する。

第 5 章では，BEPS による課税主権及び税収ロスの脅威は，先進国，新興国及び発展途上国にとって対処すべき重要な問題であり，現在の課税権の配分・課税管轄の配分の国際ルールが変化するグローバル・ビジネス・プラクティスに追いついていないと判断した上で，「BEPS 対応の重要な分野」を次のように設定している。

  (i) ハイブリッド・ミスマッチ・アレンジメントと裁定取引

  (ii) デジタル経済（デジタル商品及びサービス）の提供から生ずる利益への条約の適用

  (iii) 関連者の金融，キャプティブ保険その他のグループ内金融取引の税務上の取扱い

  (iv) 移転価格（特にリスク及び無形資産の移転）に関するもの，法的主体間の資　産所有の分割，その他グループ内特有の取引

  (v) 実効性ある租税回避防止規定

  (vi) 有害な租税優遇制度の利用のおそれ

2013年 6 月に承認され，同年 9 月に公表された『BEPS 行動計画』は，その基本的スタンスを示したが，包括的に一貫した国際協調で取り組むべき具体的な15の行動に絞った経緯は，詳らかにされていない。しかし，この15の行動の根底にある BEPS 対処方針は，なにか。まず，基本的スタンスをみると，以下の記述が重要であろう。

  (i) グローバル化の恩恵と各国の法人税制への影響

  (ii) 価値創造，課税所得を生ずる活動から課税所得を人為的に分離する行為，二重非課税を防止するため，効果的・効率的な対処をするため，新しいアプローチについてコンセンサスが必要

  (iii) 新しい国際基準が国際レベルで各国法人税制の一貫性を確保する勧告の立案，各国政府の有害な税の慣行と ATP に取り組む作業の協働

  (iv) 公式配分方式への移行については，個別分離方式に比べ，効率的・租税中立的投資決定に導くかなお不確定

  (v) 企業の法的安定性と予見可能性を確保しつつ，ATP の包括的な示威用情報を税務当局が入手できることを確保

このような基本的スタンスから，ATP による BEPS によって国際的二重非課税が合法化される状況を変える必要がある。これまでの古い課税権の配分ルールでは各国の課税権が確保されない状況に陥っているので，新しい国際課税ルールに変える必要があるというメッセージが読み取れる。しかし，「税の競争」（tax competition）が展開されるなかで，課税権の確保に関する各国のポジションは必ずしも同一方向を向いていない点に留意して，国際コンセンサスを形成しなければならない。各国でユニラテラルに厳格な租税回避防止規定を執行することは，自国企業の競争力を相対的に低下させ，外資導入政策上の魅力を減殺させる危険を孕んでいると同時に，ばらばらに各国が租税回避防止規定を執行すると，国際的二重課税を多発させ，国際取引・投資を妨げる危険を孕んでいる（ユニラテラルな課税権確保策の弊害）。

　次に，国際的二重非課税の防止という場合，1920年代から続いている課税権配分ルールをめぐる議論が蒸し返される。所得に対する課税権を居住地国に帰属させるか，源泉地国に帰属させるか，あるいは導管国に帰属させるか，というように，課税権の新しい配分による課税管轄の決定は，BEPSへの対処について，「課税競争」（課税権の奪合い）を招くおそれがあり，そのような事態を避けるため，「国際的公平」（international equity）の概念について，コンセンサスを形成する必要がある。その意味では，これまでの資本輸出の中立性（CEN），資本輸入の中立性（CIN），国家中立性（NN），所有の中立性（CON）などの議論の整理が必要である。

　包括的に一貫したBEPS対応の国際基準を確定するには，各国の国内法上の租税原則に深く関わる問題について妥協するか否かの選択を要請される。

　OECD/G20 BEPSプロジェクトの2015年最終報告書の「はしがき」では，この行動の目的が，「利益が，その利益を生じる経済活動が行われ，また，価値が創造される場所で課税される」ことを確保することであるという。

　各行動を通じて，我が国も，次の問題について，これまでの通説の見直しが必要になろう。

(i)　法定税率の引下げか実効税率の引下げか（低税基準）

(ii)　形式重視か実質重視か（実質所得者課税原則の明確化）

(iii)　法的所有権か経済的所有権か（所得の法的帰属か経済的帰属か）

(iv)　実質所有者（beneficial owner）

　　・所有と経営の関係

　　・所有と支配の関係

(v)　究極的な所有者（ultimate owner）

(vi)　リスク，資本及び機能への所得の帰属

(vii)　CFC ルールのブラックリスト／ホワイトリスト

(viii)　受動的所得・可動性所得概念

(ix) タックス・ヘイブンの定義の見直しと適用除外

(x) グローバル公式配分方式（global formulary apportionment）

(xi) 一般的否認規定（GAAR）の導入

(xii) OECDの「租税回避」，「濫用」などの概念と共通の概念を国内法に導入

(xiii) 条約法に関するウィーン条約31条に従い，条約解釈は，単なる文理解釈でなく，「文脈」，「趣旨目的」に照らし，「誠実に解釈」すること

(xiv) OECD移転価格ガイドライン第1章（独立企業原則）Dの改訂に沿って国内法の整備を図ること

(xv) OECDの移転価格ガイドラインに従い，「否認」及び「私法上の法律構成（re-characterization）」を例外的に行うことができる場合を国内法において明記

(xvi) 条約の濫用を防止するためPPT（Principal Purpose Test）など主観的基準・動機テストを導入

(xvii) 反証可能な推定・立証責任（burden of proof）の転換

(xviii) 経済的合理性（economic rationality）と商業的合理性（commercial rationality）の異同の明確化

(xix) 基本的経済的属性（fundamental economic attributes）

(xx) 取引を正確に記述する（accurately delineate transactions）

(xxi) 主目的の一つ（one of principal purposes）

3 ATPに対する主要行動の重要ポイント（行動2〜4）

行動2〜4における問題の所在は，次のように整理される。

(1) ハイブリッド・ミスマッチ・アレンジメントの効果の無効化

　1) ハイブリッド・ミスマッチ・アレンジメントの類型

　(i)ハイブリッド・エンティティの支払，(ii)ハイブリッド金融証券及び譲渡，(iii)リバース・ハイブリッド及び輸入ミスマッチ。

　※一部の学者は"hybrid financial instrument"を「ハイブリッド金融商品」と翻訳するが，「金融商品」は，アレンジメント又はスキームを指し，これに使用される個々の金融証券（financial instrument）と区別する必要がある。

　2) 上記の類型ごとのハイブリッド・ミスマッチ・ルール勧告の策定

　(i)国内法の改正に係る勧告，(ii)国際的二重課税を排除するためのリンキング・ルールに係る勧告（リンキング・ルールは，第一次ルール（primary rule）とこれが適用されない場合に適用される第二次ルール（secondary rule）又は防御ルール（defensive rule）から成る。），⑽適用対象範囲の決定。

３） ハイブリッド・ミスマッチ・ルールの基本的な考え方

（ｉ）ミスマッチにより失われる租税をターゲットにすること，⑾包括的ルールで自動的に適用されるもの，⑿総合調整又は振分けルール（tie-breaker rule）で二重課税を防止すること，⒀現行国内法の混乱を最小限にすること，⒁明瞭で透明性・一貫性があり，納税者の実行可能なもの，⒂税務当局の執行可能なもの。

４） ハイブリッド・エンティティの支払の無効化に係る勧告

（ｉ） ハイブリッド支払（hybrid payment）

ａ子会社の管轄で損金控除可能であり，所得との損益通算によって二重控除が行われるもの，ｂ支払者が子会社管轄の非居住者で，他の管轄でその者又は関連者の二重控除（duplicate deduction or double dipping）が生じるもの，ｃ支払者が子会社管轄の居住者であり，他の管轄で投資家又はその関連者の二重控除が生じるもの，ｄ支払者が子会社管轄及び他の管轄の二重居住者である場合，

（ⅱ） 無視される支払（disregarded payment）

ａ支払者の管轄で損金控除可能であり，所得との損益通算されるもの，ｂ支払が他の管轄の納税者（関連者）に対して行われるが，当該関連者の管轄は支払者を無視されるエンティティとみて，支払が無視される。

（ⅲ） 二重損金控除を生じる支払に係る勧告

・第一次ルール：

投資家の管轄で生じた二重損金控除は，同事業年度に納税者の二重益金算入所得を超過する額を否認する。

・第二次ルール：

第一次ルールが適用されないとき，子会社管轄で，同事業年度に納税者の二重益金算入所得を超過する額を否認する。

（ⅳ） 「損金控除／益金不算入」（deduction/ non-inclusion: D/NI）を生じる支払に係る勧告

・第一次ルール：

無視される支払について支払者の管轄で認められる損金控除は，同事業年度に納税者の二重益金算入所得を超過する金額を否認する。

・第二次ルール：

第一次ルールが適用されないとき，受取者には，同事業年度に支払者の損金控除が二重益金算入所得を超過する額を受取者の管轄で通常所得の計上を要求する。

(v) リバース・ハイブリッド及び輸入ミスマッチの無効化に係る勧告

・第一次ルール：

投資家の管轄は，CFCルール又は外国投資ファンドルール，あるいは投資家の管轄で益金算入をするよう国内法の改正をする。

・第二次ルール：

投資家の管轄で第一次ルールが適用されないとき，エンティティの管轄又はアレンジメント設定管轄で透明性を確保し，金融仲介者（intermediary）の管轄で金融仲介者を課税対象とする。

・防御ルール：

これらの措置がとられないとき，支払者の管轄でオフショア益金不算入ストラクチャーへの支払に係る損金控除を否認する。

5） ハイブリッド金融証券及び譲渡の定義

(i) 適用対象となる金融証券の範囲は国内法に委ねられるが，負債（debt）と出資（equity）の区分及び納税者の利用するアレンジメントを含める。

(ii) 支払が支払者の控除可能なものとして扱われるが受取者の益金不算入とされるものを含める。

(iii) 資産譲渡について，納税者の法的管轄では納税者が資産の所有者で，契約相手の権利が納税者の義務とされるが，相手の法的管轄では相手が資産の所有者で，納税者の権利が相手の義務とされる場合のすべてのアレンジメントを含める。

6） ハイブリッド金融証券及び譲渡に係るハイブリッド・ミスマッチ・ルールの勧告案

・第一次ルール

ハイブリッド金融証券の支払について，受取者がいかなる管轄でも支払を通常所得に算入しない場合にはその支払の損金控除を否認する。

・第二次ルール

ハイブリッド金融証券の支払について，支払者が損金控除を行い，支払者の管轄がハイブリッド・ミスマッチ・ルールを適用しない場合には受取者の通常所得に算入することを要求する。

◆損金控除を認められる配当については，国内法上配当益金不算入を認めない。

・ハイブリッド・ミスマッチ・ルールの適用範囲

関連者（協調行動者（persons acting in concert）を含む。）間の金融証券，ミスマッチを創出する仕組み取引（ストラクチャード・アレンジメント）の金融証券を含める。

（2）　CFC ルールの強化

1）　CFC の定義

適用対象エンティティは，パートナーシップ，信託，PE が CFC により所有されるか又は親会社管轄で所有者から分離されたエンティティとして課税対象とされる場合には CFC に含めるといい，広く定義する。

2）　CFC ルールの適用単位

CFC ルールは，エンティティ・アプローチ（entity approach）と取引アプローチ（transactional approach）に大別されるが，正確な所得帰属分析が可能であるという理由から，取引アプローチをベストプラクティスとする。

3）　合算課税対象の振分け要件（threshold requirement）

低税基準は，実効税率に基づいて，かなり低く設定する。

4）　管理支配の定義

管理支配の種類については，法的支配（legal control）と経済的支配（economic control）のいずれかのテストを満たすことを要し，管理支配のレベルについては，居住者の少なくとも50％超の議決権の直接又は間接の保有を要することとする。

5）　CFC 所得の定義

CFC ルールの適用については，全所得算入方式（full-inclusion system）と一部所得算入方式（partial-inclusion system）に分かれるが，後者の場合，少なくとも，配当，利子その他の金融所得，保険所得，販売及び役務提供所得，使用料及び他の IP 所得を CFC 所得に含めることとする。

CFC 所得の定義について，一般に，「可動性の高い受動的所得」（mobile and passive income）を含め，能動的所得（active income）を含めない。しかし，BEPS を防止するには，「形式基準分析」（form-based analysis）のみでは不十分であるため，補完基準として「実質分析」（substance analysis）が必要であるとして，「実質貢献分析」（substantial contribution analysis），「実行可能な独立主体分析」（viable independent entity analysis），「使用人及び施設分析」（employees and establishment analysis）をオプションとする。「カテゴリーアプローチ」は，すべての所得を分類し，範疇の分類ごとに実質分析を行

う。「超過利益アプローチ」（excess profits approach）は，「通常リターン」
（normal return）を算定し，これを超える所得をすべて CFC 所得とする簡易
なメカニカルな方法であり，IP などの無形資産の取扱いに便利という。「通常
リターン」は，通常利益率（rate of return）× 適格資本（eligible equity）と
いう方程式で算定される。

6）　CFC 所得計算ルール

CFC 所得計算には親会社管轄のルールが適用される。CFC 所得計算には特
別なルールの要否が問題である。

7）　CFC 所得帰属ルール

所得帰属（attributing income）について，次の 5 段階の判定が必要である。

(i)　どのエンティティに所得を帰属させるか（帰属基準（attribution
threshold）を支配基準と関連）

(ii)　いくらの所得を帰属させるか（株主又は支配する者がその所有割合と実
際の所有期間を参照）

(iii)　いつ所得を納税者の税務申告に含めるか

(iv)　どのように所得を取り扱うか

(v)　どの税率を所得に適用するか（親会社管轄の税率を適用）

8）　二重課税の防止又は排除

（3）　利子及び経済的に利子に相当する支払の損金算入の制限

1）　「利子及び経済的に利子に相当する支払」の定義

2）　損金算入制限ルールの適用対象者

3）　損金算入制限ルールの適用対象

4）　小規模エンティティの適用除外

5）　グループの特性に基づく損金算入限度額

グループの特性に基づく損金算入制限は，「グループ全体テスト」（group-
wide test）（エンティティの全世界のグループの実際のポジションに比べて控
除可能な支払利子の控除額を制限する）によって行う。グループ全体テストに
は，「利子配分ルール」（world-wide interest allocation test）と「グループ比
率ルール」（group ratio rule）に分かれる。前者は，経済活動（利益又は資産
価値）の数量に基づいてグループ企業間の世界規模の第三者ネット利子費用を
配分するものであり，後者は，世界規模の金融比率に等しくなるように，エン
ティティの適切な金融比率を用いるもので，いずれも個別企業ごとに損金算入
限度額を計算する。

6）　固定比率に基づく損金算入限度額

　固定比率に基づく損金算入制限は，税務当局が設定した固定比率を基準とし
て企業収益等に基づいてその比率までの額の利子の損金控除を行う。固定比率
は，例えば，EBITDA（earnings before interest, taxes, depreciation and amor-
tization）などが用いられる（例えば，米独仏伊）。

7）　複数アプローチの適用

8）　ターゲットルールの役割

9）　非控除利子の取扱いと二重控除

10）　特別な部門のグループに対する配慮

※従来の「負債・エクイティ比率」（debt-equity ratio）に基づく「負債の制限」か
　「利子の制限」か。

ポストBEPSの新しい国際課税ルール

本庄 資

1 BEPSプロジェクトによる国際課税ルール改革の発火点

BEPS報告書は，「the domestic and international rules on the taxation of cross-border profits are now broken」と国内課税ルールと国際課税ルールがATPのBEPSにより各国税収の喪失と多国籍企業の利益の海外留保が増加している事実の前で，すでに崩壊していること，「国際課税ルールが，グローバル・ビジネス・プラクティスの変化，特に無形資産の分野及びデジタル経済の進展に追いついていない」ことを認めた。

国際法では，独立国の国家主権の相互尊重に基づき，国家主権の象徴的な存在である課税主権又は課税権の域内の行使には他国の干渉を排し，域外行使は許されないとする。したがって，各国の課税権には国境という壁が(i)国内課税を他国の介入から保護する壁になると同時に(ii)国外への課税を妨げる壁となる。ところが，多国籍企業は，グローバル化し，国境を越えてグローバル事業展開を行い，各国の法制・税制に適合するよう費用の極小化と利益の極大化をめざし最適化のために逆に法制・税制の国境による制約を最大限に利用することができる。その一つの解がオンショアとオフショアの使い分けである。グローバル化した多国籍企業は，その支配するオフショア事業体を戦略配置し，本国の法制と税制からオフショア・オペレーションを遮断し，オフショア利益の本国還流をコントロールし，かつ，オフショア事業体所在地国，所得発生地国の課税リスクの極小化を図るため，それらの国の租税制度の差異や隙間，租税条約の特典を利用し，その行き着くところ，BEPSにより，オフショア事業体所在地国，所得発生地国での課税も極小化する。その結果，これらのアレンジメントが全体として各国の課税権の行使を無力化させる意図の下で仕組まれているにもかかわらず，グループの組織，事業展開を構成する各種のATPスキームの全体像と各国の事業体との関係について，各国課税庁は，多国籍企業グループとの間の「情報の非対称性」の存在により，国際的二重非課税スキームを十分把握し切れず，これを否認すること

が困難であった。

国際ルールとして資本無差別等のルールがあるが，居住者と非居住者との差別を禁じるルールであるが，同一居住者の国内事業と国外事業との課税ルールに手続法上の差を設けなければ，立証責任の配分，調査権（情報収集権を含む。）・徴収権の行使の地理的制限，によって「情報の非対称性」をカバーできず，一般的な国内企業の国内事業と，グローバル企業のグローバル事業を同様の国内法令で同様に扱う以上，国外所得の情報と国外所得（究極的には CFC 所得）課税の空白を認めることになる。これまでは，オフショア情報の入手について各国税務当局間の情報交換（要請による個別の情報交換，自発的情報交換，自動的情報交換）による「間接的情報収集」であったが，ポスト BEPS においては，「直接的情報収集」について，BEPS Action 12及び13の実施によって，米英の智慧を借りて，情報の自己開示又は義務的開示の道を開くことが，「情報の非対称性」への第一歩となるであろう。

BEPS Action 2 及び 3 の実施によって，国際的二重非課税を防止する場合，親会社管轄とオフショア事業体管轄と導管国とのいずれの課税権を第一次的に保護するルールとするかは，国際コンセンサス形成の上で，重要な選択となる。

例えば，CFC ルールについて，OECD は，第三国所在のオフショア事業体からの利益移転に係る CFC 留保利益も，親会社管轄に帰属させるルールを構想しているが，租税実務家は，CFC ルールは，親会社管轄からの利益移転を防止するルールとすべきであると主張している。これは，ハイブリッド・ミスマッチ・ルールについても，リンキング・ルールを導入した場合，例えば D/NI スキームについて，第一次ルールを支払者管轄（源泉地国）の損金控除否認とし，第二次ルール（防御ルール）を受取者管轄（居住地国）の益金算入とするが，受取者管轄（中間介在国）の存在を認めると，真正な受取者管轄にどのような影響を与えるか，「支払者」，「受取者」，「受益者」，「実質的所得者」，「法的所有者」，「経済的所有者」などの重要な基礎概念の国際的な統一を図らなければ，課税の混乱が生ずる。現在の法人ストラクチャーを利用するスキームの根底には，オフショア事業体のホスト国のエンティティ分類ルールと米国など親会社管轄のエンティティ分類ルールの差異が重要な役割を果たしていることは，周知の事実である。例えば，米国のチェック・ザ・ボックス・ルールでは，特に単一の所有者が選択できる「無視されるエンティティ」（disregarded entity）は，これらのオフショア事業体間取引を一瞬にして同一企業内部の取引として課税上そのような取引はなかったことになるので，仕組まれたオフショア取引の ATP の BEPS 取引では

絶大な効用を有する。しかし，OECD BEPS プロジェクトでは，この点については直接言及していない。

Apple Inc. は，米国の準拠法主義とアイルランドの実質管理支配地主義という課税原則から米国議会の名付けた「幽霊会社」（ghost company）を創り出し，国外所得を両国の課税権が及ばない "Stateless Income" にしている。

各国の基本的な課税原則の差異（全世界所得課税と領土主義課税），法人所有の究極の目的である法人の売却（保有株式の譲渡，事業譲渡）のキャピタル・ゲインや受取配当益金不算入（資本参加免税），負債（debt）と資本（equity）とのバイアスの解消策としての ACE（allowance for corporate equity）の名目で導入される資本の「みなし利子」（deemed interest）控除などについて国際ルールを確立する議論もまだ希薄である。米国の新モデル租税条約（2016）の LOB 規定においては，ベルギーの「想定利子控除」（notional interest deduction: NID）を認識している。

2　BEPS プロジェクトの2015年最終パッケージの評価

2015年10月５日，OECD/G20は，BEPS プロジェクトの最終パッケージを公表した。BEPS パッケージは，この約１世紀の間続いてきた国際租税ルールの歴史のなかで初の大改革であり，前例のない歴史的なターニングポイントであるとみられる。

1920年代から形成されてきた国際課税ルールの改革というのであれば，多国籍企業又はそのグループに対する課税について，例えば，分離会計（separate accounting）に基づく「美しい法的フィクション」（beautiful legal fiction）といわれる「独立企業原則」（arm's length principle: ALP）を公式配分方式（formulary apportionment: FA）に変化するような，BEPS の主たる原因となっている現行アプローチの革新（revolutionary changes）が必要であるが，BEPS プロジェクトの理想的ロードマップを新しい方向として望んでいた Reuven S. Avi-Yonah からみれば，今回の結果は，国際租税法の古い原則の多くを温存し，現行アプローチと新しい原則を混合してパッチアップしたものに終わったと不満である。彼は，2016年に「BEPS の評価」（Evaluating BEPS）と題する論文において，問題のある「ベネフィット原則」が温存されていること，包括的かつ多角的アプローチの「限界」があることを，各行動について指摘したが，"Hanging Together: A Multilateral Approach to Taxing Multinationals"（Univ. of Michigan Law School, Law & Economics Working Papers 8‐1‐2015）において，多国籍企業

に対して，国際的協調により多面的多角的アプローチで対処することに大きい意義があると評価している。

確かに，国内法及び OECD モデル租税条約において，「多国籍企業」（MNE or TNC）の定義もなく，MNE をターゲットにする課税ルールも定めていない。同モデル租税条約 9 条「特殊関連企業」（associated enterprises）においても，「特殊関連企業」の定義を規定する努力を怠り，その解釈について多くの問題を生じている。にもかかわらず，同 9 条（ 1 ）の規定は，1963年モデル租税条約のまま，なんら変更されていない。その条文構造を構成する重要な概念（commercial and financial relations, participate directly or indirectly in the management, control or capital）についても定義がない。条約上定義のない用語については，条約 3 条（ 2 ）により各国の国内法の定義によると解されているとしても，我が国の国内法にも，これらの定義がない。条約の解釈については，条約法に関するウィーン条約（昭和56年 7 月20日条約16号，外務省告示282号）31条「文脈により，かつ，趣旨目的に照らして与えられる用語の通常の意味に従い誠実に解釈する」を遵守しなければならない。我が国の通説では，租税法律主義により租税法は厳格な文理解釈によるといい，趣旨目的解釈を遠避けてきたが，条約 9 条の（ 1 ）の趣旨目的はなにか。したがって，その適用対象及び適用範囲はなにか。独立企業原則の適用上，「関連取引」（controlled transaction）とはなにか。

第 9 条は，特殊関連企業に関する規定であり，MNE or TNC に限定した規定ではない。我が国の条約例の LOB 規定（スイス，オランダ，ベルギー）における「多国籍企業集団の本拠である法人」の範囲を決める条件のように，条約の特典の授与においては，一定の閾値で範囲を制限するが，例えば，移転価格調整の対象となる「特殊関連企業」のうち「多国籍企業」の範囲について，一定の閾値（資本金，取引高，資産，従業員数など）によって限定しているわけではない。実際には，世界貿易の約 6 割程度が MNE のグループ内部取引であるといわれるので，MNE の移転価格調整が主要な適用対象になるかもしれないが，MNE の定義によって MNE 以外とされる特殊関連企業については，第 9 条の適用外とするのかどうか。

また，一見したところ「特殊関連企業」間の「国際取引」のようにみえるが，チェック・ザ・ボックス規則の適用を認めれば，グループ内部取引を行う特殊関連企業が「無視される主体」（disregarded entities）となり，本支店間取引とされ，もはや「特殊関連企業間取引」でないということになる。その場合，第 7 条の AOA により，さらに独立企業原則を適用することになるのかどうか。

226 ◆ 第2章 OECD の BEPS 行動計画

このような疑問に答えるコメンタリーが必要であるが，現行コメンタリーはこれらの問題について言及していない。

第9条(1)による税務当局の「調整」(adjustment) とはなにか。多くの著述の関心は，移転価格算定方法・独立企業間価格算定方法に集中し，伝統的な方法（独立価格比準法，販売価格基準法，原価基準法：基本三法），利益法（利益比準法，利益分割法（比較利益分割法，寄与度利益分割法，残余利益分割法，取引単位営業利益法）），ベストメソッドルールなどの議論に集中している。しかしながら，第9条(1)の趣旨目的に照らし，同条(1)が規定する「調整」は，「真正な移転価格の調整」(genuine transfer pricing adjustments) のみであるのか，「取引の調整」(transactional adjustments) を含むのか。導管取引については実質的所有者（beneficial owner）の認定など「エンティティの調整」をも含むのか。この点について，現行コメンタリーはこれらについて深く言及していない。

第7条については，本店と PE との間において，資産・リスク・資本の配分に関する AOA を論じ，独立企業原則の適用の強化を図るようにみえるが，第9条については，「移転価格ガイドライン」に問題解決を委ねているのか，独立企業原則の本家ともいえるコメンタリーにおいては，リスクの引受，リスクの管理，リスクの支配，リスクの帰属，リスク配分（risk allocation）に全く言及していない。

現実の ATP では，過大な資本をタックス・ヘイブン子会社に注入した上で，これをキャッシュボックス化するスキームが周知の事実であるにもかかわらず，資本の配賦に関する言及がない。費用分担契約などにより無形資産などの資産をタックス・ヘイブン子会社に移転した上で控除可能な使用料及び利子等によるBEPS を行うスキームも周知の事実であるが，資産の帰属（法的帰属及び経済的帰属）について全く言及していない。無形資産及びサービス提供について，比較対象の欠如，評価困難な無形資産，グローバルトレーディング，情報の非対称性，エンティティや契約の細分化など，独立企業原則の適用の困難な諸問題について，伝統的な独立企業原則（分離会計）(traditional narrow arm's length principle) でどこまで対応できるのか，特定の場合には「独立企業原則からの逸脱」(departure from traditional narrow arm's length principle) の必要性を認め，1986年米国スーパーロイヤルティ条項で導入された「所得相応性基準」(Commensurate with Income standard: CWI standard) を容認する少し広義の独立企業原則（broader arm's length principle）というものを認めるのか，独立企業原則の限界を認め，これまで拒否してきた「公式配分方式」(formulary apportionment:

FA）（米国州税のユニタリータックス，EU の提案する CCCTB）に飛躍するのか，コメンタリーにおいて検討すべき事項は，多いはずである。要するに，第9条（1）の目的は，正常な価格に調整することのみか，「真実の利得の配分」を目的とするのか，第9条の目的及び範囲と移転価格調整と呼ばれるものの本質が，単に「プライシングの調整」なのか，透明性と実質主義に基づく「取引の調整」（リキャラクタライゼーション）又は「実質的所有者」の調整なのか，明確化する必要があると考える。

3 OECD/G20 BEPS パッケージの焦点の一つ：移転価格税制

　BEPS パッケージにおいて，MNE に対し多面的多角的なアプローチを試みる15の行動の中で，行動8-10は最も重要な部分を占める。要点は，以下のとおり。

（1）　行動8（無形資産取引に係る移転価格ルール）

　(i)　無形資産の定義

　(ii)　無形資産の移転及び使用に関する利益の価値創造に沿った配分

・法的所有権のみでは必ずしも無形資産の使用からの収益の配分を受ける資格を有しない。無形資産の DEMPE に関する重要な機能を果たしている関連企業は適切な対価を受領することができる。

・無形資産の DEMPE に関するリスクを引き受ける関連企業は，リスクコントロール機能及びリスクを引き受ける財務能力を有することが必要である。

・資金を提供する関連企業が無形資産の利用につき全く機能していない場合，資金提供者はリスクフリーリターンより多くを受領することができない。

・評価方法（DCF）を適切に利用できる場合のガイダンスを拡充する。

　(iii)　評価困難な無形資産（HTVI）に関する移転価格ルール（所得相応性基準：CWI standard）の策定について，取引時点で評価が困難な一定の無形資産について，予測便益と実際の便益が一定以上乖離した場合，実現値に基づいて独立企業間価格を評価することができる。

　(iv)　費用分担契約（CCA or CSA）に関するガイダンスを更新し，CCA を利用する無形資産の移転による BEPS を防止する。

（2）　行動9（リスクと資本に係る移転価格ルール）

　(i)　グループ内企業に対するリスクの移転，過剰な資本の配分による BEPS の防止，第三者間では行われないか又は滅多に行われない取引による BEPS の防止ルールを策定した。

（ⅱ）　リスクに関するガイダンスを拡充する。

（ⅲ）　契約上リスクを引き受けていることや資本を提供していることだけの理由で，不適切な利益を帰属することを防止する。

（ⅳ）　関連者間取引において「商業的合理性」のないような例外的な場合，税務当局は，関連者間取引そのものを否認することができる。

（3）　行動10（他の租税回避の可能性の高い取引に係る移転価格ルール）

（ⅰ）　取引単位利益分割法の適用の明確化

　　グローバル・バリュー・チェーンにおける PS 法の適用の明確化について作業を行い，移転価格ガイドライン改定作業を継続する。

（ⅱ）　グループ内役務提供取引に関する BEPS への対応

　　管理費用（マネジメントフィー）及び本社費用等の支払による BEPS の防止のため，低付加価値グループ内役務提供につき，支払国の課税ベース保護に配慮し，選択を認められる簡易アプローチ等のガイダンスを策定する。

（ⅲ）　クロスボーダーのコモディティ取引に関する BEPS への対応

　　コモディティ取引には一般に CUP 法が適切な方法であることを明確にし，価格基準日の決定に係る新指針を策定する。

（4）　移転価格ガイドラインの改訂

　　OECD は，移転価格ガイドラインの第1章（独立企業原則），第6章（無形資産），第7章（低付加価値グループ内役務提供），第8章（費用分担契約）の改訂を行う。このうち，最も重要な改訂は，第1章 D の改訂である。その要点は，次のとおり。

（ⅰ）　「商業上又は資金上の関係」の特定

（ⅱ）　「正確に記述された取引」の認識

（ⅲ）　比較可能分析

・独立企業原則の適用は，関連者間取引における条件と，独立企業が比較可能な状況で比較可能な取引を行ったとした場合に独立企業間で設定されたであろう条件との比較に基づくものである（比較可能分析）。そのため，次のことが重要である。

・関連者間取引を正確に記述するため，関連者間の商業上又は資金上の関係並びにこれらの関係に付随する条件及び経済的に関連する状況を特定すること。

・正確に記述された関連者間取引に係る条件及び経済的に関連する状況と，比較対象取引に係る条件及び経済的に関連する状況を比較すること。

（ⅳ）　経済的に関連する特徴又は比較可能性の要素

・取引の契約条件
　　・取引当事者の果たす機能で使用する資産及び引き受けるリスクを考慮に入れ
　　　たもの
　　・移転される資産又は提供される役務の特徴
　　・当事者及び当事者が活動する市場の経済状況
　　・当事者の事業戦略
　(v)　機能分析
　　　関連者間取引と非関連者間取引の比較可能性を決定するには次の機能分析が
　　必要である。
　　・商業上又は資金上の関係におけるリスク分析
　　　・経済的に重要なリスクの具体的な特定
　　　・契約上のリスクの引受
　　　・リスクに関する機能分析
　　　・上記によって得た情報の解釈
　　　・リスク配分
　　　・リスク配分の結果を考慮した取引の価格設定
　　・正確に記述された取引の認識
　　　・独立企業原則に基づいて正確に記述された実際の取引の価格設定にはあら
　　　　ゆる努力をすべきである。税務当局は，事例で示す例外的な場合を除き，
　　　　実際の取引を否認すること，再構築することはすべきではない。

4　多国籍企業の租税条約の濫用の防止

　行動 6（条約濫用の防止）は，トリーティショッピング防止規定として，
OECD モデル租税条約に特典制限（LOB）条項を導入すること，ミニマムスタ
ンダードとして，客観的な LOB 規定及び／又は主観的な PPT を勧告し，これ
まで議論の多かった「脱税及び租税回避の防止」が租税条約の目的であることを
条約のタイトル及び前文で明示することを勧告した。OECD は，新米国モデル
租税条約（2016 年 2 月17日）に配慮し，その公表後に見直しする意思表示を2015
年最終報告書で明記した。また，OECD は，EU の合意が得られない勧告をして
も，「一貫した包括的アプローチ」を行うことができないという基本方針として
いる。EU は，LOB 規定が EU 法に違反するとの考えをもって，これまで加盟国
が締結した条約の LOB 規定を点検している。最近，EU は，オランダの日本と
の租税条約の LOB 規定が EU 法違反であるといい，条約改正を迫っており，「真

正な経済活動」を立証すればLOB規定による条約の特典を否認しないようにドラフトするならば，LOB規定を許容するとの強い勧告（Recommendation）を発している。EUは，OECDに先んじて租税回避防止パッケージ（2016年1月）を公表し，(i)ハイブリッド・ミスマッチ・ルール，(ii)CFCルール，(iii)スイッチオーバールール，(iv)出国税，(v)利子控除制限ルール，(vi)一般的濫用防止ルール（GAAR）を含む租税回避防止指令案（Anti-Avoidance Directive proposal）を公表した。

5 我が国におけるOECD勧告への対応

我が国では，2013年7月19日，財務大臣談話を発表し，BEPS行動計画を強く支持すること，現在，OECD CFA議長を出しており，OECDなどの場を通じて国際課税の議論を先導してきたが，私もG20などの場で議論に積極的に関与してきており，今後ともイニシャティブをとって議論を加速させていきたいと述べている。

財務省・国税庁内では，すでに検討が進んでいると思われるが，現段階で，日本として，OECDの勧告（国内法改正）及びOECDモデル租税条約の改正（コメンタリーの改正），ソフト・ローともいえるTPGの改正にどのように対処するかについて，上記談話からも，前向きで国際課税ルールの変更を行うものと予想される。主要な改正論議となるポイントを以下に整理しておく。

(1) ハイブリッド・ミスマッチ・ルール

合法的なスキームとして注目してこなかったいわゆる節税金融商品スキームを洗い出すか，金融業者の協力を得るか，プロモーターや投資家に対する質問又は調査の実施によりハイブリッド金融証券又はこれを利用するアレンジメントの情報プールの構築が必要であろう。

米英の開示制度を参照し，BEPS Action 12の勧告に沿った開示制度の導入，米国の「報告すべき取引」（Reportable Transactions）に準ずる登録等の手続の導入も一案であろう。

適用範囲が金融取引に絞られたとはいえ，一国の税制のみで処理できない。

「indirect D/NI」に係る国内法の改正のほか，「リンキング・ルールの勧告」を受け入れる場合，常に外国における税務上の取扱いについて所要の情報が必要であり，税務当局の負担も大きい。

（2） CFC ルールの強化

　我が国の CFC ルールは，エンティティ・アプローチを採用しているが，OECD の CFC ルールの方向は，取引単位アプローチ（transactional approach）を示唆し，「可動性・受動的所得」をターゲットとする制度に傾いている。

　我が国では，業種のブラックリストというべき事業基準とその他の適用除外基準から CFC ルールを構成しているが，近年，このような制度の枠組みを無視して，その地に所在することに「十分な経済的合理性」があれば，事業基準で適用除外を排除すべきでないという議論もあり，「資産性所得」概念も導入しているので，取引アプローチへの転換も視野に入れて，CFC ルールの実効性を検討すべきである。平成29年税制改正で対応することとされていたが，なお検討を重ねる必要がある。

（3） 条約濫用の防止

　BEPS Action 6 の勧告は，「主目的テスト」を導入し，「主目的の一つ」（one of principal purposes）が租税条約の特典を受けることである場合には特典の付与を認めないとしている。これまで，我が国では租税回避防止規定でも，主観的要素でなく，客観基準で適用の可否を判断してきたので，にわかに「動機テスト」を導入することは困難であろう。この線で，租税条約改正の勧告を受け入れる場合，「主目的テスト」を客観基準に直す法技術が必要であろう。

　「セービング・クローズ」の導入の勧告については，国内法の租税回避防止規定等と租税条約の優先適用に関しいわゆる租税条約オーバーライドの議論を生じないため，必要であると認められる。CFC ルールの租税条約違反など愚かな議論（frivolous arguments）や訴訟を体験した国として無駄な訴訟を繰り返さないためには報告書が示すものについて勧告を受け入れるべきであろう。

　ただし，OECD では，いずれの国も一般的租税回避防止規定（GAAR）を導入しているという前提で，「租税条約が GAAR の適用を妨げない」としているが，我が国では多くの学者（平成９年日本税理士会連合会諮問に対する答申）が「一般的否認規定」について反対している。OECD や周辺諸国がすでに導入済の GAAR について我が国も，導入を検討すべき時期であろう。

（4） PE 認定の人為的回避

　BEPS Action 7 は，OECD モデル租税条約第５条４項の a）〜f）のすべてについて「準備的又は補助的」を適用し，「倉庫」について「準備的又は補助的」

使用の場合のみ PE に該当しないとする。アマゾン事案を想起して，条約改正を検討することができる。

「コミッショネア」契約又は類似の方法について，OECD モデル租税条約5条5項の改正を行い，コミッショネアの PE 認定が可能になる。CFC ルールでは，株式保有業の範囲から一定の要件を満たす統括会社を除外することとしたが，我が国にある子会社を事業再編でコミッショネアにした場合，プリンシパルの統括会社の PE として認定することができる。

（5） 移転価格―無形資産

BEPS Action 8 は，無形資産に一応の定義を与え，所得帰属の原則を示し独立企業間価格算定方法にディスカウント・キャッシュ・フロー法（DCF）を含むことも示した。この勧告を受け入れる場合，国際的事業再編など，比較対象のない場合に，DCF 法が採用されると，その根拠となるべき文書化が必要になる。文書化義務の規則22条の10を速やかに改正し，所得相応性基準の導入も視野に入れて検討することが望ましい。

CFC ルールに係る訴訟でも，国外情報が入手できない場合にも，課税要件事実の立証責任は課税庁にあるという不条理な学説があるが，国外情報が入手できず，文書化義務も履行されない場合には，反証可能な推定により，立証責任の転換を可能にし，罰則の規定の整備も検討すべきであろう。

（6） 移転価格― BEPS Action 8, 9, 10（無形資産，リスク，資本，否認，リキャラクタライゼーション，特別措置）

OECD の勧告には，ALP からの逸脱，公式配分方式への移行，否認，リキャラクタライゼーション，特別措置など，我が国の通説を根底から揺るがす問題提起が含まれている。多くの経済学・経営学の概念が使用され，租税法では定義のない概念も導入されているので，租税法としては，各専門用語を税法上定義し直した上で，国際課税ルールの確立をする必要がある。主観的要素の税法への導入，「取引の正確な記述」（accurately delineated transactions）が要求され，「基本的経済的属性」（fundamental economic attributes）の有無が問題とされる理由，非関連者間契約における基本的経済的属性と「商業的合理性」（commercial rationality）から「経済的合理性」基準が満たされる。取引が移転価格目的で認容されるには，取引が「非関連者間契約の基本的経済的属性」を示す必要があり，これを示した取引は「商業上又は資金上のポジションを向上させ又は保護する」

との合理的期待を与えられるという。納税者のストラクチャーを否認し，リキャラクタライゼーションされるストラクチャーは，関連者に商業上又は資金上のポジションを向上させ又は保護する機会を与える代替的取引でなければならないという。

現在の通説では，私法上の法律構成を認めず，個別的否認規定のない場合，上記の理由で，否認することを認めていない。

このような勧告を受け入れる場合，少なくとも，勧告の趣旨を反映する一般的否認規定（GAAR）を導入する必要があろう。

（7）　ATP の義務的開示及び移転価格文書化・国別報告

税務当局にとっては，BEPS Action 12及び13の勧告は，BEPS プロジェクトの各行動の勧告のなかで最も重要な意義のあるものといえる。

コンプライアンス負担と行政負担と釣り合うベネフィットを税務当局が得られるようにベストを尽くすとともに，新興国等で日本企業がこれらの問題で苦境に陥ることのないように配慮することが肝要であろう。

（8）　相互協議手続の条約上の義務が十分誠実に履行されること

BEPS Action 14のオプションは，MAP の障害となる事項を点検した上でその対策として各提案を行っているので，全面的に協力すべきであろう。

自国のみでなく，新興国等にも共通のルールを共有するように，働きかける必要があろう。

6　　我が国の通説の変化を要求するもの

「租税回避」の定義について，通説とみられる金子宏東大名誉教授『租税法(19版)』では，「私法上の選択可能性を利用し指摘経済取引プロパーの見地からは合理的理由がないのに，通常用いられない法形式を選択することによって，結果的には意図した経済的目的ないし経済的成果を実現しながら通常用いられる法形式に対応する課税要件の充足を免れ，もって税負担を減少させあるいは排除すること」「租税法規が予定していない異常な法形式を用いて税負担の減少を図る行為」と述べておられる。法形式濫用説の定義が，近年，法制の濫用といわれる多国籍企業の租税回避を正当化する根拠にされる懸念がある。

多国籍企業の ATP に対処するには，「租税回避」の定義を学説レベルでも変える必要がある。

我が国には，包括的な租税回避否認規定があるが，典型的な同族会社行為否認規定がいろいろ物議を醸してきた。エンティティベースや取引ベースの包括的否認規定にとどまらず，諸外国では多様な GAAR が導入されている。我が国でも，GAAR の国際比較を行い，導入に向けた検討をしなければ，ATP に対応できない。「法の濫用」概念を受け入れることも，必要になる。

独立企業原則（ALP）を維持するのか，公式配分方式（FA）に移行するのか，研究をする必要があるが，ALP を維持するのであれば，多国籍企業のいう「経済的合理性」がある場合には税務上「否認」するなというとき，その「経済的合理性」とは ALP のいう「非関連者の経済的合理性」と同意義か，グループ企業としてあらゆるものを利用して費用の極小化及び利益の極大化のための最適アレンジメントであれば「経済的合理性」があるというのか，議論を詰める必要がある。

所得計算方法の問題のほか，通説ではペンディングにされている所得帰属の問題について，法律的帰属説と経済的帰属説のいずれをとるか，国際的に共通のルールになることが必要である。所有と支配の概念についても，法的所有と経済的所有，法的支配と経済的支配のいずれをとるか，国際的に共通のルールになることが必要である。所得，特に国外所得について帰属との関係で，ATP で利用される "Stateless income" が創出される。

これらの問題について，エンティティの分類，法人か非法人か，パススルーエンティティ（透明なエンティティ）か導管型エンティティ（不透明なエンティティ）か，ハイブリッド・エンティティかリバース・ハイブリッド・エンティティか，これらの分類を私法に委ねるのか税法で決めるのか，ルールの明確化を図る必要がある。

これと同様に，ハイブリッド金融証券（hybrid financial instrument）の取扱い，負債（debt）と出資（equity）の取扱いも，ハイブリッド譲渡も，ATP に利用される。

国際課税では，近年，「実質」（substance）と「透明性」（transparency）を重視する動きがあるが，ATP のようにメカニカルな文理解釈で，合法的に仕組まれた取引を「形式」ベースの事実認定を行えば，課税の結果は，ATP の予測どおりになる。このようなメカニズムを「予測可能性」というのか。BEPS Action では，ATP で合法的に仕組まれた取引の「実質」ベースの事実認定を行い，「法の意図」に沿って解釈を行い，ATP の予測を覆すことが必要になる。

租税実務家がよくいう法的安定性と予測可能性を確保する必要性は，誠実に税

法を遵守する納税者のためにあるが，皮肉なことに，BEPS 懸念のある ATP に
これらを与えると，安心して法の裏を掻くのである。

　最高裁の判例でも，納税者の「租税回避の意図」を認めながら，個別的否認規
定がない以上，租税回避行為を否認することは租税法律主義の下で認められない
といい，また，他の裁判では，多くの学者や弁護士が，「租税回避の意思」がな
いのに，タックス・ヘイブン対策税制を適用することは不当であるという。

※ヤフー事件の最高裁判決は，「濫用基準」の採用，文理解釈でなく趣旨目的解釈を
　認めた画期的な判決である。

　　BEPS Action 6 では，条約濫用の防止のため，条約の特典の享受を「主目的の
　一つ」（one of principal purposes）とするときは，条約の特典を認めないという。
　この勧告を受け入れるならば，2006年の日英条約，2007年の日仏条約，2008年の日
　豪条約で導入した主目的テスト（PPT）を本格的に導入することになる。国内法で
　も，同様に，「主目的テスト」の導入を検討するべきであり，ターゲットを決めた
　効率のよい調査の可能性と立証責任の転換の問題を処理する必要が浮上する。これ
　まで租税条約について，米国の租税条約オーバーライドを非難する学説が少なくな
　い。近年のシンガポール条約に我が国のタックス・ヘイブン対策税制が違反すると
　いう訴訟まで起きており，これを支持する学者も現れた。このような論法を持ち出
　す学説は，多くの個別的否認規定の効力さえ無効化する。BEPS Action は，
　GAAR を含む国内法の租税回避防止規定の優先適用を認めた点で大きい意義があ
　る。

16 電子経済に対応する国際課税ルール

沼田博幸

1 はじめに

　近年，情報通信技術（ICT）の爆発的な発展が起きており，経済に大きな影響を与えている。すなわち，従来の経済とは異なる電子経済（digital economy）を生み出している。さらに，電子経済の発展は従来の多国籍企業の事業モデルにも大きな影響を与えている。そのことが国際課税に深刻な影響を与え，結果として，従来の国際課税のルールの見直しが必要となっている。BEPS行動計画はその一環と言える。

　ところで，BEPS行動計画1の確定版[1]では，ICTの発展，電子経済の発展，そして，国際ルールへの影響について詳細な分析と検討を行ったうえで，直接税及び間接税の各分野での対応策について検討を行っている。なお，直接税についての実際の対応策はBEPS行動計画の計画2から15がカバーしており，したがって，電子経済に特有の対応策は不要とされている。また，間接税（VAT）については，既にOECDの国際VAT/GSTガイドラインが2015年に公表されており，これに従うことが解決策とされている。すなわち，電子経済は各種のBEPS問題を深刻化させているものの，課題としては特別にユニークなものではなく，行動計画1のための特別の対応は不要とされている[2]。

　そこで，本章では，行動計画1の確定版に記述された，ICTの発展，電子経済の発展，そして，国際課税ルールへの影響に関する詳細な解説を要約して紹介するとともに，直接税に関する課題の対応策については他の章に委ねることとし，間接税（VAT）に関する課題について，電子経済がVATの仕組みに与える影響とその対応策，特に，国外の供給者が国内の消費者に供給する電子サービスに対する課税が提起する問題点を中心に若干の検討を行うこととしたい。

2 電子経済の特徴と新たなビジネスモデル

（1）　情報通信技術（ICT）の進化[3]

　ICTの発展は，ICT製品の価格を急速に下落させるような，急速な技術的進

歩によって特徴付けられる。絶えることのない技術の発展とイノベーション，物品やサービスの標準化あるいはコモディティー化のサイクルが，電子経済が進化するなかで継続的に生じている。その概略を述べると以下の通りである。

パーソナルコンピュータはほぼ30年前にその標準化を終え，他の機能と結合しつつ，その価格は急速に下落している。

スマートフォンやタブレットといったウェブにアクセスできるデバイスが広がっている。こうしたインターネットと接続した移動式デバイスの増加が「モノのインターネット（Internet of Things）」と称される，相互に接続したインフラを生み出している。

インターネットが事業活動における重要な現実となったことから，インターネットサービス・プロバイダー（IPSs）が電子経済のなかで重要な役割を果たすようになった。IPSs がネットワークへのアクセスのサービスを提供していたが，市場競争のなかで，IPSs は，その機能は残しながらも，活動範囲が限定的なものとなった。こうしたなかで，むしろ，コンテンツのプロバイダーがエンドユーザーと直接に接触するようになっている。

ソフトウェアは当初から重要なバリューチェーンの要素であったが，その一部はコモディティー化し，標準化している。オペレーティングシステム，データベース，ウェブサーバ及びブラウザでの開発競争は，これら業者の利益を減少させる一方で，新たな利益の機会を生み出している。ハードウェアの分野でのコモディティー化が従来の製造業者の利益を失わせる一方で，低価格品の製造業者に新たな機会を生み出している。また，ソフトウェア業界での激しい競争が，消費者の需要により合致したサービスを生み出している。

コンテンツは1990年代の終わりに注目を集め，コンテンツポータルやサーチエンジンがインターネットの主要なゲートキーパーの役割を果たした。今日では，電子経済の多くのプレーヤーがコンテンツのプロバイダーである。

コンテンツには特許権が認められたもの以外にも多様なものが含まれる。また，現在では，コンテンツは広告との関連で推進役となっている。コンテンツの作成には，ウィキペディアやユーチューブに見られる通り，ユーザーが積極的に参加するようになっている。

アプリケーションのユーザーは，事業者に大量のデータを提供している。データには，趣味など個人的なもの，位置情報や購入履歴などの観察されたもの，信用度などの推測されたものが含まれる。これらは，収集され，蓄積され，分析され，そして利用される。データの収集能力は，インターネットと接続されるデバ

イスが増加するにつれて増大する。

　個人が利用する各種のリソースの標準化とコモディティー化に伴い，事業者がインターネットで収集されたデータをサービスとして利用することが可能となっている。

　大規模なクラウドコンピューティングは，高能力のネットワーク，低コストのコンピュータ，蓄積デバイスその他の利用の拡大といった技術やビジネスモデルに関連した傾向の結果である。今日では，消費者アプリケーションはサービスとして提供されている。サーチエンジンやソーシャルネットワーキング・アプリケーションは，ダウンロードされることなく，ウェブブラウザーを通じて利用されている。日常生活での個人，コンテンツ及びモノを接続するネットワークとしての「モノのインターネット」の将来の発展を分析するうえで，クラウドが生み出す価値は重要である。

（2）　ICT の既存の事業部門への適用[4]

　経済のすべての分野で，生産性を挙げ，市場を拡大し，コストを軽減するために，ICT が利用されている。その事業モデルは，最初は，既存の事業形態への応用であった。物理的な書籍を電子書籍として販売するのがその例である。現在では，デジタル技術の潜在的な能力を活用した，新たな事業形態が生まれつつある。

　具体的には，ICT の拡大が下記の産業の事業内容を変化させつつある。
　　−小売業では，オンラインでの注文が可能となっている。
　　−運送及びロジスティックでは，貨物の追跡が可能となり，配送が効率的になっている。
　　−金融業では，各種サービスがオンライン化している。
　　−製造業及び農業では，知識産業化しつつあり，自動化が進んでいる。
　　−教育では，遠距離での授業が可能となっている。
　　−ヘルスケアでは，遠距離での診察が可能となっている。
　　−放送及びメディアでは，ユーザーがコンテンツを作り出し，参加するようになっている。

　以上のように，現在では，電子経済がさまざまな経済分野で利用されるようになっており，電子経済を既存の経済から分離することは，不可能ではないとしても極めて困難となっている。

（3）　電子経済が生み出す新たなビジネスモデル[5]

　電子経済は，多くの新たなビジネスモデルを生み出している。その多くは伝統的なビジネスモデルとパラレルであるが，ICT の発展がより大規模でより遠距離での事業を行うことを可能としている。その一部を示すと次の通りである。

- 電子商取引（e-commerce）：「電子商取引」は，OECD の作業部会では，単に注文にコンピュータネットワークを使う場合も含め，広い意味で定義されている。電子商取引の大半は，事業者間（Ｂ２Ｂ）での製品やサービスの売買である。こうした取引の対象には有形資産（音楽 CD など）や無形資産（電子媒体によるもの）が含まれるが，情報のデジタル化により遠方の顧客への販売が可能となっている。仲介業者の排除により，サプライチェーンが極端に短縮され，取引コストが低下している。消費者間取引（Ｃ２Ｃ）が増大しており，事業者は住宅や自動車の売買における仲介者としての役割を果たしている。オンラインでのオークション，ユーザー間のシェアリングなどが典型例である。
- オンライン取引の支払：従来は，支払において，銀行口座やクレジットカードなどの金融上の情報と高度の信用が必要とされていた。これに対して，オンライ支払サービスは，こうした情報を不要とするものである。サービス提供者はオンラインでの購入に係る支払の仲介者としての役割を果たしている。
- アプリストア：スマートフォンやタブレットを通じたインターネットへのアクセスにより，アプリストアが発展している。アプリストアは小売プラットフォームの形を取り，消費者はアプリを購入し自分の機器にダウンロードする。
- オンライン広告：インターネットを通じて顧客にメッセージを届けるものであるが，従来の広告と比較し，有望なターゲットに対象を絞った広告が可能となっている。ユーザーの検索サービス利用などオンライン活動から得られる情報の集積と分析が，ターゲットを絞った広告を可能としている。
- クラウドコンピューティング：標準化された，オンデマンドの，オンラインのコンピュータサービスであり，ネットワーク，サーバー，アプリなどの物理的あるいはバーチャルなリソースをシェアしている。クラウドコンピューティングは，自前で IT インフラを購入し保有することに比べ，ユーザー間でこれらをシェアすることから，低コストの代替手段を顧客に提供する。
- 少額高頻度取引：高度なテクノロジーにより，高スピードでの証券取引が可能となっている。取引は自動化され，少額の取引でも高頻度取引で利益を出すことが可能である。また，取引は完全に電子化されており，現地での人手は不要である。重要なのは，取引を行うためのプログラムである。

（4） 電子経済の特徴[6]

　電子経済にはさまざまな特徴があり，かつ，それらは潜在的に課税に関係する。主要な特徴として，移動性（mobility），データの信頼性と利用者の参加，ネットワーク効果，多面的な事業モデル，独占又は寡占の傾向，変動性（volatility）などが挙げられる。

　これらのなかで移動性について触れると，次の通りである。

− 無形資産の移動性：無形資産の開発は電子経済の主要な特徴であり，無形資産への投資とその開発は電子経済における価値創出と成長の中心核である。例えば，デジタル会社は，ソフトウェアに大きく依存している。既存の税法のルールによると，無形資産の権利は，関連会社への譲渡が容易である。

− 利用者と消費者の移動性：ICT の発展と接続性の増大は，遠距離での商業活動や国境を越えた活動を増大させる。ある国の居住者が第二の国でアプリを購入し，第三の国でそれを使用することが可能である。取引の匿名性がユーザーの場所の特定を困難にしている。

− 事業の機能の移動性：遠距離通信の改善，情報管理ソフトウェア，パーソナルコンピューティングは，遠距離での活動のコストを大きく引き下げている。そのため，事業者は，供給者又は顧客の活動地又は所在地から地理的に遠く離れて，グローバルに事業を展開することが可能となっている。

　以上のような電子経済の特徴の結果として，ICT サービスの国際的取引は著しく増大している。事業のグローバリゼーションは新たな現象ではないが，電子経済がその傾向を顕著なものとしている。新たな，そして，より効率的なビジネスモデルが生まれている。企業は，生産活動のための最適の場所を選択できるようになっており，活動の場所が生産や消費の場所と隔たっていることは問題でなくなっている。電子経済において，有能な才能のある人材が決定的に重要なリソースとなる。デジタル企業の中心的機能の所在地は，これらキーパーソンが仕事を行いたいと考える場所となる。

3　電子経済の下での BEPS の機会

　電子経済の下で発生する BEPS の機会について，以下，概観する。

（1） 所得課税の文脈での BEPS プランニング[7]

　所得課税の文脈での BEPS プランニングの概略は下記の通りであり，**図表16-1** はこれらをイメージで示したものである。

図表16-1 所得税の文脈でのBEPSプランニング[8]

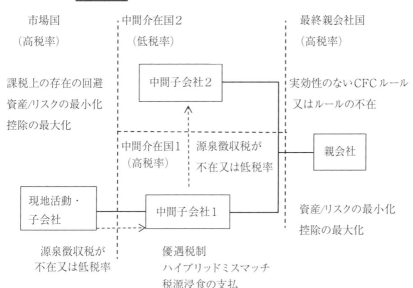

- 市場国での税の排除又は軽減
  - 課税上の存在の回避：電子経済では，非居住会社は，現地に物理的施設を設けることなく，ウェブサイト等の電子的手段を通じて遠方の顧客とコンタクトすることが可能である。自動対応（automated process）の活用は，この傾向を強めている。
  　事業活動を人為的に分散し，現地では準備的・補助的活動のみを行うことが，市場国での課税を回避させる結果を生み出している。
  - 市場のある課税法域での機能，資産及びリスクに配分される所得の最小化：多国籍企業は，市場国への機能，資産及びリスクの配分を最小化するような形で，グループを構築している。例えば，評価困難な無形資産を低価格で低税率国に譲渡することで高税率国の税収は減少する。
  - 市場のある課税法域での控除の最大化：ただし，一旦，市場のある国に支店等の施設を設けた場合には，他の国に所在する関連会社に対して利子，使用料等の支払を行うことで課税所得の最小化が可能となる。
- 源泉徴収税の回避：市場国からの利子や使用料等の支払に課される源泉徴収税を回避あるいは最小化するために，条約漁り（treaty shopping）により，源

泉徴収税が免除あるいは軽減される国に設けられたシェルカンパニーが利用される。

−中間介在国での税の排除又は軽減：中間介在国では，その国の租税優遇制度やハイブリッドミスマッチの利用，あるいは，低税率国に所在する関連会社への過大な支払を通じて，税負担の排除あるいは軽減が行われる。過大な支払としては，関連会社が所有する無形資産に対する使用料が効果的である。

−最終親会社の居住地国での税の排除又は軽減：多国籍企業は，最終的な親会社の所在地国においても，市場国の場合と同様の手法で，税負担の排除又は軽減が可能である。

　さらに，親会社国が受動的所得に係る国外所得免税制度や課税繰延制度を有している場合や非支配外国会社制度（CFC制度）を有していない場合には，税負担の軽減が可能である。なぜなら，親会社は，適切な対価を受け取ることなく，評価困難な無形資産を低税率国の子会社に譲渡できるからである。

（2）　消費課税の文脈での BEPS プランニング[9]

　消費課税の文脈での BEPS プランニングの概略は，下記の通りである。

−非課税事業者への遠方からの電子的供給：大部分のＢ２Ｂ（事業者間）取引には BEPS の懸念は生じない。ただし，金融機関などの非課税事業者（exempt businesses）の場合には，購入に係る税額控除の権利が制限されていることから事情が異なる。一部の国では国外からのサービスや無形資産の購入に自己賦課を求めていないが，その場合には，国内の供給者は国外の供給者に比べて競争上の不利な立場に立つことになる。

−多数の施設を有する企業への遠方からの電子的供給：多国籍企業（MLE）では，サービスや無形資産は，規模の経済の観点から，まとめて取得し，次いで，その費用を実際に使用する施設にリチャージしている。また，銀行業などの金融機関の場合に VAT の負担が発生するが，VAT が課されていいない国でサービスや無形資産を購入することで，その負担を回避することが可能となっている。

4　BEPS への対抗策

　電子経済の特徴，特に，その移動性（mobility）は，直接税と間接税の双方に BEPS の懸念を生じさせている。市場から遠く離れた場所にインフラを集中させ，市場から遠く離れて実質的な販売を行うことが可能なことから，物理的な活動の

分散を通じて BEPS が可能となっている。

（1）　所得課税の分野での対抗策[10]

- 無国籍の所得に対する課税の回復：多国籍企業の利益を人為的に税負担の小さい国に移転させる仕組みは，BEPS プロジェクトがターゲットとしているものであり，透明性を拡大し，アグレッシブなタックスプランニングの開示を求めている。国別報告書（country-by-country reporting）はこうした役割を担うものである。

　　BEPS 行動計画は，市場国と最終親会社国の双方に生じている，いわゆる，無国籍所得（stateless income）の現象に対応しようとしている。すなわち，条約の不正利用の防止（行動 6），PE 認定の人為的な回避（行動 7），CFC 税制の強化（行動 3），ハイブリッドミスマッチ取極めの効果の無効化（行動 2），利子控除制限（行動 4），有害税制への対抗（行動 5），そして移転価格税制と価値創造の一致（行動 8-10）が対応している。

- 市場のある課税法域での BEPS 問題への対応策：下記の BEPS 行動計画が，市場国での課税の回復を図っている。
  - ・条約の悪用の防止（行動 6）：租税条約の特典を認めると二重非課税を発生させる場合には，こうした条約上の特典を否認することが市場国の課税を確保するうえで有効である。
  - ・PE 資格の人為的回避の防止（行動 7）：条約上の PE（恒久的施設）の定義が市場国による非居住者たる会社の事業利益への課税を制限している。

　　　契約の締結は本社がオンラインで行っているが，現地の PE が販売活動において実質的に大きな役割を果たしているケースがあり，こうした場合に PE 所在地国の課税権を確保するための対応策，さらには，PE の準備的・補助的活動の例外条項を利用し，活動の分散化（segmentation）により，市場国の課税権が失われるケースがあり，こうした場合の対応策が行動 7 で検討されている。

- 市場及び最終親会社のある課税法域の双方での BEPS 問題への対応策：下記のような BEPS 行動計画が，市場及び最終的親会社の所在地国での BEPS の問題への対応を行っている。
  - ・ハイブリッドミスマッチ取極めの効果の無効化（行動 2）
  - ・利子控除その他の金融上の支払を通じた税源浸食の制限（行動 4）
  - ・有害な課税実務に対するより効果的な対応（行動 5）

・移転価格の結果が価値創造に合致することの確保（行動8-10）

・無形資産とコストシェアリング取極め

・実際の取引と事業リスクの配分

・グローバル・バリューチェーンと取引単位利益分割法

－最終的親会社の課税法域でのBEPS問題に対応する措置：効果的なCFCルールの構築が最終的な親会社の課税法域での課税を回復させる。

（2）　消費課税の分野でのBEPS問題への対応[11]

　経済の電子化は，事業者がグローバルな方法で事業を展開する能力を高めており，BEPSとの関連では，こうした能力が，非課税事業者において発生するところの，税額控除不可とされるVATの最小化を可能ならしめている。

　OECDの国際VAT/GSTガイドラインを実施することが，サービスや無形資産のB2B取引でのBEPSの機会を最小化することになる。すなわち，国外から購入するサービスや無形資産にも課税するとともに，銀行業等の非課税企業の場合には，多国籍企業の施設間でのリチャージは，事業目的での使用に合致したものとすべきである。

（3）　小括

　「行動1」の結論は，次の通りである。

　電子経済はユニークなBEPS問題を発生させることはないが，電子経済の特徴，特に，その移動性（mobility）はBEPSの懸念を増幅させている。ただし，こうした電子経済の特徴は，直接税の分野では，行動3のCFCルール，行動7のPEステータス，及び行動8から11の移転価格の作業において検討されており，これら行動計画を実施することが，電子経済が引き起こす問題への対応策となる。また，間接税の分野では，OECDガイドラインを実施することが解決策となる。

5　電子経済の下でのVATの課題

（1）　電子経済とVATの対応

　電子経済の進展は，時間や空間の制約を消失させているが，VATにとっては特に地理的な制約の消失が重大である。なぜなら，VATは取引に対する税であり，取引の場所が所在する国に課税権があると考えられているからである。コンサートやイベントなど物理的なサービスの場合には，そのサービスの提供された場所が取引の場所となるが，それ以外のサービスの場合には，サービス提供の場

所が明白でないために，サービスの供給者又は顧客の所在地をもって取引の場所とされる。前者が原産地原則であり，後者が仕向地原則である。確実な課税の観点からは原産地原則が好都合であるが，消費に対する課税という観点からは仕向地原則が望ましい。

国際 VAT/GST ガイドラインは，サービスと無形資産の取引の全体を対象とし，そのうえで，消費地国（すなわち，顧客所在地国）に課税権があることを明確にしている[12]。

そして，Ｂ２Ｂ取引については，課税の実効性の確保の観点から，サービスの供給者ではなく顧客を納税義務者とするところの，リバースチャージを採用することを勧告している[13]。また，本支店間等の内部取引には，リチャージ・システムが推奨されている[14]。

さらに，Ｂ２Ｃ取引については，原則通り，供給者を納税義務者とするが，供給者からすると，自己の所在地以外の国が納税地となることから，顧客所在地国の税務当局は外国の供給者に対して納税義務の履行を容易にするための便宜を図ること（例えば，簡易登録制度の適用）の重要性が，そして，執行面からは，供給者の所在地国の税務当局との執行協力の重要性が強調されている[15]。

なお，「行動１」は，以上のほか，電子経済が少額物品の輸入を容易とする状況を生み出していることに注目している。輸入に係る税関手続には事務簡素化のための課税最低限の制度が設けられていることから，VAT が課されずに物品を輸入することが可能となっている。このため，国内で購入するよりも輸入したほうが有利になり，競争上の歪みをもたらしている[16]。

各国は，BEPS 行動計画１や OECD 国際 VAT/GST ガイドラインを受けて，それぞれ，問題に対処するために制度改正を行っている。

外国の供給者のために便宜を図る制度をみていくと[17]，欧州では，2015年より電子取引等についてミニワンストップショップ（MOSS）制度[18]を導入しており，オーストラリア，ニュージーランド，ノルウェー，韓国等では，簡易登録制度を導入している。

さらに，少額物品の輸入の問題については，一部の国において，課税最低限のある税関での引取課税に依存するのではなく，電子取引と同様に，供給者に納税を求める制度に改正する動きが見られる[19]。

わが国でも，消費税法の改正が行われているが[20]，OECD のガイドラインが推奨するような，サービスや無形資産のすべての取引ではなく，電子的供給サービス（「電気通信利用役務の提供」）に限定して仕向地原則を適用するものとされて

いる[21]。また，事業者が顧客である取引（B2B取引）については，リバース
チャージを適用して顧客を納税義務者とし，消費者が顧客である取引（B2C取
引）の場合には，原則通り，供給者を納税義務者としている[22]。

（2）　電子経済の下でのVAT課税に関する若干の考察

　電子経済の下でVATが直面している困難は，クロスボーダー取引が国境での
税関の監視を受けることなく容易に行えることに由来する。VATは間接税であ
ることから，顧客から対価とともにVATを受け取り，受け取ったVATを国庫
に納付するのが基本であるが，クロスボーダー取引とは，取引の供給者と顧客が
異なる課税法域に所在していることを意味し，かつ，顧客所在地国に課税権限を
認める仕向地原則を採用した場合には，納税者である供給者が所在する課税法域
と課税権限を有する課税法域が乖離するという問題が発生する。換言すると，課
税権限の存在する課税法域（課税管轄）と執行権限が存在する課税法域（執行管
轄）が異なることから，適切な課税が困難となる[23]。

　顧客を事業者と消費者に区分し，顧客が事業者の場合（すなわち，B2B取引）
においてリバースチャージを適用することとしたのは，上記の課税管轄と執行管
轄の乖離への対応策と考えることができる。顧客が納税者となることで課税管轄
と執行管轄が合致するからである。また，供給者にとっては，顧客所在地国の
VATを熟知する必要から解放されるというメリットがある。ただし，供給者に
は，顧客を事業者と消費者のいずれかに区分する負担が残る。

　他方，顧客が消費者の場合には，こうしたリバースチャージをそのまま適用す
ることは困難である。なぜなら，消費者にVATの申告と納税を求めることは，
無意味ではないにしても，実効性は期待し難く，さらに，間接税の本来の長所と
されるところの課税の効率性を失わせることになるからである。

　したがって，消費者を顧客とする取引（すなわち，B2C取引）においては，
供給者を納税義務者とする従来の課税方式を維持するものとされている。その結
果として，課税権限を有する法域（顧客が所在する国）と執行権限を行使しうる
法域（供給者が所在する国）との乖離が発生し，執行面での不確実性が残ること
となる。したがって，現行の方式は，国外の事業者のコンプライアンス精神（あ
るいは，ボランティア精神）に依存するもので，脆弱な状態にあると言える。

　この状態を示したのが**図表16-2**である。なお，設例は，X国の供給者がY国
の顧客（消費者）に対価100の電子サービスを供給するというもので，税率は
10％と仮定している（以下，**図表16-3**及び**4**も同じ）。

OECDは，供給者の便宜を考慮して，顧客所在地国（Y国）に対して簡易な登録システムを用意するよう推奨しているが，いずれにしても，供給者側で顧客所在地国の税制を熟知していることが求められる。課税管轄と執行管轄が乖離していることから，申告の正しさは，供給者のコンプライアンス精神に依存した状態にとどまる。OECDは税務当局間の執行協力の重要性を強調しているが，その実効性は不明である。

EUでは，この問題に対して，供給者の所在地国が供給者に課税し，税収を顧客所在地国に送金する仕組み（Mini One Stop Shop: MOSS）を導入することで克服しようとしている[24]。これは一定の効果を持つと考えられるが，EUのような執行面での協調が期待できる地域的な共同体の存在が前提となる。

EUの仕組みを示したのが図表16-3である。

これは，第三国からEU域内への電子サービスに適用されていたワンストップショップ（OSS）の仕組みを，EU域内での電子サービスに応用したものである。

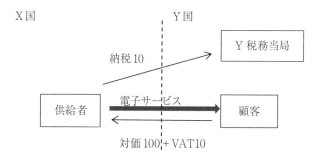

図表16-2　供給者課税方式（OECDガイドライン）

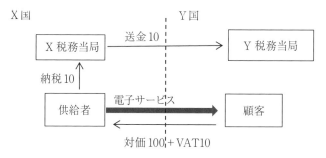

図表16-3　供給者課税方式（EUのMOSS）

この場合，供給者にとっては，本国（X国）の顧客に係るVAT申告とともに他のEU加盟国の顧客の所在地国（Y国）に対するVAT申告を同時に行うことが可能となる。ただし，申告の手数は簡素化されるが，顧客が所在する国の税制を熟知する必要性は変わらない。供給者所在地国の税務当局による調査に期待するものである。

さらに，課税管轄と執行管轄を合致させる方式として，電子経済の時代におけるテクノロジーを活用した顧客課税方式が考えられる（仮称：VAT徴収システム）。支払に係る銀行機能をベースとしつつ，テクノロジーを活用し，システム上で顧客所在地国の銀行又は税務執行機関（電子課税庁）がVATを徴収し，供給者には本体価格のみを送金し，VATは課税庁に送金するというものである[25]。現時点で直ちに実現できるものではないが，VAT課税における今後の方向を考えるうえで重要である。この仕組みを示したのが，図表16-4である。

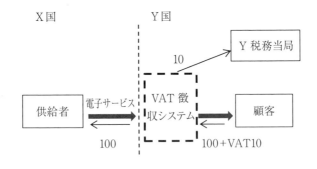

図表16-4　顧客課税方式（電子経済のテクノロジーを活用）

VAT徴収システムは，代金支払に係る金融制度並びに顧客情報及び税制情報が自動更新される仕組みを組み込んだコンピュータ・システムを構築し，自動的に課税処理を行うというものである。課税管轄と執行管轄の乖離という問題が解消する。供給者にとっては，顧客の属性に関する情報や顧客所在地国の税制に熟知する必要はない。現時点では，この方式は議論あるいはアイデアの域にとどまるものであるが，今後のICTの発展を考えると実現の可能性は否定できない。顧客情報の保護などの克服すべき課題も多いが，電子経済の時代の下でのVATの今後の課税の仕組みとして期待できる。

6 おわりに

本章では，電子経済が国際課税ルールに与える影響について，主として
OECD の BEPS 行動 1 の資料を参考として簡潔に記述した。

直接税（所得課税）の分野では，電子経済がもたらす課題は特別にユニークな
ものではないとされていることもあり，課題の詳細な検討は他の章に委ねること
とした。

間接税（VAT 及び消費税）の分野では，電子経済の影響は重大であり，課税
システムの基本を揺るがすものとなっている。そこで，その対応について，今後
のあるべき方向含め，若干の考察を試みた。

今後とも，電子経済は一層進展し，ビジネスモデルも急速に変化すると考えら
れるので，国際課税のルールもこうした変化に対応させていくことが求められる。

（注）

(1) OECD/G20 Base Erosion and profit Shifting Project "Addressing the Tax Challenges of
the Digital Economy" ACTION 1 : Final Report（OECD 2015）。以下，同報告書を「行動
1」として引用する。

(2) 「行動 1」の「要約（Executive summary）」11頁～13頁。「行動 1」の第 9 章「電子経済
が引き起こす，より広範な直接税及び間接税の課題とそれに対処するための選択肢」136頁
～138頁。電子経済タスクフォース（TFDE）が行っていた三つの提案（新たなネクサス，
電子取引に対する源泉徴収税，及び均衡税）については，今回の「行動 1」では勧告しない
こととされている。ただし，電子経済の今後の進展には注目していく必要があるとしている。

(3) 「行動 1」の pp.35～49 "Chapter 3 Information and communication technology and its
impact on the economy" を要約した。

(4) 「行動 1」の "Chpter 4 The digital economy, new business models and key features" の
一部（pp.52～54）を要約した。

(5) 「行動 1」の "Chpter 4 The digital economy, new business models and key features" の
一部（pp.54～63）を要約した。

(6) 「行動 1」の "Chpter 4 The digital economy, new business models and key features" の
一部（pp.62～74）を要約した。

(7) 「行動 1」の "Chapter 5 Identifying opportunities for BEPS in the digital economy" の一
部（pp.78～82）を要約した。

(8) 「行動 1」の p.79 "Figure5.1. BEPS planning in the context of income tax" を紹介した。

(9) 「行動 1」の "Chapter 5 Identifying opportunities for BEPS in the digital economy" の一
部（pp.82～84）を要約した。

(10) 「行動 1」の "Chapter 6 Tackling BEPS in the digital Economy" の一部（pp.86～93）を
要約した。

(11) 「行動 1」の "Chapter 6 Tackling BEPS in the digital Economy" の一部（pp.93～94）を
要約した。

250 ◆ 第 2 章　OECD の BEPS 行動計画

⑿　"International VAT/GST Guidelines" Third Meeting of the OECD Forum on VAT 5 - 6 November 2015 Paris, France　p.29

⒀　前掲注⑿ p.35

⒁　前掲注⑿ pp.32〜34

⒂　前掲注⑿ pp.48〜54

⒃　行動 1 の pp.123〜126，及び，Annex C "The collection of VAT/GST on imports of low value goods"

⒄　Laura Mattes "VAT Aspect of Cross-Border Transactions in the BEPS Era" *International VAT Monitor May/June* 2016 p.177

⒅　MOSS 制度の概略については，後述（ 5 ⑵）の通りである。

⒆　前掲注⒄ Laura pp.177〜178

⒇　わが国の消費税法の改正の詳細は，『平成27年度版　改正税法のすべて』（大蔵財務協会 2015）829頁〜851頁に掲載されている。

㉑　消費税法 4 条 3 項 3 号（課税対象）

㉒　消費税法 4 条 1 項（課税対象），5 条 1 項（納税義務者）

㉓　Marie Lamench "Is There Any Future for the Vendor Collection Model in the 21th Century Economy" *International VAT Monitor May/June* 2016 p.177

㉔　前掲注⒄ Laura Mattes pp.182 〜185

㉕　次の書籍において，顧客所在地国での課税を可能とするために，テクノロジーに基礎を置いた課税システムの提案が行われている。Marie Lamench "European Value Added Tax in the Digital Era-A Critical Analysis and Proposals for Reform" IBFD Doctoral Series 36 IBFD 2015

17 ハイブリッド・ミスマッチ・ルール

飯守一文

1 はじめに

OECD/G20は，2013年7月にBEPS行動計画を策定して検討を重ね，2015年10月，行動2「ハイブリッド・ミスマッチ取極めの効果の無効化」に関する最終報告書[1]（以下「最終報告書」という）をとりまとめ，その中でハイブリッド・ミスマッチ・ルールの導入が勧告された。

経済取引に用いられる金融商品や事業体の中には，①利子の支払が損金算入される一方，その受取りが益金算入されるデット（債務）と，配当の支払が損金算入されない一方，その受取りが免税や益金不算入となるエクイティ（株式）や，②構成員課税を受ける透明体と団体課税を受ける非透明体のように，税務上対照的な取扱いを受けるものが存在している。また，これらについては，支払時に控除される代わりに受取り時に課税され，また，団体に課税されない代わりに構成員に課税されるというように，課税上いわば共役関係にある。

金融商品や事業体等は包括的に「取極め（アレンジメント）」と呼ばれているが，その種類や設計は元来自由に行うことができるため，双方の性質を併有する（ハイブリッド）取極めが可能である。こうしたハイブリッド取極めについては，当該取極めの当事者が所在する国の間で税制上の取扱いが異なり得るため，グローバルな経済行為で所在国のいずれにおいても課税を受けない（課税上の共役関係も崩れている），すなわち，二重非課税という租税政策上好ましくない結果が生じ得る。かくして税務上の不整合な取扱い（ミスマッチ）を意図的に利用して国際的租税回避を図ることも可能となる。

ハイブリッド・ミスマッチ・ルール（以下「ミスマッチ・ルール」という）は，二重非課税による国際的租税回避を防止するため，ハイブリッド取極めから生ずる税務上のミスマッチ効果を制度的に一致させて無効化し，課税を行うためのルールであり，CFCルールや移転価格税制等と同様に，国際的租税回避防止ルールと位置付けられる。このミスマッチ・ルールは，一般的には，税務上の効果を直接的に生じさせる国内法ルールを指すが，その効果を条約当事国において担保

するための条約ルールも併せて必要となる。

　以下，2でミスマッチ・ルールに関するOECD勧告（国内法ルール）について概説し，3で問題の所在について述べた後，4以下で個別の論点について若干の検討を行う。

　なお，文中意見にわたる部分は筆者の個人的見解であることをお断りしておく。

2　ミスマッチ・ルールに関するOECD勧告の概要

（1）　2012年OECDハイブリッド報告書

　ハイブリッド・ミスマッチ取極め（以下「ミスマッチ取極め」という）は租税回避に頻繁に用いられてきたため，OECDは，2010年報告書「銀行損失に係る税リスクへの対処」[2]，2011年報告書「濫用的租税計画における法人損失の利用」[3]において検討を加えたほか，2012年報告書「ミスマッチ取極め：税制及びコンプライアンス上の問題」[4]（以下「2012年報告書」という。）において，複数の政策上の選択肢を提示した上で，ミスマッチ・ルール導入の必要性を強調した（最終報告書パラ1-2）。2012年報告書は，政策上とり得る4つの選択肢を示して検討している。

　第1に，ミスマッチを除去すべく，各国国内税法を調和させることが可能であるとは考えられないと結論付けている（2012年報告書パラ30）。各国の税制は租税高権に基づくものであり，例えば，米国のチェック・ザ・ボックス規則や欧州諸国の投資参加免税など，ミスマッチの温床とも言うべき制度について，特定の国に税制改正を求めることは，コンセンサス・ベースでルール・メイキングを行うOECDにとっておよそ実現可能性が低いと考えられたためであろう。

　第2に，GAAR（一般的租税回避否認ルール）については，循環取引や不自然な特徴を有する取極めに有効なツールになる場合があり得るとしつつも，GAARの適用要件の厳しさに加え，取引と特定国における租税回避との直接的因果関係を示す困難性のために，ミスマッチ取極めに係る多くのケースで，GAARの適用が困難になりがちであるとする（同パラ31）。

　第3に，SAAR（個別的租税回避否認ルール）については，例えば，受領国で最低限の課税を受けていない支払について一定の場合に損金算入を否認するルールや，主要目的が租税利益を得ることであることが証明された場合に金融費用を否認するルールなどを導入している国があり，対応する益金算入のない損金算入を特定して対処するものではないものの，支払段階での損金算入の否認に大きな影響を有すると評価している（同パラ33）。

17　ハイブリッド・ミスマッチ・ルール　◆　*253*

　第4に，ミスマッチ・ルールについて次のように述べている。

> 34.　多くの国が，一定のミスマッチ取極めに特定して対処するルールを導入している。このルールに従えば，外国に係る事業体，証券（instrument）又は移転の国内での税務上の取扱いは外国での税務上の取扱いにリンクされ，これによりミスマッチの可能性が排除される。自国での税務上の取扱いが外国での税務上の取扱いに依存するルールは，税法の執行をより複雑にするが，原則として，租税規定に従う外国税額控除ルール及びCFCルールがしばしば同様に働くように，相手国の税務上の取扱いを考慮に入れるルールは目新しいものではない。
>
> 35.　関係国における事業体，証券又は移転の税務上の取扱いを相手国の税務上の取扱いにリンクさせる国内法ルールは，不適切に見えるミスマッチ取極めに対処するためのツールとして重要な潜在力を有すると考えられる。…

　各国で既に導入済みのミスマッチ・ルールとして，①同一費用の二重損金算入に対処するルール（デンマーク，ドイツ，ニュージーランド，英国及び米国），②受領者の課税所得に含まれない支払の損金算入に対処するルール（デンマーク及び英国），③支払者段階で損金算入可能な所得の益金不算入に対処するルール（オーストリア，デンマーク，ドイツ，イタリア，ニュージーランド及び英国），④濫用的外国税額控除取引に対処するルール（イタリア，英国及び米国）が取り上げられている（同第4章）。

　ただ，ミスマッチ・ルールを有する当事国がともにそれを適用して課税を行った場合には逆に二重課税が惹起されるため，それを未然に回避するための内生的な国内法ルールか，事後的に二重課税を解消するための国際法ルールが必要となる。前者に相当するタイ・ブレーカー・ルールについて，次のように述べている。

> 69.　…一国の税務上の取扱いを相手国の税務上の取扱いとリンクさせるルールを実行するためには，例えば，ハイブリッド証券に係る損金算入／益金不算入のケースで，所得が受領者の課税所得に算入されていない場合に，支払者国が損金算入を否認するとともに，当該支払が支払者国で損金算入可能である場合に，受領者国が免除を否認するなど，両国の税法がそれぞれ相手国の取扱いを見る際に生じ得る問題を解決するための「タイ・ブレーカー」テストの導入を原則として必要とする可能性があることに言及しておく必要がある。外国の税務上の取扱いに国内の税務上の取扱いをリンクさせる各国ルールは，一般に，他の関係国が同様のルールを有する場合のタイ・ブレーカー・テストを含んでいない。同様のルールを導入する国が増えるほど，この問題の関連性が大きくなり得るが，今日まで主要な問題を惹起してきてはいないようである。これは，専門知識のある納税者のみがこうした取極めを結ぶとともに，二重課税リスクを惹起しそうな取極めの利用を一般に避けるためであろう。

（2） ミスマッチ・ルールの概要

イ．行動2

上記（1）の問題意識に基づく「行動2」の要請は，ハイブリッド証券及び事業体の効果を無効化するためのモデル条約条項及び国内ルールの設計に関する勧告の開発であり，具体的には，

① ハイブリッド証券及び事業体（及び二重居住事業体）が条約の特典を不正に利用するために用いられないようにするためのOECDモデル租税条約の改正

② 支払者において損金算入可能な支払が免除若しくは益金不算入されることを妨げる国内法の規定

③ 受領者において益金算入可能でない（かつ，CFC若しくは同様のルールに基づき課税の対象とならない）支払の損金算入を否認する国内法の規定

④ 他国においても損金算入可能な支払の損金算入を否認する国内法の規定

⑤ 必要に応じ，2か国以上が当該ルールの取引若しくは仕組みへの適用を求める場合における，調整ルールないしタイ・ブレーカー・ルールに関するガイダンス

である（最終報告書パラ3）。最終報告書では，②ないし⑤の国内ルールの設計を第1部，①のモデル条約を第2部[5]において分けて論じている。

ロ．国内法の規定に関する勧告の骨子

国内法の規定に関して勧告されているのは，①個別的勧告，すなわち，国内法とその意図された租税政策の成果とのよりよい調整を達成するように設計された，国内法の個別的な改正と，②ミスマッチ・ルール，つまり，ミスマッチ取極めにより生ずる租税効果（tax outcomes）のミスマッチを，その他の租税，商業若しくは規制に係る結果を害することなく無効化するためのリンキング・ルールである（同パラ4）。①は，②の適用に優先する。

（イ） ミスマッチ・ルール

a．対象

ミスマッチ・ルールが対象とするのは次の「支払（payment）」である（同パラ6）。

① 損金算入／益金不算入（Deduction/ No Inclusion: D/NI）[6]の効果を生じさせる支払，すなわち，支払者国のルールの下で損金算入可能で，受領者の通常所得に算入されない支払

② 二重損金算入（Double Deduction: DD）の効果を生じさせる支払，すな

わち，同一の支払に関して二重の損金算入を生じさせる支払

③　間接的な D/NI 効果を生じさせる支払，すなわち，支払者国のルールの下で損金算入可能で，ミスマッチ取極めに基づく損金算入に対して受領者によって相殺される支払

b．D/NI 効果に関するルール

ハイブリッド金融商品に基づく支払，及びハイブリッド事業体が行う支払若しくはハイブリッド事業体に対してなされる支払は，D/NI 効果を生じさせる可能性がある。これらのミスマッチ取極めに関し，①支払者国における損金算入を否認する対応がとられるべきであるが，②支払者国がミスマッチを無効化しない場合には，当該支払を受領者国において通常所得に算入するよう求める防御ルールが求められる（同パラ 7 ）。

c．DD 効果に関するルール

ハイブリッド事業体が行う支払は，一定の状況の下で，DD 効果ももたらし得る。そうした支払に関し，①親会社国における二重損金算入を否認すべき一次対応ルールと，②親会社国が一次対応ルールを採用しなかった場合に限り，支払者国における損金算入を否認すべき防御ルールが求められる（同パラ 8 ）。

d．間接的 D/NI 効果に関するルール

実効的なミスマッチ・ルールのない二国間で納税者がミスマッチ取極めを締結すると，通常の貸付などを用いることによって，そのミスマッチ効果を第三国に移転させることは比較的容易である。そのため，受領者が，支払から生じる所得を別のミスマッチ取極めの下で生じる費用と相殺する場合に，支払者国における当該支払の損金算入を否認するよう求められる（同パラ 9 ）。

e．適用範囲

過剰に広範なミスマッチ・ルールは適用・執行に困難を来たす可能性があるため，包括性・対象性・執行可能性のバランスがとれたルールとなるよう，各ミスマッチ・ルールには適用範囲が定められている（同パラ16）。具体的には，支配関係があること，関連者であること，仕組取極めであることといった条件を満たす場合にのみミスマッチ・ルールが適用される。

（ロ）　個別的勧告

個別的勧告は，以下の 5 項目からなる（同パラ 5 ）。

①　金融商品に基づいてなされる損金算入可能な支払に関する配当免税又はそれと同等の経済的二重課税排除ルールを否認する規定。これは，ハイブリッド金融商品について，自国国内法において配当免税を否認する規定が設けら

れていれば，ハイブリッド・ミスマッチが生じないため，ミスマッチ・ルールの適用に優先して設けられているものである。

② 源泉徴収税の二重税額控除のために用いられるハイブリッド移転を妨げる手段の導入。これは，ハイブリッド金融商品について，ミスマッチ・ルール（支払者の損金算入否認ないし受領者の益金算入）に加えて，税額控除の比例的制限の導入を求めるものである。

③ ハイブリッド事業体の所得が投資者国の法律の下で課税されるようにするためのCFC又は他のオフショア投資税制の改正。これは，リバース・ハイブリッドについて，CFCルール等で親会社所得として課税されていれば，ハイブリッド・ミスマッチが生じないため，ミスマッチ・ルールの適用に優先して設けられているものである。

④ 自国内で設立された税務上の透明事業体に関する適切な情報申告義務の導入の各国への働き掛け。これは，リバース・ハイブリッドについて，透明事業体の設立国において，関係国との情報交換等に応じる観点から，当該事業体の情報を的確に把握することを求めるものである。

⑤ 支配グループの構成員であるリバース・ハイブリッドの税務上の透明性の制限。これは，リバース・ハイブリッドについて，透明性が制限されていれば，ハイブリッド・ミスマッチが生じないため，ミスマッチ・ルールの適用に優先して設けられているものである。

（ハ）　勧告内容のまとめ

以上の勧告内容のまとめが報告書表1.1に示されている（同パラ17）[7]。

ミスマッチ	取　極　め	国内法改正に関する個別的勧告	ミスマッチ・ルールに関する勧告		
			対　応	防御ルール	適　用　範　囲
D/NI	ハイブリッド金融商品	・損金算入可能な支払に対する配当免税の否認 ・源泉徴収税の税額控除の比例的制限	支払者の損金算入の否認	通常所得への算入	関連者及び仕組取極め
	ハイブリッドが行う無視される支払		支払者の損金算入の否認	通常所得への算入	支配グループ及び仕組取極め

	リバース・ハイブリッドに対する支払	・オフショア投資税制の改正 ・非居住投資者が事業体を非透明体と取り扱う場合の，中間の事業体の税務上の透明性の制限	支払者の損金算入の否認		支配グループ及び仕組取極め
DD	ハイブリッドが行う損金算入可能な支払		親会社の損金算入の否認	支払者の損金算入の否認	・対応に制限なし ・防御ルールは支配グループ及び仕組取極めに適用
	二重居住者が行う損金算入可能な支払		居住者の損金算入の否認		対応に制限なし
間接的D/NI	移転されたミスマッチ取極め		支払者の損金算入の否認		支配グループの構成員及び仕組取極め

（3） 支店ミスマッチ構造

　支店ミスマッチ構造については，2016年8月22日に討議用文書が公表されている[8]。

　支店ミスマッチは，居住地法域と支店法域とが本支店間の所得及び費用の配分に関して異なる立場をとる場合に生じ，支店法域が納税者を当該法域で課税可能な存在を有していると取り扱わない状況を含む。支店ミスマッチ取極めは，行動2勧告で標的とされているのと同じタイプのミスマッチを創出するために用いられ得る。例えば，(a)支店になされる損金算入可能な支払が支店法域と居住地法域のいずれでも所得に算入されない，(b)支店が，居住地法域の法律の下で本店の純所得を算定する際に考慮されない，損金算入可能な本店への支払を行う，(c)同一項目の費用が，居住地法域及び支店法域の双方の法律の下で損金算入可能と扱われる，又は(d)支払からの所得が支店ミスマッチ取極めの下での損金算入と相殺される可能性がある（討議文書パラ3）

　支店ミスマッチ取極めは，商品若しくは事業体の税務上の取扱い又は性質の相違の結果でないという意味で「ハイブリッド」ではないが，同様の構造と租税効果があることに鑑み，行動2勧告と整合的な取扱いを行う支店ミスマッチ・ルー

ルが必要と考えられている（同パラ4）。支店ミスマッチは，本支店間の所得及び費用を配分する通常の税務会計ルールの結果，納税者の純所得の一部が支店法域と居住地法域の双方の課税義務を免れる場合に生ずる。同討議文書では，5類型に分けて検討が行われており（同パラ5），それぞれの対応案の基本的考え方は下表のとおりである。

類　　　型	対　　応　　案
(a) 無視される支店構造：支店が，支店法域において PE その他の課税上の存在を生じさせないもの	① 支店免税範囲の制限：居住地法域における支店免税制度の見直し ② 支店受領者ミスマッチ・ルール（リバース・ハイブリッド・ルールと整合的）：支店構造が租税効果のミスマッチを生じさせている場合には，迂回支店支払又は無視される支店への支払の損金算入を否認
(b) 迂回支店支払：支店法域が支店の存在を認識するが，支店に対してなされる支払が本店に帰属するものと支店法域によって扱われる一方，居住地法域が，当該支払が支店に対してなされたという理由で当該支払の課税を免除するもの	
(c) みなし支店支払：支店が本店にみなし支払を行ったものと扱われる結果，居住地法域及び支店法域の法律の下で租税効果にミスマッチを生じるもの	（無視されるハイブリッド支払ルールと整合的） ① 一次対応：みなし支店支払が二重益金算入所得を超える限りにおいて，その損金算入を否認 ② 防御ルール：居住地法域が，ミスマッチを除去するのに必要な限りにおいて，当該支払を通常所得に益金算入
(d) DD 支店支払：同一の費用項目が，居住地法域及び支店法域の双方の法律の下で損金算入されるもの	（損金算入可能なハイブリッド支払ルールと整合的） ① 一次対応：居住地法域は，二重損金算入が租税効果のミスマッチを生じる限りにおいて，損金算入を否認 ② 防御ルール：支店法域は，支払の損金算入を，それが非二重益金算入所得と相殺されることを妨げるのに必要な範囲で，当該損金算入を否認
(e) 輸入支店ミスマッチ：受領者が，損金算入可能な支払から生じる所得を支店ミスマッチ取極めの下で生じる損金算入と相殺するもの	（輸入ミスマッチ・ルールと整合的） 直接的又は間接的に支店ミスマッチ支払と相殺される支払の損金算入を否認

3 問題の所在

　ミスマッチ・ルールは，最終報告書以前から一部の国に部分的に導入されてい
たものではあるが，今般の勧告内容は，考えられるさまざまなファクトパターン
に対応し，タイ・ブレーカー・ルールや個別的対応を備え，かつガイダンスを含
めた事例集も付属するという点で，極めて包括的なものとして初めて考案された
という点で画期的なものである。加えて，BEPS 対策の実効性の観点からはグ
ローバルに同一ルールが実施される必要があるが，この点について主導的立場に
ある OECD/G20 の場で国際的合意がなされたことに極めて大きな意義があると
いえよう。

　また，ミスマッチ・ルールの制度設計に当たっては，①国内法の下で生ずる租
税利益の解消でなくミスマッチを無効化すること，②包括的であること，③自動
的に適用されること，④ルールの調整を通じて二重課税を排除すること，⑤既存
の国内法の混乱を最小限とすること，⑥運用が明確かつ透明であること，⑦各国
の国内法に導入されるようルールに十分な柔軟性を与えること，⑧納税者にとっ
て実行可能で，コンプライアンス・コストを最小限にすること，⑨税務当局の執
行上の負担を最小限にすること，という 9 原則が考慮されている（最終報告書の
勧告9.1）。勧告内容は，これらの制度設計原則をすべて満たしており，行動計画
の所期の目的を十分に達成し得たものと評価し得る。

　その一方で，真新しいルールであるだけに，ミスマッチ・ルールに対する疑念
を表明する識者が存在することも否めない。疑問が提起される可能性のあるもの
も含め，上記原則に即して論点として掲げれば，原則①については，チェック・
ザ・ボックス規則などのミスマッチを生じさせる制度の改善が必要ではないか，
原則②については，支払や証券・事業体・移転を対象とすることで足りるのか，
支配グループ，関連者，仕組取極めによる限定は過剰ではないか，支店ミスマッ
チをカバーすべきではないか，CFC によるカバーで足りるか（益金算入と同様
に扱ってよいか），外国税額控除の取扱いが十分か，原則④については，タイ・
ブレーカー・ルールの優先劣後の合理性，原則⑤については，支配グループ，関
連者，仕組取極めによる限定では不足ではないか，規制資本[9]やインフラ投資を
除外すべきではないか，透明性の制限（リバース・ハイブリッドにおける仲介者
国）は可能か，否認額の繰越[10]は可能か，原則⑧・⑨については，納税者や税務
当局によるミスマッチの把握可能性，リンキング（相手国での取扱いの確認）の
可能性，リバース・ハイブリッドや移転されたミスマッチに対する完全な租税回

避防止が可能かなどが考えられる。

　以下では，こうした論点の中から，ミスマッチ無効化以外の対処策，規制対象，タイ・ブレーカー・ルールと優先順位，既存のリンキング・ルールとの関係について，主として海外の論考を参照しつつ，若干の検討を行う。

4　ミスマッチ無効化以外の対抗策

（1）　租税回避否認

　ハイブリッド・ミスマッチが生ずる原因は，デットとエクイティ，透明体と非透明体などのように，税法上の取扱いを異にせざるを得ない分類があるためである。Kahlenberg ら[11]は，EU 各国の金融商品に関するデットとエクイティの分類基準を比較検討し，それらに一定程度の統一性があるとしつつ，基本的にはまちまちであって分類上の齟齬（qualification conflict）が生じていると分析する。一方，そうした齟齬に対処するために，実質主義や再構築規定によって補われていると指摘する。また，Cooper[12]は，GAAR を積極的に使える国は，ミスマッチ・ルールのような更なる行動は不要と指摘する。

　これに対し，NZ 内国歳入庁の討議文書では，同国が有する GAAR がハイブリッド・ミスマッチ取極めの租税効果を無効化できる場合があることを認めつつ，GAAR の対象が自国の租税を回避する取極めであり，他方，ハイブリッド・ミスマッチ取極めは取極め参加者が支払う租税全体を減少させるものであって，どの国が租税収入を喪失したかの決定は難しいことが多いため，ハイブリッド・ミスマッチ取極めの利用に対処する上で GAAR が包括的な解決策を提供しないとされている[13]。

　そもそも租税回避とは，「私法上の選択可能性を利用し，私的経済取引プロパーの見地からは合理的理由がないのに，通常用いられない法形式を選択することによって，結果的には意図した経済的目的ないし経済的成果を実現しながら，通常用いられる法形式に対応する課税要件の充足を免れ，もって税負担を減少させあるいは排除すること」[14]である。この定義からも伺えるように，税務上の分類に相違がある以上，それが租税回避に利用される可能性があることは当然の理であり，各国はこれに対処し得るさまざまなルールや法理を備えている。我が国でいえば，実質課税の原則，同族会社等の行為計算否認規定などがそうであり，海外では，GAAR のほか，正当な事業目的の原理，事業目的テストや二分肢テスト[15]，ラムゼイ・ルールなどである。

　しかし，これらは租税回避に事後的に対処するためのルールであって，予見可

能性に欠けるだけでなく，租税回避を牽制する以外には，事前に納税行動を一定の方向に誘導する効果は限られる。これに対して，ミスマッチ・ルールは，納税者に相手国での税務上の取扱いを確認させ，ミスマッチが生じないような分類の選択を促すものであるため，予見可能性や行動規範性を有するものである。両者には相互補完的な役割こそが期待されるのであり，排他的にとらえる必要はないと考える。

（2） 温床となる制度の改善

　ミスマッチ・ルールに依るのでなく，そもそもハイブリッド・ミスマッチの温床となっている制度を改善するという指摘には尤もな理由があるが，2012年報告書が恐らくは国際間合意の困難性から断念した点を除いても，いずれの制度も税制の根幹に関わる重要な問題が関わっており，理論的に一定の方向に収斂させることにそもそも無理がある。

　先ず，金融商品に関して問題となる益金不算入については，法人課税理論に依拠して，多くの国が受取配当への課税を免除するか軽課する制度を有しているため[16]，投資参加免税制度のみが金融商品に係るミスマッチの温床であるというわけでないことは言うまでもない。そもそもハイブリッド金融商品は，金融自由化原則の下で自由に設計可能な多様な商品がミスマッチ取極めとして租税回避に利用されているものだが，税法上デットとエクイティに分類すること自体に限界を来している側面は否定できない[17]。

　ハイブリッド移転の原因である形式主義（法的アプローチ）と実質主義（経済的アプローチ）の相克は，リース取引を含め，租税法が関わるさまざまな分野（特に金融取引）で起こり得る問題である[18]。

　また，事業体については，米国のチェック・ザ・ボックス規則により，実質的に法人（非透明体）としての性格を有する事業体に対しても透明体として構成員課税がなされ，かつ，その選択を納税者に委ねていることによって，租税回避に利用される余地が大きくなっている面は否定できない。そのため，例えば，デンマーク法人税法2A条（デンマーク法人等が外国事業体に行う支払が，当該外国事業体が当該外国において透明体と扱われてD/NIが生じている場合に，デンマーク法人等を透明体と再構築して損金算入を否認する）のように，チェック・ザ・ボックス規則によるリバース・ハイブリッド対策税制として導入されているものも存在する[19]。しかし，国・地方における法人の設立自由主義の下で生じている多様な事業体の税務上の取扱いを法令上逐一明確にすることがそもそも困難

であることは，米国におけるキントナー原則の改廃の経緯[20]を見ても明らかであろう。したがって，チェック・ザ・ボックス規則を単純に廃止すれば解決する問題であるとは思われない。

二重居住法人は，法人の税務上の居住地概念について国際的コンセンサスがないことに起因する問題であるが（二国間だけを考えれば条約で居住地を決めれば済む），ここにも形式主義と実質主義の相克が伏在している。

以上のとおり，理論的な収斂がされていない中で各国がそれぞれの経緯等を背景に独自に策定しているルールの改正を求めることは，延いてはグローバルな共通制度を導入することにもつながるもので，CCCTB の例に鑑みれば，およそ不可能であるとは言えない。しかし，OECD が，一定のスケジュールの下で国際的コンセンサスを得る必要のある立場から，2012年報告書や行動計画2において，温床となり得る各制度の改正を選択肢に含めなかったのは，現実的には正しい選択であったと言うべきであろう。

5 規制対象

ミスマッチ・ルールに対しては，対象が狭きに失する，あるいは逆に広きに失するという批判がなされている。

Cooper は，次の点を指摘する[21]。

① 非居住者が，土地を保有する法人の償還優先株式を売却した場合に，源泉地国が同株式をデットと扱い，居住法人が負う債務を売却する非居住者に課税を行わない一方，居住地国が同株式の売却に投資参加免税を適用するために益金不算入／益金不算入（NI/NI）効果を生ずる可能性があるが，ルールの対象外となっている。

② ハイブリッド事業体を通じた外国税額控除の二重控除（外税控除／外税控除効果）を引き起こす取引や構造の問題にほとんど注意が払われていない。

③ 損金算入は，ミスマッチ効果の発生に必要な概念だが，損金算入が課税ベース減少の決定的な証拠であるため，それで十分だとみられているものの，その前提は源泉徴収を伴う世界で自明的に正しいわけではない。30％の源泉徴収が適用される場合，100の支払が，30％で課される法人税に係る所得から損金算入されれば，その国の課税ベースの減少はない。源泉税率が10％で課されたとしても，勧告のルールは部分的な効果を許容するように記述されているため，もし，損金算入の効果が税源浸食を決定付けるもので，損失の規模も確定されると取り扱い，源泉徴収による相殺を無視するとすれば，問

題の大きさが誇張されることになる。

④　各ルールは，受領者国などの「国」や，受領者などの「事業体」に固有な文言で記述されるほか，定義には，CFC ルールが適用される場合も「通常所得に含まれる」と扱うような広い文言も含まれる。しかし，勧告が意識的に狭い標的を攻撃しているように，効果の種類よりも不一致の種類を取り扱うルールを構築することが（効果はほとんどどこででも起こり得るため）ユーザーには有益である。

⑤　最終報告書に付属するコメンタリや事例集と勧告ルールとの適用関係（射程等）が不明である。

⑥　勧告では，一のキャッシュフローのみが分析され，ルールはそのキャッシュフローのみに基づいて科されているが，現実の世界では，潜在的な商業上の効果はしばしば複数のキャッシュフローを伴う。現在のドラフトの問題の一つは，国家間での不一致がなくとも，D/NI 又は DD 効果のみで，提案されたルールを適用するのに十分かである。例えば，A 国の法人が額面100の社債を110で償還する場合に，両国で問題の証券がデットと扱われる。しかし，A 国では10の償還支払は利子と扱われ，証券保有者がいる B 国ではその取引が10のキャピタル・ゲインを生じると解釈される。この取扱いの齟齬はハイブリッド要素か，また，B 国がキャピタル・ゲインに課税しない場合もその答えは同じか。逆に，発行者国が10の支払をキャピタル・ロスと扱い，それを分離する一方，証券保有者国が利子と扱い，受取利子に係る税を軽減する場合はどうか。

⑦　2 か国が，事業体を免税するか課税するかに関して不一致であることは重要でなく，事業体の租税支払のステータスは制度の埒外である。

⑧　ルールはみなし配当のような純粋に仮想の損金算入には適用されない。しかし，この制限が，二人の納税者がそれぞれ償却の損金算入又は投資税額控除の権利を請求する場合の「二重損金算入」リースを確実に締め出すべきことを示す意図によるものかどうかは明らかでない。融資者が証券のために支払う価格と，利用者が支払う借料と残余という「支払」は確実に存在するが，これらは同一の支払ではなく，また，利用者又は融資者の租税関連項目は支払ではなく，むしろ法によって創出された償却の損金算入である。償却が支払額から生じる一方，それ自体が支払ではない。より明らかなことは，両者が，これらのルールに影響されることなく，所有者に与えられる追加投資控除又は税額控除を請求できることである。二人の請求者が同一の控除を享受

することが，支払なしでもできる場合に，「支払」に関するこの制限が二重
外国税額控除取極めに影響するかどうかも明らかでない。「当事者間の経済
的権利の創出を含む」支払を参照することは，二重外国税額控除取極めが本
ルールの適用対象外であることを示唆している。

⑨　ハイブリッド金融商品ルールは，「金融商品の下での支払」に適用される。
この用語からは，第三者が関与するキャッシュフローを妨げるように，本
ルールの適用範囲を制限しているように見える。例えば，Ｂ国居住納税者が
Ａ国居住法人が発行する額面100の参加型ゼロクーポン債を購入する場合に，
当該納税者が１年以内にＡ国居住の購入者に110で当該社債を売却するとす
る。Ａ国では，当該証券はデットと扱われるが，保有者が居住するＢ国で
はエクイティと扱われるため，ハイブリッドである。売却者は投資参加免税
の下で利益は免税である（事例の簡略化のため，いずれの国もゼロクーポン
債の発生損失への課税ないし損金算入の制度を有さず，もしあるとしても，
同一課税年度内の売買には影響がないものとする）。発行者及び売却者に関
しては，本ルールが行使されるか判断できない。たとえNI効果が売却者に
生じても，当該証券の下での支払はない。発行者の支払がなく，債券が売却
時点でまだ発行中である場合には損金算入効果が生じるかも明らかでない。
また，発行時の保有者及び購入者に関しては，NI要素を生じさせる問題の
支払が証券の「下で」なされているか判断できない。損金算入効果について
は，例えば，当該債券が銀行の在庫であるなど，購入者が損金算入可能な支
払を行っている場合ですら，当該要素を満たすか判断できない。

Kahlenbergら[22]は，Cooperの上記議論を踏まえつつ，OECDのミスマッチ・
ルールの問題として，次の点を挙げ，その有効性や一貫性に疑問を呈している。

①　キャピタル・ゲインはルールの対象外となっているが，これを用いたNI/NI
が生じ得る。

②　事後的に遡及してエクイティをデット扱いとした場合にも適用があるのか
不明である。

③　償却，消却，評価減など，純粋な現金支払を伴わない損金算入によって生
じるミスマッチへの適用の可否が不明である。

④　支払は単一であるがさまざまな構成要素を持つハイブリッド金融商品の場
合に損金算入を部分的に否認できない。

⑤　支払者国で支払利子に課された源泉所得税が，受領者国では当該支払が配
当と取り扱われるために税額控除されず純粋なコストとなる。

⑥　一般的な租税濫用防止ルールを有する国がリンキング・ルールを不要とするリスクがある。

⑦　支払者国で配当，受領者国で利子と取り扱われる場合に生じる二重課税に係る規定がない。

⑧　防御ルールの下では，支払者国で浸食された課税ベースが受領者国で課税され，OECDの所与の目的であった「所得が稼得された場所で課税する」でなく「すべての所得をどこかで課税する」ルールになっている。

⑨　対象が関連取引・仕組取引だけに限定され，すべての潜在的なミスマッチが除去されない。

　一方，Janssensら[23]は，「行動2ディスカッション・ドラフトに対して目的テストが欠如しているとの反対があったにもかかわらず，報告書は関連者間のハイブリッド金融商品から生ずるミスマッチをそれ自体不適切なものといまだに考えているようである。…OECDの戦術は，納税者をより単純で透明な取引に誘導するようによく仕組まれているかもしれない。このことは，グループ内ファイナンス取引にとっては，企業は，複雑な金融商品よりもプレーンバニラ・タイプのローン契約に追いやられることを意味する。行動3，4，6など他の行動計画とさらに調整を図り，最終的に相互に反対し合う可能性のあるルールの大群の創出を避けるべきである。二重非課税を除去する代価が，純粋な投資や資金調達取引を削減する費用という犠牲にすべきでない。」として，ファイナンス取引への影響を懸念している。

　こうした批判に対する総括的なコメントとして，最終報告書前のリンキング・ルールが数か国のみによってユニラテラルにまちまちの内容で策定されていたものであるのに対して，最終報告書の勧告に基づくリンキング・ルールが単一の国際ルールとして定められようとしている点を想起する必要があり，それを踏まえれば，合意と実施の円滑性を確保するために徒に規制対象を広げることなく，かつ，所期の目的であるミスマッチの無効化を合理的な範囲で達する上で制度設計上の工夫が求められて然るべきであろう。ディスカッション・ドラフトが出される前には，むしろ適用範囲を明確化して限定すべしとする論調があったことを想起する必要がある[24]。加えて，実施に当たり，国内法が定める既存の制度や概念と調和的に制度設計することは容易ではなく，国内法に円滑に導入できるようなルールとすることも考慮する必要があるであろう。

　そうだとすれば，上記3で述べたミスマッチ・ルールの制度設計上の9原則の下，これらの批判が想定するような代替的手段との間で取捨選択が行われた結果

が勧告に結実しているのであって，仮に実施後に大きな問題となっているものがあれば，その際に見直され得ることが含意されているとみるべきである。同時に，Cooper や Kahlenberg らの懸念のとおり，それらがルール実施後に新たな BEPS や大きなループホールを生じさせる場合には，協調的な国際的行動を迅速にとることが求められることもある点には留意が必要である。

6 タイ・ブレーカー・ルールと優先順位

（1） タイ・ブレーカー・ルール

リンキング・ルールについて，Kahlenberg らは，ベルギー，デンマーク，フランス，英国，オランダ，オーストリア，スウェーデン及びスペインにおいて，受領者国で益金不算入とされる利子費用の損金算入を否認するプライマリ・ルールが国内法として導入済みであると指摘している[25]。Marchgraber も，多くの EU 加盟国がハイブリッド・ミスマッチ取極めに特定して対処する国内税務ルールを既に導入していることを指摘しつつ，タイ・ブレーカー・ルールの導入について次のように指摘している[26]。

①支払国での損金算入否認，受領国での受取免除，②受領国での受取免除否認，支払国での損金算入，③損金算入と免除の双方を否認（経済的二重課税），④損金算入と免除（二重非課税）の各場合に循環リンク・ルールはどのように適用されるのか。加盟国が，EC 提案に従って D/NI スキーム対抗ルールを導入し始めた場合，循環リンク・ルールの問題が関係するようになる。EC，また OECD もこの問題の解決方法を考え付かなかったのは嘆かわしい。EC 提案の実現が，加盟国による，ミスマッチである支払国で損金算入可能配当の免除を否認するルールの導入を義務付けるものである場合にさえ，加盟国，より重要なことに，第三国は，相手国の受取法人段階で免除される越境支払の損金算入可能性を否認するルールの維持又は導入から除外されないであろう。そのため，D/NI の効果（二重非課税）は裏返し（経済的二重課税）になるリスクがある。ミスマッチから利益を受けている法人が，損金算入否認・益金算入のスキームで最終的に終わり，それ故，循環リンク・ルールに関連する不利が以前の二重非課税を補うだけであるというのは非常に空想的な正義であることは議論されよう。しかし，少なくとも長期的には，特に，ハイブリッド・ミスマッチ取極めの真の原因が各国の国内租税法の不一致であるために，こうした状況は満足のいくものではない。D/NI スキーム対抗ルールの導入は，ルールの調和の欠如の兆候に対処しているに過ぎないように見える。

最終報告書によるタイ・ブレーカー・ルールの導入自体に異を唱える者はいないであろう。

（2）　優先順位

優先順位の根拠について最終報告書の中で明示されていないが，支払を生じさせる経済活動と法域とのネクサスのように，ソース・ルールや税源配分という考え方よりも，損金算入や益金算入をすべきかどうかを判断する上で，その手掛かりとなる支払の存否や事業体の透明性の有無をより容易に知り得る立場にあるかという，納税者や，場合によっては税務当局の立場に配慮されているように思われる[27]。こうした最終報告書のポリシーに疑問を呈する見解がある。

Cooper[28]は，勧告のリンキング・ルールの効果について，①国際的取極めの修正や新しい取極めによることなく，国内法でのみ解決を図っていること，②国内法は，課税されていない金額の課税を要求する部分と，対立する要求を調整する優先ルールにより当該要求を断念する部分の要素で構成されていること，③実質的な原理や概念（デット，エクイティ，配当，利子など）を調和させる必要はなく，効果を調整するのみで十分であり，国家の実質的なルールが欠落を許容しなければ十分であること，④調整が原理付けられる必要はなく，ミスマッチの効果を無効化するルールであれば何でも受入れ可能であり，どの国が税を徴収すべきかについて全く非断定的であること，という4つの特異なアプローチをとっていると分析する。

その上で，国内法と国際法との関係について，勧告は，租税の要求とそうした要求の断念が国家間の優先劣後と調整について国内法で処理され得ると示唆するという。ハイブリッド金融証券に関するルールを実施した国のいずれもBEPSイニシアティブを追求する第二段階をとっておらず，2か国が同一の所得を競う場合，これまで悲観主義が勝利してきており，単なる調整やユニラテラルな行動を単に要求しても，それで十分であると判明することはないと考えられてきた。こうした悲観主義は不可避ではなく，行き詰まりを打開するために租税条約が締結されてきた。しかし，2か国が対立する要求を断念するか優先させる方法を国内法に規定しない場合には，租税条約による解決は難しいとする。

次に，勧告のリンキング・ルールは，すべての所得が少なくとも1回は課税されなければならないが，それがどこでなされるかは重要でないという含意があり，勧告は，同ルールによっていずれの国が税収を失い，他方では別の国がより多くの税収を上げるかの決定を意図的に避けており，その結果，どの国が最終的に同

268 ◆ 第2章 OECD の BEPS 行動計画

ルールによって税収を徴収するかが，裁定的になる，あるいは戦略行動により左右されると指摘する。

さらに，勧告では，国の租税法が，相手国政府の政策・慣行に条件付けられ構造的に依存する傾向が強まると指摘した上で，早い者勝ち（Rush to get in first）が生じるのではないか，強制理論の欠如が明らかではないかと疑問を呈する。また，BEPS イニシアティブを実行する要求をする国は，ユニラテラルな要求を行うようになり，他国の慣行に基づいて要求を捨てることはしてこなかった。どの国が税収を損失したかを軽んじる自動的ハイブリッド対抗ルールは，少し皮肉的であるだけでなく，それ自体が税源浸食と所得移転のエンジンとなったと結論付ける。

ゲーム理論を想起させるような以上の Cooper の議論については，最終報告書の勧告がミスマッチを効果的に無効化するための国際間合意としての拘束力を有するルールであり，それが所期どおりに実施されることが前提であることに鑑みれば，差し当たり問題となる余地はないのではないか（仮に困難が生じたとしてもそれを解決して実施につなげることこそ各国税務当局や国際機関の重大な責務である）。しかし，一方で，実施後に各国で実務が蓄積され，ミスマッチの認識と無効化が取極めの際に当然のように織り込まれるようになれば，Cooper が指摘するような税収の獲得をめぐる国家間の立場の相違が顕在化し，それを契機にルールの改変が国際間で再び議論される可能性も否定できず，その場合には，支払を生じさせる経済活動と法域とのネクサスなどから優先順位を再検討する必要があるかもしれない。

7 既存のリンキング・ルールとの関係

EU は，資本移動自由原則の下でリンキング・ルールを導入するという固有の事情を抱えるが，親子会社指令改正をめぐる経緯や議論は我が国でも参考になり得るため，以下で取り上げる。

（1） EU 親子会社指令の改正

EU 行動規範グループは，2009年以降，ハイブリッド・ローン取極めから生ずる金融ハイブリッド・ミスマッチによる二重非課税問題の検討に取り組み，受領者加盟国は，源泉地加盟国がハイブリッド・ローン支払に与える租税上の分類に従うべきである（すなわち，源泉地加盟国で損金算入可能な支払の受領に対する課税を免除してはならない）との指針に合意したものの，2011年の親子会社指令

改正（2011/966EU）に適切には反映されず，次のような規定となっていた。

第4条
 1．親会社又はそのPEが，親会社とその子会社との関係に基づいて配分利益を受け取る場合には，親会社加盟国及びPE加盟国は，当該子会社が清算される場合を除き，次のいずれかを行わなければならない。
 (a) 当該利益の課税を控える，又は，
 (b) 当該子会社及びその下位の子会社が支払うその利益に係る法人税の一部を，当該親会社及びPEが対応する税額の限度まで控除することを認めつつ，当該利益に課税する。ただし，各階層において法人及びその下位の子会社が第2条の定義に該当し，第3条に規定する要件を満たす場合に限る。
 （第2項以下省略）
第5条 子会社がその親会社に配分する利益の源泉徴収税は，免除しなけれならない。
第6条 親会社加盟国は，親会社が子会社から受け取る利益に源泉徴収税を課してはならない。
第7条（第1項省略）
 2．本指令は，配当の経済的二重課税の除去又は減少のために策定された国内法又は合意ベースの規定，特に，配当受取りに係る支払税額の控除に関する規定の適用に影響を与えてはならない。

これに対しては批判も多く，EU議会は，2012年に脱税及び租税回避への対抗策を改善するための具体的方法の策定の必要性を認識して行動計画[29]を策定するとともに，親子会社指令の見直しも求めた。

2013年に改正案が公表され，第4条1（a）については次のとおりとされていた[30]。

(a) 当該利益が当該子会社によって損金算入されない限りにおいて当該利益への課税を控える，又は，

2014年7月の改正指令（2014/86EU）では，最終的に第4条1（a）が次のように改正された（2015年末までの国内法改正が求められている）。

(a) 当該利益が当該子会社によって損金算入されない限りにおいて当該利益への課税を控え，当該利益が当該子会社によって損金算入される限りにおいて当該利益を課税する，又は，

Marchgraberは，2013年改正案につき，次のように指摘する[31]。

同指令の5条及び6条により，加盟国は，子会社から親会社への配当その他の利益分配支払の源泉税を免除する義務があり，一方，4条により，利益分配

を受け取る親会社及びPEの所在する加盟国は，課税を免除するか，間接税額控除を認めることが義務付けられている。改正提案では，4条1項aの義務は限定的で，配当の課税免除義務は，利益が子会社によって損金算入可能でない場合に限られる。しかし，これは，加盟国が，分配会社段階での損金算入に結びつく利益分配も課税を免除することが禁じられることを意味するものではない。D/NIスキームでの支払への課税を強制するものではなく，当該支払を免税とするかどうかは加盟国次第であり，加盟国はEU第2次法により，そうすることは強制されない。実際，第1次法によれば，加盟国は，親子会社指令で規定されている租税特典を指令の適用対象外の状況に拡大することを義務付けすることもあり得る（そうした特典が純粋に国内的な状況にも認められるならば）。加盟国にD/NIスキームでの利益分配全額に課税するのがECの目的であるならば，免除方式の適用範囲を制限することでは不十分であろう。

親子会社指令では，経済的二重課税の回避を免除方式か間接税額控除の適用のいずれで達成するかは加盟国に任されている。EC提案が，間接税額控除の改正を予定していないことは驚きである。分配子会社が支払う租税の全額控除も，当該子会社が損金算入を求めれば，二重非課税となる。しかし，指令4条1項bは，利益分配に関連する法人税の一部の控除を規定するのみである。文言解釈では，利益分配の損金算入可能性は，控除すべき額を減少させる。この理解の下では，bを改正しないことが整合的である。

また，同氏は，2014年改正に基づく加盟国の配当課税義務が，加盟国が締結した（可能性のある）租税条約の規定に反するかどうかについて，特に三角関係への適用の観点から論じ，次のように指摘している[32]。

2014年指令改正の明確な特徴は，配分利益への課税を加盟国に要求しなかったことである。課税を控えるか，課税するかは，加盟国の選択に委ねられた。しかし，課税を完全に控える最初の選択肢は今や制限されている。指令4条1項は，子会社で損金算入可能な場合に課税を控える可能性は最早規定しておらず，a，bともに，親会社及びPEの加盟国は当該利益を課税しなければならないと述べている。加盟国は，EU法が国家間合意に優先することを考慮しなければならない。その結果，国内法も加盟国の条約も2014年改正に反しないように確保しなければならない。もし租税条約が免除方式を規定している場合，加盟国は，国内法を導入するだけでなく，租税条約を改正，終了又はオーバーライドしなければならない。

指令4条1項は三角関係にも適用されるため，二重居住会社が越境利益配分

を受ける場合（例2），会社が籍を有する加盟国と管理地のある加盟国が4条1項に従う必要があり，子会社で利益が損金算入可能である限り，両国とも配分利益を課税する義務がある。さらに，親会社と別の国に所在するPEに利益配分が帰属する場合（例3），この国も配分利益を課税する必要がある。OECDモデルベースの条約があれば，例2については，A加盟国又はB加盟国のいずれかが，A-B国条約の7条1項によりPEがなければ課税できない。例3については，A-B条約7条及び23条A1項により，B国PEに帰属する利益をA国は免除しなければならない。しかし，指令4条1項では加盟国は子会社で損金算入可能な配分利益を免除することは禁じられている。その結果，三角関係（例2及び3）では，課税を控える国際法上の義務は，配分利益の課税に係る指令でのEU法上の義務と頻繁に衝突する。

　2014年改正が少なくとも三角関係において租税条約に影響しないよう，指令7条2項に依拠できるかが論じられてきた。…指令7条2項が，2014年改正と租税条約の潜在的衝突を解決するために依拠できるかどうかは曖昧である。少なくとも，これは7条2項の当初の目的ではなかったと想定され得る。条約に規定された免除が，配当の経済的二重課税の除去又は軽減のために特別に設計されたものではないため，この規定の文言についての疑問が生じる。7条2項は主にインピュテーション方式を取り扱うと文献で議論されてきた。結局，7条2項に依拠できるかは疑問である。

　2014年改正は，合目的的考慮のために，三角関係での条約規定に影響を与えてはならないとも議論されている。三角関係に適用可能な条約がない場合に限り，課税規定が部分的に適用になるとも議論され得る。親子会社指令も主要EU法も，EU内での二重（非）課税の除去に関する加盟国間の競争分野の配分に一般的な基準を設定していないため，どちらの加盟国が課税すべきで，どちらの国が依然免除し得るかを決定するのは恣意的であろう。したがって，一加盟国のみに課税義務を制限することは説得的でない。租税条約が三角関係においては少なくとも部分的に影響されないように，2014年改正を解釈するのが正当であろう。

　EU機能条約351条によれば，「1958年3月1日，若しくは，加盟決定国にあっては加盟日の前に，1カ国又は複数の加盟国と，1カ国又は複数の第三国との間で締結された合意から生ずる権利及び義務は，本条約の規定の影響を受けない」。これは，ウィーン条約法条約の26条で規定され，30条4項bで精緻化されている「合意は拘束する」の国際法原則を受け入れるものである。第三

国との租税条約が締結されたときに指令改正が予見できなったのであれば，当該条約の権利義務がEU第2次法への改正によって影響されないことは理解できる。同351条は，「当該合意が，本条約と整合的である限りにおいて，関係する加盟国は，生じた不整合性を除去するために適当なすべての措置をとらなければならない」とも規定している。そのため，加盟国は，配分利益に課税するための法的要件と不整合な第三国との租税条約の再交渉に向けた業務を行うう，加盟国は勧告され，それが成功しない場合には，加盟国は究極的には当該条約の終結又はオーバーライドをしなければならない。

このように，EUにおいては，既存の国内法と二国間条約にEU指令（第2次法）が加わるため，これらの規定の文言上齟齬が生じたり，三角関係に適用される場合の解釈は極めて複雑とならざるを得ない。

（2）　改正親子会社指令とOECDルールとの関係

Kahlenbergら[33]は，EU諸国においては，改正親子会社指令に基づき，ベルギー，デンマーク，フランス，英国，オランダ，オーストリア，スペインにプライマリ・ルールが導入済みであるため，EU諸国の問題として，拘束力を有するEUルールとそうでないOECDのリンキング・ルールが異なることによる条約違反をどう回避するかという問題を提起し，経済的二重課税となり得るため，相互協議による解決を行う前に，議定書やMOUで明確にしておくか，あるいは，条約協議を通じて相互の国内ルールで取扱いを明確化しておくことを提案している（なお，移転価格と異なり，取扱いを決めるのは容易であるため，APAを導入するまでもないとする）[34]。

8　おわりに

個別のリンキング・ルールに言及する余裕はなかったが，Cooper[35]は，各問題を損金算入の否認によって解決することに焦点を当てているのは，単純性の魅力はあるものの6つのルールの奇妙な特徴であるとした上で，次の点に言及している。①ハイブリッド移転については，ハイブリッド移転への直接的で論理的なアプローチは，配当の適切な分類であり，融資者が受け取る支払は利子と同様にされ，免除も税額控除もない，通常所得として課税されるべきであるとする。②二重居住法人については，二重居住法人での損金算入否認はより奇妙で，条約国の法人については外国の唯一の法人，非条約相手国の居住法人については，オフショア法人は定義から除外されるべきとする。③また，リバース・ハイブ

リッドについて，リバース・ハイブリッドでは，CFC ルールの改正が明白な解決法で，当該ハイブリッドへの支払事業体への損金算入否認は間接的な解決法で，ワークしないとも考えられる。もう一つの解決法は，条件付事業体認識ルール（事業体認識ルールの調整）であり，豪州は英国や米国の事業体にこのアプローチを適用しているとする。

ところで，ミスマッチ・ルールは複雑でその国内法化は困難であるとの見解がある。例えば，Shler[36]は，ハイブリッド金融商品に関する D/NI 対抗ルール（ディスカッション・ドラフト段階のもの）を「よく考え抜かれていて包括的である」，「全世界課税制度を保護するために D/NI に対抗する包括的で思慮に富む試みである」と評価しながらも，次の理由を挙げて，「その膨大な努力とともに，成功には時間を要し，容易でなく，恐らく未完成となるだろう」と結論付けている。

- いかなる法域におけるルールの適用も，他のすべての法域が採用した現実の租税法と D/NI 対抗ルールに依存するため，ルールが極めて複雑である。
- D/NI 対抗ルールの原則の概要が示されているが，各法域は独自の詳細なルールを採用し，異なる技術的問題を異なって解決する可能性がある。多くの法域がハイブリッド対抗税制の導入を始めており，それを OECD ルールと一致させるよう改正するかどうかは不明である。異なる法域が異なるルールを採用すれば，不注意にルールが乖離するリスクが増える。
- D/NI 対抗ルールは，開発途上国を含む各法域の税務当局に膨大な新しい負担を生じさせる。多くの税務当局は自国法域にこの複雑なルールを執行するリソースに欠ける可能性があり，BEPS の他の行動の中には，移転価格やレバレッジのように，より大きな税収効果を生ずるものがあるため，D/NI 対抗ルールの優先順位は高くない可能性がある。
- D/NI 対抗ルールは，ルールの適用の有無や方法を決定する上で納税者にも膨大な負担を生じさせる。将来の法制化による潜在的な負の効果に対処できるよう，法制の対象となる可能性のある金融商品に免責条項やプット・コール条項を含める可能性がある。
- D/NI 対抗ルールの制定後に，ルールを回避するための新形態の租税計画が生まれる。少なくとも，本来の意味での税制を有する世界の主要国がこのルールを採用するのでなければ，多国籍グループは，ルールを採用しない法域の事業体を通じてハイブリッド契約を行い，ルールの回避を試みるだろう。主要国がルールを採用した後でも，租税計画の一部がハイブリッドからの所

得を無税の法域に移転させる可能性が高い。

- 異なる国が異なる形態の税制を採用すれば，その相違が如何に些細であっても，納税者がその相違を悪用する可能性がある。自国の特定のルールと例外を有する特定の法制がなければ，どのような追加的な形態の租税計画が起きるかを知ることは困難である。
- D/NI 対抗ルールと行動 4 の利子損金算入制限とを調整することが必要であるが，多くの法域で前者が既に採用されていれば，追加改正により制度をさらに複雑にするとともに，新たに施行日の問題を惹起する。

上記の論調は，ディスカッション・ドラフト時点のものであるだけに，新ルール導入への不安がいかに大きいものであったかを伺い知ることができるが，英国は既に国内法化を了しており，最早懐疑の段階から現実の段階に進みつつある。

上記 4 以下で見た最終報告書のミスマッチ・ルールに関する論点について，なお検討の余地があるかも知れない。しかし，BEPS プロジェクトの重要な目標の一つが，短期間で関係国の合意を得て新しい国際ルールを策定し実施することであったことは言うまでもなく，今後，各国で実施のための法整備が進められ（ただし，ミスマッチ・ルールはいわゆるミニマム・スタンダードの位置付けではない[37]），執行の経験が積み重ねられる中で，より具体的な論点やループホールが見つかれば，タイムリーにこの国際ルールを改訂していくことこそ重要である。最終報告書をめぐる指摘のうち本稿で取り上げたものは僅か一部に過ぎないが，ルール改訂の議論の際に改めて顧みる必要があろう。

（注）

(1)　OECD, OECD/G20 Base Erosion and Profit Shifting Project Neutralising the Effects of Hybrid Mismatch Arrangements Action 2: 2015 Final Report（2015）. なお，2014年 9 月に中間報告書が公表されている。OECD, OECD/G20 Base Erosion and Profit Shifting Project Neutralising the Effects of Hybrid Mismatch Arrangements Action 2: 2014 Deliverable（2014）.

(2)　OECD, Addressing Tax Risks Involving Bank Losses（2010）.

(3)　OECD, Corporate Loss Utilisation through Aggressive Tax Planning（2011）.

(4)　OECD, Hybrid Mismatch Arrangements: Tax Policy and Compliance Issues（2012）.

(5)　モデル条約に関する勧告は，二重居住事業体（第13章），透明事業体に関する条約規定（第14章）及び第 I 部と租税条約との関係（第15章）から構成されている。なお，BEPS 実施のための多国間協定（Multilateral Convention to Implement Tax Treaty Related Measures to Prevent Base Erosion and Profit Shifting）では，第 II 部（ハイブリッド・ミスマッチ）に透明事業体（第 3 条），二重居住事業体（第 4 条）及び二重課税排除規定の適用（第 5 条）が規定されている。

17 ハイブリッド・ミスマッチ・ルール ◆ *275*

(6) "deduction" は「控除」の意であり，例えば，"deduction from taxable income" は「課税所得からの控除」と訳す方が自然であるが，本稿においては，我が国の法人税の所得計算上の用語に合わせて，"inclusion"，"deduction" にそれぞれ「益金算入」，「損金算入」の訳語を当てている。

(7) 国内法ルールの勧告は次の12項目からなる。

勧告1　ハイブリッド金融商品に関するルール（1.1　支払が D/NI 効果を生じさせる範囲でのミスマッチの無効化，1.2　金融商品及びその代替支払の定義，1.3　ハイブリッド・ミスマッチを生じさせる金融商品の下での支払のみへのルールの適用，1.4　ルールの適用範囲，1.5　ルールの例外）

勧告2　金融商品の税務上の取扱いのための個別勧告（2.1　損金算入可能な支払に対する配当免税の否認，2.2　ハイブリッド移転の下での外国税額控除の制限，2.3　適用範囲）

勧告3　ハイブリッドが行う無視される支払に関するルール（3.1　支払が DD 効果を生じさせる範囲でのミスマッチの無効化，3.2　ハイブリッド支払者が行う無視される支払のみへのルールの適用，3.3　ハイブリッド・ミスマッチを生じさせる支払のみへのルールの適用，3.4　ルールの適用範囲）

勧告4　リバース・ハイブリッドに関するルール（4.1　支払が D/NI 効果を生じさせる範囲でのミスマッチの無効化，4.2　リバース・ハイブリッドに対する支払のみへのルールの適用，4.3　ハイブリッド・ミスマッチのみへのルールの適用，4.4　ルールの適用範囲）

勧告5　リバース・ハイブリッドの税務上の取扱いのための個別勧告（5.1　CFC 及び他のオフショア投資制度の改善，5.2　非居住投資家に対する税務上の透明性の制限，5.3　仲介者のための情報申告）

勧告6　ハイブリッドが行う損金算入可能な支払に関するルール（6.1　支払が DD 効果を生じさせる範囲でのミスマッチの無効化，6.2　ハイブリッド支払者が行う損金算入可能な支払のみへのルールの適用，6.3　ハイブリッド・ミスマッチのみへのルールの適用，6.4　ルールの適用範囲）

勧告7　二重居住支払者に関するルール（7.1　ミスマッチが DD 効果を生じさせる範囲での当該ミスマッチの無効化，7.2　二重居住者が行う損金算入可能な支払のみへのルールの適用，7.3　ハイブリッド・ミスマッチのみへのルールの適用）

勧告8　移転されたミスマッチに関するルール（8.1　支払が間接的 D/NI 効果を生じさせる範囲での損金算入の否認，8.2　ハイブリッド・ミスマッチ取極めの下での損金算入を相殺する支払のみへのルールの適用，8.3　移転されたミスマッチ支払の定義，8.4　ルールの適用範囲）

勧告9　制度設計原則（9.1　制度設計原則，9.2　実施及び調整）

勧告10　仕組取極めの定義（10.1　一般的定義，10.2　仕組取極めの個別的事例，10.3　納税者が仕組取極めの当事者でない場合）

勧告11　関連者，支配グループ及び協調行動の定義（11.1　一般的定義，11.2　持分の合計，11.3　協調行動）

勧告12　その他の定義（12.1　その他の定義）

なお，報告書附属文書2には，勧告1から11までに関して計80の具体的事例がその分析とともに示されている。

(8) OECD, Public Discussion Draft BEPS Action 2 Branch Mismatch Structures（2016）.

276 ◆ 第2章　OECD の BEPS 行動計画

⑼　最終報告書のエグゼクティブ・サマリーにおいて，「2014年9月報告書で示されているように，グループ内ハイブリッド規制資本の下で生ずるミスマッチにミスマッチ・ルールを適用すべきかどうかについて，各国は政策の選択上，引き続き自由である。ある国が特定のハイブリッド規制資本証券に関するハイブリッド・ミスマッチを無効化するために同ルールを適用しない場合に，そのことが，別の国が特定の証券に関して同ルールを適用するかどうかの政策の選択に影響を与えない。」（第3パラ）とされている。

⑽　J. Lüdicke, "Tax Arbitrage" with Hybrid Entities: Challenges and Responses, Bulletin for Int'l Taxation（2014 June/July）at 316は，ミスマッチを単年度でなく複数年度でとらえるべきとする multi-year approach を提唱していたが，否認額の繰越しはこれに対応するものである。

⑾　C. Kahlenberg & A. Kopec, Hybrid Mismatch Arrangements-A Myth or a Problem That Still Exists?, World Tax Journal（Feb 2016）at 43. なお，"myth" については，*see* OECD, Myths and Facts about BEPS, 2015. *Available at* http://www.oecd. org/ctp/myths-and-facts-about-beps.pdf.

⑿　G. Cooper, Some Thoughts on the OECD's Recommendations on Hybrid Mismatches, Bulletin for Int'l Taxation（June/July 2015）at 345.

⒀　Inland Revenue, Addressing hybrid mismatch arrangements-A Government discussion document（2016）at para.3.16. *Available at* http://taxpolicy. ird.govt.nz/sites/default/files/2016-dd-hybrids-mismatch.pdf.

⒁　金子宏『租税法』（弘文堂，2016）125頁。

⒂　岡村忠生「税負担回避の意図と二分肢テスト」税法学543号（2000）13頁以下．

⒃　我が国における法人の受取配当課税の考え方や変遷については，金子・前掲注⒁・337頁参照。

⒄　デットとエクイティについては，吉村政穂「出資者課税―「法人税」という課税方式」法協120号1, 3, 5, 7号（2003），橋本慎一朗「Time-value と Bet 一法人税をめぐる金融商品の Tax Planning」ジュリスト1276号（2004）124頁，増井良啓「法人税の課税ベース」金子宏編『租税法の基本問題』（有斐閣，2007）476頁，増井良啓「多国籍企業の利子費用控除に関する最近の議論」第65回租税研究大会（2013）4頁等を参照。なお，日経新聞2016年8月30日付解説記事「急増ハイブリッドのリスク」によると，我が国での金融機関によるハイブリッドファイナンスは高水準にあり，国内での調達額は4兆7500億円に達するという。

⒅　レポ取引をめぐる源泉課税の問題については，金子・前掲注⒁・527頁所掲の各論文参照。

⒆　2012年報告書のパラ46及び N. Bjørnholm & A. Riis, Denmark Cracks Down on Reverse Hybrid Entities, Tax Notes Int'l（June 23, 2008）at 979.

⒇　この点につき，本田光宏「ハイブリッド事業体と国際的租税回避について」フィナンシャル・レビュー84号（2006）103頁，平野嘉秋「多様な事業体と BEPS 問題」税経通信70巻2号（2015）151頁参照。

㉑　Cooper, *supra* note 12 at 339-343.

㉒　Kahlenberg & Kopec, *supra* note 11 at 73-75.

㉓　P. Janssens, D. Ledure, B. Vandepitte & J. Loos, The End of Intra-Group Financing…or Not Just Yet?, European Taxation（July 2015）at 285-286.

㉔　Lüdicke, *supra* note 10 at 316.

㉕　Kahlenberg & Kopec, *supra* note 11 at 76.

㉖　C. Marchgraber, Tackling Deduction and Non-Inclusion Schemes-The Proposal of the

European Commission, European Taxation（April 2014）at 141-142. なお，タイ・ブレーカー・ルールについては，*see also* K. Dziurdź, "Circularly Linked" Rules Countering Deduction and Non-Inclusion Schemes: Some Thoughts on a Tie-Breaker Test, Bulletin for Int'l Taxation（June 2013）.

(27) Inland Revenue, *supra* note13 at 4.13は，「第一に損金算入を取り扱う理由は，支払の損金算入がある国で申立てられていることが一般に明らかであり，当該支払が受領者国の所得に益金算入されているかどうかを決定することが可能であるためである。しかし，支払が所得に益金算入されていないことを特定することは容易ではないかもしれない。」とする。また，今村宏嗣「ハイブリッド・ミスマッチに対する各国の対応及び我が国における執行上の問題点」税大論叢87号（2016）200頁は，「D/NI 効果については，可能な限りアレンジメントの「川上（＝支払者）」でせき止める。DD 効果については，アレンジメントの全容をよりよく知り得る「者（＝親会社）」が穴を埋める」と整理している。

(28) Cooper, *supra* note 12 at 344-346, 349.

(29) EU の行動計画については，居波邦泰『国際的な課税権の確保と税源浸食への対応』（中央経済社，2014）403頁参照。

(30) EC, Proposal for a Council Directive amending Directive 2011/96/EU on the common system of taxation applicable in the case of parent companies and subsidiaries of different Member States, COM（2013）814. 指令の改正経緯については同提案の２頁以下を参照。

(31) Marchgraber, *supra* note 26 at 135-136.

(32) C. Marchgraber, Cross-Border Tax Arbitrage, the Parent-Subsidiary Directive（2011/96）and Double Tax Treaty Law, Bulletin for Int'l Taxation（March 2016）at 129-131.

(33) Kahlenberg & Kopec, *supra* note 11 at 76-77.

(34) *Id.* at 76. 事例 3 において，独親会社に対するスウェーデン子会社のローン利子支払（独では配当，スウェーデンでは利子）に，配当免税を否認する独のリンキング・ルールと利子控除を否認するスウェーデンのリンキング・ルールのいずれが優先するか不明であると指摘する。

(35) Cooper, *supra* note 12 at 347-348.

(36) M. Shler, OECD vs. D/NI: Ending Mismatches on Hybrid Instruments Part 2, Tax Notes int'l（August 18, 2014）at Part IV.

(37) OECD, Tax Policy Reforms in the OECD 2016（2016）at 44（Box 3.3）.

※ 「2(3)支店ミスマッチ構造」においては，本稿脱稿（2017年 1 月）後に OECD から公表された「支店ミスマッチ取極めの効果の無効化」に関する最終報告書（2017年 7 月）は考察の対象としていない。

18 外国子会社合算税制 （タックス・ヘイブン対策税制） の見直し

藤井保憲

1 制度の性格変更

（1） 国際的租税回避対策という目的の明確化

外国子会社合算税制は，昭和53年（1978年）に，軽課税国をブラックリストとして指定しそこに所在する外国子会社の留保所得を株主である内国法人等に合算課税するタックス・ヘイブン対策税制として創設された。しかし，その後その性格について3つの大きな変更を加えている。

第1は，平成4年度（1992年度）に，ブラックリストを廃止し，それぞれの外国子会社の税負担率が一定の水準（トリガー税率と呼ばれる）を下回る場合に合算課税を行うとしたことである。ブラックリストの廃止は，純粋なタックス・ヘイブン以外に税の優遇により投資を引き付ける国・地域が増加したこと等により，タックス・ヘイブン国・地域のリストアップという方式に限界が生じたためである。ブラックリスト方式の持つ明確で簡便という長所を捨ててでも個々の子会社の税負担の水準を判断の基準にしていく必要があるという個別性，実質性の要請が高まったためと考えられる。ただ，これによりタックス・ヘイブンという概念を直接制度の対象とする考え方は後退することになる。

第2は，平成21年度（2009年度）改正において，合算課税の適用対象金額について，当該外国子会社の所得から当該外国子会社が内国法人等に支払った配当を控除しないとする改正が行われたことである。それまで合算課税の対象は，配当控除後の金額であるため「適用対象留保金額」と呼ばれていたが，これ以後課税の対象は留保金額ではなく配当支払前の所得そのものとされたことになる。これは，同年度に法人税法において外国子会社配当益金不算入制度が導入されたことに対応するものであり，支払配当を合算課税の対象としてもその配当は内国法人の段階で益金不算入となるので二重課税の問題は生じないとされる。しかし，このことは，外国子会社合算税制の目的は何かという説明に影響を与えることになる。それまで，外国子会社合算制度の趣旨は，軽課税国の子会社の留保所得が配当されずわが国で課税できないという課税繰延への対抗措置であり，合算課税は

みなし配当課税であるとする説明がされてきたが、制度の対象が留保所得でないということになるとこの説明は難しくなる。結果として、制度の目的は国際的租税回避に対抗するための措置であるということで説明が統一されるようになっている[1]。

第3は、翌年の平成22年度（2010年度）改正で、子会社について会社単位で合算課税する仕組みに加え資産性所得の合算課税を併用する制度に変更したことである。

平成22年度改正は、国際的な場で租税回避防止の議論が高まる中で、外国子会社合算税制についての総合的見直しを行ったものであり、トリガー税率を20％に引下げる、課税対象金額を求める持株基準を10％に引上げる等の措置が講じられているが、制度の性格に関しては、従来の会社単位の合算制度とは別に、外国子会社の所得のうち、資産運用的なポートフォリオ株式・債券の運用による所得、使用料等を内国法人等に合算して課税する制度（部分課税対象金額の益金算入）を導入していることが重要と考える。これはこうした資産運用的な所得については、税負担の低い国でそうした取引を行うことにつき税目的以外に積極的な経済合理性を見出し難く、むしろ所得の付け替えに利用されやすいことから、租税回避行為に該当するものとして合算の対象にしたと説明されている[2]。エンティティ・アプローチとされるわが国の制度に、新しくインカム・アプローチを、両者併用という形で取り入れたものであり、諸外国でインカム・アプローチが多く採用されて外国子会社合算税制の主流となっていることへの接近といえる。

なお、同じ改正で従来の会社単位の合算制度に係る適用除外基準のうち、事業基準について一定の条件を満たす統括会社を「株式等の保有を主たる事業」の例外とし、また、非関連者基準について物流統括会社の特別取扱いを定めている。これらは、経済取引の実態を見極め、外国子会社の活動のうち経済合理性のあるものを制度の対象から除外するもので、所得形成の実質に着目する点でインカム・アプローチとも共通し、制度の目的との関係でいえば制度が租税回避防止目的であることを適用除外の面から明確にしたものと考えることができる。

（2）　BEPS への対応

これら平成21年度及び平成22年度の改正は、いずれもタックス・ヘイブンについての国際的関心が高まる中で行われたものであり、国際的租税回避の防止強化に加え諸外国の制度との調和が意識されているように思われる[3]。

しかし、その後 OECD を中心に BEPS の議論が活発になり、平成27年（2015

年）9月にとりまとめられたBEPS最終報告書の行動計画3では，外国子会社合算税制について，6つの構成要素に分けて議論を集約し，望ましい制度のオプションを示した上，既に制度を導入している国に対し，行動計画に示された内容に整合するよう自国のルールを変更するよう求めている。

わが国政府は，BEPS行動計画3にとりまとめられた国際的な作業の結果を踏まえつつ，改めて外国子会社合算税制の総合的な見直しを行った結果，平成29年度（2017年度）税制改正大綱に外国子会社合算制度の改正案を示している。この案では，多くの改正事項が提案されているが，その第1として，トリガー税率の廃止が挙げられている。これは軽課税国であることを制度発動の基準にしないということであり，タックス・ヘイブンを狙い撃ちにした税制という当初の制度の目的からの完全な離脱を意味しているように思われる。

このように，累次の改正を通じ，当初の，タックス・ヘイブンの留保所得を対象としてみなし配当課税を行う制度から，諸外国と歩調を合わせて国際的租税回避に対処することを目的とした制度に性格変更された外国子会社合算制度の今後のあり方をどう考えるべきであろうか。

2 制度の目的と29年度見直し

（1） 制度の目的

制度を見直すに当たって，制度の目的が明確にされる必要がある。平成29年度改正の基礎にあるBEPS行動計画3では，外国子会社合算税制の目的は税源浸食と利益移転への対処にあり，外国子会社合算課税の制度を通じて納税者が所得を外国子会社に移転することを抑止することで目的を達成することの重要性が強調されている。移転価格税制の不完全性を補う機能が重視されていることも，抑止機能を重視するこの制度の性格を示しているといえる[4]。

外国子会社合算税制は，経済活動の結果として外国子会社が稼得した所得を課税対象とする点に特色がある。一般に外国子会社を通じた国際的租税回避行為防止の観点から内国法人の所得をみる場合，外国子会社との取引を通じて所得が不当に移転していないかどうかが問題となる。正当な収入を得ているかどうか，経費支払に問題はないか，取引条件は妥当か等がチェックされることになる。しかし，こうしたチェックは万全ではなく，さらに合法的な手段を通じて不当と思われる所得の移転が可能であることはBEPS報告書で明らかとされているとおりである。その場合，そうしたチェックができなかった所得が最終的に反映される外国子会社の所得に対し，株主である内国法人の所得として合算課税する仕組み

が効果的に整備されていれば，不当な所得移転を通じて租税回避を図るという動機をなくすことができる。これがBEPS行動計画の考える制度の目的といえる。

この行動計画の示す外国子会社合算税制の目的は，不当な所得移転を通じて外国子会社が稼得している所得は本来内国法人に帰属すべきものであり，その所得を合算することで内国法人の所得計算を適正に行うことができるとする考え方に基づくものと考えることができる。この制度の目的についての行動計画の考え方は，わが国の外国子会社合算制度の目的と共通する。最高裁平成21年12月4日判決が，租税回避に対抗する手段として外国子会社合算税制を設けることは国家主権の中核に属する課税権の内容に含まれるとしていることはそれを示している[5]。また，そのことは，平成29年度見直しが，以下に見るとおり，BEPS行動計画の6つの構成要素のそれぞれについて，行動計画3に沿った改正を行うとしていることからも裏付けられる。

そうすると，外国子会社の所得のうち，何がわが国から不当に移転したものでわが国の課税権に服すべきものであるのか，どこまでを国際的租税回避と結びつけることができるかが制度にとっての鍵とされることになる。この点を，以下BEPS行動計画3に示された各構成要素についてみていくこととしたい。

（2）　制度の対象となる外国子会社の定義

制度は特定の外国子会社の所得を課税の対象とする。したがって制度の対象となる外国子会社をどう定義するかが制度の出発点となる。国際的租税回避防止という目的からは，内国法人等が国際的租税回避のツールとして利用できる事業体を過不足なく定義に含めるべきこととなる。その上で，そうした利用可能性は支配力によってもたらされるものであるので，定義は内国法人等の当該外国子会社に対する支配力の有無，支配力の強さによって行われるのが一般的である。

行動計画は，外国子会社の定義に関し，その子会社の法的形態からみた範囲及び支配力の2つの面から検討している。

まず，法的形態からみた外国子会社の範囲について，行動計画は，基本的に法人事業体を対象とするが，一定の場合に法人事業体に限らず信託，パートナーシップ，支店についても，外国子会社の範囲に含めるべきとしている。法的形態を変更するだけで制度をすり抜け国際的二重非課税の状態を作り出すケースが検討されており，国によって事業体の取扱いが異なることへの対応を含め，すり抜けを防止するためには支配できる関係にある外国事業体を広範囲に定義することが望ましいとしている。

次に，支配については，法的支配及び経済的支配を軸としつつ，実質支配及び連結に基づく支配についても検討している。

このうち法的支配は株式を通じた議決権の保有状況を基準として支配の有無を判定するもので，支配のレベルについては大半の国が採用している50％超を挙げている。なお，この法的支配基準のすり抜けの問題が検討されており，共同して行動する少数株主の持分を判定の際に合計すること等が必要としている。結論として，この持株割合による法的支配は簡明で適用が容易であるが，各国の会社法の柔軟性等から法的支配の判定基準がすり抜けられるおそれがあるため，これだけでは足りず，併せて経済的支配の有無をも判定基準に入れるべきとしている。

次に，経済的支配の有無は，会社の利益に対する権利や残余利益に対する請求権に焦点を合わせるものである。株式の過半数を有していなくても，会社の基本的な価値に対する権利を通して事業体を支配できるという実態があり，経済的支配基準により法的支配基準を補完できるとしている。

また，行動計画は，こうした法的支配基準及び経済的支配基準を支配判定の基礎としつつ，それだけでは完全ではないとして，実質支配基準及び連結に基づく支配基準を検討している。ただし，実質支配基準は外国子会社の経営における意思決定の実態あるいは契約による支配といったもので支配の有無を判定するものであるが，事務負担及び主観的な評価が入ること等に問題があり，また，連結に基づく支配基準は会計における連結を支配と結びつけるものであることから，いずれも支配の判定基準としては補完的なものにとどまると位置付けられている。

この外国子会社の定義についてのわが国の規定をみると，まず外国子会社の範囲については外国法人に限定しており，法人事業体に対象を限っている。行動計画が指摘する法的形態を変更することで制度のすり抜けを許す余地は残されていることになる。

支配の問題については，従来，居住者，内国法人及び特殊関係非居住者がその発行済株式等の50％超を直接，間接に有する外国子会社を外国関係会社と定義して制度の対象としてきている。これは行動計画の法的支配基準の適用ということになる。50％超という支配の基準は各国と共通しており，また，共同して行動する少数株主の問題についても，わが国は特殊関係非居住者を含め同族株主グループで持株を判定しており行動計画の趣旨に沿っているものと考える。

この法的支配基準に加えて，平成29年度の改正では，新たに，居住者又は内国法人が外国法人の残余財産のおおむね全部を請求できることができる等の関係がある場合に，その外国法人を適用対象となる外国関係会社に加えることとしてい

る。これは行動計画の経済的支配の要件を加えたものであり，わが国の制度が，適用対象となる外国子会社の定義について法的支配基準と経済的支配基準の双方を備えた制度になったことを意味している。

なお，法的支配基準の間接保有割合の計算において，従来のいわゆる掛け算方式を変更し，移転価格税制の場合と同様に50％超の株式保有を通じた連鎖関係で算定するとしている。この間接保有割合の計算における掛け算方式ついて，行動計画は，親会社に所得を合算するときの経済的持分としては意味があるが，支配力の判定としては問題があり，連鎖方式を採用すべきとしている。わが国の改正はこの勧告に沿ったものといえる。

（3）　適用除外及び足切り要件

適用除外及び足切り要件は，制度の適用対象ではあるが無視して良いというものについて一定の要件を定めて，それに該当するものを制度の適用から除外するものである。制度本来の目的から適用対象でないと考えられるものを区分して除外するものとは異なる。

外国子会社合算税制についてこうした適用除外及び足切り要件を設ける趣旨は，課税ベースの浸食や利益移転をほとんどもたらさないと思われるものを一定の条件を設けて除外することで，利益移転のリスクが高いケースに注力するためと考えられている[6]。

行動計画では，この一定の条件について，税率による適用除外，デ・ミニミス基準及び租税回避防止要件を挙げている。

このうち税率による適用除外は多くの国で採用されている。一定の税率で課税されているのであれば国際的二重非課税ということを問題にする必要はないという考え方とそれだけの税を課される国・地域であれば所得を移転する動機にはなり難いという両方の理由があるものと考えられる。

BEPS行動計画では，この税率による適用除外の場合の一定の税率水準について，固定税率による場合と親会社所在地国の税率の一定割合とする場合があるとして，各国の例を整理・検討している。わが国の20％以上という水準はこの固定比率ということになるが，親会社所在地国の税率の一定割合とする場合を含めて各国の水準をみると高くても親会社所在地国の税率の75％程度と報告されている。行動計画は，この税率について，親会社所在地国の税率と十分に類似した税率によるべきことを勧告している。これはこの税率による適用除外が，適用除外された水準を超えるものについての税源浸食を一定の範囲で認めるものであることへ

の考慮と思われる。なお，そうした適用除外できる国・地域を示したホワイトリストの採用についても言及している。

　また，ベンチマークされた税率と比較する税率は法定税率ではなく実効税率によるべきであり，実効税率の決定は納税額と親会社所在地国のルール又は国際会計基準（IFRS）などの国際的な会計基準のいずれかで計算した所得との比較で計算されるべきとしている。

　わが国は，これまで税率を制度発動のトリガーとしてきたが，平成29年度改正で，これを適用除外基準に改めるとともに，従来と同じ水準である租税負担率20％以上を適用除外基準としている。これはわが国の法人税の実効税率の67％程度であり，この水準をどう考えるかという問題がある。なお，今回の改正で新たに導入される特定の外国子会社の合算課税については適用除外とされる税率が30％以上とされる。これはわが国の実効税率と同水準になるが，行動計画の考え方からすれば問題はないことになる。また行動計画では，法定税率でなく実効税率を採用すること，その計算方法は親会社所在地国のルール等によること等が指摘されているが，わが国は基本的には行動計画に沿ったものとなっていると考えることができる。なお，ホワイトリストは採用していないが，特定の外国子会社の合算課税の対象の中に，わが国との情報交換に非協力な国・地域として財務大臣が指定するものを挙げている。これは一種のブラックリストの採用ということになる。

　次に，デ・ミニミス基準は，一定の金額あるいは条件に満たないものを適用除外にするものであり，少額不追及の考え方といえる。行動計画は，そうしたものを確実に対象外とすることで事務負担を軽減できターゲットを絞ることができるので，制度の効果を高めるとしている。デ・ミニミス基準の例としては，合算対象とされる所得が当該外国子会社の所得の一定割合以下あるいは一定額以下といったものが挙げられる。行動計画では基準のすり抜けのために複数の子会社を設ける等の細分化が図られる問題について検討を行い，細分化防止ルールと組み合わせたデ・ミニミス基準の採用を勧めている。

　わが国は，合算課税の1つである部分合算課税において，対象所得の合計額が2,000万円未満か，総所得の5％未満の場合に制度を適用しないというデ・ミニミス基準を採用している。

　さらに行動計画では，租税回避があった場合にのみ外国子会社合算税制を適用するという考え方が検討されている。制度適用に当たって租税回避かどうかを判定し，租税回避でない場合は制度を適用しないという考え方である。ただ，この

制度の目的が租税回避の抑止にあることを考えると外国子会社合算制度適用の最初の要件として租税回避の要件を掲げることは制度の効率を妨げることになり，また，対象となる所得について適切にターゲットが絞れていれば租税回避要件は必要なくなる等の理由から，この要件を適用除外基準とすることに行動計画は消極的である。

（4）　対象所得の範囲

外国子会社合算税制の目的が国際的租税回避行為の抑止にあるとして，その目的とされる機能を発揮するためには，制度が対象とする所得を的確にとらえることが重要となる。租税回避を通じて所得移転を行っても，最終的にその所得が親会社の所得として合算されることが明確にされていれば，租税回避の動機を失わせることができると思われるからである。このため行動計画でも，所得移転の懸念を生じさせる所得を，確実に親会社等所在地国の支配株主に合算されるよう対象所得を定義するよう勧告している[7]。

行動計画は，各国の選択の余地を認める考え方から，対象所得の定義について用い得る3つの分析方法を中心に多くのアプローチを示し，各国がその中から単独であるいは組み合わせて自国にとって効果的な対象所得の定義を行うよう求めている。

3つの分析方法の第1は，所得のカテゴリーに応じ一定のものを対象所得とするものである。一般にインカム・アプローチと呼ばれている。行動計画では，このインカム・アプローチについて，さらに3つのタイプの接近方法を示している。

まず，最も基本的なインカム・アプローチとして，所得分類（行動計画では法的分類と呼んでいる）に従い一定の所得を対象所得とするものがあげられる。具体的には，配当，利子，保険所得，使用料及び知的財産（IP）所得，販売及びサービス所得に焦点が当てられている[8]。

まず，配当については，所得移転に用いられる可能性がある受動的（パッシブ）な所得，とされている。ただし，その配当が，①関連子会社の能動的（アクティブ）な活動による所得から支払われている場合，②仮に親会社が直接取得した場合には免税となる配当である場合，③当該外国子会社が有価証券を取り扱う業務を能動的に行っている場合でそれが業務に関連している場合は，税源浸食の問題は生じず，対象から除外するとしている。原則として配当は対象所得とするが，その実態に応じ租税回避が懸念される範囲に対象を限定しようという考え方が示されている。この考え方は以下の各所得項目に共通している。

次に，利子についても，親会社からの移転が容易な所得とされている。特に，関連者から取得する利子，外国子会社が過大資本の場合，域内での事業活動に基因する利子でない場合，能動的な金融事業活動によって得られた利子でない場合に問題となりやすいとされる。ただし，過大資本についても規制などの実態を見極めることが必要とされている。

保険所得に関しても，所得移転が生じやすい所得とされている。特に，その外国子会社が過大資本の場合，保険契約者・リスク等が域外に所在する場合，保険料を費用として控除する関連者からの所得である場合に問題が生じやすいとされる。この場合も，保険業が規制の対象とされる場合には所得移転の問題が生じ難い等の実態への考慮の必要性が指摘されている。

また，使用料及び知的財産（IP）所得については，IP資産は移転しやすく，問題の多い所得とされている。特に，この所得は容易に操作可能であり各国の異なる取扱いにより能動的所得とみなされる可能性があること，比較可能な資産がないため評価が難しいこと，関連する販売・サービス所得から分離することが難しいことといった問題が指摘されている。行動計画は，こうした所得についてインカム・アプローチの対象にすることは当然としている。このことは電子経済の問題を検討した行動計画1の中でも採り上げられており，電子経済の問題を解決する上で，外国子会社合算税制がデジタルエコノミーから生じた所得を適切に対象に取り込むことが必要とされている[9]。ただ，こうしたことだけではIP所得についてのBEPSの懸念を払しょくできないことも認識されている。この点は，後述する超過利益分析の必要性につながっていると考えられる。

なお，販売及びサービス所得については，原則としてBEPSの懸念はなく，対象所得には含まれないとした上で，例外的に，①関連者から購入した製品・サービスを同じ価格（付加価値をつけず）で次に渡すいわゆるインボイシング・カンパニーの場合や②知的財産所得が販売・サービス所得に含まれて対象所得から除外されている場合について，問題が生じうるとしている。

インカム・アプローチの2つ目として，外国子会社の所得を関連者から取得した所得とそれ以外に分け，関連者が関与した所得のみを対象所得とするものが挙げられる。国によっては，関連者と共同で開発した知的財産に係る所得を対象所得に加えている例もあるとしている。アプローチとしては，わが国の非関連者基準と共通するものといえよう。

インカム・アプローチの3つ目は，外国子会社の所得を所在地国で得た所得とそれ以外に分け，所在地国で得た所得以外のものを対象所得とするものである。

アプローチとしては，わが国の所在地国基準と共通するものといえよう。

　行動計画が示す3つの分析方法の第2は，外国子会社が実質的な活動をしているかどうかを判断し，実質的な活動に基づかない所得あるいはその子会社全体の所得を対象所得とするものである。実質分析と呼ばれている。

　実質分析は，人，場所，資産，リスク等の基準を用い，その外国子会社自身が所得を獲得する能力を有しているかどうかを判定するものである。いくつかの方法があるが，例えば，外国子会社の従業員が所得獲得に実質的な貢献をしたか否か，グループの重要な機能についてその機能を遂行する中で当該外国子会社が非関連者であったとしても特定の資産を所有しリスクを引き受けるべき事業体とみなしうるか否か，必要な施設を所在地国に有しているか否か，必要な技術者を有しその従業員が業務の中核的機能を果たしているか否かといった判定方法のほかに，知的財産について BEPS ルールのネクサス・アプローチ[10]を適用することも考えられるとしている[11]。この実質分析は，その実質的活動に応じて外国子会社の所得を適用対象金額とする比例法と実質的活動をしているかどうかによりすべての所得を合算する閾値テストとして用いる方法とがあるとされる。ちなみにわが国の会社単位の合算課税は，実質分析に基づく閾値テストによるものに該当し，判定結果により会社全体の所得を合算課税するかどうかを決定することからエンティティ・アプローチと呼ばれている。

　3つの分析方法の第3は，超過利益分析である。これは無形資産が超過利益を生むことから，外国子会社の利益のうち通常利益を超えた部分を合算対象所得とするものである。通常利益は適格資本に一定の利益率を乗じて計算される。適格資本は，能動的な業務の遂行に使用された資産に投下された資本であり，一定の利益率はリスクフリー・レートに資本投資に関連するリスクを反映したプレミアムを加えたものとされている。また，例えばということで利益率について8％～10％という数字が示されている[12]。BEPS 行動計画採択時に，超過利益分析を採用している国はないとされているが，米国では超過利益分析の考え方を盛り込んだ法案が提出されたこともあり，行動計画は，先にみた IP 所得の問題への対処も念頭に，インカム・アプローチと超過利益アプローチの併用を支持している[13]。

　以上に加え，行動計画は，インカム・アプローチに代表される取引アプローチとエンティティ・アプローチと呼ばれる事業体アプローチの比較を行っている。それぞれ長短があるが，事業体アプローチの場合は，事業体の所得すべてを対象とすることで過大な合算になり，また合算すべきであるのにできない過小な合算という問題が生ずる。所得をより正確に合算できる点で取引アプローチの方が行

動計画の目標により適合しているとしている。

これに対しわが国は，対象所得について，実質基準を閾値とする事業体アプローチである会社単位の合算課税に資産性所得を対象としたインカム・アプローチによる部分合算課税を併用するハイブリッドな仕組みを採用してきている。

平成29年度改正では，この対象所得について見直しを行い，次のように3つのタイプの対象所得の定義を行い，それぞれのタイプに応じた合算課税を行うこととされた。

第1に，従来通りの会社単位の合算課税を行うこととしている。ただ，従来は，事業基準，実体基準及び管理支配基準並びに業種により非関連者基準又は所在地国基準のいずれかをすべて満たした場合に適用除外としていたものを，経済活動基準と改め，廃止したトリガー税率に代わる制度の発動基準としている。この経済活動基準が対象所得を定義するものであるという性格が明確にされたことになる。この経済活動基準のうち，実体基準及び管理支配基準に該当しないもの，すなわち事業活動の存在が認められないものについては後述する第3の合算課税に該当する可能性が高いことを考えると，この第1の合算課税は，その進出先国に子会社を設けて進出し経済活動をすることに税目的以外の合理的な理由が認められない場合にその外国子会社の所得を合算課税の対象にするものといえる。合理的な経済的必要性がないのに外国子会社を設立して行う租税回避を抑止する効果が期待できる。

この合理的必要性に関して，航空機リース業，保険業，製造業等について，それぞれ基準適用の特例が定められているが，実態に照らして経済的合理性があること等が明確にされたものを制度適用から除外するのは，この制度本来の趣旨に合致するものと考える。なお，外国子会社の租税負担割合が20%以上である場合に，この会社単位の合算課税の適用は免除されている。結果的に，従来と同様，20%未満の租税負担割合の場合にのみこの第1の合算課税が適用されるということになる。

第2は，従来の部分合算課税の対象が拡大され適用されることである。制度の対象となる外国関係会社で第1の合算課税が行われないものであっても，利子，配当等，有価証券の貸付けの対価及び譲渡損益，デリバティブ取引損益，外国為替差損益，類似する金融所得といった金融所得に加え，有形固定資産の貸付けの対価，無形固定資産等の使用料及び譲渡損益を対象として合算課税が行われるとされている。さらに，これに加え，外国子会社の当該事業年度の利益の金額から，以上の各項目で部分合算の対象とされたものを除きさらに所得控除額を控除した

残額に相当する金額を合算対象としている。

　この部分合算課税の対象の拡大については，2点指摘できる。第1に，金融所得の多くを対象とし，また有形固定資産，無形固定資産についても対象範囲の拡大がみられることについては，国際的な議論を踏まえ，いわゆる受動的所得（パッシブ・インカム）を広く対象にする考え方が採用されたものであろう[14]。なお，従来の資産性所得の部分合算課税においても事業の遂行上欠くことのできない業務から生じたもの等は適用除外とされていたが，改正でも，金融子会社等の特例に加え，利子，配当等，ヘッジ目的取引，業務の通常の過程で生じるもの，自己開発した無形資産等についての特例が定められている。実態を踏まえ，受動的所得とはいえないものについて例外を認めたものと考えられる。また，合算対象とされるもののうち損失が生ずる場合の取扱いが定められている。第2に，外国子会社の利益の一部を合算対象に取り入れることをどう考えるかという問題がある。部分合算課税の対象となる所得以外の当該外国子会社の利益について，所得控除額として，総資産の額，減価償却累計額及び人件費の額の合計額の50％を控除したものを合算課税の対象とすることとしている。所得控除額は投下資本及び人件費に一定割合を乗じたものであるので，部分合算対象所得以外で，その金額を超えるものは超過利益であると考えると，行動計画が示している超過利益分析の考え方を取り入れたものと考えることができる。

　なお，この部分合算課税の場合も，租税負担割合20％以上であれば，制度の適用が免除される。また従来から，部分合算対象金額に係る収入金額が1,000万円以下である場合及び部分合算対象金額が当該事業年度の所得の額の5％以下である場合は，制度を適用しないこととされている。これはデ・ミニミス基準と呼ばれているが，改正ではこの金額基準が1,000万円から2,000万円に変更されている。

　第3は，新しく導入されるものであり，①事務所等の実体がなく，かつ，事業の管理支配を自ら行っていないもの（ペーパー・カンパニー），②総資産に対する部分合算対象所得の割合及び総資産に対する有価証券，貸付金及び無形固定資産等の合計額の割合からみて，受動的な活動しか行っていないと推定されるもの（キャッシュ・ボックス），③租税に関する情報交換に非協力な国・地域として指定するところに所在するものについて，会社単位の合算課税を行うとしている。いずれも特に問題があると認められるものであり，ここでは租税負担率30％以上の場合にのみ適用除外とされている。適用除外の基準がわが国の実効税率に近い税率とされることになる。なお，③の国・地域の指定は，いわゆるブラックリストということになるが，現在のわが国のいわゆるタックス・ヘイブン国・地域と

の情報交換協定の締結状況からみて，その数は限られたものになると考えられる。

このように対象所得の定義を行った結果，わが国の制度は，本格的なインカム・アプローチを採用したものとなり[15]，また3段階の合算方法はわが国独自のものであるが，国際的な税源浸食を抑止する効果という点で比較的強い制度になっているとみることができる。さらに，内容をみても，租税回避につながらないものを区分して対象から除外する姿勢が明確であり，さらに超過利益分析という新しい手法を取り入れる考え方が示されているなど，BEPS行動計画の検討・提言に沿った改正になっていると思われる。今後の各国の制度改正に対し1つのモデルを提示したものと考える。

（5）　所得の算定ルール

所得の算定ルールについて行動計画では，①算定にどの国のルールを適用するか，②外国子会社に生じた損失の処理をどうするかの2点が検討されている。

算定にどの国のルールが適用されるかについては，親法人所在地国の法令を適用すべきとしている。これは，外国子会社合算税制が親会社所在地国の課税ベース浸食を問題としていることに合致しており，事務負担の点でも問題がないためである。なお，納税者がどちらかの国のルールを選択できるとすることについては，タックス・プラニングの機会を生じさせる可能性が高くなるとして排除している。

外国子会社に生じた損失の相殺について，行動計画は同一の対象所得の範囲内でのみ，また同一国内の他の外国子会社の利益とのみ損失を相殺できることとし，親会社の利益との相殺は行うべきでないとしている。

この所得の算定ルールについて，わが国制度は，基本的に問題はないが，所得金額の算定について選択的に子会社所在地国の法令を基に一定の調整を加える方法を認めていること（措置法施行令39の15②）をどう考えるかという問題は残されている。なお，外国子会社の損失については，これを親会社に帰属しないとした最高裁平成19年9月28日の判決がある[16]。

（6）　所得の合算ルール

所得の合算ルールについては，①合算すべき納税者の決定，②合算する所得金額の決定，③税務申告の時期の決定，④合算される所得の取扱い，⑤適用税率の5つの問題が検討されている。

検討結果では，①の合算すべき納税者については，法的支配の要件である株式

の保有割合10％などの最低支配基準と結びつけるべきとされ，②の合算する所得金額については，各納税者の所有権の割合に応じて合算所得を決定するとされている。また③合算所得の申告時期については外国子会社の決算終了時に親会社の課税所得に含めるべきこととされている。これらについては，各国で行われていることを改めて整理したものといえる。ただ，④の合算される所得の取扱いについては，これをみなし配当とする国と親会社等の株主が直接取得したとする国があり，各国の取扱いに委ねられている。また，⑤の適用税率については，親会社等に適用される税率とするのが原則であるが，税率による適用除外基準等による税率（例えばわが国でいえば20％）で課税する考え方が検討されている。これはトップ・アップ・タックスと呼ばれ，ミニマム税の概念に立脚したものとされる。

（7）　二重課税防止・解消ルール

　二重課税は，国際的な競争，成長，経済発展の障害になるものであり，外国子会社合算税制は二重課税を生じさせないよう設計される必要がある。

　行動計画では，外国子会社合算税制の適用により生じる二重課税について，少なくとも，①合算された所得について外国子会社所在地国でも課税される場合，②同一の所得に対して複数の合算課税が適用される場合，③既に合算課税された所得から配当が支払われる場合又は居住者である株主が外国子会社の株式を譲渡する場合に二重課税が生ずるとして検討している。

　最も多く生ずる二重課税は①のケースであり，ほとんどの国は外国税額控除により二重課税に対処している。行動計画は，実際に納付された税額（源泉税も含めることができる）について外国税額控除を適用することを勧告している。また，②の複数の国の合算課税について行動計画では，親会社，子会社，孫会社と連鎖する関係の場合に，孫会社に対する子会社所在地国の課税と親会社所在地国の課税が競合する場合が例示され検討されている。結果として，どの課税が優先するかの課税の序列が必要になるとした上で，この場合も外国税額控除により二重課税を解消することができるとされている。

　また，過去に合算された所得から配当が行われた場合の二重課税の排除については，各国とも資本参加免税がある場合はそれにより，それがない場合も配当を免税とする措置を適用して二重課税を排除している。なお，配当支払の際に源泉税が課されることがあるが，外国子会社合算制度に関して納められた源泉税については免除することが適切としている。また，外国子会社の株式が譲渡される場合のキャピタル・ゲイン課税は過去の合算課税との二重課税という問題を生じさ

せることになる。これに対しては各国のキャピタル・ゲイン課税のアプローチによるが，キャピタル・ゲインに課税を行わないという選択もできるとしている。

わが国の制度は，外国子会社に課された税については外国税額控除により，また配当されたものについては外国子会社配当益金不算入制度（95％でなく100％）その他の益金不算入措置により対応しており，外国子会社株式の譲渡に係るキャピタル・ゲイン課税の問題は残されているが，二重課税の排除は行動計画に沿ったものになっていると考えられる。

3 見直しの今後

外国子会社合算税制は，税源浸食と所得移転という国際的租税回避を予防するための税制であるという制度の目的を明確にした上で，制度の今後について2点指摘したい。

1つは，この制度が，国際的租税回避が行われた結果としての外国子会社の所得を対象とした制度であるという点である。

15に及ぶBEPS行動計画が相当程度実行されたとしても，各国の制度が租税回避に付け込まれる余地がない程度まで調整されるとは考え難く，無形資産に係る問題も完全な解決は難しいように思われる。法人税率引下げの動きがさらに強まり国際的租税回避の動機を弱めることが見込まれるが，租税を通じて投資を引き付けようとする各国の政策担当者の意思はまだ健在であるように思われる。多国籍企業にとって租税回避のための手段は残されていることになる。

そうすると税源浸食と所得移転といった国際的租税回避に対し，移転価格税制などの取引を対象とした税制で防止することにはこれまで通り限界があるということになる。そうした中で，取引の時点ではなくその結果が確実になった段階で課税するという考え方が強まっているように思われる。例えば，移転価格税制の所得相応性基準というのは，評価の難しい無形資産について価値が定まり結果としてそれが所得に反映した段階で課税する考え方であり，過大支払利子の問題についても，関連者支払利子の支払額が定まった時点でそれを所得の一定割合と比較して過大を判定する考え方である。

国際的租税回避が最終的に外国子会社に所得を集積させることが多いことを考えると，外国子会社合算税制は，租税回避の結果に着目した租税回避防止の最後の砦という位置付けになるように思われる。租税回避をしても最終的には課税されることで租税回避の動機をなくすという外国子会社合算税制の予防的役割はますます重要になると思われ，何を制度の対象とするかが今後の議論の中心になる

と考える。

その2は，それでは何を制度の対象とするかの問題である。所得を能動的所得と受動的所得に区分して，受動的所得を合算課税の対象とする考え方はさらに強まり，受動的所得の範囲・概念の明確化が進むと思われる[17]。またその中で，知財の問題への対処の必要性から超過利益分析についての議論が深められることとなろう。

なお，BEPS行動計画3の策定に当たって，制度のすり抜け防止に相当の事務量が充てられていることからみて，今後も国際的な場での情報分析活動の動向にも留意しつつ取引実態の把握に努め，ループホールの懸念が生じた場合は早期に対応することが必要とされよう。それがこの制度を維持していく上での基本と思われる。少なくともこの制度にはループホールがほとんどないということが制度の予防効果を高めると考えるからである。

その一方で，対象は適正に選定される必要がある。税源浸食と所得移転を生ずるおそれがないものを制度の適用除外とする必要がある。制度は租税回避防止に焦点の合ったものでなければならず，わが国の制度がいくつかの適用除外を設けていることは意味があると考える。この点に関連して平成29年度改正において，航空機リース業，商品先物取引業，有形固定資産貸付業，金融業等について，本店所在地国でその役員又は使用人がその事業を的確に遂行するために通常必要と認められる業務のすべてに従事していることを実体のある事業かどうかの判定基準としていることは興味深い。判断基準として合理的と思われるものが1つ加わったと考えられるためである。今後とも実態の把握に努め，判断基準も含め，制度が対象とすべきでないものを的確に適用除外とすることが必要であり，この作業も制度を維持していく上での基本と考える。

なお，わが国の制度が対象所得について3つの定義を設けて3段階の合算課税を行うとしていることは制度の厳正な適用という意味では意義があるが，制度を複雑にするという問題があるように思われる。第1段階の合算は従来通りの会社単位の合算課税であるが，対象所得の定義という面からみると，①主たる事業が受動的活動であること（事業基準），②独立企業としての実体を備えていないこと（実体基準及び管理支配基準），③その地において事業活動をすることに経済的合理性がないこと（非関連者基準又は所在地国基準）といういずれかの要件に合致する所得とされている。このうち，①の事業基準は，インカム・アプローチである第2段階の部分合算課税に一体化させることができると思われ，また，②の実体基準及び管理支配基準は既に第3の会社単位の合算課税に取り込まれてい

294 ◆ 第2章 OECDのBEPS行動計画

るが，さらに③の非関連者基準又は所在地国基準もそこに取り込むことができる
ように思われる。そうすることで，インカム・アプローチとエンティティ・アプ
ローチを併用した制度として，BEPS行動計画にも沿ったより明確な制度になる
のではないかと考える。

（注）

(1) 増井良啓・宮崎裕子『国際租税法（第3版）』（東京大学出版会，2015年）176頁。

(2) 『平成22年度　改正税法のすべて』（大蔵財務協会，2010年）496頁。

(3) 2008年にリヒテンシュタインの銀行顧客情報の流出，スイスUBS銀行事件などがあり，
この時期にタックス・ヘイブンの銀行秘密の問題についての関心が高まっている。また，
2008年のG8洞爺湖サミットでもタックス・ヘイブンが議題の1つとされている〔居波邦泰
『国際的な課税権の確保と税源浸食への対応』（中央経済社，2014年）256〜258頁〕。

(4) OECD/G20 Action 3 : 2015Final Report「Base Erosion and Profit Shifting Project: De-
signing Effective Controlled Foreign Company Rules」パラ6.7.8。

(5) 最高裁判所裁判集（民事）232-541。金子宏『租税法　第21版』（弘文堂，2016年）557頁
も，この制度は子会社の課税所得相当額をわが国親法人等の擬制収益ないし擬制所得として
課税する制度であって，子会社の所得に直接課税する制度でないから，「PEなければ課税
なし」の原則に反するものではないと解すべきとしている。

(6) 前掲注(4)・OECD/G20　パラ50。

(7) 前掲注(4)・OECD/G20　パラ73。

(8) 前掲注(4)・OECD/G20　パラ78。

(9) このように他の問題の解決のために外国子会社合算税制が存在することは，外国子会社合
算税制の最終解決機能への期待が認められていることを示しているといえる。

(10) ネクサス・アプローチは，有害税制とされるパテントボックスの問題に対するもので，知
的財産に係る所得については適格R＆D費用に該当する国内での自社開発費用に対応する
部分についてのみ優遇税制の適用を受けることができるとするものである（BEPS行動計画
5）。

(11) 前掲注(4)・OECD/G20　パラ81，85。

(12) 前掲注(4)・OECD/G20　パラ87〜91。

(13) 米国で2011年度，2012年度に超過利益アプローチの採用を目指す法案が提案されている事
情について前掲注(3)・居波140〜141頁参照。BEPSの議論はこれを意識したものと考えられ
る。

(14) 多国籍企業の所得を，能動的所得（active income）と受動的所得（passive income）に区
分し，前者については子会社所在地国の課税権を優先するが，後者については支配株主の居
住地国が課税権を確保するという考え方があるとされる（前掲注(1)・増井・宮崎178頁）。こ
の考え方は，平成28年11月14日税制調査会がとりまとめた「BEPSプロジェクトの勧告を踏
まえた国際課税のあり方に関する論点整理」でも述べられており，平成29年度見直しの考え
方に反映されているものと考えることができる。

(15) 本庄資『国際課税における重要な課税原則の再検討（中巻）』（日本租税研究協会，2016
年）311〜312頁は，ハイブリッド化したわが国の制度見直しについて，適用除外によって
BEPS懸念のないエンティティを除外してover-inclusionに対応し，新しい部分合算により

18 外国子会社合算税制（タックス・ヘイブン対策税制）の見直し ◆ *295*

under-inclusion の防止に対応するものとした上，取引単位アプローチへのシフトについて，資産性所得の範囲の特定が国際的コンセンサスに近いものになることが必要としている。

⒃　最高裁民事判例集61‐6‐2486。

⒄　前掲注⒁・税調論点整理では，「能動的所得」は，商品の製造・販売による対価の獲得等，所得が生じた場所で実際に実質的な経済活動が行われている場合にそうして得た所得とし，一方「受動的所得」は，投資活動のリターンや知財使用料収入等，実質的な事業活動を伴わない資本・知財の提供等のみで所得を得られる場合の所得としている。受動的所得については，この分野で先行する米国のサブパートＦなど諸外国の例も含め，今後国際的議論を通じてその範囲や概念の統一が進むのではないかと考えている。

19 利子控除を利用する BEPS の防止策

本庄 資

1 OECD/G20 BEPS 行動 4 の勧告

多国籍企業グループは，グループ内部の事業体の負債金額の操作によって有利な租税の結果を得ることができる。多国籍企業グループ内の負債を利用する BEPS リスクには，次の 3 つの基本的なシナリオがある。

(i) 高税国の第三者負債又はグループ内負債の水準を高くするスキーム

(ii) グループの現実の第三者利子費用を超過する利子控除を生じるためグループ内ローンを利用するスキーム

(iii) 免税所得を生じるための借入金として第三者金融又はグループ内金融を利用するスキーム

これらのリスクに対処するため，BEPS プロジェクトの行動 4 は，利子費用の利用を通じる税源侵食を防止するためのルールの設計におけるベスト・プラクティスに関する勧告を行った。勧告されたアプローチは，「固定比率ルール」（a fixed ratio rule）である。これは，事業体の利子及び経済的に利子に相当する支払に係る純控除を，利払前・税引前・減価償却及びアモティゼーション前収益（EBITDA）の一定比率に制限する。各国が BEPS に取り組むため十分に低い固定比率を適用することを確保するため，必ずしもすべての国が同一の立場でないことを認めた上で，勧告されるアプローチは，10%ないし30%の間の選択可能な比率のコリダーを定めている。さらに，本アプローチは，事業体が一定の状況でこの制限を超えることを容認する「全世界グループ比率ルール」（a worldwide group ratio rule）を補足的に認め，一部のグループが税以外の理由で第三者負債で高度のレバレッジをすることを認め，固定比率ルールと並べて，「グループ比率ルール」を選択肢として提案した。これは，事業体の純利子費用が一国の固定比率を超える場合，当該事業体がその全世界グループの純利子 /EBITDA 比率の水準まで利子の控除を容認するものである。各国は，二重課税を防止するためグループの純第三者利子費用に10%までの上乗せを適用することもできる。収益ベース全世界グループ比率ルールは，現在一部の国にある別のグループ比率

ルール（例えば，株式逃避ルール（事業体の株式及び資産の水準をそのグループの保有する株式及び資産の水準と比較する））に置き換えることもできる。国は，いかなるグループ比率ルールも導入しないことを選択することもできる。国がグループ比率ルールを導入しない場合，不当な差別をせずに，多国籍グループと国内グループに固定比率ルールを適用すべきである。

　勧告されたアプローチは，主として，純利子費用の水準が高く，純利子／EBITDA 比率も高い事業体，特に事業体の比率がその全世界グループの比率より大きい場合に影響する。固定比率ルールの重要な特徴は，それが事業体の純利子控除（すなわち，利子所得を超える利子費用）を制限するだけであり，多国籍グループが，第三者負債を，税以外の要素（例えば，信用格付け，通貨及び資本市場へのアクセス）を考慮に入れて最も効率的な国と事業体において集中的に資金を調達し，それから借り入れた資金をグループの経済活動の資金供給に用いられる場所に転貸する可能性を制限しない。

　勧告されたアプローチは，また，各国が固定比率ルール及びグループ比率ルールを，次のような他の規定で補足することを容認する。

(ⅰ)　純利子費用の水準が低い事業体を除外するデミニミス基準

　　一グループが一国に複数の事業体を有する場合，デミニミス基準が国内グループの純利子費用合計に適用されることが勧告される。

(ⅱ)　一定条件の下で公益プロジェクトの資金に用いられるローンにつき第三者貸主に支払われる利子を除外すること

　　これらの状況で，事業体は，高度のレバレッジであるが，プロジェクトの性質と公的部門との密接な繋がりにより，BEPS リスクが減少する。

(ⅲ)　否認された利子費用及び／又は未使用利子キャパシティ（事業体の現実の純利子控除が許容限度を下回る場合）の将来年度における使用のための繰越

　　これは，事業体が利子費用を控除する可能性に係る収益の予想変動率の影響を減らすであろう。否認された利子費用の繰越は，また，後年度のみに課税所得の発生が期待される長期投資について利子費用を生じる事業体を助け，損失のある事業体が黒字に戻るとき利子控除を請求することを容認する。

　また，当該アプローチが，例えば，人為的に純利子費用の水準を減らすことによりそのアプローチの裏を掻くことを回避するため，「特別ルール」（targeted rule）で補足されることが勧告される。それは，また，各国が勧告されたアプローチによって対処されない個別の BEPS リスク（例えば純利子費用のない事業体が利子所得を隠す場合）に対処するためのルールの導入を勧告している。

銀行及び保険セクターには考慮すべき一定の特徴があり，これらの分野における BEPS リスクに対処する適切な個別のルールの策定が必要であることを認識して，更なる技術的な作業を行うこととした。

グループ内利子及び経済的に利子に相当する支払の金額は，また，移転価格ルールによって影響される。OECD 報告書「移転価格の結果と価値創造との一致」(OECD, 2013) に含まれる BEPS 行動計画 (OECD, 2013) の行動 8-10 により多国籍企業と税務当局のための移転価格ガイドライン第 1 章の改訂が，適切な実質を欠くグループ法人に支払う利子の金額を提供される資金のリスクフリーリターン以下に制限し，グループ内の金融支払を評価するときグループ・シナジーを考慮に入れること（いわゆるキャッシュボックスへの対応）を要求している。金融取引の移転価格の側面に係る更なる作業が2016年及び2017年中に行われるであろう。

2 BEPS のための利子及び経済的に利子に相当する支払の利用

第三者及び関連者利子の利用は，国際タックス・プランニングにおいて利用できる典型的な利益移転テクニックの一つである。大部分の国は，その国内法の適用上，負債とエクイティの課税上の取扱いを異にする。負債の利子は，一般に，支払者の控除可能な費用であり，受領者の手元で通常税率で課税される。他方，配当又は他のエクイティ・リターンは，一般に，控除できず，概して，受領者の手元で，なんらかの形の租税救済（免除，除外，税額控除等）を受ける。純粋に国内の文脈では，これらの取扱いの差異は，負債とエクイティが類似の全体の税負担を課される結果となるが，支払者の取扱いにおける差異は，クロスボーダーの文脈では，デット・ファイナンスが有利となる租税誘因バイアス（負債バイアスという。）を生じる。この歪みは，受領者の管轄における利子所得に対する租税の減少又は排除のために用いられるタックス・プランニング・テクニックと合成され，国際的二重非課税を生じる。クロスボーダーの文脈では，多国籍企業グループによるアウトバウンド投資とインバウンド投資のデット・ファンディングに係る利子控除について BEPS 懸念がある。親会社が借入金を子会社の出資に充てる場合，その利子費用に関し救済を請求することができるが，エクイティ保有に係るリターンは，資本参加免税，優遇税率又は分配のみの課税からベネフィットを享受することができる。インバウンド投資とアウトバウンド投資をめぐるこれらの機会は，潜在的に，国際的に営業するグループと国内市場で営業す

るグループとの間の競争上の歪みを生ずる。これは，国内グループより多国籍企業グループが保有する資産の租税優遇を生じ，「資本所有の中立性」（capital ownership neutrality: CON）に関しネガティブな影響を与える。グループによるこれらの機会の利用によって，各国政府の税収は減少し，税制の完備性に悪影響が生じる。租税上「免除され又は繰り延べられる所得を得るための借入金の利子控除の利用」とグループの現実の純利子費用より大きい利子控除の救済を得るスキームには，ダブル・ディッピング（DD）や損金控除／益金不算入（D/NI）を達成する多様なスキーム，すなわち，(i)高税管轄で控除可能な利子費用を生じ低税管轄又は無税管轄で利子所得を生じるためのグループ内ローン，(ii)控除可能な利子費用を生じるが対応的課税所得を生じないハイブリッド証券の開発，(iii)全く課税されないか又は軽減税率で課税されるリターンを生じる資産に投資するためのローンの利用が含まれる。

3 利子控除制限ルールの検討

（1） 投資に係る利子制限ルールの影響

投資に係る利子制限ルールの影響を分析した学術研究は，このようなルールが効果的な資本コストを増加させ，実際の投資を減少させることを示唆している（Ruf and Schindler, 2012）。理論アプローチは，一定の国が外国直接投資を保護するため緩やかな「過少資本ルール」を定めることを示唆する研究によって支えられている（Haufer and Runkel, 2012）が，経験的分析は，必ずしもこの理論を支持していない。

各国は，第三者利子とグループ内利子に関するBEPSの問題に対処するため広範なルールを導入した。これらには，個別のプランニング・リスクに対処する「特別ルール」（targeted rules）のみならず，事業体が請求できる利子控除の水準に係る全体的な制限をする「一般的利子制限ルール」がある。一般的利子制限ルールについて，一部の国は，インバウンド投資の状態のみにフォーカスしているが，他の国は，インバウンドとアウトバウンドの双方の状態に対処している。単一の国による利子控除を規制する強いアプローチが，当該国の国際事業にとっての魅力と国内グループのグローバル競争力に悪影響を及ぼすことがあるとの懸念もある。したがって，国際的ベスト・プラクティスを用いる一貫したアプローチが利子控除によるBEPSに対処する方法としてより効果的で効率的になる。なぜならば，このアプローチは，グループが資金ストラクチャーを採用すること，それによって，(i)一事業体の純利子費用がグループ全体の純利子費用に結び付け

られること及び(ii)グループの純利子費用の配賦が所得を稼得する活動に結び付けられることを奨励することになり，グループもまた各国間の一貫したアプローチから利益を受けるからである。一貫したアプローチは，歪みを除去し，意図せざる二重課税リスクを減らし，BEPS機会を除くことによって，グループ間の公正と平等を改善する。

行動4は，過大利子控除を行い又は免除所得もしくは繰延所得を得るために借り入れるため第三者負債，関連者負債及びグループ内負債を利用することに焦点を当てる。これらの問題に取り組むベスト・プラクティスは，同様の状態にあるグループが一貫して取り扱われることを確保し，借入を異なる法形式で仕組むグループによってルールが回避されるリスクを減らすため，あらゆる形式の利子及び利子に相当する支払に適用されるべきである。BEPSは，第三者負債（例えば，一事業体又は一国がグループ全体の純第三者利子費用の過大な部分を負担する場合）及びグループ内負債（例えば，グループが課税所得を高税国から低税国へ移転するためグループ内利子費用を利用する場合）を利用するアレンジメントから生じることがある。それは，また，支払が国外の貸主又は同一国内の貸主に対して行われる場合にも生じることがある。

（2） 利子に係るBEPSに取り組むための既存のアプローチ

現在各国が適用しているルールは6つの広いグループに分けられる。

1. 事業体の利子又は負債の水準を，当該事業体がすべての取引を第三者と行っていたならば存在したであろう状態と比較する独立企業テスト
2. 源泉地管轄に課税権を配分するために用いられる，利子の支払に対する源泉徴収税
3. 支払の性質又は支払先にかかわらず，事業体の利子費用の一定割合を否認するルール
4. 事業体の利子費用又は負債の水準を，固定比率（例えば，負債／エクイティ，利子／収益，又は利子／全資産）を参照して制限するルール
5. 事業体の利子費用又は負債の水準を，グループ全体の状態を参照して制限するルール
6. 一定の取引の利子費用を否認するターゲットを定めた租税回避防止ルール

「独立企業テスト」は，個別の事業体の状態，事業体が第三者貸主から調達することができる負債の金額及び負債の借入条件を考慮することを要求する。それは，税務当局が事業体又はグループの特定の商業上の状況に焦点を合わせること

を容認するが，納税者と税務当局の双方が適用する場合，集中的で時間のかかる手段となる。独立企業テストの長所は，事業体の利子費用の水準がその事業体の状態によって異なることを認める点にあるが，このようなアプローチを実際に適用した経験をもつ国々は，他のルールの補足として（例えば，利子制限ルールの適用前に事業体の利子所得と利子費用のプライシングにおいて）役立つことはあるが，それがBEPSの防止にどれほど効果的であるかについては懸念を表明している。

「源泉徴収税」は，主として源泉地国に課税権を配分するために用いられるが，クロスボーダー支払に課税することによって，源泉徴収税も，グループのBEPS取引からのベネフィットを減らすことはできる。源泉徴収税の長所は，容易に適用し執行できるかなりメカニカルなツールであることであるが，源泉徴収税が法人税と同じ税率で適用される場合を除き，BEPSの機会は残るであろう。場合によっては，グループが課税を回避し又は追加的なタックス・ベネフィット（例えば，源泉徴収された税について複数の事業体が税額控除を請求する）を生じるためのストラクチャード・アレンジメントを行う場合，源泉徴収税はBEPS行動に駆り立てることもある。

上記1ないし3のルールは，それら自体では，BEPS行動計画（OECD, 2013）の行動4の目的の必ずしもすべてに対処しない。行動4のベスト・プラクティス・アプローチは，上記4ないし6のルールの一部又は全部の組合せに基づいている。利子控除の一般的制限は，固定的財務比率に基づいて事業体が純利子費用を控除する可能性を制限するものである。これは，事業体がグループの相当する財務割合の方が高い場合，グループの相当する財務割合まで利子を控除することを容認するルールと結合される。ある国がグループ比率ルールを導入しない場合，不当な差別をせずに，多国籍グループと国内グループの事業体に固定比率ルールを適用すべきである。これらの一般的なルールは，当該一般的なルールの効果を減らし又は回避するためのプランニングに対処するため特別ルール（targeted rules）で補足されるべきであり，特別ルール（targeted rules）は，また，一般的なルールの対象以外の個別のリスクに取り組むために用いられる。

（3） 固定比率を参照して利子費用を制限するルール

現行ルールの設計方法は，必ずしもBEPSに取り組む方法として最も効果的とはいえない。固定比率ルールを適用している大部分の国は，利子の控除可能性を，概して「負債／エクイティ・テスト」に基づく過少資本税制を通じて事業体

のエクイティの水準に結び付ける。このようなテストの主な長所は、税務当局が事業体の負債とエクイティの水準に関連した情報を入手することが比較的に容易であり、それがまたその資金調達のプランニングにおいてグループに合理的な水準の確実性を与えることであるが、多数の重要な短所がこれらの長所を台無しにしている。事業体の負債の金額を制限するルールは、事業体が当該負債につき支払う利子の率について相当のフレキシビリティを容認する。また、エクイティ・テストは、高度のエクイティ資本を有する事業体がより多くの利子費用を控除することを容認し、グループが特定の事業体のエクイティの水準を増加することによってテストの結果を操作することをかなり容易にしている。したがって、「固定比率負債／エクイティ・テスト」は、BEPS に取り組むためのベスト・プラクティス・アプローチに一般的利子制限ルールとして含めるべきでない。最近、BEPS に対処するためのよりよいツールである事業体の「利子／収益比率」に基づく固定比率テストを導入する国が増えてきた。これらのテストでは、用いられる収益の尺度は、概して利払前・税引前・減価償却及びアモティゼーション前収益（EBITDA）である。大部分の国は現在租税上の尺度として EBITDA を用いている。しかしながら、多くの場合、多国籍グループがなおグループの現実の第三者利子費用を著しく超過する全体の利子控除を請求することができるとの一般的な見解が残っている。

4　ベスト・プラクティス・アプローチの勧告

　行動4の重要な目的は、利子及び経済的に利子に相当する支払を利用するBEPS に対処するための首尾一貫した解決法を特定することである。2015年最終報告書は、**図表19-1**のようなベスト・プラクティス・アプローチを勧告している。

図表19-1　ベスト・プラクティス・アプローチの概要
リスクの低い事業体を除外するためのデミニミス通貨基準
国内グループの純利子費用に基づくオプション
＋
固定比率ルール
事業体が純利子費用をベンチマークの純利子／EBITDA 比率まで控除することを容認する。
関連する要素は各国がそのベンチマーク比率を10%ないし30%の範囲内で設定するのに役立つ。

＋

　　　　　グループ比率ルール

事業体が純利子費用をそのグループの純利子／EBITDA比率まで控除することを容認する。

これがベンチマークの固定比率より高い場合

国がグループの純第三者利子費用に10％未満の上積みを適用するオプション

国が異なるグループ比率ルールを適用するか又はグループ比率ルールを適用しないオプション

＋

否認された利子／未使用の利子キャパシティの繰越及び／又は否認された利子の繰戻

　　　　　オプション

＋

一般的利子制限ルールを支え個別のリスクに対処するための特別ルール（targeted rules）

＋

銀行・保険セクターの問題に対処するための個別ルール

　「ベスト・プラクティス・アプローチ」は，事業体の純利子控除を，税務上の数字に基づき，利払前・税引前・減価償却及びアモティゼーション前収益（EBITDA）を用いて算定されるその利益の一定割合に制限する「固定比率ルール」にほぼ基づいている。これは，適用が簡単なルールであり，事業体の利子控除がその経済活動に直接結び付けられることを確実にする。それは，また，これらの控除を事業体の課税所得に直接結び付けるので，このルールはプランニングに対し合理的に厳しいものになる。EBITDAは，勧告された収益の尺度であるが，ベスト・プラクティスは，国が利払前・税引前収益（EBIT）に基づくルールを導入するフレキシビリティを容認し，一定の場合には，各国は，収益でなく，資産価値に基づく固定比率ルールを適用することもできる。

　ベンチマーク固定比率を超える事業体が利子費用をそのグループの純第三者利子／EBITDA比率の方が高い場合，当該比率まで控除することを容認する「グループ比率ルール」が認められる。グループの比率の計算において，国は，また，グループの純第三者利子費用（すなわち，第三者利子所得の控除後第三者利子費用）に10％までの上積みを適用することができる。このアプローチにより，ベンチマークの固定比率とグループの比率のいずれか高い方を超える事業体の純利子

/EBITDA 比率をとる純利子費用だけが否認される。このルールは，固定比率ルールを補足し，利子費用に係る BEPS に強い対応をすることになる。

最も低いリスクの事業体を一般的利子制限ルールの範囲から除外するため，国は，純利子費用の貨幣価値に基づくデミニミス基準を適用することができる。この基準を下回る事業体は，制限なく利子費用を控除することができる。

5 利子及び経済的に利子に相当する支払

利子コストは，大部分の国で課税上控除可能な費用として取り扱われるが，各国は，どんな費用が利子として取り扱われ，それ故に，租税上，控除できるかを決めるため，それ自体のアプローチを適用する。

利子は金銭を借り入れるコストであるが，あるルールがその焦点を支払の非常に狭いバンドに制限する場合，それは3つの広い問題を生じる。

(i) それは，各国が利子控除及び類似の支払に関して直面する BEPS リスクのレンジへの対処を怠ることになろう。

(ii) それは，同じ経済状態にあるがさまざまな形態の資金調達アレンジメントを用いるグループに異なる取扱いを適用することにより公正を損うであろう。

(iii) その効果は，ローンを他の形態の資金調達アレンジメントに再構成するグループによって容易に回避されるであろう。

これらの問題に対処するため，過大な利子を利用する BEPS に取り組むルールは，経済的に利子に相当する他の金融支払のみならずすべての形態の負債に係る利子に適用されるべきである。経済的に利子に相当する支払には，事業体のファイナンシングに結び付けられ，現実又は想定元本の固定比率又は変動比率を適用することによって決められる支払が含まれる。ルールは，また，資金調達と関連して生じる他の費用（アレンジメント・フィー及び保証料を含む。）にも適用されるべきである。したがって，利子費用を利用する BEPS に対処するためのベスト・プラクティス・ルールは，(i)すべての形態の負債に係る利子，(ii)経済的に利子に相当する支払，及び(iii)資金調達に関して生じる費用に適用されるべきである。これらには，次のものが含まれるが，これらに限定されるべきではない。

- 利益参加ローンによる支払
- 転換社債及びゼロクーポン債務などの証券に係る帰属利子（imputed interest）
- 代替的資金調達アレンジメント（例えばイスラム金融）に基づく金額
- ファイナンス・リース支払の金融コスト要素

19 利子控除を利用する BEPS の防止策　◆　*305*

- B/S の関連資産に含まれる資本化された利子又は資本化された利子の償却
- 移転価格税制に基づく資金のリターンを参照して算定される金額
- デリバティブ証券又は事業体の借入に関連するヘッジング・アレンジメントに基づく想定利子
- 借入及び資金調達に関連する証券に係る一定の外国為替損益
- 資金調達アレンジメントに係る保証料
- 資金借入に係るアレンジメント・フィー及び類似のコスト

　ベスト・プラクティス・アプローチは，利子でなく，経済的に利子に相当せず，又は資金調達に関連して生じたものでない支払には適用されない。したがって，一般に，最終報告書に示すルールは，次のような項目の控除を制限してはならないとされた。

- 資金調達と関連のない通貨に係る外国為替損益
- 借入に関連しないデリバティブ証券又はヘッジング・アレンジメント（例えば，コモディティ・デリバティブ）に基づく金額
- 借入に関連しない引当金に係る割引
- オペレーティング・リースの支払
- 使用料
- 確定給付年金（defined benefit pension plan）に係る経過利子

6　ベスト・プラクティス・アプローチの適用対象者

　BEPS は，一グループ内，グループ外関連者及び第三者とのストラクチャード・アレンジメントを含むシナリオの範囲内で生じる。ベスト・プラクティス・アプローチは，さまざまなルールがさまざまな種類のリスクに対処するために用いられるが，これらのルールがどの事業体に適用すべきかを考えるために，事業体は，3つの種類に分類されている。

(i)　多国籍グループの一部である事業体
(ii)　国内グループの一部である事業体
(iii)　グループの一部でない孤立した事業体

7　利子費用又は負債の水準に基づくベスト・プラクティス・アプローチの適用

　BEPS の重要な原因は，グループが価値創造を行う活動から課税所得を人為的

に分離する可能性にある。したがって，ベスト・プラクティス・アプローチの目的の一つは，事業体の利子控除の金額を課税される経済活動の水準に結び付けることである。

（1） 事業体の利子費用又は負債の水準を制限するためのベスト・プラクティス・アプローチの適用

一般的利子制限ルールは，事業体が租税目的上控除することができる利子の金額を制限することによって直接的に，又は，事業体が利子の控除を請求することができる負債の金額を制限することによって間接的に，運用することができる。どのアプローチをベスト・プラクティスの勧告に含めるべきかを考えるとき，多数の要素が考慮された。これらには，次のことが含まれる。

(i) 利子を利用するBEPSは，事業体が生じた課税上控除可能な費用の水準によって動かされる。事業体が請求できる利子控除の水準を直接制限するルールはこれに対処する。

(ii) 事業体の負債の水準を制限するルールは，ローンに過大な利率が適用される場合，必ずしもBEPSに対処しない。したがって，このようなルールは，容認される負債の水準に係る上限の利子を特定するためのそれ以上の仕組みを必要とする。これは，独立企業テストの適用又は事業体の現実の利子費用の配分によって行うことができるが，これらのアプローチルールの運用のステップが増え，複雑化する。

(iii) ベスト・プラクティス・アプローチは，利子及び経済的に利子に相当する支払に係るBEPSに適用されるべきである。しかしながら，経済的に利子に相当する支払に関して，事業体が当該支払に結び付けられた負債を別々に認識しなければならない要件は現在ない。それ故，事業体と税務当局が租税救済を請求する利子の支払及び経済的に利子に相当する支払を特定し，評価することを容易にすべきである。

(iv) 事業体の負債の水準は，期間を通じて変化する。それは，特定の日の負債の水準又は期間平均が事業体の真実の状態を表すものではないことを意味する。他方，事業体の利子費用の水準は，期間全体を通じる借入のすべての変化を反映する。したがって，これは，当該期間の事業体の現実の状態をさらに正確に描くようにみえる。

(v) 事業体の負債の水準に基づくルールは，同額の負債をもつ２つの事業体が商業上の理由（例えば，借入の通貨及び信用リスクを考慮）から異なる利率

を適用されるという事実を考慮に入れることができる。これは，また，事業体の利子費用を直接制限するルールによって行われる（例えば，グループの現実の利子費用の水準を考慮に入れる。）。

(vi)　事業体の負債の水準は，事業体の経営の支配の下にあり，一般に予見可能であるが，利子費用の金額は利率の変化を反映して多様である。これは，利子費用の水準を直接制限するルールは，金利上昇リスクがあり，将来の期間に利子の否認を受けるおそれがある場合，事業体が長期借入を行うことは困難になるであろうということを意味する。

（2）　事業体のグロス利子費用又は純利子費用を制限するためのベスト・プラクティスの適用

　もう一つの重要な問題は，一般的利子制限ルールが事業体の借入について生じる利子に，利子所得と相殺せずに（グロス利子費用に）適用すべきか，あるいは事業体が受け取る利子所得と相殺した後に（純利子費用に）適用すべきかである。グロス利子ルールには簡単さという利点がある。各事業体がそのグロス利子所得全部に租税を課されるが，そのグロス利子費用の一部が否認される場合には二重課税を生じることになる。純利子ルールは，利子制限が適用される前に事業体の利子所得はその利子費用と相殺されるので，二重課税リスクは減る。それは，また，事業体が第三者負債を負い，借入金をそのグループ内で，当該事業体がそのグロス利子費用の一部の否認を受けずに，転貸することを容認する。これらを考慮して，一般的利子制限ルールは，利子所得を相殺した後，第三者，関連者及びグループ内に支払われた事業体の純利子費用に適用される。過大な第三者利子費用が高税国で生じる場合を含め，広範囲のBEPSリスクに対処するため，ルールは事業体の純利子費用のすべてに適用されるべきである。

8　提案された固定比率ルール

　固定比率ルールの基礎となる前提は，事業体がEBITDAの一定比率まで利子費用を控除することができることとし，ある国で租税を課される事業体の利益の一部が残ることを確保することである。固定比率ルールは，多国籍企業グループの事業体，国内グループの事業体及び孤立した事業体を含むすべての事業体に適用することができる。基礎となるベンチマーク固定比率は，一国の政府によって決定され，事業体又はそのグループの現実のレバレッジにかかわらず適用される。第三者，関連者及びグループ事業体に支払われる利子は，この固定比率まで控除

することができるが，事業体の比率がこのベンチマークを超える利子は否認される。

　固定比率ルールの重要な長所は，法人が適用し税務当局が執行することが比較的簡単であるという点にある。他方，固定比率ルールは，異なるセクターで営業するグループは異なるレバレッジ金額が必要であろうが，一般に，国は，すべてのセクターのグループに，同じベンチマークの固定比率を用いて，一貫して固定比率ルールを適用すべきである（銀行及び保険セクターのグループは例外とし，ターゲットを決めたルールを考慮している。）。しかしながら，一定のセクターのグループは，高い水準のEBITDAを生じることができることを意味する経済的レントからベネフィットを受けることができる。したがって，国は，これらのセクターのグループにもっと厳しく固定比率ルールを適用することを選択することができる。

9　グループ比率ルール

　勧告された固定比率ルールに基づき，事業体又は国内グループは，純利子費用をそのEBITDAの一定比率まで控除することができる。しかしながら，固定比率ルールは，さまざまなセクターのグループが別々にレバレッジされるという事実を考慮すべきでなく，セクターバイアスがないとしても，一部のグループのレバレッジは単にもっと高い。それ故，固定比率ルールが分離して導入される場合，「純第三者利子/EBITDA比率」がベンチマーク固定比率を超えるグループは，その純第三者利子費用のすべてを控除することができなくなる。レバレッジがより高いグループに対する影響を減らすため，各国が固定比率ルールを「グループ比率ルール」と組み合わせることを考慮することが勧告される。これは，レバレッジの大きいグループの事業体が，全世界グループの関連する財務比率に基づいて，純利子費用を，固定比率ルールによって認められる金額を超えて，控除することを容認することになる。これは，ベンチマーク固定比率が，特に大きい多国籍グループの事業体について低いままとすることができることとし，固定比率ルールがBEPSに対処するとき効果的であることを確保する一方で，「グループ比率ルール」がこのようなルールの素っ気ない運用を補うことを意味する。

　グループ比率ルールは，別の追加的規定として，又は固定比率ルールを含むルール全体の一部として，導入することができる。例えば，国が事業体の純利子/EBITDA比率に基づくアプローチを適用する場合，単一のルールが，事業体がベンチマーク固定比率ルールとグループ比率の高い方まで控除することができる

と規定することができるであろう。固定比率ルールとグループ比率ルールを別々に実施するか又は単一ルールの一部として実施するかの決定は，ある国がどのように異なる要素を運用するつもりであるかによって左右されるであろう。例えば，ある国が固定比率とグループ比率の双方の要素が租税上の数字に基づいて事業体のEBITDAの同じ計算，同じ繰越／繰戻を利用すべきであると決める場合，2つの部分をもつ単一ルールの方が適用しやすいであろう。

10　特別ルール（targeted rules）

「ターゲットを決めた利子制限ルール」には，個別の取引又はアレンジメントにより行われる支払に係る利子控除を制限するために適用されるすべての規定が含まれる。多数の国は，現在，一般的利子制限ルールを適用せず，専ら特別ルール（targeted rules）に頼っている。特別ルール（targeted rules）の使用は，また，各国が，個別の分野の問題に対処し，特にBEPSを行っていない事業体のコンプライアンス・コストを潜在的に最小化することを容認する。しかしながら，このようなアプローチには欠点がある。最も重要なものは，特別ルール（targeted rules）はある程度常に反作用的な対応であり，特定のBEPSリスクが出現したときこれに気付かなければ対応できない。特別ルール（targeted rules）は，また，能動的な適用を要し，その意味は，税務当局は，ルールがしばしば複雑な取引の一部として適用される場合を認識し，グループと協働して正しい結果を判定することができなければならないということである。全体として，特別ルール（targeted rules）に全面的に依存すると，コンプライアンス・コストと執行コストが増加し，複雑な多数のルールを生じることになる。

　他方，重要な分野で特別ルール（targeted rules）によって補足された一般的ルールを用いるアプローチは，グループがその実際の純第三者利子費用の救済を得ることができることを確実にする一方で，各国にBEPSの主なリスクに対処するという安心を与えるであろう。

　ベスト・プラクティス・アプローチは，特別ルール（targeted rules）も一部のBEPSリスクに効果的な解決策を与えることができることを認識している。

　例えば，ある国は，固定比率ルールに加えて過大負債に係る利子を否認するため一定の「負債／エクイティ比率」に基づく「過少資本ルール」を適用する。これは，事業体が固定比率ルールに基づき認められる純利子費用の水準を超えない場合でさえ，利子を否認するために適用することができる。

　利子に係るBEPSに対処するためベスト・プラクティス・アプローチを策定

するとき，銀行及び保険セクターのグループの多数の特性を考慮に入れる必要がある。重要な考慮は，利子が銀行業又は保険業で果たす役割は他のセクターにおける役割と違うことである。銀行及び保険会社は，その主な事業活動の不可分の一部として金融資産及び債務を保有している。加えて，大部分の国の金融セクターの事業は，その資本構成に制限を課す厳格な規制の対象となっている。2011年に，バーゼルIIIは，過去に金融制度と経済に損害を与えたリスクの緩和に役立つよう，銀行セクターのレバレッジを規制する目的でレバレッジ比率基準を導入した。ソルベンシーII指令は，EUの保険者に類似の制度を導入する。しかしながら，銀行及び保険グループが規制の対象であるが，グループ内のすべての事業体が同じ義務を課されるとは限らないことに留意すべきであり，特に支店の取扱いを考慮しなければならない。

　銀行及び保険グループによるBEPSは，潜在的に多数の形式をとることができる。これらには，現行事業を支えるために要求される水準を超える規制資本バッファー（負債要素を含む。）を保有する規制事業体，低税国における中間事業体を通じて規制資本及びグループ内で発行される通常負債を迂回すること，規制上分離して資本化する必要がない支店及び規制外の事業体において過大な利子控除を行うこと，免税資産又は優遇税制の対象資産のための資金調達に控除可能な利子費用を用いること，ハイブリッド金融証券及びハイブリッド事業体の使用が含まれる。

　銀行及び保険会社は，概して，要求されるミニマム水準を超える規制資本のバッファーを保有しており，これらのバッファーを維持することが重要な商業的ドライバーになっている（例えば，信用格付け及び資本コストに関連）。規則によって要求されるミニマムを超える資本を保有することにより，グループは変化する資本需要に対応することができるが，これはまたなんらかのBEPSの機会を与える。　銀行及び保険グループは，他のセクターのグループにとって負債による資金調達の重要な源泉であり，このようなものとして多くは利鞘の大きい純貸主である。これらのグループの主な営業会社とグループ全体がしばしば純利子費用でなく純利子所得を有する。固定比率ルールとグループ比率ルールは，事業体の純利子費用の水準を制限するために適用されるので，銀行及び保険グループ内の重要な事業体に影響をもたない。加えて，利子所得が銀行又は保険会社の所得の主な部分であるという事実は，EBITDAがこれらのセクターのグループ全体の経済活動の適切な尺度にならないことを意味する。最後に，銀行及び保険グループの財務諸表は，概して，特にグループ比率ルールの運用に影響をもつ他の

セクターのグループの財務諸表と異なる。固定比率ルールとグループ比率ルールは銀行及び保険セクターの BEPS に対処するようにみえないので，各国は，これらのセクターで営業するグループの事業体を，これらのセクターの BEPS に対処する特別ルールを導入すべき場合，これらのルールの範囲から「除外」することを考慮することができる。除外は，資金会社，キャプティブ保険会社，又は他の規制外事業体で，規制がない準銀行業務その他の金融活動を営むもの，あるいは投資ビークル（規制の有無を問わない。）には適用すべきでない。これらの事業体は，ベスト・プラクティス・アプローチに含まれるルールの対象として残るべきである。

20 租税条約の濫用の防止策

関口博久

1 問題の所在

　トリーティ・ショッピング（treaty shopping,「条約漁り」ともいわれる）をはじめとした租税条約の濫用は，BEPS の原因の一つとの認識に基づき，これを防止するための「OECD モデル条約」の改定及び国内法の設計について検討する必要があるとされてきた。多くの議論を重ねて[1]，2015年10月に「不適切な状況における条約の特典の授与の防止，行動6―2015年最終報告書（Preventing the Granting of Treaty Benefits in Inappropriate Circumstances, Action 6 -2015 Final Report)」が公表された[2]。本稿では，今回の最終報告書での提言を整理すると共に，若干の問題点を指摘する。

2 最終報告書の概要

(1) 最終報告書の目的

　トリーティ・ショッピングをはじめとした租税条約の濫用は，BEPS の原因の一つとの認識に基づき，次の3つの分野についての検討が行われ[3]，最終報告書としての提言がなされている。

- 不適切な状況において条約の特典を授与することを防止するための国内ルールの設計に関するモデル条約の規定と勧告の策定。
- 租税条約が二重非課税を生じるために利用されることを意図するものでないことの明確化。
- 一般に，国々が他国との租税条約を締結することを決める前に考慮すべき租税政策の問題の特定。

(2) 最終報告書の構成

　最終報告書の構成は，次のとおりとなっている。

A　不適切な状況において条約の特典を授与することを防止するための条約の規定及び／又は国内ルール

B　租税条約の目的が二重非課税を生ずるために利用されることでないことの明確化

C　一般に，国が他国と租税条約を締結することを決める前に考慮すべき租税政策の問題から成り立っている。

3　最終報告書の主な内容

（1）　A　不適切な状況において条約の特典を授与することを防止するための条約の規定及び／又は国内ルール

A では，条約の濫用のケースを①ある者が条約自体によって規定される制限を迂回しようとする場合と②ある者が条約の特典を利用して国内租税法の規定を迂回しようとする場合に分け[4]，①については，トリーティ・ショッピングに対するこれまでの OECD の対応を踏まえた上で，特典制限（LOB: limitation on benefit）条項（以下，「LOB 条項」と記す）による対応と濫用防止規定による対応を示している。さらに個別の条約濫用防止ルールが役立つ状況として具体例を挙げている。②については，過少資本税制，CFC ルール，出国税等を取り上げている。

①　ある者が条約自体によって規定される制限を迂回しようとする場合

最終報告書では，トリーティ・ショッピングについて，租税条約の特典を享受できる者は OECD モデル租税条約 4 条に定義する「一方の締約国の居住者で」でなければならないとした上で，一方の締約国の居住者でない者が租税条約が当該国の居住者に授与する特典を得ようと企てる多数のアレンジメントをトリーティ・ショッピングとしている[5]。そのようなトリーティ・ショッピングについて，OECD では以下のようなさまざまな文脈で検討している[6]。

1977年には，モデル租税条約に実質的所有者（beneficial owner）概念の導入と，第 1 条コメンタリーに「条約の不適正な利用（Improper use of the Convention）」に関する記述が導入された。

1986年には，「二重課税条約と基地会社の利用」及び「二重課税と導管会社の利用」に関する 2 つの報告書が作成され，トリーティ・ショッピングについては後者で主として扱われた。この 2 つの報告書の結果として，1992年には第 1 条コメンタリーにおいて「導管会社の場合」という形で規定が加えられた。

2003年には，「条約の特典を受ける権利の制限（Restricting the Entitlement to Treaty Benefits）」とする報告書を踏まえ，導管の場合における実質的所有者の意味を明確化するための記述が第10〜12条のコメンタリーに追加されると共に，

「条約の不適正な利用」の部分に，1996年米国モデルのLOB条項と英国の慣行に基づく濫用防止規定の追加事例として加えられた。

2004年には，実質的所有者概念の明確化に関する追加作業により，第10〜12条のコメンタリーの改正がされたが，トリーティ・ショッピングへの対応については，第10条コメンタリーパラ12.5で，実質的所有者概念のある形態の租税回避には対応するが，他の方法については対応せず，他の方法の適用を何らかの方法で制限するものと考えるべきではないとしている。

そのようなこれまでのOECDによるトリーティ・ショッピングへの対応を踏まえた上で，トリーティ・ショッピングへの対応として次の三叉アプローチを用いることを勧告している[7]。

- 締約国が，条約を締結するとき，租税回避を防止したいと思い，特にトリーティ・ショッピングの機会の作出を回避することを意図するとの明確な声明を租税条約に含める
- 米国と少数の他国が締結した条約に含まれるLOB条項に基づく個別濫用防止ルールをOECDモデルに含める。
- 他の形態のトリーティ・ショッピング（一定の導管金融アレンジメント）に対処するため，取引又はアレンジメントの主目的に基づくもっと一般的な濫用防止規定（主要目的テスト：PPT（Principal Purpose Test），以下「PPT」と記す）をOECDモデルに含める。その上で，LOB条項とPPTには長所と短所があると共に，各国にはそれぞれの事情があるとして，ミニマム・スタンダードとして以下のルールを実施すべきとした[8]。
- 租税条約のタイトル及び前文に，「租税条約は，租税回避・脱税（トリーティ・ショッピングを含む。）を通じた二重非課税又は税負担軽減の機会を創出することを意図したものでないこと」を明記すること。
- 租税条約に一般的濫用防止規定（GAAR（General Anti-Avoidance Rule））として次のいずれかを規定すること。
  ① PPTのみ
  ② PPT及び簡素版LOBとの両方
  ③ 厳格版LOB及び導管取引防止規定（限定的PPT）

1）LOB条項

LOB条項とは，トリーティ・ショッピングへの対応のための個別的濫用防止ルールである。主として米国の締結した租税条約にみられるものであるが，日本やインドの条約にも規定されており，今後OECDモデルにも含まれることにな

る。なお，最終報告書米国モデル租税条約の2016年の改正を踏まえるとされと共に，第X条「特典の授与」のタイトルで簡易版と詳細版が示されている。最終報告書においてLOB条項は以下のように示されている。

第X条　特典の授与
1　「適格者」でない一方の締約国の居住者の条約の特典を否認することとなる規定
2　居住者が適格者となる状況の定義，適格者には次の者が含まれる
　a)　個人
　b)　一方の締約国，その地方政府及びその全部所有エンティティ
　c)　一定の上場エンティティ及びその関連者
　d)　一定の慈善団体及び年金基金
　e)　一定の所有用件を満たす他のエンティティ
　f)　一定の集団投資ビークル
3　適格者でない者がどの居住地国で事業の能動的な行為を行い，かつ，所得が当該事業に関連し又は付随して取得される場合，適格者でない者が取得する一定の所得に条約の特典を与える規定
4　エンティティの合意された割合以上が同等受益権を有する一定の者によって所有される場合，適格者でない者によって取得される一定の所得に条約の特典を与える規定
5　一方の締約国の権限ある当局が，通常ならばパラグラフ1から4までに基づき特典が否認される場合に一定の条約をある者に授与することを容認する規定
6　パラグラフ1から5までの目的上適用されるべき定義
　　OECDモデル租税条約のコメンタリーに次の新しい第X条のコメンタリーを追加する

　このLOB条項については，我が国がこれまで結んできたLOB条項とほぼ同じ形式であり，基本的には客観的な規定であるが，5については権限のある当局による判断が含まれている[9]。

　2）PPT

　PPTとは，LOB条項の対象でない条約回避事案（導管金融アレンジメント等）に対処する一般的な方法である。最終報告書では，PPTは以下のように示されている。

第X条　特典の授与
7　条約の他の規定にかかわらず，本条約に基づく特典は，すべての関連事実及び状況を考慮して，当該特典を得ることが直接又は間接に当該特典を生じるアレンジメント又は取引の主目的の一つであると結論することが合理的である場合，所得又は

資本について授与してはならない。ただし，これらの状況で当該特典を授与することが本条約の関連規定の対象と目的に従うことが立証される場合はこの限りでない。

3） 具体例

個別の条約濫用防止ルールが役立つ状況について，次の具体例がある。

ⅰ） 契約の分割

企業が契約を分割することによって，OECD モデル条約 5 条 3 項に規定する建設 PE の認定を回避することができる。この点につき PPT を OECD モデルに加えることにより対処することができる[10]。

ⅱ） 労働者の賃貸しの場合

労働者を賃貸しすることによって，OECD モデル条約15条 2 項に規定する短期滞在者免税の特典を不適切に得ることができる。この点につき，第15条コメンタリーのパラグラフ8.1から8.28，特にパラグラフ8.3により対処できる[11]。

ⅲ） 配当の分類を回避することを意図した取引

国内法において配当と規定されるものを，租税条約による所得分類の変更（キャピタル・ゲイン等）により，源泉地国での課税を回避することができる。この点につき，国内法の規定を租税条約でも適用できるように修正されるか否か検討されたが，BEPS 行動計画後も更なる検討がされると決められた[12]。

ⅳ） 配当移転取引

15％のポートフォリオ税率を適用されている納税者が配当支払の直前に持分を増加させることにより，より有利な源泉徴収税率の適用を受けることができる。この点につき，配当の支払日以前365日の期間において，実質的所有者が資本の25％以上をミニマム持株保有期間所有することによって軽減税率の適用ができるようになることによって対処する[13]。

ⅴ） 第13条（4）の適用を迂回する取引

OECD モデル租税条約第13条（4）は，不動産が所在する締約国が，当該不動産の価値の50％超を生じる法人の株式に関し，他方の締約国の居住者が実現するキャピタル・ゲインに課税することを容認している。この点，株式の収益のみならず他のエンティティ（例えばパートナーシップ，信託）の持分についても同様の取扱いをして対処するとされた。また，株式譲渡の直前に不動産以外の資産を拠出することによって，キャピタル・ゲインの課税を回避することができる。この点，当該譲渡以前の365日の間これらの株式又は相当の持分が当該他方の国に所在する不動産から直接又は間接にその価値の50％超を生じた場合，課税できる

こととすることにより対処する[14]。

vi) 二重居住者（個人を除く）の条約居住地を決定する振分けルール

OECD モデル租税条約第４条（３）は，個人以外の二重居住者については，その実質管理の場所が所在する国のみの居住者とみなされるものとすると規定しているが，二重居住者が租税回避に利用されている。そこで，個人以外の者が両締約国の居住者である場合，両締約国の権限ある当局は，相互協議により，その実質管理の場所，それが設立され又は通常ならば構成された場所，及び他の関連要素を考慮して，当該者が条約の適用上居住者とみなされる締約国を決めるよう努めるものとするとした。その上で，このような合意がなければ，当該者は，両締約国の権限ある当局の合意する範囲及び方法を除き，本条約に規定する救済又は租税の免除を受ける権利を有しないものとするとした[15]。

vii) 第三国に所在する恒久的施設に関する濫用防止ルール

株式，債券，権利又は資産からの所得について優遇的な措置を定める国に設立した恒久的施設へ優遇的な措置を受けることを目的として，譲渡することによる潜在的な濫用がある。そのような濫用について居住地国が第三国に所在するそのような恒久的施設の利益を免除し又は低税率で課税する場合，源泉地国は当該所得について条約の特典を享受させるべきではないとしている。この点，第三国にある恒久的施設に帰せられる所得が低課税の対象となる当該トライアンギュラー事案及び類似の事案に対処するため，個別的濫用防止規定がモデル租税条約に含まれるべきだとされた。ただし，その規定は BEPS 行動計画によって命じられる条約問題に係る作業の結果を実施する多国間協定の交渉の一部として，更なる検討がされることとなっている[16]。

② ある者が条約の特典を利用して国内租税法の規定を迂回しようとする場合

租税条約の特典を利用して国内法の租税回避の規定を迂回するような場合，租税条約による対応と共に国内法の改正も必要である。そのような条約と国内法との関係では，自国の居住者に対する国内法上の租税回避防止規定（CFC ルール，出国時課税特例等）は租税条約の規定と整合的であることを確認すると共に，最終報告書では OECD モデル租税条約第１条のコメンタリーの改正案が示されている。

また，ある国の居住者が行う租税回避アレンジメントの防止を目的とする当該国の国内法にみられる国内濫用防止ルールとして，条約に別段の定めがない限り締約国は自国の居住者及び市民に対し国内法に従って課税する権利を留保するものとして米国で培われてきたいわゆる「セービング・クローズ」の規定を

318 ◆ 第2章 OECD の BEPS 行動計画

OECD モデル租税条約第1条に加えることとされた。具体的には，第1条3「本条約は第7条のパラグラフ3，第9条のパラグラフ2ならびに第19条，第20条，第23A［23B］条，第24条，第25条及び第28条に基づき授与される特典に係るものを除き，一方の締約国による自国の居住者の課税には影響しないものとする」とすることが提案されている。

　さらに，いわゆる「離脱税」，「出国税」について，租税の義務はある者が当該租税を適用する国のなお居住者であるときに生じるが，居住の停止後に発生する所得に及ばない限り，条約には，特に OECD モデル第13条及び第18条には，当該形態の課税の適用を妨げる規定はないとして，租税条約が国内法を妨げないとしている(17)。

（2）　B　租税条約の目的が二重非課税を生ずるために利用されることでないことの明確化

　行動6の目的である租税条約が二重非課税を生じるために利用されることを意図するものでないことの明確化のために，OECD モデル条約のタイトル（その脚注を含む）と見出しの「条約の前文」（その脚注を含む）を次のものに変えるとした。

● タイトル
　所得及び資本に対する租税に係る二重課税の排除ならびに脱税及び租税回避の防止のための（A 国）と（B 国）との間の条約

● 条約の前文
　（A 国）と（B 国），その経済関係をさらに発展させ，租税問題におけるその協力を向上させることを希望して，脱税又は租税回避を通じて（第三国の居住者の間接的な利益のために本条約に規定する救済を得ることを目的とするトリーティ・ショッピング・アレンジメントを通じることを含む）二重課税又は軽減課税の機会を作出せずに所得及び資本に対する租税に係る二重課税の排除のための租税条約を締結することを意図として，次のとおり合意した。

　この点，前文での租税条約署名者の意図の明確な声明は，条約法に関するウィーン条約（VCLT）の第31条(1)における条約の解釈の基本ルールに従って，「条約は，その文脈で，その対象及び目的に照らし，条約の用語に与えられる通常の意味に従って誠実に解釈されるものとする」ことと，第31条(2)は，この基本ルールの適用上，条約の文脈にはその前文が含まれるという点を当該条約の規定の解釈及び適用に関連するとされている。

（3） C　一般に，国が他国と租税条約を締結することを決める前に考慮すべき租税政策

　行動 6 の目的である一般に，国々が他国との租税条約を締結することを決める前に考慮すべき租税政策の問題の特定ということで，次のような点を挙げている。二重課税のリスク（法的二重課税のみならず経済的二重課税も含む），超過課税リスク（源泉地国における源泉徴収税が居住地国での通常利得に対する課税を超えることによる課税），無差別条項・相互協議手続，情報交換等の締約国間での行政共助，その上で，それらについて OECD モデル租税条約の序文に加えることとしている。

　さらに，一定の租税優遇ルールや条約締結後の条約相手国の国内法の改正が BEPS を引き起こすものとして，次の提案がされた。

　提案 1　OECD モデル租税条約 3 条（一般的定義）に，「特別租税制度」を導入すると共に，「特別租税制度」の適用を受ける利子（OECD モデル租税条約第11条），使用料（OECD モデル租税条約第12条），その他所得（OECD モデル租税条約第21条）に対しては，租税条約の特典を与えないこととする。

　提案 2　条約の署名後，いずれかの締約国が居住者に対して実質的にすべての国外源泉所得に対する課税の免除を与える場合，利子（OECD モデル租税条約第11条），使用料（OECD モデル租税条約第12条），その他所得（OECD モデル租税条約第21条）の規定は，いずれの締約国の居住者に対する支払に関し，効力を失うこととする一般的条約ルールを導入する。

4　問題点

　このような OECD 最終報告書を踏まえて，以下のような問題点が考えられる。

（1）　行動 6 の最低基準
①　我が国の方向性

　前述の通り，最終報告書では，ミニマム・スタンダードとして，租税条約のタイトル及び前文の明確化，一般的濫用防止規定（GAAR）の導入を実施すべきとしている。

　今後我が国は，いかなる方向で条約の改正を進めていくかについて考えると，2003年の日米租税条約において初めて LOB 条項を導入して以来，LOB 条項については，10か国，PPT については LOB 条項と同時に規定している 8 か国の他，単独で10か国との間の租税条約に導入がされている。この点，そもそもの BEPS

320 ◆ 第2章 OECD の BEPS 行動計画

最終報告までの議論において日本として，簡素な LOB 条項と PPT を組み合わせることを提案していたとされると共に[18]，国内法との関係を踏まえて，LOB 条項＋PPT が現実的な対応とも言われている[19]。条約交渉国との関係も踏まえることは当然だが，これまでの経験も踏まえて簡素な LOB と PPT，国内法との関係を踏まえた LOB 条項＋PPT が妥当するものだと思われる。

② 各国による最低基準の実行

このようなミニマム・スタンダートを各国が実際の租税条約に盛り込むことができるかという点については，今後の各国の締結状況を見なければわからないが，そもそもの BEPS の目的を達成するためには，我が国も含めた各国によるモニタリング・相互監視が必要だと思われる[20]。なお，我が国においては2015年に締結した日独租税条約においては，前文における租税回避の防止を含めた表記，内容としての LOB 条項，PPT の導入も含まれており，BEPS 報告書の勧告に沿ったものであり評価できるものと考える。

(2) 特典の授与

前述の通り，最終報告書は第 X 条「特典の授与」という形で LOB 条項については1〜6，PPT については7で示されているが，いくつかの問題点が考えられる。

① LOB について

LOB については，基本的には客観的な基準であるとされているが，その運用等については2003年の日米租税条約締結時以来，いくつかの問題点が指摘されていた[21]。その当時から既に10年以上を過ぎており，新たに各国との間で LOB 条項を含めた租税条約を締結するのであれば，これまでの経験を踏まえた上での執行により対応ができるものと考える。

しかしながら，今後の租税条約交渉という点を考えると，いくつか問題点が考えられる。まず，EU との関係である。2011年に発効した日蘭租税条約についてEU 指令に反するものとの指摘がされており，今後の EU 加盟国との交渉も含めて日本政府としていかなる対応をすべきかを考える必要があると思われる[22]。次に，米国は2016年にモデル租税条約を改正しており，LOB 条項についても新たな規定がされている。この点，最終報告書でも米国モデル租税条約の2016年の改正を踏まえると指摘されているが，我が国でもいかに米国と交渉していくかが問題になると思われる。

② PPT について

PPT においてもいくつかの問題点が考えられる。まず，PPT の解釈として，第 X 条7 においては「主目的の一つ」という用語が示されているが，これまで我が国が締結してきた租税条約における PPT においては「主目的」という用語が使用されており，その射程が異なるのではという問題である[23]。この点，新コメンタリー案を踏まえて両者はほぼ同一であるという解釈もある[24]。次に，「立証される」という文言から，挙証責任が納税者側にあると共に，どこまでのことを挙証すべきかという問題が考えられている[25]。いずれも現時点では今後の運用状況を踏まえるべきしかないと考えられる。

また，国際的には各国で導入されている国内法での一般的濫用防止規定（GAAR）と PPT との関係についても検討が必要と考えられる。

(注)

(1) 本庄資『国際課税における重要な課税原則の再検討　上巻』日本租税研究協会（2014）479頁，居波邦泰『国際的な課税権の確保と税源浸食への対応―国際的二重非課税に係る国際課税原則の再考』中央経済社（2014）320頁。

(2) 最終報告書の翻訳は，本庄資「不適切な状況における条約の特典の授与の防止，行動6―2015年最終報告書」租税研究807号（2017）158頁として公表されており，本稿での訳語等はその翻訳に依っている。

(3) BEPS 行動6最終報告書パラ3。

(4) BEPS 行動6最終報告書パラ15。

(5) BEPS 行動6最終報告書パラ17。トリーティ・ショッピングの具体例については，青山慶二「トリーティショッピングの歴史の再検討と最近の課題について」フィナンシャル・レビュー84号（2006）116頁，藤井保憲「トリーティ・ショッピングの類型化とその防止方法」本庄資編著『租税条約の理論と実務』清文社（2008）176頁。国内法も含めたこれまでの対応については関口博久『租税条約の人的適用に関する研究―国際的租税回避への対応を中心として』大蔵財務協会（2012）143頁。

(6) BEPS 行動6最終報告書パラ18。

(7) BEPS 行動6最終報告書パラ19。

(8) BEPS 行動6最終報告書パラ22。

(9) この点につき，2004年に日米租税条約が発行された際に本庄資教授は「特典付与条項」と指摘されている（本庄資『新日米租税条約解釈研究―基礎研究―』税務経理協会（2005）83頁）。

(10) BEPS 行動6最終報告書パラ29，30。

(11) BEPS 行動6最終報告書パラ31。

(12) BEPS 行動6最終報告書パラ32，33。

(13) BEPS 行動6最終報告書パラ34〜40。

(14) BEPS 行動6最終報告書パラ41〜44。

(15) BEPS 行動6最終報告書パラ45〜48。

⒃　BEPS 行動 6 最終報告書パラ49～52。

⒄　我が国では平成27年度税制改正において，いわゆる出国税という形で立法がされている（所得税法60条の 2，60条の 3）。

⒅　緒方健太郎「BEPS プロジェクト等における租税回避をめぐる議論」フィナンシャル・レビュー 126号（2016）200頁。

⒆　一高龍司「租税条約の濫用防止に関する BEPS 最終報告書—米国の動向と我が国の対応のあり方—」21世紀政策研究所（青山慶二研究主幹）『グローバル時代における新たな国際租税制度のあり方～ BEPS プロジェクトの総括と今後の国際租税の展望～』（2016）74頁。

⒇　緒方・前掲注⒅，203頁。

㉑　中山清「租税条約の特典制限（LOB）」フィナンシャル・レビュー 84号（2006）134頁。今村隆「租税条約における LOB 条項の意義と問題点—我が国の視点からみた同条項の考察—」日本法学79巻 2 号（2013）518頁。

㉒　大野雅人「EU 法と加盟各国の税法及び租税条約との抵触」本庄資編『国際課税の理論と実—73の重要課題—』大蔵財務協会（2011）17頁。一高龍司「条約特典制限条項と EU 法：日蘭租税条約上の LOB の検討」租税研究802号（2016）457頁。

㉓　2016年に発効した日独租税条約21条では，「主たる目的の一つ」と規定されている。

㉔　緒方・前掲注⒅，205頁。

㉕　居波邦泰「BEPS による国際課税制度下での立証責任に対する一考察」税大論叢87号（2016）235頁，宮崎裕子「国際租税法における要件事実論—租税条約における立証責任の転換という手法の採用について」伊藤滋夫・岩﨑政明編集『租税訴訟における要件事実論の展開』青林書院（2016）426頁。

21 PE 認定の人為的回避の防止策

水谷年宏

1 はじめに[1]

　企業が調達，生産，販売，管理等の拠点をグローバルに展開し，電子商取引も急増する等，グローバルなビジネスモデルの構造変化が進む中，当該構造変化に各国の税制や国際課税ルールが追いつかず，多国籍企業の活動実態と国際課税ルール等の間にずれが生じていた。公正な競争条件という考え方の下，多国籍企業が，このようなずれを利用することで，課税所得を人為的に操作し，課税逃れを行うこと，すなわち，税源浸食と利益移転（BEPS: Base Erosion and Profit shifting），がないよう，国際課税ルールを世界経済及び企業行動の実態に即したものとするとともに，各国政府・多国籍企業の透明性を高めるために国際課税ルールを見直すプロジェクトが，OECD により，2012年6月に立ち上げられた。これが BEPS プロジェクトであり，2013年7月，OECD は，「BEPS 行動計画」を公表し，BEPS 行動計画は同年9月，G20諸国から全面的な支持を得た。その後，OECD は，BEPS への対応策を集中的に議論し，2015年9月，「BEPS 最終報告書」を取りまとめ，同年10月，G20財務大臣会合で承認，同年11月，G20サミットで最終的な承認を受けた。現在，OECD では，BEPS 最終報告書で解決されていない残された課題を継続検討する一方，各国は，必要な法整備等の対応を進めているところである。

　15課題は，「BEPS 行動計画」で提示，「BEPS 最終報告書」で一定の方向性ないし成果が提示されているが，その一つが，「恒久的施設（以下，「PE」という。）認定の人為的回避の防止」（行動7）である。PE とは支店等事業を行う一定の場所で，租税条約上，自国の企業が相手国内で事業を行う場合，相手国にその企業の PE がなければ，課税できない。こうした状況の下，多国籍企業が，PE の一形態である代理人 PE の要件に該当しないよう販売委託契約を利用したり，PE に認定されない活動のみを行うよう事業活動を細分化したりする戦略が各国で散見されていたことが行動7の提示された背景である。さらに言えば，こうした戦略が可能となったのは，インターネットを通じてある国の顧客と取引ができ

324 ◆ 第2章 OECD の BEPS 行動計画

る等デジタル経済の発展等により，ある国に物理的な存在なしで他の国から経済生活に関与することが可能となっていたこと[2]や国を特定する経営モデルから地域又はグローバルレベルで複数の機能を集中化する，マトリックス経営組織及び統合されたサプライチェーンに基づいたグローバルモデルへの転換[3]も影響しているであろう。いずれにせよ，こうした戦略は，グローバル企業は価値が創造されるところで税金を払うべきであるという考え方に反するものである。

行動7について具体的に検討された点は，ⅰ）販売委託契約（コミッショネア契約）及び類似契約（以下，「販売委託契約等」という。）を通じての PE 認定の人為的回避戦略，ⅱ）準備的・補助的活動に係る規定を通じての PE 認定の人為的回避戦略，ⅲ）その他 PE 認定の人為的回避戦略（密接に関連する企業を通じて建設契約を細分化する戦略，独立代理人が有する大規模ネットワーク等を通じた保険会社の保険販売戦略），ⅳ）PE 認定の人為的回避防止策を踏まえた PE 帰属所得である[4]。そして，BEPS 最終報告書では，代理人 PE の定義の拡張等の一定の方向性ないし成果が提示された。本稿の目的は，上記論点ⅰ）及びⅱ）を中心として，現行規定及びその問題点，BEPS 最終報告書で触れられた PE 認定の人為的回避防止策の概要を整理した上で，上記論点ⅰ）及びⅱ）を合わせてその評価及び課題について検討することである。

なお，本稿の内容については，すべて筆者の個人的見解であり，国税庁等の公式見解を示すものではないことに留意願いたい。

2 販売委託契約等を通じての PE 認定の人為的回避防止策（代理人 PE の定義の拡張）[5]

（1） 現行規定及びその問題点

① OECD モデル租税条約5条5項

源泉地国での非居住者に対する事業所得課税は，事業を行う一定の場所である PE の存在が必要であるため，PE の定義が規定されているところ（2014年版 OECD モデル租税条約5条。以下，「2014年版 OECD モデル租税条約」を「OECD モデル租税条約」という。），その一つが代理人 PE である（同条5項及び6項）。OECD モデル租税条約5条5項において，代理人業を業とする者，つまり，同条6項に規定される独立代理人を除く，「企業（本人）に代わって行動する者」が，「一方の締結国内で，当該企業の名において契約を締結する権限を有し，かつ，この権限を反復して行使する場合には，当該企業は，その者が当該企業のために行うすべての活動について，当該一方の締結国内に恒久的施設を有

21 PE認定の人為的回避の防止策 ◆ *325*

するものとされる。」と規定している。

②　販売委託契約等

販売委託契約等の典型的なものが販売委託契約であり，例えば，ⅰ）A国に所在する企業がB国に所在する受託者との間で，当該受託者（コミッショネア）が受託者の名において当該企業（委託者）の製品を第三者たる顧客に販売する契約を締結する場合の当該契約が該当する（2015年10月23日付財務省「税制調査会第6回国際課税ディスカッショングループ資料」34頁参照）。他方，従来型の販売契約（いわゆる，BUY-SELL契約）は，例えば，ある者が自己のために契約を締結し，当該契約から生じる義務を果たすために他の企業から商品を仕入れる場合の当該契約が該当する[6]。その主要な相違点は，大陸系国家である場合，当該販売委託契約は，委託者である本人は，当該顧客との間の法的権利義務が生じず，あくまで経済的効果が生じるだけである[7]。

③　販売委託契約等に基づく受託者の代理人PE該当性

「一方の締結国内で，当該企業の名において契約を締結する権限を有し，かつ，この権限を反復して行使する場合」という規定の解釈，及び，「独立代理人」の例示として，「問屋（commission agent）」が示されている点から，販売委託契約等に基づく受託者が代理人PE認定されることを困難にしている[8]。すなわち，上述したように，受託者は，本人たる「当該企業の名」ではなく，受託者の名で契約を締結するものであることに加え，代理人PEから除外されているものの例示として，「問屋」が示されていることから，代理人PE認定が困難となっているわけである。

確かに，OECDモデル租税条約5条コメンタリー・パラ32.1は，代理人が企業の名で実際に契約を締結しなくても，企業を拘束するような方法でなされた場合には，OECDモデル租税条約5条5項が適用されるとし，また，同条コメンタリー・パラ33は，企業を拘束するような方法で，契約のすべての要素及び詳細を交渉する権限を与えられる者は，企業の所在する国で他の者が署名したとしても，又は，当該者が正式な代理権を与えられていないとしても，一方の締結国内において権限を行使し得るとしている。したがって，書面上，正式な代理権が与えられていない場合であっても，大陸系国家であるときには，法的拘束をするような契約の締結権限が与えられていると事実認定されれば，代理人PEは認定されうる。また，「問屋（commission agent）」はあくまで例示であり，上述のような，法的拘束をするような契約の締結権限が与えられていると事実認定されれば，代理人PE認定はされ得る。しかし，書面上の契約と相違していることから，当該

事実認定は困難を伴う。さらにいえば，当該規定が，受託者に契約締結権限を与えていることが要件である以上，受託者に契約締結権限を与えていると事実認定されない程度の契約締結に関する重要な活動するのみであれば，代理人 PE とはされないこととなる[9][10]。

販売委託契約等のように，受託者がある国で行う活動が外国企業による通常の契約のもたらす効果を生じさせることを意図したものである場合，独立代理人に該当しない限り，当該企業は当該国に十分な課税上の関連性（taxable nexus）を有していると考えられるべきで[11]，当該活動国の源泉としての正当性を帯び，上記代理人 PE 認定がされにくい状況と相反するといえる。したがって，OECD モデル租税条約の代理人 PE の要件は，BEPS 最終報告書で唱っている「グローバル企業は払うべき（価値が創造される）ところで税金を支払うべき」という原則に合致していないのである。

（2） PE 認定の人為的回避防止策の概要

このように，販売委託契約等を通じて，企業のために活動する者に係る規定[12]及び独立代理人に係る規定を利用し，PE 認定の人為的回避が行われるおそれがあるため，BEPS 最終報告書においては，代理人 PE につき，企業のために行動する者の該当要件を緩和し，独立代理人の該当要件を厳格化する改正案[13]が示された。当該改正案に伴って，OECD モデル租税条約 5 条コメンタリー改訂案も示されている。なお，BEPS 最終報告書で示された代理人 PE に関する OECD モデル租税条約改正案及び関連 OECD モデル租税条約 5 条コメンタリー改訂案等は，2017年後半に正式なものになる予定である[14]。

① 企業のために活動する者の該当要件の緩和

具体的には，企業のために活動する者の一つ目の該当要件である，ⅰ）企業の名において締結される契約であることについて，A）従来の企業の名において締結される契約であることという規定に，B）企業の物品の販売に関する契約及び使用許諾契約であること，C）企業による役務提供に関する契約であることという規定が追加され，いずれの契約でも，上記ⅰ）の要件を満たすこととした[15]。

また，企業のために活動する者の二つ目の該当要件である，ⅱ）（契約締結権限を有していることを前提として，）代理人が契約を常習的に締結することについて，A）（契約締結権限を有していることを前提として，）代理人が契約を常習的に締結することという従来の行為に，B）重要な変更なく日常的に締結される契約に関し，代理人が契約の締結に繋がる主要な役割を反復して担うという

行為が追加され，いずれの行為でも，上記ⅱ）の要件を満たすこととした[16]。

②　独立代理人の該当要件の厳格化

独立代理人の規定は，代理人業を通常業務として行う者であるところ，改正案では，専ら又はほぼ専ら，密接に関連する企業（closely related enterprises）のためにのみ代理業を行う者は独立代理人としてみなされないことが明記された（5条6項(a)号改正案）[17]。そして，「密接に関連する」とは，すべての事実・状況に基づき，一方の者が他方の者に支配されている状況（親子関係），又は，両者が，共通の第三者又は企業に支配されている状況（兄弟関係）をいい，前者について，一方の者が他方の実質的持分（会社の場合，その会社の議決権及び株式価値又は資本持分）の50％超につき，直接的又は間接的に保有しているか否か，後者について，第三者又は企業が，両者の実質的持分（会社の場合，その会社の議決権及び株式価値又は資本持分）の50％超につき，直接的又は間接的に保有しているか否かで判断されている（5条6項(b)号改正案）[18]。

③　当該改正案に関する新たな指針

当該改正案に伴って示されたOECDモデル租税条約5条コメンタリー改訂案において，代理人PE認定の人為的回避防止に関する重要な指針が追加されている。

（イ）「企業のために活動する者」に関する重要な指針は，以下のとおりである。

一つ目は，「企業のために活動する者」の表現に関するものである。「企業のために活動する者」とは，ある者が，事業活動において，当該企業にある特定の範囲で関与する者のことで，例えば，本人のために活動する代理人，パートナーシップのために活動するパートナー，会社のために活動する重役，雇用主のために活動する雇用者が該当しうる一方，当該者の活動が直接的又は間接的にも，当該企業に影響を与えない場合には，該当しない[19]。

二つ目は，「契約を締結する」という表現に関するものである。「契約を締結する」という表現は，契約に関する関連法の下，ある者によって契約が締結された状況に焦点を当てるものであり，例えば，契約が国外で署名されても，第三者によってなされた契約の申込みが，ある国において企業のために活動する者が承諾することで，関連法の下，当該契約が締結されると判断される場合には，ここでいう「契約を締結する」に該当する[20]。

三つ目は，「重要な変更なく日常的に締結される契約に関し，代理人が契約の締結に繋がる主要な役割を反復して担う」という表現に関するものである。OECDモデル租税条約5条5項改定案は，ある者がある国で行う活動が，契約

の継続的締結をもたらすことを意図する場合を適用の範疇とし，「契約を締結する」という解釈において契約法に基づくよく知られた基準を利用しうる[21]。また，契約に関する関連法の下，契約の締結が国外でなされたと判断される場合であっても，当該契約の締結が，明確に企業のために活動する者の本質的な活動の直接的結果によって生じるときには，それに対処するため，当該基準は，本質的活動に焦点を当てた別個の基準で補足する必要がある[22]。ある者は企業の販売部隊として活動する者で，本人である外国企業のために契約を締結することを導く役割を担っている場合，例えば，ある者が勧誘・受注した注文につき，正式な受注確認はしないが，当該注文に基づき当該企業の有する商品を倉庫に送付し，当該企業が日常的に当該取引を承認する場合には，上記要件に該当する[23]。他方，ある者が単に商品の販売促進活動を行う者で，当該活動が本人のための契約締結に直接結び付かない場合，例えば，製薬企業の駐在員が医師に対して積極的に当該製薬会社の製造した薬の販売促進を行い，その結果，当該医師が当該薬を処方する場合，当該販売促進活動により，当該薬の売上げが著しく増加したとしても，上記要件に該当しない[24][25]。また，顧客との間で標準契約に基づくオンライン販売を実施する企業と当該標準契約の変更権限を持たず，当該オンライン販売の勧誘，大顧客への訪問等のアフターケア等を実施する当該企業の子会社の事例も上記要件に該当する[26]。なお，当該企業自体の活動も締結された契約のためになされた活動の一部を担っているという点[27]や上記表現の認定は商業上意味ある役割を担う事実によってなされるという点[28]も留意すべきである。

　四つ目は，販売委託契約等に関する OECD モデル租税条約5条5項改定案適用についてである。ある企業の代理人等によって締結された契約で，当該契約が当該企業と顧客との間で法的権利義務を生じさせる場合は，当該規定適用の典型的な場合であるとするところ[29]，ある企業のために活動する者によって締結された契約で，当該契約が当該企業と当該契約の相手方である第三者との間の法的拘束を生じさせない場合でも，当該規定が適用されるときがあり，販売委託契約等が典型例である[30]。

　五つ目は，「低リスク販売会社」に関するものである。ある者が自己のために契約を締結し，当該契約から生じる義務を果たすために他の企業から商品を仕入れるという従来型の卸売業者は，当該他の企業のために活動する者でないことを示した上で，「低リスク販売会社」は，手数料ではなく，販売から生じる利益を得る卸売業者である以上，OECD モデル租税条約5条5項改定案の適用がない[31]。

　六つ目は，「常習的に（反復して）」という文言に関するものである。「常習

に（反復して）」という文言は，OECD モデル租税条約 5 条改定案でいう PE が維持されるための存在は一時的に存在することでは不十分であることを反映しているところ，「常習的に（反復して）」ということが認められる程度及び頻度は，締結される契約及び企業が行う事業の性質に左右されることから，OECD モデル租税条約 5 条 6 項改定案で考慮される類似要素が参考となるが，詳細な基準を決めることは不可能である[32]。

　七つ目は，OECD モデル租税条約 5 条改定案に基づく PE 帰属所得に関するものである。当該改定案は，締結された契約から生じる権利義務は PE に配分されるという事実に影響を与えることから，契約によって生じる利益すべてが PE に帰属すべきではなく，OECD モデル租税条約 7 条に基づき判断されるべきで，PE が OECD モデル租税条約 5 条 5 項改定案に規定された活動を行うに当たって個別の独立した企業であったならば稼得するであろう利益に限定されるべきである[33]。

　（ロ）「独立代理人」に関する重要な指針は，以下のとおりである。

　一つ目は，「事業に関する通常の方法」に関するものである。ある者が代理人業務と関連しない活動をしている場合，当該活動は，独立代理人として通常の方法で活動しているものとはいえず，例えば，密接に関連しない多くの企業のために卸売業者として活動するある者が，密接に関連する企業のために代理人として活動する場合，ある者の卸売業者としての活動は，当該者が，代理人として通常の方法で実施する活動の一部としてはみなされない[34]。

　二つ目は，「ほぼ専ら」という文言に関するものである。ある者が密接に関連する企業のために行う活動に関し，ある者が当該活動以外に重要な事業を行ってない場合には，「ほぼ専ら」活動するものとして取り扱われ，例えば，販売代理人の密接に関連しない企業に対する売上げが，全売上げの10％未満である場合，ある者が密接に関連する企業のために「ほぼ専ら」活動していると判断される[35]。

　三つ目は，「密接に関連する」という文言に関するものである。移転価格に関する OECD モデル租税条約 9 条の「関連する」という文言とは，重なり合う部分はあるが，相違する概念で，（当該 9 条の実質的に支配する点を判断する場合と違って，）OECD モデル租税条約 5 条 6 項(b)号改正案に該当する事実に合致する場合，自動的に満たされるものである[36]。さらに，OECD モデル租税条約 5 条 6 項(a)号改正案に規定されたルール，及び，ある会社が他の会社を支配する，支配されるという同項(b)号改正案に規定する事実は，一方の国の居住者である法人が，他方の国に居住する法人を支配し，又は支配されている事実のみによっ

ては，いずれの一方の法人も，他方の法人のPEとされないというOECDモデル租税条約5条7項の適用に矛盾を生じるものでもない（当該親会社とその子会社との関係について，当然にOECDモデル租税条約5条5項及び6項改正案の要件を減じるものでも，当然に当該改正案に合致するものでもない)[37]。なお，OECDモデル租税条約5条6項改定案は，ある者が，独立代理人として，かつ，ある者の事業に関する通常の方法で，当該企業のために活動する場合には，同条5項改定案は適用されないことを規定し，かつ，関連事実及び状況を考慮すべきとしていることから，事業開始まもないある者は，短期間，密接に関連のない企業のために専ら活動する場合であっても，OECDモデル租税条約5条6項改定案に該当するときもあり得る点[38]も留意すべきである。

3 準備的・補助的活動に係る規定を通じてのPE認定の人為的回避

（1） 現行規定及びその問題点

① 現行OECDモデル租税条約5条4項

　源泉地国における非居住者に対する事業所得課税は，事業を行う一定の場所であるPEの存在が課税要件であるところ，その活動を行う場所が租税条約に定める準備的・補助的活動を行う場所である場合は，その例外として，PEと判定されない（OECDモデル租税条約5条）。なぜなら，OECDモデル租税条約5条コメンタリー・パラ21から導き出されるように，準備的・補助的活動は生産性に貢献するものであるが，利益実現との関係が薄く，事業を行う一定の場所に利益を配分することが困難であるためである[39]。このような視点から，OECDモデル租税条約5条4項では，一般的に商品の引渡しや購入のみを行う等の準備的・補助的活動を例示列挙するとともに，その他準備的・補助的活動に該当するもの，及び，上述した各準備的・補助的活動を組み合わせ，かつ，準備的・補助的性質を有するものも列挙している。

② 現行規定の問題点

　このように列挙されたOECDモデル租税条約5条4項は，どの活動が準備的・補助的性格を有するかは必ずしも明確ではない。確かに，同条コメンタリー・パラ24では，その判断基準として，事業を行う一定の場所での活動自体が，企業全体としての活動の本質的かつ重要な部分を形成するか否かという点を指摘している[40]。しかし，当該コメンタリーは本来，OECDモデル租税条約5条4項(e)号及び同項(f)号に関するものであり，同項(a)号ないし(d)号に当然に当てはまる

ものではないであろう。このような規定ぶり等もあり，準備的・補助的活動を例示列挙したものの解釈は，ⅰ）例示列挙されたものは外形面をとらえ当然準備的・補助的活動であるとみなされて規定されたものであるから，例示列挙されたものが実際には準備的・補助的活動を超えた企業の本質的かつ重要な活動であっても，PE の例外に該当するという解釈，ⅱ）準備的・補助的活動として例示列挙されたものであるから，PE の例外として取り扱われるには例示列挙したものが準備的・補助的な性質を有することが当然の前提であり，準備的・補助的範疇を超える場合には PE の例外に該当しないという解釈が対立していたところである[41][42]。したがって，この OECD モデル租税条約の下では，商品の引渡しや購入のみを行う場所等は，その活動が企業の本質的かつ重要な活動である場合でも PE 認定されず，事業所得に対する PE 所在地国の課税権が不当に損なわれ[43]，例えば，後述するような，オンラインでの商品販売を主たる事業とする外国企業が，当該商品を保管配送することを目的として，重要な施設である倉庫と相当人数の従業員を日本において維持している場合，当該倉庫は PE に該当せず，当該オンライン販売会社は，日本において課税にならないおそれがある[44]（2015年10月23日付財務省「税制調査会第 6 回国際課税ディスカッショングループ資料」12頁参照）。

　また，子会社の設立が容易である事実を踏まえると，OECD モデル租税条約 5 条コメンタリー・パラ27.1で示されている細分化防止ルールは，ある国において，ⅰ）同一企業が異なった事業の場所を有して活動する場合，ⅱ）密接に関連する企業が，同一の事業の場所，又は，異なった事業の場所を有して活動する場合においては，対応できないおそれがある[45]。

（2）　PE 認定の人為的回避防止策の概要

　OECD モデル租税条約 5 条 4 項の対立的な解釈等もあり，準備的・補助的活動に係る規定を利用し，PE 認定の人為的回避が行われるおそれがあるため，OECD モデル租税条約 5 条 4 項自体について，BEPS 最終報告書で，ⅰ）いかなる活動も準備的・補助的活動でない場合は PE の例外としないとする規定の追加，ⅱ）各場所が相互に補完的な活動を行う場合，各場所を一体の場所とみなして PE 認定を行うとする規定の新設という，2 つの改正案が示された。当該改正案に伴って，OECD モデル租税条約 5 条コメンタリー改訂案も示されている。なお，BEPS 最終報告書で示された準備的・補助的活動に関する OECD モデル租税条約改正案及び関連 OECD モデル租税条約 5 条コメンタリー改訂案等は，2017年

332 ◆ 第 2 章　OECD の BEPS 行動計画

後半に正式なものになる予定である[46]。

① **いかなる活動も準備的・補助的活動でない場合は PE の例外としないこととする規定の追加**

　いかなる活動も準備的・補助的活動でない場合は PE の例外としないこととする規定は，具体的には，ⅰ）物品の保管・展示・引渡しのためにのみ施設を使用（(a)号），ⅱ）企業の在庫を保管・展示・引渡しのためにのみ保有（(b)号），ⅲ）企業の在庫を他の企業による加工のためにのみ保有（(c)号），ⅳ）企業のために物品等を購入すること，又は情報収集のみを目的として，一定の場所を保有（(d)号），ⅴ）企業のためにその他活動を行うことのみを目的として，一定の場所を保有（(e)号），ⅵ）上記ⅰ）からⅴ）の活動を組み合わせた活動のみを目的として，一定の場所を保有（(f)号）という活動について，列挙するとともに，列挙したいかなる活動も準備的・補助的活動でない場合は PE の例外としないこととしたものである（5 条 4 項改正案）[47]。

② **各場所が相互に補完的な活動を行う場合，各場所を一体の場所とみなして PE 認定を行うとする規定の新設**

　各場所が相互に補完的な活動を行う場合，各場所を一体の場所とみなして PE 認定を行うとする規定は，具体的には，同一企業又は密接して関連する企業（以下，「同一企業等」という。）が，同一の場所又は同一国内の別の場所（以下，「同一の場所等」という。）で事業活動を実施し，かつ，ⅰ）同一企業等が活動している同一の場所等の一部が PE であるとき（(a)号），又は，ⅱ）同一の企業等が同一の場所で実施する，若しくは，2 つの場所で実施する活動を合わせてみた全体的活動が準備的・補助的性質を有しない場合で，当該活動がまとまりある事業の一部として相互に補完的役割を担っているときには，PE の例外としないこととしている（新設 5 条4.1項案）。

③ **当該改正案に関する新たな指針**

　当該改正案に伴って示された OECD モデル租税条約 5 条コメンタリー改訂案において，準備的・補助的活動に関する規定を利用した PE 認定の人為的回避防止に関する重要な指針が追加されるとともに，関連事例が示されている。

（イ）　いかなる活動も準備的・補助的活動でない場合は PE の例外としないこととする規定の追加

　一つ目は，当該コメンタリーも準備的・補助的活動であるか否かの判断基準は示されているが[48]，それに加え，それぞれの特性が示されている。具体的には，「当該企業全体の活動の本質的かつ重要な部分」のために行われる活動は準備的

特性を有するとし，「当該企業全体の活動の本質的かつ重要な部分」を支援する
活動は補助的特性を有するとしている[49]。

二つ目は，準備的・補助的活動は，他者のためではなく，自らのためであることに加え[50]，準備的・補助的活動であるか否かの決定に当たり，当該企業全体としての事業の役割を考慮すべきことが示されている[51]。

三つ目は，OECDモデル租税条約5条4項(a)号ないし(d)号改正案は，あくまで，準備的・補助的性質を有する一般的な例示に過ぎないことを指摘している点である[52]。

四つ目は，OECDモデル租税条約5条4項各号改正案の多くの事例が示されている。具体的には，PEに該当する事例として，ⅰ）オンラインでの商品販売を主たる事業とする企業が，当該商品を保管配送することを目的として，重要な施設である倉庫と相当人数の従業員を維持している場合の当該倉庫[53][54]，ⅱ）ガス設備に関する機械のスペアパーツを配送するとともに，当該機械の保守修繕を行う目的で一定の場所を維持している場合の当該一定の場所[55]，ⅲ）商品を購入する目的で一定の場所において事業を行う場合，企業の全体的な活動が当該商品の販売で，かつ，当該購入が企業の中核であるときの当該一定の場所[56]，ⅳ）企業の経営機能の一部を一定の場所で行う場合における当該一定の場所[57]を示している。他方，PEに該当しない事例として，ⅰ）卸売業者である企業が委託製造業者である他の企業による加工のために一定の場所に物品を保有している場合で，かつ，当該卸売業者が単に当該委託製造業者の製造した製品を販売するのみであるときの当該一定の場所[58][59]，ⅱ）（投資が開始されていないという前提で，）投資ファンドが他の国に事務所を開設し，当該他の国における投資機会の可能性に関する情報を収集する場合の当該事務所[60]，ⅲ）保険会社が特定市場におけるリスクの統計的情報を収集するために事務所を開設する場合の当該事務所[61]，ⅳ）ある新聞社が記事になりうる情報を収集するために事務所を開設する場合の当該事務所[62]を示している。

(ロ) 各場所が相互に補完的な活動を行う場合，各場所を一体の場所とみなしてPE認定を
　　行うとする規定の新設

準備的・補助的活動に係る規定を通じてのPE認定の人為的回避を防止するため，新たな細分化防止ルールとして，OECDモデル租税条約5条4.1項案が新設された[63]。

新設案に関するOECDモデル租税条約5条コメンタリー改訂案では，新設案により，準備的・補助的活動が否認される事例が示されている。具体的には，R

国に所在する銀行は，S国において，当該銀行のPEに該当するA支店を含む多数の支店を有している一方，事務所も有しており，当該事務所の従業員はA支店が受ける借入申請につき申請者が提供する情報を確認する業務を行い，当該確認業務結果はR国の銀行に送付され，分析された後，A支店が当該借入申請の受入れ可否を判断する場合には，当該事務所の活動は準備的・補助的活動が否認されるというものである[64]。また，R国の電化製品製造会社である親会社が，S国において，当該親会社から仕入れた電化製品を販売する子会社を有しているところ，親会社がS国に倉庫を有し，子会社がその店舗に展示・販売する同一製品を保管している場合で，かつ，顧客が子会社から製品を購入すると，子会社の従業員は親会社の倉庫へ行き，購入した製品を受け取り，顧客に配送するときには，親会社が当該倉庫で行う保管業務も，準備的・補助的活動が否認されるというものである[65]。

4 OECDモデル租税条約5条改定案及び同条コメンタリー改訂案に対する評価と課題

（1）　販売委託契約等を通じてのPE認定の人為的回避防止策に関する評価と課題

　一つ目の評価に値すべき点は，上述したように，企業のために活動する者の該当要件の緩和，及び，独立代理人の該当要件の厳格化により，販売委託契約等に基づく一般的な受託者（コミッショネア）は，代理人PEに該当することから，販売委託契約等に基づくPE認定の人為的回避はできなくなることであろう[66]。

　二つ目の評価に値すべき点も，「重要な変更なく日常的に締結される契約に関し，代理人が契約の締結に繋がる主要な役割を反復して担う」という表現を中心としてOECDモデル租税条約5条コメンタリー改訂案に様々な指針案及び事例が示された点である。当該指針案及び事例は有用であるが，今回の改定で解釈論が解決される一方，一層事実認定に基づき判断することが求められる。今後，実務的経験を踏まえて，当該条項の適用・解釈に関するより具体的な基準や更なる事例が盛り込まれることを期待したい。

　また，間接的ではあるが，PE帰属所得に関する追加的指針案の検討が遅れている点は課題であろう。上述したように，ⅰ）販売委託契約等を通じてのPE認定の人為的回避戦略，ⅱ）準備的・補助的活動に係る規定を通じてのPE認定の人為的回避戦略について整理・検討してきたところ，特に，PE帰属所得が問題となるのは，上記ⅱ）がPEの例外を規定しているものであるから，上記ⅰ）の

点，つまり，代理人 PE に関する PE 帰属所得の問題である[67]。本来 PE なければ課税なしという考え方は，租税政策に基づく閾値としての割切り，PE 認定がなされた場合，すべてが PE の帰属所得とするという，"all or nothing" ということであったと考えられる[68]。しかし，2010年改定で，PE の帰属所得を規定している OECD モデル租税条約 7 条について，独立企業原則を徹底する "Authorized OECD Approach（AOA）" を採用し，同条約 9 条の移転価格算定ルールを類推適用している[69]。すなわち，当該改定により，経済的実態をより重視した移転価格税制で採用されている独立企業原則が，PE の帰属所得にも類推適用されるわけである。したがって，移転価格税制において事例が重要視されているのと同様[70]，事例を含む代理人 PE の帰属所得の計算に関する指針が重要視されるべきである。遅ればせながら，2016年 7 月，OECD は，「PE 帰属所得に関する追加的指針案」を公表し，9 月までパブリックコメントが求められていた[71]。今後，当該パブリックコメントに基づき，修正案が作成・公表され，当該指針案が推敲されていくこととなろう。

（2）　準備的・補助的活動に係る規定を通じての PE 認定の人為的回避防止策に関する評価と課題

　一つ目の評価に値する点は，デジタル経済の発展等に応じ，従来準備的・補助的活動として取り扱われたものが企業活動の核となっている実態に対応できるよう，また，多国籍企業が準備的・補助的活動による PE の例外に該当させることで税務上の恩典を得るため，まとまりある事業を小さな事業に細分化する実態に対応できるよう，PE 認定の人為的回避防止策が設けられた点である[72]。具体的には，上述したように，前者がインターネットの発展等により多額な利益を上げるようになったアマゾンなどのビジネスモデルにみられる，オンラインでの商品販売を主たる事業とする企業が，当該商品を保管配送することを目的として，重要な施設である倉庫と相当人数の従業員を維持している場合の当該倉庫の PE 認定が可能となったことである[73]。後者は，上述したように，子会社の設立が容易である事実，及び，OECD モデル租税条約 5 条コメンタリー・パラ27.1で示されている細分化防止ルールからは，ある国において，ⅰ）同一企業が異なった事業の場所を有して活動する場合，ⅱ）密接に関連する企業が，同一の事業の場所，又は，異なった事業の場所を有して活動する場合においては，対応できないおそれがあったところ，そのおそれを解消したことであろう[74]。

　二つ目の評価に値する点は，OECD モデル租税条約 5 条 4 項改定案によって，

336 ◆ 第2章 OECDのBEPS行動計画

上述したように，OECDモデル租税条約5条4項(a)号ないし(d)号の解釈の対立について，明文で明確化することで統一することができたことであろう[75]。

しかし，上記解釈は明文で統一されたとしても，OECDモデル租税条約5条コメンタリーでも，改訂案でも，準備的・補助的活動の判断基準は，「当該企業全体の活動に本質的でかつ重要な部分」であり[76]，事実認定をしていかなければならない。一層現場の判断が重要になってきており，一つの課題であるといえる。さらに，この点に関し更なる課題がある。上記改定案には代替案が提示されていることに起因する。代替案では，上記改定案と違って，OECDモデル租税条約5条4項(a)号ないし(d)号の規定に準備的・補助的性質を必要とするものでないことから，代替案を採用する国と採用しない国との取扱いの相違が新たな準備的・補助的活動に係る規定を通じてのPE認定の人為的回避策を生じさせるおそれがある。

三つ目の評価に値する点は，OECDモデル租税条約5条4.1項案の「同一の企業等が同一の場所で実施する，若しくは，2つの場所で実施する活動を合わせてみた全体的活動が準備的・補助的性質を有しない」と「当該活動がまとまりある事業の一部として相互補完的役割を担っている」という表現について，二つの事例が示された点である。

しかし，その解釈は必ずしも明確ではない。今後，実務的経験を踏まえて，当該条項の適用・解釈に関する基準が盛り込まれることを期待したい。

四つ目の評価に値する点は，OECDモデル租税条約5条4項(a)号ないし(d)号改定案に関し，PEに該当するか否かの多くの事例がOECDモデル租税条約5条コメンタリー改訂案に盛り込まれ，予見可能性が向上したことであろう。

しかし，多くの事例が盛り込まれたといえ，本当に判断に疑義が生じるものがすべてカバーされるものではなく，実務的経験を踏まえて，当該条項の適用・解釈に関する更なる事例が盛り込まれることを期待したい[77]。

（3） PE認定の人為的回避防止策全体に関する評価と課題

PE認定の人為的回避防止策全体について，OECDモデル租税条約改定がなされたとしても，OECDモデル租税条約は，一般的に，先進国間で締結する二国間租税条約のひな型にすぎない[78]。したがって，二国間での租税条約を前提とすると，条約改定のタイムラグという課題が生じるところ，それを回避するものが多国間協定であるが，問題点がないわけではない[79]。例えば，準備的・補助的活動に係る規定を通じてのPE認定の人為的回避防止策については，上述したよう

に改定案と代替案が並存しており，2016年11月に公表された多国間協定の中でも，改定案と代替案が並存している状態を受けて，オプションを設けるとともに，この部分は拘束力の強いミニマムスタンダードでもないことから，統一的なルールにはハードルがあるのではないかと思われる[80]。

5 結びに代えて

　販売委託契約等を通じたもの，多国籍企業がまとまりある事業を細分化する戦略等により設定された準備的・補助的活動を通じたものについては，PE 認定の人為的回避防止策が講じられた。そして，当該防止策に関連して，従来解釈として必ずしも明確ではない規定が OECD モデル租税条約改定案等及びそのコメンタリー改訂案により明確化されるとともに，十分理解できるよう多くの事例案が示された。こうした点は十分評価できるものである。しかし，課題がないわけではない。条文解釈で明確になったものは，事実認定がより重要で現場により負担が生じるおそれがあり，また，当該コメンタリー改訂案ではその解釈及び事例が不十分な部分も存在する。当該改定等につき，今後の実務経験も踏まえ，更なる解釈の明確化や事例の追加を期待したい。また，今回十分検討できなかった，代理人 PE に関する PE 帰属所得の計算に関する指針については，今後修正案が作成・公表されることから，そこでの検討等を見守りたい。

（注）

(1) 2015年10月23日付財務省「BEPS プロジェクトの最終報告について」（税制調査会第 6 回国際課税ディスカッショングループ説明資料及び資料）を参考としている。

(2) OECD, Addressing Base Erosion and Profit Shifting（2013), at 7.

(3) OECD, supra note（2), at 25.

(4) OECD/G20 BEPS Project, Preventing the Artificial Avoidance of Permanent Establishments Status, Action 7 : 2015 Final Report（2015), pp.9 – 11.

(5) 販売委託契約等を通じての PE 認定の人為的回避について整理・検討するに当たって，2013年 2 月に公表された BEPS 報告書（See OECD, supra note（2)），同年 7 月に公表された BEPS 行動計画（See OECD, Action Plan on Base Erosion and Profit Shifting（2013)），2015年10月に公表された行動 7 に関する BEPS 最終報告書（See OECD/G20 BEPS Project, supra note（4)）だけでなく，財務省・前掲注(1)，2015年11月25日付 EY 税理士法人作成の Japan Tax Alert「OECD が BEPS 行動計画 7 に基づく，PE 認定の人為的回避の防止に関する最終レポートを公表」を参考とした。

(6) OECD/G20 BEPS Project, supra note（4), para.32.12.

(7) 関谷浩一ほか「BEPS への対応と我が国企業への影響に関する調査報告（第 3 回）計画 7 （PE），計画 8 – 10（移転価格），総括（税務マネジメント体制の提案・税務リスク及び税務係争に関する調査報告)」租税研究782号（2014）91頁。

⑻ 品川克己「BEPS プロジェクトの進捗と税制改正への影響（12）PE の範囲の変更・PE 認定回避の防止」T & A master 613号（2015）33頁。

⑼ 青山慶二「BEPS 環境下における PE 課税問題」租税研究792号（2015）271頁で，「従来も一定程度，コメンタリーベースで対応してきた」ということに言及した上で，「コミッショネアの利用による PE 回避の状況を全部カバーできるようなものではなかったという認識」を示している。

⑽ OECD 加盟国の税務当局の多くが訴訟で敗訴している。See OECD/G20 BEPS Project, supra note（4）, at 10.

⑾ OECD/G20 BEPS Project, supra note（4）, at 15.

⑿ OECD モデル租税条約5条・コメンタリー・パラ32では，従属代理人（dependent agent）の文言を利用しているが，改訂案では当該文言が削除されていることから，このような文言に統一する。

⒀ 矢内教授は，当該改正点のポイントとして，「OECD モデル租税条約5条5項（従属代理人），6項（独立代理人）について，前者の課税要件を緩和し，後者の適用要件を厳格化するもの」と指摘している（矢内一好「BEPS 行動計画における PE 概念の再検討」税理58巻10号（2015）126頁）。

⒁ http://www.oecd.org/ctp/treaties/model-tax-convention-on-income-and-on-capital-2015-full-version-9789264239081-en.htm ［Accessed 5 Sep. 2017］.

⒂ OECD/G20 BEPS Project, supra note（4）, at 16.

⒃ Id.

⒄ Id.

⒅ OECD/G20 BEPS Project, supra note（4）, pp.16-17.

⒆ OECD/G20 BEPS Project, supra note（4）, para.32.3,

⒇ OECD/G20 BEPS Project, supra note（4）, para.32.4.

㉑ OECD/G20 BEPS Project, supra note（4）, para.32.5.

㉒ Id.

㉓ Id.

㉔ Id.

㉕ 当該製薬会社の駐在員の販売促進活動が上記要件に該当しないのは，医師は患者の症状を踏まえて薬を購入する影響等の他の要因も大きいことが考えられる。

㉖ OECD/G20 BEPS Project, supra note（4）, para.32.6.

㉗ OECD/G20 BEPS Project, supra note（4）, para.32.10.

㉘ OECD/G20 BEPS Project, supra note（4）, para.33.

㉙ この典型的な場合は2014年版の規定でも適用されるものである。

㉚ OECD/G20 BEPS Project, supra note（4）, para.32.8.

㉛ OECD/G20 BEPS Project, supra note（4）, para.32.12.

㉜ OECD/G20 BEPS Project, supra note（4）, para.33.1.

㉝ OECD/G20 BEPS Project, supra note（4）, para.35.1.

㉞ OECD/G20 BEPS Project, supra note（4）, para.38.6.

㉟ OECD/G20 BEPS Project, supra note（4）, para.38.8.

㊱ OECD/G20 BEPS Project, supra note（4）, para.38.9 and para.38.11.

㊲ OECD/G20 BEPS Project, supra note（4）, para.38.12.

㊳ OECD/G20 BEPS Project, supra note（4）, para.38.7.

㊴　矢内教授は，準備的・補動的活動がPEにならないとの理由につき，歴史的経緯を含め，「1928年の国際連盟モデル租税条約においてPE概念が確立し，その後，外国企業の活動が多様化するにつれて，企業の収益に貢献しているが，その活動が収益獲得に間接的であるため，所得の配分方法が難しいためPEにならないものとしたのである。」と指摘している（矢内・前掲注⒀127頁）。BEPS最終報告書がいう「グローバル企業は払うべき（価値が創造される）ところで税金を支払うべき」という原則からも，収益損得が間接的であることは価値創造があるとは必ずしもいいきれず課税されないことは正当化されるであろう。

㊵　青山教授は，スカー氏の分析を引用し，「①企業価値又は生産価値の増加に貢献しているかどうか，②単なる資産の交換を超えて資本の再投入に結び付くものかどうかという2点に集約」されることを指摘している（青山・前掲注⑼268頁）。

㊶　OECDモデル租税条約の明確化を目的に検討を行っていたOECDワーキンググループが，2012年10月19日に公表した報告書では，OECDモデル租税条約5条4項(a)号ないし(d)号の適用に当たって，例示列挙された活動が実際に準備的又は補助的な性質を有するものに限られる必要はないとの解釈を示した（OECD, OECD Model Tax Convention: Revised Proposals concerning the Interpretation and Application of Article 5 (Permanent Establishment), (2012) para.73)。OECDワーキンググループの報告書でなされた提案は上記ⅰ）の解釈を受け入れたものであったと言える。ただし，当該解釈がOECDモデル租税条約5条4項の解釈として受け入れられたわけでなく，各国代表の中で，上記ⅰ）の解釈はそもそも例外を認めた趣旨と合致しないと主張する者がいたことから，上記ⅰ）の解釈が租税政策の観点から適切か否かにつき，WP1（第1作業部会：OECD租税委員会の下部組織でOECDモデル租税条約の改定等を行う部署）に送られて検討がなされていたようである（OECD/G20 BEPS Project, supra note (4), para.11)。したがって，OECDモデル租税条約5条4項は対立した解釈が並存しており，OECDモデル租税条約コメンタリー等では必ずしも明確となっていないと私は考える。この点に関し，藤谷准教授は，「OECDモデル租税条約5条4項(a)～(d)号と『準備的又は補助的』要件の関係をめぐっては国際的にも見解が対立しており，(a)号該当性の判断においては『準備的又は補助的な性格の活動』であることを要しない，というXの主張する立場も解釈論としては十分にあり得たところである。」と述べられており（藤谷武史「判批」ジュリスト1494号（2016）122頁），住倉教授も，OECDモデル租税条約5条4項(a)～(d)号に列挙された活動すべてにつき，「準備的又は補助的な活動のみが除外されるという考え方で議論が統一されているわけでない」ことを指摘している（住倉毅宏「インターネット通信販売事業における恒久的施設の認定及びその所得算定に関する一考察─東京地裁平成27年5月28日判決を題材にして─」（税大ホームページ2016年11月30日掲載）8頁）。このような中，BEPS行動7で，PEとされない例外規定が生み出す状況自体がPE認定の人為的回避防止の視点から問題とされ，PEの例外とされる準備的・補助的活動の定義の見直しがなされることとなった（OECD/G20 BEPS Project, supra note (4), para.12-13)。なお，OECDモデル租税条約5条4項改正案はOECDモデル租税条約の解釈には影響を与えないことを明記している（OECD/G20 BEPS Project, supra note (4), para.4)。

㊷　上記ⅰ）の解釈及び上記ⅱ）の解釈に関し，東京地裁平成27年5月28日判決（裁判所ホームページ行政事件裁判例集（平成24年(行ウ)152号））では，当該OECDワーキンググループが公表した報告書につき，「その記載内容に照らせば，同項(a)号ないし(d)号について，従来，『準備的又は補助的な性格を要する活動』であるとの解釈がされていたことを前提とした上で，OECDコメンタリーの改訂により，上記解釈を変更することを提案したものと

340 ◆ 第2章 OECD の BEPS 行動計画

解される」として，上記ⅱ）の解釈に賛同している。また，住倉教授も上記ⅱ）の解釈に賛同している（住倉・前掲注(41)9頁）。一方，浅妻教授は，「OECD モデル租税条約5条のコメンタリー第27段落は，『準備的又は補助的』基準の曖昧さに鑑みて，同 a 号〜e 号の組合せでありさえすれば，f 号で組合せ全体として準備的又は補助的に留まらずとも恒久的施設非該当とする条文の採用も示唆している。つまり，【5条4項は e 号・f 号のみならず a 号〜d 号も含め，準備的又は補助的でなければ恒久的施設除外要件の恩恵を受けない】という考え方が当然であるか，異論の余地がある。」と述べられており（浅妻章如「判批」ジュリスト1447号（2012）9頁），上記ⅰ）の見解を有しているように思える。

(43) 財務省・前掲注(1)33頁においても，BEPS 最終報告書の中で，OECD モデル租税条約5条4項（PE の例外）を，めぐる課題として指摘している。

(44) 矢内教授は，源泉地国に大量の商品在庫を保有して所得を得ているネット通販業者という類似事例を挙げ，課税にならない旨指摘している（矢内・前掲注(13)127頁）。しかし，前掲注(42)の東京地裁判決のように，上記ⅱ）の解釈を採用すれば，日本において PE 課税する余地はあろう。

(45) OECD/G20 BEPS Project, supra note（4），para.27.1.

(46) 前掲注(14)。

(47) この改定案の代替案として，上記ⅰ）ないし上記ⅳ）に掲げられた例示列挙につき，準備的・補助的性質を要するという要件を削除する案を示している。代替案が認められる理由として，上記改正案は，納税者及び税務当局により大きな不確実性をもたらす懸念があることを示し（OECD/G20 BEPS Project, supra note（4），para.30.1.），準備的・補助的活動に係る規定を通じての PE 認定の人為的回避防止は，新設する OECD モデル租税条約5条4.1項で対応できるとしている（OECD/G20 BEPS Project, supra note（4），at 28）。

(48) OECD モデル租税条約5条コメンタリー・パラ24では，「当該企業全体の活動に本質的かつ重要な部分」を構成するか否かという判断基準が示されている。なお，OECD モデル租税条約5条コメンタリー改訂案・パラ21.1においても同一基準が示されている（OECD/G20 BEPS Project, supra note（4），para.21.1.）。

(49) OECD/G20 BEPS Project, supra note（4），para.21.2.

(50) OECD/G20 BEPS Project, supra note（4），para.21.3.

(51) OECD/G20 BEPS Project, supra note（4），para.22.

(52) OECD/G20 BEPS Project, supra note（4），para.23.

(53) OECD/G20 BEPS Project, supra note（4），para.22.

(54) 青山教授は，当該事例は，「アマゾンの大規模倉庫などがイメージ」されていることを指摘している（青山・前掲注(9)271頁）。

(55) OECD/G20 BEPS Project, supra note（4），para.22.1.

(56) OECD/G20 BEPS Project, supra note（4），para.22.5.

(57) OECD/G20 BEPS Project, supra note（4），para.24.

(58) OECD/G20 BEPS Project, supra note（4），para.22.4.

(59) 青山教授は，日本企業が海外へ進出していく場合に非常に多い形態である「VMI（Vendor Managed Inventory）」を挙げ，VMI は「製造業者との間での必要に基づいて工場のサイトの中，或いは近くで倉庫として」機能しているので，「PE に該当しない可能性が示唆されている」ように思われると指摘している（青山・前掲注(9)276頁）。

(60) OECD/G20 BEPS Project, supra note（4），para.22.6.

(61) Id.

21 PE 認定の人為的回避の防止策 ◆ *341*

(62) Id.

(63) OECD/G20 BEPS Project, supra note （4）, para.30.2.

(64) OECD/G20 BEPS Project, supra note （4）, para.30.4.

(65) Id.

(66) 品川克己氏は，多国籍企業グループ内のコミッショネア契約に基づく代理人は独立代理人に該当せず，代理人 PE に該当することを述べている（品川・前掲注(8)34頁）。

(67) 青山教授は，「代理人に帰属すべき所得算定ルールのガイダンス不足につきビジネスは不安視していることに注目」するよう指摘し（青山・前掲注(9)275頁，277頁），品川克己氏も，「PE 認定しても，帰属すべき所得をどのように把握するかという極めて難しい問題も生じる。」と指摘している（品川・前掲注(8)35頁）。また，財務省・前掲注(1)33頁で，「新たに認定される PE の帰属所得の計算に関するガイダンスの策定」が今後の OECD の対応として，示されている。

(68) 青山・前掲注(9)273頁。

(69) 増井良啓＝宮崎裕子『国際租税法』（東京大学出版，第 3 版，2015）54頁。

(70) OECD 移転価格ガイドライン付則には，独立企業間価格の算定に関する多くの事例が示されている。

(71) OECD, Public Discussion Draft, BEPS Action 7 : Additional Guidance on the Attribution of Profits to Permanent Establishments （2016）. さらに，当該ディスカッションドラフトはパブリックコメント等を踏まえ，2017年 6 月修正ディスカッションドラフトを公表した（OECD, Public Discussion Druft BEPS 7 : Additional Guidance on the Attribution of Profit to Permanent Establishments （2017）。

(72) OECD/G20 BEPS Project, supra note （4）, at 10.

(73) OECD/G20 BEPS Project, supra note （4）, para.22.

(74) OECD/G20 BEPS Project, supra note （4）, pp.39-41.

(75) 青山・前掲注(9)273頁で，「今回の行動 7 の提案は，そのような解釈の不統一を明文で明らかにしようとする試み」と指摘している。

(76) OECD モデル租税条約 5 条コメンタリー・パラ24において，「当該企業全体の活動に本質的でかつ重要な部分」を構成するか否かが判断基準として示されているところ，OECD モデル租税条約 5 条コメンタリー改訂案・パラ21.1においても同一基準が示されている。

(77) 青山・前掲注(9)276-277頁で，「全体に準備的補助的性格にかからしめるという結論は理論的には恐らく正しいと思う」と指摘しつつも，「具体的な例示等できちっとしたガイダンスをしていくことが大切で，そういう意味では例示の事例がまだ十分ではないのではないかという懸念」を表明している。

(70) 増井－宮崎・前掲注(69)24頁。

(79) 青山教授は，「条約改定のタイムラグとそれを避けるために多国間協定が大きな意味」を持っており，多国間協定が「どの程度できるのかということ」が課題であることを示し，それに関連して，「先進国間での足並みの乱れ」や「新興国の対応ぶり」に懸念を表明している（青山・前掲注(9)273頁，279頁）。なお，財務省・前掲注(1)33頁で，「租税条約に関連するBEPS 対抗措置を二国間租税条約に取り込むための多数国間協定の締結（行動15）」が今後の OECD の対応として示されている。

(80) OECD, Explanatory Statement to the Multilateral Convention to Implement Tax Treaty Related to Prevent Base Erosion and Profit Shifting （2016）, at 3, 41 and 42.

22 移転価格税制の見直し[1]

山川博樹

1 問題の所在

　現在，この章のタイトルであるわが国移転価格税制の見直しを考える[2]に当たり検討すべきは，OECD/G20に手になる BEPS 行動計画 8（無形資産に係る取扱いと価格付けが困難な無形資産の移転及び CCA に関する特別ルールの策定），同 9（リスクの移転又は資本の過剰な配分による BEPS への対応），及び同10（非常に稀にしか発生しない取引や管理報酬の支払による BEPS への対応）に係る2015年10月の最終成果物[3]の内容を，いかに最良の形で，わが国法制に取り込むかということであろう。

　この章においては，最終成果物の重要なポイントをみていくが，具体的には，取引の認定とリスクの議論，無形資産の定義及び貢献分析，価格付けの困難な無形資産，そして費用分担取極め等をフォーカスすることとなる。BEPS 行動計画 8, 9, 10の議論の最終成果物のタイトルは，まとめて「Aligning Transfer Pricing Outcomes with Value Creation」となっており，移転価格をいかに価値創造に整合させていくのかと整理されている。無形資産若しくは無形資産が深く関係するトピックに多くのページが割かれているといえる。従来の2010年の OECD ガイドラインにおいても，無形資産やリスクの配分についてはもちろん議論はされているが，今般，BEPS 問題を引き起こした事例を踏まえて，さらに OECD でメリハリをつけて議論が深められたということになろう。

　今回カバーするトピックが，今後日本の法令，あるいは通達等の中にどのように反映されるかという点は，今日現在においてまだ明確ではないが，OECD の成果物が何を問題意識としているのか，及び考えうる帰結[4][5][6]について，議論することとしたい。

2 議論の焦点・理論と政策

（1）　リスク配分

　まず関連者間取引におけるリスク配分の論点から入る。これまで BEPS につ

いて多くの議論がされる中で問題とされてきたケースの1つは，資金拠出のみを行うような法人に多くの利益が帰属するものである。関連者間の契約の中で，いわゆるキャッシュボックスが多くの財務的なリスクを引き受ける対価として，関連損益が当該事業体に帰属する仕組みにより BEPS が生じたことを背景としている。こうした契約上のリスクの引受けのみを理由として多くの利益が経済的実態のない事業体に帰属するような取引について，特段の問題意識があった。従来の移転価格の枠組みでは，事業オペレーションへの関与を伴わない資金拠出による貢献について，必ずしも指針が明解ではなかったということであり，実際，既に公表されている OECD 関係者に関する米国専門誌のインタビューを見ても，キャッシュボックスに対する重大な問題意識があったことは明白である。

　こうした資金拠出リスクを負担することの対価としての利益帰属を考えると，結局，関連者間取引におけるリスク引受けについてどう整理するかという問題に行きつき，そこで OECD は，リスクのコントロールに焦点を当てており，その議論の際に取引全体をどう捕捉するかに関して興味深い議論を行っている。

　1つ目のポイントは，取引当事者のリスク負担の評価を，リスク管理機能の実態の評価に基づいて行うということである。これは，今回の移転価格の議論全体を貫く方針であって，無形資産の構築や，費用分担取極めにも適用される方針である。

　2つ目のポイントは，金融資本の提供者が事業リスクの管理とコントロールを併せて行わない限り，残余利益を獲得できなくなるということである。結果として，これまで節税目的でキャッシュボックスを使用していた取引であれば，その節税効果は大幅に減少すると考えられるが，これを達成するために取引実態の認定が非常に重要な役割を果たすということになる。

　では，どのように取引実態の認定をするかという点については，OECD の成果物は取引実態の正確な認定のためのプロセスとして5つのステップを提示するとともに，リスク分析を効果的に実施するための6つのステップというプロセスも提示している。さらに，リスクの分析のステップの中には，コントロール及び財務負担能力に関する二層構造の分析が含まれている。

　まず，「取引実態の正確な認定のためのプロセス（5つのステップ）」は，検証対象の取引に係る認定である。1）取引の契約条件，2）取引の各当事者の機能，資産，リスク並びにこれらの多国籍企業グループにおける大きな価値創造との関連性に関する評価，3）取引される有形資産又は提供される役務の性質，4）取引当事者及び当事者が帰属する市場の経済環境，5）取引当事者が採用する事業

戦略といったところで，こちらのターミノロジーを見て，特に変わったものはないが，2番目の多国籍企業グループにおける大きな価値創造との関連性に関する評価が，行動計画13のマスターファイルの背後にあり，そこに反映させるべき評価であるという点は，興味深いといえよう。

「リスク分析を効果的に実施するためのプロセス（6つのステップ）」は，1）経済的重要性を持つリスクを特定すること，2）契約書上の取引条件の下で，個別の経済的重要性を持つリスクが関連者によってどのように負担されているかの確認をすること，3）取引当事者である関連者が，個別の経済的重要性を持つリスクをどのように負担及び管理しているかについて機能リスク分析を通じた決定をすること，4）上述のステップ2，3における分析を基に，契約上リスクを負担する当事者が，リスクをコントロールし，当該リスクを負担する財務能力を有しているかを分析すること，5）ステップ4の分析の結果，リスク負担者がリスクコントロールを行わない場合，あるいはリスク負担できる財務能力を有していない場合に，リスク配分に関する指針を適用すること，6）適正に配分されたリスクの負担やリスクの管理機能への対価を考慮した価格の設定をすること，である。こうした6つのステップからリスク分析プロセスが構成されている。この6つあるステップの中で特に注目すべきは，この2番目と3番目に記載されているところで，「契約書上の取引条件の下で…」というところと，「取引当事者である関連者が…」というところであり，この「二層構造」により，契約書上のリスク負担とリスクの管理の関係にスポットが当たっていることがわかる。ここで，リスクの管理とは一体何を指すのかについてはポイントが3つあり，1）リスク負担の是非について意思決定ができるか。2）リスクにどう対応するかに関して意思決定を行えるか。3）リスクを軽減する能力があるか，となり，結局，リスク負担の是非に関して，またリスクが何らか顕在化したときにどう対応するかに関して，意思決定を行い，意思決定を遂行する能力を持つ必要があるという整理になろう。もし契約によって財務的なリスクを負担していたとしても，リスクの管理を実質的に行っている法人が別であれば，契約上の財務的なリスク負担の対価は，リスクの管理も同時に行っている場合とは異なってくる。これに関係する議論は後述の無形資産のリターンの帰属先の議論にも当てはまることになる。

では，こうしたリスク配分の議論が，日系企業に与える影響はどの程度あるのであろうか。一般的な共通認識として，日系多国籍企業は，移転価格を設定する際に総じて経済実態を重んじる姿勢があるので，影響は比較的限定的と言えるが，ただ，注意が必要かもしれない分野としては，クロスボーダーの委受託契約，日

本親会社が委託者となり，海外子会社が受託する取引が該当するかもしれない。懸念の内容は，受託側の活動に伴うリスクのコントロールの実態について，海外側の当局の視点から海外で検討されるおそれがあるということあり，委受託契約の際に，日常業務の細かいところまで日本本社から管理されるような会社というのは，外資系の企業と比べると，どちらかと言えば少ないのではないかと思われるからである。一方で，契約に関連する予算などの管理や承認は，日本で行っているというのが実際ではなかろうか。委託者である日本親会社における，十分な専門知識を持った相応の役職の方の指示に基づいて委受託契約が運用されており，それが文書化されていることが重要であると考えられよう。先述の事業や契約に関連するリスクを熟知して，リスク低下やリスク低減について十分な知見に基づいて意思決定を行っていることを示すことが，リスク負担の論点に関しては今後重要になってくるのではないかと思われる。

（2） 無形資産

今般の BEPS 行動計画の移転価格の実体論において最も光が当たるところは，無形資産分析であろう。今回の改正前の既存の2010年ガイドラインでも，第6章に無形資産についての言及はあるが，一方で，その定義を含めた包括的な議論は展開されていなかった印象もあり，今般従来の第6章を置き換える形の議論がここでなされたものといえる。無形資産を見極める3つのポイントを後述するが，特定の1社によって所有・支配されないものという性格付けにより，市場固有の特性などについては無形資産でないことを明確にした意義は大きいといえよう。また，無形資産のリターンの帰属先については，無形資産構築に関与する当事者が負担するリスクのコントロールの実態の評価が重要なポイントになるため，リスクコントロールの重要性がここでも強調されることになる。また，無形資産の評価方法として DCF 法なども議論されている点で，今後の実務への影響は少なくない。

移転価格税制上の無形資産が何か[7]については，a）有形資産にも金融資産にも該当しない，b）商業活動において所有や支配が可能である，c）独立企業間であれば使用や移転に関して対価性が生じる，という3つのポイントになる。これらの基準を受けて，移転価格税制上の無形資産とみなされるものとして挙げられたものは，特許，ノウハウ，商標，無形資産に関するライセンス，許認可，契約で守られた権利などであり，違和感はないが，実務においては，今後前述の3つのポイントが満たされるかを個別に検討することが必要になる。一方で，無形

資産でないと整理されたものとして，市場固有の特性[8]やグループシナジーが挙げられ，市場固有の特性が無形資産ではないと整理されたことは，今回のBEPS行動計画の議論の中でOECD/G20関係国が出した結論であって，意義があろう。

いずれにせよ，有形資産ではない，何らかの価値あるものを移転価格税制上の無形資産とみなすかどうか，これまで議論の仕方が難しい面があったと思われるが，今回提示されたポイントによって，無形資産かどうかの議論の枠組みは明確になってきたと言えよう。

次に，無形資産から生じる利益の帰属については，以下のようにまとめることができよう[9][10]。

a) ある無形資産から生じた利益全体を，当該無形資産に関連して果たされた機能，とりわけ無形資産の開発・改良・維持・保護・活用に関する機能—DEMPE機能[11]—とそれに伴うリスク，使用された資産の間でどのように配分するか。

b) 無形資産の使用対価は法的権利を有する者に対して支払われるべきであるが，無形資産の法的所有者がDEMPE機能すべてを自ら実施する必要は必ずしもなく，法的所有者以外の者が，DEMPE機能に関する活動に関与してリスクを負う場合には，法的所有者が対価を支払うべきということになる。法的所有者の総取りではなく，DEMPE機能を他の法人も果たしている場合に，そうした法人に対して適切な利益分配をしなければいけないという整理がここでなされている。移転価格税制上の文脈での法的所有権の位置付けが改めてなされたといえよう。

c) リスクを負担するという意味では，リスクコントロールが遂行されていることが必要であり，関連する機能の内容が理解でき，機能が適切に実施されているかどうかを見極めることができ，当該機能の重要な局面に関して，最終意思決定者となり得る必要があるということになろう。この点については，先述のリスクの配分の観点の議論と基本的には同様といえよう。

d) リスクコントロールやDEMPE機能の実施といったものが，契約上の合意によって取り決められたものと異なる場合は，活動の実態に基づいて移転価格分析が行われるべきであるとされている。リスク負担の議論と併せて，結局，契約と取引実態の双方を見て検討を行うという帰結であり，取引の正確な認定とリスクの配分の議論が，ここでも敷延されていることがわかる。

DEMPE活動分析とは，無形資産の機能・リスク分析である。無形資産の価値への貢献報酬の決定（経済的所有）にかかわる分析である。新興国との間で無形

資産がもたらす超過収益の帰属をめぐって主戦場になる可能性もある。DEMPE
とは，無形資産の構築や活用に関連する活動という位置付けであろう。まずは，
サプライチェーン上の収益の重要な源泉のうち，OECD ガイドラインに定義さ
れている無形資産が存在するかどうかを確認する。移転価格分析の対象となる，
事業上利益の源泉に値する価値ある無形資産を特定する。ここでは，事業上の利
益の源泉になっていることが重要であり，例えば，プログラミングライティング
のようにやや複雑なことを行っているとそう見がちではあるが，必ずしもそうい
う判断ではない。また，誰が持っていても，双方でも片方でもいい。そして，上
流から下流までのバリューチェーンの流れにおいて，価値ある無形資産にどのよ
うな役割貢献を果たしているのかを明らかにしていく。個々の価値ある無形資産
毎に，各 DEMPE 活動に関連した経済的に重要なリスクを特定することからス
タートし，各関連当事者の適切な対価を決定していく。ここにもリスク分析の拡
充がみてとれる。リスクは機能に従うようにみていたが，今般の OECD の考え
は機能は人的機能，リスクは重要な意思決定と従前に比べ独立した分析を想定し
ているようにみえる。DEMPE 活動は独立企業間ではみられない統合された方法
及びレベルで活動を行っているとされ，事前の契約・意思決定の文書化が特に重
要である。

　あるバリューチェーンにおいて，例えば，重要な技術と商標が存在していると
仮定しよう。本来，定性分析であることに留意する。

	ウェイト付け	開発者 本社		プラント（技術） 販　社（商標）
Development 開発	50	○	10：0	
Enhancement 向上	25	○	5：5	○
Maintenance 維持	10	○	4：6	○
Protection 保護	5	○	10：0	
Exploitation 活用	10		0：10	○

（RACI: Responsible Accountable Consulted Informed の例）

　おそらくは，個々の当該バリューチェーンにおける DEMPE 活動の中のウェ

イト付けがなされ，DEMPE 活動の各々を誰がやっていたのかを特定していく。すなわち，DEMPE 活動に関連した機能を遂行し，資産を使用し，リスクを管理している当事者を特定していく。この DEMPE 活動分析の視点は実態分析であり，日本の事務運営指針の 2-12 は，無形資産の形成等への貢献の程度を判断するに当たっては，無形資産形成のための意思決定，役務の提供，費用の負担及びリスクの管理において，法人又は国外関連者が果たした機能等を総合的に勘案するとしており，今回の OECD ガイドラインの改定の趣旨からしても参考になる。DEMPE に当たる活動を特定すると，その活動において，誰が意思決定を行っているのか，誰がそうした機能のリスクコントロールをしているのかについてさらに分析を深めていくというのが，想定される DEMPE 分析である。例えば，ウェイト付けした結果重要な行動が D・開発と E・向上であったとして，それへの親・子会社の貢献が 1：1 であれば，利益分割法の適用の適切性の一つの判断根拠となる。この DEMPE 活動分析の過程で，存在する当該無形資産がそもそもユニークか，価値があるかがチェックされ，そして親・子会社がユニークで価値ある貢献を構成するのかどうかがわかる。双方当事者に貢献機能がたくさんあれば，利益分割法がなじむとの方向感が想定されようか。

（3）　価格付けの困難な無形資産（HTVI: Hard to Value Intangibles）[12]

　価格付けの困難な無形資産とは，取引の時点で信頼性の高い比較対象取引が存在せず，かつ譲渡された無形資産から生じる将来的なキャッシュフローや，当該無形資産の評価に用いる前提が極めて不確実な無形資産又は無形資産に関する権利という内容になっている。具体的に何が想定されるかというと，例えば譲渡時点において部分的にのみ開発されている無形資産，取引後の数年間商業的に利用することが見込まれない無形資産，あるいは一括払いで関連者に譲渡される無形資産などが挙げられている。取引の時点で信頼性の高い比較対象取引が存在しないケースは多々見られるものであり，間口の広い定義であると思われる。

　こうした HTVI に関して OECD が何をしようとしているのか。価格付けの困難な無形資産の取引について，取引後に生じる財務的な結果をもって当初の価格付けの前提を検証し，必要であれば過去の取引価格に調整を加えるということである。つまり，一定の条件の下で，HTVI に関連する無形資産の譲渡の評価を財務結果の実績に基づいて行うことについて，独立企業原則と両立することを結論付けた，といえよう。今回の議論を纏めると，事後的な財務結果の実績と無形資産取引価格が前提とした財務予測が乖離する場合において，はたして無形資産取

引を行った時点において独立企業であったならば考慮したであろう不確実性について十分に考慮されているのかといった観点から，実績数値に基づく事後的な価格調整と独立企業原則を整合させたということになろう。事後的な価格調整あるいは価格再評価の発動条件は，財務予測と財務実績の乖離の差が5年間で20％という基準になっているので，この差が生じた場合は，税務当局による再評価があり得るということになる。ただ，この再評価が発動するかどうかは，当初の財務予測が信頼性を持っていたものであったかどうかによるため，納税者の行動としては，無形資産の取引の実施時に，十分な文書化を行う必要がある。またこの5年で20％という基準については，各国が同じ基準を導入しないと二重課税の素地ができるため，今後注視してゆく必要があり，非常に関心のあるところである。

（4）　費用分担取極め[13]

　費用分担取極めは，日本ではあまりなじみがない契約形態の1つかもしれない。大きなリスクを伴う活動の実施に当たって，各取極め参加者による貢献が将来的にもたらす便益に基づいて取極め参加者が当該リスクを分担するための，契約上の取極めである。対象として，有形又は無形資産の開発，生産や取得，あるいはサービスの実施のために行う貢献や関連するリスクが挙げられている。

　今回の改正の主なポイントの一つは，従来費用ベースで貢献を測ることも可能であったところ，これについては，例えば構築済みの無形資産を拠出した参加者の貢献などを必ずしも正当に評価できないという認識があり，結局，取極め参加者による貢献は，市場価値によって評価することを原則とし，費用によって評価できるケースを極めて限定的にすることを決めている。また，前述のリスクのコントロール要件は，費用分担取極めに関しても適用されることになり，これらを踏まえると，費用分担取極めに適用される移転価格算定方法は透明性が増し，明解になってきている。今後，費用分担取極めへの移転価格税制の適用は安定性が増してゆくであろうか。

　費用分担取極めがどういったケースで活用されているのかについて簡単に述べたい。

　まず，無形資産の使用許諾の対価として海外子会社からのロイヤルティ回収が難しい状況では，費用分担取極めを導入した場合，研究開発費用を海外子会社に負担させることで，グループ内の無形資産取引が簡素化され，これまで研究開発活動費用を負担してきた日本の回収の問題が減ぜられる可能性がある。この場合，海外子会社の貢献の価値についての注意深い検討が必要となろう。また，日系多

国籍企業による海外企業グループの買収は増加傾向にあると理解しているが，費用分担取極めを導入した場合，買収後のグループ内での無形資産取引は簡素化される可能性があろう。海外で無形資産を持っている会社を買収した場合は，その無形資産をグループ全体で活用する場合に，複雑なロイヤルティのやり取りが発生する状況も十分に考えられるが，費用分担取極めを導入することで，こういった複雑なロイヤルティを避けて簡素化された統一感のある移転価格ポリシーを設定することも考えられよう。さらに，グローバル分散型の研究開発体制を持つ多国籍企業グループにおいては，費用分担取極めを導入することで，グループ他拠点で開発した無形資産の活用のハードルを低下させることができる可能性があろう。企業グループによっては，世界中のさまざまな拠点で多様な技術開発がなされているケースもある。こうした開発の成果を複数の拠点が相互に使用するとなると，技術の使用許諾対価の計算が困難になるので避けたいという意向になるが，費用分担取極めが導入されていれば，取極めに参加している拠点が相互に開発成果を活用してゆく形になりうる。最後に，既存の国外関連者を通じて，グループ外の企業から無形資産を購入する場合であっても，その国外関連者が費用分担取極めに参加している場合は，無形資産ポリシーや移転価格対応が過度に複雑化しないですむ可能性もあろう。昨今，海外のグループ会社において無形資産を第三者から購入することがあるが，それをまた既存のグループ無形資産に統合して活用しようとすると，数次の無形資産取引が必要となることもあり，無形資産の買収頻度が高い場合には，効率的な対応は難しくなろう。費用分担取極めが導入されている場合には，取引内容を簡素化できる可能性がある。

（5）　改正の方向性

以上，BEPS 行動計画8，9，10に関するいくつかの重要な論点について述べたが，ポイントは，取引実態の重視，特にリスクの引受けの評価に係る点であろう。リスクの引受けを，リスクコントロールの実態の観点から評価する点は，無形資産の構築や費用分担取極めにおいても貫かれている考え方であり，BEPS 行動計画の移転価格の実体論全般にわたり，OECD の強い姿勢が示されていると評価されよう。もとより，わが国の制度は，OECD ガイドラインと整合的であり，執行においても，国税庁の事務運営指針において，OECD ガイドラインを忖度する旨を明示するものであるが，今般の OECD の成果物の実施に当たっては，新興・途上国を含む約100か国に及ぶ地球規模の実施を想定し，積極的に新OECD ガイドラインに取り組み，その成果を相互協議等に反映させていくこと

で（先例を積み上げていく），他国当局の取り込みを図っていくことが国益に資するのではなかろうか。

BEPS防止措置実施条約の義務的かつ拘束力を有する仲裁の手続について，現下デフォルトルールであるベースボールアプローチ（final offer, last best offer）を受け入れる国が18か国，independent opinionアプローチを受け入れる国が7か国である。わが国は現下後者アプローチ組にみえるが，前者アプローチの受容は多数の国との仲裁の導入を促すものといえようか。こういった意味合いからも，仲裁で一層通用する新OECDガイドラインのグローバルスタンダードの解釈に一層近づけた解釈の先例を積むことが重要であろう。

（注）

⑴　本稿は，「座談会・企業のBEPS対応を語りつくす・前中後編」岩品信明・吉村政穂・山川博樹（税務弘報2016.9.10.11）のうちの山川対応部分，「BEPS後の日本企業の課題と対応―移転価格実務への影響を中心に―」デロイトトーマツ税理士法人／山川博樹・山田真毅・田中奈名子（租税研究2016.6），「BEPSプロジェクト最終報告書のポイントと課題」デロイトトーマツ税理士法人／山川博樹・福島節子（JMC2016.02），及び「BEPS後の移転価格対応の在り方と深度ある事例分析・上下編」デロイトトーマツ税理士法人／山川博樹・山田真毅・田中奈名子」（国際税務Vol.35. No7／8）の本稿該当及び関連個所等をベースとしつつ，その後の多岐にわたる情報・議論・思考を踏まえて，加筆修正したものである。なお，本稿中，BEPSプロジェクト報告書の移転価格部分に係る世界のプラクティショナーの見解に係る部分については，「The new transfer pricing landscape，新たな移転価格の展望―BEPSに伴う変化への実務ガイダンス―」（デロイトトーマツ税理士法人，2016.2）を参考としている。

⑵　日本で移転価格のBEPSは起こったのか。深刻なBEPSは日本では起こらなかったと考えていいのではなかろうか。移転価格税制導入の経緯からして，当時の米国の課税攻勢を背景とした色彩が濃いとの指摘がある。移転価格税制は，特異な法人税制と認識され，機能リスク分析は導入初期の頃より淡々と履践されていたといえよう。他方で，関連者間のリスクの特定や配分について，契約を過度に忖度することがなかった反面，その分，他国の執行も違わないが，リスクに特化した議論に関する経験の集積はあまり大きくはないかとも考えられる。日本企業の納税道義の高さ，また日・米企業ともに先駆的な取引をも含めて日米二国間事前確認がよく活用されそこで問題の解決が図られてきた点も大きかったといえよう。

　BEPS行動計画が想定した典型的な所得移転モデルは，米国の多国籍企業によるプリンシパルモデルであろう。居住地国米国の親会社とプリンシパルとの関係は，行動計画8の無形資産流出とCCA，そして行動計画3のCFC税制の問題として対処される。他方，プリンシパルと源泉地国リスクリミテッドエンティティとの関係は行動計画7のPE認定の問題と，BEPSの直接の対象の外ではあるが，PEの帰属所得の算定の問題として対処する枠組みになっていた。少し敷衍すると，CCAに関しては，費用と価値の乖離の大きさから貢献価値を分担するという考え方の提示，CFC税制に関しては，居住地国から不当に漏出したIPを使用して製造販売という能動的活動から得られる利益のうち漏出したIPに由来する所得をCFC所得として本国で課税しようとするexcess profits approachの提示，そしてPE認定

に関しては，代理人が契約の締結に繋がる主要な役割を担うと従属代理人 PE に当たるとする第 5 条第 5 項改定案の提示がなされた。

この典型モデルに係る日本の状況と対応であるが，居住地国としての立場では，日本企業に無形資産の流出はほぼ見られず，また CFC 税制もよく機能していると評価されており，源泉地国としての立場も，エージェント取引に関しては日本所在のエンティティの移転価格の問題として対処され，二国間事前確認手続の活用も含めて，比較的安定的に課税が確保され，円滑に執行がなされたと評価されようか。

(3) 備忘の趣旨も込めて，今般の BEPS の議論の経緯をたどると，2014年 9 月の期限のものは，行動計画 8 のフェーズ 1，無形資産に係る取扱いに係るガイドライン第 6 章の改定，2015年の 9 月の期限のものは，行動計画 8 のフェーズ 2，価格付けが困難な無形資産の移転及び CCA の特別ルール，行動計画 9，10であった。注目すべきは，2014年12月19日の行動計画 9 のリスク・再構築・特別措置に係るディスカッションドラフトであった。ここには，第 1 部ガイドライン第 1 章 D の改定案があり，その D 2 が，商業上・財務上の関係におけるリスクの特定で，リスクの記述の特段の充実が早期から見て取れた。D 3 は解釈，D 4 は，否認・ノンレコグニションであり，従前の再構築・リキャラクタライゼーションから，第 9 章にあった否認・ノンレコグニションという用語に変更されており，コンセプトは変わっていないが，従前より明解に書かれたといえよう。過酷な BEPS を想定して，ノンレコグニションが第 1 章 D に置かれたといえようが，結果的に明確化の意義が大きい。リスクの記述は，改定ディスカッションドラフトの公開討議がなされ，最終報告に向けその議論の動向には相当の注目が払われたといえよう。

(4) 移転価格算定手法の方向性の概観はどうであろうか。現行の2010年移転価格ガイドラインは，第 9 章の事業再編，機能リスク無形資産移転への対応を既に包摂しており，また，利益法の優先性を基本 3 法と同列とし，ベストメソッドルールを採っていた。1995年ガイドライン以降の TNMM を中核とする利益法実務を追認したものという評価が大宗であろう。

では，今般の BEPS の議論を行った2014，15年に至る数年の間に何が起こったのか，それは，国連移転価格マニュアルの策定と極端な BEPS の事例の露呈であろう。最初の新興国の議論であるが，これらの国にとって，実務上適用可能性の高い TNMM の導入は後発の利益とも映ったが，アプリオリに国際的企業の自国子会社の利益率が低層レンジに固定されることに対する反発が強く，一般に市場性無形資産は存在しないため，マーケットプレミアムが自国子会社に帰属する無形資産であるという主張が強硬であった。今般，無形資産に似たものをすべて議論の俎上にあげて，一例としてマーケットプレミアムは無形資産でないと結論付けた意義は大きいといえよう。

もう一方の極端な BEPS の事例の露呈であるが，2010年ガイドラインに第 9 章が入っていること自体，BEPS の萌芽を見てとっていたわけであるが，今般，第 9 章のコンセプトが第 1 章から第 5 章までの記述に一般化されることに意義があろう。

このように今般新たな視点はあるにせよ，今後特段の政治的なメッセージがない限り，目下のところ実務上の最適解として，TNMM を主流とする利益法追認の底流が急に変わることはないと考えられようか。利益分割法を想定したとして，依然，決定的な配分キーは欠落しており，機能リスクの相対的に小さいエンティティであっても相応のロススプリットを甘受させる認識を要する点もまた欠落している状況である。直線的に利益分割法に向かう可能性は少ないであろうが，相互協議や二国間事前確認，あるいは困難事案において事案の特性をよく考慮した利益分割法の適用可能性が，現状もあるわけが，それ以上に高まっていくことがあろうかと考えられよう。

むしろ，潜在的には TNMM のブラッシュアップ・精緻化への期待もあろうか。移転価格とは無関係であるが，営業利益率に影響するかもしれない特殊要因を実値から排除する特殊要因の調整を一層進化させることと，今般，市場特性は比較可能性のファクターと整理されたため，それを計量化し，源泉地国先取りを合理的に行い独立企業原則に沿わない残余分割の議論を遮断することであろう。

他方，これまで述べた方向感と相矛盾するが，今後，バリューチェーン損益に係る情報の関連の多数の国への透明化が図られるため，取引の特殊要因を排除し，複数の当局から受容されやすい簡素な移転価格算定手法を選択できるような商流の構築に向かう方向性も想像されよう。こうしたことから，当面は複線的に変容が見られると思われる。

なお，行動計画 4 利子損金算入制限の議論において，今般経済活動が行われている場所で利子を損金算入するという考え方が示されており，資本構成に独立企業原則の概念を持ち込む規制の脆弱さを突いているようにもみえなくもない。過小資本税制が極端な租税回避をけん制する機能にとどまるのか否かであろう。

(5) 機能リスク分析 vs 否認・再構築の議論がある。日本の当局の基本ラインは，多数の国の当局も同様かと思われるが，移転価格税制は企業行動の実態を正確にとらえた機能リスク分析によって，相当過酷な課題にも対抗でき，一般的に否認・再構築の議論を要しないと認識していると思われる。取引の本質として，所得移転目的以外には経済合理性がないというような，非常に過酷な BEPS 事例も想定もできないわけではなく，こういうものはノンレコグニション対応と整理されよう。

(6) 独立企業原則の履践に関し，検証対象法人の実態に合わせる差異調整か，関連者において純粋の独立企業の企業行動と同様のビヘイビアが求められるのかという議論があろうか。21世紀政策研究所の2015年 4 月の報告書の77頁に，岡田至康先生が論じておられ，税の企業行動への介入かと関心を惹く論点かと思われる。

例として，独立企業間の純粋な委受託研究では，一般に受託者はプロジェクトに投下するためのリソースを提供するのみであるところ，関連子会社である受託者は，プロジェクトのテーマ選定や運営評価などの主体性・自由裁量を有する場合がある。この表現は，NERAエコノミックコンサルティング編『移転価格の経済分析』（中央経済社）168頁を参照させていただいた。本来は検証対象法人である主体性に富む受託者に対して，サーチで見つかったリソースのみを提供するコンパラを採用し，コンパラを検証対象の受託者の実態に合わせるよう差異調整するのが自然だといえよう。しかしながら，この差異調整は現実にはかなり難しい。そこでむしろ検証対象の受託者に対して，独立企業間の純粋な委受託契約に見られるようなリソースのみを提供する独立の研究法人の行動と，同様の行動を求める，つまり，機能リスクのキャラクタライゼーションを行うことが見られる場合がある。このような検証対象法人の機能リスクの規格化は，アーティフィシャルな落着きのなさがあるが，税務上の説明がクリアになる。検証対象の実態に差異調整を行う，より自然な調整方法は，目下技術の進展を待つほかはなく，更なる進展が期待されようか。

(7) 無形資産の定義に関し，市場の条件や地域市場の状況等の市場の特性は無形資産ではないと整理されたが，マーケットプレミアムが残余に与れない，限界設定された意義は大きく，国連マニュアルで早々にそう位置付けられたことの所産ともいえよう。

無形資産の定義は，相応の進展がみられる。包括的な定義ではなく，曖昧さは残り，今後も新興国・途上国の税務調査において無形資産の解釈が拡がる危惧はあるものの，今般の定義が重要な目安になっていくことは間違いないのではなかろうか。

市場の特性の中で，LSA（Location Specific Advantage）は，コストセービングとマー

ケットプレミアムに分かれよう。コストセービングは，同じ国内で同じ恩恵を受ける比較対象を探すという一通りのコンセンサスは従前よりあろうか。マーケットプレミアムは，外国ブランドを好むその国の消費者嗜好，人口の多い成長市場などを意味する。市場の特性は，このほか寡占市場，公定価格，優遇税制などを含む概念である。今後の方向性としては，ベーシックリターンをより精緻化し，残余をより正確に画定していくことであろう。

　技術的には，市場の特性を反映しきれない限界のある比較対象から得られる TNMM レンジプラスアルファの差異調整の課題として，整理されようか。市場特性のプレミアムを現地側に上乗せするわけであるが，市場の特性を享受しきれない非効率があれば，理屈のみからは逆にマイナスの調整が必要になってくるものといえよう。イベントドリブンの例えば合併後の経営非効率等は差異ポイントを数量化できようが，恒常的な非効率は調整が一般に困難である。さらには，比較対象である米国の厳しい競争市場で生き残った企業が極めて高い経営効率を達成している場合，理屈からは，マイナスの差異調整が必要であるかもしれないが，ここも技術的にも現実論としても一般には難しさがあろうか。

　高利益率が市場の特性に因るのか子会社の貢献によるものか，その区別は紛らわしい。ロケーションコストセービングによって，賃金も安いが，同時にコストの削減も達成されている状態がある。現地の他の企業のルーチンの工場のコスト削減を超えるような貢献が，相当の分析を経て定量化できれば，その後者の部分のプラスアルファの算出は可能であるが，目下のところは一般には難しいと認識されよう。

　さらに，海外子会社が外外取引を拡充させていくとすると，親会社の資金回収手段は，ロイヤルティとなり，このロイヤルティ料率の算出に当たり製造子会社を TNMM で検証すると，料率が独立企業間ではおおよそみられないような高率になることがみられる。移転価格以外の特殊要因調整，市場特性調整が未達にとどまっている可能性がないかを検証し，次の検討ステップに進む必要がある。

　検証対象法人と比較対象との間に差異があるのかどうか，あるのであれば，調整の方向で研究を進めていく必要があり，ここに政府と会社の双方が共通のポジションにあることは，今般の議論の成果を活かすうえでとても重要である。

(8)　地域固有の優位性（LSA: Location Specific Advantage）—特定の地理的な市場において観察される市場特性を—を，移転価格税制の文脈上どのように理解・整理するべきなのであろうか。LSA は，必ずしもロケーションセービングだけを指す用語ではなく，ロケーションセービングを内包する概念であるが，マーケットプレミアムも LSA に該当する。そうは言っても，LSA の中で最もよく知られた論点はロケーションセービングである。ロケーションセービングの議論は，労務費が高い先進国から，労務費が低い発展途上国に生産を移管した場合に生じるであろう追加的利益，つまり労務費の節約によって生じる利益をどう関連者間で配分するかである。ロケーションセービングに関して，地域市場の特徴に関連した便益とコストの両面に配慮したネットの金額が移転価格分析の対象となろう。ネット金額を考慮すべきという主張は，当たり前に聞こえるが，実は見落としがちである。確かに途上国に生産を移管すると，工場の労務費は削減されるかもしれないが，一方で，その他の生産要素について費用が上昇することは大いに考えられるし，一方，労賃そのもの自体は削減されるかもしれないが，労働生産性自体が高くないということも考えられるかもしれない。よってこれらの効果を差し引きした金額を対象として考えるという点は，強調してよいポイントである。今回の成果物においては，適切な比較対象企業を選定できれば，ロケーションセービングを信頼性のある方法で配分することができるといった議論が展開されている。ただ，この適切な比較対象企業の存在に関して否定的であったのが，現地の途上国側の税務当局であっ

たのかもしれない。コンパラブルとして選ばれるのは，確かに現地の独立企業であるが，おそらく使用している設備や機材も異なるなど，検証対象となる多国籍企業の子会社とコンパラブルの候補となる現地企業の間の比較可能性は，現地の当局にとって実感の問題として感じにくい面があるのかもしれない。今回の新指針において，適切な市場コンパラブルがない場合の対処方針が具体的に示されているわけではないが，成果物によれば，コンパラブルがあれば調整は必要ないが，完璧なコンパラブルがなければ差異調整をするべきかもしれない，及び市場特性という無形資産ではないものと，契約上の権利という無形資産の範疇に入ってくるものを混同してはいけないという記載がある。中国やインドの税務当局は，これまでコンパラブルはないという議論を展開したうえで，ロケーションセービングを自国へ取り込もうとしてきたわけであるが，例えばインドに関しては，こうした議論に基づいた当初の課税が，国内救済手続において覆される事例が出てきており，今後の展開が注目されるところである。

(9)　無形資産の移転価格分析について。法的所有者が無形資産の使用の対価を受け取ることからスタートする。各エンティティへの所得の配分は，法的所有権と契約条件，そして果たした機能・使用した資産・引き受けたリスクを分析して行う，これは AOA ルールの考え方である。AOA ルールは，本支店間の擬制された取引，そして関連法人間の無形資産取引にも通用する原理になっていくものといえよう。

　多国籍企業の無形資産管理を考えると，全世界一括管理が適当か，分立管理でいいのかは，ビジネスの性格によるといえようか。IT 企業は買収後，シナジーを現出する上でも，訴訟リスクを管理し，逆に特許で儲けていくためにも，一括管理が効果的という見解がある。IP 自体の成り立ちが，例えば医薬ほど明確ではないからということでもあろう。他方で，医薬は，買った IP をそのままブロックバスターごとに分立管理していても，何らビジネス上問題がないという見解がある。所有の仕方は，基本的にビジネスドリブンであり，的確に説明する用意をしておくことは税務上も大事になってこよう。

　また，多国籍企業の管理の仕方は一概にはいえないが，被買収企業の無形資産をそこにそのまま置いておく，つまりガバナンスに支障なくまたシナジーまでは視野にいれないのか，それとも，親会社の手の届くところで管理するのか，経営管理上の検討が行われ，親会社の自国や手の届くところで管理するポリシーに立つ場合には，被買収企業の無形資産を DCF で評価して有償で買い取って管理していく，それ以降の研究開発は，親会社あるいは IP を保有する研究開発法人などがリスクコントロール能力を有する委託者としてクロスボーダーの委受託契約を実施していくことになろうかと考えられよう。ここで移転価格課税リスクのために有償買取管理が端から抑制されることは本来望ましくなく，こういうバイアス排除のために移転ルールの存在の意義はあるのかもしれない。相前後したが，世界の多国籍企業の研究開発は，一般にクロスボーダーの委受託契約が大宗と考えてよいであろう。かつては，現地の研究開発費用を発生ベースで損金化するケースもあったというが，開発無形資産の保有をどこかに集中するほうが，ガバナンスの面で，そして移転価格の説明力の面で効果的であるから，委受託契約が大宗となったという見解がある。

(10)　TNMM と利益分割法の手法選択は，市場無形資産の有無の評価の影響を受けるが，医薬は，販売する市場での臨床行為と MR の大量投入と販売期間中のフォロー維持等，市場無形資産の潜在性という点で，ハイテクを含む他の業種セグメントと一線を画すようにみえよう。そして，子会社がこの事業リスクを負い活動を行っていれば利益分割法が妥当であろうが，たとえこういう場合であっても親会社が全体リスクを負う経営を行っていれば，利益分割法の選択は困難であるといえ，手法選択は，関連者間の実態を伴うリスク分担や経営ポリ

シーの影響をも受けるものといえよう。医療機器は，医薬の臨床行為に当たるような市場無形資産の潜在性がなく，むしろ薬価という市場特性を basic return に織り込んだ ROS をどう算定できるのかが論点になろうか。なお，一般的ではないが，value chain の各関連当事者の機能が平坦で，損益変動吸収法人を定めきれず，各当事者に TNMM で利益率を固定したところで合算利益と計算が合わず，この準残余という言い方が妥当かどうかは不明であるが，誰かがそれを取らないといけない，こういう場合寄与度分析が適合する例があろうか。

(11) DEMPE は，Development，Enhancement，Maintenance，Protection 及び Exploitation という英語の頭文字をつなげたもので，日本語では，開発，改良，維持，保護，活用といった訳語になろうか。この言葉は BEPS 行動計画の議論の中で数年前から使用されるようになったものである。この DEMPE 機能は，無形資産の構築や使用に関連する機能という位置付けになり，今後の実務は，会社が保有する適切に定義された個々の無形資産について，この DEMPE に該当する活動を分析することになる。一方で，無形資産に関連するグループ内の活動のどれが果たして Development なのか，Enhancement なのか，Maintenance なのかを細かく議論していくというよりは，DEMPE の領域に入ってくる活動について分析をする必要があるという意味であろう。Development は，明確であるが，例えば，無形資産によっては Enhancement と Maintenance の区別がつきにくいこともあるかと思われるが，無形資産の構築に関連して DEMPE でカバーされる領域の活動は何かを分析することがポイントであろう。ここで特定された DEMPE 機能の各々について，意思決定やリスクコントロールの観点から，さらに深く分析していくことになるのではなかろうか。その DEMPE 機能をどの視点で分析するのかというと，実態に着目した分析を行うことになろう。例えば，わが国の国税庁の事務運営指針の 2-12 に，「無形資産の形成等への貢献の程度を判断するに当たっては，無形資産形成のための意思決定，役務の提供，費用の負担及びリスクの管理において，法人又は国外関連者が果たした機能等を総合的に勘案する。」という記載があり，今回の OECD ガイドラインの改定の趣旨からしても参考になると思われる。すなわち，DEMPE 機能に該当する活動を特定したら，その活動・機能において，誰が意思決定を行っているのか，誰がリスクコントロールを行っているのかといった点について，さらに分析を深めるのが，おそらく想定される DEMPE 分析であろう。なお，2-12 の後段には，「所得の源泉となる見通しの高い無形資産の形成等において法人又は国外関連者が単にその費用を負担しているというだけでは，貢献の程度は低いものであることに留意する。」とあり，日本の移転価格税制の執行は，資金拠出だけを行う法人への利益の帰属は，従来より否定的である。

なお，2017 年 6 月 22 日の利益分割法の適用の明確化についての改訂公開討議草案に係る私見については，拙編著『移転価格対応と国際税務ガバナンス』（中央経済社）の 248 頁から 250 頁までに述べており，また，利益分割法による無形資産の評価については，同著 257 頁から 259 頁までに述べている。

(12) DCF と所得相応性基準の議論について。当局は BEPS の因となりうる無形資産の移転に歯止めをかけようとする，他方企業は税務上のリスクから移転・移入を端から断念せざるをえないとする，このような官民双方の執行実務上のバイアスを排除するために，移転そのものに関する何らかのルールがあった方がいいとの見解もあるのかもしれない。「譲渡時に信頼できるコンパラがなく，信頼できる projection が欠如し又は想定が高度に不確かな「価格付けが困難な無形資産（HTVI: hard to value intangibles）」の関連者間での売却や現物出資などの譲渡については，譲渡時の価格設定が信頼できないため，独立企業間であればそのような譲渡については事後的な価格調整や契約再交渉のメカニズムを講じることもあろうとの

想定のもと，一定の要件に合致する場合は，譲渡後の結果につき，当局によるこうした調整メカニズム発動を許容する。」。これは，OECD が発出した公開討議草案の骨子である。他方，取引実務で通例用いられる DCF 法（Discounted Cash Flow: 割引現在価値法）の多様な前提を検証することは，通常の移転価格の機能リスク分析とは異なる作業であり，後知恵によって大きな課税裁量の余地があることへの懸念があった。

「事前の価格設定が拠って立つ情報が信頼できるものと税務当局が confirm できる場合は，事後の利益水準による調整は行うべきではない。」としつつ，適用除外規定は，「譲渡時における事前の projection を full detail で提供すること，相違の significant さが，予測可能かつ異常な事象によるものであることの satisfactory な証拠を提供すること」という構造である。この構造を前提とすると，full detail 文書の内容，事前の projection 組成や第三者鑑定等の事前プロセスに係るガイダンス，significant difference として例えば80～120％の外などの例示，satisfactory の緩和などが，議論の俎上にあがった。

なお，2017年 5 月23日の HTVI の実施ガイダンス公開討議草案に係る私見については，拙編著『移転価格対応と国際税務ガバナンス』（中央経済社）の261頁から263頁までに述べている。

⒀　費用分担取極め（Cost Contribution Arrangement, CCA）は，ロイヤリティの還流を通じ，研究と開発投資を十分に回収しきれていない日本企業にとっては，有効なツールであろう。また，今後とも大型買収が増加し，IP を保有する被買収企業との共同開発の意義付けが高まると，選択肢の一つとして CCA が位置づけられようかとも考えられるが，米国におけるこれまでの経験を踏まえると，所得移転的な性質が改良されていくことと，実務上の使い勝手が一層よくなることがとても重要である。

今回の OECD の成果物は，所得移転的な性質の改良という点では進展したようにみえる。先に述べた充実したリスク分析の議論との整合性を図っている。CCA の参加者として，研究開発活動を行う者と，費用の拠出をしかつ費用の拠出をすることについてのリスクをコントロールする能力・権限を有する者とに，整理されている。つまり，従前は単に費用を分担しているだけの者が参加者になれるのかどうか不分明であったが，費用を拠出し，かつそのリスクをコントロールする能力と権限を有する者が参加者になれると，明確になっているといえよう。もう一点は，予想便益割合に従って，費用ではなくキーファンクションがもたらす貢献価値を分担する考え方を採っており，その分，コストに比べて貢献価値が相対的に小さい参加者にコストの負担が大きくかかる仕組みになっているといえよう。つまり，軽課税国の法人でコスト負担をしていても，それが生み出す価値が相対的に小さいと評価されれば，その分より多くのコスト負担調整がかかってくる，とりもなおさず所得移転的な性質が減殺されているとみてとれよう。

他方で，使い勝手という点に関しては，所得移転的な性質の減殺とコインの表裏であるが，貢献価値分担より従前の費用分担がはるかにわかりやすく，対応は容易であるといえよう。そういった意味では，米国をはじめとする各国の現行 CCA 規則とは乖離しているといえ，各国のこれからの対応が注目されよう。実務上の錯綜の懸念はほぼ想定の下で，費用分担ではなく貢献価値分担という考え方を押し出したことは，まずは理念を重視したチャレンジにみえるが，その背後に，費用と価値の大きな乖離が BEPS の一つの重要な原因であったとの評価があるのかもしれない。支払った 1 円がいくらの利益を生むのかという期待値が同じであれば費用分担でも理論上正しいといえようが，明らかに期待値が異なるのに費用で分担することの誤謬に一石投じているといえようか。また，費用の重み付けを敢えて行う，費用が何の価値をもつのかを考えることは，リスク分析の本筋の議論と一貫しているといえ，

CCA よりはるかに汎用的な利益分割法の利益分割ファクターの議論においても，リスクのウェイト付けの考え方が提示されており，一貫性がみられる。貢献価値分担の考え方はすでに医薬の残余利益分割法の実務には一部反映されているが，一般に客観性がどう担保されるのかは重要なポイントであろう。あるべき理論と実務の接合点を模索する視点もあろうと考えるのか，実務困難性から一刀両断に否定できるのか。

［参考文献］

「Aligning Transfer Pricing Outcomes with Value Creation, Actions 8-10 - 2015 Final Reports」（OECD）

「21世紀政策研究所研究プロジェクト・グローバル時代における新たな国際租税制度のあり方〜BEPS プロジェクトの総括と今後の国際租税の展望〜報告書2016.6」

「BEPS Q & A 新しい国際課税の潮流と企業に求められる対応」21世紀政策研究所・経団連経済基盤本部編著（経団連出版）

拙編著『移転価格対応と国際税務ガバナンス』（中央経済社）

「座談会・企業の BEPS 対応を語りつくす・前中後編」岩品信明・吉村政穂・山川博樹（税務弘報2016.9.10.11）

「BEPS 後の日本企業の課題と対応―移転価格実務への影響を中心に―」デロイトトーマツ税理士法人／山川博樹・山田真毅・田中奈名子（租税研究2016.6）

「BEPS プロジェクト最終報告書のポイントと課題」デロイトトーマツ税理士法人／山川博樹・福島節子（JMC2016.02）

「BEPS 後の移転価格対応の在り方と深度ある事例分析・上下編」デロイトトーマツ税理士法人／山川博樹・山田真毅・田中奈名子（国際税務 Vol.35.No 7 / 8 ）

「The new transfer pricing landscape, 新たな移転価格の展望―BEPS に伴う変化への実務ガイダンス」（デロイトトーマツ税理士法人，2016.2）

「特集・租税回避と会計学」（企業会計2016 Vol.68 No.9）

「財務省財務総合政策研究所「フィナンシャル・レビュー」平成28年第 1 号，2016年 3 月」

23 移転価格文書化・国別報告制度

山川博樹

1 問題の所在

　今般の BEPS プロジェクトの成果物の数ある刷新の中でも，行動13「移転価格文書化」の成果物である国別報告制度は最もインパクトのある成果物と評される。国別報告制度とは，多国籍企業グループが事業活動を行っている課税管轄地における税引前利益，納税額，経済活動の指標について，グローバルな配分に関する情報からなるテンプレート（**図表23-1**）であり，各国税務当局が税務調査選定等に活用する目的でこれを共有する。多国籍企業の BEPS の行動の背景に，企業と各国政府間において，これらの情報の非対称があったという見立てによる。これにより，各国税務当局は，同一国内において事業活動を行う子会社・支店等の各財務数値を合算した国別の合算ベースであるが，国別の売上・従業員数・有形資産等の事業活動規模，税引前利益，納税額の合計額が報告され，グループ全体の実効税率，グローバルな損益バランス，他国の利益水準等これまで知ることのできなかった情報を参考に，税務調査を行うことが可能になる。各国の税務当局においては，法制化を完了し，主にインバウンド取引を中心に，自国への事業進出形態がコングロマリットか単一事業ないしは比較的単純な構造であるのかなどにも着眼し，新たに入手できる情報を，どのようにどの程度まで有効に，分析活用しうるのか・するのかについて，議論を始めているのではなかろうか。なお，政府間の情報共有の方式については，国別報告制度の当該財務数値の意味する企業機密情報の扱いをめぐって，条約による政府間共有方式と子会社展開を通した子会社直接提出方式の選択の問題が OECD において尖鋭化し，結果として前者が採択され，さらには前者の参加国の条件として守秘の強い縛りが課せられるに至ったという経緯がある。

　今般の BEPS 最終報告書のポイントの1つはあるべき理念の追求の徹底といえようかとも思われる。移転価格文書化なかんずく国別報告制度の共有は，誤解を恐れずにあえて踏み込むと，移転価絡は，国外関連者間で利益を取り合うものであるので，片側の当局のみに都合のよい説明をしてはいけない，両国で違う説

図表23-1　国別報告制度のテンプレート

表1

居住地国等	収入金額			税引前当期利益（損失）	納付税額	発生税額	資本金又は出資金	利益剰余金	従業員数	有形資産額（現金及び現金同等物除く）
	非関連者	関連者	合計							

多国籍企業グループ名：
対象事業年度：
使用通貨：

表2

多国籍企業グループ名：
対象事業年度：

居住地国等	居住地国等に所在する構成会社等	居住地国等が構成会社等の所在地とは異なる場合の居住地国等	主要な事業活動												
			研究開発	知的財産の保有又は管理	購買又は調達	製造又は生産	販売、マーケティング又は物流	管理、運営又は役務提供	非関連者へのサポート・サービス	グループ内金融	規制金融サービス	保険	株式、その他の持分の保有	休眠会社	その他
	1.														
	2.														
	3.														
	1.														
	2.														
	3.														

表3

多国籍企業グループ名：
対象事業年度：

必要と考えられる追加の情報や国別報告事項に記載された情報への理解を円滑にする説明等を記載してください。

明をすることは理屈としてはありえない，取引の情報を透明化することは理屈として明解であり，理念があるようにみえないことはない。今般政治がトリガーとなったが，移転価格に関してはむしろこれまでが突っ込み不足であったかもしれないとの見方も否定できないかもしれない。

　ただ，各国の税務当局は得られた新たな情報を自国税収本意にばらばらに活用する帰結として，当面二重課税リスクは確実に高まっており，OECD及び先進国政府は，二重課税をより実効的に解消できる仕組みを構築すべく必死で取り組んでおり，他方，多国籍企業においては，当局の主観性を伴う認定を受けないよう，取引実態を最も把握している企業自身が，一貫した主張ができるよう準備を強化していく必要があり，その対応がなされつつある状況にある。

　また，ここでEUにおける公開国別報告制度について言及しておくべきであろう。2016年4月12日，欧州委員会は，EU加盟国（28か国）で活動する一定の多国籍企業グループに対し所得に関する税情報レポートの開示を求める内容とする，特定の事業の年次財務諸表・連結財務諸表及び関連報告書に関する欧州議会・理事会指令2013／34／EUを修正する提案を公表した。提案は，欧州議会及び欧州理事会に提出されており，欧州議会において審議され，最終的には欧州理事会で特定多数決により採択される。採択された場合には，新指令の施行後1年以内にEU加盟国の国内法に反映させる必要がある。本提案の実現の可能性は，パナマ文書問題で高まったようであるが不明である。政治レベルマターであろう。欧州委員会の公表資料に基づくと，今般の提案の概要は以下のとおりである。

　提案の概要は，グループ連結総収入金額が7.5億ユーロ超である，欧州本拠地企業又は欧州外本拠地企業でEU域内で一定規模以上の子会社や支店を通じて事業を行う企業を対象に，①活動の性質に関する概要，②従業員数，③対非関連者向け・対関連者向けを含む総収入金額，④税引前利益，⑤発生税額，⑥納付税額，⑦利益剰余金を内容とする情報を，企業が活動を行うEU加盟国ごとに，また，これからEUとして統一リスト化される予定のいわゆるタックス・ヘイブン国ごとに，そして，企業が活動を行うその他の国については合計数値ベースで，最低限連続する5年間ウェブサイト上アクセス可能とし，かつEU内の事業登記所にその情報の報告をしなければならないというものである。（**図表23-2**を参照）。

　OECDは，国別報告制度の設計にあたり，子会社やジョイントパートナーへの共有を回避すべく，条約を通した政府間ベース共有方式を採用した経緯からしても本来とても呑めるものではなく，経済界においても反対の声明を発信しているところである。

第2章　OECDのBEPS行動計画

図表23-2

居住地国等	収入金額			税引前当期利益（損失）	納付税額	発生税額	資本金又は出資金	利益剰余金	従業員数	有形資産額（現金及び現金同等物除く）	活動の性質に関する概要
	非関連者	関連者	合計								
EU加盟国A											○○
EU加盟国B											○○
タックスヘイブン国X											○○
タックスヘイブン国Y											
その他											○○

※■の項目は，国別報告制度と比較して情報の報告が求められない部分

2　現行制度の概要・沿革

　前述の1においては，本章の改正の方向性という論点からとりわけ重要性の高い国別報告制度のみを論じたが，今般BEPS行動計画13において提唱され，既にわが国において法制化された3層構造の移転価格文書の概要は，下記の表の通りである。

	国別報告事項（国別報告書）	事業概況報告事項（マスターファイル）	独立企業間価格を算定するために必要と認められる書類（ローカルファイル）
適用時期	2016年4月1日以後に開始する最終親会社の会計年度分（※3月決算法人⇒2017年3月期が初年度）	2016年4月1日以後に開始する最終親会社の会計年度分（※3月決算法人⇒2017年3月期が初年度）	2017年4月1日以後に開始する事業年度分（※3月決算法人⇒2018年3月期が初年度）
提供／作成期限	最終親会社の会計年度終了の日の翌日から1年以内に提供	最終親会社の会計年度終了の日の翌日から1年以内に提供	【同時文書化義務対象国外関連取引の場合】確定申告書の提出期限までに作成税務職員が求めた日から45日以内で税務

			職員が指定した日までに提出がなかったときは推定課税及び同業者調査が可能とされる
提供／作成義務者	① 多国籍企業グループの最終親会社又は代理親会社である内国法人 ② 【最終親会社又は代理親会社の居住地国の税務当局から提供を受けることができないと認められる場合に限り⇒】多国籍企業グループの構成会社等である内国法人（①に該当するものを除く）又は恒久的施設を有する外国法人	多国籍企業グループの構成会社等である内国法人又は恒久的施設を有する外国法人 複数該当する場合には代表する１社のみの提供で足りるとされる	国外関連取引を行った法人
提供／保存方法	e-Tax により税務署長に提供	e-Tax により税務署長に提供	確定申告書の提出期限の翌日から７年間，国内事務所に保存
提供／作成義務の免除	多国籍企業グループの直前会計年度の連結総収入金額が1,000億円未満の場合，提供義務の免除	多国籍企業グループの直前会計年度の連結総収入金額が1,000億円未満の場合，提供義務の免除	行った国外関連取引が次のいずれにも該当する場合，同時文書化義務の免除 ① 国外関連者との間で行った国外関連取引につき，当該一の国外関連者から支払を受ける対価の額及び当該一の国外関連者に支払う対価の額の合計額が50億円未満であること ② 一の国外関連者との間で行った国外関連取引（特許権，実用新案権その他一定の資産の譲渡若しくは貸付け又

			はこれらに類似する取引に限る。）につき，当該一の国外関連者から支払を受ける対価の額及び当該一の国外関連者に支払う対価の額の合計額が3億円未満であること
報告項目	事業が行われる国・地域ごとの以下の項目 ■収入金額，税引前当期利益の額，納付税額，発生税額，資本金の額（出資金の額），利益剰余金の額，従業員数，有形資産（現金・現金同等物を除く）の額 ■構成会社等の名称，構成会社等の居住地国と本店所在地国が異なる場合には本店所在地国（本店所在地国と設立された国・地域が異なる場合には設立された国・地域）の名称及び構成会社等の主たる事業の内容 上記事項について参考になるべき事項 （詳細は措置法施行規則22条の4第1項参照）	移転価格ガイドライン第五章（別添1）に示された記載項目と同様 特定多国籍企業グループの以下の項目 ■組織構造 ■事業の概要 ■無形資産 ■財務状況 （詳細は，措置法施行規則22条の10の5第1項参照）	措規22の10第1項各号に掲げる書類について記載項目の明確化等の所要の整備を行うとともに，移転価格ガイドライン第五章（別添2）に示された記載項目を当該各号に掲げる書類に追加 ■国外関連取引の内容を記載した書類 独立企業間価格を算定するための書類 ※改正あり
使用言語	英語	日本語又は英語	（※現行通り原則として日本語）
罰則等	正当な理由なく提供期限までに提供しない場合，30万円以下の罰金（ただし情状によりその刑を免除することが可能とされる）	正当な理由なく提供期限までに提供しない場合，30万円以下の罰金（ただし情状によりその刑を免除することが可能とされる）	推定課税及び同業者調査が文書化の担保策とされる 税務職員が求めた場合，一定期間（同時文書化義務対象の場合は45日／免除の場合は60日）以内で税務職員が指定した日ま

				でに提出がなかったとき は推定課税及び同業者調 査が可能とされる

3　議論の焦点・理論と政策

　ここでは，税務執行において，また企業の事務上・リスク管理上の負担面において，最もインパクトが大きい国別報告制度に焦点を当てて，論ずることとする。

　わが国における国別報告制度に係る今後の改正の立案は，2020年に予定されているOECDのレビューに沿う形で行われることが，一義的に想定されるのではなかろうか。それまでの各国の実務経験の期間はせいぜい1～2年といえようか。テンプレート上求められる内容も含めて，BEPS最終報告書上ミニマム・スタンダードという強い規範下に置かれているからである。そうすると，これからの議論の素地として，世界各国の税務当局は国別報告制度等から得られる新たな情報を税務執行にどう活用し，どこに課題を見出すのかが最重要になってこよう。直線的には，文書化にBEPSを引き起こす企業の行動への牽制が期待されたのであれば，行き過ぎた税軽減行動をとったとされる一部の米国多国籍企業の動きはどうなのか[1][2]。併せて多国籍企業が実務上この作成・提出，そしてそれに関連した移転価格調査等にいかに対応したのかについて，集約された経済界の反応にも焦点は当たっていくことになろう。わが国独自の視点からは，わが国企業の実務上の種々の対応[3]もここに包摂され，整理がなされよう。

　ここでは，各国税務当局の国別報告書の活用に係る問題意識について，論ずることとしたい。近時，EUによるアイルランド政府に対する米国アップル社への追徴課税指示をめぐって，米国企業への狙い撃ちと米国の税収減少の観点から，EUと米国との対立が外交摩擦になるなど，国際協調の壁は高く錯綜の様相があるようにみえるが，全貌として，「パナマ文書」問題をも機に，多国籍企業の過度な節税に対する適正課税強化は世界の潮流に見えてくるのも事実である。このような世界事情の下で，国別報告制度は実施されることになる。各国税務当局は，OECDのモニタリング・レビューへの対応上，情報の提供や受入れの計数の把握は事務上行われようが，さて，入手した新たな情報をどのように税務執行に有効活用するのであろうか。そして，どこに課題を見出すであろうか。

　各国の税務当局によるわが国企業の国別報告書の入手時期を考えてみたい。対象初年度は2017年3月期，国税庁への提出期限は2018年3月である。わが国国税庁の入手時期は，即2018年3月であり，外国当局の入手時期は，OECDのプロ

トコルによると，提出の 6 か月後の2018年 9 月，2 年目以降は同 3 か月後の2019年 6 月と続いていくことになる。2020年に予定される OECD のレビューまでの間，各国当局が国別報告書を活用しうる事務年度は 1 ～ 2 年ということになろうか。

　各国税務当局は，OECD ルールにより国別報告書を定式配分に直接使用することは禁止されており，調査選定のための評価指標として活用されることとなるが，最も典型的には，経済活動規模（収入（これが経済活動の結果の財務数値でもあることはいうまでもない。）・従業員数・有形資産）の指標と税引前利益・納税額の指標の比重としての活用であろう。つまり，対収入・対従業員数・対有形資産の税引前利益率・納税額比率の拠点間・国地域間のバラツキであろう。微視的には，収入が計上されていない国・地域で過大な利益が計上されていないか，従業員や有形資産等を有しない国・地域で過大な利益が計上されていないか，実質的な経済活動と従業員数，有形資産，そして無形資産の所在が見合っているか，同様の機能をもつ国地域間での利益率が整合的か，などへの着目であろう。

　一般には，複数事業を複数の会社で展開する多国籍企業の国別報告書を単一の指標をもって何らかの評価を行うのは困難であるが，単一事業企業では相当生々しい選定に活用しうる数字にみえてくるのではなかろうか。各国税務当局は，既に自国の制度上入手している企業の情報に国別報告書等の情報をどうリンクさせるかを考えていくのであろうが，元々今般の制度設計素案に存した，例えば，各国の構成事業体ごとの他の構成事業体とのロイヤルティ・金利・役務提供対価の受払の金額などの記載項目の拡充が再論点化するかどうかである。

　わが国の国税庁は，別表17の（ 4 ）の国外関連取引の情報を制度上入手しているので，その情報にどれだけ付加的に情報をリンクできるかということになろうかと思われる。また，国外関連者の先に連鎖した外々の関連取引があれば，日本からの本当の所得移転の蓋然性の端緒はわかりにくいので，その先にあるのではないかという法人の存在が何となく見えてくる効果はあると考えられよう。

　外国の税務当局は，国別報告書を，自分の国地域に税収が適切に落ちているかという観点でみるため，移転価格調査選定目的の既存の基本情報に加えて，この国別報告書を活用して，税務調査を強化する国は増えてくるであろう。これらの国の税務当局の中には，移転価格執行経験が比較的乏しく，そもそも外国の本社がどのような組織かわからない，ほかの海外子会社の組織や取引の状況がわからないことなども多いと思われ，国別報告書などを分析すると，本社とほかの国の拠点との取引の営業利益率などもわかるため，独立企業間価格の算定方法が違う，

又は比較対象企業が違うなど，さまざまな理由による課税のリスクの危惧が消えない面があろう。外国の税務当局は，国別報告書の基礎資料の情報を，政府間情報交換により求めてくる可能性があり，日本政府・親会社ともに最も適切な対応につき留意が必要であろう。また，ミニマムスタンダードである同制度のピアレビューの実施主体であるアドホックグループ（OECD・WP 6 ＋ WP10）は，これらの課題に精力的に取り組んでいる。

今後，2020年のレビューに向けたOECDの議論への対応にあっては，他国がどのような対応をとろうとしているのかを把握のうえ，わが国企業が特に海外において直面するであろう実務面での問題について，日本政府と経済界がよく共有・摺り合わせを行い，立場を同じくする他国の当局に働きかけながら連携・協調することが望ましいと思われる。

（注）

(1) 米国企業の税をめぐる企業行動に影響を与える米国会計の動きについて，小林秀太稿「米・多国籍企業の税負担削減行動インセンティブ -APB23による会計上の誘因とは？」（企業会計 2016 Vol.68 No.9. 75頁から80頁まで）を参照し，概括すると以下の通り。

米国は，全世界所得課税を現在も維持しており，Subpart F 所得について米国親会社に対して当年度に配当して分配されたものとして米国課税が行われる例外を除き，原則海外子会社の利益は配当により米国親会社に分配されるまで米国課税は行われない。米国課税には間接税額控除が与えられるので，配当に係る米国での追加税額は，米国法人税率と海外子会社所在地国との税率差分となる。こうしたことから，米国親会社には，税務の観点から，海外子会社の利益を本国に還流させない基本的な動機付けがある。

他方，米国会計上は，税務観点のような海外子会社の利益を本国に還流させない基本的動機付けは存在しないのが，原則（ASC 740-30-25-3）である。すなわち，発生主義の原則に則り，海外利益は発生した年度において米国親会社に移転したものと想定し，本国還流時の米国における租税費用を見積もり，これを当年度の会計上の租税費用として認識し，繰延税金負債（DTL）として BS 計上する。将来に実際に配当が行われ，米国で追加税額が生じた場合には，DTL を取り崩すのみであり，会計上は当該年度において租税費用を認識しない。このように，上記の基本的な動機付けはない。

しかしながら，上記2009年 ASC 740-30-25-3 の重要な例外が存在する。企業は，無期限再投資宣言を行った場合（海外利益について米国に還流させず無制限に再投資するというポジションを取った場合。事業体毎に異なる適用可。適用金額は自由に定めることも可。留保金額の再投資に係る具体的な計画を十分な証拠をもって示す必要あり。当該無期限再投資宣言の基礎事情が後年変更した場合撤回可能であり，この場合撤回対象留保利益にかかる租税費用については一括で DTL を認識する。財務諸表においては，無期限再投資宣言の累積額を開示する必要があり，さらに測定が現実的に可能である場合には，無期限再投資海外利益の還流に伴う米国税額の見積額をしなければならない。)，当該無期限再投資利益に対する将来の米国還流時の追加税額を繰延税金負債（DTL）として認識しなくてもよい，本国還流に伴う租税費用は認識されないという例外である（2009年 ASC 740-30-25-17，いわゆる

1972年 APB23）。

　ここで，無期限再投資宣言を行うに当たって，留保利益の再投資に係る具体的な計画を示す必要があるが，詳細なガイダンスが示されていないことから，往々にして会社の裁量が働く余地があり，本国に還流させないで税率差分の追加税額を発生させない税務上のメリットと，実効税率を低下させる会計上のメリットを達成する動機付けとなる。税務プランニングを会計上も後押しする。結果，2012年における JP Morgan Chase による調査では，無期限再投資利益は1.7兆ドルに達したという。無期限再投資利益額が大きいと将来に宣言撤回して利益還流した際の追加税額に伴う実効税率インパクトは大きくなるため，買収を通じて本国地を米国外に移すコーポレートインバージョンの促進の素地となる。

　そこで米国では，2つの動きがある。

　一つは，SEC/FASB による無期限再投資宣言を行った海外利益についてより詳細な開示要請であり，2013年から，Google 社や Apple 社等複数の企業にこの旨の書簡が送られたとされ，さらに SEC は，2015年初頭に，税引前利益（IBT）について主要国毎の開示を行うこと，無制限再投資宣言や同宣言撤回の対象海外利益について主要国毎の開示を行う等旨，海外利益に係る開示拡大提案を纏めているという。この動きは，SEC/FASB が OECD の国別報告書導入に何らかの影響を受けたのかもしれないし，また，海外利益に関する情報をより詳細に投資家に開示することにより市場監視を期待する向きは，欧州の動きと近似するものであり，注目されよう。

　そして，もう一つは，2015年8月に，Stephen Shay 及び Patrick Driessen 等複数の租税法学者が連名で，APB23が海外低税率国への投資を促進する結果，国内経済活動を阻害し米国の税収減をもたらすという租税政策上好ましくない結果をもたらしていると指摘し，APB23の廃止を要請する書簡を FASB に送ったという，APB23廃止論の動きである。

(2)　米国 IRS の移転価格調査選定目的の既存の基本情報について。

　2006年6月に米国財務会計基準審議会（FASB）は，財務会計基準書（SFAS）第109号「法人税等」（Accounting for Income Taxes）に関連し解釈指針第48号「法人税等における不確実性に関する会計処理」（Accounting for Uncertainty in Income Taxes, an interpretation of FASB Statement No.109,「FASB Interpretation No.48,FIN48」）を公表した。米国の会計原則は，SFAS が軸となり，FIN, FASB Staff Positions, FASB Technical Bulletin 等の補完情報にて更新される仕組みであり，FIN 48は会計原則の一部である。基本的に米国で決算を行う全企業が2007年から適用されている。SOX 法の規定に従い，企業の役員は，内部統制システムの有効性の検証を義務づけられたが，その一環の施策とされている。FIN 48の趣旨等を，秦正彦稿「専門家のためのアメリカ・タックス（米国税務）：FIN48（1）グレーな申告ポジションの会計処理，2007.7.21」を参照させていただき概括すると以下の通り。

• 1992「SFAS 109」は，会計上企業が認識すべきタックス費用の算定規則を規定しておりそのコンセプトは，企業は税務当局に支払うタックスを「CURRENT TAX」として認識するばかりではなく，会計上既に認識された項目が（会計と税務で資産・負債の簿価に差異があり，それが）将来のタックス支払に影響を持つ場合にはそれを「Deferred Tax」として認識する。Deferred Tax により認識された繰延税金資産を使用できる可能性が，More Likely Than Not（50%超）に満たない場合には，評価性の引当てを組む。

• 企業の申告ポジションに不確実性がある場合（IRS 等の税務当局が申告書に反映されていないポジションを認めるかどうか定かでないケース）にそれをどのように会計上反映させるべきかの論点に関しては，「SFAS 109」は触れておらず，そこにフォーカスしたのが FIN

48である。

- FIN 48が発出されるまでの扱いは，タックス費用の認識は，Current も Deferred も申告書で取られているポジションに基づき，そのポジションが怪しい場合には，通常の偶発債務規定に基づき引当金の計上又は開示が求められていたというものであり，一般的な偶発債務に対する会計原則 SFAS 5の一環で，税務調査その他の局面で追加のタックス支払いが Probable になった場合には引当てを計上するというコンセプトがあったという。
- 米国の申告の実務は，総合的に判断して最終的に40% IRS に勝てる見込みがあれば（60%負ける確率でも），その取扱いに申告ポジションがあるといっていいというもの。申告書作成段階では，60%程度の確率で更正が入る取扱いも，100%の勝算がある取扱いと同様に，特別な開示等を行うことなく申告書に反映されることとなり，そこで会計上タックス費用の認識が申告書で取られているポジションに基づくとなると，申告書上で支払われている Current tax 又はその申告書を基に算定されている Deferred Tax に係る企業のタックス費用・債務が最終的に支払うこととなる税額と比べて過小評価されている可能性がある。この過小評価をどう認識し算定するかという点が FIN48の取組みの対象である。
- FIN48の基本概念は，「怪しくなって慌てて引当を積むのではなく，例え申告書上で認められている申告ポジションでも FIN48の規定する一定の確信度を満たさない限り会計上は税効果を認めない。会計上の Current Tax（Deferred Tax の算定にも影響がある。）は申告書上の取扱いに関わらず FIN48に基づいて決定。」ということであろう。

　FIN48は，米国に上場する企業のみならず，わが国企業の米国子会社についても，米国会計基準を適用する必要があることから，わが国企業への影響も少なからずあろう。FIN48では，税務調査が行われた場合に，50%超の可能性（More likely than not）で実現することが予想される税務ポジション（法人の主張が税務当局に認められること）を認識する必要があり，50%超の可能性を満たさない取引については，追徴課税を受けると考えられる税額，利息及びペナルティ等を測定し，FIN48 Liability として計上する必要がある。実際，多くの企業が，米国国内及び海外子会社が所在する国の法人税調査や移転価格調査等に基づき，税務ポジションに係る開示を行っているという。IRS は，FIN48に関連して，2010年度の連邦税務申告から，連邦法人税申告書の添付書類について，不確実な税務ポジション UTP（Uncertain Tax Position）に係る開示を実施している。Schedule UTP においては，UTP に関連する米国内国歳入法典の規定，金額，対象年度，説明等を求めており，一定額以上の資産を有する法人で，かつ監査済財務諸表において連邦法人税等に関連し UTP に係る引当金を計上しているときは，Schedule UTP の提出が必要とされているという。

　IRS は，10-K 等における税金に関連する注記，FIN48による開示，Schedule UTP の記載内容を，調査選定上精査する方針を履践しているものと考えらえる。わが国の税務執行とは異なる点といえようか。

(3)　現状知り得る限りの情報の下での日本企業の移転価格文書化対応実務について。

　対応の早い企業は，2014年の秋から手を動かしていた。国別報告書の数字が容易に入手できるかどうかというポイントから入り，連結パッケージのアレンジで容易に対応できる会社は懸念が払拭され，システムが異なるなど社内体制に課題がある会社は工夫が求められた。国別報告書の試作品を世界の課税リスクの評価の観点から外部アドバイザーがレヴューを行うなどの対応がみられた。2015年の夏あたりからマスターファイルを試作で作成する会社がじわじわと増加し，2016年夏には，日本のローカルファイルの同時文書化制度の内容が明確化されたため，他の移転価格文書との整合性・一貫性のあるわが国のローカルファイルの作成に関心を寄せる会社が急増した。言えることは，最初に大枠のチェックを行った際，会社

によって悩みは多様であったことである。国別報告書の数字を取る術がおぼつかない，あるいは世界中で現地御都合主義のローカルファイルが山のように積み上がっているなど，種々の悩みを抱えておられ，各社各々の問題意識を踏まえて対応が始まった。一般的には，まず，国別報告書とマスターファイルの記載に必要な情報の入手ルートを確認・設定する，移転価格ポリシーの確認・策定・修正を行う，ここで国別報告書の作成に必要な情報の入手は連結パッケージのアレンジで対応できた会社が多いと思われるが，国別報告書の試行作成の結果をレビューして，税務リスクの高い拠点をあぶり出し，その拠点の原因となる財務数値に係る移転価格税制上のリスクを軽減しうる合理的なリーズンがあるのかないのかを検討していく，それが無理であれば移転価格ポリシーを見直していくというプロセスが見られた。マスターファイルについては，メインの事業部がまずマスターファイルのモデルを策定し，ほかの事業部にこれを参考に下書きの作成を依頼し，ここで作成された結果的には将来完成時にはサブマスターファイルになるものを税務部のほうで集約してまとめていく，このような作業を行う会社は多かったものと見受けられよう。

　国別報告書とマスターファイルの記載は，世界標準に従う仕組みになっているので，わが国の財務省令や様式通達に沿って考えていく。具体的な留意点としては，国別報告書はOECD のテンプレートのとおり，マスターファイルは OECD のテンプレートを反映した日本の財務省令どおりであるが，重要な海外拠点の国の税制も視野に入れておくということは必要かと思われる。マスターファイルは，ハイレベルな視点で書いて，詳細は企業の判断になるが，一般には，極力不用意さを回避するために，調査時のためにサポートファイル・サブファイルを用意しておくことであろうか。留意すべきは，重要なバリュードライバー，無形資産，市場特性の記載は特に現地当局の調査選定を想定しながら的確に工夫を凝らし慎重に対応すべきであろう。また，現地のローカル文書との整合性を念頭に置くことは肝要であろう。

　日本のローカルファイルは，OECD テンプレートによって，元々租税特別措置法施行規則第22条の10で求めていた情報より新たに増えた情報があることも重要であるが，同時文書化が法令化された意義もとても重要であろう。本邦の同時文書化は，基本的には海外子会社で作成している移転価格文書を参照するという対応がなされると思われるが，大企業の国外関連取引は多数あるため事務的に優先順位をつける必要がある場合には，推定課税規定を意識しつつ，取引規模や APA でカバーされていないなど課税リスクの大きい拠点を優先つけることになろうかと思われる。海外ドキュメントの情報だけでは日本のローカルファイルの規制を充足できない部分があれば，そこは新たに日本で作成していくということになってこよう。ローカルファイルは日本の税務が管理する点が重要である。マスターファイルと国別報告書と各国のローカルファイル同士の一貫性・整合性の確保が必須になり，将来親会社と子会社といずれにせよ，調査対応に際しては国別報告書やマスターファイルがきっかけになってくる可能性もあるため親会社の主体的な関与が今後は必須となろうかと思われる。親会社が移転価格ポリシーに沿ってローカルファイルを作成することができれば最も効率的で整合的であり，子会社側の税務リスクを加味しながらそれを履践していくことになろうかと思われる。現地子会社において，中国のようなユニークなローカルファイル制度を有していたり，過去に調査を受けている，あるいは取引金額規模が大きいなど，そのような拠点においては子会社で的確な精査・吟味は必要であるが，そうはいっても，基本的な情報はテンプレートを親会社から展開して，子会社側のユニークな点は子会社側で作成し，それを親会社がレビューして管理していく，このような体制が指向されようかと考えられる（web 作成について）。

今般の OECD 報告書の移転価格の実体論の最も重要な点は，取引の正確な認定であろう。個々のファイルはそれに基礎づけられていなければならない。例えば所与の外部環境の下グループとして競争上の優位と信ずるものは何か，機能分析において，一つの法人がアントレプレナーかリミテッドリスクエンティであるのか，無形資産の開発・改良・維持のコントロールを行っている者はだれで，そして活用はどこで行われているのかなど。また，OECD報告書は契約分析を重要なステップと位置付けており，そうである以上，企業は関連者間契約を整備しなければ不利になろう。大事なことは，契約をきちんと整備しておくことであり，仮に課税問題が生じてしまった場合には，相互協議の局面に置いても，日本の CA にとって重要な支えになるのではないかと考えられよう。こうした移転価格文書作成作業の背後にある関係部署を巻き込んだ情報の収集や分析を踏まえると，社内体制の整備がとても大事であることがわかる。

関連者間契約を作成する場合，日本企業の場合，役割と責任の分担を明確にしない風土の中で契約を作成することになるからであろうか，実態と契約が合致しがたいことが生じることがあろうか。企業グループにあって，移転価格目的だけでなく，関連者契約を整備しておく意味はあり，例えば子会社が第三者から請求を受けた場合，親への請求を遮断できるためのライアビリティイッシューを考えても重要かと思われる。欧米企業にあって，関連者間契約が昔から充実していたのかは定かではなく，それが第三者間契約と同等に厳格であるかも判然としないが，移転価格以外の目的に置いても，関連者間契約は一般に調っているといえようかと思われよう。現場からヒアリングしてその機能リスク分配の実態をそのまま契約の形に文書化するという流れになるのであろうが，ときにこうした場合，比較対象の適切な選定に加えて特殊要因調整など再調整が簡単でないことがある。そうなると，両税務当局が相反する立場に立ちやすくなるので二重課税リスクが高まり，移転価格マネジメントの観点からは効率的ではないということになろう。そこで，業種業界等の違いはあれ，第三者間でよく見られる機能リスク配分に基づいた契約を締結し，その契約を尊重した取引を行っていくことが考えられるが，ここで難しいのは，現場のこれまでの慣習との乖離があった場合どう摩擦を少なくするのかということになり，そうなると不必要に現場を巻き込まないような契約ですませたいと考えるが，それで今後もつのであろうか，いやもたないのであろうか，と。関連者間契約を整備するに当たっては，このような課題・ジレンマにぶつかることもあろうかと思われるが，こういう課題を解消しながら移転価格のディフェンスを強くしていくことになろうかと考えられよう。今般の BEPS プロジェクトの移転価格の実体論の議論は，確実に厳格化しており，契約と実態との整合性を図っていく必要が一層でてこよう。移転価格の議論が進化していることを事業部の方々にも理解していただくことが適切であろう。

移転価格文書化に際しての CEO 若しくは CFO の意識や，社内の意識改革なども必要になっくくることが想像されるが，現状多くの CFO の方々は，移転価格文書化についてのコンプライアンス意識は既にかなり高まっておられるのではないかと思われる。ただ，他の業務も多忙を極めておられることから，税対応を一層経営の中に位置付けて，国際税務を積極的に管理していくという意識にまではまだ至っておられる方はあまり多くないかとも思われよう。税務管理のグローバル水準はどこなるのかを知る必要があるのかもしれず，自社において税務組織の目的が何なのかを整理する必要があるのかもしれず，また，ステークホルダーとの関係でキャッシュフローに影響を与える一要因として税をみるのかどうかを整理する必要もあるのかもしれない。

日本企業は欧米企業に比べて税務への意識が低いといわれていた。BEPS プロジェクトへの対応準備は，そんな日本企業の意識を大きく変えるきっかけになりつつあり，「税を管理

する」という意識が根付き始めている企業が増えたと感じられる。税を管理するというのは，必ずしも一部の欧米系企業のような極端な節税策を進めるということを意味するわけではない。複数の国に二重課税をされている部分をなくすなど，無駄な納税を解消したり，納税情報の公開の度合いを判断したり，税に関して主体的に取り組むということである。日本企業は一般的に，極端な節税策を講じているような例がほとんどなく，税務に対して非常に高い倫理感を持っているように見える。だが従来は，税への取り組みに関して積極的にアピールしようとしなかったため，企業イメージの向上の機会を逃すなど損をしてきたとも言えるのではないか。今後は税務に関する『説明力』を磨き，経営方針の中にどう位置付けるかという判断も求められるだろう。

［参考文献］

「Transfer Pricing Documentation and Country-by-Country Reporting, Action 13 - 2015 Final Report」（OECD）

「Aligning Transfer Pricing Outcomes with Value Creation, Actions 8 -10 - 2015 Final Reports」（OECD）

「21世紀政策研究所研究プロジェクト・グローバル時代における新たな国際租税制度のあり方〜BEPS プロジェクトの総括と今後の国際租税の展望〜報告書2016.6」

「BEPS Q & A 新しい国際課税の潮流と企業に求められる対応」21世紀政策研究所・経団連経済基盤本部編著（経団連出版）

「座談会・企業の BEPS 対応を語りつくす・前中後編」岩品信明・吉村政穂・山川博樹（税務弘報2016.9.10.11）

拙編著『移転価格対応と国際税務ガバナンス』（中央経済社）

「BEPS 後の日本企業の課題と対応─移転価格実務への影響を中心に─」デロイトトーマツ税理士法人／山川博樹・山田真毅・田中奈名子（租税研究2016.6）

「BEPS プロジェクト最終報告書のポイントと課題」デロイトトーマツ税理士法人／山川博樹・福島節子（JMC2016.02）

「BEPS 後の移転価格対応の在り方と深度ある事例分析・上下編」デロイトトーマツ税理士法人／山川博樹・山田真毅・田中奈名子（国際税務 Vol.35. No 7 / 8 ）

「The new transfer pricing landscape, 新たな移転価格の展望─BEPS に伴う変化への実務ガイダンス」（デロイトトーマツ税理士法人，2016.2）

拙稿「租税回避をめぐり，今何が起こっているのか─欧州委員会提案の内容と分析を中心に」（NBL No.1075 ／ 2016.06.01）

小林秀太稿「米・多国籍企業の税負担削減行動インセンティブ─ APB23による会計上の誘因とは？」（企業会計 2016 Vol.68）

秦正彦稿「専門家のためのアメリカ・タックス（米国税務）：FIN48（１）グレーな申告ポジションの会計処理（2007.7.21）」

24 ATPの義務的開示制度 (MDR)

大野雅人

1 義務的開示制度の意義

個人富裕層や法人に対して，いわゆる「タックス・プロモータ」（以下「プロモータ」という。）が，さまざまな節税策，節税商品，租税回避スキーム（以下「租税回避スキーム」という。）を提案し，売り込んでいる。租税回避スキームは，租税法が規定する課税要件の充足を回避するように仕組まれたものであり，したがって，課税要件が実際には充足されているにもかかわらずその事実を秘匿する「脱税」とは異なる[1]。我が国では，租税回避は節税と同じく合法的な行為であり，租税回避に対抗する個別的否認規定がない限り税務当局は当該租税回避行為の否認はできない，というのが一般的理解である[2]。したがって，プロモータが，ATPと呼ばれる，攻撃的租税回避スキーム（aggressive tax planning）や濫用的租税回避スキーム（abusive tax planning）を提案し，あるいは売り込むことも，また，納税者がそのような租税回避スキームを用いることも，どちらも合法的である。しかし，ATPが富裕層や法人によって広く用いられると，租税の公平が損なわれ，ATPを用いない（ATPを用いるための資金もない）一般の納税者に，公共サービスの低下や増税という形で国家の税収減の影響がしわ寄せされることとなり，国家の税制に対する一般の納税者の信頼が失われることにもなる。そのような意味で，ATPが蔓延することは決して好ましいことではない。

税務当局が調査により納税者の租税回避スキームを把握した場合には，税務当局としては2つの対応があり得る。ひとつは，現行法の解釈として課税要件が充足されていると判断して（すなわちプロモータや納税者の目論見に反する法解釈を行い）課税処分を行うことである[3]。納税者が税務当局の法解釈を争えば，課税要件が充足されているかどうかは最終的には裁判所において判断されることになる[4]。他のひとつは，当該租税回避スキームについて現行法の下では課税できないと判断して，課税処分を行わない（断念する）ことである[5]。この場合には，当該租税回避スキームがそれほど大きな問題ではない（又はどうしようもない）として，その後何らの措置もとられないこともあるし，当該租税回避スキームを

374 ◆ 第2章 OECDのBEPS行動計画

放置すれば納税者間の公平が大きく損なわれるおそれがあるとして，立法的措置が講じられることもある。しかし，いずれにせよ，税務当局が租税回避スキームの存在や実態を把握できなければ，課税処分を行うことも，新たな個別的否認規定を立法することもできない。そして，税務調査による実態解明には大きな制約がかかっている（我が国の実調率は，平成27事務年度実績で，所得税で1.0%，法人税で3.3%である[6]。）。

　このため，税務調査によることなく租税回避スキームを把握する目的で，租税回避スキームを組成・販売したプロモータ（又は当該租税回避スキームを用いる納税者）に当該租税回避スキームの税務当局への報告を義務付ける制度が，義務的開示制度（MDR: Mandatory Disclosure Rules）である[7]。我が国は現時点ではこのような制度を持っていないが，英国や米国をはじめとするいくつかの国が既にこの制度を導入している。

　この制度の意義は，租税回避スキームの早期把握と，プロモータ及び納税者に対する牽制の，2点にある。第1点として，税務当局はプロモータが売り込んでいる租税回避スキームを，実地調査によることなく早期に把握することができる。そして，そのスキームが現行制度上は働かない（プロモータが想定した租税回避効果がない）と判断されれば，税務当局はそのスキームを用いている納税者に実地調査を行い課税処分を行うことができる（課税処分等の端緒としての効果）。また，現行制度上はそのスキームを用いる納税者に課税処分を行うことはできないと判断された場合であっても，税務当局はそのスキームに対抗するための新たな個別否認規定を立案することができる（個別的否認規定の立法の端緒としての効果）。第2点として，プロモータは，税務当局により課税されるおそれのある租税回避スキームを販売することを躊躇するであろうし，納税者は，そのような租税回避スキームを購入することを躊躇するであろう。また，現行制度上は課税されない可能性が高いスキームであっても，そのスキームが早期に税務当局に把握されれば，将来の立法により課税されることとなる可能性が高くなるため，納税者は当該スキームを用いることには慎重になるであろう。

　上記のような効果をもつと期待される義務的開示制度は，OECD/G20のBEPSプロジェクトの行動12報告書[8]（以下「行動12報告書」又は単に「同報告書」という。）で取り上げられた。同報告書は，義務的開示制度を導入すべきことをミニマム・スタンダードとして各国に勧告するものではないが[9]，同制度はATPについての情報の早期収集に役立つとして[10]，各国が同制度を導入するに際しての枠組みのモデルを提示している。同報告書は，主として英国と米国の制度を参

考として記述されていることから[11]，本稿では，まず，両国の制度を概観し（「2」），次いで同報告書の提案をみた上で（「3」），我が国への導入に当たっての留意点等について述べる（「4」）。

2 英国と米国の義務的開示制度

（1） 英国の義務的開示制度（DOTAS）[12]

英国は，2004年財政法 Part 7 により創設された，DOTAS（Disclosure of Tax Avoidance Schemes）と名付けられた義務的開示制度を持つ。DOTAS の詳細は，英国歳入関税庁（HMRC）が発行する，160頁を超えるガイダンス[13]（以下「ガイダンス」という。）に記述されている。

所得税や法人税については，同制度の下で開示対象となるのは，(i)租税便益（tax advantage）をもたらす租税取極め（tax arrangement）で，(ii)当該租税便益が当該租税取極めの主たる利益（main benefit）又は主たる利益のひとつ（one of the main benefits）であり，(iii)租税回避スキームであるとみられる一定の「特徴」（hallmark）[14]を持っているものである（ガイダンス2.3.2.）。「特徴」としては，①他のプロモータ又は HMRC に対する秘密性（同7.3，7.4），②プロモータに対する，スキームの使用によって得た租税便益に応じた手数料（premium）の支払（同7.5），③定型化された租税商品（同7.6），④損失スキーム（同7.7），⑤リース取極め（同7.8）等である。

スキームのプロモータは，一定の事実（trigger event）が生じたときから5日以内に HMRC に開示対象であるスキームを開示しなければならない（同2.3.2，15）。開示義務を負うのは原則としてプロモータであるが，①プロモータが海外に所在する場合，②プロモータが弁護士特権等により HMRC に対する開示義務を負わない場合，及び③プロモータが存在しない場合には，スキームの使用者（納税者）が開示義務を負う（同3.1）。

プロモータ等が開示義務を負うこととなる trigger event の基準としては，いくつかのものが列挙されている。その一つは，「スキームを実施可能とした時」テスト（the 'makes a scheme available for implementation' test）であるが（同14.3.2），このテストが十分に機能しなかったために[15]，2010年財政法で「確固なアプローチをした時」テスト（the 'makes a firm approach test'）を新設し，プロモータが潜在的な顧客を対象としてスキームについての営業（market）を行ったときが trigger event となることとされた（同14.3.1）。

プロモータが開示したスキームについては，HMRC が8桁のスキーム番号

376 ◆ 第2章 OECD の BEPS 行動計画

(scheme reference number）を付番して，プロモータに通知する（同17.1）。プロモータは当該スキーム番号を顧客（納税者）に通知しなければならず（同17.2），納税者は通知を受けたスキーム番号を申告書等に記載しなければならない（同17.5）。また，プロモータは四半期毎に，開示対象のスキームを使用している顧客リストを HMRC に提供しなければならない（同16.1）。これらにより HMRC は，プロモータ，当該プロモータが開発したスキーム，及び当該スキームを使用している納税者を把握・照合することができる。

開示義務違反[16]に対しては，一次ペナルティ（initial penalty）として，英国審判所（Tribunal）により，1日当たり600ポンド以下の金銭ペナルティが課される。審判所は，その金額では不十分と考える場合（プロモータが多額の手数料を受け取っているときなど）には，当該金額を1日当たり100万ポンドまで引き上げることができる。これに加えて，HMRC は，一次ペナルティが課された後，なおもプロモータ等が開示を行わない場合には，1日当たり600ポンド（一次ペナルティの金額が引き上げられている場合には，引き上げられた金額に比例した金額）以下の二次ペナルティ（secondary daily penalty）を課すことができる（同22.5.1）。

また，スキームのユーザー（納税者）がスキーム番号等の報告義務を怠った場合[17]には，HMRC により，最初の違反についてはスキーム1件当たり5000ポンド，3年以内の再度の違反にはスキーム1件当たり7500ポンド，3回目以降の違反にはスキーム1件当たり1万ポンドのペナルティが，それぞれ課される（同22.7）[18]。

なお，2014年財政法 Part 5 と Schedule 34-36で，プロモータに対する牽制措置（POTAS: Promoters of Tax Avoidance Schemes）[19]が導入されている。

（2） 米国の義務的開示制度[20]

米国は，2007年に，濫用的タックスシェルター及び濫用的取引（abusive tax shelters and transactions）についての開示制度を創設した。この制度の下で，「重要なアドバイザー」（material advisor）とされる者が「報告対象取引」（reportable transaction）を行った場合には，当該者は，①当該取引の内容，②当該取引から得られると期待される潜在的租税利益（potential tax benefit），③その他財務長官が規定する事項を報告しなければならない（IRC§6111(a)）。「重要なアドバイザー」とは，「報告対象取引」の組成，管理，販売促進，販売，執行，保証又は実行に関して何らかの重要な支援，補助，又は助言（any material aid, assistance, or advice）を行った者で，その支援，補助又は助言から得られる収

入が一定の金額（「報告対象取引」から得られる実質的にすべての利益を自然人が享受するものである場合には５万ドル，それ以外の場合には25万ドル）を超える者をいう（IRC §6111(b)(1)）。「報告対象取引」とは，租税回避又は脱税につながる可能性があるとして財務長官がIRC §6011関係の規則の中で定めるものをいい（IRC §§6111(b)(2), 6707A(c)），具体的には①租税回避目的の取引として指定される特定開示対象取引（"listed transaction"），②納税者に対して秘密保持を条件に提供され，かつ，納税者がアドバイザーに一定の手数料を支払う取引（"confidential transaction"），③意図した租税利益が得られなかった場合に手数料の払戻特約が付されている取引（"transactions with contractual protection"），④一定金額以上の損失を発生させる取引（"loss transaction"）及び⑤IRSが特に指定する取引（"transaction of interest"）である（Reg. §1.6011-4 (b)(2)～(6)）。

「重要なアドバイザー」は，報告対象取引の内容や潜在的租税利益等を記載した報告書（Form 8918）を，暦年の四半期毎に，その翌月の末日までにIRSのタックスシェルター分析室（OTSA: Office of Tax Shelter Analysis）に提出しなければならない（IRC §6111, Reg. §301.6111-3 (e)）。IRSは「重要なアドバイザー」に対し，報告対象取引毎に報告対象取引番号（reportable transaction number）を発行し（Reg. §301.6111-3 (d)(2)），「重要なアドバイザー」は当該番号を顧客（納税者）に通知し，報告対象取引を行った納税者は，その旨を報告対象取引番号とともに，申告書に添付する開示報告書（Form 8886）によりIRSに開示しなければならない（Reg. §1.6011-4 (a)(d)(e)）。また，「重要なアドバイザー」は，その他の財務長官が定める事項を保存し（IRC §6112(a)），税務当局からの書面での要請があった場合には20日以内に開示しなければならない（IRC §6112(b)(1)(A)）。

「重要なアドバイザー」が，上記のForm 8918を提出しなかった場合又は虚偽若しくは不完全な情報を開示した場合には，特定開示対象取引については20万ドル又は当該取引に係る支援・補助・助言等に係る収入金額の50％のどちらか多い金額，それ以外の取引については５万ドルのペナルティが課される（IRC §6707）。また，顧客リストを当局からの要請後20日以内に提示しなかった場合には，20日経過後から１日当たり１万ドルのペナルティが課せられる（IRC §6708(a)）。他方，納税者が上記のForm 8886による開示義務を怠ったときは，当該スキームによる節税額の75％のペナルティが課される。その場合のペナルティの下限額と上限額は，特定開示対象取引については１万ドル以上20万ドル以下（自然人の場合には5,000ドル以上10万ドル以下），その他の報告対象取引については１万ドル

以上5万ドル以下（自然人の場合には5,000ドル以上1万ドル以下）である（IRC
§6707A(a)(b)）。

3 OECD/G20 BEPS の行動12報告書

OECD/G20のBEPS（税源浸食と利益移転）対抗プロジェクトは，2015年10月に15の行動（Action）についての最終報告書を公表した。その行動12報告書が義務的開示制度（"Mandatory Disclosure Rules"）についての約100頁の報告書である[21]。

同報告書の方向性を示した，2013年のBEPS行動計画（Action Plan on Base Erosion and Profit Shifting）の「行動12」は，「納税者に攻撃的租税回避スキーム（aggressive tax planning arrangement）の開示を求める」と題し，ATPの義務的開示制度の勧告を行うことを目指していた。行動12報告書の草案（Discussion Draft）は2015年3月31日に公表され[22]，同年5月11日にパリで公聴会（public consultation）が開催された後，2015年10月に同報告書が公表されたものである。

同報告書は，主として英国と米国の制度を参考として作成されており，内容は両国の制度を色濃く反映したものとなっている（両国の制度が異なる場合には，それぞれの制度がオプションとして示されている。）。

同報告書は，各国に対して義務的開示制度の創設を勧告するものではないが[23]，各国が義務的開示制度を創設する場合に，税務当局のニーズと納税者の負担とをバランスさせるための制度のモデル（及びオプション）を提供しようとするものである[24]。以下でその概要について述べる。

（1） 報告義務者

報告義務を課されるのは，スキームの利用者である納税者と，スキームの考案者・提供者であるプロモータである。行動12報告書は，(i)納税者とプロモータの双方に開示義務を課する方式と，(ii)原則としてプロモータに開示義務を課すが，一定の場合（プロモータが外国に所在する場合，プロモータが存在しない場合，及びプロモータが法的特権を持っている場合）には納税者に開示義務を課す方式を，オプションとして示している（パラ17，62～70，Box 2.1.）。

（2） 開示対象

⒜ 開示対象スキームの特定（generic hallmarks と specific hallmarks）

義務的開示の対象となるスキームをどのように特定するかにつき，行動12報告書は，「一般的特徴」（generic hallmarks）により対象となるものと，政府が特に指定した「個別の特徴」（specific hallmarks）により対象となるものの二種類があり得るとする（パラ17，91）。

まず，「一般的特徴」としては，「秘密性」（confidentiality）と「手数料」（"premium fee" or "contingent fee"）が挙げられている。「秘密性」には，プロモータ等が顧客（納税者）に当該スキームを秘密にするよう求めているものが該当し，「手数料」には，顧客が得た租税利益に応じて顧客がプロモータ等に支払う手数料，租税回避の効果が失われた場合に払い戻される特約付きの手数料等が該当する（パラ92〜100）[25]。

なお，英国等は，実際に顧客に提供されたスキームだけでなく，「プロモータ等が秘密性や成功報酬の条件を付して顧客に提供するであろうと合理的に予想できる（might be reasonably expected）スキームについても開示対象とする「仮定的適用」（hypothetical application）を行っている[26]。同報告書は，この「仮定的適用」を制度化するかどうかはオプションであるとしている（パラ110〜117，Box 2.6.）。

また，「個別の特徴」は，各国政府がこれまでの経験から把握している租税回避スキームを個別に列挙するものであり，損失発生スキーム（loss schemes），リース取極め（lease arrangement）等が紹介されている（パラ120〜130）[27]。

⒝ 多段階アプローチと単段階アプローチ（「租税回避の意図」を要件とするか否か）

同報告書は，前述⒜の「一般的特徴」と「個別の特徴」について論じるに先立ち，租税回避に該当するか，あるいは，主たる目的が租税回避かどうかをまず判断して，それに該当しないものを最初から報告対象から除外する "multi-step or threshold approach" と，そのような除外規定を置かない "single-step approach" があるとして，その双方をオプションとして示している（パラ78〜86，Box 2.2.）。ただし，同報告書は，前者を採用する場合には「意図」の判定が困難となる場合があり，クロスボーダーの租税回避スキームに十分に対応できない懸念があることから，前者のオプションは国内スキームについてのみ採用されることが望ましいとする（パラ86）。

なお，開示対象スキームの範囲は，一般的否認規定（GAAR）の対象となるスキームの範囲よりも広く設定すべきとされている（パラ35）。

（c）　金額基準

　同報告書は，金額基準（de-minimis filter）について，一定の金額基準を採用することは納税者等の負担の軽減等には役立つとしても，同基準を租税便益（tax advantage）の額について適用するのか取引の額について適用するのかを検討する必要があること，また，金額基準を設けることは開示の回避にもつながり，制度を複雑化させるなどの懸念があることを指摘する（パラ87～90）。

（3）　開示の時期

　プロモータ等にいつスキームを開示させるかという問題は，(i)開示の時期の起算点をいつにするかという問題と，(ii)その起算点から税務当局への提出までにどれだけの期間を与えるかという問題に分かれる（パラ17, 31, 138～140）。

　起算点について，行動12報告書は，スキームが第三者に提供可能になった時（英国・米国型）と，スキームが実行に移された時（南アフリカ等）の，2つのオプションを提示し（パラ140, Box 2.8.），プロモータについては提供可能になった時を基準とするよう推奨している（パラ156）。また，起算点から報告までどれだけの期間を与えるかについて，同報告書は，英国の「5営業日」と，米国の「暦年の四半期毎に，翌月末日」という例を紹介した上で（パラ142, 144），税務当局が租税回避スキームに迅速に対応するためには，なるべく短い期間での開示が望ましいとする（パラ156）。

（4）　租税回避スキームの利用者の特定

　租税回避スキームがプロモータから税務当局に開示されたとしても，開示されたスキームが誰によって用いられているのかを追跡するためのメカニズムが必要である。義務的開示制度を持つ国は，①スキームに付番をすること，②プロモータに顧客リストの開示を求めること，又は③上記①②の双方を行うことで，スキームの利用者の特定を行っている（パラ17, 158）。

　税務当局がスキームに付番する制度にあっては，税務当局はスキーム番号をプロモータに通知し，プロモータはそれを顧客に通知する。そして，顧客は，当該番号を，税務申告の際に申告書等に記載しなければならない。これによって税務当局としては，特定の納税者がどのようなスキームを用いているのかを把握できることになる（パラ159）。

　顧客リストについて，プロモータは，英国では四半期毎に税務当局に提出することが求められ，米国では税務当局が書面で提出を求めたときは20日以内に提出

することが求められる（パラ166, 167）。

行動12報告書は，スキームの利用者を特定するために，スキーム番号の付番と顧客リストの双方を用いる方法と，スキーム番号のみによる方法の2つをオプションとして提示する（Box 2.9.）。

（5） 罰則の適用

開示義務をプロモータや納税者に遵守させるためには，不遵守に対して何らかのペナルティを課すことが必要である（パラ180）。行動12報告書は，プロモータ等が開示義務を遵守しない場合に，(i)開示が1日遅れる毎に課す"daily penalty"，(ii)節税額又はプロモータへの手数料に比例して課すペナルティ，及び(iii)金銭ペナルティ以外のペナルティが考えられるとしている。そして，(i)と(ii)につき，同報告書は英国と米国の例を紹介し（パラ184-191），(iii)の例として，米国では，開示義務違反により金銭ペナルティを課された上場会社は，その旨を証券取引等監視委員会（SEC）に報告する義務を負うことなどを指摘する（パラ196, IRC§6707A(e)）。そして，同報告書は，開示義務違反にはペナルティを課すこと，及びスキームが開示されたとしてもそれは当局がスキームを受け入れたことを意味しないことを明示することを推奨する（パラ199, 200）。

（6） 開示されるべき情報

行動12報告書は，開示されるべき情報として，義務的開示制度を有する諸国の制度を参照しつつ，①プロモータやスキーム利用者の氏名・名称，住所，電話番号，納税者番号等，②当該スキームがどの開示要件に該当するのかについての詳細，③当該スキームの仕組み及び（もしもあれば）その名称，④当該スキームよって租税利益が得られる根拠規定，⑤租税利益等（tax benefit or advantage）の説明，⑥プロモータの顧客リスト，⑦期待される租税利益等の額等が開示されるべきとしている（パラ203〜209）。

（7） 追加情報を求める権限

義務的開示によって租税回避スキームに関する情報が開示された後においても，税務当局は追加の情報を必要とするかもしれない。例えば，(i)納税者等からはスキームについての開示があったにもかかわらず，本来開示義務があると思われるプロモータから開示が行われなかった場合，(ii)開示された情報が不完全な場合，(iii)開示された情報は法令上は十分であるが税務当局がより詳細な情報を必要とす

る場合等である。行動12報告書は，このような場合に税務当局に追加情報を求める権限を与えることを推奨している（パラ210，211，221）。

（8） 収集された情報の使用

　義務的開示によって租税回避スキームに関する情報が開示された場合に，税務当局が当該情報をどのように活用すべきかが問題となる。最終報告書は，①迅速な法令等の改正（パラ213），②リスク評価（パラ215，216），③納税者とのコミュニケーション（当該スキームの効果について税務当局から納税者に警告を発することなど。パラ217〜219）を挙げ，これらの活動を行う部署を税務当局内に設置することを推奨している（パラ222）。

（9） クロスボーダーのスキーム

　行動12報告書は，クロスボーダーのスキーム（international tax schemes）の把握の困難性を指摘し，金額基準を適用しないこと，OECDでのこれまでの議論を参考に別途の定義を設定すること，「取極め」の定義を拡大することなどの必要性等を指摘する（パラ236-275）。

（10） 自己負罪との関係

　行動12報告書の附属文書Ｂは，ATPの義務的開示制度と自己負罪（self-incrimination）との関係を論じる。附属文書Ｂは，義務的開示制度で納税者が税務当局に開示しなければならない情報は，税務当局が税務調査等を通じて取得できる情報を超えるものではないので，他の情報開示制度と比較して特段の問題を生じさせるものではないとしている。また，多くの国にとって，義務的開示制度により収集される情報は，刑事罰の対象となる脱税に関するものではなく，刑事罰の対象とはならない租税回避に関するものであることを指摘する。

　ただし，一部の国については，租税回避が刑事罰の対象とされることがあるため，そのような場合には，自己負罪の問題を生じさせるようなスキームを開示対象から除外するか，自己負罪の問題が生じることを理由に納税者等にスキームを開示しないことを認めることとが考えられるとしている。

4　BEPS行動12報告書の我が国への示唆等

　BEPSプロジェクトの行動12報告書は，英国・米国等の義務的開示制度を踏まえ，義務的開示制度を有していない国々に対して，同制度を導入する場合に検討

すべき事項につき論じるものであり，同制度を持たない我が国にとって示唆に富む内容となっている。

（1）　中期的な検討課題

2015年10月に行動12報告書が公表された後，我が国では義務的開示制度は中期的な検討課題とされている。

政府税制調査会（会長＝中里実・東京大学教授）の「『BEPS プロジェクト』の勧告を踏まえた国際課税のあり方に関する論点整理」（平成28年（2016年）11月）は，その「2　個別の制度設計に当たっての留意点」の「(2)　タックスプランニングの義務的開示制度（MDR: Mandatory Disclosure Rules）」で，行動12報告書について触れた後，同制度の我が国への導入を検討するに当たり，(i)開示対象取引の基準設定につき，何らかの客観的な基準を用いて開示対象となるスキームを特定すること，及び(ii)既存の情報開示制度との役割分担を最適化するとともに，開示の対象範囲や罰則等について，他国の制度から大きく乖離しないようにすることを指摘する。

また，与党（自由民主党・公明党）の「平成29年度税制改正大綱」（平成28年12月）は，その「【補論】今後の国際課税のあり方についての基本的考え方」の「4　個別の制度改革に当たっての視点」で，中期的に取り組むべき事項のひとつとして義務的開示制度を挙げ，「『BEPS プロジェクト』の最終報告書，諸外国の制度や運用実態及び租税法律主義に基づくわが国の税法体系との関係等も踏まえ，わが国での制度導入の可否を検討する。」と述べる。

（2）　義務的開示制度の効果

「1」で述べたように，義務的開示制度は，富裕層等による租税回避行為により税収を失っている国家（そして国家が税収を失うことにより影響を受けることとなる一般の納税者）にとって，租税回避行為を，事前に又はそれほど遅くない事後に封じるための，有効な手段となり得る。

個別的租税回避否認規定の立法を行うためには，税務当局が租税回避スキームを把握する必要があるが，税務当局が租税回避スキームを把握するのには時間がかかるし，税務当局は租税回避スキームを把握できないかもしれない。また，一般的否認規定（GAAR: General Anti-Avoidance Rule）を持たない我が国において，調査官が租税回避スキームを把握しても，それが現行制度下でも課税が可能な「効果のない租税回避」（ineffective tax avoidance）でない限り課税処分には

つながらないために，調査官には租税回避スキームの実態を把握するインセンティブが強くは働かないという問題もある。

　もしも義務的開示制度が創設され，一定の要件を満たす租税回避スキーム（特に行動12報告書にいう"generic hallmark"を持つ租税回避スキーム）が当局に迅速に開示されることとなれば，税務当局はそれら開示された多数のスキームを分析して，立法措置を速やかに検討することができよう。他方で，税務当局としては，開示された租税回避スキームにつき，現行制度下でも課税が可能なものであれば速やかに調査を実施する必要が生じ，また，現行制度下で課税できないものであれば，それが放置できない租税回避に当たるかどうかについての迅速な判断と迅速な立法措置が求められることになろう。

（3）　我が国への導入に当たり検討すべき事項

　義務的開示制度の導入に当たり，我が国の法制の特性を踏まえた場合には，特に次のような事項についての検討が必要となると思われる。

⒜　制度の対象となるスキームの定義の明確性

　プロモータや納税者が，報告すべき租税回避スキームかどうかにつき容易に判定できるよう，報告対象となる租税回避スキームをできるだけ明確に規定する必要がある。特に，一般の納税者の通常の節税が開示義務の対象となることのないよう（通常の節税行為の不開示に対してペナルティが課されることのないよう），十分な配慮が求められる。

⒝　開示義務違反の場合のペナルティ

　開示対象が明確に規定されれば，開示義務違反に対し何らかの金銭的ペナルティを課すことは，プロモータや納税者に開示義務を遵守させるために必須であると思われる。ただし，我が国の税制では，米国や英国のような，義務の履行が1日遅れるごとにペナルティの額が加算されていくような制度はなじみがない。他方で，開示が求められている租税回避スキームには課税できないものも多く含まれているから，過少申告加算税の加重や重加算税の賦課等では対応できない。刑事罰（罰金，懲役刑等）で対応するとすれば，検察官による起訴が必要となって，ペナルティとしての実効性が確保できなくなるおそれが大きい。このため，実効性のある，税務の分野においては従来型でない行政ペナルティ（過料，課徴金等）の仕組みを考えることが必要と思われる。

⒞　制度導入の効果の検証

　義務的開示制度が創設された後は，租税回避スキームについてどのような情報

が収集され，税務当局によりどのような措置が講じられたのかという，制度導入の効果が検証されることが必要である。英国会計検査院（NAO）や米国会計検査院（GAO）はそのような検証作業を行ったうえで，制度の改善の必要性を提言している[28]。

（4） 中長期的な開示件数の減少

前述「1」のとおり，義務的開示制度による，プロモータや納税者に対する租税回避スキームの新規組成の抑止的効果は大きいものと期待できる[29]。したがって，義務的開示制度の導入後，中長期的には，プロモータによってつくられる租税回避スキームの件数は減少し，税務当局に対する開示件数も少なくなるものと思われる。下記の英国のDOTASの統計資料は，英国税務当局に対する開示件数が年々減少していることを示している。

図表24-1 英国における租税回避スキームの開示件数[30]

期　　間	直接税関係	VAT 関係
2004.8.1～2005.3.31	503	680
2005.4.1～2006.3.31	607	91
2006.4.1～2007.3.31	346	65
2007.4.1～2008.3.31	300	29
2008.4.1～2009.3.31	$130 + a$	16
2009.4.1～2010.3.31	183	12
2010.4.1～2011.3.31	129	13
2011.4.1～2012.3.31	$146 + a$	$a + a$
2012.4.1～2013.3.31	$84 + a$	$5 + a$
2013.4.1～2014.3.31	$45 + a + a$	$a + a$

（注）
(1) 通説による，節税，租税回避，脱税のそれぞれの概念の理解につき，金子宏『租税法（第22版）』（弘文堂，2017）126-128頁参照。
(2) 金子・前掲注(1)130頁。
(3) 税務当局としては，負担の公平の見地から，可能な場合には現行法の解釈で租税回避スキームを無効化しようと試みることは当然であろう。
(4) 裁判所が課税処分を適法とした場合には，納税者による租税回避の試みが失敗し，"inef-

386 ◆ 第2章 OECD の BEPS 行動計画

fective avoidance" となる。後掲注⒇の Michael P. Devereux, et. al. の Paper 1, pp. 3-5。したがって，当然のことながら，租税回避スキームを用いる納税者にも，一定のリスクは常に存在する。

⑸ この場合は，"effective avoidance" となる。後掲注⒇の Michael P. Devereux, et. al., の Paper 1, pp. 5-6。

⑹ 国税庁ウェブサイトの報道発表資料「平成27年分の所得税等，消費税及び贈与税の確定申告状況等について（平成28年6月）」及び「平成27事務年度における所得税及び消費税調査等の状況について（平成28年10月）」によれば，申告納税額のある確定申告書を提出した人数は6,324千人，実地調査件数は66千件で，実地調査割合は1.0％である。また，同「平成27事務年度　法人税等の申告（課税）事績の概要（平成28年11月）」及び「平成27事務年度法人税等の調査事績の概要（平成28年11月）」によれば，平成27年度における法人税の申告件数は2,825千件，法人税の実地調査件数は94千件で，実地調査割合は3.3％である。民主党政権下の平成23年12月の国税通則法の改正（特に第71条の11（調査の終了の際の手続）の新設）により，調査件数は所得税・法人税ともに大幅に減少している。

⑺ "Mandatory Disclosure Rules" は，2011年の OECD 報告書 "Tackling Aggressive Tax Planning Through Improved Transparency And Disclosure: Report on Disclosure Initiatives"（http://www.oecd.org/ctp/exchange-of-tax-information/48322860.pdf#search=%27OECD+Tackling+Aggressive+Tax+Planning%27）の中で，濫用的租税回避スキームに関する情報収集手段として，"Additional reporting obligations"，"Questionnaire" 等とともに紹介されている。

⑻ OECD/G20 Base Erosion and Profit Shifting Project, *Mandatory Disclosure Rules*, Action 12: Final Report（2015）。なお，行動12報告書の内容を紹介するものとして，緒方健太郎「BEPS プロジェクト等における租税回避否認をめぐる議論」フィナンシャルレビュー 126号（2016）196頁，特に215-221頁。同報告書の全文の翻訳として本庄資「BEPS プロジェクト2015最終報告書行動12」租税研究806号（2016）289頁。

⑼ 前掲注⑻，行動12報告書の Executive Summary 参照。

⑽ 前掲注⑻，行動12報告書の Executive Summary 参照。

⑾ 行動12報告書は，義務的開示制度を有する国として，英国・米国のほか，カナダ，南アフリカ，ポルトガル，アイルランド，イスラエル及び韓国の6か国を挙げている。同報告書 para.36。

⑿ 英国の義務的開示制度を紹介するものとして，川田剛「GAAR の補強策，代替策としての租税回避商品の開示，登録制度」フィナンシャルレビュー 126号（2016）70頁，83-86頁，高橋里枝「英国の一般否認規定と開示制度」税務事例49巻2号（2017）46頁。なお，川田論文は，米国の義務的開示制度を詳細に紹介した上で，カナダ及び豪州の義務的開示制度についても簡潔に紹介している。

⒀ HMRC, "Guidance: Disclosure of tax avoidance schemes（DOTAS）"（https://www.gov.uk/government/uploads/system/uploads/attachment_data/file/560047/datas-guidances.pdf）

⒁ "hallmark" とは，もともとは貴金属に刻印される純度検証極印のことである。

⒂ このテストでは，法の文言の解釈により，プロモータがぎりぎりまで開示のタイミングを遅らせることができたとのことである（ガイダンス14.3.1）。

⒃ 2004年財政法308条⑴若しくは⑶，309条⑴，又は301A 条違反。

⒄ 2004年財政法313条違反。

⒅　2015年3月26日に金額が引き上げられている。ガイダンス22.7。

⒆　HMRC "Guidance: Promoters of Tax Avoidance Schemes（POTAS）"（https://www.gov.uk/government/uploads/system/uploads/attachment_data/file/454865/POTAS.pdf）

⒇　米国の義務的開示制度を紹介するものとして，川田・前掲注⑿79-83頁。

㉑　前掲注⑻。

㉒　http://www.oecd.org/ctp/aggressive/discussion-draft-action-12-mandatory-disclosure-rules.pdf.なお，草案に対して寄せられた40件のコメントは，"Comments received on Public Discussion Draft: BEPS Action 12: Mandatory Disclosure Rules"（4 May 2015）（https://www.oecd.org/tax/aggressive/public-comments-beps-action-12-mandatory-disclosure-rules.pdf）として OECD のウェブサイトで公表されている。

㉓　前掲注⑼。

㉔　行動12報告書の Executive summary。

㉕　行動12報告書のパラ101～105は，他の generic hallmark として，補償条項（"contractual protection"）と汎用スキーム（"mass-marketed scheme"）を挙げている。また，行動12報告書のパラ106～109，Box 2.3. と Box 2.4. は，それぞれ，秘密性と手数料の定義についてのモデル条文について論じている。

㉖　ガイダンス7.3.2，7.3.3，7.5.1。

㉗　行動12報告書のパラ131，Box 2.5. では，損失発生スキームの定義についてのモデル条文が掲載されている。

㉘　英国につき，National Audit Office, "Tax avoidance: tackling marketed avoidance schemes"（2012）（https://www.nao.org.uk/report/tax-avoidance-tackling-marketed-avoidance-schemes）。また，そのベースとなったオックスフォード大学のリサーチとして，Michael P. Devereux, Judith Freedman and John Vella, "Review of DOTAS and the tax avoidance landscape"（2012）（http://eureka.sbs.ox.ac.uk/4428）。米国につき，United States Government Accounting Office, "Abusive Tax Avoidance Transactions: IRS Needs Better Data to Inform Decisions about Transactions" GAO-11-493（2011）（http://www.gao.gov/assets/320/318337.pdf#search=%27GAO11493%27）。

㉙　行動12報告書のパラ12～14参照。

㉚　HMRC のウェブサイト（HMRC, Tax avoidance disclosure statistics for the period 1 August 2004 to 30 September 2014, https://www.gov.uk/government/uploads/system/uploads/attachment_data/file/379821/HMRC_-_Tax_avoidance_disclosure_statistics_1_Aug_2004_to_30_Sept_2014.pdf）から筆者が作成。なお，オリジナルの表は複数のカテゴリに分類されており，一部には「5件未満」との表示があるため，その場合には「a」と記載している。

25 実効性のある課税紛争解決

大城隼人

1 問題の所在

　周知のとおり，BEPS プロジェクトの趣旨について述べると，BEPS プロジェクトは，企業が調達・生産・販売・管理等の拠点をグローバルに展開し，電子商取引も急増するなど，グローバルなビジネスモデルの構造変化が進む中，この構造変化に各国の税制や国際課税ルールが追いつかず，多国籍企業の活動実態とルールの間にずれが生じていた。そのため，BEPS プロジェクトは，公正な競争条件という考え方の下，多国籍企業がこのようなずれを利用することで，課税所得を人為的に操作し，課税逃れを行うことがないよう，国際課税ルールを世界経済並びに企業行動の実態に即したものとするとともに，各国政府・グローバル企業の透明性を高めるために国際課税ルール全体を見直すこととした[1]。

　財務省は，「A. グローバル企業は払うべき（価値が創造される）ところで税金を支払うべきとの観点から，国際課税原則を再構築〔実質性〕」「B. 各国政府・グローバル企業の活動に関する透明性向上〔透明性〕」「C. 企業の不確実性の排除〔予見可能性〕」の三本柱を軸に BEPS に対処している。世界各国はさまざまな過程を経て現在は，実施の段階に入っている。本テーマの対象とする実効性のある課税紛争解決は，BEPS 行動計画14に該当し，日本の三本柱でいえば，「C. 企業の不確実性の排除〔予見可能性〕」に該当する。

　二重非課税（double non-taxation）の解消すなわち，ATP（Aggressive Tax Planning：以下 ATP という）に課税を行うということは，これまでに類をみない高額な二重課税，主に移転価格課税の適用になるということにある。

　当然，企業は，二重課税の解消を図る上で，紛争解決に帰着することになり，実効性のある課税紛争解決の追究が必要不可欠となる。二重課税排除のための相互協議は，最も複雑であり国内における納税者及び課税庁はもちろんのこと，全世界における共通の課題といえる。二重課税の放置や課税の空白は，両国間の貿易，投資，融資，技術移転，人的役務提供などを著しく阻害するものとして思わしくない。そのため，BEPS プロジェクトでは，事務的処理方法として仲裁を想

定している。仲裁規定は，相互協議で合意に至らず，2年（3年とすることも可能）が経過した場合の解決方法であるが，日本は仲裁の経験を有しておらず，仲裁の経験は無いところでもある。

　事務的処理方法で仲裁を選択し，仲裁事例が積み重なった結果が，今後の国内法の欠点，投資促進の停滞，執行上の差異として，世界に取り沙汰されることのないように検討が必要となる。なにより，紛争解決が充実しなかった場合には，中小企業を含む日本ベース多国籍企業がターゲットになり，影響を受けることになる。ポストBEPS[2]の段階に入り，事務負担の軽減及び予見可能性の確保を最優先事項として見直さない項目となっている。

　ポストBEPSの段階に入り，各国は勧告を受け，「実効性」が試される。すなわち，これまで非課税となっていたATPに各国は課税が行われているのか否かが試され，監視される。これにより，ATPへの取り組みの実施状況も明るみになっていく。これにより，今後，二重課税が多発する可能性も十分にあり得る。

　予言はできないが，日本は各国のGAAR（General Anti Avoidance Rules：以下GAARという）の洗礼を受ける可能性が高い[3]。また，現在は，ATPを合法とした上で二重非課税が生じている状況にある。二重非課税の下では課税紛争は，起きないが各国の財源は確保されない状況になっている。そのため，各国の租税政策マターとはなるが，財源確保のための課税も十分に想定していかなくてはいけない。いずれにせよ，現在においては，実効性のある課税紛争解決の充実が求められ，わが国の紛争解決方法において欠陥がないか，研究者の視点から論述していく。

　本稿においては，現行制度の課税紛争解決について論述していく。紛争解決方法[4]には，(1)事前による回避と，(2)事後的紛争解決方法がある。(1)には，「事前確認」があり，(2)には，「国内争訟」「相互協議」「対応的調整」「仲裁」による方法がある。基本的な紛争解決を踏まえた上で，OECD加盟国との二重課税，国連加盟国（開発途上国・新興国）との二重課税，タックス・ヘイブンとの二重課税の論点に発展していく。本稿においては，基礎的な紛争解決にテーマを絞って論述する。

　2017年6月7日，パリにおいて「税源浸食及び利益移転を防止するための租税条約関連措置を実施するための多数国間条約」（以下，BEPS防止措置実施条約という）が67の国／地域により署名された。本条約の策定に係る検討作業を行ったアドホックグループには100か国・地域以上が関与しているため，追加の署名も今後見込まれている。

390 ◆ 第2章 OECDのBEPS行動計画

2 わが国の海外取引の把握状況の整理と想定すべき課税紛争

OECD や EU 等（各機関）が想定している，ATP の実態は，明るみになっているところである[5]。ATP は，合法であるという特徴を有しているため，法規と執行の両側面の観点から課税が行えず財源確保ができない状況下になっている。世界的な議論も重要であるが，今後日本においてどのような課税紛争が想定されるのか経済状況を整理し，見出していく。

わが国の企業海外進出の状況として，海外の現地法人企業数は，平成17年度の15,850社から平成26年度には24,011社と約1.5倍に増加しているところである。

財務省が公表している，2015（平成26）年度の貿易統計（速報，通関ベース）によると，輸出額は，74兆1,173億円，輸入額は75兆1,964億円となっている。輸出額から輸入額を差し引いた貿易収支は，約1兆792億円の赤字（14年度は9兆1,277億円の赤字）となっている。日本の貿易状況は，中国・アジアを中心とした輸出入となっている。

海外取引の把握状況（平成26事務年度）として，海外取引法人等調査件数12,957件，海外取引等に係る申告漏れ件数3,430件うち海外不正計算のあった件数418件，海外取引等に係る申告漏れ所得金額2,206億円うち海外不正所得金額393億円となっている。移転価格課税の状況（平成26事務年度）として，申告漏れ件数240件，申告漏れ所得金額178億円となっている。移転価格税制に係る事前確認の状況（平成26事務年度）として，申出件数121件，処理件数100件となっている。

中小企業庁「中小企業実態基本調査」「海外展開の状況（2015）」として，母集団企業数（社）3,185,491社，海外にある子会社，関連者事業所の数として，子会社の数11,261社（うちアジア9,662社，ヨーロッパ137社，北米949社，その他の地域513社）となっている（関連者事業所の数割愛）。

日本の海外進出実績を考慮すると，特にアジア地域，中国に対する進出件数が急増しているため，アジアを中心とした二重課税が起こる可能性が高いといえる。

本稿においては，対象国を明確にしたが，各状況下を踏まえ，対象国との適用対象取引（有形資産・無形資産・役務提供），評価方法，立証責任等と各論点に移行していく。

3 事前確認制度（Advance Pricing Arrangement: APA）

（1） 現行制度の概要

事前確認制度（Advance Pricing Arrangement: APA）は，昭和61年に移転価格税制が創設され，これに併せて昭和62年に，世界に先駆けて事前確認が創設された。事前確認[6]とは，「納税者が税務当局に申し出た独立企業間価格の算定方法等について，税務当局がその合理性を検証し確認を与えた場合には，納税者がその内容に基づき申告を行っている限り，移転価格課税を行わないという制度[7]」である。事前確認の目的は，「独立企業間価格の算定に関して，税務当局と納税者との間で事前に確認することにより，移転価格課税に関する納税者の予測可能性を確保し移転価格税制の適正・円滑な執行を図ることにある[8]」としている[9]。

（2） 議論の焦点と改正の方向性

事前確認においては，移転価格事務運営要領を基に取り進められる。確認が与えられるのは，納税者が申し出た「最も合理的と認められる独立企業間価格の算定方法及びその具体的内容等」に対してである[10]。様式に従い，国外関連者，対象取引，対象事業年度，当該取引に適用される独立企業間算定方法，当該算定手法（価格，利益率の幅，利益配分状況等）を適用した結果，重要な前提条件，報告書記載事項等について確認が行われている。合法という最大の特徴を有するATPが，今後見直され，事前確認を得られるのか，既存のAPAが取消となるのか。加えて，根本的な現行規定の問題である「確認と合意の差」「努力規定」が解消されるのかが焦点となる。すなわち，米国では，事前価格合意（Advance Pricing Agreement）は，IRSと納税者との「拘束力のある契約」であり，これによりIRSは，納税者が合意した移転価格算定方法に従って対象年度の税務申告書を提出する場合当該対象取引については，IRC482に基づく「移転価格調整」いわゆる移転価格課税を行わないことに合意するものである。それに対し，日本においては，OECD同様にAdvance Pricing Arrangementという用語を使用していることから，確認の意味合いで使用されている。

実施の段階に入り，足並みを揃えるとはいえ，各国がユニラテラルな課税ルールで対処するには限界があり，各国が独自にユニラテラルな課税ルールの創設を競うと，国際的二重課税が多発するおそれもある。そのため事前確認の重要性が

392 ◆ 第2章 OECD の BEPS 行動計画

世界規模で求められている。事前確認については，世界共通でのルール運用が求められ，取り組んでいるところである。

相互協議を伴う APA は，国際的合意であり，有効な期間，合意された算定方法に従う限り，移転価格調査の必要がないので，納税者のコンプライアンス・コストのみならず，課税庁及び司法コストの節約につながる点で優れているため改めて強調しておく。

事前確認には，①ユニラテラル APA，②バイラテラル APA，③マルチラテラル APA とあるが，課税リスクの高い国外関連取引については，ユニラテラル APA を義務化する等と今後は工夫する必要性がある。

日本の事前確認制度は，当初は事前確認に必要な提出資料が税務調査に転用されるのではないかという納税者の懸念もあるが，信頼関係の醸成に伴い発生件数も増加し続け，受け皿となる担当職員の不足から迅速な処理に努めているが追いつかず繰越件数が増加するという問題もある。この点は人員確保と相互協議の経験・迅速化が求められる（国税庁「相互協議の状況」参照）。

課税リスクの回避の観点からは，事前確認制度が最も優れていといえる。今後の議論の焦点と改正の方向性観点からは，各国の要請から，事前ルーリングが大きな焦点や役割を担ってくると考えられる。

4 事前ルーリング（ATR）

（1） 事前ルーリング（ATR）の現行制度の概要

日本においては，「事前照会に対する文書回答手続」として，取り扱われる。事前照会に対する文書回答手続は，納税者サービスの一環として，個別の取引等に係る税務上の取扱い等に関する事前紹介に対する回答を文書により行うとともに，その内容を公表することにより，同様の取引等を行う他の納税者に対しても国税に関する法令の適用等について予測可能性を与えることを目的として実施している。

これまで，事前ルーリングは，ATR 及び APA を組み合わせ，外資獲得，外資を誘致するために，確実な税務状況を事前に把握できるように創られた優遇制度である。オランダ税制が代表とされる。APA は，オランダ居住者のグループ会社がグループの国外会社から受け取った，あるいは供給したサービス又は物品の移転価格に，その税務上の妥当性を事前合意するものと位置付け，ATP は，資本参加免税の適用可否など，国際的な企業組織に特有の税務について事前に合意するものである。

現在は，「B. 各国政府・グローバル企業の活動に関する透明性向上〔透明性〕」「行動5 ルーリング（企業と当局間の事前合意）に係る自発的情報交換」として，改正論点となっている。

（2） 議論の焦点と改正の方向性

議論の焦点と改正の方向性として，現状調査対象国すべて（米国，英国，フランス，オランダ，ドイツ，オーストラリア）において事前ルーリング制度があり，その回答については税務当局を法的に拘束することとなる。これらのルーリング制度は，有料のものもあれば，無料のものもある。今後の課題としては，より利用しやすい事前確認制度を目指して，制度の法制化の要否，税務当局に対する法的拘束力の要否等の論点につき検討をする必要があると考えられる。現在のところ，各国ともに差があるため，税制の差と執行の差を利用されないように共通ルールが求められる。現在のところ，制度設計の段階である。

経済産業省「平成26年度海外開発計画調査等事業（進出拠点整備・海外インフラ市場獲得事業（BEPSを踏まえた納税環境整備の在り方に関する調査））調査報告書」（2015）において，論点や他国の制度比較がされているため，今後の改正論点の基礎となる資料となっている。

5 「国内争訟」による紛争解決

訴訟による解決が最も一般的であるが，国外取引に対する移転価格課税による二重課税は，一国の判決では国際的には意味をなさない場合もある。BEPSは，国外関連取引を想定している。必ずしも訴訟による解決が最善とは言い切れない。その理由として，国内争訟は，基本的な紛争処理方法であるが，国際的に共通の租税手続法や租税争訟法が確立されていないこと，処理の迅速性の問題があること，構成及び経済性の問題があること，主要要件事実について裁判所の判断が異なること，各国の立証責任の負担の相違があること，各国の処理機関（不服審判所，租税裁判所，司法裁判所）の結論が異なる可能性があること等の問題がある。

さらに，国内裁判所の判決は，後の経済事象に拘束力があるのか，規範なのか，単にガイドラインになるのか明確ではなく，各国の取扱いは異なる。判決以前に裁判官の判断として，OECDモデル租税条約のコメンタリーの見解や諸外国の裁判事例や国際法の認識，BEPS最終報告書，勧告，国際的協調等をどの程度影響させるのかも明らかではない。また，判決の結果次第では，解釈を変えるのか，租税条約を変えるのかという論点に発展し，租税条約オーバーライドをも考慮し

なくてはならなくなる。仮に，訴訟に移行しても，ATP は，合法という名に守られている。

　現在のところ，日本は OECD 加盟国として，勧告を踏まえた上で，「実質課税」「GAAR の導入」「経済的実質の導入」等と解決しなければならない項目が多数あり，具体的な草案はでていない。仮に，議論に至っても，税制改正，税務当局の通達・事務運営指針の制定等と，方向性が示されていないため，国内争訟は，最善の紛争解決とはいいきれない。繰り返しになるが，BEPS は，「国境を越えた利益移転（国外取引）」を対象としているため，BEPS・ATP 事案は，国内争訟には馴染まないといえる。

　一部の国では，国内法上の訴訟の結果が出た時点で相互協議プロセスも終了となることが規定されているが，相互協議の進展に極めて長い期間を要する中，国内法上の訴訟の方が常に早く終了することになり，事実上相互協議が全く機能しないという状況にある。

　また，一部の国では，形式的には国内法上の訴訟と相互協議の両方の解決手段を納税者に提供しているものの，権限のある当局は，国内法上の訴訟の結果を確認すべく，訴訟の結果が出るまで相互協議を進めることを控える傾向にあり，これも相互協議が実質的に機能しない一因となっている。

　仲裁結果が決定として出た場合は，両当局は相互協議に決定内容を織り込み，二国間合意に反映することが求められているので，事案そのものの解決が期待される。しかしながら，国内法との不整合などの問題等により，二国間合意に至らない場合は，条約に適合しない課税が依然として残ることとなり，結局は国内法の救済手続（訴訟）を行うことになる。その場合，仲裁結果が出た際にその受入と引き換えに申立て人は訴訟を放棄させられている可能性が高く，国内救済手続は限定的になるおそれがあることに留意すべきである。

6　「相互協議」による紛争解決

(1)　「相互協議」による紛争解決

　相互協議は，租税条約の規定に適合しない課税に関する申立てを行う場合又は双方居住者の取扱いに係る協議に関する申立てを行う場合の手続をいう。相互協議とは，納税者が租税条約の規定に適合しない課税を受け，又は受けると認められる場合において，その条約に適合しない課税を排除するため，条約締結国の税務当局間で解決を図るための協議手続をいう。わが国においては，租税条約において，相互協議に関する規定が置かれている。

主に移転価格課税の適用であり，移転価格課税により国際的な二重課税が生じた場合，外国税務当局との相互協議を実施して問題の解決を図っていく。

（2） 議論の焦点と改正の方向性

日本の相互協議を検討していく際には，OECD モデル租税条約25条，国税庁「移転価格事務運営要領」の基本方針・調査方法と調査官，源泉地国の執行の差異を踏まえた上で，BEPS 行動計画14（裁判例と相互協議）勧告となった事項を検討しなければならない。

相互協議の大きな問題点として，現行法において相互協議は，どのような方針で対応しているのか明確ではなく，ブラック・ボックスとなっていることである。

権限ある当局間の相互協議の合意が成立した場合には，対応的調整が行われる。本庄資教授は，「経済的二重課税を放置すると，両国間の国際取引は著しく阻害されるので，独立企業原則に基づき，必要かつ適当な調整を行うことが必要となる[11]」と述べている。この対応的調整について，わが国が締結した租税条約には対応的調整規定（租税条約 9 条 2 項等）を置くものと，置かないものがある。OECD モデル租税条約コメンタリーによると，当該対応的調整規定がない場合においても，OECD 加盟国は対応的調整に応ずることとされている。わが国とOECD 加盟国との間で締結した租税条約に対応的調整規定がない場合であっても，相互協議の合意があれば二重課税は排除されることになる。OECD 加盟国同士の相互協議における合意（対応的調整）は，OECD モデル租税条約及び移転価格ガイドラインを踏まえた取扱いになっており，国際基準に則った対応となっている。

一方，OECD 加盟国以外の国と締結した租税条約に対応的調整規定がない場合には，当該国が，対応的調整規定がないことを理由に，対応的調整に応じず二重課税が排除されないことがある。

ポスト BEPS において，対応的調整がミニマム・スタンダードとされているがこれまでの二重課税の案件，相互協議の機能不全については，未だに解決されていない側面もある。

なお，相互協議の機能不全について，経済産業省（三菱 UFJ リサーチ＆コンサルティング㈱委託）『新興国における課税問題に関する調査報告書』では，中国やインドネシアについて相互協議の機能不全が問題として指摘されている。

日本経済団体連合会は，「相互協議に対する問題を提起するような多国間取引の状況としては，例えば，移転価格で課税された事業体（A 国）の取引が 2 か

国以上（B国とC国）に分かれている場合，A国-B国間の相互協議は進行しても，A国-C国間では対応的調整規定がないため相互協議が行われない場合，A国-B国間での相互協議の結論が，A国-C国間の取引にもそのまま個別反論の機会もなく適用されるおそれがあるため，A国-B国間での相互協議を求めることができない，といったようなケースである。BEPS行動計画15において多国間協定の開発を別途行うことが重要である[12]」と指摘している。

（3）「対応的調整」

　BEPS行動計画14の勧告を踏まえ，その中でミニマム・スタンダードとして，各国は，租税条約に，OECDモデル租税条約9条2項の対応的調整条項を規定すべきとしている。

　移転価格税制は，移転価格税制の性格上，業種の特徴や市場の状況（比較可能性），取引状況，独立企業価格の算定方法が異なることから，適正及び的確な調査（執行）が求められる複雑な制度である。対応的調整は，源泉地国の日本法人の関連者に移転価格課税を行った場合に起こり，相互協議において日本の税務当局が日本法人に対して行う減額更正である[13]。措法66条の4第1項では，「…当該取引につき，当該法人が当該国外関連者から支払を受ける対価の額が独立企業間価格に満たないとき，又は当該法人が当該国外関連者に支払う対価の額が独立企業間価格を超えるとき…」と規定しており，これは，日本親会社でも，外国子会社でも，適切でない処理が行われていれば，移転価格課税が適用されることになる。

　日本ベース多国籍企業が海外進出を行った場合に，源泉地国が「条約の規定に適合しない課税」を積極的に行ってくる可能性もある。日本ベース多国籍企業の救済措置として，対応的調整を有した取扱いが一番の焦点となり，法的安定性をもたらす。

　しかし，源泉地国で課税が行われた場合において，租税条約の締結が行われていない国との紛争については，相互協議が行われないので，二重課税は解消されない。日本企業の海外進出が著しい現在においては，源泉地国で課税が行われた場合に対応的調整ができないことは，海外進出の大きなリスクになる。特に日本企業が海外進出している多くの国（中国を筆頭にアジア圏）では租税条約を締結してはいるものの，対応的調整の規定がない租税条約も多く存在する。移転価格課税だけが行われ，その救済である対応的調整の規定が整備されていない状況が続けば，日本ベース多国籍企業が租税条約を多く締結し救済措置が置かれている

国へ日本親会社を移転するおそれがある。

この対応的調整規定を求める場合には，相手国からも対応的調整を要求されることも考慮し導入する必要がある。これまで，開発途上国・新興国において対応的調整を有している国は稀であり，多くの国で紛争解決を相互協議における合意で解決を試みようとしているが，困難が生じているケースが見受けられる。相互協議では，個々の事案に応じて対応していくことになる。

ポストBEPSの段階に入り，各国が対応的調整規定を受入れるのか否か，実効性のある相互協議が可能なのかが今後の課題となる。対応的調整は，国家間の課税紛争を起こす懸念があるため，文書化による客観的な共通の情報基盤のうえで，紛争の解決を図るというルールが必要であると考えられる。

なお，経済産業省「新興国における課税問題の事例と対策（詳細版）」（2013年（平成25年）9月公表）「1.手続き面の問題（11-12頁）」において，「新興国では税の還付手続きや租税条約適用手続きが煩雑かつ時間がかかることによって実質的に還付や租税条約の恩典を受けられないケース等が見受けられる」としている。これは，開発途上国・新興国は租税手続法が国際的に共通化されていないため起こる問題である。これらは，現時点では解決していない旨を強調する。日本の対応的調整の問題は，アジア圏の対応にあると考えられる。

BEPS行動計画14の勧告を踏まえ，その中で対応的調整条項は，ミニマム・スタンダードとされた。各国は，透明性の確保により，税務当局は情報を得て，二重非課税の解消を図る上で口火を切る。二重非課税の解消と二重課税の解消までの一連を踏まえる必要があり，事後的紛争解決としては相互協議における対応的調整が中心となってくる。

7 「仲裁」による紛争解決

（1） 現行制度の概要

二重課税排除のための相互協議は，最も複雑であり国内における納税者及び課税庁はもちろんのこと，全世界における共通の課題と考えられる。二重課税の放置や課税の空白は，両国間の貿易，投資，融資，技術移転，人的役務提供などを著しく阻害するものとして思わしくない。仲裁規定は，相互協議で合意に至らず，2年（3年とすることも可能）が経過した場合の解決方法であるが，日本においては，平成23年度税制改正において，仲裁規定が導入され，同年8月に「相互協議の手続について」（事務運営指針）も改正されている。OECDのみならず，世界規模で紛争解決について力を入れている。しかし，日本においては，仲裁の経

験を有しておらず，仲裁の経験は無いところである。

　現在のところ，仲裁手続には，2016年10月にコミットした20か国・地域のうち，17ヵ国に加えて，新たに8か国・地域が導入することを選択している。対象国・地域は以下のとおりである。

　アイルランド，アンドラ，イタリア，英国，オーストラリア，オーストリア，オランダ，カナダ，ギリシャ，シンガポール，スイス，スウェーデン，スペイン，スロベニア，ドイツ，日本，ニュージーランド，フィジー，フィンランド，フランス，ベルギー，ポルトガル，マルタ，リヒテンシュタイン，ルクセンブルク。詳しくは，OECD "BEPS Action 14 peer review and monitoring" を参照されたい。

　また，日本がBEPS防止措置実施条約の適用対象として選択している条約相手国・地域は，35か国・地域であるため留意が必要となる。BEPS防止措置実施条約において，第6部仲裁（第18条～26条）において，具体的な規定がなされた。

（2）　議論の焦点と改正の方向性

　仲裁規定は，諸外国によっては国内法や租税ポリシー等の観点から，仲裁手続の導入が困難な点があることに配慮して，仲裁手続の採用の可否，また，特定の締約国との間でのみ採用すること等については，各国の個々の事情に即して判断されることが適当とされていた。しかし，BEPS行動計画14において，強制的拘束的仲裁制度の勧告を受けて現在に至っている。

　ここで，仲裁規定の欠点について確認する。OECD, "IMPROVING THE RESOLUTION OF TAX TREATY DISPUTES（以下，国税庁の仮訳を使用する）" February 2007によると，仲裁規定は，(1)国内法，政策，行政上の見地から正当化されない点，(2)仲裁の範囲，(3)EU加盟国を経由した場合の第5項の範囲とEU仲裁協定に基づく義務との調整，(4)仲裁と罰則を伴う事案等解決しなければならない欠点があるとされている。

　(1)についてパラグラフ47によれば，「国においては，国内法，政策，行政上の見地から，本項に規定されたタイプの仲裁手続が許されないし正当化されていない。例えば，憲法上の障害があり，仲裁人が税務問題を解決する妨げになるケース，あるいは国によっては，特定の国とのみ本項を条約に含める国もある」としている。(2)についてパラグラフ48によれば，「例えば，仲裁に付託することができる事案は，性質上，主として事実関係が争われる事案に限定するなど。また，例えば，移転価格又は恒久的施設の存在の問題等に関連する純粋な事実問題等特

定のクラスの事案において発生する問題に仲裁を常に利用できると定めると同時にケースバイケースで仲裁を他の問題にまで広げることも可能である」としている。(3)についてパラグラフ49によれば、「EU 加盟国は、第５項の範囲と EU 仲裁協定に基づく義務との調整」が必要としている。(4)についてパラグラフ50によれば、「一方又は双方の締約国による行為がある者に、条約規定に従わない課税をもたらす結果となった、という根拠の下に、第一項に基づき申立てられた相互協議手続で扱われたすべての事案の未解決問題の仲裁を納税者は要請することができなければならない。例えば、重大な罰則（第18.5項を参照のこと）が係るような深刻な違反の存在により、相互協議手続を利用できない場合には第５項が適用されないのは明らかである」としている。

　世界規模で事後的紛争解決方法として仲裁規定を考慮している一方、開発途上国・新興国のケースの仲裁が今後の課題となり得る[14]。開発途上国・新興国の仲裁の長短として、仲裁規定の長所として、仲裁規定は、税の紛争解決を図ることにより国境を越えた投資を呼ぶこと、国内法の救済措置の結果によっては、紛争は小さくなること、税務当局の迅速化が図れること、国によっては、仲裁の結果が、国内法の不備を是正すること、仲裁人は経験豊かであり公平な結果を生み出す等という長所がある。仲裁規定の短所として、仲裁は、紛争事案が経験豊かな国と経験が乏しい国とでは、不公平な結果を及ぼすこと、仲裁人の選定の問題、強制仲裁は、開発途上国にとって適当ではない等という短所がある（「4.2 Arbitration and the United Nations Model Convention（327-330頁）」)[15]。

　ここで、留意すべき点として、国連加盟国（開発途上国・新興国）の相互協議は、「努力義務規定（shall endeavor）」であるということが問題である。

　日本で課税が行われ日本から仲裁規定を要請し、紛争解決を選択していくケースと源泉地国で課税が行われ源泉地国から仲裁を要請していくケースがあるがどちらのケースでも同一の結果になるとは言いきれない。この点は今後の課題となる。

　相互協議が難航するケースは基本的には開発途上国・新興国のケースが多いと考えられる。これまでの国税庁相互協議室長を経験してきた、猪野茂氏[16]、角田伸広氏[17]、伏見俊行氏[18]は、評価方法の合意について相互協議が難航するケースが多くある旨を指摘している。

　仲裁規定の導入により、合意を早急に行う可能性につながることも考えられる。すなわち、課税庁に特定の期間内での合意を要求し、それに失敗するとその事項は強制仲裁で解決されるということになる。条約ルールへのもう一つの懸念は、

400 ◆ 第2章　OECD の BEPS 行動計画

それが権限のある当局を賢明でないか又は原則のない合意に急がせるのではないかという懸念もある[19]。しかし，効果的な相互協議を行うことにより，仲裁による選択は防げると考えられる。事後的紛争解決に委ねるのではなく，事前回避による選択が求められる。

　今後の影響として，OECD は，"Tackling Aggressive Tax Planning through Improved Transparency and Disclosure" 2011公表以前から，調査対象の選定において主眼をおいて議論しており，調査対象のスタンスは，変えていない[20]。すなわち，OECD は，BEPS 行動計画12等の透明性の確保（開示制度）や透明性の確保が成功したならば，将来，権限ある当局が ATP のみに調査対象をしぼり，法令順守している納税者（Compliant Taxpayers）に法的安定性，予測可能性をもたらすとしている。すなわち，大規模な ATP に調査対象をしぼるということであり，仲裁規定が適用される案件は，複雑な ATP 案件だけが残るという結果が思料される。

　したがって，事務的処理方法で強制的仲裁を選択し，仲裁事例が積み重なった結果が，今後の国内法の欠点，投資促進の停滞，執行上の差異として取り扱われないように，事前確認や相互協議で対応していく必要がある。

8　むすび

　本テーマに該当する BEPS 行動計画14は，ミニマム・スタンダード（minimum standard）とされた。その趣旨は，「BEPS 行動計画の行動14に基づいて策定された措置は，MAP プロセスの実効性及び効率性を強化することを目的としている。当該措置は，相互協議を通じた租税条約の解釈や適用に関する紛争を効果的かつ適時に解決することも含め，租税条約の一貫した適切な実施を確実にすることで，不確実性及び意図しない二重課税のリスクを最小化することを目的としている。これらの措置は，相互協議を通じた紛争の効果的な適時の解決及び迅速な紛争解決に向けた更なる進展に対する強い政治的コミットメントに裏付けられている」とされている。

　日本の取り組みとして，財務省は，本テーマの紛争解決に該当する「企業の不確実性の排除〔予見可能性〕」に関しては，「対応済み」としている[21]。一方，国税庁は，「国際戦略トータルプラン（2016年10月）」を公表し，二重課税の解消を図る上，さらに適正な執行の観点から，税務コンプライアンス度による納税者のランク付けを開始している。

　日本においては，BEPS への対処以前に，日本の海外進出状況を鑑みて，アジ

ア（特に中国）を中心とした二重課税への対処が重要である旨を本稿では主張する。

　加え，根本的に解決されていない二重課税のケースとして，経済産業省は，「業種・業界」「比較対象取引」「使用料の否認」「利益分割法」「マーケティング無形資産」「独自のレンジ」「PE 認定」を取りあげている（経済産業省「新興国における課税問題に関する調査報告書」2012年3月，同「新興国における課税問題の事例と対策（詳細版）」2013年9月，同「新興国における税務人材の現状と課税事案への対応について」2015年5月）。これらについても，改め，実効性のある課税紛争解決について模索しなければならない。

　同時に，海外進出する一方，日本企業への，「日本いじめ」ともいえる新興国（ここでは，中国を想定）のカルテル事案も相次ぎ，企業の撤退も相次いでいる状況である[22]。いわゆる，税の側面で不利になるのであれば，他の領域で日本企業を叩くという問題である。例えば，中国は，税の側面においても，権利救済制度としての裁判が十分な信頼を得るに至っておらず，移転価格調査の段階で現実に課税紛争が発生した場合でも異議申立て，不服審査手続，訴訟まで行き着かないという側面も有している（申立含む）。再度，日本の二重課税の現状を把握する必要性があると考えられる。

　本庄資教授は，「先進国と異なり権利救済制度としての裁判が十分な信頼を得るに至っていないアジア諸国では移転価格調査の段階で現実に課税紛争が発生した場合でも異議申立て，不服審査手続を経て，対決姿勢のまま訴訟に至るケースはきわめて稀であるため，各国の司法判断が明らかにされることも期待されない。日本の租税法学で課税紛争が生じた場合に事実認定や法解釈について司法判断を求めることができるのは当たり前と考えて議論しており，国際課税の分野でも同様に考えて，あれこれ議論しているが，アジア，新興国では，そのような議論は通用しない現実がある。納税者と税務当局との対決姿勢のまま「争点」について裁判でそれぞれの主張を争うことが現実にできない状態で課税紛争を処理する必要があるとき，日本の通説のいうところに従って，現地税務当局の主張する事実認定や法解釈について「司法判断を求めろ」「裁判の積み重ねで判決の定着を待つ」というような学説は，中小企業の現地法人にとって全く役に立たない[23]」と警鐘を鳴らしている。

　主な課税リスクとして，移転価格課税が挙げられるが，移転価格課税の適用は，一国の政策を左右する額に達するため，企業の反発も想定しなければならないため，根深い政策問題となっている。

さまざまな論点が浮き彫りになっているが，世界規模でポスト BEPS に対応していかざるを得ない状況下にあり，近い将来，複雑な ATP 案件において，二重課税が発生した後に，対処するのは得策ではないといえる。課税紛争を想定したルール作りまで想定すべきである。

現段階において，ポスト BEPS は，各 BEPS 行動計画に対処し，さらに，ポジションごとに，ポリシー（税制調査会・財務省，国税庁）の問題が浮き彫りになってきている。「日本の国内法においてどのように法規していくか」という問題に加え，「諸外国がどのように国内法により法規するのか」ということが大きなポイントであり，なにより諸外国の法規の仕方については，脅威である。課税紛争を論ずる前に，ATP を区分し，租税回避の定義や調査対象の選定が必要不可欠となることも重要である。

ポスト BEPS により，各国の法改正や執行の変化，はたまた，APA の中断，取消（遡及適用含む）も起こり得る。紛争解決の観点からは，事前確認制度を利用することがポスト BEPS 後も有効であり，日本ベース多国籍企業を各国からの課税の濫発から防止することにも繋がると考えられる。ポスト BEPS の国内への影響については国内法の改正が起こることは必須であることから，引続き留意が必要である。

（注）
(1) 詳しくは，税制調査会（第3回税制調査会（2016年9月29日）資料一覧），本庄資『国際課税における重要な課税原則の再検討上巻』日本租税研究協会（2014），本庄資『国際課税における重要な課税原則の再検討中巻』日本租税研究協会（2015）参照。
(2) 「ポスト BEPS」とは，OECD は，2015年10月に「2015最終報告書」を公表し，現在は，ポスト BEPS と言われ，各国は，最終報告書を踏まえた勧告に基づき，その実施段階のことをいう。
(3) BEPS は，国境を越えた「国外取引」を想定しているが，GAAR との理論的整合性については，今後の課題とする。
(4) 詳しくは，大城隼人『移転価格税制の紛争解決に関する研究』税務経理協会（2014）参照。
(5) European Commission, "The Role of the Financial Sector in Tax Planning"（IP/A/TAX-E 2 /2016-01,PE578.980）2016.
(6) 事前確認制度は，英語では，Advance Pricing Arrangement（日本，OECD 及び米国を除く諸外国）又は，Advance Pricing Agreement（米国）と呼び，APA と短縮して呼ぶことが多い。米国では，事前価格合意（Advance Pricing Agreement）は，IRS と納税者との「拘束力のある契約」であり，これにより IRS は，納税者が合意した移転価格算定方法に従って対象年度の税務申告書を提出する場合当該対象取引については，IRC482に基づく「移転価格調整」いわゆる移転価格課税を行わないことに合意するものである。それに対し，日本においては，OECD 同様に Advance Pricing Arrangement という用語を使用しているこ

とから，確認の意味合いで使用されている（本庄資「米国の移転価格課税（11回）事前価格決定合意Ｉ」『税経通信』第63巻第７号（2008），184頁，201頁）。金子宏教授は，事前適正価格合意制度と訳されている（金子宏「アドヴァンス・ルーリングについて」（社）研究情報基金「多国籍企業課税の諸問題」83頁）。

⑺　国税庁，「事前確認の概要」2010年11月，１頁。移転価格事務運営要領１-１においては，「税務署長又は国税局長が，法人が採用する最も合理的と認められる独立企業間価格の算定方法及びその具体的内容等（以下「独立企業間価格の算定方法等」という）について確認を行うことをいう」としている。

⑻　国税庁，「事前確認の概要」2010年（平成22年）11月公表，１頁。

⑼　「確認の内容」の論点として，大野雅人「事前確認手続の現状と課題」本庄資編著『移転価格税制執行の理論と実務』大蔵財務協会（2010），807頁参照。

⑽　国税庁「事前確認の概要」９頁，「相互協議及び合意（移転価格事務運営要領５-13，連結移転価格事務運営要領５-13)」

⑾　本庄資『新日米租税条約解釈研究』税務経理協会（2005），187頁。

⑿　「BEPS 行動14（効果的な紛争解決メカニズムの策定）に係わる公開討議草案に対する意見」2015年１月16日公表。

⒀　日本国が日本親法人に移転価格課税を行った場合には，相互協議において移転価格課税の一部又は全部を取消す減額更正を行うことになる。

⒁　United Nations, "United Nations Handbook on Selected Issues in Administration of Double Tax Treaties for Developing Countries" June 2013. を参考とした。

⒂　仲裁規定の長所・短所について，2010年10月 に公表された "Report by the Subcommittee on Dispute Resolution: Arbitration as an Additional Mechanism to improve the Mutual Agreement Procedure" が詳細に検討されている。

⒃　猪野茂氏は，相互協議が難航するケースや開発途上国・新興国との相互協議の困難性の状況を概説している。猪野茂「相互協議を伴う事前確認の現状について」『租税研究』第725号（2010），238-240頁参照。

⒄　角田伸広「移転価格に関する相互協議での議論の動向―二重課税問題の多様化」『租税研究』690号（2007），角田伸広「最近の移転価格による二重課税の動向について」『租税研究』699号（2008），角田伸広「相互協議手続の現状と問題点」本庄資編著『移転価格税制執行の理論と実務』大蔵財務協会（2010），角田伸広「移転価格課税紛争解決手段に関するわが国の選択肢」本庄資編著『移転価格税制執行の理論と実務』大蔵財務協会（2010），角田伸広「移転価格課税紛争解決を困難にする要因とその除去」本庄資編著『移転価格税制執行の理論と実務』大蔵財務協会（2010）。

⒅　伏見俊行「開発途上国の移転価格課税に対する対応」本庄資編著『移転価格税制執行の理論と実務』大蔵財務協会（2010）。

⒆　仲裁規定の導入により相互協議が促進されることから仲裁規定は有益との意見が多いが，警鐘をならす研究もある（Michael Durst, Robert E. Culbertson, "Arbitration to Resolve Difficult Double Taxation Disputes: The U.S. and Its Trading Partners Should Seize the Moment", Tax Mgmt. Transfer Pricing Rep., Vol.9, No.7, p211-213, 2000.）。

⒇　2015年８月に公表された "Update on Voluntary Disclosure Programmes:A pathway to tax compliance" においても，これまでと同様の記述である。

㉑　税制調査会（第３回税制調査会（2016年９月29日）資料一覧）。

㉒　「【特集】中国拠点の再構築―現地法人の再編・撤退の実務を中心に」『ジュリスト』2016

404 ◆ 第2章 OECDのBEPS行動計画

　年6月号（No.1494）。

⑵⑶　本庄資『国際課税における重要な課税原則の再検討中巻』日本租税研究協会（2015），329
　頁。

第3章

BEPS 政策パッケージの国際的コンセンサスの実施

IFRSをめぐる議論とBEPSプロジェクトにおける「連結総収入金額」を閾値とすることの執行可能性

島田眞一

1 移転価格税制に関する文書制度

　2008年秋のリーマンショック後の世界的な経済不況の下，各国の企業が厳しい市場競争を展開する中，欧米の一部の多国籍企業が各国の税制の隙間を利用して課税逃れを行う租税回避が問題となった。OECDとG20は，共同でBEPSプロジェクトを立ち上げ租税回避の課題に取り組み，2015年10月に15項目の勧告を行った。その中で，移転価格税制に関する文書制度の見直しが行われ，BEPS行動計画13「多国籍企業情報の報告制度（移転価格税制に係る文書化）」において，多国籍企業情報の報告制度に関する勧告が行われた。これは，各国の税制や国際課税ルールを現代のグローバルなビジネスモデルに適合するように再構築し，課税当局と多国籍企業グループとの情報交換によって「情報の非対称性」を解消し，多国籍企業の透明性を高めることで国際市場における公正な競争条件を確保することを目的としている。当該勧告を踏まえ，わが国においても，平成28年度税制改正において多国籍企業情報の報告制度が整備された。

　BEPS行動計画13の移転価格税制に係る文書化制度では，多国籍企業の透明性を高めるために，これまで以上に当局に情報提供が求められている。企業グループ全体像を記載する「事業状況報告書（マスターファイル）」，国ごとの収入や納税額を記載する「国別報告書」，移転価格税制に関し個々のグループ間取引について記載する「ローカルファイル」を整備するように勧告している。この結果，多国籍企業グループにとって，3種類の文書を作成するコンプライアンス・コストが増加することから，コスト負担増を回避するために，3種類の文書を共通様式で税務当局に提供することとしている。

　文書様式が共通化した「マスターファイル」及び「国別報告書」については，現地の税制に沿って導入され，多国籍企業は，当該国の求めに応じて提出することになる。当該報告制度の提出は，直前の最終親会社会計年度の多国籍企業グループの年間連結総収入金額が7.5億ユーロ基準以上の多国籍企業に提出が要求され，年間連結総収入金額が7.5億ユーロ基準未満の多国籍企業には，当該報告

義務が免除される。

　報告制度の提出免除基準7.5億ユーロが設けられたが，法令が企業に何らかの義務を課す場合に，一定規模以上の企業に限定するために企業規模基準が設けられることが多い。わが国会社法では，会社法の大会社に会計監査人制度が導入されているが，わが国の会計基準に基づいた売上高が企業規模を適正に表示しないことから，会計監査制度が要求される大会社は，会社法では資本金5億円以上又は負債200億円以上という事業規模基準が設けられている。会計監査人制度は，株主や債権者等の資金提供者の保護の観点から設けられた制度であることから，資本金と債務額の金額基準が資金提供者の観点から採用されている。英国やドイツでは開示及び監査等の観点から，大中小の会社区分が設けられているが，企業規模基準は単一の指標ではなく，売上高，総資産額及び従業員数の3つの基準を設けて総合的に判断している。3つの基準のうち，売上高が最も重要視されている。

　BEPS13の報告制度は，国際的に業務展開している大企業を対象としており，移転価格税制の観点から企業規模を判断するとすれば，売上高基準が最も馴染むことから，企業グループの連結総収入金額を報告書提出会社の企業規模の判断指標としたことは理解できる。総収入金額としているのは，売上高だけでなく，金融収入や特別利益等の収入が加算された基準であることによる。

2　IFRSと連結総収入金額との関係

　戦後，資本取引の国際化が進展する中で世界共通の会計基準の必要性が認識され，1973年にロンドンに主要国の公認会計士団体で構成される国際会計基準委員会（IASC）が設立され，IASCにより国際会計基準（IAS）の開発が進められた。IASは，2000年に証券監督者国際機構（IOSCO）により世界共通の会計基準に相応しい高品質な基準として承認され，IASは国際財務報告基準（IFRS）と改称され，IASCは国際会計基準審議会（IASB）に改組された。2005年にEUが加盟国共通の会計基準として上場会社の連結財務諸表にIFRSを導入したのを皮切りに，各国共通の会計基準としてIFRS適用国が拡大し，2017年1月現在，約120か国が強制適用し，世界共通の会計基準として定着している。

　OECD加盟国及びG20は，米国，中国，インド及び日本を除きIFRSを強制適用している。米国の会計基準設定主体である財務会計基準審議会（FASB）は，IASCが設立された1973年以来，IAS/IFRSの開発に協力し，かつ，米国基準とIFRSとのコンバージェンスに取り組み，米国基準は，会計原則を基本的に

IFRS と共有している。中国及びインドは，IFRS を一部修正した自国版 IFRS を開発し，それを強制適用しており，IFRS をほぼ全面的に受け入れている。

わが国は IFRS の任意適用国であり，現在，上場会社約3,600社のうち約120社が任意適用しているにすぎず，世界の主要国の中で IFRS の強制適用が最も遅れている国である。

現行の IFRS 収益基準は，IAS 第11号「工事契約」及び第18号「収益」で構成されているが，収益の認識・測定については一定の統一基準が設けられており，現行の 2 つの収益基準を適用する限り，「連結総収入金額」には，閾値問題は小さいと考えている。

IASB と FASB は，2006年以来，資産・負債アプローチに基づく収益基準を共同で開発し，2014年 5 月に世界共通の収益基準を公表した。IASB は，IFRS 第15号「顧客との契約により生じる収益」を公表し，2018年 1 月から強制適用される。FASB は，IFRS 第15号と同内容の Topic606号「顧客との契約により生じる収益」を公表し，2017年12月15日から強制適用となる。米国と EU 加盟国を含む約120の IFRS 適用国が共通の収益基準を適用することは，これが世界共通の収益基準となることを意味する。IFRS 第15号は，資産・負債アプローチの下，取引価格の決定及び収益の認識時期等について明確な処理基準を設けており，例外処理を容認しない厳しい基準となっている。その意味では，IFRS 第15号の下では，BEPS の7.5億ユーロの連結総収入金額基準は，各国独自の運用で閾値に差異を生み出す可能性はほとんどなく，多国籍企業の報告書提出会社の規模に閾値問題が生じる余地はないと考えられる。

なお，IFRS 第15号の概要については，「27 IFRS と BEPS 政策パッケージの関係」で説明しているので，参照されたい。

3 わが国における連結総収入金額基準の課題

世界の120か国が IFRS を導入し世界基準として定着している中，OECD 加盟国及び G20国が年間連結総収入額基準の採用を選択したのは，自然の流れであるが，問題は，わが国である。IFRS 導入が最も遅れているわが国の現行収益基準の下では，連結総収入額基準の閾値における実質的な差異が余りに大きく執行可能性に問題がある。平成28年度税制改正では，BEPS での7.5億ユーロ基準を踏まえ，年間連結総収入金額1,000億円未満基準が規定された。わが国の収益基準における1,000億円基準の閾値の問題を考えてみたい。

わが国の会計基準は，会計ビッグバン及び IFRS とのコンバージェンスの下，

金融商品会計基準，退職給付会計基準及び固定資産の減損会計等，国際水準の会計基準に次々と改訂された。しかし，肝心の収益基準については，戦後公表された企業会計原則を基本として適用してきた。わが国収益基準の IFRS 対応が遅れたのは，IASB と FASB とが共同で新収益基準を開発しており，国際的に統一される新収益基準の公表を待って対応するという方針であったことによるものと考えている。企業会計原則は，実現主義という包括的で抽象的な原則であったことから，実務上は多様な収益処理が行われ，現在の高度化・多様化した企業取引には対応できていない。わが国の収益基準に基づく連結総収益1,000億円基準は，収益の認識・測定の閾値における差異があまりに大きいことから，執行可能性について疑問の声が少なくないことは，十分に理解できる。

わが国収益基準に基づく1,000億円基準の閾値問題について，具体的に検討してみたい。

第1の問題が間接税の取扱いである。わが国の会計実務では，たばこ消費税や酒税等の会計処理について明確な定めがないことから，企業規模をできるだけ大きく表示したい日本企業は，間接税を売上高に含めて表示する傾向にある。タバコ製造会社や酒造会社が製品を出荷する際に，販売対価にたばこ消費税や酒税を上乗せして販売しているが，企業はたばこ消費税や酒税を国に代わって徴税しているのであって，それは消費者からの預り金である。現行の IAS 第18号「収益」では，間接税については，収益から控除して負債（預り金）に計上する純額表示が要求されている。

日本たばこ産業（JT）は，日本基準が明確に規定していないことから，たばこ消費税を収益に含めて総額表示してきた。2012年度から IFRS を任意適用し，たばこ消費税を IAS 第18号に準拠して売上から控除して表示した結果，比較情報として開示した2011年度の売上高が6兆1,946億円から2兆594億円に減少，すなわち，収益が3分の1に激減し，これだけの乖離があると，収益基準が事業規模の判断指標として有効に機能しないことは明らかである。IFRS 第15号は，間接税は第三者のために回収する金額として収益から控除することを IAS 第18号と同様に明確に要求しており，こうした閾値の問題が生じることはない。

第2の課題が代理人取引の会計処理である。米国では1990年代後半になるとインターネット販売が拡大した。アマゾン・ドット・コムのインターネット販売が代理人販売か本人販売かが問題となった。すなわち，アマゾン・ドット・コムは，メーカーから当事者として仕入れて販売しているのか，メーカーによる顧客への販売を単に仲介しているのかどうかということである。1999年に米国の証券取引

委員会（SEC）はSAB第101号「財務諸表における収益認識」を公表し，取引の当事者であるか否か，商品・製品の所有権を有するか否か，回収リスク，配送リスク及び返品リスクといった所有に伴うリスクと便益を保有しているか否か等に基づき判断し，実質的に代理人またはブローカーとしてサービスを提供する場合は，手数料ベースの収益認識・測定を要求した。

　商社取引には代理人取引と本人取引があるが，SECが代理人取引に厳格な純額表示を求めたことから，米国証券市場に上場している日本の総合商社の収益額に大きな影響を与えた。三菱商事と三井物産は，ニューヨーク証券市場に上場していることから，米国基準に準拠した財務諸表の開示が求められた。フォーチュン紙の2002年度売上高ランキングが10位（三菱商事）と11位（三井物産）にあった当該商社は，収益表示を総額表示から純額表示に変更した結果，2003年度では，177位（三井物産），389位（三菱商事）と大きく順位を下げている。IFRS第15号では，第三者のために回収する金額として収益から控除することが要求されており，こうした閾値の問題は生じることはない。代理人契約は，旅行代理企業や建設業の下請工事にも該当するケースがあり，その影響は大きい。

　第3にデパートの消化仕入の処理が問題となる。化粧品会社がデパート店内で化粧品を販売しているが，百貨店は，化粧品会社が顧客にデパート内で販売した時点で仕入と売上を両建計上するという消化仕入処理を行っている。IFRSでは，百貨店は，在庫リスクも販売価格決定権もないことから取引当事者でなく，売上対価と仕入代金の差額を手数料収入として純額表示することが要求される。百貨店もリスクを負担する当事者取引を行っているが，消化仕入のウエイトが大きくこれを純額表示すると，売上高の半分近くが減少するといわれている。IFRSでは，当該収益が自己の持分の増加をもたらすものではないことから，収益計上は容認されない。

　第4にポイントの会計処理も無視できない。家電量販店等では，売上高の数％のポイントを顧客に付与している。IFRS第15号では，ポイントは，顧客が新たに製品を購入する際の対価の一部を構成することから，その際に収益認識すべきものであって，ポイントの付与時には収益から控除して預かり金処理することが規定されている。わが国基準では，収益から控除し負債計上している会社と，収益から控除せずポイント引当金繰入額として販売費処理している会社があり，ポイント付与の会計処理が明確でないことから，収益額に数％の差異が生じる。

　第5に，わが国特有の有償支給処理がある。有償支給処理とは，企業が原材料や部品を下請企業に有償で支給し，加工された部品・仕掛品を下請企業から有償

支給額を含む対価で買い取る処理である。企業が下請会社に提供した部品等をあくまで自己の棚卸資産として認識し，加工収入のみを支払う処理を行っている会社もある。日本基準では双方の処理が行われており，有償支給相当額だけ収益差異が存在することになる。IFRS は，有償支給契約では下請企業に原材料や部品の支配が移転していないことから，収益認識を認めていない。

　さらに，わが国では，リベートや値引き等の変動対価を収益認識時に合理的に見積もり収益から控除して負債に計上している会社と，販売費として変動対価を処理し収益から控除していない会社がある。製品保証費の会計処理や返品権付き販売の処理も統一性に欠けており，収益額の不統一な事例は枚挙にいとまがない。IFRS 第15号では，変動対価や返品権付き販売の処理も明確に規定されており，日本基準のような曖昧な処理を容認していない。

　わが国の現行の収益基準の下では，連結企業グループの連結総収入額の実質的差異が余りにも大きすぎることから，比較可能性が確保できず，連結総収入額1,000億円基準が企業規模の実態を反映したものにならない。その意味で，閾値の執行可能性がないと判断せざるを得ない。平成28年度税制改正において適用除外基準は，新規に設けられた国別報告事項及び事業概況報告事項の二つに設けられており，国別報告事項及び事業概況報告事項の報告制度は，平成28年4月1日以後に開始する最終親会社会計年度から移転価格税制に係る文書化制度が適用されている。平成28年度税制改正に伴う報告事項は，現行のわが国の収益基準の下では閾値の幅が余りにも大きく，その執行可能性に問題がある。

　現行収益基準である IAS 第11号及び IAS 第18号においては，取引対価を測定・認識する基準が統一されていることから，IFRS が世界的に定着している現在，わが国を除く世界の主要国では，連結総収入金額7.5億ユーロの閾値が問題となるような状況にない。わが国の連結総収入金額基準1,000億円が矛盾を抱えているのは，如何にわが国が IFRS 対応で世界に遅れをとっているかを物語っている。

4　IFRS 第15号の導入を前提とした連結総収入額の閾値と執行可能性

　OECD には，2016年9月現在，ヨーロッパ諸国や英連邦諸国を中心に日本及び米国を含め35か国が加盟している。租税回避対策は世界共通の施策となっており，BEPS 対応には，OECD メンバーだけではなく，多くの新興国で構成される G20も参画しており，OECD 非加盟国（アルゼンチン，ブラジル，中国，インド，インドネシア，ロシア，サウジアラビア及び南アフリカ）も BEPS 計画に賛同

している。OECD 及び G20の国は，現行収益基準である IAS 第11号及び18号を適用しており，IFRS 第15号は，2018年 1 月以降から開始する事業年度から強制適用される。米国の現行収益基準も厳しい規定が設けられており，さらに，IASB と共同開発した新収益基準 Topic 第606号は，2017年12月15日以降開始する事業年度から適用される。その意味で，OECD 及び G20が7.5億ユーロ基準を設けたことについて，閾値等を懸念する必要はないと考えられる。

わが国の現在の収益基準が，執行可能性がないほどの大きな閾値問題を抱えていることは間違いない。しかし，国税庁が平成28年10月に公表した移転価格税制に係る文書化（FAQ）の問 6 の回答では，BEPS 最終報告書について，2020年までに行われる報告事項等の見直しに合わせて免除基準を再検討することとされている。現在，わが国の企業会計基準の設定主体である企業会計基準委員会（ASBJ）は，IFRS 第15号に基づいた日本版収益基準を現在審議中であり，2017年12月までに確定版を公表し，2018年 1 月からの早期の任意適用を目標としている。

第27章「IFRS と BEPS 政策パッケージの関係」において説明している IFRS 第15号の概要の通り，IFRS 第15号は，収益の認識・測定について，5 つのステップから構成される支配の移転枠組を構築し，各ステップにおける会計処理の原則を明確に定め，この枠組みを踏み外した例外処理を認めていない。2017年 7 月20日に公表されたわが国の IFRS 第15号版の収益基準・公開草案は，この枠組みと原則を全面的に受け入れており，移転価格税制に関する文書化制度に基づいて定められた連結総収入金額1,000億円基準は，IFRS 第15号に準拠した新収益基準で対応される限り，閾値の問題は解消され，実行可能性が問われることはないものと考えている。その意味で，わが国が抱える閾値の問題は，過渡的なものと考えられる。

BEPS プロジェクトの移転価格税制に係る文書化制度において総連結収入金額基準が採用され，世界の共通の会計基準である IFRS が，グローバル経済における公正な競争条件の確保を目的とした BEPS と結びついていることがわかった。わが国の現行収益基準が抱えている閾値問題は，わが国の企業会計基準が世界に定着している IFRS に対応できていないことが顕在化したものでもあり，私は，わが国の国際的な対応への警笛と受け止めている。

[参考資料]
日本公認会計士協会・企業会計制度委員研究報告第13号「わが国の収益認識に関する研究報告

（中間報告）―IAS 第18号「収益に照らした考察―」（平成21年12月18日）
国税庁「移転価格税制に係る文書化制度（FAQ)」（平成28年10月）
企業会計原則（昭和24年 7 月 9 日）
IAS 第11号「工事契約」
IAS 第18号「収益」
IFRS 第15号「顧客との契約により生じる収益」

27 IFRS と BEPS 政策パッケージの関係

島田眞一

1 はじめに

　海外資本市場で資金調達をした最初のわが国企業は，1961年にニューヨーク証券取引所で資金調達したソニーである。このように1960年以降，各国主要企業による海外資本市場での資本取引が急速に進展した。資本取引の国際的な拡大は世界経済の成長の証しであり，それが円滑に進展するには，投資家等の意思決定に有用な財務情報，すなわち，各国企業間での比較可能性が確保された財務情報の開示が必要である。当時，世界共通の会計基準が存在していなかったことから，1973年，主要国の公認会計士団体で構成される民間の会計基準設定主体である国際会計基準委員会（IASC）がロンドンに設立され，国際会計基準（IAS）の開発が始まった。

　世界各国の資本市場の監督規制機関（わが国では現在の金融庁）で構成される証券監督者国際機構（IOSCO）は世界共通の会計基準の必要性を痛感し，1986年に IASC にオブザーバーとして参画し，IAS の開発作業をサポートした。また，EU は，域内資本市場の統合には統一会計基準を必要としたが，加盟各国の文化，商慣行及び法制度等に基づいて開発された会計基準を統一することが困難であった。域内の統一会計基準として IAS に期待し，1990年から IASC オブザーバーとして協力してきた。

　会計基準の比較可能性確保の重要性について世界的に注目を集めたのが，1993年のダイムラー・ベンツが公表した財務諸表であった。当社は，ニューヨーク証券取引所への上場に当たり，米国基準で作成した財務諸表の開示が要求された。ドイツ会計基準に準拠して作成した連結財務諸表の純損益が6億1,500万マルクの黒字であったのに対し，米国基準による連結財務諸表の純損益が18億マルクの赤字となった。投資家にとって，ダイムラー・ベンツが優良な会社か否かが判断できず，この大きな乖離が問題となり，財務情報の比較可能性の確保がマスコミでもクローズアップされた。この乖離は，確定給付型企業年金に係る退職給付会

計や税効果会計基準等を開発し適用している高品質な米国基準と，そうでないドイツ基準との間の会計基準の品質格差にあった。

2000年，IASC が IOSCO や EU の支援の下に開発した一連の IAS は，IOSCO から世界基準に相応しい高品質な会計基準として承認された。2001年に IAS は，国際財務報告基準（IFRS）と名称変更され，IASC は，IFRS の開発に相応しい国際会計基準審議会（IASB）に改組された。IFRS は，2005年以降 EU を始め世界各国で導入され，現在，世界120か国が IFRS を強制適用しており，IFRS は世界共通の会計基準として定着している。

一方，2008年のリーマンショック以降の世界的な長期にわたる経済不況の下，多くの企業が苦しい経営環境に直面している中，一部の多国籍企業において，実質的な経済活動を行った国等から利益を税金の安い他国に移転するなどして，各国の租税制度を利用し不当に企業グループの税負担を軽減する租税回避が顕著になり，世界各国から批判の声が高まった。多国籍企業の国境を越えた租税回避に対し，2012年6月に経済協力開発機構（OECD）内に BEPS プロジェクトが立ち上げられ，これに G20が協力する形で2015年10月に BEPS15行動計画の最終勧告書が公表された。OECD 加盟国及び G20諸国は，当該勧告書に基づき租税回避のための法制化が要求され，税制面での国際的に公正な競争条件の確保が必要な時代を迎えている。

経済取引及び資本取引のグローバル化が進展する中，IFRS は，財務情報の国際的な比較可能性確保の観点から誕生し世界に定着した。BEPS は，税制面での国際的に公正な競争条件を確保する観点からの対応である。国際的に公正な競争条件の確保には，納税義務者，税率，課税所得の範囲等の政策面での公正性の確保が重要である。その背景として，各国の課税所得計算の公平性も検討に値する課題と考え，とり上げた。各国税制は，各国の企業会計基準によって算定される税引前純利益に担税力を求めており，IFRS による会計基準の国際的統一化は，連結財務諸表から個別財務諸表に拡大しつつあり，それは，税引前純利益の世界的な比較可能性の確保につながり，国際的に公平な課税所得計算の基盤形成に寄与しているといえる。国際的な課税の公平は，各国の税率，課税対象範囲及び産業・社会政策等により大きな影響を受けることから，BEPS は，各国の主権を尊重しながら租税回避の濫用防止への国際的取組みであるが，IFRS による会計基準の国際的統一化は，BEPS の目的である税制面での国際的公平性の確保と水面下で結び付いていると考えることもできる。第5章の「BEPS プロジェクトにおける連結総収入金額を閾値とすることの執行可能性」で取り上げた閾値問題は，

その一つの表れである。

　まず，IFRS の世界各国の導入状況及び IFRS の特徴を説明し，次に IFRS の利益計算システムと法人税法の課税所得計算との関係，さらに，米国の会計基準設定主体である財務会計基準審議会（FASB）と IFRS の開発主体である国際会計基準審議会（IASB）が10年近くにわたり共同開発してきた IFRS 第15号「顧客との契約により生じる収益」の概要をまとめた。

2 世界各国の IFRS 導入の現状とわが国の IFRS 対応状況

　2005年に EU が IFRS を EU 加盟国共通の会計基準として上場会社の連結財務諸表に強制適用し，豪州やニュージーランド及び香港等の現及び旧英連邦諸国が導入した。その後，IFRS を一部修正した自国版 IFRS を中国及びインドが強制適用し，ロシア及びブラジルが IFRS 導入に踏み切り，BRICs の導入が続いた。さらに，シンガポール，タイ，マレーシア，ベトナム，フィリッピン等のアセアン各国が続いて IFRS を導入し，現在，世界の約120か国が IFRS を強制適用している。2016年9月現在で国連加盟国は193か国であるが，自国内に資本市場を有するほとんどの国は IFRS を導入しており，IFRS は，現在，世界共通の会計基準として実務に定着している。

　IFRS 財団の公表では，IFRS を全面的に導入していない主要国は，米国，中国，インド及び日本の4か国とされている。米国は，戦後の世界の会計基準をリードしてきた国であり，IFRS の開発にも大きく貢献してきた。世界で最も高度化・多様化した資本市場を抱え多民族国家でかつ訴訟社会である米国では，原則主義会計である IFRS は必ずしも有効に機能しないことから，高品質のルールベース基準を維持している。FASB は，2002年以降，米国基準と IFRS のコンバージェンスを推進し，両者は基本的な原理原則を共有している。中国及びインドは，IFRS を一部修正した自国版 IFRS を開発し，それを強制適用しており，その後もコンバージェンスを続けている。

　問題は日本である。わが国は IFRS の任意適用国であり，わが国の IFRS 任意適用企業は，2017年1月現在，上場会社約3,600社のうち120社程度に過ぎない。しかも，わが国の上場会社の連結財務諸表には，IFRS，米国基準，修正国際基準及び企業会計基準と4つの会計基準が併存している。わが国の企業会計基準は，IFRS とコンバージェンスが相当に行われてきたが，収益，固定資産及び無形資産等の重要な会計基準が，戦後公表された企業会計原則を基本としており，その

上，最近公表された改訂版金融商品会計基準（IFRS 第 9 号）及びリース会計基準（IFRS 第16号）とのコンバージェンスは，これから行われる計画であり，主要国の中で IFRS 導入が一番遅れた国となっている。

なお，わが国は現在，2018年 1 月 1 日からの早期任意適用を目標に IFRS 第15号「顧客との契約により生じる収益」に基づいた日本版収益基準を開発中であり，IFRS 版収益基準の開発がわが国上場企業の IFRS 移行を大きく推進させることになるのではないかと，期待している。

3　**IFRS の特徴**

IFRS と BEPS の関係を考察する上で，まず，IFRS の特徴を説明する。

IFRS の第 1 の特徴は，IFRS が「原則主義」の会計である点にある。IFRS は，世界各国で適用される会計基準であることから，特定の国の文化，商慣習，法制度，業種規制等を前提としない原則主義の会計基準である。米国は，多民族国家かつ訴訟社会である上に世界で最も高度化・多様化した金融市場及び IT 産業等を抱えており，米国基準は，自国の法制度や業種別規制を前提とした詳細な「ルールベース基準」となっている。米国基準は，高品質な会計基準ではあるがルールベース基準であることから，商慣習や業種規制等が異なる他の国では必ずしも有効に機能しない。

一方，EU は，アングロサクソン，ゲルマン，ノルマン，ラテン，スラブ等の多様な民族で構成されているが，長い歴史の中で民族間の交流が行われ，かつ，訴訟社会でないだけに，各国の宗教，法制度，商慣習等を前提としない原則主義会計の IFRS が，有効に機能する。

IFRS の第 2 の特徴は，財務報告の目的が投資家・債権者等の資金提供者の意思決定に有用な財務情報を提供することである。戦後公表されたわが国を含む欧米先進国の会計基準の目的は，投資家，債権者，経営者，従業員，国や地方自治体等の多様な利害関係者の意思決定に有用な情報を提供することにあり，多様な利害関係者にとって共通に有用な判断指標が「当期純利益」であった。しかし，成長経済から企業の存続・発展が不透明はリスク経済に突入し，厳しい市場競争に敗れ過去に利益を計上してきた企業が突然に倒産するケースも珍しくなくなった。企業が苦境に陥った際に投資家・債権者等の資金提供者から見捨てられると，企業は資金繰りがつかず倒産する。多様な利害関係者のうち，企業の最大の利害関係者は投資家・債権者であり，IFRS は，投資家・債権者の意思決定に有用な情報提供を目的としている。財務諸表の目的は，米国基準も同様である。

IFRSの第3の特徴は,「資産・負債アプローチの公正価値会計」である。投資家・債権者にとって有用な情報は,リスク経済の下,企業の存続・発展の判断に有用な情報であり,これは,企業が将来キャッシュ・フロー(C/F)を稼ぐ能力,すなわち,企業の収益力の判断に有用な情報を提供する会計基準であるということである。そこで,貸借対照表に計上する資産は,将来C/Fを生成する能力,すなわち,公正価値(現在価値)で測定し,負債は,C/Fの流出額の公正価値(現在価値)で測定し,資産から負債を控除した公正価値測定の純資産額が,企業の存続・発展の判断に有用な情報となる。IFRSが資産・負債アプローチの公正価値会計と呼ばれるのは,公正価値測定による純資産計算アプローチの会計基準であるからである。

資産・負債アプローチの公正価値会計を財務諸表で説明すると次のようになり,純資産額が厚ければ厚いほど,企業の収益力が高いと判断される。

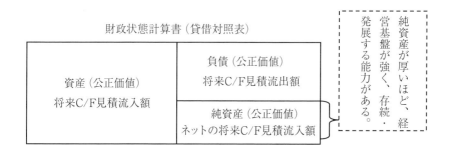

IFRSの特徴は,金融資産のみならず事業資産についても,客観性と検証可能性が確保される範囲内で毎期末に公正価値測定を行うところにある。米国や日本基準では,金融資産・負債については市場価格等が存在することから,公正価値測定を原則とするが,事業資産・負債については,市場が通常存在しないことから取得原価測定を要求している。IFRSは,例えば,固定資産及び無形資産の再評価モデル,不動産の公正価値モデル及び一定の要件を満たした開発費の無形資産の計上等,客観性と検証可能性が確保される範囲内で,事業用資産にも公正価値測定会計を導入している。

次に,資産・負債アプローチの公正価値会計の下での業績指標は,公正価値測定された当期末と前期末との間の純資産の変動額(資本取引は除く。)である「包括利益」となる。

資産 C/F見積流入額 現在価値	負債 C/F見積流出額 現在価値
	純資産 純C/F見積流入額の現在価値

資産 C/F見積流入額 現在価値	負債 C/F見積流出額 現在価値
	純資産 純C/F見積流入額の現在価値
	純資産増加額

包括利益

包括利益は，事業活動で獲得する当期純利益と期末の資産・負債の公正価値測定による未実現損益（その他の包括利益：OCI）により構成される。損益計算書で算定される当期純利益は実現利益であり，未実現利益である OCI は，将来 C/F の流出入額の判断に有用な情報となる。

> 包括利益＝（期末純資産額－期首純資産額）－　資本変動額
> 　　　　＝当期純利益（実現利益）＋未実現評価損益（その他の包括利益）

IFRS が，従来の収益・費用アプローチの取得原価主義会計と異なり，資産・負債アプローチの公正価値会計といわれるのは，原則として，毎期末に資産・負債を公正価値測定することにある。投資家・債権者にとって，実現した当期純利益は，従来通り重要な業績指標ではあるが，当期純利益を計上していた企業が突然に倒産するという企業が少なくなく，こうした倒産企業は，純資産の厚みが薄く多額のマイナス OCI を抱えているケースが多い。そのために，企業の存続・発展の判断には，将来の C/F 流出入額を表示する OCI 情報も重要な業績情報となる。現在，IFRS には次の 7 つの OCI がある。

i　海外子会社の連結過程で発生する為替換算調整差額（IAS 第21号）

ii　キャッシュ・フローヘッジの繰延損益（IFRS 第 9 号）

iii　固定資産の再評価剰余金（IAS 第16号及び第38号）

iv　確定給付型企業年金制度における数理計算上の差異（IAS 第19号）

v　公正価値で測定される資本性金融資産の評価損益（IFRS 第 9 号）

vi　公正価値オプションを選択した金融負債について，自己の信用リスク変動に起因する公正価値の変動部分（IFRS 第 9 号）

vii　売却及びキャッシュ・フローの獲得の双方を目的とする負債性金融商品の公正価値測定差額のうち金利相当分を控除した額（IFRS 第 9 号）

日本基準は，上記 i，ii，iv及びvのOCIがある。iiiに相当するOCIとして土地再評価差額金があり，viiに相当するOCIとしてその他有価証券に該当する社債の時価評価差額が存在する。米国基準も日本基準もOCIの重要性は認識しているが，企業業績という観点から，当期純利益を重視している。

財政状況及び企業業績は，次のとおり，損益計算書，その他の包括利益計算書及び貸借対照表で表示される。

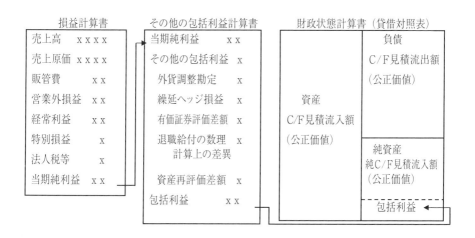

米国や日本基準も包括利益の重要性は認識しているが，使用中の事業資産は市場性に乏しいことから公正価値測定が恣意性を招くとし，取得原価主義会計を維持している。企業業績としては，事業資産が保有するオフバランスの「自己創設のれん」が抱える収益力を反映する当期純利益を重視している。なお，戦後発展した会計基準は，成長経済の下で倒産リスクが少ないことから，当期純利益の多寡が企業の将来の存続・発展の判断に有用な情報とされた。現在もなお，実現したC/F流入額を表示する当期純利益は，会社法上の分配可能利益及び法人税法の課税所得計算の基盤として重視な役割を果たしている。

現在，IASBではIFRS概念フレームワークの見直しが行われており，そこでは，当期純利益を業績として重視する旨の公開草案が公表されており，企業の業績指標として，包括利益から，若干，当期純利益に軸足を移しているようにも感じられる。業績指標として，当期純利益を重視するか包括利益を重視するかは，会計理論の問題というよりも，投資の意思決定にどちらが有用か，投資家の判断によることになると考えている。

第3の特徴は，IFRSが高品質な会計基準であることである。資産・負債アプローチの公正価値会計は，資産・負債の公正価値測定のために将来C/F流出入額の見積りが必要であり，そのために，金融理論，保険数理計算及び法人税計算等を利用した高品質な会計基準となっている。例えば，リースは，法律上では賃貸借契約であるが実質は割賦による固定資産又は固定資産使用権の購入であり，総リース料合計額を割り引いた現在価値でもってリース資産・負債を貸借対照表にオンバランスしている。確定給付型企業年金は，保険数理計算を利用して従業員の退職給付債務の現在価値を計算し，退職給付債務の増加額を基本に年金資産の評価差額を考慮し退職給付費用を計算している。会計上の資産・負債と法人税法上の資産・負債との間には課税公平や産業政策等の観点から差異があり，その差異は繰延税金負債（未払税金）及び繰延税金資産（前払税金）として貸借対照表にオンバランスされるが，税効果会計には法人税法の知識が不可欠である。

IFRSは，今日の高度化・多様化した経済取引を反映した高品質な会計基準である。従来，各国の会計基準の比較可能性が確保されていなかったのは，各国の会計基準間に品質格差があったことによる。例えば，金融ビッグバン以前のわが国の取得原価主義会計には，金融商品会計，固定資産の減損会計及び退職給付会計等の高品質な基準が存在していなかったことから，わが国企業の財務諸表には多額の含み損が隠ぺいされているとして，国際的な信頼性を失った。その後高品質な会計基準が次々と公表され信頼性を回復したが，高品質の会計基準と比較可能性の確保は，表裏一体の関係にある。

最後の特徴が，IFRSでは開示情報が充実している点である。高品質な会計基準では会計方針も複雑化し，期末に資産・負債を公正価値測定することから，経営者の判断や見積要素が多くなり，投資家・債権者がIFRS情報を分析し評価するには，経営者が採用している会計方針や見積方法等に関する情報開示が重要となる。わが国の開示情報量と比較すると，IFRSの開示情報は相当に充実している。

4 IFRS第15号「顧客との契約で生じる収益」公表の意義

2014年5月に資産・負債アプローチに基づいたIFRS第15号が公表され，この結果，IFRSの収益基準及び費用基準ともに，資産・負債アプローチ会計としてほぼ完全に整備された。IFRSも米国基準も費用関連の会計基準については，収益・費用アプローチから資産・負債アプローチの費用基準へ30年以上の歳月をか

けて移行してきた。経済取引の複雑化・高度化に対応して，確定給付型企業年金の退職給付費用，固定資産の減損損失及びリース等の高品質な費用基準の開発に迫られた。これらの費用基準は，収益・費用アプローチの発生主義会計では開発できなかった。例えば，固定資産の減損会計は，収益に対応して発生している費用でないことから発生主義に基づき収益に対応させて認識・測定できない。収益・費用アプローチの発生主義会計の下では，固定資産の収益力の低下を反映する減損損失は，固定資産の除却損・売却損として，実現時にしか認識・測定できなかった。資産・負債アプローチの下では，使用中の固定資産であっても，当該資産が将来に獲得するC/Fを見積り現在価値に割り引いて，帳簿価額と将来C/Fの現在価値との差額，すなわち資産のC/F生成力の減少でもって減損を認識・測定できる。1960年代の資産・負債アプローチに基づく企業年金費用の基準開発から始まり，固定資産の減損会計やリース会計等の高品質な費用基準は，収益・費用アプローチから資産・負債アプローチ基準に転換する中で開発されてきた。

　しかし，収益基準については，IFRSも米国基準も，2014年5月に資産・負債アプローチの収益基準が公表されるまで，収益・費用アプローチの実現主義が継続適用されてきた。それには次の理由がある。

　その一つが，実現主義は，資産・負債アプローチの収益認識と表裏一体の関係にあったからである。実現主義と資産・負債アプローチの収益基準の違いは，複式簿記仕訳における次の販売仕訳のとおり，損益項目に軸足を置くか貸借対照表項目に軸足を置くかの違いである。

| ＜収益の仕訳＞ |
| 売掛金（又は現金：B/S項目）100億円／収益（P/L項目）100億円 |

　実現主義は，販売仕訳の貸方である損益勘定100億円に着目して収益を認識・測定する基準であるが，損益勘定は，借方の実在勘定である資産・負債項目の増減理由を表示する名目勘定にすぎない。収益の実現主義は，次の2つの要件を充足することが必要であり，収益は，実質的には借方の売掛金100億円増（資産・負債アプローチ）に基づいて認識・測定していることになる。
　ⅰ　財又はサービスの移転の完了
　ⅱ　対価の確定
　実現主義は，実在勘定である借方項目の資産（売掛金100億円）の増加で認識・測定する資産・負債アプローチと結びついていることから，認識基準の開発が費用基準のように開発が不可能になることはなかった。

しかし，実現主義は，包括的・抽象的基準であっただけに，実現とはいつか，製品出荷時，到着時，検収時，据付完了時，試用運転完了時等，製品・サービスにより多様である。経済取引の複雑化・高度化に適切に対応できず，実現主義の曖昧さ利用した会計操作も跡を絶たず，高度化・複雑化に対応できないという，弱点が顕在化した。米国は，実現主義を利用した会計操作を防止するために，長い年月をかけて業種別に相当に複雑化したルールベースのガイダンス等を100以上も設定してきた。この結果，長年にわたり累積された業種別収益基準の間に統一性が確保されていないという，大きな問題を抱えた。ある業種の収益基準の見直しをしようとすると，他の業種の基準との整合性が議論となり，そこに政治力が介入し，複雑に絡み合った多数のガイダンス間の整理統合ができなかった。

米国は，1970年代に入って会計基準の開発原則である概念フレームワークの開発に取り組み，1980年半ばには，資産・負債アプローチのFASB概念フレームワークを完成した。費用基準は，当該概念フレームワークに基づき資産・負債アプローチに転換してきたが，収益・費用アプローチの収益基準を資産・負債アプローチに改善することは，業界の利害が複雑に絡み抵抗が強く前進しなかった。1990年代に入りIT関連企業の取引が拡大し，実現主義の見直しが迫られた。例えば，アマゾン・ドット・コムがインターネット販売を始めると，アマゾン・ドット・コムのネット販売は，当事者販売なのかメーカーの代理販売なのか，すなわち，アマゾン・ドット・コムの収益額は，代理手数料収入（純額表示）のみか，販売価格全額を収益計上（総額表示）するのか等，IT時代を迎え収益基準の整備が迫られた。

一方，IFRSでは原則主義会計の下，業種別収益基準の開発は行われなかったが，資産・負債アプローチのIASB概念フレームワークを公表しながら，収益・費用アプローチの収益基準を維持しているという課題があった。また，今日のビジネスでは，機械装置の売却，据付，ITシステムの開発及び保守サービス等の複数の取引が一体化した「複合取引」が重要となってきた。米国基準はルールベース基準のもと複合取引に対応してきたが，IAS第18号は，複合取引に適切に対応できておらず，IASBにも収益基準の見直しが重要な課題となった。

米国では2001年にエンロン事件が発覚し，ルールベースである米国会計基準への批判が強まった。これを契機に，FASBはIASBと共同で会計基準の見直しに取り組むことになった。FASBは，独自では既存の業種別収益基準の改訂は困難であったことから，IASBと共同で資産・負債アプローチに基づいた世界共通の収益基準を開発し，既存の業種別収益基準を一括して廃棄し，世界統一の収益基

準を米国基準として採用する方針をとった。2006年からFASBとIASBと共同で収益基準の開発が行われ，完成まで8年の歳月を要した。IFRS第15号の誕生の背景には，FASBの熱い情熱が感じられる。

2014年5月28日，IASBとFASBは，資産・負債アプローチに基づいた同一内容の収益基準を同時に公表した。米国では，従来の100以上の実現主義の業種別収益基準が一括廃止され，すべての企業に適用される資産・負債アプローチの包括的な単一の収益基準が公表された。ここでは，収益は実現主義ではなく，財・サービスの「支配の移転」により認識し，資産の増（現金又は売掛金の増）又は負債の減（前受金の減）で測定する，資産・負債アプローチに転換した。次のとおり，収益・費用アプローチの利益計算システムから資産・負債アプローチの利益計算システムに移行することになる。

> <収益・費用アプローチの利計算>
> 当期純利益＝収益（実現主義）－費用（発生主義・収益・費用対応の原則）

> <資産・負債アプローチの利益計算>
> 当期純利益＝収益（資産の増・負債の減）－費用（資産の減・負債の増：収益・費用対応の原則）

収益の認識・測定には，客観性と検証可能性の観点から，実在勘定である借方項目の資産・負債の増減で認識・測定することが優れており，収益・費用アプローチから資産・負債アプローチへの移行は，当然の流れでもある。

収益基準は，損益計算書のトップラインに表示される最も重要な財務情報であり，IASBとFASBにとって最大の課題が解決された。IFRSと米国基準が同一の収益基準を採用することは，IFRS第15号が世界共通の会計基準になることを意味する。IFRS第15号は，2018年1月以降開始する事業年度から，米国基準は2017年12月15日以降開始する事業年度から強制適用される。世界に共通した収益基準が適用されることは，経営管理情報の有用性が高まるとともに，投資家・債権者等の資金提供者の意思決定に有用な情報が提供されることになる。

5 IFRS 第15号の概要

　ここでは，世界共通の収益基準となる IFRS 第15号の概要を説明する。今日の複雑化・高度化した経済取引の下，収益の認識・測定基準が業種別に多様化し，例外処理が行われやすい環境にある。米国では，過去，業種別の多様な収益認識基準が累積し，その間の処理手続の整合性が確保されていないという，大きな課題を抱えた。IFRS 第15号は，「資産・負債アプローチ」の下で「支配の移転過程の枠組み」を構築し，既存の米国収益基準のような誤りを犯さないように，その枠組みからはみ出した例外処理を一切認めないという，財・サービスの「支配の移転」に基づく単一かつ包括的な収益基準であることに，最大の特色がある。

　IFRS 第15号は，顧客との契約から生じる収益及び C/F の性質，金額，時期，不確実性に関する有用な情報を財務諸表利用者に報告するために，財・サービスの支配の移転を忠実に表現する枠組を構築し，そこでは，次のコア原則を実現するものでなければならないとしている。

　「企業が収益の認識を，約束した財又はサービスの顧客への移転を当該財又はサービスとの交換で権利を得ると見込んでいる対価を反映する金額で描写するように行わなければならない。」

　IFRS 第15号は，コア原則が達成されるよう，財・サービスの支配が移転する過程を次の5つのステップから構成される，「単一の収益認識モデル」となっている。

　① 顧客との契約の識別
　② 契約に含まれる履行義務の識別
　③ 取引価格の決定
　④ 履行義務ごとの取引価格の配分
　⑤ 収益認識

　上記の5つのステップを経て収益を認識・測定するために，各ステップでの会計処理の原則及び判断基準を規定し，各ステップに規定された原則から乖離した例外処理を排除することで，首尾一貫した包括基準となっている。この枠組みを逸脱した業種特有の処理を容認しないというところに，新収益基準の最大の特徴がある。各ステップの概要は次頁の図のとおりである。

27 IFRSとBEPS政策パッケージの関係 ◆ *427*

ステップ1 顧客との契約の識別	→	ステップ2 契約に含まれる履行義務の識別	⇒	ステップ3 取引価格の決定	⇒	ステップ4 履行義務ごとの取引価格の配分	⇒	ステップ5 履行義務の充足による収益の認識
会計処理の対象が存在するか。		収益を「どのような単位」で認識するか。		収益を「いくら」で測定するか。				収益をいつ認識するか。

（1） ステップ1「契約の識別」

　IAS第18号「収益」の適用対象は「取引」とされ，IAS第11号「工事契約」の適用対象は「契約」とされており，IAS内でも適用対象が統一化されていなかった。わが国企業会計原則も同様である。IFRS第15号の適用対象を「取引」とすると，その範囲が明確化できない抽象的な概念であることから，会計処理が曖昧になりやすい。ステップ1では，IFRS第15号の適用対象を顧客との「契約」とし，次のとおり，5つの要件から成る契約の内容が明確化され，契約社会に相応しい基準となった。この5要件が明確化していない契約は，IFRS第15号の適用対象とならないことになる。

① 契約当事者が契約を承認（書面，口頭又は取引慣行に従って）しており，その義務の履行を確約している。

② 売手は，移転される財・サービスに関する各当事者の権利を識別できる。

③ 売手は，それらの財・サービスに関する支払条件を識別できる。

④ 契約に経済的実質がある（企業の将来C/Fのリスク，時期及び金額が変動すると見込まれる）。

⑤ 企業が顧客に移転する財又はサービスとの交換で権利を得ると見込んでいる対価を回収する可能性が高い（50％超の回収可能性があること）。

　ステップ1では，工事契約が複数の契約から構成されている場合，「契約の結合」を規定し，一つの契約として識別することを要求している。また，契約は途中で変更されることがあり，「契約の変更」を既存契約の修正と新たな契約の締結とに区分し，それぞれの会計処理を規定している。これは，IAS第11号「工事契約」に規定されていた処理をIFRS第15号に取り込んだものである。

（2） ステップ 2 「契約に含まれる履行義務の識別」

　今日，機械の製造販売，その据付及び保守サービスといった「複合取引」が増加し，特に IT 社会を迎え，コンピュータ機器の販売，IT システムの開発及びシステムの維持管理サービスの提供等，複数の取引が一体化した「複数取引」の重要性が一段と高まった。IAS 第18号では，複合取引への対応が十分に整備されていなかったことから，その会計処理に実務上相当なバラツキがみられた。そこで契約に含まれる履行義務の識別を要求し，履行義務を「収益認識単位」とし，会計処理単位を明確化した。

　米国では，1990年代に入って IT 企業等の複数取引が拡大し，IT 機器の引渡し時に IT システムの 2 年分の維持管理収入も一括して早期に収益認識するケースが顕著となった。これを防止する観点から，1997年，米国公認会計士協会がSOP97- 2 号「ソフトウェア収益の認識」を公表した。米国では複合取引の会計処理に SOP97- 2 号が有効に機能したことから，この経験が IFRS 第15号の履行義務の識別に生かされている。履行義務の識別基準として，財・サービスの販売や据付工事等が市場で個別取引されているか否かという，個々の財又はサービスのレベルでの区別可能性要件と，契約上，複数の履行義務が一体となっているかどうか（例えば，複数の履行義務を契約上一体化したことで対価が割安になっていない等），契約の文脈からの区別可能性要件を検討し，2 つの区分可能性を充足している場合に，個別履行義務を識別するとしている。

　わが国での一般的な例では，家電量販店でテレビ等を購入するとポイントが付与されるが，ポイントは次回の家電製品の購入代金に充当されることから，家電量販店は，ポイント付与を個別履行義務として識別し，収益からポイント相当額を控除して前受金として計上することになる。

　なお，工事契約のように複数の履行義務が一体となって取引が行われている場合，ステップ 2 では「履行義務の結合」を要求し，一つの収益単位として会計処理することを規定している。

　　（注）米国 NASDAQ に上場していた NEC は，複式取引について SOP97- 2 号に基づいた履行義務単位の収益処理が求められたが，SOP97- 2 号の会計処理に対応できなかったことから，2006年秋に米国証券市場から撤退した。

（3） ステップ 3 「取引価格の決定」

　収益認識・測定において取引価格の決定は重要であり，スッテプ 1 で契約上の取引価格は50％以上の回収可能性があることを要求し，回収可能性が定かでない

対価は，回収可能性が高くなるまでは収益計上が認められないことになる。ステップ３では，「取引価格」は，約束された財・サービスの顧客への移転と交換に，企業が顧客から受け取る権利を得ることが見込まれる対価をいうと定義され，取引価格は，契約条件及び実務慣行等に基づき，次の５つの事項を考慮して合理的に決定することが要求されている。

① 変動対価（リベート，割引及び値引き等の変動対価の合理的な見積り）
② 重要な金融要素（時間価値）
③ 現金以外の対価（石油業界における原油の交換取引等）
④ 顧客に支払われる対価（販売店が顧客に支払う割引等を企業が負担する場合の処理）
⑤ 第三者のために回収する額（間接税や代理取引）

上記①では，リベート，割引及び値引き等の「変動対価」の会計処理が規定されている。IFRS第15号では，リベート等の変動対価の算定方法は販売契約に規定されていることから，企業は，収益計上時に変動対価を合理的に見積もって収益から控除し，変動対価相当額は収益認識・測定時に負債計上することが要求されている。わが国では，契約上の取引価格で収益認識し，変動対価の支払時及び支払義務確定時に販売費等で処理しているケースが一般的である。変動対価を販売費として処理する日本基準と収益から控除を要求するIFRSとでは，売上高に乖離が生じる。なお，変動対価が合理的に見積もれない場合は，合理的な見積りが可能になるまで収益認識ができないことになる。

また，わが国基準は，割賦販売には収益と利息収入の区分処理を要求していないが，ステップ３の上記②では，売掛金回収に１年以上の期間を要する場合には，現在価値に割り引いて収益計上し，収益と利息収入の区分計算が要求されている。

わが国の会計実務の相当に大きな影響を与えるのが，ステップ３では，「第三者のために回収する額」の収益からの控除が規定されていることである。具体的には，販売代金に含まれる間接税や代理業務の収益処理の取扱いについて，わが国基準では総額表示と純額表示の区分が明確でないことから，わが国企業は，事業活動を大きくみせるために，総額表示を選択している企業が少なくない。

＜間接税＞

ガソリン，たばこ及び酒類の製造販売企業等は，製品の出荷時点で課税される間接税（ガソリン税，タバコ消費税及び酒税等）の納税義務を負い，販売代金により間接税の回収が予定されている。IFRS第15号では，収益は，持分の増加をもたらす経済的便益の流入のみを反映すると定められており，企業は，国による

徴税業務を実質的に代行しているにすぎない間接税については，収益から控除し，預り金として計上することになる。

2012年3月期からIFRSを任意適用した日本たばこ産業（JT）は，たばこ税を売上から控除して表示した結果，2011年3月期の売上高は，6兆1,946億円から2兆594億円と3分の1に激減し，その影響額は如何に大きいか理解できる。

　＜代理業務の収益＞

米国では，1990年代後半に入るとネット販売が拡大した。アマゾン・ドット・コム等のネット販売に係る収益は，ネット販売取引価格の全額なのか，販売手数料のみかが問題となった。現実の製品は，通常，ネット運用者の仲介により製造企業が顧客に直接送付しているケースが多く，ネット販売企業が取引の当事者なのか代理人なのかで，収益額が大きく異なる。企業が当事者である場合は，総額表示が要求され，財・サービス販売の仲介である場合は，仲介手数料のみを収益として認識することになる。第3ステップは，以下の指標を充足する場合は，代理人取引となり純額表示を要求している。

　　i　企業以外の他の当事者が，契約履行の主たる責任者である。

　　ii　企業が，顧客の注文，出荷中又は返品時に，在庫リスクを有していない。

　　iii　企業が特定の財又はサービスの価格設定において，裁量権を有していない。

わが国においては，ネット販売業者のほか，例えば，デパートが化粧品等を場所貸し販売している場合，デパート店内で販売会社が顧客に販売した段階でデパートが販売会社から仕入れ，同時に販売した契約となっている。これは「消化仕入取引」と呼ばれているが，デパートは，在庫リスクや価格設定の裁量権もないことから実質は，代理業務に準じる取引となり，IFRS第15号を適用すると，デパートの販売高は半減するといわれている。また，旅行代理店が顧客から受領する航空機予約代金やホテル予約代金も，預り金とし収益から控除することになる。商社は，代理業務と当事者業務があるが，代理業務が多いことから，相当な減額となる。

26においてBEPSプロジェクトにおける「連結総収入金額」の閾値問題を取り上げているが，この問題は，スッテプ3での会計処理がわが国では明確化されていないことから生じており，IFRS第15号がわが国に導入されると，取引価格の決定が明確化され，わが国企業が抱える連結総収入金額基準における執行可能性の懸念は払拭される。

27 IFRS と BEPS 政策パッケージの関係 ◆ *431*

（4） ステップ4 「履行義務への取引価格の配分」

　ステップ1で IFRS 第15号の適用対象である契約が識別され，契約が複数の履行義務を含む複合取引である場合，ステップ2で履行義務の識別が行われて収益認識単位が確定され，ステップ3で変動対価や第三者のために回収する額等が収益から控除され，契約全体の取引価格が算定される。ステップ4では，複合取引の取引価格を「独立販売価格」の比率に基づき各履行義務に配分することが要求されている。

　通信業界は，携帯端末と通信料のセット契約（例えば，通信料2年間契約）が一般的であり，携帯端末を安価に設定し通信料に収益を上乗せする取引が行われている。

　携帯端末と通信料とは収益認識単位が異なることから，独立販売価格の比率で取引価格を各履行義務に配分する必要がある。

　通信業界は，IFRS 第15号の独立販売価格に基づく取引価格の配分に強く反対したが，IASB 及び FASB は業界の主張に譲歩しなかった。通信業界に例外処理を認めると，他の業界の特殊性も考慮しなければならなくなり，単一の包括収益モデルが崩壊することになる。FASB は，過去，業種別に多様なガイダンスを公表し，累積した多数の例外処理の改善に苦しんだ経験から，ステップ4「履行義務への取引価格の配分」でも，例外処理を絶対に認めないという基本姿勢を貫徹した。

（5） ステップ5 「履行義務の充足による収益の認識」

　収益を，いつ，認識するかが収益基準の重要なポイントとなる。ステップ5では，資産・負債アプローチに基づき，財・サービスの支配の移転，すなわち，履行義務の充足時に収益を認識するとし，履行義務の充足を次の2つに区分している。

① 一定期間にわたり充足される履行義務
② 一定時点で充足される履行義務
＜一定期間にわたり充足される履行義務の収益認識＞

　履行義務の充足区分として上記①を最初に規定し，①に該当しない場合は②に該当するとした。まず，次のいずれかに該当する場合は，一定期間にわたる履行義務の充足に伴い収益を認識するとしている。

A　顧客が，企業の履行によって提供される便益を，企業の履行につれて同時に受け取って消費する場合である。これは，清掃サービスの提供や電力供給

のように定期的・継続的にサービスを提供する履行義務の収益認識である。

B　企業の履行によって，資産（例えば仕掛品）が創出されるか又は資産の価値が増価し，それにつれて顧客が創出又は増加した資産を支配する場合である。これは，顧客の土地にビル等を建築する場合の工事契約等が該当する。

C　企業の履行により企業が他に転用できる資産が創出されず，企業がそれまでの履行についての支払を受ける権利を有しており，かつ，企業が契約を約束通り履行すると見込んでいる場合である。これは上記の２つに該当しないケースで，例えば，コンサルティング契約によるサービス提供が該当する。創出された資産が転用できるか否かが重要な要件となる。

上記 A，B 及び C に該当する一定期間にわたり充足される履行義務は，建設工事や IT システムの開発等のように，スッテプ１の契約の結合及びステップ２の履行義務の結合と相互に関連したケースが多い。一定期間にわたり充足される履行義務に係る収益の認識・測定は，完全な充足に向けた進捗度を測定することにより，一定期間にわたり収益認識しなければならない。通常，工事進行基準としてコストによる進捗度が利用されるが，合理的な進捗度が得られていない場合は，合理的に測定できるようになるまでの間は，発生コストの範囲内で回収可能見込額を収益認識する（原価回収基準）。

＜一定時点で充足される履行義務の収益認識＞

一定期間にわたって充足される履行義務の要件を満たさない場合は，「一定時点で充足される履行義務」に該当する。これは，通常の財・サービスの販売・提供であり，収益は，財・サービスの支配が顧客に移転した時点で認識される。「支配の移転」に関する判断指標は，次のとおり５つ示されており，これらを総合して支配の移転を判断する。

ⅰ　企業が支払を受ける現在の権利を有している。

ⅱ　顧客に法的所有権がある。

ⅲ　企業が顧客に財の物理的占有を移転している。

ⅳ　顧客が当該資産の所有に係るリスク及び便益を有している。

ⅴ　顧客は当該資産を検収し受け入れている。

IFRS では，従来の実現主義要件のほかに占有権の移転を要件としており，わが国で多く採用されている出荷基準は，特約により出荷段階で支配の移転がない限り，原則として認められないことになる。

6 IFRS 第15号のわが国導入による影響

　IFRS 第15号は，IASB が米国と共同開発した収益基準であり，これは世界共通の収益基準となる。2017年１月現在，わが国の IFRS 任意適用会社は120社程度であり，これからも任意適用会社は順次増加する。2018年１月以降開始する事業年度から連結財務諸表に IFRS 第15号が強制適用されるが，わが国の IFRS 任意適用会社が個別財務諸表に現行の日本収益基準を適用するとなると，収益情報について IFRS と日本基準の二重の会計帳簿や会計システムが要求され，上場会社の事務負担が大幅に増加する。また，収益情報は基本的な財務情報であるだけに，収益基準の連結と個別財務諸表の分離は，経営管理情報や投資情報としても有用性を欠くことになり，企業にとっても投資家にとっても回避しなければならない課題である。

　わが国は，2016年５月から IFRS 第15号に基づいた日本版収益基準の開発に着手し，2017年７月20日に公開草案を公表しており，2017年末までに最終基準を公表する予定である。わが国は，2018年１月１日以降開始する事業年度からの早期任意適用を目標としており，３年間の準備期間を設けた上でわが国の金融商品取引法適用会社や会社法上の大会社の連結及び個別財務諸表に強制適用されることになる。

　わが国の収益基準としては，現在，戦後公表された企業会計原則（昭和24年７月９日）が基本的に適用されている。企業会計原則は，収益・費用アプローチの下，実現主義で収益を認識・測定する。実現主義とは，「売上高は，実現主義の原則に従い，商品等の販売又は役務の給付によって実現したものに限る。」とされ，財貨又は役務の移転の完了と対価の確定の２要件の充足を要求している。実現主義の特殊事例とし，注解６「実現主義の適用について」において，委託販売，試用販売及び予約販売の収益認識要件を示し，割賦販売は代金回収が長期にわたることから，将来の貸倒損失に備え引当金等の対応を要求する一方，例外として，割賦金の回収期限到来日又は入金日基準という簡便法を容認している。工事契約については，企業会計原則の注解７「工事収益について」において，工事進行基準と工事完成基準の認識要件を定め，任意選択としている。

　わが国の収益基準は，企業会計原則が規定する実現主義で対応してきたが，2000年に入って，次の２つの基準が公表され，現在，日本版 IFRS が審議されている。

（1） 実務対応報告第17号「ソフトウェア取引の収益の会計処理に関する実務上の取扱い」（2006年3月）

　1990年代後半になるとITシステム関連企業が多数誕生し，2000年以降新興市場に上場するIT企業も現れた。経済状況がよくないこともあり，IT関連企業の粉飾事件が相次いだ。ソフトウェアは無形資産であり，その実在性の把握が困難なことを利用した会計不正が続発したことから，米国基準のSOP97-2号等を参考に，2006年3月に実務対応報告第17号が公表された。これは高品質な基準ではあるが，ソフトウェア関連企業に限定され，かつ，実務対応報告であり，当面の取扱いを示したガイダンスにすぎない。

（2） 企業会計基準第15号「工事契約に関する会計基準」（2007年12月）

　わが国の工事契約の会計処理については，企業会計原則が工事進行基準と工事完成基準の任意選択を容認している等，IFRSが受け入れられない処理が定められ，かつ，工事損失引当金の計上が要求されていない等，明確性も欠いていた。EUの同等性評価において工事契約の会計基準の問題点が指摘され，2007年12月にIAS第11号「工事契約」とコンバージェンスした企業会計基準第15号が公表された。

（3） 包括的新収益基準の公開草案 （2017年7月20日）

　現在，収益基準としては，戦後に公表された抽象的な実現主義を採用する企業会計原則が基本的に適用され，緊急対応として，上記2つの基準が公表されている。2016年以降，ASBJにおいて，IFRS第15号に基づいた包括的収益基準の開発が精力的に進められており，2017年7月20日に公開草案が公表された。当該公開草案は，全面的にIFRS第15号を受け入れた上で，わが国の会計実務を考慮し，重要性の観点から，以下の7つの代替的な取扱い（簡便法）が提案されている。
　　①　契約の変更
　　②　履行義務の識別
　　③　一定期間にわたり充足される履行義務
　　④　一定時点で充足される履行義務
　　⑤　履行義務の充足に係る進捗度
　　⑥　履行義務への取引価格の配分
　　⑦　契約の場合，履行義務の識別及び独立販売価格に基づく取引価格の配分
　　ASBJは，公開草案に対するコメントについて審議し，2017年中に確定版を公

表し，2018年1月以降からの早期任意適用した上で，3年間の準備期間をおいて強制適用に移行する予定である。

7 IFRS第15号と法人税法の関係

IFRS第15号は，損益計算書のトップラインに表示される最も重要な財務情報であり，これがわが国に導入されると，わが国の法人税法との関係はどうなるか考えてみたい。

まず，企業会計基準と法人税法の関係を振り返ってみると，旧商法は，1962年（昭和37年）改正において，企業会計原則の定着状況を踏まえ，従来の財産法を変更して「損益法」である企業会計原則を受け入れた。確定決算主義の下で旧商法と結びついている法人税法は，1967年（昭和42年）の法人税法改正において「税務行政の簡素化」の観点から，法人税法第22条第4項の公正処理基準規定を設け，企業会計原則を受け入れる法体系を整備した。

1990年後半から始まった会計ビッグバンにおいて，わが国に金融商品会計基準や退職給付会計基準等の国際水準の会計基準が導入され，さらに，その後のIFRSとのコンバージェンスにより既存基準の改訂が次々と行われた。株式会社の会計制度は，株主等へのディスクロージャー機能と配当可能利益計算機能の双方を有していることから，2005年の会社法へ全面的改訂の際に，会社法第431条「株式会社の会計は，一般に公正妥当と認められる企業会計の慣行に従うものとする。」が設けられ，激変する会計基準を受け入れる法体系が整備された。

なお，配当可能利益計算の観点から，資産・負債アプローチの公正価値会計の下で発生する未実現評価差額（OCI）のうちキャッシュ・フロー流入が未実現の評価差益額については，配当規制の規定が設けられ調整が図られている。

法人税の課税所得は，益金から損金を控除して算定される。法人税法の課税所得計算は，確定決算主義，公正処理基準及び損金経理要件の下，企業会計基準及び会社法の計算規定と密接に結び付いている。法人税法は，会計ビッグバンの下で公表された金融商品会計，退職給付会計，固定資産の減損会計等のほか，IFRSとのコンバージェンスに伴い公表された工事契約に関する基準や棚卸資産の評価に関する基準等について，法人税法第22条第4項の下，課税の公平及び客観性・検証可能性の確保を考慮し，ケースバイケースで巧みに対応してきている。例えば，金融商品には市場価格が存在することから金融商品会計基準を基本的に受け入れており，退職給付会計や固定資産の減損会計等の見積要素の多い費用項

目の損金算入は，受け入れていない。

今後とも，わが国の企業会計基準とIFRSとのコンバージェンスは進行するが，法人税法は，確定決算主義，法人税法第22条第4項の公正処理基準規定及び損金経理要件の現行法体制の下，課税の公平及び客観性と検証可能性の確保を考慮し，ケースバイケースで対応していくものと考えられる。

現在開発中の新収益基準の適用は，金融商品取引法適用会社の財務諸表のみならず，会社法上の大会社（資本金5億円以上又は負債200億円以上の株式会社）の連単双方の財務諸表に適用される。会社法上の大会社数は約1万社といわれており，連結財務諸表に含まれる連結子会社にも新収益基準が適用される。私が日本公認会計士協会勤務中，2005年当時の有価証券報告書から個人的に算出した連結子会社数は約7万社もあり，新収益基準が適用される会社数は相当な数となる。

8 IFRSの利益計算アプローチと法人税法の課税所得計算の関係

IFRSの利益計算アプローチは，IFRS第15号が公表され，収益及び費用がともに資産・負債アプローチの会計基準として整備された。わが国の法人税法第22条第4項の公正処理基準規定は，戦後公表された企業会計原則である収益・費用アプローチの取得原価主義会計，すなわち，収益は実現主義で，費用は発生主義と収益・費用対応の原則で認識・測定し，その差額として当期純損益を計算するアプローチを前提に規定された基準である。企業会計原則は，余りに包括的で抽象的であり，複雑化・高度化した経済取引における益金・損金の認識・測定基準として，客観性と検証可能性の観点から必ずしも有効に機能しない。そこで，法人税法通達により，詳細な益金・損金の認識・測定の規定が設けられ，一般的には，益金は「権利確定主義」，損金は「債務確定主義」の観点から，通達で規定されていると解釈されている。

| 会計：当期純利益＝収益（実現主義）－ 費用（発生主義と収益・費用対応の原則） |

| 法人税法：課税所得＝益金（権利確定主義）－ 損金（債務確定主義） |

上記のような，法人税法通達による，実現主義から権利確定主義への移行，発生主義と収益・費用対応の原則から債務確定主義への移行は，資産・負債アプローチと基本的に矛盾していないことを説明しておきたい。

両者の差異は，収益及び費用取引における複式簿記仕訳においてみてみると，損益計算書（P/L）項目に軸足を置いて収益・費用を認識・測定するか，貸借対照表（B/S）項目に軸足を置き資産・負債の増減に基づいて収益・費用を認識・測定するかの違いであり，一つの取引をどちらの視点から眺めるかの差異にすぎない。法人税法通達は，客観性と検証可能性のある資産・負債アプローチの観点から収益及び費用を解釈しているにすぎないといえる。

したがって，IFRSの資産・負債アプローチの利益計算システムは，法人税の課税所得計算と本質的な差異はないことになる。法人税法は，収益・費用アプローチの企業会計基準よりも，資産・負債アプローチの利益計算システムであるIFRSに，より親和性を有しているといえる。

> ＜資産・負債アプローチの利益計算＞
> 当期純利益＝収益（資産の増・負債の減）－費用（資産の減・負債の増：収益・費用対応の原則）

> ＜法人税法の課税所得計算＞
> 課税所得＝収益（権利確定主義）－費用（債務確定主義）

ただし，IFRSは包括利益を企業業績としてとらえ，その上で，包括利益を当期純利益とOCIに分けて認識・測定しており，ここでの法人税法とIFRSの関係は，包括利益を構成する当期純利益計算との関係であることを念のために付け加えておきたい。資産・負債の公正価値測定から生じる未実現差額であるOCIについては，それが当該事業年度のC/Fの流出入と直接に結び付いていないことから，法人税法は，原則，受け入れていない。

以上述べた通り，法人税法は，原則的にOCIを除きIFRS第15号を受け入れるものと考えている。法人税法に馴染まない処理は別段の規定で排除することになるが，法人税法が排除するIFRS第15号の収益処理は，相当に限定されたものになると予想している。第三者のために回収する金額の控除は，わが国企業の財務諸表への影響は大きいが，それは表示の問題であって損益上の差異ではないことから，法人税は関与しない処理である。

IFRS第15号の処理のうち，例えば，次の取引について，法人税法上，検討の余地があるのではないかと考えている。

438 ◆ 第3章 BEPS 政策パッケージの国際的コンセンサスの実施

（1）　不動産の支配の移転時期

　不動産の譲渡において対価が全額支払われ所有権が移転していたとしても，売主に一定期間の使用条項が付いた譲渡は，IFRS では占有権が買主に移転していないことから，収益認識できない。例えば，譲渡した土地に譲渡会社の製品が大量にあり，他の倉庫に空きができるまで，3か月間置かせてもらうことが契約条件になっている場合がある。法人税法上，契約に従い代金が全額支払われ不動産の移転登記がなされたにもかかわらず，占有していないことをもって譲渡していないとみなすのかどうか，検討の余地がある。

　不動産の譲渡契約は返品権等いろいろな条件が付されているケースが少なくないことから，支配の移転と権利確定主義の間には若干の差異があり，不動産の譲渡ではこれらが検討課題になると考えられる。

（2）　変動対価の測定

　IFRS 第15号では，値引き，割引及びリベートの変動対価は，収益認識時点で合理的な見積りを行い，収益から控除するが，日本の会計実務では，債務確定主義に基づき販売費等で処理されている。変動対価は，支払時又は債務確定時に事後的に費用処理する日本基準と，収益認識時に合理的に見積もって収益認識するIFRS 第15号とでは，変動対価の処理においてタイムラグが生じ，収益測定額に差異が生じる。合理的な見積りと債務確定主義の間には差異があり，変動対価の合理的な見積りという IFRS の処理に法人税法がどのように対応するか注目される。

9　IFRS と BEPS 政策パッケージの関係

　BEPS は，経済取引のグローバル化が進展する中，各国税制度の乖離の過剰な濫用による多国籍企業の租税回避を抑止し，税制面での国際的な市場競争条件の公正性を確保し，世界経済の健全な発展を目的にしたものである。IFRS は，資本取引のグローバル化が進展する中，国際的に統一した会計基準により投資家等の意思決定に有用な情報を提供し，企業の円滑な資金調達と資本市場を通じた金融資金の効率的な配分を通じ，世界経済の健全な発展を目的としている。

　各国の法人税法では，個別財務諸表に表示される税引前純利益に担税能力を求め，課税の公平及び産業政策等を考慮し，税引前純利益を基本に課税所得を算定するシステムが採用されている。経済活動の多様化・高度化に伴い激変する経済環境下において，法人税法が詳細な課税所得の算定基準を規定することは事実上

不可能であり，その意味で，課税所得計算は，確定決算主義の有無にかかわらず各国の企業会計基準に準拠することになると考えられる。

IFRS の目的は，投資家の意思決定に有用な財務情報を提供するという観点から，上場会社の連結財務諸表への適用を前提とした会計基準である。各国の個別財務諸表は，会社法における配当可能利益や法人税法の課税所得計算と密接に結び付いており，各国とも程度の差はあれ，連単の会計基準は分離しているが，IFRS の適用が各国の個別会計基準に取り込まれ，徐々に拡大していることも事実である。IFRS 導入後の EU 諸国の動きをみると，連結財務諸表と個別財務諸表の差異をできるだけ縮小しようという動きがみられる。英国では大企業の個別財務諸表に適用する企業会計基準としては，IFRS と英国基準のどちらかの選択が認められている。ドイツは，個別財務諸表と税法が固く結び付いていることから，税法での損金経理には個別財務諸表での表示処理が要求され，税法が個別財務諸表を規制する逆基準性が問題となった。現在では，税法が個別財務諸表の会計処理を規制するという逆基準性を解消する措置が講じられている。米国では，FASB が上場会社の会計基準とのバランスを考慮しながら，非上場会社の会計基準を開発しており，米国の Topic 第606号は，非上場会社にも適用される。

わが国の企業会計基準は，個別財務諸表の会計基準として発展し，会計ビッグバンの下，旧証券取引法が改正され，個別財務諸表中心の開示制度から連結財務諸表中心に移行したが，わが国の連結財務諸表は，個別財務諸表に基づいて作成されることが規定されており，連単財務諸表の間では，基本的に企業会計基準を共有している。わが国の個別財務諸表には，その他の包括利益計算書がないとか，退職給付会計の数理計算上の差異のオフバランス処理が要求されていない等の若干の差異はあるが，企業会計基準は，基本的には連単分離していない。今後，IFRS とのコンバージェンスが進行する中で連単分離事項の発生も想定されるが，極めて限定的なものになると考えている。

税務が企業業績に担税力を求めている関係から，税務と会計は，各国の個別財務諸表と緊密な関係にある。しかし，税務は，国家主権と直接結び付いており，IFRS は，資本取引のグローバリゼーションが進展する中，投資家の意思決定に有用な情報提供という観点から，国家主権からは独立して誕生した国際会計基準である。その意味では，IFRS と BEPS の誕生に連携関係は存在しない。一方，双方とも，経済取引のグローバリゼーションが著しく進展する中で，国際的に公正な市場競争を確保しようという，共通した理念が背景にあるといえる。現在，IFRS は，国際基準として世界の会計実務に定着し，連結財務諸表の作成基準で

ある IFRS が各国の個別財務諸表に浸透しつつある。連単の会計基準が分離することは，投資家情報及び経営管理情報の有用性の低下を招くとともに，個別財務諸表を修正して連結財務諸表を作成するコスト負担が大きくなる。少なくとも，上場企業においては，会計基準の連単一致の流れは，今後とも，継続するものと考えている。その代表的なものが，ここで取り上げた IFRS 第15号による収益基準の国際的統一化である。また，IFRS は，複数の会計方針の選択を認めると企業間の比較可能性が損なわれることから，できるだけ会計方針を一本化する方向にある。固定資産の減価償却方法一つをとってみても，IFRS の普及とともに上場企業の固定資産の減価償却方法は，定率法又は定額法の任意選択から定額法に世界的に移行しており，わが国上場企業においても定率法から定額法に変更する企業が増加している。ドイツ税法においては定額法に移行しており，わが国税法においても，近い将来，機械・装置の減価償却方法の定額法への移行が想定される。

　税法は，課税の公平・客観性の確保及び産業政策等の観点から，各国主権の下に企業の当期純利益に修正を加えており，そこから生じる税と会計の乖離は不可避である。しかし，徐々にではあるが，IFRS が各国の個別財務諸表へ浸透しており，IFRS 適用に伴う当期純利益の比較可能性の確保が，課税所得における大企業の国際的乖離の縮小に寄与していることは否定できない。

　私は，IFRS による当期純利益の国際的比較可能性の確保が，課税所得面で国際的に公正な競争に水面下で寄与していると，認識している。これは，偶然の結果に過ぎないという意見もあろうが，IFRS 及び BEPS には経済取引のグローバリゼーションという大きな潮流が背景にあり，偶然の結果という以上に意味のあるものと理解している。こうした観点から，BEPS と IFRS との関係を取り上げたが，皆様の参考になれば幸いである。

[参考資料]
企業会計原則（昭和24年）
財務報告に関する IFRS の概念フレームワーク
IAS 第11号「工事契約」
IAS 第18号「収益」
IFRS 第15号「顧客との契約により生じる収益」

28 IFRSと多国籍企業の文書化・国別報告との関係

川田　剛

1　問題の所在

　周知のように，OECD では「税源浸食と利益移転（Base Erosion and Profit Shifting，いわゆる BEPS）」プロジェクトの行動13において，多国籍企業による租税回避を防止するため，国際的な協調のもと，税務当局が多国籍企業の活動やタックス・プランニングの実態を把握できるようにするため，タックス・プランニングの義務的開示制度などと並んで多国籍企業情報の報告制度（いわゆる移転価格税制に係る文書化）を創設すべしとの提案がなされている。

　なかでも，移転価格税制に係る文書化については，参加国が実現義務を負うミニマム・スタンダードとして位置づけられている[1][2]（BEPS プロジェクト行動13「移転価格文書化及び CbC レポートに関するガイダンス」）。

　このレポートを踏まえ，各国ともその早期導入に努めている。ちなみに2016年末における BEPS プロジェクト行動13の実施状況は次のようになっている[3]。

［グループ1］　CbC レポート，マスターファイル，ローカルファイルとも完全法制化完了

　　　　　　　オーストリア，ベルギー，中国，ドイツ，韓国，日本，メキシコ，オランダ，スペイン等

［グループ2］　CbC レポートについてのみ法制化

　　　　　　　ブラジル，カナダ，ルクセンブルク，米国等

［グループ3］　CbC のみドラフト段階

　　　　　　　マスターファイル，ローカルファイルは導入検討中

　　　　　　　スイス

［グループ4］　CbC レポートのみ，かつ，ドラフト段階

　　　　　　　フランス，イタリア，シンガポール

［グループ5］　CbC レポートについて意見聴取段階

　　　　　　　香港

［グループ6］　CbC レポートについて導入意向表明のみ

バミューダ

わが国では，平成28年度の税制改正で，共通様式に基づいた多国籍企業情報の報告等（移転価格に係る文書化）の整備が図られている[4]。

これらの文書は，原則として「最終親会社等」が当該親会社所在地国の税務当局に提出し，当該税務当局が子会社所在地国の税務当局に自動的情報交換をする形で共有することが予定されている（措法66の4の4①）[5]。

このように，「国別報告事項（いわゆるCbCレポート）」の内容及びそれらの情報の各国間共有方法等については，BEPSプロジェクト行動13のCbCファイル及びそれを受けたわが国の「国別報告事項」においてかなり詳細に規定されている。しかし，その計算をどのような基準（税務基準，会計基準）によって行うべきかについては，IFRSのそれが念頭におかれているものの，各国の自由度をかなり容認したものとなっている。

そのため，実務上その解釈等をめぐって差が生じてくる可能性がある。

2 現行制度の概要

（1） わが国における国別報告事項の概要

前述したように，わが国では，平成28年度の税制改正で，「特定多国籍企業グループに係る国別報告事項の提供制度」が創設された[6]。

具体的には，次のような内容のものとなっている。

① 「最終親会社等」又は「代理親会社等」による「国別報告事項」の提供（条約方式）

特定多国籍企業グループの構成会社等である内国法人（最終親会社等又は代理親会社等に限る）は，当該特定多国籍企業グループの各最終会計年度に係る国別報告事項（総収入金額，所得税額，資本金額，従業員数，有形資産額，主要事業等を記載したもの）を，当該各最終親会社会計年度終了の日の翌日から1年以内に，特定電子情報処理組織を使用する方法（e-Tax）により，当該内国法人の本店又は主たる事務所の所在地の所轄税務署長に英語で提供しなければならない（措法66の4の4①，措規22の10の4④）[7]。

② 例外方式…子会社方式

わが国との間で租税条約が締結されていない場合又は租税条約が締結されていても当該居住地国の税務当局が国別報告事項に相当する情報をわが国に提供できないと認められる場合には，条約方式に代えて「子会社方式」による国別報告事項の提供を求める（措法66の4の4②，措令39の12の4①，措規22の10の4④）。

③　最終親会社等届出事項の提供

　国別報告事項を所轄税務署長に提供する者は，特定多国籍企業グループの各事業年度に係る「最終親会社等届出事項⁽⁸⁾」を所轄税務署長に提供しなければならない（措法66の4の4⑤）。

　なお，最終親会社等届出事項を提供しなければならない者が複数ある場合には，それらの者のうちいずれか一の法人が代表してそれらの提供をしたときは，それ以外の者は提供を要しないこととされている（措法66の4の4⑥）。

④　国別報告事項の不提供に係る罰則

　この制度の実効性を担保するための措置として，正当な理由がないにもかかわらず国別報告事項を所定の期限までに提供しなかった場合には，法人の代表者・代理人・使用人その他の従業員でその違反行為をした者に対し，30万円以下の罰金（ただし，情状による減免あり）が科される（措法66の4の4⑦～⑨）。

（2）　EU における国別報告書の開示

　EU 委員会（European Commission）では，多国籍企業に対する税務透明性を向上させるという観点から，税務当局に提出された国別報告書（CbC レポート）のうちの一部について，一般の財務諸表等と同じく開示の対象とすべしとしている（2016年4月12日）。

　ちなみに，EU 委員会の会計指令（Accounting Directive 3条4項）では，BEPS プロジェクト行動13で規定されている連結総収入7.5億ユーロ以上の取引のうち，次のいずれかに該当するものについて，会計上一般開示の対象にすべしとしている⁽⁹⁾。

　ⅰ．多国籍企業のバランスシートの総額　200億ユーロ超
　ⅱ．同上のネットの取引金額　400億ユーロ超
　ⅲ．国別の従業員数　250人超

　その際，会計上一般開示事項とされているのは，次の7項目である（EU 委員会会計指令18号）。

　（a）　名称（nature of activities）及び所在地（geographical location）
　（b）　取引金額
　（c）　フルタイムの提供者数
　（d）　資産価額及びそれに係る年間の維持費額
　（f）　税引前の損益額
　（g）　同上に対する税額

(h)　受領している補助金額

3　議論の焦点（理論と政策）

（1）　条約に基づく情報交換における要注意事項

　本稿において議論の焦点となるのは，税務当局が入手した情報の取扱いについてである。

　税務申告書に代表されるように，納税者から税務当局に提出された文書には，納税者のプライバシーに関する情報が数多く含まれている。

　また，租税条約の規定に従って税務当局間で交換される情報も，基本的には税務当局相互間でのみ共有され，第三者等への開示等は原則として予定されていない。しかも，開示した場合にあっても，その開示を受けた者による使用は厳しく制限されている（OECD モデル租税条約第26条 2 ）[10]。

　それは，過去に日米租税条約に基づき米国から日本に提供された情報が，結果的に日本で表に出てしまった場合において，提供国である米国の当局（IRS）が損害賠償義務を負うとされたアロエ・ヴェラ事案（Aloe Vera of America Inc. V.U.S.2:99-cv-01794（Feb 11, 2015））判決をみても明らかである[11]。

（2）　EU における国別報告事項の開示とその可否

　もうひとつの論点は，国別報告事項（CbC レポート）に関する情報のように，公共性の高い情報について，これを税務当局内に留めておくことなく積極的に開示していくべきか否かという点である。

　前述したように，欧州委員会では，これらのデータを一般開示すべしとしているのであるが，その理由について，同委員会では，Q&A の形で次のように説明している。

①　「複雑な税制と税務上の秘密性の存在が，多国籍企業による EU 域内での税の抜け穴の利用と各国の税制の不一致（ミスマッチ）を利用することによる租税回避を可能にしてきた。」

　「その結果，EU 諸国は，毎年500億〜700億ユーロの財政収入を失っている。」

　「今回の措置（CbC レポートの一般公開）は，企業会計の公開化の要求に応えるとともに，EU 域内の企業が，その競争力を阻害されることなく，実際にどこで税金を支払っているのかを明らかにすべしという要請にも応え得るものである。」

「このような形による税の透明性の向上は，企業の社会的責任の実現という観点からみても重要なものである。」

② 「当委員会が目指しているのは，大規模な多国籍企業が，全体でどの程度の所得を得ており，それを EU 内の各国にどのような割合で配分し，EU 域内の各国でどの程度の税金を支払っているかを明らかにすることである。あわせて，今回の指令では，それらの企業に対し，EU 域外でどの程度の税金を支払っているかについての情報開示も求めている。」

「その結果，『良い政府の基準』を満たしていない国（いわゆるタックス・ヘイブン国）にどの程度の利益が移され，それらの国でどの程度の税金が支払われているかが明らかになる。」

また，各国で法人税がどの程度支払われているかに関する情報とは別に，各国別に次のような情報の提供を求めることとしている。

ⅰ．活動の性質（nature of activity）

ⅱ．従業員数

ⅲ．取引総額（対第三者及び対関連者別に）

ⅳ．税引前利益

ⅴ．その国でその年度に生じた利益の額及び負担した所得税の額と所得税負担割合がそうなる理由（the amount of income tax due in the country as a reason of the profit in that country）

ⅵ．その年度において実際に支払われた税額

ⅶ．累積利益（accumulated earnings）

「これらの情報は，それらの企業が実際に活動を行っているタックス・ヘイブンを含む EU 域内のすべてにおいて各国別に開示されなければならない。また，それらの企業が EU 域外でも活動している場合には，上記の情報に加え，その他の地域に関する情報についてもあわせて開示しなければならない。」

「なお，報告に当たっては，発生した法人所得税額と実際に納付した税額との間に不一致（discrepancy）がある場合には，その理由についての記載（explanation）もなされなければならない。」

③ 「多国籍企業による国際的租税回避への対応について，EU 委員会はこれまで世界をリードしてきた。その重要性は，最近明らかになった『パナマ文書』問題でも，再認識されている。2015年11月にトルコの Antalya で開催された G20会合でも，OECD によるこれら一連の活動が支持（endorse）さ

れている。これらを踏まえ，2016年1月にはEU委員会で，租税回避防止パッケージのフォローアップとして，「税務執行協力指令（Administration Cooperation Directive）」の一部改正が行われた。また，同委員会では，公平かつ効果的な課税実現のため，「共通連結課税ベース（common consolidated corporate tax base：いわゆる CCCTB）プロジェクト」も再スタートさせている。現在進行中の税務透明性確保もそれらの流れの一環である。」

④ 「今回の作業は，多国籍企業が利益をあげている国及びそれらの所得に対して課税している国のすべてを巻き込んだ EU 全体における税務透明性向上という目的達成の観点から取り組まれたものである。この指令は，EU 域内の税制の統一化（harmonization）をねらったものではなく，所得税に関する情報を財務諸表の形で開示することを目的としたものである。その根拠となっているのは，ユニオン機能法条約（Treaty on Functioning of the Union）第50条である。」

（3） 国別報告事項の一般開示に伴う問題点

しかし，国別報告事項で当局への報告が必要とされているもののなかには，多国籍企業にとってライバル企業等に知られたくない情報等も数多く含まれている可能性が高い[12]。そのため，EU 委員会による一律的な情報開示要請にはビジネス界からの強い反発が見込まれる。

もうひとつの問題は，多国籍企業グループ全体の収入金額，税引前利益，従業員数と資産等の額が明らかになることから，全世界所得各国別の配分を収入金額，従業員数，資産等の割合に応じて配分すべしとするいわゆる全世界所得の配分方式（フォーミュラ方式又はユニタリー・ベース課税方式）による課税を求める声が高まるのではないかという点である。

税務専門家の間では，各国の当局ともこのような課税方式を採用しないであろうということが暗黙の了解事項となっている。

しかし，今回における EU での国別データの一般開示にみられるように，この種の情報が開示されるということになれば，途上国サイドから従業員数の比からして自国への所得配分が少ないのではないかという声があがることは必至である。

そして，その流れは，かつて EU で議論され，最近再度復活のきざしをみせている「共通連結課税ベース（Common Consolidated Corporate Tax Base：いわゆる CCCTB）」の議論とあわせ，各国間における税源の奪い合いへと発展し，この問題をより複雑化させる可能性がある。

4 改正の方向性

　BEPS プロジェクト行動13でいう移転価格の文書化では，基本的には IFRS の連結財務諸表をそのベースとしつつも，各国の会計基準によることも認められている。

　ただ，親会社が自国の当局に提出するマスターファイルの場合と異なり，国別報告事項の場合，途上国の多くは情報交換により入手することが一般的であり，提供義務者である親会社は自国以外に所在しているというのが通例である。

　そのため，情報交換によって入手した国別報告書に記載された自国の売上高，従業員数，資産等に関する情報の正確性について当該国の税務当局がその正しさについて検証することは可能である。それに対し，グループ全体の情報（マスターファイルに関する情報）については，それがいかなる会計基準を用い，どのような経緯を経て計算されたのかについては，親会社が所在する国の税務当局に照会する以外確認のしようがない。

　したがって，将来的には，連結財務諸表の作成における連結の対象範囲，内部取引の処理方法，為替換算方法等についても，税務上統一的な処理方法を明らかにすべしとの声が強くなるのではないかと考えられる。

　もしそれが不可能な場合には，IFRS による会計処理基準の統一化や各国基準と IFRS との差違部分（又は要調整部分）及びそれによる金額の影響等を当局に開示させるようにすべきであるとの意見が出てくる可能性がある。

　他方，EU 委員会で打ち出されている国別報告事項の一般開示は，わが国のように製造業を中心に海外進出をしている国にとっては，企業秘密の流出等にもつながりかねない。したがって，それらに対しては，慎重，かつ，注意深い対応が必要となってくる。

　なお，EU 委員会によるこのような動きが避けられないというのであれば，従来の発想を大きく転換し，フォーミュラ方式（ユニタリー・ベースによる課税方式[13]）の採用の可否についての検討も必要となってこよう。

　しかし，ユニタリー・ベースによる課税については，現在の OECD モデル租税条約では合理的な課税方法として認めていないことから，現状では，相互協議による救済が受けられない可能性が高い。したがって，もしユニタリー・ベースによる課税を認めるというのであれば，それによって生じる国際的二重課税の救済策についてもあわせて検討が必要となってこよう。

(注)

(1) ちなみに，そこでは，次の三層構造アプローチによることとされている。
（ブリスベーン・レポートサマリー2）
 ⅰ．多国籍企業グループに対し，標準化されたグループ全体に関する情報をマスターファイルの形で提供を求めること
 ⅱ．ローカルの納税者に対し，重要な取引についてローカルファイルの形で情報提供を求めること
 ⅲ．多国籍企業のグループ内の活動について，グループ全体の所得及び利益状況に加え，それらの各経済活動地域別にみた情報（indication of the location of economic activity）（CbC レポート）について提供を求めること

(2) また，同ガイダンスでは，CbC レポートの運用上の留意事項として，次の諸点をあげている（同レポート・パラ4.6）。
 ⅰ．CbC レポートの提供のタイミング…2018年1月以降
 ⅱ．CbC レポートを提供すべき多国籍企業グループ…グループ間取引総額7.5億ユーロ以下の免除
 ⅲ．CbC レポートの入手及びその活用方法等に関する条件…秘密保持（情報交換），整合性適正な使用
 ⅳ．CbC レポートの交換及び本パッケージの活用等に関する政府対政府のメカニズムに関するフレームワーク…親会社による適時提供とそれを可能にするための法整備
 これらは，第一義的にはCbC レポートに関するものであるが，そこでは，マスターファイル及びローカルファイルの税務当局への提供等の必要性についても言及がなされている（同レポート・パラ5）。

(3) さらに，CbC レポート実施に伴うリスク要因を分析するため，BEPS プロジェクト行動14では，それらの点も踏まえた検討を行うこととしている（同レポート・パラ5）。
 なお，各国のコミットメント及びその実施状況等（the compliance with their commitment）については，2020年にレビューを行うこととしている（同レポート・パラ6）。

(4) 具体的には，多国籍企業グループに対して，次の3つの文書の作成・提出（又は保存）を求めるというものである。
 ① ローカルファイル
 関連者間取引における独立企業間価格を算定するための詳細な情報。独立企業原則の遵守状況を確認し，移転価格課税を行うために使用（改正前の措規22の10①②に相当する文書）。
 ※ ただし，次の2つの要件の双方を充足する場合には対象外とされている（措法66の4の4⑦，措規22の10④）。
  ⅰ．一の国外関連者との取引金額が50億円未満であること
  ⅱ．一の国外関連者との間に無形資産取引に係る対価の金額が3億円未満であること
 ② マスターファイル
 多国籍企業グループの組織・財務・事業の概要等，多国籍企業グループの活動の全体像に関する情報。この情報は，多国籍企業グループ内の重大な移転価格リスクの存在の有無を評価するために使用される。
 ※ ただし，連結総収入金額1,000億円未満のグループでは対象外とされている。
 ③ 国別報告事項（いわゆる CbC レポート）
 多国籍企業グループの各国別の所得，納税額の配分等，多国籍企業グループの各国別活動状況に関する情報。この情報は，多国籍企業グループ内の移転価格リスクの存在の有無を調

査するために使用される。

　　※　ただし，連結総収入金額1,000億円未満のグループは対象外とされている。

(5)　なお，最終親会社等が外国に存在する場合には，原則的には最終親会社等が居住地国の税務当局に提出した国別報告事項に関する情報が当該居住地国の税務当局からわが国税務当局に提供されるため，原則として，提供義務は生じないが，相手国の税務当局がそれらの情報をわが国に提供できない場合には，内国法人等が報告対象となる会計年度の終了の日から1年以内に，いわゆる子会社方式によりわが国の当局に提出しなければならないこととされている（措法66の4の4②，措令39の12の4①）。

　　ちなみに，国別報告事項の提供を子会社方式により行うこととなるのは，次のいずれかに該当する場合である。

①　最終親会社等（代理親会社等を指定した場合には代理親会社等。②・③において同じ）の居住地国（租税条約等の相手国等に限る。②・③において同じ）において，最終親会計年度に係る報告事項に相当する事項の提供を求めるために必要な措置が講じられていない場合

②　財務大臣と最終親会社等の居住地国の権限ある当局との間の適格当局間合意がない場合

③　最終親会計年度終了の日において，最終親会社等の居住地国が，わが国が行う国別報告事項の提供に相当する情報の提供をわが国に対して行うことができないと認められる国・地域として国税庁長官に指定されている場合（当局間合意がない場合を除く）

(6)　ここでいう特定多国籍企業グループとは，企業集団のうち連結財務諸表が作成される企業グループのうち親会社の居住地国が2以上ある多国籍企業グループでそのグループの総収入金額が1,000億円以上であるものということとされている（措法66の4の4④，措規22の10の4⑦）。

(7)　ちなみに，そこで求められている提供事項及び提供様式は次のようになっている（措規22の10の4④）。

　　なお，提供された国別報告事項については，租税条約等の情報交換の仕組みを通じて，当該特定多国籍企業グループの事業が行われる国又は地域の税務当局に提供されることとなる。

国別報告事項の提供様式

表1　居住地国等における収入金額，納付税額等の配分及び事業活動の概要

Table 1. Overview of allocation of income, taxes and business activities by tax jurisdiction

居住地国等 Tax jurisdiction	収入金額　Revenues			税引前当期利益(損失)の額 Profit(Loss) before income tax	納付税額 income Tax Paid (on Cash Basis)	発生税額 income tax Accrued- Current Year	資本金の額 Stated Capital	利益剰余金の額 Accumu- lated Earnings	従業員の数 Number of Employees	有形資産(現金及び現金同等物を除く)の額 Tangible Assets other than Cash and Cash Equivalents
	非関連者 Unrelated Party	関連者 Related Party	合計 Total							

多国籍企業グループ名　Name of the MNE group:
対象事業年度　Fiscal year concerned:
使用通貨　Currency Used:

450 ◆ 第3章 BEPS政策パッケージの国際的コンセンサスの実施

表2 居住地国等における多国籍企業グループの構成会社等一覧

Table 2. List of all the Constituent Entites of the MNE group included in each aggregation per tax jurisdiction

多国籍企業グループ名　Name of the MNE group:
対象事業年度　Fiscal year concerned:

居住地国等 Tax Jurisdiction	居住地国等に所在する構成会社等 Constituent Entities Resident in the Tax Jurisdiction	居住地国等が構成会社等の所在地と異なる場合の居住地国等 Tax Jurisdiction of Organisation or Incorporation if Different from Tax Jurisdiction of Residence	主要な事業活動　Main business activity (ies)												
			研究開発 Research and Development	知的財産の保有又は管理 Holding or Managing Intellectual Property	構買又は調達 Purchasing or Procurement	製造又は生産 Manufacturing or Production	販売・マーケティング又は物流 Sales, Marketing or Distribution	管理、運営又はサポート・サービス Administrative, Management or Support Services	非関連者への役務提供 Provision of Services to Unrelated Parties	グループ内金融 Internal Group Finance	規制金融サービス Regulated Financial Services	保険 Insurance	株式・その他の持分の保有 Holding Shares of Other Equity Instruments	休眠会社 Dormant	その他 Other 1
	1.														
	2.														
	3.														
	1.														
	2.														
	3.														

表3 追加情報

Table 3. Additional Information

多国籍企業グループ名　Name of the MNE group:
対象事業年度　Fiscal year concerned:

（必要と考えられる追加の情報や国別報告事項に記載された情報への理解を円滑にする説明等を<u>英語</u>で記載してください。）

Please include any further breif information or explanation you consider necessary or that would facilitate the understanding of the compulsory information provided in the Country-by-Country Report.

⑻ 「最終親会社等届出事項」とは，特定多国籍企業グループの最終親会社等及び代理親会社等に関する事項である（措規22の10の4⑨）。

⑼ ただし，それ以下であっても，特定の許認可業務，例えば，証券等，保険引受等，信用保証機関（Credit institution）等については，開示が求められることもある。

⑽ ちなみに，そこでは，「（情報交換規定に基づき）一方の締約国が受領した情報は，当該一方の締約国がその法令に基づいて入手した情報と同様に秘密として取り扱うものとし，…租税の賦課若しくは徴収，これらの租税に関する執行若しくは訴追，これらの租税に関する不服申立てに対してのみ開示される。これらの者又は当局は，当該情報をそのような目的のためにのみ使用する。これらの者又は当局は，当該情報を公開の法廷における審理又は司法上の決定において開示することができる。」

　また，これらに関するコメンタリーでも，次のような形でその（秘密性の）重要性が強調されている（第26条2項関係コメンタリーパラ11）。

　「租税行政府間の共助は，他方の行政府が協力の過程で受領した情報を適切に秘密にして取り扱うことをそれぞれの行政府が保証できる場合にのみ実行することができる。」

28 IFRS と多国籍企業の文書化・国別報告との関係 ◆ *451*

(11) ちなみに，Aloe Vera 事案の概要は次のようになっている。

　［事案の概要］

　　① 米国法人 Aloe Vera of America 社（AVA 社）は，Rex Maughan 氏の100％出資によ
　　り設立された米国法人であり，同氏と Yamagata 氏の共同出資で設立した日本法人 For-
　　ever Living Products Japan（FLPJ 社）に原料を供給。

　　② FLPJ 社は同原料をもとに加工，精製，ビン詰めのうえ第三者に販売。同社は，原材費
　　の購入代金及び特定の製法，ビン詰め方法許諾の対価として AVA 社に3.5％のロイヤリ
　　ティ支払。

　　③ 1995年　日米合同調査開始。1997年1月　国税庁，IRS からの情報提供をもとに FLPJ
　　社に対し77億円の更正（重加算税込み）。

　　④ 1997年10月　日本のメディア，FLPJ 社は77億円の所得秘匿と報道。

　　⑤ AVA 社，IRS に対し，納税者の秘密情報を日本の国税庁にもらした（disclose）ことは
　　内国歳入法典第6103条(a)に違反しているとして，5,200万ドルの損害賠償請求訴訟を提起。

　［裁判所（アリゾナ連邦地方裁判所）の判断］…納税者勝訴

　　　　申告書に関する情報が誤った内容であることを知りながら日本の税務当局に情報提供を
　　　行うことは日米租税条約上認められていない（unauthorized by the tax treaty with Ja-
　　　pan）。

　　　　したがって，米国政府は，原告に対し，係争年各当たり1,000ドル，総額3,000ドルを
　　　支払え（なお，5,200万ドルの損害賠償請求については，開示による実損とは認められな
　　　いと否認）と判決した。

(12) ちなみに，わが国において国別報告事項で報告が求められているのは次のような項目であ
　る。

　　　特定多国籍企業グループの構成会社等の事業が行われる国又は地域ごとの

　　① 収入金額，税引前当期利益の額，納付税額，発生税額，資本金の額又は出資金の額，利
　　益剰余金の額，従業員数の数及び有形資産（現金及び現金同等物を除く）の額

　　② 構成会社等の名称，構成会社等の居住地国と本店所在地国が異なる場合のその本店所在
　　地国（本店所在地国と設立された国又は地域が異なる場合には，設立された国又は地域）
　　の名称及び構成会社等の主たる事業の内容

　　③ 上記事項について参考となるべき事項

　（措規第22条の10の4第1項）

(13) ユニタリー・ベースによる課税とは，例えば，次のような算式により全世界所得の一部を
　その地域又は国に配分する方式である。

$$
\text{その国の地域又は国の所得} \quad = \quad 全世界所得 \times \frac{\dfrac{その地域又は国所在の資産}{全世界所得} + \dfrac{その地域又は国での売上}{全世界売上} + \dfrac{その地域又は国の従業員数}{全世界従業員数}}{3}
$$

29

BEPS政策パッケージのミニマム・スタンダード及びベスト・プラクティスの国内法化

田井良夫

1 問題の所在

BEPS最終報告書の勧告内容について，OECDはどのように分類しているかを検討し，さらに，我が国の各行動への取組み，BEPSプロジェクトの合意・勧告の国内法化及び租税条約の改正の方向性，今後の国内法整備の課題などを検討する。

2 BEPS最終報告書の勧告内容の分類

BEPS最終報告書の勧告内容は，勧告の性質によって，4つのカテゴリーに分類できる。ここでは，勧告の拘束力の強い順にまとめて述べる。

1つ目は，順守を要請するもので「ミニマム・スタンダード」と呼ばれ，すべてのOECD/G20加盟国が一貫した実施を約束（commit）するものである。拘束力は強く，行動5（有害税制への対抗），行動6（条約の濫用防止），行動13（移転価格文書化）のうち国別報告事項，行動14（紛争解決メカニズムの効率化）が該当する。

2つ目は，順守を推奨するのもので「既存のスタンダードの改正」である。OECDモデル租税条約やOECD移転価格ガイドラインの改訂を伴うものであるが，BEPS最終報告書の説明文では「すべてのBEPSプロジェクト参加国がその基礎となる租税条約や移転価格税制のスタンダードを承認しているわけではないことに留意する」とされている。すなわち，開発途上国等が独自色を発揮する可能性がある分野で，拘束力はミニマム・スタンダードに比べ劣る。行動7（PE認定の人為的回避の防止）と行動8〜10（移転価格と価値創造の一致）が該当する。

3つ目は，共通の方向性を確認するもので「共通アプローチ」と呼ばれ，国内法に関するもので，各国の慣行の統一を促進するものである。行動2（ハイブリッド・ミスマッチ取決めの無効化）と行動4（利子控除制限）が該当する。

29　BEPS 政策パッケージのミニマム・スタンダード及びベスト・プラクティスの国内法化　◆　*453*

　4つ目は，各国の制度改正の参考にするもので「ベスト・プラクティス」と呼ばれ，これは，新しく国内法を導入するなど，問題に対応しようとする国を支援するものである。行動3（効率的な CFC 税制の設計）と行動12（義務的開示制度）が該当する。

　なお，行動11（BEPS の測定・モニタリング）については純粋なレポートであり，特段の勧告はなされておらず，上記の分類には当てはまらない。また，行動15（多国間協定の開発）も，BEPS 最終報告書のうち租税条約の改訂に関する勧告についての実施手続を定めたものであり，同様に当てはまらない。行動1（電子経済への対応）については，消費税に関する勧告は行われたが，法人税に関する勧告がないため，特に分類されていない状況である。

　上記をまとめると，**図表29-1** の通りである。

図表29-1　15の行動計画と各国に対する拘束力の強弱

拘束力強	ミニマム・スタンダード（順守を要請）	行動5	有害税制への対抗
		行動6	条約の濫用防止
		行動13	移転価格文書化
		行動14	紛争解決メカニズムの効率化
	既存のスタンダードの改正（順守を推奨）	行動7	PE 認定の人為的回避の防止
		行動8〜10	移転価格と価値創造の一致
	共通アプローチ（共通の方向性を確認）	行動2	ハイブリッド・ミスマッチ取決めの無効化
		行動4	利子控除制限
	ベスト・プラクティス（各国の制度改正の参考に）	行動3	効率的な CFC 税制の設計
		行動12	義務的開示制度
拘束力弱	今後の課題など	行動1	電子経済への対応
		行動11	BEPS の測定・モニタリング
		行動15	多国間協定の開発

（出典：日本経済新聞平成28年10月31日を一部修正加筆）

3　我が国の各行動への取組みの現状

　我が国では，2015年10月5日，BEPS 行動計画に関する最終報告書の公表についての財務大臣談話を発表し，BEPS プロジェクトの合意の実施について次の決

意表明を行った。

「この最終報告書を受け，今後は実施段階（「ポスト BEPS」）に入っていくが，BEPS プロジェクトの真価は，グローバルに協調して実施されてはじめて発揮される。各国が，税制を堕落させることなく，BEPS プロジェクトの合意を着実に実施することを期待する。日本としても，引き続き，実施に向け適切な対応をしていく。また，BEPS プロジェクトの成果が広く国際社会で共有されるよう，引き続き国際的な議論を先導し，途上国を含む幅広い国と OECD や関係する国際機関が協調するポスト BEPS 枠組みの構築に貢献していきたい。」

財務省は，税制調査会総会資料「BEPS プロジェクト最終報告書の概要」において，勧告の実施について，次の各行動への取組みを公表している。

(1) 行動 1 ：平成27年度税制改正で対応済み。

   ① 国外事業者が国境を越える電子書籍・音楽・広告の配信等の電子商取引に，サービス提供を受ける者の所在地で消費税を課することとした（平成27年10月 1 日施行）。

   ② 国境を越えるサービス提供に対する消費税の課税方式の見直し。

（ⅰ） Ｂ 2 Ｂ 取引：リバースチャージ方式

（ⅱ） Ｂ 2 Ｃ 取引：国外事業者申告方式

(2) 行動 2 ：平成27年度税制改正で対応済み。

   ① 子会社所在地国で損金算入される配当には外国子会社益金不算入制度を適用しないこととした（平成28年 4 月 1 日以後開始事業年度から適用）。

   ② 損金算入否認ルールは，租税条約に反しないこととする。

(3) 行動 3 ：今後，法改正の要否を含め検討。

(4) 行動 4 ：今後，法改正の要否を含め検討。

(5) 行動 5 ：既存の枠組みで対応。

   ① ユニラテラル APA，事前照会等の自発的交換の枠組み。

   ② パテントボックスの導入の要否。

   ③ 実質的活動要件の明確化。

(6) 行動 6 ：租税条約の拡充の中で対応。

   一般的濫用防止規定（GAAR）（PPT，LOB，導管取引防止規定）の導入。

(7) 行動 7 ：租税条約の拡充の中で対応。

   ① 代理人 PE の定義の拡張。

   ② 準備的・補助的活動の範囲の限定。

③　企業の本質的活動をPEと認定されない活動に分割することを防止する
ため，各場所が相互に補完的活動を行う場合には各場所を一体の場所とみ
なすこと。
(8)　行動8～10：今後，法改正の要否を含め検討。
BEPSプロジェクトの改訂案によるTPGの改訂に伴う国内法の改正等（国
内ガイダンスを含む）。
①　広範な無形資産の定義。
②　法的所有権のみでは無形資産の「使用」からの収益の配分を受けること
ができないことを明確にし，無形資産のDEMPE（開発，改善，維持，保
護，使用）に関する重要な機能を果たす関連企業が適切な対価を受けるこ
とができることを明確化すること。
③　無形資産の評価方法，特にDCF法のガイダンスを策定。
④　評価困難な無形資産（HTVI）に関する所得相応性基準を策定。
⑤　費用分担契約に関するガイダンスの更新。
⑥　資金を提供するだけで実体のない関連会社をCash boxとして利用する
ことを防止するため，グループ内企業のリスク移転及び過剰な資本の配分
に対処するTPG改訂に従った国内法改正及び租税条約改正。
⑦　商業合理性のない関連者間取引そのものの否認（non-recognition）の
適用を明確化。
⑧　取引単位利益分割法（transactional PS），低付加価値グループ内役務提
供に関する簡素化アプローチ，クロスボーダー・コモディティ取引の価格
基準日の決定などBEPSプロジェクト改訂案によるTPG改訂に従った国
内法改正及び国内ガイダンスの策定。
(9)　行動12：今後検討。
現在，米英加，アイルランド，韓国，イスラエル，ポルトガル，南アフリ
カ等が採用している義務的開示制度を参照し，BEPSプロジェクトの勧告に
従い，一般的租税回避否認規定（GAAR）の導入と合わせて新制度を策定。
(10)　行動13：平成28年度税制改正で対応予定。
①　コンプライアンスコストと税務当局の「情報の非対称性」の問題解決の
メリットとの均衡。
②　守秘義務を重視した情報共有システム（国別報告書の共有チャート）。
③　OECD「国別報告書ガイドライン」及び「国別報告書実施パッケージ」
の遵守。

(11) 行動14：対応済み。

① 「仲裁」制度の実施上の問題点の検討。

② 相互協議担当職員の増加。

(12) 行動15：参加予定。

OECD/G20としては，「ポストBEPS」として次の取組みを実施することとしている。

① 各国で必要な法整備及び租税条約の改正作業・各国の実施状況のモニタリング。

② 残された課題について引き続き検討。

③ 開発途上国を含む幅広い国と関係機関が協調する枠組みの構築。

4 BEPS プロジェクトの合意・勧告の国内法化及び租税条約の改正の方向性[1]

財務省は，ポストBEPSの取組みを重要課題の一つとして取り上げ，議論を推進するよう各国と協調する方向性である。ここでは，各行動の勧告を確認し，国内法制化及び租税条約の改正の方向性を検討する。

(1) 行動1：電子経済特有のBEPSは存在せず，他の行動（3，7，8～10）の勧告を実施することでBEPSに実質的に対応できると結論を出した。なお，VATについて，国境を越えて提供されるサービスの課税地は，Ｂ２Ｂ取引は「顧客が所在する国」，Ｂ２Ｃ取引は「顧客が居住する国」の原則を適用するとともに，課税方式についてはＢ２Ｂ取引にはリバースチャージ方式，Ｂ２Ｃ取引には国外事業者に事業者登録を行う方式の導入を検討することを勧告。

①行動3による電子経済への対応：親会社が保有する無形資産を低税国に設立した子会社（実質的経済活動を行っていない）に譲渡し，当該子会社を通じ無形資産を利用した商品・サービスの提供により当該子会社に所得を集中することができるが，ベストプラクティスとして低税国に移転された無形資産の利用による当該子会社の所得を合算対象に含めることを勧告。

②行動7による電子経済への対応：(i)電子経済において現地子会社が実質的な交渉を行い，親会社が実際の契約を行うことによるPE認定の回避を防止するため，「契約締結に繋がる主要な役割を果たすこと」を代理人PEの活動に含めること，(ii)商品の引渡しのみを目的とする場所でも，事業の本質的活動を構成するオンライン販売のための巨大倉庫等をPEと認定することを勧告。

③親会社が開発した無形資産を低税国に設立した子会社に低廉譲渡し，当該子

会社がその無形資産の利用による超過利潤を留保することに対し，比較対象の不存在により独立企業間価格算定が困難であるため，現行 TPG では適正に対応できないので，無形資産の予測収益の割引現在価値に基づいて無形資産の価値を評価する方法（DCF）を導入し，一定要件により事後の収益に基づいて譲渡時の予測便益の修正を行うことを勧告。

　　＊我が国は，平成27年度税制改正で対応済みであるが，各国の対応等を見極めつつ，引き続き整備していく必要があると考える。

（2）　**行動2**：ハイブリッド・ミスマッチ・アレンジメントを DD，D/NI，二重外国税額控除等に類型化し，その効果を無効化するためのリンキング・ルールとして第一次ルール及び防御ルール（国内法上の措置）の勧告[2]。

　ハイブリッド商品について，例えば，外国子会社配当益金不算入制度において子会社が損金算入できる配当をその制度の適用外とすること，第一次ルール（支払者の控除否認）と防御ルール（通常所得として益金算入），ハイブリッド・エンティティについて，第一次ルール（親会社の控除否認）と防御ルール（支払者の控除否認）を勧告。

　租税条約に関連する BEPS に関し，①双方居住者の振分けルールにより租税条約の適用上相手国居住者とされる者が国内法上の居住者として有利な取扱いを受けながら租税条約上非居住者として条約の特典を享受することを防止するため，「租税条約上相手国居住者とされる者は国内法の適用上非居住者とみなす」規定を国内法に規定することを勧告し，②課税上透明体（fiscally transparent entity）を通じて取得される所得[3]に係る二重課税及び不当な条約特典の享受を防止するため，源泉地国が相手国の課税上の取扱いに応じて相手国居住者とされる者の所得として取り扱われる部分について条約特典を与える規定をモデル租税条約に追加することとする。

　　＊我が国では，平成27年度税制改正において，一定のハイブリッド・ミスマッチについては対応しているが，上記①については未対応である。早急な改正が必要であると考える。

（3）　**行動3**：CFC ルール設計のベストプラクティスの勧告

　6つの構成要素（対象外国子会社，適用除外，対象所得の定義，所得計算ルール，親会社への合算方法，二重課税の排除）に分けて勧告。勧告について，各国がその租税政策や国際的義務等に従って柔軟に制度設計することを認める。CFCルール[4]は，外国子会社の所得のうち，実質的経済活動を伴わない受動的所得を親会社の利益とみなして合算する。特に，所得移転に利用される持株会社，金融

業，インボイシング・カンパニー，IP，デジタル商品・サービス，キャプティブ保険・再保険から生じる所得を対象に含める。CFC ルールの移転価格税制の補完機能を重視し，Cash box の資金提供リターンを対象に含める。

① CFC：関連者・非関連居住者による法的・経済的持分が直接・間接50％超の法人（パートナーシップ，信託を含む。）

② CFC 所得の定義：(a)カテゴリーアプローチ（法的形式等に基づいて分類された所得）：配当，利子，保険所得，販売・サービス，使用料，その他のIP 所得，(b)実質アプローチ（実質的な経済活動を伴わない所得），(c)超過利潤アプローチ（低税国にある CFC 所得のうち，通常所得を超える部分）

③ 所得計算：親会社の居住地国の法令により計算。

④ 合算割合：納税者の CFC に係る保有割合。

＊我が国においては，平成29年度税制改正において，一部改正されたが，今後も引き続き改正の必要があると考える。

（4）　**行動4**：企業が支払う利子について，①固定比率ルール（企業別の純支払利子／EBITDA[5]比率が基準固定比率を超える場合その超過部分の利子控除を制限），②グループ比率ルール（多国籍企業グループ全体のグループ外への純支払利子／グループ全体の EBITDA 比率が基準固定比率を超える場合当該企業の利子損金算入をグループ全体の比率まで認容），特別ルール（過少資本税制等），デミニマスルール，超過利子の繰越により損金算入制限を勧告。

＊我が国においては，勧告を受け入れ，早期に改正の必要があると考える。

（5）　**行動5**：有害な税の慣行に対処するため，①経済活動の実質性に関する新基準（パテントボックス[6]については国内の開発活動の割合による比例適用）及び②他国の税源に影響するルーリングの関係国への自発的交換の義務づけ。

(i) IP 所得について，ネクサス・アプローチ[7]により，IP 開発費用の総額に占める自社開発支出（関連者への外注費及び他の IP の取得費を除く。）の割合に応じて優遇税率を適用できる所得を算定すること（関連者への外注費等については自社開発支出の30％を限度として自社開発費に含めることを認める。）。

(ii) 新基準の適用に関する国内法改正を2015年に開始し，既存のパテントボックス税制を新制度発効時又は2016年6月30日まで新規適用を停止し，2021年6月30日までに廃止すること。

(iii) 自発的交換を義務づけられるルーリング[8]は，(a)海運会社優遇税制，銀行業優遇税制，保険業優遇税制，金融業・リース業優遇税制，ファンドマネ

ジメント優遇税制，統括会社優遇税制，物流センター優遇税制，サービスセンター優遇税制，IP優遇税制，持株会社優遇税制，その他FHTPが優遇税制と認めるもの，(b)ユニラテラルAPAを含む移転価格に関する国境を越えるユニラテラル・ルーリング及び課税所得の一方的下方調整を行う国境を越えるルーリング，(c)PE認定ルーリング，(d)関連者間導管取引ルーリングについては，(a)について優遇税制適用対象取引に係る出資比率25％以上の関連者，究極の親会社及び直近の親会社の居住地国，(c)についてルーリング対象取引に係る出資比率25％以上の関連者，究極の親会社及び直近の親会社の居住地国，(c)について本店所在地国又はPE所在地国，究極の親会社及び直近の親会社の居住地国，(d)について導管法人に直接・間接に支払う出資比率25％以上の関連者，導管法人に対する支払の究極の実質所有者，究極の親会社及び直近の親会社を対象国とすること。

(ⅳ) 加盟国及びアソシエイト諸国のFHTPの有害税制の審査を (ア)FHTPの審査対象に含まれるかどうかの判定，(イ)4つの重要要素及び8つの他の要素に該当するかどうかの判定，(ウ)実体経済に及ぼす影響に関する判定の3段階で行い，実際に有害と判断された税制の廃止又は有害と判断された要素の除外を慫慂する。

＊上記①のパテントボックス税制については，新基準に対応した税制の導入を我が国においても検討すべきであると考える。

（6） 行動6：租税条約の濫用防止のためのミニマム基準[9]として，①租税条約のタイトル・前文に「租税条約は租税回避・脱税を通じた二重非課税又は税負担軽減の機会創出を意図するものでないこと」を明記し，②租税条約に一般的濫用防止規定（GAAR）として，(a)主要目的テスト（Principal Purpose Test：PPT）のみ，(b)PPT及び簡素版LOB（Limitation on Benefit）の双方，又は(c)厳格版LOB及び導管取引防止規定のいずれかを規定すること，租税条約に租税条約上の特定要件の適用回避を防止する個別的濫用防止規定を設けることを勧告。

(ⅰ) 自国の居住者に対する国内法上の租税回避防止規定が租税条約の規定と整合的であることを確認。

(ⅱ) 租税条約に関するBEPS対抗措置を二国間租税条約に取り入れるため，行動15により多国間協定を締結すること。

＊我が国においては，今後も国際取引の増加が見込まれることから考えると，各国の税制との整合性が必要であり，GAARの導入が必要であると考える。

（7） 行動 7：代理人 PE[10]の定義について，①契約者名基準のほか契約類型基準で代理人 PE を認定し，②PE とされる代理人の活動に「契約の締結に繋がる主要な役割を果たすこと」を追加し，③専ら関連企業のためにのみ業務を行う者は独立代理人から除外すること，PE の例外となる「準備的・補助的活動」について，①いかなる活動も準備的・補助的活動でない場合は PE の例外とせず，②各場所が相互に補完的な活動を行う場合は各場所を一体の場所とみなして PE 認定を行うこととし，新たに認定される PE の帰属利得の計算に関するガイダンスを策定。

＊我が国においては，PE の定義等の改正が必要不可欠であると考える。

（8） 行動 8：BEPS 防止のため，①無形資産を「有形資産又は金融資産でないもので，商業活動における使用目的で所有又は管理することができ，比較可能な独立当事者間取引では使用又は移転に際して対価が支払われるような資産」と広範かつ明確な定義をし，②無形資産の使用及び移転に関する利益[11]の価値創造に沿った配分のため，(a)法的所有権のみでは必ずしも無形資産の使用からの収益の配分を受ける資格がなく，無形資産の DEMPE（開発・改善・維持・保護・使用）に関する重要な機能を果たす関連企業は適切な対価の受領を期待できることとし，(b)無形資産の DEMPE に関するリスクを引き受ける関連企業はリスクコントロール機能及びリスクを引き受ける財務能力を有しなければならず，(c)資金を提供する関連企業が無形資産の利用になんらの機能も果たしていない場合資金提供者はリスクフリーリターンより多くを受領することができず，(d)評価方法（特に DCF）が適切に利用できる場合のガイダンスを拡充し，③評価困難な無形資産（HTVI）に関する移転価格ルール（所得相応性基準[12]）の策定について，取引時点で評価困難な一定の無形資産について予測便益と実際の便益が一定以上に乖離した場合には実現値に基づいて独立企業間価格を評価することを可能にする。

所得相応性基準の適用は，次の場合には免除される。

（ⅰ） 納税者が次のものを提供する場合

（a） 価格決定，合理的に予測可能な出来事その他のリスクの考慮を判断するため無形資産移転時の事前の予測及びその実現可能性の詳細。

（b） 財務上の予測と実際の結果との重大な乖離が取引時点で予測不可能であったこと，価格決定後の予測できない出来事によること又は原因の出来事の起きる確率が取引時点の見込みでは適切であったことについて信頼できる証拠。

29 BEPS 政策パッケージのミニマム・スタンダード及びベスト・プラクティスの国内法化 ◆ *461*

(ii) 無形資産の移転が APA の対象である場合

(iii) 財務上の予測と実際の結果の乖離が取引時点の価格の20%以下である場合

(iv) 無形資産が非関連者収益を生じてから(iii)の要件を満たして 5 年間を経過した場合

費用分担契約（CCA）[13]を利用した無形資産の移転による BEPS を防止するためにガイダンスを更新。

＊我が国においては，順次，国内法等の改正が必要であると考える。

(9)　**行動 9**：リスクと資本に係る移転価格ルールについて，グループ内企業のリスク移転や過剰な資本の配分による BEPS，第三者間では滅多に行われない取引による BEPS を防止するため，ある関連事業体が契約上リスクを引き受け又は資本を提供しているという理由だけで不適切な利益が実体のない当該関連事業体に帰属しないように TPG を改訂し，このような実体のない当該関連事業体（Cash box）に対処するため，①契約上のリスク配分は現実の意思決定を伴う場合にのみ認容し，②独立企業間価格算定のリスク分析の枠組みを策定し，③リスクの引受けにはリスクコントロールとリスクを引き受ける財務能力が必要であり，資本提供のみで機能を伴わない場合にはフリーリターンまでしか認めないこととする。関連者間取引において商業合理性のない場合に，税務当局が関連者間取引の否認（non-recognition）を行うことについて明確化を図る。

TPG を BEPS プロジェクトの改訂案どおりに改訂すること。

＊我が国においては，順次，国内法等の改正が必要であると考える。

(10)　**行動10**：他の租税回避の可能性の高い取引に係る移転価格ルールとして，①グローバル・バリューチェーン[14]における取引単位利益分割法（transactional PS）[15]の適用を明確化し，TPG 改訂作業を2017年に終了見込み。②低付加価値グループ内役務提供（Low Value-added Intra-Group Services）に関する BEPS に対応するため，支払国の課税ベース保護に配意しつつ選択可能な簡素化アプローチ等のガイダンスを策定し，③クロスボーダー・コモディティ取引に関する BEPS に対応するため，一般に CUP 法が適切であることを明確化し，価格基準日の決定に関する新しい指針を規定。

TPG を BEPS プロジェクトの改訂案どおりに改訂すること。

＊我が国においては，順次，国内法等の改正が必要であると考える。

(11)　**行動12**：アグレッシブ・タックス・プランニング（ATP）[16]の義務的開示制度について，租税回避の抑制と出現する新しい租税回避スキームに速やかに

対処できるようプロモーターと利用者が税務当局にATPを開示することを義務づける制度を開示義務者，開示内容，開示手続等に複数の選択肢を用意し，各国が自国の法体系に最適な様式を選択することを認めるモジュラー方式を勧告。

ATPの義務的開示制度は，事前照会，自発的情報開示等の情報開示制度及び一般的租税回避否認規定（GAAR）と相互補完関係がある。

報告すべき情報は，プロモーター及び利用者の詳細，報告基準（一般基準及び個別基準），関係法令，予想されるタックス・ベネフィット，プロモーターの顧客リスト等である。報告義務者を①プロモーター及び納税者，あるいは②プロモーター又は納税者とし，報告の不遵守に対し罰則を科すこと。

＊我が国においては，導入の要否等を検討し，早急に対応策を模索すべきであると考える。

(12)　**行動13**：多国籍企業の企業情報の文書化について，グループ内取引を通じる所得の海外移転に対し適正課税の実現には多国籍企業グループのグローバル取引の全体像の把握が必要であるが，現行の国際課税ルールではそのような情報入手は困難であった。OECD/G20は，コンプライアンスコストに配慮しつつ，税務当局の情報入手を可能にするため，共通様式に基づいた次の移転価格文書化ルールを策定した。

① 　ローカルファイル：関連者間取引における独立企業間価格算定のための詳細な情報。

② 　マスターファイル：多国籍企業グループの組織・財務・事業概要等多国籍企業グループ活動の全体像の定性的情報。

③ 　国別報告書（Country-by-Country reporting: CbC reporting）⁽¹⁷⁾：多国籍企業の各国ごとの所得，納税額の配分等，多国籍企業グループ活動の全体像の定量的情報。

「国別報告書ガイドライン」（2015年2月公表）

「国別報告書実施パッケージ」（2015年6月公表）

（i）　モデル当局間合意案：各国当局が国別報告書の自動的交換をするための国際合意についてCRSのCA間合意案を参考に策定された（マルチ合意案，二国間租税条約に基づく合意案，二国間情報交換協定に基づく合意案）。

（ii）　モデル国内法：各国当局が国別報告書の自動的交換をするため，自国にある多国籍企業グループ親会社等に国別報告書の提出を義務付ける必要があるため，OECDは関連する国内法モデルを作成した。

＊我が国においては，平成28年度税制改正で対応済みであるが，詳細について
は引き続き整備していく必要があると考える。

(13)　行動14：相互協議[18]の効果的実施について，実効的相互協議の実施の障害
を除去するため，相互協議を通じる適時の効果的な紛争解決のために次のミニ
マム基準及びベストプラクティスを勧告。

① 　相互協議に係る条約上の義務の誠実な履行と相互協議事案の迅速な解決

② 　租税条約に関連する紛争の予防及び迅速な解決促進の行政手続の実施

③ 　納税者に対する相互協議の機会の保証

　　各国におけるミニマム基準の実施状況のモニタリング。

＊我が国においては，既に対応済みであるが，引き続き整備していく必要があ
ると考える。

5　今後の国内法整備の課題

　ポストBEPSにおいて，我が国が多国間企業のATP対策について世界各国の
水準に比して著しく遅れている点を補強する必要がある。特に，①GAARの導
入，②OECD/G20プロジェクトの規範性を尊重し，勧告の実質主義へのシフト
をソフトローとせず，ハードローに反映すること，③各国制度の国際的一貫性の
確立に必要なコンセプトの共有などが重要なポイントになろう[19]。

　また，BEPS最終報告書の勧告内容について，ミニマム・スタンダード及びベ
ストプラクティスなどの勧告を受け入れる国内法改正及び租税条約の改訂が必要
になるが，その基礎作業として，「国際的租税回避」（international tax avoid-
ance），さらに「濫用的国際的租税回避」（abusive international tax avoidance）
などの重要な概念を，我が国においてまず税法固有の概念として法定化すること
が必要であろう。

　なお，国外事実の認定[20]について，今村隆教授の『課税訴訟における要件事実
論』[21]において，「適用除外—管理支配基準の評価根拠事実」の抗弁と説明より検
討すると，国内事実と国外事実を区別せず，各国とも領土外の事実について調査
権・情報収集権のない状態で立証責任を課税庁のみに負わせることが不条理であ
ると考え，いわゆる「情報の非対称性」への対処，守秘義務，情報交換，情報の
利用方法・立証責任の配分（反証可能な推定規定の導入）などの関連制度の整備
も必要であると考える[22]。

（注）

⑴ BEPS 2015 Final Reports: Final BEPS package for reform of the international tax system to tackle tax avoidance.
本庄資『国際課税における重要な課税原則の再検討　中巻』（日本租税研究協会，2016），495〜501頁。

⑵ ECOFIN formally adopted a proposed amendment to the Parent-Subsidiary Directive （PSD） to prevent the double non-taxation of distributed profits within corporate groups resulting from hybrid loan arrangements on 8 July 2014.

⑶ Mitchell Weiss and Craig Foxgrover Income derived Through Fiscally Transparent Entities: Practical Issues and Unintended Consequences Bloomberg BNA Income Tax Planner-Web. March1, 2014.

⑷ 例えば，CFC につき，Deloitte Guide to Controlled Foreign Company Regimes2014.

⑸ EBITDA とは，earnings before interest, taxes, depreciation and amortization ＝ 税引前利益＋減価償却費＋支払利息の略号。多国籍企業の投資状況や経営成績の評価に用いられる。

⑹ （a）Robert D. Atkinson and Scott Andes Patent Boxes: Innovation in Tax Policy and Tax Policy for Innovation October2011.
（b）Peter R. Merrill, James R. Shanahan Jr., Jose Elias Tome Gomez, Guillaume Glon, Paul Grocott, Auke Lamers, Diarmuid MacDougall, Alina Macovei, Remi Montredon, Thierry Vanwelkenhuyzen, Alexandru Cernat, Stephen Merriman, Rachel Moore, Gregg Muresan, Pieter Van Den Berghe and Andrea Linczer Is it Time for the United States to Consider the Patent Box ? Tax Notes, March, 2012.

⑺ （a）OECD Action 5 Agreement on Modified Nexus Approach for IP Regimes2015.
（b）OECD Explanatory paper Agreement on Modified Nexus Approach for IP Regimes.

⑻ （a）European Commission Proposal for a Council Directive amending Directive 2011/16/EU as regards mandatory automatic exchange of information in the field of taxation Brussels, 18.3.2015COM（2015）135 final.
（b）KPMG EU proposals for compulsory exchange of information on cross-border tax rulings March19, 2015.

⑼ （a）EY OECD releases final report under BEPS Action 6 on preventing treaty abuse October20, 2015.
（b）今村隆「租税条約における LOB 条項の意義と問題点―我が国の視点からみた同条項の考察―」日本法学第79巻第 2 号，2013等。

⑽ （a）松下滋春「代理人 PE に関する考察」税大論叢45号，2014。
（b）伴忠彦「恒久的施設の範囲に関する考察― AOA の導入と人的役務に係る PE 認定―」税大論叢67号，2010。
（c）経済産業省貿易経済協力局貿易振興課『新興国における人材の現状と課税事案への対応について』2015等。

⑾ （a）高久隆太「移転価格課税における無形資産の使用により生じた利益の帰属及びその配分」税大論叢49号，2005。
（b）大岩利衣子「移転価格税制における無形資産取引の考察：無形資産の所有権について 3 」小樽商科大学『商学研究』（2008）59（1）。
（c）KPMG A World in Transition: Managing the Transfer Pricing Implications of Complex Supply Chains2011. 等。

⑿　(a)　浅川和仁「米国税法上の無形資産の評価の実情と日本に対する示唆―所得相応性基準の分析を中心として―」税大論叢49号，2005。
　　(b)　居波邦泰「無形資産の国外関連者への移転等に係る課税のあり方―わが国への所得相応性基準の導入の検討―」税大論叢59号，2008等。
⒀　三田村仁「費用分担契約に関する一考察」税大論叢49号，2005。
⒁　(a)　経済産業省／三菱総合研究所『グローバル・バリュー・チェーン分析に関する調査研究報告書』2012。
　　(b)　加藤涼・永沼早央梨『グローバル化と日本経済の対応力』日本銀行 No.13-J-13，2013。
　　(c)　藤田哲雄「グローバルバリューチェーンの展開とイノベーション政策の方向性―アジア企業の競争力向上にどのように立ち向かうべきか」JRI レビュー Vol.5，No.24，2015。
⒂　望月文夫「最適方法ルールと日本の利益分割法に関する考察」『経営論集』61巻1号，2014。
⒃　本庄資「陳腐化した国際課税原則を見直し新しい国際課税原則を構築する必要性―OECD の BEPS 対策の始動を中心として―」税大ジャーナル，2013。
⒄　(a)　PwC Tax Transparency and Country-by-Country Reporting ―2012.
　　(b)　Richard Murphy FCA Why is Country-by-Country financial reporting by Multinational Companies so important ? tax justice network.　等。
⒅　(a)　水野忠恒「移転価格税制における相互協議手続の検討」『経営論集』61巻2号，2014。
　　(b)　大野雅人「事前確認の法制化は何故必要なのか」『筑波ロージャーナル』16号，2014等。
⒆　本庄資・田井良夫・関口博久『国際租税法―概論―（第2版）』（大蔵財務協会，2016），106頁。
⒇　レンタルオフィス事件（東京高判平成25年5月29日）において，外国子会社合算税制の適用除外要件（実体基準・管理支配基準）の充足の有無が争われたが，国際課税事案に係る事実認定のあり方について，国外事実についても税務当局にその主張立証の責めを負わせて証拠不十分により国側敗訴としている点で問題を残した。
㉑　今村隆『課税訴訟における要件事実論』（日本租税研究協会，2011）。
㉒　本庄資『国際課税における重要な課税原則の再検討　中巻』（日本租税研究協会，2016），544〜545頁。

30 ソフトローとしての移転価格 ガイドラインの改訂

田井良夫

1 問題の所在

　OECD/G20BEPS Action Plan は，15の行動から構成されているが，そのうち，移転価格に関する行動は，Action 8（無形資産取引に係る移転価格ルール），Action 9（リスクと資本に係る移転価格ルール），Action 10（他の租税回避の可能性の高い取引に係る移転価格ルール）及び Action 13（移転価格文書化・国別報告）と多い。

　OECD は，これまで独立企業原則（The Arm's Length Principle: ALP）に基づき移転価格ガイドライン（Transfer Pricing Guideline: TPG）を定めてきたが，BEPS プロジェクトでは，BEPS 報告書の改訂案に従って TPG 改訂を行うとともに，各国の国内法の改正を勧告した。そこで，本稿においては，TPG 2010と改訂 TPG 2017を概観し，国内法の改正の必要性を検討する。さらに，新しい概念を国内法に受け入れる必要性までを検討する。

2 移転価格ガイドラインをソフトローのままとして 取り扱うのか再検討の必要性

　国際機構の特定の宣言や決議などは，これをソフトローと呼び，法的拘束力がなく，非法的なものとされ，国内裁判所では法源として認められないと主張されることが少なくない。学説によっては，法源には形式的法源のほか，実質的法源があり，ソフトローは，それ自体が国際法上の法的拘束力を有するものではないが，条約の成立を促し，慣習法の法的信念となる効果をもち，国際経済法，国際租税法及び国際環境法等の分野で国際行動の指針として重要な役割を果たしていることを否定できないという[1]。

　我が国はこれまで通り，OECD モデル条約・同コメンタリー及び移転価格ガイドライン（TPG）などを法的拘束力のないソフトローとして取り扱うのか再検討する必要がある。

　現在，ルール・オブ・ロー（法の支配）[2]を掲げ，「租税法律主義」の優位を唱

える学説が多いなかで，BEPS プロジェクトの合意・勧告のうち成文法化できなかった部分をハードローと同様に，国際的コンセンサス（合意）はソフトローであるとして国内裁判所の法源として具体的な租税回避スキームに適用することが認められるだろうか[3]。また，本庄資教授は，「租税法律主義[4]によって実質課税を克服したと考える租税法学の学説[5]や納税者の租税回避の意図が認められる場合にも租税法上明文の個別的否認規定がない場合には否認できないとの判断を示してきた裁判例[6]の前で，BEPS プロジェクトの合意・勧告のうち，国内法化されずまた租税条約に規定のないものについて，新しい TPG やガイダンスを加盟国の税務当局としてこれをソフトローとして尊重し，OECD/G20 の BEPS プロジェクトの合意・勧告に沿って，税務当局が現行法の目的論的解釈[7]を行い，事実認定において実質を重視し，納税者の私法上の法律構成[8]を否認してリキャラクタライゼーションすることが認められるだろうか[9]」と述べており，非常に疑問の残るところである。

金子宏教授は，被統治者のみならず統治者も法律に従うべきであるとの原理をルール・オブ・ローと呼び，租税法律主義と考え方は共通であると述べ[10]，取引の安全，予測可能性や法的安定性の観点から，ルール・オブ・ローの観点からみて，アドバンス・ルーリング[11]が非常に好ましい制度であると述べている[12]。

ポスト BEPS に関し，新しい国際コンセンサスに従って税務当局が納税者のタックス・プランニングに対し挑戦するためには，ソフトローとせず，租税法律主義に基づき明確な根拠規定を国内法化し又は租税条約に含めることが必要である。しかし，これまで通りに，OECD モデル条約・同コメンタリー及び移転価格ガイドライン（TPG）などを法的拘束力のないソフトローとして取り扱うのであれば，我が国の企業としては，アドバンス・ルーリングの活用の必要性が高まることになるであろう[13]。

3 TPG 2010

TPG 2010（OECD Transfer Pricing Guideline for Multinational Enterprises and Tax Administrations 2010）は，次の 9 章から構成されている。

第1章 独立企業原則（The Arm's Length Principle）

第2章 移転価格方法（Transfer Pricing Method）

第3章 比較可能性分析（Comparability Analysis）

第4章 移転価格紛争の回避及び解決の行政上のアプローチ（Administrative Approaches to Avoiding and Resolving Transfer Pricing Disputes）

第5章　文書化（documentation）

第6章　無形資産に係る特別な考慮（Special Considerations for Intangible Property）

第7章　グループ内役務提供に係る特別な考慮（Special Consideration for Intra-Group Services）

第8章　費用分担契約（Cost Contribution Arrangements）

第9章　事業再編の移転価格の側面（Transfer Pricing Aspects of Business Restructuring）

4　改訂 TPG 2017

BEPS プロジェクトの最終報告書は，次のように構成されている。

(1)　独立企業原則の適用のガイダンス（TPG 第1章セクション D 改訂）

(2)　無形資産（TPG 第6章改訂）

(3)　低付加価値グループ内役務提供（TPG 第7章改訂）

(4)　費用分担契約（TPG 第8章改訂）

なお，BEPS 最終報告書のサマリーの要訳によれば，以下のように説明されている。

最も重要な変化は，TPG 第1章セクション D の改訂の次の点で起きる。

(i)　グループ企業間のリスク移転，グループ企業への過大資本の配分による BEPS の防止ルール：ある事業体が契約上リスクを引き受けたとか資本を提供したという理由だけで不適切な収益を得ることができないように，かつ，収益と価値創造を合致させるように，移転価格ルール又は特別措置を採用すること。

(ii)　第三者間では起こらないか又は滅多に起こらない取引を行うことによる BEPS を防止するルール：取引をリキャラクタライズすることができる場合を明確化するため，移転価格ルール又は特別措置を採用すること。ガイダンスにおいて次のことを確保する。

・特殊関連企業が行う現実の事業取引が特定され，かつ，移転価格が経済的現実を反映しない契約上のアレンジメントに基づかないこと。

・契約上のリスク配分は現実の意思決定によって支えられる場合のみ認容されること。

・機能しない資本は，実質のない Cash box にプレミアムリターンが配分されないよう，リスクフリーリターン以上の収益を生じないこと。

- 商業上の合理性のない例外的な場合には税務当局が取引を否認することができること。

これらの TPG の改訂は，必要な場合，契約条件を当事者の現実の行為の証拠で補足することにより，特殊関連企業間の現実の取引を正確に記述することが重要であることを強調する。契約に記載されているだけでは取引を記述することにはならない。

取引当事者のリスクの引受けは，取引の独立企業間価格に重大な影響を及ぼすことがある。この改訂は，個別のリスクとその影響の特定に関するガイダンスに及び，移転価格の目的上どの特殊関連企業がリスクを引き受けるのかを決定する分析の枠組みを定める。移転価格の目的上リスクを引き受けるには，特殊関連企業は，リスクを支配しかつリスクを引き受ける財務能力を有することが必要である。

ガイダンスは，資本を提供するだけの特殊関連企業が行う現実の拠出を正確に決めるのに役立つ。資本の提供者がプレミアムリターンを生じえる投資リスクに対し支配を行使しない場合には，特殊関連企業はリスクフリーリターン以上のものを期待できない。

改訂ガイダンスは，移転価格分析は，契約条件（実際に行われない契約上のリスク引受を含む。）ではなく，特殊関連企業が取引に現実に貢献するものを正確に記述することに基づいて行われることを確実にする。

通常，現実のアレンジメントは TPG の他章のガイダンスに従って価格算定されるのであるが，本章の改訂は，商業上の合理性がない例外的な場合に税務当局が特殊関連企業間取引を否認することができるようにする必要性を補強する。

ガイダンスは，独立当事者間ではみられない取引であるという事実だけではそれが認容されるべきでないことを意味するものでないことを強調する。その代わり，現実の取引が，比較可能な経済状況の下で非関連者間で合意されるアレンジメントの商業上の合理性を有するかどうかが重要な問題となる。

要するに，この改訂は，価格算定が特殊関連企業の現実の貢献（現実に引き受けたリスクを含む。）を考慮に入れるように，特殊関連企業間の現実のアレンジメントを決定するとき完全性を奨励すること，及び商業上の意味のない取引の否認の権限を付与することによって資本への不適切なリターンやリスクの誤った配分を防止せよというマンデートに応えるものである。

この TPG 第 1 章セクション D の改訂は，税務当局による「取引の否認」(disregard, non-recognition)，「取引のリキャラクタライズ」の権限を税務当局に

付与することを勧告するものである。我が国はこれまで通達や事務運営要領など
で OECD の TPG に準拠したルールを我が国の移転価格税制に取り入れてきたが，
租税法律主義の下で，既存の有力説との正面衝突を避けるためには，改訂 TPG
2017のうち，少なくとも「取引の否認」及び「取引のリキャラクタライゼーショ
ン」に関する新規ガイダンスについては，法令上，明文化を図るべきであろう[14]。
　また，改訂 TPG 2017は，法的所有権及び法的帰属説と経済的所有権及び経済
的帰属説の対立を生じている各国の移転価格税制の差異を利用するスキームを封
じ込めるため，TPG 第 6 章の改訂を次のとおり行っている。

- 特殊関連企業による無形資産の法的所有権だけで無形資産の利用からの収益
  を受ける資格を決めることができない。
- 無形資産の DEMPE（開発，改善，維持，保護及び利用）に関し重要な価値
  創造機能を行う特殊関連企業は，適切な対価を期待することができる。
- 無形資産の DEMPE に関しリスクを引き受ける特殊関連企業は，リスクに
  対する支配を行使しかつリスクを引き受ける財務能力を有しなければならな
  い。
- 多国籍企業グループのメンバーが現実の利益と期待利益との差異に関する損
  益を受ける資格は，どの事業体がこれらの差異を生じるリスクを引き受ける
  か，当該事業体が無形資産の DEMPE に関し重要な機能を行っているか，
  経済的に意味のあるリスクに対する支配に貢献しているかによって左右され，
  これらの機能の独立企業間対価は費用分担要素を含めて決められる。
- 資金を提供し関連財務リスクを引き受けるが無形資産に関する機能を行わな
  い特殊関連企業は，一般にその資金に係るリスク調整リターンだけを期待す
  ることができる。

　経済学・経営学や金融論では「リスク」の研究が行われてきたが，租税法学で
は租税法上の概念として「リスク」の定義をめぐる議論も十分に行われていない
ので，TPG の重要概念として，「リスク」，「リスクの支配」，「リスクマネジメン
ト」，「リスクの配分」，「リスクの引受」，「リスクを引き受ける財務能力」，「リス
クの移転」などの概念を法定化する必要がある[15]。
　さらに，「無形資産」の定義について，改訂 TPG 2017は広い定義を採用し，
費用分担契約（CCA or CSA）についても「リスク」概念を含めて，TPG 第 8
章を改訂した。資本や資金の提供だけでの Cash boxes を封じ込めるには，費用
分担契約の改正が必要であろう。

5　国内法の改正の必要性

　税制調査会「「BEPS プロジェクト」の勧告を踏まえた国際課税のあり方に関する論点整理」（平成28年11月14日）において，移転価格税制の見直しについては次のようにまとめられている。

　BEPS プロジェクトでは，主として，関連者間の無形資産の移転により生じる租税回避に対し適切に対応することを目的として議論が行われた。その際，比較対象となる取引に基づく客観的価格付けが困難という無形資産の性質，及び関連者間取引における契約や取引条件の恣意的操作のしやすさ等に留意しつつ検討が進められ，以下の方法が提示された。

（1）　無形資産移転時の価格設定

- 無形資産の価格算出に必要な信頼しうる比較対象が特定できない場合，ビジネスにおける事業計画策定等に幅広く採用されている「ディスカウンティド・キャッシュフロー（DCF）法」を活用する。
- 取引時点で評価が困難な無形資産については，「予測便益」と「実際の利益」とが一定以上乖離し，納税者が予測の合理性を示せない場合に，発生した「実際の利益」に関する情報を使って移転時の独立企業間価格を事後的に再計算する「所得相応性基準」を採用する。

（2）　無形資産移転後に得られる使用料の価格設定

- 外国子会社は，無形資産の法的所有（legal ownership）のみによっては所得配分を受けられないものとする。
- 外国子会社は，資産の開発や改善等に必要な資金の提供以外は何らの貢献もしておらず，リスクもとっていない場合には，その資金を国債に投資した場合に得られる程度のリターンのみしか受領できないものとする。

　無形資産の取扱いと併せて，BEPS プロジェクトでは行動10において，多国籍企業グループの親会社が外国子会社等に提供する人事，会計，法務等，いわゆる「グループ内のサービス提供」に係る費用とこれへの対価の配分方法についても議論された。具体的には，同様のサービス提供が第三者間で行われる場合を想定して取引価格を決定するべきところ，目安となる価格が先進国の市場と途上国の市場とで大きな乖離がある場合，両国の課税当局間での合意形成が困難であるこ

とに着目し，これへの対応策として実際に要した費用に一定の利益マークアップ率を適用する等のガイダンスの策定が合意された。

ベスト・プラクティスとして示された BEPS プロジェクトの最終報告書の内容，及び今後改訂される OECD 移転価格ガイドラインを踏まえて，今後，日本の移転価格税制見直しを検討することが必要である。

上記の論点整理からすると，改訂 TPG 2017を受け入れ国内法の改正をする方向性であることがうかがえる。

我が国では，これまで租税法律主義を呪文のように用いるタックス・スキームが無数にあり，税法上，固有概念として定義を置いていない借用概念の解釈の余地がこれらのタックス・スキームの合法か違法かを争う場面では，税務当局の否認を妨げてきた。OECD の BEPS Action 8〜10ディスカッション・ドラフトは，否認，リキャラクタライゼーションの分野で問題を提起している[16]。

我が国の費用分担契約の取扱いについては，事務運営方針 2-15で次のように定めている。法人が国外関連者との間で締結した費用分担契約に基づく費用の分担（費用分担額の調整を含む。）及び持分の取得は，国外関連取引に該当し，当該費用分担契約における当該法人の予測便益割合が，当該法人の適正な予測便益割合（2-16及び 2-18による検討に基づき算定される割合をいう。）に比して過大であると認められるときは，当該法人が分担した費用の総額のうちその過大となった割合に対応する部分の金額は，独立企業間価格を超えるものとして損金の額に算入されないことに留意する。

改訂 TPG 2017を受け入れ，拠出を「費用の分担」というコストで測定せず，「価値」（独立企業間価値）で測定することに切り替える場合，拠出の価値の測定に関する規定を整備する必要が生じるであろう[17]。

また，税法上，無形資産の定義を規定していない我が国の場合，評価困難な無形資産（Hard-to-Value In-tangibles: HTVI）の定義も規定していないが，OECD Action 8（HTVI）は，ALP からの逸脱ともいうべき提案を示した。我が国では，これまで，否認や私法上の法律構成について個別否認規定がない場合に行うことができないとする論者が多かったが，OECD の HTVI についての勧告を受け入れ，後智慧（hindsight）[18]の使用を国内法化した場合にどのような事態が生じるであろうか検討し[19]，所得相応性基準の成文法化についても検討すべきであると考える[20]。

6 新しい概念を国内法に受け入れる必要性

改訂 TPG 2017に含まれる新しい概念について，本庄資教授は，『国際課税における重要な課税原則の再検討　中巻』（日本租税研究協会，2016）547～548頁において，以下の用語について，成文法化することが望まれると指摘している。

- identifying the commercial or financial relations
- economically relevant characteristics of the transaction
- economically relevant circumstances
- contractual terms of the transaction
- actual conduct
- contractual arrangement
- contractual allocation of risk
- risks in commercial or financial relations
- identifying economically significant risks
- contractual assumption of risk
- allocation of risk
- accurately delineated transactions
- commercial rationality or commercial irrationality
- cash boxes without relevant substance
- risk management, risk control
- actual contributions
- commercial sense

ディスカッション・ドラフトのキーワードであった「基本的経済的属性」（fundamental economic attributes）という概念は，"*economically relevant characteristics*" に置き換えられた。我が国の有力説が「実質」について論じる場合，「経済的実質」でなく「法的実質」を重視してきたが，改訂 TPG 2017は，"*economically relevant characteristics*", "*economically circumstances*", 及び "*economically significant risk*" など，経済的実質を重視することを明確にしている。我が国のタックス・ヘイブン対策税制の適用除外要件充足の有無に関する裁判例では，「経済的合理性」の有無について議論するが，改訂 TPG 2017は，経済的合理性でなく，「商業上の合理性」（commercial rationality），「商業上の不合理性」（commercial irrationality），「商業的意味」（commercial sense），「商業上の関係」（commercial relations）を重視することを明確にしている。改訂 TPG

2017は，単に「契約」をみるのでなく，「現実」をみることを基本方針とし，*"contractual terms"*，*"contractual arrangement"*，*"contractual allocation of risk"*，*"contractual assumption of risk"* をそのまま受け入れず，「現実」をみることを一貫して追求する。

　このように，改訂 TPG 2017を受け入れる場合，成文法化を要する新しい概念が増加している。法形式の濫用について「通常か異常か」の議論でなく，「契約」と「現実」の一致か否かを見極め，「商業上の合理性」の有無を議論すべきルールに変わる。「実質」についても，法的実質にとどまり，経済的実質を認めないなどの議論を繰り返す余地は，国際的コンセンサスとしては，少なくなってきた。

　改訂 TPG 2017を受け入れる場合には，まずは，国際的コンセンサスとして共通の概念規定を国内法令に規定し，同時に法的拘束力のあるアドバンス・ルーリング制度を創設することが必要である。

（注）

⑴　(a) 斎藤民徒「ソフトロー論の系譜：国際法学の立場から」COE ソフトロー・ディスカッション・ペーパー・シリーズ COESOFTLAW2005-7。

　　(b) 瀬下博之「ソフトローとハードロー」COE ソフトロー・ディスカッション・ペーパー・シリーズ COESOFTLAW2006-4。

　　(c) 中山信弘・小寺彰・道垣内正人編『国際社会とソフトロー』有斐閣，2008。

　　(d) 渡部茂己「国際法の実質的法源としての国際機構の決議―形式的法源としての可能性を検討するために」常磐　国際紀要16号，2013。

⑵　金子宏「租税法とルール・オブ・ロー」『所得税・法人税の理論と課題』日本租税研究協会，2010。

⑶　本庄資『国際課税における重要な課税原則の再検討　中巻』（日本租税研究協会，2016），493頁。

⑷　(a) 木山泰嗣「租税要件明確主義の解釈論的展望」青山法務研究論集 4 号，2011。

　　(b) 最高裁第一小法廷平成21年12月 3 日判決（民集63巻10号2283頁）。

　　(c) 最高裁第二小法廷平成23年 2 月18日判決（判例タイムズ1345号115頁）。

⑸　(a) 谷口勢津夫「違法支出論における債務確定主義の意義と機能」立命館法学2013年 6 号。

　　(b) 谷口勢津夫「租税回避論の現代的課題」『税制改革と国際課税（BEPS）への取組』日本租税研究協会第67回租税研究大会記録，2015。

　　(c) 谷口勢津夫「租税回避と税法の目的論的解釈の過形成」税経通信70巻14号，2015。

⑹　最高裁第二小法廷平成23年 2 月18日判決の裁判長須藤正彦裁判官補足意見。

⑺　(a) 大淵博義「租税法における文理解釈の重要性」中央大学会計人会報15号別冊，2013。

　　(b) 酒井克彦「租税法条文の読み方―文理解釈か？　趣旨解釈か？」税大ジャーナル，2013。

⑻　(a) 清水一夫「租税回避行為避妊訴訟の実証的研究―裁判所の認定から原処分時対応の留

意点を探る―」税大論叢55号，2007。

　　(b)　松田直樹「実質主義と法の濫用の法理―租税回避行為の否認手段としての潜在的有用性と限界―」税大論叢55号，2007。

　　(c)　中本雅和「私法上の法律構成による否認の手法と私法上の事実認定及び契約解釈ルール」龍谷大学大学院法学研究 No.8，2006。

⑼　本庄資『国際課税における重要な課税原則の再検討　中巻』（日本租税研究協会，2016），494頁。

⑽　金子宏「租税法とルール・オブ・ロー」『所得税・法人税の理論と課題』日本租税研究協会，2010。

⑾　(a)　増井良啓「租税法の形成におけるアドバンス・ルーリングの役割」CEOSOFTLAW，2005。

　　(b)　出村仁志「行政庁による公定解釈の表示―米国におけるアドヴァンス・ルーリング及び日本の現状」税大論叢19号，1989。

　　(c)　鈴木孝直「事前照会手続の整備の現状と今後の方向性」長崎大学学術研究成果リポジトリ，2003。

⑿　金子宏「財政権力―課税権力の合理的行使をめぐって」岩波講座『基本法学6 権力』151～178頁。納税者からの個別事案に関する質問に応じて内国歳入庁が発する公定解釈をルーリング（ruling）と呼び，そのうち将来の行為や取引に関するものをアドバンス・ルーリング（advance ruling）と呼んだうえで，文書によるルーリングの発給を行う米国の制度を検討し，日本においてもアドバンス・ルーリングの採用を検討してしかるべきであると述べている。

⒀　本庄資『国際課税における重要な課税原則の再検討　中巻』（日本租税研究協会，2016），495頁。

⒁　本庄資『国際課税における重要な課税原則の再検討　中巻』（日本租税研究協会，2016），547頁。

⒂　本庄資『国際課税における重要な課税原則の再検討　中巻』（日本租税研究協会，2016），548頁。

⒃　本庄資「国際課税における重要な課税原則の再検討（第15回）（TPG 第1章改訂，否認，リキャラクタライゼーションと特別措置の採用）をめぐるビジネス界・主な租税実務家の意見の焦点」租税研究792号（2015年10月）。

⒄　本庄資『国際課税における重要な課税原則の再検討　中巻』（日本租税研究協会，2016），412頁。

⒅　UN Tax Committee on Practical Transfer Pricing Issues Documentation Working Draft, 7 June 2011

　　OECD The Comments Received with respect to The Discussion Draft on Timing Issues relating to Transfer Pricing 29 October 2012.

　　European Commission EU Joint Transfer Pricing Forum Supplementary Discussion Paper on Compensating/ YearEnd Adjustments JTPF/004/2013/EN 14 January 2013.

⒆　本庄資『国際課税における重要な課税原則の再検討　中巻』（日本租税研究協会，2016），413頁。

⒇　居波邦泰「無形資産の国外関連者への移転等に係る課税のあり方―わが国への所得相応性基準の導入の検討」税大論叢59号，2008。

31 BEPSとGAARの役割

今村 隆

1 問題の所在

　税源浸食と利益移転（Base Erosion and Profit Shifting, 以下「BEPS」という。）とは，多国籍企業による各国の税制の違いなどを利用したクロスボーダーの攻撃的タックス・プランニング（Aggressive Tax Planning, 以下「ATP」という。）のことである。このようなATPにより，二重非課税の状態が生じることから，2012年6月からOECDが中心となって，BEPSプロジェクトということで，国際的に強調して有効に対処していくための対応策を策定することが取り組まれるようになった。そして，OECDは，途中で，中間的な報告書を公表したりして，各国の企業側にもその意見を求めたりした上，2015年10月に最終報告を公表した。

　筆者は，かつて本庄先生の編集に係る論文集に「主要国の一般的租税回避防止規定」との論文[1]を投稿し，2011年時点での主要国の一般的租税回避否認規定（General Anti-Avoidance Rule, 以下「GAAR」という。）について論じたが，BEPSプロジェクトは，上記論文後の進展である。また，上記拙稿において，筆者は，ドイツ，カナダ及びオーストラリアのGAARについて論じたが，2010年に米国で，経済実質原則の法典化がなされ，2013年に英国において，租税回避濫用防止規定が導入され[2]，2016年に，EUが，加盟国に対し租税回避に対抗するための指令を発している。さらに，重要な文献としては，2016年に出版されたMichael Langらの編集に係る各国のGAARについての論文集[3]がある。

　そこで本稿では，上記論文集などを参考にして，EU，英国及び米国について検討し，BEPSプロジェクトにおけるGAARの役割について論じることとする。

　以下，まず，BEPSプロジェクトの意義について簡単に述べた後（2），EU，英国及び米国のGAARを検討し（3），次いで，BEPSにおけるGAARの役割を論じ（4），最後にBEPSプロジェクトの我が国への影響についてGAARの欠如との観点で論じることとする（5）。

2　BEPS プロジェクトの意義

　OECD は，BEPS が問題となるまでは，モデル租税条約を作成するなどして，二重課税を防止するとの観点で取り組んできたが，多国籍企業が各国の課税の強化を逃れるため，さまざまな二重非課税の状態を作出するプラニングを行うようになった。そこで，OECD は，このような BEPS への対応策として，①多国籍企業は価値が創造されるところで適正な税金を支払うべきとの国際課税の原則の再構築，②各国政府・多国籍企業の活動に関する透明性の向上，③企業の不確実性の排除という 3 つの柱で構成される対抗策を提案した[4]。OECD の BEPS プロジェクトは，15の行動計画からなっているが，そのうち行動計画 1 ないし10が上記①の柱に関するものであり，行動計画11ないし13が上記②の柱に関するものであり，行動計画14，15が上記③の柱に関するものである。

　具体的には，BEPS では，「Cash box」と言われる資本提供をするが重要な経済活動を行わない企業を軽課税国に置いて，このような二重非課税状態を作り出すことが多く行われているとのことで，このような Cash box に対し，包括的（holistic）アプローチで，上記行動計画で論じられているさまざまな取組みを包括的に用いて対応しようとするものである。

　このような BEPS への対応への議論を通じ，世界各国の経済界の関係者も巻き込んで，これまでの二重課税の防止にとどまらず，二重非課税の防止や価値創造の場での課税との国際課税原則を再構築することになったもので，その意義は大きいと考える。

3　EU，英国及び米国の GAAR

（1）　EU・GAAR

①　2016年租税回避対抗指令

　EU は，付加価値税については，CJEU の Halifax 事件判決[5]があり，明文規定によらない租税回避の否認ルールで対処している。一方，直接税については，加盟国の立法に委ねられてきていたが，2011年に共通連結法人課税ベース（CCCTB）についての指令提案の80条に規定された。しかし，この指令提案は，加盟国の合意は得られておらず，提案にとどまっている。その後，2012年に，加盟国の全税目について，「攻撃的租税回避計画についての委員会勧告」（以下「2012年 ATP 勧告」という。）で加盟国に GAAR の立法を促す勧告を行った。この ATP 勧告は，勧告にとどまり，加盟国に法的拘束力まではなかった。しかし，2016年に

EU 理事会が，加盟国の法人税について，「域内市場の機能に直接影響を及ぼす租税回避行為に対抗するためのルール」という指令（以下「2016年指令」という。）[6]を発した。このように EU は，加盟国に GAAR の立法を強く促している。

EU は，BEPS が問題となる以前から CCTB の指令提案や2012年の ATP 勧告で，加盟国において GAAR の立法を促す立場を採っており，2016年指令も特に BEPS を問題としたのではない。しかし，2016年指令の前文 1 ないし 3 に規定されているとおり，OECD による BEPS プロジェクトを歓迎し，これを参考にしていると考えられる。

② 2016年指令 6 条

2016年指令は，その 6 条で，以下のとおり，GAAR について規定している。ただし，この GAAR は，General Anti-Abuse-Rule であるが，対象は加盟国の法人税に限られている。

「（第 6 条）

1 法人税額の計算に当たり，加盟国は，すべての関連する事実と状況を考慮して，適用される租税法の趣旨又は目的に反する租税利益（tax advantage）を得ることを主要な目的（main purpose）又は主要な目的の一つとして行われている，真正でない一の取決め又は一連の取決めを無視するものとする。一の取決めは，一以上のステップ又は部分から構成されるものとする。

2 第 1 項の適用に当たり，一の取決め又は一連の取決めは，それらが経済的実体（economic reality）を反映する正当な商業上の理由をもって行われていない範囲において，真正でないと取り扱われるものとする。

3 （省略）」

③ BEPS と EU・GAAR

2012年勧告は，前記のとおり，勧告にとどまり，加盟国に法的拘束力を与えるものではなかったものの，加盟国のいくつかの国には影響を与えた。例えば，ギリシャは，2012年勧告に示された GAAR と同様の GARR を立法し，2014年 1 月に発効させている。また，イタリアも，2015年にそれまでの GAAR を改正し[7]，ポーランドも新たに GAAR を制定させようとしている[8]。

さらに，2016年指令 6 条の GAAR は，2012年勧告に示された GAAR を修正するものであり，BEPS プロジェクトの議論を反映して，より強力なものとなっていると考えられる。

（2）　英国 GAAR

①　GAAR の立法

英国は，2013年に一般否認規定を始めて導入した。英国は，1935年の Westminster 事件上院判決[9]以来，「租税回避のための契約であっても，私法上有効な契約であれば，この契約による租税負担の軽減を否定することはできない。」とするウェストミンスター原則が支配的である。このウェストミンスター原則は，法的形式（form）を重視する立場であり，法的には有効ではあるが，経済的には不合理な契約を用いて，いわゆるタックス・シェルターを作り出すとのタックス・シェルター産業を助長した。

このような傾向に歯止めを掛けたのが，1981年の Ramsay 事件上院判決[10]であり，「複合取引（composite transaction）を構成する個々の契約が私法上有効であっても，分離することができない過程で予め計画されている結果次の段階でキャンセルすることが意図されている契約で生み出される損失は，制定法が扱っている損失ではない。」とするラムゼイ原則が打ち出された。しかし，このラムゼイ原則は，その後1984年の Dawson 事件上院判決[11]で，Ramsay 事件のような資金が循環するいわゆる循環取引だけではなく，資金が一方的に流れていく直線型の取引にも適用されるとされた。これは，米国の段階取引の法理（step transaction）の法理と類似の法理であることから，このような法理は，米国と同じような経済実質主義（substance-over-form-doctrine）を認めたものではないか，それとも，このような法理は，一般的な目的論的解釈（purposive interpretation）の法理を租税法に適用したにすぎないのかが問題となった。そして，2001年の Westmoreland 事件上院判決[12]などを経て，2004年の Barclays 事件上院判決[13]によって，ラムゼイ原則は，一般的な目的論的解釈の法理を租税法規に適用したにすぎないとの後者の立場が採られた。

英国の租税回避についての判例の流れは，上記のとおりであるが，2011年の Mayes 事件控訴院判決[14]での歳入関税庁が敗訴したことなどを契機に，ラムゼイ原則にも限界があることが認識されるようになった。この Mayes 事件は，投資型生命保険契約（second-hand insurance policy）における SHIPS 2 というスキームであり，1988年の所得税及び法人税法（Income and Corporation Act）の Part 13 の第 2 章の539条以下の生命保険契約に関する規定のうちの corresponding deficiency relief（対応的損失控除）を利用したタックス・シェルターである。

このような経緯から，英国政府は，アーロンソン弁護士に一般否認規定の導入の研究を委託し，アーロンソン弁護士の下に，ホフマン卿，タイリー教授やフ

リードマン教授を委員とする委員会が組織されて，議論を重ね，その結果に基づいて，2011年にアーロンソン意見書[15]が公表され，この意見書に基づき，2013年に同年財政法206ないし215条で一般否認規定が制定された。この一般否認規定は，租税回避をすべて対象とするのではなく，目に余る租税回避スキーム（egregious tax avoidance scheme）を対象とする General Anti-Abuse Rule であり，二重の合理性のテスト（double reasonable test）が採用されている。

② **2013年財政法206ないし215条**

英国版 GAAR の中核は，2013年財政法207条である。207条の具体的規定は次のとおりである。

「1項　取決め（arrangements）は，すべての状況について考慮を払った場合に，租税上の便益(tax advantage)を得るのが当該取決めの主たる目的（the main purpose）又は主たる目的の一つ(one of the main purposes)であると合理的に結論することができるときには，「租税取決め(tax arrangements)」である。

2項　租税取決めは，下記を含むすべての状況を考慮した場合，その締結又は実施が，適用される租税法規の規定との関係において合理的な一連の行為（a reasonable course of action）として合理的に考えることができない（cannot reasonably be regarded）ときに，「濫用（abusive）」である。

(a)　当該取決めの実質的な結果が，当該規定が立脚している原則（明示されているか黙示的であるかを問わない。）や当該規定の政策目的と矛盾していないかどうか。

(b)　そのような結果を達成しようとしている手段が，1つないしそれ以上の仕組まれた（contrived）あるいは通常と異なる（abnormal）ステップを含んでいないか。

(c)　当該取決めが当該規定の不備（shortcoming）を利用することを意図しているかどうか。

3項　租税取決めが他の取決めの一部を構成している場合，それらの他の取決めもまた考慮されなければならない。

4項　次のそれぞれは，租税取決めが濫用（abusive）であることを示す場合の例である。

(a)　当該取決めのもたらす課税上の所得，利益又は譲渡益の金額が，経済目的のそれより相当程度少ない場合

(b)　当該取決めのもたらす租税上の控除又は損失が，経済目的のそれより

相当程度大きい場合

（c）　当該取決めが，支払われていない又は支払われる蓋然性に乏しい税の還付又は控除（外税控除を含む。）の請求する権利をもたらす場合

　　ただし，いずれの場合についても，かかる結果又は関連する規定が立法された時点において予想されていた結果（result）に当たらないと合理的に認められる場合に限る。

　5，6項　（省略）」

　上記207条のほか，英国GAARで特徴的な規定は，英国の2013年財政法第5編の211条2項で，HMRCのガイダンスが裁判所を拘束することが規定されている。また，同条3項では，裁判所は，当該取決めが締結された時のHMRCや財務省の公表されたガイダンスやその他の資料を考慮することができるとされている。このような証拠法則は，英国の裁判所では，通常は認められていないものであり，このような証拠法則を立法で新たに規定したことは，今後の実務に与える影響も大きく，英国でも今後の動きが注目されている。

　もう一つは，オーストラリアの一般否認規定で問題となっている「選択可能な仮定的事実（alternative postulate）」あるいは「反対事実（counterfactual）」の問題についての英国GAARの対応である。特に，オーストラリアでは，国税庁が示した仮定的事実の合理性が問題となり，納税者から，税効果を得ることができなければそもそもそのような取引をしない（the "do nothing" option）との主張が出されるなどして，2009年から2011年にかけて，オーストラリア国税庁が示した仮定的事実が不合理であるとして，第Ⅳ編Aの適用が否定される下級審判決が続いた。英国GAARの立法に当たり，アーロンソン弁護士を中心とする研究メンバーは，上記のようなオーストラリアの動きを把握しており，仮定的事実がどうあるべきかについて法律で規定するのは困難であるとし[16]，その結果，アーロンソン意見書では，対抗措置は，合理的で妥当な（reasonable and just）結果を生み出すものでなければならないとするにとどめたのである[17]。そのため，2013年財政法第5編の209条2項では，「租税利益を取り消すために講ずる必要のある調整とは，妥当で合理的なものをいう。」と規定されているのである。

③　BEPSと英国GAAR

　BEPSと英国GAARとの関係について，Michael Langらの編集に係る論文集において，オックスフォード大学のフリードマン教授は，「英国におけるGAARの導入は，OECDのBEPS報告書が発行される前の議論でなされたものであるが，政治家，マスコミ及び何人かの評論家の心では，それら2つの発展は，合成され

る傾向にあるとしている。その結果，何人かの評論家は，英国の GAAR は，BEPS に対抗できないと批判している。この批判に対する答えは，GAAR は，国際的レベルで取り組まれているような潜在的な構造を解決することはできないということである。それは，GAAR には限界があることを意味しているが，課税当局にとって有用なツールである。BEPS の Action Plan や報告書で，英国 GAAR の文言が変更される可能性は，非常に少ない。もし，BEPS に取り組むとの目的で必要と考えられるのは，2015年の財政法で導入された迂回利益税（Diverted Profits Tax）であろう。」と述べている[18]。

英国では，BEPS プロジェクトの議論の契機となったスターバックスなどがあるが，このような問題については，迂回利益税で対処しようとしており，当面は，英国 GAAR の適用は想定されていないと考えられる。しかし，英国 GAAR は，条約の濫用にも適用されるとしており，BEPS の問題の一つの解決に当たっては，GAAR の適用が重要であると考えられる。

（3） 米国 GAAR

① IRC7701条 o 項の制定

米国は，1935年の Gregory 事件連邦最高裁判決[19]以来，私法上の行為の効力とは別に，①事業目的基準（business purpose），②経済実質基準（economic substance）で判定して，租税回避行為に対して，その税効果を認めないとの経済実質原則（economic substance doctrine），③段階的取引の法理（step transaction）が判例法理として発展している。そのようなことから，米国では，長らく，GAAR の導入はなされてこなかった。

ところが，米国は，2010年に，上記のとおり，IRC7701条 o 項で，経済実質原則の判例法理を確認する規定を導入したのである。この規定は，判例法理でも否認できる行為を対象とするものであり，制定法で初めて否認できるのではないことから，厳密に言うと，いわゆる一般否認規定とは異なるものと考えられる。

② IRC7701条 o 項

IRC7701条 o 項の具体的規定は，次のとおりである。

「（1）経済実質主義（economic substance doctrine）が関係する取引の場合，そのような取引が経済実質を有するのは，（A）その取引がその納税者の経済的ポジションを意義ある方法（meaningful way，…）で変化させる，（B）その納税者がその取引を実行する上で相当の目的（substantial purpose，…）を有する場合に限定される。

（2）取引の利益の見込みの有無は，（1）号（A）及び（B）の要件が当該取引との関係上満たされているか否かを決定する上で考慮されるが，取引から合理的に期待される税引き前利益の現在価値が，当該取引が尊重される場合に認められるであろうと期待されるネットの税務上の利益の現在価値との関係で相当な程度である場合に限られる。

…」

対象税目は，連邦所得税及びこれと関係する州税・地方税である（内国歳入法典7701条o項3号）。

否認の対象は，取引（transaction）である。否認の基準は，経済実質基準であり，①経済ポジションの変更（客観的要件）と②相当の目的（主観的要件）の両方を満たした場合に初めて経済実質を有するとしている。

これは，下級審で，双方の要件を満たした場合に経済実質があるとするアプローチ（結合的関係テスト，conjunctive test）か，いずれかの要件を満たした場合に経済実質があるとするアプローチ（非結合的関係テスト，disjunctive test）があり，前者だと，いずれかの要件を満たさない場合には否認され，後者だといずれかの要件を満たせば否認されないこととなり，その適用の範囲に大きく差があった。これは，Frank Lyon 連邦最高裁判決[20]が，結合的関係テストと非結合的関係テストのいずれに依拠するものであるかという点についての裁判所のとらえ方が異なっていることに発していると言われている[21]。

これに対し，IRC7701条o項は，前者のアプローチを採ることを明確にしたものである。

③ BEPS と IRC7701条o項

IRC7701条o項は，あくまでも判例法理としての経済実質原則を確認したものであり，その適用は，経済実質原則に基づいて考えられる。このような観点でみたとき，条約の濫用については，1971年の Aiken 事件租税裁判所判決[22]が経済実質原則に基づいて導管法人を否認したが，経済実質原則だけでは対応ができない事例もあり，問題とされている[23]。

4　BEPS プロジェクトにおける GAAR の役割

（1）　BEPS プロジェクトと GAAR

BEPS プロジェクトのうち行動3の外国子会社合算課税や行動8ないし10の移転価格課税の問題は，主にそれぞれの個別否認規定であるタックス・ヘイブン対策税制や移転価格税制の問題である。そうすると，BEPS において特に GAAR

の役割が問題となるのは，行動２のハイブリッド・ミスマッチと行動６の条約の濫用であると考えられる。

そこで，この２つの問題について，GAAR の役割を検討することとする。

（２）　ハイブリッド・ミスマッチと GAAR の役割

行動２が対象とするハイブリッド・ミスマッチは，具体的には，ハイブリッド金融商品やハイブリッド事業体を利用した ATP ということとなる。

①　ハイブリッド金融商品

ハイブリッド金融商品によるミスマッチとは，A 国では，税務上負債として扱われ，それに対する利子の支払は，損金算入されるのに対し，利子の支払を受ける B 国では，資本として扱われることなどにより課税されない場合であり，二重非課税の状態になっている場合である（D/NI, Deduction/No Inclusion）。オーストラリアの償還優先株式[24]が典型例である。

行動２では，一次対応として，A 国において，支払者における控除を否認するとし，二次的な防御ルールとして，B 国において，通常の所得として算入することを勧告している。行動２の最終報告では，各国でこのようなリンキング・ルールを立法して導入することを勧告している[25]。

しかし，このような立法がない場合，あるいは，立法がされていても，問題となっている取引が当該立法から漏れている場合もあり，このような場合には，BEPS の適用が問題となると考えられる[26]。OECD の最終報告書は，GAAR の役割について特に言及はしていないものの，OECD における議論では，先進国にGAAR が立法されているあるいはそれに代わる判例法理があることが前提となっていると考えられる。

②　ハイブリッド事業体

ハイブリッド事業体については，OECD は，モデル租税条約の改定で対応しようとしている[27]。これについても，ハイブリッド事業体を利用した ATP に対しては，租税条約の改定では，カバーできない取引があり得ることから，最終的には，GAAR の適用が問題になると考えられる。

（３）　条約の濫用と GAAR の役割

行動６では，各国の租税条約に主要目的テスト（Principal Purpose Test）を入れることや特典制限条項（Limitation on Benefit）を入れることを勧告している[28]。

しかし，このような条項が取り入られない租税条約や租税条約の締結のない
タックス・ヘイブン地域もあり，このような場合には，GAARの適用が問題に
なると考えられる。

　また，租税条約の適用の前提として，当該取引にGAARが適用される場合も
ある[29]。

5　BEPS プロジェクトの我が国への影響 ― GAAR の欠如

（1）　BEPS プロジェクトの我が国への影響

　各国は，OECDの最終報告書に基づき，国内法制を整備するなどを行うこと
となっている。我が国では，行動計画1（電子経済の発展への対応），行動計画
2（ハイブリッド・ミスマッチ取決めの無効化）については，平成27年度の改正
で対応済みであり，行動13（多国籍企業の報告制度）については，平成28年度の
改正で対応する予定である。具体的には，ハイブリッド金融商品について，平成
27年度の法人税法23条の2の改正で，子会社の所在地国で損金算入が認められる
配当については，配当を受け取った我が国の親会社において，外国子会社配当益
金不算入制度を適用しないこととした[30]。

　さらに，注目すべきは，租税条約の主要目的テストへの対応である。我が国で
は，条約の直接適用可能性については，議論があるところであり，租税条約に主
要目的テストが規定されたとしても，この規定を根拠に直ちに否認できるかが問
題がある。この点，日台民間租税取決めに規定された内容の実施に係る国内法の
整備が注目される。

　このように我が国でもBEPSへの対応のための立法がなされてきているが，
我が国ではGAARがないことからBEPSに十分に対応できるかが問題である。

（2）　GAAR の欠如により解決が困難な事例

①　ハイブリッド・ミスマッチ

ア　IBM 事件

　ハイブリッド・ミスマッチの事例として，ハイブリッド事業体を利用した
「IBM事件」と呼ばれている東京高裁平成26年11月5日判決（判時2267号24頁）
の事案がある。これは，自己株式の譲渡による譲渡損とその後の連結決算が問題
となった事案であり，米国I社の米国子会社のW社の100％子会社である有限会
社X社が，W社から約1,300億円規模の増資（本件増資）及び約1兆8,000億円規

模の融資（以下「本件融資」という。）を受け，同年4月，その資金によりW社からA社の発行済株式全部を購入（以下「本件株式購入」という。）した上，同年12月，同15年12月及び同17年12月の3回にわたり，同株式の一部を1株当たりの購入価額と同額でA社に譲渡し（以下「本件各譲渡」という。），その後，X社が，平成14，15及び17事業年度において，A社から受領した譲渡代金額からみなし配当の額を控除した額を譲渡対価の額として，譲渡原価との差額を本件各譲渡にかかる譲渡損失額（約3,995億円）として各事業年度の所得の金額の計算上損金の額に算入して欠損金額による申告をし，また，同20年1月1日，連結納税のみなし承認を受けて，A社の利益を連結欠損金額として申告をしたとの事案である[31]。

　この事件は，我が国の有限会社が，米国において，チェック・ザ・ボックス規則の適用上ハイブリッド事業体であることを利用したものであり，また，IBMの株式を保有する米国の親会社に対する配当への我が国の源泉税を免れるとともに，2004年に制定された米国雇用創出法（American Jobs Creation Act）の適用により，米国親会社が受け取る配当について米国の課税も85％を非課税とすることが可能であることを利用したものと考えられ[32]，二重非課税の状態を作り出していて，BEPSに当たる事案と考えられる[33]。

イ　法人税法132条の限界

　IBM法人税事件では，法人税法132条の適用が問題となったが，1審の東京地裁平成26年5月9日判決（判タ1415号186頁）は，経済不合理性基準に照らし，経済不合理とはいえないとし，控訴審の上記東京高裁判決は，独立当事者基準に照らし，独立当事者間取引と異なるとはいえないとして，いずれも，法人税法132条の「不当」とはいえないとした。IBM事件で問題とすべきは，X社がW社から購入した株式を同額でA社に譲渡した際に，自己株式の譲渡ということで，法人税法24条1項の適用上みなし配当ということで，譲渡対価との差額が譲渡損となるが，これは見せかけの損失と考えられる。このような見せかけの損失が生じるのは，平成13年の法人税法24条1項の改正で，帳簿価格基準がはずされたことによるものであり，これを利用したものである。しかし，帳簿価額基準がはずされ得たのは，二重課税を防ぐためのものであり，上記のように見せかけの損失を発生させて，損金とするのは，法人税法24条1項の趣旨に反していると考えられる[34]。そうすると，法人税法132条の経済合理性基準や独立当事者基準では，否認をするのは困難であるものの，濫用基準であれば，否認の対象となる可能性がある。

これは，法人税法132条の限界が示された事案であり，濫用基準を取り込んだGAARによる解決を図るしかないと考える。

② 条約の濫用

ア バミューダ LPS 事件

条約の濫用の事例として，「バミューダ LPS 事件」と呼ばれている東京高裁平成26年2月5日判決（判時2235号3頁）と東京高裁平成26年10月29日判決（税資264号順号12555）の事案がある。これは，同一のスキームではあるが，平成13年の法人税法の改正で，匿名組合の組合員が10名未満であっても営業者に源泉徴収義務が課せられたが，その改正前に，組合員自体に課税した事件と改正後に営業者に課税した事件で，我が国で稼得した不動産回収益を匿名組合員の持分譲渡ということで，アイルランドの法人に譲渡した後，さらにトータル・リターン・スワップ契約を介して，バミューダ LPS に移転したとの事案である[35]。

上記東京高裁平成26年2月5日判決は，平成13年法人税法改正前の事件であり，上記バミューダ LPS の「法人」該当性が主たる論点となったが，国が敗訴し，平成27年7月17日付けで国側の上告受理申立てが不受理で確定している。また，上記東京高裁平成26年10月29日判決は，平成13年法人税法改正前の事件であるが，同様に国が敗訴し，平成28年6月10日付けで国側上告が不受理で確定している。

この事件は，①匿名組合契約及び日愛租税条約によるトリーティ・ショッピング，②トータル・リターン・スワップ，③バミューダ LPS と3つの方法が用いられている。バミューダ LPS については，上記東京高裁平成26年2月5日判決で「法人」該当性を否定されたが，この LPS のジェネラル・パートナーは，デラウエア州の LPS であり，さらに，これらのパートナーのパートナーは，バミューダ LPS などと，いわゆるマトリョーシカ構造となっていて，真の受益者（beneficial owner）が誰かが容易にわからないようになっている。最終的には，米国のファンドに帰属すると考えられるが，このように何重にも租税を免れる方法を用いているものであり，BEPS に当たる事案であると考えられる。

一方，上記東京高裁平成26年10月29日判決において，国は，OECD モデル条約のコメンタリーのパラ9.4や21.4を引用して，租税条約の特典を利用した租税回避を目的とするようなものについては，租税条約の趣旨・目的に反するとして，租税条約の適用が否定されるなどと主張をしたが，同コメンタリーのパラ9.4について，「具体的な租税条約の規定が設けられていない場合にコメンタリーの記載を根拠として租税条約の適用を排除することができる旨が定めているものとは認められない。」などとして排斥されている。

イ　トリーティ・ショッピングへの対応の不備

　驚くべきことに，バミューダLPS事件と類似の事件が韓国の最高裁でも問題となっている。2012年のLone Star事件最高裁判決[36]であり，究極の投資家を構成員とする最初の事業体が，Lone Starファンドが設立した米国デラウエア州のLPS，バミューダLPS及びバミューダ会社であり，導管法人がベルギーの株式合資会社（société commandite par actions，SCA）であり，韓国のソウルにあるスター・タワーを保有する韓国の株式会社の株式を保有し，これを売却して多額のキャピタル・ゲインを得たとの事案である。このスキームでベルギーのSCAを介在させていたのは，韓国とベルギーの租税条約では，キャピタル・ゲイン非課税であることを利用するためであり，いわゆるトリーティ・ショッピングと考えられる。韓国の国税当局は，最初の事業体の米国デラウエア州のLPS及びバミューダLPSに所得税を課税し，バミューダ会社に法人税を課したが，このうち両LPSに対する課税において，両LPSが韓国の税法上の「外国法人」に当たるかが問題となった。両LPSが「外国法人」に当たらないとすると，究極の投資家が所得税の納税義務者となることから，両LPSの「法人」該当性が問題となったのである。

　これに対し，韓国の最高裁は，「一般的に言って，外国事業体が<u>韓国私法の観点からみて</u>，構成員から離れた別の人格として，権利を得又は義務を負うと性格付けられるときは，外国事業体は，法人税に服する。一方，当該事業体の構成員が所得税に服するか法人税に服するかは，当該構成員の性格は法的地位による。」（下線筆者）と判示して，両LPSは，法人税法上，「外国法人」であるとした。これが「Lone Star doctrine」といわれている韓国の判例法理である。しかし，韓国最高裁は，結論として，この事案では，韓国の国税当局は，上記のとおり，両LPSに対し，所得税を課税したことから課税処分は無効であるとした。

　韓国の場合には，まだしも国税基本法14条3項や国際租税調整に関する法律2条2項といった導管法人を否認する規定があるので，バミューダLPSの法人該当性が問題となったが，我が国では，このような導管法人を否認する規定がなく，上記東京高裁平成26年10月29日判決では，バミューダLPSの法人該当性の問題に達していない。我が国は，トリーティ・ショッピングへの対応としては，一応租税条約に特典制限条項を導入することで対応している[37]。しかし，我が国が特典制限条項を締結している租税条約はまだ少なく，また，特典制限条項が締結されていても，韓国のような導管法人を否認する規定すらなくては，このようなトリティー・ショッピングの場合には，対応は非常に困難である。

6 結び

　以上，BEPS と GAAR の役割を検討してきたが，我が国における同族会社行為計算否認規定は，古い規定であり，オーバーホールでまかなわれるようなものではなく，既に限界に来ていると考えられる[38]。そのようなことから，我が国でも，BEPS へ対抗するためには，そろそろ GAAR を導入すべき時期に来ていると考える。

(注)

⑴　初出・本庄資編『国際課税の理論と実務』（大蔵財務協会，平成23年）669頁。後に，拙著『租税回避と濫用法理』（大蔵財務協会，平成27年）310頁に転載。

⑵　米国及び英国を始め G 8（ロシアを含む。）各国の租税回避への対応については，拙稿「租税回避の意義と G 8 各国の対応」フィナンシャル・レビュー 2016年 1 号17頁以下を参照されたい。

⑶　Michael Lang et al ed., "GAARs-A Key Element of Tax Systems in the Post-BEPS World"（IBFD, 2016）.副題に「BEPS 後の世界において租税制度における一つの鍵となる要素」とされているが，2014年のオーストリアのルストで開催された学会の報告に基づく論文集であり，必ずしも BEPA プロジェクトの議論が反映されているものではない。本論文集の意義や抜粋（General Report, Germany 及び United Kingdom）については，拙稿「海外論文紹介」租税研究2016年 3 月号336頁を参照されたい。なお，本論文集の EU 関係の抜粋については，大野雅人「EU の一般濫用対抗規定」租税研究2017年 1 月号121～125頁を参照されたい。

⑷　浅川雅嗣「最近の国際課税をめぐる議論～BEPS を中心に」租税研究2016年 4 月号12頁

⑸　Halifax plc v.Customs & Exercise, Case C-255/02

⑹　2016年指令の翻訳については，大野・前掲注⑶租税研究2017年 1 月号138頁以下を参照されたい。

⑺　Marco Greggi, "The Dawn of a General Anti-Avoidance Rule: the Italian Experience"

⑻　Hanna Filipczyk and Agnieszka Olesinska, "Poland", supra. "GAARs-A Key Element of Tax Systems in the Post-BEPS World", at 485

⑼　IRC. v. Duke of Westminster, [1936] A.C. 1

⑽　W.T.Ramsay Ltd.v IRC, [1982] A.C.300

⑾　Furniss（Inspector of Taxes）v Dawson and related appeals, [1984] 1 All ER 530

⑿　MacNiven（Inspector of Taxes）v Westmoreland Investments Ltd. [2003] 1 AC 311

⒀　Barclays Mercantile Business Finance Ltd. v Mawson, [2005] 1 AC 684

⒁　Mayes v HMRC [2011] EWCA Civ 407，事案の詳細は，拙著・前掲注⑴濫用法理483頁以下を参照されたい。

⒂　アーロンソン意見書の内容については，岡直樹「GAAR Study：包括型租税回避対抗規定が英国税制に導入されるべきか否かについての検討　アーロンソン報告書」租税研究766号469頁を参照されたい。

⒃　Judith Freedman, "Designing a General Anti-Abuse Rule: Striking a Balance", Asian-Pa-

490 ◆ 第3章　BEPS 政策パッケージの国際的コンセンサスの実施

cific Tax Bulletin May/June 2014 , at 171

⒄　アーロンソン意見書5.35

⒅　Judith Freedman, "United Kingdom"，前掲注⑶租税研究2016年3月号352頁（拙訳）

⒆　Gregory v. Helvering, 293 U.S. 465（1935）

⒇　Frank Lyon Co.v. US , 435 US 561（1978）

(21)　松田直樹『租税回避行為の解明』（ぎょうせい，平成21年）60頁

(22)　Aiken Indus., Inc.v.CIR, 56 TC 925（1971）

(23)　Shay Menuchin and Yariv Brauner, "United States", supra. "GAARs-A Key Element of Tax Systems in the Post-BEPS World", at 769-778

(24)　償還株式は，約定日に強制償還され，証券の額面価額に年利が付される株式で，約定日償還という負債類似の特徴と利払いという支払類似の特徴を有している。詳細は，今村宏嗣「ハイブリッド・ミスマッチに対する各国の対応及び我が国における執行上の問題点」税大論叢87号70〜75頁を参照されたい。

(25)　詳細は，今村・前掲注(24)税大論叢87号21〜45頁を参照されたい。

(26)　ニュージーランドでは，GAAR に相当する所得税法（Income Tax Act, ITA2007）におけるサブ・パート BG 1 条が，レポ取引に適用されるかが問題となり，否認されるとしている（BNZ Investments Ltd v CIR（2009）24 NZTC 23, 583（HC）。この事件の詳細は，今村・前掲注(24)税大論叢87号117〜122頁を参照されたい。

(27)　行動 2 の第 2 部

(28)　詳細は，緒方健太郎「BEPS プロジェクト等における租税回避否認をめぐる議論」フィナンシャル・レビュー 2016年 1 号198〜204頁を参照されたい。

(29)　Richard Krever, "General Report"，前掲注⑶租税研究2016年3月号343頁

(30)　改正の内容は，金子宏『租税法（第22版）』（弘文堂，平成29年）538頁を参照されたい。

(31)　事案の詳細は，拙稿「ヤフー事件及び IBM 事件最高裁判断から見えてきたもの（下）」税務弘報2016年 8 月号45頁以下を参照されたい

(32)　岡村忠生「BEPS と行為計算否認（ 1 ）」税研2015年 3 月号72，73頁

(33)　IBM 事件について，BEPS の観点で論じたものとして，今村・前掲注(24)税大論叢87号136〜149頁を参照されたい。

(34)　拙稿・前掲注(31)税務弘報2016年 8 月号50，51頁

(35)　事案の詳細は，拙稿「バミューダ LPS の租税法上『法人』該当性」税研181号16頁以下を参照されたい。

(36)　KR: SC, 27 January 2012, Case 2010 du 5950，KR: SC, 27 January 2012, Case 2010 du 19393, KR:SC, 27 January 2012, Case 2010 du 3951。これらは，原告がそれぞれ違ってはいるが，同じスキームについての事案である。なお，Lone Star 事件を初めとする外国ファンドによるトリーティ・ショッピングの事案についての韓国最高裁判例の流れについては，ソウル大学の Ji-Hyun Yoon 准教授の論文を紹介した拙稿「海外論文紹介」租税研究2015年 5 月号396頁以下を参照されたい。

(37)　我が国の租税条約における特典制限条項の締結状況やその意義については，拙著・前掲注⑴濫用法理277頁以下を参照されたい。

(38)　同族会社行為計算否認規定の意義やその限界については，拙稿「行為計算の否認規定をめぐる紛争」税法学577号271頁を参照されたい。

第4章

日本における BEPS 対策の
重要課題

32 タックス・ギャップの推計の必要性

本庄 資

1 タックス・ギャップの推計をしない日本

　これまで，日本では，政府は，国会でも「タックス・ギャップの推計を行っていない。現時点で行う考えはない。」と公言してきたため，政府機関として，タックス・ギャップの推計について調査・研究しているとは言い難い状態である。しかしながら，多国籍企業のBEPSに国際協調で対処するために，どの国でもタックス・ギャップの研究が必要になっている。内国法人（内資系及び外資系）又は外国法人のいずれであろうと，だれがどのように租税回避又は脱税を行っているかを知らずに，適切な対策税制や適切な要員の配分はできないからである。どの国も，外資導入や国際競争を確保するため租税政策として優遇措置（租税支出）を講じる反面，意図しない「脱税・租税回避による財政収入の浸食」を防止する対策を講じている。税制及び税務行政における脱税・租税回避リスクの所在と規模を把握するため，「コンプライアンス」（裏返せばノンコンプライアンス）を測定することが必要になる。

　税法の予定する税収と現実に徴収される税収の差をタックス・ギャップといい，その規模を調査し，推計する技法について，世界中で研究・開発が行われている。

　しかしながら，日本では，財政学，経済学，租税法学などのアカデミックな分野でも，税制及び税務行政においても，議会・政府及び会計検査院においても，米欧に比較すると，タックス・ギャップに関する取組みが，未発達である。

　どの国でも税制改正及び税務行政の適正化による脱税・租税回避防止策を構築するため，その検討に欠くことのできない「タックス・ギャップの研究」の必要性を認めている。

　OECD/G20 BEPS行動11でも，「税率差」による測定方法で，タックス・ギャップの推計を試みている。

　諸外国が一方で「税の競争」（tax competition）を展開しつつ，他方で，財政赤字と累積債務に対処するため，富裕層の脱税と大企業のアグレッシブ・タックス・プランニング（ATP）による租税回避の防止に取り組み，行政改革で限ら

れた税務の法執行要員を効率的にコンプライアンス・リスクの高い分野を特定し，効率（efficiency）を重視する税務行政運営を実施しようと努め，その現状を国際社会に開示している。

　日本は，タックス・ギャップの所在を突き止め，これを是正する税制改正と税務執行の改善（脱税・租税回避の摘発強化による「増税なき増収」政策）を図る努力をしていることを内外に周知しなければ，国境内に閉じ込められる国内労働力や消費者に対する増税のみで財政危機に対処しようとしていると受け取られると，仮に理論的には所得課税から消費課税へのシフトが世界的な潮流であるとしても，内外の同意を得ることは困難になるであろう。

2 各国・国際機関におけるタックス・ギャップの調査・研究の現状

　諸外国のタックス・ギャップの推計の努力の状況は，以下のような報告書にみることができる。

　1 ）．米国（IRS）

　　1 ）　Taxpayer Compliance Measurement Program: TCMP

　　2 ）　National Research Program: NRP

　　　TIGTA（Treasury Inspector General for Tax Administration）Report

　　　GAO（Government Accountability Office）Report

　2 ）．英国（HM revenue & Customs）

　　Measuring Tax Gaps 2009

　　Trade Union Congress（TUC）The Missing Billions: The UK Tax Gap

　3 ）．OECD（Forum on Tax Administration Compliance Sub-Group）

　　Developments in VAT Compliance Management in Selected Countries 2009

　4 ）．EU（Commission）

　　A Study on the VAT gap in the EU（Fight against Tax Fraud）

　　EC Directorate General Taxation and Customs Union: Study to qualify and analyse the VAT gap in the EU 25 Member States, 2007.

　5 ）．ブラジル

　　A Study on the Shadow Economy and the Tax Gap: The Case of CPMF in Brazil

　6 ）．カナダ（Statistics Canada）（Canada Revenue Agency: CRA）

Study on the Underground Economy in Canada, 1992-2008.

7）．南アフリカ

A Pilot Study: Perceptions of Taxation in South Africa

8）．International Bureau of Fiscal Documentation: IBFD

A Study to Analyse the Tax Gaps for Selected Developing Countries in Asia

9）．Oxford University Centre for Business Taxation

Tax evasion, Tax avoidance and Tax expenditures in Developing Countries

10）．IMF Fiscal Affairs Department（FAD）

Tax Administration Options for Fiscal Sustainability

11）．Tax Justice Network（TJN）

The business case for investing in staff at HMRC, 2010.

12）．国連，ECLAC（Public Finance and Administrative Reform Studies）

Tax gap and equity in Latin America and the Caribbean, Fiscal Studies No.16, 2010.

13）．Swedish National Tax Agency

Tax Gap Map for Sweden Report 2008: 1 B

3 公表された各国のタックス・ギャップの推計

各国のタックス・ギャップの例としては，次のようなものがある。

1） 米国：

IRS（2001）の推計ではタックス・ギャップは毎年3,450億ドル（NCR16.3%）。

　個人……2,440億ドル

　法人……320億ドル

　雇用税…590億ドル

　遺産税…80億ドル

　消費税…10億ドル

IRS（2006年修正）タックス・ギャップは毎年3,450億ドル（NCR16.3%）

　無申告　270億ドル

　過少申告　2,850億ドル

　個人　1,970億ドル（非事業所得560億ドル，事業所得1,090億ドル，過大控除等320億ドル）

　法人　300億ドル（大法人250億ドル，小法人50億ドル）

雇用税　540億ドル（FICA& 失業保険税150億ドル，自営業税390億ドル）
遺産税　40億ドル
過少納付　330億ドル

IRS は，2001年後タックス・ギャップを減らす法執行を強化し，増差税収は2001年の338億ドルから2005年には473億ドルへ約40％増加した。高額所得者（10万ドル以上の所得）に対する税務調査は，2005年に過去最高の22万１千件を実施した。

個人所得税の過少申告は1,970億ドル（NMP は18％）の内訳は，以下のとおり分析された。

（所得の種類）	Tax Gap	NMP（Net Misre-porting Percentage）
過少申告所得	1,660億ドル	11％
非事業所得	560億ドル	4 ％
賃金・給与・チップ	100億ドル	1 ％
利子所得	20億ドル	4 ％
配当所得	10億ドル	4 ％
州所得税還付	10億ドル	12％
別居手当		7 ％
年金	40億ドル	4 ％
失業補償		11％
社会保障給付金	10億ドル	6 ％
キャピタル・ゲイン	110億ドル	12％
Form4797所得	30億ドル	64％
その他所得	230億ドル	64％
事業所得	1,090億ドル	43％
非農業所得	680億ドル	57％
農業所得	60億ドル	72％
賃貸料・使用料	130億ドル	51％
パートナーシップ，S 法人，遺産財団，信託等	220億ドル	18％
過大控除等	150億ドル	4 ％

調整	△30億ドル	−21%
SE 控除	△40億ドル	−51%
その他調整	10億ドル	6 %
所得控除	140億ドル	5 %
免除	40億ドル	5 %
税額控除	170億ドル	26%

2）　英国：

TUC の推計では租税回避により毎年250億ポンドの税収が失われている。

　　個人の租税回避……130億ポンド

　　大法人のタックス・プランニング……120億ポンド

HMRC の推計では約400億ポンド（すべての納付すべき税額の約 8 %）が失われている。

　　間接税……150億ポンド（tax gap rate 10%）

　　直接税……250億ポンド（tax gap rate 8 %）

　　　個人……158億ポンド（tax gap rate 6 %）

　　　法人……89億ポンド（tax gap rate 16%）

　TJN の推計では HMRC の推計400億ポンドのほか脱税約700億ポンド，滞納280億ポンドを合わせて英国の tax gap は1,200億ポンドを超えるという。

3）　スウェーデン：

　NTA の推計ではタックス・ギャップは1,330億 SEK，GDP の 5 %，納付すべき税額の10%。

　個人…………204億 SEK

　法人…………319億 SEK

　資本税………109億 SEK

　社会保障税…302億 SEK

　VAT…………353億 SEK

　消費税………42億 SEK

4）IMF　FAD（財政局）

VAT Compliance gap　多くの国（Mexico, Italy, Latvia, Greece など）20%以

上。

　新興国　21％

　先進国　13％

　Shadow economy　OECD 平均18％，発展途上国38％

　Evasion　Understated business income: Sweden 33 %，Denmark 40 %，US
　　50％

　Aggressive tax planning　1 兆1,000億ドル

　Offshore tax abuse　毎年1,000億ドル（上院の推計2008）

　Tax fraud EU VAT refund fraud 1,000億ドル（2006）

　滞納　GDP の28％

　5)　国連・ECLAC（Economic Commission for Latin America and the Ca-
　　ribbean）

包括所得税

Country	Tax burden	Theoretical Revenue	Effective Revenue	Gap	Tax Gap Rate（％）	Gap/Total Tax Revenue（％）
		Percentage of GDP				
Argentina	27.2	11.3	5.7	5.6	49.7	20.6
Chile	18.8	8.1	4.3	3.8	47.4	20.4
El Salvador	14.2	7.0	3.8	3.1	45.3	22.2
Ecuador	14.9	8.6	3.1	5.5	63.8	36.8
Guatemala	12.1	8.7	3.1	5.5	63.7	45.8
Peru	16.7	11.9	6.1	5.8	48.5	34.7
Mexico	10.3	7.0	4.1	2.9	41.6	28.5

法人所得税

Country	Tax burden	Theoretical Revenue	Effective Revenue	Gap	Tax Gap Rate（％）	Gap/Total Tax Revenue（％）
		Percentage of GDP				
Argentina	27.2	8.0	4.0	4.0	49.7	14.7
Chile	18.8	4.8	2.5	2.3	48.4	12.3
El Salvador	14.2	4.3	2.1	2.2	51.0	15.3

Ecuador	14.9	6.8	2.4	4.4	65.3	29.7
Guatemala	12.1	7.6	2.8	4.8	62.8	39.3
Peru	16.7	10.2	4.9	5.2	51.3	31.2
Mexico	10.3	3.2	1.7	1.5	46.2	14.6

個人所得税

Country	Tax burden	Theoretical Revenue	Effective Revenue	Gap	Tax Gap Rate (%)	Gap/Total Tax Revenue (%)
		Percentage of GDP				
Argentina	27.2	3.3	1.6	1.6	49.7	6.0
Chile	18.8	3.3	1.8	1.5	46.0	8.1
El Salvador	14.2	2.7	1.7	1.0	36.3	6.9
Ecuador	14.9	1.8	0.8	1.1	58.1	7.1
Guatemala	12.1	1.1	0.3	0.8	69.9	6.5
Peru	16.7	1.8	1.2	0.6	32.6	3.5
Mexico	10.3	3.8	2.3	1.4	38.0	13.9

6） ブラジル

Shadow Economy の研究は，金融取引と非金融取引に区分し，それぞれを違法活動と適法活動に区分し，適法活動を脱税（tax evasion）と租税回避（tax avoidance）に区分したうえで行われる（Schneider e Kinglmair（2004））。

ラテンアメリカの Shadow Economy の規模（出所：Kinglmair and Schneider（2004））

Country	Shadow Economy in % of GDP 1999/2000				
Argentina	25.4	Bolivia	67.1	Brazil	39.8
Chile	19.8	Columbia	39.1	Costa Rica	26.2
Dominican Republic	32.1	Ecuador	34.4	Guatemala	51.5
Honduras	49.6	Jamaica	36.4	Mexico	30.1
Nicaragua	45.2	Panama	64.1	Peru	59.9
Uruguay	51.1	Venezuela	33.6	Average	41.0

7）EU　VAT Gap 2006（Euro Million）

加盟国	Theoretical VAT Liability	VAT receipts	VAT gap	VAT gap as a share（%） of theoretical VAT liability
Austria	22,844	19,735	3,108	14
Belgium	25,360	22,569	2,791	11
Czech	9,216	7,541	1,675	18
Germany	164,115	147,150	16,965	10
Denmark	23,611	22,560	1,051	4
Estonia	1,325	1,215	111	8
Spain	63,013	61,595	1,418	2
Finland	15,176	14,418	758	5
France	140,817	131,017	9,800	7
Greece	21,746	15,183	6,563	30
Hungary	8,882	6,813	2,070	23
Ireland	14,043	13,802	241	2
Italy	119,197	92,860	26,337	22
Lithuania	2,335	1,826	510	22
Luxembourg	1,961	1,941	20	1
Latvia	1,751	1,374	378	22
Malta	463	410	53	11
Netherland	41,269	39,888	1,381	3
Poland	23,784	22,127	1,657	7
Portugal	14,371	13,757	614	4
Sweden	29,294	28,487	807	3
Slovenia	2,764	2,647	116	4
Slovakia	4,632	3,320	1,312	28
United Kingdom	155,697	128,721	26,976	17
EU-25	907,667	800,955	106,712	12

8）OECD　VAT Gap 2009

コンプライアンス・リスクの高い分野

Risk Area	Australia	Austria	Canada	Ireland	United Kingdom
① Failure to register	H/M	H	H		H/M
② Failure to file Returns	H	M	M	H/M	H/M
③ Failure to correctly Report					
Avoidance Schemes	H	H	H	H/M	H/M
Evasion Schemes	H	H	H	H/M	H/M
Inflate Refunds	H	M	H	H/M	H/M
Specific Industry Issues	H	M	M	H/M	H/M
Cross-Border Transactions	H	M	H	H/M	H/M
Reporting Bon-Compliance	H/M	M	H	H/M	H/M
④ Failure to Pay Tax	H/M	H	H	H/M	H/M

9）　英国　HMRC VAT Gap（2007-2008）

VAT Gap=Net Theoretical Tax Liabilities（VTTL） − Actual VAT Receipts

Net VTTL	926億ポンド
Net VAT Receipts	810億ポンド
税収ロス	116億ポンド
VAT Gap（％）	12.5%

　日本は消費税増税を控え，消費税のタックス・ギャップの把握が必要であるにもかかわらず，政治的にその実態が明らかにされた場合の国民感情への影響を恐れ，不問に付していると感じられ，諸外国が正面からその実態に取り組む姿勢を明らかにしているのと対照的である。

10) IBFD A Study to Analyse the Tax Gaps for Selected Developing Countries in Asia（2011.9.12）

Asia Shadow Economy in Percentage of GDP（1999～2007）

Myanmar	54%	Bangladesh	35.9%
Cambodia	51.5%	Laos	31.6%
Sri Lanka	45.3%	Bhutan	30.0%
Philippines	45.1%	India	24%
Nepal	36.9%	Indonesia	19.9%
Papua NG	35.5%	Mongolia	19.2%
		Vietnam	16.1%

4 OECD/G20 BEPS 行動11　BEPS の測定と監視

　異なるデータソースや推計方法を用いて，租税動機利益移転の証拠を見つける実証研究が数多くある。BEPS の複雑性や既存データの制約を与件とすれば，BEPS の規模を測定することはチャレンジであるが，多数の最近の研究は，BEPS によるグローバル法人税の税収ロスが多額に上ることを示唆している。

　行動11は，現在利用可能なデータと方法を評価し，重大な制限が BEPS の規模と経済的影響の経済分析を厳しく制約しているので，データと方法の改善が必要である。これらのデータの制限に留意し，さまざまなデータソースを使用し，さまざまな BEPS チャンネルを評価して，6つの BEPS インディケーターの計器盤がつくられる。

　これらのインディケーターは，BEPS が存在するという強いシグナルを発し，時の経過につれ増加していることを示唆している。BEPS の複雑性と方法やデータの制約を認める一方，新しい OECD の実証分析は，グローバル法人税収ロスの規模が毎年1,000億ドルないし2,400億ドルであると推計している。この研究は，BEPS から生ずる重大な課税以外の経済的な歪みを発見し，利用可能な税のデータをもっとよく利用し，将来 BEPS の監視を支えるための分析を改善すること（各国がそれぞれの国の BEPS の課税効果と BEPS 対策の影響を評価することを支援する分析のツールを含む。）を勧告している。BEPS の経済分析と監視の向上には，各国がデータの収集，編集及び分析を改善することが必要である。

5 タックス・ギャップの追求

OECD/G20 BEPS 行動11では，多国籍企業の ATP による BEPS に起因するグローバル法人税収ロスが毎年1,000億ドルないし2,400億ドルに上るという「税率差による推計」を発表した。タックス・ギャップの推計方法は，マクロアプローチ（トップダウン）とミクロアプローチ（ボトムアップ）に大別される。後者については，米国の TCMP（Taxpayer Compliance Measurement Program: 申告水準測定法）や NRP（National Research Program）が有名である。2001年推計では，毎年3,450億ドルのタックス・ギャップがあるとした。英国では，HMRCの推計で毎年約400億ポンドの税収ロスがあるとしたが，租税公正ネットワーク（TJN）の推計では1,200億ポンドであるという。スウェーデンでは1,330億 SEK と推計している。国連 ECLAC（Economic Commission for Latin America and the Caribbean）の包括所得税，法人所得税及び個人所得税をマクロアプローチで推計し，OECD，EU は，VAT を重視し，そのタックス・ギャップの推計を公表してきた。

我が国では，国会の答弁でも「タックス・ギャップの推計を行っていない」と明言し，タックス・ギャップの推計に対する取組みについて，先進主要国に立ち遅れている。

OECD/G20の BEPS プロジェクトで，日本が BEPS パッケージの実施についてこれまでどおり先導的役割を果たすためには，税務行政においても，優秀なマンパワーを重点配置すべきターゲットの分野を特定する必要があり，ノンコンプライアンスの分野と規模をタックス・ギャップの推計の結果として，米国などのように，議会，会計検査院とともに認識する必要がある。

EU は，租税詐欺（tax fraud）・脱税（tax evasion）との闘いの強化を進めるに当たって，Richard Murphy の推計（EU の毎年の税収ロスは1兆ドル）に基づいている。

世銀，Friedrich Schneider 博士（Dept. Economics, Johannes Kepler Univ. Altenbergerst, Linz, Austria）は，毎年，シャドーエコノミーの推計値を公表している。シャドーエコノミーは，いろいろな名前で呼ばれている。例えば，簿外（working off the books），袖の下（under the table），非公式経済（informal economy），地下経済（under ground economy），賃金以外の部門（non-wage sector）など，法令に基づく公式ストラクチャー（formal structures）以外で行われる経済活動であり，公式チャンネル（official channels）を通じないで行われ

る取引であるため，政府（税務当局を含む。）に報告されないので，追跡調査が困難であり，正確に把握することができない。シャドーエコノミーは，組織犯罪や汚職など違法な経済活動については，米国のように，「銃の携行」や「潜入捜査」を認めていない我が国では，警察庁との連携プレー以外は非常に困難であると思われるが，シャドーエコノミーの範囲は広く，市井の市民たちのベビーシッター，露店販売など，合法であるが，脱税・租税回避など政府に報告されないもの，GDP統計に反映されない広範な経済活動を意味している。

　我が国の学者や政府機関は，余りシャドーエコノミーの調査研究の成果を公表していないが，世銀，IMF，OECD，国連をはじめ，この分野の規模についての調査研究は盛んに行われている。ときどき世間を騒がす不祥事件では，著名な大企業も，脱税，租税回避，粉飾決算，汚職，談合など，表の顔と全く違う裏の顔をもつことが暴露されることがあり，そのようなときに，著名な会計事務所，法律事務所，コンサルタントなどが深くかかわっていることも明らかにされている。

　組織犯罪者のみならず，富裕層・超ド級の大企業でさえ，その社会的評判と異なる側面をもち，いわゆるオフショア・タックス・ヘイブン，オフショア金融センターと繋がり，損失の飛ばし，脱税資金の逃避・運用，マネーロンダリングを行っているとみられている。各国は，財政難に喘いでおり，このセクターに眠る財源にどのようにアクセスをすることができるか模索している。シャドーエコノミーは，隠れた財源であり，いずれの国がこれに手をつけるか，その課税ルールが国際的に未確立であるため，隠された法人・信託，隠された財産や利益の名義人，法的帰属，経済的帰属をめぐり，だれを納税義務者とするかによって，どの国の課税権が及ぶのか，マネロンの場合には直ちに「没収」できるとする国もあるので，国際的に共通のルールが必要であるが，まだ，その議論は進んでいない。

　以下，フリードリッヒ・シュナイダー博士のシャドーエコノミーの推計値（2013）を示すと，次のとおり。

1）　欧州31か国のシャドーエコノミーの規模（対GDP比％）

Bulgaria 31.2%，Romania 28.4%，Croatia 28.4%，Lithuania 28.0%，Estonia 27.6%，Turkey 26.5%，Latvia 25.5%，Cyprus 25.2%，Malta 24.3%，Poland 23.8%，Greece 23.6%，Slovenia 23.1%，Hungary 22.1%，Italy 21.1%，Portugal 19.0%，Spain 18.6%，Average 18.5%，Belgium 16.4%，Czech Republic 15.5%，Slovakia 15.0%，Sweden 13.9%，Norway 13.6%，Denmark 13.0%，Finland 13.0 %，Germany 13.0 %，Ireland 12.2 %，France 9.9 %，United Kingdom 9.7%，Netherlands 9.1%，Luxembourg 8.0%，Austria 7.5%，Switzerland 7.1%。

2）　非欧州先進国のシャドーエコノミーの規模（対 GDP 比％）

Australia 9.4 ％，Canada 10.8 ％，日本 8.1 ％，New Zealand 8.0 ％，United States 6.6%

Average 8.6%。

　我が国は，国外所得の捕捉のための執行支援制度を整備しつつある。適正課税には海外情報の入手が不可欠の前提条件であるが，立証責任の所在について，海外における調査権・徴収権・情報収集権も認めない国際法の下で，いわゆるレンタルオフィス事件におけるような裁判所の「租税条約の情報交換規定があるから必要な情報を税務当局は入手できるはずであり，外国事実の立証に十分な証拠がなければ，国側敗訴」という不条理な論理と，現実に国外事実についてタックス・ヘイブン税制の適用除外要件の充足の有無についても，納税者でなく税務当局に立証責任を負わせるという不条理な構成要件事実論が罷り通っている現状がある。智慧のある国では，「反証可能な推定」規定を整備するところ，我が国では，GAAR 導入にも反対する学者が多く，立法的に「反証可能な推定」規定の整備もさほど容易ではない。納税者の権利保護のため，国税通則法の調査手続の法制化や更正処分の「理由附記」，構成要件事実論の普及などと併せて，法人税法132条の２に関し最高裁判決が示した「租税回避」の定義，「不当性要件」の「濫用基準」の適正な運用についても，税務当局は前向きで取り組む必要がある。

　このような状況では，OECD/G20の BEPS 行動12や行動13のような納税者情報の入手方法について，情報交換などの間接的アプローチにとどまらず，納税者又はプロモーターに税務当局への情報提供を義務付ける直接的アプローチを強化する必要がある。原始的な方法であるが，平成24年度税制改正で国外財産調書制度及び平成27年度税制改正で財産債務調書制度を導入し，米国 FATCA 制度への協力体制を整えつつある。米国の OVDP や英国の DOTAS のようなアムネスティを取り入れた脱税・租税回避に係る自主的開示制度（刑事訴追の免除）も前向きに考慮するとともに，コンプライアンス戦略として，多数国間協定の効用についても，同時調査，合同調査，調査官の派遣・受入れを含めて，前向きの検討が必要になる。

　米国の「国家戦略」（national strategy）を参照すれば，脱税・租税回避・マネロン・テロファイナンス等に対処するには，現在の課税通報などの枠を越えた国税庁と警察庁・金融庁等他の法執行機関との情報共有が必要になっているので，本来は，JITSIC，主要国への調査官の長期派遣にとどまらず，インターポール

やFIU との人事交流なども，「税務行政」のフレームワークの中に取り込む時期を迎えるべきであろう。

※本庄資「最高裁平成（行ヒ）第215号法人税更正処分取消請求事件最高裁平成17年12月19日判決」（第599回租税判例研究会，法務省，平成18年3月3日）。

※本庄資「外国税額控除余裕枠の利用による租税回避事案に鉄槌を下した最高裁判決」『税経通信』（2006.6）。

※今村隆「最近の租税裁判における司法判断の傾向─外国税額控除事件最高裁判決を手掛かりとして」『税理』（2006.5）。

ヤフー事件の最高裁判決は，租税回避を租税法規の濫用であり，行為計算により税負担を減少させる意図で，租税法規の趣旨・目的から逸脱するアレンジメントであるととらえたことは，OECD，EU の「租税回避」，「法の濫用」の定義に沿ったものと考えられる。

※本庄資「平成27年（行ヒ）第75号法人税更正処分取消請求事件最高裁平成28年2月29日第一小法廷判決」（第798回租税判例研究会，法務省，平成28年6月17日）。

※今村隆「ヤフー事件及び IBM 事件最高裁判断から見えてきたもの（上)」『税務弘報』（2016.7）。

さらに，多国籍企業グループの各国にまたがる複雑かつ多様な法人ストラクチャーと取引を各国税制に適合させ，かつ，BEPS を達成するアレンジメントによる巧妙な租税回避に対し，個々の行為計算に対応する個別的否認規定を策定することが困難であると考えると，組織再編成をターゲットにする包括的否認規定（specific anti-targeted abuse rule の束）に限らず，多国籍企業グループの租税動機アレンジメントを含め，一般的に行為計算を広く否認できる規定が必要になる。そのため，米英をはじめ多数の主要国が一般的否認規定（general anti-avoidance rule or general anti-abuse rule: GAAR）を導入している。

OECD/G20BEPS パッケージでは，租税条約における PPT などに GAAR を含む。全面的に含めるには至っていないが，欧州委員会が2016年1月28日に公表した「租税回避防止パッケージ」（anti-tax avoidance package）において，OECD/G20 BEPS パッケージに含まれていない3つの分野（GAAR，スイッチオーバー条項，出国税）の1つとして，各国の濫用防止規定に含めることをすべての加盟国に勧告する。

BEPS に対処するには，行動11において，BEPS の特定，さまざまな租税回避スキームのうち，どのような基準で BEPS に該当するのか否かの線引きをするのか，特定された BEPS による税収ロスはどの程度かの推計方法について，各

国共通のルールを決めるべきである。各国がばらばらに BEPS 該当性を決めると，国際的二重課税が頻発し，課税紛争が多発することになる。その意味では，"Assessing BEPS" の共通ルールが必要であり，EU の ATP ストラクチャー及びインディケーターの研究のように，OECD/G20 も，各国が特定すべき BEPS を目的とする ATP ストラクチャーとこれを発見するための目印となるインディケーターを特定すべきである。

英米をはじめとする国々が税制及び税務行政の有効性・効率性の向上のために，タックス・ギャップの推計に注力しているが，我が国は，この分野で非常に遅れをとっている。BEPS による税収ロスについて，行動11は，原始的な方法（税率差アプローチ）で年間1,000億〜2,400億ドルと推計しているが，我が国では，我が国企業は米国多国籍企業のような ATP を行っていないといい，推計しようとしないが，IBM 事件のように，外資系内国法人を使って，簡単に日本の税源侵食・利益移転が行われるという事実を再認識し，我が国企業は ATP を行っていないという「神話」のような議論をいつまでも繰り返すべきではないであろう。

※本庄資「補遺　濫用的国際租税回避の防止規定の必要性―BEPS プロジェクト勧告に伴う国内法改正と GAAR 導入の是否認論議を中心に―」『国際課税における重要な課税原則の再検討　中巻』（平成28年・日本租税研究協会）。

※森信茂樹「BEPS と租税回避への対応――一般的否認規定（GAAR）の整備を―」『フィナンシャル・レビュー』（平成28年第 1 号）。

※居波邦泰「BEPS における課税取引スキーム事例（GAAR を含む。）に係る立証責任に対する一考察―国際的な立証責任の在り方について―」『フィナンシャル・レビュー』（平成28年第 1 号）。

6　諸外国のタックス・ギャップの推計方法

タックス・ギャップの推計方法については，macro or top-down methods と micro or bottom-up methods に大別される。

米国の TCMP（Taxpayer Compliance Measurement Program）も NRP（National Research Program）も，micro approach のうち，Tax Audit Methods により，未調査の2000年提出の申告書約 5 万件をアトランダムに抽出し，厳密な税務調査を実施した結果からタックス・ギャップの規模とそのコンプライアンス・リスクを推計している。

日本では，macro or top-down methods の研究も，micro or bottom-up methods も公式には政府ベースで行われた形跡はない。ただ，一般の研究者が自己の

508 ◆ 第4章 日本における BEPS 対策の重要課題

責任で，所得捕捉率の推計をいろいろな方法で行い，発表してきたが，最近はその議論もなぜか立消えの状況である。

　現在，タックス・ギャップの研究を公表している米国，EU，英国，スウェーデン及び国連，ECLA のラテン・アメリカのデータがある。特に，EU では付加価値税（VAT）のタックス・ギャップの推計に関心を示している。それらにおいて使用された手法の例は，次のとおりである。

　１）．スウェーデン

Macro methods……macro or top-down methods

Individuals' savings abroad

Micro methods

　　Random samples

　　Targeted controls

　　Risk surveys and single-industry surveys

Design of a tax gap map

　　Type of tax

　　Group of taxpayers

　　Area of errors

　　Matrix of tax gap International Undeclared Work Other national

　　　Private Individuals

　　　Micro companies

　　　Small and medium-sized companies

　　　Large companies

　　　Public sector, organizations

　２）．英国

直接税……Bottom-up methods

　　　　　　Random enquiries　　inaccurate returns from individuals and small

　　　　　　　　　　　　　　　　& medium sized business

　　　　　　　　　　　　　　　　Hidden economy

　　　　　　Risk registers　　very large businesses

　　　　　　　　　　　　　　　　Avoidance by large businesses, small & medium

Sized businesses and individuals

Data matching　　　individuals who fail to declare additional income or capital gains

3）．Oxford University

Average tax revenue to GDP　先進国平均　35%，発展途上国平均　15%
ratio（2005）　　　　　　　　最貧国　12%
Domestic component　tax evasion due to domestic shadow economy
International component　profit shifting by corporations and offshore holdings of Financial assets by private individuals

Cobham（2005）　発展途上国は Schneider（2005）の研究に基づき shadow economy により2,850億ドルの税収ロス，Oxfan（2000）の研究に基づき法人の移転価格による国際的所得移転による50億ドルの税収ロス，TJN（2005）の研究に基づき金融資産のオフショア holding による脱税による50億ドル，合計3,850億ドル。

移転価格による所得移転で発展途上国の毎年の税収ロスは，350億〜1,600億ドル。

Cobham の脱税のモデル：税収ロスの５つの理由は，次のとおり。

① 　domestic shadow economy Tax Revenue to GDP Ratio ×GDP×Share of the shadow economy in GDP

② 　foreign asset holdings of domestic residents

③ 　income shifting by multinational firms

④ 　tax competition which derives down tax rates and

⑤ 　non payment of taxes which due but which are not collected for several reasons like e.g. shortcomings of the tax administration.

　Macro Approaches to Tax Gap Estimation
　　Macro indicator variables like monetary and physical input demand
　　Currency Demand Method
　　Physical Input Method
　　Macro Accounting Methods

Micro Approaches to Tax Gap Estimation
　Survey Methods
　Tax Audit Methods
Tax avoidance and Tax evasion through International Channels
　Corporate Profit Shifting and FDI Stocks
　Transfer Pricing
　Foreign wealth Holdings of Private Individuals
　The Role of Tax Havens
Political, Social and Administrative Determinants of Tax Gap
Tax Expenditures
　Tax Incentives for Corporate Investment

　日本では，消費税について滞納が多く発生するようになったが，消費税の増税を控え，これに水を差すような消費税のタックス・ギャップの推計の調査・研究はみられない。なぜか。

　しかし，余りにもなにもしないという態度は，国際社会からみて奇異に受け取られるおそれがある。サンプル抽出による実証的アプローチについては，被調査対象者にかなりの負担をかけるおそれがあるので，実施するといえば，政財界から少なからぬ反対論が出るかもしれないが，経済官庁やシンクタンク及び学界には，数理統計の専門家も多数いる日本で，タックス・ギャップの推計の研究ができないわけはない。

33 立証責任の転換による BEPS 対策の必要性

居波邦泰

1 国際的な税務訴訟における立証責任の一般的な在り方

（1） 国際的な税務訴訟における立証責任の一般的な在り方

　我が国における税務訴訟における立証責任の一般的な在り方としては，これまですべての立証責任を税務当局が負うことを一般的な在り方と行政側，実務家側，学者側と三者とも，認識されてきたきらいがあるが，これを国際的に各国の状況と比較・確認してみると，以下のような実態がうかがえるところであり，決して我が国の在り方が国際的なスタンダードとは言い難い事実が明らかにされるところである。

　① 米国

　（一定の要件を満たす場合は納税者から税務当局に移行）

　原則は，租税裁判所規則142条により，納税者が負うこととされているが，1998年 IRS 改革法により，納税者が税務調査（資料収集等）に十分な協力を行う等，一定の要件を満たす場合は納税者から IRS への立証責任の転換が規定された（内国歳入法典7491条）。

　② 英国

　（一般的に納税者）

　行政審判所における立証責任は，一般的に納税者にある（租税管理法 TMA1970，判例）。

　③ フランス

　（一般的に税務当局）

　委員会（行政仲裁機関）における紛争について訴訟が提起された場合，行政庁が指摘した重大な不備についての立証責任は，常に税務当局にある。

　④ ドイツ

　（税額増加については税務当局，税額軽減については納税者）

　租税通則法（AO）88条コンメンタール

なお，親子会社間等の金融取引に関する移転価格ガイドラインを策定

⑤　**イタリア**

（一般的に提訴・上訴人で，納税者とされる）

⑥　**カナダ**

（一般的に納税者）

自主申告制度の下で，税務当局の査定が間違っていることの立証責任は，納税者にある。ただし，罰則が課された場合におけるその根拠の事実の証明は，税務当局が負う（判例 Spreme Court of Canada in Johnston v.M.N.R.（1948）3 DCT1182）。

⑦　**オーストラリア**

（一般的に納税者）

納税当局による過大な査定額又は誤った決定事項等に関し，納税者が不服を申立てる場合等の立証責任は，納税者にある（1953年租税管理法第14ZZK（b））。上記の各国の税務訴訟における立証責任を見てみると，国際的な立証責任の在り方は，納税者側に置かれることがより一般的な姿であると認められるところであり，2011年にヨーロッパで開催された EATLP Congress では，「租税法における立証責任」がそのテーマとして置かれたが，そのジェネラルレポートを見てみると，以下のことがわかるところである。

- EATLP Congress で認められた国際的にもっとも一般的であるとされる税務訴訟の立証責任の在り方は，「税務当局と納税者に分割されること」であり，これは上記の国ではドイツの立証責任の在り方と言え，EATLP とは，European Association of Tax Law Professor の頭文字であり，この会合（Congress）が毎年，ヨーロッパで開催されている。2011 年開催のテーマが「The Burden of Proof in Tax Law」であった。やはり税務当局が一方的に負うとされる我が国の立証責任の在り方は，国際的に一般的ではないものと言える。

- EATLP Congress によると，立証責任の在り方の基本的な考え方は，「証拠に近い者が証明責任を負うべきである」ということである。一般的に納税者に立証責任を置く理由の「証拠に近い（確実に証拠を把握している）者が証明責任を負うべきである」ということは，訴訟における立証は，一方の訴訟当事者にとっての有利・不利という観点でとらえるものではなく，裁判官の的確な判断を可能にするためのものであり，司法に対する訴訟当事者に対す

る訴訟責任であるということである。

- この観点からは，立証責任とは「もっとも証拠に近い（確実に証拠を把握している）者」が誠意をもって証明責任を負うものであるのであれば，税務訴訟において「もっとも証拠に近い者」は，「税務当局ではなく納税者」であることから，また，上記の国で見ると，米国や英国が立証責任を訴訟法規定等で納税者に負わしているが，このことからも，国際的により一般的な税務訴訟における立証責任は納税者に置かれているようであり，我が国の税務当局に一方的に負わせるということは，論理的とは言えない取扱いであると思われる。

2 英国の Diverted Profits Tax の導入

BEPS の取組によって，新たなる国際課税原則が形作られていくことと思慮するが，この新たなる国際課税原則の下ではより高いコンプライアンスが納税者に要求されていくものと思われる。

その一例として，英国において2015年 4 月から「迂回利益税（diverted profit-tax)」の導入がなされたことがあげられると思われる。本章では，この英国が導入した迂回利益税についてみてみることとしたい。

（1） 迂回利益税の導入の背景

英国における迂回利益税の導入の背景としては，スターバックスの英国への納税状況があり得ると思われる。スターバックスの英国への納税状況とは，2012年10月15日のロイター通信は，「Special Report: How Starbucks avoids UK Taxes」と題する記事[1]を世界中に配信した。その報道内容は，「Starbucks の英国子会社が1988 年に進出し735の店舗が開設され，これまでに30億ポンド（48億ドル）以上の売上が計上されたが，支払われた法人税はたった15年間で860万ポンドの 1 回であり，この 3 年間では12億ポンドの売上がありながら利益は計上されず，法人税はまったく支払われなかった。比較として，McDonald は36億ポンドの売上で8,000 万ポンドの法人税を納め，Kentucky Fried Chicken は11億ポンドの売上で3,600万ポンドの法人税を納めていた。しかし，Starbucks は株主や投資家に対して，この12年にわたり英国での事業は「収益性のある（profitable）」との説明がなされていた」というものであった。

このロイター通信の報道により，英国では英国議会において，2012年11月12日に Starbucks，Amazon 及び Google の多国籍企業 3 社への公聴会[2]が開催された。

また，英国市民の間では，Starbucksへのボイコット運動が大きく広がった。

2012年12月6日に，Starbucksは，2013年及び2014年に英国に，利益の有無に拘わらず，「法の求めを越えて」法人税として各1,000万ポンドずつを，通常の納付税額に追加して支払うことを英国当局と合意したことを表明することで，この騒ぎの沈静化を図った。

これに対しては，「消費者にボイコットの動きが出ていることから，スターバックスの税金支払を決断させた」と新聞記事[3]で評されているが，「この解決策はおかしい，英国の税法上でスターバックスの行為が違法であるならば，本来の税金を徴収すればよい」との声も聞かれた。

このようなスターバックスの英国での納税状況から，本来の税金として英国では迂回利益税の導入がなされたものと思われる。

（2） 迂回利益税の概要

英国で導入された迂回利益税の概要は以下のようなものである。

迂回利益税の概要を得るために，「英国の迂回利益税：ラウンド・ディスカッション "(The U.K.'s Diverted Profits Tax: A Roundtable Discussion)」という論文を参考にしたい。このラウンド・ディスカッションは，2015年4月1日から英国で施行された，迂回利益税（diverted profits tax）の目的，実施，適用に関して，移転価格の主要なメンバー[4]で議論したものである[5]。

① 迂回利益税の概要

英国は2015年3月26日，英国内での経済活動から創出されたものの，英国での課税を回避していると判断された企業利益に対して，その迂回利益に税率25％で課税する法律を制定した。この「迂回利益税（Diverted Profits Tax）」は，2015年4月1日から適用されている。迂回利益税は，多国籍企業が英国から低税率（英国法人税率20％の80％未満で，つまり16％未満）の国・地域にある外国関係会社へ人為的に利益を迂回させている場合に，新たに25％の迂回利益税を課すものである。これは，いわゆる「グーグル税」とも呼ばれ，2013年12月にはイタリアでも同様の「グーグル税」を認める法案が成立しているという。なお，新制度による徴収額が今後5年間で約10億ポンド（約1,863億円）にのぼるものと，英国は期待を寄せている。

② 迂回利益税の法的性格

迂回利益税の合法性について，英国はどのように考えるのであろうか。

英国は，租税条約及びEU法の双方の下で，合法性がありかつ実施可能である

かについて，以下のように考えている。我々がこの段階で言えることは，迂回利益税が，合法的でありかつ実施可能であるように立案されているということである。それは租税条約との矛盾を意図したもので，EU 法へのオーバーライドは認める意図はないものと認識している。

迂回利益税は2015年4月1日から適用されるが，それには2つの課税要件条項がある。

1つめは，「恒久的施設（PE）を人為的に回避している場合」に課され，2つめは，「経済的実質（economic substance）がない事業体や取引を含む取引の場合」に課される。迂回利益税は，リキャラクタライゼイションがなされた場合の，懲罰的金利と懲罰的課税標準での新たな罰則金の賦課である（したがって，法人所得税ではないとされている）。

③　迂回利益税のトリガーになり得る3つの状況

迂回利益税のトリガーになり得る状況として，3つのハイリスクな（否認がされる）状況が挙げられる。

第1に，英国の顧客との取引を有しており，その取引が PE を回避するようデザインされているのであれば，PE の租税回避取引である状況である。その状況では，他の閾値条件が満たされるとき，非居住者のみなし PE が英国で創設されたことになる。

第2に，独立企業原則に基づかない関連者間の取引価格が存在している状況である。どのように英国の中に非独立企業の移転価格取引があり得ているかは，明白ではない。なぜなら，英国は，独立企業移転価格ルールを有しているが，迂回利益税の影響が2つの状況であり得るからである。1つは，迂回利益税ルールは，HMRC が課税通知を出すことを通して課されるので，このことは HMRC が移転価格ルールの彼らの解釈に基づいて取引が非独立企業であるとみなしているという結果—それは納税者自身の自己申告とは違うかもしれない。もう1つは，間接的な取引—直接的に英国に触れない取引—である。

第3に，取引のリキャラクタライゼイション（再構成）である。これは，オフショアの資産又はリスクが，英国のネクサスを有している場合である。適切な条件が満たされるのであれば，法令は取引の再構成をするために適用することができ，資産又はリスクがオンショアであると仮定され，それゆえ，英国での25パーセントの迂回利益税が課されることになるであろう。

④　迂回利益税の入口へのカテゴリー

1つめのカテゴリーは，多くの納税者が自身に潜在的に迂回利益税について法

的義務があるという報告書を提出しなければならないであろうということである；それは制度へのエントリーのための広範囲なテストである。しかしながら，それらの納税者の多くが，おそらく非課税（nilassessment）[6]を得るであろう。

2つめのカテゴリーは，HMRC がその移転価格取引について不明瞭である納税者である。HMRC は，迂回利益税が彼らの状況に適用されるということを，その会社に通知する。これらの会社は課税されて，かなりの罰則的課税額を支払わなければならないであろう。けれども，その後，その税額は，それらがそれらの契約に関する透明性を提供して，それらの移転価格を証明したとき還付されるであろう。

3つめのカテゴリーは，PE 認定の回避で，租税回避をする納税者である。それら納税者にとって，彼らは（20パーセントでの）会社の所得税の負担内になるように，契約を再編成することによって，25パーセントの迂回利益税の負担を回避することが可能である。そして，迂回利益税の負担者になっても，それらの契約の再編成をせず，実際に罰則的な税率の租税を支払わなければならない納税者での最終のクラスが存在する。

（3） 迂回利益税と事前確認制度（APA）

納税者にとって最も安全な状況は，契約が HMRC に完全に透明であるならば，彼らは，フローのすべてを理解し，そして事前確認を提供するであろうということである。1月8日のワークショップで，HMRC から，迂回利益税は事実に依存するので，迂回利益税のための認可手続（clearance procedure for DPT）はないであろうことを確認した。納税者がとるべき最も安全なアプローチは完全なバリューチェーンの透明性を HMRC に提供して，そしてハイリスクのケースのために APA に同意することである。

既存の APA は，30パーセントの損金不算入に影響しないものとなっている（移転価格は，正しいと仮定しての上で）が，必ずしも，実際の規定のリキャラクタライゼイション又は PE 回避が不必要ということではない。2015年4月1日以降，APA は迂回利益税のみの事案を対象としない。

（4） BEPS に関する立証責任の在り方

この迂回利益税が法人税には当たらないとする英国の言い分が，今後，国際的に認められていくのかについては，それなりの時間を要すると考えるが，この新税の立証について，納税者が利益を英国から迂回していないことを証明すれば，

納付した全税額に利子を付けて還付するということで，立証責任を納税者に負担させている（英国の税務訴訟の立証はもともと納税者にあるわけであり，この取扱いは英国で当然に受け入れられているようである）ことからも，BEPS について適切な納税がなされているかの証明は納税者が負うべきであるという制度が英国で確認的に導入されたわけであり，同様の制度は，イタリアやオーストラリアも受け入れていることからも，BEPS に関する国際的なスタンスとしては，その立証責任は納税者が負うものということで落ち着いていきそうな感じである。

　このような英国でみられるような国際的な動向からも，我が国においても BEPS に関して立証責任は証拠に近い納税者に負わすべきかと思慮する。

3　勧告に係る税制改正や執行改善と我が国の新たなる国際課税原則と立証責任

○ BEPS に関する我が国の税制改正

　我が国における BEPS による国際的二重非課税のスキーム事例等として，以下のものが取り上げられると考える。これらについて，国際的二重課税の防止等に効果があると見込まれる BEPS 勧告については，次表のように考える。

我が国の BEPS による国際的二重非課税の事例等	有効と見込まれる OECD 勧告
・「日愛租税条約の利用による匿名組合事案」	行動計画 6〔勧告〕
・「アドビ事案」	行動計画 8〔勧告〕，13〔勧告〕
・「アマゾン事案」	行動計画 7〔勧告〕
・「コミッショネアの利用」	行動計画 7〔勧告〕
・「ハイブリッド・ミスマッチ・アレンジメント」	行動計画 2〔勧告〕

　本稿では，上記勧告における国内法令等が改正された後の国際課税原則の下における立証責任についてその難易度や証拠との距離について考察し，望ましい提言事項について検討しておこうと思う。

　ここで上記事例スキームごとに立証上の問題点とその解決策について，以下のように示す。

具体的事例ごとの立証責任上の問題点	その解決策の想定案
①「日愛租税条約の利用による匿名組合事案」 　本件スワップ契約の当事者が，アイルランド法人やバミューダ LPS という我が国の調査権限外の事業体であり，調査法人の全面的な協力を得ることなしでは調	調査対象の日本法人に対して，事件の事実認定が可能なまでの情報提供義務等（調査協力義務を含む）を課し，それが履行されないときには，立証責任が転換されることとする。

査に必要な情報を得ることは困難である。

②「アドビ事案」 　この取引は，国際的事業再編であり，外部の第三者からは取引内容や当事者の意図等を把握することが極めて困難であるという性質を帯びる取引であり（ドイツでは，まずは当事者に説明責任を負わしている。），調査法人の全面的な協力を得ることなしでは調査に必要な情報を得ることは困難であること。	ドイツと同様に「移転パッケージ」について説明させ（情報提供義務等（調査協力義務を含む）を課す），それが履行れないときには，立証責任が転換されることとする。情報提供義務等の履行の程度については，通常の税務調査に基づき，第一義的に税務当局に判定をさせる。
③「アマゾン事案」 　この事案の解決策としてPE除外への認定にそれが「準備的」なものであることを法定することが勧告されているが，「準備的」であるかどうかを立証することについては，その倉庫を利用した取引から収益を計上しているかどうかで判断されると思われることから，これまでの通常調査により対応は可能だと考える。	税務当局の通常調査により「準備的」でなくPEとの判定に対し，納税者が強硬にこれは「準備的」であり，PEに該当しないと主張してきた場合には，立証責任が転換されるものと考える。しかし，この場合に，納税者が何をどのように立証をすればよいのかが問題となると思われる。
④「コミッショネアの利用」 　この場合の立証責任は，「コミッショネアが法的にプリンシパルを拘束しているかどうか」を証明することであるが，この場合にも，コミッショネア又はプリンシパルが海外の事業体であり，我が国の調査権限外の事業体であるならば，調査法人の全面的な協力を得ることなしでは調査に必要な情報を得ることは困難であることになる。	この場合にも，調査対象の日本法人に対して，事件の事実認定が可能なまでの情報提供義務等（調査協力義務を含む）を課し，それが履行されないときには，立証責任が転換されることとする。情報提供義務等の履行の程度については，通常の税務調査に基づき，第一義的に税務当局に判定をさせる。BEPS事案への立証責任上の一般的問題点BEPSに関する事案は，通常，国際事案であり，我が国の調査権外の事業体が関与することが在り得ており，税務当局が立証不可能であることも想定されるところである。 　その場合には，調査対象の日本法人に対して，事件の事実認定が可能なまでの情報提供義務等（調査協力義務を含む）を課し，それが履行されないときには，立証責任が転換されることとする。

　これらに加えて，〔GAAR事案への立証責任上の一般的問題点〕についても以下に検討をしておく。

- GAAR（一般的租税回避否認規定）事案の場合には，納税者の内心の意図や
そのスキームの経済的合理性に係る立証責任の困難度は一般的に高いものと
されており，この観点から，立証責任が一方的に税務当局側とされることで，
税務当局が立証不可能であることも想定されるところである。ドイツでは
GAAR が有効に機能してこなかった理由として聞くところでもある。

⇒納税者の内心の意図やそのスキームの経済的合理性に係る説明責任を納税者
に課し，それが履行されないときには，立証責任が転換されることとする。
そのスキームの経済的合理性に係る立証責任は，税務当局がスキームの引き
直しをした場合（否認した場合）には，税務当局がその合理性を立証するこ
とになる。

（1） 我が国での BEPS の体制下における立証責任論の在り方

我が国の立証責任の在り方としては，法律要件分類説：規範説を原則としてと
りつつ，個別具体説で言う「証拠との距離」及び「立証の難易」の観点から，証
拠に近い者が立証責任を負うことで，今後，立証責任については制度的な調整が
図られるべきではないかと考える。

① BEPS 事案（GAAR 事案を含む）への立証責任上の一般的問題点

BEPS に関する事案は，通常，国際事案であり，我が国の調査権限外の事業体
が関与することが在り得ており，税務当局が立証不可能であることも想定される
ところである。

GAAR 事案についての立証上の問題としては，納税者の内心の意図やそのス
キームの経済的合理性に係る立証の困難度は一般的にかなり高い。

〔これへの対応策〕

この場合には，調査対象の日本法人に対して，事件の事実認定が可能なまでの
情報提供義務等（調査協力義務を含む）を課し，それが履行されないときには，
立証責任が転換されることとする。また，タックス・ヘイブン対策税制の適用除
外要件等の納税者に有利な証明事項については，それを根拠に立証責任は納税者
に転換されるべきである。

通則法等に情報提供が不十分な場合の推計課税ができる旨の規定をおくことで，
立証責任を転換することも一つの方法になるのではと思慮する。

（2） 上記解決策に必要と思われる立証責任の転換の基準に係る提言事項

BEPS の体制下における立証責任論に係る問題点とその解決策について上記の一覧表に掲げたが，この中でのポイントとして，立証責任の転換のためには，「どういった場合にそれがなされることになるのかの具体的基準」について，ここで簡単に示せるものではないが，何らかの考えを示しておくのであれば，以下のようなアイデア（提言）を示すことは可能ではないかと思慮するところである。

① 移転価格に関する場合の立証責任の転換の基準

BEPS の体制下における立証責任の転換については，問題となる取引が移転価格に関するものである場合は，訴訟等で争点となるのは，主に「独立企業間価格の算定」についてであり，これについての立証が成されれば問題解決となることが一般的である。したがって，移転価格事案の場合には，特に，評価困難な無形資産の「独立企業間価格の算定」が争点になっている場合，例えば，価値ある無形資産の一括移転などについては，申告時にその算定について根拠となる情報の提出を制度的に義務とし，これが履行されないときに，立証責任が転換されるというような規定がおかれることで，これを立証責任の転換の基準とすることを提言したい。

〔立証責任の転換の基準に係るアイデア（提言）①〕

BEPS の体制下における立証責任の転換については，問題となる取引が移転価格に関するものである場合は，申告時にその「独立企業間価格の算定」について根拠となる具体的情報の提出を制度的な義務とし，これが履行されないときに，立証責任が転換されることとしてはどうか。

② 「租税条約の濫用」の指摘がなされた場合の立証責任の転換の基準取引について

「租税条約の濫用」の指摘がなされた場合については，今後は，当該取引についてそれが「主要目的テスト（PPT）」を満たす（取引の合理性が証明される）ことが納税者に要求されることからも，取引について「租税条約の濫用」の指摘がなされた場合（税務当局がその主張立証をした場合）には，納税者に「主要目的テスト（PPT）」を満たすことの立証責任が生じるものと思われる。したがって，納税者が「主要目的テスト（PPT）」を満たすこと（取引の合理性）の証明及び「LOB 条項」を満たすことの証明を果たさないならば，立証責任は転換されることとし，これを「租税条約の濫用」の立証責任の転換の基準とすることを提言したい。

主要目的テストは，前述のとおり，「租税特典を受けることが，当該取引の主要な目的の一つである場合に当該特典の付与を認めない」とするもので，いわば

「租税条約上の一般的租税回避否認規定」とも言われており，これは，客観的な執行が可能なLOB条項とは違い，何が主要な目的であるのかを合理的に判断することは主観的なものであるとの解釈がなされており，この観点から立証責任の難易度を高くするものと思われる。

このことについては，主要目的テストの判断に関して，納税者側からは，「どのような場合に租税特典を受けることが主要な目的の一つとなるのか」とか，特に「主たる経済目的が合理的に存在するのであれば，租税特典を受けることは主要な目的とはならないと解してもよいのか」との疑問等があるとの声を聞くところである。一般的には，租税回避を考慮した国際的な経済取引を行う場合であっても，当該取引に経済目的が全く存在しないということは想定しづらいのではないかと思われるが，仮に，合理的な経済目的が存在していれば，すべての場合に租税特典が利用可能であるというのでは，BEPSの観点からの問題（国際的に適切な所得の帰属等）はそのまま温存されてしまうのではないかと思慮する。

〔立証責任の転換の基準に係るアイデア（提言）②〕

取引について「租税条約の濫用」の指摘がなされた場合（税務当局がその指摘（主張立証）をした場合）については，納税者が「主要目的テスト（PPT）」及び「LOB条項」を満たしていることの情報を提供をすることを義務化し，これをしないならば，立証責任は転換されることとしてはどうか。

③ BEPSが生じているとの指摘がなされた場合の立証責任の転換の基準

取引についてBEPSが生じているとの指摘がなされた場合（税務当局がその指摘（主張立証）をした場合）については，その取引についてBEPSの事実がないことを明らかにする情報を提出することを義務化し，これが履行されない場合には，立証責任は転換されることとし，これを「BEPSが生じている場合」の立証責任の転換の基準とすることを提言したい。これは，英国が導入した迂回利益税の賦課を撤回するときの要件を参考にしたものである。

〔立証責任の転換の基準に係るアイデア（提言）③〕

取引についてBEPSが生じているとの指摘がなされた場合（税務当局がその指摘（主張立証）をした場合）については，その取引についてBEPSの事実がないことを明らかにする情報を提出することを義務化し，これが履行されない場合には，立証責任は転換されることとし，これを「BEPSが生じている場合」の立証責任は転換される規準としてはどうか。

4 終わりに

　OECD の BEPS の取組みについては，2015年の秋には第二次〔Deliverables〕が公表されたわけであり，今回の OECD の BEPS プロジェクトは一応の一段落を迎えたわけである。

　しかし，BEPS の取組みについては，これらが各国においてどのように制度化されていくのかというところにその成否がかかっているのであり，その前提としては，BEPS 報告書では，「一部の国が協調せずに，基準を満たさない場合，負の外部効果や底辺への競争を生じさせる」と述べており，BEPS の効果的な対応のためには国際的な協調が一部の抜け駆けを認めることなく必要であるとしている。BEPS の効果的な対応のために必要な国際的な協調のためには，参加各国に与えられる国際課税に係る原則がほぼ同様なものであることが望ましいと考えられ，それは挙証責任等の訴訟環境についても言えることであると思われる。

　したがって，立証責任が税務当局のみに負わされるという我が国の在り様は，BEPS の国際課税制度下において異様であるとも思われるところである。英国をみると，2015年4月1日から「迂回利益税（Diverted Profits Tax）」が施行されている。これは，英国での課税を回避していると判断された企業利益に対して，その迂回利益に税率25％で課税する法律であり，いわゆる「グーグル税」とも呼ばれ，これは法人税ではなく，いわば罰則的課税金といえるもので，租税条約の対象にはならない[7]ものとしており，納税者が迂回の事実がないことを立証すれば課税はされず，納付した金額も利息を付して返金されるものである。

　BEPS の国際課税制度の下では，このような課税がなされることが一般化する[8]のであれば，納税者に立証を負わせることがより一般化していきそうである。

　証拠との距離の観点から，また，納税者に有利な事象については，納税者が立証するのが当然だと考える。本庄資教授が指摘されたように，「木村弘之・国際税法961頁では，適用除外要件についての客観的立証責任は納税者の側に在る」とされた通りであり，納税者にとって有利な要件事実の立証責任については，当然に，納税者の側に在るべきである。

　2016年以降は，BEPS の勧告によって，世界中で本格的に制度改正等がなされるわけであり，我が国においても，既に BEPS に係る税制改正は始まっており，加えて，BEPS に係る租税条約の改正も始まるはずである。

　このような状況で，我が国においても国際課税に係る立証責任は納税者の証拠提出状況によって，必要に応じ転換されるような制度改正がなされるべきである

と思慮するところである。

　また，BEPS の取組みについては引き続き研究が必要な分野であり，BEPS に関わる研究は形を変えても継続して行っていく必要があるものと考える。最後に，本論文については，税務理論の論文というよりも，税務当局側に籍をおく者の税務希望論文といった色彩の強い論文かも知れない。我が国の場合，理論的に又は国際的にどうであろうと，税務当局側の立場でその権限を強める主張をすることは認められないとの雰囲気を感じるところであるが，立証責任についての本論文の言わんとするところは，いわば常識論的な見解を示したものではないかと考えるところである。本論文に置いて，国際的にも当然在るべきことをということが理解されることを切に願うところである。

(注)

(1) http://uk.reuters.com/article/2012/10/15/uk-britain-starbucks-tax-idUK-BRE89E 0 EW20121015。

(2) 英国議会の Starbucks，Amazon 及び Google への公聴会に加え，米国議会の Microsoft，Hewlett-Packard 及び Apple への公聴会の詳しい内容は，拙著『国際的な課税権の確保と税源浸食への対応—国際的二重非課税に係る国際課税原則の再考』などを参照。

(3) 2012年12月18日付日本経済新聞。

(4) Mat Mealey……国際租税サービスのナショナル・オフィスのリーダー
　　Simon Atherton…英国 EY の移転価格及び経営モデル効率化のリーダー
　　Chris Sanger……EY の世界的な租税政策のリーダー
　　Jenny Coletta……EY の EMEIA 保険の移転価格のリーダー
　　Rob Thomas……ワシントンを本拠とする EY の税務政策とグローバル・ネットワークのディレクター

(5) 本稿は，DPT に関する英国に対しての英語論文である "The U.K.'s Diverted Profits Tax: A Roundtable Discussion" を邦文で紹介したものである。これは，Rob Thomas 氏が司会をしたラウンド・ディスカッションの全文を邦訳したものというよりも，〔 〕書でのサブタイトルを，内容から今回の報告者が付け足すことで，本論文の内容をより理解しやすくしてあるものである。なお，迂回利益税の概説を，【英国の迂回利益税とは】のパラグラフで行った。

(6) "assessment" の訳語として「課税」としたが，これは賦課方式における（書面）調査からの用語ではないかと思われ，「査定」等が妥当かもしれないが，ここではわかりやすく「課税」としておく。

(7) したがって，迂回利益税はユニラテラルに課されるだけであり，相互協議などの対象にはならない。

(8) 同様の制度をイタリア・オーストラリアが導入をしたらしいし，英国は導入を他国に勧めている。

34 法人の居住性判定基準の見直し

本田光宏

1 はじめに

　法人の居住性の判定基準としては，法人の設立（incorporation）又は登記（registry）地の法的基準に求める方法と，管理支配地（place of management）の実質的基準に求める2つの方法に大きく分けられ，実際には多くの国で2つの方法の組合せが用いられている[1]。

　我が国においては，昭和15年の法人税法[2]の制定以来，法的基準の1つとして分類される本店所在地基準を採用している。本店所在地基準は，法人の居住性の判定基準としては明確であり，執行上も容易である反面，名目上の本店を国外に置くことで内国法人としての税負担の軽減を図ることが可能との懸念から，管理支配地基準の併用も過去の政府税制調査会で検討俎上に上がっているものの，今後の検討課題と位置付けられて[3]，現在に至っている。

　法人税法の採用する本店所在地基準に関して考慮すべき近年の環境の変化として，まず挙げられるのは，BEPS プロジェクト最終報告書（2015年10月）の3本柱の1つである「実質性」であろう。グローバル企業は，価値創造の場所で納税すべきとの観点は，法人の「実質性」を踏まえた居住性の判定基準の重要性を示唆するものである。

　また，平成21年度に導入された外国子会社配当益金不算入制度は，領土主義（テリトリアル）課税の側面を持つため，所得の海外移転等を防止することが税制上の課題となっている点も重要である。同制度の導入以降，外国子会社合算税制を中心とした租税回避防止規定の整備が順次図られてきているが，所得の海外移転等に着目した税制の整備と併せて，居住地課税確保の観点から，法人の居住性の判定基準を検討する視点も重要と思われる。

　さらに，領土主義課税の下では，居住地課税も源泉地課税の1つとして位置付けられることから，源泉地課税の確保という観点も重要と思われる。国内源泉所得の規定では，債券利子，配当等については原則として債務者主義が採用されており，支払者が内国法人か否かで国内源泉所得への該当性が定められている。し

がって，法人の居住性の判断基準は，国内源泉所得の課税関係にも関連する問題である。

本店所在地基準と同様に法的基準と位置付けられる設立地基準（Place of Incorporation（POI））を採用する米国では，近年のコーポレート・インバージョン（企業の海外移転）への対応策の検討の中で，管理支配地基準的なアプローチが採用されており，更なる拡充策も提案されている(4)。また，英国では，1988年に，それまでの判例法に基づく管理支配地基準から，より明確な判定基準を目指して設立地基準を併用する税制改正が行われている。

このような法人の居住性判定基準を取り巻く近年の環境等の変化を踏まえ，本稿では，BEPS プロジェクトで示された「実質性」の観点を契機として，居住地課税及び源泉地課税の確保という双方の観点から，現在の本店所在地基準を見直す必要性及びその方向性について考察する。

2　本店所在地基準

法人税法は，国内に本店又は主たる事務所を有する法人を内国法人とし，内国法人以外の法人を外国法人に区分した上で(5)，それぞれの課税対象を定める(6)。すなわち，本店所在地基準は，法人の課税関係を定める出発点と位置付けられている。

ここでいう法人の本店又は主たる事務所については，法人の住所を指すとされている。会社法4条は「会社の住所は，その本店の所在地にある」と規定し，一般社団法人及び一般財団法人に関する法律4条は「一般社団法人及び一般財団法人の住所は，その主たる事務所の所在地にある」と規定しており，内国法人は国内に住所を有する法人と解されている。

また，会社の本店の所在場所は，会社法の規定に基づき登記を要する(7)ため，会社の本店は登記所において登記した場所を言い，主たる事務所は会社以外の法人の本店に相当する事務所を言うこととされている(8)。

このような規定の仕組みの下では，事業統括の中心を国内に置きながら，名目上の本店を国外に置くことが可能とされ，内国法人としての税負担の軽減を図ることの可能性への懸念がこれまでも指摘されている(9)。そのため，管理支配地基準との併用は，過去の政府税制調査会等でも度々検討組上に上がっているところである。

昭和40年の法人税法全文改正の際の政府税制調査会の検討では，法人の居住性の判定基準としての管理支配地基準の意義を認めつつも，その併用に関しては，

「理論及び実務の両面にわたって十分の検討を行う必要がある」として，今後の検討課題として位置付けている[10]。その後の政府税制調査会においても管理支配地基準について検討されているが，同基準の採用国が減少していることや，タックス・ヘイブン対策税制により，既に有効な対策が講じられていることを理由に，やや慎重なスタンスとなっている[11]。

　ところで，法人税法の採用する本店所在地基準については，登記地基準を採用する諸外国が多く併用しているように[12]，法的基準に加えて，事業統括の中心（実質的な本店）が国内にある法人を内国法人として認定する方法（実質的な本店所在地基準）を解釈として採用する余地があるか否かという論点がある[13]。

　いわゆる借用概念の解釈に当たっては，通説は，租税法が他の法分野で用いられている概念を課税要件規定の中に取り込んでいる場合には，「別意に解すべきことが租税法規の明文又はその趣旨から明らかな場合は別として，それを私法上におけると同じ意義に解するのが，法的安定性から好ましい」と解し（統一説）[14]，最高裁判決も武富士事件[15]に代表されるように，基本的には統一的理解の立場であることから，現行の法人税法の規定の下で，解釈による実質的な本店所在地基準の採用は，困難と位置付けられるであろう。本店所在地基準について，形式的な本店の所在地を重視する取扱いをしてきた経緯等も踏まえると[16]，実質的な本店所在地基準の採用には立法措置が不可欠と考えられる。

3　BEPSプロジェクトの示唆

（1）　「実質性」の観点

　BEPSプロジェクトの3本柱である，①実質性：グローバル企業は，価値創造の場所で納税すべきとの観点から，国際課税原則を再構築，②透明性：政府・グローバル企業の活動に関する透明性向上，③予見可能性：企業の不確実性の排除，の観点に基づいて，我が国でも税制改正が進められており，今後もこれら3つの観点が，税制改正の基本的な考え方となることが予定されている[17]。

　最終報告書で示された「実質性」の確保には，我が国税制のグローバル・スタンダード化が不可欠であり，また，国際的な租税回避防止を目的とした国際租税制度の改正については，BEPSプロジェクトに対する政治的なモメンタムが維持されている間に各行動に係る勧告内容等の実現へ取り組むことが必要と考えられる。

　ところで，国内税制へこの「実質性」を受容するに当たっては，我が国における租税法の私法準拠主義の下での厳格な文理解釈の要請との関係を考慮する必要

があると思われる。通説・判例は，租税法は侵害規範であり，みだりに拡張解釈や類推解釈を行うことは許されないと解しており[18]，租税法の解釈によって「実質性」を確保するアプローチとは相容れないものと考えられる。

　したがって，所得税法・法人税法が規定する信託やリース取引に係る規定，法人税法に規定する短期売買商品や売買目的有価証券に係る規定と同様，私法上の帰属や形態にかかわらず，その実質に着目した規定を租税法に積極的に取り込む必要があると考えられる。また，その際，立法趣旨・目的を税制改正時に明示することが，その後の法的安定性・予測可能性の確保にも資するものと思われる。

　なお，前述のとおり，租税法において他の法分野で用いられている概念を課税要件規定の中に取り込む場合には，借用概念として，私法上におけると同じ意義に解すことが原則とされているため，立法に当たっては，「実質性」を確保する観点からの国際課税原則の再構築という目的と整合的であるか否かを考慮することも必要と考えられる。

（2）　管理支配地基準の併用

　BEPS プロジェクトの３本柱の１つである「実質性」は，法人の「実質性」を踏まえた居住性の判定基準の重要性も示唆するものと考えられる。実態としては内国法人と位置付けられる法人が，名目上の本店を国外に置くことで外国法人となる場合，国外所得はそもそも課税ベースから抜け落ちて，法人税法の予定する課税関係は大きく影響を受けることとなるため，法人の課税関係を定める出発点としての法人の居住性の判定基準については，より「実質性」を踏まえた基準が必要性であろう。

　一方で，現行規定の下では，解釈での実質的な本店所在地基準の採用は困難と解されるため，「実質性」を確保する観点からは，立法による管理支配地基準の併用が不可欠であろう。また，その際には，管理支配地基準の持つ不明確性や執行困難性を克服する必要があり，管理支配地の基準を具体化する明確な基準を設定することが必要と考えられる。

　この点に関しては，政府税制調査会の昭和40年の法人税法全文改正の際の検討では，管理支配地基準の併用に関しては，「理論及び実務の両面にわたって十分の検討を行う必要がある」と結論付けていることから，既に法人税制の中に存在している同様な基準又は要件の活用が有益と考えられる。

　管理支配地基準を具体化する要件の１つの候補としては，外国子会社合算税制における実体基準と管理支配基準が考えらえる。実体基準と管理支配基準は，そ

れぞれ物的な側面及び機能的な側面から，海外子会社等が「所在地国において独立企業としての実体」[19]を備える必要条件を明らかにしたものと解されている[20]。これらの要件を満たしていない海外子会社等については，独立企業としての実体を備えていない，すなわち，外国法人としての実体を欠き，「内国法人」として取り扱うことも検討すべきではないかと考えられる。

もう1つの要件の候補として考えられるのは，特殊関係株主等である内国法人に係る特定外国法人の課税の特例（インバージョン対策合算税制）[21]におけるアプローチである。同規定は，クロスボーダー企業組織再編に伴う租税回避防止規定として導入され，一定の組織形態において外国親法人の所得を株主である内国法人等に合算するものである。同様な場合，米国のインバージョン対策税制の内国歳入法典7874条は，課税管轄権の拡大アプローチ，すなわち，いわゆる「80%テスト」を満たした場合には，その外国親法人を「米国法人」と見なすアプローチを採用している。米国の課税管轄権の拡大アプローチと同様に，この場合の外国親法人を「内国法人」と位置付けることも「実質性」の観点から許容されるアプローチと考えられる。

4　外国子会社配当益金不算入制度のインプリケーション

（1）　居住地課税の観点

平成21年度改正で導入された外国子会社配当益金不算入制度は，欧州諸国で採用されている「資本参加免税（Participation Exemption）」とは，子会社株式の譲渡益課税を免税対象としていない点等で異なるが，一定の外国子会社の稼得する所得に対しては課税せず，領土主義（テリトリアル）課税の側面を有し，法人税法が基本とする内国法人に対する全世界課税に修正を加えるものである。領土主義課税の下では，内国法人の所得が外国子会社等へ移転又は付け替えられた場合には，居住地国としての課税機会は永遠に喪失されることから，所得の海外子会社等への国外移転，付替え等を防止することが重要となる[22]。

実際，平成21年度の同制度の導入以降，外国子会社合算税制における資産性所得の適用対象への追加（平成22年度）及び対象所得の拡大（平成29年度），移転価格税制における独立企業間価格算定方法の優先順位の見直し（「最も適切な方法」の導入，平成23年度）に加えて，過大支払利子税制の創設（平成24年度）等，所得の国外移転等を防止する制度の整備が順次図られてきている。

こうした「所得」に着目した税制の整備と併せて，居住地課税の確保の観点から，現在の本店所在地基準を見直すことも重要と思われる。特に，外国子会社合

算税制は，平成29年度改正で，これまでの「会社の外形」によって判断するアプローチから，所得の内容や稼得方法等の「所得の内容」に応じて把握するアプローチへ変更されている。

BEPSへの対抗策としては最も有効と位置付けられる外国子会社合算税制が，「所得の内容」に重点を置くアプローチへの変更することと併せて，独立企業としての実体を備えていない外国子会社等については，管理支配地基準の一つの判断基準として，「内国法人」と位置付けることも検討する必要があるのではないかと考える。従来は主にエンティティー・アプローチにより合算対象とされていた外国子会社等について，その法人の「実質性」に基づいて居住性を判定することによって，「所得」及び「法人の居住性」を組み合わせたアプローチで，領土主義課税へ移行しつつある我が国の居住地課税の確保が図られると考えられる。

（2） 源泉地課税の観点

領土主義課税の下では，課税管轄域内で生じた所得のみが課税対象とされ，国際課税原則の要素である居住地課税も源泉地課税の1つとして位置付けられることとなり，源泉地課税の確保の観点も一層重要となる。

債券利子，配当等については原則として債務者主義が採用されており，支払者が内国法人か否かで国内源泉所得の該当性が定められており，法人の居住性の判定基準は，居住地課税の観点だけでなく，源泉地課税の観点からも重要となっている。

ところで，平成20年度改正で，国内源泉所得として，「外国法人の発行する債券の利子のうち当該外国法人が国内において行う事業に帰せられるもの」[23]が追加された契機となったダブルSPCの問題[24]は，国内源泉所得の範囲を本店所在地基準に基づいて定めていることの問題点を浮かび上がらせたものと言える。すなわち，当時の国内源泉所得の規定の下では，外国法人であるケイマンSPC1の発行する社債に係る利子は国外源泉所得に該当しないものの，租税条約の利子条項の源泉地を定める条項の適用により条約上は国内源泉所得とされていたため，ケイマンSPC2を海外投資家との間に追加することにより租税条約を不適用とし，したがって，国内源泉所得にも該当しないことする方法が活用されていた。

このような国内法と租税条約の規定の差異を利用したスキームにより利子に課税できない状況を，上記の国内税制の改正によって防止することとされたが，本来，日本に設立されたSPC1支店が，本店所在地国基準の下で形式的に外国法人と位置付けられることの妥当性も問われるべきではなかったかと思われる。い

ずれにしても，法人の居住性の判定基準としての本店所在地基準の持つ形式性が，国内源泉所得の該当性にも影響を与える問題点が明らかとなったケースである。

このように法人の居住地は，外国法人の課税対象範囲である国内源泉所得とも密接に関連しており，源泉地課税の確保という観点からも，居住性の判定基準について「実質性」を担保する必要があると考えられる。

外国子会社配当益金不算入制度の導入によって，実質的な領土主義課税の側面を有する法人税制の下では，居住地課税及び源泉地課税双方の確保という観点から，法人の居住性判定基準についても再検討することが求められると考えられる。

5　米，英における法人の居住性判定基準

（1）　米国

米国では，1917年戦時歳入法（War Revenue Act of 1917）[25]において，法人の居住地判定基準として初めて設立地基準を明文化して以来，現在に至っている。内国歳入法典7701条(a)では，内国法人は「米国において又は米国法又はいずれかの州法に基づいて設立又は組織された法人」と定義され，外国法人は内国法人以外の法人と定義されている。

この設立地基準の例外として唯一存在するのが，コーポレート・インバージョン対策税制における規定である。すなわち，内国歳入法典7874条(b)では，インバージョン後の企業が，次に該当する場合には，「米国法人」と見なしている（80％テスト）。

- 米国企業が，新たな外国親法人の子会社となること又はその資産等の大部分をその外国親法人に移転すること
- 米国企業の旧株主が，インバージョン後の新たな外国親法人の株式（議決権又は価額）の80％以上を保有すること
- 新たな外国親法人及び拡大関連グループ（Expanded Affiliated Group）が，その設立国において，その全世界の事業活動に比して，「実質的な事業活動（substantial business activity）」を行っていないこと

この規定は，1990年代後半から2000年代初頭の米国企業のインバージョンの波に対する2004年のインバージョン対策税制として成立したものであるが，議会の合同租税委員会（Joint Committee on Taxation）の報告書[26]（2005年）では，「上場外国設立事業体（publicly traded foreign-incorporated entities）」について，管理支配地基準の導入の提案を行っている。

その後約10年を経て，再度米国企業のインバージョンが活発化し（第2のインバージョンの波），これに対応するため，財務省は，2014年9月に第1弾[27]，2015年11月に第2弾[28]のインバージョン対策としての規則制定方針を公表している。

加えて，オバマ政権の2015年予算教書[29]では，株式の保有割合にかかわらず，外国法人を含む関連グループが米国内で実質的な活動を行い，外国企業が米国で管理支配されている場合についてもインバージョン取引とする提案が行われている。これは，インバージョン後の企業について，管理支配基準的なアプローチを取り入れて居住性の判断を可能とするものと考えられる。

（2）　英国

一方，英国では，法人の居住性は，判例法[30]による中心的管理支配地（central management and control）基準に基づいて判定されてきたが，1988年に設立地基準を税法で規定し[31]，2つの基準の併用方式に変更している。それまではすべて司法判断に委ねてきた法人の居住性の判断基準について，初めて制定法で定めたものである。この結果，現在では，英国以外で設立された法人のみが，中心的管理支配地基準に基づいて判定されることとされている。

判例法による中心的管理支配地の概念は，法人事業の最も高い段階の管理（highest level of control of the business of a accompany）に焦点が当てられている。また，この概念は，法人事業の主たる業務が行われる場所とは区別されており，管理には積極的な関与は必ずしも必要ではなく，場合によっては，受動的な監視（passive oversight）によっても行使されるとされている[32]。

英国歳入関税庁（HMRC）では，実務的な指針として，次のアプローチを公表している[33]。

- まず，法人の役員が，実際に中心的管理支配を行っているか否かの事実確認を行う。
- 実際に法人の役員が中心的管理支配を行っていることが確認された場合には，次に，法人の役員が中心的管理支配を行っている場所を判定する。
- 法人の役員が明らかに中心的管理支配を行っていない場合には，HMRCは，管理が行われている場所及び人物を認定する。

法的基準の代表的な設立地基準を採用する米国と実質的基準の代表的な中心的管理支配地基準を採用する英国ともに，現在では2つのアプローチの組合せを採用している点が注目される。特に，米国では，現在の全世界課税方式から領土課

税方式への移行議論と併せて，現在の設立地基準の見直しについても取り上げられており[34]，我が国においても参考とすべきと思われる。

6 今後の方向性

法人の居住性の判定基準としての管理支配地基準の併用については，昭和40年の法人税法全文改正の際以来の検討課題とされている。

BEPS プロジェクトで示された「実質性」の観点，また，領土主義課税の側面を有する法人税制の下での居住地課税及び源泉地課税双方の確保という観点から，現在の本店所在地主義についても再検討が必要と考えられる。

米国及び英国における法人の居住性の判定基準の経緯が示すように，判定基準としては法的基準及び実質的基準の組合せが多く用いられており，双方のアプローチのメリットが活用されている。

税制のグローバル・スタンダード化という観点からも，管理支配地基準の併用は喫緊の課題となってきているのではないかと思われる。

（注）

(1) Hugh J. Ault, Brian J. Arnold, Comparative Income Taxation, A Structural Analysis, 3 rd Edition, pp.434-436. また，各国で採用されている法人の居住性の判定基準をさらに分類するものとして，Jean Pierre Le Gall 教授は，次の 6 種類に分類する。Comment by Jean Pierre Le Gall, Gugliemo Maisto, Residence of Companies under Tax Treaties and EC Law, EC and International Tax Law Series, Vol.5, IBFD, pp.889-891.

法人の居住性の判定基準	採用国
設立地	米国
登記地	ベルギー，仏，伊，ポルトガル，西，日本
中心的管理支配地	加，英，アイルランド，NZ
実質的な管理（本店）所在地	（登記地基準の採用国で併用）
支配的株主所在地	豪
法人の主たる活動地	豪

(2) 法人税法（昭和15年 3 月29日法律第25号） 1 条， 2 条。
(3) 税制調査会「所得税法及び法人税法の整備に関する答申」昭和38年12月，66-67頁，「法人課税小委員会報告」平成 8 年11月，72頁，「わが国税制の現状と課題—21世紀に向けた国民の参加と選択—」平成12年 7 月，345頁。
(4) Joint Committee on Taxation, "Options to Improve Tax Compliance and Reform Tax Expenditures", JCX-02-05,（Jan.27, 2005）pp.178-181.
(5) 法人税法 2 条 3 号， 4 号。
(6) 法人税法 5 条， 9 条。

34　法人の居住性判定基準の見直し　◆　*533*

(7)　会社法49条，911条～929条。なお，商業登記制度においては，登記申請の受理に関しては書面審査により行うこととされている（形式的審査主義（商業登記法24条））。神田秀樹『会社法（第17版）』（弘文堂・平成27年）29頁。

(8)　武田昌輔監修『DHCコンメンタール法人税法』2条（第一法規・加除式）参照。

(9)　小松芳明『国際租税法講義［増補版］』（税務経理協会・平成10年）46-47頁。

(10)　前掲注(3)昭和38年答申67頁。

(11)　前掲注(3)「わが国税制の現状と課題—21世紀に向けた国民の参加と選択—」平成12年7月，345頁は，「国際的に見ても管理支配地主義を採用している国の数が減少しており，また，タックス・ヘイブンにあるペーパー・カンパニーを利用した租税回避行為については既に必要な対策が講じられているため，現在では管理支配地主義を検討する必要性は少なくなっていると考えられます。ただ，今後，…法人格を有しない様々な事業体を念頭に置いて法人課税の対象についての認識ルールにつき検討する場合に，そのような事業体に関して管理支配地主義を導入すべきかどうかについて検討する必要が出てくることも考えられます。」とする（省略は筆者）。

(12)　前掲注(1) Jean Pierre Le Gall 教授による分類。

(13)　米国では，本店所在地基準については，管理支配地基準と同様な実質的基準の1つとして，米国の採用する設立地基準と対比して議論されることが多い。Charles Gustafson, Robert Peroni, Richard Pugh, Taxation of International Transactions, Materials, Text and Problems, Fourth ed. West, pp.56-57.

(14)　金子宏『租税法（第22版）』（弘文堂・平成29年），119-121頁参照。

(15)　最判平成23年2月18日判時2111号3頁。

(16)　前掲注(9)小松。

(17)　「今後の国際課税のあり方についての基本的考え方」平成29年度税制改正大綱（補論）（平成28年12月8日）自由民主党・公明党。

(18)　前掲注(14)116-120頁。最判平成22年3月2日民集64巻2号420頁（ホステス報酬源泉徴収事件）等。

(19)　税制調査会「昭和53年度の税制改正に関する答申」（昭和52年12月）7頁。高橋元監修『タックス・ヘイブン対策税制の解説』（清文社・昭和53年）参照。

(20)　東京高判平成25年5月29日税資263号順号12220（レンタルオフィス事件）。

(21)　租税特別措置法66条の9の2。

(22)　伴忠彦「海外子会社配当非課税制度について　企業が考慮すべきこと」本庄資編著『国際課税の理論と実務73の重要課題』（大蔵財務協会・平成23年）参照。

(23)　平成26年度改正前の法人税法138条4号ロ，所得税法161条4号ロ。なお，現行所得税法161条1項8号ロ。

(24)　窪田悟嗣「資産の流動化・証券化をめぐる法人課税等の諸問題—わが国の課税権の確保と国際的租税回避への対応を中心として—」税大論叢37号（平成13年）217-246頁，渡辺裕泰『ファイナンス課税（第2版）』（有斐閣・2012年）131-133頁等参照。

(25)　第200条。なお，同法における設立地基準採用の立法理由は明確にはなっておらず，当時多くの州で採用されていた基準であったこと等が理由として考えられている。Omri Marian, The Function of Corporate Tax-Residence in Territorial Systems, 18 Chap. L. Rev. 157 (2014), pp.164-174参照。米国の法人居住性の判定基準については，Omri Marian, Jurisdiction to Tax Corporation, 54 B.C. L. Rev. 1613 (2013), The function of Corporate Tax-Residence in Territorial Systems, 18 Chap. L. Rev. 157 (2014), 大野雅人「海外論文紹介　意

味ある法人の税法上の居住地」租税研究2014年1月238頁に詳しい。

(26) Staff of Joint Committee on Taxation, Options to Improve Tax Compliance and Reform Tax Expenditures, at 178-181 (Jan.27, 2005). 管理支配の所在地は，法人の執行役員及び経営幹部が，企画，財務及び業務方針に係る意思決定を日常的に行う場所と定義されている。

(27) Notice 2014-52: Rules Regarding Inversions and Related Transactions. 2014-42 IRB712.

(28) Notice 2015-79: Additional Rules Regarding Inversions and Related Transactions.

(29) Fiscal Year 2015 Budget of the U.S. Government. General Explanation of the Administration's Fiscal Year 2015 Revenue Proposals, Department of the Treasury (March 2014), pp.64-65.

(30) De Beers Consolidated Mines Ltd. V. Howe [1906-06] (5 TC 198), Bullock v. Unit construction [1959] 38 TC.

(31) Section 66 Finance Act 1988.

(32) Statement of Practice (1990), Paragraph 11. なお，Christiana HJI Panayi, Chapter 22, United Kingdom, Residence of Companies under Tax Treaties and EC Law 参照。

(33) 前掲注(32) Paragraph 15.

(34) Stephen Shay, Clifton Fleming, Robert Peroni, Designing a 21st Century Corporate Tax – An Advance U.S. Minimum Tax on Foreign Income and Other Measures to Protect the Base, Florida Tax Rev. Vo.17. 9 (2015).

35 外国事業体の課税上の取扱いの明確化

本田光宏

1 はじめに

　平成27年7月の米国デラウェア州 LPS（Limited Partnership）事件最高裁判決（以下，「本件判決」という。）[1]において，最高裁は，我が国の租税法上の法人該当性の判断基準として，①設立準拠法上，日本法上の法人に相当する法的地位が付与されているか否か，そして，②①の基準で判定できない場合には，権利義務の帰属主体性があるか否かによって判断するという新たな判断基準（2段階テスト）を示した。

　外国事業体に係る法人該当性に係る判断基準としてはこれまでは僅かしかなく[2]，外国事業体の性質決定及びその課税上の取扱いは，実務上重要な論点であるにもかかわらず，不明確なままで推移してきた分野である。

　本件判決は，米国デラウェア州の LPS について判断したものであるが，租税法上の「法人」の意義から論じており，租税法上の「法人」の判定基準についての一般的な基準を示したものと評価できる[3]。また，組合（パートナーシップ）税制が未整備な現状においては，このような判断基準に基づいて法人該当性の範囲を画することは，外国事業体の課税関係の明確化という観点からも評価でき，理論及び実務の観点から大きな前進ということができると思われる。

　しかし，本件判決で示された判断基準ですべてが解決されたということではなく，これまで不明確であった分野について新たな判断基準を示すことは，同時に，外国事業体の課税上の取扱いに係るその他の不明確な論点を惹起し，新たな出発点とも位置付けられる[4]。

　外国事業体の課税上の取扱いについては，各国とも判例や通達等をベースとして，課税関係を明らかにする努力が重ねられているが，従来の取扱いとは異なる判決[5]も最近示されており，各国においても依然として試行錯誤の状況と言える。

　BEPS プロジェクトの3本柱の1つとして，予見可能性の観点，すなわち，企業の不確実性の排除の観点が示されている。具体的には，行動14：より効果的な紛争解決メカニズムの構築と，行動15：多国間協定の開発に係るものであるが，

予測可能性（企業の不確実性の排除）の観点は，国内法の解釈適用上の文脈では，課税上不明確な点について明確化を図ることと言える。

外国事業体の課税上の取扱いの明確化は，国内税制と租税条約の双方に関連するとともに，解釈・適用の問題なのか，それとも税制としての問題なのかが判然としない面がある。また，実際のビジネスへの影響も大きいため，その取扱いの変更には慎重を期す必要がある等，難しい問題点がある分野である。

本稿では，諸外国の経験等を参考として，今後，我が国が外国事業体の課税上の取扱いを明確化する方向性として2つの点について検討している。

1つは，本件判決をベースとしての外国事業体の一般的な取扱いを明らかにすることである。米国では現在のチェック・ザ・ボックス（CTB）規則[6]以前では，Kintner事件判決[7]を契機としていわゆるKintner規則[8]を制定し，また，英国においても同様にMemec事件判決[9]の基準をベースに外国事業体の取扱いを示している[10]。こうした米国及び英国の経験を踏まえると，我が国でも本件判決に基づき，主要な外国事業体の一般的な取扱いを示すことが必要と考えられる。

また，外国事業体について，その法人該当性の判断に基づいて課税関係を一律に律する場合，両国で課税上の取扱いのミスマッチの部分が生じるため，そうしたミスマッチに基因する二重課税・非課税，租税回避の問題，租税条約の適用等への対応等を個別に規定の整備や明確化を行う必要もある（個別的アプローチ）。

このような2つのアプローチからの明確化は，外国事業体の課税関係が，海外投資に与える影響度合いの大きさに鑑みると，制度及び執行の両面での喫緊の課題と位置付けられると考えられる。

2　外国事業体の性質決定（一般原則）

本件判決は，「我が国の租税法は，<u>外国法に基づいて設立された組織体のうち内国法人に相当するものとしてその構成員とは別個に租税債務を負担させることが相当であると認められるものを外国法人と定め，これを内国法人等とともに自然人以外の納税義務者の一類型としているものと解される</u>」として，まず，租税法上の法人の意義を検討する。

その上で，「我が国においては，ある組織体が権利義務の帰属主体とされることが法人の最も本質的な属性であり，そのような属性を有することは我が国の租税法において法人が独立して事業を行い得るものとしてその構成員とは別個に納税義務者とされていることの主たる根拠である以上，納税義務者とされる者の範囲は客観的な明確な基準により決せられるべきであること等を考慮すると，<u>外国</u>

法に基づいて設立された組織体が所得税法2条1項7号に定める外国法人に該当するか否かについては…当該組織体が権利義務の主体とされているか否かを基準として判断することが相当であると解される」とし、また、「一方で、諸外国の多くにおいても、その制度の内容の詳細には相違があるにせよ、一定の範囲の組織体にその構成員とは別個の人格を承認し、これを権利義務の帰属主体とするという我が国の法人制度と同様の機能を有する制度が存在することや、国際的な法制の調和の要請等を踏まえると、外国法に基づいて設立された組織体につき、設立根拠法令の規定の文言や法制の仕組みから、日本法上の法人に相当する法的地位が付与されていること又は付与されていないことが疑義のない程度に明白である場合には、そのことをもって当該組織体が所得税法2条1項7号に定める外国法人に該当する旨又は該当しない旨の判断をすることが相当であると解される」とする（下線及び省略は筆者）。

　以上の検討を踏まえて、我が国租税法上の法人該当性の判断基準として、①設立準拠法上、日本法上の法人に相当する法的地位が付与されているか否か、②①の基準で判定できない場合には、権利義務の帰属主体性があるか否かによって判断するという2段階テストを示したものである。

　本件判決は、あくまで米国デラウェア州のLPSの取扱いについて判断したものであるが、租税法上の法人の意義から論じ、租税法上の法人の判定基準についての一般的な基準を示したものと評価される[11]。

　組合（パートナーシップ）税制に関しては、通達で、組合利益等の帰属、帰属の時期、利益等の計算等の取扱いのみが示されている現状では[12]、外国事業体を透明体として位置付けた場合であっても、その課税上の取扱いは依然として不明確な部分が多く残るという問題点がある。そのため、本件判決が示した判断基準は、外国事業体に係る課税関係の明確化という観点からも評価され、理論及び実務の観点から大きな前進ということができると思われる。

　米国では、現在のチェック・ザ・ボックス規則の以前のキントナー規則の下では、事業体の課税上の取扱いについては、①団体性（associations）、②事業・営利目的（the objective to carry on business for joint profit）、③事業の継続性（continuity of life）、④経営管理の集中（centralization of management）、⑤有限責任（limited liability）、⑥持分の譲渡（free transferability of interests）の6つの基準[13]に基づいて、法人であるか、パートナーシップ等であるかについての判断が行われるとともに、IRSは、主要な外国事業体の米国での課税上の取扱いを公表しており、例えば、我が国の従来の有限会社は、パートナーシップと位置

付けられていた。

　また，英国HMRCも，Memec事件の控訴院判決で示された透明体として取り扱われるイングランド・パートナーシップの特徴[14]に基づいて，外国事業体の性質決定の判断要素として以下を公表している[15]。

　①　外国事業体は，持分を有する者とは独立した法的存在（a legal existence）を有するか（事業体の法的存在）。

　②　事業体は，株式資本（share capital）又は株式資本と同様な機能の準ずるものを発行しているか（株式資本の有無）。

　③　事業を行うのは，事業体自体又は事業体とは独立して持分を有する者のいずれか（事業主体性）。

　④　事業体に持分を有する者は，事業体に利益が生じた際に持分利益の権利を有するか，持分利益額は，利益が生じた一定期間後の事業体又は構成員による利益配当の決定に基づくか（持分利益の有無）。

　⑤　事業体又は持分を有する者のいずれが，事業遂行の結果生じた負債に責任を負うか（債務主体性）。

　⑥　事業用資産は，事業体又は持分を有する者のいずれに帰属するか（資産的権利の有無）。

　HMRCでは，この基準に基づいて，主要な外国事業体の英国での課税上の取扱いを明らかにしている[16]。

　このような米国及び英国の経験を参考とすると，我が国においても本件判決で示された法人該当性の判断基準に基づく判断を採用することを明らかにした上で，主要な外国事業体についての課税上の取扱い（法人又は透明体）を明らかにすることも必要であろう。

　なお，その際，我が国においては法人，海外においてはパートナーシップ等との位置付けとなるハイブリッド事業体が広範に認識されることが予想されるが[17]，米国及び英国でもそれぞれ独自の基準を定立して判断基準としており，その結果として両国で課税上の取扱いが異なる状況は，外国事業体に係る課税関係の明確化を図る観点からは止むを得ないのではないかと考えられる。ハイブリッド事業体が生じること自体よりも，ハイブリッド事業体に基因する課税上のミスマッチ部分に対して，規定の整備や取扱いの明確化等が図られていない状況が，より大きな問題ではないかと思われる。

3 個別的アプローチ

（1） 概要

外国事業体の課税上の取扱いをめぐるこれまでの議論では，法人該当性の判断に基づいて課税関係が一律に定められるとの前提で議論されてきており，その結果，外国事業体の法人該当性に過度にウェートが置かれているように思われる。この背景には，我が国では，個人・法人の二分論に基づいて租税制度が構築されており，いわゆる組合（パートナーシップ）税制も未整備の現状では，法人課税か否かが決定的な要素とならざるを得ない事情がある[18]と思われる。

パートナーシップ税制は，通常，実体理論（entity approach）と集合体理論（aggregate approach）のハイブリッドとして構成されている[19]ため，これを我が国の課税上，法人か否かで課税関係を一律に律する場合には，両国でその取扱いのミスマッチが生じる部分に関してどのように対応するかという問題がある。

そのため，外国事業体の課税上の取扱いに関しては，原則的な位置付けとしての法人又は透明体としての位置付けを明らかにすることと併せて，一律的な扱いによって生じる可能性のある二重課税・非課税の防止，租税回避の問題への対応等を，個別に規定の整備や取扱いの明確化を行う必要がある（個別的アプローチ）。

この点に関して注目されるのは，組合等からの損失配賦を利用した租税回避行為の防止措置として，平成17年度改正で導入された特定組合員等の不動産所得に係る損益通算等の特例（措法41の4の2）である[20]。同特例は，平成18年分の所得税から適用されたため，本件判決の対象年分に適用されていないが，同規定の下では，米国デラウェア州LPSの法人該当性を問うことなく，組合損失の配賦が制限されることとなる。このように，外国事業体の性質決定（法人該当性）にかかわらず，租税回避防止のための個別的規定が既に税制中に取り入れられており，同様な個別的なアプローチを必要に応じて整備又は明確化すべきと考える。

英国Anson事件（2015年）[21]は，米国デラウェア州LLC（Limited Liability Company）の構成員である英国個人居住者（Anson氏）が取得した同人の持分利益に係る米国納税額についての英国における外国税額控除の可否が争点となった事件である。HMRCは，米国で課税対象となった所得は本件LLC[22]の所得であり，Anson氏の所得ではないとして外国税額控除の適用を否認したが，最高裁は，米国で課税対象となった同人の持分利益と英国で課税対象となった所得とは同じであるとして租税条約上の外国税額控除の適用を認めたものである。最高裁は，LLCの法人該当性に基づいて課税関係を一律に定めようとするHMRCの

主張を排斥し，法人該当性にかかわらず，両国での取扱いのミスマッチから生じる二重課税の問題について，租税条約の目的を重視して，外国税額控除の適用を認めることによって個別的な解決を図ったものと評価できる。

　また，仏の Artemis 事件（2014年）[23]は，米国デラウェア州の General Partnership を通じて取得した米国子会社配当について，仏の資本参加免税の適用の可否が争点となったものである。国務院は，デラウェア州 GP について，その準拠法上の特徴を検討して，仏の事業体であるパートナーシップ（société de personnes）に類似すると結論付けて，その上で，仏の税法の適用を検討するという判断枠組みを採用している。国務院は，資本参加免税は，仏のパートナーシップを対象とはしておらず，また，子会社への直接出資を対象としていることを理由として，当該配当については，資本参加免税の適用は求められないと結論付けている。国務院判決は，デラウェア州 GP の性質決定よりも，資本参加免税制度の趣旨・目的により大きなウェートを置いて，同制度の適用の可否を判断したとものと考えられる。

（２）　二重課税の排除
①　国内法における二重課税の排除

　ハイブリッドな性格を持つ事業体を通じて取得した場合の課税関係において，最も重要な論点の１つは，二重課税の排除の問題である。我が国では，外国法人として取り扱われる外国事業体から構成員である内国法人が受ける利益の分配については，外国子会社からの配当として，外国子会社配当益金不算入制度の対象となることが明らかにされている[24]。

　しかし，英国の Anson 事件で示唆されるように，個人に係る二重課税のケースをも踏まえると，外国事業体の法人該当性に基づいて，外国子会社配当益金不算入制度の適用対象とシンプルに位置付けている点は，再検討の余地があるのではないかと思われる。平成21年度以前における外国税額控除制度の適用上の問題として，間接外国税額控除の規定上は，外国法人として位置付けられる米国 LLC については，その LLC の所得に対して課される外国法人税は存在しないことや，LLC の構成員は自己の所得として現実に外国法人税を納付すること等から，直接外国税額控除が適当と考えられていた点を踏まえると[25]，直接外国税額控除の適用可能性も検討に値するのではないかと思われる。

②　租税条約上の二重課税の排除

　英米租税条約の交換公文（2001年７月24日）では，いずれかの国で課税上透明

体として取り扱われる事業体を通じて所得を取得し，相手国で，同じ者，その事業体又は他の者に課税が行われたとしても，その所得を稼得した者の居住地国では，その居住者がその税額を納付したものとして取扱い，租税条約の規定する外国税額控除を適用することを確認している[26]。

このアプローチは，両国の国内法上の納税義務者の取扱いの相違により所得の帰属に相違が生じた場合，いわゆる所得の配分の抵触（conflict of income allocation）が生じた場合に，源泉地国での課税について，居住地国で二重課税の排除を行うという OECD パートナーシップ報告書[27]で示された居住地国による租税条約の適用原則を具体化したものであり，その内容及び方法も示唆に富むものと思われる。

OECD パートナーシップ報告書では，源泉地国による租税条約の適用と居住地国による租税条約の適用の 2 つの適用原則を検討しており，前者の適用原則である条約適格の問題については，我が国の条約例では，米国との間で初めて，両国間で課税上の取扱いが異なる事業体への適用の明確化が図られて以来確立した条約ポリシーとされているが，後者の適用原則である居住地国による租税条約の適用についても，検討に値するものと思われる。

（3） 外国子会社合算税制

外国事業体の課税上の取扱いの明確化が必要な点の 1 つとして，外国子会社合算税制との関係がある。すなわち，外国事業体を我が国で「外国法人」として扱い，相手国で構成員課税を採用した場合，相手国での事業体の租税負担割合は，理論上はゼロとなるため，事業体が外国子会社合算税制上のその他の要件を満たした場合，文理上は「特定外国子会社等」に該当するという問題点がこれまでも指摘されている。

平成21年度改正前は，課税対象となる留保金額（適用対象留保金額）は生じないこととされていたため，現実的な問題は生じないと整理されてきたが，同年の改正により，合算対象金額から配当等の金額を控除しないこととされたため，そのような整理は困難となっているという状況が生じている。

この点については，外国法人に該当する事業体自体が納税義務を負わないことのみをもって，特定外国子会社等として一律に取り扱うことは，外国子会社合算税制の趣旨に照らして無理があるとして，構成員の税負担を事業体の税負担として擬制する考え方も提案されているが[28]，外国子会社合算税制自体が想定していない制度の盲点と思われ，立法上の対応が必要と思われる。

542 ◆ 第4章　日本における BEPS 対策の重要課題

　なお，平成29年度改正において，外国子会社の租税負担割合について，これまでのトリガー税率から適用除外に，その位置付けが変更されているが，上記の問題点は依然として残されている。

（4）　租税条約の適用

　外国事業体に係る課税上の論点の1つとして租税条約の適用関係の明確化も重要である。例えば，我が国の居住者（投資家）が，米国デラウェア州 LPS 等に出資を行い，当該 LPS に対して米国内で支払われる配当等に対して租税条約の特典が適用されるかという論点が指摘されている[29]。具体的には，日米条約4条6 (e)[30]は，米国ではパートナーシップ，我が国では法人として取り扱われるハイブリッド事業体が米国で取得した所得については，租税条約の特典は不適用と規定しており，この規定との関係である。

　米国における租税条約の特典の適用に関しては，内国歳入法典894条(c)は，相手国居住者が，ハイブリッド事業体を通じて支払われた所得については，次の3つの要件をすべて満たす場合には，租税条約の規定する軽減税率が適用されないことを規定している。

- 条約相手国において当該所得が相手国の企業の所得として取り扱われない
- 適用される条約がパートナーシップを通じて取得した所得について特別な規定を有していない
- 条約相手国において当該パートナーシップ等の事業体からの分配について税を課さない

　米国では，内国歳入法典の上記規定及び日米条約4条6と同じ趣旨の米国モデル条約[31]1条6の規定により，ハイブリッド事業体を利用したタックス・プランニングに対して租税条約の適用の適正化を図っており，この適用原則は，租税条約の二重課税の排除目的を重視して適用原則を示している OECD パートナーシップ報告書とも整合的である。

　したがって，米国デラウェア州 LPS を我が国において「法人」として取り扱う場合には，日米条約4条6 (e) の規定により，租税条約の特典は適用されないと解されるが，問題は，これまで不明確ながらも「パートナーシップ」として取扱い，租税条約の目的に沿って特典を受けてきた取引等までも，本件判決を契機として遡って変更を余儀なくされる可能性への懸念にあると思われる。

　本件判決は，これまで不明確であった分野について新たな判断基準を示したものであり，既存の取引等に遡及的に適用することは避け，実務的には将来的な取

扱いの明確として位置付けることが適切ではないかと思われる。租税条約の適用関係は，海外投資においては重要な論点の1つであることから，予測可能性の確保の観点からは，遡及的な適用を避けつつ，明確化を進める視点も重要と思われる。

4 外国事業体に係る課税関係の明確化に向けて

本稿では，今後，我が国が外国事業体の課税上の取扱いを明確化する方向性として，本件判決で示された基準をベースとして外国事業体の一般的な取扱いを明らかにするとともに，ハイブリッド事業体に係るミスマッチに起因する二重課税・非課税，租税回避の問題，租税条約の適用等について個別的な検討の必要性を指摘した。このような2つのアプローチからの明確化等は，外国事業体の課税関係が，海外投資に与える影響度合いの大きさに鑑みると，制度及び執行の両面での喫緊の課題と位置付けられる。

また，外国事業体に係る課税関係の問題の背景には，組合（パートナーシップ）税制の問題もある。組合税制が未整備な現状では，透明体として位置付けられた外国事業体の課税上の取扱いは依然として不明確な部分が多く残るという問題があるためである。組合税制の整備の必要性は，国内及び国際双方の課税面の観点から，高くなってきていると言えよう。

諸外国の経験から得られる示唆は，我が国にとって問題点の把握やその対応方法を検討する上で貴重な先例となるものと考えられる。本稿で指摘した論点以外についても，各国の経験等を基に，課税上の潜在的な問題点を浮かび上がらせ，その対応を検討することは，今後一層重要性を増すものと考えられる。

(注)
(1) 最判平成27年7月17日民集69巻5号1253頁。判例評釈として，吉村政穂「デラウェア州法に基づくリミテッド・パートナーシップの『法人』該当性—高裁平成27年7月17日判決（平成25年（行ヒ）第166号））税務弘報（2015年11月）100頁，品川芳宣「米国LPSの『法人』該当性—同LPSからの分配金の所得区分」T & A Master, 620号（2015年11月30日）24頁，今村隆「デラウェアLPS最高裁判決にみる『法人』該当性」税理（2015年12月）74頁，秋元秀仁「米国デラウェア州リミテッド・パートナーシップに関する最高裁判決とその後の課税実務～最判平成27年7月17日を踏まえての外国事業体に対する法人該当性への再考～」国際税務36巻3号20頁，Takashi Imamura & Mitsuhiro Honda, *Japan's Supreme Court Classifies a US Delaware Limited Partnership as a Corporation*, Bulletin for International Taxation, 2016（Volume 70), No.3. 等参照。
(2) 「米国LLCに係る税務上の取扱い」国税庁ウェブサイト（http://www.nta.go.jp/shiraberu/

zeiho-kaishaku/shitsugi/hojin/31/03.htm），東京高判平成19年10月10日訟月54巻10号2516頁（米国 NY 州 LLC 事件）。

⑶　前掲注⑴今村参照。

⑷　同様な問題意識として，平野嘉秋「パートナーシップと国際課税問題~LPS 最高裁判決により開かれた"パンドラの箱"~〈第1‒5回〉」国際税務36巻4‒7，10号（平成27年）。

⑸　Anson v. Commissioners for Her Majesty's Revenue and Customs, [2015] UKSC 44（Anson 事件（英国））Conseil d'État（Supreme Administrative Court）, 24 November 2014, Case No. 363556, Artémis SA v. Ministre de l'Economie, des Finances et de l'Industrie（Artémis 事件（仏）），Tax Treaty Case Law IBFD. 今村隆「外国事業体の『法人』該当性」税大ジャーナル24号（2014年9月）1頁，拙稿「英国 Anson 事件最高裁判決について」税大ジャーナル26号（2016年8月）43頁，「英国 Anson 事件最高裁判決―国事業体を巡る課税上の論点への示唆」租税研究802号（2016年8月）378頁。

⑹　Reg. § 301.7701-3.

⑺　United States v. Kintner, 216 F 2 d 418（9 th Cir. 1954）.

⑻　Former Reg. § 301.7701‒2（a）; TD 6503, 25 Fed. Reg. 10, 928（1960）"1960 Regulations".

⑼　Memec plc v Inland Revenue Commissioners [1998] STC 754.

⑽　INTM180010-Foreign entity classification for UK tax purposes: Factors to consider in classifying foreign entity for UK tax purposes, INTM180030.

⑾　なお，最高裁は，同日，バミューダ LPS について法人該当性を否定する原審判決（東京高判平成26年2月5日判時2235号3頁）に係る国側の上告受理申立てについて，不受理決定をしているため，本件判決との関連では不明確な側面もある。

⑿　所得税基本通達36・37共19~20，法人税基本通達14-1-1~2。なお，これらの通達の規定の不備に基因する訴訟も発生している。東京高判平成23年6月29日税資261号順号11705（エンジェル組合事件），（東京高判平成23年8月4日税資261号順号11728（ツナミ組合事件）。

⒀　なお，①団体性及び②事業・営利目的については，法人及びパートナーシップ共通の基準のため，実際はこれら以外の4つの基準委基づいて判定することとされていた（4つの基準のテスト（four-factor test））。4つの基準の内の3つ以上の基準を満たす場合には，当該事業体については，米国税制上「法人」として取り扱われることとされていた。

⒁　「透明体」として取り扱われるイングランド・パートナーシップの特徴として，以下を挙げている。
　•パートナーシップは，法人格を有しない（not a legal entity）。
　•パートナーが，パートナーシップの事業を共同で営む。
　•各パートナーは，権原の範囲内で本人及び相互代理人として事業を遂行する。
　•すべてのパートナーは，事業に係るすべての債務及び義務について，共同で責任を負う。
　•パートナーは，パートナーシップ財産に対して共有持分（an undivided share）の形態で受益権（a beneficial interest）を有し，事業（事業利益を含む）を所有する。

⒂　前掲注⑽ INTM180010.

⒃　我が国の法人等の分類については以下のとおり。INTM180030.

種類	課税上の取扱い
合資会社	透明体
合名会社	透明体

匿名組合	透明体
株式会社	非透明体
有限会社	非透明体

⒄　岡村教授は，ハイブリッド事業体の創出に関して，国際社会での否定的な評価への懸念を示されている。岡村忠生「Limited Partnership の法人性（３）」税研174号（2014年３月）77頁参照。

⒅　佐藤英明教授は，法人課税か否かでの課税関係の決定を，「法人課税のパッケージ」と呼んで，その帰結として，①事業体の所得には法人税が課されること，②事業体の行う利益の分配は課税所得の計算上損金とならないこと，③利益の分配は「配当」と性質決定されること，④事業体で生じた「損失」を分配することはできない，という４点がセットとなっていることを指摘している。佐藤英明「新しい組織体と税制」フィナンシャル・レビュー（財務省総合政策研究所・平成14年）参照。

⒆　William McKee, et al. Federal Taxation of Partnerships and Partners, abridged edition for student use only, pp. ¶ 1.02, Laura Cunningham & Noel Cunningham, The Logic of Subchapter K, A conceptual Guide to the Taxation of Partnerships, Fourth ed. pp.1-8.

⒇　法人に係る規定としては，組合事業等による損失がある場合の課税の特例（措法67の12）。

(21)　前掲注(5)。

(22)　英国では，米国の LLC については原則として非透明体として取り扱うことを公表している。

(23)　前掲注(5)。

(24)　法人税基本通達９-５-５《内国法人に帰せられるものとして計算される金額を課税標準として当該内国法人に対して課せられる法人税》は，所在地国では透明体として取り扱われる事業体で，我が国では外国法人に該当する事業体から，構成員である内国法人が受ける利益の分配は，外国子会社配当益金不算入制度の対象であることを前提として，その内国法人に帰せられるものとして計算される金額を課税標準として内国法人に対して課せられる外国法人税については，損金不算入となることを明らかにしている。

(25)　秋元秀仁「米国 LLC と国際課税＜各種国際税制の適用の可否と日米租税条約の適用関係について＞」税務通信3014号（2008年）14頁参照。なお，この解釈は現行法の規定（所得税法95条，法人税法69条）の下でも許容されるものと考える。

(26)　「第24条（二重課税の排除）に関し，次のことが了解される。

　　第１条（一般的範囲）４項又は８項に基づき，締約国は，いずれかの締約国の法令の下で税制上透明体として取り扱われる者（事業体）を通じて，居住者である者（米国の場合は市民）が取得した所得，利益又は利益に対して租税を課することができ，他方の締約国は，その所得に対して，a）同一の者，b）事業体，又は c）第三者に租税を課することができる。このような場合においては，当該事業体が納付した又は確定した租税については，当該居住者である者（米国の場合には市民）の締約国の二重課税の排除を決定する目的においては，当該者が納付した又は義務が確定したものとみなす。」（下線は筆者）

（原文）

"With reference to Article 24（Relief from Double Taxation）:

It is understood that, under paragraph 4 or 8 of Article 1（General Scope）, the provision of the Convention may permit the Contracting State of which a person is a resident（or, in the case of the United States, a citizen）, to tax an item of income, profits or gain derived through another person（the entity）which is fiscally transparent under the laws of either contracting State, and may permit the other Contracting State to tax

a）the same person;

b）the entity; or

c）a third person

with respect to that item. <u>Under such circumstances, the tax paid or accrued by the entity shall be treated as if it were paid or accrued by the first-mentioned person for the purposes of determining the relief from double taxation to be allowed by the State of which that first-mentioned person is a resident（or, in the case of the United States, a citizen）…"</u>

⑵⑺　The Application of the OECD Model Tax convention to Partnerships, OECD（1999）.

⑵⑻　「外国子会社合算税制（タックス・ヘイブン対策税制）における課税上の取扱いについて」国際課税実務検討会（日本租税研究協会・平成26年9月）18-22頁参照。

⑵⑼　鬼頭朱美「デラウェアLPS最高裁判決が実務に与える影響～アウトバウンド投資の観点から～」税務弘報（2015年11月）94頁，前掲注⑴秋元・国際税務29頁，同「国際税務事例を踏まえた課税実務の論点と留意点」国際税務36巻11号等参照。

⑶⑽　「(e) 一方の締約国において取得される所得であって，

ⅰ　当該一方の締約国において組織された団体を通じて取得され，かつ，

ⅱ　他方の締約国の租税に関する法令に基づき当該団体の所得として取り扱われるものに対しては，この条約の特典は与えられない。」

⑶⑴　U.S. Model Income Tax Convention（February 17, 2016）.

36 国際的に共有すべき租税回避の定義

本庄 資

　我が国も，憲法の保障する自由の下に，私法自治の原則が尊重され，何人もどこでどのような事業をどのような法形態でどのような方法で行うかは自由であり，また，どこに居住し，その財産をどこにどのような形で保有するか，その事業や財産をどのように処分するかも自由である。

　各国は，外国企業の誘致，外資・外国技術・外国の人材等の誘致のため租税優遇政策を競っている。非居住者・外国法人のみに国内経済活動を禁止する一方で国外所得を非課税とする特定法人形態に優遇税制を適用するような「リングフェンシング」（ring fencing）を禁じ，「有害税制」（harmful tax regimes）を禁止するイニシャティブが EU や OECD でとられたとき，特定の法人などの特別な低税率を定めることは禁じられたので，一般税率の引下げ競争が行われるようになった（例えばアイルランド）。

　国際競争を重視する政策から法人税率の引下げをはじめとする種々の税の競争（tax competition）が世界中で展開されている。このような傾向は，我が国にもみられる。

　米国議会は，エンロンの数多のアグレッシブ・タックス・プランニング（ATP）による濫用的租税回避スキームを暴いた。多国籍企業の税負担最小化（tax minimization）を目的とし，事業活動が行われ，価値が創造される源泉地国の税源浸食と高税国から低税国への利益移転（base erosion and profits shifting: BEPS）を行うことによって生ずる「国際的二重非課税」（double non-taxation）を防止する必要があるとの認識が広まってきた。英米議会の公聴会では，エンロンの租税動機取引（tax motivated transactions）に次いで，米国多国籍企業（アマゾン，アップル，グーグル，マイクロソフト，スターバックス，ヒューレット・パッカード）の合法的であるがアグレッシブなタックス・プランニング（ATP）を暴いた。

　通常，納税者の申告情報や税務当局の調査情報は，守秘義務の壁に守られ，漏れることはないが，英米議会は，それぞれの議会報告書において，多国籍企業のATP の実態を公開した。一般市民や世界中の各種の市民団体は，怒りの声を上

げ，その批判の声は，政治レベルに達した。

　また，EU 及び OECD は，国際金融危機後，ATP の調査研究を行ってきたが，その結果，ATP に対処するには，各国が単独の対抗措置で対処することは無理であり，それにもかかわらずユニラテラルな対抗措置がばらばらにとられると，世界中で二重課税が発生するおそれがあると考え，包括的（holistic）に一貫性（coherence）のある対抗措置を国際協調の下に実施する必要があるとの趣旨で，OECD は，BEPS Action Plan（2013）を策定し，G20がこれを支持したので，OECD/G20の BEPS プロジェクトとなった。OECD/G20 BEPS Action の最終報告は，2015年10月 5 日，公表され，その勧告に従い，各国は，その国内法化の段階に進むことになった。

　国際課税の現行のルールが，いまだ1920年代に国際商業会議所や国際連盟の議論を通じて基礎が確立されたものであり，多国籍企業グループが出現する前には適合していたかもしれないが，多国籍企業グループ内取引が世界全体の取引の約60％を占めるといわれる現代の多国籍企業のグローバル・ビジネス・プラクティスには到底追いついていない点ですでに時代遅れ（out of date）となり，陳腐化している。

　財務省は，税制調査会説明資料（総24- 1 際 D 6 -1, 2015.10.23）において，「BEPS プロジェクトの包括的（holistic）アプローチ：Cash box の例」を掲げ，資本提供等を行うが重要な経済活動等を行わない，いわゆる「Cash box」といわれる関連企業を軽課税国に置き，他の関連企業に資金提供を行った対価として多額の超過利潤を得るという BEPS の典型例を示した。OECD/G20の BEPS プロジェクトの政策パッケージの実施により，OECD モデル租税条約の改定及びコメンタリーの改訂，移転価格ガイドラインの改訂，これに伴う各国の二国間租税条約の改訂又は多数国間協定の策定，国際課税ルールの再構築のための各国の国内税法の立法手続，税務執行における通達の改訂が始まる。本稿では，最近の国際課税を取り巻く環境において，特に，多国籍企業の合法的であるが税法の意図に反するアグレッシブ・タックス・ヘイブン（ATP）に国際協調により一貫した包括的アプローチで対処するとき，我が国の通説といわれる「租税回避」概念を見直し，国際的に通用するものにする必要があるのではないかという問題について，若干の考察をする。

1　OECD の主要概念

　税法の範囲内の税負担最小化（tax minimization）は，納税者の権利であり，

税法を遵守するタックス・プランニング（tax planning）は，一般に認められている。OECD は，「タックス・プランニング」（tax planning）を次のように定義している（OECD glossary of tax terms）。

"Arrangement of a person's business and/or private affairs in order to minimize tax liability"

税法に反する税負担最小化は，「脱税」（tax evasion）であり，所得隠し・情報隠しにより納税義務を隠し又は無視する違法なアレンジメントとされる。OECD は，「脱税」（tax evasion）を次のように定義している。

"A term that is difficult to define but which is generally used to mean illegal arrangements where liability to tax is hidden or ignored, i.e. the taxpayer pays less than his legally obligated to pay by hiding income or information from the tax authorities."

これらに対し，「租税回避」（tax avoidance）は，一般にグレーゾーンといわれるように，学説によってさまざまな定義がなされている。OECD では，税法の課税要件に該当しないように，又は非課税要件・減免要件を満たすように納税者の事象（taxpayer's affairs）を税法の文言（letter of law）に適合するようにアレンジする行為であるので，文理解釈では厳格に「合法的」（legal）であるが，税法の趣旨・目的（spirit of law, or intent of law）に反する行為であると，次のように定義している。

"A term that is difficult to define but which is generally used to describe the arrangement of a taxpayer's affairs that is intended to reduce his tax liability and that although the arrangement could be strictly legal it is usually in contradiction with the intent of the law it purports to follow."

2　我が国と OECD の「租税回避」の定義の乖離

OECD の定義や，OECD/G20 BEPS プロジェクトにおいて用いられる「租税回避」概念と比較すると，我が国における学説の「租税回避」の定義は，文理解釈のみで税法の目的論的解釈を重視しない点で乖離している。

例えば，タックス・ヘイブンの利用について，必ずしもすべてが，脱税・租税回避とされるわけでなく，CFC ルールを有する国では，一定の要件に該当する場合に「合算課税」を行うことによって，タックス・ヘイブンの利用を抑制している。

OECD は，「タックス・ヘイブン」（tax haven）を，"tax haven in the classical sense refers to a country which imposes a low or no tax, and is used by corporations to avoid tax which otherwise would be payable in a high-tax country. According to OECD report, tax havens have the following key characteristics; No or only nominal taxes; Lack of effective exchange of information; Lack of transparency in the operation of the legislative, legal or administrative provisions."

　目的論的解釈を否定する学説は，租税条約については，条約法に関するウィーン条約に反することは明白である。

3　CFC の利用は租税回避か

　ATP について「租税回避」概念を国際的に共通する概念とするため，例えば，CFC の利用が一般に「租税回避」になるのか，特定の利用が「租税回避」になるのか，CFC ルールを有しない国にも，これを採用するように強制する必要があるのか，などの問題について考える必要がある（OECD BEPS 行動 3（CFC ルールの強化）は，CFC ルールの採用をミニマム・スタンダードとしていないが，EU では，租税回避防止指令で，これを実施する動きを示している。）。

　米国が，タックス・ヘイブン対策税制（サブパート F）を創設したのは，全世界所得課税制度の下で米国企業の国際競争を考慮して国外所得の「課税繰延」（tax deferral）を認めていた国際課税ルールの改革を求めた1961年のケネディ大統領（民主党）の演説（Special message to Congress on Taxation）に端を発している。現在は，「課税繰延」という特典の不当な享受の防止に限らず，より広範な「租税回避」の防止策として，タックス・ヘイブン対策税制をみる説が我が国で広まっているが，持株会社・地域統括会社を誘致する政策を進める次の国々は，「合算課税」リスクをもつ CFC ルールがないことを外資導入に当たって魅力ある税制としてアピールしている。

CFC のない国のリスト

オーストリア，ベルギー，ブルガリア，チリ，コロンビア，キプロス，チェコ，エクアドル，ジブラルタル，香港，インド，アイルランド，ラトビア，ルクセンブルク，マルタ，マレーシア，モーリシャス，オランダ，フィリピン，ルーマニア，サウジアラビア，シンガポール，スロバキア，スロベニア，スイス，台湾，タイ，ウクライナ，ベトナム。

（出所：Deloitte *Guide to Controlled Foreign Company Regimes* 14 July 2015）

4 「不透明性」のなかで「租税回避」を議論する意義： パナマ文書リークスの衝撃

ATP について「租税回避」を論じる場合，誰の「租税回避」を論じるのかを明確にする必要がある。国際調査報道ジャーナリスト連合（International Consortium of Investigative Journalists: ICIJ）は，膨大なオフショア・リークス・データベースを有し，これまで(i)ウイキ・リークス（2010），(ii)オフショア・リークス（2013），(iii)ルクセンブルク・リークス（2014），(iv)スイス・リークス（2015），(v)パナマ文書リークス（2016）で公開してきた。これらのリークスは，政治家，官僚，富裕層，多国籍企業等が，オフショアに財産隠しを行っていること，オフショア産業・税務助言者・会社設立業者等が彼らの脱税・租税回避・マネーロンダリングの教唆・幇助等を行っていることの一端を暴露した。これらのリークスは，脱税・租税回避・腐敗・マネーロンダリングを通じて，各国の表の経済から裏の経済へマネーが移転され，各国の課税ベースが侵食され，オフショア世界の闇に消えていく状況の一側面に光を当てる役割を担っている。

この状況について，オフショア事業体の法的所有者，実質的所有者（beneficial owner）が誰であるかの問題，そのオフショア事業体の所得及びオフショア留保利益は誰に帰属するかの問題について，事実認定を法的帰属説により行うか，経済的帰属説により行うかによって，異なる見解が対立している。平成28年度税制改正で「非居住者に係る金融口座情報の自動的交換のための報告制度」において，「実質的支配者」概念を導入した（実特法10の５⑦五）。

5 「実質所有者」の追及

我が国では，租税法学者の多くが，租税法律主義による実質課税の克服をスローガンとして，実質課税を牽制してきた。所得の帰属についても，通説は，法的帰属説を支持し，経済的帰属説を斥け，実質所得者課税の原則についても，「法的実質」による課税を主張してきたので，法人の実質的所有者（beneficial owner: BO），投資所得の実質的所有者（BO）の捕捉ができない国として，国連，OECD のマネロン対策においても，「法人・法的取極め」の実質的所有者（BO）の確認ができる体制を確立するように要求されている。この点について，FATF の2008年対日相互審査において FATF 国際基準を遵守していないことが指摘され，実質的所有者の透明性に関する G20ハイレベル原則の実施を求められ，日本は，平成25年６月18日，「法人及び法的取極めの悪用を防止するための日本の行

動計画」を発表した。我が国では，資金情報機関（FIU）をはじめ資金洗浄・テロ資金対策に関する作業が公安調査委員会・警察庁の所管とされ，脱税とマネロンを区分し，マネロン犯罪の前提犯罪から脱税を除外し，マネロン捜査機関からマネーの追跡の専門機関である国税庁を除外しているので，同「日本の行動計画」がマネロン・テロ資金対策の分野だけの話であるかのように，日本の租税法学者の多くは，これを余り重視していないようにみえる。しかし，脱税とマネロンの問題の根は同じ，法人，信託などの組織や資産の本当の支配者，所有者を捕捉できなければ，適正な課税もマネロンの摘発もできないのであり，実質課税，実質所得者課税について通説の見直しが喫緊の課題となっている。

6 実効税率（ETR）引下げを狙うタックス・プランニング— CFC の利用

「戦時超過利潤税」などを経験した高税率国，例えば米国の企業は，低税率国の企業との国際競争で，"level playing field" となるように，高税率国の企業の企業分割（低税率国での子会社設立，買収等）と，支配するグループ企業との合併（未処理欠損金額の利用）などの組織再編成，事業再編成やグループ内部取引の移転価格操作（transfer pricing）や利子・使用料の控除可能な支払による税源侵食・利益移転（base erosion and profit shifting: BEPS）などにより合法的に税負担最小化（tax minimization）のために納税者の事象をアレンジするスキームを考案する。このように考案される合法的な税負担最小化スキームをタックス・プランニングという。

OECD は，「実効税率」（ETR）を "The rate at which a taxpayer would be taxed if his tax liability were taxed at a constant rate rather than progressively. This rate is computed by determining what percentage the taxpayer's tax liability is of his total taxable income." と定義し，税負担の最少化を図る「タックス・プランニング」（tax planning）を "arrangement of a person's business and/or private affairs in order to minimize tax liability." と定義している。

世界一高い法定税率の米国では，これらの租税回避について，1917年に所得分割のための企業分割が行われることを防止するため連結納税制度を導入し，グループ企業間の移転価格操作に対処するため，移転価格税制を導入した。税率は租税政策によって決定されるが，米国の高税率の適用を回避するため，米国企業は，自助行為として合法的に税負担を最小化するタックス・プランニングにより，国外の低税率の国に子会社を設立する方法に傾斜していった。

米国多国籍企業グループは，その合法的なタックス・プランニングにより外国子会社等を通じる国外所得の税負担を回避するため，タックス・ヘイブンを活用している状況については，次の報告書を参照。

GAO 報 告 書 "International Taxation: Large U.S. Corporations and Federal Contractors with Subsidiaries in Jurisdictions Listed as Tax Havens or Financial Privacy Jurisdictions"（GAO-09-157, December 2008）。

"Tax administration: Comparison of the Reported Tax Liabilities of Foreign- and U.S. Controlled Corporations 1998-2005"（GAO-08-957, July 2008）。

"Corporate Income Tax: Effective Tax Rates Can Differ Significantly from the statutory Rate"（GAO-13-520, May 30, 2013）。

"Corporate Income Tax: Most Large Profitable U.S. Corporations Paid Tax but Effective Rates Differed Significantly from the Statutory Rate"（GAO-16-363）。

U.S. PIRG & CTJ の調査報告書 "Offshore Shell Games 2015"。

7 タックス・シェルターの合法性と濫用

OECD では，タックス・プランニングによって租税回避のために考案されたスキーム（a contrived scheme to avoid or reduce a liability to taxation）を「タックス・シェルター」（tax shelter）と定義しているが，濫用的タックス・シェルター（abusive tax shelter）の特定とその否認については，拙著『アメリカン・タックス・シェルター基礎研究』（平成15年・税務経理協会）において述べているように，米国議会がエンロンの数多の濫用的タックス・シェルターを暴いた「エンロン・レポート」（Report of Investigation of Enron Corporation and Related Entities regarding Federal Tax and Compensation Issues and Policy Recommendation）が2003年2月に公表された。エンロンは，株主・債権者に開示する財務諸表では最高の利益を表示し税務申告では納税義務をゼロとする数多のスキームを利用していることが暴露され，米国に衝撃を与えた。これらのスキームに関与したビッグファイブのアーサーアンダーセンは，崩壊したが，これらのスキームにつき，「合法的」であるとの法的意見書を書いてきた法律家の責任は重い。米国は，これを機会にこれまでのタックス・シェルター税制を廃止し，2004年米国雇用機会創出法（America Jobs Creation Act of 2004: AJCA）により「報告すべき取引」（Reportable Transactions）の登録，投資家リスト保存，納税者の申告義務と重い制裁規定を法定した。1935年グレゴリー事件判決前

後から発展してきた判例法理（judicial doctrines）が存在し，そのうち「経済的実質」（economic substance）の法理は，裁判所で2股判決が出る状況に対処するため，2010年に成文法化された（IRC7701(o)）。それでも，現代の米国多国籍企業のATPを防止することができないのはなぜか。

OECDは，「タックス・シェルター」を次のように定義している。

"（1）An opportunity to use, quite legitimately, a relief of exemption from tax to pay less than one might otherwise have to pay in respect of similar activities, or the deferment of tax.

（2）The polite term usually given to a contrived scheme to avoid or reduce a liability to taxation."

通常の場合，税法の範囲内で，「合法的」（legal）で「妥当性のある」（legitimate）タックス・シェルターは，承認されるが，「合法的」であっても，「不当な」（illegitimate）タックス・シェルターは「法の意図」に反し，「法の濫用」として承認されないという思想がある。OECDの「租税回避」（tax avoidance）と「法の濫用」（abuse of law）の定義と合わせて理解すべきである。OECDの「租税回避」の定義は，次のとおり。

"A term that is difficult to define but which is generally used to describe the arrangement of a taxpayer's affairs that is intended to reduce his tax liability and that although the arrangement could be strictly legal it is usually in contradiction with the intent of the law it purports to follow."

OECDの「法の濫用」の定義は，次のとおり。

"The doctrine which allows the tax authorities to disregard a civil law form used by the taxpayer which has no commercial basis."

8 OECD/G20 BEPS パッケージ政策の策定と実施

OECDは，BEPSに関連する国際基準を策定しBEPSパッケージの実施を調査・監視するためOECD租税委員会（Committee on Fiscal Affairs: CFA）において関心のあるすべての国・地域がBEPSアソシエートとして対等の立場でOECD/G20加盟国と協働するが，新しい枠組みのマンデートは，4つのミニマム・スタンダード（有害な税の慣行，租税条約の濫用，移転価格に係る国別報告，国際課税紛争解決方法の改善）の実施のレビューに焦点を当てる一方，電子経済における課税問題に係るデータ収集，BEPSの影響の測定，BEPSパッケージの他の実施状況の監視，残された課題についての最終化の作業を進めることである。

我が国も，AOA に基づく総合主義から帰属主義への切替をはじめ，OECD モデル租税条約・コメンタリーの改訂，移転価格ガイドラインの改訂の流れに従うほか，BEPS プロジェクトの共通アプローチを示し，ベスト・プラクティスによる国内法化を促進している。例えば，PPT についても，すでにこれを織り込んだ LOB 規定をもつ租税条約を締結しているが，「租税回避の意図」を「租税回避」の定義から除外してきた我が国の通説を改めて見直す必要がある。

我が国の税法では，税法固有の用語の定義を定めず，私法の概念を借用する借用概念や不確定概念が多用されているので，租税法律主義の観点から「用語」の解釈をめぐる争いが絶えない。また，国内のいわゆる多様な事業体（例えば民法上の組合，商法上の匿名組合，信託，集団投資媒体）をめぐる課税については，国税庁通達にチャレンジするタックス・スキームがつくられる。外国事業体の課税上の取扱いについても，法令上必ずしも明確化されていないため，争いが絶えない（平成27年7月17日，最高裁第二小法廷は，米国デラウエア州 LPS が日本の租税法上の法人に当たるとの初判断を示した（投資家側の主張を認めた下級審判決を破棄し，国側逆転勝訴））。

9 **ATP 対策の包括的一貫性のある国際協調の必要性**

現行スタンダードは更新されるが，必ずしも BEPS プロジェクトに参加したすべての国が租税条約又は移転価格のスタンダードを支持しているわけではない。ハイブリッド・ミスマッチ・アレンジメントの勧告や利子控除のベスト・プラクティスなどの他の分野で，各国は一般租税政策の方向性に合意している。これらの分野では，合意された共通アプローチの実施を通じ時間をかけてコンバージェンスに至ることが期待され，これらの措置が将来ミニマム・スタンダードになるかどうかをさらに考慮する。ATP の義務的開示イニシャティブや CFC ルールの強化の分野で行動する各国をベスト・プラクティスに基づくガイダンスが支える。BEPS パッケージの各国の国内法化によって各国税制の衝突を生じ，新スタンダードの解釈をめぐって課税紛争が増加するようなことがあってはならない。租税回避との闘いでは，各国間の公正な競争（level playing field）の確保が鍵となるので，効果的かつ一貫した BEPS パッケージの実施（国内法化）のため，OECD/G20は，引き続き "a joint action" を通じて協働することに合意した。共通アプローチ，ベスト・プラクティスに基づくガイダンスなどの区分に応じて，各国の国内法化を国際的タックス・プランニングの ATP に一貫性のある包括的アプローチで国際協調の下で行うとき，各国が課税主権に基づいてそれぞれ自由

に税制を構築することを認めつつ，多国籍企業の税負担最小化 ATP に対処するため，各国がばらばらに対策税制を策定すると，多重課税が発生することが予想される。同じように，各国が OECD/G20 のスタンダードを国内法化した場合でも，その解釈・適用の差異があれば，国際的二重課税が発生する。その意味では，我が国の学説・通説を改革する必要性がある。拙著『国際課税における重要な課税原則の再検討　中巻』（平成28年・日本租税研究協会）の「補遺　濫用的国際租税回避の防止規定の必要性〜BEPS プロジェクト勧告に伴う国内法改正と GAAR 導入の是否認議論を中心に〜」において，「租税回避」（tax avoidance）の定義をめぐる我が国の通説が OECD や EU の定義と余りにも乖離しているため，多国籍企業の ATP に包括的（holistic）一貫性のある措置で国際協調により対処する場合，「租税回避」の定義の不一致は，大きい障害となる。

OECD は，納税者の「税負担の減少を意図したアレンジメント」が税法の文理上「合法的」（legal）なアレンジメントであっても，「法の意図」（intent of the law）に反するアレンジメントを「租税回避」と定義しているのである。

10　我が国の「租税回避」概念の見直しと「濫用」概念の共有

我が国の通説は，私法上の法形式の選択が「異常」であるか否かを，租税回避の意図の有無を問わず，純経済人の経済的合理性基準で検討するが，そのアレンジメントが利用している法令の文言（letter of the law）に適っているか否かを検討すべきであって，当該法令の趣旨目的（spirit of the law）に適っていることを原則として要しないと解してきた。OECD の考え方では，法解釈においては，法の趣旨目的を特定するためにまず法の目的論的解釈が必要であり，次いで，アレンジメントが法の趣旨目的に適っているか反しているかを判断すべきこととなる。

我が国では，IBM 事件では，ハイブリッド・エンティティとして使える日本の有限会社（休眠会社）を買収し，日本 IBM の直接親会社であった米国持株会社（WT）から日本 IBM の株式を購入し，これを発行法人（日本 IBM）に譲渡し，約4,000億円のみなし配当と子会社株式の譲渡損を計上した。平成13年度税制改正前では子会社の自己株式の買取りでも帳簿価額基準があるためみなし配当が発生せず子会社株式の譲渡損も発生しないはずであるが，平成13年度税制改正で帳簿価額基準がなくなったので，みなし配当が発生し子会社株式の譲渡損が発生することに着眼したものとみられる。IBM が，平成13年度税制改正を濫用す

るために中間持株会社を作り自己株式の買取りによりみなし配当を発生させ，これを益金不算入としつつ譲渡損の発生により法人税を不当に減少させたとみて立証することも考えられる。

　法人税法132条の解釈において，税負担の不当な減少を結果として生ずる同族会社の行為計算とはなにかをめぐり，学説・裁判例は，非同族会社では通常なし得ない行為計算と解する考え方と，純経済人の行為として不合理・不自然な行為計算（経済合理性基準）と解する考えに分かれている。高裁判決は，純粋な経済合理性基準に金子宏東大名誉教授の独立当事者基準の影響を受けた立場をとっている。しかし，通説は，私法上の法形式の濫用を問題にするが，「税法の濫用」を問題にしない点で，OECD，EU の「租税回避」の議論とずれている。

　IBM 事件では，本件各譲渡で譲渡損が生じたのは，平成13年度税制改正で法人税法24条１項の改正で帳簿価額基準を外した趣旨目的が自己株式取得をめぐる株式譲渡取引におけるキャピタル・ゲイン課税の調整であったが，米国のスキームでは，米国持株会社（WT）と日本持株会社(X)との間の取引はチェック・ザ・ボックス規則の選択で X は無視されるエンティティとされ，内部取引とされ，WT にはキャピタル・ゲイン課税がなされないので，譲渡損計上が法人税24条１項の趣旨目的に反するか否かが問われるべきである。しかし，この点が，明確に解説されていない。その意味では，立法の不備といわれることが懸念される。大淵教授は，「法の欠缺」（shortcoming）を「濫用」とするのは論外というが，これが日本の学説の弱点である。英国 GAAR（2013）では「立法の不備」を利用することも「濫用」とされ，租税回避とされる。本件は，連結納税制度の濫用を問題にすべき事案であったと考える。

　租税法規の濫用も，「租税回避」として取り扱う学説を確立しなければ，BEPS プロジェクトの実施の段階で日本は異端視されることになるであろう。

　ヤフー事件では，最高裁平成28年２月28日第一小法廷判決は，法人税法132条の２の「不当」について，「組織再編税制に係る各規定を租税回避の手段として濫用することにより法人税の負担を減少させるものである」として「濫用基準」をとることを明らかにした。これは，従来の学説・裁判例にみられない画期的な判決といえる。

　濫用の有無の判断に当たっては，(i)法人の行為計算が通常は想定されない組織再編成の手順や方法に基づいたり，実態とは乖離した形式を作出したりするなど不自然なものであるかどうか，(ii)税負担の減少以外にそのような行為計算を行うことの合理的な理由となる事業目的その他の事由が存在するかどうか等の事情を

考慮した上で，(iii)当該行為計算が組織再編成を利用して税負担を減少させることを意図したものであって，(iv)組織再編税制に係る各規定の本来の趣旨・目的から逸脱する態様でその適用を受けるもの又は免れるものと認められるか否かという観点から判断するのが相当である。

最高裁は，すでに外国税額控除余裕枠事件の最高裁平成17年12月19日判決において，「本件取引に基づいて生じた所得に対する外国法人税を法人税法69条の定める外国税額控除の対象とすることは，外国税額控除制度を濫用するものであり，さらには，税負担の公平を著しく害するものとして許されないというべきである」として「濫用」と判示している。本件について，法務省租税判例研究会の発表では，初の濫用基準の判示として評価したが，通説は限定解釈と解している。

ヤフー事件の最高裁判決は，租税回避を租税法規の濫用であり，行為計算により税負担を減少させる意図で，租税法規の趣旨・目的から逸脱するアレンジメントであるととらえたことは，OECD，EUの「租税回避」，「法の濫用」の定義にも沿ったものと考えられる。

11 個別的否認規定，包括的否認規定及び一般的否認規定の整備の必要性

金子宏東大名誉教授は，租税回避行為の否認とは，租税回避があった場合に当事者が用いた法形式を租税法上は無視し，通常用いられる法形式に対応する課税要件が充足されたものとして取り扱うことをいうと定義しておられる。同名誉教授は，(i)特定の租税回避に対処することを目的とする個別的否認規定がある場合にその定める要件に従って否認が認められることを認め，(ii)一般的否認規定としてドイツ租税通則法42条を上げ，我が国にはこれに相当する規定はないが，「やや一般的な否認規定」として，同族会社の行為計算否認，組織再編成の行為計算の否認，連結法人の行為計算の否認の規定を上げ，(iii)包括的否認規定という用語を使用せず，「やや一般的な否認規定」という用語を用いておられる。最高裁は，法人税法132条の2を「組織再編成に係る租税回避を包括的に防止する規定」として設けられたものであるといい，「包括的否認規定」概念を認めている。法人税法132条の2は，「組織再編成の形態や方法が複雑で多様であるため，これを利用する巧妙な租税回避が行われやすいことから設けられたものである」と考えるからである。すなわち，個別的否認規定がなければ，租税法律主義の観点から，否認できないという立場をとる場合，組織再編成の形態や方法に利用される個別の行為について個別的否認規定を設けなければ，組織再編成の行為計算の否認は

不可能になるから，どのような形態や方法が利用されるとしても，組織再編成に係る租税回避を包括的（inclusive）に防止する規定が必要であり，それが法の趣旨・目的であると解される。

　我が国の通説とされている「租税回避」の定義や「租税回避」該当性について「純経済人の経済的合理性基準」などに依存している状況から早く脱却する必要がある。さもなければ，米国多国籍企業とそのお抱えの租税実務家の熟練した租税動機取引のスキームによって日本の租税回避防止規定はまるで赤子の手を捻じるように取り扱われてしまう。

　米国多国籍企業の典型的な ATP の例として，IBM 事件をみると，IBM 事件では，米国 IBM は，ハイブリッド・エンティティとして使える日本の有限会社（休眠会社）を買収し，これを日本の中間持株会社とするため，米国中間持株会社（WT）が所有していた日本 IBM の株式を日本持株会社に譲渡させ，その後，日本中間持株会社に日本 IBM 株式を発行法人である日本 IBM に譲渡させる。この簡単な日本税法へのアレンジメントで，税法上，日本 IBM の自己株式の取得により約4,000億円のみなし配当と日本中間持株会社の譲渡損が発生することになる。このアレンジメントは，平成13年度税制改正前であれば，子会社の自己株式の買取でも「帳簿価額基準」があるため「みなし配当」は発生せず，「子会社株式の譲渡損」も発生しないはずであるが，平成13年度税制改正で帳簿価額基準がなくなったので，みなし配当が発生し子会社株式の譲渡損が発生することに着眼したものである。税務当局としては，「制度の濫用」基準により，IBM が平成13年度税制改正を「濫用」するため休眠会社を買収して「中間持株会社」を作り，WT から日本 IBM に自己株式を取得させず，これを「導管」として法形式として内国法人の譲渡損を作出し，内国法人しか利用できない「連結納税」の形で日本 IBM の利益と中間持株会社の譲渡損の損益通算を行い，みなし配当の益金不算入を当然のように利用して，法人税を「不当に」減少させたという議論を展開することも可能ではないかという疑問がある。すなわち，「譲渡損」の否認と「みなし配当」の否認の可能性がある。法人税法132条の解釈については，「税負担の不当な減少を結果とする同族会社の行為計算」とはなにかをめぐり，学説・裁判例は，非同族会社では通常なし得ない行為計算と解する考え方と，純経済人の行為として不合理・不自然な行為計算（経済合理性基準）と解する考えに分かれている。高裁判決は，純粋な経済合理性基準に加え金子宏東大名誉教授の「独立当事者基準」の影響を受けた立場を示している。しかし，通説は，私法上の法形式の濫用を問題にしてきたが，「税法の濫用」，「制度の濫用」を問題にしない

点で，現在の OECD，EU の「租税回避」の議論との著しいずれを示している。IBM 事件では，本件各譲渡で譲渡損が生じたのは，平成13年度税制改正で法人税法24条1項を改正し帳簿価額基準を外した趣旨目的が自己株式取得をめぐる株式譲渡取引におけるキャピタル・ゲイン課税の調整であったといわれるが，米国のスキームでは，WT と X との間の取引は，チェック・ザ・ボックス規則の選択により，X は「無視される事業体」とされ，単なる内部取引とされ，WT にはキャピタル・ゲイン課税が行われないので，そのような場合に X の譲渡損計上が法人税法24条1項の趣旨目的に適うのか反するのか，あるいは連結納税制度の濫用を問題にすべきであった。この点の経緯が明確でない。これを立法の不備というべきか否か。また，国税庁 OB の大淵教授は，法の欠缺を「濫用」とするのは，論外といっておられるが，果たしてなにを根拠にそのようにいえるのか，疑問である。英国 GAAR（2013）では立法の不備を利用することも「濫用」とされ，租税回避になるとしている。「私法上の法形式の濫用」だけでなく，「租税法規の濫用」も，租税回避として取り扱う学説を確立しなければ，BEPS プロジェクトの実施の段階で，日本は異端視されることになるおそれがある。

　ヤフー事件では，最高裁平成28年2月28日第一小法廷判決は，法人税法132条の2の「不当」について，「組織再編税制に係る各規定を租税回避の手段として濫用することにより法人税の負担を減少させるものである」として「濫用基準」をとることを明らかにした。これは，従来の学説・裁判例にみられない画期的な判決であるといえる。

　濫用の有無の判断に当たっては，(i)法人の行為計算が通常は想定されない組織再編成の手順や方法に基づいたり，実態とは乖離した形式を作出したりするなど不自然なものであるかどうか，(ii)税負担の減少以外にそのような行為計算を行うことの合理的な理由となる事業目的その他の事由が存在するかどうか等の事情を考慮した上で，(iii)当該行為計算が組織再編成を利用して税負担を減少させることを意図したものであって，(iv)組織再編税制に係る各規定の本来の趣旨・目的から逸脱する態様でその適用を受けるもの又は免れるものと認められるか否かという観点から判断するのが相当である判示している。

　最高裁は，すでに外国税額控除余裕枠事件の最高裁平成17年12月19日判決において，「本件取引に基づいて生じた所得に対する外国法人税を法人税法69条の定める外国税額控除の対象とすることは，外国税額控除を濫用するものであり，さらには，税負担の公平を著しく害するものとして許されないというべきである」として「濫用」と判示している。本件について，私は，法務省租税判例研究会の

発表では，初の濫用基準の判示として評価したが，通説では最高裁が「限定解釈」をしたものと解している。

※本庄資「最高裁平成（行ヒ）第215号法人税更正処分取消請求事件最高裁平成17年12月19日判決」（第599回租税判例研究会，法務省，平成18年3月3日）。
※本庄資「外国税額控除余裕枠の利用による租税回避事案に鉄槌を下した最高裁判決」『税経通信』（2006.6）。
※今村隆「最近の租税裁判における司法判断の傾向—外国税額控除事件最高裁判決を手掛かりとして」『税理』（2006.5）。

ヤフー事件の最高裁判決は，租税回避を租税法規の濫用であり，行為計算により税負担を減少させる意図で，租税法規の趣旨・目的から逸脱するアレンジメントであるととらえたことは，OECD，EUの「租税回避」，「法の濫用」の定義に沿ったものと考えられる。
※本庄資「平成27年（行ヒ）第75号法人税更正処分取消請求事件最高裁平成28年2月29日第一小法廷判決」（第798回租税判例研究会，法務省，平成28年6月17日）。
※今村隆「ヤフー事件及びIBM事件最高裁判断から見えてきたもの（上）」『税務弘報』（2016.7）。

さらに，多国籍企業グループの各国にまたがる複雑かつ多様な法人ストラクチャーと取引を各国税制に適合させ，かつ，BEPSを達成するアレンジメントによる巧妙な租税回避に対し，個々の行為計算に対応する個別的否認規定を策定することが困難であると考えると，組織再編成をターゲットにする包括的否認規定（specific anti-targeted abuse ruleの束）に限らず，多国籍企業グループの租税動機アレンジメントを含め，一般的に行為計算を広く否認できる規定が必要になる。そのため，米英をはじめ多数の主要国が「一般的否認規定」（general anti-avoidance rule or general anti-abuse rule: GAAR）を導入している。OECD/G20BEPSパッケージでは，租税条約におけるPPTなどにGAARを含むが，全面的に含めるには至っていない。欧州委員会が2016年1月28日に公表した「租税回避防止パッケージ」（anti-tax avoidance package）において，OECD/G20BEPSパッケージに含まれていない3つの分野（GAAR，スイッチオーバー条項，出国税）の1つとして，各国の濫用防止規定に含めることをすべての加盟国に勧告している。

我が国では，昭和36年国税通則法制定時に税制調査会の導入答申を日本税法学会等の強い反対で潰して以後，通説ではGAARには消極的であったが，拙著『国際課税における重要な課税原則の再検討　中巻』の「補遺　濫用的国際租税回避の防止規定の必要性〜BEPSプロジェクト勧告に伴う国内法改正とGAAR導入の是否認論議を中心に〜」において主張するように，GAAR導入を検討すべきである。

我が国が，G7のなかでGAARを有しない唯一の国になっていること，外国事実についても課税庁に立証責任があるという法的根拠のない通説により，証拠不十分で国側敗訴の結論を出す裁判例は，OECD/G20のBEPSパッケージ政策の実施に当たり，日本の租税政策や日本企業のビヘイビアについて，多国籍企業のATPによるBEPSに対し包括的（holistic）に一貫性のある国際協調で対処しようとする国際社会からの疑念を招くおそれがある。

※本庄資「補遺　濫用的国際租税回避の防止規定の必要性―BEPSプロジェクト勧告に伴う国内法改正とGAAR導入の是否認論議を中心に―」『国際課税における重要な課税原則の再検討　中巻』（平成28年・日本租税研究協会）。

※森信茂樹「BEPSと租税回避への対応――一般的否認規定（GAAR）の整備を―」『フィナンシャル・レビュー』（平成28年第1号）。

※居波邦泰「BEPSにおける課税取引スキーム事例（GAARを含む。）に係る立証責任に対する一考察―国際的な立証責任の在り方について―」『フィナンシャル・レビュー』（平成28年第1号）。

37 「法の濫用」概念による BEPS 対策の必要性

大野雅人

1 「法の濫用」概念による租税回避行為の否認

　租税回避行為の否認をどのような概念の下で行うかは，各国により異なる。ドイツ租税基本法（Abgabenordnung）42条は，「法の形成可能性の濫用」（Missbrauch von rechtlicher Gestaltungsmöglichkeit）という標題の下に，租税回避行為の否認について規定する[1]。英国の2013年財政法 Part 5 は，一般的濫用対抗規定（General Anti-Abuse Rule）の標題の下，「濫用」に当たる場合に租税回避行為は否認される（to be counteracted）と規定する[2]。EU 法では，加盟各国の法人税法に適用される EU の2016年 ATAD[3]（租税回避対抗指令）6 条が，「一般的濫用対抗規定」（General Anti-Abuse Rule）の標題の下で，「真正でない取引」（non-genuine transaction）を否認（ignore）する[4]。他方で，「濫用」（abuse）の用語を用いない立法例として，米国の内国歳入法典（IRC）7701条(o) は，「経済的実質原則の明確化」（Clarification of Economic Substance Doctrine）の標題の下で，経済的実質を有さない取引についての否認を認める。このほか「avoidance transaction」[5]，「tax avoidance arrangement」[6]，「impermissible avoidance arrangement」[7]等の表現を用いる国がある一方で，特段そのような名称を付さずに一定の租税回避行為を否認することができる法制を持つ国もある[8]。このように，各国でさまざまな一般的租税回避否認規定（GAAR）が導入されているところであり，これら各国の法制は，一般的租税回避否認規定を持たない我が国に有益な示唆を与えるものと思われる。

　我が国には，すべての納税者・すべての取引に適用される「一般的否認規定」は存在しないが，同族会社の行為・計算で，これを容認した場合には税額を「不当に」減少させることとなるものは否認の対象となり（所得税法157条，法人税法132条，相続税法64条等），また，組織再編，連結納税，恒久的施設の帰属所得の計算の場合にも同様の規定が置かれている（法人税法132条の 2，132条の 3，147条の 2，所得税法168条の 2）。これらの条文における「不当に」の意義は必ずしも明確ではなかったが，最高裁平成28年 2 月29日第一小法廷判決（「ヤフー

事件」，裁判所ウェブサイト）は，組織再編に係る法人税法132条の2にいう「不当に」の解釈につき，次のように判示している（傍点筆者）。

「組織再編成は，その形態や方法が複雑かつ多様であるため，これを利用する巧妙な租税回避行為が行われやすく，租税回避の手段として濫用されるおそれがあることから，法132条の2は，…組織再編成に係る租税回避を包括的に防止する規定として設けられたものである。このような同条の趣旨及び目的からすれば，同条にいう「法人税の負担を不当に減少させる結果となると認められるもの」とは，法人の行為又は計算が組織再編成に関する税制（以下「組織再編税制」という。）に係る各規定を租税回避の手段として濫用することにより，法人税の負担を減少させるものであることをいうと解すべきであり，その濫用の有無の判断に当たっては，①当該法人の行為又は計算が，通常は想定されない組織再編成の手順や方法に基づいたり，実態とは乖離した形式を作出したりするなど，不自然なものであるかどうか，②税負担の減少以外にそのような行為又は計算を行うことの合理的な理由となる事業目的その他の事由が存在するかどうか等の事情を考慮した上で，当該行為又は計算が，組織再編成を利用して税負担を減少させることを意図したものであって，組織再編税制に係る各規定の本来の趣旨及び目的から逸脱する態様でその適用を受けるもの又は免れるものと認められるか否かという観点から判断するのが相当である。」

このように，最高裁は，我が国の行為計算否認規定のうち法人税法132条の2における「不当性」の判断につき，「濫用」の概念を用い，かつ，「濫用」の有無の判断基準についても詳細に判示している。本稿では，この最高裁判決における「濫用」の概念と，2013年に制定された英国の一般的濫用対抗ルール，そして2016年に採択されたEU租税回避対抗指令の一般的濫用対抗ルール（及び欧州裁判所[9]の判例法としての濫用否認）の大まかな比較を試みる。

2 英国の一般的濫用対抗ルール

（1） アーロンソン報告書及び2013年財政法

英国の2011年のアーロンソン報告書[10]及びそれに続く2013年財政法による一般的濫用対抗規定（General Anti-Abuse Rule）については，既に多くの論稿が公表されているが，ここでは，同報告書は否認の対象を「濫用」（abuse）に限定していることを指摘しておきたい。同報告書は，対象を「租税回避スキーム」一般とするのではなく，「実にひどい租税回避スキーム」（egregious tax avoidance schemes）[11]，あるいは「高度にアグレッシブなスキーム」（highly aggressive schemes)⁽¹²⁾とすることを明確にするために,「濫用」の語を用いている。したがって,「濫用的租税回避」は,一般の「租税回避」よりも狭く対象が絞られたものである。アーロンソン報告書は,「異常な取極め」(abnormal arrangements)であること及び「法律により与えられている選択権の合理的行使と合理的に考えられない」(cannot reasonably be regarded as a reasonable exercise of choices of conduct afforded by the legislation)ことの2つの要件により,対象を限定している⁽¹³⁾。

　アーロンソン報告書を受けて立法された2013年財政法207条によれば,ある取極め(arrangement)につき,すべての状況を勘案して,租税利益(tax benefit)⁽¹⁴⁾を得ることが主たる目的(the main purpose)又は主たる目的のひとつであると合理的に結論付けられる場合には,当該取極めは「租税取極め」(tax arrangement)であるとされる(207条1項)。そして,すべての状況を勘案して,ある租税取極めに参加し又はある租税取極めを実行することが,関連する租税法令との関係で,合理的な行動であると合理的に結論付けることができない(cannot reasonably be regarded as a reasonable course of action in relation to the relevant tax provisions)場合には(いわゆる「二重の合理性基準」(double reasonableness standard)),当該租税取極めは「濫用的」(abusive)であるとされる(207条2項)。同条2項にいう「すべての状況」には,(a)当該取極めの実質的な結果が当該法令の基となる原則及び当該法令の(明示又は黙示の)政策目標に一致するものであるか,(b)それらの結果を得るための方法が不自然な(contrived)又は異常な(abnormal)ステップを経ているか,(c)当該取極めが当該法令の不備(shortcomings)を利用することを意図したものであるかどうか,などが含まれる(207条2項(a)～(c))。当該租税取極めが経済上の利益の額よりも著しく少ない(significantly less)租税上の利益の額をもたらす場合,当該租税取極めが経済上の損失の額よりも著しく多い(significantly greater)租税上の損失の額をもたらす場合,あるいは当該租税取極めが支払われたことのない若しくは支払われないかもしれない租税(外国の租税を含む。)の還付又は税額控除をもたらす場合などが,「濫用的」であることを疑わせる例であるとされるが,「濫用的」とされるのは,これらの結果が,関係する租税法令の制定時に期待された結果ではなかったと想定することが合理的である場合に限られる(only if it is reasonable to assume that such a result was not the anticipated result when the relevant tax provisions were enacted)(207条4項)。

（2） 租税回避をめぐる判例法

　英国における租税回避をめぐる判例法では，「濫用」の概念は用いられていない。英国では，1936年の *Duke of Westminster* 事件判決[15]により，裁判所は真実の書面又は取引の背後にある当事者の意図を詮索しないとする文理主義優位の原則（ウェストミンスター原則）が確立していた。しかし，1981年の *Ramsay* 事件判決[16]が循環金融を利用した租税回避を否認したことから，同判決が租税回避に対して税法の文言を超えて否認を認めるものであるのか，租税法規を目的的に解釈したものなのかという議論が生じた[17]。21世紀に入って上院が相次いで後者の立場に立つ判決を出し，さらに2005年に設立された英国最高裁も2011年の *Tower MCashback* 事件判決[18]において，ラムゼイ原則（Ramsay Principle）を解釈の原則であるとした。このため英国では悪質な租税回避に対する立法的な手当てが必要と考えられ，2010年に英国政府がアーロンソン弁護士を中心とする有識者に一般的否認規定の必要性についての検討を依頼し，2011年のアーロンソン報告書につながっていく[19]。

3　EU における一般的濫用対抗規定

（1） 法人税に適用される一般的濫用対抗規定

　EU は，2016年7月に，租税回避対抗指令（ATAD)[20]を採択し，その6条に一般的濫用対抗規定を置いた[21]。同指令は，EU 加盟国の法人税に限定して適用されるものであり，各加盟国は2018年末までに（5条の出国税関係については2019年末までに）この指令を具体化するために自国の法令を制定しなければならない。同指令の6条は，次のように規定する。

> 第6条　一般的濫用対抗規定（General anti-abuse rule）
> 1．法人税額の計算に当たり，加盟国は，すべての関連する事実と状況を考慮して，適用される租税法の趣旨又は目的（object or purpose）に反する租税利益（tax advantage）を得ることを主要な目的（the main purpose）又は主要な目的の一つ（one of the main purposes）として行われている，真正でない（not genuine）一の取極め又は一連の取極めを無視（ignore）するものとする。一の取極めは，一以上のステップ（step）又は部分（part）から構成され得る。
> 2．第1項の規定の適用に当たり，一の取極め又は一連の取極めは，それらが経済的真実（economic reality）を反映する正当な商業上の理由（valid commercial reasons）をもって行われていない範囲において，真正でない（non-genuine）と取り扱われるものとする。

3．取極め又は一連の取極めが第1項の規定により無視された場合には，税額は，各国の法により計算されるものとする。

　この指令は「租税回避対抗（ant-tax avoidance）指令」であり，その中に利子制限ルール（4条），出国税（5条），一般的濫用対抗規定（6条），CFCルール（7条），ハイブリッド・ミスマッチ（8条）が含まれている。したがって，6条では，「租税回避」（tax avoidance）よりも要件が加重された「濫用」（abuse）の概念が取り入れられている。

　また，6条では，条文の標題は「一般的濫用規定」とされているが，本文には「濫用」の文言はなく，代わって「真正でない一の取極め又は一連の取極め」（an arrangement or a series of arrangement which are not genuine）が否認（英文では「無視」（ignore））されるとされており，「真正でない取極め」が濫用的行為であると取り扱われている。そして，否認されることとなる「真正でない」取極めとは，①租税法の趣旨及び目的に反する租税利益を得ることを主要な目的又は主要な目的の一つとして行われており（1項），かつ，②経済的実質を反映する正当な商業上の理由をもって行われていない（2項）取極めである。

　ここでいう「真正でない取極め」は，租税回避対抗指令の前身である2012年の「攻撃的租税計画についての委員会勧告」[22]では，「技巧的な取極め」（artificial arrangement）とされていた[23]。また，租税回避対抗指令の2016年1月草案[24]の前文9項では，「真正でない」（non-genuine）は「完全に技巧的な」（wholly artificial）と同義とされていた。したがって，「真正でない取極め」の概念は，欧州裁判所の判例によって確立されてきた「完全に技巧的な取極め」（wholly artificial arrangement）の判断基準を色濃く継承するものといえよう。

（2）　EUの判例法における "wholly artificial arrangement" の概念

　欧州裁判所は，加盟国の直接税に関するCFC税制や過少資本税制等が内国法人と外国法人を区別して取り扱っていることがEU法の「開業の自由」（freedom of establishment）等の原則に反しないかどうかを判断するに当たり，それらの法制が，「通常であれば課される租税を免れる目的をもって」組成された，「完全に技巧的な取極め」（wholly artificial arrangement）のみを対象にしていることをEU法適合の要件の一つとした。この概念は，EU加盟国の税制がEU法の原則に違反していないかどうかを判定する基準となるものであり，納税者の租税回避行為を加盟国が否認できるかどうかを判定する基準ではない。したがって，欧

州裁判所の判例法における "wholly artificial arrangement" と租税回避対抗指令6条の "non-genuine arrangement" とが全く同列に取り扱われるものではないが，その判断枠組は非常に似ている。

この "wholly artificial arrangement" の用語は，1998年の ICI 事件判決[25]で初めて用いられ，その後も多くの裁判例で用いられてきた語である。"wholly artificial arrangement" の語を用いた裁判例においても，その意味や判断枠組は微妙に異なるが，例えば代表的裁判例の一つである，英国の CFC 税制の EU 法適合性が争われた2006年の Cadbury & Schweppes 事件判決[26]や，英国の過小資本税制の EU 法適合性が争われた2007年の Thin Cap 事件判決[27]においては，"wholly artificial arrangement" とは，加盟国の法令の適用の回避を目的とした（aimed at circumventing the application of the legislation of the Member State）取極めで，経済的真実を反映していないもの（which do not reflect economic reality）をいうとされた[28]。また，Thin Cap 事件判決では，加盟国の法令は租税回避を唯一の目的として組成された取極めを特定し，かつ，納税者に当該取極めが商業上の正当事由を有しているかどうかの証拠を提出する機会を与えるものでなければならず，さらに，もしも当該取極めが "wholly artificial arrangement" に該当するとしても，当該取極めの否認の効果は独立企業原則を超える範囲に限定されるとした[29]。同様の立場は，関連法人に対する「通常でない又は無償の利益供与」の課税に関する2010年の SGI 事件判決[30]でも維持されている[31]。

（3） EU の判例法における濫用概念

前述の "wholly artificial arrangement" は，欧州裁判所が，直接税の分野において，加盟各国の法令が EU 法に適合しているかどうかを判断する中で発展させてきた概念であるが，欧州裁判所は，租税法以外の分野において，古くから「濫用」（abuse）の概念を用いて，EU 法の濫用を阻止してきた。「濫用」の語が用いられるのは，1974年の Van Binsbergen 事件判決[32]や1977年の Cremer 事件判決[33]に遡るとされる。これらの判決が出された当時，「濫用」の問題は深く議論されるには至らなかったが，2000年の Emsland-Stärke 事件判決[34]が，租税事件ではないにもかかわらず，租税法研究者たちにより，その租税法分野への適用が注目され始めた[35]。この事件は，ドイツの会社（Emsland-Stärke 社）が農産物製品を EU 非加盟国のスイスに設立された関連会社に輸出してドイツ政府から輸出補助金（export refund）の給付を受けたが，その後，それらの製品が EU 加盟国のドイツ及びイタリアに再輸出されていたことが判明し，ドイツ政府が輸出

補助金の返還を求めた事件である。Emsland-Stärke 社がドイツ政府（関税局）を相手取り提訴したが，欧州裁判所は *Cremer* 事件判決を引用しつつ，次のように判示した。

「…当裁判所の判例法からは，共同体の規則の範囲は，事業者による濫用（an abuse）をカバーするほどにまで拡張されてはならない（the scope of Community regulations must in no case be extended to cover abuses on the part of a trader）ということは明らかである。」[36]

そして，「濫用」に当たるかどうかの基準としては，①共同体法の形式的な遵守にもかかわらず，ルールの目的が達成できなかったこと[37]，②共同体法が与える便益を得る意図の下で技巧的に（artificially）当該便益を得るための条件を作り出すという主観的要件[38]，を挙げた。

2006年の *Halifax* 事件判決[39]では，濫用の基準が，EU 法が規制する VAT の分野に適用された。この事件では，英国の銀行（Halifax 社）が，自社ビルの建築工事を第三者にいったん請け負わせたものの，建設代金に係る付加価値税の控除ができるようにするため，請負契約を取り消して，Halifax 社の子会社である Leeds 社に資金の貸付けを行い，同じく Halifax 社の子会社である County 社が Leeds 社からビルの建築工事を請け負い，ビルの完成後は同じく Halifax 社の子会社である Property 社が Leeds 社から同ビルのリースを受け，さらに Halifax 社は Property 社から同ビルの再リースを受けて同ビルを使用した，という事案である。欧州裁判所は，*Cremer* 事件判決や *Emsland-Stärke* 事件判決を引用しつつ，次のように判示した。

「…確立された判例法によれば，共同体法を濫用的又は詐欺的な目的のための根拠とすることはできない（Community law cannot be relied upon for abusive or fraudulent ends.）。」[40]「共同体法の適用は，経済的事業者による濫用的行為（abusive practices），すなわち，通常の商業上の活動の文脈においてではなく，共同体法が提供する利益を不当に得ることのみを目的として遂行される取引をカバーするほどにまで拡張されることはできない（The application of Community legislation cannot be extended to cover abusive practices by economic operators…）。」[41]「濫用的行為を禁止する原則（principle of prohibiting abusive practices）は VAT の分野においても適用される。」[42]

そして，欧州裁判所は，法的確実性・予測可能性の重要さも考慮し[43]，濫用的行為が存在すると判断されるためには，① VAT 指令と関連する国内法の規定を形式的に適用する場合にはそれら法令の規定の目的と反対の租税利益（tax advantage）をもたらす結果となること[44]，②問題となっている取引を行う本質的な目的（essential aim）が租税利益を得ることであることが客観的要素から明らかであること[45]，の2つが必要であるとした[46]。

4 「濫用」概念の具体的内容

英国の2013年財政法の「濫用」の概念と，EU租税回避対抗指令6条の「濫用」の概念を比較すると，(i)租税利益（tax benefit）を得ることが主たる目的（the main purpose）又は主たる目的の一つ（one of the main purposes）であること，(ii)租税法令の趣旨目的（又は政策目標）に反すること，という要件が共通している。また，英国法の「不自然性又は異常性」の基準（207条2項(b)）は，EU指令の「経済的真実を反映する正当な商業上の理由をもって行われていない」と類似している。

また，前述の最高裁平成28年2月29日判決の「濫用」の概念と英国及びEUの「濫用」の概念を比較すると，(i)「不自然性」の基準は英国法の「不自然性又は異常性」の基準と同様のものと考えられ，(ii)「合理的な理由となる事業目的」の基準はEU指令の「商業上の正当事由」基準と同様のものと考えられ，(iii)「税負担を減少させる意図」の基準と(iv)「規定の趣旨目的からの逸脱」基準は，英国法ともEU指令とも共通のものと考えられる。

また，EU法の"non-genuine arrangement"の語は，その前身である"wholly artificial arrangement"の語が用いられていた時代から，「経済的真実」（economic reality）を反映していないものとされており（前述3の(1)・(2)），米国の「経済的実質原則」（economic substance doctrine）とも高い親和性があるものと思われる。

各国の法制の歴史的背景から，それぞれの基準は微妙に異なることは当然であるとしても，各国の一般的否認規定は，かなりの程度において類似したものとなっている。もっとも，各国とも，先行して一般的否認規定を導入した他国の立法例を参考としつつ，自国の一般的否認規定を制定しているのであるから，そのことは当然でもあるとも言える。

5 租税回避行為に対する「濫用」概念の有効性

租税回避とは，我が国の通説では，「私法上の選択可能性を利用し，私的経済取引プロパーの見地からは合理的理由がないのに，通常用いられない法形式を選択することによって，結果的には意図した経済的目的ないし経済的成果を実現し

ながら，通常用いられる法形式に対応する課税要件の充足を免れ，もって税負担を減少させるあるいは排除すること」をいうとされる[47]。そして，否認規定がない場合には，「租税法律主義のもとで，法律の根拠なしに，当事者の選択した法形式を通常用いられる法形式にひきなおし，それに対応する課税要件が充足されたものとして取り扱う権限を租税行政庁に認めることは，困難である。」とする[48]。我が国の裁判所も，明文の規定によらない租税回避行為の否認については，慎重な立場を堅持している[49]。

　他方，英国では，*Ramsay* 事件判決及びその後の一連の租税回避事件を通じて法の濫用と租税回避の否認についての議論が高まり，最終的には2013年財政法によって「濫用」概念を用いた一般的否認規定が制定され，立法的解決が図られた。また，EU では，欧州裁判所が，判例法により「濫用」の概念を確立し，それを間接税（VAT）に適用するとともに，直接税の分野では，欧州理事会が，「濫用」の概念を用いた一般的否認規定を2016年に EU 指令として採択した。

　明文の規定によらない租税回避の否認が一般に認められない我が国においても，準一般的否認規定とされる同族会社の行為計算の否認規定（法人税法132条，所得税法157条等）や組織再編に係る行為計算の否認規定（法人税法132条の2），連結法人に係る行為計算の否認規定（法人税法132条の3），恒久的施設帰属所得に係る行為計算の否認規定（法人税法147条の2，所得税法168条の2）の解釈に当たり，「濫用」に当たるかどうかの判断基準を明確化した上で「濫用」の概念を用いて租税回避行為の否認を行うことは，解釈の明確化のために有益なことと考えられる。さらに，諸外国の例をみれば，「濫用」の概念を用いた一般的否認規定を制定することも検討に値することと思われる。悪質な租税回避行為を否認する権限を税務当局に与えつつ，「濫用」の判断基準をできるだけ明確にして納税者の予測可能性を確保するために，諸外国の一般的否認規定は多くの示唆を我が国に与えている。

(注)

(1)　ドイツ租税基本法42条（特にその2008年改正論議）については，谷口勢津夫『租税回避論』（清文社，2014）222頁以下の「ドイツ租税基本法42条の意義と展開」を参照。

(2)　209条(1)。英国の2013年財政法による一般的濫用対抗ルールについては，今村隆「英国における General Anti-Abuse Rule 立法の背景と意義」税大ジャーナル22号（2013）89頁を参照。

(3)　COUNCIL DIRECTIVE（EU）2016/1164 of 12 July 2016 laying down rules against tax avoidance practices that directly affect the functioning of the internal market, OJ 19. 7. 2016, L. 193/1. 同指令は ATAD（Anti-Tax Avoidance Directive）などと呼ばれる。

(4) EU 租税回避対抗指令の仮訳及び背景説明等については，大野雅人「EU の一般的濫用対抗規定（GAAR）」租税研究807号（2017）118頁参照。

(5) カナダの1988年所得税法245条。

(6) ニュージーランドの2007年所得税法 BG 1 条等。酒井貴子「租税回避行為と包括的租税回避否認規定―ニュージーランド版 GAAR を参考に―」岡村忠生編著『租税回避研究の展開と課題』（ミネルヴァ書房，2015）241頁。

(7) インドの一般的租税回避否認規定。インドの GAAR につき，青山慶二「途上国の一般的租税回避否認規定（GAAR）の課題とわが国への示唆―新興国を中心に」フィナンシャル・レビュー126号（2016）47頁，50頁以下，矢内一好『一般的否認規定と租税回避判例の各国比較―GAAR パッケージの視点からの分析』（財政詳報社，2015）146頁以下参照。

(8) オーストラリアの1936年所得税賦課法（ITAA）PART IVA 177D 条。

(9) 2009年発効のリスボン条約による改正前の EC 条約220条では "Court of Justice" であり，欧州司法裁判所（ECJ: European Court of Justice）と呼ばれた。リスボン条約による改正後の EU 条約13条では，"Court of Justice of the European Union"（CJEU）となったが，本稿ではどちらも「欧州裁判所」と表記する。

(10) "GAAR STUDY: A study to consider whether a general anti-avoidance rule should be introduced into the UK tax system: Report by Graham Aaronson QC, 11 November 2011"。アーロンソン報告書については，今村隆・前掲注(2)，岡直樹「英国のアーロンソン報告書と GAAR」フィナンシャル・レビュー126号（2016）107頁等参照。また，アーロンソン報告書及び関係法令等の翻訳として，小林剛「英国のアーロンソン報告，一般的租税回避対処法及び同ガイダンス」亜細亜大学経済学紀要40巻 1 号（2016）11頁。

(11) アーロンソン報告書 4.6。

(12) アーロンソン報告書 4.7。

(13) アーロンソン報告書 6.3(i)(ii)。

(14) 「租税利益」には，租税の軽減（又は軽減額の増加），租税の還付（又は還付額の増加），課税評価額の減少，納付の繰延べ又は還付の繰上げ等が含まれる（208条）。

(15) *Inland Revenue Commissioners v. Duke of Westminster* [1936] A.C. 1.

(16) *W. T. Ramsay Ltd. v. Inland Revenue Commissioners* [1982] A.C. 300. 「ラムゼイ原則」については，今村・前掲注(2)93頁による。

(17) Rebecca Murray, *Tax Avoidance*, Sweet & Maxwell, 2012の "Chapter 7 Ramsay: A principle of statutory interpretation or a judge made rule?"，今村隆「英国におけるラムゼイ原則と資本控除（capital allowance）への適用―2011年 Tower MCashback 事件英国最高裁判決を分析して―」租税研究760号170頁（2013），松田直樹『租税回避行為の解明』（ぎょうせい，2009）118頁以下参照。

(18) *Tower MCashback LLP 1 v. Revenue and Customs Commissioners* [2011] UKSC 19.

(19) アーロンソン報告書 Section 3 "Does the UK need a GAAR?" 参照。同報告書 para. 5.4は，GAAR は解釈のルールではなく，他の租税法令が従うべき優先的な制定法の原則（overriding statutory principle）であるとする。

(20) 前掲注(3)。

(21) 大野・前掲注(4)参照。

(22) COMMISSION RECOMMENDATION of 6.12.2012 on aggressive tax planning, C（2012）8806 final.

(23) 前掲注(22)の para. 4.2.

(24) 租税回避対抗指令の2016年1月提案（Proposal for a COUNCIL DIRECTIVE laying down rules against tax avoidance practices that directly affect the functioning of the internal market, 28.1.2016, COM（2016）26 final, 2016/0011（CNS））の前文。

(25) Case C-264/96 *Imperial Chemical Industries plc（ICI）v. Kenneth Hall Colmer（Her Majesty's Inspector of Taxes）*［1998］ECR I-4695.

(26) Case C-196/04 *Cadbury Schweppes plc, Cadbury Schweppes Overseas Ltd v. Commissioners of Inland Revenue*［2006］ECR I-7995.

(27) Case C-524/04 *Test Complaints in the Thin Cap Group Litigation v. Commissioners of Inland Revenue*［2007］ECR I-2107.

(28) *Cadbury Schweppes*, paras. 51 and 55; *Thin Cap*, paras. 72 and 74.

(29) *Thin Cap*, para.92.

(30) Case C-311/08 *Société de Gestion Industrielle SA（SGI）v. Etat belge*［2010］ECR I-487.

(31) *SGI*, paras. 65, 66, 71 and 72. なお，*SGI* 事件については，大野雅人「EU 法における移転価格課税と『商業上の正当事由』―欧州裁判所 *SGI* 判決を素材として―」税大ジャーナル18号（2012）21頁参照。

(32) Case 33/74 *Johannes Henricus Maria van Binsbergen v Bestuur van de Bedrijfsvereniging voor de Metaalnijferheid*［1974］ECR 1299.

(33) Case 125/76 *Firma Peter Cremer v. Bundesanstalt fur landwirtschaftliche Marktordnung*,［1977］ECR 1593.

(34) Case C-110/99 *Emsland-Stärke GmbH v. Hauptzollamt Hamburg-Jonas*,［2000］ECR I-111569.

(35) Rita de la Feria "Introducing the Principle of Prohibition of Abuse of Law", Rita de la Feria and Stefan Vogenauer, ed., *Prohibition of Abuse of Law; A New General Principle of EU Law?* Hart Publishing, 2011, p.xv.

(36) *Emsland-Stärke*, para. 51.

(37) *Emsland-Stärke*, para. 52.

(38) *Emsland-Stärke*, para. 53.

(39) Case C-255/02 *Halifax plc, Leeds Permanent Development Services, Ltd, County Wide Property Investments Ltd v. Commissioners of Customs & Exercise*［2006］ECR I-1609. *Halifax* 事件については，今村隆「租税回避とは何か」税大論叢40周年記念論文集（2008）11頁，34頁以下参照。

(40) *Halifax*, para. 68.

(41) *Halifax*, para. 69. 本パラグラフでは裁判所は *Cremer* 事件判決 para. 21, Case C-8/92 *General Milk Products* 事件判決（1993年，ECR I-779）para. 21及び *Emsland-Stärke* 事件判決 para. 53を引用している。

(42) *Halifax*, para. 70.

(43) *Halifax*, para. 72.

(44) *Halifax*, para. 74.

(45) *Halifax*, para. 75.

(46) EU の判例法における「濫用」の概念についても，それが解釈の原則（a principle of construction）か一般原則（a general principle）かにつき議論がある。解釈の原則であるとす

る主張として，Anthony Arnull, "What is a General Principle of EU Law?", Feria and Vogenauer・前掲注(35)，p.7。EU 法の一般原則であるとする主張として，Karsten Engsig Sørensen, "What is a General Principle of EU Law? A Response", Feria and Vogenauer・前掲注(35)，p.25。

(47) 金子宏『租税法（第21版）』（弘文堂，2016）125頁。ただし，22版（2017）では書き換えられている。

(48) 金子・前掲注(47)，129頁。22版（2017）では130頁。

(49) 最高裁平成23年 2 月18日第二小法廷判決・判時1883号43頁〔武富士事件〕の須藤正彦裁判長の補足意見参照。ただし，「濫用」を理由に外国税額控除を認めなかった判例として，最高裁平成17年12月19日第二小法廷判決・民集59巻10号2964頁がある。

38 一般的否認規定（GAAR）導入の必要性

大野雅人

1 立法論としての一般的否認規定の必要性

租税回避行為の否認に関しては，課税当局（更正等の処分庁としての税務署長等）は法律の明文の規定なくしては納税者の租税回避行為を否認することができず，容認できない租税回避行為に対抗するためには，国（立法機関としての国会，税法の企画立案部局としての財務省主税局，執行当局としての国税庁等）は必要に応じて速やかに租税回避の形態に応じた対抗規定を立案・制定すべきである，ということが我が国においてのほぼ共通の認識であると思われる[1]。法律の明文の規定なくして租税回避行為を否認できないというのは租税法律主義からの要請であり，租税回避行為への対抗規定を制定すべきであるというのは，同じような経済的利益を得ている納税者は同じように課税されるべきという租税公平主義からの要請である。

しかし，納税者の租税回避行為が一定の度を超えた場合（それがどのような状況を指すのかにつき明確な一線が引けるわけではないが，例えば納税者による「法の濫用」があるとか，納税者が行った取引に「経済的実質」がないといえるような限界的な場合）に，課税当局が租税法令の明文の規定なく租税回避行為を否認できるかどうかについて，我が国のみならず諸外国で議論がある[2]。これは解釈論の問題である。

これに対し，納税者の租税回避が一定の度を超えた場合（あるいは一定の度を超えたことを示す指標となる一定の要件を備えた場合）に，一般的租税回避否認規定（GAAR）[3]と呼ばれる，課税当局に租税回避行為を否認する権限を与える旨の明文の規定を制定すべきかどうかの議論がある。これは立法論の問題である。本稿では，立法論としての，我が国における一般的租税回避否認規定（以下「一般的否認規定」という。）の創設の必要性について述べる。

2 租税回避の概念

「租税回避」とは何か，また，「租税回避行為の否認」とは何かにつき，長く続

く議論がある[4]。租税回避（tax avoidance）とは，通説によれば，「私法上の選択可能性を利用し，私的経済取引プロパーの見地からは合理的理由がないのに，通常用いられない法形式を選択することによって，結果的には意図した経済的目的ないし経済的成果を実現しながら，通常用いられる法形式に対応する課税要件の充足を免れ，もって税負担を減少させるあるいは排除すること」をいうとされている[5]。これに対して，今村隆教授は，租税回避を，「私法上は，その法形式どおりに有効であるが，⑴租税法上の便益を得るのが主たる目的であってこれ以外の事業目的その他合理的目的がほとんどなく，⑵当該租税法規の趣旨・目的に反するにもかかわらず，租税上の便益以外の経済上の利益を得る見込みが極めて少ないか又は経済上の地位に意味のある変動を生じさせるものでないことから経済実質を欠く行為を行い，これによって，その法形式に対応する課税要件の充足を免れ又は課税減免規定の要件を充足させ，もって税負担を減少させ又は排除すること」と定義する[6]。金子教授は，租税回避は明文の規定なくしては否認できないとすることから[7]，節税と租税回避との厳密な区分の実益はないことになるが，今村教授の定義は租税回避の否認を意識しているようにみえる[8]。

　他方，租税回避は，「通常用いられない法形式」を用いているとまでは言えない取引についても言われることがある。例えば，タックス・ヘイブン対策税制（外国子会社合算税制），移転価格税制，過少資本税制なども，租税回避に対する対策であるといわれることがあるが，これらの税制は，「外国に子会社を設立する」，「関連会社との取引価格をやや高め（低め）に設定する」，「関連会社から資金の借入れを行う」などの，特に複雑とも異常ともいえない取引等を通じての租税軽減策に対する対抗措置である。本稿では，通説が定義する租税回避のほか，租税負担の軽減を図るためのこのような納税者の行為も含めて広く「租税回避」と呼ぶこととする。

　また，納税者が租税回避行為を行い，これに対して課税当局が現行の租税法令を根拠として（課税要件を充足しているとして）課税処分を行った場合に，しばしば「租税回避行為が否認された」と言われるが，前述のとおり，明文の規定なくして課税当局が租税回避を否認することはできず，課税当局はあくまで事実認定と現行法令の解釈により課税したのであり，この場合は「租税回避の試みが失敗」したというべきとの指摘がある[9]。

　租税回避は，脱税（tax fraud, tax evasion）と異なる。租税回避が法形式の選択によって課税要件の充足を免れることであるのに対し，脱税は，課税要件を充足しているにもかかわらず「課税要件の充足を全部又は一部秘匿する行為」で

あるとされる[10]。租税回避を行っても，それは事実と異なる外観を装ったり虚偽の資料を課税当局に提出するものではないので，重加算税の課税要件（国税通則法68条）である隠蔽・仮装，あるいは逋脱犯の要件（所得税法238条，法人税法159条）である「偽りその他不正の行為」とはならず[11]，重い行政的制裁（重加算税等）や刑事罰を受けるものではない[12]。

他方で，租税回避と節税の区別は曖昧である。これは，通説が，節税はもともと法令が予定している行為であり問題ないものであるとし，租税回避も法律の特別の規定がない限り否認できないとしているので，両者を厳密に区別する実益がないためである。しかし，法律で準一般的否認規定といえる規定（同族会社の行為計算の否認規定等）が置かれている場合には，当該規定によって否認されるべき租税回避行為とはどのようなものかということは明らかにする必要がある（これは解釈論の問題である。）。特に同族会社の行為計算の否認規定については，わが国の法人の約96％[13]が同族会社であることを踏まえると，その適用は広範囲に及ぶ。さらに，新たな一般的否認規定を創設しようとすれば，当該規定により否認されるべき租税回避行為をできるだけ明確に定義することが必要となる。

3　一般的否認規定と我が国の行為計算の否認規定

租税回避による税収減を防ぐために，国が特定の類型の租税回避行為への対抗規定を制定することの必要性は，一般に積極的に肯定されている[14]。特定の類型の租税回避を防止するための規定が，SAAR（Special Anti-Avoidance Rule）やTAAR（Targeted Anti-Avoidance Rule）と呼ばれる個別的否認規定である。我が国では，タックス・ヘイブン対策税制（措置法40条の4，66条の6），移転価格税制（措置法66条の4），過少資本税制（措置法66条の5），過大支払利子税制（措置法66条の5の2），コーポレート・インバージョン対策税制（措置法40条の7，66条の9の2），外国税額控除の制限（法人税法施行令141条3項，142条の2第5項等），組合事業による損失等の制限（措置法41条の4の2，67条の12），国外転出時課税制度（所得税法60条の2，60条の3），贈与者・被相続人が居住者である場合の日本国籍を持たない非居住者への相続税・贈与税の課税（相続税法1条の3第1項二号ロ，1条の4第1項二号ロ）等々がこれに当たる。個別的否認規定は，新たな租税回避の形態が現れる毎に，国が対抗措置として次々に立法してきたものである。これらの規定は，特定の方法による租税回避が使えないようにするために課税要件を改めるものであり，納税者の租税回避行為（又は特定の取引等）を否認（disregard, ignore）するものではない[15]。

578 ◆ 第4章 日本における BEPS 対策の重要課題

　個別的否認規定に対して，否認されるべき租税回避行為の要件を一般的・概括的に定める規定を一般的否認規定（GAAR）という。これは，課税当局に，納税者が行った租税回避行為のうち一定のものを課税所得等の計算上否認する権限を与えるものである。我が国には，一般的否認規定に極めて近いものとして，同族会社の行為計算の否認規定（法人税法132条，所得税法57条，相続税法64条等）がある。これらの規定は，適用対象が同族会社（法人税法2条十号）に限定されているが，前述のように我が国の法人の約96％が同族会社であることを考えれば，この規定は準一般的否認規定であるといえる[16]。

　この規定の原型は，大正12年（1923）所得税法73条ノ3の「前条ノ法人ト其ノ株主又ハ社員及其ノ親族，使用人，其ノ他特殊ノ関係アリト認ムル者トノ間ニ於ケル行為ニ付所得逋脱ノ目的アリト認ムル場合ニ於テハ政府ハ其ノ行為ニ拘ラス其ノ認ムル所ニ依リ所得金額ヲ計算スルコトヲ得」（傍点は筆者。以下同じ。）との規定に遡る[17]。その後，大正15年（1926）の改正を経て，昭和15年（1940）法人税法28条に，次いで昭和22年（1947）法人税法34条に引き継がれた（ここでひらがな表記となり，発動要件は「同族会社の行為又は計算で，法人税を免れる目的があると認められるものがある場合」とされた。）。その後，昭和25年（1950）改正後の31条の2では「法人税を免れる目的」という要件が削除され，代わって「法人税の負担を不当に減少させる結果となると認められるもの」という不当性要件が入った。その後数回の改正を経て，現行の昭和40年（1965）法人税法132条となり[18]，さらに若干の改正[19]を経て今日に至っている[20]。

　同様の規定は，所得税については昭和22年全部改正後の所得税法67条に置かれ，現行（昭和40年）所得税法157条に引き継がれている。また，現行（昭和25年）相続税法64条にも同旨の規定が置かれている[21]。

　他方，対象を同族会社に限定しない，一般的否認規定については，昭和36年（1961）に税制調査会がその創設を提言した。すなわち，昭和36年の「国税通則法の制定に関する答申（税制調査会第二次答申）」は，「…租税回避行為を防止するためには，各税法において，できるだけ個別的に明確な規定を設けるよう努めるものとするが，諸般の事情の発達変遷を考慮するときは，このような措置だけでは不十分と認められるので，上記の実質課税の原則の一環として，租税回避行為は課税上これを否認することができる旨の規定を国税通則法に設けるものとする。」「なお，立法に際しては，税法上容認されるべき行為まで否認する虞れのないよう配慮するものとし，たとえば，その行為をするについて他の経済上の理由が主な理由として合理的に認められる場合等には，税法上あえて否認しない旨を

明らかにするものとする。」[22]と提言したが，昭和37年の国税通則法制定に当たっては，同法に当該規定を入れることは見送られた[23]。

　その後，今日まで，一般的否認規定の創設が税制調査会において提言されることはなく，租税回避対策としては個別の行為計算否認規定が置かれるようになり，平成13年に組織再編に係る行為計算の否認規定として法人税法132条の2が，平成14年に連結法人に係る行為計算の否認規定として同法132条の3が，平成27年に恒久的施設帰属所得に係る行為計算の否認規定として同法147条の2及び所得税法168条の2が，それぞれ置かれた。これらの規定は，いずれも「…行為又は計算で，これを容認した場合には…法人税（所得税）の負担を不当に減少させる結果となると認められるもの」につき，「その行為又は計算にかかわらず」，「税務署長の認めるところにより」，課税標準や税額を計算するものとしている。これらの規定が発動される要件と発動された場合の効果は条文の文言上は不明確であり，他の税法の規定が年々精緻になっている傾向とは対照的である。

　これらの行為計算の否認規定にいう「不当」をどのように解すべきかについては，通説は法人税法132条につき，「ある行為または計算が経済的合理性を欠いている場合」，すなわち「それが異常ないし変則的で，租税回避以外にそのような行為・計算を行ったことにつき，正当で合理的な理由ないし事業目的が存在しないと認められる場合」であるとし，そこでの論点は「①当該の具体的な行為計算が異常ないし変則的であるといえるか否か，および②その行為・計算を行ったことにつき租税回避以外に正当で合理的な理由ないし事業目的があったかどうかとみとめられるか否か」であるとする[24]。最高裁（第一小法廷）平成28年2月29日判決[25]は，組織再編税制に関する行為計算の否認規定である法人税法132条の2につき，法人税の負担を不当に減少させる結果となると認められるものとは「法人の行為又は計算が組織再編に関する税制（中略）に係る各規定を租税回避の手段として濫用することにより法人税の負担を減少させるもの」であるとし，その濫用の有無の判断に当たっては，「①当該法人の行為又は計算が，通常は想定されない組織再編成の手順や方法に基づいたり，実態とは乖離した形式を作出したりするなど，不自然なものであるかどうか，②税負担の減少以外にそのような行為又は計算を行うことの合理的な理由となる事業目的その他の事由が存在するかどうか等の事情を考慮した上で，当該行為又は計算が組織再編成を利用して税負担を減少させることを意図したものであって，組織再編税制に係る各規定の本来の趣旨及び目的から逸脱する態様でその適用を受けるもの又は免れるものと認められるか否かという観点から判断するのが相当」と判示し，不当性の内容につい

580 ◆ 第 4 章 日本における BEPS 対策の重要課題

て具体的に大きく踏み込んだ解釈を示した上で，課税処分を適法とした。この最高裁判決は，諸外国の一般的否認規定（後述「5」参照）と同様に，租税回避行為を「法の濫用」又は「経済的実質の欠如」を理由として否認するという考え方を，我が国の行為計算否認規定の解釈として取り入れたものであり，画期的な判決といえよう[26]。

4 　一般的否認規定の問題点

　課税当局が租税回避行為を見つけ，それが容認できないと判断されれば，国は速やかに立法により当該租税回避への対抗措置を講じる必要がある。ところで，個別的否認規定を立案するためには，企画立案部局は，数多くの態様の租税回避のうち，どのような態様の租税回避について対抗策を講じるべきかをまず判断しなければならない。そこには，程度の差があるにしても，何らかの「容認できない」「不当性」があるとの評価が存するはずである。例えば，過少資本税制についていえば，「関連企業間で恣意的な資金貸付が行われているために，貸付金の利子の支払により，本来あるべき租税負担が，容認できない程度に不当に軽減されている」というような評価である。現場の調査官と企画立案部局がそのような評価を行われなければ，そもそも個別的否認規定の立案作業が開始されないのである。しかし，「恣意的な」「不当に」等の概念を法文上に用いると，執行の不確定性を増し納税者の予測可能性を損なうことから，そのような不確定性を軽減させるための立法技術として，実際の個別否認規定では，「資本持分の３倍」（措置法66条の５第１項）等の，できる限り具体的・客観的な基準が用いられ，課税当局に統一的な執行基準を与えるとともに，納税者に予測可能性を与えている。

　これに対して，一般的否認規定は，個別的否認規定の対象となっているもの以外の，「本来あるべき租税負担」を「容認できない程度に不当に軽減」している租税回避行為をあまねく対象にしようとしているために，具体的・客観的な判断基準を定めることが難しく，抽象的な判断要素が法文に書かれることとなる。このため，要件の抽象化は，一般的否認規定の避けられない運命であるが，その中でも，我が国の同族会社の行為計算の否認規定は，「不当に租税負担を軽減すると認められる」という抽象度が高い表現になっている。しかし，税法の規定が，「不当」という，抽象的な（かつ感覚的な）判断要素を採用していると，納税者にとっての予測可能性が損なわれることとなる。したがって，一般的否認規定をつくるときの第一の難しさは，どのように「不当性」を客観的に記述するかである。

そして，第二の難しさは，何らかの「不当性」を理由に一定の行為を「否認」して課税をする場合，納税者の「本来の」所得額等がいくらになるのかを計算しなければならないが，それをどのように行うのか，ということである。そこには必然的にフィクション（「本来であればこのような行為計算が行われたはず」という）が含まれざるを得ない。また，現実の法律関係は，課税当局が否認した取引も含めて，先になされた取引等の上に重畳的に構成されており，否認された取引を前提に行われた取引を課税上どのように取り扱えばよいのかという問題も生じ得る。

5 諸外国における一般的租税回避否認規定

一般的否認規定に内在する上記のような問題に対し，既に一般的否認規定を持つ諸外国ではどのような解決が図られているだろうか。一般的否認規定としては，ドイツの租税基本法42条が著名であるが[27]，ここでは比較的最近に立法化が行われた，米国，英国及びEUの例をみる。

（1）米国

米国は，従来制定法による一般的否認規定を持たず，判例法で租税回避否認原則を発展させてきていたが，2010年にIRC 7701条(o)が新設された[28]。同項は，「経済的実質主義の明確化」（Clarification of Economic Substance Doctrine）との標題の下，経済的実質主義に関係する取引（any transaction to which the economic substance doctrine is relevant）については，①当該取引が納税者の経済的ポジション（連邦所得税についての効果を除く。）を実質的に変更させるもので，かつ，②納税者が当該取引を行う実体的な目的（連邦所得税についての効果を除く。）を有している場合にのみ「経済的実質」（economic substance）があると取り扱われると規定する（7701条(o)(1)(A)(B)）。ここで「経済的実質主義」とは，取引が経済的実質を有しておらず，又は事業目的を欠いている場合には，当該取引に係る租税利益（tax benefit）は否認される（are not allowable）というコモンロー上の理論であると定義されている（7701条(o)(5)(A)）。したがって，その内容については判例法を参照する必要があることとなる。本規定は，上記①と②の要件をともに満たした場合にのみ経済的実質が認められることを明確にすることであったといわれる[29]。

（2） 英国

2013年財政法 Part 5 により創設された英国の GAAR（General anti-abuse rule）[30]は，まず，租税利益を得ることが取極め（arrangement）の主たる目的（main purpose）又は主たる目的の一つ（one of the main purposes）である場合には，当該取極めは「租税取極め」（tax arrangement）であると定義する（207条1項）。そして，租税取極めは，すべての状況を考慮したときに，適用される租税規定との関係において合理的な一連の行為（a reasonable course of action）として合理的に考えることができない（cannot reasonably be regarded）場合に，濫用的（abusive）であるとされる（同条2項）。考慮すべき状況には，①当該取極めの実質的な結果が，当該規定が立脚している原則（明示か黙示かを問わない）や当該規定の政策目的と矛盾していないかどうか，②1つ又はそれ以上の仕組まれた（contrived）又は異常な（abnormal）ステップを含んでいないか，③当該取極めが当該規定の不備（shortcoming）を利用することを意図しているかどうか，が含まれる（同条2項(a)〜(c)）。租税取極めが「濫用的」であると判断されると，租税取極めから生じた租税利益（tax advantage）は課税処分により打ち消される（be counteracted）こととなる。なお，GAAR の適用に当たっては，諮問委員会（GAAR Advisory Panel）に諮る必要がある（2013年財政法スケジュール43）。

（3） EU

EU では，2016年7月に，法人税のみを対象として，いわゆる租税回避対抗指令（ATAD: Anti-Tax Avoidance Directive）が制定され[31]，その6条に一般的否認規定が置かれた。同条は，"General anti-abuse rule" の標題の下に，「…加盟国は…適用される租税法の趣旨又は目的に反する租税利益（tax advantage）を得ることを主要な目的（the main purpose）又は主要な目的の一つ（one of the main purposes）として行われている，真正でない（not genuine）一の取極め又は一連の取極めを無視（ignore）するものとする。一の取極めは一以上のステップ（step）又は部分（part）から構成され得る。」（1項）と規定する。また，一の取極め又は一連の取極めは，「それらが経済的真実（economic reality）を反映する正当な商業上の理由（valid commercial reasons）をもって行われていない範囲において，真正でない（non-genuine）と取り扱われる」（2項）。取極め又は一連の取極めが1項の規定により無視された場合には，法人税額は「各国の法によって計算される」（3項）。

6条の本文には「濫用」という語は使われていないが，6条の標題から，真正でない（non-genuine）取引が濫用的取引として否認されることが読みとれる。そして，「真正でない」とは，2011年CCCTB指令提案当時の文言や，2012年の「攻撃的租税計画についての委員会勧告」(2012/772/EU)[32]等の文言と比較すれば，欧州裁判所（ECJ，後にCJEU）が判例として確立した，「完全に技巧的な」(wholly artificial) とほぼ同義である（「artificial」の反対語が「genuine」である。）。6条の下では，「租税法の趣旨又は目的に反する」租税利益を得ることを「主要な目的又は主要な目的の一つとして」行われる，「経済的真実を反映する正当な商業上の理由をもって行われていない」取引が否認されることとなる。

上記の米国，英国及びEUの一般的否認規定の判断枠組はそれぞれに微妙に異なる。例えば，米国が，「経済的実質を有する取引」を定義して，それに該当しないものを否認しようとするのに対し，英国とEUは，「濫用的」又は「真正でない」取引を定義し，それを否認しようとしている。また，英国は，最終的には「二重の合理性（double reasonableness）基準」によって判断しようとしている。しかし，個々の判断要素については共通する部分も多い。英国とEUはともに，納税者の目的基準（租税利益を得ることが当該取極めの主要な目的又は主要な目的の一つであること）と法令の趣旨目的基準（当該取極めが租税規定の趣旨目的に反していること）を持ち，また，EUの「納税者が経済的真実を反映した正当な商業上の理由を持っていない」という要件は，米国の「納税者が当該取引を行う実体的な目的を有する」という基準の裏返しである。他方で，英国は，「取引の異常性」「規定の不備を利用する意図」などの，他国にはみられない独自の要素を記述している。

6　一般的租税回避規定の必要性

一般的否認規定が必要かどうかは，それぞれの国における政治的・専門的な判断であり，実際にも，各国が一般的否認規定を制定した背景はさまざまである。個別的否認規定では十分に租税回避に対抗できないとして一般的否認規定を導入した国もあれば（英国，EU），判例法としての租税回避否認ルールを修正するために一般的否認規定を導入した国（米国）もある。

我が国は，個別的否認規定を数多く立法するとともに，同族会社，組織再編税制，連結納税等に関して準一般的否認規定を持つ一方で，裁判所は，明文の規定に基づくことなく租税回避行為を否認することには慎重な態度を維持している。

584 ◆ 第4章 日本における BEPS 対策の重要課題

の規定によらずに課税庁が租税回避行為を否認した処分を裁判所が維持した例は，都銀外国税額控除事件に係るいくつかの裁判例のみであり，それらの裁判例に対しては「過形成」[33]などの批判が寄せられている。

　一般論として，個別的否認規定に加えて一般的否認規定の創設が望ましいとされる理由は，税法の立案者はあらゆる形態の租税回避を事前に想定することはできず，また，特定の租税回避行為に対抗して個別的否認規定をつくるとしても，納税者が次々に考案する新たな租税回避スキームに迅速に対応することができないためである。課税当局が新たな租税回避スキームを見つけて，当該スキームに対抗する新たな個別的否認規定を立法するまでには時間がかかるし，新たな個別的否認規定を立法しても，先に租税回避スキームを実行した納税者に対する課税はできず，税収は失われたままとなる。一般的否認規定があれば，課税当局が発見した租税回避スキームが一般的否認規定の発動要件を満たしていれば，課税当局は課税処分を行うことが可能であり，税収の回復が図られ，納税者間の負担の公平が図られる。

　また，一般的否認規定は，その存在自体によって，租税回避行為を抑止することが期待される[34]。租税回避を行おうとする納税者や，プロモータと呼ばれる租税回避スキームの販売者は，考案中のスキームに対し一般的否認規定が発動されるかどうかについて慎重な検討を行うことを余儀なくされるからである。このほか，企業の競争条件の公平化（レベルプレイイングフィールド）[35]や，優秀な人材が租税回避という社会厚生の少ない分野に投入されることによる人的資源上の無駄の回避も，一般的否認規定の効用として挙げられる[36]。

　また，一般的否認規定は，実際に税務調査に従事する調査官等にとって，租税回避スキームを発見し，否認できるかどうかを判断することについての，強いインセンティブになると思われる。従来から課税当局は，納税者による租税回避の試みに対して事実認定と法解釈を通じて課税を試みているが，もともと「租税回避」は明文の規定なくしては否認できないことから，事実認定と法解釈で課税できないと判断された租税回避行為については，調査官としては深追いする実益はなかった。一般的否認規定ができることにより，同規定の発動要件を満たす可能性のある租税回避行為は，課税当局により十分な時間をかけて検討され，必要に応じて個別的否認規定がつくられることになると思われる。

　他方で，我が国では一般的否認規定の創設に否定的な見解も根強い。根本的な問題は，一般的否認規定の発動要件が抽象的なものにならざるを得ないことにある。このため，租税法律主義（特に課税要件明確主義）との関係をどう考えるか

が問題となる[37]。一般的否認規定が適用要件としての法令の趣旨目的の把握の困難性を挙げる見解[38]や、ドイツ租税調整法の苦い経験を忘れるべきでないとする意見もある[39]。一般的否認規定の立法に当たっては憲法改正の検討が必要であるとの主張もある[40]。

　一般的否認規定に対して消極説が持つ、その発動要件の曖昧性に対する懸念を否定することはできないが、その問題は、「不当性」を否認の要件にしている現行の準一般的否認規定（法人税法132条等）にも内在している[41]。したがって、現行の準一般的否認規定の「不当性」要件の明確化に関する解釈論としての議論が必要であり、それは新たな一般的否認規定についての議論にもつながっていくと思われる。

　また、2015年のOECD/BEPS最終報告書12[42]で提案された、義務的開示規定をわが国でも導入すれば、租税回避スキームについての情報が課税当局と企画立案当局に集積され、一般的否認規定をめぐる議論に豊富な材料が提供されると思われる。

　一般的否認規定の導入の是非をめぐる見解の対立は、「同様の経済的利益を享受している者の間では、租税負担も同様であるべきである」という租税公平主義の理念と、「曖昧な内容の規定を租税法に置くべきでない」という租税法律主義の理念との対立である。そしてそれは、同時に、「一部の富裕層等の租税回避により、国家の税収減と一般の納税者の負担増がもたらされるのではないか」との懸念と、「曖昧な内容の規定を根拠として課税当局の恣意的な課税が行われるのではないか」との懸念の対立でもある[43]。一般的否認規定を創設する場合には、否認のためのできるだけ明確な要件を定めることによって、課税当局が課税できるケースを厳格に制限し、納税者の予測可能性を確保することが必要であろう[44]。このため、一般的否認規定は課税当局にとっての万能薬（panacea）とはなり得ない[45]。一般的否認規定を適用できない事案については（そして一般的否認規定を適用できた事案についても）、当局は粘り強く個別的否認規定を作っていかざるを得ないものと考えられる。

（注）

(1)　金子宏『租税法（第22版）』（弘文堂, 2017）130頁参照。

(2)　それはまた、租税回避行為に対して課税当局が行った課税処分を裁判所が適法と判断したことが、「濫用の法理による租税回避行為の否認」であるのか、「法令の趣旨目的による解釈」であるのかの議論にもなる。2011年のAaronson報告書以前の英国における議論につき、Rebecca Murray, *Tax Avoidance*（Sweet & Maxwell, 2012）参照。また、2016年の租税回

586 ◆ 第 4 章 日本における BEPS 対策の重要課題

避対抗指令（ATAD）制定前の EU 法における議論につき，Rita de la Feria and Stefan Vogenauer, ed., *Prohibition of Abuse of Law-A New General Principle of EU Law?*（Hart Publishing, 2011）所収の諸論文参照。

⑶　諸外国において "General Anti-Avoidance Rule"（一般的回避対抗ルール）又は "General Anti-Abuse Rule"（一般的濫用対抗ルール）と呼ばれるものである。

⑷　一般的否認規定の創設を含め関連する諸問題を扱うものとして，末尾の【文献 1】【文献 2】所収の各論文参照。また，一般的否認規定に限らず，租税回避の研究対象につき，方法論・概念整理も含めて論じるものとして，岡村忠生「租税回避研究の意義と発展」【文献 3】299頁。

⑸　金子宏『租税法（第21版）』（弘文堂，2016）125頁。ただし，校閲時に接した同書第22版（前掲注⑴）126頁では，「私法上の形成可能性を異常または変則的な（中略）態様で利用すること（濫用）によって，税負担の軽減または排除を図る行為のことである」とされた。

⑹　今村隆「租税回避とは何か」税大論叢40周年記念論文集（2012）57頁。

⑺　金子・前掲注⑴，130頁。

⑻　なお，租税回避についての他の定義として，清永敬治『租税回避の研究』（ミネルヴァ書房，1995）111頁，本庄資『国際租税法（第 4 版）』（大蔵財務協会，2005）441頁，谷口勢津夫『税法基本講義（第 5 版）』（弘文堂，2016）61頁等。

⑼　谷口・前掲注⑻，72頁。

⑽　金子・前掲注⑴，127頁。

⑾　ただし，「通常用いられてない法形式を用いたこと」と「課税要件の充足の秘匿」との境界線は，ときに曖昧となる場合もある。所得税法違反事件に係る東京高裁平成28年 2 月26日判決・判タ1427号（2016）133頁参照。

⑿　ただし，特定の税制の実効性を担保するために一定の内容の報告義務を課し，当該報告義務違反に対して刑事罰等の重いペナルティーを課すことは行われている。平成28年度税制改正による，移転価格税制についての文書化義務違反に対する罰則（措置法66条の 4 の 3 第11項・12項，同法66条の 4 の 4 第 7 項・ 8 項）。また，BEPS 行動12（義務的開示）の最終報告書（2016）は，租税回避行為に対して刑事罰を科す国の存在を示唆している。同報告書 ANNEX B 参照。なお，一定の度を越した租税回避は抑制されるべきと考えるのであれば，そのような租税回避行為を定義した上で，これに対して過少申告加算税よりも重いペナルティーを課すことは十分に考えられる（例えば，米国における，移転価格に係る過少申告に対する IRC 6662条の金銭ペナルティー）。我が国でも，納税者による一定の報告義務違反の場合に，過少申告加算税及び無申告加算税が加重される（国外送金等調書法 6 条及び 6 条の 3 ）。

⒀　約260万件の法人中約250万件。国税庁ウェブサイトの「会社標本調査結果・平成26年度統計表・第11表」による。

⒁　金子・前掲注⑴，130頁。谷口勢津夫「租税回避の法的意義・評価とその否認」税法学577号（2017）245頁，268頁。

⒂　谷口・前掲注⑻，61頁。なお，「個別的否認規定」の「否認」は，通常，「従来可能だった租税回避行為を許さなくなった」という意味で使われている。税務の実務では「否認」という言葉が馴染み深かったため，Special Anti-Avoidance Rule の訳語として，原文にない「否認」の語が用いられたのではないかと思われる。

⒃　ただし，否認の対象が「非同族会社では通常なし得ないような行為計算」に限定されると解すれば，「非同族会社であってもできる行為計算」は対象ではなくなることになる。この

点につき，金子・前掲注⑴，498〜499頁参照。

⒄　このとき，同法73条ノ4には，「政府ハ前二条ノ規定ヲ適用セムトスルトキハ所得審査委員会ノ決議ニ依リ之ヲ決定ス」との規定が置かれている。

⒅　同条の解釈と適用に関する問題を昭和40年代に論じたものとして，若林孝三「法人税法における同族会社の行為計算否認規定の研究」税大論叢2号（1969）165頁。

⒆　平成15年度改正における1項2号ハの改正及び平成18年度改正における3項の新設。

⒇　改正の経緯につき，谷口勢津夫「同族会社税制の沿革及び現状と課題」税研192号（2017）34頁参照。

㉑　昭和63年に地価税が創設された際には，地価税法32条にも同旨の規定が置かれた。なお，消費税法には同族会社の行為計算の否認規定は置かれていない。

㉒　税制調査会「国税通則法の制定に関する答申（税制調査会第二次答申）」（昭和36年7月）の「第二　実質課税の原則等」の「二　租税回避行為」。なお，答申の別冊である「国税通則法の制定に関する答申の説明」14頁では，租税回避否認規定の創設の提言に当たり，西ドイツ租税調整法6条と米国の事業目的基準が参照されている。

㉓　志場喜徳郎ほか編『国税通則法精解（平成28年改訂）』（大蔵財務協会，2016）26頁は，その導入を見送った理由として，「諸外国においても，右のような原則（筆者注：実質課税の原則）が，必ずしも実定法の規定によってではなく，主として，個々のケースにおける判例の上に立ち，その意味で具体的な相貌のものとして受け入れられているという実情をみるときは，我が国におけるあり方としても，各税法において，必要に応じて個々の具体的ケースに即した個別的な規定を設けることはよいとして，いわゆる原則的，一般的な規定のあり方はこれを避けることが，妥当な立法態度であると考えられたのである。」と述べる。当時の議論につき，吉村政穂「租税手続法の一環としての一般的否認規定？―国税通則法制定に関する答申をめぐる議論を振り返る」日税研論集71号（2017）参照。

㉔　金子・前掲注⑴，498〜499頁。ここで，租税回避の意図は②の基準の主観的側面であるとされる。

㉕　民集70巻2号242頁（ヤフー事件）。なお，同日付の最高裁（第二小法廷）判決・民集70巻2号470頁（IDCF事件）も同旨。

㉖　同判決の評釈として，岡村忠生・ジュリスト1495号10頁（2016），本庄資・ジュリスト1498号155頁（2016），渡辺徹也・旬刊商事法務2112号4頁・同2113号23頁（2016）等。谷口勢津夫「租税回避と税法の解釈適用方法論」【文献4】1頁，28頁は，この事件の第一審判決に対して，「本判決は，不当性要件の中に経済的合理性基準に加えて制度趣旨・目的基準を読み込むことによって，『法解釈』を装いながら，制度趣旨・目的を斟酌した目的論的解釈の限界を超え，租税法規の趣旨・目的の法規範化を通じて，許容されない法創造（目的論的解釈の「過形成」）の領域に踏み込んだものと考えられる」と批判する。この事件の第一審判決を素材として法人税法132条の2について論じるものとして，渡辺徹也「組織再編成と租税回避」【文献4】119頁以下。なお，法人税法132条の2を本件最高裁判決のように解釈した場合，法人税法132条の従来の解釈との整合性の問題が生じる可能性もある。例えば，前述のとおり昭和25年法人税法では「税を免れる目的があると認められるもの」との旧法の文言が削除されたため，納税者の租税回避の意図は行為計算の否認規定の適用に当たっての要件とはならないとされるが（IBM事件東京高裁判決），本件最高裁判決は考慮要素に加えている。

㉗　2008年の改正を含め，ドイツ租税基本法42条を分析するものとして，谷口勢津夫『租税回避論』（清文社，2014）の「第4章　ドイツ租税基本法42条の意義と展開」（同書221頁以下）。

⑱　同規定を紹介・分析するものとして，岡村忠生「米国の新しい包括的濫用防止規定について」日本租税研究協会第62回租税研究大会記録『税制改革の課題と国際課税の潮流』（2010）138頁以下。

⑲　Shay Menuchin and Yariv Brauner, "Chapter 38 United States,"【文献5】p. 766. また，Joint Committee on Taxation による改正法案の解説（Technical Explanation, JCX-18-10, March 21, 2010）参照。

⑳　立法に至る経緯等については，本書㊲（大野執筆）と同㊲に記載の参考文献参照。

㉛　「域内市場の機能に直接影響を及ぼす租税回避行為に対抗するためのルールを定める2016年7月12日付の欧州理事会指令2016/1164」（COUNCIL DIRECTIVE (EU) 2016/1164 of 12 July 2016 laying down rules against tax avoidance practices that directly affects the functioning of the internal market, OJ 19.7.2016, L. 193/1.）。その内容につき，大野雅人「EUの一般的濫用対抗規定（GAAR）」租税研究2017年1月号118頁，その仮訳につき同138頁。

㉜　COMMISSION RECOMMENDATION of 6.12.2012 on aggressive tax planning, C（2012）8806 final.

㉝　谷口・前掲注㉖，1頁，11頁以下，15頁以下（ただし，「過形成」との批判は，裁判所が法令の規定を根拠として課税庁の課税処分を維持した裁判例に対しても向けられている）。岡村忠生・租税判例百選（第6版）18事件（最判平成17年12月19日りそな外税控除事件）の評釈等も参照。

㉞　アーロンソン報告書 1.7(i)。

㉟　アーロンソン報告書 1.7(ii)。

㊱　森信茂樹「BEPSと租税回避への対応――一般的否認規定（GAAR）の整備を―」【文献2】5頁。

㊲　一般的否認規定に対する懸念を示す見解として，北村導人「判批」旬刊経理情報1383号（2014）50～51頁，宮崎裕子「一般的租税回避否認規定―実務家の視点から」【文献3】37頁，43頁。

㊳　谷口・前掲注㉖，1頁，29頁以下，同・前掲注㉗，242～243頁。

㊴　中里実「タックス・シェルターからタックス・コンプライアンスへ――会社法と租税法の融合の必要性」【文献3】14頁，18頁（2016）は，「一般的租税回避否認規定であれ，包括的租税回避否認規定であれ，安易な一般条項への逃亡が危険であることがは，歴史が証明している。」として，ドイツ租税徴収法の例を挙げる。また，中里教授は，「（一般的租税回避規定の）導入には躊躇を覚える。国には立法権があるのであるから，真摯に情報を集め，地道に個別的否認規定を整備していくことこそ王道であろう。」ともされる。中里実「租税史回廊（第22回）課税逃れ商品」税経通信72巻2号（2017）6頁。

㊵　岡村忠生「一般的租税回避否認規定について―否認理論の観点から」【文献3】44頁，48頁。

㊶　法人税法132条，同132条の2をはじめとする行為計算否認規定の運用の曖昧さを指摘し，課税当局による恣意的な課税を懸念するものとして，阿部泰久「包括的租税回避否認規定創設に対する経済界の考え」【文献2】174頁，田中治「同族会社の行為計算否認規定のあり方」税研192号（2017）46頁，52頁。

㊷　OECD/G20 Base Erosion and Profit Shifting Project, Action12, Mandatory Disclosure Rules, 2015 Final Report. 義務的開示規定については本書㉔（大野執筆）参照。

㊸　そのような意味で，「豊富な資金を有して租税回避スキームを組成する富裕層対課税当局」という対立の図式も書けるし，「通常の経済活動を行っている企業・事業者対恣意的な

課税を行おうとする課税当局」という対立の図式も書ける（森信・前掲注(36)，12頁参照）。

(44)　ただし，谷口・前掲注(14)267頁は，税務官庁が租税回避を理由としての否認権を濫用しないように一般条項である一般的否認規定で制約することは，そもそも「背理」であるとする。

(45)　Ioanna Mitroyanni, "Chapter 2: European Union"【文献5】，p. 21, p. 43. また，酒井貴子「租税回避行為と包括的租税回避否認規定―ニュージーランド版 GAAR を参考に―」【文献4】241頁，247頁は，不明確な一般的否認規定を持つニュージーランドでは，租税訴訟の20%～30%を GAAR の適用を争う事例が占めることを紹介している。

［参考文献］

多くの先行研究があるが，ここでは比較的最近に出版された単行本と定期刊行物の特集記事のみを掲げる。

中里実編「租税法律主義の総合的検討」フィナンシャル・レビュー 129号（2017）【文献1】

森信茂樹編「税制特集Ⅳ―BEPS と租税回避への対応」フィナンシャル・レビュー 126号（2016）【文献2】

特集「国際的租税回避への法的対応」ジュリスト1496号（2016）【文献3】

今村隆『租税回避と濫用法理』（大蔵財務協会，2015）

岡村忠生編著『租税回避研究の展開と課題』（ミネルヴァ書房，2015）【文献4】

矢内一好『一般的否認規定と租税回避判例の各国比較』（財経詳報社，2015）

谷口勢津夫『租税回避論』（清文社，2014）

本庄資『国際課税における重要な課税原則の再検討（上）（中）（下）』（日本租税研究協会，（上）2014，（中）2016，（下）2017）

Michael Lang, et.al, *GAARs-A Key Element of Tax Systems in the Post-BEPS World*（IBFD, 2016）【文献5】

39 リンキング・ルールの 適用手続の法定

飯守一文

1 はじめに

OECD/G20は2015年10月，行動2「ハイブリッド・ミスマッチ取極めの効果の無効化」に関する最終報告書[1]（以下「最終報告書」という）をとりまとめ，その中でリンキング・ルールを中心とするハイブリッド・ミスマッチ・ルール（以下「ミスマッチ・ルール」という）の導入が勧告された。ハイブリッド金融商品やハイブリッド事業体等により生ずる，損金算入／益金不算入（Deduction/No Inclusion（D/NI））[2]や二重損金算入（Double Deduction（DD））等のハイブリッド・ミスマッチについては，二重非課税を防止するための国内法と租税条約の改正が求められる。このうち国内法改正は，①配当免税の否認等の個別的勧告に基づくルールと，②ハイブリッド取極めの相手国におけるミスマッチ・ルールの有無に応じて適用関係が定まるリンキング・ルールとからなる。また，PE ミスマッチについては，2016年8月22日に討議用文書が公表されている[3]。

我が国では，平成27年度税制改正において，①に相当する外国子会社配当の益金不算入を否認する規定が導入されたが[4]，EU，英国，豪州等においても導入ないし導入に向けた検討が進められている（2016年末現在，先進国で国内法化を了しているのは英国のみであろう）。

以下，将来我が国でリンキング・ルールが導入される場合の資とする観点から，BEPS プロジェクト以後にリンキング・ルールを含むミスマッチ・ルールを導入し若しくは導入しつつある EU，英国，豪州及びニュージーランド（NZ）の先行国における国内法化の取組みをそれぞれ2～5で紹介した上でコメントを行い，6で我が国への若干の示唆に言及する。

なお，文中意見にわたる部分は筆者の個人的見解であることをお断りしておく。

2 EU

（1） 経緯

EU は，域内市場の機能に直接影響する租税回避行為に対抗するためのルール

として，EU指令（租税回避対抗指令）2016/1164を2016年7月12日に制定した[5]。同指令は，OECDのBEPS最終報告書を受けて制定されたもので，加盟国間で生じるハイブリッド・ミスマッチに関する規定（第9条）だけでなく，利子制限ルール，出国税，GAAR，CFCルールについて，加盟国に対し，2018年末までに法令を制定・公表し，2019年1月1日からの発効を求めている（第11条）。

経済・財務相理事会（ECOFIN）は，同指令の最終妥協案の一部として，「当理事会は，欧州委員会に対し，OECD BEPS行動2報告書により勧告されたルールと整合的かつ同程度以上に効果的なルールを策定するため，2016年末までに合意に達することを視野に入れ，第三国の関与するハイブリッド・ミスマッチについて2016年10月までに提案を提出することを求める」とするハイブリッド・ミスマッチに関する声明を出した[6]。これを受けて，2016年10月25日に，第三国との間で生じるハイブリッド・ミスマッチをカバーするとともに，PE，ハイブリッド移転，輸入ミスマッチ及び二重居住者ミスマッチを追加することを内容とする，同指令の改正案を公表した[7]。

なお，その改正案は2016年12月末現在では合意に至っていない。

（2）　租税回避対抗指令
イ　ミスマッチ・ルールの趣旨

同指令前文（13）は，ミスマッチ・ルールが税制の一般的特性に影響を与える意図がないことを強調するほか，同指令がミスマッチ・ルール導入の第一段階として整備されたもので，EU域内での一部のハイブリッド・ミスマッチにしか対応していないため，次の段階の検討が必要であるとしている。

ハイブリッド・ミスマッチに対抗することを目的とする措置が，金融商品又は事業体の法的性質の相違に帰すべきミスマッチの状況に対抗することを目的とするものであって，加盟国の税制の一般的特性に影響を与えることを意図するものでないことを本指令において明確化することが有益である。

加盟国は，企業税制に関する行動準則検討グループの枠組みにおいて，EU域内におけるハイブリッド事業体及びハイブリッドPEの税務上の取扱い，並びに，第三国に関係するハイブリッド事業体の税務上の取扱いに関するガイダンスに合意したが，拘束力を有するルールを発効させる必要性がなお存している。加盟国と第三国との間でのハイブリッド・ミスマッチ，並びに，PEが関わるものを含むその他のハイブリッド・ミスマッチに関して更なる検討が行われることが肝要である。

ロ　ミスマッチ・ルールの内容

　同指令は，ハイブリッド・ミスマッチを，金融商品及び事業体の法的性質の相違に起因して DD 及び D/NI を生じさせる支払（DD については，さらに費用及び損失）であると定義する。

第2条（定義）

　（9）「ハイブリッド・ミスマッチ」は，次に掲げる結果が金融商品若しくは事業体の法的性質の相違に帰する場合における，一つの加盟国の納税者と他の加盟国の関連会社との間の状況，又は，加盟国の者の間の仕組取極めを意味する。

　　（a）同一の支払，費用若しくは損失の損金算入が，支払が源泉を有し，費用が発生し，若しくは損失を被る加盟国，並びに，他の加盟国の双方において生じること（以下「二重損金算入」という。），又は，

　　（b）支払が源泉を有する加盟国において，当該支払の，他の加盟国における租税目的での対応する益金算入を伴うことなく，当該支払の損金算入が行われること（以下「益金算入なき損金算入」という。）

　次に，無効化のための規定として，DD にあっては支払が源泉を有する加盟国のみ損金算入が可能であり，D/NI にあっては支払者の加盟国において損金算入を否認するルールを定めている。

第9条（ハイブリッド・ミスマッチ）

　1．ハイブリッド・ミスマッチの結果，二重損金算入が存在する限りにおいて，当該損金算入は，当該支払が源泉を有する加盟国においてのみ与えられなければならない。

　2．ハイブリッド・ミスマッチの結果，益金算入なき損金算入が存在する限りにおいて，支払者の加盟国は，当該支払の損金算入を否認しなければならない。

（3）　租税回避対抗指令改正案

イ　ハイブリッド・ミスマッチ等の定義

　ハイブリッド・ミスマッチの定義として，ハイブリッド金融商品及びハイブリッド事業体に加え，PE ミスマッチ及びハイブリッド移転が追加された。

第2条（定義）

　（9）「ハイブリッド・ミスマッチ」は，次に掲げる結果のいずれかが，金融商品若しくは事業体の法的性質，又は PE としての事業拠点の取扱いの相違に帰する場合における，異なる租税法域における，納税者と関連会社との間の状況，又は，者の間の仕組取極めを意味する。

（a）　同一の支払，費用若しくは損失の課税ベースからの損金算入が，支払が源泉を有し，費用が発生し，若しくは損失を被る法域，並びに，他方の法域の双方において生じること（以下「二重損金算入」という。）

（b）　支払が源泉を有する法域において，同一の支払の，他方の法域における租税目的での対応する益金算入を伴うことなく，当該支払の課税ベースからの損金算入が行われること（以下「益金算入なき損金算入」という。）

（c）　PE としての事業拠点の取扱いが相違する場合において，ある法域に源泉を有する所得が，他方の法域における同一の所得の租税目的での対応する益金算入を伴うことなく，非課税とされること（以下「益金算入なき非課税」という。）

　　ハイブリッド・ミスマッチは，二つの法域において，損金算入される同一の支払，発生する費用若しくは被る損失が，両法域において益金算入され，同一の源泉に帰すべき所得の額を超える限りにおいてのみ生じる。

　　ハイブリッド・ミスマッチは，移転される金融商品の潜在的収益が，異なる法域における租税目的上の居住者である，取極めの当事者の一人以上によって同時に稼得されると租税目的上取り扱われ，次に掲げる結果のいずれかを生じる場合における，納税者の関わる仕組取極めの下での金融商品の移転を含む：

（a）　潜在的収益と関連を有する支払の損金算入であって，当該支払が租税目的上，対応する益金算入のないもの。ただし，潜在的収益が関与する者の一人の課税所得に益金算入される場合を除く。

（b）　移転される金融商品から，関与する者の一人以上に稼得される支払の源泉徴収税の免除。

また，仕組取極めの定義は次のとおりである。

(11)　「仕組取極め」とは，ハイブリッド・ミスマッチが取極めの条件として価格に織り込まれている場合の当該ミスマッチが関わる取極め，又は，ハイブリッド・ミスマッチ効果を創出するために設計されている取極めをいう。ただし，納税者又は関連会社が，ハイブリッド・ミスマッチを認識することが合理的に期待されず，かつ，ハイブリッド・ミスマッチから生じる租税利益の価値を共有しなかった場合を除く。

以上のほか，定義規定として，関連会社等についても整備が図られている（第2条（4），（10）など）。

ロ　ハイブリッド・ミスマッチの無効化

無効化規定として，PE ミスマッチ（第9条第3項），輸入ミスマッチ（同条第4項及び第5項），ハイブリッド移転（同条第6項）及び二重居住者（第9a条）が追加されている。また，加盟国間のケースに加えて，第三国が関与する

594 ◆ 第4章 日本における BEPS 対策の重要課題

ケースにおけるリンキング・ルールが追加されている。

第9条（ハイブリッド・ミスマッチ）

1．加盟国間のハイブリッド・ミスマッチの結果，同一の支払，費用若しくは損失の二重損金算入が存在する限りにおいて，当該損金算入は，当該支払が源泉を有し，費用が発生し，若しくは損失を被る加盟国においてのみ与えられなければならない。

　　第三国が関与するハイブリッド・ミスマッチの結果，同一の支払，費用若しくは損失の二重損金算入が存在する限りにおいて，関係加盟国は，第三国が既に否認している場合を除き，当該支払，費用若しくは損失を否認しなければならない。

2．加盟国におけるハイブリッド・ミスマッチの結果，益金算入なき損金算入が存在する限りにおいて，支払者の加盟国は，当該支払の損金算入を否認しなければならない。

　　第三国が関与するハイブリッド・ミスマッチの結果，益金算入なき損金算入が存在する限りにおいて，

　(i)　当該支払が加盟国にその源泉を有する場合には，当該加盟国は当該損金算入を否認しなければならない。

　(ii)　当該支払が第三国にその源泉を有する場合には，関係加盟国は納税者に当該支払を課税ベースに益金算入することを要求しなければならない。ただし，当該第三国が既に損金算入を否認し，又は，当該支払を益金算入すべきことを要求した場合を除く。

3．PE が関与する加盟国間のハイブリッド・ミスマッチの結果，益金算入なき非課税が存在する限りにおいて，納税者が租税目的上居住者である加盟国は，当該納税者に PE に帰属すべき所得を課税ベースに算入することを要求しなければならない。

　　第三国に所在する PE が関与するハイブリッド・ミスマッチの結果，益金算入なき非課税が存在する限りにおいて，関係加盟国は，当該納税者に第三国の PE に帰属すべき所得を課税ベースに算入することを要求しなければならない。

4．納税者の第三国の関連会社に対する支払が，ハイブリッド・ミスマッチの結果，EU 域外の異なる二つの法域において損金算入可能である支払，費用若しくは損失に対して，直接的又は間接的に相殺される限りにおいて，当該納税者の加盟国は，納税者の第三国の関連会社に対する支払の課税ベースからの損金算入を否認しなければならない。ただし，関与する第三国の一つが，二つの異なる法域において損金算入可能な当該支払，費用若しくは損失を既に否認している場合を除く。

5．納税者の第三国の関連会社に対する損金算入可能な支払の対応する益金算入が，ハイブリッド・ミスマッチの結果，受領者により課税ベースに益金算入されない支払と直接的又は間接的に相殺される限りにおいて，当該納税者の加盟国は，納税者の第三国の関連会社に対する支払の課税ベースからの損金算入を否認しなければならない。ただし，関与する第三国の一つが，益金算入されない支払の損金算入を既

に否認している場合を除く。

6. ハイブリッド・ミスマッチの結果，移転される金融商品から関与する者の一人以上に稼得される支払への源泉徴収税が免除される限りにおいて，当該納税者の加盟国は，当該支払に関する純課税所得に比例して当該免除の便益を制限しなければならない。

7. 第1項から第6項の目的上，「支払者」は，支払が源泉を有し，費用が発生し若しくは損失を被る事業体又は PE を意味する。

第9a条 （租税居住地のミスマッチ）

　加盟国と第三国の双方の租税目的上の居住者である納税者の支払，費用若しくは損失が，当該加盟国及び当該第三国の法律に従い，双方の法域の課税ベースから損金算入可能であり，当該支払，費用若しくは損失が，当該第三国で益金算入されない課税所得と，当該納税者の加盟国において相殺可能である限りにおいて，当該納税者の加盟国は，当該支払，費用若しくは損失の損金算入を否認しなければならない。ただし，第三国が既に否認している場合を除く。

（4） コメント

イ　租税回避対抗指令

　最終報告書では，DD（ハイブリッド事業体）については親会社の損金算入否認，D/NI については支払者の損金算入否認がプライマリ・ルールとなっているところ，同指令のミスマッチ・ルールは，EU 域内国すべてにおいて同様の法制化がなされる前提上，プライマリ・ルールのみを規定したものと考えられる。

　ところで，指令案（第10条）では，最終指令と異なり，ミスマッチが生じている場合には，「支払が源泉を有し，費用が生じ，若しくは損失を被っている加盟国によってハイブリッド事業体に与えられた法的性質について，当該他方の加盟国はこれに従わなければならない」，「支払が源泉を有する加盟国によってハイブリッド商品に与えられた法的性質について，当該他方の加盟国はこれに従わなければならない」という規定ぶりとなっていた[8]。

　指令案と最終指令を比較すると，第1に，指令案では，取極めの種類（ハイブリッド事業体及びハイブリッド商品）に応じた規定となっていたが，最終指令では，ミスマッチの種類（DD 及び D/NI）に応じた規定に変更されている。

　第2に，指令案では，取極めの法的性質に着目してリンキングが規定されていたが，最終指令では，支払の損金算入の可否を直截に規定している。最終報告書の勧告内容と整合的にするほか，加盟国の既存税制への影響を最小化する観点か

らの修正であろう。

ロ　租税回避対抗指令改正案

　第三国が関与するケースに適用される無効化ルールを仔細に見ると，9条1項のDDについては，第三国の損金算入否認を優先するルールとなっており，また，同条2項のD/NIについては，加盟国が支払者国である場合には，セカンダリ・ルールが存在せず，第三国が支払者国である場合には，第三国の取扱いを優先しているなど，細かい点では最終報告書と必ずしも一致していない部分もある。

　しかし，次に取り上げる英国の例でも明らかなように，最終報告書の勧告内容及び加盟各国の国内法制の複雑さに鑑みれば，その国内法化に当たっては，最終報告書をベースにした精緻な起草作業が不可欠であるため，加盟国に形式と方法の選択を委ねる第2次法たるEU指令（EC条約第249条第3項参照）の規定内容としては，概括的な一般原則を定めれば十分であり，微細な点の不一致により最終報告書との全体的な整合性が損なわれるものではないであろう[9]。

3　英国

（1）　経緯

　英国では，2014年10月5日に行動2の勧告を実施するための国内法改正の意向が公表され，2014年12月に財務省・歳入関税庁（HMRC）から「濫用的租税計画への対抗：ハイブリッド・ミスマッチ取極めに対処するためのG20/OECDの合意アプローチの実施」と題する討議用文書[10]が公表された後，2015年12月にコメントの要約[11]が公表され，2016年3月16日に「法人税：ハイブリッド対抗ルール」と題する政策文書[12]が公表された。

　英国居住法人及びPEを通じて英国内で事業を行う非居住法人の所得算定は，2010年国際課税法（TIOPA）によって規律されるが，2016年財政法（2016年9月15日制定）附則10により，TIOPAの第6編（裁定行動への対抗）の後に第6A編（ハイブリッド及びその他のミスマッチ）を追加する改正が行われた[13]。新ルールの適用開始日は2017年1月1日である（同附則25条）。この改正により向こう5年間で9億ポンドを超える税収増が見込まれている[14]。

　さらに，新ルールの適用関係の理解を図るべく，「ハイブリッド及びその他のミスマッチ―ガイダンス」と題する400頁を超える討議用ドラフトが2016年12月9日に公表された（コメント期限は2017年3月10日）[15]。このガイダンスには，OECD最終報告書から抜粋した事例に加え，ハイブリッド移転及びPEに係る追加の事例も含まれている。

（2）　新ルール案の構成

　第6A編は，ミスマッチの態様に応じた下表[16]の各章のほか，イントロダクション（第1章），主要な定義（第2章），後続事象等による調整（第12章），租税回避対抗規定（第13章），解釈（第14章）から構成されている。

ミスマッチ	取極め	勧告されたハイブリッド・ミスマッチ・ルール		
		対応	防御ルール	適用範囲
D/NI	第3章：金融商品によるハイブリッド及びその他のミスマッチ	支払者の損金算入の否認	通常所得として益金算入	関連者及び仕組取極め
D/NI	第4章：ハイブリッド移転によるD/NIミスマッチ	支払者の損金算入の否認	通常所得として益金算入	関連者及び仕組取極め
D/NI	第5章：ハイブリッド支払者によるD/NIミスマッチ	支払者の損金算入の否認	通常所得として益金算入	支配グループ及び仕組取極め
D/NI	第6章：PEによる移転に関するD/NIミスマッチ	英国PEの損金算入の否認		対応に制限なし
D/NI	第7章：ハイブリッド受領者によるD/NIミスマッチ	支払者の損金算入の否認	投資者，その後LLPの通常所得として益金算入	支配グループ及び仕組取極め
D/NI	第8章：多国籍受領者によるD/NIミスマッチ	支払者の損金算入の否認		支配グループ及び仕組取極め
DD	第9章：ハイブリッド事業体によるDDミスマッチ	投資者の損金算入の否認	支払者の損金算入の否認	関連者及び仕組取極め
DD	第10章：二重居住によるDDケース	二重居住法人：損金算入の否認　多国籍法人：親会社法域の損金算入の否認	多国籍法人：英国PEの損金算入の否認	対応に制限なし
間接D/NI	第11章：輸入ミスマッチ	支払者の損金算入の否認		支配グループの構成員及び仕組取極め

　以下では，ハイブリッド金融商品等とハイブリッド事業体によるD/NIミス

マッチを例に，主要な規定の概要を見ることとする。

（3） ハイブリッド金融商品等による D/NI ミスマッチ

イ　適用要件

第3章（金融商品によるハイブリッド及びその他のミスマッチ）が適用されるためには，次の A〜D の4要件をすべて満たすことが必要である（259CA 条）。

A　支払又は準支払が金融商品に基づき又は関連してなされること（同条(2)）。

B　(a)支払者が支払期間において法人税を課されているか，又は，(b)受領者が支払期間の一部又は全部に該当する会計期間において法人税を課されていること（同条(3)）。

C　当該支払又は準支払に関連して，ハイブリッドその他の非許容 D/NI ミスマッチが生じていると合理的に推定されること（同条(4)）。

D　(a)同条(2)に規定する準支払がなされ，支払者が受領者でもあること，(b)一定期間内において支払者及び受領者が関連者であること，又は，(c)金融商品又はそれに関連する取極めが仕組取極めであること（同条(6)）。

「支払」とは，(a)一人の者〔支払者〕から一人以上の者に直接又は間接になされる金銭又はその等価物の移転であって，(b)それに関連して，支払者の課税所得の算定上，ある金額〔関連損金算入〕が課税期間〔支払期間〕における支払者の損金に算入されるものをいう（259BB 条(1)）。

「準支払」が存在するのは，(a)ある者〔支払者〕の課税期間〔支払期間〕に関連して，支払者の課税所得の算定上，ある金額〔関連損金算入〕が当該期間における支払者の損金に算入され，かつ，(b)一定の推定規定に基づき，関連損金算入を生じさせる状況の結果として一人以上の者に通常所得の発生を期待することが合理的である場合である（同条(2)）。ただし，(a)関連損金算入が支払者法域の法律の下で，租税の目的のために生じると見做される金額であり，かつ，(b)関連損金算入を生じさせる状況が当該支払者と当該一人以上の者との間に実体的に存在する経済的権利を含んでいない場合には，準支払は存在しない（同条(3)）。

準支払の場合において，(a)事業体が，英国の法律の下で課される租税の目的上，支払者と別人格の者でなく，(b)当該事業体が，支払者法域の法律の下で課される租税の目的上，支払者と別人格の者であり，かつ，(c)通常所得の金額が，同条(2)(b)に定める当該事業体に生じると期待することが合理的である場合には，支払者は「受領者でもある」とされる（同条(7)）。

金融商品又はそれに関連する取極めが「仕組取極め」となるのは，(a)金融商品又は取極めが，ハイブリッド・ミスマッチ若しくは非許容 D/NI ミスマッチの確保のために設計されているか，(b)金融商品又は取極めの条件が，商品若しくは取極めの当事者間のミスマッチの経済的利益を共有するか，ミスマッチが生じると期待される事実を反映していると合理的に推定される場合である（259CA条(7)）。

「ハイブリッドその他の非許容 D/NI ミスマッチ」が存在するとされるのは，支払又は準支払に関連して，ケース1とケース2の一方又は双方に該当する場合である（259CB 条(1)）。

ケース1は，(a)関連損金算入が，許容課税期間において支払又は準支払を原因として各受領者に生じる通常所得の額の総額を超え，かつ，(b)当該超える額の全部又は一部が，金融商品の条件その他の特性を原因として生じている場合であり（同条(2)），ハイブリッドその他の非許容 D/NI ミスマッチの額は，(2)(b)に規定する当該超える額に等しい（同条(10)）。

ケース2は，(a)許容課税期間において支払又は準支払を原因として受領者に生じ，かつ，(b)金融商品の条件その他の特性を原因として課税される通常所得の一つ以上の額〔過少課税額〕が存在する場合であり（同条(7)），ハイブリッドその他の非許容 D/NI ミスマッチの額は，次の算式によってそれぞれの過少課税金額として算定される額の合計に等しい（同条(11)）。

$$\left(\frac{過少課税額 \times (最大限界税率 - 最高税率)}{最大限界税率} \right)$$

ここで，「最大限界税率」は，過少課税額が生じる許容課税期間における受領者の最大限界税率を，また，「最高税率」は，税額控除の効果を正当かつ合理的に考慮して，過少課税額が含まれる課税所得に租税が課される最高税率を指す（同）[17]。

なお，受領者の課税期間は，(a)当該期間が支払期間の末日から12か月後の最終日までに開始するか，又は，(b)(i)当該期間が通常所得の額に関連する許容期間であるように請求がなされた後で，かつ，(ii)通常所得の額がより早い期間でなく当該課税期間に生じることが正当かつ合理的である場合に，当該期間が開始するときは，支払又は準支払の結果として生ずる通常所得の額に関連して「許容」される（259CC 条(2)）。また，受領者の通常所得の金額は，許容課税期間において，税額控除の効果を正当かつ合理的に考慮して，当該金額が含まれる受領者の課税所得に租税が課される最高税率が，受領者の最大限界税率を下回る場合に，

「過少課税」となる（同条（4））。さらに，受領者の「最大限界税率」とは，同条（4）に定める課税所得に課されるべき租税が，許容課税期間において，金融商品から若しくはそれに関連して生じる通常所得を含む受領者の課税所得に課される場合の最高税率を意味する（同条（5））。

ロ　無効化

（イ）の対応と（ロ）の防御ルールとからなる。

（イ）　支払者が支払期間において法人税を課される場合の無効化

本条は，支払者が支払期間において法人税を課される場合に適用される（259CD 条（1））。法人税の課税目的上，支払期間において支払者の所得から損金算入される関連損金算入は，259CA 条（4）に規定するハイブリッドその他の非許容 D/NI ミスマッチに等しい金額が減額される（同条（2））。

（ロ）　受領者が法人税を課される場合の無効化

本条が受領者に関して適用されるのは，(a)受領者が，その一部又は全部が支払期間に該当する会計期間において法人税を課され，かつ，(b)(i)259CD 条と英国以外の領域の法律に基づく同等の規定のいずれも適用されないか，若しくは，(ii)259CD 条と同等の英国以外の領域の法律の規定が適用されるが，259CA 条（4）に規定するハイブリッドその他の非許容 D/NI ミスマッチを完全に無効化していないと合理的に推定される場合である（259CE 条（1））。

259CD 条と同等の英国以外の領域の法律の規定が当該ミスマッチを完全に無効化していないとされるのは，(a)それが，ミスマッチの全額によって関連損金算入を減額しておらず，かつ，(b)支払者が，課税所得の算定上，所得から関連損金算入をなお損金算入できる場合である（その場合に限られる）（259CE 条（2））。

本条において「関連金額」とは，(a)259CE 条（1）(b)(i)が適用される場合には，259CA 条（4）に規定するハイブリッドその他の非許容 D/NI ミスマッチに等しい金額，(b)259CE 条（1）(b)(ii)が適用される場合には，(i)ミスマッチが，259CD 条と同等の英国以外の領域の法律の規定によって関連損金算入が減額されると合理的に推定される金額を超える額と，(ii)259CE 条（2）(b)に規定する損金算入がなおされている関連損金算入の額のいずれか少ない金額をいう（同条（3））。

受領者が唯一の受領者である場合には，関連金額は，無効化期間において受領者に生じる所得と扱われる（同条（4））。一人以上の受領者がいる場合には，関連金額のうち当該受領者に帰すべきものに等しい金額は，無効化期間において受

領者に生じる所得と扱われる（同条(5)）。(4)又は(5)の規定により生じるものと扱われる所得の金額は，2009年法人税法（その他の所得）第10編第8章の下で課税される（同条(7)）。

(4) ハイブリッド事業体によるD/NIミスマッチ
イ 適用要件

第5章（ハイブリッド支払者によるD/NIミスマッチ）が適用されるためには，次のA〜Eの5要件をすべて満たすことが必要である（259EA条）。

A 支払又は準支払が取極めに基づき又は関連してなされること（同条(2)）。

B 支払者がハイブリッド事業体〔ハイブリッド支払者〕であること（同条(3)）。

C (a)ハイブリッド支払者が支払期間において法人税を課されること，又は(b)受領者が支払期間の一部又は全部に該当する会計期間において法人税を課されること（同条(4)）。

D 支払又は準支払に関連してハイブリッド支払者によるD/NIミスマッチが生じていると合理的に推定されること（同条(5)）。

E (a)同条(2)に規定する準支払がなされ，ハイブリッド支払者が受領者でもあること，(b)一定期間内においてハイブリッド支払者及び受領者が同一の支配グループに属すること，又は，(c)当該取極めが仕組取極めであること（同条(7)）。

事業体が「ハイブリッド」であるのは，次のA，Bの2要件を満たす場合である（259BE条(1)）。

A 事業体がいずれかの領域の法律の下で，租税目的上，者であると見なされること（同条(2)）。

B (a)事業体の所得又は利益の一部又は全部が，いずれかの領域の法律に基づいて課される租税の目的上，同条(2)に規定する者以外の一若しくは複数の者の所得又は利益と扱われるか，又は，(b)同条(2)に規定する領域以外の領域の法律に基づき，事業体が，当該領域の法律上，別人格の者である一若しくは複数の事業体と別人格の者として扱われないこと（同条(3)）。

本編の目的上，(a)同条(3)(a)が適用される場合において，ハイブリッド事業体の所得又は利益を有すると扱われる者は，それに対する「投資者」であり，(b)同条(3)(b)が適用される場合において，(i)同条(2)に規定する領域の法律上，ハイブリッド事業体と別人格の者であるが，(ii)別の領域の法律上，ハイブリッド

事業体と別人格の者であると扱われない事業体は，ハイブリッド事業体に対する「投資者」であり，(c)投資者が法律の下で租税を課される領域は，当該投資者に関して「投資者法域」である（同条（4））。

支払又は準支払に関連して「ハイブリッド支払者による D/NI ミスマッチ」が生じるのは，(a)関連損金算入が，許容課税期間において支払又は準支払を原因として各受領者に生じる通常所得の額の総額を超え，かつ，(b)当該超える額の全部又は一部が，ハイブリッド支払者がハイブリッド事業体であることを原因として生じている場合であり（259EB 条（1）），ハイブリッド支払者による D/NI ミスマッチの額は，（1）(b)に規定する当該超える額に等しい（同条（2））。

　ロ　無効化

　(イ)　ハイブリッド支払者が支払期間において法人税を課される場合の無効化

本条は，ハイブリッド支払者が支払期間において法人税を課される場合に適用される（259EC 条（1））。法人税の課税目的上，関連損金算入は，それが259EA 条（5）に規定するハイブリッド支払者による D/NI ミスマッチ〔制限された損金算入〕を超えない限りにおいて，支払期間においてハイブリッド支払者の所得から損金算入してはならない。ただし，それが当該期間において二重益金算入所得から損金算入される場合を除く（同条（2））。

同条（2）の適用により当該支払期間において当該支払者の所得から損金算入できない，制限された損金算入（それがある場合）の額は，(a)当該支払者の後続の会計期間に繰り越され，かつ，(b)法人税の課税目的上，本項に基づいてそれ以前の期間において損金算入できない限りにおいて，当該後続の会計期間において二重益金算入所得から損金算入することができる（同条（3））。

本条において，支払者の会計期間における「二重益金算入所得」は，259EA 条（2）に規定する取極めに関連して生じ，(a)法人税の課税目的上，支払者の当該期間における通常所得であり，かつ，(b)投資者法域の法律に基づいて課される租税の目的上，許容課税期間において支払者に係る投資者の通常所得であるものの額を意味する（259EC 条（4））。

　(ロ)　受領者が法人税を課される場合の無効化

本条が受領者に関して適用されるのは，(a)受領者が，その一部又は全部が支払期間に該当する会計期間において法人税を課され，かつ，(b)(i)英国以外の領域の法律に基づき，259ED 条と同等の規定が適用されないか，(ii)259ED 条と同等の英国以外の領域の法律の規定が適用されるが，259EA 条（5）に規定するハイブリッド支払者による D/NI ミスマッチを完全に無効化していないと合理的に

推定される場合である（259ED 条（1））。

　259EC 条と同等の英国以外の領域の法律の規定が当該ミスマッチを完全に無効化していないとされるのは，(a)当該規定が，当該支払期間において，二重益金算入所得以外のハイブリッド支払者の所得からの損金算入を妨げる関連損金算入の額が，ミスマッチの額より少なく，かつ，(b)ハイブリッド支払者が，当該支払期間において，二重益金算入所得以外の所得から関連損金算入の一部をなお損金算入できる場合である（その場合に限られる）（259ED 条（2））。

　本条において「関連金額」とは，(a)259ED 条（1）(b)(i)が適用される場合には，259EA 条（5）に規定するハイブリッド支払者による D/NI ミスマッチに等しい金額，(b)259EA 条（1）(b)(ii)が適用される場合には，(i)ミスマッチが，259EC 条と同等の英国以外の領域の法律の規定によって，当該支払期間において，二重益金算入所得以外の所得からの損金算入が妨げられると合理的に推定される関連損金算入の額を超える額と，(ii)259ED 条（2）(b)に規定する損金算入がなおされている関連損金算入の額のいずれか少ない金額をいう（同条（3））。

　受領者が唯一の受領者である場合には，(a)関連金額から(b)二重益金算入所得を減算したものに等しい金額は，無効化期間において受領者に生じる所得と扱われる（同条（4））。一人以上の受領者がいる場合には，(a)関連金額のうち当該受領者に帰すべきものから(b)二重益金算入所得の関連比例部分を減算したものに等しい金額は，無効化期間において受領者に生じる所得と扱われる（同条（5））。(4)又は(5)の規定により生じるものと扱われる所得の金額は，2009年法人税法（その他の所得）第10編第8章の下で課税される（同条（8））。

(5)　その他の特徴的な規定

イ　推定が合理的でなくなった場合の調整

　(a)本編の各規定の目的上，合理的推定がなされ，(b)当該推定が誤りであったこと若しくは合理的でなくなったことが判明した場合に，正当かつ合理的な派生的調整をすることができる（259L 条（1））。

ロ　通常所得の額が遅れて生じた場合の課税合計所得からの損金算入

　本条が適用されるのは，(a)支払又は準支払に関する関連損金算入が関係規定により減算され，(b)本編の規定又は英国外の領域の法律の同等の規定が当該支払又は準支払に関していかなる者の税務上の取扱いに対しても適用されず，(c)当該支払又は準支払を理由として，許容課税期間において各受領者に生じる通常所得の額の合計を関連損金算入が上回ったか，上回ることが合理的に推定された

ために，規定が効力を有し，(d)(i)当該支払又は準支払を理由とするが，(ii)本編の規定又は英国外の領域の法律の同等の規定の結果としてでなく，許容課税期間でない課税期間〔後続期間〕において，通常所得〔後発所得〕の額が受領者に生ずる場合である（259LA条（1））。後発所得に等しい額は，後続期間が終了する会計期間の支払者の課税合計所得の計算上，損金算入することができる（同条（2））。

ハ　租税回避取極めの無効化

本条が適用されるのは，(a)関連租税回避取極めが存在し，(b)本条による場合を除き，当該取極めの結果，ある者（当該取極めの当事者であるか否かを問わない）が関連租税利益を稼得し，(c)当該者が，(i)当該者が関連租税利益を稼得する時点において法人税を課され，(ii)当該関連租税回避取極めがない場合に当該時点において法人税を課される場合である（259M条（1））。

関連租税利益は，法人税の課税目的上，当該者の取扱いに対し正当かつ合理的な調整を行うことにより無効化されるものとする（同条（2））。本条に基づいて行うことが求められる調整（歳入関税庁の職員によるか否かを問わない）は，更正，再更正又は更正の請求の不許可その他の方法により行うことができる（同条（3））。

ある者が「関連租税利益」を稼得するのは，(a)当該者が，その程度の如何を問わず，本編の規定又は英国以外の領域の法律の同等の規定の適用を回避し，もって課税所得の算定の目的上，所得からの損金算入の可否又は方法を制限するか，又は，(b) 当該者が，その程度の如何を問わず，本編の規定又は英国以外の領域の法律の同等の規定に基づき，当該者の所得と扱われる額を回避する場合である（同条（4））。

「関連租税回避取極め」は，ある者に関連租税利益の稼得を可能にすることをその主要目的又は主要目的の一つとする取極めを意味する（同条（5））。しかし，関連租税利益の稼得が，当該取極めに関連する本編の規定又は英国以外の領域の法律の同等の規定が依拠する（明示的か暗示的かを問わない）原則並びに当該規定の政策目的と整合的であると合理的に見なされ得る場合には，当該取極めは「関連租税回避取極め」に該当しない（同条（6））。同条（6）に規定する原則及び政策目的を決定する目的上，適切であれば，2015年10月5日にOECDから公表されたハイブリッド・ミスマッチ取極めの無効化に関する最終報告書又はその代替的若しくは補完的な公表物を考慮することができる（同条（7））。

二 金融トレーダー及び規制資本の適用除外

一定の要件に該当する金融トレーダーは，ハイブリッド移転 D/NI ミスマッチの適用上，除外される（259DE 条）。「金融商品」には，規制資本証券の課税に関する2013年規則の目的上の規制資本証券に該当するいかなるものも含まない（259N 条（3）(b)）。

(6) コメント

第6A 編の追加を主な内容とする附則10は膨大な改正法規定であり，最終報告書の勧告内容（多国籍企業の英国 PE による本支店間支払に係る D/NI ミスマッチ・ルールも含む）を網羅的に国内法化した最初の例であろう。悉皆的なコメントは難しいが，何点か概括的に指摘しておきたい。

第1に，ハイブリッド・ミスマッチの分類を最終報告書よりも精緻化して全9章に分け，それぞれに無効化の要件と効果を規定するとともに，既存の概念・用語との調整を図るべく，多くの修正概念・用語（例えば，「関連損金算入」や「許容課税期間」など）を新たに用いているが，これにより，規定内容の明確化が図られた一方で複雑化したことは否めない[18]。

第2に，課税当局のみならず納税者にとっても，相手国や第三国における課税上の取扱いを知ることが困難な場合が少なからずあり，そうした取扱いを課税要件に含むリンキング・ルールを設計する上で，一定の推定を働かせることは不可避かつ合理的であろう。その際，推定が覆る場合の規定も備えることが必要となることは言うまでもない。

第3に，ミスマッチ・ルールは客観的・自動的に適用されるルールであることを大きな特徴としているが，ハイブリッド・ミスマッチが租税回避目的に利用されている場合に効果的に対処する観点からは，GAAR とは異なる，租税回避取極めの無効化に関する SAAR を導入することは合理的である。

第4に，例えば，規制資本の取扱いなど，最終報告書が各国の裁量に委ねた部分について，自国の事情（英国の金融業界など）を考慮に入れたルール化が図られている。

第5に，言うまでもないが，施行後の状況によっては改正もあり得ることである。例えば，英国勅許税務協会（CIOT）は，改正法案を審議する議会に提出した書面意見の中で，BEPS 対策という改正理念の下では意図されていないような，極端な結果が生じる場合があることを次のように指摘し，納税者や外国には原理に基づいた税源浸食対策ではなく「税金の掴み取り（grab for tax）」と映るだろ

606 ◆ 第4章 日本における BEPS 対策の重要課題

うとしている[19]。

- 英国会社の外国支店は英国法人税は免除されるが，外国支店の所在する法域が支店活動に所得税又は法人税を課していない場合（例えば，ドバイ），当該支店へのグループ会社からの支払は，第8章の条件を満たせば英国で課税される。支店が実体を有し，支払が独立企業間条件を満たすにもかかわらずこのような課税が行われれば商業活動が阻害されるため，第8章の適用を仕組取極めの場合に限定すべきである。

- 多くの外国の多国籍企業は，低収益率の現地ディストリビューター企業（英国企業を含む）を有し，残余利益が IP 所有企業に生じるような，IP 所有権集中モデルを採用しているが，第11章の適用（輸入ミスマッチ取極めに係る英国法人の支払の損金算入否認）により，売上原価の支払がすべて否認されることになる。そのため，こうした場合の損金算入否認の対象を，究極の受領者が稼得する利益を参照することにより限定する等の改善が図られるべきである。

- 英国会社（債務者）に資金を提供している会社形態の外国ファンド（債権者）は，英国債務者の清算時に大半の資産を得ることができるため，両者の間に支配関係が生じ得る。輸入ミスマッチにおける包括取極め（259KA 条（5））には目的要件がなく，債権者が英国外で税の仕組み取引に関与している場合，英国債務者が無実の当事者であっても利子支払の損金算入が否認されることになる。そのため，英国債務者と包括取極めの当事者との関係がローン・ファシリティに基づく貸借関係のみである場合には，259NA 条の支配グループの定義からローン債権者を除外する旨の規定を追加すべきである。

4 豪州

（1）　経緯

　豪州租税委員会（Board of Taxation（BOT））は，2015年5月12日，財務相からミスマッチ・ルールの実施に関する諮問を受け，OECD 最終報告書に含まれる勧告から生じる実施上の考慮事項，とりわけ，①長期の租税繰延べを含む二重非課税の除去の目的の遂行，②豪州の経済的費用，③納税者のコンプライアンス・コスト並びに④豪州の国内法（例えば，債務・資本ルールや銀行の規制資本ルール），国際的義務（租税条約を含む）及び新しいミスマッチ・ルールの間の相互関係に関する実施戦略について報告を求められた。

同委員会は，2015年11月に公表した討議用文書に寄せられたコメントのほか，作業グループ，財務省及び国税庁のメンバーの意見も踏まえ，2016年3月に財務大臣に報告書「OECDハイブリッド・ミスマッチ・ルールの実施」（以下「BOT報告書」）[20]を提出した。

BOT報告書提出後の4月8日に，財務相はBOTに対して，規制資本に関連して生ずる損金算入可能／無償調達可能なハイブリッド・ミスマッチ取極めをなくすためにOECD勧告をどのように国内法化するかを検討し，7月末までに報告するよう求めている[21]。2016年12月末現在，改正法案は策定中とされている[22]。

（2） BOT報告書の概要

BOT報告書には17項目の勧告が含まれている。

勧告1（行動2報告書の勧告の採用）：本報告書で勧告される若干の修正を加えて行動2報告書の勧告を採用すべきである。

勧告2（開始日）：ミスマッチ・ルールは，2018年1月1日とハイブリッド・ミスマッチ法制が国王の裁可を得てから6月後のいずれか遅い日以降に行われる支払に対して適用を開始すべきである。

勧告3（グランドファーザリング及び経過的取極め）：既存の取極めは一般的にはグランドファーザリングされるべきではない。しかし，法律が制定される際，グランドファーザリングすることが適当な一定の類型の取極め（ミスマッチ・ルールの適用から投資者に重大な損失が生じる場合の第三者取極めなど）もあり得る。また，ミスマッチ・ルールの適用開始予定日に十分な通知が納税者に与えられる場合には，一般的には経過的ルールは必要とされない。

勧告4（デミニミス閾値及び目的テスト）：ミスマッチ・ルールは，デミニミス・テスト又は目的テストを含まない。しかし，デミニミス閾値は，輸入ミスマッチ・ルールの適用を簡略化するための選択肢として考慮されるべきである（所見）。

勧告5（タイミングの相違）：

- ハイブリッド・ミスマッチが単にタイミングの一つである場合には，OECD勧告1を3年以下の期間の金融商品に適用すべきではない。
- 3年を超える期間を有する金融商品については，所得が相手法域の租税上認識されるまで豪州の債務者が損金算入を申立てる能力を遅らせるため，OECD勧告1の主要ルールを適用すべきである。また，豪州の債権者につ

いて防御ルールが適用される場合には，発生する金額の損金算入が相手法域で申立てられる年ごとに，豪州の受領者の課税所得に（課税所得から実際の受取額を控除し，又は，実際の受取額を受領した年に非課税と扱って）含められる。

以上は，行動2報告書が示唆するアプローチとは相違する。

勧告6（OECD勧告2.1及び2.2の採用）：

- OECD勧告のオプション2.1〔損金算入可能な支払に対する配当免税の否認〕の採用，及び
- OECD勧告のオプション2.2〔ハイブリッド移転の下での外国税額控除の制限〕は直ちに実施すべきでないが，完全性の懸念が明らかになれば将来において実施する余地を残すべきである。

勧告7（二重益金算入所得の特定）：不必要な複雑性を回避し，納税者のコンプライアンス・コストを最小化するため，簡略な二重益金算入所得アプローチがとられるべきである。否認された超過額は，別の期間の二重益金算入所得と相殺するために繰越しを可能とすべきである。

勧告8（輸入ミスマッチ・ルール）：適切な完全性の程度を確保しつつ，輸入ミスマッチの適用に当たっての不確実性及び潜在的なコンプライアンス負担を軽減するために可能な仕組みに考慮が払われるべきである。

　　また，974条から980条に関して判明した解釈及びコンプライアンスの問題が輸入ミスマッチ・ルールにおいて繰り返されないことを確保するため，法制の検討過程において注意深い考慮が払われるべきことを強く勧告する。

所見1：コンプライアンス及び不確実性を最小化するため，輸入ミスマッチ・ルールのためのデミニミス・テスト又は他のセーフ・ハーバー・テストのいずれかに（十分な数の国が自国のミスマッチ・ルールを実施するまでの経過措置であっても）考慮が与えられるべきである。

勧告9（例外規定）：次の点を含むが，それに限定することなく，ミスマッチ・ルールの限定的な例外規定に対して法制の検討過程において更なる考慮が払われるべきである：

- 証券化ビークルを含む特別な投資ビークルに関する勧告1.5〔投資ビークルに関する例外〕に基づいてとられるアプローチと整合的な，行動2報告書で勧告されている例外規定，
- 金融トレーダー——レポ契約及び証券貸付契約，及び，
- 管理投資信託（公募）

勧告10（過少資本税制）：次についても更なる考慮が払われるべきである：

- 負債の損金算入がミスマッチ・ルールにより否認される状況において，当該損金算入が関係するハイブリッド負債が，すべての場合において調整平均負債計算から除外されるべきかどうか，及び，
- ミスマッチ・ルールの適用により過少資本税制に加えられるその他の結果的な変更が必要とされるかどうか。

勧告11（利子源泉税）：利子源泉税は，既存の利子源泉税免除規定に該当しない限り，ハイブリッド負債金融に係る利子支払に継続して適用されるべきである。

勧告12（一般的租税回避否認規定）：第ⅣA編の一般的租税回避否認規定を，ミスマッチ・ルールの適用を回避するために納税者によってとられる再構築に適用することの可否及び状況について，国税庁長官が行政指針を提供すべきである。

勧告13（定義）：

　勧告13.1（金融商品）

　　　国際的調和を最大化するため，OECD 行動 2 報告書の「金融商品」の定義をミスマッチ・ルールに用いるべきである。

　　　しかし，ミスマッチ・ルールの目的上，定義の範囲は，商品が豪州の会計基準及び会計原則の目的上も「金融商品」である場合に限定されるべきことに言及するよう，定義を明確化すべきである。

　　　リースは「金融商品」の定義から明確に除外すべきである。法制の検討過程において，他の除外も適当である可能性があり，検討すべきである。

　勧告13.2（仕組取極め）

　　　仕組取極めの概念は，納税者が，その取極めがミスマッチ・ルールの対象になるかどうかを容易に評価できるよう確保するため，その適用範囲を明確に定義し，指針資料によって十分に補うべきである。

　　　「広範に保有される」又は「販売可能証券」を特に除外する規定を勧告するものではないが，一般にこれらの取極めが仕組取極めの定義によって捕捉されるべきでないことを明確にするため，法律及び ATO の行政指針の策定に当たって注意が払われるべきことに言及する。

勧告14（OECD 勧告 5）：OECD 勧告 5〔リバース・ハイブリッドの税務上の取扱いのための個別勧告〕は直ちに実施すべきでないが，完全性の懸念が生じる場合には，メリットに更なる分析が行われた後に，将来において実施す

る余地を残すべきである。

勧告15（ハイブリッド規制資本）：損金算入可能／無償調達される規制資本の発行は，銀行及び保険者に十分なオフショア活動と信用バランスの無償調達の便宜を与え得る。適切な政策対応は，可能な限り最大限，すべての規制事業体間の公平な競争条件を提供し，豪州の規制事業体に資金調達ルートを多様化させることを許容し，複雑性，コンプライアンス及び市場の混乱を最小化するものであることをBOTは考慮する。規制資本へのミスマッチ・ルールの適用は，部分的には，すべての規制事業体間の公平な競争条件をより達成することを助けるであろう。しかし，公平な競争条件をより容易にし，多様化の他の目的の達成並びに複雑性，コンプライアンス及び混乱の最小化をさらに進める方法で，こうした取極めのハイブリッド・ミスマッチ効果を無効化することが可能かもしれない。これには，豪州の規制資本の取扱い，215-10条への潜在的変化の発生，並びに無償資金調達ルールを包括的に検討することが必要であろう。次の点を踏まえ，この件に対する適切な政策対応を考慮するために更なる検討時間が認められるべきである：

- 複雑性及び相互関係，
- この検討が実施される限られた期間，及び，
- 意図しない結果が生じることがないことを評価及び確保するための包括的な検討を実施する必要性。

　　BOTは，実施可能な解決策を見出すため，財務省，ATO及び関係者とともに検討することを提案する。この更なる検討は，いかなる開始もミスマッチ・ルールの開始日と平仄が合うよう，優先事項として実施される。

　　市場の混乱及び第三者の投資者への影響を最小化するため，この更なる検討により最終的に勧告される変更のために，既存の損金算入可能／無償調達可能なAT1の発行のためのグランドファーザリングを支持し，若しくは経過的取極めを含める有力な議論が存在することに言及する。したがって，適切なグランドファーザリング又は経過的取極めも更なる検討の一部として考慮されるべきである。グランドファーザリング又は経過的取極めの打ち切り日は，更なる検討期間中になされる発行も含め，将来のAT1の発行のための混乱を最小化するため明確に定義されるべきである。

勧告16（法制上及び行政上の問題）：

- ミスマッチ・ルールが豪州税法において別の法制として起草されるべきこと，
- ミスマッチ・ルールを支えるハイレベルの政策を規定する政策ベースの起草

と，その適用の明確性を与えるために明確な境界を要求するルールの分野のためのより正確な起草とのバランスがとられるべきこと，
- ミスマッチ・ルールは，豪州税法の他のすべての部分に優先して適用されるべきこと，及び，
- 長官がミスマッチ法制の導入と同時に詳細な行政指針を提供するべきこと。

勧告17（実施後の見直し）：豪州がミスマッチ・ルールを実施する最初の国の一つである可能性があることを認識し，望ましくは他の多くの法域がミスマッチ・ルールを実施した後に，行動2報告書の実施に関連してOECD第11作業部会によりなされる更なる勧告又は示唆されるベストプラクティス・アプローチの観点から，豪州のハイブリッド・ミスマッチ法制の実施後の見直しを実施すべきである。

（3）　コメント

最終報告書と全く整合的な国内法化にはかなりの障害があることがBOT報告書の内容から伺われる。最終報告書と異なるアプローチが検討されているものなど，留意を要する点に言及しておきたい。

第1に，グランドファーザリング，経過的取極め及びデミニミス・ルールについて，原則的に認めないとする立場をとりつつ，極めて例外的に必要とされる場合もあるとしている。

第2に，タイミングの相違について，最終報告書は否認額の繰越しや繰戻しで対処することとしているが，BOT報告書は簡明性・予測可能性を考慮して3年ルールを採用している。

第3に，二重益金算入所得について，例えば，米国では営業権が15年で償却されるなど，益金算入のタイミングが国によりまちまちであることを考慮して，簡易なアプローチを求めている。

第4に，輸入ミスマッチについて，関連事業体と法域が多重かつ無制限に及び得るという，制度，執行及び実務上の複雑性・困難性を懸念して，デミニミス・テスト等が示唆されている。なお，OECD加盟国の大半が輸入ミスマッチ・ルールを施行できない事態を想定し，豪州による先行的実施が豪州納税者の競争条件を不利にすることも懸念されている。

第5に，リバース・ハイブリッドについては，豪州のCFCルールが堅固で当面改善の必要性がないとした上で，OECD勧告5.1（CFCルール等の改善），5.2（非居住投資者の透明性の制限），5.3（情報申告義務）のいずれも当面導入しな

いとしている。

　第6に，投資ビークル，証券貸付契約，金融商品の定義等，金融実務への影響を考慮した柔軟な対応を求めている。また，規制資本について重大な懸念を示し，更なる検討・報告を求めていることは既述のとおりである。

　第7に，GAARの適用，仕組取極めの定義のほか，ミスマッチ・ルール全般について，行政指針の提供を求めている。

5　NZ

（1）　経緯

　内国歳入庁「ハイブリッド・ミスマッチ取極めへの対処─討議用政府文書」（以下「討議文書」という）[23]が2016年9月にとりまとめられている（コメント期限は同年10月17日）。第Ⅰ部「政策と原則」はハイブリッド・ミスマッチ取極めの問題，同問題に対処するためのケース及びOECD勧告の要約，また，第Ⅱ部「OECD勧告の詳細」は，OECD勧告の詳細な説明及びNZ法にどのように導入すべきかの検討からなる。以下，我が国に示唆を与えると思われる点を取り上げる。

（2）　政策・原則

イ　国益との関係

　一部のケースでミスマッチを容認することにより，ある国が（別の国を犠牲にして）便益を得る可能性がある一方で，そうした行動は一連の負の結果をもたらす。即ち，競争を阻害し，世界中の租税収入を裁定的・非意図的な方法で減少させ，非効率的な投資決定を招来し，国民の税制の「公平性」に対する認識を損なう（討議文書パラ3.11）。また，ミスマッチ・ルールの導入により，NZの税収が損なわれず，同国への投資を増加させるインセンティブがある可能性がある一方で，税収が減少する可能性もある（同パラ3.17-20）。

ロ　OECD勧告の採用範囲

　OECD勧告のすべてを採用することに代えて，NZに影響を与えるよく知られたハイブリッド・ミスマッチ取極めを特定して対象とするルールを導入する選択肢も存在する。このアプローチは，OECD勧告の全面的な採用と比較して（少なくとも当初は）より少ないルールが必要とされるに過ぎないため，複雑性を低減させる可能性がある。しかし，必要となるルールとそうでないルールを正確に区別することが困難であることに加え，納税者が，このアプローチによって塞が

れていない他の租税計画機会を利用して，標的型ルールに対処する可能性も高いため，当初からOECD勧告を全面的に採用することが，先回りした明確な選択肢であるという考え方をとる。勧告の全面的な採用は，豪州や英国の意図的なアプローチと整合的であるという利点もある（同パラ3.25）。

ハ　導入の方法

ハイブリッド・ミスマッチ取極めの利用による租税利益をなくすための最も効果的な方法は，関係国の租税ルールを調和させることであり，例えば，エクイティとデットの区別に関してすべての国が同一のルールを採用すれば，デットとエクイティを裁定する機会はもはや生じない。しかし，商品と事業体の税務上の取扱いにおいて最も共通的に利用される相違ですら調和が可能とは考えられず，このアプローチは理論的なものに過ぎない（同パラ4.1）。そのため，OECD勧告に概ね従いつつ，NZの他の国内ルール及び国際課税枠組みに関して意義を有する微調整を加えて国内法に導入する。最終的な政策決定は，新ルールを適用することとなる業界との協議の結果を踏まえてのみ行われる（同パラ4.5）。

NZが英国法で採用されるアプローチに従う場合，リンキング・ルールは所得税法の独立したサブパートに規定されることになろう（同パラ4.10）。

（3）　NZ法に導入する場合の個別的問題

イ　ハイブリッド金融商品

（イ）　インピュテーション税額控除

最終報告書の事例1.23（B国のB Co.1及びB Co.2がともにA国のA Co.の子会社で，さらにB Co.1はハイブリッド事業体である。B国ではB Co.2からB Co.1へのローンがエクイティと扱われるため，支払者国であるA国では利子，受領者国B国では配当と扱われる）において，NZでは，セカンダリ・ルールについて，相手国で損金算入可能な配当に係るインピュテーション税額控除の否認も併せて必要となる（同パラ5.42-43）。

（ロ）　タイミングの相違

最終報告書は，タイミングの相違について，損金算入が申立てられる期間の末から12月以内に開始する会計期間に益金算入される場合には損金算入を否認すべきでないが，そうでない場合にも非関連当事者による合理的な合意を許容するほか，繰り越された損金算入否認額を受領者が所得として認識する時期等を定めていない。英国はこれに沿った取扱いを行っているが，豪州が3年以内の相違までは認めるとともに，損金算入が否認された場合に，受領者の対応所得に係る認識

の時期及びその有無を覆す（reverse）べきだとして実質的な損失繰越を提案している（同パラ5.22-25）ことを踏まえ，NZも同様のアプローチを提案している（同パラ5.45）。

（ハ）　CFCと益金算入

受領者の所有者に対するCFC課税を受領者自身への課税と取り扱う必要性は，セカンダリ・ルールのケースにおいて急を要するものではなく，防御ルールの下で受領国で受領者が課税されることは，単に所有者国でのCFC課税を減らすだけになりそうである。CFC税制の下での課税がハイブリッド・ルールの目的上益金算入と扱われる程度を立証するのが複雑であること，防御ルールが適用される場合にそうする必要がないこと，さらに，通常はハイブリッド商品の利用に代替手段があることを踏まえ，CFC課税についてのOECD勧告の取扱いは提案されていない（同パラ5.46-47）。

（ニ）　規制資本等

英国は，一定の条件の下，銀行の規制資本商品を本税制の対象から除外する選択肢を提案しているが，英国には銀行規制資本に適用される既存のハイブリッド・ルールがあり，他方，豪州は蔵相への報告の延期を求めていたことを踏まえ，NZは，銀行規制資本のミスマッチ・ルールからの除外は提案しない（同パラ5.59-60）。

また，英国は，金融トレーダーが当事者となるハイブリッド移転の適用除外を提案し，豪州は，レポ及び証券貸付契約を行う金融トレーダーの例外について考慮が与えられるべきと勧告している。しかし，NZにおいて同種の例外を正当化すべき同種の活動が十分行われているかは明白でない（同パラ5.62）。

ロ　無視されるハイブリッド支払

（イ）　否認金額の繰越

最終報告書は，防御ルールの適用に否認金額の繰越ルールを提案していないため，防御ルールが受領国の所得に超過所得を算入するために適用され，後年度において超過二重益金算入所得が生じる場合に超過課税の可能性が生じる。この問題の解決策として，超過二重益金算入所得が生じる後年度において，（許容可能なみなし損金算入を通じて）受領国における防御ルールの適用を逆転させる「取戻し」ルール（reversal rule）を規定することが考えられる。

それに代わる方法は，無視される支払の損金算入が，支払者法域の非二重益金算入所得と相殺される限りにおいてのみ益金算入されるように，防御ルールを制限することである。支払と相殺されるべき非二重益金算入所得が生じていない場

合には，それが生じるまで益金算入が保留される。逆転アプローチと異なり，この選択肢は，受領者国の税務当局及び受領者法域の納税者が，支払者国で稼得されている非二重益金算入所得の程度を知っていることが求められる（同パラ6.25-27）。

（ロ）　二重益金算入所得

最終報告書の勧告1と同様に，CFC所得は二重益金算入所得に含めることができない旨提案されている。発生の可能性の低い状況に対処するものであり，また，発生した場合にそうした状況の特異性に適切に対処しない可能性のある，膨大な量の，詳細で標的の定まった改正法の起草を避けるためである（同パラ6.28）。

ハ　リバース・ハイブリッド

（イ）　NZのリバース・ハイブリッド

NZのリミテッド・パートナーシップ及び信託はリバース・ハイブリッドになり得るとされる（同パラ7.2）。

（ロ）　CFCルールその他のオフショア投資税制

CFCルール等に関する最終報告書勧告5.1の導入に当たって次のA〜Cの3つのアプローチが検討されており，意見が求められている（同意見照会項目7B）。

A．勧告に沿った改正

この改正を行う場合，特に次の点において，既存のCFC所得計算に適用されるルールがオーバーライドされる。

- 合算対象が，一般的に受動的所得又は基地会社所得である所得に限定されなくなる。
- 合算対象でない豪州CFCの免除規定について，豪州で設立されたリバース・ハイブリッド事業体が免除対象から除外されるように改正される。
- NZの課税対象所得金額が，NZ租税ルールでなく，設立国の租税ルールで決定されることになる。
- 投資家への配分額が，NZ租税ルールの下で計算される投資家所得利子でなく，設立国のルールで決定される事業体所得の投資家への配分割合を参照して決定される。

B．英国のアプローチ

英国は，勧告5.1よりも狭いルールを策定している。そのルールは，リバース・ハイブリッドを通じて生じる英国投資家の所得の額を含めるのは，相手国で無効化されていないリバース・ハイブリッドへの支払に関して生じているD/NIミスマッチの範囲内である。このルールは，ハイブリッド金融商品ルールや無視され

るハイブリッド支払ルールに類似するが，投資家に対して，特定の支払がD/NIの結果を生じさせたかどうか，及びそれが既に無効化されたかどうかを決定することを求めている点でより複雑である（同パラ7.24）。

C. 豪州のアプローチ

豪州は，他国で設立されたリバース・ハイブリッド事業体から生じるミスマッチを無効化する一連のルールを有している。特定のリストに掲げられた外国事業体は，設立法域において税務上透明である限りにおいて，豪州法の下でパートナーシップと取り扱われると規定されている。したがって，このルールは，豪州の税務上の取扱いを外国のそれとリンクさせ，外国事業体の未課税の所得が分配ベースで豪州投資家に流入することを確保するものである（同パラ7.25）。

ニ　損金算入可能なハイブリッド支払

セカンダリ・ルールに対応するため，非居住者のNZ支店と非居住者に支配されたハイブリッド事業体の双方について，親会社国でも課税対象となっていない所得に対する支出の損金算入を否認するルール（当該支払が親会社国のプライマリ・ルールに従っていない場合）を導入することが求められる。端的には，これらの支店又は事業体が，共通的に所有されるNZ事業体の所得に対して損失を相殺することが否認される（同パラ8.8）。

ホ　二重居住支払者

NZでは，二重居住法人が，その損失を他のグループ法人の所得と相殺すること，また，税務上の連結グループに参加することが否認されており，これは実質的には，NZの二重居住法人を用いて二重非課税を生じ得る仕組みを制限している（同パラ9.4）。

ヘ　輸入ミスマッチ

NZに導入される輸入ミスマッチ・ルールは，可能な限り，英国及び豪州で採用されるルールと整合的であるべきであり，例えば，豪州BOTは，豪州においては，デミニミス・テスト又はセーフ・ハーバーテストが輸入ミスマッチ・ルールに適当であるかも知れない旨を記述している（同パラ10.11）。

ト　その他

（イ）　ハイブリッド・ルールと租税回避否認規定との関係

ハイブリッド・ルールはGAARの前に適用することを提案する。これにより，一般的には自動的に適用され，目的要件を有しないハイブリッド・ルールが，租税回避目的に用いられないようにすることができる。また，NZがOECD勧告を導入する場合には，ハイブリッド・ルールのためのSAARを導入する英国の

アプローチが採用されるべきである。この規定は，NZ のハイブリッド・ルール又は外国法域の同等のルールのいずれかの適用を回避することにより，課税所得を減少させるという，単なる偶然ではない目的を有する取極めに適用される（同パラ11.15-16）。

（ロ）　法制化指針

　最終報告書は，各国が，同報告書の全部又は一部を国内法に直接，単純に導入するのではなく，ルールを実施するための国内法を起草することを明確に期待している。しかし，同報告書は，解釈が同ルールの目的の理解に必要な限りにおいて，法制を解釈する上で重要な文書となり続ける。一定の分野では，広範な原則を法制化することが可能又は望ましいかも知れない（同パラ11.17-18）。

（4）　コメント

　英国及び豪州の動向も踏まえた現実的な政策選択がなされているが，上記(2)のとおり，国内法化に当たり，国益への影響，既存制度の変更，国際的な改正動向など，逡巡しつつ検討していること，他の2か国の場合と同様，最終報告書に一定の修正を加えることが国内法化上不可避であることが伺われる。上記(3)のポイントを再言すれば以下のとおり。

　第1に，ハイブリッド金融商品に関し，タイミングの相違については，豪州と同じ3年ルールを採用し，CFC 課税をもって受領者の益金算入とする取扱いについては，これを採用せず，また，規制資本・金融トレーダー等の適用除外については，英国と異なり，これを採用しないとしている。

　第2に，無視されるハイブリッド支払に関し，防御ルールの適用による否認金額の繰越について，最終報告書にない取戻しルールを提案し，CFC 所得については，二重益金算入所得に含めないとしている。

　第3に，リバース・ハイブリッドに関し，勧告5.1の CFC ルールの見直しについて，OECD，英国，豪州の各アプローチの選択を国民に委ねている。

　第4に，輸入ミスマッチについては，英国及び豪州のアプローチとの整合性を図ることを提案するとともに，デミニミス・ルール等の導入を示唆している。

　第5に，ミスマッチ・ルールに SAAR を導入する英国のアプローチを採用している。

6　おわりに─我が国への示唆

　以上の各国の取組みから，我が国がリンキング・ルールを導入する際の示唆と

して若干指摘しておきたい。

　先ず，総論的には，リンキング・ルールの導入の可否と導入する場合の時期が重要である。BEPS プロジェクトを主導的に進めてきた我が国の立場に加え，BEPS 最終報告書を実施するための包摂的枠組み（モニタリング，検証及び基準策定）が開発途上国を含む100か国・地域に及ぶ規模で進展している状況[24]に鑑みれば，然るべきタイミングで導入を図ることが必要となる。リンキング・ルールについては，導入国から非導入国に新たな税源浸食・利益移転が生じ得るため，グローバルに同一ルールが実施されること，すなわち coordinated actions が必要であることを特に念頭に置く必要がある。

　また，行動 2 の最終報告書の勧告が各国に求める国内法化は，英国の例で明らかなとおり，金融等の実務への影響，既存税制との調整，技術専門性，広範性など他の行動計画に類を見ない程度に膨大な法的検討と立法作業を必要とする[25]。理念的には最終報告書と可能な限り整合的であるべきであるが，実務的には部分的な修正を加えることはやむを得ない。ただ，その場合も，大幅な適用除外やグランドファーザリングは避けるべきであろう。

　各論的には，CFC ルールとリンキング・ルールとの調整，リバース・ハイブリッドの透明化制限，輸入ミスマッチの規制の程度，規制資本等の金融分野における例外措置，タイミングの相違，SAAR の導入等が各国で特に論点となっており，これらについて最終報告書と異なるアプローチを選択すべきか，また，その場合の内容について検討する必要がある。

（注）

(1)　OECD, OECD/G20 Base Erosion and Profit Shifting Project Neutralising the Effects of Hybrid Mismatch Arrangements Action 2 : 2015 Final Report（2015）。なお，2014年 9 月に中間報告書が公表されている。OECD, OECD/G20 Base Erosion and Profit Shifting Project Neutralising the Effects of Hybrid Mismatch Arrangements Action 2 : 2014 Deliverable（2014）.

(2)　"deduction" は「控除」の意であり，例えば，"deduction from taxable income" は「課税所得からの控除」と訳す方が自然であるが，本稿においては，我が国の法人税の所得計算上の用語に合わせて，"inclusion"，"deduction" にそれぞれ「益金算入」，「損金算入」の訳語を当てている。

(3)　OECD, Public Discussion Draft BEPS Action 2 Branch Mismatch Structures（2016）。なお，同文書では，PE ミスマッチとして，無視される支店構造，迂回支店支払，みなし支店支払，DD 支店支払及び輸入支店ミスマッチの 5 類型について検討が行われている。*Id.* at para.5.

(4)　内国法人が外国子会社（持株割合25％以上等の要件を満たす外国法人）から受ける配当等

の額で，その配当等の額の全部又は一部が当該外国子会社の本店所在地国の法令において当該外国子会社の所得の金額の計算上損金の額に算入することとされている場合には，その受ける配当等の額を，外国子会社配当益金不算入制度の適用対象から除外する。

⑸ Council Directive（EU）2016/1164 of 12 July 2016 laying down rules against tax avoidance practices that directly affect the functioning of the internal market. なお，2016年1月28日に，租税回避対抗パッケージと題する Commission Staff Working Document が公表されており，その枠組みに沿って同指令が制定されている。*See* EC, Anti-Tax Avoidance Package: Next Steps towards delivering effective taxation and greater tax transparency in the EU（2016）.

⑹ *Available at* http://data.consilium.europa.eu/doc/document/ST-10426-2016-INIT/en/pdf.

⑺ EC, Proposal for a Council Directive amending Directive（EU）2016/1164 as regards hybrid mismatches with third countries, COM（2016）687 final.

⑻ EC, Proposal for a Council Directive laying down rules against tax avoidance practices that directly affect the functioning of the internal market, COM（2016）26 final.

⑼ 改正指令案の説明覚書に，「加盟国は，その法人税制に最も適合するようにルールの正確な詳細を定めるのにより適しているとの理解の下，本法文は原則ベースのルールを制定し，法制化の詳細を加盟国に委ねている。」と記述されている。EC, *supra* note 7 at 3.

⑽ HM Treasury/HMRC, Tackling Aggressive Tax Planning: Implementing the Agreed G20-OECD Approach for Addressing Hybrid Mismatch Arrangements（2014）.

⑾ HM Treasury/HMRC, Summary of Responses（2015）. *Available at* https://www.gov.uk/government/uploads/system/uploads/attachment_data/ file/483391/Tackling_aggressive_tax_planning-implementing_the_agreed_G20-OECD_approach_for_addressing_hybrid_mismatch_arrangements_-_summary_of_responses__M6013_.pdf.

⑿ HMRC, UK Policy Paper-Corporation Tax: Anti-Hybrids Rules（2016）. *Available at* https://www.gov.uk/government/publications/corporation-tax-anti-hybrids-rules/corporation-tax-anti-hybrids-rules.

⒀ *Available at* http://www.legislation.gov.uk/ukpga/2016/24/schedule/10/enacted.

⒁ UK House of Commons, Parliamentary Debates（Finance Bill）（5 July 2016）at 94. *Available at* http://www.publications.parliament.uk/pa/cm201617/cmpublic/Finance/PBC_（REV）_Finance% 201- 6 % 20sits.pdf.

⒂ *Available at* https://www.gov.uk/government/consultations/hybrid-and-other-mismatches-draft-guidance.

⒃ HMRC, Hybrid and Other Mismatches-Draft Guidance（2016）at 8.

⒄ ガイダンス案に次の計算例が示されている。
「通常は金融所得に対し40％での課税に服するが，関連する受取りを，低税率及び他の減免を受けられる資本的資産収益として扱う受領者を考えよ。キャピタルゲイン課税制度の下で相殺に利用できる関連損金算入及び減免（該当する場合は，漸減，指数化又は他の減免を含む）を考慮すると10％の実効税率に従うが，その場合には，「過少課税額」は関連するグロスの収益金額，「最大限界税率」は40％，「最高税率」は10％となる。受取額の実質的に25％が通常所得として完全に益金算入されているのみで，75％がルール上益金算入されていないものと扱われる。」Id. at 57.

⒅ 岡村忠生「二重連結損失とハイブリッド・ミスマッチ」法学論叢176巻2・3号（2014）

208頁は，米国の二重連結損失控除制限規定の分析を通して，「このような合衆国の約30年間の経験を見ると，ハイブリッド・ミスマッチ報告書の内容はあまりにシンプルであり，その実施のためには，各国の立案当局がかなりの労苦を強いられることが予想される」とするが，英国の立法例を見れば正にそれが実感される。

(19) *Available at* http://www.publications.parliament.uk/pa/cm201617/cmpublic/Finance/memo/FB07.htm.

(20) Board of Taxation（Australia）, Implementation of the OECD Hybrid Mismatch Rules-A Report to the Treasurer-（2016）at 11. *Available at* https://cdn.tspace.gov.au/uploads/sites/70/2016/05/ Implementation-of-the-OECD-hybrid-mismatch-rules.pdf.

(21) *See* http://taxboard.gov.au/files/2016/05/Review-of-hybrid-mismatch-rules-TOR.pdf.

(22) *See* https://www.ato.gov.au/General/New-legislation/In-detail/Other-topics/International/Implementation-of-the-OECD-hybrid- mismatch-rules/.（2017年1月22日閲覧）.

(23) Inland Revenue, Addressing Hybrid Mismatch Arrangements-A Government Discussion Document（2016）. *Available at* http://taxpolicy.ird. govt.nz/sites/default/files/2016-dd-hybrids-mismatch.pdf.

(24) OECD, Background Brief - Inclusive Framework for Beps Implementation（2016）. *Available at* http://www.oecd.org/tax/beps/background- brief-inclusive-framework-for-beps-implementation.pdf.

(25) 本庄資「ハイブリッド・ミスマッチ・アレンジメントをめぐる国際課税ルールの見直し～ビジネス界と租税実務家のコメントを中心として～」租税研究783号（2015）309頁は，「我が国の税法にこれらの勧告を採り入れる場合，基礎的なチャレンジとなるのは，これまでの借用概念と異なり，税法固有の用語の定義を国際的共通の用語として明文化することである。」と指摘している。岡村忠生「国際課税におけるミスマッチとその対応について」第66回租税研究大会（2014）70頁も，ハイブリッド主体を例に，「日本のような民事法制に依拠した課税要件を設けている国，少なくとも租税法の解釈適用を民事法に依存している国では，民事法上の権利義務の主体ではないので，Aという法人がある支払をしたとき，それをA国のA社本体がしたのかB国のハイブリッドが行ったのかを民事法のレベルで明らかにすることは，非常に難しいと思われます。つまり，A国にとっては，見えない，存在しない法主体について，損益の帰属を決めることは，この図に書かれているようにはっきりしていればいいのですが，むしろ，その事実の認定に至るまでが大変で，そこでは民事法上の権利義務の帰属という一般的な課税要件事実判断の方法が使えない（かもしれない），ということです」と指摘している。なお，吉村政穂「ハイブリッド・ミスマッチ・アレンジメントによる外国税の納税義務と所得の分離～Foreign Tax Credit Splitter Regulationsによる米国の対応」租税研究767号（2013）340頁参照。

※本稿脱稿（2017年1月）後，OECDの「支店ミスマッチ取極めの効果の無効化」に関する最終報告書（2017年7月，前掲注(3)参照），EU指令2017/952（2017年5月，前掲注(7)参照），HMRCの討議用ドラフト改訂版（2017年3月，前掲注(15)参照），豪州政府の規制資本に関するルール（2017年5月，前掲注(22)参照），NZ財務相・歳入相の最終決定に関するステートメント（2017年8月）が公表されているが，参照できなかった。

40 移転価格の利益分割法の在り方[1]

山川博樹

1 問題の所在

　移転価格の利益分割法の在り方を論ずるに当たって現在検討すべきは，OECD の BEPS 行動計画10におけるこの論点をめぐる議論である。OECD は，2015年10月 BEPS プロジェクトのすべての計画について検討の結果を最終報告し，同年11月の G20サミット首脳宣言にて支持されるに至ったが，「移転価格の結果と価値創造の整合行動 8〜10：2015最終報告[2]」の中の利益分割法のガイダンスについては，継続検討とされた。この利益分割法のガイダンスについては，その後，OECD・WP 6 がガイダンス案を2016年に策定，2017年前半に作業を終了予定とされていたが，2017年夏作業は継続している。OECD ガイドライン第二章の改定案を目指している。2015年冬の公開討議ペーパーは，最適手法，高度に統合された事業活動，ユニークで価値ある貢献，シナジー便益，利益分割ファクター，その他の 6 事項ごとに，改定ガイダンスの範囲等を論じていたが，総じて利益分割法に対する慎重なスタンスが感じられるものであり，2016年夏の公開討議ペーパーは一層利益分割法のハードルを高めているようにみえる。そして，2017年 6 月22日に改訂公開討議草案が公表され，2016年夏のそれを置き換えている。

　行動計画 8〜10においては移転価格の実体論全体を議論しているが，今般移転価格算定手法の 1 つである利益分割法を殊更に論ずる背景として，次の 3 点を挙げることができよう。

(1) 新興・途上国の TNMM への非納得性

　現在，世界の移転価格実務は，親・子会社間で相対的に機能の単純な現地子会社を検証対象とする TNMM が大勢を占めている。多国籍企業の検証対象の現地子会社と現地の比較対象となる独立企業とを比較した場合，国際的な技術水準，コストの掛かり方，製品の販売単価などが違い，製品の市場におけるポジションが大きく異なる場合がある。そもそも比較可能性に疑問がでてくる。新興・途上国の TNMM 嫌いの背後には，こういう見方が想定される。ここ数年間，利益分

割法の残余利益の取り分として，その生みだす利益が現地子会社に帰属すると主張するマーケットプレミアムやロケーションセービングの存在を強く主張してきたが，今般の OECD の議論においてこれらは無形資産ではないと明確に整理されたところである。それでもなお，新興・途上国の利益分割法志向は続いている。OECD は，今般の BEPS プロジェクトの報告書の全世界規模での実施を目指すとしており，だからといって OECD が利益分割法への傾斜を一気に強めているとまでは思えないにせよ，最早国際課税ルールのステークホルダーとなった新興・途上国の意向は無視しえないものとなっていよう。

（2） 先進多国籍企業の事業経営モデルの変化

親・子会社の機能がフラットである，親・子会社がリスクコントロールをシェアしている，親・子会社の双方の人員が重要な事業意思決定を行っているなどという，利益分割法の適用が可能な局面を有する事業経営モデルが，おそらくは人的資源の入手可能性と IT 技術の進展を背景に，一部に見えてくるようになったという事実はあろう。

（3） 直近の2010年ガイドラインにおける扱いの淡白さ

振り返ると，現行の2010年 OECD 移転価格ガイドラインの利益分割法の適用に関する評価は，端的に述べると，「適切な分割ファクターの選定が困難であるため無規律な適用は望ましくない。」という程度の淡白なものにとどまっているように見える。今般の議論においては，かつて2010年に TNMM を実務に使用できるものとして位置付けた（より正確にはそれまでに相当程度定着していた実務を整理して追認したといえようか。）のと同じように，利益分割法についても，あくまで取引形態に応じてより良きものとして実務に使用できるものとして位置付けておこうという，底流があるのではなかろうか。

2　議論の焦点・理論と政策

ここでは，「移転価格の結果と価値創造の整合行動 8 ～10：2015最終報告」の中の「利益分割法のガイダンスの作業の範囲」を考察することとする。

（1） 最適手法

利益分割法がそれ自体なじまない，適当でない場合とは，機能分析の結果，両者のリスクを加味した機能のつり合いがとれていない場合，つまり機能・リスク

の重みによりシーソーが傾いている場合といえようか。軽い方に比較対象が取れると合理的に期待されているのに，それが取れないという理由で，シーソーが均衡近似の状況のために使われるべき利益分割法を適用するのはおかしいという議論であろう。

取引の性格自体が利益分割法に馴染まない，しかし，納得感のある比較対象がとれない，究極の難題を孕むケースにいかに対処すべきであろうか。現行の最適手法ルールは，複数の手法の適用の結果答が異なることは織り込み済みで，その場合最適の手法以外の手法は不適当であったと整理されるため，それらを比較検証する意味がないという前提に立つ。しかし，究極の難題を孕むケースにおいて，最適といえるような手法選択ができないときには，例えば，CUP に準ずる方法，TNMM ＋アルファ，残余利益分割法等の複数の手法を比較・検証する態度はありではなかろうか。最終的には，最後の一つに決定されるとして，検討過程においては，結果をだしてみて結果をみながら信頼性をチェックしていくことが意味がないとは思えないのである。

TNMM ＋アルファは，いってみると TNMM の単なる差異調整ではあるが，これまでの実務では，新興・途上国当局において子会社に残余の取り分を与える方向でのバイアスがかかると深刻な二重課税問題のおそれもあったため，アルファの取り分を正当化するための理屈は進展し難かった。しかし，取引の性格自体が利益分割法に馴染まない，しかし，納得感のある比較対象がとれない，究極の難題を孕むケースにおいて，利益分割法の誤用・濫用に歯止めをかけるという趣旨をも込めて，問題解決のための toolkit として，片側検証である TNMM の枠内での調整の開発・決め事に注目することも必要ではなかろうか。

（2）　高度に統合された事業活動

多国籍企業は，多かれ少なかれ統合しているが，切り分けやすいサプライチェーンは TNMM，切り分けにくいサプライチェーンは利益分割法に馴染むといえよう。切り分けにくいサプライチェーンとは，活動に相互依存性があり，意思決定が入り組み単独ではモノが決められない状況である。比較対象自体は見えるが，比較対象の取引相手は見えないから，良き比較対象を探しようがない。この切り分けやすいか・切り分けにくいかの判断にあっては，例えば，RACI 分析[3]における，意思決定要素に双方当事者が関わる数が多いと切り分けにくいという見方も一つの参考となろう。各関連当事者の活動の内容は異なるものの，その重要性に差がなく，機能はフラットである，つまり，損益変動を吸収させる法

人が複数あると位置付けることに合理性がある，こういう場合には，統合度大として利益分割法の適用を適切と位置付けることも可能ではなかろうか。

連続する統合においては，バリューチェーンの一連の流れの中で，各当事者が研究開発・製造・加工・販売等さまざまな異なる活動をしているので，機能フラットではない。こういう場合，マスターファイルに連続する統合のサプライチェーンの記述がなされても，そこから生ずる損益を利益分割法で分割すべきではないと示唆しているようにみえ，また，仮にマスターファイルに，パラレル類似並行統合が記述されたとしても，それは，サプライチェーン全体の一部かもしれないことに注目すべき事例もあろう。

ここでの連続する統合とパラレル類似並行統合の議論が無意味かというと，決してそうではなかろう。というのは，これまで連続する統合取引が国外関連取引の大宗を占めていたのは，人的資源の調達可能性とIT技術の壁があったからであり，今後多国籍企業のパラレル並行統合型取引は間違いなく増加し，ビジネスの進展に着目した将来の方向感としては，利益分割法の適用の素地は拡がるであろう。

(3) ユニークで価値ある貢献

親・子会社が機能フラットである，親・子会社がリスクコントロールをシェアしている，親・子会社の人員がRACI（Responsible Accountable Consulted Informed）を行うという事例においては，いずれも利益分割法の適用が可能な局面を有しよう。

(4) 利益分割ファクター

利益分割法は，機能分析で重要な貢献を定性的に導き出し，そして重要な貢献を定量化して相対化するメカニズムである。

資産は複数年度にわたって償却されるまで収入フローを生み続けるものであり，残余利益分割法の実務においては，研究開発費用は時間的価値の調整を織り込んで，例えば5年等の償却年数で資産化し，マーケティング費用は，支出の効果が持続しないとの暗黙の了解の下通例資産化されない。資産化できるものは行っているという実務である。客観性のある時間的価値の調整はなされるといえよう。その他の1単位のお金の価値のウェイト付け調整に関して，医薬の研究開発活動に係る費用については，基礎研究から臨床phase1, 2, 3へと成功確率の高まりに応じて，お金の価値を小さくみていく調整を行うことがみられる。この成功確率

を上げていくことが会社や産業の利益になるため，客観性のある社内データや公開データが存在するからである。市場無形資産への貢献活動に係る費用，例えば広告宣伝費，販売促進費，ボーナス等インセンティブについては，各支出から得られる成功の確率についてはデータによる客観的裏付けがあるわけではないので，ウェイト付け調整は通例行われない。また，研究開発活動とマーケティング活動の１単位のお金の価値調整は，客観性がないため通例行われない。

利益分割法の実務にあっては，各拠点法人が，合算利益・システムプロフィットを享受，合算損失・システムロスを負担する，こういう一貫した説明力をもつファクターが必要である。

（5） その他，TNMM レンジ，ロイヤルティ料率，他の支払方式を決定するための利益分割法の使用

実現される合算利益の増減への参照によって，TNMM 分析から得られる結果のレンジを変化させるための利益分割法の活用について，利益分割法の長所の一つは，合算損益を所与として，子会社に必要以上の利益を取らせない，インカムクリエーションを起こさせないことであり，この長所を TNMM に活かそうという趣旨である。経緯論からは，日本において，1990年台に米国の CPM への対抗軸として，CPM と寄与度分析とのハイブリッド方式が提案された事実がある。いかほどの合算損益の増減が生じたときにいかほど TNMM レンジを並行移動させるべきかについて，標準合算利益という基準点がないので，二国間事前確認や文書化などの移転価格実務で対応することは一般には困難であり，政府間相互協議交渉における割り切りの活用が想定されるのではなかろうか。

TNMM の適用の結果をロイヤルティ料率に転換すると高率になる場合がある。新興国からは，親会社の無形資産の陳腐化・現地子会社の技術改善機能や受注製造機能の過大な貢献の主張を受ける状況下で起こる。製薬や IT 業界では，第三者間で30％桯度もあり得るが，一般業種では，例えば20％もの高率ロイヤルティ料率が技術使用の対価としてみられることは一般に稀である。関連者間でTNMM の適用の結果として，高率のロイヤルティ料率を正当化できるのであろうか。こういう状況に至った場合，(i)子会社に帰属すべき比較対象に織り込まれていない市場特性はないのか，(ii)認識されていない役務提供の関連取引が発生していないのか，こういう分析が十分になされているのかなどが問われ，十分になされているとすると，高率のロイヤルティ料率が本来正当化されるべき余地がでてこようか。独立第三者間取引にあっては，ライセンサーは，ライセンシーの儲

けがあまり上がらないうちは取引を行うが，技術価値が市場で評価され儲けが大きくなると，自らリスクを取ってグループ内技術供与に転換されるという事情も大いにあろう。市場には3〜8％程度の料率指標しか存在しないことがあるという実態を思慮する必要がある。価値ある技術は市場で取引されないのでベンチマークの限界を超えているだけのことであり，こうした場合，市場で参照すべき比較対象が採れないためにありえないという理由で，高い料率は否定されるべきではない。だからといって，比較可能性の限界を超えていることをもって，直ちに高率のロイヤルティ料率が正当化されるわけではないことはいうまでもない。

　なお，独立企業原則は，独立企業間の商慣行に全部ならうという趣旨ではないので，料率設定を必ずしも子会社の純売上に連動させることなく，利益分割法によりライセンサー・ライセンシー間の利益分割を決めてそこから逆算してロイヤルティ料率を算定するオプションもあり得る。基本的にロイヤルティ料率と移転価格の利益法（TNMMと利益分割法）は異なるものをベースにしているので，移転価格の利益法の検証結果をロイヤルティ料率に転換する際無理がでることがある。すなわち，移転価格のTNMMは利益をレンジに固定するもの，利益分割法は利益を分割するものである。他方，ロイヤルティ料率は，独立第三者間では通例純売上高に連動させるものであり，利益に連動させることはまずない。ライセンサーにとっては，ライセンシーの純売上げは誤魔化せないものであり，また利益はライセンシーの努力による比重が大きくなり，ライセンサーはそこまで関わりたくないからである。結果ライセンシーに利益が出ていようといまいと，純売上高が生ずる限り通例それに比例的に支払が生ずることになる。

　昨今の日本企業の関連者間取引にあっては，現地調達・現地製造・現地販売が増え，親会社との商流がロイヤルティしかなくなる傾向にある中，利益ベースでの移転価格の検証結果を純売上高ベースのロイヤルティ料率に転換することになるので，第三者間の固定料率の概念が一般的であることからすると，変動することに対する違和感はあろう。こうしたことから，変動ロイヤルティは市場との比較から納得感が得られにくいが，移転価格の解決手法としてその有効性を否定することは困難ではなかろうか。

3　利益分割法の国際ルール上の位置付けに係る変更の方向性

　わが国移転価格税制の下，利益分割法は，ベストメソッドルールの選択肢の一つとして，TNMMと並ぶ利益法の範疇で位置付けられているところ，今般の

BEPS プロジェクトの最終報告書の内容をもってして，法制上の秩序に変更を加える必要があるようには見受けられないが，実務運用面で影響を及ぼす余地はあろう。2017年夏時点における，⑴OECD の議論の大枠，⑵近々の OECD の議論，⑶わが国産業界への影響，⑷税務執行上の方向性を整理しておくこととする。

（1）　OECD の議論の大枠

　今後とも最終化に向け，利益分割法を安易に拡張させない慎重なドラフティングが重要であろう。かつての国別報告書の条約方式・子会社方式のような議論の先鋭化はなく，大勢は問題なく進むであろうが，LSA を無形資産と認定し，利益分割法で対処しようとする新興国の方策には最後まで予断を許さない面もあろう。中国はローカルファイルにおいてバリューチェーン分析の記載を求めており，利益分割・定式配分を視野にグローバル損益配分への関心がみてとれるからである。

　LSA に関して，これをベーシックリターンで解決した好例として，日本の医療機器の二国間 APA の事例がある。既に民間の実務家が本で紹介されているが，日本の公定価格政策と日本の医療機関における取引先の固定化による高収益の体質，これは日本における LSA にみえる。同じ経済恩恵を享受するコンパラを取ってくること，この数は必ずしも多数ではないが，これにこだわり続け，決して利益分割法を視野に入れることは企業もアドヴァイザーもそして政府もなかったかにみえる。

　利益分割法の適用範囲をクリアカットに画するのは困難であろうが，基本的に2016年夏の公開討議草案にいう水平的統合事例（親・子会社が機能フラットである，親・子会社がリスクコントロールをシェアしている，親・子会社の人員が RACI を行うという事例）は適用可能性があろう。

　Post BEPS の枠組としての包括的枠組も活用し，後発国への技術支援（税と開発系の会議，人を集めてアウトプットを出していく）の中で，比較対象の欠如にどう対応するのかを模索することは重要である。利益分割法を使わないケースについての合意形成を徐々に図っていくことはどうであろうか（先進国目線によるボイコットを回避する）。またガイドライン第六章 DEMPE 分析（無形資産の機能・リスク分析）の誤用を防止する議論を行っていくことも考えられる。各活動における各当事者の貢献の比重は存在する事実から認定されるが，各活動の貢献の比重はより解釈の余地が大きく当局間の見解の乖離が大きくなりやすいことを視野にいれる必要がある。

欧州委員会は，BEPS 報告書の実行に向けたパッケージについて政治レベルで合意しているが，その中で共通連結法人税ベース（CCCTB）の再起動を追求するとしており，定式配分への警戒がなお必要である。今般の欧州委員会の開示提案自体が，共通連結法人税ベース（CCCTB）の誘因にもなり得るものであり，開示がなされた場合であっても，価値創造の場所は判明したとして，対価の在り方や帰属所得の算定は一般市民にはわかりにくい点に留意する必要がある。

　利益分割法の適用をめぐっては，慎重な先進国と前広な新興・途上国との対立構造下にあるが，国際ルールの策定上の現実的な落としどころは，新興・途上国が実際のところ，どこまで残余利益分割法を取り込むことが可能なのか，を見定めることにあるのかもしれない。移転価格文書化等，各国税務当局による情報共有化の進展により，両側検証への関心は確実に高まり，BEPS 対抗ツールとしてのグローバルバリューチェーン分析等も利益分割法志向に一見みられがちだが，OECD・多数国の政府・多国籍企業において，今後も慎重なスタンスが採られるとすると，定式配分に向けた特段の政治的メッセージがない限り，基本的には実務上の最適解として，TNMM 主流の利益法追認の底流は変わらないのではなかろうか。利益分割法を想定したとき，依然決定的な按分キーは欠落しており，リスク負担の小さいエンティティに損失の配分を甘受させる認識もまた欠落しているため，直線的に一気に利益分割法に向かう可能性は少ないと考えられるからである。ただ，相互協議，二国間事前確認，困難事案においては，事案の属性をよく考慮した利益分割法の適用可能性がより高まるであろう。現状でもその傾向はある。他方で，取引実態の具備との関連で，相対的に機能が単純なエンティティに過ぎない検証対象法人を過度にキャラクタライズしてリスクリミッテドエンティティと規格化することによる，機械的な TNMM 実務にはやや警鐘が鳴らされているともいえようか。今般の OECD の議論においては，取引の正確な認定に基づく移転価格の結果と価値創造の場所の一致の観点から，TNMM 実務の技術論は回避されているようにみえるが，この手法のブラッシュアップ・精緻化への期待は，潜在するのではなかろうか。こうしたことから，移転価格算定手法は必ずしも直線的に一貫せず，複線的に変容が見られてこよう。

（2）　近々の OECD の議論

　2016年夏，利益分割法の改定ガイダンスに係る公開討議用ペーパーが公開されたが，これに対する経団連の御意見出しをも参考にさせていただきつつ，所見を述べることとする。

全体的に，2015年冬の公開討議用ペーパーより，利益分割法適用のハードルを相当程度高めており，結果税務当局が一方的に利益分割法を主力の手法として適用することにならないようにみえてくる。一方の当事者が，DEM（無形資産の開発，改善，維持）機能を行っている限り，利益分割法の適用はますます困難にみえるし，おそらく，現地の当局は，二つのE（改善と使用）行動を現地で行うことが利益分割法の適用を容認する上で十分に重要である旨主張しようと思われるが，多くのケースではそうはならないだろうと見えてくる。

利益分割法の適用のハードルを相当程度高めているようにみえる理由を4点挙げたい。

- おそらくはどの国の政府にとっても，利益分割法の適用局面は，超高収益の財務結果がでたあとに多いと見受けられるところ，果たして取引事前に知られていた又は合理的に予測可能な情報に基づき，財務リスクが見えない時点で，子会社もリスクをシェアするという合意があったのかどうかを，利益分割法の選択に当たって検証する必要があると整理しているようにみえること。

- 予測利益の分割は，一種の価格取極めであるが，実際利益の分割は，リスクコントロールをシェアしている場合にしか当てはまらない。例示として，チョコの販社は，生産者のカカオの仕入れ値や生産歩留まりには関心がなく，こういう場合販社はリスクコントロールをシェアしていないので，通例実際利益を分割する利益分割法は不適当と整理しているようにみえること。

- 「利益分割法の適用が適切な取引は，統合されているか，双方がユニークな貢献をしているときである。利益分割法が適用可能か否かの決定には，正確な事実認定が重要である。」という整理の下で，統合は，連続統合（各当事者がサプライチェーンの中で独立して企業行動している）よりむしろ，一般に並行統合（双方が同じ企業行動をしている）でないといけないのではないかと記している点。やや雑駁な整理であるが，通例のサプライチェーンで見られる異業種統合（第三者間ではみられないようなスペックに係る研究・開発間の協議・意見交換を行うことが見られる）への利益分割法の適用は相当ハードルが高く，最早先進国間拠点統合以外への利益分割法の適用はかなり困難にもみえてこようか。

- バリューチェーン分析は，限定された役割にとどまり，正確な事実認定を補助する道具であり，バリューチェーン分析が，それ自体利益分割法が最も信頼ある手法であることを示唆しているわけではないと整理しており，マスターファイルの誤解・曲解を回避しようとしているようにみえること。

逆に，若干気に懸る点として，TNMM の適用に当たって適当な比較対象が見出せず，かといって TNMM ＋アルファを行う差異調整にあっては，その技術もコンセンサスも得られない場合に，落としどころとしての残余利益分割法の適用事例が多くはないが見受けられる。二国間事前確認や稀であるが調査後納得感が得られた修正申告事例もあるのかもしれない。利益分割法の封じ込めが，こういう事例を封じ込めないかはやや気になるところであるが，納税者が十分なグループ取引情報をもとに自ら判断し，主体的に利益分割法を採用した場合には，課税関係の安定に資することもあるという理解であろう。

　次に各論である。
　まず実際利益の分割と予測利益の分割の議論は，実際の結果をみて価格を決めることはビジネスに合致しないので独立企業原則に当たらないというような米国の独立企業原則に対する原理主義的な考え方が若干のぞいているようにも感じられる。TNMM の適用の前提は，リスクテイカーは片側で，損益変動吸収法人は１個しかないため，事前・事後の議論をあまり要しないが，利益分割法の適用の前提は，変動する不確実性のある実際の結果利益を分割するため，どちらがどれくらいリスクを取るかを事前に厳格に契約に定めていることが本来必要なはずで，これと同じことを関連者間にも当てはめることが独立企業原則であると主張したかったのではなかろうか。文言的には，予測利益の議論は，実際利益の分割におけるリスクシェアの意義を明確にするために対比的にだされたかのようにもみえ，最終的に実際利益の利益分割法の適用のハードルを上げているようにみえる。予測利益の分割については，無形資産の権利の譲渡価格の決定のため，譲渡先における予測利益に対して DCF 法を活用しつつ利益分割法を適用することが記されているが，これは所得相応性基準に関するガイダンスの策定とも大いに関連し，そこでは，移転先の当事者も元々無形資産を有して，両者組み合わせて生じた所得から，移転元の貢献をどう切り分けるかという難題も想定されようかと思われる。さらには，公開討議草案において，「利益に対する参照は，損失についても平等に適用されると解釈されるべきである。」との記述は，利益動向により利益分割法と TNMM が一貫なく選択される傾向への警鐘であり，この履践の意義は大きいといえよう。
　リスクのシェアの議論について。実際利益に対する利益分割法の適用は，当事者が事業機会に関する同一の経済的に重要なリスクコントロールをシェアしているか，あるいは，緊密に関連するリスクを別々に負っており，それ故結果として

の利益又は損失をシェアすべきという関係を反映すると整理されていよう。ここでは，事業活動の結果をシェアするが，その結果に関連するリスクをシェアすることを要求することと関連して，「緊密に関連するリスクを別々に負っており」の事実認定が極めて重要であるが困難であることを認識しておく必要があろう。販売会社が川上の生産者の例えば原材料仕入れ値や稼働率についてのリスクコントロールをシェアしていたかどうか，別々のリスクを相互に遮断されることなく負担していたのか，的確な認定が必要になろう。

　双方当事者によるユニークで価値ある貢献の議論について。ユニークで価値ある貢献とは，独立当事者による貢献と比較可能でなく，経済的便益の主たる源泉となる貢献と定義されている。まず，子会社がユニークな価値ある貢献を行うことは，経済的に重要なリスクコントロールを親子間でシェアすることとは，独立別個の事柄であることを確認する必要があろうと思われる。子会社側のユニークで価値ある貢献は，恣意的な利益分割法適用への誘因となりやすい切り口であり，今後比較対象との差異調整を含む TNMM の機能強化として継続的な検討が期待されよう。

　グループシナジーの議論について。グループシナジーのみを理由として，当事者のトータル利益を合算し，利益分割法を適用する必要はない旨の記述は，実務上の観点も含めて合理的であろう。

　利益分割ファクターの議論について。リスクのウェイト付けを的確に行うことについては，移転価格のリスクコントロールの議論が深まっていることを踏まえると，今後の実務の検討課題ともいえよう。

　2017年 6 月22日に改訂公開討議草案が公表され，2016年夏の公開討議草案を全面的に置き換えている。改訂草案では，利益分割法が最適である標識として，各当事者がユニークで価値ある貢献を行っている場合，事業活動における高水準の統合がある場合，経済的に重要なリスクの共通引受け（あるいは緊密に関連する経済的に重要なリスクの別々の引受け）がある場合を掲げ，10事例が盛り込まれている。先の草案にあったバリューチェーン分析や並行統合・連続統合の文言は消えている。以下コメントを付す。事例 1 は，A 社は失敗コストの回収を図る必要があることを，当該利益分割法の対象製品のコストと成功確率を基礎に，分割ファクターに織り込むべきであろう。実務上，phase 0, 1, 2, 3 と進行するにつれ，関わる人の数が増えるためその分コスト額は増すが，他方成功確率は高くなるためその逆数の掛け目は小さくなる。事例 2 は，性質の違う IP 貢献であ

るが，土壌開発等が農園経営の常であればTNMMが適切であるが，innovative
であれば，利益分割法の適用に違和感はない。B社が価値ある商標・ブランド価
値を保有していなければ，むしろB社検証のTNMMが妥当であろう。事例3は，
B社のグローバル販売がマーケティングに毎年多額の固定的投資を行っており，
比較対象にはない広告効果をもたらしていることがポイントであろう。A社とB
社のいずれかが従属するのではなく，背負うリスクが似ていて相互に依存し，貢
献度を分けられないため，利益分割法が適切である。それに対し，事例4は，B
社が，売れそうなときだけコストをかけるのであれば，通例のTNMMの適用が
適切である。事例5は，各々がオリジナル開発と発展の役割を果たし，成功実績
がある。長続きする参入障壁ではないが，各々がユニークで価値ある貢献を行っ
ており，利益分割法の適用に違和感はない。事例6は，全量買取りの受託製造会
社が，自ら設備投資を行ったとしても，それが製造工程のkeyでなければ，そ
の事実をもってして，TNMMの適切性は揺るがない。事例7は，A社およびB
社の活動はユニークではないが，ファンドの組成にあたって両者の活動が統合さ
れ貢献を分けられないので，利益分割法の適用は適切である。事例8は，同じ未
開拓分野の不確実性リスクを取るが，かけたお金によって相対的な貢献を見るの
が妥当であるとすると，ロス分割も含め費用でみるしかなかろう。この事例のみ，
ロス分割に言及している。税務当局にとって，ロス分割するのか，ロスを一拠点
に負わしめるのかはセンシティブなテーマである，3社ともに性質が同じ開発リ
スクを負っているため，例えば，一方が開発リスク，他方がマーケティングリス
クを負う場合に比べ，損失の原因を特定することは困難といえよう。事例9につ
いては，シナリオ2は，契約において，実績結果利益を分け，事後調整を行うと
いうリスク共有を行い，マーケティングも共同する，通例の利益分割法の適用と
いえようか。A社がB社の事業にコミットし事後調整を行うことは日本の製造
業にみられる。シナリオ1は，A社はB社の市場活動に関連する経済的に重要
なリスクを共有しておらず，リスクは切り離されているが，それでも利益分割法
が馴染むという説明である。第三者からお金が入るB社のDCFから予測利益を
立て，利益分割法の適用により，A社に予想ベースでの残余を含む固定のお金
をA社に支払い，事後調整をしない契約なので，予想が外れた場合の恩恵・負
担はB社が取るというものであろう。第三者に対してライセンスアウトする場合，
相手方の事業にコミットせず事後調整を行わない，仮に相手方の事業をフルサ
ポートするとしても事後調整までは行わないのが通例といえようか。事例10は，
A社とB社が部品や金型を供給し合うことで顧客ニーズへの迅速な対応を可能

とし，各々の製造プロセスにおけるユニークで価値あるノウハウが開発されている。両者によって引き受けられた製造リスクは高度な相互依存関係にあり，資産ベースの分割ファクターの利益分割法が推奨されることに違和感はなかろう。TNMM の PLI としての ROA の採用を避ける理由の１つが，特に米国子会社を検証する場合，その比較対象企業との間で，ROTC 以上に差があることであれば，利益分割法の分割ファクターとしての資産ベースの指標の採用は，同一企業グループ内での分割指標であるため，避ける事情は減殺されよう。

（3）　我が国産業界への影響

まずは，経済活動・価値創造の場所と課税利益の場所とを一致させることが強調されている点である。この論点は本来，移転価格課税の機能・リスク分析という，技術的な事柄であるが，BEPS プロジェクト全体を包括する基本理念・哲学に高められているようにみえる。

移転価格では，機能リスク分析という平易な言葉を使うが，契約を実際の行動で検証し，実際の取引の正確な認定を行うこと，つまり，経済実質に即した事実分析を意味する。先の強調の一面は，移転価格税制固有のポテンシャルを的確に実行することを含意とするように見える。これは，まっとうな強調ではあるが，契約を実際の行動で検証するための事実の認定において，バリューの解釈，そして誰が意思決定機能を伴ってリスクをコントロールしたのか等，当局と企業との間，また当局間で，齟齬が生じやすいことに特段の留意が必要である。

日本企業がディフェンスの観点から行うべきは，価値創造の場所が課税利益の場所と一致することを，事前の一貫した移転価格ポリシーに従って，バリューチェーンのマルチの当局に説明をなし得ることであり，取引を最もよく知る企業自身の主体的関与が重要となる。マルチの当局とあえて言及するのは，現在，マルチ間での移転価格問題が急速に増加しているようにみえるからである。マルチ間で紛争が生じた場合には，マルチ間での相互協議の場で，これ自体まだまだ発展途上にあるが，納税者自身が事前の一貫した移転価格ポリシーに沿って所要の説明をなしうることが，今後とても重要になってくるのではなかろうか。欧州委員会や英国における税務数値や税務戦略の web 開示要請の動きをみると，日本や米国はこのような流れに否定的であり，直ちに世界標準になるようにも見えないが，今後の状況次第では，対市民・IR 目線からむしろ積極的に打って出ることも含めて，上記の企業スタンスはとても重要になってこようかと思われる。

多国籍企業と各国当局間の情報偏在への対応として，バリューチェーン分析情

報の多数国の当局への透明化が進むことになり，各国当局が同じ議論の土俵に乗ることになる。各国の当局毎に対応を変えるような場当たり的な移転価格対応が最早通用しなくなり，そのような対応では移転価格の紛争は増加していくことになろう。これまでは八方美人的なアプローチで都合よく対応する方法も有効な面があったかも知れないが，今後はそうはいかないであろう。

　税務的には，損益変動吸収法人と損益固定法人とを区分し，課税リスクを前者の所在地国に集約するという流れであろうか。中長期的には，会社内の十分な理解を得ながら，グローバル税務管理に応じた損益配分をコントロールすることも含めた移転価格管理のスタイルが確立していき，多国籍企業は，その移転価格マネジメントの技術をより磨いていくことになろう。

（4）　税務執行上の方向性

　今般の利益分割法の議論を含む移転価格の実体論の議論を踏まえると，適正適切な課税の確保のためには，各国の移転価格の執行において，移転価格算定方法のクオリティを上げていかざるをえない状況が現出しつつある。他方，わが国を含めた各国当局においては，限られたマンパワーで対応せざるを得ないため，実務対応力を養成していくこと，メリハリを効かせた調査資源の効率的配分がより重要なテーマになってこようかと思われる。利益分割法の適用をめぐる実体論に関しては，わが国の移転価格執行においては，元々取引実態重視の構えで履行されており，特段に本論の議論を事務運営指針等で参酌する必要はあまりないのではないかと思われる。

　金融口座情報の自動的交換の枠組みに係る共通報告基準（Common Reporting Standard）の権限ある当局間合意等，租税条約上の情報交換による情報共有化の流れが急速に進んでいる。多国籍企業の税源配分に係る情報に関しては，各国当局が自国税収のためにばらばらに活用する構造は基本的に変わらないであろう。新興・途上国は，多国籍企業に係る個別の情報の共有に加え，今般のOECDの議論への参加を通じて先進の論点について吸収しているはずである。こうした情報の共有化が，新興・途上国の執行に適切に反映されるように，これらの国々との相互協議や交流の頻度を上げて，権限ある当局のレベルを上げていく必要がある。また，国際ルールはますます複雑化している中，特に先進国と新興・途上国間の税収をめぐる利害対立は顕著であり，先に課税ありきで後は相互協議に委ねようとする方向性も想定されうる。各国とも権限ある当局の役割は重要性を増し，その配員の拡充が期待されよう。有能で柔軟な権限ある当局のマンパワーの存在

する国は投資魅力とさえ映るのではなかろうか。

(注)

(1) 本稿は，拙稿「21世紀政策研究所研究プロジェクト・グローバル時代における新たな国際租税制度のあり方〜BEPS プロジェクトの総括と今後の国際租税の展望〜報告書2016.6，第3章行動計画8〜10：移転価格税制（利益分割法と関連する諸問題）21頁から45頁まで」をベースとしつつ，同年7月に発出された OECD の公開討議用ペーパー及びこれに対する経団連の御意見出し，更には2017年6月22日の改訂公開討議草案等を含むその後の多岐にわたる情報・議論を踏まえて，加筆修正したものである。

(2) BEPS プロジェクト最終報告書においては，経済活動・価値創造の場所と課税利益の場所とを一致させることが強調されている。この論点は本来，移転価格課税の機能・リスク分析という技術的な事柄であるが，BEPS プロジェクト全体を包括する基本理念・哲学に高められているようにみえる。マスターファイルでは，重要なバリュードライバー，製品・サービスのサプライチェーンの概要，各事業体が行う価値創造に対する主要な貢献を説明する機能分析の簡潔な記述等を求める。ここでグローバルバリューチェーン分析をどう考えていくか。これは，BEPS の典型であるプリンシパルモデル（各経済活動の機能・リスクの移転と再配置）がもたらす価値創造の場所と課税利益の場所のかい離に対抗する有効な分析ツールであるが，新興国にとっては，LSA の存在とセットで利益分割法に引き込む都合のいいツールにみえている。

　例えば，5社の異業種の関連企業からなる連続したサプライチェーンが存在したとして，多国籍企業が主体的にバリューチェーン分析を行うとする。バリュードライバーは何か，それは無形資産か，それはどのエンティティのものか，TNMM の検証対象法人は真にリミテッドリスクエンティティであるかなど，単体の機能リスク分析でみえるものとは異なるものが見えてくるであろう。バリューチェーン分析は，超・機能リスク分析である。帰結として，仮に信頼できるセグメント別合算損益を作ることができ，信頼できるベンチマークを採ることができ，異業種間で通用する信頼できる分割ファクターを見出すことができれば，グローバル残余利益分割法の適用が極めて座りがいいことは明らかであろう。しかし，実際問題，これらの条件を満たすには多くのケースにおいて極めて高いハードルがあることは，実務に携わる者であれば直ぐにわかるのもまた事実である。概観的な理解を鵜呑みにし翻弄されないことが重要である。OECD は，現状グローバル残余利益分割法の履行を推奨しているわけではなかろう。全体を見ることによって片面検証を行うことに無理があることが判明しないか，リミテッドリスクエンティティがキャラクタライゼーションされているが，他の関連法人との関係で真にそうであるのかなど，を問うている。即ち，全体のバリューチェーンの中で移転価格ポリシーのバランスの取れたビッグピクチャーがあることを，また行き当たりばったりの移転価格ポリシーに依るのではなくバリューチェーン分析から TPM の選定の流れが出てくることを，推奨しているのではなかろうか。マスターファイルの記載においても，不用意に利益分割法の議論に巻き込まれない慎重さが必要である。

(3) RACI 分析

　特定のバリュードライバーに対する貢献のそれぞれのプロセスにおいて，どの人員が Responsible であり，Accountable であり，又関連する決定について Consult されたのか，あるいは単に Inform されたのかを，考慮する考え方。概して，税務当局は，具体的数値の裏付けのない定性分析を好まないようにみえることもあるが，他方で採れる具体的数値に機能

リスクの反映の薄弱さが認識される場合もある。こういった意味合いで，定性分析を軽視すべきではないのではなかろうか。意思決定の比重が重いのは，通例 R と A。決断の結果としての損益に責任を持つ，つまり損失を負担するという意味で，A が最も重要ではなかろうか。親・子会社双方の人員が R と A を行う場合においては，対等に意思決定を行う能力があり，双方で事業リスクと責任を分担していることを意味しており，TNMM の適用による片側検証は矛盾を孕むものとなろう。無形資産が絡まないケースにおいて，子会社の人員のみが R と A を行っているという極端なケースにおいては，親会社を検証対象法人とする片側検証が合理的といえる可能性があろう。

[参考文献]

「Transfer Pricing Documentation and Country-by-Country Reporting, Action 13-2015 Final Report」(OECD)

「Aligning Transfer Pricing Outcomes with Value Creation, Actions 8 -10 - 2015 Final Reports」(OECD)

「21世紀政策研究所研究プロジェクト・グローバル時代における新たな国際租税制度のあり方～BEPS プロジェクトの総括と今後の国際租税の展望～報告書2016.6」

「BEPS Q&A 新しい国際課税の潮流と企業に求められる対応」21世紀政策研究所・経団連経済基盤本部編著（経団連出版）

「移転価格対応と国際税務ガバナンス」(中央経済社)

「座談会・企業の BEPS 対応を語りつくす・前中後編」岩品信明・吉村政穂・山川博樹（税務弘報2016.9.10.11）

「BEPS 後の日本企業の課題と対応—移転価格実務への影響を中心に—」デロイトトーマツ税理士法人／山川博樹・山田真毅・田中奈名子」（租税研究2016.6）

「BEPS プロジェクト最終報告書のポイントと課題」デロイトトーマツ税理士法人／山川博樹・福島節子（JMC2016.02）

「BEPS 後の移転価格対応の在り方と深度ある事例分析・上下編」デロイトトーマツ税理士法人／山川博樹・山田真毅・田中奈名子（国際税務 Vol.35.No 7 / 8 ）

「The new transfer pricing landscape，新たな移転価格の展望—BEPS に伴う変化への実務ガイダンス」(デロイトトーマツ税理士法人，2016.2)

41 租税回避スキームの自発的 又は義務的開示制度の導入 について[(1)]

猪野 茂

1 問題の所在―伝統的なコンプライアンス維持戦略の 限界

多くの国において，濫用的な（あるいはアグレッシブな）租税回避スキームに対する税務当局側の対応が，伝統的な形での税務調査を主体とした戦略がメイン・ストリームとなってきた。すなわち多数の納税者の中から税務調査対象を抽出し，税務調査の過程でスキームが探知する，あるいは膨大な取引資料を分析する過程でスキームを割り出し，税務調査においてそれを確認する。そして，探知したスキームについて証拠を収集し，その中身を吟味し，課税の可否を判断するプロセスをたどる。

このような伝統的アプローチに頼る場合，税務当局は多大な行政経費をかけざるを得ない。また，仮に課税措置にまで至ったとしても，多くの場合，その後の行政上，あるいは司法上の救済措置を経て最終的な課税の可否判断に至るまでには更なるコストと長期に及ぶ年月を要することとなる[(2)]。これらのコストは，調査を受ける納税者側のコストを除き，すべて一般の納税者の負担によって賄われる。また，税務当局がこれら一部の租税回避スキームに費やす資源が多大であれば，他の租税回避スキームや脱税行為に振り向けるべき資源は失われることとなる。

税務コンプライアンス論における伝統的見解であるエコノミクス理論に従えば，脱税や租税回避を行う納税者にとっては，当該行為が探知されるリスクは，税務調査を受ける確率と，実際に調査があった場合に当該行為が発見される確率の乗算の問題である[(3)]。また，当該行為が当局に発見された場合であっても，実際に課税に至るかどうかについても確率の問題であろう。仮にそうであれば，租税回避を仮に租税回避スキームに対する税務当局の対応が，冒頭のような伝統的手法に拠らざるを得ないとすれば，税務調査を受ける確率は，必ずしも高くないものといえよう[(4)]。まして税務当局の調査権限が弱い場合，あるいは，十分な証拠提出が期待できない場合には，たとい法令上当該行為が課税しうるものであっても，

実際に課税処分に至る確率は低くならざるを得ない。

　さらに，租税回避スキームへの対応としての税務調査は，それのみでは，あくまでスキームの需要サイドにおける対応にとどまり，スキームの供給サイド，すなわちスキームのプロモータやアドバイザといった，租税回避スキームの組成やマーケティングに重要な役割を果たしている者への影響は必ずしも大きくはない。

　上記の問題は，たとい租税法上，一般的否認規定や個別的否認規定が整備されたとしても，具体的な濫用的な租税回避スキームの探知から最終的な課税に至るプロセスが，抜本的に改善されるわけではなく，租税実体法をいかに整備改善しても，単発的な税務調査のみに頼るコンプライアンス維持戦略に拠る限り，濫用的な租税回避スキームを利用する者とそうでない者との間の税務執行上の不公平は，解消されないことを示している[5]。

　このような問題意識を踏まえ，米国や英国をはじめとしたいくつかの国では，納税者やスキームの供給者の透明性を高め，スキームの利用者及びプロモータ等に対して，租税回避商品の義務的登録・開示制度を導入するとともに，協力的な納税者等とは，相互理解による税務コンプライアンス維持のための取り組みを行ってきた。

　これらの取組みは，いずれも伝統的なコンプライアンス維持戦略から脱却し，税務リスク情報の開示により，納税者の透明性を可能な限り高める一方，税務当局側においては，それによって納税者のコンプライアンスリスクの程度を見極め，リスクの程度によって，査察や税務調査といった法的執行手段を採るのか，あるいは納税者との対話・協調といった納税者サービスを志向するのかを決定するものである。これによって，真に税務調査等を要する納税者に対して，当局として必要な資源を振り向けるとともに，協力的な納税者に対しては，早期に税務上のリスクを解決することにより，税務コンプライアンスの維持向上をより効果的に図ることが可能となる。

　本稿においては，租税回避スキームなどの自主的開示や義務的開示ルールなど，納税者の透明性を高めるためのコンプライアンス維持装置について，その概要を述べるとともに，現状における課題や今後の方向性について，税務行政論的立場から論ずるものである。

2 OECD/G20 BEPS プロジェクト「義務的開示ルール」（2015年最終レポート・Action 12）に至るまでの経緯

　租税回避スキームの義務的登録・開示制度は，1984年に米国において最初に導入されたものの[6]，その範囲は限定的だった[7]。次いで1989年にカナダに導入された。

　米国においては，その後1990年代から2000年代初頭にかけて納税者間でタックスシェルターの利用が蔓延したこと[8]を受けて順次拡充が行われたものの，その効果は必ずしも十分とはいえなかった。このことは，2003年に明らかになったいわゆる KPMG タックスシェルター不正事件[9]において，会計士や弁護士といった租税専門家によるタックスシェルターの開発，プロモーション及びそれに対する莫大な報酬といった実態が納税者の目にさらされるに至って，当時の租税専門家が登録すべきタックスシェルター商品を意図的に登録しなかったことも明らかになった[10]。このような状況を受けて2004年の American Job Creation Act による税制改正において大幅な拡充が行われ，現在に至っている。

　さらに英国においても2004年に義務的登録・開示制度が導入され，2006年及び2011年に大幅な見直しが行われる一方，2013年にはカナダにおいても広範な拡充が行われた。

　OECD/G20の BEPS プロジェクト，「義務的開示ルール」（2015年最終レポート・アクション12）によれば，米国，カナダ，英国の他，南アフリカ（2003年），ポルトガル（2008年），アイルランド（2011年），さらに韓国及びイスラエルにおいても義務的登録・開示制度が導入されている[11]。

　2012 年に至って，アップル，アマゾン，スターバックス，あるいはグーグルといった多国籍企業グループの国際的租税回避問題が欧米各地において相次いで発覚し，いわゆる BEPS（税源浸食・利益移転）問題として，税務専門家のみならず一般納税者の注目を集めるに至った。OECD 租税委員会では，これを「Base Erosion and Profit Shifting Project」として取り上げ，2013年の現状分析書（Addressing BEPS）を経て，2015年に，15項目にわたる対策について最終レポートを公表したが，「義務的開示ルール」（2015年最終レポート・Action12）（以下，「レポート」という）は，その一つである。概要については，次項において述べるが，租税回避スキームの義務的開示ルールは，現在，未導入の国においては，我が国も含め，その導入について検討が行われている[12]。

640 ◆ 第4章 日本における BEPS 対策の重要課題

3 OECD/G20 BEPS プロジェクト「義務的開示ルール」（2015年最終レポート・アクション12）の概要[13]

（1） 前提

　レポートにおいて記述されている諸勧告は，各国が満たすべきミニマムスタンダードとなるのではなく，そもそも義務的開示ルールを導入するか否かも含めて，どのような形のものにするかは，各国の自由とされている[14]。すなわち，各国が義務的開示ルールの導入を考慮する場合には，制度設計上の各論点について，選択肢が与えられており，各国はそのおかれた事情によって，それぞれの選択肢から選んでいくこととなる（モジュラー方式）。これは，義務的開示ルール実施の前提となる法制度あるいは法体系が国によって異なることから，義務的開示ルールに期待される効果を発揮させるためにどのような制度設計にすればよいのか，あるいはそもそも効果が期待できないのかは，やはり国毎の事情によって異なる，との認識に立つものである。

（2） 義務的開示ルールの概観

イ　制度趣旨

　義務的開示ルールの制度趣旨は，①納税者の（ノン・コンプライアンスの）リスク評価に資するために，税務当局が，潜在的にアグレッシブあるいは濫用的な租税回避スキームに関する情報を早期に入手すること，②租税回避スキーム，その利用者及びプロモータを適切なタイミングで認知すること，③租税回避スキームの利用及びそのプロモーションを抑制することである[15]。

ロ　義務的開示ルールに関するモデルの選択肢

①　開示義務者

　開示義務者については，第一次的にプロモータとするものと，プロモータ及び納税者の双方とするものの二つの選択肢がある。いずれの選択肢を採るにしても，スキームのプロモータあるいは，重要なアドバイザに何らかの義務を負わせるのが，共通点である[16]。これは，スキームを設計し，販売するプロモータ等が明らかにスキーム及びその効果についてより多くの情報を持ち合わせているとの実情を反映したものである。したがって，義務的開示ルールを導入する国においては，プロモータ及び納税者の双方に開示義務を負わせるのか，第一次的にプロモータ等に開示義務を負わせるのか，いずれかについて決定する必要がある。仮に後者を選択した場合には，a）プロモータが海外にいる場合，b）プロモータがいな

い場合，c) プロモータが（弁護士と顧客間の守秘義務特権など）合法的な職業
上の特権を主張する場合には，開示義務を納税者に切り替える必要がある[17]。

　また，「プロモータ」あるいは「アドバイザ」をどのように定義するかは，各
国の自由ではあるが，いずれの定義にしても，次の原則を包含することが推奨さ
れる[18]。

　すなわち，プロモータとは，「税に関するサービスを提供する過程において，
開示対象となるスキームの税務上有利となる要素について，設計，マーケティン
グ，企画，あるいは管理について責任を有する，あるいは関与するすべての者」
である。また，「ある取引が開示対象となるに際して，税務上の観点から設計，
マーケティング，企画あるいは管理に関して，重要な援助，補助あるいはアドバ
イスを行ったすべての者」を含めることも可能である。

② 開示対象

　開示対象となるスキーム等の決定に当たっては，あるスキーム等の主たる便益
が税務上のものか否かといった一定の閾値を設けた上で，開示対象条件に該当す
るか否かを決定するアプローチ（多段階方式）と，閾値を設けずに，直接，開示
対象となる基準に該当するか否かを決定するアプローチ（単段階方式）がある。

　後者は米国が採用する方式であるが，閾値を設けない故に開示対象となるもの
が多くなる傾向があることから，納税者にとっては負担であり，また税務当局に
とっても真に必要な情報の特定に至るまでに負荷がかかるきらいがある。もっと
も開示対象となる基準を詳細に定義する，あるいは一定の金額以下のものは除外
するなどの金額的な閾値を設定することにより，このようなデメリットを解消す
ることが可能である[19]。

　前者は，英国，カナダ等で採用する方式であるが，主たる便益が税務上のもの
か否かの閾値を設ける故に，開示対象となる基準を詳細に定義する必要がない一
方，開示対象となるスキーム等が国際的なものであり，納税者側において，ある
国における税務上の便益が，そのスキーム全体から見れば偶然のものに過ぎない
と主張するなど，国際的なスキーム等に適用することが困難な場合がある[20]。し
たがって，国際的なスキームを対象とする場合には，単段階アプローチの採用を
考慮する必要がある[21]。

③ 開示対象となる基準（ホールマーク）

　開示対象となる基準としては，一般的開示基準と個別的開示基準がある。前者
は，顧客にスキームについての守秘義務を課す（confidentiality：守秘義務基準），
あるいは税務上のメリットとなる価値に準拠した手数料（premium fee）又は成

功報酬（contingency fee）が支払われる（プレミアムフィー又は成功報酬基準）といった，租税回避スキームに共通的な特徴をとらえた基準であり，後者は，既知の税制上の弱点や，損失の利用など租税回避に共通して利用されるテクニックなど，開示対象となるスキームの個別的な特徴をとらえた基準である。レポートにおいては，義務的開示ルールを導入する際には，一般的開示基準と個別的開示基準の両方を取り混ぜて採用することが薦められている[22]。また，一般的開示基準を採用するに当たって，仮定テスト（hypothetical test）を採用するか（hypothetical/subjective hallmarks），あるいは基準該当性を形式的に判断するか（objective hallmarks）の選択ができる[23]。仮定テストの項目は，以下の通りである。

　a)　守秘義務基準の適用に当たって，あるスキームの提供について，いかなるプロモータでも当該スキームの税務上のメリットを他のプロモータから秘密にしておきたいと合理的に期待できるか[24]

　b)　プレミアムフィー又は成功報酬基準の適用に当たって，あるスキームについて，それを提供するプロモータが過去に類似のサービスの提供を受けた顧客からプレミアムフィーを得ることが合理的に期待できるか[25]

　上記の仮定テストは，たといプロモータ側において，一般的開示基準に該当しないように形式上迂回させることがあっても，それぞれについて「期待できる」ということであれば，一般的開示基準に該当させることにより，迂回を防止できるメリットがある[26]。他方で，基準該当性を形式的に判断する場合には，納税者に対してより確実な予見可能性を与えることとなる[27]。

　④　開示時期

　スキームが利用可能となる時期から一定期間内，あるいはスキームの実行時期から一定期間内の二つの選択肢がある。一般的には，開示時期が早ければ早いほど義務的開示ルールの目的に資するものの，税務申告書の提出期限とリンクしていない場合には，往々にして見過ごされたり，忘れられたりすることがある[28]。レポートでは，開示義務者をプロモータ等とする場合には，スキームが利用可能となる時期から一定期間内を，開示義務者を納税者とする場合には，スキームの実行時期から一定期間内を選択すべきとしている[29]。

　⑤　開示義務者に対するその他の義務

　スキーム利用者の特定のために，スキームの照会番号及び顧客リストを用いる場合と，顧客リストのみを用いる場合の二つの選択肢がある。スキームの照会番号については，税務当局がスキームの照会番号をプロモータ等あるいはスキームの利用者に発行し，プロモータ等は利用者に照会番号を通知，その後利用者は税

務申告書の提出時に照会番号を付けて申告することとなる[30]。レポートでは，特に第一義的な開示義務をプロモータ等とする場合には，スキームの利用者すべての把握及び個々の納税者のリスク評価の観点から，前者を採ることを勧告している[31]。

⑥　義務違反に対するペナルティ等

　金銭的ペナルティとしては，a）スキームの開示義務違反に対するもの，b）顧客リストの提供あるいは維持管理義務違反に対するもの，c）プロモータ等の顧客に対するスキーム照会番号の提供義務違反に対するもの，d）納税者のスキーム照会番号の申告義務違反に対するものがある[32]。また，非金銭的ペナルティとしては，スキームの開示義務違反においては，当該スキームから生ずる税務上のいかなるメリットも否認される例がある（カナダ）[33]。また，米国においては，証券取引委員会に一定の報告義務がある公開会社が，スキームの開示義務を怠った場合，それにより請求された金銭的ペナルティの額を同委員会に報告することとされている等の例がある[34]。また，レポートにおいては，義務的開示ルールの執行においては，あらゆる義務違反に対して金銭上のペナルティを導入すべき旨，勧告している[35]。

（3）　国際的租税回避スキーム

　レポートでは，クロスボーダー・スキームの脈絡においては，税務当局がスキームの事実関係や税務上あるいは経済的な効果の全容に関する情報を得ることが困難という点で義務的開示ルールから得られる各種利点は特に重要[36]，としつつ，クロスボーダー・スキームをターゲットとするには，以下の点が推奨されるとしている[37]。

①　クロスボーダー・スキームに対する（あるスキーム等の主たる便益が税務上のものか否かといった）閾値の除去[38]

②　クロスボーダー・スキームにより提起された，BEPS に関するリスクに焦点を置いた，かつ異なる革新的なタックスプランニングを把握するために十分に広範なホールマークの設定

③　国内の納税者やアドバイザが，スキームがクロスボーダーであることに伴う効果を認識することが合理的に期待できる状況のみにおいて，開示義務を課すなど，納税者側に対する不要な負担の回避

④　国内の納税者やアドバイザが知っている，あるいは管理下等の範囲内において，スキームに関するあらゆる重要な情報を開示するよう求めること

⑤　国内の納税者に対して，スキーム上の重要な取引を行う際に，以下の開示
義務を負わせること

　　a）　スキームが，ホールマークとして定義されたクロスボーダー上の結果が
組み込まれた取引をもたらすものであるかどうかに関して，合理的な調査
を行うこと

　　b）　仮にグループ・メンバーがスキームに関連する情報を提供しない場合，
又は，スキームに関する情報が不完全であったり適切でなかったりした場
合，あるいは情報の提供に当たり不当な遅延がある場合には，税務当局に
通報すること

（4）　情報の共有化

　2015年 BEPS 最終レポートにおいては，個別の納税者に関するルーリングに
関する義務的な自発的情報交換（Action 5），移転価格に関する文書化及び国別
報告書（Action 13）などの勧告を通じて，BEPS 対策における透明性及び国際
協力の向上を図っているが，Action12においては，JITSIC のメンバー国[39]は，
義務的開示ルールを通じて得た情報についても，関係すると予想される他のメン
バー国に対して，早期に自発的な情報交換を行うよう奨励されている[40]。

4　義務的開示ルールの実効性

　義務的開示ルールについては，前述 1 の通り，これまで米国，英国をはじめと
した 8 か国において導入されているところ，レポートにおいては，「（義務的開示
ルール以外の）他の要因にも因るかもしれない」[41]としつつ，各種スキームやそ
の利用者及びプロモータの認知が改善すること，及びタックスプランニングのス
キーム利用を抑止することについて，以下の例を引用しつつ，いずれの点につい
ても効果があるとしている。

①　OECD 及び G20加入国の一部で維持されているタックスプランニングに
関するデータベース「Aggressive Tax Planning（ATP）Directory」に登録
されている400以上のスキームにおいては，3 分の 2 がデータ分析及び税務
調査により発見されているところ，義務的開示ルールが導入されている国に
おいては，義務的開示によるものが 3 分の 1，データ分析及び税務調査によ
るものが 3 分の 1 であった。すなわち，義務的開示ルールを導入している国
においては，スキームの発見について，より義務的開示に依っていることが
うかがえる[42]。

② 米国，英国，カナダ，南アフリカの各国において，スキームの開示数が年々減少している[43]。これは，全体的な経済情勢を含む他の要因も寄与した可能性もあるにせよ，ある取引が登録対象となれば，当該取引が認容されない可能性や，開示の要請や開示を懈怠した際の罰則等の賦課などの可能性が抑止効果を創出し，その抑止効果が，類似する取引に納税者が関わる可能性を少なくしているものと思われる[44]。

　他方，例えば米国においては，2003年に明らかになったKPMGタックスシェルター不正事件（前述2）[45]に見られるように，登録義務があるにもかかわらず，意図的に登録されていなかったケースが存在するなど，2002年以降，開示義務者の拡大及び罰則強化などの措置が相次いで採られるまでは，義務的開示ルールの実効性に疑問なしとはしなかった，との指摘も見られる[46]。また，2011年5月のGAOレポートでは，2004年のJob Creation Actにより義務的開示ルールが抜本的に強化された後であっても，「IRSは，どれだけのリスト取引が開示されるべきだったが実際は開示されなかったのか，知ることはできない」[47]，「もし納税者がフォーム8886で開示を義務付けられたものすべてを申告しなかったり，不完全または不正確な情報を申告したりするならば，IRSは開示された取引の適切かどうか調査すべきかどうかを決定することができない。この透明性がない限り，濫用的取引はIRSから隠されたままである可能性がより高い」[48]としている[49]。

　また，英国についても，確かに実効性は上がっているものの，それは，2000年Finance Act第144条[50]の創設が，「脱税と租税回避の区別を曖昧なものとし，不誠実さや隠匿行為が大きなリスクを伴うという認識を高める機能を発揮したほか，税務当局の刑事告発にかかる方針等にも少なからぬ変化を生じさせ」，「開示制度の実効性を少なからず高める方向に働いた」との指摘もある[51]。

　いずれにせよ，少なくとも米国や英国における導入例を見る限り，義務的開示ルールの導入は，濫用的租税回避スキームの抑制について，程度の差こそあれ，一定の効果がみられるものの，その実効性を確保するためには，①実質的にスキームの全容に関する知識を真に持ち，あるいは真に管理するなどの者を開示義務者として，必要十分かつ明確に定めること，②開示対象となるスキームが明確に定義されていること，③罰則が開示義務者の懈怠防止に十分な効果を上げるレベルであること，さらに④開示義務の遵守状況についての調査権限を税務当局に付与することなどの点について，きめ細かな制度設計が必要となる。

5 自発的開示制度について

　納税者情報の自主的開示とは，税務上のリスクのある取引について，納税者が税務当局に対して早期に開示し，税務当局はこれに対する見解の提示を行うことにより，納税者の抱える税務リスクを可能な限りリアルタイムで解消を図るものである。これにより，納税者にとっては早いタイミングで予見可能性を確保し，誤った税務処理によるペナルティを免れることが可能となる一方，税務当局にとっても，時間のかかる税務調査によることなく納税者のリスク探知及び問題解決につなげるとともに，税務調査にかかる資源を，よりリスクの高い他の納税者に振り向けることが可能となる。自主的開示の取組みを円滑に実施するためには，納税者と税務当局との相互信頼関係が前提となるのみならず，税務当局側においては，税務リスクの伴う取引や事業活動の背後にある，納税者の事業の特徴や事業環境などに対する深い理解が要求される一方，納税者側においては，税務リスクマネジメントをコーポレートガバナンスの一環としてとらえるとともに，的確なリスクマネジメント及び税務当局に対する情報開示を進んで行う意志が求められる。

　また，取組みの内容は，国によってバリエーションがあるものの，多くの場合は法令には拠らず，主として大企業を対象にオーストラリア，アイルランド，イタリア，オランダ，ニュージーランド，スペイン，英国，米国の各国で実施されており[52]，我が国においても2012年から試行を開始し，2016年に本格的に実施されている。

　なお，自主的開示の検討経緯に触れると，筆者の記憶している限りでは，遅くとも2000年時点では，ATO（オーストラリア税務当局）長官が大企業幹部に対する講演において，適切な納税行動はコーポレートガバナンスの一環であり，自社の申告書の正確性についてはトップが責任を持つべき旨の指摘を繰り返しており，おそらくこれが税務当局と納税者の協調的関係を探る萌芽となったものと考える。このような思考は，その後，「大企業の経営陣・監査委員会から自らの税務戦略に関して一層の責任と関心を持つことを奨励する」との第3回OECD税務長官会議におけるソウル声明（2006年9月）[53]を皮切りに検討が本格化し，2012年1月の「我々は，納税者及び税務当局双方の更なる透明性の向上を企図しており，企業が良好な税務コンプライアンスをコーポレートガバナンスの中心に据えることを奨励する」との第7回OECD長官会議におけるブエノスアイレス声明に至っている。

OECD における検討として，2008年報告書「タックス・インターミディアリーの役割の研究」[54]，2011年報告書「透明性とディスクロージャーの改善を通じたアグレッシブ・タックスプランニングへの取組み」[55]及び，2013年報告書「協力的コンプライアンス：一つのフレームワーク：関係強化から協力的コンプライアンスへ」において，納税者と税務当局との協力によるコンプライアンス維持策についての各種提言が行われている。

6 我が国における今後の方向性

（1） 義務的開示ルール導入の必要性

　我が国には，義務的開示ルールに類する制度は存在しないことは言うまでもないが，さらに，租税回避スキームの供給側に対する対応，すなわち税理士，公認会計士，弁護士といった税務関係の専門家や一部の銀行や証券会社などの，いわゆる intermediary といわれる租税回避スキームの供給側に対する対応といった，より広い観点から考えても，この範疇に入る制度や税務当局の取組みも存在しない。

　特に，プロモータ等に対しては，法人税や消費税といったプロモータ等自体の税務申告や法定調書の提出に関する調査権限を除いては，任意の資料提出に拠る他に顧客情報やスキーム情報を収集するすべはなく，また，自らの顧客に対する税務調査のトリガーを引きかねない情報をプロモータ等が任意に税務当局に提出することを期待すること自体が非現実的である状況に鑑みると，顧客情報は言うに及ばず，プロモータ等の活動実態や，スキーム商品に関する種々の情報を，税務当局が包括的に把握できる状況にはない。

　このことは，2016年10月に国税庁から発表された「国際戦略トータルプラン：国際課税の取組の現状と今後の方向」においても明らかである。すなわち，同プランにおける主要なアイテムを個別に見れば，スキーム把握に密接な関連があると思われる「情報リソースの充実」のアイテムとしては，国外送金等調書，国外財産調書，財産債務調書の３種の調書の他は，租税条約等に基づく情報交換，CRS による金融口座情報の自動的交換，多国籍企業情報の報告制度に基づく情報交換といった，濫用的租税回避スキームへの対応といった観点からみれば間接的なものにとどまり，スキームの利用者やプロモータの透明度を高める点にターゲットを絞った，効果的な情報リソースは欠如していると言わざるを得ない。

　このため，仮に同一のスキームを利用している納税者が多数いたとしても，個別の情報リソースから把握された一部の利用者についてのみ，税務調査が実施さ

れ，しかるべき検討[56]が行われる一方，税務当局に把握されない他の納税者は結果的に放置されることとなり，（強化策によってその程度は軽減されるにせよ）税務執行上の不公平が生じるリスクは大きい。また，限られた件数の税務調査による個々の納税者の非違の是正のみでは，プロモータ側におけるスキームの生成・販売といった活動を抑止する効果は限定的であろう。

殊に近年は，OECD などにおいて，租税回避スキームなど複雑な取引に適切に対応するためには，伝統的な税務調査戦略の限界が指摘されるとともに，税務当局におけるリスクマネジメントによる資源配分の有効性，すなわち税務当局が誰に調査すべきか，税務上のどのような論点について追及すべきかのみならず，誰を調査しないのか，どのような論点について追及しないのかの決定が重要であるとされている。

しかし残念ながら，我が国には，そのような視点をサポートする制度は，2016年に開始したばかりの，超大企業を対象とした自主的開示制度以外には，存在しない。

このような現状の背景には，税務当局の権限強化や情報収集リソースの拡充は，納税者の権利を害するものであるとの，我が国の戦後以来の伝統的なメンタリティーに基づくものと思われるところ，BEPS 問題やパナマ文書問題が世に知られるようになり，ようやく一般納税者が国際的租税回避問題に関心を持ち始めた昨今において，本当にこのままで良いのかとの疑問なしとはしない。

租税回避スキームの問題についての今後の方向性を考えるとき，税務当局と納税者との関係を対立的なものとして一律平板にとらえることの弊害は，従来以上に強調されてしかるべきであろうし，また「必要情報の入手可能性を支える税制を創らず，立証責任を国外情報入手不可能な税務当局のみに負担させている国をここまで追い詰めている」との本庄資名誉教授の指摘[57]，及び「納税者の中には，課税庁よりもはるかにパワフルな「納税者になろうとしない存在」が忘れられている」，「少なくとも，一部の大規模な国際的な課税逃れについて情報を収集し，対応を考えるという意味でのタックス・コンプライアンスの発想の尊重は，一般の納税者の権利保護に資するものと考えられるであろう」との中里実教授の指摘[58]が，説得力を持つのではなかろうか。

いずれにせよ，今後，濫用的租税回避スキームの問題に適切に対応していくためには，税務当局においては，伝統的な税務調査戦略からリスクマネジメントに基づく納税者への接触体系を基本とした戦略へ転換を図る必要があろうし[59]，制度面においては，このような取り組みに道を開く，義務的開示ルールの導入は不

可欠である。

（2）　我が国における義務的開示ルールの方向性

　上記3（1）で述べた通り，レポートにおいては，制度設計上の各論点については，選択肢が与えられており，各国はそのおかれた事情によって，それぞれの選択肢から適切と思われるものを選んでいくこととなる。紙面の都合上，詳細に言及することはできないが，以下，主要な論点について述べる[60]。

イ　開示義務者

　選択肢としては，第一次的にプロモータ等とするものと，プロモータ等及び納税者の双方とするものの二つの選択肢がある。一般的には，租税回避スキーム利用に関する情報を広範に収集する観点からすれば後者が望ましい。

　しかしながら他方で，そもそも我が国におけるプロモータ等の活動やスキーム商品の情報，あるいはスキームの利用実態が全く不明であり，まずは供給サイドにおける実態を把握することが，喫緊の課題であることを考えると，プロモータ等を第一次的な開示義務者とし[61]，プロモータ等が海外にいる場合や，プロモータ等がいない場合に補完的に開示義務を納税者とする方向が現実的とも思われる。

　いずれにするかの決定に当たっては，たとい実態が不明としても，「日本企業は極端な節税策をほとんどとらない」との一部の指摘[62]にもあるように，スキームの利用者が少ないのではないか，との予測に立った場合，むしろ，開示義務者をプロモータ等及び納税者の双方とした方が，シェルター利用に対する抑制効果を考えれば，納税者側のコンプライアンスコストや，税務当局側の事務コストを考慮したとしても，望ましいのではないか。

　後述するように，我が国の罰則体系において，開示義務懈怠に対する罰則がプロモータ等に対して十分に効果を上げるに足る程度のものとすることは難しいことを考えれば，納税者側において，国外財産等調書の場合に類似した加算税を追加することによって，開示義務懈怠に対する抑止力を期待できる点からも，納税者を開示義務者に含めることが望ましいと考える。もっともこの場合には，開示対象は，可能な限り明確にすべきであろう。

　他方，仮にプロモータ等を第一次的な開示義務者とする場合には，KPMGタックスシェルター不正事件における米国の経験に鑑みれば，プロモータ等の定義を広めにとるとともに，追加的に納税者に開示義務を課すか否かについて，実態を踏まえて，改めて検討すべきであろう。

ロ　開示対象

開示対象の決定に当たっては，あるスキーム等の主たる便益が税務上のもので
あるかどうかといった一定の閾値を設ける方式（多段階方式）と，設けない方式
（単段階方式）の二つの選択肢がある。前者は，開示義務者にとって，主たる便
益が税務上であるか否かの判断の点について不透明さを残す一方，後者はそのよ
うな懸念はない代わりに，（閾値を設けない故に）開示対象となるものが多くな
る傾向となることから，開示義務者にとって，やはり負担となる。どちらを選択
するかについては，開示義務者の負担及び税務当局に提出された情報は有効に活
用されるべき点を考慮すれば，当面は，閾値を設けて，租税回避目的のものに絞
りこむことが望ましいと思われる。

ハ　開示対象となる基準（ホールマーク）

開示対象となる基準としては，一般的開示基準と個別的開示基準があるところ，
レポートの勧告通り，両者を取り混ぜて採用することについては，異論はないも
のと思われる。また，個別的開示基準の設定に当たっては，BEPS プロジェクト
における研究成果を反映したものとなることが望まれる他，法人税や所得税のみ
ならず，相続税や消費税の分野における日本国内固有の租税回避も開示対象とす
ることが望ましい。租税回避スキームの問題は，法人税や所得税に限られるもの
ではないからである。さらに，一般的開示基準を採用するに当たっての仮定テス
ト採用の可否については，開示対象について多段階方式を採用し，真に租税回避
を目的とするものに絞り込むことのバランス上，一般的開示基準の判断に当たっ
ては，実質性を重視して，仮定テストを採用すべきと考える。

ニ　開示内容

第一義的には，スキームの事実関係及び税務上・経済的効果の全容に関する情
報が開示すべき内容となろうが，プロモータ等が開示義務者となる場合には，顧
客リストも開示内容として重要である。このため，プロモータ等に対しては，顧
客リストの保管及びメインテナンス義務を課す必要がある。

ホ　開示時期

上記イのとおり，第一次的な開示義務者をプロモータ等とする場合には，ス
キームが利用可能となる時期から一定期間内を，また，プロモータが不在あるい
は海外所在の場合等，納税者が開示義務者となる場合には，スキームの実行時期
から一定期間内とすべきであろう。

ヘ　義務違反に対するペナルティ及び開示義務遵守に関する調査権限

レポートにおいては，あらゆる義務違反に対して金銭上のペナルティを導入す

べき旨，勧告しているが[63]，我が国の金銭上の罰則体系，なかんずく租税法における現行の罰則体系においては，高額のステークがかかる納税者等に対してであっても，広範に開示を促すに足る高額の罰則は採りにくいと言わざるを得ない。すなわち，例えば国外財産調書や源泉徴収票あるいは支払調書の不提出に対する罰則は，1年以下の懲役又は50万円以下の罰金であるところ，租税回避スキームの義務的開示ルールについてのみ別の体系を採ることについては，これらとのバランス上，現実的には困難であろう。

　また例えば，加算税の体系においては，国外財産調書の提出がない場合等の過少申告加算税等の加重措置5％，提出がある場合の軽減措置5％の例があるところ，これは，あくまで開示義務者が納税者である場合に初めて参考となるものの，上記（2）イで述べたように，プロモータ等が開示義務者の主体となる場合には，適用は困難であろう。したがって，独占禁止法や金融商品取引法における課徴金制度の導入を検討するか，あるいは税理士又は税理士登録をしている弁護士，公認会計士を念頭に，税理士法上の「税理士業務の禁止」などを含む新たな罰則を設けることも視野に入れて義務的開示ルールの実効性を高めることを検討する必要があろう。

　上述のように，義務違反に対するペナルティについては，現状，実効性を確保されるような罰則は，現実的に採りにくいと考えられるところ，これを補完する意味では，開示義務の遵守状況についての税務当局の調査権限の追加及び非協力の場合の罰則の強化，さらには国税当局における執行の強化について考慮する必要があろう。

ト　情報交換の拡大と実効性の確保

　レポートでは，JITSIC のメンバー国は，義務的開示ルールを通じて得た情報についても，関係すると予想される他のメンバー国に対して，早期に自発的な情報交換を行うよう勧告されている。国際的租税回避問題は，グローバルネットワークにおいて，協調的に解決を図るべき問題であることを考えれば，我が国においても，義務的開示ルール導入次第，積極的に自発的情報交換を行っていく必要があろう。

（3）　我が国における自主的開示制度の現状と方向性

イ　我が国の自主的開示制度の概要

　我が国においては，「大企業の税務コンプライアンスの維持・向上には，トップマネジメントの積極的な関与・指導の下，大企業が自ら税務に関するコーポ

レートガバナンスを充実させていくことが重要かつ効果的であることから，その充実を促進する」との趣旨[64]から，2016年7月以降，国税局の特別国税調査官所掌法人を対象に，納税者との協力関係による自主的開示を実施している。

具体的には，国税局特別国税調査官[65]による税務調査実施時に，税務に関するコーポレートガバナンスとして，①トップマネジメントの関与・指導，②経理・監査部門の体制・機能の整備・運用，③内部牽制の働く税務・会計処理手続の整備・運用，④税務に関する情報及び再発防止策の社内への周知，⑤不適切な行為の抑制策の整備・運用，の各点について評価を行い，その判定結果を当該法人の調査必要度の重要な判断材料の一つとして活用するものである。

評価の結果，税務に関するコーポレートガバナンスの状況が良好であり，また調査結果に大口・悪質な是正事項がないことなどを総合的に勘案して，調査必要度が低いと認められれば，調査終了後のトップマネジメントとの面談時に，「調査省略対象とする事務年度の申告審理を行う過程において，一般に国税当局との見解の相違が生じやすい取引を自主的に開示し，当局がその適正処理を確認することに同意すること」を条件に，調査間隔が，前回調査と今回調査の間隔より1年延長されることとなる[66]。

自主開示項目は，取引金額が多額であるもののうち①組織再編における適格組織再編か否かの判定，②特別損失計上取引の処理，③売却損，譲渡損，除却損，評価損等の損失計上取引の処理，④その他一時の損金計上取引の処理，⑤借受金又は仮払金計上取引の処理，⑥その他これらに類する取引の他，前回調査で是正された事項の再発防止や申告調整等の状況，次回調査前に当局の見解を確認したい申告済の事業年度における取引等の処理で，取引金額が多額のものとされている[67]。

ロ　今後の課題と方向性

我が国の上記取組みは，これまで税務調査一辺倒だったコンプライアンス維持策に，リスクマネジメントによるコンプライアンス維持戦略を取り入れたものとして，積極的に評価できる。今後は，納税者と税務当局との関係も，単なる税務調査主体とその対象といった単純なものではなく，納税者における税務コンプライアンス上のリスクの程度に応じて，税務調査だけではなく，行政指導あるいは納税者との対話を通じた納税者サービス的手法も取り入れた，多様なコンプライアンス維持促進策への第一歩となることが期待される。

他方，自主開示項目には，租税回避スキーム，あるいはBEPS問題への対応といった視点が欠けており，本当に納税者側の透明性が高まったといえるのか，

まだ不十分なところもある。また税務当局側においては，超大企業のコーポレートガバナンスを，税務調査の傍らで真に的確にチェックできるのか，必ずしも疑問なしとはしない[68]。

　加えて，多国籍企業グループの各分野のビジネス環境や習慣あるいは取引事情といった点への理解を税務当局側が持つことが，納税者との相互信頼を基礎とする自主的開示の取組みを円滑に運営するためには不可欠であるが，そのような税務職員をどのようにして育成していくのかについても，今後の課題であろう。

　さらに，自主的開示には，納税者側の税務リスク開示に対する前向きな意志とコミットメントが求められるところ，現在の仕組みの下での口頭によるやりとりで，果たしてうまくいくのか。具体的には，自主開示項目や納税者のコミットメントの程度について，税務当局と納税者との理解に相違があった場合には，どうするのかなどの課題も残っている。

　仮に，この取組みがルーズに行われるのであれば，自主的開示により調査期間の延長を受けることができる機会を持つ超大企業と，そうでない納税者との間の公平性について，どのように考えるのかといった問題も浮上するだけに，この取組みの厳格な運用が求められるといえよう。

7　まとめ

　租税回避スキームに的確に対応し，是正すべきは是正していくことは，税制を公平に執行する責務を負う税務当局にとって，重要な課題であるにもかかわらず，各国とも限られた人的・物的資源を十分に振り向けることは困難だった。

　こうした状況の下においては，租税回避スキームについての納税者側の情報開示を義務的に，あるいは自主的に行わせることにより，税務当局側において，個々の納税者の税務コンプライアンスにかかるリスク評価を行い，リスクの程度に応じた対応を行うことが望まれる。そして，リスクの高い納税者群に最も資源を振り向けて，スキームに的を絞った税務調査の実施及び是正を的確に行うことにより，租税回避行為の抑制あるいは予防効果を発揮させることが望まれる。

　税務調査は，今後ともコンプライアンス維持の上での重要な役割を果たすものの，義務的開示ルール及び自主的開示といった，納税者の透明性を高める枠組みは，税務調査をより効果的なものとするとともに，納税者側においても，早期のリスク回避に資するものといえよう。我が国においては，今後，義務的開示ルールの早期導入及び自主的開示の取組みの一層の強化とともに，リスクマネジメント手法に基づくコンプライアンス維持戦略の取組みが望まれる。

(注)

⑴ 文中，意見にわたる箇所は，すべて筆者個人の見解であり，筆者の勤務先とは一切かかわりのないこと，そして，本稿作成上の責任はすべて筆者に属することを予めお断りする。また，本テーマは，通常であれば，米国，英国をはじめとした各国の自発的・義務的開示ルールの概要を紹介すべきところであるが，紙面の制約の都合上，これを省略せざるを得なかった。他国の制度概要については，松田直樹『租税回避行為の解明』（ぎょうせい，平成21年3月）や経済産業省貿易経済協力局貿易振興課（委託先　KPMG税理士法人）「平成26年度海外開発計画調査等事業（進出拠点整備・海外インフラ市場獲得事業（BEPSを踏まえた納税環境整備の在り方に関する調査））調査報告書」（平成27年3月）をはじめ数多く紹介されているので，それらを参照されたい。

⑵ Jeffrey Owens, ABUSIVE TAX SHELTERS: WEAPONS OF TAX DESTRUCTION ?（NOVEMBER 08, 2005, 40 Tax Notes Int'l at 875），Alidad A. Damooe, Keeping Your Enemies Closer: Revolutionizing Tax Law and Enforcement with Intellectual Property Rights,（32 *Yale L. & Pol'y Rev.* 267, *Fall,* 2013, Yale Law & Policy Review at pp 269-270).

⑶ Robert M. Mella "Is the Pen Mightier than Audit?"（MARCH 30, 1987, 34, Tax Notes at 1309），Glenn P. Jenkins & Edwin N. Forlemu, "Enhancing Voluntary Compliance by Reducing Compliance Costs: A Taxpayer Service Approach"（November 12, 1993, Tax Administration Review).このような確率論は，後注10の，KPMG幹部のメールにおける，開示義務のあるタックスシェルターを意図的に開示しない結論に至るまでの思考過程と何ら変わることがなく，租税回避に高いステークを持つ納税者及び租税専門家にとって，法令及びモラル遵守といった職業倫理の観点を除けば，必ずしも不自然ではない。

⑷ もっとも，今日では，このような伝統的手法のみに拠っている税務当局は少ないであろう。

⑸ この点については，OECDの2011年レポート「Tackling Aggressive Tax Planning through Improved Transparency and Disclosure」において，端的に述べられている[５]。すなわち，1）税務調査は，ある納税者がアグレッシブなタックスプランニングに関与していることを必ずしも明らかにできるわけではない。それが，事業体の法令上の取扱いや，法的手段，あるいは権利の移転にかかる国ごとの取扱いのミスマッチを狙っているものである場合には，なおのことである。その理由は，アレンジメントが複雑であり，法令の適用がしばしば困難であったり，外国法令や関係業務の複雑さを理解する必要があったりすることによるものである，2）伝統的な税務調査のプロセスにおいて，アグレッシブなタックスプランニングの利用を探知できたとしても，極めて頻繁に起きる（場合によっては数年に及ぶ）かなりのタイムラグは，スキームの設計，販売，そしてその利用と，税務調査による探知との時間的経過を許してしまうことになる，3）税務調査によって探知できたアグレッシブなタックスプランニングについて，それが例外的・個別的なものなのか，あるいはより拡がりを持った事象であるのかを確定することは，困難である（Para.4, OECD（2011）Tackling Aggressive Tax Planning through Improved Transparency and Disclosure, OECD Publishing, at 12.）。

⑹ §6111, Internal Revenue Code, United States.

⑺ 米国の登録・開示制度の沿革については，松田直樹『租税回避行為の解明』（ぎょうせい，平成21年3月）第Ⅱ章「米国の対抗策の分析」に詳しい。

⑻ Tanina Rostainによれば，1990年代にタックスシェルターが蔓延した理由として，①米国のビジネス界においては，会社の業績を図る指標として，従来の税引前利益から税引後利益にシフトし，税務担当部署をプロフィットセンターとして見做すようになったこと，②監

査法人の側においても，競争の激化に伴い従来の監査サービスによる収入が伸び悩む中で，税務サービスを含む，多数の顧客を対象にしたコンサルティング・サービスに収入源を求めるようになったことを挙げている（Tanina Rostain, *"Sheltering Lawyers: The Organized Tax Bar and the Tax Shelter Industry"* Winter, 2006, 23 Yale J. on Reg. 77, Yale Journal on Regulation, 2006 Yale University）。

(9) 2003年，米国のKPMGグループ数社が不正なタックスシェルターを創出し，富裕層の顧客に対して約25億ドルの脱税のほう助を行っていたことが発覚した。その後KPMGは事実関係を認めて456億円の罰金を支払い，2007年1月，刑事事件としての起訴は取り下げられた。

(10) 上記の事件は，2003年11月，米国上院の政府関係委員会の常設調査小委員会の公聴会において取り上げられ，当時KPMGが扱っていた500に及ぶ "税務商品"（Tax Product）のすべてについて登録義務があるにもかかわらず，意図的に登録されていなかったことが判明した（"U.S. TAX SHELTER INDUSTRY: THE ROLE OF ACCOUNTANTS, LAWYERS, AND FIANCIAL PROFESSIONALS: FOUR KPMG CASE STUDIES: FLIP, OPIS, BLIPS, AND SC 2 " Report, prepared by the Minority Staff of the Permanent Subcommittee on Investigations of the Committee on Governmental Affairs, United States Senate Permanent Subcommittee on Investigations' Hearings on November 18 & 20, 2003, U.S. GOVERNMENT PRINTING OFFICE, WASHINGTON: 2003）。

(11) Para.15 & 36, OECD（2015）Mandatory Disclosure Rules, Action 12-2015 Final Report, OECD/G20 Base Erosion ad Profit Shifting Project, OECD Publishing, Paris, at 18.at 23-25.

(12) 平成28年8月23日付日本経済新聞朝刊第一面記事「租税回避策に開示義務―税理士に，拒めば罰則」参照。

(13) 概要については，経済産業省委託調査報告書「BEPSを踏まえた各国動向及び日本企業の対応に関する調査」等において既に紹介されていることから，紙面制約の都合上，本稿では簡略に述べるにとどめる。

(14) *Supra* note 11, at 9.

(15) Para.15, *id*, at 18.

(16) Para.61, *id*, at 33.

(17) Para.76, *id*, at 36.

(18) Box 2.2, para.71, *id*, at 35 & para.77, *id*, at 36.

(19) Para.85, *id*, at 37.

(20) Para.86, *id*, at 38 & para.229, *id*, at 69.

(21) *Supra* note 20.

(22) Para.135, *supra* note 11, at 49.

(23) Para.136, *id*.

(24) 具体的には，当該スキームの新規性，イノベーティブ性，アグレッシブ性の程度等によりにより検証することとなる（para.111, *id*, at 43-44.）。

(25) 具体的には，アドバイザの所在地，アドバイスの緊急性，取引の規模，アドバイザの技量や評判，適切な技量を持つスタッフが揃う分野であるか否か，等により検証することとなる（para.112, *id*, at 44.）。

(26) Para.113, *id*, at 44.

(27) Para.114, *id*.

(28) Para.150, *id*, at 51.

(29) Para.156, *id*, at 52.

(30) Para.158, *id*, at 53.

(31) Para.172, *id*, at 54. 後者の，顧客リストを用いる方法は，照会番号を利用しないとした場合の代替策として考慮されることとなる（para.166, id, at 54.）。

(32) Para.182, *id*, at 57.

(33) Para.195, *id*, at 59.

(34) Para.196, *id*, at 59.

(35) Para.200, *id*, at 60

(36) Para.224, *id*, at 68.

(37) Para.236, *id*, at 70.

(38) クロスボーダー・スキームについては，ある国における税務上の便益は，スキーム全体から見れば，たまたまのものに過ぎないとの主張がなされる場合があることによるものである（para.229, *id*, at 69.）。

(39) （アルファベット順に）Australia, Austria, Belgium, Canada, Chile, China, Czech Republic, Denmark, Estonia, Finland, France, Germany, Greece, Hungary, Iceland, Ireland, India, Italy, Japan, Korea, Luxembourg, Malaysia, Mexico, Netherlands, New Zealand, Norway, Portugal, Russia, Slovak Republic, South Africa, Spain, Sweden, Switzerland, Turkey, the United Kingdom and the United States の36か国である。

(40) Para.282, *supra note* 11, at 81.

(41) Para.52, *id*, at 28.

(42) Para.44, *id*, at 26.

(43) Para.48-54, *id*, at 27-28.

(44) Para.52, *id*, at 28.

(45) 2003年，米国の KPMG グループ数社が不正なタックスシェルターを創出し，富裕層の顧客に対して約25億ドルの脱税のほう助を行っていたことが発覚した。その後 KPMG は事実関係を認めて456億円の罰金を支払い，2007年1月，刑事事件としての起訴は取り下げられた。前掲注(10)も参照。

(46) 松田直樹『租税回避行為の解明』（ぎょうせい，平成21年3月）84頁～90頁に詳しい。

(47) GAO, Abusive Tax Avoidance Transactions: IRS Needs Better Data to Inform Decisions about Transactions, GAO-11-493 (Washington, D.C.: May 12, 2011), at 10.

(48) *Id*, at 18.

(49) 他方，エキスパートに対するインタビュー結果として「大々的に販売活動が行われるような濫用的租税回避取引は，近年，減少してきたものの，減少の程度については，エキスパートによって見解が分かれる」としており，一定の効果があることを示唆している（*id*, at 9.）。

(50) §144, Finance Act 2000: — (1) A person commits an offence if he is knowingly concerned in the fraudulent evasion of income tax by him or any other person. (2) A person guilty of an offence under this section is liable— (a) on summary conviction, to imprisonment for a term not exceeding six months or a fine not exceeding the statutory maximum, or both; (b) on conviction on indictment, to imprisonment for a term not exceeding seven years or a fine, or both. (3) This section applies to things done or omitted on or after 1st January 2001.

(51) 松田直樹『租税回避行為の解明』（ぎょうせい，平成21年3月）147頁～150頁に詳しい。

(52) Para.17, *supra note* 5, at 15.

(53) www.oecd.org/ctp/ta/seouldeclaration.

(54) 原題は，"Study into the Role of Tax Intermediaries"（OECD（2008），OECD Publishing）。

(55) 原題は，"Tackling Aggressive Tax Planning through Improved Transparency and Disclosure"（OECD（2011），OECD Publishing）。

(56) 是正までに至るかどうかは，別問題である。

(57) 本庄資名誉教授は「確かに，企業側のみに追加負担を被せることは公平ではないが，必要情報の入手可能性を支える税制を創らず，立証責任を国外情報入手不可能な税務当局のみに負担させている国をここまで追い詰めているとき，「透明性の向上」をめざす議論で双方痛み分けのスペースを全面的に拒否するようなことはフェアではない」と述べておられる（本庄資『国際課税における重要な課税原則の再検討（上巻）』（日本租税協会，2014年12月）429頁）。

(58) 中里実「「タックス・シェルターからタックス・コンプライアンスへ：会社法と租税法の融合の必要性」（ジュリスト2016年8月号 #1496）15～16頁。

(59) 我が国の税務当局がリスクマネジメント的手法を採っていないという趣旨ではない。ただ，「国際戦略トータルプラン」を見る限り，単に富裕層や（貿易取引を含む）海外取引のある企業への対応について，包括的に述べるにとどまっており，国際的な租税回避問題に対して，リスクマネジメント的視点からどのように取り組むのかの姿が見えてこない。今後，どのようなセグメント化を行い，どのセグメントについて執行を強化するのか，あるいは協調的アプローチを採るのか，さらにはスキームの供給側にどのような対応を行うのか，といった視点が，制度面での手当ても含め，今後の課題として残っていることを指摘しておきたい。このような視点は，グローバルネットワークにおける外国当局との協調といった観点からも重要であろう。

(60) なお，義務的開示ルールを導入するのであれば，まず何が租税回避行為に当たるのかを明確に示す包括的租税回避行為否認規定を整備することが前提との見解も見られる（阿部泰久「包括的租税回避否認規定創設に対する経済界の考え」（「フィナンシャル・レビュー」平成28年第1号（通巻126号）191頁）が，他国の例を見ても，同規定の整備が，義務的開示ルールの前提とならないことは，指摘しておきたい。この点については，緒方健太郎氏の「むしろ，MDR（筆者注：義務的開示ルール）が法制上・執行上のリスク評価のための早期情報収集ツールであり，…（中略）…租税回避否認規定の精度向上に資するものであることを考えれば，まずMDRを導入し，収集される情報に基づき法制上のリスク評価を行い，必要に応じて個別否認規定を導入したうえで，それでも対応しきれない事例が積みあがれば，GAARを導入するのが筋とも考えられる。他方，MDRとGAARを同時に導入し両者の相互補完的な効果を存分に引き出しつつ，随時個別否認規定を整備していきGAARの適用範囲を狭めていくというアプローチも十分に成り立つであろう。」との見解（緒方健太郎「BEPSプロジェクト等における租税回避否認をめぐる議論」（「フィナンシャル・レビュー」平成28年第1号（通巻126号）221頁）が参考となろう。

(61) ここでいうプロモータ等とは，上記3（2）ロ①記載の通り，「税に関するサービスを提供する過程において，開示対象となるスキームの税務上有利となる要素について，設計，マーケティング，企画，あるいは管理について責任を有する，あるいは関与するすべての者」である。また，「ある取引が開示対象となるに際して，税務上の観点から設計，マーケティング，企画あるいは管理に関して，重要な援助，補助あるいはアドバイスを行ったすべての者」を含めるなど，レポートで言及している原則を参考とすべきである。

(62) 2016年10月31日付日本経済新聞朝刊記事「税逃れ防ぐ国際ルール始動」中の「大手会計事

務所との担当者」のコメントの一部。もっともこのコメント全体は，「「日本企業は極端な節税策はほとんどとらないのに開示制度が本当に必要か」と疑問を呈す。」となっている。日本企業が極端な節税策をほとんどとらないのであれば，この制度に関する日本企業の負担はほとんどないはずであるし，他方で，外国企業や個人富裕層において極端な節税策を採っている可能性があることについて，どのように考えるのか？　我が国において，このような見解を持つ者は少なからずあると思うが，税務当局と納税者との関係を対立的なものとして一律平板にとらえてきた伝統的な見方に基づくものであろう。このような見解に組みする限り，BEPS 問題は解決しない。

(63)　Para.200, *supra* note 11, at 60.

(64)　平成28年6月14日　国税庁事務運営指針（査調3-9）「税務に関するコーポレートガバナンスの充実に向けた取組の事務実施要領の制定について（事務運営指針）」1（1）取組の趣旨。

(65)　原則資本金1億円以上の法人で国税局調査部等が所掌する法人のうち，特に国税局長が，特別国税調査官が所掌するものとして指定した法人。国税局調査部等所掌法人は大規模法人であるが，その中でも特に規模の大きい法人が指定される。

(66)　前掲注(64)「5（3）調査間隔の延長」。なお，後発的な事情などにより緊急を要する場合は，調査を実施することがあり，また，更正期限（5年）を考慮し，当面の間，調査間隔は，最大4年とすることとなっている。

(67)　前掲注(64)（別紙2）。

(68)　例えば，2015年に東芝の粉飾決算事件が発覚したが，税務当局側はこの問題をどれほど把握できていたのか，あるいは全く把握していなかったのか。一般的に言って，限られた事務量の中で行われる税務調査の傍らで，超大企業あるいは多国籍企業の真のガバナンス状況を的確に把握することは現実的には困難であり，結局は会社側の申立てをベースにした評価とならざるを得ないのではないかとも思われる。

42 タックス・ルーリングの義務的な自発的情報交換[1]

猪野 茂

1 問題の所在

OECD/G20，BEPS プロジェクト2015年最終レポート Action 5（以下，「レポート」という）第5章[2]においては，優遇税制の適用に関するルーリングやユニラテラル APA を含む6カテゴリーに属するルーリング[3]について，税務当局間の自発的情報交換の枠組みにおいて，情報交換を義務付けることとされた。これに必要な法制が既に整っている国においては，将来のルーリングについては，2016年4月1日以降のものについて情報交換が義務付けられ，また，過去のものについては，2016年12月31日までに情報交換を完了することとされている。

従来，租税条約等に基づく情報交換，なかんずく自発的情報交換の枠組みにおいては，一方の条約締約国の税務当局が，税務調査等の過程で入手した情報で，条約相手国の課税情報として有効と認められるものがあれば，それを「自発的に」情報提供するのが一般的であり，情報を提供するのか否か，あるいはどのような内容のものを提供するのかについては，当該締約国側の判断に任されてきた。

これに対して，Action 5 で提言された上記の枠組みは，提供すべき情報内容の定義付け（非裁量化），及びそれに該当する情報交換の義務化の2点において，従来の自発的情報交換の枠組みから大きく踏み出したものである。その背景には，2012年以降，BEPS 問題として取り上げられた多国籍企業の多くが，低課税国においてルーリングなどによる優遇措置を受け，結果としていずれの国にもほとんど納税されていない状況が明らかになるにつれて，そのような納税者の透明性を一層高める観点から，優遇措置を受けるなどのルーリングがあった場合には，関係国間で情報を共有すべきとの問題意識があったものと思われる。

また，上記以外でも，Action12における義務的開示情報の自発的情報交換，Action13における国別報告書の政府間での自動的情報交換といった，情報交換制度の分野での透明性向上のための取組みがあり，2017年1月から我が国においても施行された金融口座情報の自動的情報交換の仕組み（CRS）とも相まって，BEPS 問題に対処するための有力なツールである情報交換の分野での透明性向上

が，今後大幅に図られるものと見込まれる[4]。

　しかしながら，情報交換制度を効果的なものとしていくためには，課題も決して少なくない。本章においては，透明性向上に向けた情報交換制度のこれまでの発展について概観するとともに，Action 5 におけるルーリングの義務的自発的情報交換の概要の紹介，そして今後の課題等について，税務行政論的立場から述べるものである。

2　情報交換制度における透明性向上に向けた国際協力の発展[5]

　1990年代の国際的租税回避の蔓延を受けて，OECD では，1996年レポート『有害な税競争』[6]において，有害な税競争への対抗策として各種の勧告を行ったが，「情報交換の拡大及び効率的な活用に関する勧告」として，「有害な税競争を構成するタックス・ヘイブン及び税優遇関係の取引に関する情報交換の強化策を検討すべき」[7]とした。また同レポートにおいては，ルーリングに関して，「納税者の個別の税務ポジションについての行政上の決定については，取引の事前に提供されるとともに，そのような決定についての認容，否認あるいは取消の基準について公表されるべきである」[8]との勧告を行った。

　2000年には，OECD 加盟国及び非加盟国（管轄）から構成され，税分野の透明性と情報交換の高度の基準を達成するための検討を行う「グローバルフォーラム」が創設され[9]，2002年に「税情報に関する情報交換に関するモデル協定」[10]が，2006年には，会計記録の信頼性と入手可能性ついての基準が策定された[11]。

　これらの取組みを通じてフォーラム参加国によって認められた，モデル協約上の主要原則は，①要請に基づく情報交換メカニズムの存在，②刑事事案のみならず民事・行政手続上のものであっても国内税法執行上必要であれば，情報交換要請が可能であること，③情報交換当事国双方における刑事手続要件あるいは情報被要請国の課税上の利益要件の不存在，④被要請国における安全措置及び諸制限の尊重，⑤交換情報の厳格な機密性の保持，⑥（特に銀行，所有権者，名義人の実体（identity），経理処理に関する）情報の信頼性，及び要請に応じてそのような情報を取得・提供するための権限，の6点であった[12]。

　また，上記の流れを受けて，2005年には，OECD モデル租税条約における情報交換に関する規定の改正が行われたが，その改正点は，①条約対象税目の限定の撤廃（すべての税目を対象とする）②対象となる情報の範囲の拡大（necessary 要件を foreseeable relevant 要件へ変更），③自国の課税利益の有無による

情報入手制限の撤廃，④金融機関保有情報に対するアクセス強化，⑤受領国における守秘義務について別項への規定などであった。

　情報交換制度の拡充及び効率化の流れはその後も続き，2009年4月のロンドンサミットにおいて，G20諸国の「我々の財政及び金融システムを守るために制裁を加える用意があり」，「銀行秘密の時代は終わった」との宣言[13]を受けて，同年9月，上記のグローバルフォーラムが改組・拡充され，2010年以降，参加国・地域による相互審査及びその結果の公表が行われている。

　2012年にはOECDモデル条約の改定において，両締約国において法令上許容され，かつ情報提供国側の権限のある当局が承認する場合には，両国の権限のある当局は，当該情報を当初の情報交換目的以外の目的にも利用することを可能とするなどの，情報交換に関する運用の拡充が行われた。

　さらに2014年，OECDは，「金融口座情報の自動的情報交換基準」[14]を公表し，その中で，非居住者に係る金融口座情報を税務当局間で自動的に交換するための国際基準である共通報告基準（CRS: Common Reporting Standard）及び権限のある当局が自動的情報交換を行うに当たっての手続等の国際基準（CAA: Competent Authority Agreement）が示され，G20により承認された。

　最近では，2015年BEPS最終レポートにおいて，個別の納税者に関するルーリングに関する義務的な自発的情報交換（Action 5），タックスシェルター等の義務的開示ルールを通じて得た情報の自発的情報交換（Action 12）移転価格に関する国別報告書（Action 13）の自動的情報交換などの勧告を通じて，BEPS対策における透明性及び国際協力の向上が図られている。

3 2015年最終レポート・Action 5第5章「有害な税務プラクティスへの取組みの刷新：ルーリングに関する透明性の改善のためのフレームワーク」[15]の概要

（1）　ルーリングの定義

　ここでいうルーリングとは，上記1のとおり「個別の納税者あるいは納税者のグループの税務上の状況に関して，納税者等が依拠する権利を有する，税務当局が提供するあらゆるアドバイス，情報，あるいは保証」をいう[16]。ルーリングには，納税者一般，あるいは一定の納税者グループを対象とするものと（general ruling）と，個別の納税者を対象とするもの（taxpayer-specific ruling）とがあるが，義務的な自発的情報交換の対象となるルーリングは後者すなわち個別納税者に対するルーリングであり，前者は除かれる[17]。

レポートによれば，個別納税者に対するルーリングとは「個別の納税者に対して適用されるルーリングであり，当該納税者が依拠することができるもの」であり，事前照会や事前確認といった取引前のものと，取引後のものがあるところ，いずれも，納税者の申請によって行われるものである[18]。したがって，納税者が申告等を了した後に実施される税務調査後に行われた税務当局との合意や見解は，これに含まれないが，税務調査の結果であっても，税務当局との合意や見解が将来の利益に関する取扱いに関するルーリングであれば，これに含まれる[19]。

（2） 情報交換の対象となるルーリング及び情報の提供先

イ　優遇税制適用に係るルーリングで，クロスボーダー取引に関するもの

このカテゴリーでカバーするのは，FHTP（Forum on Harmful Tax Practices。以下同様）における優遇税制の検討の範囲において，無税又は低税率であるとされた税制の適用に関するルーリングで，クロスボーダー取引に関するものである。優遇税制の検討の範囲とは，具体的には，船舶会社，銀行業，保険業，ファイナンシング及びリース事業，ファンド・マネジメント業，統括会社，配送センター，サービスセンター，知的財産，持株会社に関する優遇税制，その他FHTPによって優遇税制と認められたものである[20]。

上記に該当するルーリングは，①当該優遇措置の適用を受ける取引，あるいは当該優遇措置により所得が発生することとなった取引の相手方である，すべての関係者（直接・関節の出資比率25％以上）の居住地国，及び②究極的な親会社及び直近の親会社の居住地国へ，自発的情報交換を行うこととなる[21]。

なお，上記に係るルーリングについては，たとい対象となる優遇税制がFHTPにおいてレビューされておらず，あるいはレビュー後の結論が潜在的あるいは実際に有害であるとされていなくとも，情報交換の義務が生ずることとなる[22]。

ロ　ユニラテラルAPA，及び移転価格又は移転価格原則の適用に係るクロスボーダー取引に係るその他のユニラテラル・ルーリング

ユニラテラルAPAとは，クロスボーダー取引の独立企業間価格の算定方法等について，当時国の税務当局がその国内納税者に確認を行うものである。また，後者の移転価格又は移転価格原則の適用に係るクロスボーダー取引に係るその他のユニラテラル・ルーリングとは，当該ルーリングが納税者から提示された事実関係に基づく法的性質に関するものである場合（APAは一般的に事実関係に関するもの），あるいはルーリングが単発の個別取引のみに関するものである場合

（APA は通常，継続する複数取引や複数タイプの取引，あるいは一定期間におけるすべての国際的取引を扱うもの）など，APA のカテゴリーから外れるものをいう[23]。

　レポートでは，このカテゴリーのルーリングは，税優遇であるが故に義務的な自発的情報交換の対象となるのではなく，透明性が欠如することにより，ルーリング対象取引の他方の当事国側における税務ポジションについて，直接・間接に BEPS 上の問題が生じる可能性があることによるとしている[24]。

　具体的には，ユニラテラル APA やこれに類するルーリングが，下方の価格調整を一方的に許容し，かつそれが納税者の会計上の処理に反映しない申告調整のみにとどまる場合，当該 APA 等でカバーされる取引の，他方の国外関連者において対応的調整がなされなければ，その分は課税されないこととなる[25]。

　上記に該当するルーリングは，①当該 APA 又はルーリングがカバーする取引に関するすべての関係者の居住地国，及び②究極的な親会社及び直近の親会社の居住地国へ，自発的情報交換を行うこととなる[26]。

　なお，最終レポート Action 13 においては，多国籍企業の親会社及び子会社は移転価格文書化に関して，マスターファイル及びローカルファイルをそれぞれの居住地国の税務当局へ提出するよう義務付けることとしているところ，これらのファイルには，それぞれ既存のユニラテラル APA や，国別の所得の配分に関するその他のルーリングについての簡単な記述が含まれる。

　この点について，Action 5 では，義務的な自発的情報交換の対象となるユニラテラル APA などの情報は，マスターファイルやローカルファイルでカバーするより広範なものとなる[27]ことに加え，関係する税務当局において，更なる情報交換を要請するための追加的な情報となるなど，相互補完的なものとなる，としている[28]。

　ハ　クロスボーダー取引に係るルーリングで，当該国における納税者の会計上・業務上の処理に直接反映しない形で課税所得の一方的な下方修正をもたらすもの

　このカテゴリーでカバーするのは，例えば，ルーリングを受ける居住者について，その親会社や他の国外関連者の資本又は資産の貢献を認識して，当該居住者の課税所得から，例えば，親会社資本の貢献を認めて，みなし利息による利益の減額修正を認容するなどの超過利益に関するルーリング（Excess Profit Ruling）や非公式資本に関するルーリング（Informal Capital Ruling），その他これらに類するルーリングであり，上記ロでカバーするルーリング以外のものを指す[29]。これに該当するルーリングを取り上げる趣旨は，上記ロと同様であり，クロスボー

ダー取引の一方の納税者の課税所得を申告調整の形で一方的に下げる場合，当該取引の他方の納税者の所得について，対応的調整が行われなければ，その分は課税されない結果となるところ，これを情報交換によって透明性を高めることを狙ったものである。

上記に該当するルーリングは，①当該ルーリングがカバーする取引に関するすべての関係者の居住地国，及び②究極的な親会社及び直近の親会社の居住地国へ，自発的情報交換を行うこととなる[30]。

ニ　PE の存在の有無，あるいは PE への帰属利益についてのルーリング

このカテゴリーでカバーするルーリングは，ルーリング発出国の国内及び国外の PE の存否についてのもの，あるいは PE に帰属すべき利益の算定に関するもので，上記ロ以外のものである。

上記に該当するルーリングは，①当該ルーリングの対象となる PE の本店の居住地国又は PE 所在地国，及び②究極的な親会社及び直近の親会社の居住地国へ，自発的情報交換を行うこととなる[31]。

ホ　関連者間における導管取引に関するルーリング

クロスボーダーの資金又は所得の移動が，導管事業体を通じて，他国に直接又は間接に流出するか否かの判断について，当該導管事業体所在地国が発出するルーリングである。具体例として，レポートでは以下の例を掲げる。

ある事業体が，他国の複数の事業会社から例えば貸出金の利息等の形で所得を受け取り，少額のマージンを残して，これを同一国内の上位の事業体からの借入金に対する支払利息を損金算入する。当該上位事業体には国外のパートナーがあり，国内法においてのみ，税務上，導管事業体として取り扱われる場合，その受取利息は，国内において課税されないまま，国外のパートナーに帰することとなる。このケースにおいては，他国の事業会社の支払利息は損金として取り扱われる一方，それを受け取る側の国においては少額のマージン部分を除いて課税は行われず，国外のパートナーに流出するものの，所得の種類によっては，当該パートナーの側においても課税されない可能性がある[32]。

このようなアレンジメントに関する導管事業体所在地国のルーリングによっては，軽課税あるいは課税されないリスクが生ずることから，自発的情報交換の対象としたものである。これに該当するルーリングについては，①当該ルーリングの対象となる導管事業体に直接間接に支払を行うあらゆる関係者の居住地国，②当該導管事業体に支払を行う究極の実質的所有者（多くの場合究極の親会社）の居住地国，③（②でカバーしない場合に）究極の親会社及び直近の親会社の居住

地国に対して，自発的情報交換を行うこととなる[33]。

　　ヘ　その他，情報交換をしないことにより，将来的に BEPS 問題が懸念されると，
　　FHTP が認めるもの

　今後，FHTP において，BEPS の観点から義務的な自発的情報交換を行う必要
があると認めるに至ったものは，将来的に具体化の上，付加されることとなる[34]。

（3）　提供すべき情報の具体的内容

　義務的な自発的情報交換に当たっては，情報提供国及び受領国双方の税務当局
の事務負担，及び透明性の向上とのバランスを考慮して，二段階のプロセスを採
ることとしている[35]。

　すなわち，第一段階においては，①納税者名，所在地，グループ名といった基
本的な納税者情報，②情報提供をするルーリングのタイプ，③ルーリングの要約，
④受領国が情報提供を受ける理由，⑤受領国に関係する事業体名などの情報につ
いて，テンプレートで簡潔に記入して，それを情報提供する。当該情報の提供を
受けた国においては，内容を検討した上で，更なる情報が必要であれば，第二段
階として，要請による情報交換を実施することとなる[36]。

（4）　情報交換の実施

　過去のルーリングについては，2010年1月1日以降に発出されたルーリングで，
2014年1月1日において有効であった，あるいは現在も有効であるものについて，
2016年12月31日までに情報交換を要する。この場合，すべての関係者について十
分な情報がない場合も考えられるが，その場合には，改めて納税者に接触するの
ではなく，税務当局において自身の持つ情報の範囲内でチェックを行うなどの
「最善の努力」を払うことが求められる[37]。

　また，2016年4月1日以降に発出されるルーリングについては，究極の親会社
や直近の親会社，実質的所有者等の関連者情報や上記(3)のテンプレートの記入
に必要な情報の提供に必要な情報を，納税者に対して求めるよう，従来のルーリ
ングに関する手続を変更する必要がある[38]。

4　議論の焦点と今後の方向性

　BEPS 対策上，最終レポートにおいて提示された諸種の情報交換は，税務当局
が，租税回避スキームなどの義務的あるいは自主的開示（Action 12）や移転価
格文書化及び国別報告書（Action 13）などの納税者の透明性向上のための他の

仕組みによって税務当局が得た情報を関係国間で共有することを狙ったものであり，従来の定型的な自動的情報交換制度の他は，税務調査をきっかけとする単発的な情報交換を基本としてきた従来の情報交換の枠組みから大きく踏み出したものである。本章のルーリングの義務的な自発的情報交換も，その一環をなすものであり，今後は，金融口座情報の自動的情報交換の仕組み（CRS）や国別報告書などの情報交換など他の情報交換とともに，税務当局による納税者の税務リスク評価をより有効なものとする重要なツールとなる。

　しかしながら，今後，この制度を実効性あるものとし，かつ円滑に運用していくには課題も多い。紙面の都合上概要にとどめるが，具体的には以下の課題が指摘されよう。

（1）　二段階方式に基づく情報交換の仕組み

　上記3（3）の通り，レポートではルーリングの情報交換は二段階方式を採ることとされている。すなわち自動的情報交換の対象となるのは，ルーリングの概要にかかわる基本的情報であり，受領国においては，その内容を検討の上，更なる情報が必要であれば，要請に基づく情報交換を実施することとなる。

　情報提供国及び受領国の事務負担と透明性の向上とのバランスを考えれば，この方式に拠らざるを得ないのは事実であるが，結局は，要請による情報交換に拠らなければ課税上有益な情報は得られない。したがって，今後，この仕組みを実効性あるものとするためには，従来に増して，要請による情報交換の迅速性，確実性を確保していくことが求められる。

　しかしながら，要請相手国の権限のある当局によっては，暗黙裡に自国納税者を擁護することを期待され，あるいは自国利益に反してまで国際合意に従う必要はない，とするケースもあろうかと思われる[39]。特にレシプロシティの欠如を理由とした情報提供拒否は許されない中で[40]，例えば，税収よりむしろ多国籍企業誘致を優先する国（管轄）にあっては，情報交換は片務的になりがちである。このような場合であっても，確実な情報提供を担保するには，従来通りのピアレビューで足りるのか，あるいは今後，非遵守国のブラックリスト掲載及びその後の防衛措置を採るとしても，それで十分かどうか，注視していくべきであろう。あるいは大口・悪質な個別事案に係る情報交換要請について，情報提供の拒否があった場合には，提供国の権限のある当局が，国際的合意に則ったものであるか否かについての判断機関を創設するなどの方策の可否についても，検討する必要があろう[41]。

（2） 情報提供により受領国側において課税が行われる場合の救済措置

　情報提供先国において，提供された情報が，税務調査のトリガーとなる場合があろう。この場合，情報提供国すなわちルーリング発出国におけるルーリング対象取引について，両国の課税上の見解が異なることとなれば，情報受領国において新たな課税が発生し，二重課税状態が生じる可能性もある。例えば，あるユニラテラル APA で承認された当該国所在法人の営業利益幅が，その国外関連者所在地国における税務当局の見解と異なる場合，当該国外関連者所在地国側において，移転価格調査のトリガーが引かれるリスクがあろう。

　この場合，納税者側には，新たな税務調査や，二重課税となった場合の相互協議のためのコストが新たに生じることとなる。ルーリング対象取引について，情報受領国側において問題の可能性の有無の検討はもとより，問題ありとされた場合の更なる課税上の検討を行うこと自体を止めることはできないが，例えば移転価格問題であれば，移転価格調査のトリガーを引くまでもなく，バイラテラル APA に準じて，APA 審査部局と相互協議部局の協調による解決が望まれる。

（3） ユニラテラル APA プラクティスの変容

　我が国においては，相互協議を伴う，いわゆるバイラテラル APA がほとんどであり，ユニラテラル APA の件数はわずかである。他方，例えば米国では，2015年に申請されたユニラテラル APA は52件[42]，実施されたものは30件[43]であり，このうち我が国企業に関するものもある程度含まれているものと思われる。このように外国で申請されたユニラテラル APA について，我が国に対して情報交換が行われるとなれば，我が国側における移転価格リスク回避の観点からは，今後，これらの APA がバイラテラル APA に転換していく可能性もあろう。この場合，相互協議件数の増加が見込まれるが，これらの合意に向けた処理の迅速化が一層求められることとなろう。

（4） 守秘義務を担保する体制の整備

　本稿のルーリングの情報交換に加えて，CRS や国別報告書，さらにはタックスシェルター等の義務的開示情報の情報交換と，今後，交換される情報が拡大するにつれて，交換される情報を扱う国税当局の職員の守秘義務の徹底の要請は，従来に増して強くなる。特に国別報告書や APA に係る情報については，納税者の事業上の秘密等に係るものも多いものと思われることから，万が一，情報漏洩があった場合の結果は，深刻なものとなろう。この点，本庄資名誉教授は，「情

報提供をする納税者や各国税務当局，この情報提供を受ける税務当局，その税務当局が他国の税務当局とこの情報交換を行う場合において情報を提供する税務当局と情報を受ける税務当局など，多段階で，企業秘密，企業内役職者の守秘義務，関与租税実務家の守秘義務，税務守秘義務の問題をクリアしなければならない」[44]と指摘しておられる。

　我が国の税務当局においては，守秘義務については特に徹底されていると考えるが，他方で，いわゆるアロエ・ベラ社事件[45]に係る2015年2月の米国アリゾナ州連邦地裁判決[46]においては，同社の日本における関連会社に対する課税処分のマスコミ報道に関して，国税庁から情報のリークがあった旨の認定が行われており[47]，国際社会において，我が国の守秘義務徹底の程度に疑いを持たれかねない状況にある[48]。

　個別事案について，あたかも税務当局が情報を漏洩しているかの如くに誤解されるのは極めて残念であるが，任意調査の結果についてマスコミ報道があるのも事実である。報道関係事務に携わった筆者の経験上，ほとんどすべてが新聞社等に対する投書等によるものと思われるものの，他方で「ミニマム・スタンダード」として「ある国が，納税者情報の保護について高度の規範を保っていることを示す確実な証拠を提供できないのであれば，そのような要請国は情報を受領する資格がないものとされるべき」との議論もある[49]。

　国際社会における信頼を確保するためには，税務当局自らが職員の守秘義務厳守を徹底すればこと足れり，とするのではなく，守秘義務の徹底が担保されていることについて，関係国の理解を得られるような取組みなり仕組みづくりなりを行っていく必要があろうと思われる。また，アロエ・ベラ社事件についての我が国の立場や反論を国際社会に向かって毅然として表明していく必要もあろう。

5　まとめ

　本稿で述べたAction 5のタックス・ルーリングの自発的情報交換の義務付けは，Action12における義務的開示情報の自発的情報交換，Action13における国別報告書の政府間での自動的情報交換といった，BEPSプロジェクトの他のアクションにおける情報交換制度の分野での透明性向上のための仕組みに加えて，2017年1月から我が国でも施行された金融口座情報の自動的情報交換の仕組み（CRS）とも相まって，BEPS問題に対処するための有力なツールである情報交換の分野での透明性向上に資することとなる。

　他方で，これらの仕組みを有効に機能させるためには，ピアレビューなどの情

報交換が的確かつ円滑に実施されるための取組みの推進に加えて，受領した情報を税務当局において的確に活用して，納税者のタックス・リスクを的確に分析していく必要がある。

　また今後，情報交換が質・量ともに拡大していく中で，情報交換をトリガーとして二重課税が発生した場合の二国間紛争の解決の迅速化や，交換される情報を取り扱う税務当局をはじめとした関係者の守秘義務の一層の徹底など，納税者の権利保護について，確実に配意していく必要があろう。

(注)

(1)　文中，意見にわたる箇所は，すべて筆者個人の見解であり，筆者の勤務先とは一切かかわりのないこと，そして，本稿作成上の責任はすべて筆者に属することを予めお断りする。

(2)　原題は，"Countering Harmful Tax Practices More Effectively, Taking into Account Transparency and Substance, Action 5"（OECD（2015,）Countering Harmful Tax Practices More Effectively, Taking into Account Transparency and Substance, Action 5, 2015 Final Report, OECD/G20 Base Erosion and Profit Shifting Project, OECD Publishing, Paris）.

(3)　ここでいうルーリングとは，「個別の納税者あるいは納税者のグループの税務上の状況に関して，納税者等が依拠する権利を有する，税務当局が提供するあらゆるアドバイス，情報，あるいは保証」をいう（para.95, *supra* note 2, at 47.）。

(4)　本庄資名誉教授は，BEPS プロジェクトにおけるこうした取組みについて，「余人の知り得ない多国籍企業の内情は，自らに語らせるにしくはなし」として，「多国籍企業又は多国籍企業グループの実態を把握するために，各国はユニラテラルな法制で情報申告制度を策定し，各国当局間の情報交換を通じて必要情報を入手する等の間接アプローチを試みてきたが，Action12及び Action13は，多国籍企業及び多国籍企業グループに税務当局に租税回避スキーム，多国籍企業グループの実態の報告義務を課す直接アプローチを採用することとした。」としておられる（本庄資「国際課税における重要な課税原則の再検討：国際課税における透明性の向上を推進する OECD/G20　BEPS プロジェクトの合意・勧告への対応と問題点」（租税研究2016.8号，322頁）。

(5)　1990年代以降における，情報交換の仕組みを通じた国際協力の議論及びイベントは極めて多いが，本稿では，紙面の制約上，主なもののみを取り上げる。また，我が国における取組も捨象する。なお，この点については，本庄資「国際課税における重要な課税原則の再検討（中巻）」470頁〜483頁に詳しい。

(6)　OECD（1996), Harmful Tax Convention: An Emerging Global Issue, OECD Publishing, Paris.

(7)　*Id*. at 46.

(8)　*Id*. at 44.

(9)　OECD（2009), Tax Co-operation 2009: Towards Level Playing Field, OECD Publishing, Paris, at 9.

(10)　OECD, Agreement on Exchange of Information on Tax Matters, OECD Publishing, Paris.

⑾　OECD（2009），*supra* note 9, at 10.

⑿　Box I.1, *id*, at 10.

⒀　Para.15, G20 Declaration: The Global Plan for Recovery and Reform London, U.K. 2 April 2009.

⒁　OECD（2014），Standard for Automatic Exchange of Financial Account Information: Common Reporting Standard, OECD publishing, Paris.

⒂　原題は，"Revamp of the work on harmful tax practices: Framework for improving transparency in relation to rulings"（OECD（2015），Countering Harmful Tax Practices More Effectively, Taking into Account Transparency and Substance, Action 5 – 2015 Final Report, OECD/G20 Base Erosion and Profit Shifting Project, OECD Publishing, Paris.

⒃　Para.95, *supra* note 2, at 47.

⒄　Para.96-97 *id*.

⒅　Para 97.*id*.

⒆　Para.97, *id*.

⒇　現在，FHTP において認知されているものは，知的財産に関するもの16，及び知的財産以外のもの27，計43の優遇税制が最終レポート第6章に列挙されているが（Table 6.1及び Table 6.2，最終レポート63，64頁），これ以外のものであっても，各国は，優遇税制に該当するか否かについて，自己評定した上で，優遇税制に該当するものに係るルーリングであれば，自発的情報交換を行うこととなる。

(21)　*Supra* Note 2, Table 5.1, at 53.

(22)　Para.104, *id*, at 49.

(23)　Para.108, *id*, at 49.

(24)　Para.109, *id*. レポートでは，APA においては，確認された独立企業間価格算定方法に基づいて算定される利益について，一定の範囲内で上下の利益幅が認められることが多いところ，例えばユニラテラル APA でカバーされている取引について，当該カバーされている側の関連者において，申告調整の形で任意に利益幅を下方修正したとしても，他方の関連者の居住地国の税務当局がこれを知らない場合には，ミスマッチが起こり，当該下方修正された利益について，双方の国で課税が行われなくなる現象が生ずることとなる，としている。

(25)　Para.114, *id*, at 50.

(26)　Table 5.1, *id*, at 53.

(27)　Para.111, *id*, at 50. 例えば，ローカルファイルに記載を要するものは，国外関連取引のうち重要なものに関するルーリングとされるところ，これらは Action 5 の自発的情報交換の対象よりも狭いものとされる。

(28)　Para.112, *id*, at 50.

(29)　Para.113-115, *id*, at 50.

(30)　Table 5 - 1 *id*, at 53.

(31)　*Id*.

(32)　Para.119, *id*.at 51.

(33)　Table 5 -1, *id*, at 53.

(34)　Para.120, *id*, at 51.

(35)　Para.130 *id*, at 54.

(36)　Para.131, *id*.

(37)　Para.126, *id*. at 53.

42 タックス・ルーリングの義務的な自発的情報交換 ◆ *671*

⑶ Para.129, *id*. at 54.

⑶ 例えば最近では，アップル社がアイルランドで受けた税優遇のルーリングが，EU の国家補助禁止違反とされた件が報道された（2016年 8 月31日付日本経済新聞朝刊第一面他）が，他にもオランダ，ルクセンブルグの他の企業に対するルーリングが，EU の国家補助禁止違反の嫌疑により，調査を受けているとの報道がある（同紙第三面）。いずれの国も EU の決定を不服として争っているが，今後，これらの国が税収以外の自国利益を害してまで情報提供に協力するのか，注視していく必要がある。

⑷ Para.136, *supra* note 2, at 55.

⑷ この場合，必ずしも常設である必要はないであろう。

⑷ IRS, Table 1, Announcement and Report Concerning Advance Pricing Agreements, (March 31, 2016), at 3.

⑷ Table 2, *id*, at 4.

⑷ 本庄資「国際課税における重要な課税原則の再検討：国際課税における透明性の向上を推進する OECD/G20 BEPS プロジェクトの合意・勧告への対応と問題点」（租税研究2016.8号，341頁）。

⑷ 「平成 9 年（1997年）10月 6 日，日本放送協会（NHK）の午後 7 時のニュースで，Ａ 2 PJ（筆者注：原告の日本子会社）が原材料費を水増しして77億円の所得隠しをしていたと伝え，日本の国税当局（国税庁）が同社に対し，重加算税を含めて35億円の追徴課税をしたこと，所得隠しをした利益をアメリカの関連会社に送金し，その金を同会社の役員が個人的に流用したとして，米国内国歳入庁（IRS）も追徴課税をしたことが報道され（中略），翌日，主要各新聞紙もこれを報道し，米国内でも報道された。（中略）。これらの本件報道の内容には，一般に公示されている情報以外の一般人がアクセスできないはずのＡ 2 PJ 及び抗告人らの納税申告情報が含まれていた。」「抗告人らは，日米租税条約に基づく1996年の日米同時税務調査の過程で，IRS が国税庁に対し，国税庁が日本のメディアに漏洩すると知って，無権限でしかも虚偽の内容の情報（中略）を開示したことにより，国税庁の税務官が情報源となって本件報道がなされ，これによって株式価値や配当の減少等の損害を被ったと主張して（中略）アメリカ合衆国を被告とする損害賠償訴訟を米国アリゾナ州地区連邦地方裁判所に提起した」（京都産業大学法学部憲法学習用基本判例集「NHK 記者証言拒絶事件」より抜粋）（http://www.cc.kyoto-su.ac.jp/~suga/hanrei/102-2.html）

⑷ Aloe Vera of America Incorporated, et al.,, Plaintiffs, v. United States of America, Defendant, United States District Court for the District of Arizona（2015 U.S. Dist. LEXIS 16605；2015- 1 U.S. Tax Cas.（CCH）P50, 192; 115 A.F.T.R 2 d（RIA）784）.

⑷ 同判決においては，日本マスメディアの報道において公式のニュース・ソースは明かされていないとしつつ「（例えば "関係者" 及び "わかった" との）これらの日本語は，メディアにおいて用いられたときには字義上の定義を超えた文化的な意味を持つ。すなわちこれらは，情報源が最も権威あるものであり，かつ直接的な情報源であることを示している。課税処分に関する記事の脈絡においては，これらの言葉は，NTA（国税庁）を意味する。日本のジャーナリストのこれらの慣習及び記事に係る課税を考慮すれば，それぞれのメディア報道は特に国税庁が情報源であることを示している。さらに，FLPJ（筆者注：アロエ・ベラ社の日本における関連会社）に係る報道を行った新聞各社は，国税庁記者クラブのメンバーであり，国税庁は記者クラブを通じて情報を流布しているものである。（中略）加えて，1997年10月現在において，NTA は大規模あるいは有名な脱税者を辱めることを目的として国内の課税事案について情報リークを行う慣習があった。これは公衆が税法遵守をモラル上強制

されるように感じさせることにより，他の脱税者を抑止するためである」としている。マスコミ報道慣習上，「関係者」や「わかった」との用語が国税庁を指すということは，重大な誤解であり（文字通り「課税事案に直接・間接に関係する者」を指す），また記者クラブを通じて個別課税事案のリークが行われるとの判決の理解は，事情を知る者にとっては荒唐無稽なものである。他方，外国においては，このような理解が現実になされていることも事実であり，看過できないものであろう。

(48) この点については，「租税研究」2016年2月号「2015年 IFA 年次総会（バーゼル大会）報告会」における大野雅人教授の発言を参照（「租税研究」2016年2月号308頁「セミナーDとアロエ事件」）。

(49) *Id.* 大野雅人教授の発言を引用。原文は Cahiers, Vol.100B, at 52 & 66（IFA, 2016）。

43 多国籍企業の税務当局への情報開示制度と開示情報の政府間情報交換

角田伸広

1 はじめに

多国籍企業の税務当局への情報開示は，2015年10月に最終報告が行われた BEPS への対抗措置の中で行動計画13の多国籍企業の企業情報の文書化が中心となる。それを受け，我が国では平成28年度税制改正により，最終親会社等届出事項，国別報告事項（Country by Country Reporting）及び事業概況報告事項（マスターファイル）の提供義務等が創設され，独立企業間価格を算定するために必要と認められる書類（ローカルファイル）に係る同時文書化制度が導入された。本稿では，BEPS 最終報告書及び我が国での税制改正による多国籍企業の税務当局への情報開示の枠組みを概観し，租税条約上の情報交換により開示情報が政府間で共有される意義とあり方について考察していきたい。

なお，本稿で表明する見解は，筆者の個人的見解であり，筆者の属する組織の見解ではないことをあらかじめ申し上げておく。

2 多国籍企業の税務当局への情報開示に係る BEPS 最終報告書と平成28年度税制改正

（1） BEPS 最終報告書による税務執行のグローバル化

国際課税ルールは，従来，OECD 等の場において，各国の税務当局の専門家により議論される伝統があったが，BEPS への対抗措置の策定では，G20サミット等により政治主導で議論が行われたという特徴がある。また，OECD 加盟国等の先進国だけでなく，中国，インド及びブラジル等の新興国も議論の枠組みに入れ，ダブルスタンダードを回避する取組みが行われた。その背景としては，OECD が2013年2月に公表した Addressing Base Erosion and Profit Shifting で指摘されたように，多国籍企業による課税ベース浸食と利益移転により，経済活動と税負担の拠点間のずれが実効税率を低下させているとして，その移転された利益の所在を確認したいという各国の税務当局の要請があったものと考えられる。

特に注目すべきは，BEPS 報告書で早期に実質合意されたのが，国際課税ルー

ルに係る租税実体法的な勧告ではなく，行動計画13に係る文書化と情報交換の租税手続法的な勧告であった点にあると考えられる[1]。租税実体法的な勧告については，各国の利害が衝突する可能性があるが，多国籍企業に係る税務情報の収集という租税手続法的な勧告について各国の税務当局の利害が一致したものであり，税務執行のグローバル化が多国籍企業に対抗していくために不可欠との共通認識があったものと考えられる。国内法での整備についても，2015年10月の最終報告書公表の翌年2016年には，我が国も含め各国が法制化するという迅速さが注目される。

背景としては，以下の各国税務当局の連携強化の動きがある。
① OECD グローバル・フォーラム[2]によるタックス・ヘイブンへの対抗
② 米国の外国口座税務コンプライアンス法（FATCA）を契機とした共通報告基準（CRS）によるグローバルな情報集約化の流れ
③ マルチ執行共助条約によるグローバル税務当局間連携の進展
④ OECD 租税委員会及び税務長官会議を通じた各国協調の拡がり

特に，FATCA を契機とした CRS による銀行口座情報については，各国の税務当局間で自動的情報交換により情報共有が行われる予定となっており[3]，移転価格文書化における国別報告書についても自動的情報交換による情報共有が予定されている。

こうした枠組みには，多国間協定が用意されており，二国間の租税条約を改訂しなくても，多国間協定への加盟を行えば，加盟国間の自動的情報交換には参加できることになるのである。本枠組みは，OECD 租税委員会及び税務長官会議において，当局間合意が促進されており，2016年5月に北京で開催された OECD 税務長官会議では，39か国が国別報告書の自動的情報交換に合意している[4]。

（2） 情報開示の内容

従来の多国籍企業に係る情報開示は，各国の税務当局が，各国に所在する企業に対して移転価格算定方法等に関する説明を求めてきたものだが，新たな制度では，多国籍企業グループ全体に係る情報を開示するマスターファイル及び多国籍企業グループの構成事業体の所在地国別のセグメント損益等を開示する国別報告書が追加されている。これは3層構造の文書化と呼ばれ，マスターファイルは各国所在の子会社が親会社から入手して現地の税務当局へ提出され（子会社方式），国別報告書は租税条約等に基づく情報交換により現地の税務当局へ提供されるこ

とになる（条約方式）。

わが国の制度は以下のとおりである。

① **最終親会社等届出事項**

最終親会社等届出事項の制度が新たに導入され，平成28年4月1日以後に開始する最終親会計年度から適用が開始されている。本制度では，特定多国籍企業グループの構成会社等である内国法人又は恒久的施設を有する外国法人を提供義務者としており，最終親会社等及び代理親会社等に係る名称，所在地，法人番号及び代表者の指名等の届出を求めている。本届出事項は，OECD移転価格ガイドラインの改訂には入っておらず，我が国独自のものであるが，税務当局としては，マスターファイルや国別報告書が提供される前に，最終親会社等を事前に把握しておきたいという目的があると考えられる。

② **国別報告事項**

国別報告事項の制度が新たに導入され，平成28年4月1日以後に開始する最終親会計年度から適用が開始されている。本制度において，条約方式では，特定多国籍企業グループの構成会社等である内国法人で最終親会社等又は代理親会社等を提供義務者とし，子会社方式では，最終親会社等又は代理親会社等を除く特定多国籍企業グループの構成会社等である内国法人あるいは恒久的施設を有する外国法人を提供義務者としている。国別報告事項は，特定多国籍企業グループの構成会社等の事業が行われる国又は地域ごとに，収入金額，税引前当期純利益，納付税額，発生税額，資本金の額，利益剰余金の額，従業員数及び有形資産の額等に加え，構成会社等の主たる事業の内容の報告を求めている。

使用言語は英語とし，正当な理由がなく国別報告事項を期限内に税務署長に提出しなかった場合には，30万円以下の罰金が科せられ，国別報告事項に係る提供義務の免除は，OECD移転価格ガイドラインでは7億5,000万ユーロを基準として，それに相当する各国通貨で基準を設けるとしており，我が国で1000億円となっている。

③ **事業概況報告事項**

事業概況報告事項の制度が新たに導入され，平成28年4月1日以後に開始する最終親会計年度から適用が開始されている。本制度では，特定多国籍企業グループの構成会社等である内国法人又は恒久的施設を有する外国法人を提供義務者とし，特定多国籍企業グループの組織構造，事業の概要，財務状況，その他の租税特別措置法規則22条の10の5第1項各号に掲げる事項の報告を求めている。我が国独自の制度として，直前の最終親会計年度の連結総収入金額が1,000億円未満

の多国籍企業グループは提供義務が免除されている。使用言語は日本語又は英語とし，正当な理由がなく事業概況報告事項を期限内に税務署長に提出しなかった場合には，30万円以下の罰金が科せられる。

④ ローカルファイル

独立企業間価格を算定するために必要と認められる書類（ローカルファイル）については，我が国では，国別報告事項及び事業概況報告事項の適用年度よりも1年遅く，平成29年4月1日以後に開始する事業年度から適用が開始される予定となっており，国外関連取引を行った法人を作成義務者としている。作成等期限は，確定申告書の提出期限となっており（同時文書化），保存期間は，原則として，確定申告書の提出期限の翌日から7年間であり，保存場所は，国外関連取引を行った法人の国内事務所で保存することとなっている。次の場合には，当該事業年度の一の国外関連者との国外関連取引について，同時文書化義務を免除している。

a. 当該一の国外関連者との間の前事業年度（前事業年度がない場合には当該事業年度）の取引金額（受払合計）が50億円未満，かつ，

b. 当該一の国外関連者との間の前事業年度（前事業年度がない場合には当該事業年度）の無形資産取引金額（受払合計）が3億円未満である場合

ローカルファイルは，調査において提示又は提出を求めた日から一定の期日，例えば，独立企業間価格を算定するために必要と認められる書類については45日以内の調査官の指定する日，独立企業間価格を算定するための重要と認められる書類については60日以内の調査官の指定する日までに提示又は提出しなければならない。

（3） 開示情報の政府間情報交換

新たな移転価格文書化では，従来と異なり，租税条約上の情報交換を前提としており，多国籍企業グループに対する情報交換の拡大・強化により情報共有が一層進展することが見込まれている。従来の租税条約上の情報交換は，企業秘密に係る情報の拡散を防止するため，自国の課税利益（Domestic Tax Interest）に関係する場合に限り行われていた。しかし，2000年にOECD租税委員会が銀行情報へのアクセスに関する報告書を公開し，2002年にOECDモデル租税情報交換協定（TIEA）[5]が策定され，2005年にはOECDモデル租税条約[6]が改正され，情報交換の対象が拡大され，関連性の要件（Foreseeable Relevance）により情報交換の可否を判断するようになった[7]。多国籍企業グループの関係会社であれ

ば関連性の要件を充足すると考えられることから，これまでは他国の課税利益になるおそれがあり情報交換がほとんど行われていなかった移転価格上の情報についても自動的に交換されることが可能となり，国別報告書についてはグローバルに税務当局間で情報共有されることが見込まれている[8]。2017年7月末現在，国別報告書に係る自動的情報交換に合意した65か国では，多国籍企業グループのグローバルな損益配分等が情報共有される予定となっている。

　同様に，マスターファイルについても，これまでは他国の課税利益になるおそれがあることから，他国へ情報提供していなかったユニのAPAや国家間の所得配分に係る他のルーリングについても報告が求められ，各国の税務当局へ子会社方式により情報提供が行われる予定となっている[9]。

　こうした多国籍企業の税務当局への情報開示により，これまでは多国籍企業グループだけが保有し各国の税務当局では情報収集が困難であった他国の情報について，各国の税務当局が情報交換により入手が可能となることから，多国籍企業と各国税務当局の間の情報の非対称性が克服されることが期待されている。そのため，移転価格分析において，これまでは子会社所在国の税務当局には，子会社の利益水準だけを片側で検証する方法しか採用できないという限界があったが，今後はグローバルなバリューチェーンを分析することにより親子間等の両側を検証する利益分割法の適用が普及してくるものと考えられる。

3　政府間で情報共有される意義

（1）　租税条約等に基づく情報交換[10]

　租税条約等に基づく情報交換には，要請に基づく情報交換，自発的情報交換及び自動的情報交換の3つの類型がある[11]。我が国が情報交換を実施している国・地域には，租税条約でなく情報交換協定に基づき，オフショア金融センターを有するタックス・ヘイブンも含まれている[12]。

　また2013年10月1日には，多国間の枠組みとして税務行政執行共助条約[13]が我が国において発効しており，租税に関する行政支援（情報交換・徴収共助・送達共助）を相互に行うことができ，国際的な脱税及び租税回避に適切に対処していくことが可能となっている[14]。

①　要請に基づく情報交換[15]

　要請に基づく情報交換は，個別の納税者に対する調査において，国内で入手できる情報だけでは事実関係を十分に解明できない場合に，条約等締結相手国・地域の税務当局に必要な情報の収集・提供を要請するものである。外国の税務当局

からは，海外法人の決算書及び申告書，登記情報，契約書，インボイス，銀行預金口座取引明細書，海外法人における経理処理がわかる資料のほか，外国税務当局の調査担当者が取引担当者に直接ヒアリングした内容などの情報が提供されている。租税条約等に基づく情報交換は，関係当局間での文書の送受付により実施することが通例であるが，相手当局担当者と直接面談して調査事案の詳細や解明すべきポイント等の説明や意見交換等を行う情報交換ミーティングを実施する場合もある[16]。

② 自発的情報交換[17]

自発的情報交換は，自国の納税者に対する調査等の際に入手した情報で外国税務当局によって有益と認められる情報を自発的に提供するものである。これは，自国の課税に直接関係するものではないが，国際的な税務当局間の協力の枠組みとして進められている租税条約等のネットワークの拡充を図るための相互協力の観点から，外国税務当局への支援として行っているものである[18]。

③ 自動的情報交換[19]

自動的情報交換は，法定調書から把握した非居住者等への支払等（利子，配当，不動産賃借料，無形資産の使用料，給与・報酬，株式の譲受対価等）に関する情報を，支払国の税務当局から受領国の税務当局へ一括して送付するものである。自動的情報交換は，個別的な要請によらず，各国の法定資料等に基づく情報を組織的・継続的に交換し共有するものであり，情報交換件数は要請に基づく情報交換及び自発的情報交換と比較して圧倒的に多い[20]。税務当局は，外国税務当局から自動的情報交換により提供を受けた利子，配当等に関する情報を申告内容と照合し，海外投資所得や国外財産等について内容を確認する必要があると認められた場合には，税務調査を行うことになる。

（2） 政府間での情報共有

① 自動的情報交換の進展

a. 第2回金融・世界経済サミット（2009年4月）

2009年4月ロンドンにおいて第2回金融・世界経済サミットが開催され，首脳宣言において，タックス・ヘイブンを含む非協力的な国・地域に対する措置を実施するため，財政及び金融システムを保護するために制裁を行う用意があると表明し，銀行機密の終焉を宣言した。そして，透明性と課税目的の情報交換に関する国際的に合意された租税基準に反しているとグローバル・フォーラムによって評価された国のリストをOECDが公表し，情報交換の国際基準への遵守を求めた。

b. 米国外国口座税務コンプライアンス法の成立（2010年3月）

米国人による外国金融機関の口座を利用した脱税を防止するため，2010年3月，外国口座税務コンプライアンス法（Foreign Account Tax Compliance Act: FATCA）が成立（2013年1月施行）した。FATCA では，外国金融機関に対して米国人保有口座情報の米国 IRS への提供のための契約及び登録を求めている。外国金融機関は，米国人保有口座の確認を行い，IRS に対して，氏名，住所，米国納税者番号，口座番号及び口座残高等に係る情報を報告することが求められる。そして，IRS と情報提供に関する契約をしない外国金融機関に対しては，米国債・株式の利子及び配当並びに売却収入等に係る非協力口座の米国源泉所得へ課税を行うとともに，非協力口座の閉鎖も求めている。それを受け，OECD 租税委員会は，多国間の自動的情報交換に係る国際基準の策定に着手し，2012年には OECD 加盟各国が FATCA への対応について米国と合意した。

c. G20財務大臣会合（2013年4月）

2013年4月ワシントン DC において G20財務大臣会合が開催され，国際的な租税回避・脱税の問題への対応として，情報交換の実効性に関するグローバル・フォーラムの報告を歓迎する声明を発表した。

d. G20サミット（2013年9月）

2013年9月サンクトペテルブルクにおいて G20サミットが開催され，OECD による多国間の自動的情報交換に係る国際基準の策定を支持し，2014年央までに自動的情報交換の技術的様式の完成にコミットする声明を発表した。

e. 共通報告基準の策定（2014年7月）

2014年7月 OECD 租税委員会は，共通報告基準（Common Reporting Standard: CRS）を策定し，統一的適用を確保するためのコメンタリーを公表した（後述（3）①C 参照）。

f. G20財務大臣会合（2014年9月）及び G20サミット（2014年11月）

2014年9月ケアンズにおいて G20財務大臣会合，2014年11月ブリスベンにおいて G20サミットが開催され，CRS を承認し，各国での所要の法的手続の完了を条件に，2018年までに自動的情報交換への開始にコミットする声明を発表した。

g. 平成27年度税制改正

平成27年度税制改正により，2017年に金融機関による非居住者に係る口座情報報告制度を導入し，2018年から税務当局による口座情報に係る自動的情報交換を開始することとなっている。

680 ◆ 第4章 日本における BEPS 対策の重要課題

h. OECD グローバル・フォーラムによる相互審査

OECD グローバル・フォーラムは，透明性と課税目的の情報交換に関する OECD 加盟国・非加盟国間の対話フォーラムであり，情報交換に係る法制面・執行面に係るモニタリングにより相互審査を行っている。

（3） 情報共有の意義

① 法定調書による情報申告の重要性

a. 質問検査権による情報収集

我が国における税務調査では，国税通則法に定める質問検査権を行使して情報収集が行われており，国税通則法74条の2では，当該職員の所得税等に関する調査に係る質問検査権を規定し，所得税等に関する調査について必要があるときは，納税義務者等に質問し，事業に関する帳簿書類その他の物件を検査し，又は当該物件の提示若しくは提出を求めることができると規定している[21]。しかしながら，税務職員の増加が見込まれない中，増加する納税者への接触には十分に対応できておらず，質問検査権による情報収集には限界があるものと考えられる[22]。

なお，租税条約実施特例法9条では，刑事事件の捜査その他犯則事件の調査を除く，相手国等から情報の提供要請があった場合の税務職員の質問検査権について規定しており，相手国等への情報提供のために，要請において特定された者に質問し，その者の事業に関する電磁的記録を含む帳簿書類その他の物件を検査し，又は当該物件の提示若しくは提出を求めることができるとともに，必要があるときは，当該調査において提出された物件を留め置くことができるとしている。

また，租税条約実施特例法10条の2では，相手国等から犯則事件に関する情報の提供要請があった場合の質問，検査又は領置について規定しており，相手国等への情報提供のために，要請において特定された者に対する質問，その者の事業に関する帳簿書類その他の物件の検査又は任意に提出した物の領置をすることができるとしている。

さらに，租税条約実施特例法10条の3では，相手国等から犯則事件に関する情報の提供要請があった場合の臨検，捜索又は差押えについて規定しており，質問，検査又は領置をすることができる場合で，かつ，同条に規定する情報が相手国等の租税に関する法令を執行する当局が行う犯則事件の調査に欠くことのできないものであることを明らかにした相手国等の書面がある場合において，必要があると認めるときは，所属官署の所在地を管轄する地方裁判所の裁判官があらかじめ発する許可状により，臨検，捜索又は差押えをすることができるとしている。緊

急を要するときは，臨検すべき場所，捜索すべき場所，身体若しくは物件又は差押さえるべき物件の所在地を管轄する地方裁判所の裁判官があらかじめ発する許可状により，臨検，捜索又は差押えをすることができるとしている。

b．法定調書による情報の申告

　質問検査権による情報収集に加え，納税者への調査での接触を必要としない源泉徴収義務者等からの法定調書による情報の申告が拡大しており，所得税法，相続税法，租税特別措置法及び内国税の適正な課税の確保を図るための国外送金等に係る書類の提出等に関する法律の規定により，給与所得等の源泉徴収票，報酬，料金，契約金及び賞金等の支払調書，信託等の計算書，名義人受領の利子所得等の調書，特定口座年間取引等の報告書等，59種類の法定調書が税務署に提出され，情報収集が行われている。

　特に，国外への送金や財産等に係る情報の申告制度は，近年，以下のとおり充実してきている。

　イ．国外送金等に係る調書提出制度

　1998年の外国為替管理法改正による対外取引に関する事前許可・届出制度が廃止されることに対処するため，1997年に内国税の適正な課税の確保を図るための国外送金等に係る調書の提出に関する法律が成立し，金融機関等を通じて国外へ送金又は国外からの送金の額が200万円超の場合に調書の提出が義務付けられている。2012年からは送金額を小口化して調書提出の対象を回避する国外送金に網をかけるため，送金の額を100万円超へ変更している。

　ロ．国外財産調書

　国外財産に係る所得税や相続税の課税の適正化を図るため，納税者本人から国外財産の保有について申告を求める仕組みとして，国外財産調書制度が2014年1月から施行されている。本制度では，その年の12月末において，価額の合計額が5,000万円を超える国外財産を有する者は，国外財産の種類，数量，価額等を記載した調書を翌年3月15日までに提出が義務付けられている。国外財産調書の提出があった場合等には，申告漏れが生じても過少申告加算税が5％軽減され，調書の不提出や虚偽記載の場合には，1年以下の懲役又は50万円以下の罰金が科される。

　ハ．国外証券移管等調書

　平成26年度税制改正により，国境を越える有価証券の証券口座間の移管を行った場合に調書の提出を義務付ける国外証券移管等調書制度が創設され，金融商品取引業者等は，顧客からの依頼により国外証券移管等をしたときは，国外証券移

管等ごとに，顧客の氏名又は名称及び住所，国外証券移管等をした有価証券の種類及び銘柄等の一定の事項を記載した調書（国外証券移管等調書）を，国外証券移管等をした日の属する月の翌月末日までに，その国外証券移管等を行った金融商品取引業者等の営業所等の所在地の所轄税務署長に提出しなければならない。ここで，国外証券移管等とは，金融商品取引業者等が顧客の依頼に基づいて行う国内証券口座から国外証券口座への有価証券の移管（国外証券移管）及び国外証券口座から国内証券口座への有価証券の受入れ（国外証券受入れ）を指している。

　ニ．財産債務調書

　合計所得金額2,000万円超の者に対して提出が義務付けられていた財産及び債務の明細書について，平成23年度税制改正により新たに財産債務調書として罰則が適用される制度として整備されている。合計所得金額が2,000万円超で，かつ12月31日において，3億円以上の財産又は1億円以上の国外転出時課税対象財産を有する者は，財産の種類，数量，価額や債務の金額等を記載した調書を翌年の3月15日までに提出が義務付けられている。

c．CRS に基づく金融口座情報の報告

　FATCA を契機として，外国の金融機関等を利用した国際的な脱税及び租税回避に対処するため，OECD が策定した非居住者に係る金融口座情報を税務当局間で自動的に交換するための国際基準である CRS に基づき，平成27年度税制改正により，2017年1月1日以後，新たに金融機関等に口座開設等を行う者等は，金融機関等へ居住地国名等を記載した届出書の提出が求められている。

　国内に所在する金融機関等は，2018年以後，毎年4月30日までに特定の非居住者の金融口座情報を所轄税務署長に報告し，報告された金融口座情報は，租税条約等の情報交換規定に基づき，各国税務当局と自動的に交換されることとなっている。

　国税庁は，国内の金融機関から，口座保有者（非居住者）の氏名・住所，外国の納税者番号，口座残高，利子・配当等の年間受取総額等の情報を申告させて，租税条約に基づき外国の税務当局は自動的情報交換により情報が提供される予定となっている。

　外国の税務当局は，外国の金融機関に口座を保有する日本居住者（個人・法人等）の氏名・住所，個人番号・法人番号（マイナンバー），口座残高，利子・配当等の年間受取額等の情報を申告させて，租税条約等に基づき国税庁へ自動的情報交換により情報が提供される予定となっている。

d. 移転価格文書化に基づく国別報告書の提出

　各国の税務当局は，居住者である多国籍企業グループの究極の親事業体に対して，関連者・非関連者との取引に係る収入金額，税引前損益，法人税発生額・納付額，資本金，利益剰余金，従業員数，有形資産額等に係る国別合計額と構成事業体毎の主たる事業活動の分類に係る国別報告書の提出を義務付けている。提出を受けた情報は，多国籍企業グループの事業活動を行っている課税管轄地の税務当局間で租税条約等に基づく自動的情報交換により情報が提供される予定となっている。

（4）　自動的情報交換の有効性

　租税条約に基づく情報交換の中で，要請に基づく情報交換は，実地調査に基づく情報収集であり，国税通則法に定める質問検査権を行使して行われる情報収集の延長であり，課税処分には有効であるが，情報収集の範囲が限られる等，十分ではないものと考えられる。

　しかしながら，自動的情報交換については，法定資料に基づく情報の申告を前提としたものであり，情報の申告が強化されれば，広範な情報収集が可能となり，納税者に係るデータベース構築のために有効なものと考えられる。

　また，従来の自動的情報交換が，納税者情報に係るデータの一方的提供であったのに対して，CRS 及び国別報告書に基づく自動的情報交換では，共通の様式により情報が双方向で交換される予定となっており，情報交換がグローバル化し，多国籍に活動する個人・法人に係る情報ネットワークが構築されることにつながるものと考えられる。

　特に多国籍企業の企業情報については，各国の税務当局による情報共有が進むこととなれば，これまでは多国籍企業に係る情報が，各国の税務当局にとっては自国内で収集できる情報に限られていたのに対して，多国籍企業グループ全体に係る情報収集を可能とするものと考えられる。そのため，これまでは多国籍企業グループ全体の利益配分等についての検討ができなかった各国の税務当局にとって，バリューチェーン分析等を可能にするものであり，移転価格上の税源争奪が活発化し，二重課税リスクが増してくるおそれがあるものと考えられる。例えば，中国においては，国別報告書の導入を契機に，親会社等に係る情報収集を積極化する傾向があり，各国の税務当局との間で二重課税問題が増加する状況となっている[23]。

684 ◆ 第4章 日本における BEPS 対策の重要課題

4 開示情報の政府間情報交換のあり方

（1） 政府間情報交換の課題

① 要請に基づく情報交換と自動的情報交換

政府間情報交換では，海外の税務当局へ情報交換を要請する場合に，取引相手等の特定をする必要がある。例えば，金融口座情報の入手を要請する場合には，金融機関の支店名及び口座名義等の特定が必要であるが，どこの金融機関の支店で口座名義が誰であるかを特定することは困難であり，海外の金融口座情報を確認して全世界所得の把握を行っていくことは困難な状況にあると考えられる。

そのため，CRS に基づく金融口座情報を税務当局間で自動的に交換することは金融口座の特定ができなくても，網羅的に情報収集が行えるものであり，調査情報としては，極めて効果的であり，毎年，継続的に提供される口座残高の推移を分析することにより，全世界所得の把握につながるものと期待される。

しかしながら，実質所有者が秘匿されている場合には，タックス・ヘイブン等において，帰属が解明されない資産が残されているものと考えられる。パナマ文書は，法律事務所であるモサック・フォンセカにより，世界中の個人・法人がタックス・ヘイブン等において，脱税・租税回避等を行っていたことを示す文書が流出したものであるが，実質所有者が秘匿されている情報が公開されたことに重要な意義があったものと考えられる。

政府間情報交換では，実際の運用において，実質所有者の特定を行うことができず，帰属が解明できない資産や所得が放置されているおそれがあり，自動的情報交換の対象にならない問題もある。

そのため，租税条約や情報交換協定に基づく情報交換の整備を進めていくとともに，情報交換の網から漏れている情報については，1989年の G7 アルシュ・サミットにおいて設立された金融活動作業部会（Financial Action Task Force: FATF）の勧告を受け，2013年6月の G8 サミット（英国ロック・アーン）における「法人及び法的取極めの悪用を防止するための G8 行動計画原則」にあるように，徴税機関に実質所得者情報へのアクセスを確保するよう手当てをしていくことが重要と考えられる。

② 各国税務当局による情報共有

新たな移転価格文書化では，多国籍企業グループに対する情報交換の拡大・強化により情報共有が一層進展する予定となっており[24]，関連性の要件により情報交換の可否を判断することになったことにより，多国籍企業グループの関係会社

であれば関連性の要件を充足することとなり，移転価格上の情報についても自動的に交換されることが可能となる。

これまで各国の税務当局では情報収集が困難であった他国の情報について各国税務当局による情報共有が行われることになれば，多国籍企業と各国税務当局の間の情報の非対称性が克服されることになり，タックス・ヘイブン等への利益移転を浮き彫りにするために有効な手段となり，二重非課税等による課税の真空を回避するために役立つと考えられる。

しかしながら，各国税務当局が多国籍企業グループのグローバルな損益配分に対して分析を行い，他国へ移転している利益を問題として，自国の課税利益を優先にする場合には，移転価格課税等が積極的に行われる引き金となるものであり，二重課税となる可能性が高まるものと考えられる。

③ 税務執行のグローバル化

各国税務当局による情報共有は，課税の真空を回避するために有効であるとともに，二重課税リスクを高めるものであることから，共有された情報の利用には極めて注意が必要である。国別報告書に係る租税条約上の情報交換のための要件として挙げられる秘密保持，一貫性及び適切な使用は，そのための検討の指針になるものと考えられる[25]。

a. 秘密保持

移転価格上の情報は，価格やマージンに係る企業秘密に該当するが，自動的情報交換により，抑制が効かない形で各国税務当局に情報共有される可能性がある。租税条約では，営業上，事業上，産業上，商業上若しくは職業上の秘密若しくは取引の過程を明らかにするような情報又は公開することが公の秩序に反することになる情報を提供する義務を課するものと解してはならないとしている。

しかしながら，欧州委員会は，2016年4月「多国籍企業の税の透明性に係る新ルール案」を公表し，法人所得税に係る情報の新しい報告・開示義務に係る枠組みの導入を目指している。報告・開示の対象となる多国籍企業には，全世界売上高7.5億ユーロを超える閾値を設定し，EU域内に加え，タックス・ヘイブンの各国地域別の売上高，税引前利益額，納税額，従業員数等に係る情報を報告するとともに，各社のウェブサイトに5年以上開示することを求めている。

本報告・開示項目は，BEPS報告書で秘密保持を要件として租税条約上の情報交換を行うとしている枠組みと同様のものとなっており，多国籍企業において機密性の高い情報が，税務当局間の情報交換だけでなく，開示情報として公開されることが予定されている。

686 ◆ 第4章 日本におけるBEPS対策の重要課題

BEPSへの対抗措置という目的で開示を受け入れた多国籍企業にとっては，その条件を逸脱しEU独自で報告書を求めるものであり問題があるものと考えられる。

そのため，税務執行のグローバル化を図っていく場合には，秘密保持を十分に考慮して制度を設計していく必要があり，それを逸脱する場合には，税務執行のグローバル化に対する懸念として，多国籍企業の情報開示に対する批判に発展するものと考えられる[26]。

b. 一貫性

各国税務当局による情報共有は，共通のテンプレートにより行われることが求められているが，これは，情報を提供する多国籍企業のコンプライアンス・コストを下げることに加え，共有された情報が二重課税をもたらす可能性があることから，各国の税務当局間で情報の非対称性があってはならず，情報レベルを公平に保っていくことにもかなうものである。

移転価格課税により二重課税となった場合，租税条約上の相互協議を行うことになるが，証明と反証をしていく過程で各国の税務当局間で情報の非対称性がある場合には，事実認定に係る共通理解が得られず，二重課税の回避が適正に行われなくなるおそれもあり，相互協議での合意の妨げになるおそれがある。

そのため，税務執行をグローバルに展開していくためには，各国税務当局による情報共有に一貫性があることが重要で，均質な情報による課税関係の安定性を確保していくべきであると考えられる。

c. 適切な使用

多国籍企業グループの連結損益や帰属利益について，収入，利益，従業員数，保有有形資産等の外形的な基準により各拠点へ配分するような課税を行うことは，国別報告書の使用において適切さを欠くとの立場が表明されている。しかしながら，中国等の新興国においては，移転価格課税において比較対象取引が見つからない等により，利益分割法的な考え方を採る傾向が増しており，その延長として定式配分方式による課税が行われるおそれもあり，注意が必要である。

そのため，例えば移転価格課税ルールが共通化しているOECD加盟国の間では，多国籍企業の開示情報の適切な使用が確保されることから，情報共有を推進していくべきであるが，OECD非加盟国のように移転価格課税ルールが共有化していない場合には，適切な使用が確保されず二重課税につながるおそれもあり，情報共有を制限していくことも必要ではないかと考えられる。

（2）　政府間情報交換のあり方

①　移転価格上の同時調査と相互協議の連携

　多国籍企業の各国税務当局による情報共有は，二重課税リスクをもたらす可能性があることから，各国の税務当局間で情報の非対称性があってはならず，情報レベルを公平に保っていく必要がある。また，租税条約上の相互協議においても，証明と反証をしていく過程で，各国の税務当局間で情報の非対称性があると二重課税の回避が適正に行われなくなるおそれがある。

　そのため，移転価格上の問題を調査する場合には，関係国が同時に調査を行い，情報のレベルを公平に保つことで情報の非対称性を回避することが重要になってくる。情報共有に基づく共通の事実認識の下で調査及び課税処分を行うとともに，対応的調整による二重課税の排除を行っていくことを検討していくべきであり，同時調査[27]と相互協議の連携を行うのであれば，多国籍企業にとって二重課税リスクを回避し，課税関係を安定化させるのに役立つものと考えられる。

　そのため，移転価格調査担当者と相互協議担当者が合同で調査及び相互協議を行っていくことも検討していくべきであると考えられる。

　相互協議を伴う事前確認（BAPA）では，既に同様の連携が行われている。

②　課税ルールと政府間情報交換のあり方

　多国籍企業の税務当局への情報開示と開示情報の政府間情報交換は，課税ルールを共通化していくことが求められる。開示情報が適切に使用されないおそれのあるOECD非加盟国である新興国においては，情報共有を制限していくか，あるいは二重課税が確実に回避されることが期待される強制仲裁の受入れの条件を付すべきであると考えられる。

　多国籍企業の税務当局への情報開示は，課税の真空を埋めるためにも有効な制度であるが，二重課税リスクを生み出すおそれもあり，二重課税が確実に回避されるように，同時調査と相互協議の連携，課税ルールの共通化及び強制仲裁の導入等の手当てを行っていくべきであり，それを条件として税務執行のグローバル化を進めていくべきであると考えられる。

（注）

⑴　2015年10月のBEPS最終報告に先立ち，2014年9月のOECDによるBEPS中間報告において，Guidance on Transfer Pricing Documentation and Country-by-Country Reporting が公表され，多国籍企業の税務当局への情報開示が実質合意されている。

⑵　透明性と課税目的の情報交換に関するグローバル・フォーラム（The Global Forum on Transparency and Exchange of Information for Tax Purposes）。Transparency and ex-

688 ◆ 第 4 章　日本における BEPS 対策の重要課題

change of information for tax purposes の訳については，増井良啓「租税条約に基づく情報交換：オフショア銀行口座の課税情報を中心として」日本銀行金融研究所（金融研究）［2011年10月］257頁脚注11による。
(3)　平成27年度税制改正により，平成29年 1 月 1 日以後，新たに金融機関等に口座開設等を行う場合，金融機関等へ居住地国名等を記載した届出書の提出が求められることになり，国内に所在する金融機関等は，平成30年以後，毎年 4 月30日までに特定の非居住者の金融口座情報を所轄税務署長へ報告し，報告された金融口座情報は，租税条約等の情報交換規定に基づき，各国税務当局と自動的に交換される予定となっている。
(4)　2017年 7 月 6 日現在，国別報告書の自動的情報交換に係る多国間の権限のある当局間合意に65か国が署名している。
(5)　OECD Agreement on Exchange of Information on Tax Matters.
(6)　OECD Model Tax Convention on Income and on Capital.
(7)　租税条約等の実施に伴う所得税法，法人税法及び地方税法の特例等に関する法律（租税条約実施特例法） 8 条の 2 では，相手国等への情報提供ができない場合として以下を挙げている。
　　1 ）　相手国等税務当局が，我が国が行う当該情報の提供に相当する情報の提供を我が国に対して行うことができないと認められるとき。
　　2 ）　我が国が提供する情報について相手国等において秘密の保持が担保されていないと認められるとき。
　　3 ）　我が国が提供する情報が相手国等税務当局の職務の遂行に資する目的以外の目的で使用されるおそれがあると認められるとき。
　　4 ）　情報の提供を行うことが我が国の利益を害することとなるおそれがあると認められるとき。
　　5 ）　相手国等から情報提供の要請があった場合に，相手国等税務当局が要請に係る情報を入手するために通常用いるべき手段を用いなかったと認められるとき（当該手段を用いることが著しく困難であると認められるときを除く。）。
(8)　租税条約等に基づく情報交換は，最終親会社等の居住地国の税務当局が国別報告事項に相当する情報の提供を我が国に対して行うことができないと認められる以下の場合に該当するときは，特定多国籍企業グループの構成会社等である内国法人又は恒久的施設を有する外国法人は，国別報告事項を所轄税務署長に提供しなければならない。
　　1 ）　最終親会社等の居住地国において，最終親会計年度に係る国別報告事項に相当する事項の提供を求めるために必要な措置が講じられていない場合
　　2 ）　財務大臣と最終親会社等の居住地国の権限ある当局との間の適格当局間合意がない場合
　　3 ）　最終親会計年度の終了の日において，最終親会社等の居住地国が，我が国が行う国別報告事項の提供に相当する情報の提供を我が国に対して行うことができないと認められる国・地域として国税庁長官に指定されている場合
　　　　ここで，適格当局間合意とは，国別報告事項等を相互に提供するための財務大臣と我が国以外の国・地域の権限ある当局との間の国別報告事項等の提供方法等に関する合意で，最終親会計年度終了の日の翌日から 1 年を経過する日において現に効力を有するものという。
(9)　我が国では，国外関連者の所在する国の権限ある当局による確認の有無が情報交換で入手できなかったこと等を踏まえ，平成20年 4 月 1 日以後終了事業年度に係る国外関連者に関す

る明細書（別表17(３)）から，国外関連者との取引状況等の欄に記載した取引に係る独立企業間価格の算定の方法についての法人の納税地を所轄する国税局長若しくは税務署長又は当該法人に係る国外関連者の本店若しくは主たる事務所の所在する国の権限ある当局による確認の有無に係る記載を求めている。なお，平成21年４月１日以後終了事業年度に係る国外関連者に関する明細書から，法人税法施行規則が改正されたことに伴い，別表17(４)となっている。なお，Competent Authorityは，租税条約では，「権限のある当局」と訳し，租税条約等の実施に伴う所得税法，法人税法及び地方税法の特例等に関する法律（租税条約実施特例法）等の国内法では，「権限ある当局」としている。

(10)　所得に対する租税に関する二重課税の回避及び脱税の防止のための条約及び租税情報交換協定（TIEA）に基づく情報交換を指している。

(11)　租税条約等に基づく情報交換については，2016年11月国税庁発表資料「平成27事務年度における租税条約等に基づく情報交換事績の概要」を参照している。

(12)　2017年８月１日現在，租税条約等のネットワークは，69条約等，120か国・地域まで拡大している。租税条約等のネットワークには，二重課税の回避，脱税及び租税回避等への対応を主たる内容とする租税条約，情報交換協定，税務行政執行共助条約及び日台民間租税取決めを含んでいる。台湾については，公益財団法人交流協会と亜東関係協会との間の民間取決め及びその内容を日本国内で実施するための法律により，租税条約に相当する枠組みを構築している。

(13)　Convention on Mutual Administrative Assistance in Tax Matters.

(14)　2017年６月29日現在，税務行政執行共助条約に112か国・地域が参加している。

(15)　Information Exchange on Request.

(16)　平成27事務年度において，要請に基づく情報交換で，国税庁から発した要請件数は366件，外国税務当局から寄せられた要請件数は158件となっている。

(17)　Spontaneous information Exchange.

(18)　平成27事務年度において，自発的情報交換で，国税庁から提供した件数は186件，外国税務当局から提供された件数は33件となっている。

(19)　Automatic Information Exchange.

(20)　平成27事務年度において，自動的情報交換で，国税庁から提供した件数は188千件，外国税務当局から提供された件数は117千件となっている。

(21)　国税通則法74条の２第１項１号イでは，所得税法の規定による所得税の納税義務がある者若しくは納税義務があると認められる者等への質問検査を規定し，同号ロでは，支払調書，源泉徴収票又は信託の計算書等を提出する義務がある者等への質問検査を規定し，同号ハでは，納税義務がある者等に金銭若しくは物品の給付をする義務があったと認められる者若しくは当該義務があると認められる者又は納税義務者等から金銭若しくは物品の給付を受ける権利があったと認められる者若しくは当該権利があると認められる者等への質問検査を規定している。

(22)　平成27事務年度（2015年７月から2016年６月まで）における申告所得税に係る実地調査件数は66千件，法人税に係る実地調査件数は94千件となっている。平成27年分の所得税等に係る確定申告を行った申告者は2,169万人，平成26事務年度の法人税の申告件数は283万件となっている。

(23)　中国では，企業所得税法に基づく特別納税調整実施弁法の関連取引申告及び移転価格同時文書化の管理に関する公告第42号第14条第３項第２号により，バリューチェーン分析において，多国籍企業グループの利益配分の状況及び分析等に係る説明を求めている。

(24) BEPS 最終報告書では，新たな移転価格文書化の目的として以下の 3 点を挙げている。
　①　納税者による独立企業原則へのコンプライアンス評価
　　納税者が関連者間取引における価格その他の条件を設定し，税務申告において当該取引から得られる所得を報告するという移転価格上の要請に応える適切な検討を行うためのものであり，コンプライアンス上，適時な文書として，取引時や申告時までに行うことが求められ，文書化による罰則適用の回避も適時な文書化のインセンティブとなる。
　②　税務当局による移転価格上のリスク評価
　　税務当局にはリスク評価を行うリソースが限られているが，移転価格問題は複雑で事実認定が重要であり，効果的なリスク評価を正確に行うことが求められることから，文書化が重要な情報源となり，税務当局が適切な情報に基づく移転価格上のリスク評価を行うために必要な情報を提供するものとなる。
　③　税務当局による移転価格調査
　　税務当局において，自国の課税管轄で課税対象となる事業体の移転価格処理について，適切で徹底した調査を行うため有益な情報を提供するものであり，調査の進展により追加の情報を加えることも必要となる。移転価格調査では，取引と市場に係る比較可能性の評価が行われ，財務や事実その他の産業情報の詳細な検討が求められるが，そのために文書化は有益な情報を提供することになる。
(25) BEPS 最終報告書では，国別報告書に係る租税条約上の情報交換のための要件を以下のように定めている。
　①　秘密保持
　　各国の税務当局は，国別報告書により提供された情報に係る秘密を保護し，そのための制度的担保として，透明性と課税目的の情報交換に関するグローバル・フォーラムにおいて，国際的に合意された情報要請の基準に従う租税条約，租税情報交換協定又は多国間税務行政執行共助条約により提供される場合の守秘と同等の制度的担保を確保することが求められる。
　②　一貫性
　　自らの課税管轄地に居住する多国籍企業グループの究極の親事業体に対して国別報告書を作成・提出する法的義務を設けるために最大限の努力を払うことを求め，国別報告書の様式は，新 OECD 移転価格ガイドライン第 5 章 Annex Ⅲ による標準テンプレートを使用し，そこに含まれない追加情報を求めてはならず，そこに含まれる情報の要求を行ってはならない。
　③　適切な使用
　　国別報告書は，ハイレベルな視点から移転価格リスクの有無を判断する目的で使用すべき情報であり，各国の税務当局は，国別報告書を移転価格以外の BEPS 関連のリスクの有無を判断する目的でも使用できるが，国別報告書に記載されたデータに基づく定式配分方式による課税を提案してはならない。
(26) 2014年 2 月19日，日本経済団体連合会は，「移転価格文書化と国別報告に係るディスカッション・ドラフト」に対する意見として，秘密保持に対する懸念を表明している。
(27) 国際的な同時調査は，例えば，タックス・ヘイブン等を利用した租税回避や脱税を調査するため，関係国が同時に調査を行い，租税条約上の情報交換規定に基づき情報共有するのが一般的であり，例えば日米では，同時査察調査実施取決めが2012年 7 月に合意されており，日米両国において，関連する納税者等にそれぞれ犯則嫌疑がある場合に，両国の査察部門が並行して査察調査を行うことが可能となっている。日米租税条約第26条は，権限のある当局間の情報交換を認めており，自国の査察調査のために必要な情報の提供を相手国に要請することや，自国の査察調査において相手国にとって有効と認められる情報を把握した場合にそ

の情報を相手国に提供することが可能となっている。また，両国の権限のある当局が本取決めに基づく同時査察調査の実施に合意した場合には，権限のある当局間で交換された情報について，権限のある当局が事件毎に査察部門の職員を指名し，その指名代表間で直接協議等を行うことが可能となり，より効果的な調査展開が図られることになっている。

［参考文献］

石井道遠「タックス・コンプライアンスを巡る国際的連携の動きと我が国の政策対応の在り方（試論）」［RIETI ディスカッション・ペーパー　10-j-033］（2010年 6 月）

金子宏「情報交換と税務調査，税務情報と裁判上の諸問題」［租税法理論の形成と解明下巻］有斐閣（2010年10月）

木村弘之亮「国際的租税情報交換」［法学研究73巻 1 号］（2000年 1 月）

田中琢二「非協力地域への国際的な取り組み―透明性と情報交換の必要性について」［租税研究第717号］（2009年 7 月）

本庄資「オフショア・タックスヘイブンをめぐる国際課税（第 2 回）―オフショア金融センター（OFC）の現状と問題点」［租税研究第733号］（2010年11月）

増井良啓「租税条約に基づく情報交換：オフショア銀行口座の課税情報を中心として」日本銀行金融研究所［金融研究］（2011年10月）

――「タックスヘイブンとの租税情報交換条約（TIEA）」［税大ジャーナル11号］（2009年 6 月）

吉村政穂「行政内部における租税情報の共有と制限―アメリカにおける納税者番号（TINs）をめぐる議論を中心に―」［税大ジャーナル14号］（2010年 6 月）

――「租税法における情報の意義－質問検査権行使により取得した情報の流用を素材に」金子宏編［租税法の発展］有斐閣（2010年12月）

OECD, *Harmful Tax Competition, an Emerging Global Issue*, 1998.

――, *Improving Access to Bank Information for Tax Purposes*, 2000.

――, *Transfer Pricing Documentation and Country-By-Country Reporting Final Report*, 2015.

――, *Transfer Pricing Documentation and Country-By-Country Reporting Interim Report*, 2015.

44 OECD モデル租税条約・コメンタリー改訂に伴う租税条約の改訂（多国間協定の活用）

関口博久

1 問題の所在

我が国は昭和39年に OECD に加盟して以来，特に我が国の立場から留保した点を除き，OECD モデル租税条約（OECD Model Tax Convention on Income and on Capital）に準拠した形での租税条約を締結している。本稿では，そもそもの OECD モデル租税条約，コメンタリーの位置付けを示した上で，今後BEPS 最終報告書を踏まえて改訂されると思われる OECD モデル租税条約，コメンタリーを踏まえた上の我が国が進む方向性について検討する。

2 OECD モデル租税条約，コメンタリー

（1） OECD モデル租税条約

OECD モデル租税条約とは，二国間の課税に関して二重課税の排除や共通の課税ルール等を定めた各国租税条約の模範となるべく国際機関である OECD 租税委員会を中心として作成されるものである[1]。同様に各国の租税条約の模範となる国連モデル条約（United Nations Model Convention for Tax Treaties between Developed and Developing Countries)[2]と比して，経済力が対等な先進国間でのモデル租税条約であり，締約国間での相互主義の下，国家間の投資交流を促進させるために源泉地国での課税を抑制し，居住地国課税を原則とするといった特徴がある。OECD モデル租税条約は，1963年に OECD 租税委員会（Fiscal Committee or Committee on Fiscal Affairs: CFA）が OECD モデル租税条約草案を作成し，OECD 理事会勧告により加盟国はこれに従うべきものとされている。1977年に OECD 租税委員会の第一作業部会を中心に検討されたモデル租税条約及びコメンタリーが公表され，その後多くの事項について検討がなされ報告書が出されている。それらの報告書を基礎に，1992年，1994年，2000年，2003年，2008年，2010年，2012，2014年と部分改訂が行われている。今般の BEPS 最終報告書を基礎に更なる改訂が行われる予定である。

（2） OECD モデル租税条約コメンタリー

OECD モデル租税条約コメンタリーとは，OECD モデル租税条約の解釈の指針である[3]。OECD モデル租税条約コメンタリーの位置付けについては，さまざまな考え方ができようが，現在の OECD コメンタリー序文においては，加盟国政府から租税委員会に派遣された専門家によって起案され合意されたものであり，紛争解決に際して条約の解釈適用に極めて有用であり，各国の裁判所でもコメンタリーは引用されていると説明されている[4]。

各加盟国は，モデル条約には留保（reservation），コメンタリーには所見（observation）を付すことができる。留保とは，特定の条文に同意できないことを表明するものであり，所見とはコメンタリーの解釈に同意できないことを表明するものである。ゆえに，各国が，留保，所見を付してない場合には，一定の拘束性があるものと考えられる。この点，コメンタリーは加盟国政府から派遣された専門家によって合意されたものであり，裁判所も含めて法的拘束力はないものとも考えられるが，現実としては OECD コメンタリーの裁判所への引用については，我が国でも行われており，最高裁は租税特別措置法66条の6第1項による課税（いわゆるタックス・ヘイブン対策税制）が日星租税条約禁止又は制限の対象には含まれないとした事案において，OECD コメンタリーを条約法条約32条の「解釈の補足的な手段」であるとしており[5]，租税条約の解釈の一つの拠り所として大きな意義を有するものと考える[6]。

なお，モデル租税条約，コメンタリーについては，その改訂時に OECD 租税委員会はパブリック・コメントを求めており，併せて今回の BEPS プロジェクトにおいては，OECD 加盟国のみならず，多くの国が検討に参加している[7]。その点でも今後のモデル租税条約，コメンタリーは説得力を持つものになっていると考えられる。

（3） BEPS による OECD モデル租税条約，コメンタリーの改訂

① OECD モデル租税条約，コメンタリーの改訂

今回の BEPS プロジェクトおける最終報告書（行動2（ハイブリッド・ミスマッチ・アレンジメント），行動6（租税条約の濫用），行動7（PE の人為的回避），行動14（紛争解決―相互協議手続等））等では，さまざまな点について今後の OECD モデル租税条約，コメンタリーの改訂案が示されている[8]。

② 多数国間協定

BEPS プロジェクト行動15に基づき，2016年11月24日，多数国間協定（The

Multilateral Convention to Implement Tax Treaty Related Measures to Prevent Base Erosion and Profit Shifting)[9]とその解説書（Explanatory Statement to the Multilateral Convention to Implement Tax. Treaty Related Measures to Prevent Base Erosion and Profit Shifting）が公表された。多数国間協定は2015年に発表された BEPS プロジェクト最終報告書を基礎としたもので，二国間の租税条約の改訂交渉には時間がかかることから[10]，租税条約に関する最終報告書の勧告を迅速に実施するために規定されている。それゆえ，既存の租税条約と共に適用される等，柔軟性を持つものである。

3 今後の方向性

（1） 我が国の租税条約の拡充

① 現状

平成29年10月１日現在，我が国は，二重課税の回避，脱税及び租税回避等への対応を主たる内容とする条約（いわゆる租税条約）を57本（68か国・地域），租税に関する情報交換を主たる内容とする条約（いわゆる情報交換協定）：11本（11か国・地域）税務行政執行共助条約（締約国は我が国を除いて全84か国，うち我が国と二国間条約を締結していない国は43か国），日台民間租税取決め：１本，１地域を合わせて70条約等（123か国・地域適用）を締結している[11]。

② 条約の拡充

我が国は昭和39年に OECD に加盟して以来，特に我が国の立場から留保した点を除き，OECD モデル租税条約に準拠してほぼ定型化した租税条約を締結している。ゆえに，今後 BEPS 最終報告書に基づく OECD モデル租税条約，同コメンタリーの改訂があった場合，基本的にはそれに沿った形での条約交渉を進めていき，各国との間で租税条約の拡充を進めていくものと考えられる[12]。

ここでは，そのような租税条約の拡充の中でも BEPS の原因の一つとされる租税条約の濫用への対処として，行動６－最終報告書でミニマムスタンダードとして示された租税条約のタイトル及び前文の明確化，トリーティ・ショッピング（treaty shopping,「条約漁り」ともいわれる）を中心とした租税条約の濫用への対抗措置としての一般的濫用防止規定（GAAR: General Anti-Avoidance Rule）の導入，多国間協定の利用について検討する。

（イ） 条約の濫用

まず，条約のタイトル及び前文の明確化であるが，我が国は既に2015年に締結された日独租税条約において，条約のタイトルについては，「所得に対する租税

及びある種の他の租税に関する二重課税の除去並びに脱税及び租税回避の防止のための日本国とドイツ連邦共和国との間の協定」とすると共に，前文において「日本国及びドイツ連邦共和国は，両国間の経済関係の一層の発展を図ること及び租税に関する両国間の協力を強化することを希望し，所得に対する租税及びある種の他の租税に関し，脱税又は租税回避を通じた非課税又は課税の軽減（第三国の居住者の間接的な利益のためにこの協定において与えられる租税の免除又は軽減を得ることを目的とする条約漁りの仕組みを通じたものを含む。）の機会を生じさせることなく，二重課税を除去するための新たな協定を締結することを意図して，次のとおり協定した」と規定している。この日独租税条約は，BEPS プロジェクトでの考え方を踏まえたもので評価できると思われるが，その解釈については検討すべき点があると思われる。というのも，そもそも法の解釈にはさまざまな方法が考えられるが，我が国がウィーン条約法条約に批准していることからも，条約の一つである租税条約の解釈については，ウィーン条約法条約第31条第1項に示される「条約は，文脈によりかつその趣旨及び目的に照らして与えられる用語の通常の意味に従い，誠実に解釈するものとする」と考えられる。そのように考えた場合，条約の解釈については文理解釈を基礎としながらも，「文脈」及び「趣旨及び目的」も重視する必要があると思われる。すなわち，今回の日独租税条約には，タイトル及び前文において脱税及び租税回避の防止を記しているのだから，その点をしっかり確認して解釈を進めるべきだと考える。なお，後述する米国モデル租税条約を始めとして米国は各租税条約毎に一般にテクニカル・エクスプラネーションと呼ばれる条文の解釈や具体的適用例を租税条約が議会で審議されるのに合わせて公表しており，我が国でも可能な限り情報を提供することが，条約解釈の手助けになるものと考える。

　次に，租税条約の濫用防止のための規定の導入であるが，一般的濫用防止規定（GAAR: General Anti-Avoidance Rule）として PPT （Principal Purpose Test：主要目的テスト）のみ，PPT 及び簡素版 LOB （（limitation on benefit: 特典制限条項）との両方，厳格版 LOB 及び導管取引防止規定（限定的 PPT）のいずれかを規定することとなっている。この点，我が国は既に，2003年の日米租税条約において初めて LOB 条項を導入して以来，LOB 条項については10か国，PPT については LOB 条項と同時に規定している8か国の他，単独で10か国との間の租税条約に導入がされているので，それらの経験を踏まえて，今後も各国との間で租税条約の改訂交渉を進めるべきだと考える。

（ロ）　多国間協定の利用

前述の多国間協定については，2017年6月7日（日本時間8日），パリにおいて「税源浸食及び利益移転を防止するための租税条約関連措置を実施するための多数国間条約」（BEPS防止措置実施条約）への署名がなされた。この多国間協定は，今後我が国の租税条約の拡充に大いに役立つものと考える。

この点，そもそも租税条約交渉は，交渉時点での相手国との経済状況等さまざまな判断によってなされるものであるが，租税条約の締結は多くのメリットがあるのだから，可能な限り多くの国との間での条約の拡充は必要なものと考える。

また，今回の多国間協定を利用して各国との間での租税条約の拡充を進めるべきであるが，一歩進んでそのような締結交渉をスムーズに進めるためにも，条約締結交渉の前提として，米国のように自国のモデル条約の形で明らかにするのも一つの方法ではなかろうか。我が国においては，現在正式には自国の立場を租税条約方針として示すモデル租税条約は存在しないが，モデル租税条約を作成し事前に自国の立場を公にすることは，我が国としてのミニマムスタンダードを示すこととなり，相手国に予測可能性を与えることによるスムーズな条約交渉の進展に進むこととなり，結果として我が国にとっても意義のあることだと考える。租税条約交渉という困難な道程の結果である租税条約の締結は，今後の我が国の経済発展と共に課税権の確保のための大きな礎になると考える。そうであるからこそ，更なる租税条約ネットワークの拡充を望みたい。

なお，今般のBEPSプロジェクトにおいては，国際的な租税回避への対応を中心に所得税についての租税条約の改訂についての検討がなされているが，今後は他の税目である，相続税，消費税についての租税条約の検討も必要だと思われる[13]。

（2）　米国との関係

1955年に発効したわが国が締結した最初の租税条約である日米租税条約以来，我が国の租税条約交渉において大きな転換点となってきたのが米国との租税条約交渉である[14]。いわば我が国の租税条約ポリシーを示しているものと考えられる[15]。ここでは，条約の批准には至っていない2013年改訂議定書を示した上で，2016年に改訂された米国モデル租税条約を踏まえた上での今後の租税条約交渉について記す。

①　2013年改訂議定書

2013年1月24日，ワシントンDCにおいて日米租税条約の改訂議定書が署名さ

れた。2004年に発効された日米租税条約の一部を改訂するものであり，主な項目は以下の通りである。

（イ）　投資所得（配当及び利子）に対する源泉地国免税の対象が拡大

	現行条約	改訂条約
配当	免税要件：持株割合50％超 保有期間12か月以上	免税要件：持株割合50％以上 保有期間6か月以上
利子	原則：10％　金融機関等の受取利子：免税	原則：免税

（ロ）　相互協議手続における仲裁制度の導入

条約の規定に適合しない課税に関する相互協議手続に関して，両国の税務当局間の協議により2年以内に事案が解決されない場合には，納税者からの要請に基づき，第三者から構成される仲裁委員会の決定により事案を解決することを新たに規定。

（ハ）　徴収共助の拡充

相手国の租税債権の徴収を相互に支援する制度（徴収共助）は，現行条約では条約濫用の場合に対象範囲が限定されているが，改訂後は滞納租税債権一般について適用されるように対象範囲が拡大。

2004年発効の現行条約を基礎に，両国間の投資交流の促進，租税条約上の税務紛争の解決の促進，両国の税務当局間の協力関係の強化を図ったものであり，我が国の租税条約締結ポリシーとして米国との関係の更なる強化というものが読み取れる。ただし，2018年8月現在，米国での批准がなされず発効には至っていない[16]。米国はこれまでも署名はしたが実際には発効に至っていない租税条約を抱えているが，せっかく署名に至った条約なのだから，政治的なアプローチも含めて何らかの形で発効に至るようにアプローチを進める必要があると思われる。

②　米国モデル租税条約の改訂

2016年2月17日，米国財務省は新たな米国モデル租税条約を公表した[17]。この米国モデル租税条約は，行動6の最終報告書において米国モデル租税条約を今後勘案する旨示されており，BEPSプロジェクトとの関係においても重要なものである。

主な改訂項目は，前文における二重非課税への対応の記載，トライアンギュラー事案への対応のための第三国PEへの対応，控除可能な可動性のある所得についての優遇税制への対応，コーポレート・インバージョンへの対応，条約相手国の税制改正への対応，仲裁規定の導入，二重居住法人への対応，LOB条項の

改訂（派生的受益基準（derivative benefits）と多国籍企業本拠基準（headquarters companies）の追加等）である。

　今回の米国モデル租税条約の改訂の内容は，これまでのBEPSでの議論と重なるものもあるが，LOB条項等，最終報告書並びに多国間税務協定と比して緻密なものも多い。そのような米国モデル租税条約を基礎として，我が国は迅速に米国との条約交渉を進めるべきと考える。というのも，前述の2013年改訂議定書が発効されておらず，アグレッシブな租税回避等が進む現在において，2004年発効の現行条約を可能な限り早急に改善することは，二重課税，二重非課税の排除と共に，これまで以上に日米間の経済交流をより深化させる礎になると思われるからである。

（3）　EUとの関係

　我が国は，EU加盟国との間で租税条約を締結しているが，EU加盟国には，EU独自のルールがあるため，その対応が必要である。2006年に発効された日英租税条約第22条においては，英国がEUに加盟していることから特典制限条項に派生的受益基準（Derivative Benefits Test）と呼ばれる規定を盛り込んだものとなっている[18]。派生的受益基準とは，ある条約の下で第三国の居住者とされるものであっても，その第三国と源泉地国との条約の下で同様の特典を享受する権利を有している場合等の一定の場合には，その第三国の居住者に，同等受益者（equivalent beneficiary）として，その条約の特典を与えるというものである。この派生的受益基準は，その後のフランス，スイス，オランダ，ドイツとの租税条約においても規定されている。

　この点，2011年に発効した日蘭租税条約では，第21条において派生的受益基準を含めた特典制限について規定しているが，この規定がEU指令に反するものとの指摘が以下のようにされている[19]。「欧州委員会は本日，オランダに対して2012年1月1日に発効した日蘭租税条約における特典制限条項を修正するように要請した。欧州委員会は，Gottardo事件（C—55/00）やOpen Skies事件（C—466/98）といった過去の判例に基づき，第三国と条約を締結する加盟国は，自国の領域内の居住者株主が保有する法人に対し，EU/EEA（欧州経済領域）内の他の国の居住者である株主が保有する比較可能な法人に対するよりも有利な取扱いに合意することはできないと思っている。同様に，自国の証券取引所で取引される法人に対し，EU/EEA内の他の国で上場されている法人に対するよりも有利な条件を合意することはできない。しかしながら，LOB条項の現在の条件

に基づくと，当該条約の特典を受けられないエンティティ（entity）がある。このことは，日本から受け取る配当金・利子及び使用料について，それらのエンティティが，オランダ株主を有する又は株式が上場されて一定の EU 証券市場さらに第三国証券市場を含む公認の有価証券市場で取引される企業よりも高い源泉徴収税を負うことを意味する。欧州委員会の要請は理由付意見の形式をとる。二月以内に十分な対応がなければ，欧州委員会はオランダを欧州司法裁判所に付託するかもしれない。」今後の EU 加盟国との交渉も含めて日本政府としてもいかなる対応をすべきかを考える必要があると思われる[20]。なお，米国は前述の2016年に改訂された米国モデル租税条約において緻密な派生的受益基準を導入しており，参考にできる点は参考にすべきと考える。

　また，英国は2016年の国民投票により EU から離脱することになったが，そのような英国との間では，今後いかなる交渉を進めていくかについても新たな検討が必要だと思われる。

（注）
(1) OECD モデル租税条約の翻訳については，川端康之訳『OECD モデル租税条約〈2010年版〉所得と財産に対するモデル租税条約』日本租税研究協会（2011），川田剛・徳永匡子共著『2014OECD モデル租税条約コメンタリー逐条解説』税務研究協会（2015）。
(2) 国連モデル租税条約は，1979年に国連の経済社会理事会が中心になって作成され，基本的には開発途上国側の課税権というものを OECD モデル租税条約に比べて手厚く保護するという考え方に立つものであり，1999年，2011年に改訂がされている。国連モデル租税条約については，青山慶二「国連モデル租税条約の課題」本庄資編著『国際課税の理論と実務—73の重要課題—』大蔵財務協会（2011）75頁。
(3) 居波邦泰「OECD モデル租税条約コメンタリー」本庄資編著『国際課税の理論と実務—73の重要課題—』大蔵財務協会（2011）59頁。
(4) OECD コメンタリー序文パラ29，29.1.29.2，29.3。
(5) 最高裁平成21年10月29日判決（平成20年（行ヒ）第91号）。
(6) 本田光宏「租税条約の統一的な解釈・適用」本庄資編著『租税条約の理論と実務』清文社（2008）13頁。
(7) BEPS 計画の最終報告書までの経緯等については，本庄資『国際課税における重要な課税原則の再検討　上巻』日本租税研究協会（2014）479頁，居波邦泰『『国際的な課税権の確保と税源浸食への対応—国際的二重非課税に係る国際課税原則の再考』中央経済社（2014）320頁。
(8) BEPS 最終報告書の翻訳については，本庄資「不適切な状況における条約の特典の授与の防止，行動6—2015年最終報告書」租税研究807号（2017）158頁を始めとして，本庄資名誉教授により進められている。
(9) 主な内容は以下の通りである。第1パート　範囲及び用語の意義（第1条　多数国間協定の対象，第2条　用語の解釈），第2パート　ハイブリッドミスマッチ（第3条　ハイブ

700 ◆ 第4章 日本における BEPS 対策の重要課題

リッド・エンティティ，第4条　二重居住者（個人を除く）の条約居住地を決定する振分け
ルール，第5条　二重課税の排除方法），第3パート　租税条約の濫用防止（第6条　租税
条約の目的，第7条　租税条約の濫用防止（PPT，LOB），第8条　配当移転取引，第9条
不動産化体株式の譲渡制限，第10条　第三国に存在する PE による濫用防止規定，第11条
セービング・クローズ），第4パート　PE 認定の回避（第12条　コミッショネアを通じた
PE 認定の人為的回避，第13条　準備的活動等を利用した PE 認定の人為的回避，第14条
契約の分割，第15条　関連企業の定義），第5パート　紛争解決の向上（第16条　相互協議
手続，第17条　対応的調整），第6パート仲裁（第18-26条　仲裁），第7パート最終条項
（第27-39条　手続規定）。

⑽　増井良啓「国際課税ルールの安定と変動―租税条約締結によるロック・イン―」『税務大
学校論叢40周年記念論文集』（2008）350頁。

⑾　我が国の租税条約ネットワーク（70条約等，123か国・地域／平成29年10月1日現在，出
所：財務省公表資料（次頁図参照））。

⑿　租税条約の拡充の必要性については関口博久「租税条約ネットワークの拡大の必要性」本
庄資編著『租税条約の理論と実務』清文社（2008）38頁。

⒀　本庄資「相続税の租税条約の必要性」本庄資編著『租税条約の理論と実務』（2008）52頁，
藤田英理子「消費税の租税条約の必要性」本庄資編著『租税条約の理論と実務』清文社
（2008）62頁。

⒁　増井良啓「日本の租税条約」金子宏編『租税法の基本問題』有斐閣（2007）574頁。

⒂　竹内洋「我が国の租税条約締結ポリシー」水野忠恒編『改訂版国際課税の理論と課題』税
務経理協会（1995）19頁，浅川雅嗣「我が国の新しい租税条約ポリシー」水野忠恒編『二訂
版国際課税の理論と課題』税務経理協会（2005）85頁。

⒃　秦正彦「日米租税条約改正は一体いつ発効？（1）～（3）」専門家のためのアメリカン・
タックス　（http://ustax-by-max.blogspot.jp/search?updated-min=2016-01-01T00:00:00-08:00
&updated-max=2017-01-01T00:00:00-08:00&max-results=44）。

⒄　米国モデル条約については，本庄資『アメリカの租税条約』大蔵省印刷局（1997），本庄
資『米国モデル租税条約』本庄資編著『国際課税の理論と実務―73の重要課題―』大蔵財務
協会（2011）93頁。

⒅　特典制限条項のさまざまな基準については，本庄資・田井良夫・関口博久『国際租税法概
論―第3版―』大蔵財務協会（2017）741頁。

⒆　http://europa.eu/rapid/press-release_MEMO-15-6006_en.htm

⒇　一高龍司「条約特典制限条項と EU 法：日蘭租税条約上の LOB の検討」租税研究802号
（2016）457頁。

44 OECDモデル租税条約・コメンタリー改訂に伴う租税条約の改訂（多国間協定の活用）

財務省

我が国の租税条約ネットワーク《70条約等、123か国・地域適用／平成29年10月1日現在》（注1）（注2）

（注1）・税務行政執行共助条約が多国間条約であること、及び、旧ソ連・旧チェコスロバキアとの条約を継承している国があることから、条約等の数と国・地域数が一致しない。
（注2）・条約等の数及び国・地域の内訳は以下のとおり。
・租税条約（二重課税の除去並びに脱税及び租税回避の防止を主たる内容とする条約）：57本、68か国・地域
・情報交換協定（租税に関する情報の交換を主たる内容とする条約）：11本、11か国・地域（図中、※で表示）
・税務行政執行共助条約：締約国は我が国を除いて 84 か国。適用拡張により 99 か国・地域に適用（図中、国名に下線）。このうち我が国と二国間条約を締結していない国・地域は 43 か国・地域
・日台民間租税取決め：1本　1地域
（注3）台湾については、公益財団法人交流協会（日本側）と亜東関係協会（台湾側）との間の民間租税取決め及びその内容を日本国内で実施するための法令によって、全体として租税条約に相当する枠組みを構築。

欧州（42）
アイルランド　ハンガリー
イギリス　フィンランド
イタリア　フランス
オーストリア　ブルガリア
オランダ　ベルギー
スイス　ポーランド
スウェーデン　ポルトガル
スペイン　ラトビア
スロバキア　ルクセンブルク
スロベニア　ルーマニア
チェコ　ガーンジー（※）
デンマーク　ジャージー（※）
ドイツ　マン島（※）
ノルウェー　リヒテンシュタイン（※）
（執行共助条約のみ）
アイスランド　サンマリノ
アルバニア　ジブラルタル
アンドラ　フェロー諸島
エストニア　マルタ
キプロス　モナコ
ギリシャ　リトアニア
グリーンランド

ロシア・NIS諸国（12）
カザフスタン　ジョージア
ウクライナ　タジキスタン
キルギス　トルクメニスタン
アルメニア　ベラルーシ
アゼルバイジャン　モルドバ
ウズベキスタン　ロシア

北米・中南米（26）
アメリカ
カナダ
チリ
ブラジル
メキシコ
ケイマン諸島（※）
英領ヴァージン諸島（※）
バミューダ（※）
バハマ（※）
パナマ（※）
（執行共助条約のみ）
アルゼンチン
アルバ
アンギラ
ウルグアイ
キュラソー
グアテマラ
コスタリカ
コロンビア
セントクリストファー・ネイビス
セントビンセント及びグレナディーン諸島
セントルシア
セントマーティン
タークス・カイコス諸島
バルバドス
ベリーズ
モントセラト

アジア・大洋州（24）
インド　韓国　パキスタン　フィリピン
インドネシア　シンガポール　バングラデシュ　ブルネイ
オーストラリア　スリランカ　フィジー　ベトナム
（執行共助条約のみ）
クック諸島　ナウル　タイ　中国　ニュージーランド　ニウエ　マーシャル諸島
香港　マカオ（※）
マレーシア　台湾（注3）
サモア（※）

中東（8）
アラブ首長国連邦　クウェート
イスラエル　サウジアラビア
オマーン　トルコ
カタール
（執行共助条約のみ）
レバノン

アフリカ（11）
エジプト　南アフリカ
ザンビア
（執行共助条約のみ）
ウガンダ　セネガル
ガーナ　チュニジア
カメルーン　ナイジェリア
セーシェル　モーリシャス

凡例：
● 租税条約
● 情報交換協定
● 税務行政執行共助条約
● 日台民間租税取決めのみ

45 実質課税原則の立法

松田直樹

1 実質課税原則の立法化をめぐる議論

　近年，パナマ文書や特に著名な多国籍企業の税逃れが全世界で大きな注目を集めているが，租税回避行為に対しては，税法の個別否認規定を整備することで対応することには少なからぬ限界があることから，包括的否認規定（General Anti-Avoidance Rule, GAAR）を導入する動きもある。我が国の税法も，かなり包括的な否認規定である同族会社の行為又は計算の否認等（所得税法157条等）や法人税法22条等を有しているが，GAAR導入に向けた動きとしては，昭和36年，税制調査会が，「国税通則法の制定に関する答申（税制調査会第二次答申）及びその説明」において，実質課税原則（実質主義ともいう。）を立法化すべきとの意見を示した経緯があった。かかる意見が示された背景には，当時，租税回避行為を実質課税原則に依拠して否認した処分を首肯した裁判例（例えば，最高裁昭和37年6月29日判決（昭和34年（あ）第1220号，税務訴訟資料39号1頁））が少なからずあったものの，その適用に係る明確性の向上などを図ることが望ましいとの考えがあった。

　上記裁判例等からも確認し得る通り，実質課税原則に基づく否認は理論的な根拠を欠くものではなかった。特に，旧所得税法3条の2は，その見出しが「実質課税の原則」とされており，その中身は，実質所得者課税の原則だけでなく，実質主義をも包含していると見る向きがあったほか，実質課税原則は，税法解釈上の基本原理として存在するとの考えが学説等で少なからず支持されていたことから，実質課税原則を立法化することは，理論的な根拠のある実質主義の適用を確認するにすぎないと見る余地も十分にあった。上記答申の別冊11頁でも，「実質課税の原則は，前節にも述べたように，課税の性格に照らし，税法を解釈適用する原則として承認されていると認められ，そのための特別の規定をまつまでもないという議論もあるが，われわれは，国税通則法を制定する機会において，このことを明らかにすることが望ましいと考えた」と述べられている。

　しかし，上記の実質課税原則の立法化案は，租税学者等からも多くの批判を受

けた。例えば,「答申及び解説が「実質課税の原則」を税負担に著しい不均衡を生じるや否やにより援用せんとすることは,解釈の結果の公平のために解釈せんとするものであり,それは明らかに目的活動となり,認識作用たる法解釈の域を脱する許りでなく,法解釈そのものではないことになる」との意見があったほか,その濫用可能性を特に危惧して,「税法が原水爆を最高のものとしていただかんとしている。それは税法解釈の原則規定であり,…かかる税法解釈の原則規定だけは,絶対に設けるべきではない」と主張する向きもあった[1]。これらの批判等に晒された実質課税原則の立法化案は,結局,日の目を見ることなく葬り去られた[2]。

　実質課税原則の立法化案が成立しなかった理由はさまざまであったが,その主な理由の一つとしては,実質課税原則の適用に係るさまざまな不信感が払拭し切れなかったとの問題があったことが挙げられるのではないかと考えられる。とりわけ,実質課税原則の適用上の指針としては,確かに,米国でしばしば依拠されている事業目的テストが示唆に富む基準であると考えられてはいたものの[3],実質課税原則を立法化する上で重要なポイントとなる具体的な適用基準の詳細は示されておらず,その適用に係る不透明性・不確実性が十分に払拭されていない中,その濫用が少なからず危惧されたのは明らかであった。また,そもそもの問題として,主として米国の租税回避行為の否認基準を参考とするような実質課税原則が,最も適切な制度設計上の選択肢であるのかという点に関して疑問視する向きもあったようである。

　実際,否認基準の選択肢をめぐっては,例えば,「参考になるのは,ドイツの旧租税調整法（Steueranpassungsgesetz）の規定（1条2項）で,「租税法の解釈に当たっては,国民の通念（Volksanschauung），租税法の目的及び経済的意義（der Zweck und die wirtschaftliche Bedeutung der Steuergesetze）並びに諸事情の発展（die Entwicklung der Verhältnisse）が考慮されなければならない」と定めていた点である。…わが国における租税解釈論の手がかりをここに求めることにしたい」との見解のほか[4],「国税通則法の制定に関する答申」が租税回避行為として論じていたのは,ドイツ租税調整法の「民法の形式又は形成可能性の濫用によって納税義務を回避し軽減することはできない」という否認の規定の継受する場合の具体的要件の探求であったはずであり,米国における「実質課税の原則」が参照されるべきところの実質主義の論理とは区別された論理として展開されるべきであるとの意見なども見受けられた[5]。

　上記のような問題や疑問点を抱えた実質課税原則の立法化案は,結局,成立し

704 ◆ 第4章 日本におけるBEPS対策の重要課題

なかったものの，当時は，その立法化を行わなくとも，その適用は十分に可能であり，租税の基本原理である実質課税原則の有用性は高いと見る向きも少なくなかった。ところが，実際のところ，その後においては，税法に明文化されていない原理に基付いて租税回避行為を否認することには大きな限界があることを強く印象付ける判決や学説が台頭する中，租税負担の公平の原則と租税法律主義のバランスは後者に大きく傾くようになり，実質課税原則についても，その適用の余地があるのは法的実質主義であり，経済的実質主義を適用する余地は基本的にはないという見解の下，本原則に基づく否認が裁判所で認められたケースはほとんどなくなるという状況が続いている(6)。

2　諸外国における実質主義の立法化の例

　立法化案が頓挫した後の実質課税原則の最近の趨勢は，概ね上記のとおりであり，税務当局の租税回避行為との戦いも，それに伴い，少なからぬ困難に直面することが少なくなかったが，それにもかかわらず，個別否認規定を整備することによって事後的に対応策を措置するとの原則がかなり厳格に維持される中(7)，実質課税原則の立法化に向けた動きが，その後，再び大きな潮流となって税制改正の議論の俎上に上るようなことはなかった。これに対し，我が国と同様に租税回避行為との戦いに苦慮している主な諸外国では，その後，既に税法に組み込まれているGAARの制度設計に修正を加えてその否認機能を高める，あるいは，前述の通り，新たにGAARを導入するなどの動きが顕著なものとなった。このような動きを見せた国々のGAARの制度設計には多様性があるが，確かに，これらのGAARの中には，その主な制度設計として，実質主義的否認アプローチを採用しているものも見受けられる。

　例えば，韓国では，2006年に発効したGAARである「国際租税調整に関する法律」§2-2（「国際取引に関する実質課税」）は，（2）項において，「国際取引においては，課税ベースの計算に係る規定は，関係する所得，利益，財産，行為又は取引が如何なる名称や形式であろうとも，それらの実質に基づいて適用され，租税条約上も，同様な取扱いが適用される」と定め，また，（3）項において，「国際取引が，第三者や複数の取引を利用するという間接的な手段によって，租税条約や国際租税調整法上の特典を不当に享受することを目的として実行されたと認められる場合には，かかる取引は，経済的実質に依拠し，直接的又は単一の継続的な取引活動とみなした上で，租税条約や国際租税調整法が適用される」と規定していることから，本規定は，取引等の経済的実質を課税上重視する経済的

実質主義に依拠した GAAR を採用したものと考えられる。

　中国では，2007年に制定された企業所得税法の第6章（「特別納税調整」）の47条に GAAR が措置されている。本条は，「法人が合理的な事業目的を有しない契約を通じて税負担を軽減する場合，税務当局は合理的な方法に基づく調整ができる」と定めているところ，これを受けて2009年に公布された国税発2号（「特別納税調整実施弁法（試行）」）は，93条において，税務機関は，GAAR の適用の可否を判断する際，形式より実質を重視するとの原則に基づき，企業に租税回避計画が存在するか否かを審査する旨を規定し，同号94条では，「税務機関は，経済的実質に従って租税回避計画の性質を改めて判定し，企業が租税回避計画から得た租税利益を取り消さなければならない。経済的実質のない企業，特に，タックス・ヘイブンに設立され，その関連者又は非関連者の租税回避を生じさせる企業については，税務上，その存在を否定することができる」と定めている。

　上記の韓国や中国の GAAR は，その制度設計を模索する上で，米国の判例法上の実質主義（substance over form principle）や「経済的実質主義」（economic substance principle）の適用基準を参考にしたものと考えられるが，米国でも，2010年には，経済的実質主義が IRC（Inland Revenue Code，内国歳入法典）§7701(o)（「経済的実質主義の明確化」）に立法化され，その適用基準については，IRC §7701(o)(5)(A)（「経済的実質主義」）が，「経済的実質主義という文言は，取引が経済的実質を有していない，あるいは，事業目的を欠いている場合には，取引との関係におけるサブタイトル(A)の下での税務上の利益は容認されないというコモン・ローの原則を意味している」と定めた上で，関連する諸規定が判例法上の経済的実質主義の適用基準に係る不透明性を「二股テスト」（two prong test）と「相当な目的テスト」（substantial purpose test）を採用することで払拭したものとなっている[8]。

　上記の通り，米国では，判例法上の経済的実質主義が IRC §7701(o)の導入を通じて立法化されたわけであるが，そもそも，判例法上の経済的実質主義と「実質主義」（doctrine of substance over form）は，いずれも Gregory v. Helvering, Commissioner of Internal Revenue 事件最高裁判決（293 U.S. 465:1953）から派生した原則ではあるものの，別々の原理であるとされており，双方の適用基準や射程範囲も同じではない[9]。実際のところ，実質主義の適用例は，経済的実質主義の適用例よりも少ないだけでなく，双方の原理の適用対象範囲が重複するような場合でも，経済的実質主義に依拠した否認が行われているケースが多かったようであるが[10]，その主たる理由としては，実質主義の場合，経済的実質主義に比

べ，その適用基準に係る不透明性・不確実性がより顕著であることから，その適用により大きな困難が伴うからであるという点が挙げられる。

3　GAARの制度設計のあり方

　もっとも，実質主義とIRC §7701(o)の違いを踏まえると，我が国で実質課税原則を立法化するとしても，その制度設計上，IRC §7701(o)の適用基準をそのまま採用することは不適切であり，そうすると，中国や韓国のGAARのように，その適用基準には，不透明な部分が少なからず残ることが想定される。このような問題は想定されるものの，包括的否認規定導入の必要性・有用性を印象付けるような事件は，最近でも後を絶たない。その一例として，東京地裁平成25年11月1日判決（平成23年（行ウ）第124号・第136号）が挙げられる。本事件では，下図の通り，日本に支店を有する原告ら匿名組合の営業者がアイルランド法人に支払った分配金が，その他所得に対する居住地国課税のルールを定める日愛租税条約23条の適用対象となれば[11]，所得税法212条に定める源泉徴収の対象とならずに，さらに，非典型的なスワップ契約を通じ，タックス・ヘイブンに存するパートナーシップに移転することで，実質的に国際的不課税となってしまう。

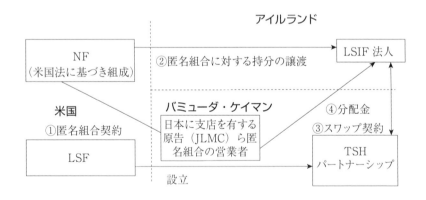

　上記事件において，被告である税務当局は，「LSIFは，本件匿名組合契約の出資持分の99%については取得費用を実質的に負担しておらず，…損失が出た場合のリスクを負うこともないのであるから，租税を極小化させること以外にLSIFを一連の取引に介在させる合理性や必要性を見いだすことができず…」，到底合理性がない取引であり，本件分配金は所得税法212条の適用対象となるなどと主

張したが，本判決ではその主張は支持されず，また，その控訴審である東京高裁平成26年10月29日判決（平成25年（行コ）第401号）でも，OECD「モデル条約第１条（人的範囲）に関するコメンタリーの内容を参照しても，租税条約に租税回避行為であることを理由に同条約の適用を否定する旨の具体的に規定がないにもかかわらずコメンタリーの記載を根拠として租税条約の適用を否定できるとは認められない」などと判示されて控訴人である税務当局が敗訴している[12]。

　上記裁判例は，我が国でも，包括的否認規定及びその制度設計のあり方を検討する必要性があることを示唆しているとも言えるところ[13]，そもそも，包括的な否認法理としては，実質主義的否認アプローチに依拠した法理だけでなく，欧州の大陸法の国々では，ローマ法に起源のある「法の濫用」（abuse of law）の法理が，税務上の否認法理やGAARの制度設計を成すものとして広く機能してきた経緯があり，しかも，法の濫用の概念に基づく法理は，近年では，一連の欧州司法裁判所判決や欧州理事会指令等を通じて[14]，Euro-GAARとして確立してきている。実のところ，法の濫用の法理やそれと同様である又は類似する法理は，欧州大陸以外のいくつかの国々でもGAARとして機能しており，実質主義的否認アプローチがGAARの制度設計・適用基準として最も一般的というわけでもない。さらに，最近では，実質主義と法の濫用の法理の双方をGAARの制度設計に組み込む例も見受けられる。

　例えば，欧州委員会が2016年に示した反租税回避指令（Anti-Avoidance Directive）６条は，「法人税の計算の目的上，加盟国は，税法の目的又は趣旨を蔑ろにする税務上の利益を得るために組み込まれたものであって，すべての関係する事実や状況に鑑みて真正ではないアレンジメントや一連の仕組みを無視しなければならない。…アレンジメントや一連の仕組みは，経済的な真実を反映しない商業上の事由のために組み込まれていない限りにおいて真正でないとみなされる」と定めており，また，南アフリカのGAARである所得税法第２編Aでは，その適用対象となるか否かは，問題となる租税回避アレンジメントが「負の属性」を有しているか否かによって判断されるところ，「負の属性」の構成要素として挙げられているものの中には，事業実質を欠くという属性だけでなく，法規定の直接的又は間接的な誤用や濫用を生じさせるという属性等も含まれている[15]。

4　包括的否認規定の濫用を防止する手段

　上記の通り，GAARを採用する国々は増えてきている。GAARの制度設計にも多様性が認められるが，近年では，その制度設計を構成する適用基準は，いく

つかの代表的なメルクマールに収斂してきている。実質課税原則の典型的な適用基準である目的テストや経済的実質の有無もその一つではあるが，最近の世界的な趨勢をみると，少なくとも実質課税原則のみに依拠したGAARの数は少ない。我が国においても，外国税額控除の余裕枠を利用して法人税額の負担軽減を図った取引が問題となった最高裁平成17年12月19日判決（平成15年（行ヒ）第215号，判例時報1918号3頁）において，本件取引は制度を濫用するものであるとする制度濫用の概念に基づく否認が行われたことなどを踏まえると，実質課税原則のみに依拠したものを包括的否認規定の制度設計案の最有力候補とすることは，もはや適切ではないと考えられる。

　他方，実質課税原則を我が国の包括的否認規定の制度設計の一部を構成する基準・要素として組み込むという案については，適切かつ必要であると考えられるところ，諸外国では，GAARの制度設計の如何にかかわらず，その導入を行う際には，その否定的なインパクトを緩和するなどの観点から，何らかの補完措置を講じる例が多くなっている。特に，GAARの濫用の防止と適切な運用の確保等の観点からは，カナダのGAAR審査委員会（GAAR Review Committee），豪州のGAAR委員会（GAAR Committee）及びインドの承認委員会（Approving Panel）等のように，その適用を行う課税処分に先立って，第三者的機関にその適用の是非を諮ることが効果的であるとして，専門の審査機関を新たに設置する例が見受けられることから，我が国でも包括的否認規定を導入する際には，同様な専門機関の設置の必要性・適否を検討する必要が生じよう。

　確かに，税務調査において包括的否認規定の適用の可否が問題となった案件について，その適用を行う課税処分がなされる前に，その適用の可否を一定の独立性・中立性のある審査機関に諮り，その判断・意見を仰ぐことは，その濫用防止や慎重な運用という観点からして望ましく，上記の諸外国の審査機関の設置は，納税者の権利救済上少なからず評価される。ただし，これらの審査機関の判断については，課税庁を拘束するわけではないとの限界やいくつかの問題点を指摘する向きもある[16]。他方，裁判所で争う前に国税不服審判所による納税者の権利救済の道がある我が国の場合は，仮に，そのような審査機関の設置が実現しなくとも，その期待されるところの機能を国税不服審判所が少なからず発揮し得る。また，国税不服審判所では，最近，数名の裁判官や検事を要職に配置するほか，大学教授，弁護士，税理士，会計士等の専門家を任期付き職員として採用するなど，その中立性をより一層高めている。

　しかも，租税回避行為が大きな社会問題となっている昨今，納税者の権利と課

税庁が使命とする適正かつ公平な課税の実現の双方を確保する上で，租税回避行為への対応策の整備と国税不服審判所が果たす役割には，従来以上に大きな期待が寄せられていることに鑑みると，平成28年4月から施行されている約半世紀ぶりに改正された国税不服申立制度の下，①原処分庁に対する再調査の請求（異議申立て）を経ないで行う国税不服審判所への直接審査請求，②不服申立期間の延長，③証拠書類の閲覧範囲の拡大・写しの交付，④口頭意見陳述での質問権の行使などが可能となったことにより，納税者の利便性がより一段と高まったことは[17]，租税回避への対応上長年の課題であった実質課税原則等をも組み込んだ包括的否認規定の導入のための体制整備という点からしても，特筆すべきことであるといえよう。

（注）

(1) 中川一郎「国税通則法答申の批判（二）―解釈原則規定について」税法学129号（昭和36年）巻頭言・1～4頁参照。

(2) 議論の詳細は，松田直樹『租税回避行為の解明』ぎょうせい（平成21年）7～11頁参照。

(3) 詳細は，答申別冊14頁参照。

(4) 田中二郎『租税法（新版）』有斐閣（昭和56年）111頁参照。

(5) 忠佐市「親子会社間の取引と税務上の問題点」税経通信 Vol.30.No.12（昭和50年）56～57頁参照。

(6) 詳細は，松田直樹「実質主義と法の濫用の法理」税務大学校論叢55号（平成19年）18～31頁参照。法的実質主義と経済的実質主義の区別については，末崎衛「私法上の法律構成による否認」税法学550号（平成15年）14頁参照。

(7) かかる原則の数少ない例外としては，組織再編成に係る行為又は計算の否認規定である法人税法132条の2や外国法人の恒久的施設帰属所得に係る行為又は計算の否認である同法147条の2が挙げられる。

(8) 適用基準の詳細は，松田直樹『租税戦略の解明』日本評論社（平成27年）38～53頁参照。

(9) 両者の類似点と相違点の詳細は，松田・前掲注(8)『租税戦略の解明』57～59頁参照。

(10) もっとも，最近は，IRC§7701（o）の適用は，IRC§6662(i)（非開示の経済実質を欠く取引に対するペナルティの増額）を伴い得ることによる適用上のハードルの実質的な引上げの可能性を危惧して，実質主義による否認を行うケースが増える可能性もある。この点の詳細は，松田・前掲注(8)『租税戦略の解明』55～63頁参照。

(11) 本条は，「一方の締約国において生じる他方の締約国の居住者の所得で前諸条に明文の規定がないものに対しては，当該他方の締約国においてのみ租税を課することができる」と定めている。

(12) 本判決等に鑑み，「租税条約の濫用に係る主要目的テスト基準を考慮しつつ，国内法上の（同族会社の）行為計算否認規定ないし一般的否認規定における否認判定基準を明確化するなどその意義を法律上明記すべきではないか」との意見がある。その詳細は，田島秀則「租税条約の濫用と課税権行使の可否について―もう一つのバミューダLPS事件を題材として―」税務事例 Vol.48, No.11（2016）19頁参照。

⒀ 例えば，本件取引と同じような条約漁りが問題となった事件において，韓国の国税審判院2007年7月5日決定では，実質主義的アプローチによる否認が首肯されている。その概要は，今村隆「バミューダLPSの租税法上の「法人」該当性」税研（平成27年）181号24〜25頁，松田・前掲注⑵『租税回避行為の解明』415〜416頁参照。

⒁ 関係する代表的な欧州裁判所判決としては，Halifax事件ECJ判決（2006）やCadbury Schweppes事件ECJ判決（2006年）などがあり，関係する欧州理事会指令としては，親子会社指令1条2項や利子・ロイヤルティ指令5条などがある。これらの概要は，松田・前掲『租税回避行為の解明』330〜331頁・338〜341頁参照。

⒂ 詳細は，松田・前掲注⑵『租税回避行為の解明』482〜483頁参照。

⒃ これらの審査機関の実績，限界及び問題点等については，松田・前掲『租税回避行為の解明』193頁，松田・前掲注⑻『租税戦略の解明』491〜493頁参照。

⒄ 本改正の概要は，国税不服審判所HP（http://www.kfs.go.jp/system/kaisei_gaiyo.html）参照。

46 多国籍企業に関するOECDモデル租税条約9条(1)に基づく調整権

本庄 資

1 伝統的な国際課税ルール

BEPSプロジェクトでは,「利益は,その利益を生じる経済活動が行われた場所,価値が創造された場所で課税されるべきである。」という新しい原則を唱え,BEPSに対処することによって,これまでの国際租税法の改革の新しい方向を示している。全世界所得課税原則から領土主義課税原則へ移行する国が増え,いわゆる税の競争(tax competition)で各国の法人税率が引き下げられていく。先進国が長年主導してきた課税権の配分ルール(源泉地国課税の制限と居住地国課税への収斂)は,資本参加免税(participation exemption)による国外所得(foreign income)に対する居住地国の課税権の放棄,外国子会社配当益金不算入制度の普及によって,変化してきた。租税条約では,源泉地国課税を制限しているので,多くの国は,所得の種類によっては,外国法人に対する課税権を全部又は一部放棄している。どれほど税率の高い国の多国籍企業であっても,世界のなかで,領土主義課税原則の国に子会社を設立して多数の「居住地国」を作り,その「国外所得」の課税を回避し,当該「国外所得」の源泉地では租税条約で源泉地国としての課税権が制限又は放棄されているので,グループ全体の「実効税率」(effective tax rate: ETR)を引き下げることが可能な状態が生じている。国境を利用することができる多国籍企業(MNE or TNC)又はそのグループは,「国際的二重非課税」(double non-taxation)という結果を得るために,古い国際租税法の諸原則(old principles of international tax law)を利用している(拙著『国境に消える税金』の論旨)。米国上院公聴会でアップルのCEOが「われわれは法律どおりのことをやっている。われわれが悪いというのであれば法律を直せ。」という趣旨の発言をしたと伝えられた。

BEPSプロジェクト前の国際課税の議論の焦点は,主として国際的二重課税の排除であった。1920年代から議論されてきた国際課税の主題は,「法的二重課税」(judicial double taxation)の回避であった。

2 多国籍企業（MNE）の定義

多国籍企業（MNE）を特殊なエンティティとしてその課税ルールを論ずるには，「多国籍企業」の定義が重要であるが，その定義は未だ定かではない。

OECD glossary of tax terms で は，"Company or group of companies with business establishments in two or more countries" という。OECD は，2000年に "Declaration on International Investment and Mutual Enterprises" において，"OECD Guidelines for Multinational Enterprises" を 公 表 し た が，BIAC は，OECD MNE ガイドラインでは，MNE の正確な定義をしていないといい，次のように MNE を定義している。

"MNE are usually enterprises that are established in several countries and coordinate their operations in various ways. This means that not just any enterprise involved in some international activity is considered an MNE. The Guidelines recognize that international business has transformed significantly over the past decades leading to a broader range of business arrangements and organizational forms, including complex supply chains. The Guidelines apply to all units of an MNE, the parent company and independent business units."

国連では，多国籍企業を "Transnational corporation（TNC）" と呼び，次のように定義している。

"TNC are incorporated or unincorporated enterprises comprising parent enterprises and their foreign affiliates. A parent enterprise is defined as an enterprise that controls assets of other entities in countries other than its home country, usually by owning a certain equity capital stake. An equity capital stake of 10 % or more of the ordinary shares or voting power for an incorporated enterprise, or its equivalent for an unincorporated enterprise, is normally considered as a threshold for the control of assets（in some countries, an equity stake other than that of 10% is still used. In UK for example, a stake of 20% or more was a threshold until 1997.）"

有斐閣『経済辞典（第3版）』では，MNE を国連の定義を引用し，「……しかし，この定義には総合商社，銀行，保険・海運企業，観光業などは含まれない。サービス分野の多国籍企業に関する新しい定義が必要とされている。」と述べている。

我が国の条約例には，スイス条約，オランダ条約，ベルギー条約など，LOB

規定において，「多国籍企業集団の本拠である法人」について規定するものがあるが，「多国籍企業」の定義を置くものはない。

　例えば，スイス条約第22条のAパラグラフ5(a)では，「……適格者に該当しない場合においても，他方の締約国内から取得する……所得に関し，次の……要件を満たすときは，……特典を受ける権利を有する。」とし，「(i)当該居住者が多国籍企業の本拠である法人として機能すること」と規定した上で，同パラグラフ5(b)では，「……次の(i)から(vi)までに掲げる要件を満たす場合に限り，(a)の規定の適用上，多国籍企業集団の本拠である法人とされる。

(i)　当該居住者が，当該多国籍企業集団の全体の監督及び運営の実質的な部分を行うこと又は当該多国籍企業集団の資金供給を行うこと。

(ii)　当該多国籍企業集団が，5以上の国の法人により構成され，これらの法人のそれぞれが居住者とされる国において営業又は事業の活動を行うこと。ただし，これらの国のうちいずれかの5の国内において当該多国籍企業集団が行う営業又は事業の活動が，それぞれ当該多国籍企業集団の総所得の5％以上を生み出す場合に限る。

(iii)　当該一方の締約国以外のそれぞれの国内において当該多国籍企業集団が行う営業又は事業の活動が，いずれも当該多国籍企業集団の総所得の50％未満しか生み出さないこと。

(iv)　当該居住者の総所得のうち，他方の締約国内から当該居住者が取得するものの占める割合が50％以下であること。

(v)　(i)に規定する機能を果たすために，当該居住者が独立した裁量的な権限を有し，かつ，行使すること。

(vi)　当該居住者が，当該一方の締約国において，所得に対する課税上の規則であって6に規定する者が従うものと同様のものに従うこと。」と規定する。

これまでは，学術研究においても，「多国籍企業」を非常に曖昧な概念として余り意に介さないで議論しているものが多いように感じられる。

3　OECDモデル租税条約第9条（特殊関連企業）

　二重課税条約において二重課税の回避のため課税権の配分に関する規定として「特殊関連企業」（associated enterprises）に関する規定をめぐる議論があった。現行のOECDモデル租税条約第9条(1)においても，「特殊関連企業」について特に定義規定を設けず，2つの企業が一定の条件（parent and subsidiary companies and companies under common control）を満たす場合に税務当局の「調

整」を認めるとの条文構造を採用している。

　OECD は，多国籍企業（MNE or TNC）や特定の企業に限定せず，「特殊関連企業」（associated enterprise）概念を用いて，特殊関連企業間取引の経済的二重課税の回避のために課税権の配分ルールを確立しようと努めているが，経済的二重課税の回避のために必要な「対応的調整」（correspondent adjustment）を義務付けるまでには至っていない点で不徹底である。「特殊関連企業」の解釈について，多くの問題を生じているにもかかわらず，「特殊関連企業」に関する規定には，なんら改正の努力を払ってこなかった。現行の第9条(1)の条文は，次のとおり（1963 OECD Model Convention の第9条と変更がない）。

　Where

a)　an enterprise of a Contracting State participate directly or indirectly in the management, control or capital of an enterprise of the other Contracting State, or

b)　the same persons participate directly or indirectly in the management, control or capital of an enterprise of a Contracting State and an enterprise of the other Contracting State,

and in either case conditions are made or imposed between the two enterprises in their commercial or financial relations which differ from those which would be made between independent enterprises, then any profits which would, but for those conditions, have accrued to one of the enterprises, but by reason of those conditions, have not so accrued, may be included in the profits of that enterprise and taxed accordingly.

　この条文の骨格を構成する主要概念が不明確である。例えば，「関連」（associated）についても，垂直的又は水平的なさまざまな方法の関連がある。直接又は間接に management, control or capital に「参加」（participation）という場合，participation 概念，management 概念，control 概念，capital 概念，これらの用語，概念について，OECD モデル租税条約，コメンタリー，OECD の各種報告書類のいずれも，なんの定義も置いていない。条約上定義が置かれていない用語については，条約第3条(2)により各国の国内法の定義によると解されているが，例えば，我が国の場合，これらの用語については，租税法上，定義は皆無の状況であって，解釈適用上，取りつく島がない。論理的には，例えば，「支配」なければ，「人為的な所得移転」も可能でないとすれば，形式的に「管理」や「資

本」に「参加」していても，「支配」がなければ，第9条の適用はあり得ないという論理がある。「支配」概念が重要であるが，法的「支配」の有無で判断するのか，経済的「支配」又は事実上もしくは実質的な「支配」概念で判断するのか，この初歩的な疑問でも，これまでのOECDの作業からなんの答えも得られない。

まして関係国当局のこれらの重要な概念に係る解釈が異なる場合，対応的調整を義務付けていない第9条の下で，経済的二重課税の防止規定としては，十分に機能しないおそれがある。

また，第9条（1）の目的はなにか。独立企業原則の適用上，「関連取引」（controlled transaction）とはなにか。この2点を明らかにする必要があるが，前者については，"commercial or financial relations" 概念が重要である。経済的二重課税を防止する観点から，どの国の課税ベースの確保のために課税権を配分するかという課題に対処するとき，実際に，関連取引によって高税国から低税国へ所得移転を行うために関連企業が，資産又は役務の低廉譲渡，高価買入などの典型的な取引のみならず，近年，ビジネスリストラクチャリング・機能のリロケーション，無形資産の移転，費用分担契約などを利用することが知られている。

しかしながら，実は，「商業上又は資金上の関係」概念の定義がない。第7条と第9条との関係が必ずしも明らかでなく，第7条の "business profits"（事業利得）の定義もない。1920年代以来の議論の的であった「事業利得」課税ルールは，「PEなければ課税なし」という大雑把な原則を確立したが，ドイツの「支店理論」を否定し，「子会社」をPEでないとしたことによって，グループを構成する子会社との国際取引をほとんど非課税化する結果を生み出した。多国籍企業の「PE認定の人為的回避」，「電子経済におけるPE認定」の困難はもとより，米国の国家公認の租税回避とEU議会調査局から批判されているチェックザボックス規則による "disregarded entities" や「代理人PE」，グループ内部取引をハイブリッド・エンティティを介在させて行う場合，これまでの「内部取引」を認識しないというルールの利用によって，独立分離企業間取引をチェックザボックス規則の利用で一瞬にして親会社の内部取引と化し，課税上なかったこととすることを米国は認めてきた。

4　OECDモデル租税条約第9条コメンタリー

以下，第9条（1）コメンタリーの要訳をする。
1. 本条は，取引が特殊関連企業（親会社及び子会社並びに共通の支配下にある法人）間で独立企業間以外の条件で行われた場合，課税上行われる利得の

調整を取り扱う。租税委員会は，かなりの時間をかけて，取引が独立企業間以外の条件で行われた場合，本条の適用の条件，その結果及び利得を調整するために適用される方法の検討を行う努力をしている（引き続き努力する）。その結論は，この分野における租税委員会の作業の進捗を反映するため定期的に更新される「多国籍企業と税務当局のための移転価格ガイドライン」と題する報告書において示される。この報告書は，国際的に合意された原則を表し，本条が信頼できる独立企業原則（arm's length principle）の適用のガイドラインを与える（1997年10月23日改正）。

パラグラフ1

2．本パラグラフは，一方の締約国の税務当局が，特殊関連企業の租税義務の計算上，企業間の特別な関係の結果として，当該企業の会計が当該国において生ずる真実の課税利得（true taxable profits）を示していない場合，当該会計を書き直す（re-write）ことができることを規定している。このような状況で調整が是認されるべきことが妥当であることは明らかである。本パラグラフの規定は，特別な条件が両企業間で課された場合に限り適用される。このような企業間取引が通常の公開市場の商業条件で（独立企業基準で）行われた場合，特殊関連企業の会計の書き直しは認められない（1997年10月23日改正）。

3．租税委員会報告書「過少資本」において検討したとおり，過少資本に関する租税条約と国内ルールとの間に本条の範囲に関する相互作用がある。租税委員会は，次のとおり考える。

a) 本条は，過少資本に関する国内ルールの適用の結果が，借主の利得を独立企業の場合に生じたであろう利得に相応する金額に同化することになる限り，国内ルールの適用を妨げない。

b) 本条は，ローン契約において定められた利率が独立企業間利率であるか否かの判断のみならず，一見したところでのローンがローンとみなされるかなんらかの他の種類の支払，特に寄附金又はエクイティ資本とみなされるべきかの判断に関連する。

c) 過少資本に対処するよう設計されたルールの適用は，通常，関連のある国内企業の課税利得を独立企業間利得を超えて増加する結果を生ずるべきでなく，この原則は，現行租税条約の適用において従うべきである。

（1997年10月23日改正）

4．一部の国が関連当事者（related parties）間取引の取扱いに関し採用して

いる特別な手続ルールが条約と矛盾していないかどうかについて疑義を生じる。例えば，ときどき国内法令にみられる「立証責任の転換」又はある種の推定が独立企業原則と矛盾しないかどうかが問題になる。多くの国は，本条が本条と異なる条件の下で国内法令に基づく利得の調整を妨げず，本条が条約レベルで独立企業原則を引き上げる機能をもつような方法で本条を解釈している。また，ほとんどすべての国は，通常要件よりも厳しい追加的情報要件又は立証責任の転換さえ，第24条に規定する差別に当らないと考えている。しかしながら，ある場合，ある国の国内法令の適用が本条の原則と矛盾する利得の調整を生じることがある。両締約国は，対応的調整及び相互協議手続によってこのような状況に対処することが，本条によって可能である（1992年7月23日置き換え）。

※第7条コメンタリーでは，AOAに関連して詳細な規定を置いている（2010）が，第9条コメンタリーはきわめて短く，資産・リスク・資本の経済的所有権（economic ownership）及び帰属についてなにも記述していない。第7条と第9条との相互作用についても，コメンタリーにおける説明が十分であるとはいえない。

5 移転「価格」調整から「取引」調整へ —揺らぎ始める独立企業原則（ALP）

1995年に「OECD移転価格ガイドライン」が公表された後，OECDモデル租税条約第9条(1)に規定する「独立企業間価格」（arm's length price）を算定する方法という困難な課題について多くの著述がみられるが，重要な課題が置き忘れられた。

重要な課題とは，法解釈において最初の作業となるべき「法の趣旨目的」であり，モデル租税条約についても，第9条(1)の目的はなにか，したがって，その適用対象・適用範囲はなにか，という問題である。

第9条は「特殊関連企業」（associated enterprises）に関する規定であり，「多国籍企業」（MNE or TNC）に限定した規定ではない。我が国の条約例にあるLOB規定における「多国籍企業集団の本拠である法人」の範囲を決める条件のように，条約の特典の授与においては，一定の閾値で範囲を制限するが，例えば，移転価格調整の対象となる「特殊関連企業」のうち「多国籍企業」の範囲について，一定の閾値（資本金基準，取引高基準，資産基準，従業員数基準）などでその範囲を限定しているわけではない。実際には，世界貿易の約6割程度がMNEのグループ内部取引であるといわれるので，多国籍企業における移転価格調整が

主要な適用対象になるかもしれないが，多国籍企業の定義いかんによって，多国籍企業の範囲外とされる特殊関連企業については，第9条の適用外とするのかどうか。

また，一見したところでは「特殊関連企業」間の「国際取引」のように見えるが，チェックザボックス規則の適用を認めれば，グループ内部取引の特殊関連企業なるものが"disregarded entities"となり，本支店間の内部取引とされ，もはや特殊企業間取引でないということになる。その場合，第7条のAOAにより，さらに，独立企業原則を適用することになるのかどうか，このような疑問に答えるコメンタリーの必要があるが，全く言及がなされない。

第9条(1)の「調整」(adjustment)とは，なにか。

多くの著述の関心は，徒らに，移転価格算定方法・独立企業間価格算定方法に集中し，伝統的な方法（独立価格比準法，販売価格基準法，原価基準法），「利益法」（利益比準法，利益分割法（比較利益分割法，寄与度利益分割法，残余利益分割法，取引単位営業利益法)），ベストメソッドルールなどの議論に集中している。

第9条(1)の趣旨目的に照らし，同条(1)が規定する「調整」は，「真正な移転価格の調整」(genuine transfer pricing adjustments)のみであるのか，「取引の調整」(transactional adjustments)又は導管取引については実質的所有者(beneficial owner)の認定など「エンティティの調整」も含むのか，この点について，コメンタリーでは，深く言及していない。

グローバル経済における多国籍企業グループの所得移転のためのスキームは，多様化し，電子経済におけるPEの問題，基地会社や導管会社の利用による複雑な法人所有連鎖，ハイブリッド・ミスマッチ・アレンジメント，控除可能な控除項目の利用による税源浸食・利益移転，所得を生じる資産（特に無形資産）の低税国への移転，過大な資本・リスクの低税国への移転，費用・損失の高税国への移転，事業再編（ビジネスリストラクチャリング）などが問題になっているが，コメンタリーは，「過少資本税制」(thin capitalization rule)に言及するだけで，これらの問題については沈黙している。

第7条については，本店とPEとの間において，資産・リスク・資本の配分に関するAOAを論じ，独立企業原則の適用の強化を図るようにみえるが，「移転価格ガイドライン」に問題解決を委ねているのか，独立企業原則の本家ともいえる第9条(1)コメンタリーにおいては，リスクの引受，リスクの管理，リスクの支配，リスクの帰属，リスク配分(risk allocation)には全く言及していない。

現実の ATP では過大な資本をタックスヘイブン子会社に注入した上で，これをキャッシュボックス化するスキームが把握されているにもかかわらず，資本の配賦に関する言及がない。資産（有形資産及び無形資産）の特殊関連企業間の移転，それらの帰属（法的帰属及び経済的帰属）についての言及がない。

無形資産やサービス提供について，比較対象の欠如，評価困難な無形資産，グローバルトレーディング，情報の非対称性，エンティティや契約の細分化など，独立企業原則の適用の困難な諸問題について，伝統的な独立企業原則（分離会計）（traditional narrow arm's length principle）でどこまで対応できるのか，特定の場合に「独立企業原則からの逸脱」（departure from traditional narrow arm's length principle）の必要性を認め，米国スーパーロイヤルティ条項で導入された「所得相応性基準」（Commensurate with Income standard: CWI standard）を容認する少し広義の独立企業原則（broader arm's length principle）というものを認めるのか，独立企業原則の限界を認め，これまで拒否してきた「公式配分方式」（formulary apportionment: FA）（米国州税のユニタリータックス，EU の提案する CCCTB）に飛躍するのか，コメンタリーで検討すべき事項は多い。

第 9 条(1)の目的は，正常な価格に調整することではなく，「真実の利得の配分」を目的とするのか，コメンタリーは，第 9 条(1)の目的及び範囲（purpose and scope）と移転価格調整と呼ばれるものの本質が，単に「プライシングの調整」なのか，透明性と実質主義（substance over form principle）に基づく「取引の調整」（リキャラクタライゼーション）又は実質所有者（beneficial owner）の調整なのか，明確化する必要があると思われる。

6 「国際的二重非課税」に対処する国際租税法

長年，1920年代から二重課税を回避するために課税権を居住地国が放棄するか，源泉地国に放棄させるか，という図式のなかで議論をしてきた。

国際商業会議所（ICC）二重課税委員会の頃から，債権国と債務国の見解は対立し，「国外所得」の取扱いについて，多国籍企業の存在感のない状況で，海外進出を進め，資本輸出国の立場から居住地国課税（源泉地国免税）を主張する英国に比して，モンロー主義の立場で国際連盟に加盟していないが，戦費調達のため，自国企業にも最高税率73％の課税をしつつ戦後復興に貢献している米国は，米国で稼得する所得に米国企業には重税をかけながら，外国企業には非課税又は軽課税にするということは認められないという立場に固執した。この考え方の対立は，現代まで尾を引いている（第二次大戦の戦間期，米国法人税の最高税率は，

1940年81.1％（500万ドル），1942-43年88％（20万ドル），1944-45年94％（20万ドル），その後もきわめて高い状態が続いてきた。）。

米国の租税条約は，トリーティショッピング防止のため LOB 規定を有し，米国の税源浸食の防止に努めているが，米国企業が国外でトリーティショッピングを行うことを禁じているわけではない。自国課税ベースを守ることと，他国の課税ベースを守ることは，同じではない。

多国籍企業は，世界各地に「導管会社」（conduit companies）又は基地会社（base companies）を無数に所有し，トリーティショッピングを行っているとみられている。米国多国籍企業の ATP の一端が欧州でタックスルーリングの State Aid 調査の名目で追跡されている状況に対し，租税回避防止に熱心であったオバマ政権（民主党）財務長官は EU に対し，「米国企業狙い撃ち」を批判する書簡を送っている。アメリカファーストのトランプ政権（共和党）がこのような問題にどのような出方をするか予想できない。若干の暴露された事例から ATP の技法の一端は，世界の知るところとなり，合法か違法かの裁判所の判断ではどの国も，合法的なアレンジメントに太刀打ちできなくなってきた。その技法は，世界規模の会計事務所や法律事務所を通じ，各国に伝搬し，ひとり米国多国籍企業にとどまらず，果てしない税の競争（tax competition, race to the bottom）を展開する各国税制と相まって，世界各国の税収は，痩せ細り，企業による国際的二重非課税（double non-taxation）が生じているとの認識が，G8, G20 の政治的アジェンダ，市民団体の間に広まってきた。

これまで，国際課税＝二重課税の回避と認識されてきた国際租税法の性格は，国際的二重非課税の防止のための国際的濫用防止法に変化しつつある。租税条約のタイトルや目的は，単に二重課税の回避のための条約，二重課税条約（DTA, DTC, DTT）と呼称されてきた。ときどき，実際には脱税の防止を表示する条約もあったが，文理解釈を信奉する者のなかには「脱税」と「租税回避」を峻別し，脱税の防止と表示する条約は，「租税回避の防止」を目的としていないというものもいる。条約解釈は，条約法に関するウィーン条約により誠実に履行する義務を課されているが，コメンタリーで，脱税，租税回避，法の濫用，権利の濫用などの意義，及び条約の趣旨目的を明らかにしても，国際機関のモデル条約及びコメンタリーは，ソフトローにすぎず，国内裁判所では法的拘束力がないという議論がある。条約と国内法，国内法の租税回避防止規定・濫用防止規定と条約との優先適用関係について，法的拘束力のある規範（Norm）が必要になっている。

7 OECD/G20 BEPS プロジェクト

各国では，「同族会社」に関する税制は存在するが，特殊な多国籍企業（MNE or TNC）又はそのグループに関する包括的な税制がない。そのような意味では，エンティティとしての多国籍企業又はそのグループを特別なエンティティとする税制は，存在せず，蟻のように小さい企業と巨象のような多国籍企業を同じように「法人」として取り扱う「法人税」しかないので，R&D 税額控除をはじめとする各種の租税優遇措置や繰越欠損金控除，外国税額控除，VAT の輸出免税及び仕入税額控除の還付金などにより，多国籍企業は，実効税率を引き下げ又はほとんど課税されない状況を生じている。

納税者の申告情報は，一般に，税務職員の守秘義務，関与する税務助言者の職業上の守秘義務などにより保護され，外部に漏れることはないが，米国議会でエンロンのタックススキーム，米英議会の公聴会を通じてアマゾン，アップル，グーグル，マイクロソフト，スターバックス，ヒューレットパッカードの合法的であるがアグレッシブなタックスプランニング（ATP）が解明され，衆目に晒された。

例えば，英国では，スターバックスなどに対する若者たちの怒れるデモや不買運動も起きている。

タックスシェルターや ATP 情報は，OECD Directory，JITSIC などで蓄積されるほか，OECD の ATP に関する多年にわたる調査研究とその成果物である多数の報告書も公表された。

これまでの古い国際租税法に BEPS 機会を生み出す原因があることを認め，OECD は，冒頭に掲げた「利益は，利益を生じる経済活動が行われた場所，価値が創造される場所で課税されるべき」という原則を打ち出し，国際租税法改革に乗り出した。中里税調会長は，2015年，『租税研究』や AOTCA 大阪会議などで，「BEPS プロジェクトはどこまで実現されるか」という冷めた懐疑論を繰り返しておられる。また，古い国際租税法から新しい国際租税法へ改革するというのであれば，移転価格税制について，独立企業原則という美しい法的フィクションを捨てて「公式配分方式」を導入せよと主張する高名な Avi-Yonah のような意見もある。

新しい国際租税法を，これまでの二重課税の回避オンリーでなく，OECD/G20プロジェクトが打ち出した新しい原則を３つの柱（実質性，透明性，予見可能性）として，租税委員会は，二重非課税の防止，脱税・租税回避の防止を目的

とするものに変えようとしている。多国籍企業としては，二重非課税を容易に享受できるこれまでの国際租税法は使い勝手のよいものであり，余りラジカルな変更を歓迎しないであろう。ケネディ大統領が課税繰延をやめるといい始めた時以上の衝撃ともとれるが，多国籍企業がさほど動揺していないとすれば，中里会長がプロジェクトを妨げる4要素として挙げられた上に，守旧派に回る学界の一部と国内裁判所の抵抗に頼って高をくくっているのかもしれないと憶測される。

　このイニシャティブは，これまでになく，多国籍企業の実態をとらえ，多数の国々の協調によりその法人所有連鎖の全体像と活動を正確に描き，その支配下にあるグループ内部取引を独立企業原則を維持しつつ，直視しようとしている。

　OECDは，2012年6月，税源浸食・利益移転（BEPS）に対処するプロジェクトを立ち上げ，2013年2月，報告書 "Addressing BEPS" を公表し，同年7月19日，BEPS Action Plan を公表した。MNE の ATP には，各国単独では対処できない，また，国際課税の面で先進国を中心とする OECD ルールと発展途上国・新興国を中心とする国連（UN）ルールが二元化している状態のまま，各国税制の差異・隙間を利用する ATP に対処できないため，G20の主要8か国（中国，インド，ロシア，南アフリカ，ブラジル，アルゼンチン，インドネシア，サウジアラビア）がアソシエート国として加盟国と対等の立場で意見を述べ，意思決定に参画する枠組みとして，OECD/G20 BEPS プロジェクトが設けられた。厳しいタイムテーブルで，野心的かつ包括的に重要分野（15行動）について，2015年最終報告書を2015年9月に公表した。

　OECDは，移転価格ガイドラインの第1章（独立企業原則），第6章（無形資産），第7章（低付加価値グループ内役務提供），第8章（費用分担契約）の改訂を行うことにした。

　このうち，重要な改訂は，第1章（独立企業原則）Dの改訂である。上記で指摘した疑義のうち，改訂版は，「商業上又は資金上の関係」の特定，正確に記述された取引の認識，損失，政府の政策，関税評価の使用，ロケーションセービング等，集合労働力，多国籍企業グループシナジーについて述べているが，要点は次のとおり。

- 独立企業原則の適用は，関連者間取引における条件と，独立企業であり，比較可能な状況で比較可能な取引を行ったとした場合に独立企業間で設定されたであろう条件との比較に基づくものである（比較可能分析）。そのため，次のことが重要である。
- 関連者間取引を正確に記述するため，関連者間の商業上又は資金上の関係並

びにこれらの関係に付随する条件及び経済的に関連する状況を特定すること。

- 正確に記述された関連者間取引に係る条件及び経済的に関連する状況と，比較対象取引に係る条件及び経済的に関連する状況を比較すること。
- 特定する必要がある経済的に関連する特徴又は比較可能性の要素は，次のものである。
  - 取引の契約条件
  - 取引当事者の果たす機能で使用する資産及び引き受けるリスクを考慮に入れたもの
  - 移転される資産・提供される役務の特徴
  - 当事者及び当事者が活動する市場の経済状況
  - 当事者の事業戦略
- 関連者間取引と非関連者間取引又は関連者と非関連者の比較可能性を決定するには，機能分析が必要である。
  - 商業上又は資金上の関係におけるリスク分析
    - 経済的に重要なリスクの具体的な特定
    - 契約上のリスクの引受
    - リスクに関する機能分析
    - 上記によって得た情報の解釈
    - リスク配分
    - リスク配分の結果を考慮した取引の価格設定
  - 正確に記述された取引の認識
  - 独立企業原則に基づいて正確に記述された実際の取引の価格設定にはあらゆる努力をすべきである。税務当局は，事例で示す例外的な場合を除き，実際の取引を否認すること，再構築することはすべきでない。

　間違いなく，多国籍企業に対し多面的多角的なアプローチを試みる各行動のなかでも，行動 8 -10は，最も重要な部分を占めている。

　このような BEPS プロジェクトにより，OECD モデル租税条約 9 条の趣旨目的及びその適用範囲は明確になったか。そして，税務当局の調整がどこまで容認されるのか。これがなお問われている。

47 近時の行為計算否認規定の適用に係る裁判例とBEPS対応

北村導人

1 問題の所在

近時，行為計算否認規定である法人税法（以下「法」という）132条〔同族会社の行為計算否認規定〕及び法132条の2〔組織再編成に係る行為計算否認規定〕の適用の可否に係る裁判例が注目を浴びている。

まず，法132条が定める同族会社の行為計算否認規定の適用の可否が争われたIBM事件は，2016年2月18日に下された最高裁判所の上告不受理決定（最一小決平成28年2月18日判例集未登載。以下「IBM事件最高裁決定」又は「本件最高裁決定」という）により，原審である東京高判平成27年3月25日判時2267号24頁（以下「IBM事件高裁判決」又は「本件高裁判決」という）の判断が維持され，納税者勝訴という結果で幕を閉じた。その直後である平成28年2月29日，組織再編成に係る行為計算否認規定である法132条の2の解釈が初めて法廷で争われたヤフー事件及びIDCF事件に関して，最高裁判所（IBM事件最高裁決定を下した小法廷と同一の第一小法廷）は，同条所定の「不当」性に係る解釈規範を明示した上で，結論的に納税者敗訴の判決を下した（最一小判平成28年2月29日民集70巻2号242頁（以下「Y事件最高裁判決」という）及び最二小判平成28年2月29日民集70巻2号470頁（以下，両判例を併せて「Y事件等最高裁判決」という））。このように近接した時期に最高裁判所（同一小法廷）が法132条と法132条の2の適用の可否（とりわけこれらの規定に定める「不当」性の解釈）に関して判断を行い，結論的には納税者の勝敗が分かれたという点で，法解釈の点でも，実務的にも，これらの裁判例に対する関心は高い。

本稿では，紙幅の関係上，IBM事件に焦点を置き，その検討の過程で，Y事件等最高裁判決の内容も参照しながら考察を進め，さらに同じく法132条の適用の可否が争われているユニバーサルミュージック事件（平成27年2月2日国税不服審判所裁決）についても初期的検討を行い，これらの事案とBEPS対応の関係及び今後の展望について論じることとする[1]。

2 行為計算否認規定の適用に係る近時の裁判例の検討

（1） 近時の行為計算否認規定の適用に係る裁判例の概要

　まず，IBM事件最高裁決定及びIBM事件高裁判決を検討する上で参照するY事件等最高裁判決の概要を述べる。Y事件等最高裁判決は，いずれも，組織再編成に係る行為計算否認規定である法132条の2の適用の可否が争点とされた事案について，**「同条にいう「法人税の負担を不当に減少させる結果となると認められるもの」とは，法人の行為又は計算が組織再編成に関する税制（以下「組織再編税制」という。）に係る各規定を租税回避の手段として濫用することにより法人税の負担を減少させるものであることをいうと解すべきであり，その濫用の有無の判断に当たっては，①当該法人の行為又は計算が，通常は想定されない組織再編成の手順や方法に基づいたり，実態とは乖離した形式を作出したりするなど，不自然なものであるかどうか，②税負担の減少以外にそのような行為又は計算を行うことの合理的な理由となる事業目的その他の事由が存在するかどうか等の事情を考慮した上で，当該行為又は計算が，組織再編成を利用して税負担を減少させることを意図したものであって，組織再編税制に係る各規定の本来の趣旨及び目的から逸脱する態様でその適用を受けるもの又は免れるものと認められるか否かという観点から判断する**のが相当である。」〔太字は筆者〕と判示した上で，ヤフー事件においては，繰越欠損金の引継ぎのための要件の一つである特定役員引継要件に係る副社長就任行為，IDCF事件においては，適格要件の一つである完全支配関係継続見込要件に関して，IDCF社株式の譲渡計画を前提とする新設分割を，それぞれ「不当」として，更正処分を適法と判断した。

図表47-1 Y事件等最高裁判決における法132条の2の「不当」性に係る解釈規範

組織再編税制に係る各規定を租税回避の手段として濫用することにより法人税の負担を減少させるもの

言い換え

組織再編成を利用して税負担を減少させることを意図したものであって，組織再編税制に係る各規定の本来の趣旨及び目的から逸脱する態様でその適用を受けるもの又は免れるもの

具体的に考慮すべき事情

① 通常は想定されない組織再編成の手順や方法に基づいたり，実態とは乖離した形式を作出したりするなど，不自然なものであるかどうか
② 税負担の減少以外にそのような行為又は計算を行うことの合理的な理由となる事業目的その他の事由が存在するかどうか等

本稿では，紙幅の関係上，Y事件等最高裁判決の検討については割愛するが，法132条の2所定の「不当」性に係る解釈規範を示した極めて重要な裁判例であり，後記のとおりIBM事件最高裁決定及びIBM事件高裁判決の判示の読み方にも影響を及ぼすものと考えられる。

(2) IBM事件高裁判決（本件高裁判決）の検討

法132条の適用の可否が争点とされた裁判例は過去にも多数存在するが，金額的規模を含む事案の特殊性や納税者勝訴という結果に終わったことから，本件高裁判決は注目されている。また，本件最高裁決定（平成28年2月18日）の直後である同月29日に（法132条の2の「不当に」の解釈が争点とされた）Y事件等最高裁判決が出された（本件最高裁決定とY事件最高裁判決とはいずれも第一小法廷の同じ裁判官により判断がなされている）ことから，（適用される規定は異なるものの，行為計算否認規定の「不当に」の解釈を示した）本件高裁判決の判示内容とY事件最高裁判決の判示内容との関係も注目されている。そこで，本稿では，本件高裁判決の判示内容について，Y事件等最高裁判決の内容も参照しながら，考察を試みる。

1．事案の概要[2]

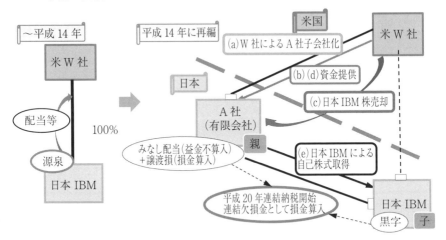

（1） 本件では以下の行為が行われた（以下，(a)〜(d)の行為を併せて「本件中間持株会社化」といい，(a)〜(e)の行為を併せて「本件一連の行為」という）。

 (a) 平成14年2月，日本IBMの発行済株式の全部を保有する米国WT社（米

国 IBM の100％子会社であり外国法人。以下「W社」という）が，休眠会社であった AP（有限会社。以下「A社」という）の全持分を第三者から取得した。

(b)　同年4月3日開催の A 社の社員総会に基づき，W 社を引受人とし，払込金額を計1,332億円とする A 社に対する増資が行われた（以下「本件増資」という）。

(c)　同月，A 社が W 社から日本 IBM の発行済株式の全部を代金1兆9,500億円で購入した（以下「本件株式購入」という）。

(d)　本件株式購入の代金のうち約1,318億円は本件増資に係る W 社からの出資金により支払われ，残額約1兆8,182億円については，W 社と A 社との間で準消費貸借契約が締結された。

(e)　同年12月，平成15年12月及び平成17年12月の3回にわたり，A 社がその保有する日本 IBM の株式の一部を日本 IBM に対して代金総額約4,298億円で譲渡した（以下「本件各譲渡」という）。なお，本件各譲渡における1株当たりの譲渡価額は本件株式購入における1株当たりの取得価額とほぼ同じである。

（2）　A 社は，本件各譲渡により生じたみなし配当を益金不算入とした上で，譲渡対価の額（本件各譲渡に係る譲渡代金から当該みなし配当の額を控除した額）と譲渡原価の額との差額である譲渡損失額（総額約3,995億円）（以下「本件譲渡損失額」という）を，本件各譲渡が行われた各事業年度（以下「本件各譲渡事業年度」という）の法人税に係る所得の金額の計算上損金の額に算入し，欠損金額による確定申告を行った。

（3）　その後，A 社は，平成20年1月1日に連結納税の承認を受け，同年12月期の連結事業年度において，本件各譲渡事業年度の欠損金額を含む欠損金額を連結欠損金額として確定申告をしたところ，課税当局が，法132条1項を適用して，本件各譲渡事業年度の法人税に係る所得の金額の計算上，本件譲渡損失額を損金の額に算入することを否認する旨の更正処分（以下「本件各譲渡事業年度更正処分」という）をし，それらの後続事業年度に係る更正処分等（以下，本件各譲渡事業年度更正処分と併せて「本件各更正処分等」という）を行った。

（4）　A 社は，本件各譲渡事業年度更正処分は違法なものであり，ひいては本件各更正処分等が違法であるとして，それらの取消しを求めたところ，第一審において納税者勝訴の判決が下され（東京地判平成26年5月9日判タ1415号186頁），本件高裁判決も国の控訴を棄却した（本件最高裁決定により確定）。

２．本件高裁判決の判旨

（１）　まず，本件高裁判決は，法132条１項の「不当に」の解釈に関して，同「項の趣旨に照らせば，同族会社の行為又は計算が，同項にいう「**これを容認した場合には法人税の負担を不当に減少させる結果となると認められるもの**」か否かは，専ら経済的，実質的見地において当該行為又は計算が純粋経済人として不合理，不自然なものと認められるか否かという客観的，合理的基準に従って判断すべきものと解される…。そして，同項が同族会社と非同族会社の間の税負担の公平を維持する趣旨であることに鑑みれば，**当該行為又は計算が，純粋経済人として不合理，不自然なもの，すなわち，経済的合理性を欠く場合には，独立かつ対等で相互に特殊関係のない当事者間で通常行われる取引（独立当事者間の通常の取引）と異なっている場合を含む**ものと解するのが相当であり，このような取引に当たるかどうかについては，個別具体的な事案に即した検討を要する」〔太字は筆者。以下同じ〕とした。

（２）　なお，「同族会社の行為又は計算が経済的合理性を欠く場合とは，当該行為又は計算が，異常ないし変則的であり，かつ，租税回避以外に正当な理由ないし事業目的が存在しないと認められる場合であることを要する」旨の被控訴人〔納税者〕の主張については，法132条１項の文理及び改正経緯にも触れた上で，同「項の『不当』か否かを判断する上で，同族会社の行為又は計算の目的ないし意図も考慮される場合があることを否定する理由はないものの，他方で，……当該行為又は計算が経済的合理性を欠くというためには，租税回避以外に正当な理由ないし事業目的が存在しないと認められること，すなわち，**専ら租税回避目的と認められることを常に要求し，当該目的がなければ同項の適用対象とならないと解することは，同項の文理だけでなく上記の改正の経緯にも合致**」せず，また，当該「要件の存否の判断は，極めて複雑で決め手に乏しいものとなり，被控訴人主張のような解釈を採用すれば，税務署長が法人税法132条１項所定の権限を行使することは事実上困難」となり，同項の趣旨を損なうとして排斥した。

（３）　その上で，本件では，「被控訴人〔筆者注：Ａ社。以下同じ〕を中間持株会社とすること，すなわち，本件各譲渡以外の本件一連の行為…は，…控訴人が主張する本件税額圧縮〔筆者注：日本国内において負担する源泉所得税額を圧縮すること〕の実現も重要な目的として，…実施されたものである」が，「本件各譲渡が，本件税額圧縮の実現のため，被控訴人の中間持株会社化…と一体的に行われたことを認めるに足りる証拠はない」ため，「本件一連の行為

を構成する本件各譲渡を容認した場合には，被控訴人の法人税の負担を「不当に」減少させる結果となるとする控訴人〔筆者注：国。以下同じ〕の主張は，その前提を欠くもので失当であ」るとして，その主張を排斥した。

（4）　さらに，A 社がした本件各譲渡が，それ自体で独立当事者間の通常の取引と異なるものであり経済的合理性を欠く旨の控訴人の主張についても，譲渡価額の算定過程及び算定結果が不合理であると認めるに足りる証拠はなく，また，税効果等も考慮の上，日本 IBM と「親子会社関係にない独立当事者の内国法人であれば，取得価額と同じ譲渡価額で日本 IBM による自己株式の取得に応じるという取引があり得なかったと認めることもできない」として，排斥した。

（5）　以上から，本件各譲渡事業年度更正処分はその余の点を判断するまでもなく違法であり，当該否認を前提とする本件各更正処分等はいずれも違法であって取消しを免れないとして，国の控訴を棄却した。

3．本件高裁判決の検討

［1］　法132条1項の「不当に」の解釈の判断枠組み（通説的見解を踏まえて）

本件高裁判決は，まず，法132条1項所定の「法人税の負担を不当に減少させる結果となると認められる」か否か（以下「不当性要件」という）は，「専ら経済的，実質的見地において当該行為又は計算が純粋経済人として不合理，不自然なものと認められるか否かという客観的，合理的基準に従って判断すべき」としており，過去の同項に係る判例（最二小判昭和53年4月21日訟月24巻8号1694頁，最一小判昭和59年10月25日集民143号75頁等）及び通説(3)と同様に，いわゆる経済合理性基準を採用することを明らかにしている。

本件高裁判決の判示内容との関係で特に検討を要すべき点は，経済合理性基準の具体的な内容である。とりわけ，前記2.（1）及び（2）の判示内容から，(a)経済合理性基準における独立当事者間基準の位置付け及び(b)経済合理性基準における正当な事業目的等の要否が問題となり得る。

この点，学説では，経済合理性基準の具体的な内容として，行為又は計算が経済的合理性を欠く場合とは，「〔行為又は計算が〕異常ないし変則的で租税回避以外に正当な理由ないし事業目的が存在しないと認められる場合」であるとするのが通説的見解(4)とされており，①行為又は計算の不自然性の有無及び②正当な事業目的等の有無により経済合理性基準を充足するか否かの判断がなされるべきとされている。

また，法132条1項所定の不当性要件に係る裁判例ではないが，法132条の2の

「不当に」に係る解釈を示したY事件等最高裁判決は，その判断の全体的な枠組みとして，組織再編税制に係る各規定の「濫用」の有無で判断すべきものとしながらも，「濫用」の有無の要素として，(i)行為又は計算の不自然性の有無及び(ii)合理的な事業目的等の有無を挙げており，それは，「実質において，経済合理性基準に係る…通説的見解〔筆者注：前記通説的見解の①及び②の判断要素〕の考え方を取り込んだものと評価」されている(5)。前記のとおり，本件高裁判決の上告審決定である本件最高裁決定とY事件最高裁判決は，その判断がなされた時期が極めて近接しており，かつ同一の小法廷に属する同一の裁判官により判断されたものであるところ，Y事件最高裁判決が，法132条の2の「不当に」に係る解釈に関する判断の一部ではあるものの，その過程で，(法132条1項の)経済合理性基準の前記通説的見解の考え方(前記①及び②の判断要素)を取り込んでいることからすれば，最高裁も経済合理性基準の具体的内容につき前記通説的見解と同様の理解に基づき本件最高裁決定の判断を下した，又は少なくとも当該理解と全く異なる見解を有してはいないと理解することは十分に合理的であろう。

　さらには，Y事件最高裁調査官解説において，前記(i)及び(ii)の事情は「必ず考慮すべきであるという趣旨が含意されている」，「不当性要件該当性を肯定するために必要な要素である」と評されているとおり，法132条1項の不当性要件に係る経済合理性基準の判断においても，同様に，前記①及び②の要素は必要な要素と解することが合理的である。蓋し，行為又は計算の不自然性が認められない場合(①行為又は計算の不自然性を欠く場合)や，当該行為又は計算を行う正当な事業目的等が存在すると認められるような場合(②正当な事業目的等の不存在を欠く場合)にまで不当性要件を充足するとして，納税者の行為又は計算が否認されるとすれば，納税者の予測可能性や法的安定性は失われ，ひいては課税当局の恣意に基づく否認を許すこととなるからである。

　筆者は，以上から，法132条1項の不当性要件における経済合理性基準は前記通説的見解と同様に2つの要素(①行為又は計算の不自然性の有無及び②正当な事業目的等の有無)により判断されるべきと考えるが，本件高裁判決の判示内容は，かかる解釈と齟齬を生ぜしめるものであろうか。以下では，かかる観点から，本件高裁判決における，(a)経済合理性基準における独立当事者間基準の位置付け及び(b)経済合理性基準における正当な事業目的等の要否について，検討する。なお，実務上の関心が高いと思われる(b)の論点から検討し，その後(a)の論点を検討する。

［2］ 経済合理性基準における正当な事業目的等の要否

　本件高裁判決は，前記2.（2）のとおり，前記通説的見解と同様の表現を用いた経済合理性基準の具体的内容に係る被控訴人〔納税者〕の主張のうち「租税回避以外に正当な理由ないし事業目的が存在しないと認められる」という点について，法132条1項の文理及び改正経緯に反すること，並びに執行の困難性による同項の死文化を理由として，かかる解釈を採り得ないとして，排斥している。

　本件高裁判決のかかる判示部分は，一見すると，経済合理性基準の判断において前記通説的見解の②の要素（正当な事業目的等がないこと）を要することを否定したようにも読めるが，そのような読み方は必ずしも裁判所が意図するものではないように思われる。すなわち，本件高裁判決は，納税者が主張する，「租税回避以外に正当な理由ないし事業目的が存在しないと認められること」を「専ら租税回避目的と認められることを常に要求し」と言い換えた上で，このような解釈は採り得ないと判示しているのであり，その意味するところは，被控訴人〔納税者〕の主張を，租税回避以外の事業目的等の有無で経済合理性基準の判断をすべき（すなわち，当該事業目的等の正当性の程度は考慮せず，専ら租税回避目的のみで行為又は計算が行われた場合のみ不当性要件を充足する）とする主張ととらえた上で，かかる考え方では，ごく僅かでも租税回避以外の事業目的（とってつけたような事業目的）がありさえすれば不当性要件を充足しないという極論が可能となり，法132条1項を死文化させてしまうという理由で，その主張を排斥したものであり，いわば当然の判断をしたに過ぎないと考えられる。

　この点に関して，Y事件最高裁調査官解説は，経済合理性に係る前記通説的見解の②の要素について，（A）行為・計算の異常性の程度等とは切り離して考え，租税回避以外の事業目的等が「存在するか否か」のみを基準とする見解（この見解の場合，ごく僅かでも何らかの事業目的等が存在すれば，行為計算否認規定は適用されない）と，（B）行為・計算の異常性の程度との関係や税負担の減少目的との主従関係等を考慮して，租税回避以外の事業目的等が「正当なものといえるか」という点を踏まえて判断すべきであるとする見解があるが，（A）については行為計算否認規定の死文化という理由で採り得ないとした上で，Y事件最高裁判決は（B）の考え方を採用したものであると評している(6)。本件高裁判決は，同解説と同様に，（A）の見解は採り得ないことを明らかにしたに過ぎない。本件高裁判決は，不当性要件を判断する上で「同族会社の行為又は計算の目的ないし意図も考慮される場合があることを否定する理由はない」旨述べていることからすれば，その判示内容は，（B）の見解を採用することとは何らの齟齬や矛盾を生ぜし

めないということができよう。

以上より，本件高裁判決は，前記通説的見解が不当性要件を充足するためには正当な事業目的等がないことを要すること（前記②の要素）について，否定的な判断をしているものではなく，（本件高裁判決では明示的には触れられていないものの，）前記［１］で述べたとおり，納税者の予測可能性や法的安定性の観点からすれば，前記②の要素は不当性要件（経済合理性基準）の判断において必須であると考えるのが合理的である[7]。

なお，かかる解釈（とりわけ事業目的等の「正当」性や「合理」性の有無に係る解釈）に基づく実務上の留意点（一つの指標）としては，租税負担減少目的を除いても当該行為又は計算を行うか否かという点を取引検討段階で予め慎重に検討しておくことが肝要であろう。

［３］ 経済合理性基準における独立当事者間基準の位置付け

本件高裁判決は，前記2.（１）のとおり，「経済的合理性を欠く場合には，独立かつ対等で相互に特殊関係のない当事者間で通常行われる取引（独立当事者間の通常の取引）と異なっている場合を含む」旨判示している（以下，当該判示部分を「独立当事者間基準」という）。法132条１項の不当性要件の解釈として，独立当事者間基準が含まれることを明示した裁判例は数少ない（東京地判平成９年４月25日訟月44巻11号1952頁〔平和事件第一審判決〕及び東京高判平成11年５月31日訟月51巻８号2135頁〔同事件控訴審判決〕）が，同項の趣旨が，同族会社が少数の株主又は社員によって支配されているため，当該会社の法人税の税負担を不当に減少させる行為や計算が行われやすいことに鑑み，同族会社と非同族会社の間の税負担の公平を維持するという点にあることからすれば，同族会社の特殊性に基づき独立当事者間の通常の取引とは異なる行為又は計算が行われた場合には経済合理性基準に抵触し得るとする，独立当事者間基準を採用することは合理的であると考えられる。以下では，独立当事者間基準の具体的内容（とりわけ前記通説的見解の①及び②の要素との関係）並びに同基準の適用場面及び執行上の課題について検討する。

（イ） 独立当事者間基準の具体的内容（前記通説的見解の①及び②の要素との関係）

独立当事者間基準は，独立当事者間の通常の取引と異なっているか否かを経済合理性基準の判断要素とするものであるが，前記通説的見解の①及び②の要素との関係でどのような位置付けと理解するべきであろうか。

この点，独立当事者間の通常の取引と異なっているか否かは，法132条１項の

趣旨に基づき，同族会社の特殊性等から同族会社以外の独立当事者間では行われない異常ないし変則的な行為又は計算（通常の取引とは異なる取引）を行っているか否かに着目するものであるから，前記通説的見解の①の要素（行為・計算の不自然性）に組み込まれるものと理解することが合理的であろう（Y 事件最高裁調査官解説においても，行為・計算の不自然性の例示として，「組織再編成における何らかの契約上の対価が適正価格に比して著しく低額又は高額である場合」を挙げている(8)）。かかる理解に立つ場合，独立当事者間基準に照らして，独立当事者間の通常の取引とは異なるものとされたとしても，前記通説的見解の②の要素（正当な事業目的等の有無）に基づき，かかる行為又は計算を行うことにつき正当な（合理的な）事業目的等がある場合には，経済的合理性があるものとして，不当性要件は充足されないと考えられる。

他方，本件高裁判決の「経済的合理性を欠く場合には，独立当事者間の通常の取引と異なっている場合を含む」との文言に着目し，納税者の行為又は計算が独立当事者間の通常の取引と異なっている場合には，それのみで常に経済的合理性を欠くと解する見解も考え得る。かかる見解に立つ場合には，独立当事者間基準のとらえ方についても，前段の考え方とは異なるものと解するべきである。すなわち，この場合における独立当事者間基準では，前記通説的見解の①の要素（行為・計算の不自然性）のみならず，②の要素（正当な事業目的等の有無）についても考慮の上，独立当事者間の通常の取引と異なるか否かを判断すべきである（つまり，前記通説的見解の①及び②の両要素を判断する基準として位置付けるべきである）。けだし，②の要素を無視して，経済合理性基準の判断を行う（すなわち，行為又は計算に正当な事業目的等がある場合においても経済合理性を欠き，不当性要件を充足する）とすれば，納税者における予測可能性や法的安定性は皆無となるからである。

本件高裁判決の判示内容からは，上記のいずれの立場を採用しているかは必ずしも明らかではないが，いずれにせよ，本件高裁判決の独立当事者間基準に係る判示は，経済合理性基準の判断において前記通説的見解の①及び②の両要素に基づき判断がなされるべきという点に影響を及ぼさないと考えるのが合理的である。

（ロ）　独立当事者間基準の適用場面及び執行上の課題

前記（イ）で検討したとおり，独立当事者間基準が経済合理性基準の判断枠組みの一部に含まれるとしても，いかなる場合に，どのような基準で「独立当事者間の通常の取引」と異なるか否かの判断がなされるのであろうか。

この点，かかる基準は，抽象的な基準であるが故に，一見すると，課税当局に

より広く適用される余地があるように思われる。しかしながら、独立当事者間基準を用いるためには、比較対象となる「独立当事者間の通常の取引」を特定した上で、納税者の行為又は計算がそれと異なるか否かを判定する必要があるところ、さまざまな法形式や契約形態で行われる取引等について、一般的な取引慣行や取引相場等が観念できる場合は別論、法人の諸活動の中には、事業再編ないし組織再編のように個別性が高く、一般的な取引慣行等を想定できない場合も多く含まれており、そのような場合にはそもそも「独立当事者間の通常の取引」を導き出すことが困難であることが多い。また、不当性要件に係る独立当事者間基準の適用に当たっては、移転価格税制や財産評価基本通達等を適用する場面のように統一的な処理基準が存在しないため、これらの適用場面よりも、比較の対象となる「独立当事者間の通常の取引」を明確化することが困難である。

　故に、独立当事者間基準は、契約上の対価が適正価格に比して著しく低額又は高額である場合など、対価の適正性が問題となるような場面では比較的機能し得る（ただし、この場合でも独立当事者間価格や適正な時価をどのように算出するかという点が議論になり得る）と思われるが、それ以外の場面では当該基準に基づく判断を行うことは困難を伴う（有効に機能し得る場面は相当程度限られている）ものと思われる。現に、本件高裁判決における独立当事者間基準のあてはめでは、前記2.(4)のとおり、本件各譲渡の譲渡価額の適正性のみに着目した判断がなされている。

　いずれにしても、本件高裁判決の採用した独立当事者間基準は、執行の観点からは、課税当局が容易に適用し得るものではなく、むしろ不当性要件の立証責任を負う課税当局が独立当事者間基準の適用を主張する場合は、独立当事者間基準の前提となる「独立当事者間の通常の取引」の主張及び立証に関して課税当局に相当程度の負担を課すものとなろう。

　（ハ）　独立当事者間基準以外の基準に基づく経済合理性の判断

　前記(ロ)で検討したとおり、独立当事者間基準が有効に機能し得る場面が限定されることに鑑みれば、その他のいかなる基準をもって経済合理性が判断されるべきかが、理論的にも実務的にも重要な問題となる。この点、前記［1］で検討した「経済的合理性を欠く場合には、独立当事者間の通常の取引と異なっている場合を含む」との判示に鑑みれば、本件高裁判決も独立当事者間基準以外の基準が存することは当然の前提にしていると考えられるが、その基準の具体的な中身については言及されていない。しかしながら、以下で述べるとおり、本件高裁判決又は本件最高裁決定による明確な判示（問題ないのであれば、その旨明示する

こと）が望まれた論点がいくつか存在するように思われる。

まず，Y事件等最高裁判決が法132条の2との関係において制度趣旨に反する状態を作出した（「実態とは乖離した形式を作出した」）か否かを一つの基準として行為・計算の不自然性を判断したのと同様に，法132条1項との関係においても，個別の制度趣旨に反する状態を作出したか否かにより行為・計算の不自然性を判断することが許されるのかとの問題である。この問題については，同項と法132条の2との制度趣旨や適用対象の相違等を考慮した上で慎重に検討する必要があろうが，仮にそれが許されると考えるのであれば，本件高裁判決及び本件最高裁判決は，平成13年度税制改正により自己株式の取得に伴うみなし配当と株式譲渡損益の両建てが認められた制度趣旨[9]との関係（「作出」といえるのかも含む）についてより慎重に検討すべきであった（問題ないのであれば，その旨明示すべきであった）ように思われる。

また，本件中間持株会社化を不自然であると評価し得たのかという問題もある。本件高裁判決の原審である東京地判平成26年5月9日判タ1415号186頁が「企業グループにおける組織の在り方の選択が基本的に私的自治に委ねられるべきものである」旨判示している点に鑑みれば，そのような評価は難しいとの考え方が前提とされているようにも思われるが，いずれにせよ，中間持株会社を利用することが多い実務の立場からすれば，明示的な司法判断が期待された問題であったといえよう。

4．本件高裁判決に関するその他の諸課題

本件高裁判決は，前記2.（3）の判示のとおり，本件各譲渡については，本件税額圧縮という目的の実現のために必須の行為ではないとして，本件中間持株会社化との一体性を否定した。かかる判示内容からすれば，本件高裁判決は，不当性要件に係る検討の際に複数の取引を一体とみるためには，各取引（行為）が共通の目的の実現のために必要であることが少なくともその一つの要件であると解していると考えられる。本件のような複数の取引行為等が行われた場合に，不当性要件の検討の前提として，いかなる要件の下で各取引行為の一体性が認められるのかという点は，いわゆる段階取引の法理（Step Transaction Doctrine）との関係[10]も含めて，今後の検討課題として残されている。

また，本件では国（課税当局）からの主張はなされていないが，所得税額控除制度の濫用を理由とする税額控除の否認の可否[11]や法132条の3（連結法人に係る行為計算否認規定）の適用の可否[12]についても，理論上問題となり得るところであり，今後さらに議論が必要であろう。

736 ◆ 第4章 日本における BEPS 対策の重要課題

3 近時の法132条の適用の可否に係る事件

（1） ユニバーサルミュージック事件の概要

　ユニバーサルミュージック事件は，U 合同会社（以下「本件 GK」という）（納税者）が，フランスの V 社グループ関連企業（以下「X 社」という）から借入れを行い，当該借入れに係る支払利息（以下「本件支払利息」という）の損金算入をしていたところ，課税当局が法132条 1 項の適用によりこれを否認する処分をしたため，本件 GK がその処分の取消しを争った事案である（以下「本件」という）。なお，本件は，過大支払利子税制（現行租税特別措置法66条の 5 の 2）が導入される「前」の事案である。

　本件の事実関係は以下のとおりであるが，以下で説明する事案の概要は，平成27年 2 月 2 日国税不服審判所裁決（以下「本件裁決」という）（当事者名等を含めてマスキングがなされている）の内容を，報道等[13]により得られた情報で適宜補ったものであり，実際の事実関係と異なる部分が存する可能性があることに留意されたい。

　フランスの V 社グループの傘下にある，米国の事業会社（以下「U 社」という）の100％日本子会社である U 株式会社（以下「本件 KK」という）は，我が国でレコード事業等を営んでおり，黒字を継続していたところ，V 社グループの組織再編の計画に従い，以下の取引（以下「本件再編取引」という）が行われた。

　A）　U 社は，2008年 9 月にオランダにその100％子会社である Y 社を設立し，①Y 社は同年10月に200万円を出資して日本に本件 GK を設立した。

　B）　②同年10月から12月にかけて，Y 社から本件 GK に対する約295億円の追加出資及び本件 GK による X 社からの約866億円の借入れ（以下，当該借入れを「本件借入れ」といい，本件借入れに係る債務を「本件借入債務」という）がそれぞれ行われ，③本件 GK は②により調達した資金を用いて，U 社が保有する本件 KK に係る発行済株式の全部を取得した。

　C）　④2009年 1 月に，本件 KK を消滅会社，本件 GK を存続会社とする吸収合併が行われた。

　D）　その後，⑤本件 GK は，X 社に対し，本件借入債務の一部を返済した。

　本件再編取引により，U 社の100％子会社であり，かつ黒字会社であった本件 KK は，結果的に，X 社からの多額の借入れを抱える，Y 社の100％子会社である本件 GK に組織変更された形となっている。これにより，本件 GK は多額の支払利子を我が国の課税所得の計算上損金に算入することで，本件 KK から承継し

た事業に係る課税所得を減少させる税務上の効果があったものと思われる。

本件裁決では，本件 KK による合同会社への組織変更という端的な方法があるにもかかわらず，本件再編取引は，「複雑でう遠な手続」を採るものであるから，「組織変更の方法として経済的合理性に欠ける」と指摘した上で，結論的に，本件再編取引の一環として行われた「本件借入れに合理的な理由はなく，これに伴う本件借入債務に係る本件支払利息の負担についても合理的な理由はないと認められるから，本件借入れを行い，本件支払利息を支払った行為は，専ら経済的，実質的見地において，純経済人の行為として不合理，不自然なものというべき」として，課税当局の更正処分等は適法である旨の判断を示した。本件 GK（納税者）はこれを不服として，訴訟を提起し，同事件は裁判所に係属中である。

（2） 支払利子の損金算入に対する対応

［1］ 過大支払利子に対する対応

本件では，本件 GK が支払った利子を損金に算入することにより，結果として我が国における課税負担を減少させることとなるが，過大支払利子税制（現行租税特別措置法66条の5の2）が導入される前の法制下において，課税当局が採り得る対抗措置としてはいかなるものが考えられるであろうか。

まず，X 社は本件 GK の国外関連者に該当すると思われるため，課税当局としては，移転価格税制の適用により，本件支払利息のうち，独立企業間利率を超える利率による部分の損金算入を否認することが考えられる。しかしながら，本件借入債務に係る利率が独立企業間利率に照らして適正な水準で設定されている場合には，移転価格税制によっては当該利子の損金算入を否認することはできない（本件においては，課税当局から移転価格税制に係る主張はされていない）。

次に，本件 GK に過少資本税制を適用することが考えられる。しかしながら，本件における事実関係のとおり，負債資本比率は3：1の範囲内に収まっていることから，同税制の適用により支払利子の損金算入を否認することもできなかったと考えられる（本件裁決も，同税制の適用がないことを認定している）。

このように過大支払利子税制が導入される前の法制下では，既存の租税回避行為防止制度である移転価格税制及び過少資本税制をもって本件支払利息の損金算入による課税負担の圧縮を否認することはできなかったと推察される。故に，本件で，課税当局は，法132条1項の適用により利子の損金算入の否認を試みたものと考えられよう。

［2］ 法132条の適用に係る論点

本件は，以下のとおり，法132条の適用に係る重要な論点を含んでいる。

（イ） 個別規定・制度と法132条の適用の関係

まず，第一に，個別的租税回避防止規定である過少資本税制が適用されない利子の損金算入に関して，法132条1項所定の行為計算否認規定が適用され得るかという争点である。

このような個別規定と行為計算否認規定との関係については，ヤフー事件及びIDCF事件の第一審でも争点とされており，個別規定（ヤフー事件では，特定役員引継要件を定める法人税法施行令112条7項5号の要件）を充足している以上，行為計算否認規定である法132条の2が適用される余地はない旨の主張が納税者からなされたが，法132条の2の規定の趣旨等に基づきかかる主張は排斥されており，Y事件等最高裁判決では，この争点については触れられずに（かかる場合においても法132条の2が適用され得ることを前提として）同条の「不当」性要件に係る解釈及びそれに基づく判断がなされている。

本件裁決は，過少資本税制と法132条1項との関係について，それぞれの要件の相違に着目して，「過少資本税制の適用がない場合であっても，同族会社の行為計算否認規定の要件を満たす場合には，当該規定を適用することができる」旨の判断を示している。

この点について司法判断を待つところであるが，前記Y事件等最高裁判決における裁判所のスタンスに鑑みれば，裁判所では，同争点に関して，個別規定と行為計算否認規定との関係という構図のみで判断がなされるとは考え難く，法132条1項所定の不当性要件に係る解釈論の枠組みの中で個別規定との関係が問われるように思われる。より具体的には，不当性要件を充足するか否かは，前記3.［1］のとおり，①行為又は計算の不自然性の有無及び②正当な事業目的等の有無により判断されるべきであるところ，Y事件等最高裁判決が法132条の2との関係において組織再編の税制に係る各規定の制度趣旨に反する状態を作出したか否かを一つの基準として行為・計算の不自然性を判断したのと同様に，法132条1項との関係においても，個別規定の制度趣旨に反する状態を作出したか否かにより行為・計算の不自然性を判断することが許されるのかという点が論点となり得る。

この点，法132条の2については，Y事件等最高裁判決が判示したとおり，組織再編成という一定の場面に限定して適用され，「組織再編税制に係る各規定を租税回避の手段として濫用すること」を防止することを規定の趣旨とするのに対

し，法132条1項については，同族会社と非同族会社との間の税負担の公平を維持することを趣旨としており，必ずしも特定の規定や制度の濫用を防止するという趣旨が明示されている訳ではないため，法132条の2の適用場面と同様に，行為又は計算の不自然性に係る判断を制度趣旨に反するという観点から判断すべきであるかという点は必ずしも明らかではない。

　もっとも，仮に個別規定の制度趣旨に反するか否かという観点から検討するとすれば，過少資本税制はアーニング・ストリッピングによる租税回避行為に対応するための個別的租税回避防止制度として設けられたものであるが，他方で，資金調達か事業運営一般において必要とされる行為であるという点を考慮し，その適用のために精緻かつ形式的な要件を設定することで，課税上否認がなされるか否かに関する納税者の予測可能性と法的安定性を確保している。特に，過少資本税制に関する立案担当者の解説では，同税制の創設により，我が国に子会社を設立しようとする際に拠出した貸付金に係る利子の損金算入が否認されるか否かに関して予測可能性が高まったという点が強調されており[14]，当該税制は，納税者の予測可能性や法的安定性を考慮したセーフ・ハーバー的な機能をも担うことが，立法当時から予定されていたと考えられる。このような納税者の予測可能性や法的安定性の確保を図りながら，その範囲内で租税回避行為を防止するという趣旨に鑑みれば，過少資本税制の適用要件を充足しないことが明らかである場合には，結果的に課税負担が減少しているとしても，それは法が予定しているところであり，法132条の不当性要件に係る解釈において，かかる状況のみをもって「不自然」性が基礎付けられるとは言い難い。実質的にも，過少資本税制及び移転価格税制の適用要件が充足されていないことが明らかであるとすれば，それは，利払いを行っている内国法人における適正な負債・資本比率が保たれており，かつ，国外関連者との間で独立企業原則に則った水準で借入金に係る利子の利率が設定されているということを意味するのであり，少なくとも，この行為の結果のみをもって「不自然」な行為に該当するとは言い難いように思われる。

　しかしながら，上記の個別規定の制度趣旨に反するか否かという観点からの議論とは別に，Y事件等最高裁判決が，別途，行為又は計算の不自然性に係る例示として挙げている「通常は想定されない取引の手順や方法」と同様に，（例えば，IDCF事件最高裁判決で「本来必要のない本件譲渡1を介在させることにより」と評価されたように，）納税者が選択した法形式を観察して，明らかに不要（言い換えれば，やらなくとも結論は同一である）と認められる法形式が採用されている場合は，それを「通常は想定されない」と評価し，これに基づき行為又は計

算の不自然性を認定したとしても，それは納税者の予見可能性を大きく害するものではなく，「客観的，合理的基準」[(15)]に基づくものといえよう。

(ロ)　「一連の行為」に係る目的と法132条

　第二に，前記の不当性要件に係る①及び②の双方の判断に関わるところであるが，ある行為が，一連の組織再編等を行うための行為の一部であるとして，これらの判断においても「一連の行為」全体に係る目的等を考慮すべきであるのか，如何に考慮すべきか，という点である。

　この点，本件裁決は，「本件借入れは，…本件再編取引の一環として計画されて実行されたものであるから，**本件借入れの目的を判断するに当たっては，本件再編取引全体の中における本件借入れの位置づけを明らかにした上で，本件再編取引の目的を考慮することを要する**」とし，さらに，「本件再編取引の目的を考慮するといっても，本件借入債務は飽くまでも請求人に帰属するものであるから，**本件借入れの目的を判断するに当たっては，本件借入れの主体である請求人の立場に立って，本件再編取引の目的を判断材料にすることを要するというべきであって，異なる立場から考慮することは要しない**」〔太字は筆者〕とした上で，本件再編取引の目的を考慮の上，結論として，法132条１項を適用し，課税当局による処分の適法性を認めた。

　かかる判断アプローチは，スリーエス事件判決（東京地判平成12年11月30日訟月48巻11号2785頁及び東京高判平成13年７月５日裁判所ホームページ）においても採られている。同判決では，増資払込みの経済合理性を判断する上で，その増資払込みのみに着目するのではなく，その後取得した有価証券を売却することにより，対象会社に対する貸付金に係る貸倒損失を有価証券の譲渡損に転換するという「一連の行為」の目的に着目している。IBM事件高裁判決においても，アプローチの仕方が異なるものの，不当性要件の判断の前提として，各取引（行為）が共通の目的の実現のために一体的に行われたか否かという観点から「一連の行為」を括り出すアプローチを採っている（しかし，同事件では，否認の対象となった自己株式取得行為が，「一連の行為」に含まれないとされたため，「一連の行為」の目的が問題となる行為の経済合理性にどのように影響し得るのかという点まで踏み込んだ検討はなされていない）。これらの裁判例からすれば，裁判所において，本件についても本件借入れの不当性を判断する上で同様のアプローチが採られる可能性が存するが，かかるアプローチの課題として，(a)「一連の行為」をどのような要件の下に括り出すか，(b)「一連の行為」の目的等が，否認の対象となる一部の「行為」の経済合理性に係る判断にいかなる影響を与えるか

という点が挙げられる[16]。とりわけ，かかる(a)及び(b)について緩やかに解されるとすれば，不当性要件に該当する場面は拡大し，納税者の予測可能性や法的安定性は減少することとなるため，IBM 事件高裁判決の検討部分でも述べたとおり，いわゆる段階取引の法理（Step Transaction Doctrine）との関係も含めて，慎重な検討が必要となろう。

（3） BEPS と行為計算否認規定

IBM 事件では，A 社（有限会社）は，我が国の税法上は，「不透明事業体」として W 社とは別個の法主体として取り扱われる一方で，米国税法上は，Check the box (CTB) 規則により，「透明事業体」として W 社の一部とされる「ハイブリッド事業体」であった。IBM 事件は，全体的な課税関係に係る帰結からすれば，このような「ハイブリット事業体」を用いることで，A 社（最終的には，連結納税により日本 IBM）に，BEPS Action 2（以下「行動2」という）で挙げられている，ハイブリッド・ミスマッチ・アレンジメントによる税効果の一つである Deduction/Non Inclusion outcome（D/NI 効果）を生じさせたことが問題となり得る事案であったと考えられる[17]。

すなわち，(a)米国の W 社から我が国所在の A 社に対する日本 IBM 株式の譲渡に関しては，①我が国の課税上は，いわゆる「事業譲渡類似株式譲渡」として国内源泉所得となるものの，当時の日米租税条約の規定により，日本の源泉地国課税は制限されるため，課税が生じないが，A 社は日本 IBM 株式を「時価」で受け入れることとなり，②米国税法上は，CTB 規則により，A 社は，W 社の一部とされ，株式譲渡が認識されないため，W 社に課税関係は生じない。(b)日本 IBM による自己株取得においては，①我が国の課税上は，A 社において，みなし配当は益金不算入となり，株式譲渡損（この時の原価は(a)で A 社が日本 IBM 株式を取得したときの取得価額であり，W 社が保有していた時の簿価から step up している）は損金に算入される。②米国税法上は，CTB 規則により，A 社は，W 社の一部とされ，日本 IBM から W 社に対して「利益配当」があったものとされるが，米国雇用創出法の適用により，その85％が非課税とされていた時期もあったようである。かかる課税関係の結果，我が国では，A 社（連結納税後は日本 IBM）において株式譲渡損失に係る損金算入が生じる（Deduction）一方で，米国では，W 社の所得には益金が（ほとんど）生じない（No Inclusion）という意味で，全体的な結果として，D/NI 効果が生じていると評価することも考えられる。このような効果が生じた理由は，自己株式取得により生じる

みなし配当について一定の場合に益金不算入となる一方で，譲渡損失が生じるという，我が国のみなし配当に係る税制上の問題に加えて，米国における「ハイブリッド事業体」としての取扱い及び当時の米国雇用創出法による非課税の取扱いが存したことにある。

　行動2では，D/NI効果に対して，リンキングルールで対応することが勧告されており，我が国においても，既に外国子会社配当益金不算入制度に関して個別規定（法23条の2第2項1号）が立法されているところであるが，上記のような全体的な取引の結果生じ得るD/NI効果に対して対応し得る個別規定はまだ立法に至っていない。このような取引は個別性が強く，個別規定での対応は困難な面があるため，IBM事件では，国は敗訴という結果に至ったものの，課税当局としては，今後も法132条等の行為計算否認規定の適用による対応を視野に入れて課税執行を検討する必要があろう。この点，IBM事件では，前記のとおり明示的に争われなかったが，不当性要件に係る解釈において，平成13年度税制改正により自己株式の取得に伴うみなし配当と株式譲渡損益の両建てが認められた制度趣旨との関係（「作出」といえるのかも含む）について，課税当局においてもより慎重に検討の上，主張することも考えられたように思われる。すなわち，その制度趣旨が，株主全体を見て，株主段階での株式譲渡に係る課税と法人段階での課税とが重複するのを避けることにある[18]とすれば，IBM事件では，W社において譲渡益課税がないまま，A社における取得価額がstep upしているという点を起点に，制度趣旨との不整合及びそれを踏まえた「作出」の有無という議論を展開することも考えられたのではないかと思われる。

　また，ユニバーサルミュージック事件は，BEPS Action 4（以下「行動4」という）が懸念するBEPSリスクのうち，「グループがグループ内融資を用いて，グループの実際の第三者利子費用を超える利子控除を生じさせる」ものであるか否かが問題となった事案と整理できる。我が国では，ユニバーサルミュージック事件後の2013年（平成25年）4月1日以後開始する事業年度から過大支払利子税制が導入され（租税特別措置法66条の5の2第1項），既に，行動4が勧告する「固定比率ルール」（事業体の利子及び経済的に利子に相当する支払に係る純控除をEBITDA（利払前，税引前，減価償却及びアモティゼーション前収益）の一定比率に制限するルール）類似のルールが導入されており，これによりアーニング・ストリッピングに対する対応は一定程度なされるものと考えられる。行動4では，さらに，「固定比率」を10％～30％に下げること，対象を国外関連者に限定しないことが勧告されており，より広範なルールの導入が検討されることとな

る。過大支払利子の損金算入の問題については，かかる環境下で一定程度防止されることが期待でき，今後は，ユニバーサルミュージック事件のように，同問題について法132条の適用が問題となることは減少するように思われる。

（4）　今後の展望

本稿では，特に法132条の解釈・適用に係る問題，その中でも不当性要件に係る解釈上の論点を中心に検討した。文中で指摘したとおり，未だ解決すべき課題が多々存在するところであり，特にユニバーサルミュージック事件で，裁判所において，法132条所定の不当性要件に関していかなる解釈規範が示され，いかなる判断がなされるかは注目に値するところである。加えて，今後は，法132条を初めとする行為計算否認規定や既存の否認法理で多様な租税回避行為に対応することの限界についてより深く議論がなされ（さらには，国際的潮流も踏まえて），いわゆる通則的な一般否認規定（General Anti-Avoidance Rule（GAAR））の導入に関する議論も活発化すると考えられる。かかる GAAR 導入の是非に当たっては，その適用に係る要件及び制度について，課税当局による租税回避行為対応という視点と納税者側の法的安定性や予測可能性という視点とのバランスを取りながら制度設計を行っていくことが必要であろう。

（注）
⑴　なお，本稿における意見を含む内容は全て個人的見解であり，筆者が属する組織又はグループの見解ではない。
⑵　本件高裁判決（東京地判平成26年5月9日判タ1415号186頁を引用した部分を含む）が認定した事実に基づいている。
⑶　金子宏『租税法〔第22版〕』（弘文堂，2017）498頁。
⑷　金子・前掲注⑶498頁。
⑸　Y 事件最高裁判決の最高裁調査官解説（德地淳＝林史高「判解」ジュリスト1497号（2016）80頁。以下「Y 事件最高裁調査官解説」という）85-86頁。
⑹　Y 事件最高裁調査官解説86頁。
⑺　なお，伝統的な見解の中には，「租税回避の意図」の存在は法132条1項の適用要件でないと解するものがあるが（清永敬次『ミネルヴァ・アーカイブズ　租税回避の研究』（ミネルヴァ書房，2015）393・421頁），かかる見解とこれまで論じてきた正当な事業目的等の不存在を適用要件とする考え方とは必ずしも矛盾しないと考えられる。
⑻　Y 事件最高裁調査官解説86頁。
⑼　株主全体を見て，株主段階での株式譲渡に係る課税と法人段階での課税とが重複するのを避けることが制度趣旨であるとされている（朝長英樹「検証・IBM 事件高裁判決〔第3回〕」T & Amaster596号（2015）9頁以下参照）。
⑽　岡村忠生「グレゴリー判決再考—事業目的と段階取引—」税大論叢40周年記念論文集

744 ◆ 第 4 章 日本における BEPS 対策の重要課題

(2008) 129頁以下参照。

(11) 岡村忠生「最近の重要判例— IBM 事件—」ジュリスト1483号（2015）39頁は，この点について，法132条の適用による A 社における所得税額控除の否認の余地があった旨述べている。

(12) 岡村忠生「BEPS と行為計算否認（3）」税研182号（2015）69頁参照。

(13) 2012年 7 月16日付け読売新聞朝刊39頁等。

(14) 佐藤英明「わが国の過少資本税制とその問題点」ジュリスト1075号（1995）26頁以下，佐藤英明「過少資本税制」日税研論集33号（1995）91頁，志賀櫻「過少資本税制」ジュリスト998号（1992） 6 - 7 頁。

(15) 最二小判昭和53年 4 月21日訟月24巻 8 号1694頁。

(16) 吉村政穂「資本再構成を濫用した利子控除の制限〜BEPS の動向を含めて」税務事例研究Vol.154（2016） 1 頁以下参照。

(17) 岡村忠生「BEPS と行為計算否認（1）」税研180号（2015）70頁以下，「BEPS と行為計算否認（3）」税研182号（2015）69・70頁参照。

(18) 朝長英樹「検証・IBM 事件高裁判決〔第 2 回〕」T & Amaster596号（2015） 9 頁以下参照。

第 5 章

米欧・近隣国における
BEPS 対策の動向

48 米国における BEPS 対策の動向

須藤一郎

1 BEPS に対する米国のスタンス

　米国企業を中心とした多国籍企業による過度の国際税務プランニングに対する批判の高まりを契機として，OECD 主導により具体化された BEPS プロジェクトであるが，米国における BEPS 対策の動向はさまざまである。米国では，既に BEPS 行動計画 1 ～15の最終報告書において OECD が勧告しているもののうち多くの項目について，既に一定の法令が整備されている。例えば，CFC 税制，利子控除制限，租税条約における恩典制限条項，移転価格税制における無形資産を中心とした各種規定，移転価格文書化，納税者・プロモーターによる義務的情報開示制度等は，BEPS 最終報告書における勧告と完全に一致はしていないものの，概ねその方向性を一にしている。その一方で，OECD の勧告を受け，新しく法令を整備されたもの，整備を予定しているものも少なからず見受けられる。整備されたものには，行動計画13において勧告された国別報告書の提出義務が挙げられる。また，2016年 2 月 9 日に公表された2017年の政府予算案及び財務省歳入案や，2016年 2 月17日に公表された2016年版財務省モデル租税条約では，BEPS 最終報告書で勧告されている項目が少なからず取り込まれている。その一方で，米国の CFC 税制や利子控除制限に関する規則，移転価格文書化に関する規則をはじめ，最終報告書の勧告に従った改正をする旨の公表がされていない項目も少なからずある。もとより，国際租税制度は，グローバルな経済活動から生じる所得をどの国で課税するかというルールであり，資本の提供，人的機能，資産の所在地，経済活動の場所，顧客の所在地等のいずれを重んじて所得を配分すべきという問題一つをとっても，各国の政策や考え方が強く反映されるものであり，コンセンサスを得るのは容易ではない。本稿では，2015年10月に BEPS 最終報告書が公表される前後からの米国における税制改正や米国財務省モデル租税条約の改訂に関する主な議論を概観し，若干の考察を試みる。

2 国別報告書

　財務省及び内国歳入庁は，2016年6月29日に，国別報告書に関する最終規則1.6038-4を公表した[1]。同規則において，前年の連結売上が850百万ドル以上の米国多国籍企業の最終親会社に対して[2]，2016年6月30日以後開始する事業年度を対象として[3]，国別報告書提出義務を課すこととされた[4]。一方，BEPS行動計画13における勧告は，2016年1月1日以降開始する事業年度に国別報告書の提出を義務付けており，2016年1月1日から2016年6月30日までに開始する事業年度（早期適用事業年度）において，米国多国籍企業グループの構成事業体が，諸外国において，子会社提出方式により，国別報告書を提出しなければならないことに対応するために，国別報告書の自発的提出を認める旨，同規則の前文で表明している[5]。これを受けて，様式8975（国別報告書）の自発的提出の手続に関するガイダンス（歳入手続2017-23）が公表された。このガイダンスによれば，2017年9月1日以降，最終親会社による様式8975の提出が認められている。早期適用事業年度に様式8975を添付せずに申告書を提出した最終親会社は，早期適用事業年度終了後12か月以内に様式8975を添付した申告書を再提出しなければならないとされている。様式8975は，PDF等ではなく，XLMフォーマットによる電子申告が推奨されている。なお，内国歳入法典6662条における移転価格文書に関する規定については，BEPS行動計画13におけるマスター・ファイル，ローカル・ファイルに合わせて変更するという旨の表明はされていない。

3 過少資本税制

　2016年10月13日に財務省は，内国歳入法典385条に関する財務省規則を公表した。BEPS行動計画4における利子控除制限に係る勧告については，米国では，過大支払利子税制に相当するアーニングストリッピング（内国歳入法典163条(j)）がすでに存在するが，この財務省規則は，関連者間の資金取引についての負債・資本の区分に係る規則である。本規則は，インバージョン防止規定の一環として位置付けられているが，対象となる企業は，グループ内借入に係る負債利子を支払う会社すべてを対象としている。グループ内借入について，一定の文書化がされていない場合には，税務上株式として取扱われる。これは，グループ内取引は，第三者取引と比べて契約書等が完備されていないことが多く，税務調査において，事実関係の精査が困難であるという問題に対応するためとされている。文書には，返済日，債権者としての権利，返済能力，元本や利子の支払の実績等

について記述することとされている。グループ内借入が，負債であることについての文書化が行われた場合でも，一定の配当の支払やグループ内再編における資産の譲渡対価を，関連者間の借入でファイナンスしている場合には，当該借入が株式とされる等の規定が設けられている。

4 移転価格税制

（1） 独立企業分析に関する考察

BEPS行動計画8-10における独立企業分析では，契約条件からスタートして，機能・資産・リスクについて分析をし，取引の対象となる資産・役務，経済や市場の状況及び事業戦略を比較可能性要因として考慮した分析フレームワークが示唆されている。とりわけ，機能リスク分析については，人的機能を重視したアプローチを採用しており，リスク・コントロール機能がどこにあるかを主軸として，独立企業分析を行うことを示唆している。その結果として，いわゆる経済的実体のないキャッシュ・ボックスと呼ばれるエンティティに所得を蓄積するBEPSを防止するために，リスク・コントロール機能なしで資金のみを提供している場合には，リスク・フリー・リターンを配分すべきと整理している。一方米国では，財務省規則1.482-1(d)において，比較可能分析において，機能，契約条件，リスク，経済状況，資産・役務について配慮すべきとしており，概ね同様のアプローチを採用していると考えられるが，リスク分析に関して，リスクを引き受けるには，財務的能力が必要であると整理をしているものの，最終報告書におけるリスク・コントロール（リスク管理及び財務的能力）や，キャッシュ・ボックスに対するリスク・フリー・リターンの配分に類似した整理はない。また，行動計画8-10では，費用分担契約の参加者になるためには，リスク・コントロール機能を果たしていることが条件とされているが，財務省規則では，プラットフォームの拠出が必要とされているものの，リスク・コントロール機能までは要求されていない。米国移転価格税制及び新しいOECD移転価格ガイドラインのそれぞれにおいて，どのようなリスク分析をしていくか，例えばどの程度契約条件を尊重した関連者間のリスク配分を行うか，資本を提供することの対価をどう整理するか等については，今後の実務の動向を注視する必要がある。

（2） 無形資産に係る改正

米国では，無形資産に関連する取扱いについて，BEPS最終報告書の公表に前後して，2つの財務省規則を公表している。いずれも，無形資産の移転を通じた

課税ベースの浸食を防止することを目的とした規定と考えられる。

i. 財務省暫定規則1.482-1T

2015年9月14日に，移転価格に係る財務省暫定規則1.482-1Tが公表された。同規則では，内国歳入法典367条における規定をはじめ，内国歳入法典における他の規定との適用関係について整理されている。すなわち，同規則では，関連者間取引の対価は，他の規定の適用があるか否かにかかわらず，独立企業間価格を適用すべきであり，内国歳入法典351条等の課税繰り延べの適用がある取引及びそれ以外の取引等，複数の取引において資産の移転があった場合には，複数の資産の価額は，シナジー等を勘案したそれらの合計価値を算定し，その価値をそれぞれの取引において移転する資産に配分することにより算定すべきとしている。典型的には，個別の無形資産は価値が高くない場合でも，複数の無形資産が一体となった場合には高い価値評価となる場合に，その高い評価を個別の無形資産に配分すべきことを規定している。また，無形資産を関連者に移管する取引の代替取引をしたとするならば，納税者が取引できる価格や実現できる利益を無形資産の評価として考慮すべきとされている。

ii. 財務省規則1.367(d)

無形資産の国外移転に関して，2016年12月16日に，内国歳入法典367条に関する財務省規則が公表され，外国事業に係る営業権及び継続企業価値（Foreign Goodwill or Going Concern Value，以下「FGGCV」）の国外移転に関する取扱いが明確にされた。内国歳入法典367条(a)では，同法354条，356条，361条に規定される課税の繰り延べの取扱いについて，資産が外国法人に移転する場合には，当該外国法人を「法人」として取り扱わない，すなわち，課税繰り延べの適用をせずに通常の課税取引として取り扱うと規定し，さらに，国外での事業（Active Trade or Business，以下「ATB」）で使用される資産を外国法人に移転する場合には，この取扱いの例外として，課税が繰り延べられる旨規定している[6]。また，同条(d)では，国外に移転する資産が無形資産の場合には，同条(a)の規定を適用せずに，当該無形資産の生産性，使用，処分から生じる所得に応じた金額の一部をロイヤルティとして，また，譲受法人が当該無形資産を処分した場合には，当該処分から生じる処分益の一部を，移転法人が当該譲受法人から受け取ったものとみなして課税する旨規定している。従来から，FGGCVは，同条(d)の適用がないことが規定されていたが，同条(a)の規定による譲渡益課税の対象となるかどうかについて議論があった。この財務省規則によって，FGGCVは，ATBには含まれず，同条(a)による譲渡益課税の対象となるが，同条(d)による所得

の認識方法も選択できるとされた。

5　財務省モデル租税条約の改定

　2016年２月17日に，財務省は，2006年版財務省モデル租税条約の改訂版である2016年版財務省モデル租税条約を公表した。財務省モデル条約は，米国が租税条約の交渉をする際のベースラインとなるものである。改訂された2016年版モデル租税条約では，前文において，BEPS行動計画６の勧告を反映し，租税回避の機会を誘発することなく二重課税を防止することを目的とすることを表明しており，課税標準浸食や利益移転に対する取り組みが多く含まれており，BEPS最終報告書における勧告を反映したものも少なからず見受けられる。BEPS最終報告書の勧告に関連する主な改訂内容は以下のとおりである。

（1）　第三国における恒久的施設の取扱い

　モデル租税条約１条（一般的適用範囲）８項において，一方の締約国の居住者が，第三国にある恒久的施設を通じて他方の締約国から所得を取得し，その所得が，一方の締約国又は恒久的施設の所在する第三国で，実質的に課税されてない場合に，当該恒久的施設に帰属する所得に対する租税条約の恩典が制限されることとされた。具体的には，以下の条件を満たした場合には，租税条約の恩典は与えられないとされている。

　　A)　居住地国及び恒久的施設の所在する第三国における合計の税負担率が，15％又は居住地国の税率の60％のいずれか低い方の税率より低い税率で課税されていること，又は，

　　B)　恒久的施設の所在する第三国と源泉地国の間に租税条約がなく，居住地国において申告する所得に，恩典の対象となる所得が含まれていないこと

　なお，現状において米国が締結している租税条約では，恒久的施設がその所在地国で事業を行っている場合には，恩典の制限がされないという例外規定がみられるが，この例外規定は，2016年版モデル租税条約では設けられていない。

（2）　特別租税制度の適用を受けている場合の制限

　モデル租税条約３条（一般的定義）において，利子，使用料，保証料の各所得について，その受益者が，居住地国において，特別租税制度（Special Tax Regime）の適用を受ける場合には，租税条約の恩典を制限することとされた。特別租税制度とは，財貨の販売や役務提供から生じる所得と比べて，これらの所得

が，低税率で課税されるか，課税標準に含まれない等の有利な取扱いを受けている場合，又は，事業を行っていない法人に対して適用されている場合の，特別な取扱いを言うとされている。同条の規定によれば，一般に，居住地国における税負担が，15％又は通常の法人税率の60％のいずれか低い方よりも低い負担になる場合に，特別租税制度があるとされる。この規定を適用するためには，特別租税制度があると主張する一方の締約国が，他方の締約国にその旨の通知を事前にする必要があるとされている。

（3）　恒久的施設

BEPS 行動計画 7 における恒久的施設の定義に関する勧告は，モデル租税条約 5 条 3 項の契約分割に関する取扱いを除いて，モデル租税条約には反映されていない。同項は，建設契約等を分割することにより滞在期間を12か月以内に収めることにより恒久的施設を回避することを防止する規定が盛り込まれた。また，恒久的施設の帰属所得の算定方法については，モデル租税条約の前文において，OECD 及び G20諸国と共通の理解に達することを目的として協働している旨記述されている。

（4）　形式的な外国親法人に保有される米国法人（Expatriated Entity）が支払う所得に対する恩典の制限

組織再編等によって，形式的な外国親法人に保有されるようになった米国法人[7]が支払う一定の所得については，租税条約の恩典を制限することとされた。モデル租税条約10条（配当），11条（利子），12条（使用料），21条（その他所得）の各条において，米国法人が形式的な外国親法人によって保有されるようになってから10年間は，各所得の受益者が当該米国法人の関連者である場合には，租税条約の恩典が制限されることとされた。

（5）　譲渡収益

モデル租税条約13条 8 項において，出国税に関する規定が創設された。締約国の居住者でなくなる場合には，個人は財産を時価で譲渡し再取得したものとして取り扱う選択をすることができるとされた。

（6）　恩典制限条項

モデル租税条約22条では，適格所有者の要件に係る所有者テスト及び課税浸食

テスト，権限のある当局の裁量による恩典の付与手続等に関する改訂が行われたが，これらの改訂のうち主なものは以下のとおりである。なお，BEPS 行動計画6 において提唱されている主要目的テストは採用されていない。

A）　派生的便益基準

米国が締結している現状の租税条約では，同等受益者の範囲について EU や NAFTA 等のように国を特定する方式によって規定しているが，モデル租税条約では，そのような規定はせず，定性的に同等受益者を規定している。モデル租税条約22条 4 項において規定される派生的便益基準では，所有者テスト（Ownership Test）及び課税標準浸食テスト（Base Erosion Test）を満たす限りにおいて，所得を取得する者が適格居住者であるか否かにかかわらず，租税条約の恩典が与えられることとされている。所有者テストは，7 人以下の同等受益者又は適格中間保有者（Qualified Intermediate Owner）によって95％以上保有されていることが要件とされ，課税標準浸食テストでは，非同等受益者等への支払が，所得を受け取る居住者の総所得の50％未満であることが恩典を受けるための要件とされており，その支払先は，非同等受益者の他に，統括会社である同等受益者，特別租税制度の適用を受ける関連者，利子に関する同等受益者でみなし利子控除から便益を受ける者とされた。適格中間保有者は，同条 7 項(f)において，①財務省モデル租税条約と同様の特別租税制度及びみなし利子控除に係る取扱いがある租税条約を源泉地国との間で締結している国における中間保有者，又は，②租税条約の恩典を受ける法人と同じ締約国の居住者である中間保有者とされている。さらに，米国が締結している現状の租税条約では，派生的便益基準を満たさない場合には，租税条約の恩典が与えられないこととされているが，モデル租税条約では，第三国の受益者が源泉地国との間で締結している租税条約において軽減税率が適用されている場合には，第三国の受益者に適用される税率まで軽減されることとされている。

B）　上場会社の子会社

モデル租税条約22条 2 項において，租税条約の恩典を受けることができる適格居住者の要件が列挙されているが，同項(d)において，上場会社の子会社の判定基準について，子会社が上場会社によって間接保有される場合，上述の適格中間所有者を通じて保有する場合にもこの要件を満たすこととされ，また，上述の派生的便益基準における課税標準浸食テストと同様の要件が充足される必要があることとされた。

C) 能動的事業基準

モデル租税条約22条3項における能動的事業基準について，能動的事業から生じる所得について，一方の締約国の事業「に関連して又は付随して（is derived in connection with, or is incidental to）」他方の締約国から取得される所得という表現が「から生じ又は付随して（emanates from, or is incidental to）」という表現に改められた。また，持株会社，単なる監督や管理を果たしている会社，キャッシュプーリングを含むグループファイナンスの管理会社，（金融機関以外の）投資の管理会社については，この基準を満たさないとされた。

D) 統括会社

モデル租税条約22条5項では，統括会社に係る規定が設けられているが，居住地国に（単なる管理や監督ではなく）主たる経営管理機能があり，居住地国で事業者と同様の課税を受ける等の要件を満たすこと，課税標準浸食テストを充足すること等を条件として，配当及び利子についてのみ，租税条約の恩典を得ることができるとされた。なお，利子については，10%の制限税率が上限とされた。

（7） 仲裁規定

モデル租税条約25条において，強制的仲裁規定が盛り込まれた。

（8） 情報交換

モデル租税条約26条1項では，租税条約又は国内法の執行のために適切と考えられる範囲において，情報を交換することを認めることとされた。この取扱いは，情報交換に関するBEPS行動計画の勧告と整合的な内容である。また，同条2項では，情報を受け取った一方の締約国の権限のある当局は，他方の締約国から書面による同意を得て，情報を交換することを認める既存の条約の規定に従い，他の目的のためにその情報を使用することができるとされた。

（9） 国内法改正時の取扱い

モデル租税条約28条では，租税条約が締結された後にいずれかの締約国の国内法が改正され，税率が15%又は法定税率の60%のいずれか低い方よりも低い税率になる場合，又は，居住地国において国外所得を免税にすることとなった場合には，租税条約の締約国は，租税条約の改定について協議をし，協議が合意に至らなかった場合には，配当・利子・使用料及びその他所得条項に関する租税条約の恩典を一方的に終了することができることとされた。

6 税制改正案

2016年2月9日に，政府から予算案が，財務省からは，歳入案が公表された。共和党政権のもとこれらの法案がそのまま立法される可能性は低くなっているが，いくつかの法案は，BEPS最終報告書における勧告と整合するものも含まれている。

（1） 支払利子のグループ比率による損金算入制限

現行制度では，グループ内借入に係る損金算入制限として，内国歳入法典163条(j)のアーニング・ストリッピング・ルールがあるが，このルールでは，資本負債比率が1:1.5以内であれば，損金算入制限の対象にならないというセーフ・ハーバーが設けられており，十分な損金算入制限として機能していないという批判があり，これに対応する形で，改正案では，グループ内法人の純支払利子が，連結ベースの純支払利子のうち当該法人に対応する金額を超えている場合には，当該法人の支払利子の損金算入を制限することを提案している。当該法人に対応する金額は，グループ全体のEBITDAに占める各法人のEBITDAの割合を連結ベースの純支払利子に乗じて計算される。代替的な方法として，支払利子の損金算入限度額を，内国歳入法典163条(j)に規定されている調整後所得の10%に受取利子の金額を加算した金額に制限する方法が認められる旨提言されている。損金算入制限された支払利子は，無期限に繰り越すことができ，控除限度額は3年繰り越すことができるとされており，この規定により損金算入制限を受けた場合には，内国歳入法典163条(j)の規定の適用はないとされている。

（2） 無形資産の国外への移転

現行制度では，無形資産の国外への移転は，内国歳入法典482条における移転価格税制及び同367条(d)における組織再編税制において規定されている。同482条では，無形資産の譲渡ないし使用許諾の対価は，無形資産から生じる所得に相応したものとする旨規定しており，同367条(d)は，国外への無形資産の譲渡対価は，当該無形資産の生産性，使用，処分から生じる所得に応じた金額を対価として譲渡し，当該金額は，譲受法人がこの無形資産を継続して使用する場合には，その使用から生じる収益の一部をロイヤルティとして，また，譲受法人が当該無形資産を処分した場合には，当該処分から生じる処分益の一部として，移転法人が当該譲受法人から受け取ったものとみなす旨の規定をしている。無形資産の定

義については，936条(h)(3)(B)[8]を引用している。従来から実務では，これらの規定に関して，国外に譲渡されるものが，無形資産に該当するかどうかについての議論が生じており，これに対応する形で，改正案では，無形資産の定義に，労働力，営業権，継続企業価値を含むことを提案している。さらに，改正案は，「納税者によって保有されるもので，有形資産又は金融資産以外の資産で，役務提供から生じる価値からは独立した実質的な価値があるもの」を無形資産として取り扱うことを提案している。この点について，外国の営業権又は継続企業価値に係る例外が適用されるべきかどうかについては，明確にされていない。

(3) ハイブリッド・アレンジメントに対する制限

　現行税制において，一方の国における取扱いと他方の国における取扱いが異なるハイブリッド・アレンジメントを利用した租税回避に対応するために，改正案では，関連者に対する利子・使用料等の支払について，ハイブリッド・アレンジメントになっている場合には，損金算入を制限することを提案している。ハイブリッド・アレンジメントには，ハイブリッド金融商品及びハイブリッド譲渡が含まれる。ハイブリッド金融商品とは，一方の国では株式，他方の国では債券として取り扱われるような金融商品をいい，ハイブリッド譲渡とは，一方の国では譲渡，他方の国では金融取引として取扱われるレポのような取引をいう。具体的には，関連者に対する利子・使用料等について，相手方で所得を認識していない，又は同じ支払に対して別の国で損金算入している場合には，当該利子・使用料等の支払について，損金算入を制限することを提案している。

(4) リバース・ハイブリッドを利用したサブパートF所得回避に対する制限

　現行のCFC税制では，外国子会社（CFC）が受け取る配当・利子・使用料といった受動的所得（サブパートF所得）について，一般に，米国親会社で合算しなければならないこととされているが，CFCが同じ国において事業を行っている関連者から受け取る配当・利子及び，CFCの所在国における資産の使用に関する使用料は，合算の必要がないとされている（Same country exception）[9]。改正案は，米国においては法人，外国においては組合として取り扱われるリバース・ハイブリッド事業体が，この例外規定が適用される配当・利子・使用料等を受け取った場合に，その所得が，米国ではサブパートF所得として合算されず，外国では当該事業体は組合として取り扱われるので，その事業体における課税が，いずれの国においても生じない点を指摘している。改正案は，米国の親会社が直

接保有するリバース・ハイブリッド事業体に対する支払について，その関連者が損金算入している場合には，この例外規定を適用しないこととする提案をしている。

（5） サブパートF所得の追加

A） 電子取引に係る取扱い

現行税制におけるCFC税制では，電子取引から生じる所得について，十分に対応できていないという問題意識のもと，改正案は，電子取引から生じる所得について，サブパートF所得として新しい分類をつくり，デジタル財やデジタルサービスの販売・使用許諾から生じる所得をサブパートF所得とし，関連者が保有する無形資産を使用して（コストシェアリングを含む），CFCが所得を稼得し，当該CFCが当該無形資産の開発に対して実質的な貢献をしていない場合には，サブパートF所得として合算の対象とすることを提案している。ただし，CFCの所在する国における顧客がデジタル財やデジタルサービスをその国で消費している場合には，その顧客から受け取った所得については合算の必要はないとしている。

B） 委託製造サービスに係る取扱い

現行税制におけるサブパートF所得には，CFCの所在する国以外の国で製造され，CFCの所在する国以外の国で消費される商品を，関連者から仕入れ，又は，関連者に販売する取引から生じる所得は，サブパートF所得として合算の対象とされているが，CFCが，商品を製造している場合には，合算の対象とはされず，CFCが委託製造業者を通じて，商品の製造に実質的な貢献をしている場合には，CFCが商品を製造しているとして取扱われている。改正案は，CFCが商品を製造しているか否かについて納税者が恣意的に操作できることを指摘し，関連者による委託製造をしている場合には，CFCが製造をしている場合に該当せず，合算の対象とすることを提案している。

7　共和党税制改正案

以上のとおり，米国はBEPSに関するOECDからの勧告事項に対して，さまざまな反応をしているが，周知のとおり，2016年11月の大統領選挙及び上院・下院の選挙によって共和党が政権を握ることとなり，今後の米国における国際課税に関する政策は，共和党に委ねられることになった。本稿では，紙面の都合上，共和党ないしはトランプ大統領の税制改正案の詳細に立ち入ることはできないが，

758 ◆ 第5章 米欧・近隣国における BEPS 対策の動向

当初の共和党税制改正案（Buleprint）において提唱されていた仕向地現金ベース課税制度（DBCFT）について若干の考察を行うこととする。

当初の共和党税制改正案によれば，仕向地課税とは，商品の仕向地すなわち消費地において課税する（すなわち消費地で所得が生じるとする）考え方であり，一方現金ベース課税とは，設備投資に対する一括損金算入を認め，これに対応する資金調達に係る支払利子の損金算入を制限する仕組みと説明されている。

そもそも所得と支出は，国民経済計算の三面等価の原則において示されるとおり，同じものを事業者の側と消費者の側からみているものにすぎない。法人税は事業者の所得の計算であり，消費税は消費者が負担すべき間接税と整理されているが，形式的には事業者が納税義務者とされている。課税ベースの計算メカニズムとして，法人税では，収益から費用を控除したネットの金額が課税標準となるのに対して，消費税では，課税売上を課税標準とし課税仕入れに係る税額が控除されるが，課税仕入れには，人件費や支払利子は含まれていない点，そして，法人税では設備投資に係る費用を減価償却を通じて（発生ベースで）認識するのに対して，消費税では設備投資の支出時に（現金ベースで）仕入税額控除として一括控除される点が大きく異なる[10]。

このように整理すると，当初の共和党税制改正案における現金ベース課税で，設備投資が一括損金算入されるのは，消費税における現金ベースの設備投資に係る仕入税額控除に相当し，支払利子の損金不算入は，消費税で支払利子が非課税仕入とされていることに相当すると見立てれば[11]，現金ベース課税の課税ベースが，消費税の課税ベースに構造的に類似していることがわかる。

そして，仕向地課税では，輸出売上が益金不算入とされ，輸入仕入が損金不算入とされることになるが，これらは，消費税における輸出免税及び輸入消費税に相当するものと見立てることができる。すなわち，輸入業者が支払った輸入消費税は，輸入業者の仕入税額として控除できるが，一国におけるサプライチェーン全体としてみれば，国内から仕入れた場合と同様に，消費者の消費額に消費税率を乗じた金額が課税されていることになるが，仕向地課税でも同様に，輸入された商品であっても，国内から仕入れた商品であっても，一国におけるサプライチェーン全体としてみれば，消費者の消費額に法人税率を乗じた金額が課税されることになる。一方，輸出については，仕向地で課税されるため，輸出国では法人税は，課税されない。

このように，DBCFT は，極めて欧州の VAT や我が国の消費税のような間接税に類似した税制と考えることができるが，WTO の補助金及び相殺措置に関す

る協定の３条では，補助金協定附属書において，輸出に関連させて直接税の免除・軽減等をすることを輸出補助金として禁止している。一方，間接税については，国内で課される間接税を超えて輸出に課されるべき間接税を免除・軽減することが禁止されており，その取扱いが異なる。

以上のとおり，DBCFTは，所得配分について消費地に配分するというわかりやすい規律を採用しており，行動計画８-10が提唱する人的機能を主軸に置いた所得配分について，独立企業原則により規律する方法とは，著しく異なる。また，支払利子について損金不算入となれば，行動計画４において勧告される利子損金算入制限の意義も希薄化する。このようにDBCFTは国際課税制度に対して大きな影響を及ぼす税制であり，今後の米国における議論の動向を注視する必要がある[12]。

(注)

(1) 2017年１月26日時点において，米国は，多国間自動情報交換協定（Multilateral Competent Authority Agreement on the exchange of country-by-country reports）に署名していない。

(2) 財務省規則1.6038-4 (a)及び同(h)。

(3) 財務省規則1.6038-4 (k)。

(4) 財務省規則1.6038-4 (b)(1)(ii)。国別報告書の記載内容は概ねOECD行動計画13で勧告されている国別報告書と同様のものである。構成事業体は，ネットの所得に対して法人税を支払うべき国に所在しているものとして取り扱う。例えば恒久的施設については，恒久的施設の所在国において，収益，税引前利益，支払税金等の金額がカウントされる（財務省規則1.6038-4 (b)(8)）。一定のパートナーシップのように，この意味での所在国がない事業体は，無国籍事業体（Stateless entity）として，すべての無所属事業体の合計額を別途のラインに記入するとともに，無所属事業体の所有者の持分割合に応じて，それぞれ所有者の計数に合算することとされている（財務省規則1.6038-4 (d)(3)(i)）。また，従業員数については，実務上の手数を勘案し，従業員が活動を行った場所ではなく，従業員の属する構成事業体の所在国における従業員としてカウントすることとされている（財務省規則1.6038-4 (d)(2)(viii)）。

(5) 2016年6月29日に，OECDから国別報告書の提出に係る追加ガイダンスが公表されており，2016年１月１日よりも後に開始する事業年度が，国別報告書の適用初年度とされる国に最終親会社がある場合には，最終親会社が自発的に国別報告書を提出し，情報交換協定等により国別報告書が自動交換されること等の条件を満たしていること等を条件として，各国は子会社提出方式を免除すべき旨を勧告している。自発的提出を認めることが確認された国として，米国，日本，スイスが挙げられている。

(6) 367条(a)(3)(A)。

(7) 内国歳入法典7874条(a)(2)(A)。

(8) 内国歳入法典936条(h)(3)(B)では，無形資産を以下のように定義している。
　　（ｉ）特許，発明，方式，工程，設計，様式又はノウハウ

（ⅱ）著作権及び文学，音楽又は芸術作品

（ⅲ）商標，商号，又はブランド名

（ⅳ）フランチャイズ，ライセンス又は契約

（ⅴ）手法，プログラム，システム，手順，キャンペーン，サーベイ，研究，予測，見積り，顧客リスト又は技術データ

（ⅵ）その他類似項目でその価値が無形資産に起因するもの

財務省規則1.482-4（b）にも同様の無形資産の範囲に係る規定が設けられている。

(9) 内国歳入法典954条(c)(3)。

(10) 法人税では，益金から損金を控除することにより各事業年度の所得を計算し，これに税率を乗じて税額を計算するが，消費税では，課税資産の譲渡等により税額を計算し，仕入れに係る税額を控除することにより税額を計算するというように，計算のメカニズムは異なるが，いずれも実質的には，収益に税額が付着しており，費用に控除額が付着していると見立てることができる。ただし，収益のうち非課税とされるもの，費用のうち控除できないものに係る規定は，法人税，消費税，それぞれの観点から別々に定められている。

(11) 現金ベース課税において，支払利子が損金不算入とされているのは，設備取得時の即時償却に対応した取扱いとするためのものと考えられるが，消費税法において，利子が非課税とされているのは，税の性格から課税対象とすることになじまないないし政策的な配慮から非課税とされているのであり，支払利子が控除の対象となっていない理由は必ずしも同じではない。

(12) ホワイトハウス及び共和党指導部は，2017年7月27日に今次の税制改正において仕向地課税の導入をしない方針を公表した。

49 EUにおけるBEPS対策の動向
―租税回避防止指令（ATAD）を中心として―

本田光宏

1 はじめに

2016年7月12日，欧州連合理事会（Council of the European Union，以下「理事会」）は，欧州委員会（European Commission，以下「委員会」）が同年1月に提案した「租税回避防止パッケージ（Anti-Tax-Avoidance-Package（ATAP））」[1]の中核である「租税回避防止指令（Anti-Tax Avoidance Directive（ATAD）），以下「租税回避防止指令」[2]を採択した。

EUでは，域内における多国籍企業による租税回避に対する対抗するために，OECD/G20におけるBEPSプロジェクトの議論に，時に先行しつつ，平行してEU独自のBEPSへの対抗措置の検討を進めてきており，今回採択された租税回避防止指令はその具体的な成果の1つとして位置付けられる。

租税回避防止指令は，①利子の控除制限，②出国税，③一般的租税回避防止規定，④外国子会社合算税制，⑤ハイブリッド・ミスマッチの5項目を内容としており，①利子の控除制限，④外国子会社合算税制，⑤ハイブリッド・ミスマッチは，OECD/G20のBEPS最終報告書（2015年10月）の勧告を踏まえたものであり，②出国税及び③一般的租税回避防止規定はEU独自の施策である。

また，委員会は，域内の公正な租税競争の確立を目的として，国家補助規則の執行も組み合わせて活用している。すなわち，税のルーリングに関する国家補助調査を，2015年3月の「税の透明性パッケージ（Tax Transparency Package）」[3]，同年6月の「公正かつ効率的な法人税制への行動計画（Corporate Taxation Action Plan）」[4]，そして上記の「租税回避防止パッケージ」等の一連の立法活動と並行したものと位置付ける。委員会は，既にアイルランドのApple社に対するルーリング等について国家補助規則に違反するとの最終判断を下している他，他のルーリングについても調査を進めていることを公表している。

本稿では，このようなEUにおけるBEPS対策について，租税回避防止指令を中心に概観し，我が国のBEPS報告書後の国際課税の分野へのインプリケーションを考察する。

762 ◆ 第5章 米欧・近隣国における BEPS 対策の動向

2 租税回避防止指令

（1） 経緯[5]

① 共通連結法人課税ベース（CCCTB）（2011年）[6]

　租税回避防止指令の原型は，委員会による2011年の「共通連結法人課税ベース（CCCTB）」の提案まで遡ることができる。同提案の第14章「濫用防止規定」では，一般的濫用防止規定（80条），利子控除の否認（81条），外国子会社合算税制（82-83条）を規定する。域内共通の法人課税ベース構築は，一般的濫用防止規定及び特定の態様の濫用行為を防止する規定で補完され，例えば，利子控除の否認（81条）規定では，EU 以外の一定の低課税国に所在するか又は優遇税制を受けている関連企業に対する支払利子を対象として規制する内容となっている。

　その後，2013年6月に OECD の「BEPS 行動計画」[7]が公表される中，同提案については，濫用防止規定及び国際課税に係る規定を中心に，EU における BEPS への対抗措置に検討の重点がシフトする。すなわち，上記の濫用防止規定に加え，恒久的施設（PE）（5条），スイッチ・オーバー条項（73条），第3国への資産の移転（出国税）（31条），ハイブリッド・ミスマッチ・ルール（84-85条）に関して，優先的に検討が進められている。

② 公正かつ効率的な法人税制への行動計画（2015年）

　委員会は，2015年6月17日に，EU における「公正かつ効率的な法人税制への行動計画」を公表した。同行動計画では，①共通連結法人課税ベース（CCCTB）の再出発，②利益の創造された場での課税の確保，③ビジネス環境の向上，④透明性の向上，⑤加盟国の協調の向上の5つの主要な分野で構成されている。

　同行動計画については，2011年の共通連結法人課税ベース（CCCTB）提案に代わるものと位置付けられており，域内の法人税制の検討において，BEPS プロジェクトの成果を，EU に最も適した形で取り入れることの重要性が強調されている[8]。

③ 租税回避防止パッケージ提案（2016年）

　委員会は，2016年1月28日に，EU 域内における課税の実効性の確保，透明性の向上及び公平性の確保を目的として，「租税回避防止パッケージ」提案を公表した。

　同提案では，①租税回避防止指令案，②租税条約濫用防止に係る勧告，③国別報告書（CbC レポート）の自動的交換実施指令案，④実効的な課税のための新たな EU 外部戦略に関するフレームワーク案の4つの内容で構成されている。

この中核を成す①租税回避指令案は，次の６項目で構成されている。

(a)　利子控除ルール（４条）

(b)　出国税（５条）

(c)　スイッチ・オーバー条項（６条）

(d)　一般的濫用防止規定（７条）

(e)　外国子会社合算税制（８－９条）

(f)　ハイブリッド・ミスマッチ（10条）

　同指令案については，その後，(a)利子控除の制限の2016年６月17日以前の取引への不適用，(c)スイッチ・オーバー条項の削除，(e)外国子会社合算税制の適用除外要件としての「実質的経済活動」基準の採用及びトリガー税率の変更等について，2016年６月21日に財務相間の政治的合意に至り，７月12日に理事会で正式に採択されている。

　④　国別報告書開示指令案（2016年）[9]

　委員会は，2016年４月12日，2015年の「公正かつ効率的な法人税制への行動計画」及び2016年の「租税回避防止パッケージ」における透明性の向上，国別報告書に関して，会計指令に関する改正案を公表している。

　同改正案では，連結売上高が７億５千万ユーロを超え，域内で事業を行うすべての多国籍企業に対して，納税額その他の課税に関する情報を国別に報告・開示を義務付ける内容となっており，OECD の行動13「多国籍企業情報の文書化」の内容を超える義務となっている。

（２）　指令の内容

①　特色

　租税回避防止指令は，委員会の指令案から，スイッチ・オーバー条項が削除され，５項目で構成されており，このうち，出国税及び一般的租税回避防止規定が，EU 独自の BEPS への対抗措置である。

　同指令の第３条（確保の最低限の水準）は，「本指令は，国内の法人課税ベースの確保のための高い水準でのセーフガードを目的とする国内法又は協定に基づく規定の適用を妨げるものではない。」と規定する。すなわち，加盟国は，指令の内容よりもさらに厳しい措置を採用することが可能とされている。

　同指令は，加盟各国に対して法的拘束力を有し，加盟国は，出国税規定以外の指令内容については2018年末までの立法化，2019年初頭からの適用が義務付けられ，出国税については，１年遅れて，2019年末までの立法化，2020年初頭からの

適用が義務付けられている。

② 個別の規定

（ア） 利子の控除制限（4条）

超過借入費用⑽については，納税者の EBITDA の30％が控除限度額とされる（1項）。ただし，納税者は300万ユーロまでの控除及び独立企業の場合には超過借入費用の全額の控除が認められる（3項）。さらに，納税者が会計上の連結グループの場合には，納税者の資本の資産に対する比率がグループの同比率以上の場合には超過借入費用の全額の控除，又は1項の限度額を超える借入費用の控除のいずれかが認められる（5項）。

（イ） 出国税（5条）

納税者が，次の4つの場合に該当する場合には，資産の未実現利益に課税する（1項）。

(a) 納税者が，本店から他の加盟国又は第三国に所在する恒久的施設に資産を移転し，その結果，本店の所在する加盟国が当該移転資産に対して課税権を有しないこととなる場合

(b) 納税者が，加盟国に所在する恒久的施設から資産を他の加盟国又は第三国に所在する本店に移転し，その結果，恒久的施設が所在する加盟国が当該移転資産に対して課税権を有しないこととなる場合

(c) 納税者が，税務上の居住地を他の加盟国又は第三国に移転した場合（ただし，従前の加盟国に所在する恒久的施設に帰属する資産を除く）

(d) 納税者が，加盟国に所在する恒久的施設を通じて行う事業を他の加盟国又は第三国に移転し，その結果，恒久的施設が所在する加盟国が当該移転資産に対して課税権を有しないこととなる場合

なお，一定の場合には5年間の分納により，納税の延納が認められる（2項）。

（ウ） 一般的租税回避防止規定（6条）

加盟国は，法人税額の計算に当たり，すべての関連する事実及び状況を考慮して，適用される租税法令の趣旨・目的に反して，課税上の利益を得ることを主要な目的又は目的の1つとする取極め又は一連の取極めを否認する（1項）。

ここでいう取極め又は一連の取極めは，経済実態を反映する正当な事業上の理由を有しない限りにおいて，真実でないとみなされる（2項）。

（エ） 外国子会社合算税制（7-8条）

納税者の加盟国は，その利益が課税対象となっていない又は免除されている事業体又は恒久的施設について，次の場合には外国子会社として取り扱う（1項）。

（a）　事業体の場合には，納税者及び関連企業が，直接又は間接に事業体の50％を超える議決権，資本又は持分請求権を有し，かつ，

（b）　事業体又は恒久的施設の実際の納税額が，納税者の加盟国で適用される法人税制度の下で本来課されるべき法人税額と実際の納税額との差額よりも低額であること

外国子会社として取り扱われた場合には，加盟国は，次のいずれかを合算する（2項）

（a）　利子，配当，使用料，賃貸料，保険収入，付加価値のない関連者間取引から生ずる販売・役務所得の種類から生じた留保所得（外国子会社が実質的経済活動を行っている場合を除く[11]），又は

（b）　課税上の利益を得ることを実質的な目的とする真実でない取極めから生じた留保所得

なお，加盟国は，次のいずれかに該当する場合には，外国子会社合算税制の適用除外とすることができる（4項）。

（a）　会計上の利益が75万ユーロを超えず，かつ，営業外収益が7万5千ユーロを超えない，又は

（b）　会計上の利益が，その営業費用の10％を超えないこと

（オ）　ハイブリッド・ミスマッチ（9条）

ハイブリッド・ミスマッチにより二重控除が生ずる場合には，その支払の源泉地国である加盟国のみが控除する（1項）。

また，控除及び益金不算入が生ずる場合には，支払者の国は控除を否認する（2項）。

3　国家補助調査の取組み

2016年8月30日，委員会は，アイルランドが，Apple社に対して，EU機能条約上の国家補助規制[12]に違反する移転価格事前取極め（ルーリング）によって違法に税の優遇を与えていたという最終判断を公表した。そして，アイルランドに対して，Apple社が納税すべきであった約130億ユーロ及びその利息相当額について追徴することを求めている[13]。

委員会は，Apple社の他にも，オランダのStarbucks社に対するルーリング[14]，ルクセンブルクのFiat社に対するルーリング[15]，ベルギーの超過利潤課税スキーム（excess profit tax scheme）に基づいて複数の多国籍企業に与えているルーリング[16]についても国家補助規制に違反するとの最終判断を下している他，ルク

センブルクの Amazon 社，McDonald's 社及び GDF Suez 社に対するルーリングについても，既に正式調査を進めていることを公表している[17]。

このような委員会の国家補助調査の動向に対しては，米国の連邦議会，政府，ビジネス界は早い時期から懸念を示しており，連邦議会では公聴会を開催する他，2016年２月，Lew 財務長官は，委員会の委員長宛に公開書簡を送付して，次の４点の懸念を表明している[18]。

① 委員会の国家補助調査は，国家補助規制についての新たな拡大解釈を遡及適用するものである。

② 委員会は，米国企業を過剰に標的としている。

③ 委員会のアプローチは，国際課税原則の下では加盟国には課税権が認められない所得に対して課税するものである。

④ 委員会のアプローチは，米国と EU 加盟国と間の租税条約を損なうものである。

その上で，書簡では，委員会独自の行動（unilateral actions）を取るのではなく，OECD/G20の BEPS プロジェクトを通じた国際協調を促している。

また，財務省は，2016年８月，「欧州委員会の最近の移転価格ルーリングについての国家補助調査」白書を公表して，上記の懸念に沿った見解を表している[19]。

アイランド政府も，委員会の決定に不服の見解を表明し，2016年11月９日付けで欧州司法裁判所に提訴しており[20]，委員会のルーリングに係る国家補助調査の適法性については，今後司法判断に委ねられることになる。

4 我が国への示唆

（1） 一体的な検討アプローチ

委員会の法人税制のイニシアチブは，いずれも方向性の全体像を示しながら，一体的に検討を進めるものである。そして，今回採択された租税回避防止指令においても，①利子の控除制限，②出国税，③一般的租税回避防止規定，④外国子会社合算税制，⑤ハイブリッド・ミスマッチの５項目をセットで内容とするものであり，このような一体的な検討アプローチは，我が国の国際税制改革の進め方として参考となるものと思われる。

我が国では，平成21年度改正で外国子会社配当益金不算入制度が導入された後，所得移転や課税ベース浸食等への懸念から，平成22年度改正での資産性所得の外国子会社合算税制の適用対象への追加，平成24年度改正での過大支払利子税制の創設が順次講じられてきているものの，各制度が導入された年度も異なり，制度

相互間の関連性及び有効性等は，残念ながら明確とはなっていない状況と言える。

近年の主要国の税制改革[21]を始め，BEPS プロジェクトでもディスカッション・ドラフトで全体的な方向性を示しつつ，ビジネス界も含めて広くインプットを求める方式は，税制改正の進め方としてもはや主流となっている。我が国の国際租税政策の形成方法においても参考とすべき時期が来ているのではないだろうか。

（2）　税以外の分野との関係

委員会は，法人税制の検討を一体的に進めるだけでなく，域内の公正な租税競争の確立を目的として，本来競争政策である国家補助調査も併せて活用していると位置付けている点も注目される。

国税庁が近年取り組んでいる「税務に関するコーポレートガバナンスの充実」[22]は，同様に，内外のコーポレートガバナンスの充実に向けての法整備も含めた環境整備を背景とするものである。すなわち，平成17年の会社法改正による内部統制システムの整備，平成18年の金融商品取引法の制定による財務報告に係る内部統制報告制度，さらには，平成27年のコーポレートガバナンス・コードの策定等の環境整備を背景として，税務に関するコーポレートガバナンスの充実を図るものである。特に，我が国のコーポレートガバナンス・コードの策定に当たって参考とされた OECD のコーポレートガバナンス・コードは，2015年に改訂され，過度の租税回避行為は，企業の法務・信用リスクを伴うことから，取締役会の責任として企業の租税戦略マネジメントの監督が求められる旨明記されている[23]。こうした租税回避行為に対する考え方は，我が国のコーポレートガバナンス・コードにおいても，同様に当てはまるものと考えられる。

現在の取組内容は，税務に関するコーポレートガバナンスの状況の調査時の確認や経営責任者等との意見交換等に加えて，税務に関するコーポレートガバナンスが良好と認められた場合，事前の信頼関係を構築した上で，調査間隔を延長するものとされている[24]。これにより，調査の必要度の高い法人へ調査事務量を重点的に配分することを目的としているが，コーポレートガバナンスの充実に係る環境整備等は今後も進展するものと思われ，その充実を，税制面及び執行の両面でさらに取り入れて，税務コンプライアンスの向上につなげることが今後も重要な課題と思われる[25]。

（3）　一般的租税回避否認規定（GAAR）

租税回避防止指令の5項目の中で，唯一我が国では未整備となっているのが一

般的租税回避防止規定である。

　我が国では，周知のように，昭和36年の国税通則法の制定法の検討の中で，「実質課税の原則」の立法化の提案[26]が行われたものの，各方面からの強い反対によって，結局見送られた経緯がある。

　この経緯に関して，立案担当者は，実質課税の原則の立法化において，「「抽象的，一般的に」規定することは，抽象的な表現による規定の解釈問題を生じ，そのおもむくところ，税務当局者による拡大的，恣意的解釈にゆだねることとなっては，納税者の正当な権利利益を擁護する上に大きな不安が生ずることになるのではないかという懸念を抱かせるもとになるのである。わが国のように，判例法の積重ねの上に税務行政を進めてゆくという慣行の乏しいところでは，この懸念ももっともであるといわなければならない。」と述べている[27]。

　その後の我が国の租税判例の積重ね，中でも租税回避をめぐる判例法の著しい集積とそれに伴う近年の研究成果[28]を踏まえると，当時の状況とは大きく異なってきていると言える。また，一般的租税回避防止規定を導入する諸外国においても，同様な納税者の権利への同様な懸念から，立証責任を当局に課すことやGAAR審査会の設置等のセーフガードが工夫されており[29]，当時示された懸念を払拭することも可能な環境が整ってきていると思われる。

　さらに，我が国の条約例で主要目的テスト（Principal Purpose Test）が広範に採用されている点も重要と思われる[30]。BEPS行動6の最終報告書[31]では，租税条約の濫用防止規定はミニマムスタンダードとして位置付けられるとともに，主要目的テストのモデル条文化及びコメンタリーでの明確化が行われている。すなわち，主要目的テストは，条約の特典を受けることが取引の主たる目的であるか否か（目的テスト）及び条約の特典を供与することが，規定の趣旨・目的に適合するか否か（趣旨・目的テスト）という2つのテストで構成されることが明らかにされるとともに，その適用ガイダンスが示されている。条約の濫用防止規定としての主要目的テストは，我が国のモデルとして今後も広範に規定されることが予定されているため，国際租税法の法源の整合性という観点から，国内法における一般的租税回避規定の位置付けを検討することも必要ではないかと思われる。

　今回EUで採択された租税回避防止指令に基づいて，加盟国が今後共通的な一般的租税回避否認規定の立法を有するようになることは，我が国としても看過できない動きと言えよう。

5 おわりに

EU では，OECD/G20における BEPS プロジェクトの勧告等を踏まえるとともに，EU 独自の BEPS 対抗措置として租税回避防止指令を採択した。委員会の提案からの変更点が示すように，全加盟国のコンセンサスに至る過程では相当な困難があったものと推測されるが，租税政策の協調のモデルとして位置付けられると考えられる。

EU 域内のあるべき法人税制へ向けた一体的な検討アプローチ，適正な租税競争を目的とした国家補助調査の活用等は，我が国の BEPS 報告書後の国際課税の検討の進め方としても有益な示唆を与えるものである。

今回採択された租税回避防止指令の下，加盟国が，一般的租税回避否認規定を含めて BEPS 対策として共通的な立法措置を講じることは，税制のグローバル・スタンダードを形成する動きとして，その動向は今後も視野に入れる必要があると考えられる。

（注）

(1) Anti Tax Avoidance Package, 委員会ウェブサイト（http://ec.europa.eu/taxation_customs/business/company-tax/anti-tax-avoidance-package_en）Proposal for a Council Directive Laying Down the Rules against Tax Avoidance Practices that Directly Affect the Functioning of the Internal Market, COM（2016）26final（28.1.2016）.

(2) Council Directive 2016/1164 of July 2016 laying down rules against tax avoidance practices that directly affect the functioning of the internal market, OJL 193/ 1（19 July 2016）. なお，同指令については，大野雅人「海外論文紹介 EU の一般的濫用対抗規定（GAAR）」租税研究807号（2017年 1 月）138頁以下に仮訳が掲載されており，本稿において参照している。

(3) Tax Transparency Package, 委員会ウェブサイト（http://ec.europa.eu/taxation_customs/business/company-tax/tax-transparency-package_en）.

(4) European Commission, A Fair and Efficient Corporate Tax System in the European Union, 5 Key Areas for Action. COM（2015）final, 17 June 2015.

(5) Aloys Rigaut, Anti-Tax Avoidance Directive（2016/1164）: New policy Horizons, European Taxation, 2016（Volume 56）, No.11.「経済産業省委託調査報告書，平成27年度内外一体の経済成長戦略構築にかかる国際経済調査事業（対内直接投資促進体制整備等調査（BEPS を踏まえた各国動向及び日本企業の対応に関する調査））TMI 総合法律事務所（平成28年 3 月）参照。

(6) Proposal for a Council on a Common Consolidated Corporate Tax Base（CCCTB）, COM（2011）12/14. CCCTB 提案に関しては，青山慶二「EU における共通統合法人税課税ベース指令案の予備的考察」，大野雅人「CCCTB に関する2011年 3 月欧州委員会提案の概要と展望—ALP の海に浮かぶフォーミュラの貝殻—」筑波ロー・ジャーナル11号（2012年 3 月）

を参照。

⑺ OECD（2013），Action Plan on Base Erosion and Profit Shifting, OECD Publishing, Paris.

⑻ Commission Staff Working Document, Corporate Income Taxation in the European Union Accompanying the document Communication from the Commission to the European Parliament and the Council on a Fair and Efficient Corporate Tax System in the European Union: 5 Key Areas for Action {COM（2015）302 final}.

⑼ Proposal for a Directive of the European Parliament and of the Council amending Directive 2013/34/EU as regards disclosure of income tax information by certain undertakings and branches, COM（2016）198final（http://eur-lex.europa.eu/legal-content/EN/TXT/?uri=CELEX:52016PC0198）.

⑽ 「超過借入費用」は，国内法に基づいて，納税者の控除可能な借入費用が，課税対象となる受取利息収入及び経済的に同等な収入を超過する場合における，その超える金額と定義されている。2条（2）参照。

⑾ 適用除外要件の具体的な内容は，外国子会社が従業員，備品，資産及び施設によって示される実質的経済活動を行うことが，関連する事実及び状況によって立証されることとされている。

⑿ EU 機能条約第107条
　「1．本条約に別段の定めがある場合を除き，加盟国によって供与されるあらゆる補助又は形態を問わず国庫から支給されるものであって，特定の事業者又は特定の商品の生産に便益を与えることにより競争を歪曲し又はそのおそれがある補助は，加盟国間の通商に影響を及ぼす限り，域内市場と両立しない。」
　本条項の下で，禁止される「補助」は次の4つの要件を満たすことを要するとされている。
　• 便益又は便益の観点で補助とされているものであること
　• 国家により又は国家の資金（リソース）を使って供与されるものであること
　• 特定の事業者又は特定の生産に便益を図るものであること（選別性）
　• 競争を歪めるものであり，加盟国通商に影響するものであること
　公正取引委員会競争政策センター（CPRC）「EU 国家補助規則の考え方の我が国への応用について」（CR 03-13），2013年，21-22頁参照。

⒀ European Commission-Press release State aid: Ireland gave illegal tax benefits to Apple worth up to €13.（http://europa.eu/rapid/press-release_IP-16-2923_en.htm.）

⒁ http://ec.europa.eu/competition/state_aid/cases/253201/253201_1762441_575_2.pdf.

⒂ http://ec.europa.eu/competition/state_aid/cases/253203/253203_1757564_318_2.pdf.

⒃ http://ec.europa.eu/competition/state_aid/cases/256735/256735_1748545_185_2.pdf.

⒄ 委員会ウェブサイト（http://ec.europa.eu/competition/state_aid/tax_rulings/index_en.html.）

⒅ https://www.treasury.gov/resource-center/tax-policy/treaties/Documents/Letter-State-Aid-Investigations.pdf.

⒆ U.S. Department of the Treasury, White Paper, The European Commission's Recent State Aid Investigations of Transfer Pricing Rulings, August 24, 2016.

⒇ NY Times, Dublin Appeals $14.3 Billion Tax Charge Against Apple.（http://www.nytimes.com/2016/11/10/technology/ireland-apple-tax-vestager.html?_r=1.）

21 英国における最近の国際課税制度の改正については，青山慶二「英国の法人税改正の動向（国際課税の観点から）」租税研究743号（2011年9月）173頁に詳しい。米国の国際課税制度

の検討状況については、拙稿「米国における第2のインバージョンの波」筑波ロー・ジャーナル17号（2014年11月）、同「海外論文紹介 上院財政委員会：国際課税改革作業部会：最終報告書 Senate Finance Committee: International Tax Reform Working Group: Final Report」租税研究798号（2016年4月）267頁。

⑵ 藤田利彦「税務コンプライアンスの維持・向上に向けたコーポレートガバナンスの充実について」租税研究741号（2011年7月）31頁、鈴木孝直「―税務に関するコーポレートガバナンスの充実に向けた取組について―」租税研究805号（2016年11月）36頁参照。

⑵ OECD（2015）, G20/OECD Principles of Corporate Governance, OECD Publishing, Paris.

⑵ 国税庁レポート2016, 28頁参照。

⑵ OECDにおける税務に関するコーポレートガバナンスの検討については、OECD（2008）, Study into the Role of Tax Intermediaries", OECD（2013）, Co-operative Compliance: A Framework From Enhanced Relationship to Co-operative Compliance. 本庄資編「国際課税の理論と実務 73の重要課題」（大蔵財務協会・平成23年）所収の拙稿「OECDにおける『税務仲介者』の位置付けについて」、須藤一郎「国際課税における税務仲介者の役割及びそのあり方に関する考察」、本庄資「納税者と税務当局との対決姿勢から協力関係への転換のための税務仲介者の役割」、宮崎綾望「租税行政の国際的動向：協力的コンプライアンス（Co-operative Compliance）の意義と課題」一橋法学14（2）495頁。さらに、増井教授は、租税手続法との関係についても論じている。増井良啓「租税手続法の新たな潮流」日本租税研究協会「税制抜本改革と国際課税等の潮流」第64回租税研究大会記録（2012年）。

⑵ 税制調査会「国税通則法の制定に関する答申（税制調査会第二次答申）及びその説明（昭和36年7月）4頁は以下のように述べる。

「税法においては、私法上許された形式を濫用することにより租税負担を不当に回避し又は軽減することは許されるべきではないと考えられる。このような租税回避行為を防止するためには、各税法において、できるだけ個別的に明確な規定を設けるよう努めるものとするが、諸般の事情の発達変遷を考慮するときは、このような措置だけでは不十分であると認められるので、上記の実質課税の原則の一環として、租税回避行為は課税上これを否認することができる旨の規定を国税通則法に設けるものとする。なお、立法に際しては、税法上許容されるべき行為まで否認する虞れのないよう配慮するものとし、たとえば、その行為をするについて他に経済上の理由が主な理由として合理的に認められる場合等には、税法上あえて否認しない旨を明らかにするものとする。」

⑵ 志場喜徳郎ほか『国税通則法精解』（平成28年改訂版）24-26頁参照。

⑵ OECD/G20の BEPS の議論を踏まえた研究成果として、森信茂樹「税制特集Ⅳ-BEPS と租税回避への対応」ファイナンシャル・レビュー平成28年第1号（通巻126号）財務省財務総合政策研究所。

⑵ 今村隆「租税回避の意義とG8各国の対応」前掲注⑵。

⑶ 主要目的テストを規定している我が国の条約例としては、南ア、韓国、英、仏、豪、スイス、サウジアラビア、ポルトガル、アラブ首長国連邦、カタール、ドイツ、チリがある。

⑶ OECD（2015）, Preventing the Granting of Treaty Benefits in Inappropriate Circumstances, Action 6 -2015 Final Reports, OECD/G20 Base Erosion and Profits Shifting Project, OECD Publishing, Paris, Paragraph 26.

50 韓国における BEPS Action Plan に対する国内法の改正動向

趙 珍姫

1 はじめに

2014年7月，OECD BEPS Action Plan の発表により，韓国の企画財政部は OECD 加盟国として関連国内税法の改正について綿密に検討して段階的に法整備を行うことを明らかにした。2014年12月には Action Plan 1 に対する関連税法の改正を行い，その他の BEPS Action Plan の国内法改正も推進されてきた。

企画財政部は，2015年11月，トルコ・アンタリナ G20首脳会議で承認された BEPS プロジェクトの最終報告書に関連する措置の一環として，「最低基準（Minimum Standard)」の対応方向を発表した[1]。最低基準とは，不履行時には他の国への波及効果があり，すべての国が同時に実施される課題として強い履行義務が付与されるものであり，租税条約の濫用防止，有害租税競争遮断，国別報告書の導入及び交換・紛争解決手続（相互合意）の改善等の4つが最低基準の課題として提示された[2]。

企画税財政部は最低基準に対応するため，国内法の改正が必要とされる利子費用控除限度制限制度，特定外国法人留保所得合算課税等のように国家別に利害関係が対立する部分に対する争点を整理し韓国政府の立場を考慮して段階的に韓国税法改正に反映するとしている。

2014年から2016年にかけて OECD BEPS Action Plan に関連した韓国での国内税法の改正は以下のとおりである。

2 BESP Action Plan 1：電子経済の課税上の課題への対処

国内開発者と海外開発者間の課税の公平を図るため，国内消費者が海外オープン・マーケットなどで購買するゲーム・音声・動画ファイル又はソフトウェアなど電子的役務に対して海外オープン・マーケット事業者に付加価値税を賦課する法案が新設された。改正法によると，①情報通信網などを利用して電子的役務の取引が可能になるようにオープン・マーケット又はそれと類似のものを運営し関

連サービスを提供する者，②電子的役務の取引で仲介に関する行為等をする者で購買者から取引代金を受け取り販売者に支払う者が国内に移動通信端末装置又はコンピュータなどを通じて駆動されるゲーム・音声・動画ファイルまたはソフトウェアなど電子的役務を供給する場合には，国内で当該電子的役務が供給されたものとみなしてその事業開始日から20日以内に簡便な方法で事業者登録をし，付加価値税を納付しなければならない。ただし，本改正法によって付加価値税の納税義務者になる既存の事業者に対しては付加価値税納付に関連する加算税が免除される。同規定は2015年 7 月 1 日以後，役務を提供する分から適用される[3]。

＊国内法の改正事項：

　付加価値税法第53条の 2 「電子的役務を供給する国外事業者の役務供給と事業者登録等に関する特例」（2014.12.23新設）

3　BESP Action13：多国籍企業の企業情報の文書化・国別報告

（１）　統合企業報告書（Master File）・個別企業報告書（Local File）規定の新設

　国際取引で発生する租税回避を防止するために，国外特殊関係と国際取引をする納税義務者として一定の要件を満たす者に対しては，国際取引情報統合報告書の提出義務を賦課する根拠規定を2015年12月15日新設（国租法第11条第 1 項ただし書，第11条第 2 項）し，2016年 2 月 5 日に施行令（国租法施行令第21条の 2 ）を新設した。

　企画財政部によれば，これまでの国外特殊関係者と国際取引をする納税義務者が課税当局に提出している国際取引明細書では，課税当局が納税義務者の誠実申告又は租税回避か否かを判断するには限界があった。法改正の理由は，国外特殊関係者と国際取引をする納税義務者の売上高等を考慮して，一定の基準以上の納税義務者（年間売上高が1,000億ウォンを超過し，国外特殊関係人との取引金額が年間500億ウォンを超過する法人）に対しては，当該納税義務者の経営情報及び移転価格関連取引現況等を含む国際取引情報統合報告書（統合企業報告書及び個別企業報告書）を管轄税務署長に提出する義務を賦課することで，納税義務者と国外特殊関係者との国際取引に対して課税当局がより総合的な取引情報を確保して域外脱税を防止し，税源基盤を拡大する等，現行制度の運営上現れた一部の不備点を改善及び補完しようとするものである[4]。

（2） 国別報告書規定（Country-by-Country Report）の新設

　多国籍企業の域外投資の増加と共に取引構造が複雑になり，課税当局の税源管理のための情報確保に困難が生じている。これまでの制度下で収集する申告書は多国籍企業と国外特殊関係者に対する情報が限定的であることが多い。したがって，多国籍企業の国別活動の内訳，事業遂行の範囲等に対する包括的情報の不在により個々の課税当局が税源を管理するには限界がある。国別報告書はこのような議論の背景を下に多国籍企業が国別遂行事業の内容を公開することによって多国籍企業に対する国際的共同対応を強化することを目的としている。

　韓国では国別報告書の規定が2016年12月20日に新設された。今後，国別報告書提出履行に対する相互評価期間及び基準等に対してより具体的な議論が予定されている。

　統合企業報告書，個別企業報告書及び国別報告書の提出義務に対して国内法が整備されることにより多国籍企業の国際的所得の分配，経済活動及び納税現況等を国家間で共有することで租税回避目的の所得移転及び取引発生の把握が容易になることを期待している[5]。

　＊国内法の改正事項：

　　国際租税調整に関する法律第11条「国際取引に対する資料提出義務」（2016.12.20.改正）

　　国際租税調整に関する法律施行令第21条の2「国際取引情報の統合報告書の提出」（2016.12.20改正）

4　BESP Action Plan 14：相互協議の効果的実施

　BEPS行動計画による相互合意手続（MAP, Mutual Agreement Procedure）の効率性改善のための租税条約の改正，国内制度及び実務改善事項を履行するために必要な法改正が行われた。

　相互合意手続による効果的紛争解決を図るために相互合意手続開始申請人の範囲を拡大した。このことにより相互合意手続開始申請の範囲から除外された国内事業場を置いていない非居住者又は外国法人の場合にも，今後は相互合意手続開始を申請することができるようになる。また，相互合意手続の終了日を具体化した。

　現行制度では締約相手国と相互合意手続が開始された場合には，相互合意手続の終了日の翌日から1年以内に国税を賦課するように除斥期間の特例を定めているが，相互合意手続申請を撤回した場合には，相互合意手続の終了日が明らかで

ないとの問題があった。法改正により，相互合意手続終了日の範囲に申請人が相互合意手順申請を撤回した場合，その撤回した日を追加して，国税賦課除斥期間の特例が適用されるようになる[6]。

　＊国内法の改正事項：

　　国際租税調整に関する法律第22条「相互合意手続の開始条件」（2016.12.20改正）

　　国際租税調整に関する法律施行令第39条「相互合意手続開始申請等」（2016.12.20改正）

　　国際租税調整に関する法律第23条「相互合意手続の開始日と終了日」（2016.12.20改正）

5　BEPS Action Plan 6：租税条約の濫用防止

　韓国では，「国外転出税（exit tax）」が新設された。新設の理由は，BEPS対応方案の１つとして提示されたことと域外脱税防止としている。韓国の場合，過去７-８年前から域外脱税の根絶のため，海外金融口座申告制度の導入，域外所得・財産自己申告制度導入，域外脱税租税回避行為の場合の賦課除斥期間の延長及び居住者要件拡大，租税避難處の国々との情報交換協定の締結，域外脱税情報担当官職の新設等税制及び税政次元において持続的に努力をしてきた。このような課税当局の一連の政策の流れからすれば今回の国外転出税導入も非居住者転換を通じた租税回避発生の防止を目的としたものである[7]。

　国外転出税とは，株式を実際に処分又は譲渡しなくても国外に転出する時点で株式を譲渡したものとみなして転出時点の株式時価を譲渡価額とし，過去の株式取得価額を控除することで譲渡差益を算定しその差益に譲渡所得税率を適用して算定した譲渡所得税を国外転出者に課税するというものである。

　企画財政部の所得税法改正案によれば，国外転出日前10年中５年以上国内に住所があり，株式譲渡差益課税対象である所得税法上の大株主要件を充足する居住者が移民等により国外転出する場合，国外転出日に国内株式を譲渡したものとみなし20％の税率で譲渡所得税を課税するとしている。

　また，国外転出時の株式譲渡所得税の課税特例の新設に基づいて納税義務者に該当する大株主の範囲を上場株式は，株式譲渡差益課税対象者である大株主，非上場株式は20％の譲渡所得税率が適用される大株主として，課税標準の計算時譲渡価額は，上場株式の場合，国外転出日前の１か月間終値の平均価額，非上場株式は，国外転出日３か月以内の売買事例価額又は基準時価（ここでいう基準時価とは，純損益価値と純資産価値を３：２で加重平均して計算したものである）を

順次的に適用して計算するようにし，納付猶予を受けようとする場合，「国税基本法」による納税担保を提供し，納税管理人を指定するようにし，納付猶予時年1.8％の利子相当額を加算する等，制度の運営に必要な詳細事項を規定している[8]。

＊国内法の改正事項：

所得税法　第118条の9「居住者の出国時納税義務」規定から第118条の18「準用規定等」規定まで（2016.12.20新設）

所得税法施行令第178条の7「大株主の範囲」規定から178条の11「納付猶予」規定まで（2016.12.20新設）

6　その他，韓国でのBEPS関連の国内法改正のための現状

企画財政部は，韓国は2016年6月30日京都で開催されたOECDのBEPS包摂的枠組みの発足会議において国別報告書自動交換のための多者間協定（Multilateral Competent Authority Agreement:MCAA）に署名をしたと発表した。この協定は，国別報告書の国家間の交換に関する課税当局間の協定で，同協定に基づいて加盟国と国別報告書を毎年交換することになる。また，2018年からは，多国間協定を通じて他の国と国別報告書を交換する予定である。

政府は，多国間協定の署名を通じてOECD加盟国としてBEPS Action Planの移行に積極的に参加すると共に，多国籍企業の租税回避を減少させるための国際的協力を強化していく計画である[9]。

その他，企画財政部による国内法改正のための主な検討事項は以下である[10]。

（1）　ハイブリット・ミスマッチ・アレンジメントの効果の無効化

関連の国内税法と租税条約の改正推進のための研究を実施する一方，専門家会議などを通じて意見を取り入れて改正案を検討している。

（2）　特定外国法人留保所得合算課税制度の強化

韓国は1995年からCFC制度を国際租税調整に関する法律に導入しており，既にBEPS勧告の相当の部分が反映されている。しかし，CFCの範囲，CFC所得分類及び計算等，一部の勧告と異なる部分に対しては，導入時の経済的影響等を綿密に検討して改正の決定をする。

（3） 利息控除制限

　韓国の現行利子控除制限税制は過少資本税制（国際取引調整に関する法律第14条から第16条）に規定されているが，固定比率法はまだ導入がされていない制度であるため，諸外国の事例及び立法動向を注視し対応していく。

（4） 有害租税競争制限についての対応

　韓国の外国人投資支援制度に対する有害性の検討と新規有害減免制度の導入規制及び外国資本と無形資産を誘致するための租税優遇措置の設計時に有害租税競争制限に抵触する可能性を綿密に検討する必要がある。

（5） PE認定の人為的回避防止

　PEに関連するBEPS勧告事項は韓国が締結している大部分の租税条約の内容に含まれていない新規基準に該当するため，韓国は租税条約に反映することの可能性を検討し，必要な場合は現行租税条約及び関連国内法の改正を推進する。

（6） 無形資産取引に係る移転価格ルール

　韓国は無形資産に対する利益分割方法の適用等に対し，諸外国の立法事例の調査及び検討を通じて導入時期を決定するとしている。

7　これまでの韓国の国際租税回避防止のための法整備について[11]

（1） 一般的租税回避防止規定の導入

　韓国では1967年以来，実質課税の概念を採択・立法し，国税基本法に実質課税制度を規定している。この規定は，「租税法の目的は所得のあるところに公平，公正な税負担を通じて国庫目的のために一定の税収入を獲得することと，そのために租税回避行為の禁止及び特定の者の負担税額を免除することを防止することにある。もし，租税法の解釈，適用において単純に法形式や外観のみを基準として課税するとすれば公平の尺度になる担税力がない者に課税することにもなり租税負担公平の原則が阻害される。したがって，個々人の担税力を正確に把握，測定するために実質課税原則が必要である」ということを立法理論の根拠としている[12]。この根拠に基づいて租税法を解釈，適用するに当たって法形式と経済実質が異なる場合には経済的実質に従ってその帰属を定め課税標準を算定するとした実質課税規定が運用されてきた。

実質課税原則は国税基本法第14条（実質課税）において明示的に規定している。第1項は，「課税の対象となる所得・収入・財産・行為又は取引の帰属が名義のみで，事実上帰属される者が他にいる場合は，事実上帰属される者を納税義務者として税法を適用する」と規定し，第2項は「税法の課税標準の計算に関する規定は所得・収入・財産・行為または取引の名称あるいは形式にかかわらずその実質内容に従って適用する」と規定している。

これまでにも国税基本法第14条の規定については，いくつかの解釈が存在するが，第1項においては所得及び収益等の実質に関して規定していることから実質帰属者課税の規定として，第2項については実質課税標準計算の規定として理解することが妥当であるとされる。しかし他方，これは「租税回避行為の否認」に関する内容を規定したものではないという見解がある。第1項と第2項は，取引形式を選択した行為及び所得の帰属を単なる名義や形式ではなく法的実質で判断するとしたもの，つまり通常取引形式と異なる取引形式を選択した行為を通常に引き直して課税を行うものであり，具体的な租税回避行為に対する言及がされていない。したがって，この規定ではさまざまな租税回避行為を防止するに当たっては限界があることも事実であった。

韓国では2000年代に入り国内で多発した租税回避行為に対応するために一般的租税回避防止規定の導入が必要であるとする議論が持ち上がり，2007年12月31日に国税基本法第14条の第3項を新設するに至った。この第3項は「第三者を通した間接的な方法又は2以上の行為あるいは取引を経る方法で，この法律又は税法の恩恵を不当に受けるためのものと認められる場合には，その経済的実質内容に従って，当事者が直接取引を行ったものとみなすかあるいは連続した一つの行為あるいは取引をしたものとみなして，この法律又は税法を適用する」と規定しており，一般租税回避防止規定（GAAR）と評価される。

また，国際租税調整に関する法律では実質課税規定を，2006年5月24日に第2条の2（国際取引に関する実質課税）に規定した。

（2）　本店所在地主義と管理支配地主義の併用

韓国は2005年12月31日法人税法改正により内国法人と外国法人の判断基準が改正された。法人税法第1条第1号は2005年の改正前には本店所在地主義を採用したが，2006年1月1日から本店所在地主義と管理支配地主義（実質的管理の場所）を併用することになった。

法改正趣旨は，国会財政経済委員会の「法人税法の一部改正法律案（政府提

出）検討報告2005.11」によると，法人税法第１条第１号の改正理由について「企業の居住地（本店又は主たる事務所）を中心に，内・外国法人を区別する関係ではタックス・ヘイブン等に名目会社（Paper Company）を置いて，実質的に国内で主な業務を遂行する外国法人等について租税回避のおそれがある。また，法人の居住地を決定する基準として管理場所を適用する外国の立法例と租税条約締結時，同管理基準を採用する国際慣行に矛盾する問題点があることを勘案すると，上記の法律案が妥当である」としている[13]。また，企画財政部の「改正税法解説2006」によれば，「法人税法」第１条第１号の改正理由について「韓国が締結した大部分の租税条約で居住者の最終判定基準として事業の実質的管理場所が含まれているので，現行国内税法の内国法人判定基準に実質的管理場所の基準を含めることで租税条約との均衡を維持する」とし，租税回避を防止し，課税権を確保するために「実質的管理場所」の概念を導入したことを明らかにしている[14]。

　法人税法では，法人を内国法人と外国法人に分類しており，国内に本店又は主たる事務所又は事業の実質的管理場所を置いた法人を内国法人といい，外国に本店又は主たる事務所を置いた団体（国内に事業の実質的管理場所が所在しない場合に限る）で，次のいずれかに該当する団体を外国法人という（法人税法第１条１号，３号，法人税法施行令第１条第２項）と規定している。

　この法人税法第１条の改正により，関連規定も改正され，法人税法第９条（納税地）第１項で「内国法人の法人税納税地は，その法人の登記簿による本店又は主たる事務所の所在地（園内に本店又は主たる事務所を有しない場合には，事業を実質的に管理する場所の所在地）とする」と改正しており，法人税法第109条（法人の設立または設置申告）第１項では「内国法人は，その設立登記日（事業の実質的管理場所を置く場合には，その実質的管理の場所を置くようになった日）から２か月以内に次の各号の事項を記載した法人設立申告書に，大統領令で定める株主等の明細書と事業者登録書類等を添付して納税地管轄税務署長に申告しなければならない。この場合，第111条の規定による事業者登録をした時は，法人設立申告をしたものとみなす。1.法人の名称と代表者の氏名，2.本店又は主たる事務所あるいは事業の実質的管理場所の所在地，3.事業の目的，4.設立日」と改正している。

　また，2006年に改正された国際租税調整に関する法律第18条（適用範囲）第２項では「課税当局は，外国法人の事業の実質的管理場所が第17条第１項の国又は地域にある場合には，事業の実質的管理場所を第17条第１項の本店又は主たる事務所とみなし，第17条を適用することができる[15]。」と規定しており，特定外国

法人の留保所得に対して合算課税できるとした。

この他にも関連条文において「実質的管理の場所」について追加している。特に，2012年7月27日，法人税法施行基準の一括的修正時，法人税法執行基準1-0-1［内国法人と外国法人の区分］に「実質的管理場所」の用語を追加し，「事業の実質的な管理の場所とは法人が事業を遂行する上で重要な管理または商業的意思決定が実質的に行われる場所を意味する」とした。

（3）　外国団体の分類基準採択による国内法の改正

2013年改正前の法人税法は外国法人を「外国に本店又は主たる事務所を置いた法人（国内に事業の実質的な管理場所が所在していない場合のみ該当する）」と規定しており，「法人」の具体的な意味や判断基準については定めていなかった。

ローンスターファンド判決において大法院が「権利義務の主体に該当するか否か」を，外国団体の分類基準として採用した後，韓国は2013年に，法人税法および法人税法施行令を改正し，初めて外国団体分類基準を明文化した。

2013年の改正法人税法第1条第3号は外国法人の定義規定において外国法人の分類基準を大統領令に委任した。これを受け改正法人税法施行令第1条第2項は，外国団体が次のいずれかに該当する場合，外国法人とみなすと規定した[16]。この施行令第1条第2項で外国団体の分類基準を明確にしたことは，海外投資家の予測可能性と法的安定性の向上に目的があった。

この規定は，「権利義務の主体に該当するか否か」を基準として外国法人の認定範囲を広範囲にして複数の分類基準を列挙している。つまり，外国団体の分類において，私法上の性質による区別方法を採用しており，私法上の性質の観点から外国法人とみなすことができるいくつかの分類基準を列挙したものである。

したがって，上記の分類基準のいずれかを充足する場合には外国法人に該当することになるので，外国団体が外国法人に該当する可能性も高くなる。また，この施行令第1条第3項では，外国団体の分類は，国税庁長により外国法人の類型別目録を告示するように定めているがこれに関する告示はまだ発表されていない。

8　おわりに

国際的に変化している租税環境の下で，租税回避行為に対応し韓国の政府当局も課税権の確保のために努力をしており，これまでに一般的租税回避防止規定及び法人税法に実質的管理支配地主義等を導入してきた。また，国際的共助に応じ

るとして OECD BEPS プロジェクトに積極的に参加しており，関連国内税法及び租税条約の改正が行われている。

これまでの法改正により国家間の情報交換が以前より活性化されること，移転価格税制の文書化が統一化され，関連する国に提供されること等は画期的なことである。

しかしながら，現行の一般的租税回避防止規定である国税基本法第14条第3項では実質課税原則の適用要件として「不当」の概念と「経済的実質」の概念という不確定概念が使用されており，この曖昧かつ包括的な規定のため納税者の法的安全性と予測可能性を損なうおそれがある。つまり「この法律又は税法の恵恵を不当に受けるためのものと認められる場合」とは何を意味するかが問題である。一般的租税回避防止規定を租税法律主義の枠内にとどめるためには，可能な範囲内で具体的基準を規定すべきである。そのためには，最低限「不当」の意味を明確にすること，また立証責任の所在と方法を示すこと，そして「租税を減少させたこと」の例示等を明確に示す必要がある。

また，実質的管理支配地主義等を導入したものの，「実質的管理場所」の判定基準が具体的に確立されておらず，実質的管理場所を明確に解釈して判断するには困難がある。「実質的管理場所」については，法人税法施行令及び施行規則等で実質的管理場所の意義と判定基準について具体的に規定することにより納税者の予測可能性を高めることが必要である。現行の両規定は明確ではない包括的な規定により課税するということで，租税法律主義が指向する納税者の法的安定性と予測可能性を阻害するため，当初の導入の趣旨に沿った定義及び適用要件，判断基準等を明確にするための立法上の補完が必要である。

さらに，BEPS Action Plan に関しても，今後，随時な情報交換がどの程度まで行われるか，また統一された移転価格報告書に対して立場が異なる国家間の調整は可能なのかという問題は依然として残される。

BEPS Action Plan の実現は各国が利害関係を超えてどこまで国内法及び租税条約の立法と解釈を通じて協調関係を確立するかにかかっているといえる。

（注）
(1) SAMIL, i.com 2015.11.19報道資料：「企画財政部：BEPS プロジェクト措置別対応方向（1）最小基準の履行課題」参照。
(2) SAMIL, i.com 2015.11.19報道資料・前掲注(1)参照。
(3) 企画財政部「付加価値税法一部改正法律案：政府提出案（11790）検討報告」，2014年11月参照。

782 ◆ 第5章 米欧・近隣国における BEPS 対策の動向

(4) 企画財政部「国際租税調整に関する法律一部改正法律案（代案）17995」，2015年12月参照。

(5) 企画財政部「国際租税調整に関する法律一部改正法律案（政府：2112）検討報告」，2016年11月参照。企画財政部「国際租税調整に関する法律一部改正法律案審査報告書」，2016年12月参照。

(6) 企画財政部・前掲注(5)参照。

(7) イ　キョングン「国外転出税導入に関する小考」，租税日報　2016年8月16日参照。

(8) 企画財政部「所得税法一部改正法律案」，2016年12月参照。

(9) SAMIL, i.com 2016.7.1報道資料：「企画財政部：国別報告書交換のための多者間協定署名」参照。

(10) SAMIL, i.com 2015.11.23報道資料：「企画財政部：BEPS プロジェックト措置別対応方向（2）─企業課税の一貫性の確保」参照。

(11) 7においては，趙珍姫「韓国における一般的租税回避防止規定（GAAR）に関する検討」（千葉商大論叢54巻第1号，2016）及び趙珍姫「韓国の法人税法における実質的管理場所の判断基準に関する検討」（千葉商大論叢第54巻第2号，2017）から一部抜粋引用。

(12) 超珍姫『投資ファンドによる国際的租税回避とその防止策に関する研究─韓国における外国ファンドによる租税回避とその防止策を中心として』(㈱三協綜合出版部，2010)，231-232頁。

(13) 大韓民国国会：http://www.assembly.go.kr/

(14) 例外として OECD モデル条約 Commentary on article 4, para 3.28. において日本と韓国は「実質的管理場所」の用語の代わりに「Head or Main Office」を使用するという留保（reservations）の立場を明らかにしている。

　　したがって日韓租税条約第4条では実質的管理場所概念を適用していない。

　　日韓租税条約第4条（居住者）3項：1の規定により双方の締約国の居住者に該当する者で個人以外のものは，その者の本店又は主たる事務所が所在する締約国の居住者とみなす。

　　イジェホ「法人税法上の実質的管理場所の基本概念および判断要素」（租税学術論文集，第31集第1号，2015），288頁参照。

(15) 国際租税調整に関する法律第17条（特定外国法人の留保所得のみなし配当）第1項：法人の負担税額が実際発生所得の100分の15以下である国又は地域に本店又は主たる事務所を置く外国法人

(16) 法人税法第1条（定義）3号：3.「外国法人」とは，外国に本店または主たる事務所を置いた団体（国内に事業の実質的な管理場所が所在していない場合のみに該当する）として，大統領令が定める基準に該当する法人をいう。

　　法人税法施行令第1条（定義）第2項：「法人税法」第1条第3号の「大統領令で定める基準に該当する法人」とは，次の各号のいずれかに該当する団体をいう（新設2013.2.15）。

1. 設立された国の法律に基づいて法人格が付与された団体

2. 構成員が有限責任社員のみで構成された団体

3. 構成員と独立して資産を所有する又は訴訟の当事者になる等，直接の権利・義務の主体になる団体

4. その他当該外国団体と同種又は類似の国内団体が「商法」等の国内の法律に基づく法人である場合のその外国団体

第3項：国税庁長は，第2項各号による外国法人の類型別目録を告示することができる。

第4項：第2項各号の規定による外国法人基準の適用は租税条約の適用対象の判定に影響を及ぼさない。

[参考資料]

呉允『国際租税法論』（韓国学術情報㈱，2011）

律村租税判例研究会『租税判例研究Ⅲ』（セキョンサ，2013）

キムキソク共著『国際租税の核心理解』（サンイルインフォマイン，2014）

キムジュンソク共著『国際租税実務』（サンイルインフォマイン，2014）

キムイングン『国際租税の理論と実務』（カンギョイテックス，2014）

イキョングン共著『国際租税の理解と実務』（ヨンワ租税通覧，2014）

李昌熙『税法講義』（博英社，2015）

任勝淳『租税法』（博英社，2015）

宋雙鐘『租税法学総論』（租税文化社，2015）

李俊奉『租税法総論』（サムイルインポマイン，2016）

ソスンム・ユンジヒョン『租税訴訟』（㈱ヨンワ通覧，2016）

安慶峰「形式と実質」，省谷論叢，2004

安慶峰・尹智炫「実質課税原則の租税条約への適用」，租税法研究13-1，2007

パクフン「韓国税法上の内国法人と外国法人の区分基準―韓，日，中の私法および税法上比較を中心として」，租税法研究14-1，2008

金在吉「税法上租税法律主義原則と実質課税原則の意義とその両者関係」，国税月報，2010

イジェホ「法人税法上外国の団体の法人の判断方法について考察」，租税法研究18-3，2012

チョンスンヨン「実質課税の原則と「実質」判断についての考察」，租税法研究19-1，2013

パクミン・安慶峰「法人税法上の実質的管理場所の判断基準」，租税学術論文集，第29集第1号，2013

イジェホ「法人税法上の実質的管理場所の基本概念および判断要素」，租税学術論文集，第31集第1号，2015

チェソンジェ「韓国のGRRAおよび租税回避行為の規制に対する最近判例の動向研究」，ソウル大学校大学院修士論文，2016

企画財政部「付加価値税法一部改正法律案：政府提出案（11790）検討報告」，2014年11月

企画財政部「国際租税調整に関する法律一部改正法律案（代案）17995」，2015年12月

企画財政部「国際租税調整に関する法律一部改正法律案（政府：2112）検討報告」，2016年11月

企画財政部「国際租税調整に関する法律一部改正法律案審査報告書」，2016年12月

企画財政部「所得税法一部改正法律案」，2016年12月

企画財政部「所得税法施行令一部改正令案」，2017年1月

企画財政部「国際租税調整に関する法律施行令一部改正令案」，2017年1月

SAMIL, i.com 報道資料（SAMIL インフォマイン㈱）www.samili.com

租税日報　http://www.joseilho.com/

大韓民国国会：http://www.assembly.go.kr/

韓国企画財政部：http://www.mosf.go.kr/

韓国法制處：htto://www.moleg.go.kr/

韓国国税庁：http://www.nts.go.kr/

韓国大法院：http://www.scourt.go.kr/

国税法令情報システム：http://taxinfo.nts.go.kr/

51 シンガポール・マレーシアにおける BEPS 対策の動向

市野初芳

1 はじめに

　シンガポール及びマレーシアは，OECD の包摂的枠組みに参加表明し，BEPS プロジェクトの4つのミニマムスタンダードの実施を確約した。現在，両国は，国内法の改正や移転価格ガイドライン等の改訂をすすめている。

　本稿では，紙幅の関係から制度の内容等まで詳細に解説することはできないため，BEPS 行動計画13移転価格文書化・国別報告書の導入経緯に焦点をあて，移転価格税制の整備状況とともに概観し，両国の BEPS プロジェクトに対するスタンスの違いについて若干の見解を述べることとする。

2 シンガポールにおける BEPS 対策の動向

(1) シンガポールの基本政策

　シンガポールは，1965年にマレーシアから分離独立したが，国土が東京23区と同程度で，天然資源はなく，国内市場も小さくかつ未発達な小国であった。その後，経済成長を達成し，現在では国際金融及び国際流通のハブとしての地位を確立した。2011年には，1人当たり GDP が50,000米ドルを超える成長を遂げたのである[1]。

　国土が狭く資源に乏しいシンガポールが長年にわたり経済成長を達成してきた要因の1つは，海外から継続的な投資を受け入れてきたことである。その投資奨励策の1つが投資環境の整備である。それは，主に①建国以来，一貫して人民行動党が政権与党であり，一党独裁体制の下での政治的安定の維持，②国家主導による経済開発政策の積極的な推進，③港湾や空港の整備，電力の供給及び工業団地等の産業インフラの整備，④外国資本に対する効率的で質の高い行政サービスの提供とその環境整備である。その結果，シンガポールは，世界一投資環境が整備されている国として評価された[2]。

　この背景には，人民行動党を率いてきたリー・クアンユー元首相のプラグマティックな思想があると思われる。これは，特定の政治思想や政策に固執しない

で，シンガポールの発展，経済成長という目標に適合する限りどのような思想や政策であれ採用することを躊躇しない。他方，ある政策がその目標実現に不適切なことが判明した場合は，その放棄を躊躇しないという考え方である[3]。よって，シンガポールは，自国の成長にとって必要だと思われる対外環境の変化や国際社会のニーズに対し国内調整を速やかに行う柔軟な姿勢をとってきた[4]。

（2）　外国からの投資誘致を主眼とした税制

　投資奨励策の2つ目として租税政策[5]が挙げられる。シンガポールの法人所得税制は，賦課課税方式を採用し法人税率は17%である。しかし，法人所得の算定プロセスに部分免税制度が導入されているため，実効税率はさらに低くなる。また，日本の法人住民税や法人事業税に相当する地方税はないため，法人の税負担額は日本のそれと比較するときわめて低くなっている[6]。税制の主な特徴は，①内国法人の決定基準として管理支配地主義を採用，②課税対象は企業の国内源泉所得及び国外源泉所得のうちシンガポールで受け取る所得，③法人のキャピタル・ゲインは非課税，④配当金を免税とする1段階課税方式を採用，⑤移転価格税制は導入済であるが，CFC税制，過少資本税制は導入されていない，⑥経済拡大奨励法で規定されている多様な租税優遇措置，とりわけ地域統括会社の誘致を重要政策の1つとしている。

　このような税制は，BEPSプロジェクトのターゲットになると思われる項目が多く，シンガポールがどのように対応するか注目されていた[7]。

（3）　BEPSへの対応

①　BEPSに対する基本認識

　シンガポールは，利益を生み出す実質的な経済活動が自国で行われ価値が創造された場所であるにもかかわらず課税できないというBEPS問題に直面していた[8]。同国では，BEPSを阻止し自国の課税ベースを守るためにも，また外国の税務当局と公正な課税ベースの配分を行うためにも，移転価格税制の整備・強化が有効な対策であると考えられていた。

　シンガポール内国歳入庁（Inland Revenue Authority of Singapore；以下，IRASという。）の税務行政に対する基本的な考え方は，第1に複雑な税務上の規制やルールが増加すればするほど納税者のコンプライアンス・コストが高まり，それを執行する側の手続等も煩雑になる。よって，税務上の規制やルールは簡素であるべきという考え方である。第2は納税者が主体的に良好な税務上のリス

ク・マネジメントを行うことが，結果として税務コンプライアンスの向上につながる。よって，IRAS は納税者に対するコンサルテーションを実施するなど納税者の立場に立ったサービスを提供する[9]，というものである。

シンガポールにおける移転価格税制は，当初，所得税法セクション34D の独立企業原則の維持とセクション33一般的租税回避防止規定により運用されてきたが，2006年にそのガイダンスとして移転価格ガイドラインが公表された。その後，納税者の税務コンプライアンス向上に向けたコンサルテーションを行うなどの対策を講じてきた。その後，国際的な BEPS 対策の議論の高まりを受けて，2015年1月には，移転価格ガイドラインを改訂し，BEPS 行動計画13に基づく移転価格に関する同時文書化要件を規定した。この改訂では，グループ・レベルとエンティティー・レベルの２段階アプローチが採用されたが，国別報告書（Country-by-Country Reporting；以下，CbCR という。）の作成は義務付けられなかったため，OECD が求める多国籍企業（Multi-National Enterprises；以下，MNE という。）のグループ・ストラクチャーの全体像を開示させるまでには至らなかった。これは，納税者の税務コンプライアンスに対する負担を軽減させるという IRAS の基本方針によるものと考えられている[10]。

② 国別報告書（CbCR）の導入と法整備

BEPS 最終報告書の発表から８か月が経過した2016年６月 IRAS は，BEPS プロジェクトの実施に向けた包摂的枠組に参加すると正式に表明した[11]。IRAS は，BEPS 行動計画８～10の趣旨を支持し，独立企業間原則の遵守を表明している。IRAS は，シンガポールに本社を置く MNE を対象とする CbCR の導入を2017年１月以降開始する会計年度から適用することを公表し[12]，それに伴う所得税法の改正に着手した。その改正案には，CbCR の提出対象となる MNE の売り上げ規模等の要件の他，CbCR の自動交換に関する条件が示されている。(i)交換された情報の機密を保持し不正な使用を防ぐための措置が講じられていること，(ii)交換される情報について完全な相互主義が貫かれていることであり，これらの要件を満たす国・地域と合意したうえで実施することになる。

その後，IRAS は，2016年10月，CbCR 作成ためのガイドライン，"IRAS e-Tax Guide Country by Country Reporting" を公表し，2017年６月，シンガポール政府は CbCR に関する多国間協定（Multilateral Competent Authority Agreement on the Exchange of CbC Report: CbC MCAA）に署名した。これによって，他国と CbCR を自動的に交換する広範なネットワークの構築が可能となった[13]。IRAS は，翌年の2017年７月，CbCR ガイドラインの改訂版（第２版）

を公表している。

　一方，IRAS は，2017年1月，改訂版（第4版）移転価格ガイドラインを公表した[14]。改訂版ガイドラインでは，主として，①BEPS 行動計画8〜10の趣旨に従った独立企業間原則の遵守と詳細な機能分析，特にリスク要因の明確化に関する詳細なガイダンスの提示，②MAP 及び APA 制度の変更（BEPS 行動5に従ったユニラテラル APA に関する情報の自動交換等），③移転価格文書に関する追加情報要件，を重視した改訂となった[15]。改訂版（第2版）CbCR ガイドラインと改訂版（第4版）移転価格ガイドラインの公表により，シンガポールでは，OECD が提案する三層構造からなる移転価格文書（マスターファイル，ローカルファイル，CbCR）の文書化要件が整えられたことになる。

③　2017年所得税法改正案

　シンガポール財務省は，2017年6月から7月にかけて，移転価格文書作成・保管の義務化等に関する所得税法改正案のパブリックコンサルテーションを実施した[16]。この改正案の重要な点は，移転価格同時文書の作成・保管の義務化及び罰則規定の導入，独立企業原則の適用に係る課税当局の権限の強化，移転価格更正への加算税の導入，相互協議事案に対する時効の適用除外などである。

　改正案で重要な点は，所得税法セクション34D の一部が改正される予定であり，①独立企業原則に準拠した移転価格の決定に際し，独立した第三者の「状況（circumstances）」を考慮するという点である。シンガポール財務省は，この取り扱いについては，2018年の移転価格ガイドラインの改訂時に説明を加える予定であるとしている。②形式ではなく実質優先概念の導入であり，移転価格の結果と価値創造の一致が求められる。③移転価格更正では，国外源泉所得であっても「国内源泉所得及び国外源泉所得の内シンガポールで受け取られた所得とみなす」というみなし規定が導入される。現行規定では，シンガポールの子会社が国外の関連者に低利で融資した場合，シンガポールに利子が送金されない限り課税されないが，上記③の改正案では送金がない場合でもみなし規定が適用され課税されることになる。

　2017年所得税法改正案の趣旨は，実質的な移転価格税制へのコンプライアンス強化に向けたものであり，BEPS プロジェクトへの更なる協調を実現するための措置として考えられている[17]。

3 マレーシアにおける BEPS 対策の動向

（1） マレーシアの経済発展に対する基本政策

　マレーシアは，1957年に英国から独立し，1963年にシンガポール，サバ，サラワクを加えて成立した。人口は，約3,099万人（2015年），マレー系67％，中国系25％，インド系7％から構成されイスラム教を国教とするイスラム国家である[18]。マレーシアは，国家主導による経済開発政策を実施し，1970年代から輸出工業化を推進してきたが，90年代から知識集約型産業やサービス産業の発展に重点を移行していった。その結果，2012年には，1人当たり GDP が10,000米ドルを超え，2020年に先進国入りする目標を掲げている。

　マレーシアの経済成長は，海外からの直接投資により担われてきた。2015年における海外からの直接投資は，全投資額の58％がサービス業，40％が製造業であり，サービス業のうち15.4％が金融サービスである[19]。マレーシアへの投資が増加した背景には，①政治が安定し，産業インフラが良好に整備されていること，②中東諸国のイスラム圏への窓口として戦略上重要な存在であること，③選択的でかつ広範な租税優遇措置が導入され税務上のメリットが用意されていること，等々がある。マレーシアでは，国際的なイスラム金融のハブとしての地位を確立するためイスラム金融商品に関する制度整備がなされ，中東諸国をはじめとする各国から投資を呼び込むためのスキームが開発されてきた。

（2） マレーシア税制の概要　〜法人所得税制の特徴〜

　2001年から法人には自己申告納税制度が導入され，税率は24％である（2016年度以降）。また，日本の法人住民税や法人事業税などに相当する地方税はない。税制の主な特徴として，①内国法人の判定基準として管理支配地主義を採用，②課税対象は企業の国内源泉所得及び国外源泉所得のうちマレーシアで受け取られる所得（銀行，保険業者等を除く），③法人のキャピタル・ゲインは非課税，④配当金を免税とする1段階課税方式の採用，⑤CFC税制は導入されていない，⑥投資促進法等に基づく多様な租税優遇措置がある。マレーシアは，AEC発足を視野に入れ2015年5月1日から新たな地域統括会社としてプリンシプル・ハブ（Principle Hub）という新たな租税優遇措置を導入した[20]。グローバルに事業を展開するにあたって，その事業を統括，管理，支援する企業に0％から10％までの軽減税率を一定期間適用する制度である。

　このように，マレーシアの税制はきわめてシンガポールと類似した制度になっ

ており，海外からの投資奨励に主眼を置いたものとなっている。

（3） BEPS プロジェクトへの対応

① BEPS に対する基本認識

マレーシアが直面している BEPS 問題は，⑴MNE グループ企業内における経営指導料や技術サービス料，知的財産権に対する過大あるいは不正な支払による課税所得の減額，⑵グローバル化や急速な技術革新を背景とするサプライチェーンの再編によるリスクと所得の移転，⑶MNE グループ企業内における広告・マーケティング活動や R&D 活動などに対する不適切な取引価格の設定等による所得の移転，である。

このような問題に対して，マレーシア内国歳入庁（Inland Revenue Board of Malaysia；以下，IRBM という。）は自国の課税ベースを守るため "移転価格調査" の実施により MNE の申告所得の適否を判断してきた。調査に際して，IRBM は，知的財産権に対する適正な対価の決定の難しさ，MNE のグローバルな経営活動に関する適切な情報がタイムリーに入手できないなどの問題に直面していた。したがって，IRBM は，BEPS 行動計画 8 ～10移転価格の結果と価値創造の一致，その中でも BEPS 行動計画10取引単位利益分割法の議論に関心を示していた[21]。

マレーシアでは，BEPS 問題を移転価格の問題ととらえており，移転価格税制を整備し移転価格調査の執行体制を強化してきた。ここで，同国における移転価格税制の整備状況について概観しておきたい。

IRBM は，2003年 7 月，OECD 移転価格ガイドラインに準拠した初版移転価格ガイドラインを公表し，2012年には同時文書化を義務付けた改訂版移転価格ガイドライン及び APA に関するガイドラインを公表している。同国では，初版移転価格ガイドライン公表後，移転価格税制の執行を裏付ける根拠法がないと批判されたことから，2009年に移転価格税制に係る所得税法第140条 A を定め，さらに2012年には移転価格の算定や APA に関する所得税規則を定めた。このように，移転価格税制に関する制度整備が進められるとともに，移転価格調査の件数も増加していった。

IRBM による移転価格調査件数は，2007年16件，2008年24件，2009年14件であったが[22]，2012年78件（追徴税額116.44百万リンギ[23]），2013年156件（追徴税額160.67百万リンギ），2014年160件（追徴税額156.6百万リンギ）と大幅に増加している[24]。一方，IRBM の移転価格調査に対する問題点も指摘されてきた。例え

ば，①恣意的で厳しい移転価格調査がなされていること[25]，②移転価格課税の執行体制は整備されてきたが国際的な二重課税排除等のための取り組みが未成熟である[26]という指摘である。

② 国別報告書（CbCR）の導入と国内法の整備

マレーシアは，2015年5月，BEPS行動計画13に準拠したCbCRの導入について次のような考え方を示している。CbCRは，移転価格やBEPS関連の問題の検討，経済上・統計上のデータ分析，さらに税務調査の過程で多国籍企業グループの移転価格その他税務上の問題につき更なる調査の基礎資料として利用することを目的とするものであり，詳細な移転価格文書の代用や定式配分を行うための移転価格調整には利用しないという点である[27]。同国では，2016年12月，CbCRに係る所得税規則（2016）が公布され，これにより2017年1月以降開始する会計年度からCbCRの対象となるMNCはその提出が義務化された。また，同国政府は，2017年1月にCbCRに関する多国間協定（MCAA）に署名したことにより，2018年1月からCbCRを自動的に交換・受領できるようになる。CbCRに係る所得税規則（2016）では，CbCR提出要件等が規定され，またIRBMから要請された場合には移転価格同時文書とともにマスターファイルを提出することが義務付けられている。

さらに，2017年7月，移転価格に係る所得税規則が改定され，IRBMはBEPS行動計画13に準拠する文書化要件を導入した改訂版移転価格ガイドラインを公表した。改訂版ガイドラインには，契約に基づく実質優先概念が導入され，独立企業原則では移転価格の結果が価値創造と一致することが求められることになった。

4　おわりに

以上，両国のBEPS行動計画13移転価格文書化・国別報告書（CbCR）の導入経緯を移転価格税制の整備状況とともに概観してきた。そこで，両国のBEPSプロジェクトに対するスタンスの違いについてまとめておきたい。

シンガポールは，今後，国際社会の中で自国を成長させていくためには，BEPSプロジェクトに積極的に参加し，自国の国内調整を速やかにかつ柔軟に行う姿勢を示すことが国益に適うと判断したのであろう。同国は，人口も少なく国土も狭く天然資源もないため，国際社会と良好な関係を構築し国際的な協調を図ることが自国の発展の基盤になると考えている。同国は，公平な税の競争が行われるようすべての国や地域でBEPS行動計画が実施され，それが適切な方法でモニタリングされる仕組を全面的に支持し，従来の租税政策を見直しながら国

際的協調の路線を歩み続けるものと思われる。

　一方，マレーシアは，BEPS プロジェクトを支持し BEPS 行動計画に沿った国内法の整備を進めて行くとしている。シンガポールと同様，国際協調路線を歩むように見える。しかし，IRBM は，2015年11月のプレスリリースにおいて，マレーシアの政策目標は他の先進諸国と必ずしも同じではないので，すべての BEPS 行動計画が受け入れ可能であるか否かは慎重に検討する必要があるとの見解を示している。現在，ミニマムスタンダードの実施を確約し国内法等の整備を進めてはいるが，今後「共通アプローチ」「ベストプラクティス」にある BEPS 行動計画に対して，どのような対応をとるのか現段階では予想できない。今後は，マレーシアが BEPS 行動計画の実施にどのように取り組むのか注視したい。

（注）

(1)　シンガポールの成長は，主として，海外からの直接投資により担われてきた。例えば，2014年から2015年のシンガポールへの海外直接投資額の構成比は，第 1 位米国（2015年投資額全体の19.4％），第 2 位日本（9.1％），第 3 位バージン諸島（8.5％），第 4 位ケイマン諸島（7.9％），第 5 位オランダ（7.4％）という構成である。また，いわゆるタックス・ヘイブンからの投資額は増加傾向にあり，2015年には直接投資額全体の37.3％であった。産業別では，金融・保険サービス業への投資比率が最も高く2015年直接投資額全体の49.8％を占め，卸・小売業18.5％，製造業13.6％と続いている。Department of Statistics, Ministry of Trade & Industry, Republic of Singapore, *Foreign Direct Investment in Singapore* 2015. Feb. 2017.

(2)　このような取り組みにより，シンガポールは，世界銀行グループ発行『Doing Business 2016』でビジネスに関する投資環境が最も整備されている国として世界第1位にランキングされた。World Bank Group, *Doing Business* 2016 *Measuring Regulatory Quality and Efficiency*, A world Bank Group Flagship Report, p.5, October 2015.

(3)　岩崎育夫『シンガポール国家の研究「秩序と成長」の制度化・機能・アクター』風響社，2005年 9 月，68頁。

(4)　例えば，シンガポールは，2009年，租税条約における情報交換規定が OECD 基準を満たしていないとして，OECD からグレーリスト（OECD 基準に準拠しているが実施が不十分な国）に分類された。同国は，これを自国にとって不利な状況と判断し，速やかに各国と租税条約の改訂作業を行い，同年にグレーリストからホワイトリストへの昇格を果たした。五十嵐潤「シンガポール移転価格税制の執行状況と移転価格ガイドライン改訂草案の発表」『国際税務』第34巻11号63頁。

(5)　現在の租税制度を理解する上で参考になるのは，1988年になされたシンガポール大学の研究者集団の提言である。外国投資の受入政策として，①外国直接投資の促進はますます選択的になるべきこと，②現行の税法上の奨励措置の効率性について評価研究を行う必要があること，③投資家に対する信号が明白であり，資源配分に与える歪みも小さい投資振興策としては，法人税率を引き下げる政策が好ましいこと，④シンガポールを製造業基地，金融センター，多国籍企業の地域本部および「総合ビジネスセンター」として売り込むこと等々の提言がなされた。リム・チョンヤー編著，岩崎輝行・森健訳『シンガポールの経済政策 下巻』

勁草書房，1995年4月，40-43頁。

⑹　シンガポールの税収構造は，2015年賦課年度（2015年4月1日から2016年3月31日），前年度と比較し3.2％の増収，448億シンガポール・ドル（約3兆8,000億円，1シンガポール・ドルを85円で換算）であった。構成は，法人所得税31％，個人所得税21％，消費税23％，不動産税10％，印紙税6％，賭博税6％等であり，税収の3割を法人所得税収が占めている。

⑺　本庄資「オフショア世界のはなし（39）～シンガポール税制の魅力はBEPSプロジェクトの影響で変わるだろうか～」『国際税務』第35巻11号，156頁。他にも，居波邦泰訳「シンガポールはBEPSを切り抜けられるであろうか？」Mindy Herzfeld, Will Singapore Survive BEPS?，『租税研究』2015年9月がある。

⑻　UN Subcommittee on Base Erosion and Profit Shifting Issues for Developing Countries, *Singapore's Responses*, Ministry of Finance, 15 April 2014.

⑼　Chai Sui Fun「シンガポールにおける移転価格税制の執行方針及び現状」『租税研究』2011年4月号，225-228頁。

⑽　五十嵐潤「シンガポール移転価格税制の執行状況と移転価格ガイドライン改訂草案の発表」『国際税務』34巻11号63頁。

⑾　IRAS, *Singapore Joins Inclusive Framework for Implementing Measures against Base Erosion and Profit Shifting（BEPS）*, Jun16, 2016.

⑿　さらに，前会計年度のグループ連結売上高が11億2,500万シンガポール・ドルを超えていること，かつ当該多国籍企業グループは少なくとも1つ以上の子会社を外国管轄に有するか又は事業を行っていること，とされている。IRASは，2017年1月以降開始する会計年度から提出を義務化し，会計年度終了から12か月以内に提出するよう求めている。IRAS, IRAS *e-Tax Guide Country-by-Country Reporting* 3.4, 10 October 2016.

⒀　IRAS, *Singapore Signs Multilateral Competent Authority Agreements to Enhance Tax Co-operation on Exchange of Information*, 21 Jun 2017.

⒁　IRAS, *IRAS e-Tax Guide Transfer Pricing Guidelines（Fourth edition）*, 12 Jan. 2017.

⒂　デロイトトーマツ税理士法人「Global Tax Update シンガポール」2017年8月号，1-2頁。

⒃　Singapore, Ministry of Finance, *Public Consultation on Draft Income Tax（Amendment）Bill* 2017, （http://www.mof.gov.sg/）. *Summary of Responses to Public Consultation on Draft Income Tax（Amendament）Bill*, 2017.（http://www.mof.gov.sg/）

⒄　デロイトトーマツ税理士法人，前掲注⒂論文，1-2頁。

⒅　JETRO，2015年，マレーシアの基本情報より作成（https://www.jetro.go.jp/world/asia/my/）。

⒆　Malaysia Investment Development Authority（MIDA）, *Annual Report* 2016.

⒇　PwC, Turbulence in Global Tax Environment-A disruptive Storm or an Opportunity to Outshine?, *Asia Pacific Tax Notes* 2016, Issue 29, p.56.

㉑　UN Subcommittee on Base Erosion and Profit Shifting Issues for Developing Countries, *Malaysia*, April 2014.

㉒　Ming Ling Lai, Shaikh Osman Muzairi, Lin Mei Tan, *Transfer Pricing Tax Audit in Asia Pacific: The Case of MNEs in Malaysia*, Australian Tax Forum, 2013.

㉓　追徴税額の円換算額（1リンギ＝25円）は，2012年度29億1,100万円，2013年度40億1,700万円，2014年度39億1,500万円である。

㉔　Inland Revenue Board of Malaysia, *CATA Member Countries Serious in Overcoming Transfer Pricing and Base Erosion and Profit Shifting Issues（BEPS）*, Medea Release, November 17, 2015.

⑵ 経済産業省貿易経済協力局貿易振興課（委託先 KPMG 税理士法人）『平成24年度アジア拠
点化立地推進調査等事業（国際租税問題に関する調査（租税条約，課税問題及び外国事業体
課税について）調査報告書』平成25年 3 月，32頁。

⑵ 伏見俊行「開発途上国の移転価格課税に対する対応」本庄資編著『移転価格税制執行の理
論と実務』大蔵財務協会，平成22年 7 月，951-954頁。

⑵ 水谷年宏，井上篤志「IFA 第 2 回アジア太平洋地域会合の模様」『税大ジャーナル』2016
年11月，139-140頁。また，マレーシアの国別報告書について以下の課題が存在するとして
いる。①法令順守の負担増加，②適切なタイミングで移転価格文書を準備するための人材の
必要性，③全世界的なデータを抽出するための情報システムの準備，④多国籍企業グループ
内で採用している異なった会計基準の下での勘定科目上の調整，⑤多国籍企業グループ内で
の異なった会計年度を採用している場合の会計年度の調整，⑥現地情報が国別報告書の要求
水準を満たしていない場合，現地当局は定型書式に記載された情報につき質問し得るかとい
う点，⑦外貨による多国籍企業グループ内の取引につき必要とされる自国通貨換算方法，⑧
国別報告書の定型書式内で規定されている用語の明確化である。

［参考資料］

青山綜合会計事務所シンガポール，長縄純一，浦野伸吾「シンガポール移転価格税制～移転価
格文書の要件について～」みずほアジアゲイトウェイレビュー，2017年 5 月。

五十嵐潤「シンガポール移転価格税制の執行状況と移転価格ガイドライン改訂草案の発表」『国
際税務』第34巻11号。

居波邦泰訳「シンガポールは BEPS を切り抜けられるであろうか？」Mindy Herzfeld, Will Sin-
gapore Survive BEPS?，『租税研究』2015年 9 月。

岩崎育夫『シンガポール国家の研究「秩序と成長」の制度化・機能・アクター』風響社，2005
年 9 月。

EY 税理士法人「シンガポールが2017年国別報告書に係るガイドライン（e-Tax Guide）を公
表」『Japan Tax Alert』2016年10月27日。

──「シンガポール税務当局，2017年移転価格ガイドラインを公表」『Japan Tax Alert』2017
年 2 月 3 日。

経済産業省貿易経済協力局貿易振興課（委託先 KPMG 税理士法人）『平成24年度アジア拠点化
立地推進調査等事業（国際租税問題に関する調査（租税条約，課税問題及び外国事業体課
税について）調査報告書』平成25年 3 月。

寺田裕子「シンガポールの税務行政と税制の概要」『税大ジャーナル』2012年 3 月。

デロイト トーマツ税理士法人「シンガポール」『Global Tax Update』2017年 1 月。

伏見俊行「開発途上国の移転価格税制に対する対応」本庄資編著『移転価格税制執行の理論と
実務』大蔵財務協会，平成22年 7 月。

本庄資「オフショア世界の話（39）～シンガポール税制の魅力は BEPS プロジェクトの影響で
変わるだろうか～」『国際税務』第35巻11号。

水谷年宏，井上篤志「IFA 第 2 回アジア太平洋地域会合の模様」『税大ジャーナル』2016年11月。

Allen & Gledhill LLP, *Legal Bulletin*, Vol.28, No.10.

Chai Sui Fun「シンガポールにおける移転価格税制の執行方針及び現状」『租税研究』2011年 4
月号。

Deloitte, *Transfer Pricing BEPS: Implementation of Transfer Pricing Changes*（*Part 2 : India and Southeast Asia*), Dec.8, 2015.

Department of Statistics, Ministry of Trade & Industry, Republic of Singapore, *Foreign Direct Investment in Singapore* 2014. March 2016.

Inland Revenue Board of Malaysia, *CATA Member Countries Serious in Overcoming Transfer Pricing and Base Erosion and Profit Shifting Issues* (*BEPS*), Medea Release, November 17, 2015.

IRAS, IRAS e-Tax Guide Country-by-Country Reporting, 10 October 2016.

IRAS, IRAS e-Tax Guide Transfer Pricing Guidelines (Fourth edition), 12 January 2017.

IRAS, *Singapore Joins Inclusive Framework for Implementing Measures against Base Erosion and Profit Shifting* (*BEPS*), Jun16, 2016.

Lee Hishammuddin Allen & Gledhill, *TP e-Alert*, June 2016.

Ming Ling Lai, Shaikh Osman Muzairi, Lin Mei Tan, *Transfer Pricing Tax Audit in Asia Pacific: The Case of MNEs in Malaysia*, Australian Tax Forum, 2013.

Ministry of Finance, Singapore, *Public Consultation on Draft Income Tax* (*Amendment*) *Bill* 2017, (http://www.mof.gov.sg/). *Summary of Responses to Public Consultation on Draft Income Tax* (*Amendament*) *Bill*, 2017. (http://www.mof.gov.sg/)

PwC, Turbulence in Global Tax Environment-A disruptive Storm or an Opportunity to Outshine?, *Asia Pacific Tax Notes* 2016, Issue.

UN Subcommittee on Base Erosion and Profit Shifting Issues for Developing Countries, *Malaysia*, April 2014.

World Bank Group, *Doing Business* 2016 *Measuring Regulatory Quality and Efficiency*, A world Bank Group Flagship Report, October 2015.

≪著者紹介≫

◎研究者グループ（グループ別，大学卒業年の順）

本庄　資（ほんじょう　たすく）

1964年京都大学法学部卒業，国税庁入行。大蔵省証券局検査課長，国税庁審理室長，同調査課長，金沢国税局長，国税不服審判所次長，国士舘大学政経学部教授・同大学院経済学研究科教授，慶應義塾大学大学院商学研究科特別研究教授，名古屋経済大学大学院法学研究科教授を経て，現在，千葉商科大学大学院会計ファイナンス研究科客員教授，名古屋経済大学名誉教授。経済学博士。著書に，『国際課税における重要な課税原則の再検討（上巻・中巻・下巻）』（日本租税研究協会，2014・2016・2017），論文多数。

島田　眞一（しまだ　しんいち）

1964年広島大学政経学部卒業，国税庁入庁。広島国税不服審判所長，公害健康被害補償予防協会理事，日本公認会計士協会調査企画局長，千葉商科大学大学院会計ファイナンス研究科教授を経て，現在，同大学院客員教授，東陽監査法人，日本公認会計士協会租税調査会法人税部会オブザーバー，公認会計士。IFRS の調査研究多数。

藤井　保憲（ふじい　やすのり）

1965年京都大学経済学部卒業，国税庁入庁。国税庁国際業務室長，同調査課長，税務大学校長，衆議院大蔵委員会調査室長，日本大学経済学部教授を経て，現在，東亜大学大学院教授。著書に，『法人税法実務と理論』（共著）（弘文堂，2008），論文に，「使用地主義と債務者主義」本庄資編著『租税条約の理論と実務』（清文社，2008），「国内所得課税・国外所得免税の正当化と執行上の問題点」本庄資編著『国際課税の理論と実務—73の重要課題』（大蔵財務協会，2011）等。

川田　剛（かわだ　ごう）

1967年東京大学農学部卒業，国税庁入庁。国税庁国際業務室長，仙台国税局長，国士舘大学政経学部教授，國學院大學経済学部教授，明治大学大学院グローバルビジネス研究科教授を経て，現在，大原大学院大学会計研究科客員教授，税理士。著書に，『租税法入門』，『基礎から身につく国税通則法』（以上，大蔵財務協会），『国際課税の基礎知識』，『移転価格税制』（以上，税務経理協会），『ケースブック海外重要租税判例』（財経詳報社），論文に，「日本における国際的租税回避防止規定」本庄資編著『国際課税の理論と実務—73の重要課題』（大蔵財務協会，2011）等。

沼田　博幸（ぬまた　ひろゆき）

1972年金沢大学法文学部卒業，国税庁入庁。国税庁消費税室長，福岡国税不服審判所長，新潟大学経済学部教授を経て，現在，明治大学専門職大学院会計専門職研究科教授。論文に，「消費課税におけるインボイスの役割について—EU/VAT におけるインボイス制度の改革を参考として—」（会計論叢 5 号010），「所得課税から消費課税への転換による輸出促進政策」本庄資編著『国際課税の理論と実務—73の重要課題』（大蔵財務協会，2011）等。

今村　隆（いまむら　たかし）

1976年東京大学法学部卒業，1979年検事任官，法務省訟務局租税訟務課長，駿河台大学教授を

経て，現在，日本大学大学院法務研究科教授。著書に，『課税訴訟における要件事実論（改訂版）』（日本租税研究協会，2014），『租税回避と濫用法理』（大蔵財務協会，2015），『現代税制の現状と課題・租税回避否認規定編』（新日本法規，2017），論文に，「主要国の一般的租税回避防止規定」本庄資編著『国際課税の理論と実務—73の重要課題』（大蔵財務協会，2011）等。

大野 雅人 （おおの まさと）

1978年大阪大学法学部卒業，国税庁入庁。ハーバート大学法科大学院法学修士（LL.M.）。国税庁相互協議室長，法務省民事局民事第一課長，国税庁国際業務課長等を経て，現在，筑波大学大学院ビジネス科学研究科教授。論文に，「EUの一般的濫用対抗規定（GAAR）」租税研究807号（2017），「事前確認の法制化は何故必要なのか」筑波ロー・ジャーナル16号（2014），「EU法と加盟各国の税法及び租税条約との抵触」本庄資編著『国際課税の理論と実務—73の重要課題』（大蔵財務協会，2011）等。

本田 光宏 （ほんだ みつひろ）

1984年東北大学法学部卒業，国税庁入庁。南カリフォルニア大学公共経営大学院公共経営修士（MPA），ジョージタウン大学法科大学院法学修士（LL.M.）。国税庁国際調査管理官，OECD租税センター・シニアアドバイザー，東京国税局調査第三部長，同課税第二部長，高松国税局総務部長を経て，現在，筑波大学大学院ビジネス科学研究科教授。著書に，『ベーシック国際租税法』（共著）（同文舘出版，2015），論文に，「多国籍企業の国際的租税計画と移転価格」本庄資編著『移転価格税制執行の理論と実務』（大蔵財務協会，2010），「OECDにおける税務仲介者の位置づけについて」本庄資編著『国際課税の理論と実務—73の重要課題』（大蔵財務協会，2011）等。

市野 初芳 （いちの はつよし）

1981年日本大学商学部卒業，1991年早稲田大学大学院商学研究科修士課程修了，商学修士，2014年名古屋経済大学大学院法学研究科博士後期課程修了，法学博士，愛知学院大学教授を経て，青山学院大学大学院国際マネジメント研究科教授，税理士。論文に，「移転価格税制とFIN48」本庄資編著『移転価格税制執行の理論と実務』（大蔵財務協会，2010），「主権免税と国富ファンドの取扱い」本庄資編著『国際課税の理論と実務—73の重要課題』（大蔵財務協会，2011）等。

扶持本 泰裕 （ふじもと やすひろ）

1995年早稲田大学教育学部（理学科）卒業，2007年霞ヶ関国際会計事務所に入所，2012年千葉商科大学大学院会計ファイナンス研究科修士課程修了，会計ファイナンス修士，2015年筑波大学大学院ビジネス科学研究科企業科学専攻。論文に，「法人課税信託における租税回避への対抗策—外国信託を利用した複層化スキームによる租税回避への対抗策」（2012年・第21回租税資料館賞）。

趙 珍姫 （Cho JinHee）

1999年日本大学経済学部卒業，2001年同大学院経済学研究科博士前期課程修了，経済学修士，2009年国士舘大学大学院経済学研究科博士課程単位取得満期退学，経済学博士，国士舘大学政経学部非常勤講師，千葉商科大学大学院会計ファイナンス研究科准教授。著書に，『投資ファンドによる国際的租税回避とその防止策に関する研究—韓国における外国ファンドによる租税

回避とその防止策を中心として』（三協綜合出版部：韓国，2010），論文に，「韓国の国際的租税回避防止規定」本庄資編著『国際課税の理論と実務—73の重要課題』（大蔵財務協会，2011）等。

田井 良夫（たい　よしお）
2002年日本大学経済学部卒業，2004年国士舘大学大学院経済学研究科修了，経済学修士，2006年千葉商科大学大学院商学研究科修了，商学修士，2009年名古屋経済大学大学院法学研究科博士課程修了，法学博士，ハリウッド大学院大学客員准教授，千葉商科大学大学院経済学研究科教授，同大学院会計ファイナンス研究科客員教授，株式会社インターナショナル・アカウンティング代表取締役社長，税理士。著書に，『国際的二重課税の排除の研究—外国子会社配当免除制度への転換の検討を中心として』（税務経理協会，2010），論文に，「外国税額控除と国外所得免除の選択（外国子会社配当益金不算入制度の導入）」本庄資編著『国際課税の理論と実務—73の重要課題』（大蔵財務協会，2011）等。

関口 博久（せきぐち　ひろひさ）
2002年早稲田大学政治経済学部卒業，2004年専修大学大学院法学研究科修士課程修了，法学修士，2007年国士舘大学大学院経済学研究科博士課程単位取得退学，経済学博士，東京医療保健大学医療保健学部講師，国士舘大学政経学部専任講師。著書に，『租税条約の人的適用に関する研究（大蔵財務協会，2012），論文に，「法人概念とパススルーエンティティ概念」本庄資編著『国際課税の理論と実務—73の重要課題』（大蔵財務協会，2011）等。

大城 隼人（おおしろ　はやと）
2004年宮崎産業経営大学経営学部卒業，2006年名古屋経済大学大学院会計学研究科修士課程修了，会計学修士，2008年同大学院法学研究科修士課程修了，法学修士，2014年同大学院法学研究科博士後期課程修了，法学博士，中国学園大学・中国短期大学専任講師。著書に，『移転価格税制の紛争解決に関する研究—日本ベース多国籍企業における経済的二重課税の紛争解決メカニズムの追究』（税務経理協会，2014，日本公認会計士協会学術賞），論文に，「IAS/IFRSの適用とその税務上のインプリケーション」本庄資編著『国際課税の理論と実務—73の重要課題』（大蔵財務協会，2011）等。

◎執行機関在籍者グループ

松田 直樹（まつだ　なおき）
1982年米国州立ワシントン大学人文科学（言語学専攻）卒業，1987年国税庁入庁。2008年筑波大学大学院ビジネス科学研究科博士後期課程修了（法学博士），税務大学校教授，政策研究大学院大学客員教授，一橋大学法科大学院兼任教授，嘉悦大学大学院教授，聖学院大学大学院客員教授，コロンビア大学客員研究員，関東信越国税不服審判所第一部長審判官を経て，現在，東京国税不服審判所第二部長審判官。著書に，『租税回避行為の解明』（ぎょうせい，2009），『租税戦略の解明』（日本評論社，2015），論文に，「コーポレイト・インバージョン」本庄資編著『国際課税の理論と実務—73の重要課題』（大蔵財務協会，2011）等。

猪野 茂（いの　しげる）
1984年明治大学法学部卒業，富士銀行入行，1987年国税庁入庁。1998年ハーバードロースクー

ル修了（LL.M./ITP），ジョージタウン大学ローセンター客員研究員，国税庁調査課国際調査管理官，同相互協議室長，東京国税局調査第一部長，国税庁情報技術室長等を経て，現在，大阪国税局総務部長。論文に，「租税条約と税務行政」本庄資編著『租税条約の理論と実務』（清文社，2008），「日本における推定課税の現状と課題」本庄資編著『移転価格税制執行の理論と実務』（大蔵財務協会，2010），「相互協議手続の理論と執行上の課題」本庄資編著『国際課税の理論と実務―73の重要課題』（大蔵財務協会，2011）等。

飯守 一文（いいもり　かずふみ）

1986年九州大学法学部卒業，国税庁入庁。国税庁国際調査管理官，ジョージタウン大学ローセンター客員研究員，筑波大学大学院ビジネス科学研究科教授，国税庁国際業務課長，同徴収課長，同法人課税課長等を経て，現在，内閣官房消費税価格転嫁等対策推進室参事官。論文に，「日本の移転価格税制の執行の現状と問題点」ほか本庄資編著『移転価格税制執行の理論と実務』（大蔵財務協会，2010），「移転価格税制の理論と執行上の問題点」本庄資編著『国際課税の理論と実務―73の重要課題』（大蔵財務協会，2011）等。

居波 邦泰（いなみ　くにやす）

1988年名古屋大学経済学部卒業，国税庁入庁。名古屋国税局調査部国際調査課長，税務大学校研究部教授，新潟大学経済学部准教授，千葉商科大学大学院会計ファイナンス研究科客員教授を経て，現在，税務大学校教育官。名古屋経済大学大学院法学研究科博士後期課程修了，法学博士。著書に，『国際的な課税権の確保と税源浸食への対応―国際的二重非課税に係る国際課税原則の再考』（中央経済社，2015），論文に，「移転価格訴訟の現状と問題点」本庄資編著『移転価格税制執行の理論と実務』（大蔵財務協会，2010），「国際的事業再編に対する課税に係る問題点」本庄資編著『国際課税の理論と実務―73の重要課題』（大蔵財務協会，2011）等。

水谷 年宏（みずたに　としひろ）

1989年中央大学法学部法律学科卒業，国税庁入庁。2004年ハーバード・ロースクール国際租税講座修了。国税庁調査査察部調査課課長補佐（移転価格税制担当），東京国税局調査第一部国際情報課長，国税庁調査査察部国際調査管理官，岡山大学大学院社会文化科学研究科教授，税務大学校研究部長を経て，現在，関東信越国税不服審判所第一部長。論文等に「国際課税をめぐる最近の状況について― OECD 移転価格ガイドライン改定を中心として」（租税研究743号，2011），「国際課税 恒久的施設（PE）の定義に関する OECD における議論について」（租税研究754号，2012），「移転価格税制における推定課税（判例評釈）：東京地裁平成23年12月１日判決」（岡山大学経済学会雑誌45巻３号，2013），「移転価格税制に関連する推定課税規定についての一考察：東京地裁平成23年12月１日判決を起点として」（税大ジャーナル24号，2014）等。

◎租税専門家グループ

山川 博樹（やまかわ　ひろき）

1982年慶應義塾大学経済学部卒業，国税庁入庁。1991年ハーバード大学ロースクール国際租税講座修了，国税庁国際調査管理官，同相互協議室長，コロンビア大学国際公共政策大学院ビジネススクール日本経済研究所客員研究員，国税庁審理室長，法務省司法法制部審査監督課長，国税庁調査課長を経て，現在，デロイトトーマツ税理士法人パートナー，税理士。理事会議長，デロイトトーマツグループボードメンバー。著書に，『移転価格対応と国際税務ガバナンス』

（中央経済社，2017）ほか，論文に，「国内法（移転価格税制と過少資本税制）と租税条約」本庄資編著『移転価格税制執行の理論と実務』（大蔵財務協会，2011），「国際税務別冊2014.1: 大規模法人の国際課税の課題」（国際税務研究会）等。

角田 伸広（つのだ のぶひろ）

1984年早稲田大学政治経済学部卒業，国税庁入庁。1994年ハーバード大学ロースクール国際租税講座修了，国税庁相互協議室長，大阪国税局調査第一部長，同課税第一部長，東京国税局課税第一部長，国税庁国際業務課長を経て，現在，KPMG税理士法人パートナー，税理士。一橋大学大学院国際企業戦略研究科博士後期課程修了，経営法博士。著書に，『移転価格税制の実務詳解』（共著）（中央経済社，2016），論文に，「移転価格税制における多国籍企業への独立企業原則適用の困難性とその解決：租税訴訟での課題と租税条約上の相互協議での解決可能性の考察」（2011年一橋大学大学院博士後期課程学位論文），「国際的課税紛争の国内裁判所による解決とその限界」本庄資編著『国際課税の理論と実務—73の重要課題』（大蔵財務協会，2011）等。

須藤 一郎（すとう いちろう）

1989年一橋大学商学部卒業，アーサーアンダーセン会計事務所入所，モルガンスタンレー証券会社を経て，現在，EY税理士法人パートナー，公認会計士・税理士。著書に，『BEPSの導入と各国の税制対応』（共著）（第一法規，2017），『新株予約権の法務・会計・税務』（共著）（税務研究会，2008），『国際税務プランニングの実効アプローチ』（共著）（中央経済社，2007），論文に，「国際課税における税務仲介者の役割及びそのあり方に関する考察」本庄資編著『国際課税の理論と実務—73の重要課題』（大蔵財務協会，2011）等。

北村 導人（きたむら みちと）

1994年慶應義塾大学卒業，弁護士（2000年）・公認会計士（1996年）。2006年ジョージタウン大学ローセンター（LL.M.），2007年ニューヨーク大学ロースクール（国際租税，LL.M.），西村あさひ法律事務所パートナーを経て，現在，PwC弁護士法人パートナー。一橋大学国際公共政策大学院アジア公共政策プログラムで国際租税政策を担当。著書に，『タックス・ヘイブン対策税制のフロンティア』（共編著）（有斐閣，2013），論文に，「組織再編に係る行為計算否認規定の解釈と実務対応ヤフー・IDCF事件最高裁判決の検討」（共著）（ビジネス法務2016年9月号）等。

◎市民団体の代表

合田 寛（ごうだ ひろし）

1966年大阪府立大学経済学部卒業，1973年神戸大学大学院経済学研究科博士課程単位取得退学，経済学修士，国会議員政策秘書，公益財団法人政治経済研究所主任研究員を経て，現在，理事，タックス・ジャスティス・ネットワーク・ジャパン（TJN-Japan）を主宰している。著書に，『これでわかるタックスヘイブン』（合同出版，2016），『タックスヘイブンに迫る—税逃れと闇のビジネス』（新日本出版社，2014），訳書にアンガス・マジソン『世界経済史概観 紀元1年—2030年』（共訳）（岩波書店，2015），論文に「租税国家の危機とタックスヘイブン」（『経済』2013年8月）等。

国際課税ルールの新しい理論と実務
──ポスト BEPS の重要課題

2017 年 12 月 25 日　第 1 版第 1 刷発行

編著者	本　庄　　　資	
発行者	山　本　　　継	
発行所	㈱中 央 経 済 社	
発売元	㈱中央経済グループ パ ブ リ ッ シ ン グ	

〒 101-0051　東京都千代田区神田神保町 1-31-2
電話　03 (3293) 3371 (編集代表)
03 (3293) 3381 (営業代表)
http://www.chuokeizai.co.jp/
印刷／文唱堂印刷㈱
製本／誠　製　本㈱

© 2017
Printed in Japan

＊頁の「欠落」や「順序違い」などがありましたらお取り替えいた
しますので発売元までご送付ください。(送料小社負担)
ISBN978-4-502-24631-9　C3034

JCOPY〈出版者著作権管理機構委託出版物〉本書を無断で複写複製 (コピー) することは,
著作権法上の例外を除き,禁じられています。本書をコピーされる場合は事前に出版者著作
権管理機構 (JCOPY) の許諾を受けてください。
JCOPY〈http://www.jcopy.or.jp　e メール：info@jcopy.or.jp　電話：03-3513-6969〉